육사 | 해사 | 공사 | 국군간호사관

사관학교 기출문제

국어·영어·수학

2025~2019

7 개년

연차별 동형
기출문제

2026

국·영·수

사관
학교
기출문제

7
총·정·리
2025~2019학년도
개년

인쇄일 2025년 3월 1일 10판 1쇄 인쇄	**발행처** 시스컴 출판사
발행일 2025년 3월 5일 10판 1쇄 발행	**발행인** 송인식
등 록 제17-269호	**지은이** 사관학교입시연구회
판 권 시스컴2025	

ISBN 979-11-6941-654-2 13350
정 가 30,000원

주소 서울시 금천구 가산디지털1로 225, 514호(가산포휴) | **홈페이지** www.nadoogong.com
E-mail siscombooks@naver.com | **전화** 02)866-9311 | **Fax** 02)866-9312

발간 이후 발견된 정오 사항은 나두공 홈페이지 도서정오표에서 알려드립니다.(나두공 홈페이지 → 자격증 → 도서정오표)

머리말

육군사관학교, 해군사관학교, 공군사관학교, 국군간호사관학교의 4개의 특수대학은 군 장교 양성을 위한 4년제 군사학교로, 졸업 후 군의 간부로서의 장래를 보장받을 수 있습니다. 즉, 졸업과 동시에 취업이 보장된다는 상당히 매력적인 점으로 인해 매년 높은 경쟁률을 보여 오고 있습니다. 사관학교는 이처럼 경쟁률이 높은데다 남녀 모집 인원이 정해져 있고 체력시험을 치러야 하는 등 전형 방법이 일반 대학과 다르기 때문에 상당한 준비가 필요합니다. 따라서 미리 자신이 원하는 대학의 모집요강을 숙지하고 각 대학에 맞는 입시전략을 세워야 합니다.

그렇다면 사관학교 입시에서 무엇이 가장 중요할까요?

당연한 말이지만 바로 1차 필기시험입니다. 왜냐하면 1차 시험에서 일정 배수 안에 들어야 2차 시험에 응시할 수 있는 기회가 주어지기 때문입니다. 각 사관학교는 같은 날 1차 시험을 치르기 때문에 복수지원이 불가능하다는 점 역시 잊지 말아야 합니다. 1차 시험을 잘 보기 위해서는 무엇보다도 기출문제를 꼼꼼히 파악하고 풀어보는 것이 중요합니다. 그래야 실제 시험에서 긴장하지 않고 실수를 최소화할 수 있기 때문입니다.

이에 본서는 사관학교 입시에 필수적인 과년도 최신 기출문제를 실어 연도별로 기출문제를 풀어볼 수 있도록 구성하여 연도별 출제 경향을 알 수 있도록 하였고, 책 속의 책 – 정답 및 해설에서 알기 쉽고 자세하게 풀이하였습니다.

본서는 여러분의 합격을 응원합니다!

사관학교 입학 전형

육군사관학교

※ 모집요강은 2025학년도에 기반한 것으로, 추후 변경될 수 있으니 반드시 육군사관학교 홈페이지에서 확인하시기 바랍니다.

❙ 모집 정원 : 330명(모집 정원 내 여자 44명 포함)
- 남자 : 인문계열 45%(129명), 자연계열 55%(157명)
- 여자 : 인문계열 60%(26명), 자연계열 40%(18명)

❙ 수업 연한 : 4년

❙ 지원 자격
- 2004년 1월 2일부터 2008년 1월 1일 사이에 출생한 대한민국 국적을 가진 신체 건강하고 사상이 건전한 미혼 남녀
- 고등학교 졸업자, 2025년 2월 졸업예정자 또는 교육부 장관이 이와 동등 이상의 학력이 있다고 인정한 자 (2024년 9월 4일 이전 검정고시 합격자)
- 「군 인사법」 제10조 2항에 의한 결격사유에 해당되지 않는 자
- 대한민국 국적과 외국 국적을 함께 가지고 있지 않은 자
- 법령에 의하여 형사처분을 받지 않은 자(재판계류 중인 자는 판결결과에 따라 합격을 취소될 수 있음)
- 재외국민자녀 : 부모와 함께 동반하여 외국에서 수학한 대한민국 단일국적자 중 수학능력 및 리더십이 우수한 지원자에게 입학의 기회 부여(7개국 언어 지원자 중 5명 이내 선발, 적격자 없을 시 미선발)

❙ 선발방법 및 전형기준

구 분	1차 시험	2차 시험	종합선발
전형 기준	■ 국어/영어/수학 　- 공통수학 : 수학Ⅰ, 수학Ⅱ 　- 인문계열 : (선택) 확률과 통계, 미적분, 기하 중 택1 　- 자연계열 : (선택) 미적분, 기하 중 택1	■ 면접 ■ 체력검정 ■ 신체검사	■ 1차 시험(50점) ■ 2차 시험(250점) ■ 고등학교 내신(100점) ■ 대학수학능력시험(600점)
비고	※ 모집정원 기준 남자 5배수, 여자 8배수 계열별/성별 구분하여 선발 ※ 대학수학능력시험과 유사한 형식으로 과목별 30문항(단, 영어는 듣기평가 없음)	※ 사전 AI면접 실시 후 면접분야에서 참고자료로 활용 ※ 한국사능력검정시험 가산점(우선선발 및 특별전형 합격자 선발 시에만 적용)	※ 성별, 계열별 총점 순에 의해 선발

해군사관학교

※모집요강은 2025학년도에 기반한 것으로, 추후 변경될 수 있으니 반드시 해군사관학교 홈페이지에서 확인하시기 바랍니다.

▌모집 정원 : 170명(모집 정원 내에서 여생도 26명)

– 남자 : 인문계열 65명, 자연계열 79명
– 여자 : 인문계열 13명, 자연계열 13명

▌수업 연한 : 4년

▌지원 자격

– 2004년 1월 2일부터 2008년 1월 1일 사이에 출생하여 대한민국 국적을 가진 미혼 남녀
– 고등학교 졸업자, 2025년 2월 졸업예정자 또는 교육부 장관이 이와 동등 이상의 학력이 있다고 인정한 자 (2024년 9월 1일 이전 검정고시 합격자)
– 「군 인사법」 제10조 1항의 임용자격이 있는 자
– 「군 인사법」 제10조 2항에 의한 결격사유에 해당되지 않는 자
– 재외국민자녀 : 외국에서 고교 1년을 포함하여 연속 3년 이상 수학한 자로서 고교졸업자 또는 졸업 예정 자(부모와 별도로 자녀 단독으로 유학한 경우는 지원할 수 없음)

▌선발방법 및 전형기준

구 분	1차 시험	2차 시험	종합선발
전형 기준	■ 국어/영어/수학 – 공통수학 : 수학Ⅰ, 수학Ⅱ – 인문계열 : (선택) 확률과 통계, 미적분, 기하 중 택1 – 자연계열 : (선택) 미적분, 기하 중 택1	■ 신체검사 ■ 체력검정 ■ 대면면접 ■ AI면접	■ 2차 시험 성적(300점) ■ 학생부 성적(50점) ■ 대학수학능력시험(650점)
비고	※남자는 모집 정원의 4배수, 여자는 8배수를 남·여 및 문·이과 구분 선발 ※국어 30문항, 영어 30문항(듣기평가 없음), 수학 30문항	※체력분야 가산점 최대 3점 ※사전 AI면접 실시 후 면접분야에서 참고자료로 활용	※대학수학능력시험 선택과목 시 계열별로 해당하는 과목 선택하여 응시 필요. 계열별 해당하지 않는 과목을 응시하는 경우 선발 대상에서 제외

공군사관학교

※ 모집요강은 2025학년도에 기반한 것으로, 추후 변경될 수 있으므로 반드시 공군사관학교 홈페이지에서 확인하시기 바랍니다.

▎모집 정원 : 235명(남자 199명, 여자 36명 내외)
- 남자 : 인문계열 60명 내외, 자연계열 139명 내외
- 여자 : 인문계열 16명 내외, 자연계열 20명 내외

▎수업 연한 : 4년

▎지원 자격
- 대한민국 국적을 가진 미혼 남 · 여로서 신체가 건강하고, 사관생도로서 적합한 사상과 가치관을 가진 자
- 2004년 1월 2일부터 2008년 1월 1일까지 출생한 자
- 고등학교 졸업자 및 2025년 2월 졸업예정자 또는 법령에 의하여 이와 동등한 학력이 있다고 인정된 자
- 「군 인사법」 제10조 2항의 규정에 의한 결격사유에 해당되지 않는 자
  ※ 단, 복수국적자는 지원 가능하나, 가입학 등록일 전까지 외국 국적을 포기하여야만 입학 가능함
- 법령에 의하여 형사처벌을 받지 아니한 자(기소유예 포함)
  ※ 재판계류 중인 자는 판결결과에 따라 합격이 취소될 수 있음

▎선발방법 및 전형기준

구 분	1차 시험	2차 시험	종합선발
전형 기준	■ 국어/영어/수학 – 공통수학 : 수학Ⅰ, 수학Ⅱ – 인문계열 : (선택) 확률과 통계, 미적분, 기하 중 택1 – 자연계열 : (선택) 미적분, 기하 중 택1	■ 신체검사(당일 합/불 판정) ■ 체력검정(150점) ■ 면접(330점)	■ 1차 시험 성적(400점) ■ 2차 시험 성적(480점) ■ 학생부 성적(100점) ■ 한국사능력검정시험(20점)
비고	※ 과목별 원점수 60점 미만이면서 표준점수 하위 40% 미만인 자는 불합격 – 남자 : 인문계열 4배수, 자연계열 6배수 – 여자 : 인문계열 8배수, 자연계열 10배수	※ 개인별 1박 2일 소요 ※ 사전 AI면접 실시 후 면접분야에서 참고자료로 활용	※ 한국사능력검정시험 가산점 부여방식 : 중급 이상 (제47회 이후 : 심화 이상) 취득점수×0.1+10

특별전형

재외국민자녀전형

- 선발인원 : 2명 이내 선발
- 지원 자격(다음 각 호를 모두 만족할 경우 자격 충족)
  1. 외국에서 고교 1년을 포함하여 연속 3년 이상 수학한 자(부·모와 별도로 자녀만 단독으로 해외 유학한 경우 재외국민자녀에서 제외)
  2. 주재국 고교성적 평균 B 이상인 자
  3. 각 외국어별 어학능력시험 최저기준 이상인 자

독립유공자 (외)손/자·녀, 국가유공자 자녀전형

- 선발인원 : 총 3명 이내(유공자별 최대 2명)
- 지원 자격 :「독립유공자예우에 관한 법률」제4조 제1호 및 제2호에 해당되는 순국선열과 애국지사의 독립유공자 (외)손/자녀,「국가유공자 등 예우 및 지원에 관한 법률」제4조에 해당되는 국가유공자의 자녀
- 종합성적 기준 지원분야 모집정원 1.5배수 이내 해당자에 대해 심의를 거쳐 선발

고른기회전형

- 농·어촌 학생
  1. 선발인원 : 5명 이내(남자 4명, 여자 1명 / 고교별 최대 2명)
  2. 지원 자격 :「지방자치법」제3조에 의한 읍·면 지역 또는「도서·벽지 교육진흥법」제2조에 따른 도서·벽지 지역 소재 중·고등학교에서 전 교육과정을 이수하고 지원자와 부·모 모두가 중학교 입학 시부터 고등학교 졸업 시까지 6년 동안 읍·면 또는 도서·벽지 지역에 거주한 자 또는 지원자 본인이 초등학교 입학 시부터 고등학교 졸업 시까지 읍·면 지역 또는 도서·벽지 지역에 거주한 자
- 기초생활 수급자·차상위 계층
  1. 선발인원 : 5명 이내(남자 4명, 여자 1명)
  2. 지원자격 :「국민기초생활보장법」제2조제2호에 따른 수급자 또는「국민기초생활보장법」제2조 제10호에 따른 차상위계층

국군간호사관학교

※ 모집요강은 2025학년도에 기반한 것으로, 추후 변경될 수 있으므로 반드시 국군간호사관학교 홈페이지에서 확인하시기 바랍니다.

▌ 모집 정원 : 90명(남자 14명, 여자 76명)

- 남자 : 인문계열 6명, 자연계열 8명
- 여자 : 인문계열 31명, 자연계열 45명

▌ 수업 연한 : 4년

▌ 지원 자격

- 2004년 1월 2일부터 2008년 1월 1일 사이에 출생한 대한민국 국적을 가진 미혼 남녀로서 신체 건강하고 사관생도로서 적합한 가치관을 가진 사람
- 고등학교 졸업자 또는 2025년 2월 졸업예정자와 이와 동등 이상의 학력이 있다고 교육부 장관이 인정한 사람
- 「군 인사법」 제10조 2항에 의한 결격사유에 해당되지 않는 자
- 국군간호사관학교 생도신체검사 예규에서 정하는 기준에 적합한 자

▌ 선발방법 및 전형기준

구 분	1차 시험	2차 시험	종합선발
전형 기준	■ 국어(듣기 제외) ■ 영어(듣기 제외) ■ 수학 - 공통수학 : 수학Ⅰ, 수학Ⅱ - 인문계열 : (선택) 확률과 통계, 미적분, 기하 중 택1 - 자연계열 : (선택) 미적분, 기하 중 택1	■ 인성검사 ■ 신체검사 ■ 체력검정 ■ 면접	■ 대학수학능력시험(700점) ■ 학생부(100점) - 교과(90점), 비교과(10점) ■ 2차 시험(200점) - 면접시험(150점), 체력검정(50점) ■ 한국사능력검정시험(가산점 α)
비고	※ 대학수학능력시험과 유사 ※ 모집 정원 기준 - 남자 인문 4배수, 자연 8배수 - 여자 4배수	※ 사전 AI면접 실시 후 면접분야에서 참고자료로 활용	※ 학생부 반영 방법 : 교과성적(90점), 비교과 성적(10점 : 결석일수 × 0.3점 감점) ※ 동점자 발생 시 선발 우선 순위 : 면접 〉체력검정 〉학생부 〉수능 성적순

 모집 요강은 추후 변동될 수 있으므로 반드시 사관학교 홈페이지에서 확인하시기 바랍니다.

사관학교 Q&A

Q1 육군사관학교 2차 시험의 면접은 어떤 분야가 실시되나요?

2차 시험의 면접은 AI역량검사, 구술면접, 학교생활, 자기소개, 외적자세, 심리검사, 종합판정 등 총 7개 분야가 실시됩니다. 또한 사전 AI 면접을 실시하여 일부 면접 분야에서 참고자료로 활용됩니다. 면접시험의 구성은 당해연도 2차 시험 계획에 따라 일부 변경될 수 있습니다.

Q2 수시 제한에 해군사관학교도 포함이 되나요?

해군사관학교는 특별법에 의해 설치된 대학으로서, 대학(산업대학 및 교육대학/전문대학 포함)과 특별법에 의해 설치된 대학(전문대학 포함)/각종 학교 간에는 복수지원과 이중등록 금지원칙을 적용하지 않는다는 원칙에 따라 수시 제한과 관계없이 지원 가능합니다.

Q3 공군사관학교 지원 시 동아리활동에 대한 가산점이 있나요?

학교생활기록부 성적반영은 교과과목인 국어, 영어, 수학, 사회(인문)/과학(자연)에 대해서만 반영하며 비교과 과목(봉사활동, 독서활동, 동아리활동, 수상경력 등)은 점수에 직접 반영하지 않지만 면접 시 참고자료로 활용될 수 있습니다.

Q4 국군간호사관학교 입학하고 싶은데, 내신등급이 높아야 합격 가능성이 높은가요?

종합 선발 기준은 2차 시험 200점, 학생부 100점, 대학수학능력시험 700점을 총 합산한 최종성적 순으로 선발하기 때문에 비중이 높은 수능성적이 높을 경우 가능성이 있을 것으로 예상됩니다.

사관학교 졸업 후 진로

육군사관학교

육군사관학교 졸업생들은 졸업과 동시에 문학사, 이학사, 공학사 및 군사학사의 2개 학위를 취득하며 육군 소위로 임관합니다. 임관 후에는 계급별 군사교육을 수료하고, 야전부대에서 각급제대 지휘관 및 참모직책을 수행하며 주요 정책부서에서 군사전문가로 활동하기도 합니다. 본인 희망에 따라 국내·외 대학원에서 석·박사과정 위탁교육을 받을 수 있습니다. 졸업 후 의무복무기간은 10년이며, 본인 희망에 따라 5년차에 전역할 수 있습니다.

공군사관학교

공군사관학교 졸업과 동시에 공군 장교로 임관하며, 항공작전 및 기타 지원 분야에서 업무를 수행하게 됩니다.
- 항공작전분야 : 전투기, 수송기, 헬리콥터 조종과 항공작전 및 전략개발을 담당하는 분야입니다. 비행훈련은 4학년 2학기부터 실시되며, 비행교육입문과정, 기본과정 및 고등과정을 수료하면 정식 조종사가 됩니다.
- 지원분야 : 공중근무를 직·간접적으로 지원하는 임무를 수행하는 분야로, 조종, 항공통제, 방공포병, 기상, 정보통신, 군수, 시설, 재정, 인사행정, 정훈, 교육, 정보, 헌병, 법무, 군종, 의무 분야 등이 있습니다.
- 자기계발을 위한 전문교육 : 임무수행에 필요한 체계적인 군사 전문교육 기회를 제공받습니다.
- 석사 및 박사과정 교육 : 해당 분야 전문성 증진을 위해 국비로 국내·외 유명 대학에서 석사 및 박사과정 교육기회를 제공합니다. 대다수의 졸업생은 석사 이상의 학위를 취득한 후 공군의 다양한 전문분야에서 국가안보를 위해 헌신하고 있습니다.
- 사회의 다양한 분야로 진출 : 비행훈련을 마치는 조종사는 정부 공인 민간 항공기 조종사 면허증을 받으며, 전역 후 민간 항공에 취업할 수 있어 현재 많은 공사 출신 조종사들이 활동하고 있습니다. 지원분야에 근무하는 장교는 사관학교의 수준 높은 교육과 전문성을 토대로 사회 각 분야로 활발히 진출하고 있습니다.

해군사관학교

해군사관학교 졸업 후 진로는 다음과 같이 다양하게 선택할 수 있습니다.

- 해군 장교(소위)로 임관하여 대양해군 시대의 주역으로 진출

- 해병대 장교 등 자신의 적성에 맞는 다양한 병과 선택 가능

- 졸업 후 국내 · 외 대학원에서 석 · 박사 학위 취득 가능(국비 지원)

- 선택한 병과에 따라 항해사, 기관사 및 항공기 조종사 등의 면허취득 가능

- 국내 · 외의 다양한 유학 및 연수 기회 부여

- 졸업 후 5년째 되는 해에 전역(사회진출) 기회 부여

- 20년 이상 근속 후 퇴직(전역) 시 평생 연금 혜택 부여

국군간호사관학교

국군간호사관학교 생도들은 4년간 교육 후 「간호사 국가고시」를 거쳐 간호사 면허증을 취득하게 되며, 졸업과 동시에 간호학사 학위를 수여받고, 영예로운 육 · 해 · 공군 간호장교 소위로 임관하여 전국의 국군병원에서 간호전문인으로서 그 능력을 발휘하며 경험을 쌓게 됩니다. 군 병원 임상에서 간호전문인으로서 직책을 수행하는 것 이외에도 군의 교육기관, 정책부서 등에도 그 능력을 발휘하고 있으며 임관 후에도 국비로 석 · 박사 학위를 취득하여 국간사 교수 등으로 성장할 수 있도록 지원하고, 또한 국 · 내외에서 간호분야별(수술, 중환자, 응급, 마취, 인공신장, 정신) 주특기 교육을 받아 적성에 맞는 간호영역에서 근무할 수 있으며, 이러한 교육과 경험은 퇴역 후 사회 진출 시에도 귀중한 자산이 되어 민간의 각 기관에서 환영받게 됩니다. 또한 해외에 파견되어 세계평화유지를 위한 국군의료지원단(PKO)의 일원으로 국위선양에 기여할 수 있습니다.

졸업 후 6년간의 의무복무기간을 마치고 사회로 진출할 수 있으며 복무연장근무(임관 후 평균 10년), 또는 장기 근무자의 경우 영관장교 이상의 진출 기회가 주어집니다. 퇴역한 후 사회로 진출한 동문 중에는 민간병원, 간호정책 기관, 대학교수, 각급 학교 보건교사, 기타 보건관련기관 등 다양한 직종에서 그 능력을 발휘하며, 여성 지도자로서 각계각층에서 자리매김하고 있습니다.

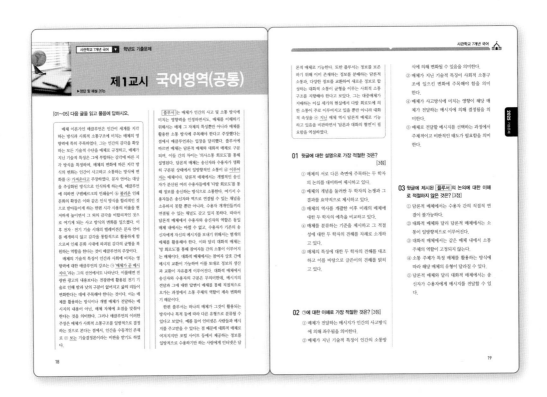

사관학교 연도별 최신 7개년 기출문제

■ 사관학교 1차 시험 국어영역, 영어영역, 수학영역 세 과목의 기출문제를 2025학년도부터 2019학년도까지 연도별로
정리하여 수록함으로써 연도별 기출 경향과 출제 방향을 파악할 수 있도록 구성하였습니다.

정답 및 해설

- **정답해설** : 각 문항별로 자세하고 알기 쉽게 풀이하여 수험생들이 쉽게 이해할 수 있도록 구성하였습니다.

- **오답해설** : 정답을 아는 것에서 나아가 오답이 오답인 이유를 명백히 이해할 수 있도록 오답에 대한 해설도 함께 수록하였습니다.

- **Tip** : 문제와 관련된 내용을 Tip으로 정리하여 배경지식을 넓힐 수 있도록 구성하였습니다.

- **핵심어휘** : 본문에 제시된 주요 어휘를 정리하여 단어를 쉽게 익힐 수 있도록 구성하였습니다.

- **본문해석** : 본문 해석을 함께 수록하여 문제를 좀 더 쉽게 이해할 수 있도록 구성하였습니다.

목차

사관학교 스터디 플랜

날 짜	연 도	과 목	내 용	학습시간
Day 1~3	2025학년도	• 국어영역 기출문제 • 영어영역 기출문제 • 수학영역 기출문제		
Day 4~6	2024학년도	• 국어영역 기출문제 • 영어영역 기출문제 • 수학영역 기출문제		
Day 7~9	2023학년도	• 국어영역 기출문제 • 영어영역 기출문제 • 수학영역 기출문제		
Day 10~12	2022학년도	• 국어영역 기출문제 • 영어영역 기출문제 • 수학영역 기출문제		
Day 13~15	2021학년도	• 국어영역 기출문제 • 영어영역 기출문제 • 수학영역 기출문제		
Day 16~18	2020학년도	• 국어영역 기출문제 • 영어영역 기출문제 • 수학영역 기출문제		
Day 19~21	2019학년도	• 국어영역 기출문제 • 영어영역 기출문제 • 수학영역 기출문제		

2026
사관학교
 7개년 국어·영어·수학

2025학년도 기출문제 | 제1교시 국어영역(공통)

제2교시 영어영역(공통)

제3교시 수학영역(공통)

제1교시 국어영역(공통)

▶정답 및 해설 466p

[01~05] 다음 글을 읽고 물음에 답하시오.

매체 이론가인 매클루언은 인간이 세계를 지각하는 방식과 사회적 소통구조에 미치는 매체의 영향력에 특히 주목하였다. 그는 인간의 감각을 확장하는 모든 기술적 수단을 매체로 규정하고, 매체가 지닌 기술적 특징은 그에 부합하는 감각에 따른 지각 방식을 특정하며, 매체의 변화에 따른 지각 방식의 변화는 인간이 사고하고 소통하는 방식에 변화를 ⓐ 가져온다고 주장하였다. 문자 언어는 대상을 추상화된 방식으로 인식하게 하는데, 매클루언에 의하면 구텐베르크의 인쇄술이 ⓑ 불러온 인쇄 문화의 확장은 이와 같은 인식 방식을 합리적인 것으로 받아들이게 하는 한편 시각 사용의 비율을 현저하게 높이면서 그 외의 감각을 비합리적인 것으로 여기게 되는 사고 방식의 변화를 일으켰다. 이후 전자·전기 기술 시대의 텔레비전은 문자 언어를 매개하지 않고 감각을 통합적으로 활용하게 함으로써 인쇄 문화 시대에 파괴된 감각의 균형을 복원하는 역할을 한다는 것이 매클루언의 주장이다.

매체의 기술적 특징이 인간과 사회에 미치는 영향력에 대한 매클루언의 강조는 ㉠'매체가 곧 메시지다.'라는 그의 선언에서도 나타난다. 이를테면 전광판 광고의 내용보다는 전광판에 활용된 전기 기술로 인해 밤과 낮의 구분이 없어지고 삶의 리듬이 변화한다는 데에 주목해야 한다는 것이다. 이는 매체를 활용하는 방식이나 개별 매체가 전달하는 메시지의 내용이 아닌, 매체 자체에 초점을 맞춰야 한다는 것을 의미한다. 그러나 매클루언의 이러한 주장은 매체가 사회적 소통구조를 일방적으로 결정하는 것으로 본다는 점에서, 인간을 수동적인 존재로 ⓒ 보는 기술결정론이라는 비판을 받기도 하였다.

플루서는 매체가 인간의 사고 및 소통 방식에 미치는 영향력을 인정하면서도, 매체를 이해하기 위해서는 매체 그 자체의 특성뿐만 아니라 매체를 활용한 소통 방식에 주목해야 한다고 주장했다는 점에서 매클루언과는 입장을 달리했다. 플루서에 따르면 매체는 담론적 매체와 대화적 매체로 구분되며, 이들 간의 차이는 '의사소통 회로도'를 통해 설명된다. 담론적 매체는 송신자와 수용자가 명확히 구분된 상태에서 일방향적인 소통이 ⓓ 이루어지는 매체이다. 담론적 매체에서는 개별적인 송신자가 분산된 여러 수용자들에게 '다발 회로도'를 통해 정보를 송신하는 방식으로 소통한다. 여기서 수용자들은 송신자와 역으로 연결될 수 있는 채널을 소유하지 못할 뿐만 아니라, 수용자 개개인들끼리 연결될 수 있는 채널도 갖고 있지 못하다. 따라서 담론적 매체에서 수용자와 송신자의 역할은 동일 매체 내에서는 바뀔 수 없고, 수용자가 기존의 송신자에게 자신의 메시지를 보내기 위해서는 별개의 매체를 활용해야 한다. 이와 달리 대화적 매체는 '망 회로도'를 통해 참여자들 간의 소통이 이루어지는 매체이다. 대화적 매체에서는 참여자 상호 간에 메시지 교환이 가능하며 이를 토대로 정보의 생산과 교환이 자유롭게 이루어진다. 대화적 매체에서 송신자와 수용자의 구분은 무의미한데, 메시지의 전달과 그에 대한 답변이 매체를 통해 직접적으로 오가는 과정에서 소통 주체의 역할이 계속 변화하기 때문이다.

한편 플루서는 하나의 매체가 그것이 활용되는 방식이나 목적 등에 따라 다른 유형으로 분류될 수 있다고 보았다. 예를 들어 인터넷은 사람들과 메시지를 주고받을 수 있다는 점 때문에 대화적 매체로 여겨지지만 포털 사이트 등에서 제공하는 정보를 일방적으로 수용하기만 하는 사람에게 인터넷은 담론적 매체로 기능한다. 또한 플루서는 정보를 보존하기 위해 이미 존재하는 정보를 분배하는 담론적 소통과, 다양한 정보를 교환하여 새로운 정보로 합성하는 대화적 소통이 균형을 이루는 사회적 소통구조를 지향해야 한다고 보았다. 그는 대중매체가 지배하는 이십 세기의 현실에서 다발 회로도에 의한 소통이 주로 이루어지고 있을 뿐만 아니라 대화적 속성을 ⓔ 지닌 매체 역시 담론적 매체로 기능하고 있음을 비판하면서 '담론과 대화의 협연'이 필요함을 역설하였다.

01 윗글에 대한 설명으로 가장 적절한 것은?

[3점]

① 매체의 서로 다른 측면에 주목하는 두 학자의 논의를 대비하여 제시하고 있다.

② 매체의 개념을 둘러싼 두 학자의 논쟁과 그 결과를 요약적으로 제시하고 있다.

③ 매체의 역사를 개괄한 이후 미래의 매체에 대한 두 학자의 예측을 비교하고 있다.

④ 매체를 분류하는 기준을 제시하고 그 적절성에 대한 두 학자의 견해를 차례로 소개하고 있다.

⑤ 매체의 특징에 대한 두 학자의 견해를 대조하고 이를 바탕으로 글쓴이의 견해를 밝히고 있다.

02 ㉠에 대한 이해로 가장 적절한 것은? [3점]

① 매체가 전달하는 메시지가 인간의 사고방식에 의해 좌우됨을 의미한다.

② 매체가 지닌 기술적 특징이 인간의 소통방식에 의해 변화될 수 있음을 의미한다.

③ 매체가 지닌 기술적 특징이 사회적 소통구조에 일으킨 변화에 주목해야 함을 의미한다.

④ 매체가 사고방식에 미치는 영향이 해당 매체가 전달하는 메시지에 의해 결정됨을 의미한다.

⑤ 매체로 전달할 메시지를 선택하는 과정에서 주체적이고 비판적인 태도가 필요함을 의미한다.

03 윗글에 제시된 플루서의 논의에 대한 이해로 적절하지 않은 것은? [3점]

① 담론적 매체에서는 수용자 간의 직접적 연결이 불가능하다.

② 대화적 매체와 달리 담론적 매체에서는 소통이 일방향적으로 이루어진다.

③ 대화적 매체에서는 같은 매체 내에서 소통 주체의 역할이 고정되지 않는다.

④ 소통 주체가 특정 매체를 활용하는 방식에 따라 해당 매체의 유형이 달라질 수 있다.

⑤ 담론적 매체와 달리 대화적 매체에서는 송신자가 수용자에게 메시지를 전달할 수 있다.

04 '매클루언'과 '플루서'의 관점에서 〈보기〉에 대해 이해한 반응으로 적절하지 <u>않은</u> 것은? [4점]

〈보기〉

⑦ 19세기 초까지만 하더라도 신문은 제한된 독자층을 대상으로 신문사의 정치적 논설을 전달하는 데 초점을 둔 매체였다. 그러나 새로운 제지 기술의 등장으로 인해 신문의 생산 가격이 낮아지는 한편, 상업 광고 지면이 늘어나며 재정적 기반이 구독료에서 광고료로 전환됨에 따라 독자층이 확대되었다.

⑭ 20세기 초에 등장한 텔레비전은 방송국에서 송출한 영상을 분산된 여러 수용자들에게 전달했다. 주로 문자 언어에 의해 매개되는 인쇄물, 단일한 감각을 요구하는 라디오와 같은 이전의 매체와 비교할 때 텔레비전은 훨씬 다채롭고 감각적인 세상을 펼쳐 놓았다.

① 매클루언은 ⑦의 '새로운 제지 기술의 등장'을 계기로 더 많은 사람들이 문자를 통해 대상을 추상화하여 인식하는 방식을 합리적인 것으로 여기게 되었다고 보겠군.

② 플루서는 ⑦에 제시된 '상업 광고 지면'의 확대가 담론과 대화가 균형을 이루는 사회적 소통구조를 형성하는 데 기여하지는 못한다고 보겠군.

③ 플루서는 ⑦에 제시된 '신문'의 독자층 확대가 신문이라는 담론적 매체의 의사소통 회로도를 다른 유형으로 바꾸지는 못한다고 보겠군.

④ 매클루언은 ⑭의 '텔레비전'이 메시지를 전달하는 과정에서 문자 언어에만 의존하지 않는다는 점에서 인쇄 문화 시대에 파괴된 감각의 균형을 복원하는 데 기여할 수 있다고 보겠군.

⑤ 플루서는 ⑭의 '텔레비전'이 '라디오'와 달리 대화적 매체에 해당하기 때문에 세상과 더 생생하게 연결되는 느낌을 준다고 보겠군.

05 문맥상 ⓐ~ⓔ와 바꾸어 쓰기에 적절하지 <u>않은</u> 것은? [3점]

① ⓐ : 야기(惹起)한다고

② ⓑ : 촉발(觸發)한

③ ⓒ : 간주(看做)하는

④ ⓓ : 결성(結成)되는

⑤ ⓔ : 내포(內包)한

[06~10] 다음 글을 읽고 물음에 답하시오.

민사 집행법은 채무자가 채무를 이행하지 않을 경우에 채권자의 신청에 따라 국가가 강제력을 행사하여 채권자의 권리를 실현하는 법적 절차인 강제 집행 에 대해 규정하고 있으며, 그 집행 방법으로 직접 강제, 대체 집행, 간접 강제를 인정하고 있다. 직접 강제는 국가 기관이 유형력을 행사하여 채무자의 의사와 상관없이 채무의 내용을 실현하는 것을 말하며, 대체 집행은 채권자 또는 제삼자가 채무자를 대신하여 채무의 내용을 실현하게 하고 그 비용을 채무자로부터 추심*하는 것이다. 그리고 간접 강제는 채무 불이행에 대하여 채무자에게 채권자에 대한 배상금의 지급 또는 구금 등의 제재를 예고하여 심리적 압박을 가함으로써 채무자가 스스로 채무를 이행하도록 하는 것이다. 민사 집행법

제261조 제1항은 채무의 성질이 간접 강제를 할 수 있는 경우에 간접 강제를 명하는 결정을 한다는 규정을 제시하고 있다. 직접 강제와 대체 집행은 채무자의 의사와 무관하게 이행의 강제를 실현하는 반면, 간접 강제는 채무자에게 심리적 압박을 주어 집행을 강제하는 것이므로 채무자의 자유의사, 즉 자신의 채무를 이행하지 않겠다는 의사에 따른 선택권을 부당히 제한할 우려가 있게 된다는 것이다. 따라서 채무의 성질상 직접 강제나 대체 집행을 할 수 없는 것만이 간접 강제의 대상이 된다.

채무는 주는 채무와 하는 채무로 구분할 수 있는데, 물건의 인도를 목적으로 하는 주는 채무에 대한 강제 집행은 원칙적으로 직접 강제에 의한다. 집행관이 직접 채무자로부터 빼앗아 채권자에게 인도함으로써 ㉠ 특정 물건을 인도하는 채무가 이행되는 것이다. 하는 채무는 물건의 인도 이외의 채무자의 행위를 목적으로 하여 직접 강제로는 그 목적을 달성할 수 없으므로 채무의 성질에 대체성이 있는 경우에는 대체 집행을, 대체성이 없는 경우에는 간접 강제를 적용하게 된다. 하는 채무는 불법 건축물 철거와 같이 일정한 적극적인 행위를 해야 하는 작위 채무와 관망을 방해할 건축을 하지 않는 것과 같이 소극적으로 일정한 행위를 하지 않을 것을 내용으로 하는 부작위 채무로 나뉜다. 작위 채무는 다시 대체적 작위 채무와 부대체적 작위 채무로 구분되는데, 제삼자가 채무를 대신 이행할 수 있어 대체 집행이 가능한 대체적 작위 채무와 달리, 제삼자가 대신할 수 없는 부대체적 작위 채무의 경우에는 간접 강제만 허용된다. 또한 채무의 성질상 채무자만이 채무를 이행할 수 있어 대체성이 없는 부작위 채무는 간접 강제에 의하는 것이 원칙이다.

간접 강제의 대상이 되는 부대체적 작위 채무의 예로는 채무자만이 게시 장소의 일부 또는 전부를 알고 있는 포스터 등을 제거할 채무와 같이 사실상 채무자가 아니면 할 수 없는 채무, ㉡ 어음 등에 서명할 채무와 같이 채무자 자신이 하지 않으면 효과가 생기지 않는 채무 등이 있다. 부작위 채무의 예로는 통행 방해 금지 채무, 출입 금지 채무 등이 있

으며, 이러한 부작위 채무를 위반한 경우가 간접 강제의 대상이 된다. ㉓ 그러나 부작위 채무의 위반 결과 남아 있는 유체물의 제거, 장래에 위반 행위를 반복하는 것을 막기 위한 물적 설비의 설치 등은 대체 집행에 의한다. 일조 방해 금지 채무에 위반하여 설치된 차폐물의 제거, 출입 금지 채무의 위반을 방지하기 위한 담을 설치하는 것 등이 그 예이며, 이는 부작위 채무 자체에 대한 강제 집행이 아니다. 한편 ㉢ 저작, 강연, 연주, 연극 등을 할 채무와 같이 채무의 이행에 채무자 고유의 예술적 또는 학문적 기능을 필요로 하는 채무의 경우는 채무자에게 심리적 강제를 가하면 채무의 본래 취지에 적합한 채무자의 행위가 실현되지 않으므로 간접 강제는 허용되지 않는다. 따라서 이러한 채무는 민사 집행법에 따른 강제 집행이 불가능한 채무에 해당한다.

간접 강제 결정은 채권자의 신청이 있어야 가능하며, 신청서에는 채무자가 해야 할 작위 혹은 부작위 채무의 내용을 구체적으로 명시해야 한다. 이때 채무자가 채무를 이행해야 할 상당한 기간과 기간 내 이행하지 않을 시 채권자에게 지급해야 할 배상금을 명시하고 그 근거가 될 수 있는 자료를 첨부하여 법원의 판단에 참고가 될 수 있도록 한다. 단, 법원의 판단은 채권자가 신청한 이행 기간이나 배상금의 액수에 구속되지 않는다. 또한 원칙적으로 채권자는 채무자가 해당 채무를 이행하지 않을 개연성이 높아 간접 강제가 필요하다는 것에 관하여 증거를 갖추어 소명해야 한다. 채권자의 신청을 접수한 법원은 채무자가 이행해야 할 채무가 간접 강제가 가능한 것인지, 해당 사안이 간접 강제의 필요성이 있는지 등을 심리하여 이를 명하는 결정을 하게 된다.

* 추심: 찾아내어 가지거나 받아 냄.

06 윗글을 읽고 답을 찾을 수 있는 질문이 **아닌** 것은? [3점]

① 채무자의 채무 불이행 시 채권자의 권리를 보호하기 위해 취할 수 있는 법적 조치는 무엇인가?

② 강제 집행에 대해 규정하고 있는 법률에서 인정하는 강제 집행 방법은 무엇인가?

③ 하는 채무가 직접 강제로는 그 목적을 달성할 수 없는 이유는 무엇인가?

④ 민사 집행법에 따른 강제 집행이 불가능한 채무의 경우 채권자의 피해 구제를 위한 방법은 무엇인가?

⑤ 채권자가 간접 강제 신청을 할 때 신청서에 명시해야 할 내용은 무엇인가?

07 강제 집행 에 대한 설명 중 적절하지 **않은** 것은? [3점]

① 직접 강제가 불가능한 작위 채무는 모두 대체 집행의 대상이 된다.

② 채무의 성질상 직접 강제를 할 수 있는 경우에는 간접 강제가 배제된다.

③ 국가의 강제력을 통해 채무자의 의사에 반하는 채권자의 권리 실현이 가능하다.

④ 작위 채무에 대한 강제 집행 시 실제로 채무를 이행하는 주체는 채무자가 아닐 수 있다.

⑤ 민사 집행법 제261조 제1항은 하는 채무 중 일부에 대한 강제 집행 방법을 규정하고 있다.

08 ㉠~㉢을 비교한 내용으로 가장 적절한 것은? [3점]

① ㉠은 채무자가 특정한 행위를 하지 않을 것을 내용으로 한다.

② ㉡은 채권자가 채무자를 대신하여 채무의 내용을 실현할 수 있다.

③ ㉢은 제삼자가 대신 이행한다면 채무자가 한 것과 동일한 작위 결과를 달성할 수 없다.

④ ㉠과 ㉡은 모두, 불이행 시 국가 기관이 유형력을 행사하여 채무의 내용을 실현할 수 있다.

⑤ ㉡과 ㉢은 모두, 채무자에게 심리적 압박을 가하면 채무의 본래 취지에 적합한 채무의 내용이 실현되지 않을 수 있다.

09 ㉮의 이유로 가장 적절한 것은? [4점]

① 법원이 집행 명령을 통해 채무자의 권리를 제한하는 권한을 채권자에게 위임했기 때문이다.

② 부작위 채무에 대한 간접 강제가 실효를 거두지 못하여 대체 집행의 대상이 되었기 때문이다.

③ 부작위 채무 위반에서 유래한 유체물의 제거 및 장래에 대한 조치는 부작위 채무로부터 파생하는 별개의 대체적 작위 채무이기 때문이다.

④ 법원의 재량에 따라 하나의 채무에 대해 여러 집행 방법 중 채권자의 권리 실현에 더 실효성이 있는 것을 선택하여 집행을 명령

할 수 있기 때문이다.

⑤ 부작위 채무 위반에 대한 간접 강제 결정에 의하여 배상금의 추심이 완료되면 부작위 채무 위반에서 유래한 위법한 상태를 배제할 수 있기 때문이다.

10 윗글을 바탕으로 〈보기〉를 이해한 내용으로 적절하지 <u>않은</u> 것은? [4점]

─〈보기〉─

A 빌라에 거주하는 갑은 안방 천장에서 누수가 발생하여 윗집 주인인 을을 상대로 누수 방지 공사 이행을 청구하는 소송을 제기하였다. 또한 갑은 을이 누수 방지 공사를 이행하지 않을 경우를 대비하여 '1개월 안에 공사를 이행하지 않을 때에는 해당 기간이 만료된 다음 날부터 이행 완료 시까지 월 백만 원의 돈을 지급하라'는 간접 강제를 함께 신청했다. 이에 대해 법원은 누수 방지 공사 이행에 대한 청구는 인정을 하였지만 간접 강제 신청은 기각하였다. 재판부는 민사 집행법 제261조 제1항에 따라 해당 채무가 간접 강제에 의한 강제 집행의 대상이 될 수 없다고 밝혔다. 또한 갑이 제출한 증거만으로는 을이 누수 방지 공사를 이행하지 않을 것이라고 단정할 수 없으며, 월 백만 원이 적정한 배상액인지 판단할 수 있는 근거 자료도 부족하다고 덧붙였다.

① 법원은 을이 누수 방지 공사를 이행하지 않을 개연성에 대해 갑과는 판단을 달리한 것이겠군.

② 법원은 갑이 신청한 간접 강제가 자신의 채무를 이행하고자 하는 을의 의사를 부당히 제한한다고 판단한 것이겠군.

③ 법원은 갑이 제출한 증거가 을의 누수 방지 공사 이행을 강제하는 집행의 필요성을 소명하는 데에는 충분치 않다고 판단한 것이겠군.

④ 법원은 을이 이행해야 할 채무가 부작위 채무나 부대체적 작위 채무가 아니라고 보고 갑의 간접 강제 신청을 받아들이지 않은 것이겠군.

⑤ 법원은 갑의 첨부 자료만으로는 을이 채무를 이행하지 않을 경우 갑에게 지급할 배상금이 신청서의 액수에 부합함을 증명할 수 없다고 판단한 것이겠군.

[11~15] 다음 글을 읽고 물음에 답하시오.

피부의 겉면인 표피는 가장 바깥쪽의 각질층부터 과립층, 가시층, 기저층으로 이루어져 있다. 기저층에는 멜라닌 세포와 각질 형성 세포가 있으며, 멜라닌 세포는 가지 돌기들을 통해 각질 형성 세포와 연결되어 있다. 멜라닌 세포는 자외선에 노출된 피부의 색깔이 검게 변하는 색소 침착에 관여하며, 자외선을 산란하거나 흡수하는 색소인 멜라닌을 합성하여 자외선으로부터 피부를 방어한다. 각질 형성 세포는 세포 분열과 각화 과정을 통해 각질 세포가 되며, 각질 세포의 탈락과 함께 멜라닌도 피부 바깥으로 탈락된다.

피부가 자외선에 노출되면 멜라닌 세포에서는 세포핵 주위에 분포하던 멜라닌 소체가 멜라닌 세포의 가지 돌기 주변으로 이동하여 피부가 일시적으로 검어지는 현상인 즉시 색소 침착이 나타난다. 한편 각질 형성 세포에서는 단백질 p53이 활성화된다. 이들 중 일부는 세포핵 안으로 이동한 후 POMC 단백질의 발현을 유도하며, POMC 단백질은 작은 조각으로 나뉘어 멜라닌 세포 자극 호르몬을 형성한다. 이 호르몬은 세포 외부로 분비되어 멜라닌 세포의 수용체와 결합하고, 이 결합에 의해 발생한 신호는 멜라닌 세포의 핵으로 이동해 티로시나아제의 발현을 유도한다.

티로시나아제는 멜라닌 합성 과정의 핵심인 티로신의 산화 반응을 촉진한다. 이 반응은 수산화물을 생성하는 ㉠ 첫 번째 단계와 수산화물이 산화되는 ㉡ 두 번째 단계로 이루어진다. 멜라닌 소체 내의 기질인 티로신은 곁사슬에 다섯 개의 수소 원자와 하나의 수산화물을 가지고 있고, 단백질 효소인 티로시나아제는 티로신과 결합하는 활성 부위에 구리 원자와 산소 원자를 각각 두 개씩 가지고 있다. 구리 원자 중 하나는 티로신의 수산화물과 결합하지만 다른 하나는 결합하지 못하고 남아 있기 때문에 티로시나아제와 티로신은 불안정한 결합을 이룬다. 이를 해소하기 위해 티로시나아제가 가지고 있던 산소 원자 하나가 떨어져 나가 티로신의 수소 원자 하나와 반응해 티로신에 수산화물이 추가로 생성되고, 이 수산화물은 티로시나아제의 남은 구리 원자와 결합을 이룬다. 다음 단계로 티로시나아제에 의해 티로신의 두 수산화물에서 산소 원자만 남고 수소 원자는 떨어져 나가는 산화 반응이 일어나 티로신은 도파퀴논으로 전환된다. 티로신에서 떨어져 나온 두 수소 원자는 티로시나아제에 남아 있던 산소 원자와 반응해 물 분자를 형성한다. 산소가 없는 상태에서 비활성화된 티로시나아제는 산소 공급을 통해 다시 활성화되며 티로신의 산화 반응도 반복된다.

티로시나아제와 분리된 도파퀴논은 페오멜라닌 혹은 유멜라닌이 된다. 도파퀴논이 아미노산의 일종인 시스테인과 결합하여 합성되는 페오멜라닌은 적색과 황색을 띠며 수용성인 멜라닌이다. 반면 시스테인과 결합하지 않고 단백질 효소에 의해 합성되는 유멜라닌은 검은색과 갈색을 띠며 액체에 녹지 않는다. 피부색은 이들 멜라닌의 비율과 양에 의해 결정되며, 멜라닌 세포의 수와 밀도는 피부색과 무관하다.

멜라닌 소체의 내부에 합성된 멜라닌의 양이 많아지면 지연 색소 침착이 나타나는데, 이는 피부가

자외선에 노출된 지 약 72시간 이후에 관찰된다. 또한 멜라닌으로 가득 차서 더 이상 멜라닌의 합성이 일어나지 않게 된 멜라닌 소체는 멜라닌 세포의 가지 돌기를 통해 각질 형성 세포 로 이동한다. 각질 형성 세포 중 일부는 계속 분열하여 그 수를 늘리며, 일부는 칼슘 이온의 세포 내 유입으로 인해 기저층을 떠나 각화 과정을 시작한다. 각화 과정은 각질 형성 세포가 가시층과 과립층을 거쳐 각질 세포가 되는 과정이다. 가시층에서 각질 형성 세포는 지방 등의 유기물인 지질을 포함하게 된다. 각질 형성 세포끼리는 접착제 역할을 하는 탄탄한 단백질 구조에 의해 밀착되며 이렇게 밀착된 상태는 과립층으로 이어진다. 과립층에서 각질 형성 세포는 세포핵이 분해되어 없어진 각질 세포가 되고, 이 각질 세포가 쌓여 각질층을 이룬다. 각질층에서 각질 세포에 남아 있던 지질 중 일부는 세포에서 빠져나와 외부의 유해 물질로부터 인체를 보호하고 인체가 수분을 잃지 않도록 기능한다. 각질층의 가장 바깥에 있는 각질 세포는 일정 기간이 ⓐ 지나면 단백질 구조가 분해되면서 피부에서 떨어져 나가게 된다.

11 윗글에서 확인할 수 있는 내용으로 적절하지 않은 것은? [3점]

① 시스테인과 결합해 합성된 멜라닌은 물에 녹는 성질이 있다.

② 멜라닌 세포 내 멜라닌 소체의 위치 변화로도 피부가 검게 변할 수 있다.

③ 멜라닌 세포의 수가 많고 밀도가 높다고 해서 피부색이 어두운 것은 아니다.

④ 멜라닌 소체 내에 멜라닌이 가득 차게 되면 더 이상 멜라닌의 합성이 일어나지 않는다.

⑤ 지연 색소 침착은 멜라닌 합성을 끝낸 멜라닌 소체가 각질 형성 세포로 이동하면서 일어난다.

12 ㉠과 ㉡에 대한 이해로 가장 적절한 것은? [4점]

① ㉠은 ㉡과 달리 멜라닌 소체 내에서 일어난다.

② ㉠에는 ㉡과 달리 티로시나아제와 티로신의 결합이 불안정한 상태가 존재한다.

③ ㉡에서는 ㉠에서와 달리 티로시나아제의 구리 원자가 티로신의 수산화물과 결합한다.

④ ㉠과 ㉡에서는 모두 티로신과 티로시나아제로 인해 물 분자가 형성된다.

⑤ ㉠과 ㉡에서는 모두 티로시나아제의 산소 원자가 티로신에서 떨어져 나온 수소 원자와 반응한다.

13 각질 형성 세포 에 대한 설명으로 적절하지 않은 것은? [3점]

① 분열 과정에서 칼슘 이온이 작용해 그 수가 증가한다.

② 멜라닌 세포의 가지 돌기를 통해 멜라닌 세포와 연결되어 있다.

③ 기저층을 떠나 가시층, 과립층을 거쳐 무핵 세포인 각질 세포가 된다.

④ 가시층에서 지질을 포함하게 되며 단백질 구조를 통해 서로 밀착된다.

⑤ 멜라닌 세포의 수용체와 결합하는 멜라닌 세포 자극 호르몬을 분비하는 곳이다.

14 윗글을 참고할 때 〈보기〉의 ㉮~㉰가 일으킬 수 있는 반응을 예상한 내용으로 적절하지 않은 것은? [4점]

───〈보기〉───

기능성 화장품 중 색소 침착이 일어나지 않게 하거나 합성된 멜라닌을 탈락시키는 것들이 있다. 이들 화장품에 사용되는 성분 중 ㉮ 산화 아연은 피부 표면에서 자외선을 산란시킨다. ㉯ 알부틴은 티로신과 마찬가지로 곁사슬에 수산화물을 가지고 있어서 멜라닌 세포 내에서 티로시나아제의 활성 부위에 결합할 수 있다. ㉰ 알파 하이드록시산은 피부 표면에서 각질 세포끼리 밀착시키는 단백질 구조를 분해한다.

① ㉮는 피부에 미치는 자외선의 영향을 감소시킨다는 점에서 색소 침착을 억제할 수 있겠군.

② ㉯는 티로신과 티로시나아제의 결합을 방해함으로써 산화 반응이 일어나는 티로신의 비율을 감소시키겠군.

③ ㉰는 각질 세포가 피부에서 떨어져 나가게 하면서 이에 포함된 멜라닌의 탈락을 유발할 수 있겠군.

④ ㉮는 멜라닌 세포 자극 호르몬의 형성 가능성을 낮춘다는 점에서 티로시나아제의 발현 가능성을 억제하고, ㉯의 수산화물은 티로시나아제의 구리 원자와 결합하여 티로신이 도파퀴논으로 전환되는 것을 억제하겠군.

⑤ ㉮는 각질 형성 세포 내 p53의 활성화를 저해한다는 점에서, ㉰는 각화 과정을 활성화한다는 점에서 모두 멜라닌 합성 과정을 억제하겠군.

15 ⓐ와 문맥상 의미가 가장 가까운 것은? [3점]

① 해가 수평선을 <u>지나</u> 떠오르고 있었다.

② 그는 아들의 말을 무심코 <u>지나</u> 버렸다.

③ 사춘기가 <u>지나</u> 부모님과의 갈등이 줄어들었다.

④ 화물차가 교차로를 <u>지나</u> 고속도로로 들어섰다.

⑤ 전력 사용량이 정해진 한계를 <u>지나</u> 경고가 내려졌다.

[16~18] 다음 글을 읽고 물음에 답하시오.

(가)

나의 소년 시절은 은빛 바다가 엿보이는 그 긴 언덕길을 **어머니**의 상여와 함께 꼬부라져 **돌아갔다.**

내 **첫사랑**도 그 길 위에서 조약돌처럼 집었다가 조약돌처럼 잃어버렸다.

그래서 나는 푸른 하늘빛에 호져 때 없이 그 길을 넘어 강가로 내려갔다가도 노을에 함뿍 자줏빛으로 젖어서 돌아오곤 했다.

그 강가에는 봄이, 여름이, 가을이, 겨울이 **나의 나이와 함께 여러 번 댕겨갔다.** 까마귀도 날아가고 두루미도 떠나간 다음에는 누런 모래둔과 그리고 어두운 내 마음이 남아서 몸서리쳤다. 그런 날은 항용 ㉠<u>감기</u>를 만나서 돌아와 앓았다.

할아버지도 언제 난 지를 모른다는 동구 밖 그 늙은 ㉡<u>버드나무</u> 밑에서 나는 지금도 돌아오지 않는 어머니, 돌아오지 않는 계집애, 돌아오지 않는

이야기가 돌아올 것만 같아 **멍하니 기다려** 본다. 그러면 어느새 어둠이 기어와서 내 뺨의 얼룩을 씻어 **준다.**

– 김기림, 「길」 –

(나)

박수 소리. 나는 박수 소리에 등 떠밀려 조회단 앞에 **선다.** 운동화 발로 차며 나온 시선, 눈이 많아 어지러운 ㉢<u>잠자리 머리.</u> 나를 옭아매는 박수의 ㉣<u>낙하산 그물,</u> 그 탄력을, 팅, 끊어버리고 싶지만, 아랫배에서 악식*으로 부글거리는 어머니. 오오 전투 같은, 늘 새마을기와 동향으로 나부끼던 국기마저 미동도 않는, 등 뒤에 아이들의 눈동자가, 검은 교복에 돋보기처럼 열을 가한다. 천여 개의 돋보기 조명, 불개미 떼가 스물스물 빈혈의 육체를 버리고 피난한다. 몸에서 팽그르 ㉤<u>파르란 연기</u>가 피어난다. **팽이, 내려서고 싶어요.** 둥그런 현기증이, 사람멀미가, 전교생 대표가, 절도 있게 불우 이웃에게로, 다가와, 쌀 포대를 배경으로, 라면 박스를, 나는, **라면 박스를,** 그 **가난의 징표를,** 햇살을 등지고 사진 찍는 선생님에게, 노출된, 나는, 비지처럼, 푸석푸석, 어지러워요 햇볕, 햇볕의 설사, 박수 소리가, 늘어지며, 라면 박스를 껴안은 채, **슬로비디오로, 쓰러진,** 오, 나의 유년!! 그 **구겨진 정신에 유리 조각으로 박혀 빛나던 박수 소리,** 박수 소리.

– 함민복, 「박수 소리 1」 –

* 악식: 맛없고 거친 음식.

16 (가)와 (나)의 공통점으로 가장 적절한 것은? [3점]

① 동일한 시구를 반복하여 시적 의미를 부각하고 있다.

② 쉼표의 잦은 사용을 통해 급박한 분위기를 자아내고 있다.

③ 자연물을 의인화하여 대상의 이상적 모습을

강조하고 있다.

④ 명사로 문장을 종결하여 중심 대상으로 초점을 모으고 있다.

⑤ 감탄사의 사용을 통해 현실에 대한 안타까움을 드러내고 있다.

17 ㉠～㉤에 대한 이해로 적절하지 않은 것은?

[3점]

① ㉠은 상실의 경험이 축적되면서 생겨난 '어두운 내 마음'이 육체의 증상으로 표면화된 것이다.

② ㉡은 '할아버지도 언제 난 지를 모른다'는 점에서 과거의 기대를 유지하기가 어려움을 부각하고 있다.

③ ㉢은 '등 떠밀려 조회단 앞에 선' 상황에서, 자신을 향한 수많은 시선을 의식하고 있음을 드러내고 있다.

④ ㉣은 '악식으로 부글거리는 어머니'와 연결되어 박수를 받는 상황에서 벗어날 수 없음을 강조하고 있다.

⑤ ㉤은 '등 뒤에 아이들의 눈동자'가 자신을 주시하는 데에서 비롯된 고통이 시각화된 것이다.

18 〈보기〉를 참고하여 (가)와 (나)를 감상한 내용으로 적절하지 않은 것은? [4점]

〈보기〉

유년 시절의 회상을 다룬 시들은 화자의 과거 경험을 시간적으로 조직하고 형상화하는 방식에서 차이를 보인다. 이러한 차이는 경험 당시의 화자와 경험을 회상하는 화자가 해당 경험으로부터 받은 영향에서도 발견된다.

① (가)의 화자는 '어머니'와 '첫사랑'의 상실로 인해 아픔을 겪었던 소년 시절을, (나)의 화자는 '가난의 징표'인 '라면 박스'를 많은 사람들 앞에서 받으면서 수치심을 느꼈던 유년 시절을 회상하고 있군.

② (가)는 '돌아갔다'와 같은 과거형에서 '준다'와 같은 현재형 시제로 전환하면서 과거 경험과 이를 회상하는 상황을 순차적으로 제시하고 있고, (나)는 '선다'와 같은 현재형에서 '빛나던'과 같은 과거형 시제로 전환하면서 현재화된 과거 경험의 회상을 마무리하고 있군.

③ (가)에서 '강가'에 사계절이 '나의 나이와 함께 여러 번 댕겨갔다'는 것은 수년에 걸쳐 반복적으로 겪은 경험을 하나의 문장으로 압축하여 표현한 것이고, (나)에서 '슬로비디오로, 쓰러진'다는 것은 과거 경험의 짧은 순간을 확장하여 표현한 것이군.

④ (가)에서 화자가 '강가로 내려갔다가도 노을에 함뿍 자줏빛으로 젖어서 돌아오곤' 한 것은 아픔을 극복하고자 했던 당시의 시도가 무위로 돌아갔음을 드러내고, (나)에서 화자가 '팽이'에서 '내려서고 싶'지만 그러지 못했던 것은 상황을 견디고자 하는 마음이 사라졌음을 드러내는군.

⑤ (가)에서 '멍하니 기다려' 보는 행위는 경험을 회상하는 화자에게 과거의 영향이 지속되고 있음을 보여 주고, (나)에서 '구겨진 정신에 유리 조각으로 박'힌 것으로 인식되는 '박수 소리'는 과거의 경험이 화자에게 강렬한 인상으로 남아 있음을 보여 주는군.

[19~22] 다음 글을 읽고 물음에 답하시오.

(가)

한 치도 안 되는 **풀**이 **봄 이슬** 맞은 후에
잎 넓고 줄기 길어 밤낮으로 불어났다
이 은혜 망극하니 갚을 줄을 몰라라
〈제1수: 부자〉

㉠ 먼저 나니 후에 나니 차례야 다를지라도
앞과 뒤를 이어서 한 젖으로 자랐다
사람이 이 뜻을 모르면 **금수만도 못하리**
〈제4수: 형제〉

㉡ 당우* 멀어지고 한당송*이 이어지니
천지 오래되니 세상 도의 아니 변하겠냐
그래도 일곱 구멍 가졌으니* 오륜이야 모르랴
〈제6수: 난 1〉

ⓐ 옷밥이 부족하니 예의 차릴 겨를 없어
가숙당서*를 상관없다 여기느냐
그래도 **보고 들으면 배울 것 있으리**
〈제7수: 난 2〉

이웃을 미워하지 마라 **이웃이 미우면 갈 데 없어**
고을이 버리고 나라가 다 버리리
백년도 못 살 인생이 그러그러 어떠리
〈제8수: 난 3〉

– 박선장, 「오륜가」 –

* 당우, 한당송: 각각 요순시대, 한나라·당나라·송나라를 의미함.
* 일곱 구멍 가졌으니: 사람으로 태어났으니. 얼굴에 있는 눈, 귀, 코, 입의 구멍이 일곱임을 가리킴.
* 가숙당서: 글방과 학교.

(나)

　┌ 집에 옷밥을 두고 들먹은* 저 고공아
[A] │ 우리 집 기별을 아느냐 모르느냐
　└ 비 오는 날 일 없을 때 새끼 꼬며 이르리라
　　처음에 할아버지 살림살이하려 할 때
　　인심을 많이 쓰니 사람이 절로 모여
　　풀 베고 터를 닦아 큰 집을 지어 내고
　　써레 보습 쟁기 소로 전답을 경작하니
　　올벼 논 텃밭이 여드레 갈이로다
　　자손에 전계하야 대대로 나려오니
　　논밭도 좋거니와 **고공도 근검터라**
　　저희마다 농사지어 풍요롭게 살던 것을
　　요사이 고공들은 생각 어찌 아주 없어
　　밥사발 크나 작으나 동옷이 좋고 궂으나
㉢ 마음을 다투는 듯 호수*를 시기하는 듯
　　무슨 일 생각에 흘깃할깃 하는 건가
　　너희네 일 아니하고 시절조차 사나워서
　　가뜩에 내 세간이 풀어지게 되었는데
㉣ 엊그제 화강도에 가산을 탕진하니
　　집 하나 불타 버리고 먹을 것이 전혀 없다
　　크나큰 세사를 어찌하여 치르려뇨
　　김가 이가 고공들아 새 마음 먹자꾸나
㉤ 너희네 젊었느냐 생각 설마 아니하냐
　　한솥에 밥 먹으며 번번이 시기하랴
　　한마음 한뜻으로 농사를 짓자꾸나
　　　　　　　　(중략)
　　너희네 데리고 새 살림 살자 하니
　　엊그제 왔던 도적 아니 멀리 갔다 하되
　　너희네 귀 눈 없어 저런 줄 모르건대
　　화살을 제쳐 놓고 ⓑ 옷밥만 다투느냐
　┌ 너희네 데리고 추운가 주리는가
　│ 죽조반 아침저녁 더 해서 먹였는데
　│ 은혜일랑 생각 않고 제 일만 하려 하니
[B]│ 생각 깊은 새 머슴 어느 때 얻어 있어
　│ 집일을 맡기고 시름을 잊으려뇨
　└ 너희 일 애달파하면서 새끼 한 사리 다 꼬겠구나

– 허전, 「고공가」 –

* 들먹은: 못나고도 마음이 올바르지 못한.
* 호수: 공물과 세금을 거두어 바치는 일을 책임진 사람.

19 ⓐ~ⓔ에 대한 설명으로 적절하지 <u>않은</u> 것은? [3점]

① ㉠: 대구를 활용하여 혈육 간의 위계가 중시되는 세태를 경계하고 있다.

② ㉡: 시간의 경과를 제시하여 세상 변화의 불가피함을 드러내고 있다.

③ ㉢: 서로 반목하는 행태를 제시하며 음성 상징어를 활용하고 있다.

④ ㉣: 원인과 결과를 제시하며 사태의 심각성을 강조하고 있다.

⑤ ㉤: 의문형 표현의 반복을 통해 대상을 질책하는 태도를 부각하고 있다.

20 ⓐ와 ⓑ에 대한 이해로 가장 적절한 것은? [4점]

① ⓐ는 '예의'를 차리기 위해 필요한 도구를, ⓑ는 '도적'의 침입에 대비하기 위한 수단을 의미한다.

② ⓐ는 '예의'를 도외시하는 상황에서 내세우는 핑계를, ⓑ는 '화살'을 갖추는 과정에서 추구해야 할 가치를 의미한다.

③ ⓐ는 '예의' 차리기를 외면하게 하는 현실의 여유를, ⓑ는 '도적'의 침입을 외면하게 하는 현실의 유혹을 의미한다.

④ ⓐ는 '가숙당서'의 중요성을 간과하게 하는 실생활의 문제를, ⓑ는 '도적'의 침입을 대

비하는 일의 시급함을 간과하게 하는 눈앞의 이익을 의미한다.

⑤ ⓐ는 '가숙당서'의 필요성을 느끼기 위해 해결되어야 할 과제를, ⓑ는 '화살'을 갖추는 일의 절박함을 느끼기 위해 충족되어야 할 조건을 의미한다.

21 〈보기〉를 참고하여 (가), (나)를 감상한 내용으로 적절하지 <u>않은</u> 것은? [4점]

〈보기〉

　교훈 전달을 목적으로 하는 시가에서 작가는 교훈을 전달하고자 하는 대상과 화자−청자의 관계를 형성하면서 특정 덕목을 제시하고 이를 수용하여 실천할 것을 설득한다. 부모에 대한 효를 비롯한 오륜, 형제 간의 우애, 이웃 간의 화목, 근검 등 주로 유교적 가치관에 기반한 이들 덕목은 사람됨의 기본을 이루는 것이자 공동체의 지속과 번영에 필수적인 것으로 제시된다. 화자는 청자에게 덕목 실천을 위한 구체적 행위를 제시하며 훈계하는 한편, 스스로를 청자와 함께 덕목 실천의 주체로 설정함으로써 실천의 당위성을 강조한다.

① (가)의 〈제1수〉에서는 '풀'과 '봄 이슬'의 관계를 바탕으로 부모에 대한 효를, (나)에서는 과거 '고공'의 바람직한 모습을 들어 근검을 덕목으로 제시하고 있군.

② (가)에서 〈제4수〉의 '금수만도 못하리'와 〈제6수〉의 '그래도 일곱 구멍 가졌으니'는 청자에게 제시하는 덕목이 사람됨의 기본을 이루는 것임을 강조하는 것이군.

③ (나)에서 '한마음 한뜻으로 농사를 짓자꾸나'와 '너희네 데리고 새 살림 살자 하니'는

화자가 스스로를 청자와 함께 덕목을 실천
하려는 주체로 설정하고 있음을 보여 주는
것이군.

④ (가)에서 〈제7수〉의 '보고 들으면 배울 것
있으리'와, (나)에서 '크나큰 세사를 어찌하
여 치르려뇨'는 청자가 덕목을 수용할 필요
가 있음을 설득하는 것이군.

⑤ (가)에서 〈제8수〉의 '이웃이 미우면 갈 데
없어'와, (나)에서 '자손에 전계하야 대대로
나려오니'는 공동체의 지속과 번영을 위한
덕목 실천 행위를 제시하는 것이군.

22 **[A]와 [B]를 바탕으로 (나)에 대해 이해한 내
용으로 가장 적절한 것은?** [3점]

① '일 없을 때' 시작된 이야기가 '새 머슴' 얻는
것에 대한 기대로 끝나면서, 미래에 대한 긍
정적 전망이 드러나고 있다.

② '저 고공'이라는 호칭이 '너희네'로 바뀌며
진행되는 이야기의 흐름이, 인물들의 지위
가 역전되는 양상에 조응하고 있다.

③ '우리 집 기별'에서 시작하여 애달픈 '너희
일'로 이어지는 이야기의 흐름이, 특정 행위
가 지속되는 시간에 조응하고 있다.

④ '들먹은'으로 제시된 특성에 '제 일만 하려
하니'가 추가되면서, 특정 인물에 대한 평가
가 달라지는 양상이 드러나고 있다.

⑤ '아느냐 모르느냐'에서 시작하여 '시름을 잊
으려뇨'로 끝나는 이야기의 흐름이, 인물 간
갈등의 발생과 해소에 조응하고 있다.

[23~26] 다음 글을 읽고 물음에 답하시오.

　칠십 년대 이후로 손을 본 적이 없는 듯 낡고 어
두컴컴한 곳이었다. 전구를 판매하는 가게였으나
가게를 밝히는 전구라고는 벽에 걸린 노랗고 푸른
알전구 다발뿐이었다.
빽빽하다.
라는 말의 이미지 사전을 만든다면 아마도 그런 광
경일 것이 틀림없었다.
그야말로 빽빽하다.
라고 생각한 뒤엔 아무런 말도 떠올릴 수 없을 만
큼 눈앞이 빽빽했다.

[A]

　그 속에서 전구를 파는 노인은 숱 많은 머리
칼이 모두 하얗게 세어 버린 칠십대 노인이었
다. 그는 벽돌만 한 골판지 상자들이 빼곡하게
들어찬 선반을 등진 채로 나무 책상과 걸상을
놓아두고 앉아 있었다. 침침하게 머리 위를 밝
히고 있는 알전구 불빛 속에서 그는 언제나 무
언가를 들여다보며 골똘히 생각에 잠겨 있다
가 손님이 찾아와서 어떤 종류의 전구를 달라
고 말하면 대답도 없이 서서히 걸상을 밀며 일
어났다. 서두르는 법 없이 그렇다고 망설이는
법도 없이 선반의 한 지점으로 부들거리며 다
가가서, 어느 것 하나 새것이 아닌 골판지나
마분지 상자들 틈에서 벽돌을 뽑아내듯 천천
히 상자 하나를 뽑아내고 그것을 책상으로 가
져와서 일단 내려둔 뒤엔 너덜너덜한 뚜껑을
젖혀 두고, 이번엔 다른 선반으로 걸어가서 손
바닥만 한 비닐 봉투 한 장을 가지고 책상으로
돌아온 뒤, 시간을 들여 정성껏 봉투를 벌려서
입구를 동그랗게 만든 다음에, 오른손을 상자
에 넣어서 손톱만 한 전구를 한 움큼 쥐고 나
서, 왼손에 들린 채로 대기하고 있는 봉투 속
으로 한 번에 한 개씩, 언젠 내가 다른 손님
들 틈에서 순서를 기다리고 있다가 재미있게
얻어들은 바에 의하면, 제비 새끼 주둥이에 뺑
과자 주듯, 떨어뜨렸다.

　바쁜 일로 서두르며 **오무사**까지 걸어갔어도 그
거 주세요, 하고 난 뒤로는 오로지 **그의 패턴**으로

만 시간이 흘렀기 때문에 오무사를 방문한 손님들
은 입구에서 넋을 놓고 선 채로 가게 안을 들여다
보거나, 근처 구멍가게에서 삶은 계란을 까먹으며
기다렸다가 전구를 받아가곤 했다. 노인은 느릿해
도 대단히 집중해서 움직였으며 그 움직임엔 기품
마저 배어 있어서, 손님의 처지에선 재촉할 틈이
없었다. 대단히 성급한 사람 중에 몇 마디 투덜거
리는 경우는 있어도 다른 곳으로 가 버리는 경우는
없었다. 오무사의 상자들이 워낙 오래전부터 쌓여
온 것들이라 어디서도 구해볼 수 없는 전구를 거기
서는 구할 수 있었기 때문이다. 잘 보면 볼펜으로
조그만 표시가 되어 있는 상자들도 있었지만 표시
조차 없는 상자들이 더 많아서, 어디에 무엇이 있
는지 아는 사람은 그곳의 주인뿐이었고, 사실 **오
무사의 노인**은 어떤 전구를 달라고 해도 헤매는 법
없이 곧장, 느릿느릿하기는 해도, 그 전구가 담긴
상자가 있는 선반을 향해 걸어갔다.

할아버지가 죽고 나면 전구는 다 어떻게 되나.
그가 없으면 도대체 어디에 무엇이 있는지 누가 알
까. **오래되어서 귀한 것을 오래되었다고 모두 버리
지는 않을까.** 오무사에 다녀오고 나면 이런 생각들
로 **나**는 막막해지곤 했는데, 수리실을 찾아오는 사
람들 중엔 수리실과 여 씨 아저씨를 두고 이것과
비슷한 말을 하는 사람들이 더러 있어서 나는 그때
마다 수리실의 내력을 생각해 보고는 했다.

어느 날 전구를 사러 내려갔더니 노인도 선반도
없었다.

㉠ 텅 비어서, 어두운 벽만 남아 있었다.
돌아가셨구나, 하고 생각했다.

수리실로 돌아가서 소식을 전하자, 오무사 노인
이 돌아가셨나보다고 여 씨 아저씨도 한동안 착잡
한 기색을 감추지 못했다. 사고자 했던 전구는 더
는 재고가 없는 것이라 이 전구가 필요한 수리는
하지 못하고 돌려보냈다. 재고가 없고 나니 같은
전구를 필요로 하는 수리가 부쩍 늘어나서 ㉡ 여
씨 아저씨와 나는 이상하다고, 드는 자리는 몰라도
나는 자리는 이렇게 표가 나는 법이라고, 모든 게
아쉽다고, 말을 나누는 일이 종종 있었다.

[중략 부분의 내용] 그해 겨울, 전자 상가의 다섯 개 동

중 오무사가 있던 '가 동'의 철거가 결정되었다. 철거 후
가 동이 있던 자리에는 공원이 조성되었고, 공원 주변 상
가들도 재정비되며 사라졌다.

봄에는 조경이 마무리되었다. 장막이 모두 사라
지고 첫 번째 **공원이 모습을 드러냈다.**
㉢ 짤막하게 올라온 잔디의 빛깔이 푸르고 싱싱
했다.
테니스 코트처럼 예쁘장한 모습이었다.

무재 씨와 나는 늦게까지 상가에 남아 있다가 공
원으로 내려갔다.

살금살금 걸어서 공원 가장자리에 설치된 긴 의
자에 앉았다. 긴 의자는 네 사람이 앉을 만한 길이
였고 중간쯤에 얼핏 봐서는 팔걸이처럼 보이는 딱
딱한 가로 막대가 붙어 있었다. 무엇 때문에 이렇
게 나눠 놓았을까요, 라고 묻자 눕지 말라는 의미
죠, 라면서 무재 씨는 의미 모르게 웃었다. 나도 웃
었다. 안개가 고인 밤이었다. 사오 미터 간격으로
가로등이 박혀 있어 아주 어둡지는 않았다. 가로
등은 길쭉하게 위로 솟아 있었는데 윗부분에 조그
만 삿갓을 쓰고 있어 어찌 보면 버섯 같기도 하고
달리 보면 파수를 서고 있는 무사처럼 보이기도 했
다. 잔디에 달라붙은 안개가 가로등 불빛을 받고
반짝거렸다. ⓐ 나는 안개를 먹고 숨이 조금 갑갑
했다.

무재 씨는 먹을 것과 마실 것이 담긴 봉투를 가
지고 있었다. 그 속에서 샌드위치를 고르고 우유도
한 갑 받아서 뜯었다. 잔디밭에 드문드문 박힌 출
입 금지 팻말을 바라보며 먹고 마셨다. 왼쪽으로
고개를 돌리면 동서 방향으로 도심을 가로지르는
대로가 있었고 오른쪽으로 고개를 돌리면 가 동이
사라져 고스란히 드러난 나 동의 붉은 외벽이 보였
다. ㉣ 공원은 이 북쪽 벽을 바로 면하고 있어서 공
원의 처지에서도 나동의 처지에서도 갑자기 잘린
것처럼 서로를 향해 육박해 있었다. ㉤ 가 동에서
길을 잃고 헤맨 적이 있는 나는 그 자리에 공원이
조성된다는 이야기를 듣고 매우 넓을 거라고 생각
했는데, 이렇게 앉아서 보니 생각했던 것보다 작았
다. 작네요, 라고 멍하게 말하자 무재 씨가 빈 우유

갑을 반으로 접으며 생각했던 것보다 좁아서, 놀랐다고 말했다.

여기에 그 많은 사람들이 있었다는 이야기잖아요.

다 어디로 갔을까요.

하며 잔디밭 너머를 바라보았다.

무재 씨와 내가 나란히 앉아서 바라보고 있는 방향으로 새로 심긴 단풍나무의 그림자가 늘어져 있었다. 밤 그림자라서 가장자리가 여러 겹으로 겹쳐 있는 것을 보고 **거기 어디쯤이 단발머리 할머니의 종이 상자 병풍**이 있던 자리일 거라는 생각이 들었다. 내가 그녀에 대해 말하자 무재 씨도 그녀를 여러 차례 보았다고 말했다. 그러냐고 말한 뒤로 얼마간 침묵이 흘렀다. 잠자리를 닮았으나 잠자리보다는 작고 모기보다는 큰 풀벌레 한 마리가 비틀거리며 내 무릎 부근을 날다가 손등에 달라붙었다. ⓑ 안개 때문에 날개가 무거워서 제대로 날지 못하는 것 같았다. 손등을 타고 손목으로 기어올랐다가 다시 손등으로 내려가서 숨을 죽인 채로 붙어 있는 것을 가만히 보고 있었다. 무재 씨가 말했다.

은교 씨는 **슬럼**이 무슨 뜻인지 아나요? / ……가난하다는 뜻인가요?

나는 사전을 찾아봤어요. / 뭐라고 되어 있던가요.

도시에서, 가난한 사람들이 사는 구역, 하며 무재 씨가 나를 바라보았다.

이 부근이 슬럼이래요. / 누가요?

신문이며, 사람들이. / 슬럼?

좀 이상하죠. / 이상해요.

— 황정은, 「백(百)의 그림자」 —

23 [A]의 서술상 특징으로 가장 적절한 것은? [3점]

① 행위가 일어나는 과정을 세분화하여 서술함으로써 공간에 대한 인상을 부여하고 있다.

② 서술자인 인물의 내면이 공간의 이동에 따라 변화해 가는 양상을 보여 주고 있다.

③ 외양과 행동의 묘사를 통해 관찰 대상이 겪고 있는 내적 갈등을 드러내고 있다.

④ 현재형의 서술을 활용하여 대상의 행동을 현장감 있게 보여 주고 있다.

⑤ 서술자를 교체하여 관찰 대상의 행동에 담긴 의미를 해석하고 있다.

24 ㉠~㉤에 대한 설명으로 적절하지 <u>않은</u> 것은? [3점]

① ㉠: 각 문단을 하나의 짧은 문장으로 구성하여 존재의 부재에 대한 인식을 드러내고 있다.

② ㉡: 인용된 각 발화의 주체를 구분하지 않음으로써 두 인물 간에 형성된 공감대를 드러내고 있다.

③ ㉢: 공간의 외적 특징을 언급함으로써 변화된 공간을 마주한 소감을 밝히고 있다.

④ ㉣: 비유적 표현을 통해 이질적인 속성의 두 대상이 조화롭게 어우러진 모습을 부각하고 있다.

⑤ ㉤: 과거의 경험과 결부시켜 예측과 실상 간의 차이를 드러내고 있다.

25 ⓐ와 ⓑ를 관련지어 이해한 내용으로 가장 적절한 것은? [3점]

① ⓐ와 달리 ⓑ에는 '나'가 '공원'을 통해 느끼는 심리 상태가 드러나 있다.

② ⓐ와 ⓑ는 모두 '나'와 '무재 씨'의 관계가 어떻게 변화할지를 암시하고 있다.

③ ⓐ와 ⓑ를 통해 특정 소재가 미치는 영향이 대상에 따라 상반됨을 확인할 수 있다.

④ ⓐ에서 느꼈던 '갑갑'함이 ⓑ에서 연민으로 바뀐 것을 통해, '풀벌레'는 '나'의 증상을 완화하는 계기가 되고 있음을 알 수 있다.

⑤ ⓐ의 '갑갑'함과 ⓑ의 '제대로 날지 못하는 것'의 이유가 동일하다고 판단한 것으로 보아, '나'는 '풀벌레'에게서 자신과의 유사성을 발견하고 있음을 알 수 있다.

26 〈보기〉를 참고하여 윗글을 감상한 내용으로 적절하지 <u>않은</u> 것은? [4점]

<보기>

빠름과 새로움이 주는 효율을 중시하는 자본주의 사회에서, 느리고 낡은 삶의 방식을 고수하며 사십 년 된 전자 상가를 터전으로 살아가는 이 작품의 등장인물들은 배제되어야 할 존재로 치부된다. 철거와 재개발로 삶의 흔적을 지우고 명명을 통해 다양한 삶의 개별성을 획일화하는 사회에 대해 인물들은 사라진 삶을 기억하는 등의 방식으로 배제의 논리에 대응한다.

① 손님들에게 '그의 패턴'대로 물건을 판매하는 '오무사의 노인'의 모습은 효율을 중시하는 자본주의 사회의 논리에 어긋나는 것임을 알 수 있군.

② '오래되어서 귀한 것을 오래되었다고 모두 버리지는 않을까'에서 '나'는 '오무사'로 상징되는 느리고 낡은 삶의 방식에 대해 회의를 드러내고 있군.

③ '칠십 년대'부터 이어져 온 전자 상가가 사라지고 '공원이 모습을 드러'낸 것에서 철거와 재개발로 삶의 흔적을 지우는 사회의 모습을 확인할 수 있군.

④ '나'가 '거기 어디쯤'에서 '단발머리 할머니의 종이 상자 병풍'을 떠올리고 '무재 씨'와 이에 대해 이야기하는 것은 이들이 사라진 삶을 기억하는 방식으로 배제의 논리에 대응하고 있는 것으로 볼 수 있군.

⑤ '신문이며, 사람들'이 전자 상가 부근을 '슬럼'으로 명명한 것은 해당 공간에 존재하는 다양한 인물들의 개별성을 획일화하는 것으로 볼 수 있군.

[27~30] 다음 글을 읽고 물음에 답하시오.

적멸사에 선사가 있었는데, 법명은 '청허'였다. 본성이 어질고 자애로우며 마음이 자비롭기 그지없어 추위에 떨고 있는 사람을 보면 옷을 주었고, 굶주린 사람을 보면 먹을 것을 주었다. 그리하여 사람들 모두가 청허를 한겨울에 부는 봄바람이라 생각했고, 엎어 놓은 접시 속처럼 빛이 안 드는 곳까지 환히 비추어주는 해와 같다고 여겼다.

아아! 나라가 불행하여 철마가 천지를 뒤덮자 임금은 고립되고, 슬프게도 우리 백성의 절반이 적의 칼날을 받았다. 저 강도*는 더욱 심하게 짓밟혀 시내에 흐르는 것은 피요, 산에 쌓인 것은 뼈였지만 까마귀가 시신을 쪼아도 매장해 줄 사람이 없었다.

청허 선사는 주인 없는 시신을 가련히 여겨 수습해 줄 생각으로 버드나무 가지를 든 채 날 듯이 강을 건넜다. 하지만 인가가 모두 폐허가 되어 의지할 곳이라곤 없었다. 연미정 남쪽에 풀을 베어 움막을 짓고 그곳에서 불공을 드리며 숙식을 했다.

어느 날 밤 **청허 선사**는 설핏 잠이 들어 꿈을 꾸었다. ㉠ 하늘과 강이 모두 파란데 수심에 잠긴 구름은 모였다 흩어졌다 하고, 서글픈 바람은 불었다 그쳤다 하며, 밤기운이 처량한 게 심상치 않았다. 선사는 석장을 짚고 달빛을 밟으며 **한가로이 거닐**었다.

[A]
> 한밤중이 되자 바람결에 전해 오는 소리가 있었으니, 노랫소리와 울음소리와 웃음소리였다. 웃고 울고 노래하는 소리를 따라가 보니 한곳에 여자들이 모여 있는 게 아닌가. 선사가 몹시 기이하게 여겨 다가가서 엿보니, 줄지어 모여 앉은 이들이 죄다 여자였다. 어여쁜 얼굴이 시들고 백발인 사람이 있는가 하면, 청춘이 아직 시들지 않아 검푸른 머리가 풍성한 사람도 있었다. 젊은 사람인지 늙은 사람인지 겉모습으로 분명히 알 수 있었지만 선후 없이 뒤섞여 앉아 성대한 모임을 가졌다. 그런데 이들 모두는 놀라고 두려워 허둥지둥하는 모습에 서글픈 기운을 띠고 있었다.

선사가 더 다가가서 자세히 보니 연약한 머리가 한 길 남짓한 밧줄에 묶이거나 한 자쯤 되는 칼날에 붙어 있는 이도 있고, 으스러진 뼈에서 피가 흐르는 이도 있고, 머리가 모두 부서진 이도 있고, 입과 배에 물을 머금고 있는 이도 있었다. 그 참혹하고 애처로운 모습을 차마 볼 수 없었고, 이루 다 기록할 수도 없었다.

한 부인이 눈물을 머금고 말했다.

"나랏님이 피란했으니 그 처참함이야 말해 무엇 하겠습니까. 하지만 아아, ㉡ 제가 운명을 달리한 건 하늘의 뜻입니까, 귀신의 뜻입니까? 그 이유를 찾으면 이르는 답이 있으니, 바로 내 남편입니다. 그 이유가 무엇인지 아십니까? **남편**은 재상의 지위에 있었고 체찰사의 임무를 맡았거늘 공론을 살피지 않고 사사로운 정에 치우쳐서 강도의 막중한 임무를 사랑하는 아들에게 맡겼습니다. 그 아이는 부귀에 빠져 아름다운 경치나 즐기며 앞날에 대한 **계책이라고는 전혀 없었으니**, 군사 일에 대해 무엇 아는 것이 있었겠습니까? ㉢ 강이 깊지 않은 게 아니요 성이 높지 않은 게 아니었건만, 대사를 그르치고 말았으니 죽임을 당한 것도 당연한 일입니다.

그러나 아비의 잘못으로 인한 일이니 그 아이에게 무슨 책임이 있겠습니까? 아아, 운명이 기박한 제가 기꺼이 자결한 것도 당연하니 그 일은 한스러울 게 없습니다. 다만 외아들이 살아서 나라에 보답하지 못하고 죽어서도 죄가 남았으니, ㉣ 천 년 동안 남을 악명을 온 바다를 기울인들 어찌 씻을 수 있겠습니까? 쌓이고 쌓인 한이 옷깃에 가득하여 하루도 잊을 날이 없답니다."

말을 다 마치기 전에 **한 부인**이 몸을 일으키더니 옷매무새를 가다듬고 말했다.

"**서방님은 자기 재주를 헤아리지 못하고 홀로 중책을 맡아 천혜의 지형만 믿고 군사 일 돌보기를 게을리했으니**, 그 결과 방어에 실패한 것은 당연한 이치입니다. 온 강에 비바람이 몰아쳐 사직의 존폐가 한 귀퉁이 쇠잔한 성에 달려 있었거늘, 전군이 무너져 임금이 성 밖으로 나와 항복하기에 이르렀습니다. 아아, 이 모든 일이 강도를 수비하지 못한 데 말미암은 것이니, 사형을 당한 것은 군법에 마땅한 일입니다.

그러나 이민구는 같은 책임을 졌으면서 무슨 충의를 지녔다고 목숨을 보전하여 천수를 누렸단 말입니까? 도원수 김자점은 나라 안의 모든 권세를 지니고 나라 안의 모든 병사를 거느렸으면서도 단 한 번의 전투도 벌이지 않았고, 그 병사들은 피 한 방울도 흘리지 않았습니다. ㉤ 바위 굴에 몸을 숨기고 목숨을 부지하기만을 꾀하며 달무리* 안에 있는 임금을 길 가는 사람 보듯 했지만, 왕법이 시행되지 않고 도리어 은총이 더해졌습니다. 가소로운 심기원은 임무를 담당할 그릇이 못 되고 앞날을 내다보는 계책이 없었거늘, 이런 자에게 막중한 임무를 맡겨 도성을 지키게 했습니다. 그러니 군신 간의 의리를 완전히 잊고 제 한 몸만 빼어 환난을 피하고는 스스로 지략이 있다 여기며 거북처럼 목을 움츠리고 달팽이처럼 엎드려 지냈습니다. 이처럼 나라의 은혜를 저버렸건만 조정에서는 군법에 회부하지 않고 도리어 총애와 녹봉을 더해 주었습니다.

이런 상황에서 서방님 **홀로 사형**을 당했으니 어찌 원통하지 않겠습니까? 아아, **내 한 목숨 잃은** 건 아까울 게 없지만, 살아 계신 백발의 시아버지는 영영 자식을 잃고 말았으니, 죽은 이든 산 이든 원망하는 마음이 어찌 다르겠습니까?"

[뒷부분의 내용] 뒤를 이어 열세 명의 여인이 전쟁에 얽힌 자신의 사연을 이야기하고, 마지막 이야기가 끝나자 여인들은 모두 통곡한다. 그리고 청허 선사는 꿈에서 깨어난다.

– 작자 미상, 「강도몽유록」 –

* 강도: 강화도.
* 달무리: 바람이 일어날 징조. 여기서는 임금이 전란을 만나 피란 중에 있음을 가리키는 말로 쓰임.

27 윗글에 대한 설명으로 가장 적절한 것은? [3점]

① 과거와 현재를 교차하여 장면의 전환을 시도하고 있다.

② 구체적인 장면 묘사를 통해 상황의 참혹함을 부각하고 있다.

③ 우의적 소재를 활용하여 사건 해결의 실마리를 제공하고 있다.

④ 시간의 흐름에 따라 인물의 내적 갈등이 해소되는 과정을 보여 주고 있다.

⑤ 편집자적 논평을 통해 인물의 행위에 대한 서술자의 판단을 보여 주고 있다.

28 [A]에 대한 설명으로 가장 적절한 것은? [3점]

① 인물들이 추가적으로 등장하여 이들 간의 복합적 관계가 형성될 것임을 예고하고 있다.

② 청각으로 환기된 호기심이 거리의 조정을 거쳐 시각적으로 확인되는 과정을 제시하고

있다.

③ 인물의 관찰 내용을 대비하여 제시함으로써 상황을 반전시키기 위한 분위기를 형성하고 있다.

④ 장면의 전환에 따라 인물이 갖게 된 기대가 우연한 사건을 통해 어긋나는 과정을 제시하고 있다.

⑤ 현재 상황에 대한 인물의 관점이 객관적인 것에서 주관적인 것으로 변화되는 계기를 제시하고 있다.

29 ㉠~㉤에 대한 이해로 적절하지 않은 것은? [3점]

① ㉠: 배경을 제시하여 앞으로 전개될 이야기의 성격을 암시하고 있다.

② ㉡: 자문자답의 형식을 사용하여 답을 찾기까지의 어려움을 강조하고 있다.

③ ㉢: 유리한 조건에도 부정적 결과를 얻은 점을 들어 인물에 대한 평가의 근거로 삼고 있다.

④ ㉣: 과장된 표현을 사용하여 말하고자 하는 바를 강조하고 있다.

⑤ ㉤: 인물의 행위에 걸맞은 처분이 내려지지 않은 점을 들어 상황의 부조리함을 드러내고 있다.

30 〈보기〉를 참고하여 윗글을 감상한 내용으로 적절하지 <u>않은</u> 것은? [4점]

〈보기〉

　「강도몽유록」은 병자호란에서 희생된 여성들의 입을 빌어 전쟁의 실상을 고발한 작품이다. 전쟁을 다룬 서사가 대개 한 명의 남성 주인공을 중심으로 펼쳐지는 무용담에 초점을 맞추는 것과는 달리, 이 작품에서는 여러 여성들이 등장하여 각자의 입장을 제시한다. 전쟁에 대한 증언의 중첩은 패배의 원인을 다각적으로 돌아보게 한다. 또한 절의를 중시했던 남성들의 모순된 행태에 대한 통렬한 비판이 주를 이룬다는 점에서, 이러한 증언의 내용은 현실에서는 여성의 목소리로 표현되기 힘든 것이었음을 짐작하게 한다. 묻힐 뻔했던 이들의 목소리는 비현실적 설정 하에서 목격자를 통해 전달된다.

---

① '남편'이 '체찰사의 임무를 맡았거늘 공론을 살피지 않았다는 여성의 말에 이어 '서방님'이 '군사 일 돌보기를 게을리했'다는 다른 여성의 말이 이어지는 데에서, 패배의 원인이 다수의 목소리를 통해 조명되고 있음을 알 수 있군.

② '청허 선사'가 '설핏 잠이 들어' 꿈을 꾸었다는 것과 '한 부인'이 '내 한 목숨 잃'었다고 말하는 것에서, 여성의 목소리를 드러낼 수 있는 비현실적 설정을 확인할 수 있군.

③ '청허 선사'가 '한가로이 거닐'다가 우연히 여성들의 대화를 엿듣게 된다는 설정에서, 살아 있을 때는 목소리를 낼 수 없었던 이들의 이야기를 전달하는 목격자의 존재를 확인할 수 있군.

④ 여성들이 '계책이라고는 전혀 없었'다거나 '자기 재주를 헤아리지 못'했다고 비판하는

대상이 자신의 남성 가족 구성원이라는 점에서, 비판의 통렬함이 더욱 강조되고 있음을 알 수 있군.

⑤ '한 부인'이 '이런 상황'에서 남편이 '홀로 사형을 당'한 것이 원통하다고 말하는 것에서, 절의를 저버린 가장에게 의존했던 과거를 후회하고 있음을 알 수 있군.

제2교시 영어영역(공통)

▶정답 및 해설 476p

[01~02] 다음 글의 밑줄 친 부분 중, 어법상 틀린 것을 고르시오.

01 Illuminance quite simply describes the quantity of light emitted by a light source that lands on a given surface area, ① <u>measured</u> in footcandles or, in the metric system, lux. In the built environment, illuminance is the feature that brings shape and clarity to a nuanced spatial composition. ② <u>What</u> is capable of controlling the intensity of visual extremes, crescendos of light and dark that can both reveal and hide layers of a complex space. This principle is of great practical and phenomenological importance in architectural lighting design, as it allows us to navigate our way through, or ③ <u>perform</u> tasks within, a space. Illuminance, moreover, plays a critical role in our emotional response to a space: our intrinsic fear of the dark or gravitation toward light has influenced the ways ④ <u>in which</u> our society places faith in light as a means to establish safety and provide emotional reassurance. Finally, one must not forget that the term "illuminance" describes a quantity of light or energy that, when administered at the appropriate levels, ⑤ <u>ensures</u> the sustenance of life, but when pushed to extremes, can cause physical damage to its recipient. [3점]

* crescendo: 크레센도(점점 세어짐)

02 Karl Popper is sometimes said to have claimed that no theory can be proved definitively to be true. But he held a far more radical view than this: he thought that of the theories that have not yet been positively disproved, we have absolutely no reason ① <u>to believe</u> one rather than another. It is not that even our best theory cannot be definitively proved; it is rather that there is no such thing as a "best theory," only a "surviving theory," and all surviving theories are equal. Thus, in Popper's view, there is no point in trying to gather evidence that supports one surviving theory over the others. Scientists should consequently devote ② <u>themselves</u> to reducing the size of the pool of surviving theories by refuting as many ideas as

37

possible. Scientific inquiry is ③ <u>essentially</u> a process of disproof, and scientists are the disprovers, the debunkers, the destroyers. Popper's logic of inquiry ④ <u>is required</u> of its scientific personnel a murderous resolve. Seeing a theory, their first thought must be to understand it and then to liquidate it. Only if scientists throw themselves single—mindedly into the slaughter of every speculation will science ⑤ <u>progress</u>. [4점]

* liquidate: 폐지하다

[03~04] 다음 글의 밑줄 친 부분 중, 문맥상 낱말의 쓰임이 적절하지 <u>않은</u> 것을 고르시오.

03 The mindset that mindfulness needs strong mind control to clean up all your thoughts is not correct because by doing so, you take your own thoughts as your ① <u>enemy</u> in your conscious and unconscious mind and want to get rid of them. However, your thoughts are actually the exact reflection of your physical and mental states. If your physical and mental states do not ② <u>change</u>, your thought patterns remain the same. In fact, the right effort and appropriate control are the key to efficient mindfulness learning and practice. We often put ③ <u>considerable</u> effort into a target such as breathing, thought process, and body feeling or sensation whenever we practice mindfulness. However, intensive and effortful practice makes our mind fatigue easily and even ④ <u>decreases</u> the stress hormone (cortisol) that can deteriorate and damage our body and brain/mind states. Some studies have shown that adverse events can occur with intensive mindfulness meditation during a retreat period. Therefore, only ⑤ <u>using</u> mind control for mindfulness is not a natural method for our minds and for mindfulness practice. [3점]

04 There is a wonderful game at my local science museum called Mindball. Two players sit at opposite ends of a long table. Each wears a headband equipped with electrodes, designed to pick up general patterns of electrical activity on the surface of the brain. Between the players is a metal ball. The goal is to mentally ① <u>push</u> this ball all the way to the other end of the table, and the player who does so first wins. The motive force —measured by each player's electrodes, and conveyed to the ball by a magnet hidden underneath the table—is the ② <u>combination</u> of alpha and theta waves produced by the brain when it's relaxed: the more alpha and theta waves you produce, the more force you mentally exert on the ball. Essentially, Mindball is a contest of who can be the most ③ <u>active</u>. It's fun to watch. The players visibly struggle to relax, closing their eyes, breathing deeply, adopting vaguely yogic postures. The panic they begin to feel as the ball approaches their end of the table is usually balanced out by the ④ <u>overeagerness</u> of their opponent, both players alternately losing their cool as the big metal ball rolls back and forth. You couldn't wish for a better, more condensed illustration of how ⑤ <u>difficult</u> it is to try not to try. [4점]

* electrode: 전극

today. The gamer exercises agency and personality in the new world. Her experience and actions are real. Gaming is also social: contemporary gaming often involves many players, is interactive, and requires role playing. Gamers meet new people and develop friendships and romantic relationships. They thus have real social experiences, including emotional experiences. These experiences are not a mere response to what happens on the screen or on stage, but are the result of the interaction of the gamer with others in the game environment. Gamers' thinking, interaction, engagement, and feelings are not fictional or virtual; they are totally real. Thus, phenomenologically, gamers do not leave this world for another world. [3점]

① 가상 게임은 실제 현실과 같은 사회적 활동이다.
② 가상 게임은 다양한 최신 기술이 집약된 결과물이다.
③ 가상 게임은 현실보다 더욱 실감나는 경험을 제공한다.
④ 개인은 온라인 게임에 참여하여 개성을 드러낼 수 있다.
⑤ 게임 속 교류를 통해 인간관계의 갈등을 해소할 수 있다.

[05~06] 다음 글의 요지로 가장 적절한 것을 고르시오.

05

In today's techno-lifeworld we can no longer make such a sharp distinction between real and virtual. What does this mean for gaming? It means that gaming is as real as any other technology-mediated practice

06

If we humanists have much to learn from the natural sciences, the reverse is also true: humanists have a great deal to contribute to scientific research. As discoveries in the biological and cognitive sciences have begun to blur traditional disciplinary boundaries, researchers in these fields have found their work bringing them into contact with the sort of high-level issues that traditionally have been the domain of the core humanities disciplines, and often their lack of formal training in these areas leaves them groping in the dark or attempting to reinvent the wheel. This is where humanist expertise can and should play a crucial role in guiding and interpreting the results of scientific exploration—something that can occur only when scholars on both sides of the humanities-natural science divide are willing to talk to one another. It is becoming increasingly evident that the traditionally sharp divide between the humanities and natural sciences is no longer viable, and this requires that researchers on both sides of the former divide become radically more interdisciplinary. [4점]

* grope: 더듬어 찾다

① The speculative theories of humanities can be demonstrated by empirical studies.

② Natural sciences and humanities should focus on their own fields and paths respectively.

③ Natural scientists should reinforce their philosophical contents through the study of humanities.

④ True integration of natural sciences and humanities is possible by embedding one in the other.

⑤ The contribution of humanities to scientific discoveries can be achieved through interdisciplinary exchange.

07 다음 글에서 밑줄 친 부분이 의미하는 바로 가장 적절한 것은? [4점]

Compared to other primates, we are freakishly social and cooperative; not only do we sit obediently on airplanes, we labor collectively to build houses, specialize in different skills, and live lives that are driven by our specific role in the group. This is quite a trick for a primate to pull off, considering our most recent evolutionary history. Hive life is (literally) a no-brainer for ants: They share the same genes, so sacrificing for the common good is not really a sacrifice—if I'm an ant, the common good simply is my good. Humans, though, are apes, evolved to cooperate only in a limited way with close relatives and perhaps fellow tribe members, acutely alert to the dangers of being manipulated, misled, or exploited by others. And yet we march in parades, sit in obedient rows reciting lessons, conform to social norms, and sometimes sacrifice our lives for the common good with an enthusiasm that would put a soldier ant to shame. Trying to <u>hammer a square primate peg into a circular social insect hole</u> is bound to be difficult.

* freakishly: 이상할 정도로
** no-brainer: 쉽게 할 수 있는 일

① downgrade humans' superiority over apes and ants

② enforce the collaboration between apes and social insects

③ manipulate hive insects into adopting ape-like characteristics

④ suppress our traits as apes in order to pursue communal benefits

⑤ maximize apes' physical capabilities in contributing to the common good

08 다음 글에서 전체 흐름과 관계 <u>없는</u> 문장은? [3점]

The law of large numbers is one of the foundations of probability theory and statistics. ① It guarantees that, over the long term, the outcomes of future events can be predicted with reasonable accuracy. ② This, for example, gives financial companies the confidence to set prices for insurance and pension products, knowing their chances of having to pay out, and ensures that casinos will always make a profit from their gambling customers— eventually. ③ That, however, is the "gambler's fallacy"—where a person assumes that the outcomes of each trial are connected. ④ According to the law, as you make more observations of an event occurring, the measured probability (or chance) of that outcome gets ever closer to the theoretical chance as calculated before any observations began. ⑤ In other words, the average result from a large number of trials will be a close match to the expected value as calculated using probability theory—and increasing the number of trials will result in that average becoming an even closer match.

[09~10] 다음 글의 제목으로 가장 적절한 것을 고르시오.

09

Business ethics was born in scandal. It seems to regenerate itself with each succeeding wave of scandal. And, there are two problems here. The first is that our world is so interconnected that we can no longer afford to see business as a separate institution in society, subject to its own moral code. Business must be thoroughly situated in society. This means that we can no longer accept the now rather commonplace narrative about businesspeople being economic profit-maximizers and little else. Business is a deeply human institution set in our societies and interconnected all over the world. The second problem is that business ethics, by being reborn in scandal, never escapes the presumption that business starts off by being morally questionable. It never seems to get any credit for the good it brings into the world, only questions about the bad. In fact, capitalism may well be the greatest system of social cooperation that we have ever invented. But, if it is, then it must stand the critical test of our best thinkers, if for no other reason than to make it better. Simply assuming that capitalism is either unquestionably morally good or unquestionably morally problematic violates both scholarly and practical norms. [3점]

① Forget Scandals, Let's Innovate!
② Innate Challenges of Business Ethics
③ Unavoidable Obstacles of Human Institutions
④ Business Ethics: An Emerging Scholarly Norm
⑤ Business Ethics as A Magic Bullet for Success

10

The European Mediterranean Seismological Centre (EMSC) has recently implemented a method for rapidly collecting in situ observations on earthquake effects from eyewitnesses. This is extremely important because it certainly contributes to reducing uncertainties in rapid impact assessment of earthquakes. Social media (e.g., Facebook, Twitter, etc.) can be considered as useful networks for the purpose of earthquake detection. Data mining from social networks has been employed to detect and determine the area of an earthquake and led to the development of the Twitter Earthquake Detector (TED), developed by United States Geological Service. The early detection of earthquakes using such media represents a radical change in basic seismological detection paradigms. Information carried by social networks travels much faster than seismic waves, allowing a fast and reliable detection within a few minutes of an earthquake's origin. For the Italian region a software system named TwiFelt has been available since 2012. Its aim is to provide real-time earthquake perception maps through an analysis of Twitter streams. [3점]

* in situ: 원래 장소의

① Use Social Media in Disaster Relief!
② Social Media: Quick Earthquake Detectors
③ Data Mining in Seismology Is Yet to Come
④ Citizens as Instruments for Top-down Information
⑤ Earthquake-related Rumors Spreading via Social Media

11 다음 글의 주제로 가장 적절한 것은? [3점]

Experts say that if you feel drowsy during the day, even during boring activities, you haven't had enough sleep. If you routinely fall asleep within five minutes of lying down, you probably have severe sleep deprivation, possibly even a sleep disorder. Microsleeps, or very brief episodes of sleep in an otherwise awake person, are another mark of sleep deprivation. In many cases, people are not aware that they are experiencing microsleeps. The widespread practice of "burning the candle at both ends" in Western industrialized societies has created so much sleep deprivation that what is really abnormal sleepiness is now almost the norm. Many studies make it clear that sleep deprivation is dangerous. Sleep-deprived people who are tested by using a driving simulator or by performing a hand-eye coordination task perform as badly as or worse than those who are intoxicated. Sleep deprivation also magnifies alcohol's effects on the body, so a fatigued person who drinks will become much more impaired than someone who is well rested.

① troublesome manifestations of sleep deprivation
② effects of severe sleep deprivation on commuting drivers
③ similarities between the intoxicated and the sleep-deprived
④ conventional sleep habits of Western industrialized societies
⑤ higher rates of alcohol dependency among the sleep-deprived

12 다음 글의 목적으로 가장 적절한 것은? [3점]

Happy Veteran's Day! I hope this message finds you well. As the Director of the Military Library, I am very happy to announce that the last book giveaway event was a huge success. I take great pride in representing the library that has been instrumental in many community cultural activities. Also, I am delighted to inform you of our library's latest event. We have planned a free movie showing every Saturday at 6 P.M., starting this weekend until the end of the year. The movie showing will take place at the Eisenhower Community Room on the third floor. It is open to the public. The movie list will be uploaded on our website on the first day of every month. The first movie, which will be shown this Saturday, is Black Hawk Down. So come on out and enjoy free movies!

① 새로 개봉하는 전쟁 영화를 홍보하려고

② 퇴역 군인을 위한 정기 후원을 요청하려고

③ 홍보 영상 촬영으로 인한 휴관을 알리려고

④ 도서관의 무료 영화 상영 행사를 안내하려고

⑤ 책 나눔 행사를 도울 자원봉사자를 모집하려고

13 다음 글에서 필자가 주장하는 바로 가장 적절한 것은? [3점]

Knowing the importance of language interaction can shape parental behavior and decisions. When infants are alert, it is vital to interact with them and to respect that they are interacting in return and working on finding meaning in what we say. One way to do this is to acknowledge their contributions (however meager) to the conversation. Parents might also look for evidence that caregivers and baby-sitters engage in this kind of interaction. It is not unusual for sitters to watch television when they are with infants or to spend a lot of time on the telephone even when babies are awake. More than a bottle and a clean diaper is needed. The new view of the interactive infant means that caregiving involves more than custodial care. The new job description for caregiving might add "caregiver stimulation required in the form of sensitive and responsive behavior." Parents should look for empathic and encouraging caregivers who are eager to converse with babies. Research shows that language stimulation from a television set does not prepare infants for language learning. Only conversations with people will.

① 부모는 유아의 보모를 찾을 때 정서적 수용력을 우선 고려해야 한다.

② 부모와의 애착을 강화하기 위해 유아의 기본 요구를 세심하게 살펴야 한다.

③ 부모는 유아와 공감하며 언어적 상호작용에 적극적인 양육자를 찾아야 한다.

④ 또래 아이와의 지속적인 상호작용을 통해 유아의 언어 발달을 촉진해야 한다.

⑤ 부모는 유아의 언어 학습 능력을 향상시키기 위해 텔레비전 시청을 줄여야 한다.

14 Maurice Wilkins에 관한 다음 글의 내용과 일치하지 <u>않는</u> 것은? [3점]

Maurice Wilkins was born in New Zealand, where his father was a medical doctor. The Wilkinses moved to Birmingham, England when he was 6. He went to St. John's College, Cambridge in 1935 to study physics and received a Bachelor of Arts degree in 1938. During World War II, he participated for two years in the Manhattan Project at the University of California, Berkeley. After the War, horrified by the effects of the atomic bomb, Wilkins decided to move into another branch of science. Upon his return to Great Britain, Wilkins lectured at the University of St. Andrews in Scotland. In 1946 he joined the Biophysics Unit at King's College and served as the unit's director from 1970 to 1980. There he began the series of investigations that led to his X-ray diffraction studies of DNA. With James Watson and Francis Crick, he received the Nobel Prize for Physiology or Medicine for his contribution to the determination of DNA's molecular structure.

* diffraction: 회절

① 뉴질랜드에서 의사의 아들로 태어났다.

② 1935년에 St. John's College에서 학위를 받았다.

③ 2차 세계대전 중 2년간 Manhattan Project에 참여했다.

④ University of St. Andrews에서 강의했다.

⑤ DNA 분자구조 연구로 노벨상을 공동 수상했다.

[15~19] 다음 빈칸에 들어갈 말로 가장 적절한 것을 고르시오.

15

To reduce the challenge of the Northwest Passage to that of a hostile environment is to _____. A challenging environment can take many forms: from a highly competitive market to a battlefield. In comparing one challenge context to another, one can differentiate along a number of dimensions:

the variability, predictability, and seriousness of the hazards, the availability of external help, and the duration of exposure. It is rare to find a leadership environment in which all of these variables are high. Fighting a fire is dangerous business, but to a trained firefighter, fire moves in predictable ways and the duration of exposure to its risks is relatively short. Launching a fin-tech start-up involves facing a highly variable and unpredictable environment, but there is always the option of appealing for more investment. Navigating the Northwest Passage was a challenge along every dimension: the threats came in many forms, were of a highly unpredictable nature, and were all potentially lethal, while outside intervention was ruled out and exposure long-term. Leading expeditions in this environment was thus a multi-dimensional challenge. [4점]

* lethal: 치명적인

① nullify   ② induce

③ confront   ④ resolve

⑤ oversimplify

16

In the 1830s and 1840s, several European countries _____. It made things visible that had previously been hidden or taken for granted. The poor appeared as a social entity only when they were counted, and the resulting emergence of "poverty" as an abstract concept helped to arouse a moral commitment. Statistical societies and journals were founded, and government offices were called into being to gather, evaluate, and store social data. Politics rested more than ever before on exact information. In France, the systematic and regular collection of data was instituted at the prefecture level in 1801. Seeking to make deep inroads into civil society, the Napoleonic state needed as much accurate information as possible about it. In Britain too, despite its much less developed regional bureaucracy, the parliamentary government made extensive use of empirical facts about all manner of things—from sanitation in workers' districts to the medical condition of soldiers in the army. The collection of these was entrusted to ad hoc royal commissions, whose conclusions were publicly available both to the government of the day and to its critics. [3점]

* prefecture: 도청 ** inroad: 침입
*** ad hoc: 임시의

① were gripped by a passion for statistics

② instituted the regulation of data collection

③ gave citizens free access to state-owned data

④ were terror-stricken by overwhelming statistics

⑤ were dedicated to overcoming economic inequality

17

There was plenty of evidence about _____. The Russian troops who thought they were on "exercises" in Belarus and inside Russia were using their own cellphones—on Ukrainian networks—to call home to express their angst to family members and girlfriends that they had been deceived and were suddenly in a real battle. Others were posting on TikTok or Instagram. Again, the Ukrainians were in a position to exploit such amateurism: New recruits tucked away in hidden monitoring centers were busy geolocating the calls and social media phones and sharing that information with the military to launch precision attacks. As Pentagon officials watched the invasions unfold, they were also struck by the evidence that Russian supply and logistics operations were

hopelessly snarled and backlogged. Not only had the Russians failed to bring along enough food to sustain a battle of more than a few days, but the column of Russian troops marching down to Kyiv had stalled out entirely. [3점]

* snarl: 교란하다

① how new recruits fled the battlefield

② how unprepared the Russian troops were

③ why Russia failed in its logistical operations

④ what Ukraine's handicap was in information warfare

⑤ how serious the tension was between Russia and Ukraine

18

In several ways, uncertainty can be understood as pervasive and written into the very script of life. Due to this, the craving for certainty has only become a means of stemming a perceived tide of phenomena that cannot yet be grasped and, to an even lesser extent, controlled. Consequently, the interplay between the desire to overcome uncertainty and instead strive towards certainty became inscribed into humans and society as a way of influencing the present and the future. This interplay is as old as the hills and is rooted in the human hope for security and the material, technological and social protection regarded as necessary for survival, comfort, and wellbeing. Mokyr shows how Western capitalist societies are indebted to all the systematic attempts to _____.

According to Mokyr, the strong belief in technical progress and the continuous improvement of various aspects of life are rooted in the reasoning that emerged and developed in the philosophical movement of the Enlightenment and which created a "space" for humans' "desire to know" and practically experiment with a wide range of activities. [4점]

* stem: 저지하다

① reduce insecurity in terms of uncertainty

② outdo their forerunners in scientific areas

③ negate errors in interpretation of certainty

④ minimize the potential of human reasoning

⑤ survive the overloaded world of information

19 So many accounts of democracy emphasize legislative processes or policy outcomes, but these often miss the depth of connection between communication and political culture. When culture is discussed, it's often in the context of liberal-democratic values. But the question we're asking is: What determines the valence of those values? If a democracy stands or falls on the quality of the culture propping it up, then we ought to know under what conditions those values are affirmed and rejected. We believe those conditions are determined by a society's tools of communication, facilitated through media, to persuade. Indeed, _____

_____. If a democracy consists of citizens deciding, collectively, what ought to be done, then the manner through which they persuade one another determines nearly everything else that follows. And that privileges media ecology as the master political science. Some of its foremost practitioners, like Marshall McLuhan and Neil Postman, sensed, far better than political scientists or sociologists, that our media environment decides not just what we pay attention to but also how we think and orient ourselves in the world. [4점]

* valence: 결합가

① media will soon solve communication

issues in democracy

② democracies are defined by their cultures of communication

③ conflicts between individuality and collectivity are inevitable

④ democracy thrives on order rather than endless public discourse

⑤ democracies can be sustained by valuing socioeconomic dynamics

[20~21] 주어진 글 다음에 이어질 글의 순서로 가장 적절한 것을 고르시오.

20

> On January 26, 2013, a band of al-Qaeda militants entered the ancient city of Timbuktu on the southern edge of the Sahara Desert.

(A) The mayor of Bamako, who witnessed the event, called the burning of the manuscripts "a crime against world cultural heritage." And he was right—or he would have been, if it weren't for the fact that he was also lying.

(B) There, they set fire to a medieval library of 30,000 manuscripts written in Arabic and several African languages and ranging in subject from astronomy to geography, history to medicine. Unknown in the West, this was the collected wisdom of an entire continent, the voice of Africa at a time when Africa was thought not to have a voice at all.

(C) In fact, just before, African scholars had collected a random assortment of old books and left them out for the terrorists to burn. Today, the collection lies hidden in Bamako, the capital of Mali, moldering in the high humidity. What was rescued by ruse is now once again in jeopardy, this time by climate. [3점]

* ruse: 책략

① (A) − (C) − (B) ② (B) − (A) − (C)

③ (B) − (C) − (A) ④ (C) − (A) − (B)

⑤ (C) − (B) − (A)

21

> The need for trust in transactional human relationships is obvious. It is also clear in other non-transactional relationships that are driven by commitment and interdependence—classically, parent-child relationships, and those between the sick and their caregivers.

(A) This is also why the occasional

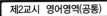

discovered violation of one of these items of background faith is so scandalous: Dog meat in local vendor's hot dogs! Local father passing funny money at the park! Lurid tabloid headlines merely reinforce how deeply we trust these fundamental background assumptions, and how rarely they are violated.

(B) What is less commonly realized is the degree to which even interactions that seem purely transactional on the surface can occur only against a deeper background of implicit trust. When I pay $4 for a hot dog from a street vendor, the money-for-wiener trade rests upon a set of assumptions so long it would be impossible to exhaustively list.

(C) The hot dog is properly cooked. It has not been deliberately contaminated. The dollar bills I am handing over are not counterfeit. The hot dog contains (at least mostly) beef or pork, not dog meat. None of this is explicitly spelled out, but it is all nonetheless firmly taken for granted. [3점]

* lurid: 선정적인 ** wiener: 소시지

① (A) − (C) − (B) ② (B) − (A) − (C)
③ (B) − (C) − (A) ④ (C) − (A) − (B)
⑤ (C) − (B) − (A)

[22~23] 글의 흐름으로 보아, 주어진 문장이 들어가기에 가장 적절한 곳을 고르시오.

22

And reading, as neurosciences are showing, connects parts of our brain that are otherwise normally separated.

A new world has been born, where images have killed words simply because they are easier to use and do not require complex thoughts. The evolution of means of communication, from letter to e-mail; from e-mail to Facebook; finally, from Facebook to Instagram, is quite paradigmatic. (①) The shift from written words, which require time, to pictures, videos and emoticons, tools that even a child can handle, has been a process characterised not only by unbelievable rapidity but also by lack of precedents. (②) As a matter of fact, in the last millennia the progress of mankind has been based on complex thoughts: and these require words, and words require reading. (③) But reading is not innate, it is a cultural product. (④) The end of reading and of written words means the vanishing of these connections, and the emergence of a different brain, maybe speedier and multitasking, but destined to remain on the surface since deeper thought and understanding require words and time. (⑤) It is impossible to write a poem, a novel, or a scientific paper using pictures, selfies, emoticons, or simple sentences! [3점]

* paradigmatic: 계열적

23

> But what society really needs right now is new vaccines and more efficient lithium-ion batteries.

As the creative primate, humans are crucially dependent on lateral thinking. We require a continuous stream of novel insights and a constant reorganization of existing knowledge. (①) Children, with their underdeveloped prefrontal cortices, are superstars in this regard. (②) But the very thing that makes them so creative renders most of their creations useless, at least from the pragmatic perspective of goal-oriented adults. (③) Bizarrely distorted Lego worlds featuring post-apocalyptic, scavenged-parts vehicles

driven by Lego people with Barbie-doll heads, or menageries of superhero figurines and stuffies organized into formal English tea parties, reflect impressive out-of-the-box thinking. (④) If your goal is to maximize implementable cultural innovation, your ideal person would be someone with the body of an adult but, for a brief period, the mind of a child. (⑤) Someone with downregulated cognitive control, heightened openness to experience, and a mind prone to wander off in unpredictable directions. [4점]

* prefrontal cortices: 전전두피질
** menagerie: 전시장

24 다음 글의 내용을 한 문장으로 요약하고자 한다. 빈칸 (A), (B)에 들어갈 말로 가장 적절한 것은? [4점]

> The great myth of American culture, then and now, is that democracy is built on free expression, both spoken and printed. Though wrapped up in shibboleths from the marketplace of ideas, such a myth is not without its advantages. There is wisdom in the notion that free expression is its own justification, as a matter of principle and as a check on power. The price, however, is sometimes high. Truth won't always win out, and the public sphere can't be contained. This is a

lesson perpetually relearned when novel media technologies flood the information space. In 1938, Orson Welles and his Mercury Theater troupe broadcast a live radio performance of the H. G. Wells novel *The War of the Worlds*. While there is not much evidence that the program touched off an actual panic—and Welles was clear, at both the beginning and the end of the broadcast, that it was a dramatic performance, not a news report of real events— we do know that the broadcast garnered major newspaper coverage. The radio was already under regulations by the Federal Communications Commission, which had been formed in 1934, but one medium confronted another.

* shibboleth: 상투적인 어구 ** garner: 모으다

While it is commonly believed that the free and open exchange of ideas is a ___(A)___ of American democracy, the cost can be the unintended and uncontrollable ___(B)___ of untruth via new media, as in the case of a live radio performance broadcast in 1938.

	(A)	(B)
①	pillar	elusion
②	highlight	censorship
③	foundation	concealment
④	reflection	disclosure
⑤	cornerstone	circulation

[25~26] 다음 글을 읽고, 물음에 답하시오.

Natural evolution _____ which even today are of great interest. The bats are the subject of continuing studies; they emit with their mouth (some, with the nose) short ultrasonic signals (with frequencies well above 100 kHz) called *chip or click* and listen to the echo due to the presence of objects up to some meters away. Their brain reconstructs the precise position of the object on the basis of the delay of the echo perceived by each ear, its frequency and its intensity. A great sensitivity is required to locate insects, the main food of bats, even at distances of several meters. The emitted signal has both narrow-band i.e. *constant frequency* (CF), and broadband (*frequency modulated*, FM, or *Chirp*) components. The linearly frequency modulated signal called *Chirp* (including its evolutions with non-linear modulation) is one of those emitted by bats, and has been studied for radar applications by both the Germans and the Allied powers since 1942—43. It is remarkable that the first analyses of the signals emitted by bats date back to just four or five years before these years. With respect to a normal rectangular pulse of equal duration and energy, this type of signal allows a dramatic improvement in the capacity of *range resolution*, i.e. of discrimination in the distance measurement. Not only signals, but also the processes by which the bats locate obstacles and their prey are of great interest from the radar point of view. According to tradition, the name *chirp* (which identifies the chirping of a bird) is due to one of the U.S. experimenters who developed the *pulse compression* in the 1950s, i.e. B. M. Oliver, who stated that radar should emit "not with a bang, but with a chirp."

25 윗글의 제목으로 가장 적절한 것은? [3점]

① When Bats Chirp, We Learn about Radar

② Arms Competition: Mother of Radar Technology

③ Too Bad! We Bypassed What Bats Showed Us about Radar

④ Bat Echolocation: Adaptations for Prey Detection and Capture

⑤ Chip, Click, and Chirp: Use of Animals for Military Intelligence

26 윗글의 빈칸에 들어갈 말로 가장 적절한 것은? [4점]

① emphasized the value of air units in the aviation sector

② taught us depth perception, navigation, and visual resolution

③ revealed the use of passive receptors to detect electric signals

④ introduced the true definition and proper functions of technologies

⑤ produced signal types and techniques of detection and localization

[27~28] 다음 글을 읽고, 물음에 답하시오.

Cultural heritage can be understood in the narrow sense as the reservoir of cultural elements that are recognized as being significant and worthy of preservation and transfer to succeeding generations. Cultural heritage in the wide sense, however, is understood as a dynamic discursive area within which the cultural resources of the past, and their significance, are constructed through social interaction. Once (a) extracted from this discursive area, the reservoir becomes just an empty and meaningless collection of artefacts and ideas embedded in various forms. Such an understanding of cultural heritage is rooted in the idea of (b) collective memory introduced by Maurice Halbwachs. He argues that our memory about the past is socially constructed. To some extent, social conditions determine what and how we remember. The phenomenon of tradition and cultural heritage being socially determined is emphasized by Eric Hobsbawn and Terence Ranger, who consider that tradition is not reproduced but rather (c) invented.

Belief in the discursive nature of cultural heritage is based on the conviction that the criteria for determining which artefacts and behavioural patterns should be transmitted to posterity are (d) stable. On the one hand, a reservoir of cultural heritage is subject to selection and is determined by global flows, new technology, economics, cultural policy, or the sentiments of decision

-makers. On the other hand, such a reservoir is the object of continual reinterpretation, which is influenced by the social position, background, biography, and cultural competences of the individuals who participate in a culture. Social interaction is the (e) essence of transition in cultural heritage.

* posterity: 후대

27 윗글의 주제로 가장 적절한 것은? [3점]

① the significance of cultural heritage preservation
② procedures to build a reservoir for cultural heritage artefacts
③ cultural heritage's discursive characteristic as a social construct
④ discursive efforts by social organizations to designate world heritages
⑤ established criteria for categorizing artefacts based on historical values

28 밑줄 친 (a)~(e) 중에서 문맥상 낱말의 쓰임이 적절하지 <u>않은</u> 것은? [3점]

① (a)　　　　② (b)
③ (c)　　　　④ (d)
⑤ (e)

[29~30] 다음 글을 읽고, 물음에 답하시오.

(A)

Sarah dreamed of becoming a doctor. Since elementary school, she had known, without a sliver of doubt, that she would become a doctor of medicine. One day, a childhood friend, Amanda, was visiting (a) her home. She also had dreams of pursuing a career in medicine, so together they hatched a plan to attend the same Ivy League school. Though Sarah and Amanda's parents agreed the two friends should go to college, they had quite different attitudes towards their daughters' chosen paths.

(B)

Amanda still wasn't convinced by (b) her reasoning. If she could flunk such a basic test, wasn't it obvious that she wasn't cut out to be a doctor? She considered changing courses, and even thought about dropping out altogether. Sarah refused to be perturbed. Her personal values protected her from absorbing the dangerous cultural message that she wasn't performing academically as well as her peers simply because (c) she was 'bad at science.' This was a small bump in the road and Sarah knew that in a few years' time, both friends would achieve their dream of becoming a medical doctor.

* perturbed: 혼란스러운

(C)

Sarah's parents were supportive. They encouraged her to identify and understand her own personal values rather than connecting success in life with school grades and accolades. Sarah asked Amanda what her parents thought about their plan. She revealed they had expressed concern on more than one occasion. This surprised (d) her, as Amanda was academically talented. Raising their daughter in a culture with stereotypes such as 'girls are bad at science,' Amanda's parents questioned whether or not she was cut out for such a career path.

(D)

After they entered university, the friends experienced their first minor setback. They received a bad grade on the midterm biology test. Amanda was upset. She felt the bad grade proved what her parents had been saying all along. Sarah was disappointed but simply shrugged it off. She reminded her friend that (e) she was in a new place, juggling classes, social events, sorority obligations and living away from family for the first time in her life.

29 주어진 글 (A)에 이어질 내용을 순서에 맞게 배열한 것으로 가장 적절한 것은? [3점]

① (B) − (D) − (C) ② (C) − (B) − (D)

③ (C) − (D) − (B) ④ (D) − (B) − (C)

⑤ (D) − (C) − (B)

30 밑줄 친 (a)~(e) 중에서 가리키는 대상이 나머지 넷과 다른 것은? [3점]

① (a) ② (b)

③ (c) ④ (d)

⑤ (e)

※ 23번부터는 선택과목이니 자신이 선택한 과목(확률과 통계, 미적분, 기하)의 문제지인지 확인하시오.

01 $(3^{-1}+3^{-2})^{\frac{1}{2}}$의 값은? [2점]

① $\dfrac{1}{3}$ ② $\dfrac{\sqrt{2}}{3}$

③ $\dfrac{\sqrt{3}}{3}$ ④ $\dfrac{2}{3}$

⑤ $\dfrac{\sqrt{5}}{3}$

02 함수 $f(x)=3x^2-x+1$에 대하여 $\lim\limits_{h\to 0}\dfrac{f(1+h)-f(1)}{h}$의 값은? [2점]

① 1 ② 2

③ 3 ④ 4

⑤ 5

03 공비가 양수인 등비수열 $\{a_n\}$의 첫째항부터 제n항까지의 합을 S_n이라 하자. $\dfrac{S_7-S_4}{S_3}=\dfrac{1}{9}$일 때, $\dfrac{a_5}{a_7}$의 값은? [3점]

① 1 ② $\sqrt{3}$

③ 3 ④ $3\sqrt{3}$

⑤ 9

04 다항함수 $f(x)$에 대하여 함수 $g(x)$를 $g(x)=(x^3+2x+2)f(x)$라 하자. $g'(1)=10$일 때, $f(1)+f'(1)$의 값은? [3점]

① 1 ② 2

③ 3 ④ 4

⑤ 5

05 두 상수 $a(a>0)$, b에 대하여 함수 $y=a\sin ax+b$의 주기가 π이고 최솟값이 5일 때, $a+b$의 값은? [3점]

① 5   ② 6

③ 7   ④ 8

⑤ 9

06 다항함수 $f(x)$가 $\lim\limits_{x\to\infty}\dfrac{x^2}{f(x)}=2$, $\lim\limits_{x\to3}\dfrac{f(x-1)}{x-3}=4$를 만족시킬 때, $f(4)$의 값은? [3점]

① 10   ② 11

③ 12   ④ 13

⑤ 14

07 두 수열 $\{a_n\}$, $\{b_n\}$에 대하여 $$\sum_{k=1}^{10}(2a_k+b_k+k)=60,$$ $$\sum_{k=1}^{10}(a_k-2b_k+1)=10$$일 때, $$\sum_{k=1}^{10}(a_k+b_k)$$의 값은? [3점]

① 1   ② 3

③ 5   ④ 7

⑤ 9

08 최고차항의 계수가 3인 이차함수 $f(x)$의 한 부정적분을 $F(x)$라 하자. $f(1)=0$, $F(1)=0$, $F(2)=4$일 때, $F(3)$의 값은? [3점]

① 16   ② 20

③ 24   ④ 28

⑤ 32

09 두 점 P와 Q는 시각 $t=0$일 때 각각 점 A(9)와 점 B(1)에서 출발하여 수직선 위를 움직인다. 두 점 P, Q의 시각 $t(t \geq 0)$에서의 속도는 각각 $v_1(t)=6t^2-18t+7$, $v_2(t)=2t+1$이다.

시각 t에서의 두 점 P, Q 사이의 거리를 $f(t)$라 할 때, 닫힌구간 $[1, 3]$에서 함수 $f(t)$의 최댓값은? [4점]

① 6   ② 8

③ 10   ④ 12

⑤ 14

10 $-\dfrac{1}{2}<t<0$인 실수 t에 대하여 직선 $x=t$가 두 곡선

$y=\log_2(x+1)$, $y=\log_{\frac{1}{2}}(-x)+1$과 만나는 점을 각각 A, B라 하고, 점 B를 지나고 x축에 평행한 직선이

곡선 $y=\log_2(x+1)$과 만나는 점을 C라 하자. $\overline{AB}= \log_2 9$일 때, 선분 BC의 길이는? [4점]

① 4   ② $\dfrac{13}{3}$

③ $\dfrac{14}{3}$ ④ 5

⑤ $\dfrac{16}{3}$

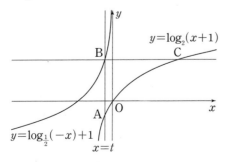

11 최고차항의 계수가 -1인 사차함수 $f(x)$가 다음 조건을 만족시킨다.

> (가) 모든 실수 x에 대하여 $f(3-x)=f(3+x)$이다.
>
> (나) 실수 t에 대하여 닫힌구간 $[t-1, t+1]$에서의 함수 $f(x)$의 최댓값을 $g(t)$라 할 때, $-1 \leq t \leq 1$인 모든 실수 t에 대하여 $g(t)=g(1)$이다.

$f(2)=0$일 때, $f(5)$의 값은? [4점]

① 36   ② 37

③ 38   ④ 39

⑤ 40

12 2 이상의 자연수 n에 대하여 $-(n-k)^2+8$의 n제곱근 중 실수인 것의 개수를 $f(n)$이라 하자.
$f(3)+f(4)+f(5)+f(6)+f(7)=7$을 만족시키는 모든 자연수 k의 값의 합은? [4점]

① 14   ② 15

③ 16   ④ 17

⑤ 18

13 $-6 \leq t \leq 2$인 실수 t와 함수 $f(x) = 2x(2-x)$에 대하여 x에 대한 방정식 $\{f(x) - t\}\{f(x-1) - t\} = 0$의 실근 중에서 집합 $\{x \mid 0 \leq x \leq 3\}$에 속하는 가장 큰 값과 가장 작은 값의 차를 $g(t)$라 할 때, 함수 $g(t)$는 $t = a$에서 불연속이다.

$\lim\limits_{t \to a-} g(t) + \lim\limits_{t \to a+} g(t)$의 값은?

(단, a는 $-6 < a < 2$인 상수이다.) [4점]

① 3   ② $\dfrac{7}{2}$

③ 4   ④ $\dfrac{9}{2}$

⑤ 5

14 다음 조건을 만족시키는 모든 수열 $\{a_n\}$에 대하여 $|a_5|$의 최댓값과 최솟값을 각각 M, m이라 할 때, $M + m$의 값은? [4점]

> (가) $a_2 = 27$, $a_3 a_4 > 0$
> (나) 2 이상의 모든 자연수 n에 대하여
> $\sum\limits_{k=1}^{n} a_k = 2|a_n|$이다.

① 224   ② 232

③ 240   ④ 248

⑤ 256

15 최고차항의 계수가 1이고 $f'(0) = f'(2) = 0$인 삼차함수 $f(x)$가 있다. 양수 p와 함수 $f(x)$에 대하여

함수 $g(x) = \begin{cases} f(x) & (f(x) \geq x) \\ f(x-p) + 3p & (f(x) < x) \end{cases}$

가 실수 전체의 집합에서 미분가능할 때, $f(0)$의 값은? [4점]

① $4 - 3\sqrt{6}$ ② $2 - 2\sqrt{6}$

③ $3 - 2\sqrt{6}$ ④ $3 - \sqrt{6}$

⑤ $4 - \sqrt{6}$

16 부등식 $4^x - 9 \times 2^{x+1} + 32 \leq 0$을 만족시키는 모든 정수 x의 값의 합을 구하시오. [3점]

17 공차가 0이 아닌 등차수열 $\{a_n\}$이 $a_{12}=5$, $|a_5|=|a_{13}|$을 만족시킬 때, a_{24}의 값을 구하시오. [3점]

18 최고차항의 계수가 1인 삼차함수 $f(x)$가 다음 조건을 만족시킬 때, $f(3)$의 값을 구하시오. [3점]

> (가) 모든 실수 x에 대하여
> $\quad f(-x)=-f(x)$이다.
> (나) $\displaystyle\int_{-2}^{2} xf(x)dx=\dfrac{144}{5}$

19 그림과 같이 $\overline{AB}=7$, $\overline{BC}=13$, $\overline{CA}=10$인 삼각형 ABC가 있다. 선분 AB 위의 점 P와 선분 AC 위의 점 Q를 $\overline{AP}=\overline{CQ}$이고 사각형 PBCQ의 넓이가 $14\sqrt{3}$이 되도록 잡을 때, $\overline{PQ}^2$의 값을 구하시오. [3점]

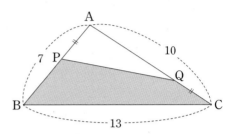

20 최고차항의 계수가 1인 삼차함수 $f(x)$와 함수 $g(x)=|f(x)|$가 다음 조건을 만족시킬 때, $g(8)$의 값을 구하시오. [4점]

> (가) 함수 $y=f'(x)$의 그래프는 직선 $x=2$에 대하여 대칭이다.
> (나) 함수 $g(x)$는 $x=5$에서 미분가능하고, 곡선 $y=g(x)$ 위의 점 $(5, g(5))$에서의 접선은 곡선 $y=g(x)$와 점 $(0, g(0))$에서 접한다.

21 다음 조건을 만족시키는 두 실수 α, β에 대하여 $\dfrac{12}{\pi} \times (\beta - \alpha)$의 최댓값을 구하시오. [4점]

> $0 \le x < 2\pi$에서 함수
> $$f(x) = \cos^2\left(\dfrac{13}{12}\pi - 2x\right)$$
> $$+\sqrt{3}\cos\left(2x - \dfrac{7}{12}\pi\right) - 1$$은 $x=\alpha$일 때 최댓값을 갖고, $x=\beta$일 때 최솟값을 갖는다.

22 함수 $f(x) = x^2 - 2x$와 최고차항의 계수가 1인 삼차함수 $g(x)$에 대하여 실수 전체의 집합에서 연속인 함수 $h(x)$가 다음 조건을 만족시킨다.

> (가) 모든 실수 x에 대하여 $\{h(x) - f(x)\}$ $\{h(x) - g(x) = 0\}$이다.
> (나) $h(k)h(k+2) \le 0$을 만족시키는 서로 다른 실수 k의 개수는 3이다.

$\displaystyle\int_{-3}^{2} h(x)\,dx = 26$이고 $h(10) > 80$일 때, $h(1) + h(6) + h(9)$의 값을 구하시오. [4점]

확률과 통계(23~30)

23 확률변수 X가 이항분포 $B\left(49, \dfrac{3}{7}\right)$을 따를 때, $V(2X)$의 값은? [2점]

① 16   ② 24

③ 32   ④ 40

⑤ 48

24 두 사건 A와 B는 서로 독립이고 $P(A|B) = \dfrac{1}{2}$, $P(A \cup B) = \dfrac{7}{10}$일 때, $P(B)$의 값은? [3점]

① $\dfrac{3}{10}$ ② $\dfrac{2}{5}$

③ $\dfrac{1}{2}$ ④ $\dfrac{3}{5}$

⑤ $\dfrac{7}{10}$

2025 기출문제

25 $(x^2+y)^4\left(\dfrac{2}{x}+\dfrac{1}{y^2}\right)^5$ 의 전개식에서 $\dfrac{x^4}{y^5}$ 의 계수는? [3점]

① 80   ② 120

③ 160   ④ 200

⑤ 240

26 어느 사관학교 생도의 일주일 수면 시간은 평균이 45시간, 표준편차가 1시간인 정규분포를 따른다고 한다. 이 사관학교 생도 중 임의추출한 36명의 일주일 수면 시간의 표본평균이 44시간 45분 이상이고 45시간 20분 이하일 확률을 다음의 표준정규분포표를 이용하여 구한 것은? [3점]

z	$P(0\leq Z\leq z)$
0.5	0.1915
1.0	0.3413
1.5	0.4332
2.0	0.4772

① 0.6915   ② 0.8185

③ 0.8413   ④ 0.9104

⑤ 0.9772

27 집합 $X=\{1, 2, 3, 4, 5\}$ 에 대하여 다음 조건을 만족시키는 함수 $f:X \rightarrow X$ 의 개수는? [3점]

> (가) $x=1, 2, 3$일 때 $f(x)\leq f(x+1)$이다.
> (나) 함수 f의 치역의 원소의 개수는 2이다.

① 50   ② 60

③ 70   ④ 80

⑤ 90

28 숫자 1, 1, 2, 2, 4, 4, 4가 하나씩 적혀 있는 7장의 카드가 있다. 이 7장의 카드를 모두 한 번씩 사용하여 일렬로 나열할 때, 서로 이웃한 2장의 카드에 적혀 있는 두 수의 차를 각각 a, b, c, d, e, f라 하자. 예를 들어 그림과 같이 나열한 경우 $a=3$, $b=1$, $c=1$, $d=3$, $e=0, f=2$이다.

| 4 | 1 | 2 | 1 | 4 | 4 | 2 |

$a+b+c+d+e+f$의 값이 짝수가 되도록 카드를 나열하는 경우의 수는? (단, 같은 숫자가 적혀 있는 카드끼리는 서로 구별하지 않는다.) [4점]

① 100   ② 110

③ 120   ④ 130

⑤ 140

29 흰 공 1개, 검은 공 1개, 파란 공 1개, 빨간 공 1개가 들어 있는 주머니가 있다. 이 주머니에서 임의로 하나의 공을 꺼내어 색을 확인한 후 다시 넣는 시행을 한다. 이 시행을 4번 반복하여 확인한 색의 종류의 수를 확률변수 X라 할 때, $E(64X-10)$의 값을 구하시오. [4점]

미적분(23~30)

23 $\displaystyle\lim_{n\to\infty} n\left(\sqrt{4+\dfrac{1}{n}}-2\right)$의 값은? [2점]

① $\dfrac{1}{4}$ ② $\dfrac{1}{2}$

③ $\dfrac{3}{4}$ ④ 1

⑤ $\dfrac{5}{4}$

30 흰 공 1개, 검은 공 6개, 노란 공 2개가 들어 있는 주머니에서 임의로 한 개의 공을 꺼내는 시행을 한다. 이 시행을 반복하여 주머니에 남아 있는 공의 색의 종류의 수가 처음으로 2가 되면 시행을 멈춘다. 시행을 멈출 때까지 꺼낸 공의 개수가 4일 때, 꺼낸 공 중에 흰 공이 있을 확률은 $\dfrac{q}{p}$이다. $p+q$의 값을 구하시오. (단, 꺼낸 공은 다시 넣지 않고, p와 q는 서로소인 자연수이다.) [4점]

24 함수 $f(x)=e^{x^2}$에 대하여
$\displaystyle\lim_{n\to\infty}\sum_{k=1}^{n}\dfrac{k}{n^2}f\left(\dfrac{k}{n}\right)$의 값은? [3점]

① $\dfrac{1}{4}e-\dfrac{1}{2}$ ② $\dfrac{1}{4}e-\dfrac{1}{4}$

③ $\dfrac{1}{2}e-\dfrac{1}{2}$ ④ $\dfrac{1}{2}e-\dfrac{1}{4}$

⑤ $\dfrac{3}{4}e-\dfrac{1}{4}$

25 함수 $f(x)=\ln(e^x+2)$의 역함수를 $g(x)$라 하자. 함수 $h(x)=\{g(x)\}^2$에 대하여 $h'(\ln 4)$의 값은? [3점]

① $2\ln 2$ ② $3\ln 2$

③ $4\ln 2$ ④ $5\ln 2$

⑤ $6\ln 2$

26 $0 < t < \pi$인 실수 t에 대하여 점 $A(t, \, 0)$을 지나고 y축에 평행한 직선이 두 곡선 $y = \sin \dfrac{x}{2}$, $y = \tan \dfrac{x}{2}$와 만나는 점을 각각 B, C라 하고, 점 B를 지나고 x축에 평행한 직선이 선분 OC와 만나는 점을 D라 하자. 삼각형 OAB의 넓이를 $f(t)$, 삼각형 ACD의 넓이를 $g(t)$라 할 때, $\displaystyle\lim_{t \to 0+} \dfrac{g(t)}{\{f(t)\}^2}$의 값은? (단, O는 원점이다.) [3점]

① $\dfrac{1}{8}$ 　　　　② $\dfrac{1}{4}$

③ $\dfrac{3}{8}$ 　　　　④ $\dfrac{1}{2}$

⑤ $\dfrac{5}{8}$

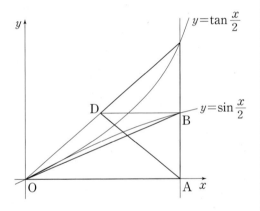

27 그림과 같이 곡선 $y = \dfrac{\sqrt{\ln(x+1)}}{x}$ $(x > 0)$과 x축 및 두 직선 $x = 1$, $x = 3$으로 둘러싸인 부분을 밑면으로 하는 입체도형이 있다. 이 입체도형을 x축에 수직인 평면으로 자른 단면이 모두 정사각형일 때, 이 입체도형의 부피는? [3점]

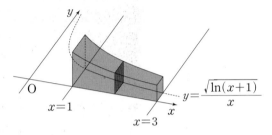

① $\dfrac{1}{3} \ln \dfrac{9}{8}$ 　　　　② $\dfrac{1}{3} \ln \dfrac{3}{2}$

③ $\dfrac{1}{3} \ln \dfrac{9}{2}$ 　　　　④ $\dfrac{1}{3} \ln \dfrac{27}{4}$

⑤ $\dfrac{1}{3} \ln \dfrac{27}{2}$

28 실수 전체의 집합에서 연속인 함수 $f(x)$가 모든 실수 x에 대하여

$$\int_0^x (x-t)f(t)dt = e^{2x} - 2x + a$$를 만족

시킨다. 곡선 $y=f(x)$ 위의 점 $(a, f(a))$에서의 접선을 l이라 할 때, 곡선 $y=f(x)$와 직선 l 및 y축으로 둘러싸인 부분의 넓이는? (단, a는 상수이다.) [4점]

① $2 - \dfrac{6}{e^2}$ ② $2 - \dfrac{7}{e^2}$

③ $2 - \dfrac{8}{e^2}$ ④ $2 - \dfrac{9}{e^2}$

⑤ $2 - \dfrac{10}{e^2}$

29 두 실수 a, b에 대하여 x에 대한 방정식 $x^2 + ax + b = 0$의 두 근을 α, β라 하자. $(\alpha - \beta)^2 = \dfrac{34}{3}\pi$일 때,

함수 $f(x) = \sin(x^2 + ax + b)$가 $x = c$에서 극값을 갖도록 하는 c의 값 중에서 열린구간 (α, β)에 속하는 모든 값을 작은 수부터 크기순으로 나열한 것을 c_1, c_2, $\cdots$, c_n(n은 자연수)라 하자. $(1-n) \times \displaystyle\sum_{k=1}^{n} f(c_k)$의 값을 구하시오. (단, $\alpha < \beta$) [4점]

30 양수 k와 이차함수 $f(x)$에 대하여
함수 $g(x)$

$$= \begin{cases} \displaystyle\lim_{n \to \infty} \dfrac{|x-2|^{2n+1} + f(x)}{|x-2|^{2n} + k} & (|x-2| \neq 1) \\ \dfrac{|f(x+1)|}{k+1} & (|x-2| = 1) \end{cases}$$

이 실수 전체의 집합에서 연속이다. 닫힌구간 $[1, 3]$에서 함수 $f(g(x))$의 최댓값과 최솟값을 각각 M, m이라 할 때, $10(M+m)$의 값을 구하시오. [4점]

기하(23~30)

23 좌표공간의 점 $A(1, -2, 3)$을 y축에 대하여 대칭이동한 점을 P라 하고, 점 A를 zx평면에 대하여 대칭이동한 점을 Q라 할 때, 선분 PQ의 길이는? [2점]

① $4\sqrt{3}$ ② $5\sqrt{2}$

③ $2\sqrt{13}$ ④ $3\sqrt{6}$

⑤ $2\sqrt{14}$

24 좌표평면에서 방향벡터가 $\vec{u} = (3, 1)$인 직선 l과 법선벡터가 $\vec{n} = (1, -2)$인 직선 m이 이루는 예각의 크기를 θ라 할 때, $\cos\theta$의 값은? [3점]

① $\dfrac{3\sqrt{2}}{10}$ ② $\dfrac{2\sqrt{2}}{5}$

③ $\dfrac{\sqrt{2}}{2}$ ④ $\dfrac{3\sqrt{2}}{5}$

⑤ $\dfrac{7\sqrt{2}}{10}$

25 그림과 같이 한 모서리의 길이가 3인 정육면체 $ABCD-EFGH$에서 선분 EH를 $2:1$로 내분하는 점을 P, 선분 EF를 $1:2$로 내분하는 점을 Q라 할 때, 점 A와 직선 PQ 사이의 거리는? [3점]

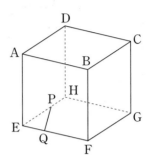

① $\dfrac{7\sqrt{5}}{5}$ ② $\dfrac{3\sqrt{5}}{2}$

③ $\dfrac{8\sqrt{5}}{5}$ ④ $\dfrac{17\sqrt{5}}{10}$

⑤ $\dfrac{9\sqrt{5}}{5}$

26 포물선 $(y+2)^2=16(x-8)$의 초점에서 포물선 $y^2=-16x$에 그은 두 접선의 접점을 각각 P, Q라 하자. 포물선 $y^2=-16x$의 초점을 F라 할 때, $\overline{PF}+\overline{QF}$의 값은? [3점]

① 33   ② 34

③ 35   ④ 36

⑤ 37

27 그림과 같이 $\overline{AB}=9$, $\overline{BC}=8$, $\overline{CA}=7$인 삼각형 ABC가 있다. 점 C에서 선분 AB에 내린 수선의 발을 P, 점 B에서 선분 AC에 내린 수선의 발을 Q라 하자. 두 선분 CP, BQ의 교점을 R이라 할 때, $\overrightarrow{AR}\cdot(\overrightarrow{AB}+\overrightarrow{AC})$의 값은? [3점]

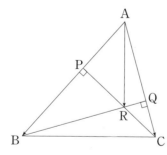

① 62   ② 64

③ 66   ④ 68

⑤ 70

28 그림과 같이 두 점 $F(c, 0)$, $F'(-c, 0)$ $(c>0)$을 초점으로 하는 타원 $\dfrac{x^2}{81}+\dfrac{y^2}{75}=1$과 두 점 F, F'을 초점으로 하는 쌍곡선 $\dfrac{x^2}{a^2}-\dfrac{y^2}{b^2}=1$이 있다. 타원과 쌍곡선이 만나는 점 중 제1사분면 위의 점을 P라 하고, 선분 $F'P$가 쌍곡선과 만나는 점 중 P가 아닌 점을 Q라 하자. 두 점 P, Q가 다음 조건을 만족시킬 때, 점 P의 x좌표는? (단, a와 b는 양수이다.) [4점]

> (가) $\overline{PQ}=\overline{PF}$
> (나) 삼각형 PQF의 둘레의 길이는 20이다.

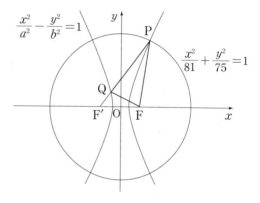

① $\sqrt{13}$ ② $\dfrac{3\sqrt{6}}{2}$

③ $\sqrt{14}$ ④ $\dfrac{\sqrt{58}}{2}$

⑤ $\sqrt{15}$

29 $\overline{AB}=2$, $\overline{BC}=\sqrt{5}$인 직사각형 ABCD를 밑면으로 하고 $\overline{OA}=\overline{OB}=\overline{OC}=\overline{OD}=2$인 사각뿔 O−ABCD가 있다. 선분 OA의 중점을 M이라 하고, 점 M에서 평면 OBD에 내린 수선의 발을 H라 하자. 선분 BH의 길이를 k라 할 때, $90k^2$의 값을 구하시오.

[4점]

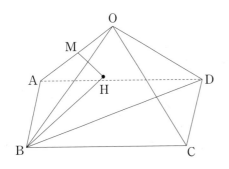

30 좌표평면에 한 변의 길이가 $4\sqrt{2}$인 정삼각형 OAB와 다음 조건을 만족시키는 점 C가 있다.

> (가) $|\overrightarrow{AC}|=4$
> (나) $\overrightarrow{OA}\cdot\overrightarrow{AC}=0$, $\overrightarrow{AB}\cdot\overrightarrow{AC}>0$

$(\overrightarrow{OP}-\overrightarrow{OC})\cdot(\overrightarrow{OP}-\overrightarrow{OA})=0$을 만족시키는 점 P와 정삼각형 OAB의 변 위를 움직이는 점 Q에 대하여 $|\overrightarrow{OP}+\overrightarrow{OQ}|$의 최댓값과 최솟값의 합이 $p+q\sqrt{33}$일 때, p^2+q^2의 값을 구하시오. (단, p와 q는 유리수이다.)

[4점]

2026

사관학교
7개년 국어·영어·수학

제1교시 국어영역(공통)

▶ 정답 및 해설 506p

[01~05] 다음 글을 읽고 물음에 답하시오.

은유란 유사성에 근거하여 한 대상을 다른 대상에 빗대어 나타내는 언어적 표현으로 간주되어 왔다. 이에 대해 인지언어학자들은 은유란 인간이 대상을 개념화하는 사고의 틀로서 언어적 표현에 선행한다고 ⓐ보았다. 언어적 표현은 은유라는 사고의 틀을 거쳐 만들어지는 것이기 때문에 일상 언어는 대부분 은유의 결과물이라는 것이다.

사고와 신체를 분리하는 객관주의를 표방하는 변형생성언어학자와 달리 인지언어학자들은 사고와 신체를 관련시키는 체험주의를 전제하고, 개념형성의 기반을 이루는 신체적 경험인 선개념적 경험을 제시하였다. 예를 들어 떨어진 물건을 주우려면 아래로 허리를 구부려야 하며 머리 위의 물건을 보려면 고개를 위로 들어야 한다. 이러한 신체적 경험이 반복, 축적되면서 '위'와 '아래'라는 개념이 형성된다. 이처럼 선개념적 경험이란 신체로부터 비롯되는, 개념 형성 이전의 경험이다.

대표적인 인지언어학자인 레이코프는 선개념적 경험을 바탕으로 개념화가 이루어지는 과정을 근원 영역(source domain)과 목표 영역(target domain)을 통해 설명하였다. 근원 영역은 선개념적 경험이 반영된 일상적이고 익숙한 구성 요소들로 이루어진 영역이고, 목표 영역은 은유를 통한 개념화 이전의 영역으로 낯선 구성 요소들로 이루어져 있다. 예를 들어 '시간이 흐르다.'에서 '시간'이라는 목표 영역은 '흐르는' 실체인 근원 영역에 의해 개념화된다. 이렇게 목표 영역을 근원 영역으로써 개념화하는 인지 전략을 레이코프는 개념적 은유라고 칭하였다.

개념적 은유는 근원 영역과 목표 영역이 결합하는 양상에 따라 방향적 은유, 존재론적 은유, 구조적 은유로 구별된다. 방향적 은유는 목표 영역이 방향과 관련된 선개념적 경험으로 이루어진 근원 영역과 결합하는 것이다. 예를 들어 '그의 실력이 나보다 위이다.'는 '위'라는 근원 영역이 인물에 대한 평가에 결합한 것이다. 존재론적 은유는 근원 영역이 지닌 존재의 자격을 목표 영역에 부여하는 것이다. '하려던 말을 삼키다.'는 '말'에 삼킬 수 있는 존재의 자격을 부여한 것이다. 구조적 은유는 근원 영역과 목표 영역의 구조적 유사성을 바탕으로 개념화하는 것이다. '여행'이라는 근원 영역은 출발점, 목적지, 경로 등으로 이루어지며 여정에 따라 시간이 경과한다는 점에서 '인생'이라는 목표 영역과 구조적으로 유사하다. 이러한 개념화를 통해 '인생은 여행이다.'가 도출되는 것이다.

레이코프는 개념적 은유가 목표 영역에 접근하는 데 도움을 주지만 인식의 불균형을 초래한다고 지적한다. 개념적 은유가 목표 영역의 특정 부분만을 부각하고 개념화되지 않은 다른 부분을 은폐한다는 것이다. 예를 들어 토론을 전쟁과 관련지어 '논쟁'으로 개념화하는 것은 토론의 경쟁적 속성을 잘 드러내지만, 토론에 대한 부정적 가치 판단을 유도하여 토론이 지닌 의견 교환이라는 상호작용의 측면을 간과하게 한다.

01 윗글에 대한 설명으로 가장 적절한 것은? [3점]

① 특정 개념에 대한 통념이 지닌 논리적 정합성을 분석하고 있다.

② 특정 개념의 유형을 분류하고 각 유형의 사례를 제시하고 있다.

③ 특정 개념에 대한 이론의 변천 과정을 설명하고 전망을 제시하고 있다.

④ 특정 개념을 설명할 수 있는 가설을 제시하고 타당성을 검증하고 있다.

⑤ 특정 개념에 대한 상반된 견해를 절충하여 새로운 이론을 제시하고 있다.

02 윗글의 내용과 일치하지 <u>않는</u> 것은? [3점]

① 은유는 대상의 유사성에 근거한 언어적 표현으로 간주되어 왔다.

② 인지언어학자들에 따르면 일상 언어는 은유와 밀접하게 관련된다.

③ 객관주의와 체험주의는 사고와 신체의 관계에 대해 서로 다른 입장을 취했다.

④ 인지언어학자는 선개념적 경험이 신체적 경험과 무관하다고 주장하였다.

⑤ 레이코프는 개념적 은유를 익숙한 것으로써 낯선 것을 개념화하는 인지 전략이라고 했다.

03 '개념적 은유'에 대해 판단한 내용으로 가장 적절한 것은? [3점]

① 개념 인식과 가치 판단을 분리시킨다.

② 근원 영역에 대한 부정적 인식을 강화한다.

③ 근원 영역을 축소하는 반면 목표 영역을 확장한다.

④ 목표 영역에 대한 총체적인 인식을 가능하게 한다.

⑤ 효율적인 인식을 가능하게 하는 동시에 인식을 제약한다.

04 윗글을 바탕으로 할 때, 〈보기〉의 [선생님의 설명]에 따라 ㉠~㉤을 이해한 내용으로 적절하지 <u>않은</u> 것은? [4점]

―――――〈보기〉―――――

[선생님의 설명]

 하나의 문장에는 여러 개의 개념적 은유가 포함될 수 있습니다. 다음은 밑줄 친 부분이 어떤 개념적 은유에 해당하는지 표시한 것입니다.

〈1〉 그는 선거에서 상대편 후보의 ㉠약점을 공략했다.
       └ 구조적 은유

〈2〉 ㉡수영에서만큼은 동생이 내 앞이
       └ 방향적 은유
    라고 엄마가 ㉢가벼운 농담을 했다.
                     └ 존재론적 은유

〈3〉 ㉣경제가 성장하면 ㉤저축률이 높다.
     └ 존재론적 은유   └ 방향적 은유

① ㉠은 전쟁이라는 근원 영역과 '선거'라는 목표 영역의 구조적 유사성을 바탕으로 도출된 것이다.

② ㉡은 '앞'이라는 근원 영역이 '동생'의 수영 실력에 대한 평가에 결합한 것이다.

③ ㉢은 '농담'이라는 목표 영역에 무게가 있는 실체의 자격을 부여한 것이다.

④ ㉣은 '경제'라는 목표 영역에 생명체의 자격을 부여한 것이다.

⑤ ㉤은 '높다'라는 목표 영역을 '저축률'이라는 근원 영역으로 개념화한 것이다.

05 문맥상 의미가 ⓐ와 가장 가까운 것은? [3점]

① 이번 거래로 큰 이익을 <u>보았다</u>.

② 교통사고 피해자랑 합의를 <u>보았다</u>.

③ 나는 최신 영화를 스마트폰으로 <u>보았다</u>.

④ 이번 한 번만 너를 <u>보아</u> 내가 참아야겠다.

⑤ 나는 그 사건을 우연으로 <u>볼</u> 수가 없었다.

[06~10] 다음 글을 읽고 물음에 답하시오.

공적 연금 제도 란 국가가 국민의 기본적인 생활을 보장하는 제도적 장치인 사회 보장 제도의 하나이다. 국가는 경제 활동을 하는 국민을 공적 연금 제도에 의무적으로 가입시켜 소득의 일부를 기여금으로 납부하게 한다. 그리고 기여금을 납부한 국민은 일정한 연령에 도달하면 국가로부터 연금을 수급한다. 이때 가입자가 납부한 기여금의 총액 대비 수급하는 연금 총액의 비율을 연금 수익률이라고 한다.

공적 연금 제도의 재정 운영 방식은 연금 지급에 사용되는 자금을 국가가 어떻게 조달하는가에 따라 두 가지로 ⓐ구분할 수 있다. ㉠적립 방식은 연금 수급자가 경제 활동 시기에 적립한 기여금과 이를 국가가 투자하여 얻은 수익으로 연금 지급에 사용되는 자금을 조달한다. ㉡부과 방식은 연금 지급 시점에 경제 활동을 하는 세대에게 기여금을 부과하여 연금 지급을 위한 자금을 조달한다. 즉 현재의 경제 활동 인구가 납부한 기여금으로 현재 퇴직 상태인 노령 인구에게 연금을 지급하는 것이다. 각각의 방식에서 기여금은 소득 대비 기여금의 비율인 기여율에 따라 결정된다. 소득 재분배의 관점에서 보면 적립 방식에서는 경제 활동 시기의 소득이 노후로 이전되므로 시간적 소득 재분배가 ⓑ발생하고, 부과 방식에서는 경제 활동 인구의 소득이 노령 인구에게 이전되므로 세대 간 소득 재분배가 발생한다.

인구 구조적 요인은 공적 연금의 재정 운영에 영향을 미친다. 평균 수명의 증가는 두 방식 모두에서 연금 지급 부담을 증가시키지만, 출산율의 변화는 부과 방식에만 영향을 준다. 출산율이 감소함에 따라 경제 활동 인구 대비 노령 인구의 비율이 증가하면 부과 방식에서는 연금 지급 부담이 증가할 수 있다. 한편 물가나 국민 소득 등의 경제적 요인도 공적 연금의 재정 운영에 영향을 미친다. 물가가 상승한다는 것은 연금 수급액의 실질적 가치가 떨어진다는 것을 의미한다. 같은 물건을 사기 위해 더 많은 금액을 ⓒ지불해야 한다는 것이다. 부과 방식과 달리 적립 방식에서는 물가 상승에 따른 연금 수급액의 실질적 가치 하락을 보전해 주기 어렵다. 부과 방식에서는 기여율을 높여 현재의 연금 지급액을 높일 수 있지만, 적립 방식에서는 불가능하기 때문이다. 또한 국민 소득이 증가하면 기여율을 올리지 않아도 기여금이 늘어난다. 이때 부과 방식에서는 적립 방식과 달리 현재의 연금 지급액이 늘어날 수 있다.

따라서 국가는 공적 연금의 재정 운영을 위해 인구 구조적 요인과 경제적 요인이 미치는 영향을 예측해야 한다. 만약 예측이 실패하여 연금 지급에 필요한 자금이 부족해지면, 국가는 ㉮기여금 납부를 종료하는 시점이나 연금 수급이 시작되는 시기를 변경할 수도 있다. 또는 기여율이나 소득 대체율을 조정하여 연금 재정을 안정시킬 수 있다. 이때 소득 대체율이란 가입자의 경제 활동 기간 중 월 평균 소득 대비 퇴직 후 월 연금 수급액의 비율이다. 어떤 방법이든 가입자나 연금 수급자의 불만을 ⓓ초래하므로 정확한 예측을 바탕으로 기여금과 연금을 산정해야 한다.

연금은 소득 비례 부분과 균등 부분으로 ⓔ구성된 연금 산정 공식에 의해 산정된다. 소득 비례 부분은 가입자의 소득에 비례하게 지급하는 금액이고, 균등 부분은 동일한 시기에 퇴직하는 가입자 모두에게 동일하게 지급하는 금액이다. 균등 부분을 포함함으로써 저소득층의 소득 대체율이나 연금 수익률을 높이고, 고소득층의 소득 대체율이나 연금 수익률을 낮출 수 있다. 이에 따라 빈부 격차가 줄어드는 수직적 소득재분배가 발생한다. 이처럼 사회 보장 제도로서 공적 연금 제도는 국민의 노후 생활을 보장할 뿐 아니라 빈부 격차를 완화하는 효과가 있다.

06 공적 연금 제도 에 대한 이해로 적절하지 <u>않은</u> 것은? [3점]

① 빈부 격차를 완화하는 효과를 발생시킨다.

② 기여금을 납부한 사람에게 연금을 지급한다.

③ 경제 활동을 하는 국민을 의무적으로 가입하게 한다.

④ 노후의 기본적인 생활을 보장하기 위해 운영하는 것이다.

⑤ 저소득층의 생활을 보장하기 위해 가입자의 연금을 소득에 비례시킨다.

07 ㉠, ㉡에 대한 이해로 적절하지 <u>않은</u> 것은?
[3점]

① ㉠에서는 출산율 감소가 연금 지급 부담을 증가시키지 않는다.

② ㉠에서는 국가가 투자하여 얻은 수익이 연금 지급을 위한 자금에 포함될 수 있다.

③ ㉠에서는 국민 소득의 증가가 경제 활동 인구가 납부하는 기여금 총액의 증가로 이어지지 않는다.

④ ㉡에서는 기여율 인상을 통해 연금을 수급하고 있는 사람의 연금액을 높여줄 수 있다.

⑤ ㉡에서는 현재의 연금 수급자가 받는 연금이 현재의 경제 활동 세대가 납부한 기여금으로 조달된다.

08 ㉮의 이유로 가장 적절한 것은? [4점]

① 기여금 납부 개시 연령을 높이면서 연금이 소득을 대체하는 정도를 낮출 수 있기 때문이다.

② 기여금 납부 기간을 늘리거나 연금 수급 기간을 줄여서 연금 수익률을 낮출 수 있기 때문이다.

③ 기여율 조정에 따른 가입자의 불만을 유발하지 않으면서 연금액을 증대시킬 수 있기 때문이다.

④ 기여율은 낮추면서 소득 대체율은 높여서 연금 수급액의 실질 가치를 보전할 수 있기 때문이다.

⑤ 기여금 납부 기간과 연금 수급 기간을 일치시켜 기여금 총액과 연금 총액을 일치시킬 수 있기 때문이다.

09 윗글을 바탕으로 <보기>를 이해한 내용으로 적절하지 <u>않은</u> 것은? [4점]

> ─── 〈보기〉───
>
> 갑국의 공적 연금 제도에서 기여율은 9% 이며 연금 산정 공식에는 '가입자가 퇴직하기 직전 3년간 전체 가입자의 월 평균 소득'(A) 과 '가입자 개인의 퇴직 전 월 평균 소득'(B)이 포함되어 있다. 연금은 A와 B의 합에 비례한다. 가입자는 퇴직 직후부터 사망 시까지 연금을 수급한다. 현재까지 가입자의 월 평균 소득은 꾸준히 증가하고 있다.
>
> (단, 이 공적 연금 제도의 모든 가입자는 30년 동안 기여금을 납부한 후 퇴직한다.)

① 연금 산정 공식에 A가 포함되어 있기 때문에 B가 높은 가입자일수록 소득 대체율이 높겠군.

② A가 B보다 큰 가입자는 자신이 수급하는 연금에서 균등 부분이 소득 비례 부분보다 크겠군.

③ A를 '가입자가 퇴직하기 직전 9년간 전체 가입자의 월 평균 소득'으로 수정하면 갑국의 연금 지출 총액은 감소하겠군.

④ 가입자의 수명과 B의 크기가 무관할 때보다 비례할 때에 수직적 소득 재분배 효과가 더 작겠군.

⑤ 연금 산정 공식에 B가 포함되어 있기 때문에 기여금을 더 많이 납부한 가입자가 더 많은 연금을 받겠군.

10 문맥상 ⓐ~ⓔ와 바꿔 쓰기에 적절하지 <u>않은</u> 것은? [3점]

① ⓐ: 나눌

② ⓑ: 일어나고

③ ⓒ: 내야

④ ⓓ: 끼치므로

⑤ ⓔ: 이루어진

[11~15] 다음 글을 읽고 물음에 답하시오.

세포는 인체가 생존하는 내내 분열하다가 일정한 시간이 지나면 저절로 사멸한다. 그리고 분열 과정마다 자신의 유전자를 복제한다. 반복되는 분열 과정에서 유전자 복제 오류가 발생할 수 있지만, 인체는 이러한 유전자 변이를 스스로 교정할 수 있는 능력을 갖고 있다. 그러나 유전자 변이가 축적되면, 정상 세포와 달리 저절로 사멸하지 않고 계속해서 분열하는 암세포가 발생한다.

[A]
암세포는 자신이 얻을 수 있는 양분과 산소에 비해 항상 과도하게 증식하므로 암 조직 내부는 보통 괴사한다. 이때 암세포가 사멸하면서 방출되는 암 항원이 면역 세포인 수지상 세포에 의해 포식된다. 암 항원이란 암세포 표면에만 존재하는 단백질이다. 수지상 세포는 포식한 암 항원을 항원 조각으로 분해해 표면에 부착한 뒤, 림프절로 이동하여 또 다른 면역 세포인 T 세포와 만난다. T 세포는 'T 세포 수용체'(TCR)를 통해 수지상 세포에 부착된 항원 조각을 인식하여 활성화되며, 이때 해당 항원에 대한 면역 기억이 형성된다. T 세포는 혈관을 통해 인체를 돌아다니다가 TCR를 통해 암 항원을 인식하여 암세포를 찾아낸다. 그리고 암세포에 독성 물질을 주입하여 사멸시킨다. 사멸된 암세포에서 다시 항원이 방출되고 이러

한 과정이 반복되므로, 일반적인 경우 악성 종양이 발생하는 질병인 암이 발병하기 힘들다.

　그런데 암세포가 급속히 증식하는 과정에서 인체의 면역 관문을 활성화하는 유전자가 발현되는 경우가 있다. 인체는 면역 세포가 정상 세포를 비정상 세포로 오인하여 공격하는 자가 면역 질환을 막기 위해, 면역 반응을 억제하는 장치인 면역 관문을 갖추고 있다. 가령 T 세포의 또 다른 수용체인 PD-1이 PD-L1이라는 단백질과 결합하면 활성화된 T 세포가 항원을 인식하더라도 해당 항원을 지닌 세포를 정상 세포로 판단해서 공격하지 않는다. 따라서 암세포 표면에 PD-L1을 부착시키는 유전자 변이가 나타나면, 암세포가 T 세포의 공격을 회피할 수 있게 되어 악성 종양으로 발전한다.

　종양이 관찰될 경우, 종양을 제거하는 ㉠외과 수술이나 강력한 방사선을 인체에 관통시켜 암세포를 사멸시키는 ㉡방사선 치료가 가능하다. 그러나 이러한 방법들은 종양이 주변 장기로 전이되거나 암세포가 혈액에 퍼진 경우 적용이 어렵다. 종양이 퍼진 장기를 제거하는 것이 불가능하거나, 제거가 가능하더라도 혈액 속 암세포에 의해 암이 재발할 수 있기 때문이다. 또한 외과 수술의 경우 절개 과정에서 장기 손상이 발생할 수 있고, 방사선 치료의 경우 방사선에 의해 다른 조직이 손상되기도 한다. 따라서 인체에 대한 손상을 최소화하면서 인체 곳곳의 미세한 암세포를 사멸시키기 위해 항암제를 투약한다.

　㉢세포 독성 항암제는 암세포처럼 비정상적으로 빠르게 증식하는 세포를 공격하는 약제이다. 하지만 매일 머리카락을 만들어내는 모낭 세포, 위장 안에서 음식물을 소화하는 점막 세포와 같이 증식 속도가 비교적 빠른 정상 세포까지 공격하는 부작용이 있다. ㉣표적 항암제는 암세포만의 독특한 분자를 표적으로 삼아 암세포를 공격하는 약제이다. 하지만 표적 분자에 민감해 약제마다 적용 가능한 암 종류가 제한적이고 쉽게 내성이 생기는 문제가 있다. ㉤면역 항암제는 PD-1 수용체나 PD-L1 단백질을 억제하여 T 세포에 의한 암세포 공격을 유

도하는 약제이다. 면역 항암제는 인체의 면역 반응을 이용하기 때문에 적용되는 암 종류에 대한 제한이 적다. 하지만 종양의 크기가 지나치게 큰 경우 면역 항암제의 치료 효과가 제한되는 문제가 있다. 종양의 크기가 클수록 암세포가 기하급수적으로 증식하기 때문이다. 이때 ㉮방사선 치료, 세포 독성 항암제 투약 등의 치료가 병행되면 면역 항암제의 치료 효과가 높아질 수 있다.

11 윗글을 통해 알 수 있는 내용으로 가장 적절한 것은? [3점]

① 자가 면역 질환이 심해질수록 암이 발병할 확률이 높아진다.

② 암세포에서는 정상 세포에서보다 유전자 변이 속도가 빠르다.

③ 세포의 분열 과정이 반복될수록 암세포가 발생할 확률이 낮아진다.

④ 다른 장기로 전이되기 전에 종양을 제거하면 암이 재발하지 않는다.

⑤ 악성 종양이 발생하면 주변 조직에 공급되는 양분과 산소가 증가한다.

12 [A]를 이해한 내용으로 적절하지 <u>않은</u> 것은?

[3점]

① 암세포에서 방출된 항원은 수지상 세포에 의해 항원 조각으로 분해된다.

② T 세포는 수지상 세포의 표면에 부착된 항원 조각을 인식해 활성화된다.

③ T 세포는 TCR를 통해 암 항원을 지니고 있는 세포를 암세포로 인식한다.

④ T 세포의 PD-1 수용체에 PD-L1 단백질이 결합하면 면역 관문이 억제된다.

⑤ 암세포 표면의 PD-L1 단백질로 인해 T 세포는 암세포를 정상 세포로 오인한다.

13 ㉠~㉤에 대한 설명으로 적절하지 <u>않은</u> 것은? [3점]

① ㉠과 ㉡은 위치가 확인된 종양에 대해 적용 가능하다.

② ㉠과 달리 ㉡은 절개 없이 인체 내부의 종양을 제거할 수 있다.

③ ㉡과 달리 ㉢은 작용 범위가 특정 부위에 국한되지 않는다.

④ ㉣에 비해 ㉤은 적용되는 암 종류에 대한 제한이 적다.

⑤ ㉢~㉤은 암세포의 특성을 이용해 암세포를 직접 공격한다.

14 ㉎의 이유로 가장 적절한 것은? [4점]

① 종양이 제거되는 과정에서 암세포의 일부가 정상 세포로 회귀하기 때문이다.

② 암세포의 총량이 감소할 뿐 아니라 암세포의 사멸로 암 항원이 방출되기 때문이다.

③ 면역 세포를 공격하는 암세포의 수가 감소하여 인체의 면역력이 강해지기 때문이다.

④ 정상 세포의 증식 속도가 감소하여 암세포와 정상 세포가 더욱 잘 구분되기 때문이다.

⑤ 일부 정상 세포가 사멸하여 면역 세포가 정상 세포를 공격하는 비율이 감소하기 때문이다.

15 윗글을 바탕으로 〈보기〉의 ⓐ~ⓒ에 대해 이해한 내용으로 적절하지 <u>않은</u> 것은? [4점]

〈보기〉

'유전자 복제 오류를 교정하는 유전자' (MMR)에 변이가 발생하는 경우, 세포 분열 과정에서 발생한 유전자 복제 오류가 교정되지 않아 유전자 변이가 축적되고 유전자 변이의 양이 많은 암세포가 발생할 가능성이 높다. 이에 따라 암세포만의 독특한 분자나 암 항원이 많이 만들어지고, 암세포의 분열 속도가 빨라질 수 있다. 또한 암세포 표면에 발현되는 PD-L1 단백질의 양이 많아져서 암세포가 면역 반응을 회피할 가능성도 높아진다. 따라서 종양 조직을 검사하여 ⓐMMR에 나타난 유전자 변이의 정도, ⓑ암세포의 유전자 변이 정도, ⓒ암세포에 PD-L1 단백질이 발현된 정도 등을 측정하면 항암제 투약의 치료 효과를 예측할 수 있다.

① ⓐ가 낮은 경우, 암세포에 유전자 변이가 많을 가능성이 낮으므로 면역 항암제의 치료 효과가 작을 수 있다.

② ⓐ가 높은 경우, 암세포의 분열 속도가 빠를 가능성이 높으므로 세포 독성 항암제를 투약하면 치료 효과는 클 수 있지만 탈모나 소화 불량 등의 부작용이 발생할 수 있다.

③ ⓑ가 낮은 경우, 암세포에서 암 항원이 만들어질 가능성이 낮으므로 면역 항암제의 치료 효과가 작을 수 있다.

④ ⓑ가 높은 경우, 암세포만의 독특한 분자가 존재할 가능성이 높으므로 표적 항암제의 치료 효과가 오래 지속될 수 있다.

⑤ ⓒ가 높은 경우, 암세포가 면역 반응을 회피할 가능성이 높으므로 면역 항암제의 치료 효과가 높을 수 있다.

[16~18] 다음 글을 읽고 물음에 답하시오.

(가)

　유성에서 조치원으로 가는 ㉠어느 **들판**에 우두커니 서 있는 한 그루 **늙은 나무**를 만났다. **수도승**일까. ㉡묵중하게 서 있었다.

　다음날은 조치원에서 공주로 가는 어느 가난한 마을 어귀에 그들은 떼를 져 몰려 있었다. 멍청하게 몰려 있는 그들은 어설픈 과객일까. 몹시 추워 보였다.

　공주에서 온양으로 우회하는 뒷길 어느 **산마루**에 그들은 멀리 서 있었다. ㉢하늘 문을 지키는 파수병일까, 외로워 보였다.

　온양에서 서울로 돌아오자, ㉣놀랍게도 그들은 이미 **내 안에 뿌리를 펴**고 있었다. 묵중한 그들의. 침울한 그들의. 아아 고독한 모습. 그 후로 나는 **뽑아**

낼 수 없는 몇 그루의 나무를 ㉤기르게 되었다.

– 박목월, 「나무」 –

(나)
그 새들은 흰 뺨이란 영혼을 가졌네
거미줄에 매달린 물방울에서 흰색까지 모두
이 늪지에선 흔하디흔한 맑음의 비유지만
또 흰색은 지느러미 달고 어디나 갸웃거리지
흰뺨검둥오리가 **퍼들껑** 물을 박차고 비상할 때
날개 소리는 내 몸 속에서 먼저 들리네
검은 부리의 새떼로 늪은 지금 부화중,
열 마리 스무 마리 흰뺨검둥오리가 날아오르면
날개의 눈부신 흰색만으로 늪은 홀가분해져서
장자를 읽지 않아도 새들은 십만 리쯤 치솟는다네
흰뺨검둥오리가 떠메고 가는 것이 이 늪을 포함해서
반쯤은 내 영혼이리라
지금 늪은 산산조각나기 위해 팽팽한 거울,
수면은 그 모든 것에 일일이 구겨지다가 반듯해지네

– 송재학, 「흰뺨검둥오리」 –

16 (가)와 (나)에 대한 설명으로 가장 적절한 것은? [3점]

① (가)는 탄식하는 어조로, (나)는 단정하는 어조로 시적 청자에게 말을 건네고 있다.

② (가)는 공간의 이동에 따라, (나)는 하나의 공간 내에서 묘사의 초점을 바꾸고 있다.

③ (가)는 점층적 표현을 사용하여, (나)는 과장적 표현을 사용하여 대상의 역동성을 부각하고 있다.

④ (가)는 상승 이미지를 활용하여, (나)는 하강 이미지를 활용하여 시적 공간의 변화를 보여 주고 있다.

⑤ (가)는 색채어의 대비를 통해, (나)는 이미지의 대립을 통해 대상의 변화를 구체적으로 형상화하고 있다.

17 ㉠~㉤에 대한 설명으로 적절하지 <u>않은</u> 것은? [3점]

① ㉠은 나무를 만난 '들판'이라는 장소의 구체성을 드러내고 있다.

② ㉡은 '수도승'과 연결되어 '늙은 나무'에서 떠올린 인상을 드러내고 있다.

③ ㉢은 나무들이 서 있는 '산마루'가 하늘과의 경계라는 화자의 인식을 반영하고 있다.

④ ㉣은 '이미'와 연결되면서, '내 안에 뿌리를 편' 나무에 대한 화자의 뒤늦은 자각을 강조하고 있다.

⑤ ㉤은 나무에서 발견한 자신의 속성을 '뽑아낼 수 없는' 것으로 수용하게 되었음을 드러내고 있다.

18 〈보기〉를 바탕으로 (나)를 감상한 내용으로 적절하지 <u>않은</u> 것은? [4점]

〈보기〉
(나)의 시인은 늪의 자연물을 보고 듣는 등의 감각적 탐색을 통해 늪과 하나가 되고 있다. 흰뺨검둥오리의 비상은 육신이 세상에 얽매여 있으면서도 영혼의 자유로운 비상을 꿈꾸는 존재로서의 인간을 표상한다. 또한 늪은 긴장과 평온의 연속이라는 삶의 진실을 내보인다.

① '거미줄에 매달린 물방울'의 모습, 흰뺨검둥오리가 물을 박차고 비상할 때의 '퍼들껑' 소리 등은 시인이 늪에서 감각적으로 탐색하는 대상이라 할 수 있군.

② '날개 소리'가 '내 몸 속에서 먼저 들린'다고 표현한 것은, 시인이 늪과 하나가 되었음을 드러낸 것이라 할 수 있군.

③ '흰뺨검둥오리가 떠메고 가는 것'의 '반쯤은 내 영혼이리라'라는 말은, 날아오르는 새들을 바라보며 영혼의 자유로운 비상을 꿈꾸는 존재의 목소리가 표현된 것이라 할 수 있군.

④ '거울'을 '산산조각나기 위해 팽팽한' 상태로 표현한 것은, 세상에 얽매여 있는 육신의 한계를 상징적으로 드러낸 것이라 할 수 있군.

⑤ 늪의 '수면'이 '그 모든 것에 일일이 구겨지다가 반듯해지네'라는 말은, 삶의 모든 국면 역시 긴장과 평온의 연속이라는 진실을 드러낸 것이라 할 수 있군.

[19~22] 다음 글을 읽고 물음에 답하시오.

[앞부분의 내용] '나'는 '그'에게 어릴 때 고모할머니와 같은 방을 썼던 기억을 이야기하면서, 밤마다 '나'의 손을 더듬어 찾던 그녀에게 거부감이 들었다고 고백한다. 이후 그가 구해 온 나무뿌리를 보고 그녀를 떠올린 '나'는 그녀의 이름이 '남귀덕'이라고 말한다.

영동에서 구해 온 포도나무 뿌리, 그 뿌리를 나는 며칠 전 다시 보았다. 경복궁 근처 백 년도 더 된 한옥을 개조해 만든 갤러리에서였다. 정희 선배가 찻집 겸 갤러리를 내면서 대학교 때부터 눈여겨본 후배 몇 명에게 전시할 기회를 제공해 준 것이었다.

부엌을 개조해 만든 전시실, 공중 곡예를 하듯 허공에 위태롭게 매달려 있는 그 뿌리가 영동에서 구해온 뿌리라는 것을, 나는 단박에 알아차렸다. 말리고, 방부제 처리를 하고, 오공본드를 바르고, 촛농을 입히는 동안 형태가 달라졌음에도 불구하고. 두 평 남짓한 전시실 입구 옆 명조체로 '남귀덕'이라고 적힌 작품명을 보았던 것이다.

나는 선뜻 전시실 안으로 발을 내딛지 못했다.

포도나무 뿌리가 드리우는 흰색으로 넘쳐 나는 전시실 천장과 벽과 바닥에 포도나무 그림자가 드리워져 있었기 때문이었다. 귀기가 감도는 그 그림자 속으로 들어서면서 나는 깨달았다. 고모할머니가 이불 속을 더듬어 찾던 것은 단순히 내 손이 아니었다는 걸…… 그녀가 그토록 찾던 것은 흙이었다는 걸. 태어나고 자란 자리에서 파헤쳐져 내팽개쳐진 뿌리와도 같은 자신의 존재…… 잎 한 장, 꽃 한 송이, 열매 한 알 맺지 못하고 철사처럼 메말라 가던 자신의 존재를 받아 줄 흙이었다고…… 뿌리 뽑혀 떠돌던 그녀의 존재를 그나마 내치지 않고 **품어 줄 한 줌의 흙**.

포도나무 뿌리를 구해 오고 두 주쯤 지났을까. 불쑥 작업실에 들른 나는 그가 촛농을 떨어뜨리는 모습을 마침 구경할 수 있었다.

포도나무 뿌리로 촛농이 떨어져 굳는 순간은 극적인 데가 있었다.

그 순간이 특별한 순간이었다는 것을 한옥을 개조해 만든 갤러리에 다녀오고 나서야 알았다.

그 순간은, 고모할머니와 그가 만나는 순간이기도 했던 것이다. 액체로 흐르던 촛농이 포도나무 뿌리 위로 떨어져 고체로 굳는 순간은. 아무 데도 둘 곳 없던 고모할머니의 손과 태어나자마자 버려져 자신의 생일조차 모르는 그가 만나는 순간이었던 것이다. **생전 만날 일 없던 두 존재가 만나는 순간이었던 것이다.** 기적 같은 그 순간을 촛불이 흔들리면서 조용히 지켜보고 있었던 것이다.

그는 신중하게 정조준하듯 촛농을 떨어뜨렸다. 다른 뿌리들에 비해 뒤틀림이 심한 포도나무 뿌리로 촛농을 고르게 떨어뜨리는 일은 고도의 집중을 요구했을 것이다.

죽기 전 고모할머니가 살아남은 몇 번째 위안부였을지 궁금해 한 적이 있었다. 살아남은 위안부가 55명에 불과하며, 그들도 머지않아 세상을 뜰 거라는 기사를 읽고 난 뒤였다. 내가 알기로 고모할머니는 살아생전 위안부 등록을 하지 않았다. 알 만한 사람은 다 아는 비밀을 끝까지 비밀로 덮고 살았던 것이다. 그녀가 세상을 뜨고 몇 년이 흘러서

야 어머니가 그녀에 대해 아버지에게 지나가듯 이야기하는 소리를 우연히 들었다. 아홉 시 뉴스를 보다가 위안부 관련 기사가 나오자 어머니는 까맣게 잊고 있던 그녀를 떠올린 것이었다. 어머니는 그녀가 위안부 등록을 하지 않은 것에 대해, 그래서 정부에서 지원해 주는 생활 안정 지원금을 받지 못한 것에 대해 아쉬워했다. 정부에서 주는 지원금을 받아 생활하셨으면 혼자서도 충분히 생활하셨을 거 아니에요. 괜히 이 집 저 집 떠돌면서 눈칫밥 안 먹고……. '생활'이라는 지극히 평범한 말이 실은 얼마나 무시무시하고 징그러운 말인지 그때 나는 깨달았다.

뿌리를 구하러 그가 철거촌도 뒤지고 다닌다는 것을 나는 알고 있다. 흰 방독면으로 입을 가린 인부들이 빈집들의 창문과 문짝을 떼어 내고, 천장을 뜯고, 벽을 허무는 동안 나무를 찾아다녔다.

"철거라고 쓰여 있었어……."

"……?"

"발치를 앞둔 입처럼 벌어진 대문 너머로 모과나무가 한 그루 보였어. 줄기에 철거라고 쓰여 있어…….

붉은 라커로 철거라고 휘갈겨 쓰여 있었어……."

"……."

"모과나무 줄기에 철거, 철거……."

그가 고개를 저으면서 철거라고 중얼거릴 때마다 나는 그의 입속 어금니들이 뿌리 뽑혀 뒤흔들리는 것 같았다.

"내 심장과 같은 위치였어……."

"……?"

"우연이겠지만 내 심장과 같은 위치에 그렇게 쓰여 있었던 거야. 팔을 벌리고 모과나무를 끌어안아 봤거든. 안아 보고 싶어서…… 내 심장과 정확히 같은 위치더군. **철거**라는 단순하고 무시무시한 글자가 하필이면 내 심장과 같은 위치에 쓰여 있었던 거야. 그래서였을까? 철거라는 글자가 인두처럼 내 **심장을 지져오는 것 같아.**"

ⓐ그가 철거될 모과나무 아래에 서 있을 때 나는 목욕탕 탈의실 거울을 들여다보고 있었다. 어

머니가 심한 독감에 걸려 혼자서 여탕 청소를 해야 했다. 빗과 드라이어를 정리하다 말고 문득 거울을 들여다보았다. 아버지와 어머니, 그 어느 쪽도 뚜렷하게 닮지 않은 모호한 얼굴이 누구를 닮았는지 서른아홉 살이 되어서야 깨닫고 있었다. 거울 속 얼굴은 뜻밖에도 고모할머니인 그녀를 닮아 있었다. 무표정한 내 얼굴 위로 그녀의 얼굴이 습자지처럼 겹쳐 떠올랐던 것이다. 놀라운 일이었지만, 불가능한 일은 아니었다. 고모할머니인 그녀의 몸속에 흐르는 피가 내 몸속에도 흐르고 있을 것이기 때문이었다. 아이가 제 부모보다 고모나 삼촌을 더 닮는 경우가 종종 있다는 것을 나는 모르지 않았다. 스무 살에 결혼한 친구가 자신의 딸이 배다른 여동생을 닮았다고 불평하는 소리를 나는 들은 적이 있었다. 그 친구는 심지어 자신의 딸이 배다른 여동생이 하는 행동을, 자신이 끔찍이 싫어하는 행동을 하는 걸 보고 까무러치는 줄 알았다고 토로했다. 그렇지 않아도 그 친구는 아버지의 사랑을 배다른 여동생에게 빼앗겼다는 피해 의식에 사로잡혀 있었다.

거울 아래 어지럽게 흩어진 머리카락들을 주우면서 나는 의문했다. 그녀도 그렇게 느낀 것은 아닌지…… 장조카의 딸인 내가 고모할머니인 자신을 닮았다고. 자신을 꼭 닮은 나를 보면서 자신의 어린 날을 떠올렸던 것은 아닌지.

마분지 같은 커튼으로 새벽빛이 스며든다. 빛 한 점 떠돌지 않던 작업실에 푸르스름한 새벽빛이 번지면서 뿌리의 전체적인 윤곽이 서서히 드러난다. 뿌리가 한 가닥 지평선처럼 떠오른다. 팔 굵기의, 원뿌리는 아니고 곁뿌리다. 취광이 감도는 그 뿌리 너머로 또 다른 뿌리가 떠오른다. 그 너머로 또 다른 뿌리가…….

첩첩 떠오르는 **뿌리들 너머**에 그가 태아처럼 웅크리고 누워 있을 것 같다.

중중첩첩 착시를 일으키면서 떠오르는, 지평선 같은 뿌리들을 넘고 넘어야만 **그에게 닿을 수 있을 것 같다.**

— 김숨, 「뿌리 이야기」 —

19 윗글의 서술상 특징으로 가장 적절한 것은?

[3점]

① 독백적 진술을 중심으로 인물의 내면의 흐름을 드러내고 있다.
② 장면에 따라 서술자를 달리하여 사건을 입체적으로 보여 주고 있다.
③ 인물의 반복적인 행동을 강조하여 사건 해결의 실마리를 드러내고 있다.
④ 서술자가 관찰자의 입장에서 사건을 전달함으로써 객관성을 확보하고 있다.
⑤ 인물의 행적을 요약적으로 제시하여 갈등이 심화되는 원인을 드러내고 있다.

20 윗글에 대한 이해로 적절하지 않은 것은?

[3점]

① '그'가 나무뿌리로 만든 작품을 전시한 곳은 오래된 한옥을 개조해 만든 전시실이었다.
② '나'는 전시실에 들어가자마자 '그'가 나무뿌리를 어디에서 구했는지를 알아차렸다.
③ '나'는 재료의 특성과 관련지어 '그'가 작업에 신중을 기하는 이유를 추측하였다.
④ 고모할머니는 자신들의 체면을 걱정하는 가족들의 만류로 인해 위안부 등록을 하지 못했다.
⑤ '나'는 목욕탕 거울에 비친 자신의 얼굴에서 고모할머니의 모습을 떠올렸다.

21 〈보기〉를 바탕으로 윗글을 감상한 내용으로 적절하지 <u>않은</u> 것은? [4점]

〈보기〉

이 소설은 뿌리를 매개로 한 이해의 과정을 그리고 있다. 부모에게 버림받고 자신의 존재에 대해 끊임없이 회의하던 '그'가 뽑혀 나온 뿌리에 천착하고 이를 작품화하는 것은 자기 존재를 확인하는 과정이자 비슷한 처지의 타인을 이해하는 과정이라 할 수 있다. 이 과정을 지켜봐 온 '나'는 고모할머니의 삶을 떠올리며 그녀를 이해하게 되고, 소원했던 '그'에게 다가갈 수 있는 가능성을 발견한다.

---

① '뿌리를 구하러 그가 철거촌도 뒤지고 다닌다'는 것은, 뽑혀 나온 뿌리에 대한 '그'의 천착이 행동으로 드러난 것임을 알 수 있군.

② '그'가 '철거'라는 글자가 자신의 '심장을 지져오는 것 같다'고 한 것은, '그'가 뽑혀 나올 모과나무와의 동일시를 통해 자기 존재를 확인한 것으로 볼 수 있군.

③ 고모할머니가 '나'의 손을 더듬어 찾던 것이 실은 '품어 줄 한 줌의 흙'을 찾고 있었던 것이라고 한 데서, '그'의 작품을 본 '나'가 자신의 뿌리를 고모할머니에게서 찾게 되었음을 알 수 있군.

④ 뿌리에 촛농이 떨어져 굳는 순간을 '생전 만날 일 없던 두 존재가 만나는 순간'으로 본 것은, '그'의 작업이 비슷한 처지의 타인을 이해하는 과정이었음을 '나'가 깨닫게 된 것으로 볼 수 있군.

⑤ '나'가 '뿌리들 너머'에 '그'가 있을 것이라 생각하면서 '그에게 닿을 수 있을 것 같'다고 한 데서, '그'에게 다가갈 수 있는 가능성을 '나'가 발견하고 있음을 알 수 있군.

22 ⓐ에 대한 설명으로 가장 적절한 것은? [4점]

① 두 인물의 서로 다른 경험을 연결하여 두 경험의 의미를 밀접하게 관련짓는다.

② 두 인물의 경험을 대조해서 보여 주어 경험의 의미가 분화되는 양상을 드러낸다.

③ 동일한 공간에서의 두 인물의 경험을 제시하여 경험의 서로 다른 성격에 주목하게 한다.

④ 선후 관계를 드러내는 표지를 사용해 두 인물의 경험이 서로 영향을 끼친다는 것을 암시한다.

⑤ 두 인물의 경험에 대한 인식 변화를 함께 제시하여 두 경험의 의미가 유사하다는 것을 강조한다.

[23~26] 다음 글을 읽고 물음에 답하시오.

(가)
문장(文章)을 ᄒᆞ쟈 ᄒᆞ니 인생식자(人生識字) 우환시(憂患始)*오
공맹(孔孟)을 빅호려 ᄒᆞ니 도약등천(道若登天) 불가급(不可及)*이로다
이 내 몸 쓸 ᄃᆡ 업스니 성대농포(聖代農圃)* 되오리라
〈제1장〉

홍진에 절교ᄒᆞ고 흰 구름으로 벗을 삼아
녹수 청산에 시름 업시 늘거 가니
이 듕의 무한지락을 헌ᄉᆞ홀 가 두려웨라
〈제3장〉

밭을 갈아 조석 밥을 ᄒᆞ고 낚시ᄒᆞ야 반찬ᄒᆞ며
긴 허리에 낫을 차고 **깊은 산의 나무** ᄒᆞ니
내 생애 잇뿐이라 뉘라셔 다시 알리
〈제4장〉

명산의 흰 구름 이니 나는 보민 즐거웨라
강 가운데 기러기 가니 나는 보민 반가왜라
즐기며 반가와 ᄒ거니 내 벗인가 ᄒ노라

〈제7장〉

유정코 무심한 것은 아마도 풍진의 벗
무심코 유정한 것은 아마도 강호의 기러기와 해오
라기
이제야 작비금시(昨非今是)*을 씨ᄃᄅ른가 ᄒ노라

〈제8장〉

– 안서우, 「유원십이곡」 –

* 인생식자 우환시: 사람은 글자를 알게 되면서부터 근심이 시작됨.
* 도약등천 불가급: 도는 하늘로 오르는 것과 같아 미치기 어려움.
* 성대농포: 태평성대에 농사를 지음.
* 작비금시: 어제는 그르고 지금은 옳음.

(나)
남수찬의 상소에 명천 유배 놀랍도다
홀로 떠나려고 하니 한강 풍랑 괴이하다
창망한 행색으로 동대문에서 처벌을 기다리니
고향은 적막하고 **명천이 천리로다**
두루마기 흰 띠 매고 북천을 향해 서니
사고무친 고독단신 죽는 줄 그 누가 알리

(중략)

슬프다 내 일이야 꿈에나 들었던가
이곳이 어디메뇨 주인집 찾아가니
높은 대문 너른 사랑 삼천석꾼 집이로다
본관과 초면이라 서로 인사 다 한 후에
본관이 하는 말이 김 교리 이번 유배
죄 없이 오는 줄은 북관 수령 아는 바요
만인이 울었으니 조금도 슬퍼 말고 나와 함께 노십
시다
삼현 기생 다 불러라 오늘부터 놀자구나
그러나 내 일신이 유배 온 사람이라
꽃자리에 손님 대접 기악이 무엇이냐
일일이 물리쳐 보내고 혼자 앉아 소일하니
경내의 선비들이 소문 듣고 배우기를 청하며
하나 오고 두셋 오니 육십 명이 되는구나
책 끼고 배움 청하며 글제 내어 골라 달라네
북관의 수령 관장 무장만 보았다가
문관의 명성 듣고 한사코 달려드니

내 일을 생각하면 남 가르칠 공부 없어
아무리 사양해도 벗어날 길 전혀 없어
밤낮으로 끼고 앉아 세월이 글이로다
고향 생각나면 **풍월** 짓고 심심하면 글 외우니
변방의 외로운 몸이나 **시와 술**에 마음 붙여
문밖으로 안 나가고 편히 편히 날 보내다
가을바람에 놀라 깨니 변방 산에 서리 온다
남쪽 하늘을 바라보면 **기러기 처량**하고
북방을 굽어보니 오랑캐 땅이로다
개가죽 상하의는 상놈들이 다 입었고
조밥 피밥 기장밥은 주민의 양식이라
본관의 성덕과 주인의 정성으로
실 같은 이내 목숨 달 반을 붙어 있네
천만 뜻밖으로 명록이가 집안 소식 가져왔네
놀랍고 반가워라 미친 사람 되었구나
변방에 있던 사람 고향에 돌아온 듯
나도 나도 이럴망정 고향이 있었던가
봉투를 떼어 보니 정겨운 편지 몇 장인가
폭폭이 친척이요 면면이 고향이라
종이 위의 자자획획 자식 조카 눈물이요
옷 위의 얼룩은 아내의 눈물이구나

– 김진형, 「북천가」 –

23 (가)와 (나)의 공통점으로 가장 적절한 것은?

[3점]

① 계절의 변화를 중심으로 시상을 전개하고
있다.
② 자연과 인간을 대비하여 교훈을 전달하고
있다.
③ 명령형 문장을 활용하여 화자의 포부를 드
러내고 있다.
④ 유사한 문장 구조를 반복하여 화자의 심정
을 강조하고 있다.
⑤ 원경에서 근경으로 시선을 이동하여 자연의
모습을 다채롭게 그려 내고 있다.

24 (가)에 대한 설명으로 가장 적절한 것은?

[3점]

① 〈제1장〉의 초장과 중장에 드러난 '문장'을 향한 화자의 의지가 종장에서 강화되고 있다.

② 〈제3장〉의 초장에 드러난 '홍진'을 향한 화자의 미련이 중장에서 해소되고 있다.

③ 〈제4장〉의 초장에 드러난 '낚시'에 대한 화자의 관심이 중장에서 구체화되고 있다.

④ 〈제7장〉의 초장과 중장에 드러난 '흰 구름'과 '기러기'에 대한 화자의 감흥이 종장에서 집약되고 있다.

⑤ 〈제8장〉의 초장에 드러난 '유정'과 '무심'에 대한 화자의 의문이 중장에서 심화되고 있다.

25 (나)에 대해 이해한 내용으로 적절하지 않은 것은? [3점]

① '명천이 천리로다'를 통해 유배지에 대한 화자의 거리감을 부각하고 있다.

② '문관의 명성 듣고 한사코 달려드니'를 통해 화자에 대한 선비들의 반응을 제시하고 있다.

③ '기러기 처량하고'를 통해 변방에 있는 화자의 서글픈 심정을 자연물에 투영하여 나타내고 있다.

④ '개가죽 상하의'와 '조밥 피밥 기장밥'을 통해 화자가 관찰한 생활상을 보여 주고 있다.

⑤ '본관의 성덕과 주인의 정성'을 통해 유배를 가서도 변치 않는 화자의 충정을 드러내고 있다.

26 〈보기〉를 바탕으로 (가), (나)를 감상한 내용으로 적절하지 않은 것은? [4점]

〈보기〉

(가)는 작가가 벼슬살이를 단념하고 '유원'으로 이주하여 지은 작품이고, (나)는 홍문관 교리 벼슬을 하던 작가가 '명천'으로 유배된 경험을 담은 작품이다. 이 두 작품에서는 새로운 공간으로의 이주를 계기로 변화된 삶의 모습과 다양한 정서, 삶에 대한 성찰 등을 발견할 수 있다.

① (가)에서 '이제야 작비금시'를 깨달았다고 한 것을 통해 새로운 공간에서 삶에 대해 성찰하는 화자의 모습을 발견할 수 있다.

② (나)에서 '사고무친 고독단신 죽는 줄 그 누가 알겠느냐'고 한 것을 통해 이주를 앞둔 상황에서 느끼는 우려를 읽어낼 수 있다.

③ (나)에서 '종이 위의 자자획획'이 '눈물'이라고 한 것을 통해 새로운 공간에서 가족을 떠올리며 느끼는 화자의 슬픔을 읽어낼 수 있다.

④ (가)에서 강호에서의 생활을 '헌ᄉ 홀가 두려웨라'라고 한 것과 (나)에서 '내 일'을 '슬프다'라고 한 것을 통해 이주로 인해 느끼게 되는 고독감을 읽어낼 수 있다.

⑤ (가)에서 '밭을 갈고 '깊은 산의 나무'를 하며 지낸다고 한 것과 (나)에서 '시와 술'에 마음을 붙이고 '문밖'으로 나가지 않는다고 한 것을 통해 이주로 인해 변화된 삶의 모습을 발견할 수 있다.

[27~30] 다음 글을 읽고 물음에 답하시오.

[앞부분의 줄거리] 천신인 대장성과 익성은 천상계에서 쫓겨나 각각 유충렬과 정한담으로 환생한다. 정한담은 명나라를 쳐들어온 오랑캐와 결탁하여 명나라를 공격한다. 유충렬은 노승에게서 신물(神物)인 일광주, 신화경, 장성검 등을 얻고 공을 세워 대원수에 임명된다.

원수가 기운을 가다듬고 신화경을 잠깐 펴 남의 기운을 쇠진하게 하고는 장성검을 다시 닦아 광채를 찬란하게 하고 변화 좋은 일광주에 조화를 부쳐 호통을 크게 치며 한담을 불러 말하였다.

"네 놈이 명나라의 작지 않은 중록지신으로서 그 임금을 섬기다가 무엇이 부족하여 충신을 죽이고 부모국을 치려 하니 이것은 만고의 역적이라. 어찌 하늘이 무심하랴! 억조창생들이 네 고기를 먹고자 할뿐더러 지하의 귀신이라도 네 놈의 목을 베어 황제 앞에 드리고자 할 것이니 너 같은 만고역적이 살기를 바랄쏘냐. 네 놈을 사로잡아 전후 죄목을 물은 후에 너의 육신을 포를 떠서 종묘에 제사 지내고 남은 고기는 가져다가 우리 **부친의 충묘당**에 제사 지내고자 하나니 바삐 나와 내 칼을 받아라!"

한담이 듣고 대로하여 응성출마 하거늘, 원수가 맞아 칼로 치게 되면 반합에 죽을 것이로되 사로잡아

죄목을 묻고 원수를 갚고자 하여 장성검을 높이 들고 한담을 치려 하였다. 한담은 간데없고 오색구름이 조각조각 일어나면서 원수의 장성검이 빛이 없어지고 폈던 칼이 도로 말리었다. 원수가 크게 놀라 급히 물러 나와 신화경 한 편을 외우고 대장성을 세 번 치니 도로 장검이 빛이 나므로, 풍백을 불러 채운을 쓸어버리고 적진을 살펴보는데 한담이 변신하여 십 척 장검을 번득이며 원수를 따라왔다. 원수는 그제야 깨달아 말하기를,

"한담은 **천신**이라 사로잡으려 하다가는 도리어 환을 당하리라."

라고 하고는 싸우려 하니, 이때 진 앞에 안개가 자욱하며 장성검이 번개가 되어 공중에서 빛나면서 한담을 치려 하나 한담의 몸에 칼이 범하지 못하므로 바로 적진의 뒤로 쫓아 치려 하였다. 한담이 원

수를 급히 쫓아오다가 한담의 말이 거꾸러지거늘 원수가 장성검을 높이 들어 한담의 목을 치니 목은 아니 맞고 투구만 벗어졌다. 이때 적진에서 도사가 싸움을 보다가 원수의 칼이 한담의 머리에 범함을 보고 대경하여 급히 ㉠징을 쳐서 군사를 거두니, 한담이 쇠진하여 거의 죽게 되었다. 징을 쳐 군사를 거두고 본진에 돌아와 정신이 없어 기운을 수습하지 못하다가 간신히 일어나 앉으면서 말하였다.

"선사가 어찌 아시고 징을 쳐 돌아오게 하시니까."

도사가 말하였다.

"적장의 칼에 장군의 투구가 깨어지므로 만분 위태하기로 징을 쳐 군사를 거두었노라."

한담이 대겁하여 그제야 머리를 만져 보니 과연 투구가 없으므로 새롭게 놀라 하면서 말하였다.

[A] ┌ "적장은 분명 천신이요 사람은 아니로다. 내 재주를 십 년을 공부하여 사람은커녕 귀신도 측량하지 못하였다. 마룡과 최일귀가 죽는 것을 보고 조심하여 십 년 배운 술법을 오늘날 다 베풀어 잡으려다가, 잡기는커녕 기운이 쇠진하여 거의 죽게 되었더니 천행으로 선생의 구하심을 입어 목숨이 살아났도다. 그러나 이제 천만 가지로 생각해도 힘으로는 잡을 수 없 └ 삽고 선생의 깊은 재주나 바라나이다."

도사가 이 말을 듣고 간담이 서늘하여 한참 생각하다가 군중에 전령하여 진문을 굳게 닫고 한담을 불러 말하였다.

"적을 잡으려 할진대 인력으로는 잡을 수 없으니 군중의 기계를 모아 여차여차하였다가 적장을 유인하여 진문에 들도록 하면 제 비록 천신이나 피할 길이 없으리라."

한담이 곧 심중에 크게 기뻐하여 도사의 말대로 약속을 정하고 며칠 지난 후에 갑주를 갖추고 진문에 나서 원수를 불러 말하였다.

"충렬아, 네 한갓 혈기만 믿고 우리를 대적하려 하니 후생이 가외라*. 빨리 너와 자웅을 결단하려 하니 바삐 나오라!"

이때 유원수가 의기양양하여 진 앞에 횡행하다가 부르는 소리를 듣고 응성하고는 맞아 나와 일합

이 못되어 거의 잡게 되었는데 적진에서 또한 ⓛ징을 쳐 군사를 거두었다. 원수가 승승하여 바로 적진을 헤쳐 장대에 달려드니 장대에는 북소리만 나면서 난데없는 흙비와 안개가 사방에 가득하여 지척을 분별할 수 없었다.

가련하다. 충렬이 적장의 꾀에 빠져 함정에 들었으니 목숨이 경각에 있었다. 원수가 대경하여 신화경을 펴 놓고 대문을 다 본 후에 몸을 감추어 안손법을 베풀어 진중을 살펴보니 한담이 토굴을 깊이 파고 그 가운데 기치창검*을 살대같이 세우고 사방신장*이 나열하여 독한 안개와 모진 사석을 사면으로 뿌리면서 함성을 크게 내며 항복을 재촉하였다. 그제야 적장의 간계에 빠진 줄을 알고 신화경을 외우면서 육정육갑을 베풀어 신장을 호령하여 운무를 쓸어버리리라 하니 이윽고 일기가 맑아지고 함정에서 솟아 나왔다.

[중략 부분의 줄거리] 한담은 충렬의 아버지를 사칭하여 편지를 보낸다.

'(전략) 만일 나의 말을 듣지 못하면 죽은 혼백이라도 돌아가서 자식이라 하지 않고 무지한 귀신이 되어 청천에 둥둥 떠서 자식을 없는 듯이 하리라. 충렬아, 너의 아비 목숨이 오늘 오시가 되면 동문 대로에서 칼 아래 혼백이 될 것이니 그 아니 망극한가. 아비 경상을 생각하여 빨리 항복하고 **어서 와서 살려 내어라.** 할 말이 무궁하나 흉격이 답답하고 목숨이 경각에 있어 황황망극하기로 아들 충렬아, 충렬아 그만 그치노라.'

라고 하였다. 원수 편지를 받아보고 정신이 아득하여 인사를 모르다가 겨우 진정하여 천자에게 들어가 이 편지를 드리면서 말하였다.

"이 글을 보옵소서. 폐하가 전날에 아비의 글씨를 본 적이 있으십니까. 소장의 아비 수적*인가 보아 주옵소서."

천자와 태자가 이 편지를 보신 후에 박장대소하시고 원수를 위로하여 말하였다.

[B]
┌ "그대의 부친이 죽은 지 오래인지라. 죽은
│ 혼백이라도 그렇게 할 리가 없거니와 글씨는
│ 난생 처음이라. 설령 살았을지라도 그렇게 할
└

리가 없거니와 이러한 말을 하지 않을 것이니 원수는 염려 말고 정한담을 잡아 곡절을 물어 ┘ 본즉 짐의 말을 옳다 하리라."

원수 물러 나와 생각하되,

'전날 강 승상을 만났을 때에 며락수에 부친의 필적이 벽에 붙었으므로 죽은 것은 확실하거든 어찌 적진에 돌아와 이 편지를 부치리오. 그러나 **마음이 심란**하여 적진을 쳐서 정한담을 사로잡아 곡절을 물으리라.'

라고 하고 일광주를 다시 쓰고 황룡수를 거느리고 봉의 눈을 부릅뜨고 장성검을 높이 들고 신화경을 손에 들고 천사마를 급히 몰아 진영 앞에 나서면서 한담을 불러 말하기를,

"네 놈이 간사한 꾀로 나를 항복받고자 하거니와 내 어찌 모를쏘냐. 바삐 나와 칼을 받으라!"

라고 하니 한담이 황겁하여 **도성**에 들어가 선봉으로 군문을 지키게 하고 나오지 않았다.

– 작자 미상, 「유충렬전」 –

* 기치창검: 깃발과 창과 검.
* 후생이 가외라: 뒤에 태어난 사람이 두려울 만하다.
* 사방신장: 신병을 거느리는 신장.
* 수적: 손수 쓴 글씨나 그린 그림.

27 윗글에 대한 이해로 적절하지 않은 것은?

[3점]

① 충렬은 죄를 묻고 원수를 갚기 위해 한담을 사로잡으려 하였다.

② 충렬을 쫓던 한담은 말이 거꾸러지는 바람에 위기에 처했다.

③ 한담은 본진에 돌아온 후에야 자신의 투구가 사라진 것을 알아차렸다.

④ 한담은 시야가 제한된 장대 위에서 충렬과 자웅을 겨루었다.

⑤ 충렬은 적의 진중을 살펴 토굴을 확인하고 한담의 계책에 당한 것을 깨달았다.

28 ㉠과 ㉡에 대한 설명으로 가장 적절한 것은? [3점]

① ㉠과 ㉡은 모두 한담을 방심하게 하여 그의 군대가 패배하게 하는 원인이다.

② ㉠과 ㉡은 모두 도사가 자신의 주장을 입증하기 위해 독단적으로 일으킨 일이다.

③ ㉠은 한담이 미래의 사건을 예측하게 하고, ㉡은 충렬이 과거의 기억을 떠올리게 한다.

④ ㉠은 충렬에게 의심을 유발하는 계기이고, ㉡은 충렬에게 아쉬움을 불러일으키는 계기이다.

⑤ ㉠은 한담을 불러들여 위기에서 벗어나게 하고, ㉡은 충렬을 자극하여 위기에 빠지게 한다.

29 [A]와 [B]에 대한 설명으로 가장 적절한 것은? [3점]

① [A]에서는 상대방에게 도움을 청하고 있고, [B]에서는 상대방을 안심시키고 있다.

② [A]에서는 상대방을 칭찬하고 있고, [B]에서는 상대방의 능력 부족을 지적하고 있다.

③ [A]에서는 자신의 억울함을 호소하고 있고, [B]에서는 상대방의 슬픔에 공감하고 있다.

④ [A]에서는 상대방의 제안을 거절하고 있고, [B]에서는 상대방의 생각을 고치려 하고 있다.

⑤ [A]에서는 상대방이 겪는 갈등을 간파하고 있고, [B]에서는 자신이 겪고 있는 갈등을 부각하고 있다.

30 〈보기〉를 바탕으로 윗글을 감상한 내용으로 적절하지 <u>않은</u> 것은? [4점]

〈보기〉

이 작품에서 주인공과 반동 인물의 대결은 천상계에서의 천신 사이의 대결이 인간 세계에까지 이어진다는 점에서 숙명적이다. 또한 충효라는 윤리적 정당성을 지닌 주인공과 비윤리적인 반동 인물이 대결한다는 점에서 윤리적이기도 하다. 윤리성을 실현하려는 의지는 반격의 기회를 노리는 반동 인물에게 이용되기도 한다.

① 충렬이 한담을 잡아 '부친의 충묘당'에 제사를 지내겠다고 말하는 것에서, 주인공이 반동 인물과 대립하는 이유가 효라는 윤리성을 실현하는 데 있음을 알 수 있군.

② 충렬과 한담이 서로가 '천신'임을 알아보는 것에서, 천상계에서의 대립 관계가 인간 세계에서 두 인물의 숙명적 대결로 이어지고 있음을 알 수 있군.

③ 한담이 충렬에게 '어서 와서 살려 내'라는 내용의 편지를 보낸 것은, 한담이 윤리성을 실현하려는 충렬의 의지를 이용하려는 계책임을 알 수 있군.

④ 천상계에서의 대결이 '천자와 태자'를 모시는 충렬과 반대편에 선 한담 간의 대결로 지속되고 있다는 점에서, 이들 간 대결을 숙명적인 것으로 볼 수 있군.

⑤ 충렬이 '심란'한 '마음'을 이겨내고 한담을 '도성' 안으로 물리치는 것에서, 상실했던 윤리적 정당성을 회복하게 되었음을 알 수 있군.

제**2**교시 영어영역(공통)

▶정답 및 해설 515p

01 글의 밑줄 친 부분 중, 어법상 틀린 것은? [3점]

　The essential components of an economic system and how they function are best understood when they are seen not in isolation, but rather as they are connected to a larger social and cultural environment. Money is an essential component of any economy, but it serves no purpose by itself unless there is something produced by businesses that one could buy with ① it. Businesses also play a key role, but they cannot make profits unless there are households willing and able to buy their goods, and there are markets ② which the goods can be bought and sold. Households cannot be consumers in the U.S. economic system without a source of income ③ to earn money to spend in the marketplace. It is only when money, markets, businesses, and households are brought coherently together into a specific configuration ④ that they facilitate economic production, distribution, and consumption. Together they comprise a system and that system serves a broader purpose that ⑤ transcends the specific purposes of the components themselves.

* configuration: (각 요소의) 상대적 배치

02 (A), (B), (C)의 각 네모 안에서 어법에 맞는 표현으로 가장 적절한 것은? [4점]

　Research shows that just placing food or drink out of sight or moving it a few feet away can have a big effect on consumption. In a series of studies, experimenters strategically placed jars of chocolates around an office and carefully counted how many were consumed. In one condition, they compared (A) placing / to place the jars on people's desks with moving them just six feet away. In another, they placed the chocolates in either transparent or opaque jars. Placing the chocolates on people's desks resulted in the staff's consuming an average of six more chocolates per person each day, and the chocolates in transparent jars were eaten 46 percent more quickly than (B) that / those in opaque jars. A similar principle applies to food around the house. In another study, researchers stocked people's homes with either large or moderate quantities of ready-to-eat meals and (C) discovered / were discovered that the food was eaten at twice the rate in the overstocked homes.

* opaque: 불투명한

	(A)		(B)		(C)
①	placing	······	that	······	discovered
②	placing	······	those	······	discovered
③	placing	······	those	······	were discovered
④	to place	······	that	······	were discovered
⑤	to place	······	that	······	discovered

03 다음 글의 밑줄 친 부분 중, 문맥상 낱말의 쓰임이 적절하지 **않은** 것은? [4점]

Over billions of years, the loss of water through the effects of ultraviolet radiation is thought to have ① <u>cost</u> Mars and Venus their oceans. Today, both are dry and sterile, their crusts oxidized and their atmospheres filled with carbon dioxide. Both planets oxidized slowly, and never accumulated more than a trace of free oxygen in their ② <u>atmospheres</u>. Why did this happen on Mars and Venus, but not on Earth? The critical difference may have been the ③ <u>rate</u> of oxygen formation. If oxygen is formed slowly, no faster than the rate at which new rocks, minerals and gases are ④ <u>exposed</u> by weathering and volcanic activity, then all this oxygen will be consumed by the crust instead of accumulating in the air. The crust will slowly oxidize, but oxygen will never accumulate in the air. Only if oxygen is generated ⑤ <u>slower</u> than the rate at which new rocks and minerals are exposed can it begin to accumulate in the air.

* sterile: 불모의 ** crust: 지각

04 (A), (B), (C)의 각 네모 안에서 문맥에 맞는 낱말로 가장 적절한 것은? [3점]

There are times when authors want us to determine certain messages and provide us with sufficient clues to lead us in the right direction without ever explicitly stating it. The genre of writing where this is possibly most (A) evident / unseen is in mystery novels. The author creates a web of clues that allows the reader to make inference after inference, conclusion after conclusion, and prediction after prediction. Imagine how boring it would be to read a mystery story if the author was immediately forthcoming with the most (B) relevant / irrelevant information. It would take all of the fun out of it. As savvy readers, we want to look for clues and piece the text-puzzle together in our minds. There is nothing more satisfying to a reader than figuring out the solution to a problem that a character is unable to identify or knowing the outcome of a situation before it unfolds. Remember, reading is an ongoing conversation. That means that, while the reader is making inferences and conclusions, the author has (C) included / excluded clues that can lead the reader in that direction.

* savvy: 잘 아는, 박식한

	(A)		(B)		(C)
①	evident	······	relevant	······	included
②	unseen	······	relevant	······	included
③	evident	······	irrelevant	······	excluded
④	unseen	······	irrelevant	······	excluded
⑤	evident	······	irrelevant	······	included

[05~06] 다음 글의 요지로 가장 적절한 것을 고르시오.

05

Habits often prove to be quite fragile when changes appear predictably or unpredictably in our lives. How many times have you heard someone complaining or regretting their 'good hobbies' before marriage when they 'had the time'? I have heard it dozens of times and people always try to find excuses for lack of continuity. That's what we do. We find excuses. But if we just spent some time thinking and trying to understand how we function and how habits function, then we might see that habits need training to strengthen them, just like a muscle does, and the more they depend on some external factors or your disposition and mood to be maintained, the more vulnerable they are to interruption. Build your habits strong right from the beginning. If you want to start jogging, do it when it is sunny, do it when it is windy or rainy, do it when you feel happy and do it, by all means, when you feel sad. It is about connecting with a zone of enjoyment per se that goes beyond meeting a bunch of conditions to be carried out. [3점]

* vulnerable: 취약한 ** per se: 그 자체로

① 예기치 않은 상황에서는 침착한 태도를 유지하는 것이 중요하다.
② 습관을 꾸준히 유지하려면 훈련을 통해 처음부터 강화해야 한다.
③ 나쁜 습관을 없애는 데는 지속적인 자기 보상이 효과적이다.
④ 자신의 성격에 맞는 취미를 고르면 오랫동안 즐길 수 있다.
⑤ 건강한 생활 습관 형성을 위해서는 휴식과 회복이 필요하다.

06

People commonly think that the best way to attain happiness is to change their environment —their house, their clothes, their car, their job, their circle of friends. But those who have thought carefully about desire have unanimously drawn the conclusion that the *best way* — *indeed, perhaps the only way* — *to attain lasting happiness is not to change the world around us or our place in it but to change ourselves.* In particular, if we can convince ourselves to want what we already have, we can dramatically enhance our happiness without any change in our circumstances. It simply does not occur to the typical person that satisfaction can best be gained not by working to satisfy the desires we find within us but by selectively suppressing or eradicating our desires. Throughout the ages and across cultures, thoughtful people have argued that the best way to attain happiness is to master our desires, but throughout the ages and across cultures, ordinary people have ignored this advice. [3점]

* unanimously: 이의 없이 ** eradicate: 없애다

① Many easily dismiss the idea that controlling desire can make us happy.

② Contrary to common belief, mastering our desires is nearly impossible.

③ Happiness is rarely achieved without the support of loved ones.

④ It is within our surroundings that our desires are bred.

⑤ If we don't desire anything, we won't gain anything.

07 밑줄 친 stand before the long green table 이 다음 글에서 의미하는 바로 가장 적절한 것은? [4점]

Serving in the military, I relied heavily on this saying to guide my actions. Whenever I had a difficult decision to make, I would ask myself, "Can you stand before the long green table?" Since WWII, the conference tables used in military boardrooms had been constructed of long, narrow pieces of furniture covered in green felt. Whenever a formal proceeding took place that required multiple officers to adjudicate an issue, the officers would gather around the table. The point of the saying was simple. If you couldn't make a good case to the officers sitting around the long green table, then you should reconsider your actions. Every time I was about to make an important decision, I asked myself, "Can I stand before the long green table and be satisfied that I took all the right actions?" It is one of the most fundamental questions a leader must ask themselves —and the old saying helped me remember what steps to take.

* felt: 펠트(모직이나 털을 압축해서 만든 천)
** adjudicate: 판결하다

① adapt your strategy to constantly changing field conditions

② request assistance in your task from those more knowledgeable

③ courageously carry out your plan without the approval of peers

④ convincingly justify your actions to a group of authority figures

⑤ persuade your peers that their campaign strategy is not realistic

08 다음 글에서 전체 흐름과 관계 <u>없는</u> 문장은?
[3점]

Consider a person looking at Picasso's powerful painting *Guernica* for the first time. Anyone can see the technical mastery and highly emotional content in the painting. ① But say we told the first-time viewer of *Guernica* that it is named after a girl who dumped Picasso when he was eighteen years old. ② That viewer's feelings about the painting might range toward puzzlement or confusion—given the scale and content of the work, it would seem to be a bit of an overreaction. ③ Then we tell the viewer that in reality it was painted as a memorial to the small Basque town that was heavily air-bombed in April 1937 by the combined Fascist forces of Germany and Italy, at the request of the Spanish Nationalists under the direction of Franco. ④ Even in his later years, Picasso continued to shift his interests, experimenting with new styles and techniques. ⑤ Presumably, the feelings of the viewer would change and more reflect those that Picasso intended any viewer of the painting to have.

[09~10] 다음 글의 제목으로 가장 적절한 것을 고르시오.

09

Perhaps there is something fundamentally bad about war, which is slowly becoming clear to us as a species. Perhaps aversion to war, even a recognition that it is wrong, lies deep within the human condition. There is some support for this idea in evolutionary anthropology. The change in body composition and face shape from the higher apes to *Homo sapiens* —to softer skin, blunter teeth and claws, lower brow-ridges—may have been part of an evolution away from violence. As we got better and better at cooperating in sophisticated ways to hunt, gather, build shelter, and raise children, the success of individuals became bound up with the success of the group. The groups that succeeded were those that weeded out the violent and disruptive. Social and biological evolution thus intertwined, ensuring the success of the gentler ones who remained. [3점]

* aversion: 혐오

① Primitive Human Gentleness: An Anthropological Myth

② The Gentler Humans: Victors of the Evolutionary War

③ Violent Human Nature Revealed by Fossil Evidence

④ Staging a Successful War Campaign: A Fine Art

⑤ What Are Obstacles to Ending Human Conflict?

10

The rise of the anti-thrift culture would not have been possible without a widespread willingness to take on personal debt, and such willingness would not have emerged without the development of the credit card. Between 1958 and 1970, 100 million credit cards were distributed across the United States in what turned out to be a profound shift not only in purchasing patterns, but in how Americans began to experience themselves and their desires. The credit card ushered in an ease of use in a new age in which hard cash was not necessary to back up purchases, consequently leading to the widespread desire and expectation for instant gratification among consumers. This ease came in contrast to the social, natural, and economic environments which had historically regulated instant gratification by providing obstacles to it. Over the past century, then, our culture has shifted to one in which there are often very few behavioral obstacles to immediately getting what we want, resulting in the elevation of impulsive consuming instincts over the careful evaluation of the wisdom of such consumption. [3점]

* usher: 안내하다
** gratification: (욕구의) 충족

① Credit Cards: A Seed of Social Instability

② The Imported Origin of American Bankruptcy

③ Sound Credit: A Path to Financial Well-Being

④ Explosion of Credit Cards Boosting Individualism

⑤ Credit Cards Fostering an Instant Consumption Culture

11 다음 글의 주제로 가장 적절한 것은? [4점]

By the early 2000s, corporations began to realize they were facing new risks arising from globalization. Powerful global brands, it turned out, could be a source of vulnerability as well as profit. While corporations that owned such brands often imagined that they were engaging in arms-length transactions with foreign suppliers, consumers held them responsible for labor and environmental conditions throughout their supply chains, many links and many miles distant from the head office. Outsourcing production of athletic shoes to a factory in Indonesia or buying cocoa grown in Ghana through a trading company in Switzerland did not relieve footwear and confectionary companies of responsibility for working conditions and environmental impacts at their suppliers. Even companies that did not deal directly with consumers, such as ship lines and plastics manufacturers, found that their business customers harbored similar expectations. In the internet age, a company's brand could easily be tarnished by allegations of unethical conduct at firms that top executives may never have heard of, and such reputational damage was hard to undo.

* confectionary: 제과의 ** tarnish: 손상하다
*** allegation: (증거 없는) 주장

① difficulties in managing working conditions in overseas factories
② extended ethical responsibilities as a risk for global businesses
③ declining impact of brand reputation on purchasing decisions
④ growing risk of resource shortages for global manufacturing
⑤ risk management strategies employed by global businesses

12 다음 글의 목적으로 가장 적절한 것은? [3점]

Thank you for choosing ABC Toy Company as your trusted source of fun and entertainment for children. We appreciate your continued support and loyalty to our brand. However, we regret to inform you of a safety issue that has come to our attention. We have recently discovered that our Bunny-Mini dolls may cause skin rashes due to the paint used. The safety and well-being of our customers are of utmost importance to us, and we take this matter very seriously. As a precautionary measure, we are recalling all Bunny-Mini products from the market. If you have purchased any of these toys, we request that you bring the product to one of our stores to obtain a refund. We understand the disappointment

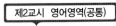

this may cause, especially to the children who love our toys. We assure you that we are taking all necessary steps to fix the situation promptly.

① 제품의 회수 및 환불 조치에 관해 알리려고
② 새로운 상품의 예약 구매 방법을 안내하려고
③ 인기 장난감의 빠른 품절에 대해 사과하려고
④ 변경된 환불 및 제품 보증 정책을 공지하려고
⑤ 판매 실적에 따른 고객 감사 행사를 홍보하려고

13 다음 글에서 필자가 주장하는 바로 가장 적절한 것은? [3점]

A lot of people make the mistake of treating their dog as a baby. This isn't a problem as long as you acknowledge that there is more to your dog than this. You have to first honour the animal, then the dog, then the breed and finally your individual pet. If you can do this, one-to-one close communication is the next step. Recognize that your dog isn't just a small furry person, she's much more than that. As an animal she has all her intuitions and instincts intact, unlike humans. She has senses of smell and hearing that are far more sensitive than yours, and as such she's much more aware of the natural world than you are. This means that most of the time your dog exists in a different world from you, so you have to respect her extra abilities and tune back into as many of your own instincts and intuitions as you can, if you really want to communicate with her. We still have these abilities. They're just buried beneath our civilized veneer.

* veneer: 베니어(얇은 판자)

① 반려견을 입양하기 전에 가족 구성원의 동의를 구해야 한다.
② 반려견의 건강한 삶을 위해 함께 활동하는 시간을 늘려야 한다.
③ 반려견의 개별적 특성을 고려하여 행동 교정 훈련을 해야 한다.
④ 반려견이 자연과 교감할 수 있도록 다양한 기회를 제공해야 한다.
⑤ 반려견과의 진정한 소통을 위해 그들의 본능과 직감을 존중해야 한다.

14 Florence Finch에 관한 다음 글의 내용과 일치하지 <u>않는</u> 것은? [3점]

Florence Finch was born in 1915, in the Philippines as a daughter of a Filipino mother and an American father. Prior to the Japanese invasion,

Finch was working at the U.S. Army in Manila. After Manila fell to the Japanese in 1942, Finch disguised her American connections and got a job with the Japanese-controlled Philippine Liquid Fuel Distributing Union. Working closely with the Philippine Underground, she diverted fuel supplies to the resistance and secretly got food to starving American prisoners of war. In 1944, she was arrested by the Japanese army and interrogated but refused to reveal any information. After she was liberated by American forces in 1945, she moved to the United States, became a citizen and joined the U.S. Coast Guard. In 1947, she was awarded the Medal of Freedom for saving American prisoners and performing other acts of resistance in the Philippines. She passed away in 2016 at the age of 101 in Ithaca, New York, and received a military funeral with full honors.

① 필리핀에서 태어나 마닐라에 주둔한 U.S. Army에서 근무했다.

② Philippine Liquid Fuel Distributing Union에서 직업을 구했다.

③ 연료를 저항군에게 빼돌리고 미군 포로에게 음식을 몰래 제공했다.

④ 1945년에 미군에 의해 풀려난 후 필리핀에 남아 여생을 마쳤다.

⑤ 필리핀에서의 공적을 인정받아 Medal of Freedom을 받았다.

[15~19] 다음 빈칸에 들어갈 말로 가장 적절한 것을 고르시오.

15

Positiveness, or more precisely, maintaining it well balanced at all times, is in itself a fundamental goal—one that never leaves the scene. As a baby, you would never think that such a possibility, as not trying to stand up again after falling on your bottom dozens of times exists. Falling is so naturally integrated as part of the process of trying to stand up that no one would think "The poor baby, he failed so much at standing!" We are born with persistence and the right mindset already —never giving up, always exploring, always believing we can do it— but somehow we 'manage' to lose them on the way. So, what we are doing in fact when trying to learn how to be successful is, to a great extent, an act of re-learning or remembering the first set of skills given to us at birth. Our aim to become more productive becomes, in a way, our aim to become more _____.

[3점]

① natural

② sociable

③ intelligent

④ resourceful

⑤ trustworthy

16

The part of the brain that controls our feelings _____. It is this disconnection that makes putting our feelings into words so hard. We have trouble, for example, explaining why we married the person we married. We struggle to put into words the real reasons why we love them, so we talk around it or rationalize it. "She's funny, she's smart," we start. But there are lots of funny and smart people in the world, but we don't love them and we don't want to marry them. There is obviously more to falling in love than just personality and competence. Rationally, we know our explanation isn't the real reason. It is how our loved ones make us feel, but those feelings are really hard to put into words. So when pushed, we start to talk around it. We may even say things that don't make any rational sense. "She completes me," we might say, for example. What does that mean and how do you look for someone who does that so you can marry them? That's the problem with love we only know when we've found it because it "just feels right." [3점]

① has no capacity for language

② obstructs our motor functions

③ operates independently of memory

④ doesn't make any moral judgments

⑤ is disconnected from decision-making

17

One obvious survival advantage to being able to _____ is that it helps a group of animals to know whether to defend their territory against an attack or to retreat. If there are more defenders than attackers, it might make sense for the defenders to stay and fight if there are more attackers, the wisest strategy might be to make a bolt for it. This suggestion was put to the test a few years ago by Karen McComb and her colleagues. They played tape recordings of roaring lions to small groups of female lions in Serengeti National Park in Tanzania. When the number of different roars exceeded the number of lions in the group, the females retreated but when there were more females, they stood their ground and prepared to attack the intruders. They seemed able to compare numbers across two different senses: the number of roars they heard versus the number of lionesses they observed, a task that seems to require a fairly abstract number sense. [3점]

* intruder: 침입자

① efficiently communicate with pack members

② compare numbers of objects in collections

③ identify the direction of moving objects

④ blend into surroundings as a disguise

⑤ mimic the calls of other species

18

It can happen that people who used to be part of our lives gradually lose their former faculties. Many aspects of this process bring suffering but do not threaten dignity. Going blind or deaf, being paralysed or having a tremor, having to deal with pain, anxiety or dizziness that are so severe that one can no longer leave the house: all of this is horrible and sometimes unbearable, but it is not already in and of itself something that threatens dignity. All of this involves a loss of autonomy, as well as various experiences of dependence, and sometimes this dependence is also experienced as powerlessness. Yet we have the power to support the people who go through this in such a way that their powerlessness does not become humiliation and threaten their dignity. We are still engaged in committed encounters with them, and our intellectual and emotional entanglements uphold the intimacy of our relationship. The loss of their faculties _____.

[4점]

* faculty: (신체 또는 정신의) 기능 ** tremor: 떨림

① forces them to endure humiliation

② will not demand others' assistance

③ does not alter how we relate to them

④ diminishes their resilience to depression

⑤ dramatically changes what they value in life

19

Imagine yourself as a predator, perhaps a hawk. From on high, you spot what appears to be a tasty snake. If you hesitate for even a few seconds, your meal might be gone. Time is of the essence, and you must act quickly. But there's a twist—a major one. If you mistake a venomous coral snake for a non-venomous king snake, it will cost your life. In the tradeoff between a meal and your life, the choice is obvious. For a predator, natural selection has shaped this decision-making process to favor the conservative choice—long-term benefits of survival over short-term benefits of a single meal. Thus, there is no need for the king snake to be a perfect mimic of the coral snake's colors to win this round of the evolutionary arms race. The same logic applies when you're deciding whether or not to eat a wild mushroom. If you are not absolutely sure, _____.
The cost of your life would be too heavy a price to pay. [4점]

* venomous: 독이 있는

① save as much food as you can now for desperate times

② don't let yourself fall prey to thoughts of tasty reward

③ dare to challenge yourself in the name of survival

④ don't forget that one's poison is

another's pleasure

⑤ be on the look out for predators hunting you

[20~21] 주어진 글 다음에 이어질 글의 순서로 가장 적절한 것을 고르시오.

20

Compare the way these two ideas—HDTV and the online video sharing platform — changed the basic rules of engagement for their respective media platforms.

(A) With just a few easy keystrokes, you could take a clip running on someone else's site, and drop a copy of it onto your own site. The technology allowed ordinary enthusiasts to effectively program their own private television networks, stitching together video clips from all across the planet.

(B) Going from analog television to HDTV is a change in degree, not in kind: there are more pixels the sound is more immersive the colors are sharper. But consumers watch HDTV the exact same way they watched old-fashioned analog TV. They choose a channel, and sit back and watch.

(C) The online video sharing platform,

on the other hand, radically altered the basic rules of the medium. For starters, it made watching video on the Web a mass phenomenon. But with the online video sharing platform you weren't limited to sitting and watching a show, television-style you could also upload your own clips, recommend or rate other clips, get into a conversation about them. [3점]

* HDTV: 고화질 텔레비전

① (A) − (C) − (B)   ② (B) − (A) − (C)

③ (B) − (C) − (A)   ④ (C) − (A) − (B)

⑤ (C) − (B) − (A)

21

Non-human animals are individuals with their own perspectives on life, who form relations with human and non-human others. In current human legal and political systems, and in many cultural practices, they are seen and used as objects.

(A) This movement from ethical consideration to political participation shifts questions about non-human animals from how they should be treated to how more insight can be gained into the ways they want to live their lives, what types of relationships they desire with one another and with humans, and how we can and should share the planet that we all live on.

(B) Drawing on these views, and on insights provided by social justice movements that focus on democratic inclusion, recent work in political philosophy proposes to view non-human animals as political groups, and some of these as members of shared interspecies communities.

(C) Animal rights theorists have challenged this since the 1970s, arguing that non-human animals are sentient beings, who are similar to humans in morally relevant aspects and who should therefore be seen as part of our moral communities. [4점]

* sentient: 지각(력)이 있는

① (A) − (C) − (B) ② (B) − (A) − (C)

③ (B) − (C) − (A) ④ (C) − (A) − (B)

⑤ (C) − (B) − (A)

[22~23] 글의 흐름으로 보아, 주어진 문장이 들어가기에 가장 적절한 곳을 고르시오.

22

Experts, on the other hand, sorted their problems on the basis of deep-feature similarity that were related to the major physics principles governing the solution of each problem.

One of the best examples of the important role that similarity plays in problem−solving concerns the role of similarity and expertise in physics. In an influential paper, researchers asked physics PhD students (experts) and undergraduate students (novices) to sort 24 physics problems into groups and then explain the reasons for their groupings. (①) Novices generally sorted the problems on the basis of surface−feature similarity. (②) That is, they grouped problems according to the literal physics terms mentioned in the problem and the physical configuration described in the problem. (③) This suggests that experts accessed existing schemata and they used their knowledge of physics to create a solution−oriented sorting. (④) Since the problems were sorted according to these categories, it also suggests that these categories would likely be accessed when deciding how to solve a problem.

(⑤) That is, experts are likely to rely on similarity among problems to help them solve the problems quickly and efficiently. [3점]

* schemata: 선험적 도식

should operate are disrupted. (⑤) Such a person should be motivated to interact with others as a means of helping to confirm or disconfirm beliefs about the self and reconstructing assumptions about the world. [4점]

* visceral: 뱃속으로부터의 ** assimilate: 적응시키다

23

If the disruption is intense enough, it may challenge a person's basic assumptions about the self and the world.

Beyond describing the different motives for people revealing their emotional experiences to others, researchers have offered deeper explanations concerning why people do this. (①) One explanation stems from the cognitive-motor view of expression. (②) According to this view, critical parts of one's experiences are encoded or retained at a nonverbal level in the form of mental images, bodily movements, and affect-related visceral changes (such as a twisting stomach or racing heart). (③) These nonverbal forms remain the focus of attention until they can be assimilated and put into words, particularly when the experiences are more emotionally intense. (④) Another idea is that people experience emotion when their anticipations of how the world

24 다음 글의 내용을 한 문장으로 요약하고자 한다. 빈칸 (A), (B)에 들어갈 말로 가장 적절한 것은? [3점]

To make an aircraft fly is a constant struggle against physics. An airliner traveling six hundred miles per hour at thirty thousand feet is not something that happens naturally. It's not a fail-safe act, meaning the default is to crash—it's up to our ingenuity and decision-making to prevent it from happening. It's a unique environment that's highly unforgiving. Whereas a loss of power in a car typically results in a few hours on the side of a road, a loss of power in the air is often disastrous. Even in business, bet-the-company decisions are rare, and when encountered, only a fraction of the employees take part in them. Aviation, however, relies on everyone working at an optimum level *just* to keep the aircraft flying. It's an unstable system where even a single person forgetting to do their job, or doing it improperly, can lead to catastrophic results.

↓

Because it __(A)__ the laws of physics, aviation involves a high-stakes environment in which each member's __(B)__ performance is required to ensure safety.

	(A)		(B)
①	challenges	......	flawless
②	challenges	......	brave
③	redefines	......	unique
④	redefines	......	conservative
⑤	supports	......	responsive

[25~26] 다음 글을 읽고, 물음에 답하시오.

We are surrounded every day by products that don't work well, services that slow us down, and setups that are just plain wrong: the website that requires ten clicks to accomplish what should take only one or two the projector that stubbornly resists linking up with your laptop the machine at the parking garage that makes paying so difficult. Noticing that something is broken is an essential prerequisite for coming up with a creative solution to fix it. Making "bug lists" can help you to see more opportunities to apply creativity. Whether you use a piece of paper in your pocket or record ideas on your smartphone, keeping track of opportunities for improvement can help you engage with the world around you in a more proactive way. The running list can serve as a useful source of ideas when you're looking for a new project to tackle. Or you can make a bug list on the spot.

Write down the things that bug you, and you'll start _____. It may seem like you're focusing on the negatives, but the point is to notice more opportunities to do things better. And while many of the items on your bug list may be things you won't be able to fix, if you add to it regularly, you'll stumble onto issues you can influence and problems you can help solve. Almost every annoyance, every point of friction, hides a design opportunity. Instead of just complaining, ask yourself, "How might I improve this situation?"

* prerequisite: 선행 조건

25 윗글의 제목으로 가장 적절한 것은?

① Does Ignoring Bugs Let Them Multiply?

② Innovative Design: Easier Said Than Done

③ Forget the Broken, Appreciate the Beautiful

④ A Bug List: A Trigger for Creative Solutions

⑤ Self-Criticism: A Powerful Tool for Improvement

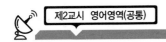
26 윗글의 빈칸에 들어갈 말로 가장 적절한 것은? [4점]

① taking routines for granted

② behaving yourself in public

③ being more mindful of them

④ being less reliant on technology

⑤ recognizing your own weaknesses

[27~28] 다음 글을 읽고, 물음에 답하시오.

Morality is changeable and culture-dependent and expresses socially desirable behavior. But even if morality is changeable, it is by no means arbitrary, especially since the change process itself takes a relatively (a) long time (measured in years rather than weeks). This is also because a social value framework—and thus morality—provides an important orientation function: Since time immemorial, people have been thinking about moral issues and dealing with them. This makes it clear that (b) consistent values, norms, and moral concepts always play a major role when people organize themselves in social communities. Ultimately, this also results in answers to questions of justice, solidarity, and care as well as the distribution of goods and resources.

Morality acts here as the (c) common lowest denominator for a given society. The (d) advantage is based on the fact that the values underlying morality convey a socially accepted basic understanding and provide orientation in concrete decision-making situations. This makes morality functional and efficient for social groups: In order to be accepted in a community, the individual will strive not to act against this community. Conversely, this means that the behavior of the individual and the social group is ultimately (e) unpredictable. As a result, uncertainty about behavior is reduced and trust is built up.

* arbitrary: 임의적인 ** denominator: 분모

27 윗글의 주제로 가장 적절한 것은?

① disregard of morality found in extreme conditions

② justice and solidarity as basic elements of morality

③ fundamental role of morality in human communities

④ development of morality through cultural exchanges

⑤ punishment of moral code violations across societies

28 밑줄 친 (a)~(e) 중에서 문맥상 낱말의 쓰임이 적절하지 <u>않은</u> 것은? [3점]

① (a)　　　　② (b)

③ (c)　　　　④ (d)

⑤ (e)

[29~30] 다음 글을 읽고, 물음에 답하시오.

(A)

A long time ago, there was a poor village at the base of the Himalayan mountains. In the center of town, there was a huge clay statue of the Buddha. No one knew who had built it. One day, while sweeping snow off the statue with a broom, a young monk noticed a small crack in the clay. As the sun rose, he could see something glinting from deep inside. (a)He ran to the head monk, telling him that the Buddha was broken and something shiny was within it.

* glinting: 반짝이는 반짝임

(B)

The head monk was looked upon to give a final word. He turned to the boy who had found the crack and asked him what he thought. With all the villagers' eyes on him, (b)the boy spoke. "I think the monks who built this Buddha must have known what they were doing. No one would want to steal or destroy an ordinary clay statue. But one made of precious gold would be the object of everyone's desire." The monk nodded, and he said, "Let's not break open the statue. Maybe each of us is meant to learn that, underneath our ordinary exterior, there is gold at our core."

(C)

The head monk said, "That statue has been here for generations. There are many cracks in it. Leave me alone. I am very busy." The young monk went back to his sweeping. But (c)he couldn't keep himself from peeking into the crack. Sure enough, there was something shining in there. He called to his father, who was curious about his son's discovery. The father was surprised to see the glinting. (d)He had passed by the statue for years but had never noticed the glinting.

(D)

The father ran and told the villagers what (e)his son had found. Soon, everyone from the village gathered around the statue. The head monk chipped carefully with a chisel around the crack. The glinting increased. No one could deny that under the outer layer of clay, there was a gold statue waiting to be revealed. The villagers argued late into the night. Should they destroy the clay Buddha and never have to worry again about money or leave it as it had always been?

* chip: (조금씩) 깎다 ** chisel: 끌

29 주어진 글 (A)에 이어질 내용을 순서에 맞게 배열한 것으로 가장 적절한 것은? [3점]

① (B) - (D) - (C) ② (C) - (B) - (D)
③ (C) - (D) - (B) ④ (D) - (B) - (C)
⑤ (D) - (C) - (B)

30 밑줄 친 (a)~(e) 중에서 가리키는 대상이 나머지 넷과 <u>다른</u> 것은? [3점]

① (a)　　　　② (b)

③ (c)　　　　④ (d)

⑤ (e)

제3교시 수학영역

▶정답 및 해설 531p

※ 23번부터는 선택과목이니 자신이 선택한 과목(확률과 통계, 미적분, 기하)의 문제지인지 확인하시오.

01 $\log_2 \dfrac{8}{9} + \dfrac{1}{2}\log_{\sqrt{2}}18$의 값은? [2점]

① 1　　　　　② 2

③ 3　　　　　④ 4

⑤ 5

02 함수 $f(x)$에 대하여 $\lim\limits_{x\to\infty}\dfrac{f(x)}{x}=2$일 때, $\lim\limits_{x\to\infty}\dfrac{3x+1}{f(x)+x}$의 값은? [2점]

① $\dfrac{1}{2}$　　　　　② 1

③ $\dfrac{3}{2}$　　　　　④ 2

⑤ $\dfrac{5}{2}$

03 공비가 양수인 등비수열 $\{a_n\}$의 첫째항부터 제n항까지의 합을 S_n이라 하자.
$S_6=21S_2$, $a_6-a_2=15$
일 때, a_3의 값은? [3점]

① $\dfrac{1}{2}$　　　　　② $\dfrac{\sqrt{2}}{2}$

③ 1　　　　　④ $\sqrt{2}$

⑤ 2

04 함수 $f(x)=x^3+ax+b$에 대하여
$\lim\limits_{h\to 0}\dfrac{f(1+h)}{h}=5$일 때, ab의 값은?
(단, a, b는 상수이다.) [3점]

① -10　　　　　② -8

③ -6　　　　　④ -4

⑤ -2

05 $\sin\theta<0$이고 $\sin\left(\theta-\dfrac{\pi}{2}\right)=-\dfrac{2}{5}$일 때, $\tan\theta$의 값은? [3점]

① $-\dfrac{\sqrt{21}}{2}$ ② $-\dfrac{\sqrt{21}}{5}$

③ 0 ④ $\dfrac{\sqrt{21}}{5}$

⑤ $\dfrac{\sqrt{21}}{2}$

06 모든 실수 t에 대하여 다항함수 $y=f(x)$의 그래프 위의 점 $(t, f(t))$에서의 접선의 기울기가 $-6t^2+2t$이다. 곡선 $y=f(x)$가 점 $(1, 1)$을 지날 때, $f(-1)$의 값은? [3점]

① 1 ② 2

③ 3 ④ 4

⑤ 5

07 다음 조건을 만족시키는 모든 유리수 r의 값의 합은? [3점]

> (가) $1<r<9$
> (나) r를 기약분수로 나타낼 때, 분모는 7이고 분자는 홀수이다.

① 102 ② 108

③ 114 ④ 120

⑤ 126

08 함수
$$f(x)=\begin{cases}-5x-4 & (x<1)\\ x^2-2x-8 & (x\geq1)\end{cases},$$
$$g(x)=-x^2-2x$$
에 대하여 두 곡선 $y=f(x)$, $y=g(x)$로 둘러싸인 부분의 넓이는? [3점]

① $\dfrac{34}{3}$ ② 11

③ $\dfrac{32}{3}$ ④ $\dfrac{31}{3}$

⑤ 10

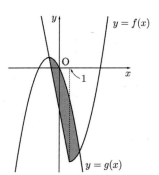

09 그림과 같이 한 변의 길이가 2인 정육각형, ABCDEF에 대하여 점 G를 $\overline{AG}=\sqrt{5}$, $\angle BAG=\dfrac{\pi}{2}$가 되도록 잡고, 점 H를 삼각형 BGH가 정삼각형이 되도록 잡는다. 선분 CH의 길이는? (단, 점 G는 정육각형의 외부에 있고, 두 선분 AF, BH는 만나지 않는다.) [4점]

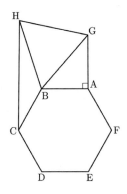

① $2\sqrt{5}$ ② $\sqrt{21}$

③ $\sqrt{22}$ ④ $\sqrt{23}$

⑤ $2\sqrt{6}$

10 함수

$$f(x)=\int_a^x (3t^2+bt-5)dt \quad (a>0)$$

이 $x=-1$에서 극값 0을 가질 때, $a+b$의 값은? (단, a, b는 상수이다.) [4점]

① 1 ② $\dfrac{4}{3}$

③ $\dfrac{5}{3}$ ④ 2

⑤ $\dfrac{7}{3}$

11 함수 $f(x)=-2^{|x-a|}+a$의 그래프가 x축과 두 점 A, B에서 만나고 $\overline{AB}=6$이다. 함수 $f(x)$가 $x=p$에서 최댓값 q를 가질 때, $p+q$의 값은? (단, a는 상수이다.) [4점]

① 14 ② 15

③ 16 ④ 17

⑤ 18

12 최고차항의 계수가 -1인 이차함수 $f(x)$와 상수 a에 대하여 함수

$$g(x)=\begin{cases} f(x) & (x<0) \\ a-f(-x) & (x\geq 0) \end{cases}$$

이 다음 조건을 만족시킨다.

(가) $\displaystyle\lim_{x\to 0}\dfrac{g(x)-g(0)}{x}=-4$

(나) 함수 $g(x)$의 극솟값은 0이다.

$g(-a)$의 값은? [4점]

① -40 ② -36

③ -32 ④ -28

⑤ -24

13 수열 $\{a_n\}$이 $a_1 = -3$, $a_{20} = 1$이고, 3 이상의 모든 자연수 n에 대하여

$$\sum_{k=1}^{n} a_k = a_{n-1}$$

을 만족시킨다. $\sum_{n=1}^{50} a_n$의 값은? [4점]

① 2 　　　　② 1

③ 0 　　　　④ -1

⑤ -2

14 실수 k에 대하여 함수 $f(x)$를

$$f(x) = x^3 - kx$$

라 하고, 실수 a와 함수 $f(x)$에 대하여 함수 $g(x)$를

$$g(x) = \begin{cases} f(x) & (x < a \text{ 또는 } x > a+1) \\ -f(x) & (a \le x \le a+1) \end{cases}$$

이라 하자. 〈보기〉에서 옳은 것만을 있는 대로 고른 것은? [4점]

――――〈보기〉――――

ㄱ. 두 실수 k, a의 값에 관계 없이 함수 $g(x)$는 $x = 0$에서 연속이다.

ㄴ. $k = 4$일 때, 함수 $g(x)$가 $x = p$에서 불연속인 실수 p의 개수가 1이 되도록 하는 모든 실수 a의 개수는 3이다.

ㄷ. 함수 $g(x)$가 실수 전체의 집합에서 연속이 되도록 하는 모든 순서쌍 (k, a)의 개수는 2이다.

① ㄱ 　　　　② ㄴ

③ ㄷ 　　　　④ ㄱ, ㄴ

⑤ ㄱ, ㄷ

15 0이 아닌 실수 전체의 집합에서 정의된 함수

$$f(x) = \begin{cases} \log_4(-x) & (x < 0) \\ 2 - \log_2 x & (x > 0) \end{cases}$$

이 있다. 직선 $y = a$와 곡선 $y = f(x)$가 만나는 두 점 A, B의 x좌표를 각각 x_1, $x_2 (x_1 < x_2)$라 하고, 직선 $y = b$와 곡선 $y = f(x)$가 만나는 두 점 C, D의 x좌표를 각각 x_3, $x_4 (x_3 < x_4)$라 하자. $\left| \dfrac{x_2}{x_1} \right| = \dfrac{1}{2}$이고 두 직선 AC와 BD가 서로 평행할 때, $\left| \dfrac{x_4}{x_3} \right|$의 값은?

(단, a, b는 $a \ne b$인 상수이다.) [4점]

① $3 + 3\sqrt{3}$ 　　　　② $5 + 2\sqrt{3}$

③ $4 + 3\sqrt{3}$ 　　　　④ $6 + 2\sqrt{3}$

⑤ $5 + 3\sqrt{3}$

16 $a^4 - 8a^2 + 1 = 0$일 때, $a^4 + a^{-4}$의 값을 구하시오. [3점]

17 다항함수 $f(x)$에 대하여 함수 $g(x)$를

$$g(x) = (x^3 - 2x)f(x)$$

라 하자. $f(2) = -3$, $f'(2) = 4$일 때, 곡선 $y = g(x)$ 위의 점 $(2, g(2))$에서의 접선의 y절편을 구하시오. [3점]

18 수열 $\{a_n\}$에 대하여

$$\sum_{k=1}^{7}(a_k + k) = 50, \quad \sum_{k=1}^{7}(a_k + 2)^2 = 300$$

일 때, $\sum_{k=1}^{7}a_k{}^2$의 값을 구하시오. [3점]

19 x에 대한 방정식

$$x^3 - \frac{3n}{2}x^2 + 7 = 0$$

의 1보다 큰 서로 다른 실근의 개수가 2가 되도록 하는 모든 자연수 n의 값의 합을 구하시오. [3점]

20 수 직선 위를 움직이는 점 P의 시각 $t(t > 0)$에서의 가속도 $a(t)$가

$$a(t) = 3t^2 - 8t + 3$$

이다. 점 P가 시각 $t = 1$과 시각 $t = a(a > 1)$에서 운동 방향을 바꿀 때, 시각 $t = 1$에서 $t = a$까지 점 P가 움직인 거리는 $\dfrac{q}{p}$이다. $p + q$의 값을 구하시오. (단, p와 q는 서로소인 자연수이다.) [4점]

21 두 양수 a, b에 대하여 두 함수

$y = 3a\tan bx$, $y = 2a\cos bx$

의 그래프가 만나는 점 중에서 x좌표가 0보다 크고 $\dfrac{5\pi}{2b}$보다 작은 세 점을 x좌표가 작은 점부터 x좌표의 크기순으로 A_1, A_2, A_3이라 하자. 선분 A_1A_3을 지름으로 하는 원이 점 A_2를 지나고 이 원의 넓이가 π일 때,

$\left(\dfrac{a}{b}\pi\right)^2 = \dfrac{q}{p}$이다. $p+q$의 값을 구하시오.

(단, p와 q는 서로소인 자연수이다.) [4점]

22 최고차항의 계수가 1인 이차함수 $f(x)$에 대하여 함수

$g(x) = x|f(x)|$

가 다음 조건을 만족시킨다.

> (가) 극한
>
> $$\lim_{h \to 0+}\left\{\frac{g(t+h)}{h} \times \frac{g(t-h)}{h}\right\}$$
>
> 가 양의 실수로 수렴하는 실수 t의 개수는 1이다.
>
> (나) x에 대한 방정식 $\{g(x)\}^2 + 4g(x) = 0$의 서로 다른 실근의 개수는 4이다.

$g(3)$의 값을 구하시오. [4점]

확률과 통계(23~30)

23 이산확률변수 X의 확률분포를 표로 나타내면 다음과 같다.

X	2	4	6	합계
$P(X=x)$	a	a	b	1

$E(X) = 5$일 때, $b-a$의 값은? [2점]

① $\dfrac{1}{3}$ ② $\dfrac{5}{12}$

③ $\dfrac{1}{2}$ ④ $\dfrac{7}{12}$

⑤ $\dfrac{2}{3}$

24 한 개의 주사위와 한 개의 동전이 있다. 이 주사위를 한 번 던져 나온 눈의 수만큼 반복하여 이 동전을 던질 때, 동전의 앞면이 나오는 횟수가 5일 확률은? [3점]

① $\dfrac{1}{48}$ ② $\dfrac{1}{24}$

③ $\dfrac{1}{16}$ ④ $\dfrac{1}{12}$

⑤ $\dfrac{5}{48}$

25 다항식 $(ax+1)^7$의 전개식에서 x^5의 계수와 x^3의 계수가 서로 같을 때, x^2의 계수는? (단, a는 0이 아닌 상수이다.) [3점]

① 28   ② 35

③ 42   ④ 49

⑤ 56

27 7개의 문자 a, b, c, d, e, f, g를 모두 한 번씩 사용하여 왼쪽에서 오른쪽으로 임의로 일렬로 나열할 때, 다음 조건을 만족시킬 확률은? [3점]

> (가) a와 b는 이웃하고, a와 c는 이웃하지 않는다.
> (나) c는 a보다 왼쪽에 있다.

① $\dfrac{1}{42}$ ② $\dfrac{1}{21}$

③ $\dfrac{1}{14}$ ④ $\dfrac{2}{21}$

⑤ $\dfrac{5}{42}$

26 육군사관학교 모자 3개, 해군사관학교 모자 2개, 공군사관학교 모자 3개가 있다. 이 8개의 모자를 모두 일렬로 나열할 때, 양 끝에는 서로 다른 사관학교의 모자가 놓이도록 나열하는 경우의 수는? (단, 같은 사관학교의 모자끼리는 서로 구별하지 않는다.) [3점]

① 360   ② 380

③ 400   ④ 420

⑤ 440

28 숫자 1, 2, 3, 4, 5, 6, 7, 8이 하나씩 적혀 있는 8장의 카드가 있다. 이 8장의 카드를 일정한 간격을 두고 원형으로 배열할 때, 한 장의 카드와 이 카드로부터 시계 방향으로 네 번째 위치에 놓여 있는 카드는 서로 마주 보는 위치에 있다고 하자. 서로 마주 보는 위치에 있는 카드는 4쌍이 있다. 예를 들어, 그림에서 숫자 1, 5가 적혀 있는 두 장의 카드는 서로 마주 보는 위치에 있고, 숫자 1, 4가 적혀 있는 두 장의 카드는 서로 마주 보는 위치에 있지 않다.

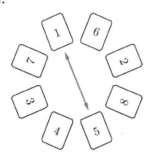

이 8장의 카드를 일정한 간격을 두고 원형으로 임의로 배열하는 시행을 한다. 이 시행에서 서로 마주 보는 위치에 있는 두 장의 카드에 적혀 있는 두 수의 차가 모두 같을 때, 숫자 1이 적혀 있는 카드와 숫자 2가 적혀 있는 카드가 서로 이웃할 확률은? (단, 회전하여 일치하는 것은 같은 것으로 본다.) [4점]

① $\dfrac{1}{18}$ 　　　② $\dfrac{1}{9}$

③ $\dfrac{1}{6}$ 　　　④ $\dfrac{2}{9}$

⑤ $\dfrac{5}{18}$

29 어느 공장에서 생산하는 과자 1개의 무게는 평균이 $150g$, 표준편차가 $9g$인 정규분포를 따른다고 한다. 이 공장에서 생산하는 과자 중에서 임의로 n개를 택해 하나의 세트 상품을 만들 때, 세트 상품 1개에 속한 n개의 과자의 무게의 평균이 $145g$ 이하인 경우 그 세트 상품은 불량품으로 처리한다. 이 공장에서 생산하는 세트 상품 중에서 임의로 택한 세트 상품 1개가 불량품일 확률이 0.07 이하가 되도록 하는 자연수 n의 최솟값을 구하시오. (단, Z가 표준정규분포를 따르는 확률변수일 때, $P(0 \leq Z \leq 1.5) = 0.43$으로 계산한다.) [4점]

30 네 명의 학생 A, B, C, D에게 같은 종류의 연필 5자루와 같은 종류의 공책 5권을 다음 규칙에 따라 남김없이 나누어 주는 경우의 수를 구하시오. (단, 연필을 받지 못하는 학생이 있을 수 있고, 공책을 받지 못하는 학생이 있을 수 있다.) [4점]

(가) 학생 A가 받는 연필의 개수는 4 이상이다.
(나) 공책보다 연필을 더 많이 받는 학생은 1명뿐이다.

미적분(23~30)

23 수열 $\{a_n\}$의 첫째항부터 제n항까지의 합을 S_n이라 하자. $S_n = 4^{n+1} - 3n$일 때,

$\displaystyle\lim_{n\to\infty}\frac{a_n}{4^{n-1}}$의 값은? [2점]

① 4   ② 6

③ 8   ④ 10

⑤ 12

24 함수 $f(x) = \dfrac{x+1}{x^2}$에 대하여

$\displaystyle\lim_{n\to\infty}\frac{1}{n}\sum_{k=1}^{n}f\left(\frac{n+k}{n}\right)$의 값은? [3점]

① $\dfrac{1}{2} + \dfrac{1}{2}\ln 2$ ② $\dfrac{1}{2} + \ln 2$

③ $1 + \dfrac{1}{2}\ln 2$ ④ $1 + \ln 2$

⑤ $\dfrac{3}{2} + \dfrac{1}{2}\ln 2$

25 곡선 $\pi\cos y + y\sin x = 3x$가 x축과 만나는 점을 A라 할 때, 곡선 위의 점 A에서의 접선의 기울기는? [3점]

① 2   ② $2\sqrt{2}$

③ $2\sqrt{3}$ ④ 4

⑤ $2\sqrt{5}$

26 그림과 같이 중심이 O, 반지름의 길이가 1이고 중심각의 크기가 $\dfrac{\pi}{2}$인 부채꼴 OA_1B_1이 있다. 호 A_1B_1의 삼등분점 중 점 A_1에 가까운 점을 C_1, 점 B_1에 가까운 점을 D_1이라 하고, 사각형 $A_1C_1D_1B_1$에 색칠하여 얻은 그림을 R_1이라 하자.

그림 R_1에서 중심이 O이고 선분 A_1B_1에 접하는 원이 선분 OA_1과 만나는 점을 A_2, 선분 OB_1과 만나는 점을 B_2라 하고, 중심이 O, 반지름의 길이가 $\overline{OA_2}$, 중심각의 크기가 $\dfrac{\pi}{2}$인 부채꼴 OA_2B_2를 그린다. 그림 R_1을 얻은 것과 같은 방법으로 두 점 C_2, D_2를 잡고, 사각형 $A_2C_2D_2B_2$에 색칠하여 얻은 그림을 R_2라 하자.

이와 같은 과정을 계속하여 n번째 얻은 그림 R_n에 색칠되어 있는 부분의 넓이를 S_n이라 할 때, $\displaystyle\lim_{n\to\infty}S_n$의 값은? [3점]

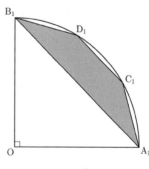

R_1

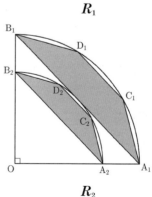

R_2

① $\dfrac{1}{2}$ ② $\dfrac{13}{24}$

③ $\dfrac{7}{12}$ ④ $\dfrac{5}{8}$

⑤ $\dfrac{2}{3}$

28 양의 실수 t와 상수 $k\,(k>0)$에 대하여 곡선 $y=(ax+b)e^{x-k}$이 직선 $y=tx$와 점 (t, t^2)에서 접하도록 하는 두 실수 a, b의 값을 각각 $f(t)$, $g(t)$라 하자. $f(k)=-6$일 때, $g'(k)$의 값은? [4점]

① -2 ② -1

③ 0 ④ 1

⑤ 2

27 그림과 같이 곡선

$$y=(1+\cos x)\sqrt{\sin x}\left(\dfrac{\pi}{3}\leq x\leq\dfrac{\pi}{2}\right)$$와

x축 및 두 직선 $x=\dfrac{\pi}{3}$, $x=\dfrac{\pi}{2}$로 둘러싸인 부분을 밑변으로 하는 입체도형이 있다. 이 입체도형을 x축에 수직인 평면으로 자른 단면이 정사각형일 때, 이 입체도형의 부피는?

[3점]

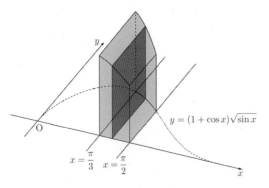

① $\dfrac{5}{12}$ ② $\dfrac{13}{24}$

③ $\dfrac{2}{3}$ ④ $\dfrac{19}{24}$

⑤ $\dfrac{11}{12}$

29 $0<t<\dfrac{\pi}{6}$인 실수 t에 대하여 곡선 $y=\sin2x$ 위의 점 $(t,\ \sin2t)$를 P라 하자. 원점 O를 중심으로 하고 점 P를 지나는 원이 곡선 $y=\sin2x$와 만나는 점 중 P가 아닌 점을 Q라 하고, 이 원이 x축과 만나는 점 중 x좌표가 양수인 점을 R라 하자.

곡선 $y=\sin2x$와 두 선분 PR, QR로 둘러싸인 부분의 넓이를 $S(t)$라 할 때, $\displaystyle\lim_{t\to0+}\dfrac{S(t)}{t^2}=k$이다. k^2의 값을 구하시오.

[4점]

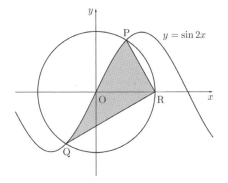

30 양의 실수 전체의 집합에서 정의된 함수 $f(x)$가 다음 조건을 만족시킨다.

> (가) 모든 양의 실수 x에 대하여
> $$f'(x)=\dfrac{\ln x+k}{x}\text{이다.}$$
> (나) 곡선 $y=f(x)$는 x축과
> 두 점 $\left(\dfrac{1}{e^2},\ 0\right)$, $(1,\ 0)$에서 만난다.

$t>-\dfrac{1}{2}$인 실수 t에 대하여 직선 $y=t$가 곡선 $y=f(x)$와 만나는 두 점의 x좌표 중 작은 값을 $g(t)$라 하자. 곡선 $y=g(x)$와 x축, y축 및 직선 $x=\dfrac{3}{2}$으로 둘러싸인 부분의 넓이는 $\dfrac{ae+b}{e^3}$이다. a^2+b^2의 값을 구하시오. (단, k는 상수이고, a, b는 유리수이다.)[4점]

23 좌표공간의 두 점 $A(4, 2, 3)$, $B(-2, 3, 1)$과 x축 위의 점 P에 대하여 $\overline{AP} = \overline{BP}$일 때, 점 P의 x좌표는? [2점]

① $\dfrac{1}{2}$ 　　② $\dfrac{3}{4}$

③ 1 　　④ $\dfrac{5}{4}$

⑤ $\dfrac{3}{2}$

24 두 쌍곡선

$$x^2 - 9y^2 - 2x - 18y - 9 = 0,$$
$$x^2 - 9y^2 - 2x - 18y - 7 = 0$$

중 어느 것과도 만나지 않는 직선의 개수는 2이다. 이 두 직선의 방정식을 각각 $y = ax + b$, $y = cx + d$라 할 때, $ac + bd$의 값은? (단, a, b, c, d는 상수이다.) [3점]

① $\dfrac{1}{3}$ 　　② $\dfrac{4}{9}$

③ $\dfrac{5}{9}$ 　　④ $\dfrac{2}{3}$

⑤ $\dfrac{7}{9}$

25 좌표평면의 점 $A(0, 2)$와 원점 O에 대하여 제1사분면의 점 B를 삼각형 AOB가 정삼각형이 되도록 잡는다. 점 $C(-\sqrt{3}, 0)$에 대하여 $|\overrightarrow{OA} + \overrightarrow{BC}|$의 값은? [3점]

① $\sqrt{13}$ 　　② $\sqrt{14}$

③ $\sqrt{15}$ 　　④ 4

⑤ $\sqrt{17}$

26 그림과 같이 $\overline{AB} = 1$, $\overline{AD} = 2$, $\overline{AE} = 3$인 직육면체 $ABCD-EFGH$가 있다. 선분 CG를 2:1로 내분하는 점 I에 대하여 평면 BID와 EFGH가 이루는 예각의 크기를 θ라 할 때, $\cos\theta$의 값은? [3점]

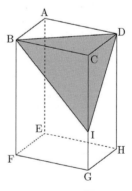

① $\dfrac{\sqrt{5}}{5}$ 　　② $\dfrac{\sqrt{6}}{6}$

③ $\dfrac{\sqrt{7}}{7}$ 　　④ $\dfrac{\sqrt{2}}{4}$

⑤ $\dfrac{1}{3}$

27 두 점 $F(2, 0)$, $F'(-2, 0)$을 초점으로 하고 장축의 길이가 12인 타원과 점 F를 초점으로 하고 직선 $x=-2$를 준선으로 하는 포물선이 제1사분면에서 만나는 점을 A라 하자. 타원 위의 점 P에 대하여 삼각형 APF의 넓이의 최댓값은? (단, 점 P는 직선 AF 위의 점이 아니다.) [3점]

① $\sqrt{6}+3\sqrt{14}$ ② $2\sqrt{6}+3\sqrt{14}$

③ $2\sqrt{6}+4\sqrt{14}$ ④ $2\sqrt{6}+5\sqrt{14}$

⑤ $3\sqrt{6}+5\sqrt{14}$

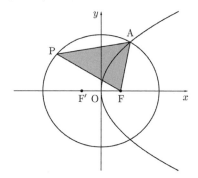

28 삼각형 ABC의 세 꼭짓점 A, B, C가 다음 조건을 만족시킨다.

> (가) $\overrightarrow{AB} \cdot \overrightarrow{AC} = \dfrac{1}{3}|\overrightarrow{AB}|^2$
>
> (나) $\overrightarrow{AB} \cdot \overrightarrow{CB} = \dfrac{2}{5}|\overrightarrow{AC}|^2$

점 B를 지나고 직선 AB에 수직인 직선과 직선 AC가 만나는 점을 D라 하자. $|\overrightarrow{BD}| = \sqrt{42}$일 때, 삼각형 ABC의 넓이는? [4점]

① $\dfrac{\sqrt{14}}{6}$ ② $\dfrac{\sqrt{14}}{5}$

③ $\dfrac{\sqrt{14}}{4}$ ④ $\dfrac{\sqrt{14}}{3}$

⑤ $\dfrac{\sqrt{14}}{2}$

29 초점이 F인 포물선 $y^2=4px(p>0)$이 점 $(-p, 0)$을 지나는 직선과 두 점 A, B에서 만나고 $\overline{FA}:\overline{FB}=1:3$이다. 점 B에서 x축에 내린 수선의 발을 H라 할 때, 삼각형 BFH의 넓이는 $46\sqrt{3}$이다. p^2의 값을 구하시오. [4점]

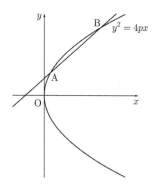

30 좌표공간에 두 개의 구

$C_1 : (x-3)^2+(y-4)^2+(z-1)^2=1$,

$C_2 : (x-3)^2+(y-8)^2+(z-5)^2=4$

가 있다. 구 C_1 위의 점 P와 구 C_2 위의 점 Q, zx 평면 위의 점 R, yz 평면 위의 점 S에 대하여 $\overline{PR}+\overline{RS}+\overline{SQ}$의 값이 최소가 되도록 하는 네 점 P, Q, R, S를 각각 P_1, Q_1, R_1, S_1이라 하자. 선분 R_1S_1 위의 점 X에 대하여 $\overline{P_1R_1}+\overline{R_1X}=\overline{XS_1}+\overline{S_1Q_1}$일 때, 점 X의 x좌표는 $\dfrac{q}{p}$이다.

$p+q$의 값을 구하시오. (단, p와 q는 서로소인 자연수이다.) [4점]

A discovery is said to be an accident meeting a prepared mind.
발견은 준비된 사람이 맞딱뜨린 우연이다.

– 알버트 센트 디외르디(Albert Szent–Gyorgyi)

2026
사관학교

7개년 국어·영어·수학

제1교시 국어영역(공통)

▶정답 및 해설 544p

[01~03] 다음 글을 읽고 물음에 답하시오.

　"독자 반응 비평 이론가인 야우스(H. R. Jauß)는 기대지평이라는 개념을 제시하여 독자가 문학 작품과 상호 작용하는 과정을 설명하였다. 기대지평은 특정한 시간과 공간에서 독자가 문학 작품에 대해 갖게 되는 해석과 평가의 준거로, 독자의 경험, 지식, 습관 및 사회의 통념, 관습, 전통, 제도 등이 복합적으로 작용하여 구성된다. 기대지평은 독자에 따라 다르고 한번 형성된 기대지평 역시 이 요소들의 변화에 따라 달라지므로, 어떤 작품의 의미나 가치에 대한 판단은 최종적인 것일 수 없다. 하나의 기대지평은 그것을 적용하는 시점에 작품을 평가하고 해석하는 데 유용한 기준이 될 뿐이다. 또한 기대지평은 집단적 차원에서도 형성되어 개인의 기대지평과 서로 영향을 주고받으며 기대지평의 창출과 변화에 기여한다.

　문학 작품의 수용은 독자의 기대지평과 작품의 기대지평 간의 상호 작용을 통해 이루어진다. 독자의 기대지평이 독자가 작품에 대해 적용하는 준거라면, 작품의 기대지평은 이 작품의 수용을 위해 독자가 가져야 할 것으로 기대되는 준거라 할 수 있다. 작품의 기대지평과 독자의 기대지평 간에 거리가 존재하는 경우 독자는 이를 인식하고 작품에 대한 부정, 거부감, 혼란, 낯섦 등을 느낄 수 있는데, 이를 작품 수용의 과정에서 나타나는 미적 긴장이라 한다. 부정이나 거부감을 중심으로 미적 긴장을 경험하는 독자가 새로이 형성한 기대지평은 기존의 것과 큰 차이가 없다. 반면 미적 긴장에도 불구하고 방법을 탐색하며 적극적으로 이해를 시도하는 독자는 기존의 기대지평을 현저히 변화시켜 작품의 기대지평에 부응하고자 노력한다. 이 과정을 거쳐 작품을 능동적으로 수용한 독자에게 일어난 기대지평의 변화를 지평전환이라 한다.

　독자 반응 비평에서는 전통적인 문학 비평이 작가의 의도, 시대적 배경, 윤리적 준거 등이 작품에 끼치는 영향에 치중하거나 작품 자체의 자율성을 존중하여 작품의 언어적 특성과 문학적 기법에만 집중했다고 지적하면서, 그간 간과되어 왔던 독자의 중요성에 주목하였다. 이러한 의미에서 독자 반응 비평은 독자의 역할을 재정립하고 독자와 작품 사이의 상호 작용을 탐구함으로써 문학 작품의 생산자는 작가이지만 문학 작품을 예술적으로 완성하는 것은 독자임을 분명히 하였다는 평가를 받는다.

01 윗글에 대한 설명으로 가장 적절한 것은? [3점]

① 인접 분야의 개념을 활용하여 독자 반응 비평을 설명하고 있다.

② 다양한 사례를 통해 독자 반응 비평의 실효성을 강조하고 있다.

③ 독자 반응 비평의 변화 과정을 분석하며 그 복합적 성격을 보여주고 있다.

④ 주요 개념을 중심으로 독자 반응 비평을 설명하고 그 의의를 제시하고 있다.

⑤ 독자 반응 비평에 대한 비판적 입장을 부연하여 종합적 결론을 도출하고 있다.

02 윗글을 통해 알 수 있는 문학 비평의 임무로 가장 적절한 것은? [3점]

① 작품과 독자 사이에 일어나는 상호 작용을 검토하는 것이다.

② 작품의 언어적 특성을 연구하여 예술적 가치를 밝히는 것이다.

③ 시공간을 초월하는 작품의 보편성을 독자에게 전달하는 것이다.

④ 독자가 작가의 의도를 중심으로 작품을 파악하는 데 기여하는 것이다.

⑤ 작품이 창작된 시대 배경을 조사하여 작품에 역사적 의미를 부여하는 것이다.

03 윗글을 바탕으로 〈보기〉를 이해한 내용으로 적절하지 <u>않은</u> 것은? [4점]

〈보기〉

1970년대 발표된 소설 A는 2인칭 주어로 서술되는 문장의 나열과 같은 형식적 파격과 함께 도덕적 일탈을 옹호하는 주인공을 다루어 당대 독자층의 비난을 불러일으켰으며, 이는 A에 대한 조직적인 불매 운동으로 이어졌다. 당시 문학을 전공하고 있던 독자 B는 A를 처음 읽고 혼란을 느꼈지만, 이에 좌절하지 않고 A를 반복적으로 읽으면서 작품의 의미를 찾아 이에 공감하게 되었다. 오랜 시간이 지난 후 '21세기를 맞이하는 문학의 의무'라는 강연회에서 독자 B는 A의 작가가 '소설 A를 통해 시대에 저항한 선구자'로 소개되어 열화와 같은 호응을 얻는 장면을 목격하였다.

① A가 도덕적 일탈을 옹호하는 주인공을 내세워 비난을 받은 것은, 사회의 관습이나 통념이 기대지평의 형성에 영향을 미친다는 것을 드러내는군.

② A를 반복적으로 읽으면서 B가 새로운 의미를 탐색한다는 것은, 기대지평이 과거에 읽었던 동일한 작품을 다시 읽는 과정에서 새로이 형성될 수 있음을 보여주는군.

③ A가 발표되자 조직적인 거부의 움직임을 드러낸 독자층의 모습은, 미적 긴장 상태에 대한 경험의 부재가 작품에 대한 무조건적인 부정으로 이어질 수 있음을 보여주는군.

④ A가 발표 당시 독자층에게 비난받았던 것과 달리 오랜 시간이 지난 후 큰 호응을 받는 것은, 기대지평의 형성과 변화가 집단적 차원에서 이루어질 수 있다는 것을 보여주는군.

⑤ A가 발표 시점으로부터 오랜 시간이 지난 후 시대에 저항한 작가의 작품으로 소개된 것은, 발표 당시 독자의 기대지평이 전환을 거쳐 작품의 기대지평에 부응하게 된 결과라 할 수 있군.

[04~07] 다음 글을 읽고 물음에 답하시오.

근대화를 전후로 나타난 유럽의 인구 현상 중 하나는 고출생률과 고사망률에서 저출생률과 저사망률로의 변화였다. 이 과정을 인구 변천이라고 하며, 인구 변천의 결과 유럽은 출생률과 사망률의 변화를 보이며 인구가 증가하다가 안정적인 상태에 이르게 되었다. 이러한 유럽의 인구 현상을 관찰한 결과를 기초로 하여 인구 변화를 설명한 모델을 ⊙ 인구 변천 모델이라고 한다.

인구 변천 모델의 기본적 전제는 근대화와 출생률의 감소에는 인과적 관계가 있다는 것이다. 인구 변천 모델에서는 근대화 과정에서 인구 성장률이 자발적인 수정 과정을 거치다가 저출생률과 저사망률의 상태에 이르고 안정적인 균형을 유지한다고 보았다. 인구 변천 모델은 이 과정을 네 단계로 나누어 설명하는데 첫 번째 단계는 고위 정지 단계로 주로 근대화 이전의 시기에 해당하는 국가들에서 나타나며, 고출생률과 고사망률을 나타내어 안정성을 보이고 인구 증가가 거의 없다. 두 번째 단계는 초기 확장 단계로 사망률은 급격히 낮아지는 반면 출생률은 그대로 높은 수준을 유지하고 있어서 인구가 급증하는 인구 폭발 현상이 나타난다. 이 단계에서 사망률이 급격히 낮아지는 이유는 영양 개선, 공중 위생·보건 시설의 보급 및 의학의 발달 등이다. 세 번째 단계는 후기 확장 단계로 출생률의 감소 속도가 사망률의 감소 속도보다 훨씬 빠르게 나타나서 인구의 증가 속도가 상당히 둔화되는 단계이다. 이 단계에서 출생률이 감소하는 이유는 여성의 사회·경제적 지위 향상으로 인한 결혼 연령 상승이나 자녀에 대한 가치관의 변화 및 가족계획 등이다. 네 번째 단계는 저위 정지 단계로 저출생률과 저사망률 상태에 들어서며 인구 변화가 거의 없는 안정적인 상태를 유지한다.

인구 변천 모델 이후 타바라(Tabbarah)는 새로운 관점에서 근대화와 출생률 감소의 관계를 파악하려고 하였다. 그는 부부가 원하는 이상적인 가구 규모에 기반하여 출생률 감소가 왜 나타나는지, 어느 시점에서 출생률 감소가 나타나는지를 설명하고자 하였다. 이를 위해 타바라는 '부부가 이상적으로 원하는 자녀의 수(C_d)'와 '부부의 부양 능력에 맞는 최대 자녀의 수(C_m)'라는 변수를 제시하였다. C_d는 인터뷰를 통해 수집한 수치이며, 이를 생잔율*로 나누면 '부부가 이상적으로 원하는 자녀 수를 갖추기 위해 실제 출산해야 하는 자녀의 수(B_d)'를 알 수 있다. 또한 C_m은 통계 자료에서 추출한 '부부의 부양 능력에 맞는 최대 자녀 수를 갖추기 위해 실제 출산해야 하는 자녀의 수(B_m)'에 생잔율을 곱해 산출할 수 있다. 타바라는 이러한 변수들의 관계를 통해 세계 각 지역의 인구 자료를 분석한 결과를 토대로 ⓛ 인구 발전 모델을 제시하였다.

인구 발전 모델은 네 단계로 이루어져 있다. 첫 번째 단계는 C_m이 C_d보다 훨씬 적게 나타나는 단계이다. 이 단계에서는 출산율*도 낮고 자녀들의 생잔율도 낮기 때문에 C_m도 낮게 나타난다. 그러나 어려운 사회·경제적 상황 속에서도 C_d는 높게 생각하는 경향을 보인다. 두 번째 단계는 C_m과 C_d가 거의 비슷해지는 단계이다. 이 단계에서 부부는 원하는 이상적인 수만큼의 자녀를 가질 수 있다. 이런 상황이 나타나는 이유는 출산율과 생잔율이 증가하여 C_m은 상승하는 반면에, 부부가 이상적으로 원하는 자녀의 수는 적어져서 C_d가 하강하기 때문이다. 세 번째 단계는 C_m이 C_d를 약간 능가하게 되며, 네 번째 단계에 이르러서는 C_m이 C_d를 훨씬 능가하게 된다. 부부들은 부양 능력에 맞는 최대의 수만큼 자녀를 갖는 것이 아니라 그들이 원하는 이상적인 수만큼만 자녀를 갖게 된다는 것이다.

[A] 〈그림〉은 인구 발전 모델에서 시간의 경과나 경제 발전에 따라 실제로 원하는 자녀 수와 최대로 출산할 수 있는 자녀 수의 변화 추세를 나타낸 것이다. 인구 발전의 첫 번째 단계인 시점인 t_1에서 부부가 이상적으로 원하는 자녀의 수는 C_{d1}이다. C_{d1}을 갖기 위해서는 B_{d1}만큼의 자녀를 출산해야 하는데 그 이유는 B_{d1}에서 C_{d1}을 뺀 만큼의 사망자가 발생하기 때문이다. 그러나 이러한 이상적으로 원하는 자녀 수를 실제로 가질 수 없는데 그 까닭은 부양 능력을 고려했을 때의 출산 수준이 B_{m1}에 머물러 있기 때문이며, 사망자 수 때문에 실제로 갖게 되는 자녀 수는 C_{m1}로 나타난다. 그러나 B_d가 B_m보다 클 경우 출산력*이 증가하여 출산 곡선은 B_m 곡선의 방향을 따르게 된다.

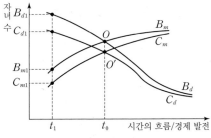

인구 발전의 두 번째 단계인 시점 t_0에서는

B_m이 증가하게 되어 결국은 B_d와 일치하게 된다. 부부가 실제로 출산한 자녀의 수가 그들이 이상적으로 원하는 자녀의 수만큼이 되는 것이다. 일반적으로 t_0 이후인 세 번째, 네 번째 단계부터는 이상적으로 원하는 자녀의 수만큼만 출산하게 되어 출산 곡선은 B_d 곡선의 방향을 따른다. 따라서 t_0 이후에는 가족 계획이나 피임법 등에 대한 지식을 갖고 있는 부부들의 출산 곡선은 B_m-O-B_d의 곡선을 따르게 된다는 것이다. 이와 같은 타바라의 모델은 시간의 경과에 따른 출산 양상의 변화를 이해하는 데 도움을 주며, 특히 이상적으로 원하는 자녀의 수에 주목했다는 점에서 의의가 있다.

* 생잔율: 한 연령층의 인구 집단이 어떤 특정 기간이 지난 후까지 살아남게 되는 확률.
* 출산율: 특정 기간의 출생자 수를 해당 기간 가임 연령의 여성 인구로 나눈 비율.
* 출산력: 한 인구 집단의 실제적인 출산의 빈도.

04 윗글을 읽고 알 수 있는 내용으로 적절하지 않은 것은? [3점]

① 인구 변천 모델에 반영된 이론적 배경
② 인구 변천 모델을 설명하기 위한 기본적 전제
③ 인구 발전 모델에 활용된 변수들을 산출하는 방법
④ 인구 발전 모델을 통해 파악할 수 있는 인구 현상과 의의
⑤ 인구 변천 모델의 각 단계에서 나타나는 출생률과 사망률의 변화 추세

05 ㉠과 ㉡에 대한 이해한 내용으로 적절하지 않은 것은? [3점]

① ㉠은 출생률과 근대화 사이에 인과적 관계가 있다고 전제하였다.
② ㉠은 근대화 과정에서 인구 성장률이 자발적인 수정 과정을 겪는다고 하였다.
③ ㉠은 후기 확장 단계에서 사망률의 감소로 인구 폭발 현상이 나타난다고 하였다.
④ ㉡은 부부가 원하는 출산 수준이 부양 능력을 고려했을 때의 출산 수준에 부합하지 않을 수 있다고 하였다.
⑤ ㉡은 부부가 원하는 이상적인 가구 규모에 기반하여 출생률 감소의 원인과 발생 시점을 설명할 수 있다고 하였다.

06 [A]의 〈그림〉을 이해한 내용으로 적절하지 않은 것은? [4점]

① B_{m1}에서 C_{m1}을 뺀 숫자는 t_1 시점에서의 생잔율이 반영된 것이겠군.
② t_1에서 t_0으로 진행되는 동안 출산력은 B_d와 B_m 값의 차이에 비례하겠군.
③ 부부의 출산 수준에 따른 실제 출산 곡선은 C_m-O'-C_d의 형태로 나타나는군.
④ t_1에서 t_0으로 진행되는 동안 부부가 이상적으로 원하는 자녀의 수는 점점 줄어드는군.
⑤ B_d와 C_m이 만난 지점 이후로는 부부가 부양 능력을 고려하지 않아도 원하는 수만큼의 자녀를 가질 수 있겠군.

07 윗글을 바탕으로 볼 때 〈보기〉의 '제2차 인구 변천 이론'이 등장한 이유로 가장 적절한 것은? [4점]

〈보기〉

20세기 후반 이후 결혼 연령 상승, 결혼과 출산 간의 단절, 비혼주의나 결혼 제도의 파괴 등으로 인해 급격하게 출산력이 감소하였다. 기존의 인구 이론으로는 이러한 인구 현상을 설명할 수 없기 때문에 제2차 인구 변천 이론이 등장하였다. 이 이론은 출산력의 감소가 인구 안정 상태를 깨뜨린다고 설명하였다.

① 인구 변천 모델은 결혼 연령의 변화가 출산력에 미칠 영향을 고려하지 못하였기 때문에

② 인구 변천 모델은 출생률과 사망률의 감소가 인구 안정 상태를 깨뜨린다고 판단했기 때문에

③ 인구 변천 모델은 인구 변화가 정체된 상태 이후에 나타난 출산력 감소를 설명할 수 없기 때문에

④ 인구 발전 모델은 비혼주의나 결혼 제도의 파괴를 출산력 감소의 요인으로 판단했기 때문에

⑤ 인구 발전 모델은 이상적인 가족 규모와 실제의 가족 규모 간의 차이로 인해 출산력의 변화를 판단할 수 없기 때문에

[08~11] 다음 글을 읽고 물음에 답하시오.

분자는 원자의 결합체 중 독립 입자로서 작용하는 단위체로, 화학적 결합의 하나인 공유 결합을 통해 형성된다. 원자나 원자단 간에 작용하여 이들의 집합체를 하나의 뚜렷한 단위체로 간주할 수 있게 하는 화학적 결합에는 공유 결합 외에도 이온 결합과 금속 결합이 있다. 화학적 결합과 달리 기존의 물질이 유지된 채 물리적으로만 연결된 결합을 기계적 결합이라고 한다. 일반적으로 기계적 결합보다는 화학적 결합에 필요한 에너지가 더 크며 화학적 결합 중에서는 공유 결합에 필요한 에너지가 가장 크다. 결합을 해체하는데 필요한 에너지는 결합에 필요한 결합 에너지와 같으므로, 결합 에너지가 다시 가해지지 않는 한 분자는 다시 원자 단위로 분해되지 않고 물질의 화학적 성질을 유지하는 최소 단위로서의 독립성을 유지할 수 있다.

분자들이 모여 이루어진 분자 집합체 중 일부는 분자 간의 위치나 연결 방식의 특성으로 인해 발생하는 위상학적 상관관계를 이용한 기계적 결합을 통해 만들어진다. 이 기계적 결합을 끊기 위해서는 개별 분자의 공유 결합을 해체해야 한다. 따라서 ㉠ 이러한 분자 집합체는 분자 수준의 독립성을 지녔다고 볼 수 있다. 〈그림 1〉의 카테네인은 고리 모양의 분자 두 개가 사슬처럼 서로 수직으로 맞물려 결합된 분자 집합체로, 고리 간의 결합을 해체하기 위해서는 개별 고리를 끊어야 한다. 〈그림 1〉의 로탁세인은 양쪽 끝에 입체 장애가 있어 고리 모양의 분자가 빠져나갈 수 없게 한 형태의 분자 집합체이다.

카테네인   로탁세인

〈그림 1〉 카테네인과 로탁세인의 구조

이들 분자 집합체는 분자 기계의 구조적 기반을 이룬다. 분자 기계는 물리적 자극인 빛이나 열, 화학적 자극인 산이나 염기와 같은 외부 자극에 반응해 회전 운동이나 직선 운동과 같은 일정한 기계적 움직임을 구현할 수 있는 분자 집합체이다. 카테네인은 금속의 산화–환원에 따라 회전 운동을 하는 분자 기계로 작동하며, 로탁세인은 사각형 고리가 축의 특정한 자리에서 결합하면서 좌우로 직선 운동을 하는 분자 기계인 분자 셔틀의 기본 구조를 이룬다. Ⓐ 분자 셔틀의 축에는 고리와 상호 작용을 할 수 있는 결합 자리 I과 결합 자리 II가 있다. 전자가 부족한 양이온 상태의 고리는 전자가 풍부

한 결합 자리 I을 선호하므로, 평형 상태에서는 〈그림 2〉의 ⓐ와 같이 고리가 결합 자리 I에 있을 확률이 결합 자리 II에 있을 확률보다 더 높다. 외부에서 브뢴스테드-로우리 산을 넣어 결합 자리 I을 양성자화하면 결합 자리 I과 고리 사이에 정전기적 반발력이 생기면서, 고리와의 친화도가 산성 상태에서 더 큰 결합 자리 II로 결합 자리 I에 있던 고리가 이동하여 〈그림 2〉의 ⓑ와 같은 상태가 된다. 염기를 넣어 중화하면 고리는 다시 결합 자리 I로 되돌아간다. 분자 부품을 원위치로부터 0.7nm만큼 들어 올리는 데 성공한 분자 엘리베이터나, 근육의 수축과 이완 현상을 모사하는 인공 근육의 작동도 로탁세인을 이용한 것이다.

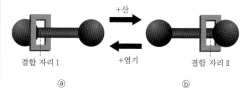

〈그림 2〉 분자 셔틀의 작동 원리

한 방향으로 회전하는 운동을 지속하는 Ⓑ 분자 모터도 분자 기계의 하나이다. 육각형의 탄소-탄소 이중결합 화합물이 과밀집된 방향족 구조인 작용기는 작은 모터날처럼 평평한 형태를 띠고 있으며, 작용기의 한쪽 끝에는 메틸기($-CH_3$)가 결합되어 있다. 분자 모터는 작용기에 메틸기가 결합한 분자 두 개로 구성되는데, 이들은 한 분자의 작용기가 다른 분자의 메틸기와 마주하면서 조금씩 겹치도록 배열되어 있다. 특정 자외선 파장에 노출되면 분자 하나가 180° 회전한다. 이렇게 되면 작용기와 메틸기의 배열 순서가 달라지면서 작용기에서 메틸기가 결합하지 않은 부분끼리 겹치게 되어 회전하던 분자의 진로에 장애가 발생한다. 적절한 열 에너지가 제공되면 작용기의 겹친 부분이 교차되어 이 장애가 해소된다. 이후 자외선에 의해 다시 분자가 180° 회전하면서 배열 순서는 원래대로 돌아오지만, 회전하던 분자의 작용기와 메틸기 모두 다른 분자의 메틸기, 작용기와 각각 겹쳐 회전 진로에 장애가 발생한다. 이는 열 에너지에 의해 다시 해소되면서 회전하던 분자는 결과적으로 한 바퀴를 돌게 된다. 일련의 과정이 반복되면서 연속적으로 같은 방향으로 회전하는 움직임이 구현된다.

08 윗글을 통해 알 수 있는 내용으로 적절하지 **않은** 것은? [3점]

① 카테네인에는 공유 결합과 기계적 결합이 존재한다.

② 분자 셔틀은 로탁세인의 구조를 기반으로 하여 좌우 직선 운동을 한다.

③ 카테네인과 로탁세인은 모두 물리적 자극을 받아 연속적 운동을 할 수 있다.

④ 분자 엘리베이터와 인공 근육의 작동은 분자의 위치 이동을 통해 가능해진다.

⑤ 카테네인과 로탁세인은 모두 위상학적 상관관계를 이용하여 결합을 유지한다.

09 ㉠의 이유를 추론한 것으로 가장 적절한 것은? [3점]

① 개별 분자 내의 기계적 결합의 세기가 매우 크기 때문이다.

② 개별 분자 내 결합이 위상학적 상관관계로 인한 것이기 때문이다.

③ 물리적 연결만으로는 개별 분자 간의 결합을 유도할 수 없기 때문이다.

④ 개별 분자들이 공유 결합을 제외한 화학적 결합을 통해 분자 집합체를 만들었기 때문이다.

⑤ 개별 분자 간의 결합을 끊는 데에는 공유 결합을 끊는 만큼의 에너지가 필요하기 때문이다.

10 〈보기〉는 ⓐ에 대한 추가 자료이다. 〈보기〉와 윗글을 관련지어 이해한 내용으로 적절하지 **않은** 것은? [4점]

〈보기〉

화학자 브뢴스테드와 로우리는 산은 양성 자인 수소 이온(H^+)을 주는 물질이며 염기는 양성자를 받는 물질이라고 정의한다. 이 정의 에서 산과 염기는 양성자가 이동한 결과에 의 해 결정된다. 한편 하나의 물질과, 그 물질에 서 양성자가 이동하고 난 후의 물질 간의 관 계를 '짝산–짝염기' 관계라고 한다.

① 〈그림 2〉의 ⓐ와 ⓑ는 서로 '짝산–짝염기' 관계에 있는 물질들이다.

② 결합 자리 Ⅰ이 양성자화된다는 것은 수소 이 온을 얻게 된다는 의미이다.

③ 〈그림 2〉에서 양성자를 받은 ⓑ는 염기를 넣으면 다시 ⓐ로 되돌아간다.

④ 고리와 결합 자리 Ⅰ 사이에 정전기적 반발력 이 생기면 양성자의 이동이 발생한다.

⑤ 양성자가 유입됨으로써 로탁세인의 고리 분 자가 결합 자리 Ⅰ에서 결합 자리 Ⅱ로 이동 한다.

11 〈보기〉는 ⓑ의 작동 원리를 그림으로 나타낸 것이다. 〈보기〉의 ㉮ ~ ㉢에 대한 설명으로 적절하지 **않은** 것은? [3점]

〈보기〉

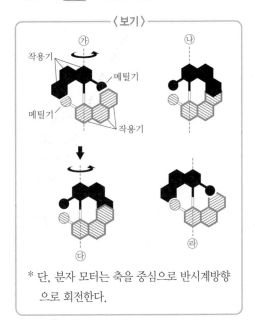

* 단, 분자 모터는 축을 중심으로 반시계방향 으로 회전한다.

① ㉮의 작용기가 180° 회전하면 메틸기는 메 틸기끼리, 작용기는 작용기끼리 마주하도 록 배열된다.

② ㉯로 바뀌어 발생한 장애는 자외선을 받음 으로써 해소된다.

③ ㉯와 ㉰ 사이에서 작용기가 교차하지 않는 다면 분자 기계는 한 방향으로 회전할 수 없다.

④ ㉮를 ㉯로 바뀌게 하는 자극과 ㉰를 ㉢로 바 뀌게 하는 자극은 같다.

⑤ ㉢가 다시 ㉮로 돌아오기 위해서는 적절한 열 에너지가 요구된다.

[12~15] 다음 글을 읽고 물음에 답하시오.

조선 왕릉의 석물은 왕릉을 장식하는 데 사용된 여러 가지 형상의 돌 조형물로 조선 왕조가 지속되는 동안 「국조오례의」*에 제시된 엄격한 예법에 따라 국가 차원에서 체계적으로 제작되었다. 석물은 건축물과 달리 여러 차례의 역사적 혼란 속에서도 현재까지 대부분 온전히 보존되어 있어 역사적 가치가 매우 높은 문화유산이다. 거대한 잔디 언덕에 있는 왕의 무덤인 봉분 주변에 집중적으로 배치된 석물은 수직과 수평의 형태를 띠어 봉분의 곡선과 조화를 ⓐ이룬다. 또한 크기에 따라 적절히 안배되어 설치 조각으로서 조형적 아름다움을 드러낸다.

조선 왕릉의 석물은 화강암으로 만들어졌다. 화강암은 풍화 작용에 의한 마멸에 매우 강해 거의 영구적으로 보존될 수 있는 내구성을 지녔지만, 조직이 단단하고 치밀하여 조각하기가 매우 ⓑ어렵다. 재료의 이러한 특성으로 인해 정교한 세부 묘사 없이 간결하며 단순한 덩어리로 표현된 조선 왕릉의 석물은 정제된 장엄미를 자아내며, 석물의 표면에 거칠게 남아 있는 정 자국은 투박하면서도 다부진 느낌을 준다. 이는 무르고 입자가 고운 대리석이나 사암을 재료로 하여 세밀하고 예리한 선을 ⓒ살린 조각에서는 볼 수 없는 조선 왕릉 석물만의 고유한 특징을 보여준다.

조선 왕릉의 석물은 병풍석, 난간석과 같은 보호물의 기능을 하는 석물, 혼유석, 망주석, 장명등과 같은 공예품 형상의 석물, 석인(石人), ㉠석수(石獸)와 같은 인간과 동물 형상의 석물로 구분된다. 조선 왕릉에서 봉분이 위치한 공간인 능침 공간은 세 구역으로 구분되며, 석물은 이들 구역에 나뉘어 배치되었다. 능침 공간의 가장 높은 단인 상계에 있는 봉분의 둘레에는 병풍석을 둘러서 봉분을 보호하고 장식했으며, 그 바깥으로 봉분의 울타리 역할을 하는 난간석이 놓였다. 난간석 바깥에는 양 모양의 석양(石羊)과 호랑이 형상의 석호(石虎)가 봉분을 둘러싸듯이 배치되어 능을 수호하는 의미를 드러내었다. 이들은 봉분을 등지고 머리를 밖으로 향하였는데, 이는 사악한 기운을 물리치는 벽사

(辟邪)의 상징적 의미가 있다. 온순한 양과 사나운 호랑이는 각각 음과 양의 기운을 지닌 것으로 간주되었으며, 따라서 석양과 석호는 좌우 대칭으로 각 두 쌍씩 번갈아 배치되어 음양의 조화를 꾀하였다. 봉분 앞에는 상(床)의 형태로 만들어진 혼유석이 놓여 있고, 그 좌우에는 촛대 모양의 망주석이 있다. 다음으로 능침 공간의 중계에는 등불 모양의 장명등이 배설되어 있으며, 공복을 입고 왕을 배알하는 문인 모습의 석물인 문석인 한 쌍이 각각의 이동 수단인 석마(石馬)를 대동하고 서로 마주보게 배치되었다. 능침 공간의 가장 아랫단인 하계에는 갑옷을 입고 왕을 호위하는 무인 모습의 석물인 무석인 한 쌍과 석마 한 쌍이 놓여 있다.

조선 왕릉의 석물은 시대의 흐름에 따라 조형적 특징의 변화가 지속적으로 ⓓ일어났다. 석물 중에서도 가장 규모가 큰 석인에서는 다른 석물에 비해 시기별 변화가 뚜렷하게 나타난다. 무석인보다 문석인에서 더욱 분명하게 나타나는 변화의 흐름은 크게 4기로 나누어 그 특징을 살펴볼 수 있다. 14세기 말부터 15세기 중반까지에 해당하는 제1기는 관대*를 착용하고 손에 홀*을 들고 서 있는 문석인 형상의 기틀을 갖추게 된 시기이다. 두 손 위로 소매가 겹쳐져 있어 홀을 잡은 손이 감춰져 있는 것이 특징이다. 제2기는 문석인의 크기가 3m 내외로 가장 거대해진 15세기 말부터 16세기 말까지이다. 이 시기의 문석인은 사실적인 입체감을 드러내기보다는 전체적으로 단순하고 부피감 있게 조각되어 거대한 덩어리처럼 보이는 독특한 인물상이 되었다. 특히 머리의 크기가 두드러지는 3등신에 ⓔ가까운 신체 비례는 현실과 다른 초월적 느낌을 주며, 탁 트인 야외에서도 위축되지 않는 존재감으로 왕실의 위용을 드러내게 되었다. 또한 이 때부터 홀을 쥔 문석인의 손이 드러나며 공복의 소매가 양 옆으로 완전히 벌어진 형태를 띠게 되었다. 제3기는 임병 양란과 극심한 자연재해로 왕릉 조성에 곤란을 겪었던 17세기 초부터 18세기 초까지이다. 숙종의 석물 간소화 정책으로 문석인의 평균 크기가 176㎝ 정도로 크게 줄어들었고, 획일적으로 경직된 자세와 딱딱하고 직선적인 옷 주름 표현이 정형화

되었다. 18세기 중반부터 20세기 초까지에 해당하는 제4기에는 문석인의 크기가 다시 2m 이상으로 커지고 사실주의의 영향으로 머리 크기가 줄어들어 실제 신체 비례에 근접하게 되었다. 또한 조각 기법의 발전으로 재료의 특성으로 인한 제약이 극복되어 세부 표현이 한층 정교해졌고, 복두를 쓴 이전 시기의 문석인과는 달리 금관을 쓴 문석인이 등장했다. 20세기에 들어서면서는 일본에서 근대 서양식 조각 기법이 도입되어 문석인의 모습이 이국적으로 변하며 전통을 상실하게 되었다.

* 국조오례의: 1474년(성종 5년) 왕명으로 편찬된 국가의 기본 예식인 오례(五禮)에 대해 규정한 예전(禮典).
* 관대: 조선 시대 문관들의 공복(公服). 공복 차림에는 머리에 복두나 금관을 썼음.
* 홀: 조선 시대에 문관들이 임금을 알현할 때 손에 쥐던 물건.

12 윗글을 통해 알 수 있는 내용으로 적절하지 <u>않은</u> 것은? [3점]

① 상계의 혼유석과 중계의 장명등 모두 그 좌우에는 촛대 모양의 망주석이 배치되어 있다.

② 조선 왕릉의 석물은 엄격한 예법에 근거를 두어 오랜 세월 동안 체계적으로 제작될 수 있었다.

③ 잔디 언덕 위에 세워진 조선 왕릉의 석물은 다양한 크기로 조화롭게 어우러져 조형미가 뛰어나다.

④ 조선 왕릉의 석물은 내구성이 강한 화강암으로 만들어져 현재까지 대부분 온전히 보존될 수 있었다.

⑤ 능침 공간의 가장 높은 단에 위치한 왕의 무덤은 보호의 기능을 하는 병풍석과 난간석으로 둘러싸여 있다.

13 〈보기〉는 ㉠에 대한 추가 자료이다. 〈보기〉와 ㉠을 비교한 내용으로 적절하지 <u>않은</u> 것은? [3점]

〈 보기 〉

황제릉과 제왕릉을 아우르는 중국 왕릉에서 석양, 석호, 석마를 포함한 모든 석수들은 능의 입구에 배치되어 봉분 쪽을 향해 일렬로 도열해 있는데, 이는 석수에 의전을 수행하는 역할을 부여하여 왕의 권력을 과시하고자 한 것이다. 또한 중국 왕릉의 석마는 왕의 말을 관리하는 마관(馬官)이 함께 조각되어 왕의 영혼을 태우고 승천하는 천마(天馬)로서의 상징적 의미를 드러낸다.

① 석수가 봉분 쪽을 향하고 있는 중국 왕릉과 달리, 조선 왕릉의 석양과 석호는 능 밖을 바라보도록 배치되어 벽사의 상징성이 강조되었군.

② 석수가 능 입구에 배치된 중국 왕릉과 달리, 조선 왕릉의 석양과 석호는 봉분 주위를 둘러싸듯이 배치되어 능을 수호하는 의미를 드러내었군.

③ 석수가 일렬로 도열하듯 놓인 중국 왕릉과 달리, 조선 왕릉의 석양과 석호는 대칭을 이루며 봉분 양쪽에 교차 배치되어 음양의 측면에서 조화로운 구성을 보여주었군.

④ 모든 석수가 동일한 공간에 놓인 중국 왕릉과 달리, 조선 왕릉에서 석수는 단차로 나뉜 각각의 구역에 하나의 종류씩 배치되어 수행하는 역할에 차이가 있음을 드러내었군.

⑤ 석마가 승천을 위한 왕의 소유물로서 마관과 함께 서 있는 중국 왕릉과 달리, 조선 왕릉의 석마는 석인과 나란히 배치되어 왕을 보좌하는 신하들을 위한 것임을 드러내었군.

14 윗글을 바탕으로 〈보기〉의 A와 B를 감상한 내용으로 적절하지 **않은** 것은? [4점]

─〈보기〉─

A는 16세기에 만들어진 문석인이다. 잔뜩 웅크린 어깨부터 관대 끝자락까지의 신체 윤곽선이 일(一)자형이며, 머리와 두 손을 매우 크게 표현하여 강렬한 인상을 주고 있다. B는 18세기 후반에 만들어진 문석인으로 유연한 곡선미와 늘씬한 신체가 돋보인다. 특히 금관 둘레의 화려한 연꽃 문양은 조각임에도 마치 회화같이 표현되어 세밀한 부분까지 놓치지 않는 수준 높은 기교의 절정을 보여주고 있다.

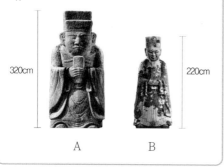

320cm   A   B   220cm

① A는 실제보다 과장된 신체 비례로 표현되어 초월적 느낌을 주며 강렬한 존재감을 드러내고 있군.

② 3m가 넘는 크기의 A는 신체 윤곽선이 간결하게 표현되어 부피감 있는 거대한 덩어리처럼 보이는 2기 문석인의 특징에 부합하는군.

③ B는 쓰고 있는 금관 둘레의 문양까지 섬세하게 조각되어 세부적 표현이 정교한 4기 문석인의 특징을 보여주고 있군.

④ 늘씬한 신체가 부드러운 윤곽선으로 표현된 B는 새로운 재료에 적응한 조각 기법의 발전으로 경직된 자세에서 벗어난 문석인의 모습을 보여주고 있군.

⑤ A와 B는 모두 홀을 잡은 양손이 드러나게 조각되어 소맷자락이 좌우로 벌어진 형태로 표현된 문석인의 모습을 보여주고 있군.

15 문맥상 ⓐ~ⓔ와 가장 유사한 의미로 쓰인 것은? [3점]

① ⓐ: 그는 지금껏 단 한 번도 뜻한 바를 이루지 못한 적이 없다.

② ⓑ: 동생은 선생님이 너무 어려워서 그 앞에서는 말도 제대로 못 한다.

③ ⓒ: 사람들은 사그라드는 불씨를 살리기 위해 애를 썼다.

④ ⓓ: 나를 놀리는 말에 화가 불쑥 일어나서 말다툼을 하였다.

⑤ ⓔ: 그 영화는 개봉 첫날부터 백만 명에 가까운 관객이 몰렸다.

[16~18] 다음 글을 읽고 물음에 답하시오.

(가)
새끼오리*도 헌신짝도 소똥도 갓신창*도 개니빠디*도 너울쪽*도 짚검불*도 가랑잎도 머리카락도 헝겊조각도 막대꼬치도 기왓장도 닭의 짓*도 개터럭도 **타는 모닥불**

재당*도 **초시***도 문장(門長)*늙은이도 더부살이 아이도 새사위도 갓사둔*도 나그네도 주인도 할아버지도 손자도 붓장사도 땜쟁이도 **큰개도 강아지도 모두 모닥불을 쪼인다**

㉠모닥불은 어려서 우리 할아버지가 어미아비 없는 서러운 아이로 불상하니도 몽둥발이*가 된 슬픈 역사가 있다

– 백석, 「모닥불」–

* 새끼오리: 새끼줄 조각. '오리'는 실, 나무, 대 따위의 가늘고 긴 조각.
* 갓신창: 가죽신 바닥에 댄 창. '갓신'은 '가죽신'의 옛말.
* 개니빠디: 개의 이빨. '니빠디'는 '이빨'의 평북 방언.
* 너울쪽: 널빤지.
* 짚검불: 지푸라기.
* 닭의 짗: 닭의 깃털. '짗'은 '깃'의 방언.
* 재당: 향촌의 최고 어른에 대한 존칭.
* 초시: 과거의 첫 시험. 또는 그 시험에 급제한 사람. 예전에 한문을 좀 아는 유식한 양반을 높여 이르던 말.
* 문장(門長) : 한 문중에서 항렬과 나이가 제일 위인 사람.
* 갓사둔: 새사돈.
* 몽둥발이: 몽동발이. 딸려 붙었던 것이 다 떨어지고 몸뚱이만 남은 물건.

(나)
눈 위에 주름 귀 밑에 물사마귀
다들 한결같이 낯설지가 않다
아저씨 워데까지 가신대유
한강만 넘으면 초면끼리 주고받는
맥주보다 달빛에 먼저 취한다
그 저수지에서 붕거지 참 많이 잡혔지유
찻간에 가득한 **고향의 풀냄새**
달빛에서는 **귀뚜라미 울음**도 들린다
아직 대목장이 제법 크게 슨대면서유
쫓기고 시달린 삶이 꼭 꿈결 같아
터진 손이 조금도 쓰리지 않고
감도 꽤 붉었겠지유 인제
㉡이 하루의 행복을 위해
흘린 땀과 눈물도 적지 않으리
여봐유 방앗간집 할머니 아니슈
돌려 세우면 처음 보는 시골 늙은 아낙
선물 보따리가 달빛 속을 달려가고
너무 똑같아 실례했슈
모두들 모르는 사람들이어서
낯선 데가 하나도 없는 귀성열차

– 신경림, 「귀성열차」–

16 (가)와 (나)의 공통점으로 가장 적절한 것은? [3점]

① 명사로 끝맺은 시행을 반복하여 시적 여운을 자아내고 있다.
② 지시어의 연속적 배치로 상황에 대한 집중을 유도하고 있다.
③ 대화와 진술을 교차하여 시적 상황을 다채롭게 묘사하고 있다.
④ 도치의 방식으로 시상을 마무리하여 주제 의식을 드러내고 있다.
⑤ 현재형 어미를 활용하여 제시된 장면에 현장감을 부여하고 있다.

17 〈보기〉를 바탕으로 (가), (나)를 이해한 것으로 적절하지 않은 것은? [4점]

〈보기〉

(가)와 (나)는 이질적 존재들이 어울리는 순간을 중심으로 시상을 전개한다. 작품에 등장하는 다양한 존재들은 서로를 구분하는 경계를 무화(無化)시키고 하나의 동질성을 획득하면서 어울림의 순간을 공유한다. 이러한 과정은 특정한 매개체를 통하여 혹은 시공간적 거리나 심리적 거리를 뛰어넘게 하는 행위를 통해 이루어진다.

① (가)의 1연에서 하나의 범주로 묶이기 어려운 각양각색의 사물들은 '타는' 과정을 거쳐 하나의 '모닥불'을 만들어낸다.
② (가)의 2연에서 '재당'과 '초시'로부터 '큰개'와 '강아지'에 이르기까지 '모두 모닥불을 쪼인다'는 것은, 이들이 서로를 구분하는 경계가 무화되어 동질성의 차원에서 함께 어울리고 있음을 보여준다.

③ (나)의 '귀성열차'는 '모두들 모르는 사람들'을 한데 모아 '낯선 데가 하나도 없는' 사람들로 아우르는 동질화의 공간이다.

④ (나)의 '한강'은 '고향의 풀냄새'와 '귀뚜라미 울음'으로 충만한 공간이 '선물 보따리'의 종착역으로 인식되기 위해 넘어서야 하는 경계를 의미한다.

⑤ (나)의 '그 저수지에서 불거지 참 많이 잡혔지유', '아직 대목장이 제법 크게 슨대면서유'와 같은 말은, 사람들 사이의 이질성과 심리적 거리를 제거하는 데 기여한다.

18 ㉠과 ㉡에 대한 설명으로 가장 적절한 것은? [3점]

① ㉠과 ㉡ 모두에는 대상의 이면을 응시하는 화자의 내면이 투영되어 있다.

② ㉠과 ㉡ 모두에서 상황에 대한 화자의 생각이 변화하는 과정을 살펴볼 수 있다.

③ ㉠과 ㉡ 모두에서 화자의 인식이 역사적 차원으로 확장되고 있음을 확인할 수 있다.

④ ㉠에는 화자가 느끼는 비애의 정서가, ㉡에는 화자가 잠겨 있는 안도의 정서가 형상화되어 있다.

⑤ ㉠에는 화자 자신의 현재에 대한 성찰이, ㉡에는 대상의 미래에 대한 화자의 기대가 드러나 있다.

[19~22] 다음 글을 읽고 물음에 답하시오.

[앞부분의 내용] 가세가 기울어 시골집에 혼자 사는 어머니를 방문하는 고향길은 '나'에게 늘 고역으로 다가온다. 이런 이유로 서울로 돌아가는 길에 고향 사람들을 피하려고 새벽차에 오르지만, 앞차의 사고로 버스가 움직이지 않게 되자 난감해한다. 버스 안에서는 엿장수 아낙을 중심으로 엿판이 벌어지고, '나'는 아낙에게 엿판을 멈추고 사람 값을 하라며 윽박지른다.

나의 공박이 끝나고 난 다음부터 차 속은 한동안 민망스럽도록 조용한 침묵만 흐르고 있었다. 나의 생각을 거들고 나서거나 그것에 호응을 해올 기미 같은 건 더더구나 전혀 기대 밖의 일이었다.

하지만 나는 이제 상관하지 않았다. 나는 무엇인가 꼭 내가 하지 않으면 안 될 듯싶은 일을 방금 해치우고 난 듯한 후련스러움이, 혹은 그것으로 나는 최소한이나마 내가 지녀야 할 사람 값을 치르고 난 듯한 홀가분한 기분이 은밀스럽게 가슴으로 스며왔다. 그리고 그 **후련스럽고 홀가분한 기분**엔, 내겐 어쩌면 차가 가고 못 가고조차도 그리 큰 문제가 아닌 듯싶었다. 사람들이 내게 호응을 해오거나 말거나 그걸 군이 상관할게 없었다. 나는 이제 그것으로 더 이상 나서야 할 일도 없는 것 같았다.

나는 그만 팔짱을 끼고 눈을 감은 채 자리를 편하게 고쳐앉았다.

㉠그런데 그때였다.

나는 무언가 오해를 하고 있었던 것 같았다. 게다가 너무 일찍 마음이 편해지고 있었던 것 같았다.

"사람 값이라, 사람 값. 그게 참 좋은 말이제……."

㉡조용하기만 하던 차 뒤켠에서 누군지 혼자소리처럼 중얼거리는 소리가 들려왔다. 좀 전에 내가 아낙네에게 쏘아댄 말을 두고 하는 소리가 분명했다. 그것도 그런 소리를 함부로 내쏟은 내 쪽을 은근히 이죽거리고 있는 기미가 역력했다.

아니나 다를까, 그 소리에 용기를 얻은 듯 이번에는 바로 등 뒷자리의 여자가 노골적으로 나를 지목하고 나섰다.

"글씨 말이오. 우리도 다 제 돈 주고 탄 찬디, 누군 뭐 당한 줄 모르고 답답한 줄 몰라서 이러고들 앉았겠소. 차를 아주 안 타고 댕길라면 모를까, 이나마 차편까지 아주 끊어놓고 말라고……."

그러자 그 소리에 뒤이어 다시 여기저기서 저희끼리 듣기 거북한 말들을 보태나갔다.

"젠장맞을! 우리 골 찻길 나쁜 게 국회의원 잘못 뽑은 허물인 줄 알았는디, 인제서 진짜 국회의원감 한 사람 만났구만그려."

"허기사 우리 같은 시골 무지랭이 제 옷꼴이 뭣이 되는지 찬비를 맞는지도 모르는 놈들잉께……."

"지 몸에 해로울 것인디, 젊은 신사 양반 너무 혼자만 잘난 척 나서지 맙시다. 기분 난다고 무단한 소리해서 운전사 양반 비위나 건드리리. 그래 봐야 저 양반한테 혼자 차에서 내리란 소리나 들을 텐께……."

ⓒ모두가 등 뒤쪽에서 들려오는 소리들이었다. 호응은커녕 비방과 빈정거리는 소리 일색이었다.

어쨌거나 그건 예상하지 못했던 뜻밖의 사태였다.

나는 금세 다시 목구멍 속에서 불덩이 같은 것이 치솟아올랐다. 하지만 나는 이제 그 소리들 앞에 얼핏 눈을 뜨고 나설 수가 없었다. 눈을 뜨고 그 사람들과 맞서나설 엄두가 나지 않았다. 눈을 꾹 감은 채 그냥 그대로 참아넘기는 수밖에 도리가 없었다.

무슨 말로 맞서봐야 먹혀들 사람들이 아닌 것 같았다. 아니 이제는 나 자신 그 사람들 앞에 맞서고 나설 말이 없었다. 맞서고 나설 육신의 기력도 없었다. 내겐 이제 손가락 하나도 움직여볼 기력이 남아 있질 않았다. 온몸이 그저 물먹은 솜처럼 무겁게 가라앉아 들어가고 있었다.

[A] 그렇게 그냥 눈을 감고 있자니 아깟번처럼 **또 거대한 늪이 나를 깊이 감싸고 들기 시작**했다. 그 늪은 **갈수록 거대한 힘**으로 나를 끝없이 빨아들이고 있었다. 사지를 버둥거릴수록 그 힘**은 더욱더 깊은 늪** 밑바닥으로 나를 **무섭게 빨아들였다**. 내 몸뚱이는 바야흐로 그 거대하게 살아 있는 수렁의 힘 속으로 흔적도 없이

└ 녹아 들어가고 있었다.

"지금은 엿이나 먹고 있을 계제가 아니라……. 것도 참 말인즉 옳은 말이제. 하지만 지금 이렇게 바보처럼 엿이라도 뽈아묵고 앉아 있지 않으면 그래 이 차를 등에 짊어지고 고개를 넘어갈 재주라도 내놓으란 말인가……."

이윽고 다시 **등 뒤쪽 남자**가 나를 이죽거리는 소리가 들렸다. 그리고 그 **엿장수 아낙**이 아직 엿덩일 손에 들고 있는지, 자신이 엿을 사주겠다는 듯 호기 있게 아낙을 불렀다.

"옛소 아주머니, 그 엿 내게 주시요."

돈까지 치러 건네려는 기미였다.

나는 계속 못 들은 척 눈을 감고 버티었다.

ⓔ하지만 아낙은 아낙대로 또 내게 무슨 공박할 말이 남아 있었던 것일까. 아니면 자신의 헛친절이 발단이 되어 사람들로부터 내가 너무 당하고 있는데 대한 민망스러움에서였을까. 그녀는 웬일인지 남자에게 엿을 팔 생각을 안 했다.

"가만계세요. 내가 언제 엿 팔아달랩디껴? 이건 아까부터 이 젊은 선상님한테 드릴라고 한 것인디……."

그녀는 되려 엿을 사고 싶어하는 남자를 나무라고 나서 내 쪽을 향해 추근추근 다시 말하기 시작했다.

"여보시오 젊은 양반. 나 좀 보시드라고요. 나 선상님헌테 할 말이 좀 있구만요. 그러니께 이 엿이나 드시면서 내 얘기 좀 들어보시드라고요."

무슨 수작인지 알 수가 없었다. 그녀는 이번에도 또 내게 엿을 권해오고 있었다. 눈을 감은 짐작에도 그녀는 다시 내 앞에 엿을 내밀고 있음이 분명했다.

어이가 없기도 하고 난감하기도 하였다. 하지만 나는 역시 못 들은 척하였다. 그러거나 말거나 아낙은 이미 작심한 바가 있는 듯 말을 계속해 나갔다.

"보아하니 선상님은 아매 이런 길이 첨인 것 같아서 따로 허물은 말 않겠소. 하기사 이런 일 많이 안 당해본 사람은 이런 때 성질이 안 끓어 오를 수도 없을 텐께요. 첨엔 우리도 다 그랬답니다. 하지

만 하루 한 번씩 이런 길을 댕기면서 이꼴 저꼴 참아넘기고 사는 사람도 있다요. 여비만 좀 모자라도 차를 내려라 마라, 삐쓱한 불평 한마디만 말해도 노선을 죽인다 살린다…… 차를 아주 안 타고 살라면 몰라도 그런 일 저런 일에 어떻게 다 아는 척을 하고 살겠소……."

ⓜ아낙이 말을 도맡고 있는 동안 차 안에선 그녀를 방해하고 나서는 사람이 아무도 없었다. 시비가 어떻게 되어나가는지 모두들 조용히 둘 사이의 동정만 지켜보는 기미였다. 나는 갈수록 눈을 뜨기가 난처해지고 있었다.

[B]
나는 계속 눈을 감고 버티는 수밖에 없었다. 하지만 아낙의 푸념은 그럴수록 더 깊고 거대한 늪 속으로 나를 힘차게 옥죄어들이고 있었다.

나는 이제 그 **늪의 숨결과 인력**에 빨려들어 자신의 **형체조차 느낄** 수가 없었다.

그러다 **어느 순간**—나는 자신이 끝없이 분해되어가는 듯한 허망스런 무력감 속에서 문득 그 **살아있는** 늪의 마지막 **밑바닥이 발밑에 닿아옴**을 느꼈다.

그리고 그 늪의 깊고도 견고한 밑바닥에서 나는 마침내 죽음처럼 무겁게 가라앉아 들어간 수많은 사람들의 **질기디질긴 삶의 숨결**과 그 삶들의 따스한 온기가 **조용히 파도쳐 오르고** 있음을 느꼈다.

― 이청준, 「살아 있는 늪」 ―

19 윗글에 대한 설명으로 가장 적절한 것은?
[3점]

① 빈번한 장면 전환을 통해 긴박한 분위기를 조성하고 있다.

② 자기 고백적인 서술을 통해 인물의 내면을 제시하고 있다.

③ 감각적인 배경 묘사를 통해 인물의 심리 변화를 전달하고 있다.

④ 전해 들은 이야기를 전달하는 방식으로 과거 사건을 제시하고 있다.

⑤ 인물의 경험을 삽화 형식으로 제시하여 사건에 입체감을 부여하고 있다.

20 ㉠~ⓜ에 대한 이해로 적절하지 않은 것은?
[3점]

① ㉠: 특정 시점을 강조하여 이어지는 상황에 대한 주목을 유도하고 있다.

② ㉡: 하나의 발화를 다룬 문장을 연속적으로 제시하여 그 의미를 부가적으로 드러내고 있다.

③ ㉢: 서로 다른 발화를 종합하여 그 발화들의 공통된 성격을 제시하고 있다.

④ ㉣: 질문의 형식으로 행동의 이유를 탐색하여 그 행동이 뜻밖의 것임을 드러내고 있다.

⑤ ⓜ: 서술의 초점을 다른 대상으로 옮겨 사건의 정황을 다각도로 전달하고 있다.

※ 〈보기〉를 읽고 21번과 22번의 두 질문에 답하시오.

〈보기〉

이 작품의 서사는 '나'가 우연한 사고를 계기로 고향과 고향 사람들에 대한 오랜 거부감에서 벗어나 이해의 국면에 도달하게 되는 과정을 중심으로 진행된다. 이 과정은 특정한 공간에서 '나'의 침묵과 고향 사람들의 목소리가 대비되는 가운데 점진적으로 전개되며, ㉮이는 '늪'이라는 상징적 소재를 통해서 드러난다.

21 〈보기〉와 윗글을 관련지어 감상한 내용으로 적절하지 <u>않은</u> 것은? [4점]

① '나'와 고향 사람들이 사고로 버스 안에 갇히게 된 것은 '나'의 침묵과 고향 사람들의 목소리가 대비될 수 있는 상황적 기반이 만들어지게 된 것으로 볼 수 있군.

② '엿장수 아낙'을 공박한 '나'가 '후련스럽고 홀가분한 기분'을 느낀 것은 사람들의 행동에 대한 불만과 함께 고향에 대해 오래 묻어왔던 거부감을 표출할 수 있었기 때문이라 짐작할 수 있군.

③ '나'의 공박이 끝나고 사람들의 발화가 이어지면서, '나'가 침묵을 유지하는 가운데 이들의 목소리에 귀를 기울일 수밖에 없는 상황을 조성하는군.

④ '나'의 공박에도 불구하고 다시 엿판을 벌이려고 하는 '등 뒤쪽 남자'의 행동을 계기로 고향 사람들의 목소리는 더욱 다변화되고 있군.

⑤ 일방적으로 공박을 쏟아낸 '나'와 달리 '나'의 입장을 감안하는 '엿장수 아낙'의 목소리는, 고향 사람들에 대한 이해의 토대를 만들어 '나'의 변화를 이끌어낸다고 볼 수 있겠군.

22 ㉮와 관련지어 [A], [B]를 이해한 내용으로 적절하지 <u>않은</u> 것은? [3점]

① [A]에서 '거대한 늪'이 '나'를 '깊이 감싸고 들기 시작'한다는 것은, '나'가 당면한 상황을 회피할 수 없는 것으로 인식하게 되었음을 보여준다.

② [A]에서 '깊은 늪'은 '갈수록 거대한 힘'으로 '더욱더' '나'를 '무섭게 빨아들'이는 것으로 제시되어, '나'가 자신을 둘러싼 상황으로 인해 느끼는 부담감이 점점 강화되고 있음을 드러낸다.

③ [B]에서 '나'가 '늪의 숨결과 인력에 빨려들'어 '형체조차 느끼'지 못하게 된 것은, '나'가 고향 사람들을 이해할 수 없다는 심리적 무력감을 보여준다.

④ [B]에서 '나'가 '어느 순간' '살아 있는 늪'의 '밑바닥이 발밑에 닿아옴을 느끼'는 것은 '나'가 고향 사람들의 삶을 이해할 수 있는 국면에 접어들게 되었음을 의미한다.

⑤ [B]에서 '나'가 '살아 있는 늪'에서 '조용히 파도쳐 오르'는 '질기디질긴 삶의 숨결'을 느낀 것은, '나'가 무기력해 보이는 고향 사람들이 실은 상황을 감내하고 있었다는 점을 의식하게 되었음을 보여준다.

[23~26] 다음 글을 읽고 물음에 답하시오.

(가)
아희야 구럭 망태 거두어라 서산에 날 늦었다
밤 지낸 고사리 하마 아니 자라시랴
이 몸이 이 푸새 아니면 조석 어이 지내리
〈1장, 서산에서 나물을 캐다〉

┌ 아희야 도롱이 삿갓 차리어라 동쪽 시내에 비
│ 지거다
[A] │ 기나긴 낙대에 미늘* 업슨 낙시 매어
└ 져 고기 놀나지 마라 내 흥 계워 하노라
〈2장, 동쪽 시내에서 물고기를 보다〉

아희야 죽조반 다오 남쪽 이랑에 일 만해라
㉠서투론 따부*를 눌 마조 자부려뇨
두어라 성세(聖世) 궁경(躬耕)도 **역군은**이시니라
〈3장, 남쪽 이랑에서 밭을 갈다〉

아희야 소 먹여 내어라 북쪽 성곽에 새 술 먹자
대취한 얼굴을 **달빛**에 시러오니
㉡어즈버 희황상인(羲皇上人)*을 오늘 다시 보와다
〈4장, 북쪽 성곽에서 술을 먹고 돌아가다〉

– 조존성, 「호아곡(呼兒曲)」–

* 미늘: 낚싯바늘 끝의 갈고리.
* 따부: 농기구의 하나.
* 희황상인: 중국의 시조인 복희씨 이전의 사람. 세상일을 잊고 한가
　하고 편안히 숨어 사는 사람을 이르는 말.

(나)
동풍이 살짝 불어 침실에 들어오니
창밖의 찬 매화 이 소식을 먼저 안다
천지가 화창하여 꽃과 버들이 아름다움 다투니
풍영단 방수단에 미친 흥이 끝이 없다
와룡산에 비 갠 후에 **고사리 손수 꺾어** 국으로 달
이니
조석의 음식맛이 족함도 이내 분수로다
㉢온 산에 꽃 다 지고 나무에 새잎 나니
┌ 녹음이 가득하여 여름날이 아주 긴 때에
│ 돌베개에 낮잠 깨어 함벽당을 굽어보니
│ 그곳에 노는 고기 낱낱이 다 셀 만하다
[B] 대숲의 서늘한 기운 연잎의 물방울 흩어지게
│ 하니
└ 군자의 맑은 성품 여기서 알리로다
㉣기러기 한 소리에 맑은 서리 물들이고
산빛이 변하여 금수로 꾸몄으니
곡구암 반타암이 그림 되어 동구에 잠겨 있다
밝은 달이 떠올라 소나무에 비추거든
거문고 바로 안고 난간에 기대니
깃털옷 입은 손님은 다 나를 찾아와 눈에 가득 보
이도다
세모에 날씨 차고 온 산에 눈 덮이니
인적은 끊어지고 우는 새도 없는 때에
언덕과 골짜기는 백옥 궁궐 경요굴이 되었거늘

㉤울창한 소나무는 혼자서 빼어나 높은 기개 가졌
으니
내 마음도 그런 줄을 서로 알아 무고암에 서성이니
우리의 지조 절개야 고칠 줄이 있으랴
아마도 **이 정자 작지만 다 갖추었네**
춘하추동에 눈과 달, 바람과 꽃을 다 가졌으니
무엇을 아니 보며 어느 것을 버리리오

– 김득연, 「지수정가(止水亭歌)」–

23 '아희(야)'에 주목하여 (가)의 각 장에 나타나
　는 공통점을 설명한다고 할 때, 그 내용으로
　가장 적절한 것은? [3점]

　① '아희'의 존재를 개입시켜 정적인 장면에 역
　　동성을 부여하고 있다.

　② '아희'에게 내리는 지시에 이어 지시를 내리
　　게 된 계기를 드러내고 있다.

　③ 각 장에서 '아희야'를 반복 표현함으로써 화
　　자가 느끼는 감흥을 절제하고 있다.

　④ 각 장을 '아희야'로 시작함으로써 청자에게
　　교훈을 전하려는 의도를 분명히 하고 있다.

　⑤ '아희'를 지시의 대상에서 흥취를 공유하는
　　주체로 바라보는 관점의 이동을 보여주고
　　있다.

24 ㉠~㉤에 대한 설명으로 적절하지 <u>않은</u> 것은? [3점]

① ㉠: 의문형 어미를 활용하여 자신의 처지에 대한 회의를 부각하고 있다.

② ㉡: 동일시할 수 있는 존재를 과거에서 찾아 현재 자신의 상태를 부각하고 있다.

③ ㉢: 유사한 구조를 대응시켜 자연의 변화를 표현하고 있다.

④ ㉣: 감각적 심상을 연동시켜 주변 경관의 변모를 집약적으로 제시하고 있다.

⑤ ㉤: 자연물과 인간을 상호 교감하는 관계로 상정하여 특정 가치에 대한 태도를 강조하고 있다.

25 〈보기〉를 읽고 (가)와 (나)를 감상한 내용으로 적절하지 <u>않은</u> 것은? [4점]

─〈 보기 〉─

　강호와 전원에서의 삶을 노래하는 시가에서 시간과 공간은 자연의 질서와 섭리를 표상하도록 구조화되어 있는 경우가 많다. 그래서 자연 공간은 중앙과 네 개의 방위[사방(四方)]로 이루어져 있는 것으로, 사계절은 순리에 따라 흐르는 시간적 질서를 가진 것으로 나타난다. 또한 이렇게 구조화된 질서와 섭리는 인간 사회로까지 확대되어 적용되기도 한다. 작품에서 시적 주체는 이렇게 구조화된 시공간을 배경으로 자연에서 살아가며, 상징적으로 해석될 수 있는 행위를 한다. 이러한 시가에 빈번하게 등장하는 고사리 캐기, 달 보기 등의 행위는 유교적 이념을 비롯한 정신적 가치에 대한 지향을 드러낸다.

① (가)에 제시된 네 개의 방위는 자연의 공간적 질서를, (나)의 사계절은 자연의 시간적 질서를 표상하는 것으로 구조화되어 있다.

② (가)의 1장의 고사리 캐기는 (나)의 '고사리 손수 꺾어'에서도 나타나는 행위로서, 이는 안분지족하는 시적 주체의 정신적 지향을 드러내고 있다.

③ (가)의 4장에서 '달빛'에 주목하는 행위는, (나)에서 '밝은 달'을 완상하는 행위와 마찬가지로 '군은'에 내포된 사회적 질서와 유교적 가치관을 구체화하고 있다.

④ (가)에서 각 장의 공간은 시적 주체가 거주하는 공간을 중심으로 사방을 향하는 것으로 배분되어, 시적 주체가 수행하는 행위의 시공간적 배경으로 기능하고 있다.

⑤ (나)의 '이 정자'가 '작지만 다 갖춘 것으로 평가되는 것은, 자연의 순리를 드러내는 사계절의 흐름과 정경의 변화를 바라볼 수 있는 공간이기 때문인 것으로 볼 수 있다.

26 [A]의 저 고기 와 [B]의 그곳에 노는 고기 에 대한 설명으로 가장 적절한 것은? [4점]

① '져 고기'는 '기나긴 낙대'를 들게 된 후의 결과이고, '그곳에 노는 고기'는 '낮잠'을 깨게 된 원인이다.

② '져 고기'는 '놀나지' 말아야 할 적막함을 나타내고, '그곳에 노는 고기'는 '연잎의 물방울'을 흩어지게 하는 소란함을 나타낸다.

③ '져 고기'는 '동쪽 시내'의 정경을 조망하게 하는 자연물이고, '그곳의 노는 고기'는 '함벽당'을 굽어보게 하는 계기가 되는 자연물이다.

④ '져 고기'는 '비'와 어울려 '시내'의 생동감을 고조시키는 존재이고, '그곳의 노는 고기'는 '녹음'이 가득한 '여름날'의 무료함을 부각하는 존재이다.

⑤ '져 고기'는 '미늘 업슨 낙시'와 연결되어 무욕의 태도와 '흥'을 드러내고, '그곳의 노는 고기'는 '대숲', '연잎'과 어울려 '군자의 맑은 성품'을 환기하게 한다.

[27~30] 다음 글을 읽고 물음에 답하시오.

[앞부분의 줄거리] 조선의 장수 강홍립은 명을 도와 오랑캐를 토벌하기 위해 출정했으나, 우두머리인 누르하치에게 투항한 후 그의 총애를 받아 부귀영화를 누린다. 그 무렵 조선에서 역모에 가담했던 한윤이 오랑캐 땅으로 도망쳐 온다. 그는 강홍립의 일가친척이 모두 처형되었다는 거짓말을 하며, 누르하치에게 조선 정벌을 설득하도록 강홍립을 부추긴다.

홍립이 스스로 생각건대 자신의 일족을 멸한 복수를 하지 않을 수 없고, 아내를 아끼는 마음 또한 저버릴 수 없었다. 가슴속에서 두 가지 생각이 엎치락뒤치락하는 사이에 몇 달이 흘렀다. ㉠한윤은 홍립이 주저하는 것을 보고는 정색을 하고 이렇게 힐난했다.

"대감께서 어버이를 저버리고 오랑캐에게 항복해 목숨을 구걸한 까닭에 온 집안 사람이 벌을 받아 유혈이 낭자하건만, 대감께서는 부귀에 젖고 아녀자에게 빠져 눈앞의 즐거움만을 마음껏 누리고 있으니 무슨 면목으로 천하의 의사(義士)들을 대하시렵니까? 지금 조선은 나라가 망할 지경에 이르렀으니, 철기병을 이끌고 간다면 파죽지세로 밀고 나가 혁혁한 전공을 세우는 것이 마치 손바닥을 뒤집는 일처럼 쉬울 것입니다. 대감은 어찌 원대한 계책을 품지 않으십니까?"

홍립이 깨달은 바가 있어 마침내 누르하치에게 말했다.

"조선은 천하의 훌륭한 무기가 있는 곳입니다. 좋은 활과 긴 창, 정교한 대포와 날카로운 검이 모두 조선에서 나옵니다. 이처럼 무(武)에 능한 나라이건만, **풍속은 교활함을 숭상하여 인재를 등용할 때 세력과 이익을 보아 사람을 씁니다.** 그러므로 민심이 이반하여 일이 생기면 관망하거나 피해 버립니다. 그러나 재능 있는 인물들은 자신의 재주를 펴 보기를 고대하고 있으므로, 조선을 침략한 후 그들을 불러내 기용하는 사람이 있다면 조선 전역의 인재들이 뭇 별들이 북극성을 둘러싸듯 그 사람을 추종할 것입니다. ㉡우(虞)나라에서는 어리석었지만 진(秦)나라에서는 지혜로웠던 백리해와 같은 사람도 있고, 수나라에서는 아첨이나 일삼았지만 당나라에서는 충성을 다했던 배구와 같은 사람도 있습니다. 지휘에 능한 이로 하여금 강병을 훈련시키고 하늘의 위엄을 받들어 말을 몰아 동쪽으로 향하게 한다면, 조선에 비록 지혜로운 자가 있다 한들 명을 위한 계책을 펼 수 없을 것입니다. 제가 어리석어 주군께 거두어진 뒤 조금의 공도 세운바 없습니다. ㉢지금 군사를 일으키는 때를 맞아 선봉에 세워 주신다면 조선의 가왕(假王)이 되어 지혜롭고 용맹한 이를 모으고 그중 가장 정예한 자들을 뽑아 10만 군대를 갖추어 보이겠습니다. 이로써 주군의 은혜에 보답할 뿐 아니라 하늘이 주신 천하 통일의 기회에 보탬이 되도록 하겠습니다."

누르하치가 웃으며 말했다.

"자네의 말은 옳지 않네. 조선 사람은 예의를 숭상하니 침공하기는 쉽지만 복종시키기는 참으로 어렵지. 옛날 원나라 세조(世祖)는 [A] 그 힘이 천하를 평정할 만했건만, 고려를 완전히 복종시키지 못하고 30년 전쟁 끝에 부마국

(駙馬國)을 만드는 데 그쳤을 뿐이네. 지금 우리 병력이 강하긴 하지만 군사를 나누면 힘이 작아져, 일부 병력만으로 급히 조선 공격에 나섰다가는 군대를 돌이키지 못한 채 공연히 세월만 끌게 될 거야. 그래서는 요동을 넘어 중원을 향해 한 걸음도 나아가지 못할 테니, 작은 이익에 연연하는 것은 올바른 계책이라 할 수 없네. 그러니 지금 최선의 방책은 동쪽으로 조선과 화의를 맺고 남쪽으로 명나라와 싸움을 벌여 곧장 연경(燕京)을 점령한 후 천하가 우리에게 돌아오는 것을 기다리는 것이네. 또 옛사람은 **죽음에 이르더라도 감히 자신이 군주로 섬기던 이를 노예로 만드는 일은 도모하지 않** 았거늘, 자네는 왜 자기 조국을 이처럼 원수로 여기는가? 최유(崔濡)의 일을 거울로 삼을 만하니, 자네는 깊이 생각해 보게!"

ⓒ홍립은 누르하치를 설득하기가 쉽지 않음을 알고는 여러 가지 이익을 들어 꾀어 봐야겠다고 생각해 자리에서 물러나 상소를 올렸다. 홍립은 상소에서 극단적인 말로, 조선은 방비가 매우 허술하고 민심이 이반되어 있으며 여인들이 아름다울 뿐만 아니라 금은보화가 가득하다고 중언부언하며 속히 군사를 일으켜야 한다고 주장했다. 두 번 세 번 거듭 상소를 올리다 급기야 수십 차례나 상소를 올리기에 이르렀다. 지금도 오랑캐에게는 '강홍립 상소문'이라는 것이 남아 있는데, 그 두루마리가 많으며 사람들이 모두 그 내용을 이야기한다고 한다.

누르하치는 홍립이 스스로 조선의 왕이 되고자 하는 것을 보고는 내심 화가 나서 그 말을 들어주지 않았다. ⓓ홍립은 때를 잘못 만나 자신의 뜻을 펼치지 못함을 한탄하매 분함을 못 이겨 목숨을 끊고 싶은 마음이었다.

병인년(1626) 가을, 누르하치가 영원위(寧遠衛)에서 패하고 돌아와 죽었다. 아들 홍타이지가 군주의 자리를 이어받았다. 홍타이지는 새로 즉위하여 도움 받을 곳이 없었으므로 조선과 화의를 맺고자 하여 이 일을 홍립과 의논하였다. 홍립이 이렇게 말했다.

"조선의 군신(君臣)이 입술과 이처럼 명나라와

찰싹 붙어 있어서 사신 한 사람을 보내는 것만으로는 단기간 내에 화의를 맺기 어려울 것입니다. 철기병 수만을 보내 싸움을 벌인 뒤에 화의를 도모하는 것이 최선의 방법입니다. 동쪽으로 조선과는 화친을 맺고 남쪽으로 명과 전쟁을 벌인다는 계책 때문에 그동안 대사를 이루지 못한 것이 참으로 한스럽습니다. 조선과 전쟁하는 것의 이로움은 앞서 논한 바와 같으니, 지금 바로 시행하실 것을 청합니다. 일이 혹 뜻대로 이루어지지 않는다면 그때 가서 화의를 추진해도 늦지 않을 것입니다."

홍타이지가 고개를 끄덕이며 말했다.

"나는 대업을 계승하고 선왕의 뜻을 좇아 옛 신하를 기용하려 하오. 선친은 선생의 계책을 써서 전쟁에서 승리할 수 있었소. 선생이 우리나라에 충성을 다 바쳤음은 짐이 이미 가슴 깊이 새겨 두고 있소. 지금 조선과 우호를 유지하는 것은 선친의 뜻인데, 조선을 침공하자는 선생의 말이 시종 이리 간곡하니 필시 생각이 있어서일 것이오. 조선과 우호 관계를 유지하여 서로 돕고 지내자는 것이 선친의 유지이고, 조선을 침략하여 복속시키자는 게 선생의 계책이니, 이제 이 둘을 모두 시도해 보겠소. 만일 하늘의 도움을 입어 쉽게 조선을 이긴다면 선생 [B] 을 조선의 왕으로 삼겠소. 그러니 선생은 사양하지 말고 군대를 거느리고 가 조선을 치도록 하시오. 선생으로서는 금의환향하는 일이고, 짐으로서는 장차 중원을 공략하는 데 큰 힘을 얻게 될 것이오. 만에 하나 조선의 왕과 하늘을 걸고 맹세하여 길이 우호 관계를 맺는다면 동쪽에 대한 근심을 덜고 남쪽으로 명을 치는 데 전념할 수 있을 것이오. 이는 선친께서 내게 남겨주신 만세토록 무궁한 이익을 얻는 방책이오. 조선에 출정하는 군대에 대한 모든 권한을 선생께 맡기겠소. 가서 힘써 주시오!"

마침내 두 왕자에게 명을 내려, 날랜 기병 3만을 선발하고 홍립을 장군으로 삼아 조선으로 가게 했다. 한윤은 군대의 앞에서 길을 안내하는 역할을 맡았다.

– 권칙, 「강로전」 –

27 윗글에 대한 설명으로 가장 적절한 것은?
[3점]

① 현재에서 과거의 순서로 사건을 전개하고
있다.

② 우의적 설정을 통해 주제 의식을 드러내고
있다.

③ 해학적 표현으로 특정 계층의 입장을 암시
하고 있다.

④ 서술자가 개입하여 서술 당시의 상황을 전
달하고 있다.

⑤ 초월적 능력을 지닌 인물이 등장하여 갈등
을 해소하고 있다.

28 ㉠~㉤에 대한 이해로 적절하지 <u>않은</u> 것은?
[3점]

① ㉠: 결심을 촉구하기 위해 상대방을 자극하
고 있다.

② ㉡: 말하고자 하는 바를 뒷받침하기 위해
역사적 사례를 들고 있다.

③ ㉢: 자신의 요구를 들어주는 것이 상대방의
이익에 부합함을 설득하고 있다.

④ ㉣: 자신의 뜻을 관철하기 위해 다른 방법
을 시도하고 있다.

⑤ ㉤: 실패의 원인을 스스로에게서 찾으며 반
성하는 태도를 보이고 있다.

29 [A]와 [B]에 대한 설명으로 적절하지 <u>않은</u> 것
은? [3점]

① [A]와 [B] 모두 중원을 공략하려는 목표를
밝히고 있다.

② [A]와 [B] 모두 조선과 화친을 맺고자 하는
의도를 밝히고 있다.

③ [A]와 [B] 모두 이익을 얻을 수 있는 방책에
대해 언급하고 있다.

④ [A]와는 달리 [B]에서는 조선을 침공하자는
제안을 수용하고 있다.

⑤ [B]와는 달리 [A]에서는 현재의 병력 운용
의 문제점에 대해 언급하고 있다.

30 <보기>를 참고하여 윗글을 감상한 내용으로
적절하지 <u>않은</u> 것은? [4점]

─────〈 보기 〉─────

　「강로전」은 '강로' 즉 '강씨 오랑캐'로 규정
된 강홍립을 부정적 인물로 내세워 형상화하
고 있는데, 그 배경에는 17세기 조선 사회의
지배적 가치관인 명나라를 숭상하고 오랑캐
를 배격한다는 '숭명배호'의 정치적 이념이 놓
여 있다. 아울러 이 작품에는 서얼로서 신분
적 한계를 가졌던 작가 자신의 당대 현실에
대한 비판적 인식이 배어 있기도 하다.

① '강로전'이라는 작품의 제목은, 강홍립 이야
기를 숭명배호의 정치적 이념에 근거하여
서술하겠다는 의도를 압축적으로 담은 것
으로 볼 수 있겠군.

② 조선과 명의 관계를 거론하며 단기간 내에는 조선과의 화의가 어려울 것이라는 강홍립의 말은, 숭명배호의 가치관이 실현되기 어렵다는 인식을 드러낸 것으로 볼 수 있겠군.

③ '풍속은 교활함을 숭상하여 인재를 등용할 때 세력과 이익을 보아 사람을 씁니다'라는 강홍립의 말에는, 당대의 인재 등용에 대한 작가의 비판적 목소리가 담겨 있다고 볼 수 있겠군.

④ 명나라를 도와 오랑캐를 토벌하기 위해 출정했던 강홍립이 누르하치를 주군으로 섬기는 것은, 그가 숭명배호의 이념에 어긋나는 인물임을 단적으로 보여주는 예로 볼 수 있겠군.

⑤ '죽음에 이르더라도 감히 자신이 군주로 섬기던 이를 노예로 만드는 일은 도모하지' 않는다는 누르하치의 말은, 강홍립이 지닌 부정적 인물로서의 면모를 한층 강화한다고 볼 수 있겠군.

제**2**교시 영어영역(공통)

▶정답 및 해설 553p

2023 기출문제

01 다음 글의 밑줄 친 부분 중, 어법상 **틀린** 것은?

Magellan and his crew were lucky in their weather. During the whole three months and twenty days during which they sailed about twelve thousand miles through open ocean, they had not a single storm. ① Misled by this one experience, they named it the Pacific. ② Had Magellan not been a master of the winds, he would never have made it across the Pacific. Leaving the straits, he did not go directly northwest to reach his desired Spice Islands, but first ③ sailed north along the west coast of South America. His purpose must have been to catch the prevailing northeasterly trade winds there that would carry him not to the Moluccas, ④ which the Portuguese were rumored to be in control, but to other spice islands still open for Spanish taking. Whatever his motive then, the course he chose is the ⑤ one still recommended by United States Government Pilot Charts for sailing from Cape Horn to Honolulu in that season.

02 (A), (B), (C)의 각 네모 안에서 어법에 맞는 표현으로 가장 적절한 것은?

We should not have to give up rights simply because we increasingly need to use the Internet to participate in society-to access bank accounts and medical records, for example. We should expect privacy protections for these services. However, choosing to participate in something like social media can (A) see / be seen as analogous to a person choosing to run for public office. When you decide to campaign, you knowingly sacrifice anonymity and some privacy, much as those who opt in to posting on Instagram, Twitter, or Facebook (B) are / do to varying degrees. We're all running for election in our social media feeds, and with that comes a tacit acceptance (and a legal one, in the small print) that the platforms will analyze our information and feed us ads to support their business models. We should do everything possible to safeguard our rights and protect our fellow cyber citizens from harm-but perhaps we should look beyond just crafting new sets of rules for individuals and

141

businesses collecting and trading our information and more closely (C) investigate / investigated the science of data collecting itself. [4점]

* analogous to: ~과 유사한
** anonymity: 익명성
*** tacit: 암묵적인

	(A)		(B)		(C)
①	see	⋯⋯	are	⋯⋯	investigate
②	see	⋯⋯	do	⋯⋯	investigated
③	be seen	⋯⋯	are	⋯⋯	investigate
④	be seen	⋯⋯	do	⋯⋯	investigate
⑤	be seen	⋯⋯	are	⋯⋯	investigated

03 다음 글의 밑줄 친 부분 중, 문맥상 낱말의 쓰임이 적절하지 않은 것은?

One feature of production-related sustainability innovation is the ① prevalence of 'hard' technology-based improvements over 'soft' cultural change. For many manufacturers, being innovative means 'adding' technology to a problem, particularly when it is to try to ameliorate the negative impacts of existing technology. Favouring technological fixes over softer, behavioural and cultural ones is perhaps ② inevitable in an industry like textiles that since the Industrial Revolution in the 18th century has been processing materials faster and cheaper by improving technology. However, the result is a tendency to ③ neglect the very substantial effect that behaviour has on determining a product's overall environmental impact. It also overlooks the ④ significant role of softer change in bringing sustainability improvements, and sidelines the contribution of non-technologists, like designers and consumers. Relying on technology to 'fix' all our problems can also have the more subtle and insidious effect of ⑤ reducing our tendency to avoid accountability for our choices and behaviour.

* ameliorate: 개선하다
** insidious: 서서히 퍼지는

04 (A), (B), (C)의 각 네모 안에서 문맥에 맞는 낱말로 가장 적절한 것은?

For manufacturers, a product that is thrown away after being used, forcing the customer to keep coming back for more, creates endless profit potential; a potential first discovered in the years after World War I, when there was a great need to find new uses for the (A) abundance / lack of materials produced for the war piled high in warehouses. For example, an absorbent material made from celluloid that had been used for military bandages and gas mask filters later gained a new use as the disposable Kotex sanitary napkin.

Manufacturers also had to figure out how to transform the wartime ethic of thrift and reuse-darning socks, keeping odd pieces of string, using tea leaves to clean carpets, and sewing rags into rugs-into a culture that embraced "throwaway habits" and the (B) hesitation / willingness to spend money on new "stuff." During the war, the U.S. government produced posters declaring "Waste Not, Want Not." By late 1917, the government was giving shops across the country signs to display in their windows reading, "Beware of Thrift and Unwise Economy" to help (C) encourage / restrain repetitive consumption. [4점]

* darn: 깁다, 꿰매다

	(A)	(B)	(C)
①	abundance	hesitation	encourage
②	abundance	willingness	restrain
③	abundance	willingness	encourage
④	lack	hesitation	restrain
⑤	lack	willingness	encourage

05 다음 글에서 전체 흐름과 관계 <u>없는</u> 문장은?

Smart machines have been a fantasy of humanity for millennia. ① Early references to mechanical and artificial beings appear in Greek myths, starting with Hephaestus, the Greek god of blacksmiths, carpenters, craftsmen, artisans and sculptors, who created his golden robots. ② In the Middle Ages, mystical or alchemical means of creating artificial forms of life continued. ③ The Muslim chemist Jabir ibn Hayyan's stated goal was Takwin, which refers to the creation of synthetic life in the laboratory, up to and including human life. ④ At one time, Jews and Muslims lived side by side, worked together, studied together and even today, there are many similarities when Islam and Judaism are observed from a religious perspective. ⑤ Rabbi Judah Loew, widely known to scholars of Judaism as the Maharal of Prague, told the story of Golem —an animated being that is created entirely from inanimate matter (usually clay or mud)—which has now become folklore.

06 다음 글의 요지로 가장 적절한 것은?

Michalko says that creative thinking has much in common with evolution by natural selection. The basis of evolution is variation, because without variation there is nothing to select from. In a similar manner, creative people are good at generating a wide variety of ideas about a problem before choosing the one to proceed with. He exemplifies this way of thinking with Leonardo da Vinci, who is known to repeatedly have restructured his problems to see them from different angles. He thought that the first approach was too biased towards his usual way of seeing things. With each new perspective he would deepen his understanding of the problem and begin to see its essence. He called this method *saper vedere*-knowing how to see. At first sight this way of thinking may seem wasteful as most of the ideas will never come to any direct use. The point is that, by repeatedly seeking different approaches, we gradually move from our common way of thinking to new ways. Once in a while this process will result in a truly new and useful idea, which makes the whole effort worthwhile.

① 논리적인 설득만으로는 상대방의 편견을 바꾸기 어렵다.
② 여러 사람의 지혜를 모으면 더 빨리 문제를 해결할 수 있다.
③ 한 분야에서 성공했던 방식은 다양한 분야에 적용될 수 있다.
④ 문제에 다각적으로 접근하면 새롭고 유용한 생각에 이를 수 있다.
⑤ 창의적 사고력을 기르려면 문제의 원인을 파악하는 것이 필요하다.

07 밑줄 친 make 'a stone a stone again'이 다음 글에서 의미하는 바로 가장 적절한 것은?

The criterion of strangeness, if valid, would belong under the criterion of novelty. In his famous article on art as device, Victor Shklovsky asserts that defamiliarization is the criterion that makes literature art. In everyday life, we tend to take things for granted, not really perceiving them, and when talking about them in everyday speech, we economize expression by using well-known words and sayings —clichés —which the receiver understands immediately. By using unfamiliar, strange words and constructions, art tries to prolong and deautomatize the process of perception in order to make 'a stone a stone again'—make it as if you were seeing it for the first time. Defamiliarization draws the reader's attention to aspects of reality he is otherwise inclined to overlook. Shklovsky does not distinguish between the different levels of the communication process and gives examples of defamiliarization in the text, mental model and action. Defamiliarization may consist in whatever deviates from the usual. For instance, in a period where rhyme is common, rhymeless poetry becomes strange, and vice versa. On the level of the message, defamiliarization would mean that the action would somehow force the reader to think differently. [4점]

① replace symbols with ordinary words

② make ordinary things unordinary

③ turn a word into an image

④ define a thing more precisely

⑤ make readers read between the lines

[08~09] 다음 글의 제목으로 가장 적절한 것을 고르시오.

08

In a competitive environment our ancestors eventually became the dominant predatory species through a combination of physical, mental, and social traits that allowed them to become, as physiologist Bernd Heinrich dubbed them, "super-endurance predators." The physical foundation for the emergence of these predators was provided by an interrelated set of attributes that began to develop roughly six million years ago, when our ancestors diverged from other apelike species. Hominids never evolved to outrun or outmuscle either competing predators or the prey that they sought over short distances. Instead, hominids developed an enormous capacity for endurance. They could run-or walk, jog, amble, march, trot, or hike-over long distances, traveling for hours and even days in pursuit of prey. They could make these treks in all sorts of weather and at any time, including the heat of midday, when the competing predator species, such as the great cats and dog packs, hid from the intense African sun. Even hyenas and vultures fled from the sun in the hottest periods of the day, thus giving hominids, who could stand the heat, an important advantage in getting to carcasses.

* carcass: (짐승의) 시체

① Hominids: A Persistent Hunter

② Intensity Comes Before Endurance

③ Hunting in the Heat: Mission Impossible

④ Hunters Need Speed and Power

⑤ Show Respect to Your Prey

09

Competitive sport is often a highly ritualised activity. For example, golfers tend to 'waggle' their clubs a consistent number of times before striking the ball, while tennis players like to bounce the ball a set number of times before serving. These preferred action sequences are called 'pre-performance routines' (PPRs) and involve task-relevant thoughts and actions which athletes engage in systematically prior to the performance of specific sport skills. Usually, PPRs are evident prior to the execution of closed skills and self-paced actions (i.e. those that are carried out largely at one's own speed and without interference from other people) such as free-throwing in basketball, putting in golf or place-kicking in American football or rugby. Such routines are used extensively by athletes, and recommended by coaches and psychologists, as a form of mental preparation both to improve focusing skills and to enhance competitive performance. In short, the purpose of a PPR is to put oneself in an optimal state immediately prior to execution, and to remain that way during the act.

* waggle: 흔들다
** place–kick: (공을 땅에 놓고) 차다

① Team Play: One for All, All for One
② Competitive Spirits Enable You to Surpass Your Limits
③ Pre−performance Routines: Athletes' Ritual for Better Play
④ Habitual Body Movements Interfere with Successful Performance
⑤ Pre−performance Routines as Superstitious Behaviour Among Athletes

10 다음 글의 주제로 가장 적절한 것은?

The development of the moldboard plow turned Europe's natural endowment of fertile land on its head. People who lived in Northern Europe had long endured difficult farming conditions, but now it was the north, not the south, that enjoyed the best and most productive land. Starting about a thousand years ago, thanks to this new plow-based prosperity, cities of Northern Europe emerged and started to flourish. And they flourished with a different social structure from that of cities around the Mediterranean. The dry-soil scratch plow needed only two animals to pull it, and it worked best with a crisscross plowing in simple, square fields. All this had made farming an individualistic practice: a farmer could live alone with his plow, oxen, and land. But the wet-clay moldboard plow required a team of eight oxen— or, better, horses— and who had that sort of wealth? It was most efficient in long, thin strips often a step or two away from someone else's long, thin strips. As a result, farming became more of a community practice: people had to share the plow and draft animals and resolve disagreements. They gathered together in villages. [4점]

* moldboard plow: 볏 달린 쟁기
** crisscross: 십자형의

① socio-economic changes in Northern Europe caused by the moldboard plow
② difficulties of finding an appropriate farming method for barren land
③ various reasons farming was difficult for Northern Europeans
④ social support required to invent the moldboard plow
⑤ potential problems of using animals to plow a field

11 다음 글에서 필자가 주장하는 바로 가장 적절한 것은?

Like the old advice for married couples, "Don't ever go to bed angry," don't knowingly let students leave the lesson angry or upset. Students' frustrations can stem from difficult content or technique, personal problems, fatigue, and yes, sometimes annoyance with their teacher. Regardless of what might be the cause, don't ignore their emotions. If you see tears starting to well up, stop everything and talk. Avoid overreacting and taking their frustration personally. A certain amount of frustration is a normal part of learning any new skill. When they look discouraged, give them a glass of water, a sympathetic ear, and a tissue. If they have misinterpreted you or don't understand the concept, strip it down to its barest essentials. If your instincts tell you something is bothering a student, don't be afraid to probe a little. Most students will say, "I'm fine," but even when they do, they almost always appreciate your caring. Follow through with a call to the parents if you are concerned.

① 학생과의 상담 내용을 누설하지 말라.
② 학생의 감정을 헤아려 적절하게 대하라.
③ 학생의 강점과 약점을 분명히 알려주라.
④ 학생 스스로 자신의 한계를 극복하게 하라.
⑤ 학생에게 감정을 솔직하게 표현하는 방법을 가르치라.

12 다음 글이 시사하는 바로 가장 적절한 것은?

I believe that the good that people do, small though it may appear, has more to do with the good that manifests broadly in the world than people think, and I believe the same about evil. We are each more responsible for the state of the world than we believe, or would feel comfortable believing. Without careful attention, culture itself tilts toward corruption. Tyranny grows slowly, and asks us to retreat in comparatively tiny steps. But each retreat increases the possibility of the next retreat. Each betrayal of conscience, each act

147

of silence (despite the resentment we feel when silenced), and each rationalization weakens resistance and increases the probability of the next restrictive move forward. This is particularly the case when those pushing forward delight in the power they have now acquired—and such people are always to be found. Better to stand forward, awake, when the costs are relatively low—and, perhaps, when the potential rewards have not yet vanished.

* tilt: 기울다

① Stay alert and stand up against what is wrong.

② Sometimes retreat is a wise choice.

③ Silence is golden, speech is silver.

④ Expectation is the root of all heartache.

⑤ Success depends more on attitude than aptitude.

13 다음 글의 목적으로 가장 적절한 것은?

My customers at the Smalltown Home Station Hardware store are constantly asking me for advice on how to do some of the larger home repair and improvement jobs. All of the sales associates here do as much as possible to help customers decide to do the work themselves, but we also lose quite a few sales to people who lack the confidence to tackle a do-it-yourself job. I'd like to suggest that Home Station have a day when we can give instruction and demonstrations on doing the most popular do-it-yourself projects. We can have experts take people through jobs like installing a garage door opener, sealing a driveway, installing a faucet, and other common jobs. I'm sure many of our suppliers would be happy to send their own technicians to run the classes, and we can assist them —and sell the hardware and materials.

① 고객이 직접 작업할 때 유의할 사항을 알리려고

② 고객이 신청한 작업 항목과 작업 일정을 확인하려고

③ 판매 실적을 올리기 위해 영업 사원을 늘릴 것을 요청하려고

④ 신상품 사용법을 익히기 위한 직원 교육의 필요성을 강조하려고

⑤ 고객이 직접 작업하는 방법을 알려주는 강좌 개설을 제안하려고

14 Ruth Gardena Birnie에 관한 다음 글의 내용과 일치하지 <u>않는</u> 것은?

On August 15, 1884, Ruth Gardena Birnie was born to Moses and Louise Harrison in Sumter, South Carolina.

Since her parents died while she was very young, Birnie was reared by Martha A. Savage, a teacher. Birnie graduated from Lincoln School, an early African American school in Sumter. Later she taught there for a short period of time. In 1902, when she was eighteen years old, she married Charles Wainwright Birnie, who came to Sumter as its first African American physician. Sixteen years after their marriage, the Birnies gave birth to a daughter, Anna. As Charles W. Birnie's practice grew, he and Martha Savage, Ruth Birnie's foster mother, encouraged Ruth to pursue pharmacy as a profession. She entered Benedict College, then went on to Temple University and received her degree in pharmacy. Upon her return to South Carolina, Birnie became one of the earliest female African American pharmacists in the state.

① 아주 어릴 때 부모를 여의고 Martha A. Savage에 의해 양육되었다.

② 모교인 Lincoln School에서 짧은 기간 동안 가르쳤다.

③ 열여덟 살 때 의사인 Charles Wainwright Birnie와 결혼했다.

④ 남편과 키워준 어머니의 반대를 무릅쓰고 약사가 되려고 했다.

⑤ Temple University에서 약학 학위를 받았다.

[15~19] 다음 빈칸에 들어갈 말로 가장 적절한 것을 고르시오.

15

Some psychologists refer to the knowing feeling as "the feeling of rightness," and it's a strong and pervasive one because we dislike not understanding something that is relevant to us. As psychiatrist Irvin Yalom puts it, "When any situation or set of stimuli defies patterning, we experience dysphoria (a high level of unease), which persists until we fit the situation into a recognizable pattern." We are designed to feel very uncomfortable when something does not make sense to us because discomfort motivates us to figure things out, whether it be a mysterious rustle in the bush, the confusing betrayal of a friend, or the promotion that we didn't get. Not knowing is an "out-of-control" state that we are psychologically motivated to eliminate. Our neuroendocrine system is geared toward this very objective: our sympathetic nervous system secretes stress hormones, such as cortisol and adrenalin, that activate our alertness responses, putting us on edge until we feel that we have _____.

* defy: 거부하다
** rustle: 바스락거리는 소리
*** neuroendocrine system: 신경내분비계

① shared values

② received praise

③ regained control

④ removed inequality

⑤ overcome perfectionism

16

Suppose we define ownership as the legal relation between people and the things they own. Because this definition uses the word "own," it defines the concept OWNERSHIP in terms of itself. Instead of explaining what it means to own something, it assumes that we know this already. It tells us how the concept relates to itself, but not how it relates to other concepts or to reality. This definition doesn't go anywhere; it just moves in a circle. The same problem arises if we use synonyms in a definition. Suppose we define ownership as the legal relation between people and things they *possess*. "Own" and "possess" are synonyms, different words that express the same concept. In terms of concepts, therefore, the definition is still circular: The concept OWNERSHIP is still being used to define itself. The same objection would apply if we define *man* as the *human* animal, *large* as the attribute possessed by something that is *big*, or *folly* as a *foolish* act.

In each case, the italicized words are synonyms. To avoid such circularity, it is useful to ask: _____ _____? For example, what is the difference between owning a dress and borrowing it or trying it on in the store? How are humans different from other animals? What makes an action a folly as opposed to a wise action?

① When do you need to define key concepts

② Why then do you suggest such a definition

③ Where can you find the supporting evidence

④ How do you convince people that you're right

⑤ What contrast is the concept intended to draw

17

Change is hard, and we urgently need to get better at creating positive change in the world. Unfortunately, many of the people who make it to leadership positions have a highly developed intellect but are poor on the social side of things. Neuroscience is beginning to explore this phenomenon, too. "The brain network involved in holding

information, planning, working memory and cognitive problem solving tends to be on the lateral, or outer, portions of the brain," Matthew Lieberman explains during an interview at his lab. "Then there are regions more involved in the midline or middle areas, related to self-awareness, social cognition, and empathy. We know that these two networks are inversely correlated: when one is active, the other tends to be deactivated. It does suggest possibly that there is something inversely correlated about social and nonsocial abilities." This makes sense when you understand that the networks you pay attention to are the ones that grow. If you spend a lot of time in cognitive tasks, your ability to have empathy with people reduces simply because _____
_____. [4점]

* lateral: 측면의, 옆의
** inversely: 역으로

① that circuitry doesn't get used much

② the outer brain regions become inactive

③ the brain is built to concentrate on survival

④ the brain's short−term memory function is affected

⑤ some chemicals trigger the growth of new brain cells

18

A key feature of Karl Popper's claim is that scientific laws always go beyond existing experimental data and experience. The inductive method attempted to show that, by building up a body of data, inferences can be made to give laws that are regarded as certain, rather than probable. Popper challenges this on the grounds that all sensation involves interpretation of some sort, and that in any series of experiments there will be variations, and whether or not such variations are taken into account is down to the presuppositions of the person conducting them. Also, of course, the number of experiments done is always finite, whereas the number of experiments not yet done is infinite, so an inductive argument can never achieve the absolute certainty of a piece of deductive logic. At the same time, scientists are likely to favour any alternative theories that can account for both the original, confirming evidence and also the new, conflicting evidence. In other words, progress comes by way of _____
_____. [4점]

① finding the limitations of existing scientific theories and pushing beyond them

② creating sustainable partnerships between scientists and decision−makers

③ publishing research findings in the most reputable academic journals

④ conducting scientific research generally through a proven process

⑤ encouraging innovation through funding from the government

19

Rats can reflect on their own mental processes—and can tell if they are likely to perform well (or not) on a duration-discrimination test. They were asked to decide if a sound that they recently heard was long or short. Short tones lasted from 2 to 3.6 seconds; long ones, from 4.4 to 8 seconds. (Note that 3.6 seconds is more difficult to discern from 4.4 seconds than 2 seconds is to discern from 8 seconds. Rats understand this, apparently.) After hearing the sounds, a rat had two choices: it could abandon the test by sticking its nose into one hole and receiving a small reward, or it could opt to take the test about the difference in duration by sticking its nose into a different hole and receiving a big reward if it made the correct choice (registered by pressing a lever). An incorrect choice resulted in no reward. Rats were more likely to decline the test (and receive the smaller reward) the

more difficult the test was, that is, the more similar in duration the two sounds were. In other words, rats can _____.

[4점]

① cheat other rats to get food

② assess their own cognitive states

③ apply their auditory sense to find objects

④ make certain communication sounds

⑤ act as if they don't mind pain

[20~21] 주어진 글 다음에 이어질 글의 순서로 가장 적절한 것을 고르시오.

20

Mosquitoes can carry and transmit many disease-causing microbes to humans. They also have microbiota. Again, knowledge of this has been exploited to try to thwart mosquitoes' capacity to transmit infections to humans. Many insects carry *Wolbachia* bacteria normally.

(A) The presence of *Wolbachia* infection in the next generation of mosquitoes inhibits viruses such as dengue. Use of this technique in one area of Australia has been extremely effective in interrupting dengue transmission. Tests are also underway in other areas.

(B) In nature, *Aedes aegypti*, the mosquito that transmits dengue, chikungunya, Zika, and other viruses, are not normally infected with *Wolbachia* however, they can survive when infected with *Wolbachia*. It turns out, however, that if infected with *Wolbachia*, they may be unable to transmit certain viruses like dengue and chikungunya and other viruses that cause disease.

(C) Researchers are now studying whether they can use this information to prevent transmission. They are rearing mosquitoes, intentionally infecting male mosquitoes with *Wolbachia*, and releasing them into the wild. Male mosquitoes do not take blood meals and do not transmit infections. The released male mosquitoes mate with local female mosquitoes and *Wolbachia* is passed to the next generation via eggs. [4점]

* microbiota: (특정 장소에 사는) 미생물 군집
** thwart: 방해하다

① (A) − (C) − (B)
② (B) − (A) − (C)
③ (B) − (C) − (A)
④ (C) − (A) − (B)
⑤ (C) − (B) − (A)

21

Stabilizing selection refers to selection against both extremes of a trait's range in values. Individuals with extreme high or low values of a trait are less likely to survive and reproduce, and those with values closer to the average are more likely to survive and reproduce.

(A) Very small ones are more prone to disease and have weaker systems, making their survival more difficult. Newborns who are too large are also likely to be selected against, because a very large child may create complications during childbirth and both mother and child may die. Thus, there is selection against both extremes, small and large.

(B) The weight of a newborn child is the result of a number of environmental factors, such as mother's age and weight, among many others. There is also a genetic component to birth weight. Newborns who are very small (less than 2.5 kg) are less likely to survive than newborns who are heavier.

(C) The effect of stabilizing selection is to maintain the population at the same average value over time. Extreme values are selected against each generation, but the average value in the population does not change. Human birth weight is a good example of stabilizing selection.

① (A) − (C) − (B) ② (B) − (A) − (C)

③ (B) − (C) − (A) ④ (C) − (A) − (B)

⑤ (C) − (B) − (A)

[22~23] 글의 흐름으로 보아, 주어진 문장이 들어가기에 가장 적절한 곳을 고르시오.

22

> And the mechanical looms that displaced Ned and his comrades meant that someone with less skill, without Ned's specialized training, could take his place.

A popular picture of the Industrial Revolution depicts a wave of machines displacing a large number of low-skilled workers from their roles — people who made their living spinning thread and weaving cloth with bare hands and basic tools finding themselves without work. (①) But this is not what happened. (②) It was the high-skilled workers of the time who were under threat. (③) Ned Ludd, the apocryphal leader of the Luddite uprising against automation, was a skilled worker of his age, not an unskilled one. (④) If he actually existed, he would have been a professional of sorts — perhaps even a card-carrying member of the Worshipful Company of Clothworkers, a prestigious club for people of his trade. (⑤) These new machines were "de-skilling," making it easier for less-skilled people to produce high-quality wares that would have required skilled workers in the past.

* loom: 베틀
** apocryphal: (진위가) 의심스러운

23

> Nevertheless, children in their developmental phases (e.g., from the age of 9 or 10 via puberty to solidary growing up) challenge the previous value system.

Morals change over time and across generations. Generational conflicts are therefore precisely due to evolution. (①) What today's generations in many societies regard as opportune was often unacceptable in previous generations. (②) Children are socialized (and thus learn what is good or bad, what is right or wrong), especially through their parents, in the family and at school. (③) By means of explicit rules and prohibitions as well as implicitly through behavior, children are provoked to behave in a way that is considered desirable. (④) The conflicts at generation transitions lead in the long run to adjustments of the moral conceptions. (⑤) This is to be understood as a clear indication of the social evolution and saves chances of the advancement as well as risks (of the "moral decline").

24 다음 글의 내용을 한 문장으로 요약하고자 한다. 빈칸 (A), (B)에 들어갈 말로 가장 적절한 것은?

Today's technology offers alternatives to the traditional approach in education. Take one feature of the traditional approach, the fact that teaching in a classroom is unavoidably "one size fits all." Teachers cannot tailor their material to the specific needs of every student, so in fact the education provided tends to be "one size fits none." This is particularly frustrating because tailored tuition is known to be very effective: an average student who receives one-to-one tuition will tend to outperform 98 percent of ordinary students in a traditional classroom. In education research, this is known as the "two sigma problem"— "two sigma," because that average student is now almost two standard deviations (in mathematical notation, 2σ) ahead of ordinary students in

achievement, and a "problem" since an intensive tutoring system like this, although it can achieve impressive outcomes, is prohibitively expensive. "Adaptive" or, "personalized" learning systems promise to solve this problem, tailoring what is taught to each student but at a far lower cost than the human alternative.

* standard deviation: 표준 편차

Traditional teaching methods cannot provide students with __(A)__ learning experiences, but technology can help provide these experiences more __(B)__ than the human alternative.

	(A)		(B)
①	customized	......	cost-effectively
②	cooperative	......	cost-effectively
③	competitive	......	expertly
④	collective	......	costly
⑤	individualized	......	costly

[25~26] 다음 글을 읽고, 물음에 답하시오.

Fashion presented a distinctive opportunity because it alone could _____ _____. Most Europeans during the late Middle Ages were illiterate, and literacy spread only slowly during the Renaissance: for example, historians estimate that more than 90 percent of the English population was illiterate in 1500 and the majority remained so until the nineteenth century. As a consequence, these societies relied on verbal communication and images to convey messages that later societies conveyed through the written word. The church spread the Gospel through icons, paintings, ritual, and spectacle; the state addressed its citizens and the ambassadors of foreign powers with magnificent celebrations, grand palaces, parades, and awe-inspiring monuments—visual arguments for honor and respect. Clothing was an integral part of these image-based polemics; a monarch could *show* other people she was extraordinary and destined to rule; a priest could suggest by his very physical presence the splendor of heaven and the glory of God. New developments in fashion amplified this type of visual persuasion: the tailor's art, which became widespread in the fourteenth century, allowed clothing to communicate not only through luxurious fabrics, vibrant colors, and surface adornments but also through form and shape. Rather than simply draping a body in finery, tailored clothing could transform it into something otherworldly, superhuman.

* polemics: 논증법
** adornment: 장식

25 윗글의 제목으로 가장 적절한 것은?

① Written Words as a Replacement of Images
② Fashion: A Visual Means of Communication
③ What Made the Fashion Industry Prosperous
④ Luxury: Expanding Its Market to More Customers
⑤ Designers Need to Balance Creativity and Business

26 윗글의 빈칸에 들어갈 말로 가장 적절한 것은? [4점]

① facilitate a sustainability agenda based on local production
② transform the body itself into a form of political persuasion
③ foster a strong relationship between consumer and producer
④ generate the largest manufacturing business in human history
⑤ provide a hygienic barrier keeping the body safe from diseases

[27~28] 다음 글을 읽고, 물음에 답하시오.

Immanuel Kant suggested that our experience of the outside world is shaped by our uniquely human cognitive structures. In his view, we perceive external reality through our sensory and mental faculties, which (a) employ specific forms, like time, space and causality, to structure and order the world. We thereby create the world that we experience, a world that is a function of the forms we impart to it. The properties that we associate with the world are features of our cognitive apparatus, not of "things-in-themselves." If pink lenses were implanted over our eyeballs at birth, the world would appear to us with a pink shade, and we would have no way of envisioning reality without this pink overlay. Similarly, we cannot see reality without the (b)influence of how our eyes and brains are constructed to view things.

According to Kant, when we attribute properties like causality, space and time to the world outside our experience we run into conceptual confusion and (c) eliminate contradictions, because these properties are conceptual structures, not structures of things-in-themselves. These contradictions are known as Kant's antinomies of pure reason, and they (d) reveal the limits of our knowledge: we are restricted to things as they appear to us; we cannot know the world as it exists without the form of these appearances. Kant did not (e)deny the existence of objects outside us; rather,

he asserted that we perceive them in a form that is determined by the way the human brain works.

* impart: 주다, 부여하다
** apparatus: 장치
*** antinomy: 모순, 이율배반

27 윗글의 주제로 가장 적절한 것은?

① differences between Kant and preceding philosophers

② Kant's contribution to making philosophy popular

③ strengths and weaknesses of Kantian philosophy

④ Kantian political theory and its effects on politics

⑤ Kant's view of how humanity perceives the world

28 밑줄 친 (a)~(e) 중에서 문맥상 낱말의 쓰임이 적절하지 않은 것은? [4점]

① (a)　　　　② (b)

③ (c)　　　　④ (d)

⑤ (e)

[29~30] 다음 글을 읽고, 물음에 답하시오.

(A)

Linda was one of my coaching clients. She was a middle-level leader who worked in a large school district that was undergoing a great deal of change. Linda had many ideas and was enthusiastic about them. Her immediate supervisor, Jean, had a high level of visible anxiety about the upcoming changes.

(B)

Linda challenged her own assumption that Jean would never listen and began to take bold action. She approached Jean to schedule a meeting. Linda and I brainstormed what she could say that would be different from their conversations of the past, and would hopefully make a difference, and lead to progress. Within a few short weeks, Linda scheduled and had the meeting with Jean. Jean recognized the change in Linda and was, much to Linda's surprise, open to listening to (a)her ideas.

(C)

They were at a stalemate. Eventually, Linda realized it was (b)she who had to look deeply at her assumptions and how they contributed to her stagnation, and that of the department and the school. Although it took a while for Linda to recognize that it would continue this way until she did something about it, once she realized that change began with (c)

her, she became open to examine what she could do. Linda chose to have a conversation with Jean.

* stalemate: 교착
** stagnation: 정체

(D)

In fact, Jean had a temper that became evident under stress. Linda learned to avoid (d)her. Linda assumed Jean would fly off the handle when Linda wanted to discuss the team's goals and strategies. What did Linda do? Nothing. Linda learned to stay away from Jean. The result? Nothing. In our coaching sessions, Linda recognized that Jean wasn't likely to change alone. Linda wanted to implement some new programs in her department and felt as though (e)she was walking on eggshells around Jean. Linda fell into inaction.

29 주어진 글 (A)에 이어질 내용을 순서에 맞게 배열한 것으로 가장 적절한 것은?

① (B) – (D) – (C) ② (C) – (B) – (D)

③ (C) – (D) – (B) ④ (D) – (B) – (C)

⑤ (D) – (C) – (B)

30 밑줄 친 (a)~(e) 중에서 가리키는 대상이 나머지 넷과 <u>다른</u> 것은?

① (a)   ② (b)

③ (c)   ④ (d)

⑤ (e)

제3교시 수학영역(공통)

▶정답 및 해설 569p

※ 23번부터는 선택과목이니 자신이 선택한 과목(확률과 통계, 미적분, 기하)의 문제지인지 확인하시오.

01 $\dfrac{4}{3^{-2}+3^{-3}}$의 값은? [2점]

① 9   ② 18

③ 27   ④ 36

⑤ 45

02 함수 $f(x)=(x^3-2x^2+3)(ax+1)$에 대하여 $f'(0)=15$일 때, 상수 a의 값은?

[2점]

① 3   ② 5

③ 7   ④ 9

⑤ 11

03 등비수열 $\{a_n\}$에 대하여

$$a_2=4,\ \frac{(a_3)^2}{a_1\times a_7}=2$$

일 때, a_4의 값은? [3점]

① $\dfrac{\sqrt{2}}{2}$ ② 1

③ $\sqrt{2}$ ④ 2

⑤ $2\sqrt{2}$

04 함수 $y=f(x)$의 그래프가 그림과 같다.

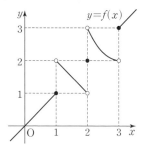

$\displaystyle\lim_{x\to 1+}f(x)+\lim_{x\to 3-}f(x)$의 값은? [3점]

① 1   ② 2

③ 3   ④ 4

⑤ 5

05 이차방정식 $5x^2-x+a=0$의 두 근이 $\sin\theta$, $\cos\theta$일 때, 상수 a의 값은? [3점]

① $-\dfrac{12}{5}$　　　　② -2

③ $-\dfrac{8}{5}$　　　　④ $-\dfrac{6}{5}$

⑤ $-\dfrac{4}{5}$

07 그림과 같이 직선 $y=mx+2\,(m>0)$이 곡선 $y=\dfrac{1}{3}\left(\dfrac{1}{2}\right)^{x-1}$과 만나는 점을 A, 직선 $y=mx+2$가 x축, y축과 만나는 점을 각각 B, C라 하자. $\overline{AB}:\overline{AC}=2:1$일 때, 상수 m의 값은? [3점]

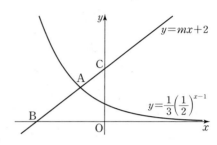

① $\dfrac{7}{12}$　　　　② $\dfrac{5}{8}$

③ $\dfrac{2}{3}$　　　　④ $\dfrac{17}{24}$

⑤ $\dfrac{3}{4}$

06 함수 $f(x)=\dfrac{1}{2}x^4+ax^2+b$가 $x=a$에서 극소이고, 극댓값 $a+8$을 가질 때, $a+b$의 값은? (단, a, b는 상수이다.) [3점]

① 2　　　　② 3

③ 4　　　　④ 5

⑤ 6

08 함수
$$f(x)=\begin{cases} x^2-2x & (x<a) \\ 2x+b & (x\ge a)\end{cases}$$
가 실수 전체의 집합에서 미분가능할 때, $a+b$의 값은? (단, a, b는 상수이다.) [3점]

① -4　　　　② -2

③ 0　　　　④ 2

⑤ 4

09 곡선 $y=|\log_2(-x)|$를 y축에 대하여 대칭이동한 후 x축의 방향으로 k만큼 평행이동한 곡선을 $y=f(x)$라 하자. 곡선 $y=f(x)$와 곡선 $y=|\log_2(-x+8)|$이 세 점에서 만나고 세 교점의 x좌표의 합이 18일 때, k의 값은? [4점]

① 1   ② 2

③ 3   ④ 4

⑤ 5

10 사차함수 $f(x)$가 다음 조건을 만족시킬 때, $f(2)$의 값은? [4점]

(가) $f(0)=2$이고 $f'(4)=-24$

(나) 부등식 $xf'(x)>0$을 만족시키는 모든 실수 x의 값의 범위는 $1<x<3$이다.

---

① 3   ② $\dfrac{10}{3}$

③ $\dfrac{11}{3}$ ④ 4

⑤ $\dfrac{13}{3}$

11 자연수 n에 대하여 직선 $x=n$이 직선 $y=x$와 만나는 점을 P_n, 곡선 $y=\dfrac{1}{20}x\left(x+\dfrac{1}{3}\right)$과 만나는 점을 Q_n, x축과 만나는 점을 R_n이라 하자. 두 선분 P_nQ_n, Q_nR_n의 길이 중 작은 값을 a_n이라 할 때, $\displaystyle\sum_{n=1}^{10} a_n$의 값은? [4점]

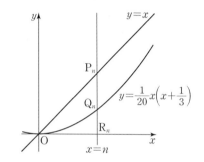

① $\dfrac{115}{6}$ ① $\dfrac{58}{3}$

③ $\dfrac{39}{2}$ ④ $\dfrac{59}{3}$

⑤ $\dfrac{119}{6}$

12 함수

$$f(x)=\begin{cases}x^2+1 & (x\le 2) \\ ax+b & (x>2)\end{cases}$$

에 대하여 $f(\alpha)+\displaystyle\lim_{x\to\alpha+}f(x)=4$를 만족시키는 실수 α의 개수가 4이고, 이 네 수의 합이 8이다. $a+b$의 값은? (단, a, b는 상수이다.) [4점]

① $-\dfrac{7}{4}$ ② $-\dfrac{5}{4}$

③ $-\dfrac{3}{4}$ ④ $-\dfrac{1}{4}$

⑤ $\dfrac{1}{4}$

13 그림과 같이 중심이 O_1이고 반지름의 길이가 $r(r>3)$인 원 C_1과 중심이 O_2이고 반지름의 길이가 1인 원 C_2에 대하여 $\overline{O_1O_2}=2$이다. 원 C_1 위를 움직이는 점 A에 대하여 직선 AO_2가 원 C_1과 만나는 점 중 A가 아닌 점을 B라 하자. 원 C_2 위를 움직이는 점 C에 대하여 직선 AC가 원 C_1과 만나는 점 중 A가 아닌 점을 D라 하자. 다음은 $\overline{BD}$가 최대가 되도록 네 점 A, B, C, D를 정할 때, $\overline{O_1C}^2$을 r에 대한 식으로 나타내는 과정이다.

⑤ 120

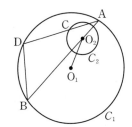

삼각형 ADB에서 사인법칙에 의하여
$$\frac{\overline{BD}}{\sin A}=\boxed{(가)}$$
이므로 $\overline{BD}$가 최대이려면 직선 AD가 원 C_2와 점 C에서 접해야 한다.
이 때 직각삼각형 ACO_2에서
$$\sin A=\frac{1}{\overline{AO_2}}$$이므로
$$\overline{BD}=\frac{1}{\overline{AO_2}}\times\boxed{(가)}$$이다.
그러므로 직선 AD가 원 C_2와 점 C에서 접하고 $\overline{AO_2}$가 최소일 때 $\overline{BD}$는 최대이다.
$\overline{AO_2}$의 치솟값은 $\boxed{(나)}$
이므로 $\overline{BD}$가 최대일 때,
$$\overline{O_1C}^2=\boxed{(다)}$$이다.

위의 (가), (나), (다)에 알맞은 식을 각각 $f(r)$, $g(r)$, $h(r)$라 할 때, $f(4)\times g(5)\times h(6)$의 값은? [4점]

① 216   ② 192

③ 168   ④ 144

14 최고차항의 계수가 1인 이차함수 $f(x)$에 대하여 함수 $g(x)$를

$$g(x) = \begin{cases} f(x) & (x < 1) \\ 2f(1) - f(x) & (x \geq 1) \end{cases}$$

이라 하자. 함수 $g(x)$에 대하여 〈보기〉에서 옳은 것만을 있는 대로 고른 것은? [4점]

〈보기〉

ㄱ. 함수 $g(x)$는 실수 전체의 집합에서 연속이다.

ㄴ. $\lim\limits_{h \to 0+} \dfrac{g(-1+h) + g(-1-h) - 6}{h} = a$ (a는 상수)이고 $g(1) = 1$이면 $g(a) = 1$이다.

ㄷ. $\lim\limits_{h \to 0+} \dfrac{g(b+h) + g(b-h) - 6}{h} = 4$ (b는 상수)이면 $g(4) = 1$이다.

① ㄱ ② ㄱ, ㄴ
③ ㄱ, ㄷ ④ ㄴ, ㄷ
⑤ ㄱ, ㄴ, ㄷ

15 함수

$$f(x) = \left| 2a\cos\frac{b}{2}x - (a-2)(b-2) \right|$$

가 다음 조건을 만족시키도록 하는 10 이하의 자연수 a, b의 모든 순서쌍 (a, b)의 개수는? [4점]

(가) 함수 $f(x)$는 주기가 π인 주기함수이다.
(나) $0 \leq x \leq 2\pi$에서 함수 $y = f(x)$의 그래프와 직선 $y = 2a-1$의 교점의 개수는 4이다.

① 11 ② 13
③ 15 ④ 17
⑤ 19

16 $\log_3 a \times \log_3 b = 2$이고 $\log_a 3 + \log_b 3 = 4$일 때, $\log_3 ab$의 값을 구하시오. [3점]

17 함수 $f(x)=3x^3-x+a$에 대하여 곡선 $y=f(x)$ 위의 점 $(1, f(1))$에서의 접선이 원점을 지날 때, 상수 a의 값을 구하시오.

[3점]

18 곡선 $y=x^3+2x$와 y축 및 직선 $y=3x+6$으로 둘러싸인 부분의 넓이를 구하시오. [3점]

19 수열 $\{a_n\}$은 $a_1=1$이고, 모든 자연수 n에 대하여

$$a_{2n}=2a_n, \ a_{2n+1}=3a_n$$

을 만족시킨다. $a_7+a_k=73$인 자연수 k의 값을 구하시오. [3점]

20 원점을 출발하여 수직선 위를 움직이는 점 P의 시각 $t(t \geq 0)$에서의 속도는

$$v(t)=|at-b|-4 \ (a>0, \ b>4)$$

이다. 시각 $t=0$에서 $t=k$까지 점 P가 움직인 거리를 $s(k)$, 시각 $t=0$에서 $t=k$까지 점 P의 위치의 변화량을 $x(k)$라 할 때, 두 함수 $s(k)$, $x(k)$가 다음 조건을 만족시킨다.

(가) $0 \leq k < 3$이면 $s(k)-x(k)<8$이다.
(나) $k \geq 3$이면 $s(k)-x(k)=8$이다.

시각 $t=1$에서 $t=6$까지 점 P의 위치의 변화량을 구하시오. (단, a, b는 상수이다.)

[4점]

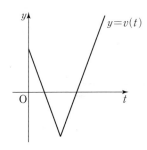

21 등차수열 $\{a_n\}$이 다음 조건을 만족시킨다.

(가) $a_6+a_7=-\dfrac{1}{2}$

(나) $a_l+a_m=1$이 되도록 하는 두 자연수 l, $m(l<m)$의 모든 순서쌍 (l, m)의 개수는 6이다.

등차수열 $\{a_n\}$의 첫째항부터 제14항까지의 합을 S라 할 때, $2S$의 값을 구하시오. [4점]

22 최고차항의 계수가 정수인 삼차함수 $f(x)$에 대하여 $f(1)=1$, $f'(1)=0$이다. 함수 $g(x)$를

$g(x)=f(x)+|f(x)-1|$

이라 할 때, 함수 $g(x)$가 다음 조건을 만족시키도록 하는 함수 $f(x)$의 개수를 구하시오. [4점]

(가) 두 함수 $y=f(x)$, $y=g(x)$의 그래프의 모든 교점의 x좌표의 합은 3이다.

(나) 모든 자연수 n에 대하여 $n<\displaystyle\int_0^n g(x)dx<n+16$이다.

확률과 통계(23~30)

23 $(x+2)^6$의 전개식에서 x^4의 계수는? [2점]

① 58   ② 60

③ 62   ④ 64

⑤ 66

24 이산확률변수 X의 확률분포를 표로 나타내면 다음과 같다.

X	1	2	3	합계
$P(X=x)$	a	$\dfrac{a}{2}$	$\dfrac{a}{3}$	1

$E(11X+2)$의 값은? [3점]

① 18   ② 19

③ 20   ④ 21

⑤ 22

25 어느 회사에서 근무하는 직원들의 일주일 근무 시간은 평균이 42시간, 표준편차가 4시간인 정규분포를 따른다고

z	$P(0 \leq Z \leq z)$
0.5	0.1915
1.0	0.3413
1.5	0.4332
2.0	0.4772

한다. 이 회사에서 근무하는 직원 중에서 임의추출한 4명의 일주일 근무 시간의 표본평균이 43시간 이상일 확률을 다음의 표준정규분포표를 이용하여 구한 것은? [3점]

① 0.0228 ② 0.0668

③ 0.01587 ④ 0.3085

⑤ 0.3413

26 세 학생 A, B, C를 포함한 6명의 학생이 있다. 이 6명의 학생이 일정한 간격을 두고 원 모양의 탁자에 모두 둘러앉을 때, A와 C는 이웃하지 않고, B와 C도 이웃하지 않도록 앉는 경우의 수는? (단, 회전하여 일치하는 것은 같은 것으로 본다.) [3점]

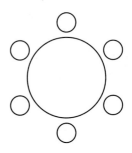

① 24 ② 30

③ 36 ④ 42

⑤ 48

27 한 개의 주사위를 두 번 던져서 나온 눈의 수를 차례로 a, b라 하자. 이차부등식 $ax^2+2bx+a-3\leq0$의 해가 존재할 확률은? [3점]

① $\dfrac{7}{9}$ ② $\dfrac{29}{36}$

③ $\dfrac{5}{6}$ ④ $\dfrac{31}{36}$

⑤ $\dfrac{8}{9}$

28 두 집합 $X=\{1,\,2,\,3,\,4\}$,
$Y=\{0,\,1,\,2,\,3,\,4,\,5,\,6\}$에 대하여 X에서 Y로의 함수 f 중에서
$f(1)+f(2)+f(3)+f(4)=8$
을 만족시키는 함수 f의 개수는? [4점]

① 137   ② 141

③ 145   ④ 149

⑤ 153

29 서로 다른 두 자연수 a, b에 대하여 두 확률변수 X, Y가 각각 정규분포 $N(a,\,\sigma^2)$, $N(2b-a,\,\sigma^2)$을 따른다. 확률변수 X의 확률밀도함수 $f(x)$와 확률변수 Y의 확률밀도함수 $g(x)$가 다음 조건을 만족시킬 때, $a+b$의 값을 구하시오. [4점]

> (가) $P(X\leq11)=P(Y\geq11)$
> (나) $f(17)<g(10)<f(15)$

30 그림과 같이 두 주머니 A와 B에 흰 공 1개, 검은 공 1개가 각각 들어 있다. 주머니 A에 들어 있는 공의 개수 또는 주머니 B에 들어 있는 공의 개수가 0이 될 때까지 다음의 시행을 반복한다.

> 두 주머니 A, B에서 각각 임의로 하나씩 꺼낸 두 개의 공이 서로 같은 색이면 꺼낸 공을 모두 주머니 A에 넣고, 서로 다른 색이면 꺼낸 공을 모두 주머니 B에 넣는다.

4번째 시행의 결과 주머니 A에 들어 있는 공의 개수가 0일 때, 2번째 시행의 결과 주머니 A에 들어 있는 흰 공의 개수가 1 이상일 확률은 p이다. $36p$의 값을 구하시오. [4점]

A   B

미적분(23~30)

23 $\lim\limits_{n \to \infty} \dfrac{1}{\sqrt{an^2+bn}-\sqrt{n^2-1}}=4$일 때, ab의 값은? (단, a, b는 상수이다.) [2점]

① $\dfrac{1}{4}$ ② $\dfrac{1}{2}$

③ $\dfrac{3}{4}$ ④ 1

⑤ $\dfrac{5}{4}$

24 함수 $f(x)=x^3+3x+1$의 역함수를 $g(x)$라 하자. 함수 $h(x)=e^x$에 대하여 $(h \circ g)'(5)$의 값은? [3점]

① $\dfrac{e}{8}$ ② $\dfrac{e}{7}$

③ $\dfrac{e}{6}$ ④ $\dfrac{e}{5}$

⑤ $\dfrac{e}{4}$

25 함수 $f(x)=x^2e^{x^2-1}$에 대하여 $\lim\limits_{n\to\infty}\sum\limits_{k=1}^{n}\dfrac{2}{n+k}f\left(1+\dfrac{k}{n}\right)$의 값은? [3점]

① e^3-1 ② $e^3-\dfrac{1}{e}$

③ e^4-1 ④ $e^4-\dfrac{1}{e}$

⑤ e^5-1

26 구간 $(0,\infty)$에서 정의된 미분가능한 함수 $f(x)$가 있다. 모든 양수 t에 대하여 곡선 $y=f(x)$ 위의 점 $(t,f(t))$에서의 접선의 기울기는 $\dfrac{\ln t}{t^2}$이다. $f(1)=0$일 때, $f(e)$의 값은? [3점]

① $\dfrac{e-2}{3e}$ ② $\dfrac{e-2}{2e}$

③ $\dfrac{e-1}{3e}$ ④ $\dfrac{e-2}{e}$

⑤ $\dfrac{e-1}{e}$

27 그림과 같이 $\overline{A_1B_1}=4$, $\overline{A_1D_1}=3$인 직사각형 $A_1B_1C_1D_1$이 있다. 선분 A_1D_1을 $1:2$, $2:1$로 내분하는 점을 각각 E_1, F_1이라 하고, 두 선분 A_1B_1, D_1C_1을 $1:3$으로 내분하는 점을 각각 G_1, H_1이라 하자. 두 삼각형 $C_1E_1G_1$, $B_1H_1F_1$로 만들어진 ✖모양의 도형에 색칠하여 얻은 그림을 R_1이라 하자.

그림 R_1에서 두 선분 B_1H_1, C_1G_1이 만나는 점을 I_1이라 하자. 선분 B_1I_1 위의 점 A_2, 선분 C_1I_1 위의 점 D_2, 선분 B_1C_1 위의 두 점 B_2, C_2를 $\overline{A_2B_2}:\overline{A_2D_2}=4:3$인 직사각형 $A_2B_2C_2D_2$가 되도록 잡는다. 그림 R_1을 얻는 것과 같은 방법으로 직사각형 $A_2B_2C_2D_2$에 ✖모양의 도형을 그리고 색칠하여 얻은 그림을 R_2라 하자.

이와 같은 과정을 계속하여 n번째 얻은 그림 R_n에 색칠되어 있는 부분의 넓이를 S_n이라 할 때, $\lim\limits_{n\to\infty}S_n$의 값은? [3점]

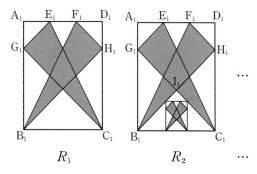

R_1 R_2 ...

① $\dfrac{347}{64}$ ② $\dfrac{351}{64}$

③ $\dfrac{355}{64}$ ④ $\dfrac{359}{64}$

⑤ $\dfrac{363}{64}$

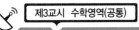

28 $0<a<1$인 실수 a에 대하여 구간 $\left[0, \dfrac{\pi}{2}\right)$

에서 정의된 함수

$y=\sin x,\ y=a\tan x$

의 그래프로 둘러싸인 부분의 넓이를 $f(a)$라

할 때, $f'\left(\dfrac{1}{e^2}\right)$의 값은? [4점]

① $-\dfrac{5}{2}$ ② -2

③ $-\dfrac{3}{2}$ ④ -1

⑤ $-\dfrac{1}{2}$

29 그림과 같이 반지름의 길이가 5이고 중심각

의 크기가 $\dfrac{\pi}{2}$인 부채꼴 OAB에서 선분 OB

를 $2:3$으로 내분하는 점을 C라 하자. 점

P에서 호 AB에 접하는 직선과 직선 OB

의 교점을 Q라 하고, 점 C에서 선분 PB에

내린 수선의 발을 R, 점 R에서 선분 PQ

에 내린 수선의 발을 S라 하자. $\angle POB=\theta$

일 때, 삼각형 OCP의 넓이를 $f(\theta)$, 삼각형

PRS의 넓이를 $g(\theta)$라 하자.

$80 \times \lim\limits_{\theta \to 0+} \dfrac{g(\theta)}{\theta^2 \times f(\theta)}$의 값을 구하시오.

$\left(단,\ 0<\theta<\dfrac{\pi}{2}\right)$ [4점]

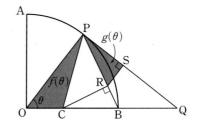

30 최고차항의 계수가 -2인 이차함수 $f(x)$와 두 실수 $a(a>0)$, b에 대하여 함수

$$g(x)=\begin{cases} \dfrac{f(x+1)}{x} & (x<0) \\ f(x)e^{x-a}+b & (x\geq0) \end{cases}$$

이 다음 조건을 만족시킨다.

> (가) $\displaystyle\lim_{x\to0-}g(x)=2$이고 $g'(a)=-2$이다.
>
> (나) $s<0\leq t$이면 $\dfrac{g(t)-g(s)}{t-s}\leq-2$이다.

$a-b$의 최솟값을 구하시오. [4점]

기하(23~30)

23 좌표공간에서 점 $P(2,\ 1,\ 3)$을 x축에 대하여 대칭이동한 점 Q에 대하여 선분 PQ의 길이는? [2점]

① $2\sqrt{10}$ ② $2\sqrt{11}$

③ $4\sqrt{3}$ ④ $2\sqrt{13}$

⑤ $2\sqrt{14}$

24 그림과 같이 평면 α 위에 $\angle BAC=\dfrac{\pi}{2}$이고 $\overline{AB}=1$, $\overline{AC}=\sqrt{3}$인 직각삼각형 ABC가 있다. 점 A를 지나고 평면 α에 수직인 직선 위의 점 P에 대하여 $\overline{PA}=2$일 때, 점 P와 직선 BC 사이의 거리는? [3점]

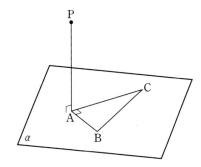

① $\dfrac{\sqrt{17}}{2}$ ② $\dfrac{\sqrt{70}}{4}$

③ $\dfrac{3\sqrt{2}}{2}$ ④ $\dfrac{\sqrt{74}}{4}$

⑤ $\dfrac{\sqrt{19}}{2}$

25 타원 $\dfrac{x^2}{16}+\dfrac{y^2}{9}=1$과 두 점 $A(4,0)$, $B(0,-3)$이 있다. 이 타원 위의 점 P에 대하여 삼각형 ABP의 넓이가 k가 되도록 하는 점 P의 개수가 3일 때, 상수 k의 값은? [3점]

① $3\sqrt{2}-3$ ② $6\sqrt{2}-7$

③ $3\sqrt{2}-2$ ④ $6\sqrt{2}-6$

⑤ $6\sqrt{2}-5$

26 그림과 같이 정삼각형 ABC에서 선분 BC의 중점을 M이라 하고, 직선 AM이 정삼각형 ABC의 외접원과 만나는 점 중 A가 아닌 점을 D라 하자. $\overrightarrow{AD}=m\overrightarrow{AB}+n\overrightarrow{AC}$일 때, $m+n$의 값은? (단, m, n은 상수이다.) [3점]

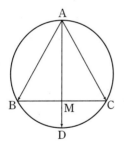

① $\dfrac{7}{6}$ ② $\dfrac{5}{4}$

③ $\dfrac{4}{3}$ ④ $\dfrac{17}{12}$

⑤ $\dfrac{3}{2}$

27 그림과 같이 두 초점이 F, F'인 쌍곡선 $ax^2-4y^2=a$ 위의 점 중 제1사분면에 있는 점 P와 선분 PF' 위의 점 Q에 대하여 삼각형 PQF는 한 변의 길이가 $\sqrt{6}-1$인 정삼각형이다. 상수 a의 값은? (단, 점 F의 x좌표는 양수이다.) [3점]

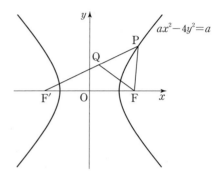

① $\dfrac{9}{2}$ ② 5

③ $\dfrac{11}{2}$ ④ 6

⑤ $\dfrac{13}{2}$

28 점 F를 초점으로 하고 직선 l을 준선으로 하는 포물선이 있다. 포물선 위의 두 점 A, B와 점 F를 지나는 직선이 직선 l과 만나는 점을 C라 하자. 두 점 A, B에서 직선 l에 내린 수선의 발을 각각 H, I라 하고 점 B에서 직선 AH에 내린 수선의 발을 J라 하자. $\dfrac{\overline{BJ}}{\overline{BI}} = \dfrac{2\sqrt{15}}{3}$이고 $\overline{AB} = 8\sqrt{5}$일 때, 선분 HC의 길이는? [4점]

① $21\sqrt{3}$ ② $22\sqrt{3}$

③ $23\sqrt{3}$ ④ $24\sqrt{3}$

⑤ $25\sqrt{3}$

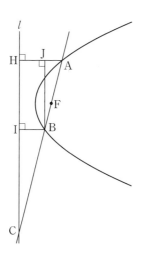

29 좌표공간에 점 $(4, 3, 2)$를 중심으로 하고 원점을 지나는 구
$$S: (x-4)^2 + (y-3)^2 + (z-2)^2 = 29$$
가 있다. 구 S 위의 점 $P(a, b, 7)$에 대하여 직선 OP를 포함하는 평면 α가 구 S와 만나서 생기는 원을 C라 하자. 평면 α와 원 C가 다음 조건을 만족시킨다.

> (가) 직선 OP와 xy평면이 이루는 각의 크기와 평면 α와 xy평면이 이루는 각의 크기는 같다.
> (나) 선분 OP는 원 C의 지름이다.

$a^2 + b^2 < 25$일 때, 원 C의 xy평면 위로의 정사영의 넓이는 $k\pi$이다. $8k^2$의 값을 구하시오. (단, O는 원점이다.) [4점]

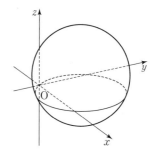

30 좌표평면 위의 세 점 $A(6, 0)$, $B(2, 6)$, $C(k, -2k)$ $(k > 0)$과 삼각형 ABC의 내부 또는 변 위의 점 P가 다음 조건을 만족시킨다.

> (가) $5\overrightarrow{BA} \cdot \overrightarrow{OP} - \overrightarrow{OB} \cdot \overrightarrow{AP} = \overrightarrow{OA} \cdot \overrightarrow{OB}$
>
> (나) 점 P가 나타내는 도형의 길이는 $\sqrt{5}$이다.

$\overrightarrow{OA} \cdot \overrightarrow{CP}$의 최댓값을 구하시오. (단, O는 원점이다.) [4점]

2026
사관학교
 7개년 국어·영어·수학

제1교시 국어영역(공통)

▶ 정답 및 해설 578p

[01~03] 다음 글을 읽고 물음에 답하시오.

"모두가 판에 박은 듯이 똑같은 신문을 무엇 하러 세 가지나 보냔 말이야. 고양이도 낯짝이 있더라고 좀 염치가 있어야지. 한 번만 더 넣었다가는 가만두지 않을 테야."

어떻게 붙잡았는지 아내가 배달아이를 잡아 닦달하는 소리였다. 영하는 혼자 이불 속에서 비실 웃었다. 그것은 바로 신문기자인 자기한테 하는 소리로 들렸기 때문이다. 간접적이나마 아내한테서까지 그런 소리를 들으니 절로 웃음이 나왔다.

"그냥 놔두고 신문만 내지 말아요."

"저 애들이 얼마나 뻔뻔스러운 애들이라고 그렇게 쉽게 되는 줄 아세요? 이달치만 줄 테니 더 넣지 말라고 신문대를 주며 달래보기도 하고, 신문을 모았다 돌려주기도 했지만 견뎌낼 재간이 없다고요. 아무리 꺽진 거지도 저 애들 같진 않을 거예요. 구걸을 해도 유분수지, 벌써 여섯 달째라고요."

"그 구걸하는 돈으로 우리도 월급을 타 먹고 있으니 너무 구박 말아요."

"하지만 아무 필요도 없는 신문을 세 가지나 보잔 말인가요?"

아내는 이만저만 속이 상한 게 아닌 모양이었다.

그 뒤부터 신문이 날아들어 창에 맞고 떨어지는 소리를 들으면, 영하는 그 신문이 자기 가슴에라도 떨어지는 듯 가슴이 철렁했다. 그때마다 또 아내가 쫓아나갈까 겁이 났다. 제발 쫓아나가지 말았으면 하고, 영하는 그 배달아이보다 더 조마조마하게 가슴을 조였다.

하루는 무슨 일로 일찍 집을 나가다가 바로 대문 앞에서 그 배달아이와 부딪치고 말았다. 신문을 접어 비행기를 날리려는 순간이었다.

"야!"

배달아이는 힐끔 돌아보더니 후닥닥 도망쳤다. 마치 무얼 훔치다가 들킨 꼴이었다. 진창까지 밟으며 정신없이 뛰었다. 운동화 한 짝이 벗겨져 공중으로 튕겨 올라갔다. 신을 집더니 제대로 신지도 않고 손에 들고 뛰었다. 골목을 거의 빠져나가서야 이쪽을 돌아보며 신을 신었다. 누구한테 붙잡혀 뺨이라도 얻어맞은 적이 있지 않았을까 싶었다.

그 며칠 뒤 성탄절 아침이었다. 전날 저녁에 술이 많이 취했으나 다섯 살짜리 아들 녀석이 고장난 장난감을 고쳐달라고 극성을 피우는 바람에 일찍 눈이 뜨였다. 외할머니며 이모들한테 받은 크리스마스 선물이었다.

그때 골목에서 '××일보요'하는 소리가 났다. 영하 집에서 제대로 구독을 하고 있는, 영하 회사의 경쟁지였다. 그 억지 신문은 아직 날아들지 않고 있었다. 언제나 그 신문이 먼저 날아드는데 오늘은 좀 늦는 모양이었다.

순간, 지난번 흙탕에서 튕겨 오르던 그 배달아이의 신발이 머리를 스쳤다. 영하는 거의 반사적으로 일어나 포켓을 뒤졌다. 오천 원짜리가 나왔다. 천 원짜리를 찾았으나 없었다. 그대로 손에 쥐고 대문간으로 나갔다. **신문대하고는 상관없이 운동화나 한 켤레 사 신으라고** 할 참이었다. 골목에는 눈이 허옇게 쌓여 있었다. 저쪽에서 배달아이가 달려오고 있었다. 달려오던 아이가 영하를 보더니 우뚝 멈춰 섰다. 대번에 주눅이 들어 조그맣게 오그라들었다.

"이제 안 넣을게요."

잔뜩 겁먹은 눈으로 영하를 보며 애원하듯 했다. 골목을 뛰어다녀 얼굴이 벌겋게 익어 있었고, 더운 김을 내뿜는 코끝에는 방울방울 땀방울이 돋아 있었다.

"그게 아냐."

"이제 정말 안 넣는다니까요."

소년은 금방 영하가 덜미라도 낚아채지 않을까, 저쪽 담에다 등을 대고 한 걸음 한 걸음 빠져나가며 말했다. 눈은 공포에 질려 있었다.

"아냐, 내 말 들어봐."

영하는 돈을 보이며 말했다.

"정말 안 넣을게요."

소년은 거의 울상으로 슬금슬금 영하 앞을 지나더니 후닥닥 뛰었다. 저만큼 내빼다가 힐끔 돌아봤다. 순간, 눈길에 미끄러져 발랑 나가떨어졌다. 눈 위에 신문 뭉치가 흩어졌다. 소년은 이쪽을 힐끔거리며 뭉텅뭉텅 신문을 거머쥐었다. 다시 이쪽을 돌아보며 도망쳤다. 영하는 소년이 사라진 데를 보고 서 있었다. 넋나간 꼴로 한참 동안 서 있다가 대문을 닫고 들어왔다.

다음날부터 그 신문은 날아들지 않았다. 그 소년의 겁에 질린 눈만 커다랗게 남아 있었다. 그 눈이 자꾸 떠올랐다. 자리에 누울 때도 떠오르고 밥을 먹을 때도 떠올랐다. 기사를 쓸 때도 마찬가지였다.

영하는 그때부터 고향에 있는 자기 몫의 논밭이 떠올랐다. 그 얼마 뒤 음력설에 아내와 함께 고향에 다녀오면서 **넌지시 시골에서 살면** 어떻겠느냐고 했다. 아내는 웃으며 농담으로 받아넘겼다. 영하는 정색을 하고 말했다. 아내는 지금 그게 제정신으로 하는 소리냐는 눈으로 영하를 돌아보며 픽 웃고 말았다. 고향에 가면 언제나 그랬지만 그때는 더 푸근한 안도감이 들었던 것이다. 어디 먼 데로 나돌며 잔뜩 지쳐 빠져 자기 집에라도 돌아온 기분이었다. 사실은, 영하도 말로만 그랬지 여태 몸담아 오던 직장을 버리고 고향으로 내려간다는 게 빈 밥상 물리듯 쉬운 일이 아니라는 건 잘 알고 있었다.

[중략 부분 줄거리] 영하는 아내와 함께 도시 변두리로 이사하지만, 신문기자를 그만두지는 못한다. 그곳의 노인들에게서 또철이의 불효 행각을 고발하는 기사를 써 달라는 부탁을 받고 초고를 작성한다.

편집국에 들어섰다. 어쩐지 신문사 안의 분위기가 싸늘하게 느껴졌다. 모두 입을 봉하고 담배만 뻐끔거리고 있었다. 항상 생글거리던 문화부 여기자마저 얼굴이 굳어 있었다. 대밭에서 와글와글 지저귀던 참새 떼들이 갑자기 지저귀던 소리를 뚝 그치는 경우가 있다. 위험을 감지하는 순간이다. 그 정적 사이에서 한두 마리가 짹짹거린다. 다시 지저귀거나 모두 와르르 날아간다. 그 한두 마리가 짹짹거리는 소리는 괜찮다거나 위험하다는 신호인 모양이었다. 들판에서 끼룩거리며 먹이를 먹던 기러기 떼도 마찬가지다. 망보던 녀석이 뭐라 길게 소리를 하면 먹이를 먹던 기러기 떼가 모두 고개를 쳐들고 소리를 뚝 그친다. 바로 그런 분위기였다. 그때 **국장실**에서 **정치부장**이 나왔다. 우거지상이었다.

"제길, 그런 것도 못 쓰면 무얼 쓰란 말이야?"

정치부장은 의자에 엉덩이를 내던지며 창밖을 향해 의자를 핑글 돌렸다. 담배에 불을 붙여 길게 연기를 내뿜었다.

영하에게 갑자기 떠오른 게 있었다. 신문에 내기만 하면 저 죽고 나 죽겠다고 독기를 피우던 또철이의 눈이었다. 영하는 **주머니에서 기사를 꺼내** 슬그머니 휴지통에 넣어버렸다. 그가 무섭다기보다 귀찮았다. 뒤미처 골목 영감들의 얼굴이 떠올랐다. 좁쌀영감의 차가운 눈이 맨 먼저 떠올랐다. 셰퍼드의 시퍼런 눈도 떠올랐다. 갑자기 옛날 신문배달아이의 공포에 질린 눈도 지나갔다.

– 송기숙, 「개는 왜 짖는가」 –

01 윗글에 대한 설명으로 가장 적절한 것은? [3점]

① 특정 인물의 시각을 중심으로 사건이 서술되고 있다.

② 액자식 구성을 통해 사건을 입체적으로 드러내고 있다.

③ 대화를 통해 인물 간의 오해가 풀리는 과정을 드러내고 있다.

④ 요약적 진술을 통해 특정 인물이 살아온 내력을 제시하고 있다.

⑤ 상징적 소재를 통해 인물 간의 갈등이 해결되었음을 암시하고 있다.

02 서사의 흐름을 고려하여 〈보기〉의 ㉠, ㉡에 대해 이해한 내용으로 적절하지 <u>않은</u> 것은? [3점]

〈보기〉

㉠	㉡
영하와 배달아이의 첫 번째 마주침	영하와 배달아이의 두 번째 마주침

① ㉠에서 도망치는 아이를 보고 영하는 아이의 이전 경험을 추측하고 있다.

② ㉠이 우연에 의해 일어난 것이라면 ㉡은 영하의 의도에 의해 일어난 것이다.

③ ㉡이 이루어진 것은 ㉠에서 아이가 도망가다가 신발이 벗겨진 사건과 관련이 있다.

④ ㉡에서 아이는 영하의 의중을 이해하지 못해 여전히 ㉠에서와 같은 태도를 보이고 있다.

⑤ ㉡ 이후 영하는 아이의 겁에 질린 눈을 떠올리며 아내를 말리지 못했던 것을 후회하고 있다.

03 〈보기〉를 참고하여 윗글을 감상한 내용으로 적절하지 <u>않은</u> 것은? [4점]

〈보기〉

이 작품은 권력이 언론을 통제하던 시대를 살고 있는 신문기자를 통해 획일화된 언론 현실을 우회적으로 비판하고 있다. 작품에서 인물은 언론의 자유가 억압된 현실에서 언론인으로서의 책무를 제대로 수행하지 못해 괴로워한다. 생계 때문에 신문사를 그만두지 못하는 그는, 구박을 받으면서도 가난 때문에 신문을 넣어야 했던 배달아이에게 동질감을 느낀다. 그리고 이는 현실로부터 도피하고 싶은 마음으로 이어진다.

① 배달되는 신문이 '모두가 판에 박은 듯이 똑같은' 것은 획일화된 언론의 현실이 드러난 것이겠군.

② 영하가 배달아이에게 '신문대하고는 상관없이 운동화나 한 켤레 사 신으라고' 말하려고 했던 것은 생계를 위해 신문을 넣어야 했던 아이에게 동질감을 느꼈기 때문이겠군.

③ 영하가 아내에게 '넌지시 시골에서 살'자고 제안하는 것은 현실로부터 도피하고 싶은 마음에서 비롯된 것이겠군.

④ '국장실'에서 나온 '정치부장'이 '우거지상'으로 '제길, 그런 것도 못 쓰면 무얼 쓰란 말이야?'라고 말하는 것은 권력이 언론을 통제하던 현실이 반영된 것이겠군.

⑤ 영하가 '주머니에서 기사를 꺼내' 휴지통에 넣은 것은 언론인의 책무를 다하지 못했다는 괴로움 때문이겠군.

[04~07] 다음 글을 읽고 물음에 답하시오.

맹자가 살았던 시대에는 패권 다툼으로 인한 국가 간의 대립이 ⓐ 지속되었다. 인(仁)에 기초한 왕도정치(王道政治)를 주장했던 맹자는 전쟁을 잘하는 자를 큰 죄인으로 여겼고, 침략 전쟁을 주장하는 주전론자(主戰論者)들을 강하게 비판했다. 그러나 당시의 혼란을 극복하기 위한 불가피한 전쟁을 인정하는 태도를 보이기도 하였다. 일견 상반된 것으로 보이는 그의 두 가지 입장은 어떻게 상호 모순됨 없이 성립될 수 있을까?

맹자는 인간이 본래적으로 측은히 여기는 마음인 인(仁)과 그것을 실천하려는 의지인 의(義)를 모두 가지고 있다고 보고, 인간의 도덕 본성을 인의(仁義)로 규정했다. 이러한 도덕 본성은 하늘이 준 것으로 누구나 가지고 있지만 자연스럽게 발현되는 것은 아니므로 인에 대한 자각과 노력이 필요하다고 보았다. 이를 바탕으로 맹자는 왕도정치, 즉 인정(仁政)을 ⓑ 주창한다. 통치의 근간이 되는 인의는 이익을 추구하는 리(利)와 구분된다. 인의는 공(公)이고 리는 사(私)로서, 인의는 모든 인간이 가진 선한 마음에 근거한 공공성을 갖는 것이나, 리는 자신과 타자를 배타적으로 경계 짓는 데서 비롯하는 사사로운 욕망이다.

이러한 리와 인의의 선명한 대비는 패도정치(霸道政治)와 왕도정치가 갈리는 근거가 된다. 리를 추구하는 패자(霸者)는 상대를 힘으로 지배하려는 자이다. 힘으로 지배하려고 하면 힘이 부족한 상대는 굴복하지만 그렇지 않은 경우에는 그 관계가 ⓒ 역전될 수도 있다. 따라서 패자는 늘 상대보다 강한 힘이 필요하고, 그에 따라 대국(大國)을 소유하려 하게 된다. 반면 인정을 베푸는 왕은 신하와 백성들로부터 자발적인 복종과 신뢰를 얻기 때문에 싸우면 반드시 이기게 된다. 맹자는 백성을 돌볼 의무에 ⓓ 태만한 군주를 벌(伐)하여 바로잡는 것을 정(征)이라 하였다. 이처럼 도탄에 빠진 백성을 구제한다는 명분을 갖는 정벌(征伐) 전쟁은 도덕적 정당성을 갖춘 것으로 보았다.

『맹자』에 나오는 연나라 정벌에 관한 대화는 정벌 전쟁이 어떤 것인지 보다 구체적으로 보여준다. 맹자는 제나라의 대부인 심동이 "연나라를 정벌해도 됩니까?"라고 묻자, ㉠ "그렇다."라고 대답한다. 이후 제나라가 연나라를 치자, 어떤 이가 맹자에게 "제나라에 연나라를 정벌하도록 권한 일이 있습니까?"라고 묻는다. 이에 맹자는 ㉡ "아니다."라고 대답한다. 그리고 "만일 정벌할 수 있는 자가 누구인지 물었다면, 천리(天吏)가 정벌할 수 있다고 대답하였을 것이다."라고 한다.

그렇다면 천리란 누구인가? 맹자는 '천하에 대적할 이가 없으면 천리'라고 말한다. 이는 왕도정치를 펴게 되면 천하에 적이 없게 된다는 말이다. 이는 천하에 대적할 자가 없는 인인(仁人)은 지극한 인(仁)으로 지극한 불인(不仁)을 정벌할 수 있다는 의미도 포함한다. 이처럼 맹자는 도덕적 권위를 갖는

군주인 천리가 수행하는 정벌 전쟁을 의전(義戰)이라고 규정하였다.

맹자가 주장한 의전론(義戰論)은 그가 보여준 전쟁에 대한 비판적 태도와는 외형상으로 모순되는 듯이 보이지만, 실질적으로는 맹자의 정치적 이상이었던 인정을 실현하는 방법으로 보아야 한다. 백성들을 도탄에 빠지게 하는 패자들의 전쟁은 일어나서는 안 되는 것이지만, 죄 있는 자를 벌하기 위해 도덕적 권위를 가진 천리가 ⓔ 수행하는 의전은 필요한 것이다. 인정을 실현하기 위한 불가피한 방법으로서 정당성을 부여받는 의전은 결국 그가 지향했던 반전쟁(反戰爭)을 달성하기 위한 수단이라고 할 수 있다.

04 윗글의 내용과 일치하지 <u>않는</u> 것은? [3점]

① 맹자가 살았던 시대에는 서로를 지배하려는 국가 간 패권 다툼이 있었다.

② 맹자는 도덕 본성은 하늘이 준 것이므로 자연스럽게 발현되는 것으로 보았다.

③ 맹자는 패도정치는 리(利)를, 왕도정치는 인의를 추구하는 데서 구분된다고 보았다.

④ 맹자의 의전은 실질적으로는 맹자의 정치적 이상을 실현하는 방법으로 볼 수 있다.

⑤ 맹자는 리(利)를 자신과 타자를 구분하는 데서 비롯하는 사사로운 욕망이라 하였다.

05 윗글의 내용을 바탕으로 할 때 ㉮와 ㉯에 들어갈 말로 알맞게 짝지어진 것은? [3점]

> 윗글의 ㉠은 ㉮ 과 관련된 질문에 대한, ㉡은 ㉯ 과 관련된 질문에 대한 대답이다.

	㉮	㉯
①	정벌의 명분	정벌 주체의 자격
②	정벌의 대상	정벌의 방식
③	정벌의 방식	정벌의 당위성
④	정벌의 당위성	정벌의 대상
⑤	정벌 주체의 자격	정벌의 명분

06 '맹자'의 관점에서 〈보기〉를 이해한 내용으로 적절하지 <u>않은</u> 것은? [4점]

〈보기〉

A국의 왕은 오로지 자국의 영토를 끊임없이 확장하기 위해 백성들에게 가혹한 세금을 부과하였다. 그리고 농사일에 바쁜 백성들을 징병하여 상대국을 압도할 수 있는 힘을 키웠고, 타국과의 전쟁에 승리하여 대국을 이루었다. 반면 B국의 왕은 인정(仁政)을 베풀어 태평성대를 이룬 결과 A국보다 강한 힘을 갖게 되었다. B국의 왕은 백성을 돌보지 않는 A국의 왕의 죄를 묻고 도탄에 빠진 A국의 백성들을 구하고자 A국과의 전쟁을 결정하였다.

① A국의 왕은 상대를 압도할 수 있는 힘을 키우려 한다는 점에서 패자(霸者)라고 할 수 있겠군.

② A국의 왕은 영토 확장을 위해 전쟁을 일으켰다는 점에서 리(利)를 추구한 것이라고 볼 수 있겠군.

③ B국의 왕은 인정을 베풀었기 때문에 신하와 백성들로부터 자발적인 복종과 신뢰를 얻었겠군.

④ B국의 왕은 태평성대를 이루어 강한 힘을 갖게 됐다는 점에서 정(征)을 행하였다고 할 수 있겠군.

⑤ B국의 왕은 A국의 백성들을 구하고자 했다는 점에서 그가 결정한 전쟁은 도덕적 정당성을 갖추었다고 볼 수 있겠군.

07 ⓐ~ⓔ의 사전적 의미로 적절하지 <u>않은</u> 것은? [3점]

① ⓐ : 어떤 상태가 오래 계속됨.

② ⓑ : 어떤 생각이나 결론·반응 따위를 이끌어 냄.

③ ⓒ : 형세가 뒤집힘.

④ ⓓ : 열심히 하려는 마음이 없고 게으름.

⑤ ⓔ : 생각하거나 계획한 대로 일을 해냄.

[08~11] 다음 글을 읽고 물음에 답하시오.

　　콜링우드는 예술을 상상력을 통한 감정의 표현이라고 규정하며, 예술의 본질에 담긴 중요한 요소를 상상력, 감정, 표현으로 파악하였다. 상상력에 대해 이해하기 위해서는 콜링우드가 언급한 감정에 대해서 먼저 이해할 필요가 있다. 콜링우드는 느낌을 감각과 감정으로 나누었다. 감각은 색깔, 소리, 냄새 같은 것을 느끼
[A] 는 것으로 보편성을 가지며, 감정은 즐거움, 고통, 분노 같은 것을 느끼는 것으로 개인마다 나름대로의 특수성을 갖는다. 콜링우드는 감각에 감정이 부하되는 것으로 감각이 감정에 선행한다고 하였다. 하지만 선행한다고 해서 우선순위를 갖거나 인과 관계로 연결되는 것은 아니다. 감각과 감정은 동일한 대상을 통해 경험되는 것이므로 하나의 감각 경험으로 통합된다.

그런데 콜링우드는 감각이 동시적이고 순간적이라 모든 감각을 인식하기는 어렵지만, 예술가가 자신의 내면에 집중하여 이러한 감각들을 인지하려고 노력한다면 다양한 감각 경험이 종합되어 특정한 감정을 만들어낼 수 있다고 보았다. 콜링우드는 이를 정서적 충전이라고 하였는데, 예술가는 이를 예술 작품의 표현 대상으로 삼음으로써 자기 자신을 이해하고 개별화된 표현을 할 수 있게 된다는 것이다.

콜링우드가 제시한 상상력은 허구적인 이미지를 만들어내는 공상과 구별되는 것으로, 칸트의 생산적 상상력과 유사하다. 칸트는 생산적 상상력을 대상이 현존하지 않더라도 대상의 다양한 형식을 포착하여 그 다양성을 결합하고 종합하는 선천적인 능력이라 하였다. 콜링우드는 상상력이 공상이나 환상과는 달리 지적 활동이라는 칸트의 관점에 동의하며 감정과 표현을 연결하는 고리를 상상력으로 ㉠ 보았다. 즉 예술가가 과거의 경험으로부터 이끌어 낸 정서적 충전을 표현하기 위해서는 상상력이 필수적이라고 본 것이다. 이러한 상상의 영역에서는 모든 시간이 현재화된다. 과거의 감각적 경험을 상상이 일어나는 현재에 표현할 수 있기 때문이다.

콜링우드는 감정의 표현에 대해 이야기하면서, 표현하는 것과 서술하는 것을 구분하였다. 서술하는 것은 대상을 개념화하여 분류하는 것으로 일반화의 과정에 해당하며 객관적인 것이다. 반면에 표현하는 것은 대상이 주는 독특성을 의식하여 드러내는 것으로 개별화의 과정에 해당하며 주관적인 것이다. 그러므로 감정을 표현한다는 것은 다른 사람들의 것과는 구별되는 행위자 고유의 감정을 나타내는 것이다. 그런데 콜링우드는 예술가가 느끼는 감정들은 분화되지 않은 상태이기 때문에 표현하기 전에는 스스로도 알 수가 없다고 보았다. 마치 시인이 현실에서의 경험을 통해 느낀 모호한 감정들을 '시'라는 예술 작품을 통해 형상화함으로써 자신의 감정들이 무엇이었는지를 알게 되는 것처럼 예술가는 자신이 가진 고유한 감정이 작품에 반영되어 표현된 후에야 비로소 그 감정이 무엇인지 인식하게 된다는 것이다. 그리고 감상자도 감수성을

갖고 작품을 음미할 경우, 예술가의 마음에서 창조된 것과 동일한 감정 상태를 자신의 감정으로 재구성할 수 있게 된다고 보았다.

08 윗글을 통해 알 수 있는 내용으로 적절하지 **않은** 것은? [3점]

① 콜링우드가 본 감각과 감정의 관계
② 칸트가 규정한 생산적 상상력의 개념
③ 콜링우드가 제시한 감각의 구분 기준
④ 콜링우드가 밝힌 감정 표현과 서술의 차이점
⑤ 상상력에 대한 칸트와 콜링우드의 공통된 견해

09 [A]를 바탕으로 〈보기〉를 이해한 내용으로 적절하지 **않은** 것은? [3점]

〈보기〉
어린아이가 분홍색 꽃을 보고, "와, 분홍색이 예쁘다."라고 기뻐했다.

① 어린아이가 꽃의 색깔을 분홍색으로 느낀 것은 감각에 해당한다.
② 어린아이가 분홍색 꽃을 보고 느낀 기쁨은 감정에 해당한다.
③ 어린아이가 느낀 기쁨은 분홍색 꽃을 보고 얻은 감각에 부하된 것이다.
④ 어린아이가 분홍색 꽃을 본 것은 기쁨이라는 감정에 선행한다.
⑤ 어린아이는 분홍색을 본 것과 기쁨을 느낀 것이라는 두 가지 감각 경험을 한 것이다.

10 '콜링우드'의 관점에서 〈보기〉를 이해한 내용으로 적절하지 <u>않은</u> 것은? [4점]

─〈보기〉─

무용가 A는 시민들을 대상으로 '나의 고향'이란 주제의 즉흥 무용 공연을 하기로 하였다. 무용을 위해 A는 어릴 적 고향에서 경험한 나무 사이로 비치는 햇살, 바람 소리, 비 온 뒤의 흙내음 등을 떠올리며 알 수 없는 뭉클한 감정이 차오르는 것을 느꼈다. A는 뭉클한 감정을 춤사위로 선보이며 그것이 어린 시절 느티나무 아래에서 자신을 재워주던 할머니에 대한 그리움이라는 것을 알게 되었다.

① A가 과거 고향에 대한 모호한 감정을 춤사위로 연결하는 과정에서 상상력이 발휘되었겠군.

② A가 즉흥적인 춤사위를 선보이기 전에 느낀 감정은 스스로도 규정할 수 없는 분화되지 않은 감정이었겠군.

③ A가 햇살, 바람 소리, 흙내음 등의 감각을 통해 느낀 감정을 춤으로 표현하기 위한 과정에서 과거의 시간이 현재화되었겠군.

④ A는 자신이 느낀 감정이 나무 아래에서 자신을 재워주던 할머니에 대한 그리움이라는 것을 알게 되며 정서적 충전을 할 수 있었겠군.

⑤ 관객들도 감수성을 갖고 공연을 감상했다면 A의 마음에서 창조된 것과 동일한 감정 상태를 자신의 감정으로 재구성할 수 있었겠군.

11 밑줄 친 단어 중 ㉠의 문맥적 의미와 가장 유사한 것은? [3점]

① 그녀의 행동을 애교로 <u>볼</u> 수 없었다.

② 그녀는 조카를 <u>봐</u> 줄 사람을 구하였다.

③ 할머니는 늦게나마 손녀를 <u>보게</u> 되었다.

④ 기회를 <u>봐서</u> 선생님께 말씀드리는 게 좋겠다.

⑤ 의사 선생님께서는 오전에만 환자를 <u>보십니다</u>.

[12~14] 다음 글을 읽고 물음에 답하시오.

(가)

┌ 오동은 고목이 되어갈수록
│ 제 중심에 구멍을 기른다
[A] 오동뿐이랴 느티나무가 그렇고 대나무가 그렇다
│ **잘 마른 텅 빈 육신의 나무는**
└ 바람을 제 구멍에 연주한다

┌ 어느 누구의 삶인들 아니랴
│ 수많은 **구멍**으로 빚어진 삶의 빈 고목에
[B] 어느 날
└ 지나는 바람 한 줄기에서 거문고 소리 들리리니

┌ 거문고 소리가 아닌들 또 어떠랴
│ 고뇌의 **피리새라도 한 마리 세 들어 새끼칠 수**
[C] **있다면**
└ 텅 빈 누구의 **삶**인들 **향기롭**지 않으랴

┌ 바람은 쉼없이 **상처**를 후비고 백금칼날처럼
[D] 햇볕 뜨거워 이승의 **한낮**은
└ **육탈***하기 좋은 때
[E] 잘 마른 구멍하나 **가꾸**고 싶다

— 복효근, 「고목」 —

*육탈 : 살이 썩어 뼈만 남음.

(나)

누에들은 은수자(隱修者)다. 자승자박의 흰 동굴로 들어가 문을 닫고 조용히 몸을 감춘다. 혼자 웅

크린 번데기의 시간에 존재의 **변모**는 시작된다. 세 포들이 다시 배열되고 **없었던 날개**가 창조된다. 이 신비로운 변모가 꿈의 힘 없이 가능했을까. 어느 날 해맑은 아침의 얼굴이 동굴을 열고 나온다. 회 저처럼 **고통스러웠던 연금술의 긴 밤**을 지나 비로 소 **하늘백성의 날갯짓**이 시작되는 것이다. 밖에서 **구멍을 뚫어주는 누에의 왕**은 없다. 누에들은 언제 나 자신들이 벽을 뚫어야 하며 **안쪽에서 뚫어야** 한 다는 것을 잘 알고 있다.

– 최승호, 「누에」 –

12 (가)와 (나)의 공통점으로 가장 적절한 것은? [3점]

① 색채의 대비를 통해 시적 분위기를 조성하고 있다.

② 시적 대상에 인격을 부여하여 주제를 형상화하고 있다.

③ 시선의 이동에 따라 화자의 심리적 추이를 드러내고 있다.

④ 음성 상징어를 활용하여 대상을 생동감 있게 표현하고 있다.

⑤ 시간 표지를 활용하여 대상에 대한 화자의 인식 전환을 드러내고 있다.

13 시상의 흐름을 고려할 때 [A]~[E]에 대한 이해로 적절하지 **않은** 것은? [3점]

① [A] : 자연물들에 대한 관찰을 바탕으로 특정한 자연 현상에 주목하고 있다.

② [B] : [A]에서 주목한 자연 현상을 유추를 통해 인간의 삶에 적용하고 있다.

③ [C] : [B]에 나타난 삶에 대한 이해가 의문형 진술의 반복을 통해 확장되고 있다.

④ [D] : [C]에서 얻은 삶의 의미를 실천하지 못한 회한이 비유적으로 제시되고 있다.

⑤ [E] : [A]~[D]를 통해 얻은 삶에 대한 통찰이 화자의 소망으로 집약되고 있다.

14 〈보기〉를 바탕으로 (가)와 (나)를 감상한 내용으로 적절하지 **않은** 것은? [4점]

〈보기〉

존재는 스스로와의 결별을 통해 성숙한 존 재로 완성되는데, 이 과정은 필연적으로 인고 의 시간을 수반한다. 그리고 존재 스스로 성 숙의 주체가 되어 이러한 인고의 시간을 극복 할 때, 자신을 버리고 새롭게 거듭날 수 있게 된다. 따라서 시련은 역설적으로 존재의 소망 실현을 돕는 환경이 된다. (가)는 외부 세계로 부터 주어진 시련에 대해, 스스로를 비움으로 써 타자를 포용할 수 있는 성숙한 존재가 되는 과정을 보여 주고 있다. (나)는 스스로 만들어 낸 시련을 견딤으로써, 새로운 존재로 생성되 어 가는 성숙의 과정을 보여 주고 있다.

① (가)에서 '구멍'은 '피리새'가 서식할 수 있다는 점에서 타자를 포용하는 공간이고, (나)에서 '동굴'은 '하늘백성'이 되기 위해 거쳐야 한다는 점에서 성숙이 이루어지는 공간이라고 할 수 있겠군.

② (가)에서 '한 마리'가 '세 들어 새끼칠 수 있'는 것과 (나)에서 '누에의 왕'이 '구멍을 뚫어주'지 않는 것은 모두 역설적으로 존재의 소망 실현에 도움을 주는 환경이 된다고 할 수 있겠군.

③ (가)에서 '삶'을 '향기롭'게 하기 위해 구멍을 '가꾸'어야 한다는 점에서, (나)에서 '날갯짓'

을 시작하기 위해 '안쪽에서 뚫어야' 한다는 점에서 모두 스스로 성숙의 주체가 되는 모습을 강조한다고 할 수 있겠군.

④ (가)에서 '한낮'은 '상처'가 후벼지는 시간이라는 점에서, (나)에서 '긴 밤'은 '고통'스러운 '연금술'이 진행되는 시간이라는 점에서 모두 성숙한 존재가 되기 위한 인고의 시간이라고 할 수 있겠군.

⑤ (가)에서 '육탈'은 '잘 마른 텅 빈 육신'을 위한 비움의 과정인 반면, (나)에서 '변모'는 '없었던 날개'가 창조되는 생성의 과정이라고 할 수 있겠군.

[15~18] 다음 글을 읽고 물음에 답하시오.

미시 세계에서 양자의 중첩은 여러 상태들이 겹쳐 있는 것이다. 이 중 특정 상태가 측정될 확률은 알 수 있지만 관측하기 전까지는 어떤 상태인지 정확히 알 수 없다. 어떤 상태인지 알기 위해서는 관측을 해야 하는데, 거시 세계의 관측 행위로 인해 양자의 중첩이 붕괴되어 중첩 상태 중 어느 한 상태로 확정된다. 예를 들어, 미시 세계의 철수는 앉아 있거나 서 있는 두 가지 상태가 중첩되어 있다면, 관측 이전에는 서있는 철수가 관측될 확률과 앉아 있는 철수가 관측될 확률만 알 수 있다. 이처럼 미시 세계의 철수는 서있는 상태와 앉아 있는 상태가 중첩되어 있는데, 이 중첩 상태는 거시 세계의 선생님이 관측했을 때 붕괴되어 비로소 서 있는 상태나 앉아 있는 상태 중 어느 한 상태로 확정된다.

양자 컴퓨터는 이러한 양자의 중첩 현상을 활용한 것이다. 기존의 컴퓨터는 정보의 기본 단위인 비트를 사용하며, 비트는 0 또는 1이라는 확정적인 값을 갖는다. 이와 달리 양자 컴퓨터는 큐비트를 사용하며, 큐비트는 0일 확률과 1일 확률을 가진

중첩된 상태를 갖는다. 따라서 기존 컴퓨터는 확정된 값을 입력해서 한 번에 하나씩 연산하여 확정된 값을 출력하지만, 양자 컴퓨터는 중첩된 큐비트를 한 번 입력함으로써, 중첩상태가 가질 수 있는 모든 가능한 경우에 대한 연산을 한꺼번에 수행한다. 이런 원리상 양자 컴퓨터는 기존 컴퓨터보다 처리 속도가 빠르다.

기존 컴퓨터와 양자 컴퓨터는 오류를 검증하는 방법에도 차이가 있다. 기존 컴퓨터는 데이터를 저장할 때 동일 비트를 세 번 이상 저장한 후 다수결의 원리에 따라 오류를 보정할 수 있다. 일반적인 컴퓨터는 정상 비트일 가능성이 오류 비트일 가능성보다 높기 때문에, 0을 000으로, 1을 111로 저장해두면 그것이 설령 010, 001, 011, 101로 읽힌다고 하더라도 ㉠ 각각의 원래 값을 추정하기는 어렵지 않은 것이다. 그러나 양자 컴퓨터에서는 이러한 방식을 쓸 수 없다. 왜냐하면 중첩된 큐비트를 복사하거나 비교하려고 그 값을 관측하는 순간 중첩이 붕괴되기 때문이다.

이러한 문제를 해결하기 위해 양자 컴퓨터는 논리 게이트 CNOT(Controlled-NOT)을 통해 오류를 검증한다. 중첩된 큐비트가 오류일 가능성보다 정상일 가능성이 높은 양자 컴퓨터에서, 같은 내용의 연산을 통해 도출된 중첩된 큐비트 X와 중첩된 큐비트 Y가 있다고 하자. 연산에 오류가 없다면 X와 Y의 관측값은 같아야 한다. 관건은 중첩된 두 큐비트를 읽지 않고도 서로 같은지 다른지를 어떻게 판정할 수 있는가이다. 〈그림〉의 CNOT에는 위아래로 두 개의 입력과 두 개의 출력이 있는데, 위의 입력은 입력된 그대로 출력된다. 위의 입력에 0이 들어오면 아래의 입력은 그대로 출력되며, 위의 입력에 1이 들어오면 아래의 입력이 반전되어 출력된다. 반전이 되는 경우, 0은 1로 1은 0으로 바뀐다.

〈그림〉

먼저 큐비트 Z는 0으로 고정한다. 그리고 X와 Z를 CNOT에 입력한다. X가 1인 경우 Z를 반전하여

출력한다. 출력된 값을 각각 X와 Z_1이라고 하자. 다음으로, Y와 Z_1을 CNOT에 입력한다. Y가 1인 경우 Z_1을 반전하여 출력한다. 출력된 값을 각각 Y와 Z_2라고 하자. 만약 Z_2가 0이라면 X와 Y는 같고, 이는 연산에 오류가 있을 가능성이 낮다는 것을 의미한다. 반면 Z_2가 1이라면 X와 Y는 다르며, 이는 어디엔가 오류가 있음을 의미한다. 이러한 오류 검증의 과정에서 X와 Y의 값은 관측하지 않는다.

15 윗글에 대한 설명으로 가장 적절한 것은? [3점]

① 상황을 가정하여 특정 대상의 향후 전망을 제시하고 있다.

② 특정 대상이 발전되어 온 과정을 통시적으로 설명하고 있다.

③ 다른 대상과의 차이점을 바탕으로 특정 대상을 설명하고 있다.

④ 서로 다른 이론을 적용하여 특정 대상의 장단점을 분석하고 있다.

⑤ 유사한 두 대상의 공통점을 제시한 후 각각의 의의를 서술하고 있다.

16 윗글을 읽은 학생의 반응으로 적절하지 않은 것은? [3점]

① 거시 세계에서는 관측을 통해 양자의 중첩된 상태를 확인할 수 없겠군.

② 오류 비트일 가능성이 50% 이상이라면 다수결을 이용한 오류 검증은 실효성이 없겠군.

③ 미시 세계에서 중첩된 양자는 어떤 상태가 어느 정도의 확률로 있는지를 알 수 없겠군.

④ 기존 컴퓨터가 여러 번 수행해야 하는 연산을 양자 컴퓨터는 한 번에 수행할 수 있겠군.

⑤ 기존 컴퓨터의 오류 검증에서 동일 비트의 저장 횟수를 늘리면 검증의 정확도가 올라가겠군.

17 문맥을 고려할 때 ㉮를 추정한 내용으로 적절한 것은? [3점]

① 0, 0, 0, 1 ② 0, 0, 1, 1
③ 0, 1, 1, 1 ④ 1, 0, 1, 0
⑤ 1, 1, 0, 0

18 윗글을 바탕으로 〈보기〉를 이해한 내용으로 적절하지 않은 것은? [4점]

〈보기〉

다음은 오류 검증을 위해 사용한 CNOT 게이트의 진리표*를 간략하게 제시한 것이다.

	X	Y	Z	Z_1	Z_2
㉠	(ⓐ)	0	0	0	0
㉡	0	1	0	0	(ⓑ)
㉢	1	0	0	1	(ⓒ)
㉣	(ⓓ)	1	0	1	0

*진리표 : 논리연산의 가능한 모든 입력값의 조합을 열거하고, 각각의 조합에 대한 출력값을 나타내는 표.

① ㉠과 ㉣행의 Z_2가 각각 0이므로 ⓐ는 0, ⓓ는 1이다.

② ㉡과 ㉢행에서 X와 Y가 서로 다르므로, ⓑ와 ⓒ는 서로 다르다.

③ Z_1에 영향을 미치는 것은 X이다.

④ 오류 검증을 위해 관측하는 것은 Z_2이다.

⑤ X와 Y는 서로 영향을 미치지 않는다.

[19~21] 다음 글을 읽고 물음에 답하시오.

[앞부분 줄거리] 한림학사 유연수는 정부인 사씨에게 자식을 얻지 못해, 교녀를 첩으로 들인다. 교녀는 유 한림과의 사이에 아들을 먼저 낳지만 이후 사 부인이 아들을 낳자 위협을 느낀다.

두(杜) 부인이 멀리 가매, 교녀가 등에 가시를 벗은 듯하여 동청에게 사 부인 해하기를 모의한다. 동청이 말한다.

"내 한 계교가 있으되, 두려하건댄 낭자가 듣지 아니할까 하여 못하노라."

교녀가 물으니 동청이 말한다.

"옛적 당나라 황제가 후궁 무 소의의 딸을 사랑하여 제 자식같이 하니, 무 소의 제 딸을 제가 눌러 죽이고, 황후를 모함하여 죽이려 하매, 황제 그 말을 곧이듣고 황후를 폐하고 무 소의로 황후를 봉하였으니, 이 계교를 행하면 낭자가 뜻을 이루리라."

교녀가 묻는다.

"자기 자식은 애중하면서, 남의 자식은 해코자 하는다?"

동청이,

"낭자의 신세가 위태하여 마치 범을 탄 것과 같으니, 내 말을 듣지 아니하면 정녕 후회하리라."

교녀가,

"이 계교는 차마 듣지 못하리니, 다른 좋은 모계를 획책하라."

동청이 대답하지 않고 납매더러 이르기를,

"낭자 사람됨이 잔약하여 이 계교를 행치 아니하면 우리 다 죽을 것이니, 네 틈을 타 행하라."

이후 납매 하수코자 하되 틈을 얻지 못하더니, 하루는 장주가 난간에서 자더라. 사방을 살펴보니 다른 사람은 없고, 사 부인의 몸종 춘방이 설매와 같이 풀싸움하며 난간 아래로 가거늘 멀리 간 후, 즉시 올라가 장주를 눌러 죽이고, 설매를 따라와 이르되,

"네 전일에 ⓐ 옥지환을 도적하였으니 부인과 노야 아시면 죽을 것이니, 어느 때에 노야가 너를 잡아 물으시거든, 여차여차하게 대답하면 죄를 면하고, 많은 상을 교 낭자에게 얻으리라."

하니 설매 응낙하더라.

장주의 유모가 장주가 깨었는가 하여 와 보니 장주가 칠규로 피를 흘리고 죽었거늘 대성통곡하더라. 교녀가 넘어질 듯이 와 보고 하릴없는지라 크게 울며, 이것이 동청의 한 짓인 줄 아나, 흉모를 행코자 함인 줄 아므로 급히 한림께 알린다. 한림이 들어와 본즉, 차악한 경상(景狀)이 말로 표현할 수 없는데 교녀가 통곡한다.

"이 일이 반드시 연전에 저주하던 사람의 짓이라 시비들을 문초하면 알리이다."

한림이 즉시 형구를 갖추고, 사 부인께 친신(親信)히 잔심부름하던 비복을 엄문하니, 장주 유모는

"소비가 공자를 안고 난간 위에서 놀다가 잠들기에 누이고 잠깐 밖에 나아갔삽더니 그 사이 변이 났사오니, 사죄할 뿐이요, 무슨 말씀을 하오리까?"

납매는,

"소비가 보오니 춘방과 설매가 난간 아래로 지나더이다."

하고 말한다. 춘방과 설매를 엄형 국문(鞫問)하니, 춘방은 독형(毒刑)을 입어, 유혈이 임리(淋漓)하나 애매함을 고하고 설매는 처음은 춘방의 말과 같이 하더니, 나중은 소리를 크게 하여 하는 말이,

"대형벌을 당하여 죽기에 이르렀는데, 어찌 직고치 아니하리까. 부인이 소비와 춘방에게 분부하사 '장주 공자를 죽이면 큰 상을 내리리라.' 하시기에 소비 등이 기회를 엿본 지 오래이나, 행치 못하였더니 오늘 지나다가 보온즉, 공자가 홀로 난간에서 자옵는데, 소비는 차마 하수치 못하옵고, 춘방이 올라가 눌러 죽였나이다."

한림이 대로하여 춘방을 다시 엄형하니 춘방이 설매를 크게 꾸짖는다.

"무죄한 부인을 팔아 살기를 도모하니 견마라도 그 주인을 한 맘으로 섬기거늘 네 간사한 무리와 어울려 재물을 받고 주인을 해코자 하는다? 내 장(杖)을 맞아 죽을지언정 어찌 무죄한 부인을 해하리오. 황천후토(皇天后土)는 부인의 원통한 누명을 씻어 주소서."

하고 안색을 불변하고, 마침내 복초(服招)치 아니하고 장을 맞아 죽더라.

(중략)

이때 승상 엄숭이 도사의 잡술로 천자를 미혹하게 하는지라, 한림이 상소하여 간하였더라. 상이 기뻐 아니하사 비답(批答)지 아니하시고,

"다시 간소(諫疏)를 올리면 죽을 죄로 다스리리라."

하시니 한림이 불안하여 사직하고 집에 있더라. 하루는 아는 도사가 왔거늘 한림이 몽사번잡(夢事煩雜)함을 이르고 도사를 데리고 안에 들어가니 도사 두루 살펴보며 한림 처소의 벽을 헤치고 ⓑ 목인(木人)을 무수히 찾아낸다. 한림이 매우 놀라매 도사가 웃으며 말한다.

"이는 오직 상공의 애정과 관심을 요구함이요, 살인모해(殺人謀害)하는 저주가 아니오니 상공은 방심하소서. 그러나 상공 면상에 흑기(黑氣) 어리어 집을 떠날 수액(數厄)이 있으니 조심하소서."

한림이 칭사(稱謝)하고 도인이 돌아간 후 가만히 생각하니,

"연전에 저주한 일이 다 사씨가 꾸민 짓이라 하였더니, 이제 사씨 나간 지 오래고, 나 있는 방을 고친 지 여러 달 아니 되었거늘 또 이런 흉한 일이 있으니 분명 가내에 악인이 있도다. 이러한즉 사씨 어찌 원통치 아니하리오."

하고 요사한 물건을 다 없이한 후 정신이 들어 옛날 총명이 돌아오더라. 전일을 상상하여 보매 뉘우치는 마음이 점점 더하고 꿈이 깬 듯한데, 두 부인이 성도에서 서간을 부쳐 왔더라. 한림이 개봉한즉, 사씨의 출화(黜禍)당함을 모르고 쓴 것이라, 말씀이 명쾌하고 거듭 사씨를 부탁하였더라.

한림이 두렵고 죄스러워 머리를 숙이고 가만히 생각하매 자기가 꾀에 빠져 조강(糟糠)의 의(義)를 저버린 듯한지라, 심사가 편치 못하여 교녀와 정이 소원해지더라. 교녀가 크게 두려워 동청더러 사기(事機)를 이른다.

동청이,

"독약을 음식에 타 한림을 먹이라."

교녀가,

"만일 먹지 아니하고 뱉아버려 일이 잘못되면 큰일이 날 것이니 다른 계교를 생각하라."

동청이 모해하기를 생각하다가 하루는 서헌에 들어가니 마침 한림이 친구를 심방하러 나아갔더라. 동청이 서안을 상고하니 한림이 시세를 탄식하여 지은 글이 있는데, 승상 엄숭을 논박하되, 오국학민(誤國虐民)한다 하였더라. 동청이 좋아서 교녀더러 일렀다.

"이제 유연수 없이할 방도를 얻었으니 쾌하도다."

교녀가,

"어찌 이름이뇨?"

"천자가 도사와 단약(丹藥)을 믿으시고, 엄 승상이 그 일을 힘쓰거늘, 이제 유 한림이 천자를 비방하고, 엄 승상을 폄하여 글을 지었으니, 이 글을 엄 승상께 드리면 승상이 노하여 천자께 아뢰어 필연 귀양을 면치 못하리니 어찌 묘하고 쾌하지 아니하리오."

교녀가 좋아서,

"남의 손을 빌어 저를 없이하면 어찌 쾌한 일이 아니리오."

— 김만중, 「사씨남정기(謝氏南征記)」 —

19 윗글을 이해한 내용으로 적절하지 않은 것은? [3점]

① 도사는 한림이 죽음을 맞이할 수도 있다고 경고했다.

② 납매는 교녀의 허락을 받지 않고 장주를 눌러 죽였다.

③ 유 한림은 천자를 미혹하는 승상을 비판하는 글을 지었다.

④ 춘방은 거짓 증언을 하는 설매를 꾸짖으며 죽음을 맞이했다.

⑤ 두 부인은 사 부인이 집에 없는 것을 모르고 한림에게 편지를 썼다.

20 〈보기〉를 바탕으로 윗글을 감상한 내용으로 적절하지 <u>않은</u> 것은? [4점]

> ─── 〈보기〉───
>
> 조선 중기에 이르러 가부장제가 강화되면서 처첩 간의 갈등, 장자 상속으로 인한 적서차별의 문제 등이 심화되었다. 이러한 문제를 해결하기 위해 가부장의 현명함이 중요했는데, 가부장이 어리석으면 가문의 혼란은 한층 더 가중되었다. 또한 가부장에게 권력이 집중되어 있기 때문에 정쟁 등 외부적 요인으로 인해 가장이 죽거나 부재하게 되면 가문은 쉽게 무너질 수 있었다. 「사씨남정기」는 처첩 갈등을 중심으로, 자신의 지위 확보를 위한 인간의 잔인성을 사실적으로 그려 냄으로써 조선 사회 가부장제로 인한 폐해를 보여 주고 있다.

① 설매가 고문을 당하는 과정에서 사 부인을 모함한 것은 처첩 간의 갈등으로 인해 빚어진 일이겠군.

② 동청이 엄 승상에게 유 한림의 글을 전하려는 계획은 가문의 권력이 집중되어 있는 가장을 축출하려는 시도라 할 수 있겠군.

③ 동청이 유 한림에게 독약을 먹이자고 교녀에게 제안하는 것은 정쟁 등의 외부적 요인으로 인한 가문의 위기 상황이라고 할 수 있겠군.

④ 동청이 납매에게 교녀의 자식을 죽이라고 하는 것은 자신의 지위를 확보하기 위한 인간의 잔인성을 보여 주는 장면이라고 할 수 있겠군.

⑤ 유 한림이 무고한 사 부인을 의심하여 나가게 한 것은 가장의 어리석음으로 인해 가문이 혼란에 빠질 수 있다는 것을 보여 준다고 할 수 있겠군.

21 ⓐ와 ⓑ에 대한 설명으로 가장 적절한 것은? [3점]

① ⓐ와 ⓑ는 모두 사 부인을 살해하려는 수단으로 활용되고 있다.

② ⓐ는 설매가, ⓑ는 사 부인이 과거에 행한 부정적 행위의 증거물이다.

③ ⓐ는 설매를 설득하기 위한, ⓑ는 한림을 협박하기 위한 수단으로 활용되고 있다.

④ ⓐ는 한림의 관심을 유도하려는, ⓑ는 한림을 모해하려는 목적을 위해 활용되고 있다.

⑤ ⓐ는 설매가 납매의 요구를 들어줄 수밖에 없는 이유로, ⓑ는 한림이 과거 자신의 판단을 의심하는 계기로 활용되고 있다.

[22~25] 다음 글을 읽고 물음에 답하시오.

공무원은 국가 공권력의 대행자로서 공익을 위해 자신의 직무를 집행한다. 만약 공무원의 직무 집행으로 인해 개인이 손해를 입을 경우 국가가 이를 배상할 수 있다. 국가배상이란 위법한 국가 작용으로 인해 개인에게 발생한 손해를 국가가 배상하는 제도이다.

[A] 국가배상법은 제2조 제1항 본문에서 국가배상 청구권의 성립 요건을 다음과 같이 제시하고 있다. 첫째, 개인에게 손해를 발생시킨 행위가 공무원의 직무 집행 행위여야 한다. 이때 공무원의 행위가 법령에 규정된 직무가 아닌 경우라도, 겉으로 보기에 공무원의 직무 집행 행위로 보일 수 있으면 직무관련성이 인정된다. 둘째, 공무원의 고의 또는 과실이 존재해야 한다. 고의는 공무원이 행위의 위법성을 인식한 경우를, 과실은 공무원이 갖추어야 할 주의 의무를 다하지 않은 경우를 말한다. 셋째, 공무원의 위법 행위, 즉 법령에 위반된 행위가

존재해야 한다. 행위의 위법성은 적극적인 행위뿐 아니라 부작위에 의한 것도 인정된다. 부작위란 공무원이 일정한 행위에 대한 법적 의무가 존재함에도 이를 행하지 않은 것이다. 넷째, 공무원의 직무 집행 행위와 손해 사이에 인과 관계가 인정되어야 한다. 다만 법령에 규정된 공무원의 직무상 의무의 내용이 개인의 이익이 아닌 공익만을 목적으로 하는 경우, 위법한 직무집행 행위와 개인이 입은 손해 사이에 인과 관계가 인정되지 않는다.

그런데 위의 요건이 모두 충족된 경우라도 국가배상에서 배제되는 경우가 있다. 국가배상법 제2조 제1항 단서에서는 피해자가 공무원 중 군인·군무원·경찰공무원이어서 다른 법령에 의해 손해재해보상금등을 보상받을 수 있는 경우에는 국가배상을 받지 못하도록 규정하고 있다. 이는 별도의 피해 보상 제도를 운영하는 대신에 국가배상을 청구할 수 없도록 하여 이중 배상으로 인한 과도한 재정 지출을 방지하기 위함이다.

이처럼 공무원의 직무 집행 행위로 인한 손해에 대해 국가가 배상을 하는 이유는 무엇일까? 이는 국가배상 책임을 이해하는 관점에 따라 달라진다. ㉠ 자기책임설은 국가가 공권력의 사용 권한을 공무원에게 맡긴 이상 공무원의 권력 남용에 대해서는 국가가 책임져야 한다고 본다. 즉 국가배상 책임은 공무원 개인의 책임이 아니라 국가 자신의 책임이라는 것이다. 이 경우 공무원의 민사상 손해배상 책임은 여전히 존재한다. 이에 반해, ㉡ 대위책임설의 경우, 국가배상 책임은 손해를 가한 공무원이 부담해야 할 민사상 손해배상의 책임을 국가가 대신하여 지는 것이다. 국가는 불법을 행할 수 없다는 국가 무책임 사상에 근거해 공무원의 직무 집행 행위로 인한 손해는 공무원 자신의 책임이지만, 피해자 보호를 위해 국가가 대신해 그 책임을 부담한다는 것이다. 또한 공무원이 직접 배상해야 한다고 하면 공무 수행이 위축되어 무사안일주의가 팽배할 수 있다는 것을 근거로 한다. 마지막으로 ㉢ 절충설은, 공무원의 경과실은 직무 수행상 통상적으로 발생할 수 있는 것이므로, 이에 대한 공무원

개인의 책임은 존재하지 않고 국가의 책임만 존재한다고 본다. 따라서 이때의 국가배상 책임은 국가 자신의 책임이 된다. 반면 공무원의 고의나 중과실이 있는 행위까지 국가의 행위로 볼 수 없으므로, 이 경우 국가의 책임은 존재하지 않고 공무원 개인의 책임만 존재한다고 본다. 따라서 이때의 국가배상 책임은 피해자 보호를 위해 국가가 공무원을 대신하여 책임을 지는 것이 된다.

공무원의 직무 집행 행위로 손해를 입은 개인이 국가를 상대로 국가배상을 청구할 수 있는지, 가해 공무원을 상대로 민사상 손해배상을 청구할 수 있는지는 국가배상 책임을 어떻게 보는가에 따라 달라진다. ⓐ 자기책임설에 따르면, 국가와 공무원 개인 모두에게 배상을 청구할 수 있다. 반면 대위책임설에 따르면, 피해자는 배상 책임자를 선택할 수 없으며 국가에 대해서만 배상을 청구할 수 있다. 절충설에 따르면 경과실의 경우에는 국가에 대해서만, 고의나 중과실의 경우에는 국가와 공무원 중 하나를 선택하여 배상을 청구할 수 있다.

22 다음은 윗글의 독후 활동 학습지이다. ㄱ~ㅁ 중 윗글을 읽고 해결할 수 <u>없는</u> 것은? [3점]

〈 학습지 〉

○ 국가배상의 개념은 무엇인가? ············· ㄱ

○ 국가배상법 제2조 제1항에 규정된 국가배상 청구권의 성립 요건은 무엇인가? ····· ㄴ

○ 군인의 직무상 행위로 발생한 손해에 대해 국가배상을 배제하는 이유는 무엇인가?
·· ㄷ

○ 대위책임설에서 공무원 개인의 직무상 행위로 발생한 손해배상 책임을 국가가 부담해야 한다고 주장하는 이유는 무엇인가?
·· ㄹ

○ 절충설에서 공무원의 경과실로 인한 손해에 대해 공무원 개인의 책임은 존재하지 않고 국가의 책임만 존재한다고 보는 이유는 무엇인가? ···························· ㅁ

① ㄱ   ② ㄴ

③ ㄷ   ④ ㄹ

⑤ ㅁ

23 [A]를 이해한 내용으로 적절하지 **않은** 것은?
[4점]

① 공무원의 직무 집행 행위가 법령에 위반되었다는 것이 인정된다면 이에 따라 공무원의 과실이 인정된다.

② 공무원이 자신의 행위가 법을 어길 소지가 있다는 것을 인식하면서도 행위를 한 경우 해당 행위의 고의를 인정할 수 있다.

③ 공무원이 어떠한 행위를 하여야 할 의무가 법령에 규정돼 있음에도 불구하고 아무런 행위를 하지 않은 경우에도 행위의 위법성이 인정될 수 있다.

④ 법령에 의해 공무원에게 부과된 의무가 개인의 이익 보호를 목표로 하지 않는다면, 해당 의무의 부작위와 이로 인한 손해 사이에는 인과 관계가 인정되지 않는다.

⑤ 공무원의 행위가 위법한 행위로서, 법령에 규정된 행위가 아니지만 외형상으로는 공무원의 직무 집행행위로 보이는 경우에는 국가배상 청구권이 성립할 수 있다.

24 ㉠~㉢의 입장에 따라 〈보기〉의 상황을 이해한 학생의 반응으로 적절하지 **않은** 것은? [4점]

────〈보기〉────

공무원 A는 상급자인 B의 지시에 따라 업무를 수행하였다. 그런데 업무 수행 중 A가 부상을 입는 사고가 발생하였다. A는 자신이 부상을 입은 것은 상급 공무원인 B의 직무상 권한을 넘어서는 무리한 지시 때문이라고 생각하였고, 자신이 입은 손해에 대한 국가배상 청구 소송을 고려하고 있다.

(단, B의 업무 지시 행위는 국가배상법 제2조 제1항 본문에 규정된 모든 요건을 충족하고, A는 군인·군무원·경찰공무원이 아니다.)

① ㉠에 따르면, 국가는 A가 입은 손해에 대해 배상을 해야 하는데, 이는 B의 권력 남용에 대해 국가 자신이 책임을 지는 것이겠군.

② ㉡에 따르면, B의 무리한 지시가 공무원으로서 갖추어야 할 주의 의무를 심각하게 위반한 것이라도 B가 아닌 국가가 A가 입은 손해를 배상해야 하겠군.

③ ㉡에 따르면, 국가가 A가 입은 손해를 배상하더라도 B의 무리한 지시는 개인의 행위일 뿐 국가의 행위로 인정될 수 없으므로 그 책임은 여전히 B에게 존재하겠군.

④ ㉢에 따르면, B의 무리한 지시가 경과실에 해당되는 경우 A는 B에게 민사상 손해배상을 요구할 수 없겠군.

⑤ ㉢에 따르면, B의 무리한 지시가 중과실에 해당되는 경우 A는 국가배상을 받은 이후에도 추가로 B에게 민사상 손해배상을 요구할 수 있겠군.

25 ⓐ의 이유를 추론한 내용으로 가장 적절한 것은? [3점]

① 국가배상 책임은 국가의 책임과 공무원 개인의 책임이 동시에 존재하는 양면성을 지니기 때문이다.

② 국가배상 책임은 공무원의 손해배상 책임을 국가가 대신하여 부담하는 것일 뿐 원래는 공무원 개인의 책임이기 때문이다.

③ 국가배상 책임은 공무원의 권력 남용에 대한 국가의 책임으로, 공무원의 민사상 손해배상 책임과 별개로 존재하기 때문이다.

④ 국가배상 책임은 공무원 개인의 직무 집행 행위로 인해 발생한 것이므로 공무원 개인이 국가배상 책임의 일부를 부담해야 하기 때문이다.

⑤ 국가배상 책임은 공무원 개인의 책임이 아니라 국가의 자기 책임이지만 무사안일주의를 방지하기 위해 공무원에게도 책임을 물어야 하기 때문이다.

[26~30] 다음 글을 읽고 물음에 답하시오.

(가)

기암괴석이 겹쳐 산을 이루었는데
그 위에 **절**이 있어 물이 사방으로 둘렀네
탑 그림자 강에 거꾸러져 물결 아래 일렁이고
풍경 소리 달을 흔들며 구름 사이로 떨어진다
문 앞 나그네 배엔 큰 **파도**가 급한데
대 아래 **스님의 바둑**은 한낮에 한가롭다
한 번 **사신의 명** 받들고 왔다가 석별함에
시 한 수 남겨 두어 **다시 오르길 기약**하네

– 박인량, 「사송과사주구산사(使宋過泗州龜山寺)」 –

(나)

어떤 지나는 **손**이 성산(星山)에 머물면서
서하당(棲霞堂) 식영정(息影亭) 주인(主人)아 내 말 듯소
인생(人生) 세간(世間)의 좋은 일 많건마는
엇디훈 **강산(江山)**을 갈수록 낫게 여겨
적막(寂寞) 산중(山中)의 들고 아니 나시는고
송근(松根)을 다시 쓸고 죽상(竹床)의 자리 보아
져근덧 올라앉아 어떤가 다시 보니
천변(天邊)의 떳는 구름 서석(瑞石)을 집을 삼아
나는 듯 드는 양이 주인(主人)과 어떠하고
창계(滄溪) 흰 물결이 정자(亭子) 앞에 둘러시니
천손운금(天孫雲錦)을 뉘라서 베어 내여
잇는 듯 펼치는 듯 헌스토 헌스할샤
ⓐ 산중(山中)에 책력(册曆)* 없어 사시(四時)를 모르더니
눈 아래 헤친 경(景)이 철철이 절로 나니
듣거니 보거니 일마다 **선간(仙間)**이라
　　　　　　(중략)
공산(空山)에 쌓인 잎을 삭풍(朔風)이 거둬 불어
떼구름 거느리고 눈 조차 몰아오니
천공(天公)이 호사로와 옥(玉)으로 꽃을 지어
만수천림(萬樹千林)을 꾸며곰 낼셰이고
앞 여울 가리 얼어 독목교(獨木橋) 빗겻는데
막대 멘 늙은 중이 어느 절로 간닷 말고
산옹(山翁)의 이 **부귀(富貴)**를 남에게 자랑 마오
경요굴(瓊瑤屈) 은세계(隱世界)를 찾을 이 이실셰라
ⓑ 산중(山中)에 벗이 없어 한기(漢紀)*를 쌓아 두고
만고(萬古) 인물(人物)을 거슬러 헤아리니
성현(聖賢)도 많거니와 호걸(豪傑)도 많고 많다
하늘 삼기실 제 곧 무심(無心)할까마는
어찌하여 시운(時運)이 일락배락* 하였는가
모를 일도 많거니와 애달픔도 그지없다
기산(箕山)의 늙은 고블 귀는 어찌 씻었던가*
박 소리 핑계하고* 조장*이 가장 높다
인심이 낯 같아서 볼수록 새롭거늘
세사(世事)는 구름이라 험하기도 험하구나
엊그제 빚은 술이 얼만큼 익었나니
잡거니 밀거니 실컷 기울이니

마음에 맺힌 시름 적게나 하리로다

거문고 줄을 얹어 풍입송(風入松)* 이었구나

— 정철, 「성산별곡(星山別曲)」 —

*책력 : 일 년 동안의 월일, 절기 등을 날의 순서에 따라 적은 책.
*한기 : 중국의 역사책.
*일락배락 : 흥했다가 망했다가.
*기산의~씻었던가 : 기산에 숨어 살던 허유가 임금의 자리를 주겠다는 요 임금의 말을 듣자, 이를 거절하고 귀를 씻었다는 고사.
*박 소리 핑계하고 : 표주박 하나도 귀찮다고 핑계하고.
*조장 : 기개 있는 품행.
*풍입송 : 악곡 이름.

(다)

이 세상에 상(象)은 두 가지가 있으니, ㉠ **낮은 양(陽)이 다스리니 일이 있고, 밤은 음(陰)이 다스리니 꿈이 있다.** 그러므로 운사(雲師)가 관직을 다스리고, 긴 버들로 꿈을 점쳤던 것은, 이 두 가지가 아울러 행해지고 서로를 필요로 하는 바였다.

유문(孺文) **이동욱 군**은 이름난 진사로 벼슬이 시종(侍從)이다. 그의 선조들의 집과 묘가 소성(邵城)의 **소래산(蘇來山)** 아래 있다. 군(君)은 아침에는 일어나 관직의 사무에 이바지하고, 밤에는 늘 소래산에 대한 꿈을 꾸어, 집 이름을 '몽소(夢蘇)'라 짓고, 나에게 기(記)를 지어달라고 청했다.

사람의 사유하는 감관(感官)이란 참으로 신묘하여, 형체에 막히게 되지 않는다. 생각은 떠올라 곧 소래산에 미치는데, 소래산은 군의 고조, 증조와 조부, 부친이 강신(降神)하고 그 혼이 묻혀있는 땅이어서, ㉡ **군의 사모함은 그칠 때가 없어, 자는 중에 나타나 꿈이 되는 것이다.** 또 몸이 이미 관직에 매여서, 비록 휴가를 청한다 해도 얻기도 하고 못 얻기도 하며, 비록 말미를 준다 해도 시일(時日)을 허비하게 되니, ㉢ **꿈이 아니면 어찌 한 번 눈 깜짝할 사이에 뜻대로 해볼 수 있을까?**

아! ㉣ **가문에 복(福)과 화(禍)가 있으면 그 선조들이 꿈으로 많이 알려주니, 왕래하여 감통하는 이치를 여기에서 가히 징험해 볼 수 있는 것이다.** 또한 **군이 서울에 있어 소래산 꿈을 꾸는 것이니**, 만일 소래에 있다면 응당 서울을 꿈꿀 것이다. 서울은 군이 나고 자란 곳이며, 군의 선대에 벼슬하고 노닐었던 곳인데다, 하물며 임금께서 임하신 곳이 아닌가?

나는 호서(湖西)의 **미산(嵋山)** 백성이다. ㉤ **늘어서 서울에 몸 부치고 있으나, 매일 미산 꿈을 꾼다.** 지금 그대의 헌에 기를 쓰면서, 근원 거슬러 올라가고 뿌리로 돌아감을 깨닫는 것은 바로 인간의 정리(情理)가 같기 때문이다.

— 이용휴, 「몽소헌기(夢蘇軒記)」 —

26 (가), (나)에 대한 설명으로 적절하지 **않은** 것은? [3점]

① (가)는 공감각적 심상을 활용하여 대상의 이미지를 구체화하고 있다.

② (나)는 영탄적 어조를 활용하여 대상으로부터 받은 흥취를 강조하고 있다.

③ (가)는 (나)와 달리 자연물에 화자의 감정을 이입하여 애상감을 심화하고 있다.

④ (나)는 (가)와 달리 계절감을 드러내는 시어를 활용하여 시적 분위기를 형상화하고 있다.

⑤ (가)는 선경후정의 방식으로, (나)는 청자에게 말을 건네는 방식으로 시상을 전개하고 있다.

27 (가)와 (나)의 시구를 비교하여 이해한 내용으로 가장 적절한 것은? [3점]

① (가)의 '풍경 소리'와 (나)의 '풍입송'은 삶에 대한 자족감을 나타내는 소재이다.

② (가)의 '큰 파도'와 (나)의 '창계 흰 물결'은 심미적 완상의 대상이다.

③ (가)의 '스님의 바둑'과 (나)의 '엊그제 빚은 술'은 삶에 대한 성찰을 환기하는 소재이다.

④ (가)의 '사신의 명'과 (나)의 '산옹의 이 부귀'는 화자가 부정적으로 인식하는 대상이다.

⑤ (가)의 '시 한 수'와 (나)의 '거문고'는 내면적 감흥을 외부로 표출하는 수단이다.

28 ⓐ와 ⓑ에 대한 설명으로 가장 적절한 것은?
[3점]

① ⓐ는 자연 속에서 느끼는 화자의 흥취를, ⓑ는 인간 세상과의 단절로 인한 화자의 고독감을 부각한다.

② ⓐ는 자연과 합일된 삶에 대한 화자의 지향을, ⓑ는 자연과 괴리된 삶에 대한 화자의 안타까움을 드러낸다.

③ ⓐ는 화자에게 무상감을 느끼게 하는 자연의 모습을, ⓑ는 화자가 벗어나고자 하는 인간 세상의 부정적 모습을 환기한다.

④ ⓐ는 화자가 자연의 순환적 질서를 수용하고 있음을, ⓑ는 화자가 산중에서의 시간을 심성 수양의 시간으로 인식하고 있음을 보여준다.

⑤ ⓐ는 산중이 인위적인 시간 질서에 구애받지 않는 곳임을, ⓑ는 산중에서도 인간 세상에 대한 화자의 관심이 여전히 남아 있음을 드러낸다.

29 〈보기〉의 '선생님'의 설명에 따라 (가)~(다)를 감상한 내용으로 적절하지 <u>않은</u> 것은? [4점]

─〈보기〉─

선생님 : 문학에서의 공간은 단순히 물리적 영역으로 그 의미가 제한될 수 있지만, 공간에 어떤 태도나 가치관이 투사될 수도 있습니다. 이때 투사되는 가치관에 따라 공간들 간에 위계적 질서를 형성할 수 있습니다. 또한 가치관의 투사로 인해 공간이 가진 의미가 새롭게 파악되기도 합니다. (가)~(다)에 제시된 공간의 의미를 그 공간에 투사된 가치관을 중심으로 파악해 봅시다.

① (가)에서 '절'은 화자가 '다시 오르길 기약'한다는 점에서 단순한 물리적 공간을 넘어서는 의미가 부여된 곳이라 할 수 있겠군.

② (나)에서 '좋은 일' 많다고 말한다는 점에서 '인생 세간'은 '손'의 가치관이 투사된 공간이라 할 수 있겠군.

③ (나)에서 '강산'을 '선간'으로 표현했다는 점에서 강산이라는 공간을 단순한 자연이 아닌 이상적 공간으로 파악하고 있다고 볼 수 있겠군.

④ (다)에서 '군이 서울에 있어 소래산 꿈을 꾸는 것'이라 말한다는 점에서 '나'는 '소래산'을 '서울'보다 위계적 질서상 상위에 두고 있다고 볼 수 있겠군.

⑤ (다)에서 '소래산'은 효라는 유가적 이념에 기반한 의미가 환기되는 곳이라는 점에서 조상을 중시하는 '이동욱 군'의 가치관이 투사된 곳이라 할 수 있겠군.

30 〈보기〉를 바탕으로 (다)의 ㉠~㉢에 대해 이해한 내용으로 적절하지 <u>않은</u> 것은? [4점]

─〈보기〉─

「몽소헌기」는 몽소(夢蘇) 즉 '소래산을 꿈꾼다'는 뜻을 지닌 건축물에 담긴 의미를 서술하고 있는 작품으로, 꿈꾸는 대상으로서의 소래산만큼 중요하게 제시되는 것이 꿈꾸는 행위 자체이다. 글쓴이는 작품을 통해 현상 혹은 행위로서의 꿈의 의미, 바라는 바가 나타나는 꿈의 원리나 현실적 제약을 초월하는 수단이 되는 꿈의 효용, 그리고 대리 만족을 가능하게 하는 꿈의 작용을 서술함과 동시에 꿈이 주체나 대상과의 결합에 제한이 없다는 측면에서의 꿈의 보편적 성격을 기술하여 '몽소헌'이라는 건축물에 담긴 의미를 완성하고 있다.

① ㉠ : 낮의 일과 밤의 꿈에 대등한 가치를 부여함으로써 꿈의 의미를 드러내고 있다.

② ㉡ : 현실에서 그리움과 사모의 대상이 꿈으로 이어지는 꿈의 원리가 제시되고 있다.

③ ㉢ : 공간적 거리에 따른 현실적 제약을 넘어설 수 있게 하는 꿈의 효용이 제시되고 있다.

④ ㉣ : 현실에서 실현할 수 없는 바에 대한 대리 만족을 가능하게 하는 꿈의 작용을 구체화하고 있다.

⑤ ㉤ : 꿈이 '나', '미산'과도 결합할 수 있다는 것을 통해 주체나 대상에 제한이 없는 꿈의 보편적 성격이 제시되고 있다.

제2교시 영어영역(공통)

▶정답 및 해설 585p

2022 기출문제

01 다음 글의 밑줄 친 부분 중, 어법상 **틀린** 것은?

Modern archaeological researchers, some of whom are women, ① have unearthed evidence that suggests the historical soundness of Herodotus' account of the Amazons. These scholars have found numerous graves in southern Ukraine dating from the middle of the first millennium BCE ② containing the skeletal remains of women buried with military paraphernalia such as lances, arrows, and armor. Some of the skeletons indicate that the deceased had been struck on the head or stabbed with a sharp blade, providing support for the view ③ which these are the remains of warriors rather than of women who were coincidently buried with weapons. The graves also contain bronze mirrors and gold trim for clothing, as well as jewelry (earrings, necklaces, beads, and arm rings). Perhaps the bodies were buried so that the women would enter the next world with both the weapons they would need as warriors and the ornaments they would desire ④ to enhance their appearance. All in all, the archaeological evidence suggests that Herodotus' account of the Amazons was not, as formerly thought, an illustration of his gullibility, but rather historically ⑤ sound.

*paraphernalia : (특정 활동에 필요한) 용품
**trim : 장식
***gullibility : (남의 말을) 쉽게 믿음

02 (A), (B), (C)의 각 네모 안에서 어법에 맞는 표현으로 가장 적절한 것은?

Given their disposition to be attentive to situational cues, high self-monitors (HSMs) are keen to make sure they know the nature of the situations they are about to encounter. The *clarity* of the situational expectations is particularly important to HSMs. This was nicely demonstrated in a study in which students (A) gave / were given the choice of entering or not entering a situation in which they had to behave as extroverts. HSMs were far more likely to enter if the situation was defined clearly, irrespective of their own extroversion level. However, low self-monitors (LSMs)' choices were based on (B) what / whether they were introverts or extroverts; if they were LSM extroverts, in they

195

went. Also, when asked how the situation might be changed to make them more (C) willing / willingly to enter it, HSMs transformed it so as to provide clearer guidelines for conduct. LSMs transformed the situation to more closely match their own dispositions to be introverted or extroverted. [4점]

	(A)	(B)	(C)
①	gave	what	willing
②	gave	whether	willingly
③	were given	whether	willingly
④	were given	what	willingly
⑤	were given	whether	willing

03 다음 글의 밑줄 친 부분 중, 문맥상 낱말의 쓰임이 적절하지 <u>않은</u> 것은?

Sculpture has historically been a significant form of public art, used across cultures and time to produce works that memorialized individuals and events considered ① <u>momentous</u> and worth remembering. As a result, sculptors often chose materials that were as ② <u>permanent</u> as possible, seeking to create art that would last as long as feasible. Popular materials for sculpture have included bronze and stone, especially marble, limestone, and granite. Wood and clay, which were less expensive, have also been popular media for sculpture. Occasionally, precious materials, including gold, silver, jade, and ivory, have been used, although much more ③ <u>rarely</u> because of their cost. Although materials used traditionally reflected those readily accessible to the sculptor, this decision was dictated by ④ <u>availability</u> more than any other reason. This resulted in sculptors in certain regions traditionally working with certain materials. With the advent of less expensive transportation and greater access to global markets, sculptors began using materials once considered ⑤ <u>familiar</u>.

04 (A), (B), (C)의 각 네모 안에서 문맥에 맞는 낱말로 가장 적절한 것은?

According to descriptive realism, states are, as a matter of fact, motivated exclusively by national self-interest. Their behavior is not influenced by moral considerations. On this view, any appeal to ideology and values in world politics is mere rhetoric, (A) concealing / revealing the pursuit of power, which is at the root of every decision taken in the international arena. Some see this as an (B) avoidable / inevitable consequence of human nature. Since humans are naturally self-seeking, the argument goes, it is to be expected that this will be reflected in their political institutions. For 'structural' realists, by contrast, it is the anarchical nature of the international system-the absence of an 'overarching sovereign' or 'world government'-that explains why states are so preoccupied with their own interests. The absence of a world government makes for an insecure environment which (C) forbids / forces states to seek power in order to ensure their own survival. [4점]

	(A)	(B)	(C)
①	concealing	avoidable	forbids
②	concealing	inevitable	forces
③	concealing	inevitable	forbids
④	revealing	inevitable	forbids
⑤	revealing	avoidable	forces

05 다음 글에서 전체 흐름과 관계 없는 문장은?

Subsidies are payments made to businesses or economic sectors with the intention of reducing prices or increasing profitability. ① They are not necessarily used for exports, as farmland is often subsidized with the intention of making food cheaper for domestic consumption, and businesses are often subsidized for the costs of hiring new employees when a government is trying to increase employment levels. ② During the course of economic warfare, one reason subsidies are used is to increase the volume of a specific product, or potentially all products, that the consumers of the targeted nation are purchasing from the businesses of the issuing nation. ③ The other purpose is to make the good produced within one's own nation cheaper to decrease the volume of exports purchased by people domestically. ④ In other words, planned economies are not responsive to market forces, which results in resource inefficiencies and shortages. ⑤ The intended goal of issuing subsidies is to redirect profits and production away from the businesses of the target nation and turn them to benefit one's own businesses. [4점]

06 다음 글의 요지로 가장 적절한 것은?

When art fails to mirror life it fails as art. Mirroring life, however, does not mean copying it. The artist does not merely set down a photographic record of his times. Rather he reflects in his work the tempo, attitudes, aims, hopes, tensions, successes and failures of his era. He transposes these through his work. Because he is a member of society he intuitively expresses its heartbeat. One has but to walk through one of our great museums to realize the feelings and ideasthe way of life-that were important, consciously and unconsciously, to the people of a particular epoch. The restrained emotional intensity, the medieval mystical mind of the early German and Flemish painters, for example, contrasts strongly with the frivolous, gay, carefree work of the French eighteenth century court painters, such as that of Antoine Watteau.

*transpose : (다른 장소 · 환경으로) 옮기다
**frivolous : 경박한

① 미술관에서 작품을 보면서 역사를 공부하는 것이 효과적이다.
② 사진과 달리 회화에서는 화가의 상상력이 표현될 수 있다.
③ 명작의 모방을 통해 창작을 위한 영감을 얻을 수 있다.
④ 예술가에 대한 생계 지원은 창작 활동의 기반이 된다.
⑤ 예술가는 자신이 사는 시대를 작품에 반영한다.

07 밑줄 친 epidemic of invisibility가 다음 글에서 의미하는 바로 가장 적절한 것은?

If an alien were to stumble upon an archive of American film and television, this alien would conclude that we are a mostly male, overwhelmingly white, with few people over sixty or with physical disabilities. Female speaking characters are only 29 percent of those in film and 36 percent of those on television. These statistics have not changed meaningfully in more than half a century. Whites are overrepresented, comprising 72 percent of speaking parts (versus 62 percent of the population). In a study of the top one hundred films of 2015, forty-eight did not include a single black character with a speaking part (defined as one word or more). Seventy films did not include an Asian or Asian-American character. Across film and television, only 15 percent of directors are female and 29 percent of writers are female. In film, women are even harder to find in director's chairs; about 4 percent of movies are directed by women. Media scholar Stacy Smith, who leads the massive research effort that produced these findings, calls this an "epidemic of invisibility."

① prevailing ignorance about the causes of infectious diseases
② rapid disappearance of movie-goers during the Internet Age
③ no visible means of economic support for aspiring entertainers
④ widespread failure to reflect diversity in American film and television
⑤ insufficient investments for training young directors in the American film industry

08 밑줄 친 turn them into a big raft to float around on the rivers and lakes가 다음 글에서 의미하는 바로 가장 적절한 것은?

One typical exchange begins with Huizi telling Zhuangzi that a king once gave him a gift of a handful of large gourd seeds: "When I planted them they grew into enormous gourds, big enough to hold twenty gallons! I tried to use them as water containers, but they were too heavy to lift; I tried cutting them to make spoons, but they were too shallow to hold any liquid. It's not that I wasn't impressed by their size, but I decided they weren't really useful for anything, so I smashed them." In China at the time, gourds were used for these two purposes, containers or spoons. Hence Huizi's disappointment. Hearing this story, though, Zhuangzi is incredulous. "You are certainly a fool when it comes to thinking big!" he declares. He tells Huizi some stories about people who took apparently useless or trivial items and used them for unexpected purposes, winning great rewards in the process. "Now you've got these gourds," he concludes. "Why didn't it occur to you that you could turn them into a big raft to float around on the rivers and lakes, instead of lamenting how they're too big to use as spoons! It's as though you've got underbrush growing in your mind!" [4점]

*gourd : 조롱박
**underbrush : (큰 나무 밑에 나는) 덤불

① conform to established conventions
② show respect for other people's possessions
③ take a look at your current spending habits
④ be flexible when considering the uses of objects
⑤ pay attention to the size of the item you are buying

09 다음 글의 주제로 가장 적절한 것은?

Consumers all over the world tend to explore new tastes and constantly pursue opportunities for a good deal, a better price, higher quality and reliable suppliers. It is therefore difficult to retain existing customers if there is no deliberate effort to understand and respond to their needs. Through the use of good communication and reciprocity, the selling process is the best opportunity for producers to engage customers and change them from being mere explorers to loyal and committed members of their initiative. If customers are not satisfied with how you sell your products, they are likely to never do business with you again. Thus, creating a consistent and pleasurable buying experience is an integral part of building trust and loyalty. Reciprocity, as the process through which customers are somehow rewarded for their loyalty, is another important factor in ensuring that your customers keep returning. Creating loyal consumers requires a strategy which doesn't have to be expensive, it just needs to be smart!

① fierce competition between producers to gain customers' attention
② promoting brand-new products by word of mouth
③ ways to make consumers loyal in the selling process
④ reasons marketers focus on potential customers over existing ones
⑤ difficulties to meet loyal customers' demands for premium services

10 다음 글의 제목으로 가장 적절한 것은?

When negotiating with someone as part of a wider relationship, should you aim at cooperating (being nice) or being selfish (attempting to secure as much as you can for yourself)? Being selfish may give you the highest short-term payoff, but cooperating has the biggest reward in the long run. After organizing computer tournaments where game theorists pitched various negotiation strategies against one another, political scientist Robert Axelrod concluded that you should first cooperate and then imitate the other party's last action. The key is to realize that you and the other party are communicating through your actions. Cooperating (i.e., starting nice) sends the message that you are willing to make some accommodations. If the other party adopts a dominating strategy, then you should reciprocate that aggression. Likewise, if they are nice, then be nice. Continue imitating their last move in each subsequent instance. This creates a cooperative environment where the parties learn to search for an integrative agreement.

① What It Takes to Become a Crisis Negotiator
② Why Being Nice Can Hurt You in Negotiation
③ The Key to Negotiation: First Be Nice, Then Mirror
④ It Pays to Express Anger or Sorrow While Negotiating
⑤ Imitating a Successful Negotiation: Medicine or Poison?

11 다음 글에서 필자가 주장하는 바로 가장 적절한 것은?

When one virtuously reaches the mountaintop, he must not stop there-until 'every' hungry person in the world is fed; 'every' crying person is comforted; 'every' depressed person had cause to smile again; 'every' discouraged person is encouraged; and 'every' lethargic person is motivated. One must not ever stop creating possibilities. "To whom much is given, much is expected." Success carries with it a wonderfully heavy responsibility to use this new power as a lever to shift the world a little closer to God. As an achiever, the time is not to luxuriate, vegetate, or procrastinate, but to dedicate. The achiever has a power base. He must use it. He has influence. He must wield it. He has success. He must share it. To laugh often and much, to win the respect of intelligent people and the affection of children, to earn the appreciation of honest critics and endure the betrayal of false friends, to appreciate beauty, to find the best in others, and to leave the world a bit better because one (the achiever) once existed-this is to have success.

*lethargic : 무기력한
**vegetate : 무기력하게 살다

① 일등을 제외한 모두를 패자로 만드는 경쟁은 줄여야 한다.

② 성공한 사람은 더 나은 세상을 만들기 위해 노력해야 한다.

③ 승자의 성공 요인뿐만 아니라 패자의 패인도 분석해야 한다.

④ 큰 성공을 욕심내기 전에 작은 성공부터 하나씩 쌓아야 한다.

⑤ 경쟁에 참가할 수 있는 기회를 모두에게 공평하게 주어야 한다.

12 다음 글이 시사하는 바로 가장 적절한 것은?

What you hear in the forest but cannot see might be a tiger. It might even be a conspiracy of tigers, each hungrier and more vicious than the other, led by a crocodile. But it might not be, too. If you turn and look, perhaps you'll see that it's just a squirrel. (I know someone who was actually chased by a squirrel.) Something is out there in the woods. You know that with certainty. But often it's only a squirrel. If you refuse to look, however, then it's a dragon, and you're no knight: you're a mouse confronting a lion; a rabbit, paralyzed by the gaze of a wolf. And I am not saying that it's always a squirrel. Often it's something truly terrible. But even what is terrible in actuality often pales in significance compared to what is terrible in imagination. And often what cannot be confronted because of its horror

2022 기출문제

in imagination can in fact be confronted when reduced to its-still-admittedly-terrible actuality.

① Don't turn away from reality.

② Despair gives courage to a coward.

③ Everything you can imagine is real.

④ Imagine yourself in the other's boots.

⑤ Never chase your prey, just wait with bait.

13 밑줄 친 부분이 가리키는 대상이 나머지 넷과 다른 것은?

Krause describes a memorable encounter with an elder of the Nez Perce tribe named Angus Wilson, who chided ① him one day: "You white people know nothing about music. But I'll teach you something about it if you want." The next morning, Krause found ② himself led to the bank of a stream in northeastern Oregon. He was motioned to sit quietly on the ground there. After a chilly wait, a breeze picked up, and suddenly ③ his surroundings were filled with the sound of a pipe organ chord—a remarkable occurrence, since no instrument was in sight. Wilson brought ④ him over to the water's edge and pointed to a group of reeds, broken at different lengths by wind and ice. "He took out his knife," Krause later recalled, "and cut one

at the base, whittled some holes, brought the instrument to his lips and began to play a melody. When ⑤ he stopped, he said, 'This is how we learned our music.'"

*whittle : 깎아서 모양을 만들다

14 다음 글의 목적으로 가장 적절한 것은?

I received a letter from your office, saying that my recent claim for additional compensation had been denied. It appears that the letter is a form letter and does not disclose the reason that I was denied the additional bonus pay for having completed the 14-month language training program with a passing grade. Therefore, I am requesting a review of this claim and a full, specific explanation about the reasons for the denial. If I do not receive a reversal of this decision, I plan to file an appeal within the required time frame to follow up on my rightful claim to this bonus. All appropriate documentation is enclosed (service letter explaining the language bonus, grades, my original letter to you, your form letter to me). I expect to hear from you immediately about this review and to receive the full compensation due me under this recruitment arrangement.

① 언어 연수 프로그램 수료를 보고하려고

② 연수 대상으로 선발되었는지 알아보려고

③ 보너스 수령을 위해 필요한 서류를 확인하려고

④ 추가 보너스 지급 거부에 대한 번복을 요구하려고

⑤ 언어 연수 프로그램 지원 절차에 대해 문의하려고

15 Tilly Edinger에 관한 다음 글의 내용과 일치하지 <u>않는</u> 것은?

Tilly Edinger was born to a wealthy Jewish family in 1897. Her father, Ludwig, was a medical researcher who compared the brain structure of different animals. Edinger studied at the universities of Heidelberg and Munich from 1916 to 1918. After receiving a doctorate in 1921 from the University of Frankfurt, Edinger became a curator at the Senckenberg Museum in 1927. In 1929, she published the founding work of paleoneurology, *Die Fossilen Gehirne* (Fossil Brains), which was based on her discovery that plaster casts of the inside of fossil skulls revealed the shape of brains. She was one of the first to combine geological and biological evidence to show how the brains of animals had evolved over millions of years. After the Nazis took control of Germany, Edinger decided to leave the country. She fled Germany in 1939 and, after staying in London for a year, went to the United States. In her new country, Edinger maintained her reputation as one of the top figures in her field and published a second monumental book, *The Evolution of the Horse Brain*.

*paleoneurology : 고생물 신경학

① 아버지는 다양한 동물의 뇌 구조를 비교한 의학 연구원이었다.

② Frankfurt 대학에서 박사 학위를 받은 후 박물관의 큐레이터가 되었다.

③ 1929년에 Die Fossilen Gehirne를 출간했다.

④ 나치가 독일을 장악한 후 독일을 떠나 바로 미국으로 갔다.

⑤ 미국에서 명성을 유지했고 기념비적인 저서를 출간했다.

[16~19] 다음 빈칸에 들어갈 말로 가장 적절한 것을 고르시오.

16

Specialization of members of a group is a hallmark of advance in social evolution. One of the theorems of ergonomic theory is that for each species in a particular environment there exists an optimum mix of coordinated specialists that performs more efficiently than groups of equal size consisting wholly of generalists. It is also true that under many circumstances mixes of specialists can perform qualitatively different tasks not easily managed by otherwise equivalent groups of generalists, whereas the reverse is not true. Packs of African wild dogs, to cite one case, break into two "castes" during hunts: the adult pack that pursues, and the adults that remain behind at the den with the young. Without this _____, the pack could not hunt down a sufficient number of the large ungulates that constitute its chief prey.

*theorem : 원리, 법칙
**ergonomic : 인체 공학의
***ungulate : 발굽이 있는 동물

① team of rivals
② division of labor
③ pursuit of pleasure
④ balance in nutrition
⑤ distribution of wealth

17 Since the early Chinese philosophers aimed for an action-oriented model of perfection, they focused on training the embodied mind through physical practice, visualization exercises, music, ritual, and meditation. There was little emphasis on abstract theorizing or the learning of general principles. Although memorization played a role-students were expected to know the classics by heart at an early age-the end goal was learning to use this information in real life, flexibly and creatively. Confucius once noted, "Imagine a person who can recite the several hundred Odes by heart but, when delegated a governmental task, is unable to carry it out or, when sent abroad as an envoy, is unable to engage in repartee. No matter how many Odes he might have memorized, what good are they to him?" Simply memorizing the classics does not make one a true gentleman or lady-you need to *incorporate* this knowledge, make it part of your embodied being. This is what early Chinese training focused on. The goal was to produce a kind of flexible *know-how*, exemplified in _____. Education should be analog, holistic, and oriented toward action. [4점]

*Ode : 시경(詩經)에 나오는 시
**repartee : 재치 있는 즉답

① effective engagement with the world
② complete abandonment of selfish actions
③ perfect memorization of all the given information
④ shared commitment to abstract theorizing
⑤ wise imitation of successful people

18

Early behavioral observations already argued against the idea of _____. Researchers demonstrated repeatedly that animals do not associate everything equally and cannot be trained to do all tricks the experimenter expects them to do. Behaviors that relate to the animal's ecological niche can be trained easily because the brain is predisposed or "prepared" to do things that have survival and reproductive advantage. For example, "spontaneous alternation," the tendency in rodents to choose different paths during foraging, is an instance of biological preparedness for the rapid acquisition of species-specific learning. Returning to the same location for food within a limited time window is not an efficient strategy because choosing an alternate route will more likely lead to reward. In contrast, associations that would be detrimental to survival are called "contraprepared." For example, it is virtually impossible to train a rat to rear on its hindlimbs to avoid an unpleasant electric shock to the feet since rearing is an exploratory action and incompatible with the hiding and freezing behaviors deployed in case of danger. [4점]

*ecological niche : 생태(학)적 지위
**rodent : 설치류 동물
***detrimental : 유해한

① the brain as a blank slate
② reward as a double-edged sword
③ emotion as a companion of reason
④ disposition as a predictor of destiny
⑤ animal experiments as a necessary evil

19

We know that focusing conscious awareness on the mechanics of one's performance, while useful in very early stages of skill acquisition, has a disruptive effect on more experienced players or performers. Similarly, regardless of level of expertise, focusing on the environment and effects one wishes to have upon it ("external focus") is more effective than focusing on one's own bodily movements or internal states ("internal focus"). For instance, swimmers told to focus on pushing the water back (external focus) as opposed to pulling their hands backwards (internal focus) swim faster, and this effect has been shown in a large variety of domains. There are various hypotheses about why directing one's attention outward, rather than inward, is more effective in learning and performing a physical skill. When you focus on your own movements, you allow your conscious mind to insert itself where it doesn't belong, disrupting smooth, automatic motor programs and allowing other distractions-social pressure, personal anxieties, promised material rewards-to invade and degrade your performance. _____ facilitates your ability to get "lost" in the to-and-fro of the play. [4점]

① Expecting reasonable rewards for your efforts

② Focusing on the skill−relevant environment

③ Balancing between work and play

④ Being conscious of others' judgments

⑤ Isolating yourself from your day−to−day environment

[20~21] 주어진 글 다음에 이어질 글의 순서로 가장 적절한 것을 고르시오.

20

While parents are better informed now than they were in the days of Holt and Watson about children's need for affectionate touch, busy work schedules may not give them much opportunity to provide it. Many children are left at daycare or school after breakfast and only return home in time for supper and bed.

(A) Some parents and caretakers may attempt to compensate for the limited tactile attention children receive by providing them with heightened visual stimulation, most notably videos and computer games (which are now directed even at infants).

(B) While this may lead to a heightened visual consciousness appropriate for members of a society of the image, however, it cannot confer the benefits of a personal touch. It would seem that the time has not yet come for us to feel comfortable in our own skins.

(C) This routine may not allow for much more tactile interaction than Watson's ideal of a handshake in the morning and a kiss at bedtime. Nor are children likely to receive their quota of hugs and kisses outside of the home as childcare providers are increasingly fearful that affectionate touch maybe interpreted as an inappropriate, abusive touch.

① (A)−(C)−(B)　　② (B)−(A)−(C)

③ (B)−(C)−(A)　　④ (C)−(A)−(B)

⑤ (C)−(B)−(A)

21

In spite of thousands of research studies, we are still unclear on the most basic question-What is the function of sleep? The most obvious explanation is that sleep is restorative.

(A) In contrast, vulnerable animals that are too large to burrow or hide—for example, horses and cattle—sleep very little. In a study of 39 species, the combined factors of body size and danger accounted for 80% of the variability in sleep time.

(B) Support for this idea comes from the observation that species with higher metabolic rates typically spend more time in sleep. A less obvious explanation is the *adaptive* hypothesis; according to this view, the amount of sleep an animal engages in depends on the availability of food and on safety considerations.

(C) Elephants, for instance, which must graze for many hours to meet their food needs, sleep briefly. Animals with low vulnerability to predators, such as the lion, sleep much of the time, as do animals that find safety by hiding, like bats and burrowing animals.

① (A)−(C)−(B) ② (B)−(A)−(C)
③ (B)−(C)−(A) ④ (C)−(A)−(B)
⑤ (C)−(B)−(A)

[22~23] 글의 흐름으로 보아, 주어진 문장이 들어가기에 가장 적절한 곳을 고르시오.

22

Nonetheless, there may be what clinical psychologists call "secondary gain" that derives from the memory.

In many cases, the motivation to adopt (or, at least, to consider) a suggested memory may be complex. Consider, for example, an adult who now recalls some awful childhood event. (①) If the remembered event was painful or shameful, one might think the person gains nothing from this memory; instead, it hurts the person to hold these memories. (②) Perhaps the person gets long−hoped−for attention and respect. (③) Perhaps the person is excused from various responsibilities. (④) Perhaps the person at last gains the powerful feeling reflected in statements like, "Finally, my life makes sense, and I see why all these bad things happened to me," or "At last, I realize that the bad things in my life were not my fault." (⑤) Thus, anyone evaluating the memory and seeking to decide if the memory is accurate or not should weigh these possibilities.

23

> Rather, the primary motivators for their behaviors remain spontaneous reactions both to internal, unlearned, genetic programming as well as cues from their environment.

An important issue is that with the unfolding of the bio−ontological shift, primitive humans felt isolated from the natural world. (①) Compared to life forms whose lives are controlled mostly by thoughtless, genetic programming, humans now had the heavy burden of having to think before acting. (②) While genetic programming enacts very specific, inflexible instructions as to how to behave, thinking, by comparison, is very flexible and presents humans with possible ways of choosing and behaving. (③) There is certainly learning among certain nonhuman life as well as primitive, culture transferal; there are also clear indications that some species, particularly nonhuman primates, utilize a degree of thought before acting. (④) Nonetheless, the idea that the actions of nonhuman primates are *thoughtful* and that reflective thinking precedes their behavior is far−fetched. (⑤) For humans, the situation in the world is dramatically different. [4점]

*bio−ontological : 생물 존재론적인
**transferal : 전달, 전승

24 다음 글의 내용을 한 문장으로 요약하고자 한다. 빈칸 (A), (B)에 들어갈 말로 가장 적절한 것은?

> Paul Green, Francesca Gino, and Brad Staats studied four years' worth of employee performance data from over 300 full-time workers at one particular company. At this organization, managers did not conduct annual performance reviews. Instead, people engaged in self-evaluation and they reviewed their peers. The researchers examined these data, as well as information about each worker's network within the organization. What did they find? Individuals tended to eliminate colleagues from their network if these co-workers provided negative feedback. If they could not exclude the person, they compensated by bringing others who would be more affirming into their social circle. In short, individuals surrounded themselves with people who told them what they wanted to hear. They paid a price for this behavior. The researchers found that employee performance suffered considerably when workers disassociated themselves from colleagues offering critical feedback.

↓

In the study, workers tended to keep their __(A)__ colleagues who gave critical feedback and this attitude had __(B)__ effects on their performance.

	(A)		(B)
①	distance from	······	adverse
②	distance from	······	beneficial
③	confidence in	······	multi-dimensional
④	confidence in	······	unintended
⑤	temper with	······	lasting

[25~26] 다음 글을 읽고, 물음에 답하시오.

Faced with the bewildering variety of moral customs and practices encountered throughout the world, it is tempting to seek refuge in the thought that there really is no morally right or wrong decision. Moral relativism is the idea that the truth of a moral judgment or principle is dependent upon and relative to its acceptance by some person or group of persons. Thus, confronted with a conflict of personal beliefs, we ought simply to follow our own beliefs. Or, perhaps, quite differently, we should adhere to and advocate our own personal beliefs, while learning simply to tolerate the differing beliefs of others. If we are to cultivate tolerance, how widely should our moral latitude extend? For example, would it cover toleration of the violent and brutal suppression of political opponents? Should we stand silently by and tolerate (let alone advise or participate in) the torture of such opponents, simply because it is the practice of another country?

In this instance, according to the concept of moral relativism, no one is in a privileged position of saying what is, in fact, right or wrong-we are only at best able to state with some certainty what we ourselves believe to be right or wrong. In the case of a conflict between accepted moral values (for example, about the rights of women, or of minors, or of ethnic minorities, or the treatment of political opponents) in our society versus another, relativism seems to say that _____. Relativists might further recommend, in keeping with the value of tolerance, that we adopt the moral values and practices of the society in which we find ourselves, as captured in the familiar and well-worn proverb: When in Rome, do as the Romans do.

*latitude : (행동·사상·활동 등의) 자유[허용 범위]

25 윗글의 제목으로 가장 적절한 것은?

① How Moral Relativists Approach Moral Conflicts

② Moral Relativism Leads to Moral Irresponsibility

③ Moral Individuals in Their Immoral Society

④ Our Ultimate Goal: Universal Morality

⑤ Morality: Is It Innate or Acquired?

26 윗글의 빈칸에 들어갈 말로 가장 적절한 것은? [4점]

① we need to search for a superior moral justification for selfishness

② no criticism of one society by another would be objectively valid

③ moral courage is a higher and rarer virtue than physical courage

④ there is no moral authority like that of self-sacrifice

⑤ we become virtuous by practicing virtue

[27~28] 다음 글을 읽고, 물음에 답하시오.

This might sound like a fevered nightmare, but climate change has triggered the collapse of advanced civilizations dating back nearly 3,000 years. Around 1200 BCE, a perfect storm of calamities-including earthquakes, famines, and a drought that lasted 150 years or more-set in motion the breakdown of the late Bronze Age kingdoms clustered around the eastern Mediterranean in an area that includes much of what is now Greece, Israel, Lebanon, Turkey and Syria. Archaeologists have unearthed persuasive evidence that part of the world experienced vibrant economic (a) growth and cultural and technological advances for more than three centuries. These ancient societies-from the Mycenaeans and Minoans to the Hittites, Assyrians, Cypriots, Canaanites and Egyptians-were intimately (b) interconnected, exchanging the services of physicians, musicians and artisans. Their well-developed trade routes transported goods and natural resources, especially commodities such as tin, essential for making bronze.

But a 2012 study revealed that surface temperatures of the Mediterranean Sea cooled rapidly during the years around 1200 BCE, (c) causing a severe drought that led to food shortages, mass migrations, and internal rebellions by poor and agrarian peasants. Ultimately, the major cities of these once-thriving Bronze Age societies were destroyed by invading armies likely fleeing their own drought-stricken homelands, (d) prompting the loss of culture, languages and technologies. The result was the first Dark Ages when these once-sophisticated and complex societies (e) continued to exist. It took centuries to recover and rebuild.

27 윗글의 주제로 가장 적절한 것은?

① the impact of climate change on the late Bronze Age kingdoms

② the necessity of international efforts to prevent climate change

③ ongoing attempts to reveal a mystery about bronze artifacts

④ ideal climate conditions for building advanced civilizations

⑤ reasons the Bronze Age kingdoms prospered

28 밑줄 친 (a)~(e) 중에서 문맥상 낱말의 쓰임이 적절하지 <u>않은</u> 것은? [4점]

① (a)   ② (b)

③ (c)   ④ (d)

⑤ (e)

[29~30] 다음 글을 읽고, 물음에 답하시오.

(A)

Danny shouted angrily, "I won't apologize to Miss Hayward. Colin broke the window, not me. I'm not going to say I'm sorry just to please everybody!" Danny's granddad listened patiently to what his grandson had to say. "You both played with the ball, didn't you?" he asked. "Yes, but Colin dodged on purpose when I passed the ball to him. It was his fault that the ball went through Miss Hayward's kitchen window." "Remember, if you don't apologize, you will never be able to play near her house again," Grandpa reminded (a) <u>him</u>.

*dodge : 몸을 피하다

(B)

And so they could both continue their journey. "Why did you show me this picture?" Danny asked. "If you are prepared to be the least, like the goat in the cartoon who lay down, (b) <u>you</u> and Colin can still play together in front of Miss Hayward's house," Grandpa said.

(C)

Danny thought about what his granddad said. Yes, that would be a pity. She had such a great stretch of lawn in front of her house, and she always let them swim in her pool in summer. But (c) <u>he</u> decided, "No, Grandpa! Even if I have nowhere to play and even if I die of heat in summer, I will not go to Miss Hayward and say that I am sorry!" Grandpa went to his desk and browsed through some newspaper clippings. "Come and have a look at this," (d) <u>he</u> said.

(D)

Danny looked at the cartoon that Grandpa held out to (e) <u>him</u>. Two goats were walking in opposite directions on the narrow ledge of a cliff, next to a gaping precipice. In the middle of the path, they came face-to-face with each other. What would happen next? Would they tackle each other until both of them fell down the cliff? No, the one goat went down on his knees and allowed the other to walk over him.

*ledge : (절벽에서 튀어나온) 바위 턱
**precipice : 절벽

29 주어진 글 (A)에 이어질 내용을 순서에 맞게 배열한 것으로 가장 적절한 것은?

① (B)-(D)-(C)   ② (C)-(B)-(D)

③ (C)-(D)-(B)   ④ (D)-(B)-(C)

⑤ (D)-(C)-(B)

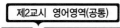
30 밑줄 친 (a)~(e) 중에서 가리키는 대상이 나머지 넷과 <u>다른</u> 것은?

① (a)　　　　　② (b)

③ (c)　　　　　④ (d)

⑤ (e)

제3교시 수학영역(공통)

▶정답 및 해설 596p

※ 23번부터는 선택과목이니 자신이 선택한 과목(확률과 통계, 미적분, 기하)의 문제지인지 확인하시오.

01 $\lim\limits_{x \to 2} \dfrac{x^2 - x + a}{x - 2} = b$일 때, $a + b$의 값은?

(단, a, b는 상수이다.) [2점]

① 1   ② 2

③ 3   ④ 4

⑤ 5

02 등비수열 $\{a_n\}$에 대하여

$$a_3 = 1, \ \frac{a_4 + a_5}{a_2 + a_3} = 4$$

일 때, a_9의 값은? [2점]

① 8   ② 16

③ 32   ④ 64

⑤ 128

03 $\sum\limits_{k=1}^{9} k(2k+1)$의 값은? [3점]

① 600   ② 605

③ 610   ④ 615

⑤ 620

04 함수 $f(x) = x^3 - 4x^2 + ax + 6$에 대하여

$$\lim\limits_{h \to 0} \frac{f(2+h) - f(2)}{h \times f(h)} = 1$$

일 때, 상수 a의 값은? [3점]

① 2   ② 4

③ 6   ④ 8

⑤ 10

05 다항함수 $f(x)$의 도함수 $f'(x)$가
$$f'(x) = 4x^3 + ax$$
이고 $f(0) = -2$, $f(1) = 1$일 때, $f(2)$의 값은? (단, a는 상수이다.) [3점]

① 18   ② 19

③ 20   ④ 21

⑤ 22

06 $\sqrt[m]{64} \times \sqrt[n]{81}$의 값이 자연수가 되도록 하는 2 이상의 자연수 m, n의 모든 순서쌍 (m, n)의 개수는? [3점]

① 2   ② 4

③ 6   ④ 8

⑤ 10

07 함수 $f(x) = \cos^2 x - 4\cos\left(x + \dfrac{\pi}{2}\right) + 3$의 최댓값은? [3점]

① 1   ② 3

③ 5   ④ 7

⑤ 9

08 그림과 같은 5개의 칸에 5개의 수 $\log_a 2$, $\log_a 4$, $\log_a 8$, $\log_a 32$, $\log_a 128$을 한 칸에 하나씩 적는다. 가로로 나열된 3개의 칸에 적힌 세 수의 합과 세로로 나열된 3개의 칸에 적힌 세 수의 합이 15로 같을 때, a의 값은? [3점]

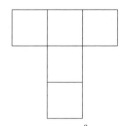

① $2^{\frac{1}{3}}$ ② $2^{\frac{2}{3}}$

③ 2 ④ $2^{\frac{4}{3}}$

⑤ $2^{\frac{5}{3}}$

09 첫째항이 1인 등차수열 $\{a_n\}$이 있다. 모든 자연수 n에 대하여

$$S_n = \sum_{k=1}^{n} a_k, \; T_n = \sum_{k=1}^{n} (-1)^k a_k$$

라 하자. $\dfrac{S_{10}}{T_{10}} = 6$일 때, T_{37}의 값은? [4점]

① 7   ② 9

③ 11   ④ 13

⑤ 15

10 양의 실수 a에 대하여 함수 $f(x)$를

$$f(x) = \begin{cases} x^2 - 5a & (x < a) \\ -2x + 4 & (x \geq a) \end{cases}$$

라 하자. 함수 $f(-x)f(x)$가 $x = a$에서 연속이 되도록 하는 모든 a의 값의 합은? [4점]

① 9   ② 10

③ 11   ④ 12

⑤ 13

11 시각 $t = 0$일 때 동시에 원점을 출발하여 수직선 위를 움직이는 두 점 P, Q의 시각 $t(t \geq 0)$에서의 속도가 각각

$$v_1(t) = 3t^2 - 6t, \; v_2(t) = 2t$$

이다. 두 점 P, Q가 시각 $t = a(a > 0)$에서 만날 때, 시각 $t = 0$에서 $t = a$까지 점 P가 움직인 거리는? [4점]

① 22   ② 24

③ 26   ④ 28

⑤ 30

12 닫힌구간 $[-1, 3]$에서 정의된 함수

$$f(x) = \begin{cases} x^3 - 6x^2 + 5 & (-1 \leq x \leq 1) \\ x^2 - 4x + a & (1 < x \leq 3) \end{cases}$$

의 최댓값과 최솟값의 합이 0일 때, $\lim\limits_{x \to 1+} f(x)$의 값은? (단, a는 상수이다.) [4점]

① -5 ② $-\dfrac{9}{2}$

③ -4 ④ $-\dfrac{7}{2}$

⑤ -3

13 $a>1$인 실수 a에 대하여 좌표평면에 두 곡선
$$y=a^x, \ y=|a^{-x-1}-1|$$
이 있다. 〈보기〉에서 옳은 것만을 있는 대로 고른 것은? [4점]

───〈보기〉───

ㄱ. 곡선 $y=|a^{-x-1}-1|$은 점 $(-1, \ 0)$을 지난다.

ㄴ. $a=4$이면 두 곡선의 교점의 개수는 2이다.

ㄷ. $a>4$이면 두 곡선의 모든 교점의 x좌표의 합은 -2보다 크다.

① ㄱ   ② ㄱ, ㄴ

③ ㄱ, ㄷ   ④ ㄴ, ㄷ

⑤ ㄱ, ㄴ, ㄷ

14 함수 $f(x)=x^3-x$와 상수 $a(a>-1)$에 대하여 곡선 $y=f(x)$ 위의 두 점 $(-1, f(-1)), \ (a, f(a))$를 지나는 직선을 $y=g(x)$라 하자. 함수
$$h(x)=\begin{cases} f(x) & (x<-1) \\ g(x) & (-1\leq x\leq a) \\ f(x-m)+n & (x>a) \end{cases}$$
가 다음 조건을 만족시킨다.

(가) 함수 $h(x)$는 실수 전체의 집합에서 미분가능하다.

(나) 함수 $h(x)$는 일대일 대응이다.

$m+n$의 값은? (단, $m, \ n$은 상수이다.)

[4점]

① 1   ② 3

③ 5   ④ 7

⑤ 9

15 다음 조건을 만족시키는 모든 수열 $\{a_n\}$에 대하여 a_1의 최솟값을 m이라 하자.

(가) 수열 $\{a\}$의 모든 항은 정수이다.

(나) 모든 자연수 n에 대하여
$$a_{2n}=a_3\times a_n+1, \ a_{2n+1}=2a_n-a_2$$이다.

$a_1=m$인 수열 $\{a_n\}$에 대하여 a_9의 값은?

[4점]

① -53 ② -51

③ -49 ④ -47

⑤ -45

16 함수 $f(x)=(x+3)(x^3+x)$의 $x=1$에서의 미분계수를 구하시오. [3점]

17 $0 \le x < 8$일 때, 방정식 $\sin \dfrac{\pi x}{2} = \dfrac{3}{4}$의 모든 해의 합을 구하시오. [3점]

18 모든 양의 실수 x에 대하여 부등식
$$x^3 - 5x^2 + 3x + n \ge 0$$
이 항상 성립하도록 하는 자연수 n의 최솟값을 구하시오. [3점]

19 함수 $f(x) = \log_2 kx$에 대하여 곡선 $y = f(x)$와 직선 $y = x$가 두 점 A, B에서 만나고 $\overline{OA} = \overline{AB}$이다. 함수 $f(x)$의 역함수를 $g(x)$라 할 때, $g(5)$의 값을 구하시오. (단, k는 0이 아닌 상수이고, O는 원점이다.) [3점]

20 양의 실수 a에 대하여 함수 $f(x)$를
$$f(x) = \begin{cases} \dfrac{3}{a} x^2 & (-a \le x \le a) \\ 3a & (x < -a \text{ 또는 } x > a) \end{cases}$$
라 하자. 함수 $y = f(x)$의 그래프와 x축 및 두 직선 $x = -3$, $x = 3$으로 둘러싸인 부분의 넓이가 8이 되도록 하는 모든 a의 값의 합은 S이다. $40S$의 값을 구하시오. [4점]

21 $\angle \mathrm{BAC} = \theta \left(\dfrac{2}{3}\pi \leq \theta < \dfrac{3}{4}\pi \right)$인 삼각형 ABC의 외접원의 중심을 O, 세 점 B, O, C 를 지나는 원의 중심을 O′이라 하자. 다음은 점 O′이 선분 AB 위에 있을 때, $\dfrac{\overline{\mathrm{BC}}}{\overline{\mathrm{AC}}}$의 값 을 θ에 대한 식으로 나타내는 과정이다.

삼각형 ABC의 외접원의 반지름의 길이를 R라 하면 사인법칙에 의하여

$$\dfrac{\overline{\mathrm{BC}}}{\sin\theta} = 2R$$

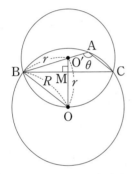

세 점 B, O, C를 지나는 원의 반지름의 길이 를 r라 하자. 선분 O′O는 선분 BC를 수직이 등분하므로 이 두 선분의 교점을 M이라 하면

$$\overline{\mathrm{O'M}} = r - \overline{\mathrm{OM}} = r - |R\cos\theta|$$

직각삼각형 O′BM에서

$$R = \boxed{(가)} \times r$$

이므로

$$\sin(\angle \mathrm{O'BM}) = \boxed{(나)}$$

따라서 삼각형 ABC에서 사인법칙에 의하여

$$\dfrac{\overline{\mathrm{BC}}}{\overline{\mathrm{AC}}} = \boxed{(다)}$$

위의 (가), (나), (다)에 알맞은 식을 각각 $f(\theta), g(\theta), h(\theta)$라 하자.

$\cos\alpha = -\dfrac{3}{5}$, $\cos\beta = -\dfrac{\sqrt{10}}{5}$인 α, β에 대

하여 $f(\alpha) + g(\beta) + \left\{ h\left(\dfrac{2}{3}\pi \right) \right\}^2 = \dfrac{q}{p}$이다.

$p + q$의 값을 구하시오. (단, p와 q는 서로 소인 자연수이다.) [4점]

22 일차함수 $f(x)$에 대하여 함수 $g(x)$를

$$g(x) = \int_0^x (x-2)f(s)\,ds$$

라 하자. 실수 t에 대하여 직선 $y = tx$와 곡 선 $g(x)$가 만나는 점의 개수를 $h(t)$라 할 때, 다음 조건을 만족시키는 모든 함수 $g(x)$ 에 대하여 $g(4)$의 값의 합을 구하시오. [4점]

$g(k) = 0$을 만족시키는 모든 실수 k에 대하 여 함수 $h(t)$는 $t = -k$에서 불연속이다.

확률과 통계(23~30)

23 다항식 $(2x+1)^6$의 전개식에서 x^2의 계수는? [2점]

① 40   ② 60

③ 80   ④ 100

⑤ 120

24 숫자 1, 2, 3, 4, 5, 6이 하나씩 적혀 있는 6개의 공이 있다. 이 6개의 공을 일정한 간격을 두고 원형을 배열할 때, 3의 배수가 적혀 있는 두 공이 서로 이웃하도록 배열하는 경우의 수는? (단, 회전하여 일치하는 것은 같은 것으로 본다.) [3점]

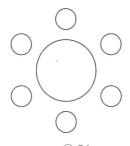

① 48   ② 54

③ 60   ④ 66

⑤ 72

25 어느 학교의 컴퓨터 동아리는 남학생 21명, 여학생 18명으로 이루어져 있고, 모든 학생은 데스크톱 컴퓨터와 노트북 컴퓨터 중 한 가지만 사용한다고 한다. 이 동아리의 남학생 중에서 데스크톱 컴퓨터를 사용하는 학생은 15명이고, 여학생 중에서 노트북 컴퓨터를 사용하는 학생은 10명이다. 이 동아리 학생 중에서 임의로 선택한 1명이 데스크톱 컴퓨터를 사용하는 학생일 때, 이 학생이 남학생일 확률은? [3점]

① $\dfrac{8}{21}$ ② $\dfrac{10}{21}$

③ $\dfrac{15}{23}$ ④ $\dfrac{5}{7}$

⑤ $\dfrac{18}{23}$

26 1부터 10까지의 자연수가 하나씩 적혀 있는 10장의 카드가 있다. 이 10장의 카드 중에서 임의로 선택한 서로 다른 3장의 카드에 적혀 있는 세 수의 곱이 4의 배수일 확률은? [3점]

① $\dfrac{1}{6}$　　　　② $\dfrac{1}{3}$

③ $\dfrac{1}{2}$　　　　④ $\dfrac{2}{3}$

⑤ $\dfrac{5}{6}$

27 평균이 100, 표준편차가 σ인 정규분포를 따르는 모집단에서 크기가 25인 표본을 임의추출하여 구한 표본평균을 $\overline{X}$라 하자.

z	$P(0 \le Z \le z)$
1.5	0.4332
2.0	0.4772
2.5	0.4938
3.0	0.4987

$P(98 \le \overline{X} \le 102) = 0.9876$일 때, σ의 값을 오른쪽 표준정규분포표를 이용하여 구한 것은? [3점]

① 2　　　　② $\dfrac{5}{2}$

③ 3　　　　④ $\dfrac{7}{2}$

⑤ 4

28 두 집합 $X = \{1, 2, 3, 4, 5, 6, 7, 8\}$, $Y = \{1, 2, 3\}$에 대하여 다음 조건을 만족시키는 모든 함수 $f : X \to Y$의 개수는? [4점]

> (가) 집합 X의 임의의 두 원소 x_1, x_2에 대하여 $x_1 < x_2$이면 $f(x_1) \le f(x_2)$이다.
> (나) 집합 X의 모든 원소 x에 대하여 $(f \circ f \circ f)(x) = 1$이다.

① 24　　　　② 27

③ 30　　　　④ 33

⑤ 36

29 그림과 같이 8개의 칸에 숫자 0, 1, 2, 3, 4, 5, 6, 7이 하나씩 적혀 있는 말판이 있고, 숫자 0이 적혀 있는 칸에 말이 놓여 있다. 한 개의 주사위를 사용하여 다음 시행을 한다.

> 주사위를 한 번 던져
> 나오는 눈의 수가 3 이상이면 말을 화살표 방향으로 한 칸 이동시키고,
> 나오는 눈의 수가 3보다 작으면 말을 화살표 반대 방향으로 한 칸 이동시킨다.

위의 시행을 4회 반복한 후 말이 도착한 칸에 적혀 있는 수를 확률변수 X라 하자. $E(36X)$의 값을 구하시오. [4점]

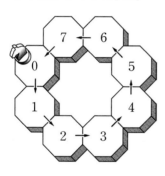

30 검은 공 4개, 흰 공 2개가 들어 있는 주머니에 대하여 다음 시행을 2회 반복한다.

> 주머니에서 임의로 3개의 공을 동시에 꺼낸 후, 꺼낸 공 중에서 흰 공은 다시 주머니에 넣고 검은 공은 다시 넣지 않는다.

두 번째 시행의 결과 주머니에 흰 공만 2개 들어 있을 때, 첫 번째 시행의 결과 주머니에 들어 있는 검은 공의 개수가 2일 확률은 $\dfrac{q}{p}$ 이다. $p+q$의 값을 구하시오. (단, p와 q는 서로소인 자연수이다.) [4점]

미적분(23~30)

23 $\lim\limits_{n\to\infty}(\sqrt{an^2+bn}-\sqrt{2n^2+1})=1$일 때, ab의 값은? (단, a, b는 상수이다.) [2점]

① $\sqrt{2}$ ② 2

③ $2\sqrt{2}$ ④ 4

⑤ $4\sqrt{2}$

24 $\lim\limits_{n\to\infty}\sum\limits_{k=1}^{n}\dfrac{1}{n+3k}$의 값은? [3점]

① $\dfrac{1}{3}\ln2$ ② $\dfrac{2}{3}\ln2$

③ $\ln2$ ④ $\dfrac{4}{3}\ln2$

⑤ $\dfrac{5}{3}\ln2$

25 매개변수 t로 나타내어진 곡선
$$x=e^t\cos(\sqrt{3}t)-1,$$
$$y=e^t\sin(\sqrt{3}t)+1\,(0\le t\le\ln7)$$
의 길이는? [3점]

① 9 ② 10

③ 11 ④ 12

⑤ 13

26 그림과 같이 $\overline{AB_1}=2$, $\overline{AD_1}=\sqrt{5}$인 직사각형 $AB_1C_1D_1$이 있다. 중심이 A이고 반지름의 길이가 $\overline{AD_1}$인 원과 선분 B_1C_1의 교점을 E_1, 중심이 C_1이고 반지름의 길이가 $\overline{C_1D_1}$인 원과 선분 B_1C_1의 교점을 F_1이라 하자. 호 D_1F_1과 두 선분 D_1E_1, F_1E_1로 둘러싸인 부분에 색칠하여 얻은 그림을 R_1이라 하자.

그림 R_1에서 선분 AB_1 위의 점 B_2, 호 D_1F_1 위의 점 C_2, 선분 AD_1 위의 점 D_2와 점 A를 꼭짓점으로 하고 $\overline{AB_2} : \overline{AD_2}=2 : \sqrt{5}$인 직사각형 $AB_2C_2D_2$를 그린다. 중심이 A이고 반지름의 길이가 $\overline{AD_2}$인 원과 선분 B_2C_2의 교점을 E_2, 중심이 C_2이고 반지름의 길이가 $\overline{C_2D_2}$인 원과 선분 B_2C_2의 교점을 F_2라 하자. 호 D_2F_2와 두 선분 D_2E_2, F_2E_2로 둘러싸인 부분에 색칠하여 얻은 그림을 R_2라 하자.

이와 같은 과정을 계속하여 n번째 얻은 그림 R_n에 색칠되어 있는 부분의 넓이를 S_n이라 할 때, $\lim\limits_{n\to\infty} S_n$의 값은? [3점]

① $\dfrac{8\pi+8-8\sqrt{5}}{7}$ ② $\dfrac{8\pi+8-7\sqrt{5}}{7}$

③ $\dfrac{9\pi+9-9\sqrt{5}}{8}$ ④ $\dfrac{9\pi+9-8\sqrt{5}}{8}$

⑤ $\dfrac{10\pi+10-10\sqrt{5}}{9}$

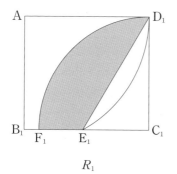

R_1

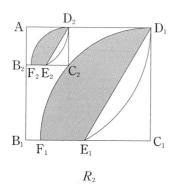

R_2

2022 기출문제

27 양의 실수 t에 대하여

곡선 $y=\ln(2x^2+2x+1)\,(x>0)$과 직선 $y=t$가 만나는 점의 x좌표를 $f(t)$라 할 때, $f'(2\ln 5)$의 값은? [3점]

① $\dfrac{25}{14}$

② $\dfrac{13}{7}$

③ $\dfrac{27}{14}$

④ 2

⑤ $\dfrac{29}{14}$

28 그림과 같이 길이가 4인 선분 AB의 중점 O에 대하여 선분 OB를 반지름으로 하는 사분원 OBC가 있다. 호 BC 위를 움직이는 점 P에 대하여 선분 OB 위의 점 Q가 $\angle APC=\angle PCQ$를 만족시킨다. 선분 AP가 두 선분 CO, CQ와 만나는 점을 각각 R, S라 하자. $\angle PAB=\theta$일 때, 삼각형 RQS의 넓이를 $S(\theta)$라 하자. $\displaystyle\lim_{\theta\to 0+}\dfrac{S(\theta)}{\theta^2}$의 값은?

$\left(\text{단, } 0<\theta<\dfrac{\pi}{4}\right)$ [4점]

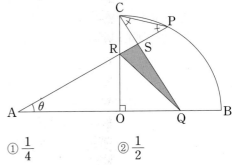

① $\dfrac{1}{4}$

② $\dfrac{1}{2}$

③ 1

④ 2

⑤ 4

29 실수 전체의 집합에서 연속인 함수 $f(x)$가 다음 조건을 만족시킨다.

> (가) $-1 \le x \le 1$에서 $f(x) < 0$이다.
>
> (나) $\displaystyle\int_{-1}^{0} |f(x)\sin x|\,dx = 2$,
>
> $\displaystyle\int_{0}^{1} |f(x)\sin x|\,dx = 3$

함수 $g(x) = \displaystyle\int_{-1}^{x} |f(t)\sin t|\,dt$에 대하여

$\displaystyle\int_{-1}^{1} f(-x)g(-x)\sin x\,dx = \frac{q}{p}$이다.

$p+q$의 값을 구하시오. (단, p와 q는 서로 소인 자연수이다.) [4점]

30 최고차항의 계수가 1인 삼차함수 $f(x)$에 대하여 함수

$$g(x) = \begin{cases} f(x) & (0 \le x \le 2) \\ \dfrac{f(x)}{x-1} & (x < 0 \text{ 또는 } x > 2) \end{cases}$$

가 다음 조건을 만족시킨다.

> (가) 함수 $g(x)$는 실수 전체의 집합에서 연속이고, $g(2) \ne 0$이다.
>
> (나) 함수 $g(x)$가 $x = a$에서 미분가능하지 않은 실수 a의 개수는 1이다.
>
> (다) $g(k) = 0$, $g'(k) = \dfrac{16}{3}$인 실수 k가 존재한다.

함수 $g(x)$의 극솟값이 p일 때, p^2의 값을 구하시오. [4점]

23 세 벡터 $\vec{a} = (x, 3)$, $\vec{b} = (1, y)$, $\vec{c} = (-3, 5)$가 $2\vec{a} = \vec{b} - \vec{c}$를 만족시킬 때, $x+y$의 값은? [2점]

① 11   ② 12

③ 13   ④ 14

⑤ 15

24 좌표공간의 두 점 $A(0, 2, -3)$, $B(6, -4, 15)$에 대하여 선분 AB 위에 점 C가 있다. 세 점 A, B, C에서 xy평면에 내린 수선의 발을 각각 A', B', C'이라 하자. $2\overline{A'C'} = \overline{C'B'}$일 때, 점 C의 z좌표는? [3점]

① -5 ② -3

③ -1 ④ 1

⑤ 3

25 쌍곡선 $x^2-\dfrac{y^2}{3}=1$ 위의 제1사분면에 있는 점 P에서의 접선의 x절편이 $\dfrac{1}{3}$이다. 쌍곡선 $x^2-\dfrac{y^2}{3}=1$의 두 초점 중 x좌표가 양수인 점을 F라 할 때, 선분 PF의 길이는? [3점]

① 5

② $\dfrac{16}{3}$

③ $\dfrac{17}{3}$

④ 6

⑤ $\dfrac{19}{3}$

26 좌표공간에서 중심이 $A(a, -3, 4)(a>0)$인 구 S가 x축과 한 점에서만 만나고 $\overline{OA}=3\sqrt{3}$일 때, 구 S가 z축과 만나는 두 점 사이의 거리는? (단, O는 원점이다.) [3점]

① $3\sqrt{6}$

② $2\sqrt{14}$

③ $\sqrt{58}$

④ $2\sqrt{15}$

⑤ $\sqrt{62}$

27 그림과 같이 한 변의 길이가 4인 정삼각형 ABC에 대하여 점 A를 지나고 직선 BC에 평행한 직선을 l이라 할 때, 세 직선 AC, BC, l에 모두 접하는 원을 O라 하자. 원 O 위의 점 P에 대하여 $|\overrightarrow{AC}+\overrightarrow{BP}|$의 최댓값을 M, 최솟값을 m이라 할 때, Mm의 값은? (단, 원 O의 중심은 삼각형 ABC의 외부에 있다.) [3점]

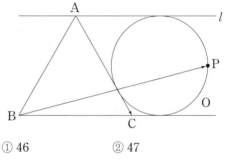

① 46

② 47

③ 48

④ 49

⑤ 50

28 [그림 1]과 같이 $\overline{AB}=3$, $\overline{AD}=2\sqrt{7}$인 직사각형 ABCD 모양의 종이가 있다. 선분 AD의 중점을 M이라 하자. 두 선분 BM, CM을 접는 선으로 하여 [그림 2]와 같이 두 점 A, D가 한 점 P에서 만나도록 종이를 접었을 때, 평면 PBM과 평면 BCM이 이루는 각의 크기를 θ라 하자. $\cos\theta$의 값은? (단, 종이의 두께는 고려하지 않는다.) [4점]

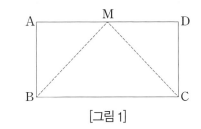

[그림 1]

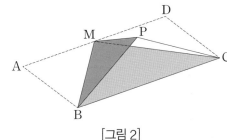

[그림 2]

① $\dfrac{17}{27}$ ② $\dfrac{2}{3}$

③ $\dfrac{19}{27}$ ④ $\dfrac{20}{27}$

⑤ $\dfrac{7}{9}$

29 그림과 같이 포물선 $y^2=16x$의 초점을 F라 하자. 점 F를 한 초점으로 하고 점 A(-2, 0)을 지나며 다른 초점 F′이 선분 AF 위에 있는 타원 E가 있다. 포물선 $y^2=16x$가 타원 E와 제1사분면에서 만나는 점을 B라 하자. $\overline{BF}=\dfrac{21}{5}$일 때, 타원 E의 장축의 길이는 k이다. $10k$의 값을 구하시오. [4점]

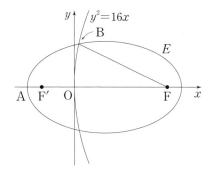

30 좌표평면 위의 두 점 $A(6, 0)$, $B(6, 5)$와 음이 아닌 실수 k에 대하여 두 점 P, Q가 다음 조건을 만족시킨다.

> (가) $\overrightarrow{OP}=k(\overrightarrow{OA}+\overrightarrow{OB})$이고,
> $\overrightarrow{OP}\cdot\overrightarrow{OA}\leq21$이다.
> (나) $|\overrightarrow{AQ}|=|\overrightarrow{AB}|$이고,
> $\overrightarrow{OQ}\cdot\overrightarrow{OA}\leq21$이다.

$\overrightarrow{OX}=\overrightarrow{OP}+\overrightarrow{OQ}$를 만족시키는 점 X가 나타내는 도형의 넓이는 $\dfrac{q}{p}\sqrt{3}$이다. $p+q$의 값을 구하시오.(단, O는 원점이고, p와 q는 서로소인 자연수이다.) [4점]

2026
사관학교

7개년 국어·영어·수학

[01~03] 다음은 강연의 일부이다. 물음에 답하시오.

여러분, 안녕하세요? '철학을 만나는 시간'을 맡고 있는 ○○○입니다. 지난 시간에는 고대 그리스의 대표적인 철학자인 플라톤과 아리스토텔레스를 만나 봤는데요, 오늘은 여러분에게는 다소 생소할 수 있는 고대 그리스의 철학자인 퓌론에 대해 소개하겠습니다.

퓌론에 대해 말씀 드리기에 앞서 다음 화면을 볼까요? (㉠ 화면 제시) 이 화면에 드레스 사진 보이시죠? 이 사진의 드레스가 파란색 바탕에 검은색 줄이 있는 것처럼 보이시는 분, 손 들어보시겠어요? 네, (같은 사진을 보여주며) 자, 그럼 이 드레스가 흰색 바탕에 금색 줄무늬 드레스로 보이시는 분도 계시죠? 손 들어보세요. (학생들을 바라보며) 그럼 이번에는 다른 화면을 볼까요? (㉡ 화면 제시) 노란색 조명으로 빛나는 방 안에 사과가 놓여 있는 것이 보이시죠? 이 사과의 색은 무슨 색일까요? (학생들을 바라보며) 대부분의 학생들이 빨갛다고 대답했네요. 방금 여러분이 보신 화면은 엘리아슨의 '한 가지 색의 방'이란 작품인데요, 엘리아슨은 방 전체에 노란색 조명만을 비추어 방 안에 있는 모든 사물이 노랗게 보이도록 했습니다. 그래서 방금 여러분이 보신 사과 역시 노란색으로 보여야 됩니다. 실제로 사진에 나타난 방과 사과는 노란색입니다. (㉢ 화면 제시) 확인해 볼까요? 방과 사과 모두 노란색 화소값이죠? (웃으며) 당황스러운 표정을 짓는 학생들이 많이 보이네요.

방금 여러분이 경험한 현상은 우리의 뇌가 처음 접하는 물체의 색상을 판단할 때 '기억색'과 '색 항상성'에 영향을 받기 때문입니다. 기억색은 하나의 드레스를 보고 색이 다르다고 인식하는 것을 말합니다. 이것은 자신의 경험을 토대로 물체의 색을

유추하기 때문입니다. 그리고 노란색 사과를 보고 빨갛다고 말씀하셨죠? 이것은 색 항상성 때문이었습니다. 색 항상성은 사물을 있는 그대로 보지 않고 자신이 생각했던 물체 본연의 색으로 사물을 인지하려는 경향 때문에 생기는 현상입니다.

이제 여러분이 왜 그렇게 대답을 했는지 아시겠지요? 그런데 우리가 보고 있는 것이 사물 본연의 실제 모습일까요? 우리의 뇌가 사물을 인지할 때 감각을 왜곡한다면 기억색이나 색 항상성과 같은 현상에 의해 사물의 참모습을 확인할 수 없게 됩니다. 오늘 소개할 철학자인 퓌론은 어떤 것이 사실인지 아닌지를 인간은 확실하게 알 수 없다고 주장했습니다. 또한 그는 이 세상에는 진리가 없다고 말했습니다. 그래서 존재하지 않는 진리를 찾으려고 하면, 인간은 고뇌를 느끼게 된다고 주장했습니다. 그래서 퓌론은 확실히 알 수 없는 것에 대해서는 판단을 중지할 것을 주장했습니다. 이것이 '판단 중지'입니다. 당시 그리스 말로는 이것을 '에포케'라고 했는데요. 이것은 긍정도 부정도 하지 않는 마음의 상태를 일컫는 말입니다. 퓌론은 진리를 얻으려고 할 때 고뇌가 생긴다고 보았고 이것에서 벗어나려면 판단 중지 즉, 에포케 상태가 되어야 한다고 생각했습니다. 그래야 마음의 흐트러짐이 없는 평화로운 상태, 즉 '아타락시아'에 이를 수 있다 본 것입니다.

이러한 퓌론의 생각은 진리를 찾는 것이 철학의 목적이라고 믿었던 당대의 철학자들에게는 굉장히 낯설었을 것입니다. 그런데 '우리는 아무 것도 모른다.'라고 말하며 기존의 당연한 것이라 믿었던 생각들도 끊임없이 의심하고 판단을 보류하라는 퓌론의 주장에 대해 한 번 더 생각해 봐야 합니다. 당대 철학자들에게 낯설었던 퓌론의 주장은 후대의 철학자들에게 큰 영향을 끼치게 됩니다. 퓌론의 생각

을 간단하게 말씀드렸는데요. 다음 강의에서는 퓌론의 철학이 후대 철학자들에게 왜 큰 영향을 주었는지에 대해 말씀드리도록 하겠습니다.

01 위 강연자의 말하기 방식으로 가장 적절한 것은?

① 청중의 응답을 이끌어 내고 반응을 확인하여 청중과 상호 작용하고 있다.

② 지난 시간의 강연 내용과 관련된 동영상을 보여주며 강연을 시작하고 있다.

③ 대상의 개념을 친숙한 소재에 빗대어 표현함으로써 청중의 이해를 돕고 있다.

④ 강연의 처음과 끝에 진행 순서를 소개하며 청중이 강연 내용을 예측할 수 있도록 하고 있다.

⑤ 강연 중간 중간에 지난 시간에 강연한 내용을 상기시키며 강연의 중심 내용을 강조하고 있다.

02 강연자가 사용한 매체 자료의 활용에 대한 설명으로 가장 적절한 것은?

① ㉠ : '기억색'과 관련된 현상을 직접 체험할 수 있도록 두 드레스의 화면을 번갈아 보여 주었다.

② ㉠ : 사람마다 사물에 대한 색 인지가 다르다는 점을 설명하기 위해 시간에 따라 드레스 색이 달라지는 동영상 화면을 보여 주었다.

③ ㉡ : '색 항상성'과 관련된 현상은 누구나 경험할 수 있다는 점을 설명하기 위해 사과의 색깔이 다르게 보이는 두 화면을 비교하였다.

④ ㉡ : '기억색'과 '색 항상성'이 일어나는 원인이 다르다는 점을 설명하기 위해 빛이 비치는 각도에 따라 색이 달리 보이는 엘리아슨의 작품을 제시하였다.

⑤ ㉢ : 인간이 지각하는 물체의 색이 실제의 색과 다를 수 있다는 점을 보여 주기 위해 사과와 방의 색 정보가 표시된 화면을 보여 주었다.

03 다음은 학생들이 강연을 들으며 떠올린 생각이다. 강연 내용을 고려하여 학생들의 반응을 분석한 것으로 적절하지 <u>않은</u> 것은?

───〈보기〉───

학생 1 : 논리학에서 어떤 명제와 그것의 부정은 동시에 참이 될 수 없다는 '모순율'은 언제나 변함없는 진리라고 들었어. 그렇다면 이 세상에 진리는 존재하지 않는다고 생각했다는 퓌론의 주장은 잘못된 것이 아닐까?

학생 2 : 같은 길이의 선분인데도 비교하는 대상에 따라 그 길이가 다르게 보이는 이유가 궁금했었는데, 강연을 통해 궁금증을 해소할 수 있어 좋았어. 기억색이나 색 항상성처럼 뇌에 의한 감각의 왜곡에는 어떠한 것들이 있는지 더 찾아보아야겠어.

학생3 : 아무 생각 없이 멍하니 앉아 있을 때 기분이 좋아진 적이 있었는데, 에포케를 통해 아타락시아를 느낀 것일까? 왜 이런 기분이 들었을까? 아타락시아에서 느끼는 마음의 상태에 대해 좀 더 알아봐야겠어.

① '학생 1'은 배경지식을 활용하여 강연 내용을 점검하고 있다.

② '학생 2'는 이전에 몰랐던 사실을 알게 된 것을 긍정적으로 생각하고 있다.

③ '학생 3'은 강연 내용과 관련된 자신의 과거 경험을 떠올리고 있다.

④ '학생 1'과 '학생 3'은 강연 내용의 정보량이 부족하다는 점을 부정적으로 생각하고 있다.

⑤ '학생 2'와 '학생 3'은 강연 내용과 관련된 추가 활동을 계획하고 있다.

[04~07] (가)는 '활동 1'을 위해 참관한 토론의 일부이고 (나)는 '활동 2'를 수행하기 위해 쓴 초고이다. 물음에 답하시오.

'시사적인 문제에 대한 비평 활동'

〔활동 1〕시사적인 문제에 관한 모의 토론 참관하기
〔활동 2〕모의 토론 참관 후 쟁점에 대한 자료를 추가 조사하여 자신만의 관점으로 비평문 쓰기

(가)

사회자 : 최근 반려동물을 양육하는 반려인에게 세금을 부과하는 반려동물 보유세 도입에 대한 논의가 활발하게 이루어지고 있습니다. 그래서 오늘은 '반려동물 보유세를 도입해야 한다.'라는 논제로 토론을 진행하려 합니다. 이 논제에 대해 찬성 측과 반대 측의 의견을 들어 보겠습니다. 먼저 찬성 측에서 입론해 주신 후 반대 측에서 반대 신문해 주십시오.

찬성 1 : 저희는 반려동물 보유세 도입에 찬성합니

다. 최근 반려동물 양육 가구가 증가하면서 의료비 지원, 동물 편의 시설 확충 등 사회적 요구가 늘고 있는데 반려동물의 복지 증진을 위한 비용은 반려인이 부담하는 것이 타당합니다. 다음으로 이 제도의 도입을 통해 유기되는 동물의 수를 줄일 수 있습니다. 반려동물 보유세를 부과하게 되면 반려동물을 충동적으로 사고 쉽게 버리는 일이 줄어들 것입니다. 끝으로 이 제도 도입을 통해 반려인과 비반려인의 사회적 갈등을 해소할 수 있는 여건을 조성할 수 있다고 생각합니다. 반려동물 보유세 도입으로 재원을 확보하면 반려동물로 인해 발생한 여러 가지 사회적 갈등을 해소할 수 있는 여건을 조성할 비용을 마련할 수 있습니다.

반대 2 : 반려동물 보유세를 도입하면 유기되는 동물의 수를 줄일 수 있다고 말씀하셨는데, 이미 반려동물 보유세를 부과하고 있는 ㅁㅁ국에서도 유기되는 동물이 한해 8만 마리에 이릅니다. 저는 반려동물 보유세 도입으로 유기되는 동물의 수를 감소시키는 효과가 있다는 찬성 측의 발언이 잘못됐다고 생각합니다. 어떻게 생각하십니까?

찬성 1 : 유기동물 수는 우리나라와 □□국이 비슷해 보이지만, □□국의 반려동물 전체 개체 수는 우리나라의 약 5배입니다. 또한 □□국의 유기동물 수에는 반려인들이 키울 수 없어 보호소에 맡기는 경우 등도 포함된 수치이기 때문에 실제 유기되는 동물의 비율은 훨씬 적습니다.

사회자 : 이번에는 반대 측에서 입론해 주신 후 찬성 측에서 반대 신문해 주십시오.

반대 1 : 저희는 반려동물 보유세 도입에 반대합니다. 반려인들은 이미 반려동물 양육에 따른 세금을 납부하고 있다고 생각합니다. 동물 병원 진료비나 반려 용품 구입비 등에 부가가치세가 포함되어 있습니다. 반려동물과 관련하여 발생하는 사회적 비용은 현재 납

부하고 있는 세금으로 충당해야 합니다. 또한 경제적 취약 계층에서도 반려동물을 양육하는 경우가 많습니다. 이런 분들에게 반려동물 양육에 따른 세금을 새롭게 부과하면 양육을 포기할 수도 있어 유기되는 동물의 수가 오히려 늘어날 수 있습니다. 마지막으로 반려동물 보유세는 과세 대상을 정확하게 파악하기가 곤란하여 실효성을 거두기가 어렵습니다. 반려동물 보유세를 도입한다고 해도 모든 반려인들이 자발적으로 반려동물을 키운다고 신고하지는 않을 것입니다. 그렇게 되면 보유세를 내는 성실한 납세자와 그렇지 않은 사람 사이의 새로운 갈등이 발생할 것입니다. 따라서 반려동물 보유세 도입을 통해 사회적 갈등을 해소할 수 없다고 생각합니다.

찬성 2 : 저도 세금의 실효성을 거두기 위해서는 과세 대상을 정확히 파악해야 한다고 생각합니다. 그런데 우리나라에서는 이미 반려동물 등록제를 시행하고 있습니다. 이 제도를 통해 과세 대상을 파악할 수 있는데, 어떻게 생각하십니까?

반대 1 : 반려동물 등록제를 시행하는 것은 알고 있지만 실제 반려동물을 키우고 있다고 등록한 사람들은 매우 적습니다. 이런 상황에서 이 제도를 도입하면 반려동물을 등록하는 사람이 더 줄어들게 될 것입니다. 따라서 과세 대상을 파악하기는 더욱 어려워질 것입니다.

(나)

정부는 반려동물 보유세 도입 검토가 필요하다는 내용이 포함된 동물 복지 종합계획을 발표하였다. 최근 반려동물을 양육하는 가구가 늘어나면서 사회적 비용이 증가하고 있어 그 비용을 보유세를 통해 충당하겠다는 취지이다.

반려동물 보유세 도입은 필요하다. 반대 측에서는 반려인들이 이미 반려 용품 구입 시 부가가치세를 납부했으므로 이것으로 반려동물과 관련된 사회적 비용을 충당해야 한다고 주장하지만, 부가가치세는 보통세로 국가의 일반적 지출을 충당하기 위해 사용해야 하는 재원이다. 그러므로 반려동물과 반려인만을 위해 사용할 재원은 별도로 마련해야 한다. 이미 반려동물 보유세를 도입한 □□국은 유기동물의 발생 비율이 우리나라에 비해 낮다. 이 보유세로 마련한 재정을 동물 보호 시스템을 만드는 비용이나 반려동물로 인해 발생한 환경오염 처리 비용 등에 충당해 사회적으로 긍정적 효과를 거두고 있다.

하지만 제도를 성급하게 도입하면 부작용이 발생할 수 있으므로 도입 전에 신중한 검토가 필요하다. 우선 반려동물 보유세는 교통 시설의 확충을 위해 사용하는 교통·환경·에너지세와 마찬가지로 특정한 목적에만 사용하는 목적세로 운용되어야 한다. 반려동물 보유세는 반려인이 부담하는 것이기 때문에 반려인과 반려동물에게 실질적인 혜택이 돌아가도록 사용해야 하며 이를 위해 반려인들의 다양한 목소리를 듣고 이를 정책에 반영할 필요가 있다. 또한 과세액을 합리적으로 정해야 한다. 과세액이 너무 낮으면 찬성 측에서 주장하는 유기동물 감소 효과가 없을 것이고, 과세액이 너무 높으면 반대 측의 주장처럼 경제적으로 취약한 반려인들은 양육을 포기할 수 있어 유기동물이 늘어날 수 있다.

233

04 '활동 1'을 수행한 후 토론 내용을 정리한 것이다. 적절하지 <u>않은</u> 것은?

	찬성 측	반대 측
반려인에게 반려동물 보유세를 부과하는 것의 타당성	반려동물의 복지를 위해 쓰이는 비용은 반려인이 부담해야 한다.	부가가치세의 형태로 세금을 이미 납부하고 있으므로 또 다른 세금을 과세하는 것은 타당하지 않다. ………… ①
반려동물 보유세 도입으로 유기동물 감소 기대 효과	반려동물을 충동적으로 사고 쉽게 버리는 일이 줄어들 것이기 때문에 유기동물이 감소한다. ………… ②	반려동물 보유세의 부담 때문에 양육을 포기하는 경우가 발생하여 유기동물이 증가한다. ………… ③
반려동물 보유세 도입을 통한 사회적 갈등 해소 여부	반려동물 보유세를 통해 확보한 재원으로 사회적 갈등을 해소할 수 있는 여건을 조성할 수 있다. ………… ④	반려동물 보유세로 마련한 재원을 효과적으로 사용할 수 없기 때문에 사회적 갈등을 해소할 수 없다. ………… ⑤

05 (가)의 반대 신문과 답변에 대한 설명으로 가장 적절한 것은?

① '반대 2'는 상대측이 주장하는 내용이 새로운 문제를 발생시킬 수 있다는 점을 지적하고 있다.

② '찬성 1'은 상대측이 제시한 자료의 출처가 불분명함을 지적하며 자신의 주장이 타당함을 논증하고 있다.

③ '찬성 2'는 상대측의 근거 자료가 충분하지 못하다는 것을 지적하며 추가적인 자료를 요구하고 있다.

④ '반대 1'은 상대측이 제시한 내용으로 인해 발생할 수 있는 부정적 상황을 언급하며 주

장의 근거로 삼고 있다.

⑤ '반대 2'와 '찬성 2' 모두 상대방의 입장을 일부 인정하고 상대측의 진술 내용을 확인하는 질문을 하고 있다.

06 다음은 '활동 2'를 수행하기 위해서 구상한 글쓰기 계획이다. (나)에 반영되지 <u>않은</u> 것은?

① 정부 발표를 활용하여 반려동물 보유세 도입의 취지를 밝히며 글을 시작해야겠어.

② 반대 측의 주장에 대해 검토한 내용을 바탕으로 반려동물 보유세 도입에 대한 나의 관점을 명확하게 써야겠어.

③ □□국에서 반려동물 보유세로 인한 긍정적 효과가 있는지 추가로 조사하여 나의 견해를 뒷받침하는 사례로 제시해야겠어.

④ 교통·환경·에너지세를 사례로 들며 반려동물 보유세의 구체적인 사용처를 제시해야겠어.

⑤ 유기동물과 관련한 반대 측의 주장을 활용하여 신중한 검토 없이 제도를 도입할 경우 부작용이 발생할 수 있음을 밝혀야겠어.

07 〈보기〉는 (나)에 대해 상호 평가를 한 내용이다. 이를 바탕으로 (나)의 마지막에 새로운 문단을 추가하려고 한다. 가장 적절한 것은? [3점]

〈 보기 〉

마지막 문단에서는 반려동물 보유세 도입에 대한 입장과 기대 효과를 언급하고 정책의 취지를 살리기 위한 방안을 제안하며 마무리하는 것이 좋겠습니다.

① 반려동물 보유세를 도입하는 것은 아직 이르다. 물론 반려동물 보유세를 도입하면 반려동물로 인한 사회적 갈등을 해소할 여건을 조성할 수 있다. 하지만 부작용이 더 클 것이기 때문에 도입을 재고해야 한다.

② 반려동물 보유세는 반려동물과 반려인을 위해 사용하는 세금이다. 그렇기 때문에 그 취지를 잘 살리려면 반려인에게 세금을 부과하는 것이 타당하다. 하지만 부작용이 예상되기 때문에 과세 기준 마련을 위한 사회적 합의가 필요하다.

③ 반려동물 보유세는 반려인과 반려동물을 위해 필요하다. 보유세로 마련한 재원을 활용하면 반려동물을 위한 효과적인 동물 보호 시스템을 만들 수 있다. 따라서 반려동물과 반려인의 복지 증진을 위해 반려동물 보유세는 반드시 도입해야 한다.

④ 반려동물 보유세 도입이 필요하다. 확보된 재원으로 반려동물로 인해 발생한 문제를 해결하기 위한 사회적 비용을 충당하고 유기되는 동물의 수를 감소시키는 효과를 거둘 수 있다. 하지만 정책의 취지를 살리기 위해서 사회적 논의 과정과 과세액의 합리적 부과를 위한 기준이 마련되어야 한다.

⑤ 반려동물 보유세는 우리 사회에 반드시 필요한 제도이다. 하지만 보유세가 도입되면 경제적으로 어려운 반려인들이 곤란을 겪을 수 있다. 그러므로 이 정책의 취지를 살리기 위해서 반려동물을 양육하는 경제적 취약계층에 대한 배려와 합리적으로 반려동물 보유세를 운용하기 위한 논의가 필요하다.

[08~10] 다음 글을 읽고 물음에 답하시오.

[작문 상황]

○ 작문 과제 : 일상생활에서 겪고 있는 문제를 해결하기 위한 건의문 작성하기
○ 예상 독자 : ○○시청 정책 담당자

[학생 초고]

안녕하세요? 저는 □□고등학교 학생 △△△입니다. 최근 전동 킥보드 등의 개인형 이동장치를 이용하여 등·하교 및 도심으로 출퇴근을 하는 시민이 늘어나고 있다는 것을 신문 기사에서 보았습니다. 저 역시 전동 킥보드를 종종 이용하고 있는데 아직은 이용상의 불편함이 있어 이렇게 건의문을 쓰게 되었습니다.

먼저 이 이동장치를 이용하는 사람들은 대중교통으로 환승할 때 역까지 이동한 후 개인형 이동장치를 보관할 장소가 없어서 어려움을 겪고 있습니다. 그리고 이전 법규에서는 이 개인형 이동장치를 차도에서만 운행을 해야 해서 위험했습니다. ⓐ 그렇지만 시속 25㎞ 이하로 운행하도록 되어 있는 개인형 이동장치는 자전거보다 속도가 빨라 자전거 이용자나 보행자에게도 위협이 되고 있습니다. 그런데 법규의 개정으로 자전거 도로에서 주행할 수 있게 되어 전보다는 안전하게 운행할 수 있게 되었습니다.

이 문제를 해결하기 위해서는 우선, 환승할 수 있는 역과 버스 정류장 주변 등에 개인형 이동장치를 보관할 수 있는 거치대의 마련이 필요하다고 생각합니다. ⓑ 그런데 개인형 이동장치를 들고 지하철이나 버스를 타지 않아도 되기 때문에 대중교통으로의 환승이 편리해져서 개인형 이동장치의 이용자들이 늘어날 것이라 생각합니다. 둘째, 개인형 이동장치와 자전거가 안전하게 운행될 수 있도록 자전거 도로의 정비와 확충이 필요하다고 생각합니다. 그렇게 되면 이 이동장치와 자전거 이용자 그리고 보행자가 모두 안전하게 이동할 수 있게 되어 안전사고를 예방할 수 있을 것입니다. ⓒ 자전거 도로는 자전거 이용 활성화를 위해서 만들어졌

습니다. 끝으로 개인형 이동장치도 공적으로 대여할 수 있도록 공적 대여 제도를 도입할 필요가 있다고 생각합니다. 그러면 이 개인형 이동장치가 비싸서 구입하지 못하는 사람들도 편리하게 이용할 수 있을 것입니다. 우리 시에서 이미 시행되고 있는 공적 자전거를 빌릴 때 운영되는 시스템을 활용한다면 새로운 시스템의 ⓓ 구상 없이도 바로 확대 시행할 수 있을 것입니다.

제 건의가 받아들여진다면 우리 마을에서 도심으로 출·퇴근하는 주민들의 대중교통 이용이 늘어날 것입니다. 또한 개인형 이동장치 운행이 늘어나면 대중교통 이용이 활성화되어 교통 체증도 줄어들고, 배기가스로 인한 환경오염도 줄어들 것으로 ⓔ 기대되어집니다. 건의 내용을 끝까지 읽어 주셔서 감사합니다.

08 〈보기〉는 글을 쓰기 전에 떠올린 생각이다. 초고에 반영되지 <u>않은</u> 것만을 골라 묶은 것은?

─〈보기〉─
○ 개인형 이동장치의 개념을 정의하며 건의 대상을 명확히 해야겠어. ·············· ㉠
○ 개인의 경험을 제시하고 건의문을 쓰게 된 배경을 밝혀야겠어. ··················· ㉡
○ 이전 법규로 얻는 효과를 언급하며 건의 내용의 필요성을 제시해야겠어. ······ ㉢
○ 담화 표지를 사용하여 건의 내용을 명료하게 드러내야겠어. ··················· ㉣
○ 개인형 이동장치 사용의 확대로 얻을 수 있는 기대 효과를 거론하며 글을 마무리해야겠어. ··················· ㉤

① ㉠, ㉡ ② ㉠, ㉢

③ ㉡, ㉢ ④ ㉢, ㉣

⑤ ㉣, ㉤

09 〈자료〉를 활용하여 '학생의 초고'를 보완하려 한다. 〈자료〉의 활용 방안으로 적절하지 <u>않은</u> 것은? [3점]

─〈자료〉─

(가) 〈통계 자료〉
1. 개인형 이동장치 판매량 증가 현황

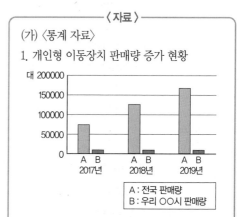

A : 전국 판매량
B : 우리 ○○시 판매량

2. 개인형 이동장치 구입을 망설이는 이유에 대한 우리 ○○시민 대상 설문 조사 결과

(단위 : %)

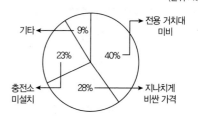

(나) 〈신문 기사〉
지난 3년 간 ○○시의 자전거 도로에서 발생한 교통사고가 크게 증가한 것으로 나타났다. 이는 늘어나는 자전거 통행량에 비해 자전거 도로가 협소하고 정비가 제대로 되지 않았기 때문이다. 더욱이 지난 6월 개정된 도로 교통법에 따라 오는 12월부터는 개인형 이동장치도 자전거 도로에서 이용할 수 있게 되어 자전거 도로에서 사고가 더욱 늘어날 것으로 우려된다. 이에 ○○시 교통 관련 정책 담당자는 연내에 자전거 도로 증설을 위한 계획을 수립·추진할 것이라고 말했다.

– 우리 ○○시 지역 신문 –

(다) 〈인터뷰〉
◇◇시는 2017년부터 자전거 공적 대여 서비스 제도와 개인형 이동장치 공적 대여 서비스를

운영하고 있습니다. 개인형 이동장치와 관련된 제반 시설을 갖추어 시행한 결과 개인형 이동장치를 이용하는 시민의 수가 크게 증가하였습니다. 교통 혼잡으로 발생하는 대기오염 물질인 일산화탄소는 전년의 0.6ppm에서 0.325ppm으로, 이산화질소는 0.013ppm에서 0.008ppm으로 줄어드는 효과가 있었습니다. 개인형 이동장치 공적 대여 서비스를 운영하여 ◇◇시는 으뜸 친환경 도시로 자리 잡게 되었습니다.

– ◇◇시청 관계자 –

① (가)-2를 활용하여 우리 시에서 개인형 이동장치를 활성화하기 위해서는 개인형 이동장치 전용 거치대, 충전소 등의 제반 시설을 갖출 필요가 있다는 점을 구체적으로 제시해야겠어.

② (나)를 활용하여 개인형 이동장치를 이용하면서 발생할 수 있는 안전사고를 예방하기 위해 자전거 도로의 확충이 필요하다는 점을 강조해야겠어.

③ (다)를 활용하여 우리 시도 개인형 이동장치 공적 대여 서비스 제도가 시행되면 개인형 이동장치의 증가로 환경에 긍정적인 효과를 얻을 수 있음을 들어 건의 내용의 근거로 삼아야겠어.

④ (가)-1과 (나)를 활용하여 우리 시의 지난 3년 간 교통사고의 증가가 우리 시 개인형 이동장치 판매량과 관련이 있음을 제시하며 이를 해결하기 위해 자전거 도로의 정비와 확충이 필요함을 제시해야겠어.

⑤ (가)-2와 (다)를 활용하여 경제적인 이유로 개인형 이동장치를 구매하지 못하는 사람들도 이 장치를 이용할 수 있게 된다는 점을 들어 공적 대여 서비스 제도 도입의 필요성을 강조해야겠어.

10 ⓐ~ⓔ를 고쳐 쓰기 위한 방안으로 적절하지 **않은** 것은?

① ⓐ : 문장 간 연결을 긴밀하게 하기 위해 바로 뒷 문장과 위치를 바꾼다.

② ⓑ : 접속어의 사용이 부적절하므로 '하지만'으로 고친다.

③ ⓒ : 건의 내용과 관련이 없으므로 삭제한다.

④ ⓓ : 어휘의 사용이 적절하지 않으므로 '구축'으로 대체한다.

⑤ ⓔ : 불필요한 이중피동을 사용했으므로 '기대됩니다'로 수정한다.

11 〈보기〉는 〈자료〉를 탐구하기 위해 찾은 표준 발음법 규정의 일부이다. 〈보기〉를 활용하여 ㉠~㉤을 탐구한 것으로 적절한 것은?

〈보기〉

[표준 발음법]
제9항 받침 'ㄲ, ㅋ', 'ㅅ, ㅆ, ㅈ, ㅊ, ㅌ', 'ㅍ'은 어말 또는 자음 앞에서 각각 대표음 [ㄱ, ㄷ, ㅂ]으로 발음한다. ·················· ⓐ
제10항 겹받침 'ㄳ', 'ㄵ', 'ㄼ, ㄽ, ㄾ', 'ㅄ'은 어말 또는 자음 앞에서 각각 [ㄱ, ㄴ, ㄹ, ㅂ]으로 발음한다. ·················· ⓑ
다만, '밟–'은 자음 앞에서 [밥]으로 발음한다. ·················· ⓒ
제18항 받침 'ㄱ(ㄲ, ㅋ, ㄳ, ㄺ), ㄷ(ㅅ, ㅆ, ㅈ, ㅊ, ㅌ, ㅎ), ㅂ(ㅍ, ㄼ, ㄿ, ㅄ)'은 'ㄴ, ㅁ' 앞에서 [ㅇ, ㄴ, ㅁ]으로 발음한다. ······ ⓓ
제29항 합성어 및 파생어에서, 앞 단어나 접두사의 끝이 자음이고 뒤 단어나 접미사의 첫 음절이 '이, 야, 여, 요, 유'인 경우에는, 'ㄴ'소리를 첨가하여 [니, 냐, 녀, 뇨, 뉴]로 발음한다. ·················· ⓔ

〈자료〉

○ 그는 네 사람 ㉠ 앞앞이[아바피] 놓인 찻잔에 고루 뜨거운 차를 따른다.

○ 다른 자음들과는 달리 ㉡ 티읕만[티은만] 발음하기가 어려워요.

○ 자전거 브레이크를 갑자기 ㉢ 밟는[밤는] 바람에 넘어질 뻔했다.

○ 그녀는 남의 ㉣ 삯일[상닐]을 해야 할 만큼 고생이 심했다.

○ 연분홍 ㉤ 꽃잎[꼰닙]이 봄바람에 흩날리더라.

① ㉠의 '앞앞이'는 ⓐ가 적용되어 교체가 두 번 일어난 결과 [아바피]로 발음한다.

② ㉡의 '티읕만'은 ⓐ, ⓓ가 적용되어 교체가 두 번 일어난 결과 [티은만]으로 발음한다.

③ ㉢의 '밟는'은 ⓐ, ⓒ가 적용되어 탈락과 교체가 일어난 결과 [밤는]으로 발음한다.

④ ㉣의 '삯일'은 ⓑ, ⓓ, ⓔ가 적용되어 탈락과 첨가가 일어난 결과 [상닐]로 발음한다.

⑤ ㉤의 '꽃잎'은 ⓐ, ⓔ가 적용되어 교체 두 번과 첨가 한 번이 일어난 결과 [꼰닙]으로 발음한다.

12 〈보기〉의 밑줄 친 부분에 해당하는 예로 적절하지 <u>않은</u> 것은?

〈보기〉

우리말에서 하나의 단어는 일반적으로 하나의 품사에 속하게 되는데 <u>하나의 단어가 두 가지 이상의 품사에 속하는 경우</u>가 있다. 예를 들어 '그녀는 전에 어디서 본 적이 있는 듯하다.'에서 '전'은 명사로 쓰였는데, '전 학기보다 이번 학기가 성적이 좋다.'에서 '전'은 관형사로 사용되었다.

① ┌ <u>오늘</u> 해야 할 일을 다음 날로 미루어서는 안 됩니다.
  └ 저에게 <u>오늘</u>이 있기까지는 여러 사람의 도움이 있었습니다.

② ┌ 명동의 밤거리는 대낮처럼 <u>밝았다</u>.
  └ 칠흑 같던 어둠이 걷히고 서서히 날이 <u>밝았다</u>.

③ ┌ 나는 <u>하나</u>도 아쉬울 것이 없다.
  └ 우리 모두 <u>하나</u>가 되어 이 나라를 지킵시다.

④ ┌ 그녀는 아무 말도 <u>않고</u> 회의장 밖으로 나가버렸다.
  └ 일이 생각만큼 쉽지 <u>않고</u> 처리 과정도 매우 복잡했다.

⑤ ┌ 독서는 세상 그 무엇<u>보다</u> 값진 것이다.
  └ 여러분, <u>보다</u> 나은 삶을 위해 함께 노력합시다.

13 〈보기〉는 '되다'의 의미를 이해하기 위해 사전을 찾아 정리한 것이다. 이에 대한 이해로 적절하지 <u>않은</u> 것은?

〈보기〉

되다[01]

Ⅰ【…이】

「1」 새로운 신분이나 지위를 가지다.
¶ 커서 의사가 되고 싶다.

「2」【…으로】 다른 것으로 바뀌거나 변하다.
¶ 얼음이 물이 된다. / 저 사람은 전혀 다른 사람이 됐다. / 물이 얼음으로 되다.

Ⅱ [   ]

「1」 (주로 피동의 뜻을 갖는 명사와 함께 쓰여) 누구에게 어떤 일을 당하다.
¶ 저 아이는 그 사람에게 양육이 되었다. /

멧돼지가 사냥꾼한테 포획이 되었다.

「2」 어떤 특별한 뜻을 가지는 상태에 놓이다.

¶ 친구의 충고가 너에게 약이 될 것이다.

되다⁰²

「1」 반죽이나 밥 따위가 물기가 적어 빡빡하다.

¶ 밥이 너무 되다. / 풀을 되게 쑤었다. / 반죽이 돼서 물을 더 넣었다.

「2」 일이 힘에 벅차다.

¶ 하루 종일 된 일을 하고 번 게 겨우 이것뿐인가?

-되다⁰³

「1」 (일부 명사 뒤에 붙어) '피동'의 뜻을 더하고 동사를 만드는 접미사.

¶ 가결되다. / 사용되다. / 형성되다.

「2」 (몇몇 명사, 어근, 부사 뒤에 붙어) 형용사를 만드는 접미사.

¶ 참되다. / 어중되다. / 숫되다. / 막되다. / 못되다. / 안되다.

① '되다⁰¹'과 '되다⁰²'는 각각 두 가지 이상의 뜻을 가지고 있으므로 다의어에 해당하겠군.

② '되다⁰¹[I]'의 「1」과 「2」는 문장에서 꼭 필요로 하는 성분의 개수가 다르겠군.

③ '되다⁰¹[2]'의 [   ]에는 '【…에게 …이】'가 들어갈 수 있겠군.

④ '되다⁰²「1」'의 반의어로는 '밥이나 반죽 따위가 되지 아니하고 물기가 많다.'는 의미의 '질다'가 가능하겠군.

⑤ '-되다⁰³'의 「2」에는 그 용례로 명사와 결합한 '거짓되다'를 추가할 수 있겠군.

[14~15] 다음 글을 읽고 물음에 답하시오.

인용절은 남의 말이나 글에서 직접 또는 간접으로 따온 절을 말한다. 인용절은 직접 인용절과 간접 인용절로 나뉜다. 직접 인용절에서는 (가)의 ⑴에서와 같이 조사 '라고'를, 간접 인용절에서는 (가)의 ⑵에서와 같이 조사 '고'를 사용한다. 이때 조사 '라고'와 '고'는 인용절을 나타내는 표지이다. 직접 인용절을 간접 인용절로 바꿀 때 인용절 속의 대명사, 어미, 인용 조사, 시간 표현은 달라질 수 있다.

(가)
⑴ 그녀는 "나는 지민이를 좋아한다."라고 말했다.
⑵ 그녀는 자기가 지민이를 좋아한다고 말했다.

한편 현대 국어에서 인용절은 안긴문장의 형태로 나타난다. 이러한 형태는 중세 국어에서도 확인할 수 있다. 중세 국어에서 인용절을 안은문장의 형태는 현대 국어와 다른 모습을 보이고 있다. (나)의 ⑴에서 인용절 앞에 오는 '닐오디'는 전체 문장의 서술어이고, 문장의 끝에 오는 'ㅎ니라'는 인용동사라고 하는데, 중세 국어는 대부분 인용절이 이러한 형태로 나타난다. (나)의 ⑵처럼 문장의 끝에 인용동사가 나타나지 않거나, (나)의 ⑶처럼 전체 문장의 서술어인 '니ᄅ시니이다'가 문장의 끝에 나타나는 경우도 있다. 중세 국어에는 현대 국어와 달리 인용절을 구분하는 표지가 나타나지 않는다.

(나)
⑴ 제 **닐오디** 臣(신)은 이 酒中(주중)엣 仙人(선인)이로라 **ᄒ니라**

[제 이르되, 신은 이 주중의 선인이라고 하였다.]

「두시언해」

⑵ 善宿(선숙)ㅣ **ᄯᅩ 무로디** 네 어느 고대 난다

[선숙이 또 묻되 "네 어느 곳에서 낳았느냐"]

「월인석보」

⑶ 如來(여래)＊ 샹녜 우리를 아ᄃ리라 **니ᄅ시니이다**

[여래 항상 우리를 아들이라고 이르셨습니다.]

「월인석보」

* 如來(여래) : '석가모니여래'의 준말. 부처의 존칭.

※ (나) - (1)~(3)의 [   ] 안에 있는 현대어 풀이는 중세 국어의 문장 구조를 따른 것임.

14 윗글을 바탕으로 〈보기〉의 밑줄 친 직접 인용절을 간접 인용절로 바꾸려고 할 때, [㉮]에 들어갈 내용으로 적절한 것은?

───〈보기〉───

[어제 민수가 '나'에게 한 말을 다른 사람에게 전하는 직접 인용문]

> 어제 민수는 나에게 "내일 나에게 올 수 있니?"라고 물었다.

↓

[현재 '나'가 어제 민수가 한 말을 다른 사람에게 전하는 간접 인용문]

> 어제 민수는 나에게 [㉮   ] 물었다.

① 내일 나에게 갈 수 있냐고

② 오늘 나에게 갈 수 있냐고

③ 오늘 자기에게 올 수 있냐고

④ 내일 자기에게 올 수 있냐고

⑤ 내일 자기에게 갈 수 있냐고

15 윗글을 바탕으로 〈보기 1〉을 탐구한 내용 중, 옳은 것만을 〈보기 2〉에서 골라 묶은 것은?

[3점]

───〈보기 1〉───

[A] 이 比丘(비구) ㅣ … 닐오딕 내 … 너희들 홀 업시우디 아니ᄒ노니 너희들히 당다이 부톄 ᄃ외리라 ᄒ더니

[이 비구가 … 이르되 "내 너희들을 업신여기지 않으니, 너희들이 마땅히 부처가 될 것이다." 하더니]

「석보상절」

※ [   ] 안에 있는 현대어 풀이는 중세 국어의 문장 구조를 따른 것임.

───〈보기 2〉───

ㄱ. [A]의 'ᄃ외리라'는 (가)-(1)의 '라고'와 같이, 인용절을 나타내는 표지라고 볼 수 있겠군.

ㄴ. [A]의 'ᄒ더니'와 (나)-(1)의 'ᄒ니라'는 인용동사라고 볼 수 있겠군.

ㄷ. [A]의 '닐오딕'는 (나)-(1)의 '닐오딕'와 같이, 인용절의 앞에 위치하는 전체 문장의 서술어라고 볼 수 있겠군.

ㄹ. [A]의 '닐오딕'와 'ᄒ더니'의 위치로 보아, [A]는 (나)-(2)와 같이 중세 국어에 주로 나타나는 인용절의 일반적인 형태라고 할 수 있겠군.

① ㄱ, ㄴ   ② ㄱ, ㄷ

③ ㄴ, ㄷ   ④ ㄴ, ㄹ

⑤ ㄷ, ㄹ

[16~20] 다음 글을 읽고 물음에 답하시오.

고대 동양인들은 구름이나 아지랑이가 피어오르는 것을 보고 대자연이 숨을 쉰다고 생각했다. 이들은 자연과 인간 모두가 '기(氣)'로 이루어져 있으며, 빈 것처럼 보이는 공간도 실은 기로 가득 차 있다고 생각하여 빈 공간을 채우고 있는 것을 공기(空氣)라고 ㉠불렀다. 또한 기의 모임과 흩어짐에 따라 만물도 나타나고 사라지는 것으로 보인다고 생각했다. 즉 흩어진 기는 사라지는 것이 아니라 우주 자연의 원상태로 돌아간다는 것이다. 이렇게 기가 끊임없이 움직이고, 이 세상에 존재하는 만물이 기로 이루어져 있다는 동양적 사고의 근원은 어디에서 비롯된 것일까?

주로 유목 생활이 발달한 서양에서는, 한군데에 정착하기보다는 필요한 자원이 부족해지면 언제든 떠나야 했다. 이들에게 있어서 자연은 개척하고 적응해야 할 대상이었다. 현재의 '이 공간'에서의 삶이 언제든 다음의 '저 공간'의 삶으로 바뀔 수 있다는 생각이 있었고, 지금 '여기'보다는 더 살기 좋은 '저기'도 있을 것이라고 생각했다. 이로 인해 이상향을 지향하는 인식이 자리 잡게 되었다. 이와 달리 일찍부터 농경이 자리 잡은 동양에서는, 한 지역에 정착하여 대대로 농사를 지으며 살아갔고, 이 때문에 지금 살고 있는 '여기'가 가장 이상적인 곳이며 다른 곳인 '저기'로의 이동은 곧 죽음을 의미한다고 생각하였다. 이로 인해 농경의 터전인 '여기' 즉, 자연에서의 현실적 삶을 중시하는 사고방식이 나타났다. 때문에 동양에서는 삶의 터전인 자연을 합일의 대상이자 가장 닮고 싶은 이상적인 존재로 생각한다. 자연은 스스로 생성을 거듭하는 하나의 생명체이며, 이때 그 원리를 주관하는 존재를 천(天)이라 하였다.

[A] 하늘[天]과 인간 세계의 관계는 한나라 동중서(董仲舒)에 의해 체계적으로 정리되었다. 동중서는 하늘은 스스로 움직이고 만물을 주관하는 존재이며, 사람은 하늘에 근본을 두고 만들어졌다고 생각했다. 또한 하늘은 선(善)의 의지로 인간을 이롭게 하는 존재로 보았다. 천인감응설(天人感應說)은 이러한 생각을 바탕으로 한다. 즉, 하늘을 닮은 인간이 기를 매개로 하늘과 서로 호응한다는 것이다. 사고를 주관하는 인간의 머리가 둥근 것은 하늘을 닮은 것이고, 지상에서 인간의 행위를 이끄는 발이 평평한 것도 땅을 닮았다 하며 인간을 하늘의 축소판이라고 보았다. 때로는 땅에서의 인간의 삶은 하늘의 뜻을 거스르기도 한다. 그러면 하늘은 자연의 운행을 어긋나게 하여, 땅에서의 어긋난 인간의 삶을 경계하고 하늘의 뜻을 돌아보게 하여 바로잡으려 한다.

그는 우주 만물이 모두 기로 이루어져 있으며, 그 구체적인 모습은 음양(陰陽)과 오행(五行)으로 나타난다고 보았다. 이때 인간과 자연은 기를 매개로 서로 감응한다. 인간은 숨을 들여 마시고 내쉬는 행위를 계속해서 반복한다. 들여 마시는 것과 내쉬는 것은 상대적 행위이다. 하지만 들여 마시는 것은 내쉬기 위한 과정이고 내쉬는 것은 들여 마시기 위한 과정이므로 상보적(相補的)이다. 음양 역시 대립하지만 상보적이다. 이는 이 세상의 만물이 서로 영향을 주고받는 존재라는 것을 보여 준다. 이런 음양의 이치는 우주 만물의 변화 양상을 목(木), 화(火), 토(土), 금(金), 수(水)의 오행으로 설명한다. 오행의 이치는 세상 만물이 홀로 존재하는 것이 아니라, 서로 관련을 맺으며 존재함을 보여준다. 오행은 서로 꼬리에 꼬리를 무는 ㉮상생(相生)과 상극(相克)의 관계이다. 상생은 기운을 채워주어 북돋워 주는 관계이며, 상극은 대립하며 기운을 약화시키는 관계이다.

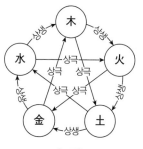

〈그림〉

〈그림〉에서와 같이 오행 중 하나인 나무[木]는 물[水]에서 나와 생성(生成)하므로, 나무는 물과 상생

2021 기출문제

의 관계이다. 반면 나무[木]는 쇠[金]를 만나면 사멸(死滅)하므로, 나무는 쇠와 상극의 관계이다. 이처럼 오행은 상생의 기운으로 보완하기도 하고 상극의 기운으로 약화되기도 한다. 음양과 오행은 만물의 존재 그 자체보다는 서로 관계를 맺음을 중요하게 여기는 사고가 반영되어 있다.

이처럼 인간이 자연과 하나로 연결되어 있다는 인식이나, 자연을 이용의 대상으로 본 인식이나 모두 인간이 자신을 둘러싼 세계에서 잘 살아가기 위한 생각에서 비롯된 것이다. 동양인이든 서양인이든 인간과 세계를 바라보며 삶의 방향을 모색해왔다는 것은 중요하다. 특히, 인간을 둘러싼 삶의 터전인 자연환경이 파괴되어 인간의 삶이 위협받게 된 현대 사회에서 우주 만물이 상보적 관계 속에서 유기적으로 순환한다는 동양적 사고는 매우 가치가 있다.

16 윗글의 설명으로 가장 적절한 것은?

① 동양과 서양의 사유 방식의 차이에 대해 의문을 제기하며 관심을 유발하고 있다.

② 동양적 사유의 변화 양상을 통시적 관점에서 설명하고 있다.

③ 동중서와 후대 사상가들을 비교하여 천인감응설의 원리를 밝히고 있다.

④ 천 사상과 관련된 오행의 원리를 예를 들어 설명하고 있다.

⑤ 동서양의 철학적 사유를 절충하여 현대 사회 위기의 극복 방안을 제시하고 있다.

17 윗글을 통해 알 수 있는 내용으로 적절하지 <u>않은</u> 것은?

① 만물의 생성과 소멸은 상보적 관계로 발전하기 위해 순환한다.

② 동양에서 만물을 이루는 기는 형태는 달라지나 사라지지 않는다.

③ 음과 양의 상보적 관계도 만물은 하나로 연결되어 있다는 인식에서 비롯되었다.

④ 동양과 달리 서양에서의 '여기'는 현실적 삶의 공간이자 떠날 수 있는 공간이다.

⑤ 동양에서는 서로 다른 생명체나 사물도 기를 매개로 소통할 수 있다고 생각했다.

18 〈보기〉는 윗글을 심화 학습하며 정리한 내용이다. [A]를 바탕으로 〈보기〉를 이해한 내용으로 적절하지 <u>않은</u> 것은?

〈보기〉

○ 하늘에는 기쁨과 성냄, 슬픔과 즐거움의 기(氣)가 있다. 봄에는 하늘의 기쁨의 기로, 가을에는 성냄의 기로 만물이 태어나고 시들며, 여름에는 하늘의 즐거움의 기로, 겨울에는 슬픔의 기로 만물이 자라나고 숨게 된다. 인간의 희로애락(喜怒哀樂) 역시 이러한 하늘을 닮은 것이다.

○ 위정자의 실책으로 인간의 삶이 혼란스러워지면 하늘이 재이(災異)를 일으켜 사람들을 놀라게 하고 두렵게 만들어 경고한다. 그럼에도 불구하고 여전히 두려워할 줄 모르면 재앙(災殃)을 일으킨다.

① 인간에게 희로애락이 있다는 것은 하늘의 기와 인간의 기가 서로 호응한다는 것을 보여주는군.

② 생성과 소멸의 순행으로 계절의 기운이 달라지는 것은 하늘을 닮으려는 인간의 의지에 의한 것이군.

③ 하늘이 '재이'를 일으키는 것은 땅에서의 인간의 어긋난 도덕성을 바로잡아 인간을 이롭게 하려는 것이군.

④ 하늘이 인간을 두렵게 하는 것은 인간이 스스로 자신의 삶을 성찰하여 하늘의 뜻에 따르도록 하기 위함이군.

⑤ '재앙' 이전에 '재이'를 일으키는 것은 인간이 하늘의 뜻을 돌이켜 보게 하여 하늘을 닮은 인간의 근본을 다시 찾도록 하려는 것이군.

① 상생 관계에 있는 폐의 기운을 올려 주어 부족한 신장의 기운을 채워 주었겠군.

② 상생 관계에 있는 간의 기운을 올려 주어 부족한 신장의 기운을 채워 주었겠군.

③ 상생 관계에 있는 심장의 기운을 올려 주어 부족한 비장의 기운을 채워 주었겠군.

④ 상생 관계에 있는 간의 기운을 내려 주어 부족한 비장의 기운을 채워 주었겠군.

⑤ 상극 관계에 있는 비장의 기운을 올려 주어 부족한 신장의 기운을 채워 주었겠군.

19 ㉮와 관련하여 〈보기〉의 두 번째 처방에 대해 추리한 내용으로 가장 적절한 것은? [3점]

〈보기〉

['○○의학서'의 처방 사례]

한 아이가 구토하며 설사를 하자, 여러 의원들이 독기를 빼내기 위해 약을 처방하였으나 회복되지 않았다. 그런데 의원 갑이 처방하자 구토와 설사가 멈추어 증상은 완화됐으나, 여전히 기력을 회복하지 못했다. 이에 두 번째 처방을 내리자 아이는 회복했다. 사람들이 그 비결을 묻자 의원 갑은 이렇게 말했다.

"우리 몸의 장기인 간, 심장, 비장, 폐, 신장은 각각 목(木), 화(火), 토(土), 금(金), 수(水)에 대응됩니다. 장기의 병은 그 장기의 기(氣)가 부족하거나 과할 때 생기니, 상생 및 상극의 관계에 있는 장기의 기운을 조절하면 병을 치료할 수 있습니다. 아이가 아픈 것은 비장과 신장이 모두 허약해서 그러한 것인데, 저의 첫 번째 처방으로 비장의 기는 채워졌지만 신장의 기는 여전히 부족한 상태였습니다. 그리하여 두 번째 처방을 내리자 병세가 회복된 것입니다."

20 ㉠과 문맥적 의미가 가장 가까운 것은?

① 화는 또 다른 화를 불렀다.

② 그는 속으로 쾌재를 불렀다.

③ 사람들은 그를 천재라고 불렀다.

④ 친구는 반가운 목소리로 나를 불렀다.

⑤ 그 가게는 옆 가게보다 값을 더 비싸게 불렀다.

[21~25] 다음 글을 읽고 물음에 답하시오.

법학적으로 해석은 법관이 법률의 내용을 구체적이고 명확하게 확정하는 것을 말한다. 법률은 해석을 거친 다음 개별 사안에 적용된다. 법조문의 의미로만 한정하여 법률을 적용하는 것을 '법발견', 법조문이 의미할 수 있는 가능한 범위까지 법률을 적용하는 것을 '법형성'이라 한다.

법발견은 법관이 적합한 법률 조문을 찾아서 개별 사안에 적용하는 것으로 법적삼단논법으로 설명할 수 있다. 법적삼단논법은 '대전제 → 소전제 → 결론'으로 구성되는 연역적 추론 과정을 법률 적용에 응용하는 것이다. 즉 대전제인 법률의 내용에 소전제인 법적사태가 해당되는가의 여부에 따라 결론을 내린다.

법적사태는 법적 판단이 필요한 구체적인 사건을 가리키며, 이 사태에 적용할 수 있는 법률이 무엇인지 탐색하고 해석하여 적용하는 것을 포섭이라고 한다. 이때 ㉠ 법발견의 관점에서 법률을 해석하여 적용하는 법관은 법률의 부족함이나 오류가 없다고 가정한다. 그렇지 않으면 포섭을 통해 결론에 이르는 논증 과정이 성립할 수 없기 때문이다. 이 관점에서의 법관의 역할은 법률의 완전성을 신뢰하고 법적 분쟁을 법적삼단논법에 따라 처리하는 것이다.

그런데 현실적으로 우리 사회에서 일어나는 현상은 다양하고 복잡하기 때문에 법률 조문이 이러한 인간행위들을 완벽하게 포괄할 수는 없다. 그래서 법률 조문은 일반적으로 추상적인 의미를 갖는 명제의 형태로 기술된다. 또한 법을 제정하는 시점에서 이후에 발생할 수 있는 모든 경우들을 예측하여 규정할 수 없기 때문에, 사회·문화적 변화에 따라 입법 당시에는 없었던 것이 법적 분쟁의 대상이 될 수도 있다. 이러한 법률의 불완전성을 '법률의 흠결'이라고 한다.

법률의 흠결은 크게 명시적 흠결과 은폐된 흠결로 나눌 수 있다. 명시적 흠결은 적용할 법률 조문이 다양한 법적사태들을 충분하게 포섭할 정도로 내용을 갖추지 못하여 공백이 드러나는 경우를 말한다. 한편 은폐된 흠결은 법률 조문들이 지나치게 추상적으로 기재되어 있고, 법률을 세부적으로 한정해야 하는 예외조항이나 단서조항 등이 없기 때문에 법률이 과잉 적용되는 경우를 말한다. 그러나 이런 경우에도 법률의 흠결 때문에 법관이 법적 판단을 미루거나 거부할 수는 없다. 이때 법관은 법형성을 통해 그 흠결을 보충할 수 있다. 일반적으로 명시적 흠결은 법률의 유추 적용을 통해 논리적으로 보충된다. 즉, 법률 조문의 공백으로 인해 포섭할 수 없는 사안이 있을 때에는 유사한 다른 사안을 규율하는 법률을 찾아 이를 해당 사안에 적용하는 것이다. 예를 들어 법률 조문에 이자를 지급하라는 규정은 있으나 입법 과정에서 실수로 이자율을 명시하지 않았다면, 이자율을 규정하고 있는 다른 법률의 조항을 참조해 적정한 이자를 지급하라고 판단을 내릴 수 있다. 한편 은폐된 흠결은 목적론적 축소 적용이라는 방법으로 보충될 수 있다. 이는 법률 조문에 포섭될 수 있는 사례들 중에서 입법의 목적에 부합하지 않는 예외적인 경우는 배제하는 것으로, 해당 법률의 적용 범위를 합리적으로 축소하는 것을 말한다.

법형성의 관점에서 적용하는 법률의 유추적 적용이든 목적론적 축소 적용이든 법형성은 입법기관이 제정한 법조문의 의미를 넘어서는 범위에서 법관이 흠결을 보충한다는 점에서 정당성에 대한 문제를 제기 받을 수 있다. 그래서 법률의 흠결을 보충할 때에는 해당 법률을 제정한 근본적인 목적과 의도를 충실하게 실현하는 방향으로 구현한다. 삼권이 분립된 민주적 법치국가에서는 입법권을 가진 의회가 법을 만들고 법관으로 구성된 법원은 법률을 적용하는 사법권을 갖는다. 법관이 법률을 해석하고 적용하는 과정 역시 헌법과 법률에 구속되는데, 이를 사법권의 법적 기속(羈屬)이라 한다. 따라서 법관의 법형성은 의회의 입법권을 침해하지 않아야 하고 입법의 취지와 의도를 살릴 수 있는 범위 안에서 정당하게 작용할 수 있으며, 법관은 이를 논증해야 하는 부담을 진다.

하지만 법관의 법형성이 원천적으로 금지되는 경우도 있다. 대표적으로 형법의 죄형법정주의를 들 수 있다. 죄형법정주의는 어떤 행위가 범죄에 해당하는지, 그리고 그에 따른 ⓛ 형벌이 무엇인지는 반드시 입법기관이 제정한 법률에 의해야 한다는 원칙이다. 형법은 범죄 행위를 판단하는 시점에 적합한 법률이 존재해야 하며, 그 조문에 명확히 포섭되는 행위를 한 사람만 처벌한다는 원리를 따른다. 만일 형법을 적용할 때 유추 적용을 인정하면 새로운 범죄의 성립을 인정하게 될 우려가 있기 때문이다. 따라서 형법의 경우 법 적용 시 법관의 법형성을 애초에 불가능하게 하여 국가 권력이 형벌권을 자의적으로 남용할 수 없게 하는 것이다.

살릴 수 있는 범위 안에서 종합적으로 적용할 수 있는 것이라 보았다. 그에게 있어서 개념법학은 법률을 현실과 동떨어진 개념의 천국에서 기계적으로만 적용하는 것이었다.

① 법률을 제정한 사회적 목적과 의도에 맞게 법률 조문의 범위로만 판단해야 한다.

② 법률을 개념적으로 분석하여 충실하게 적용하려면 법률의 완결성을 신뢰해야 한다.

③ 법률을 적용할 때는 법의 목적과 입법의 취지를 참작하여 능동적으로 판단해야 한다.

④ 법률의 부작용을 최소화하기 위해서는, 법관은 법률을 제정하는 단계부터 입법 과정에 개입해야 한다.

⑤ 법률에 영향을 주는 요소들을 식별하기 위해서는, 법률의 외부 요소를 차단할 수 있는 방법을 고민해야 한다.

21 윗글을 통해 대답할 수 없는 질문은?

① 법발견과 법형성의 역사적인 기원은 무엇인가?

② 법발견과 법형성 과정에서 법관의 역할은 무엇인가?

③ 법발견과 법형성의 법적 적용 시 차이점은 무엇인가?

④ 법발견과 법형성 중 법률의 완전성을 신뢰하는 것은 무엇인가?

⑤ 법발견과 법형성의 관점에서 흠결에 대한 입장의 차이는 무엇인가?

23 ⓛ의 생각을 지지할 수 있는 입장으로 적절한 것만을 〈보기〉에서 골라 묶은 것은?

───〈보기〉───

ㄱ. 법관은 사안에 따라 법률 조문에 반대되는 판단도 할 수 있다.

ㄴ. 법관은 자신의 주관과 양심에 따라 자유롭게 판결할 수 있어야 한다.

ㄷ. 법관의 임무는 법률을 적용하는 것이지 법률을 탐구하는 것이 아니다.

ㄹ. 법관은 불법 행위가 범죄에 해당하는지 포섭할 때에는 법조문에 의해서만 판단해야 한다.

① ㄱ, ㄴ   ② ㄱ, ㄷ

③ ㄴ, ㄷ   ④ ㄴ, ㄹ

⑤ ㄷ, ㄹ

22 〈보기〉의 '예링'의 입장에서 ㉠에 대해 비판할 수 있는 말로 가장 적절한 것은? [3점]

───〈보기〉───

개념법학은 법체계와 법률의 완결성을 신뢰하고, 법률의 개념적 분석과 논리적 추론으로 법적 결론에 이르고자 하는 것으로 법률의 외부 요소와 법관의 재량을 인정하지 않았다. 이에 반해 예링은 법은 사회적 목적을 실현하는 실용적인 수단이며, 입법의 의지와 취지를

※ 다음은 학생들의 모의 법정에 관한 내용이다. 윗글과 〈자료〉를 읽고 24번, 25번 두 물음에 답하시오.

〈자료〉

[사건 개요]

'갑'은 풀을 모아 불을 붙인 후 불이 완전히 꺼졌는지 확인하지 않고 자리를 떠났다. 이 과실로 남은 불씨가 주변에 옮겨붙어, '을'이 소유한 과수원을 태워 재산상의 손해를 입혔다.

[관련 법률 내용]

> 형법 제3조(실화*) 과실로 인하여 자기의 소유에 속하는 제1조 또는 제2조에 기재한 물건을 소훼*하여 공공의 위험을 발생하게 한 자는 500만 원 이하의 벌금에 처한다.

[학생의 판결문]

[학생 1]	형법 3조에서 '자기의 소유에 속하는'이라는 구절은 '제1조 또는 제2조에 기재한 물건' 전체를 수식한다고 보아야 한다. 그리하여 과실로 타인 소유의 과수원을 태운 갑의 행위는 이 법률의 적용 대상이 될 수 없다. 따라서 법적으로 처벌할 수 없다. 　갑의 행위는 처벌할 필요성이 인정되지만, 적용할 수 있는 규정이 없다. 처벌은 법을 제정 또는 개정해야 가능하다.
[학생 2]	형법 3조에서 '자기의 소유에 속하는'이라는 구절이 '제1조 또는 제2조에 기재한 물건' 전체를 수식한다면, 타인이 소유한 물건 또는 건물을 과실로 태운 사람을 처벌할 조항은 없다. 타인이 소유한 건물을 방화한 경우를 자신이 소유한 건물을 방화한 경우보다 더 무겁게 처벌하는 다른 법률 조항에 비추어 보면, 이 판단은 불합리하다. 　'자기의 소유에 속하는'이라는 구절을 제1조만 수식한다고 보고, 제2조는 '자기 또는 타인의 소유에 속하는'에 해당하는 것으로 해석해야 한다. 그러면 타인이 소유한 건물을 과실로 태운 갑의 행위도 이 법률에 적용 대상이 되므로 처벌해야 한다.

*실화(失火) : 잘못해서 불을 냄.
*소훼(燒燬) : 불에 태워 없앰.

---

24 '학생 1'과 '학생 2'의 공통된 생각으로 가장 적절한 것은?

① 갑의 행위는 처벌해야 할 필요성이 인정된다.

② 갑의 행위는 법을 개정하기 전에는 처벌할 수 없다.

③ 실화는 방화의 법률 조항을 기준으로 처벌해야 한다.

④ 포섭할 수 없는 법적사태는 유사한 법률로 판결해야 한다.

⑤ 법률로 해석될 수 없는 예외의 경우는 법적 판단을 보류해야 한다.

25 윗글을 바탕으로 위 〈자료〉를 이해한 내용으로 적절하지 <u>않은</u> 것은? [3점]

① 학생 1이 갑의 처벌을 위해서는 법을 제정 또는 개정해야 한다고 한 것은 삼권분립에 따른 것이군.

② 학생 2는 다른 법률 조항의 처벌 수위를 참조하여 자신의 판결에 대한 근거를 보충하고 있군.

③ 학생 2는 갑의 행위를 처벌할 조항이 없어 발생하게 될 상황을 고려하여 학생 1과 달리 해석하고 있군.

④ 학생 2가 '자기의 소유에 속하는'이라는 구절이 제1조와 제2조를 수식한다고 판단하는 것은 법률 조문의 완전성을 신뢰하기 때문이군.

⑤ 학생 1과 학생 2가 다른 결론을 내린 것은 법적삼단논법에서 대전제를 서로 다르게 해석했기 때문이군.

[26~29] 다음 글을 읽고 물음에 답하시오.

암의 발생 여부나 암의 악성도 등을 형태학적으로 관찰하는 방법은 시간이 많이 소요될 뿐만 아니라 세포의 핵이나 DNA의 상태를 정확하게 알 수 없기 때문에 암의 진행 상황을 예측하고 그에 따른 임상치료를 효과적으로 할 수 없다는 한계가 있다. 유세포 분석법은 이러한 한계를 극복하여 암의 발생 여부나 악성도 및 세포의 현재 상태를 빠르고 정확하게 예측할 수 있는 방법이다. 이 방법은 형광 염료로 세포, DNA 등의 세포 내 물질들을 염색한 후 이를 부유액 상태로 만들어 유세포 분석기 내부에 고속으로 통과시켜 세포의 물리적 특성과 생물학적 특성을 파악하는 데 활용된다.

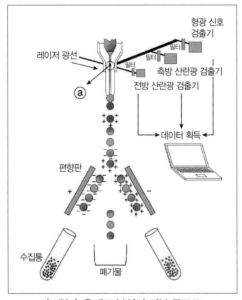

〈그림 1〉 유세포 분석기 기본 구조도.

유세포 분석은 유세포 분석기로 빛의 세기를 통해 세포의 특징을 파악하고, 세포 검체를 하전시켜 분류하는 방법이다. 유세포 분석법을 시행할 때에는 먼저 형광 물질로 염색된 세포 검체를 부유액 상태로 만든 후 유체실의 세포 운반 노즐에 주입한다. 주입된 부유액이 레이저 광선이 조사(照射)되는 지점에 도달하면, 반사 거울과 조정 렌즈로 검체의 중심에 초점이 맞도록 조정된 레이저 광선이 조사된다. 이 광선은 〈그림 1〉의 ⓐ지점에서 일정

한 유속으로 흐르는 세포 검체들과 부딪힌 후 산란되거나 세포 내부로 흡수되는데, 레이저 광선이 조사되는 방향인 광축으로 산란되는 빛의 세기는 세포의 크기와 표면적에, 레이저 광선의 직각 방향으로 산란되는 빛의 세기는 세포 과립성과 내부 복잡도에 비례한다. 또한 세포에 염색된 형광 물질은 조사된 레이저 빛의 에너지를 흡수하였다가 고유한 파장의 형광 신호를 방출한다. 방출된 형광 신호의 양은 세포 내의 DNA 함량에 비례한다. 통상 사용하는 형광 물질인 FITC와 PE는 488㎚의 레이저 빛을 받으면 약 535㎚의 파장의 녹색 빛과 약 585㎚의 파장의 주황 빛이 각각 방출된다.

전방 산란광 검출기는 광축 방향으로 산란하는 전방 산란광을, 측방 산란광 검출기는 측방 산란광을, 형광 신호 검출기는 세포 검체에서 방출되는 형광 신호를 검출한다. 각 검출기 앞에는 광학 필터가 부착되어 있어 분석하려는 목적에 따라 광학 필터를 선택하여 특정 신호의 파장을 검출한다. 예를 들어 FITC가 방출하는 형광 신호를 검출하고자 할 경우에는 535㎚ 근처의 파장을 통과시키는 광학 필터를 사용해야 하므로, 530 ± 15㎚의 파장을 통과시키는 '530/30' 광학 필터를 사용한다.

검출기를 통과한 산란광은 광전자관에 의해, 형광 신호는 광전자 증폭관에 의해 증폭된 후 전기 신호로 바뀌어 컴퓨터 화면에 나타난다. 이들은 각 세포 별 크기와 같은 물리적 특성이나 내부 복잡도 등과 같은 생물학적 특성에 따라 2차원 좌표상의 X축과 Y축 상에 점들로 표시된다. 예를 들어 림프구, 단핵구, 호중구 등으로 분류되는 백혈구를 세포의 크기를 기준으로 분석할 때에는 X축을 전방 산란광 신호 세기로, 세포내부의 복잡도를 분석할 때에는 X축을 측방 산란광 신호 세기로 설정한다. 이때 Y축을 해당하는 세포의 검체 수로 설정하면 세포의 크기나 내부 복잡도 등에 따른 세포의 특성을 파악할 수 있다. 〈그림 2〉는 전방과 측방 산란광 신호를 한 좌표 평면에 나타내어 세포 별 크기와 내부 복잡도의 상관관계를 세포의 분포비율로 파악하기 위해 할 수 있는 그래프이다. 사람의 정상적인 체세포에는 2배체 염색체들이 들어있는데,

분열이 진행될 때는 그 수가 두 배로 증가되었다가 체세포 분열이 완료되면 세포가 둘로 분열되어 다시 2배체가 된다. 그러나 암세포의 염색체 수는 정상 세포와 다르게 나타난다. 세포 내 DNA 함량은 염색체 수에 따라 달라진다. 정상 세포와 암 세포는 DNA의 함량이 다르다. DNA는 형광 신호로 그 특성을 파악할 수 있기 때문에 형광 물질로 DNA를 염색하여 그 특성을 파악한다. 암 발생 여부를 알기 위해서 동일한 형광 물질로 염색된 DNA는 동일한 파장의 형광 신호를 방출한다. 이 경우 세포 내 DNA 함량에 따라 방출되는 형광 신호의 양이 달라지므로 〈그림 3〉과 같이 표시된다. 이를 통해 환자의 암 발생 여부를 알 수 있다.

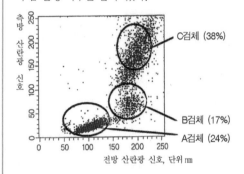

※단, 각 검체의 ( )는 전체 검체수에서 차지하는 비율임.

〈그림 2〉

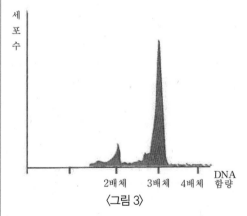

〈그림 3〉

한편 유세포 분석기를 통해 생물학적 특성에 차이가 나는 세포들을 분리할 수 있다. 예를 들어 백혈구 세포에서 림프구와 단핵구를 분리하고자 할 경우, 사전에 림프구는 양(+)으로, 단핵구는 음(−)으로 하전되도록 설정한다. 세포 검체가 레이저 광

선 조사부를 통과하면, 세포 검체의 유형이 순간적으로 측정되고 그 결과에 따라 사전에 설정한 전하가 세포 부유액에 하전된다. 이후 이 세포 부유액에 초음파 진동을 가하면 부유액이 물방울로 변환되어 아래로 떨어지면서 편향판을 통과하여 림프구는 음극판 쪽으로, 단핵구는 양극판 쪽으로 떨어지게 된다. 그 이외의 세포는 하전되지 않았기 때문에 그대로 아래로 떨어진다.

이러한 유세포 분석법은 기존의 방법보다 효율적으로 세포의 물리학적 특징과 생물학적 특징을 분석할 수 있다는 장점이 있다. 또한 레이저, 필터 등을 추가로 설치하는 것이 가능하기 때문에, 세포가 지닌 여러 가지 생물학적 특징을 효율적으로 측정할 수 있어 의학 분야에서 널리 활용되고 있다.

26 다음은 윗글을 읽은 학생의 독서 기록 중 일부이다. 윗글을 참고할 때, '점검 결과'가 적절하지 않은 것은?

〈보기〉

[읽기 계획] 1문단을 훑어보면서 뒷부분을 예측하고 질문 만들기를 통한 후, 글을 읽고 점검하기

예측 및 질문 내용	점검 결과
○ 유세포 분석기의 구조와 원리에 대해 설명하고 있을 것이다.	예측과 같음 …………… ①
○ 세포의 핵이나 DNA 상태 분석이 암 치료에서 중요한 이유를 설명하고 있을 것이다.	예측과 다름 …………… ②
○ 유세포 분석법에서 검사할 세포를 부유액으로 만드는 이유는 무엇일까?	질문의 답이 언급되지 않음 …………… ③
○ 유세포 분석법을 통해 알 수 있는 세포의 물리적 특성에는 어떠한 것들이 있을까?	질문의 답이 제시됨 …………… ④

○ 유세포 분석법에서 세포 내 물질을 형광 염료로 염색하는 이유는 무엇일까?	질문의 답이 언급되지 않음 ……………… ⑤

⑤ 〈그림 2〉는 세포 별 크기와 내부 복잡도의 상관관계를 통해, 〈그림 3〉은 방출하는 형광 신호의 양에 따른 세포의 특성을 파악할 수 있다.

27 윗글을 통해 알 수 있는 내용으로 가장 적절한 것은?

① 세포 검체는 세포 운반 노즐에 주입된 후 형광 물질로 염색된다.

② 유세포 분석 방법보다 형태학적 관찰 방법의 검사 소요 시간이 짧다.

③ 검출기를 통과한 산란광은 광전자 증폭관에 의해 증폭된 후 전기 신호로 변환된다.

④ 세포 검체에 부딪혀 전방 산란 검출기를 통과한 빛을 분석하면 세포의 크기와 표면적을 알 수 있다.

⑤ 세포의 물리적 특징을 분석하기 위해 조사된 레이저 광선은 세포 검체에 부딪힌 후 모두 산란된다.

28 윗글과 〈그림 2〉, 〈그림 3〉을 통해 알 수 있는 내용으로 적절하지 않은 것은? [3점]

① 〈그림 2〉로 볼 때, B는 A보다 세포 과립성과 내부 복잡도가 크다.

② 〈그림 2〉로 볼 때, 세포 크기가 작더라도 전체 검체에서 차지하는 비율이 클 수 있다.

③ 〈그림 3〉을 보면, 3배체의 존재를 통해 환자의 암 발생 여부를 판단할 수 있다.

④ 〈그림 3〉의 경우 DNA 함량이 큰 검체일수록 전체 세포 검체에서 차지하는 비율이 높다.

29 〈보기〉는 유세포 분석기 일부를 도식화한 것이다. 윗글을 바탕으로 〈보기〉를 이해한 내용으로 적절하지 않은 것은?

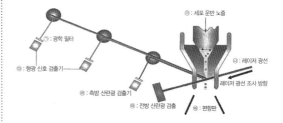

────〈보기〉────

○ 유세포 분석기 설정 : 488nm 파장의 레이저 광선을 조사함.

○ 형광 검출기 검출 결과 : 535nm와 585nm 파장의 형광 신호가 검출되었음.

(단, 부유액에는 535nm와 585nm 파장을 방출하는 형광 물질로 염색된 세포 검체만 포함되어 있음.)

① ㉮에 주입되는 세포 부유액에는 FITC와 PE로 염색된 세포 검체가 포함되어 있겠군.

② ㉯는 반사 거울과 조정 렌즈의 의해 세포 검체의 중심에 초점이 맞도록 조정되겠군.

③ ㉠에 '560/30' 광학 필터를 부착했다면, ㉰에서는 585nm 파장의 형광 신호를 검출하지 못했겠군.

④ ㉱에서 측정되는 신호의 세기는 ㉲에서 측정된 신호와 달리 세포 검체 내부에 포함된 물질의 영향을 받지 않겠군.

⑤ ㉂를 통과하여 녹색 형광 신호를 방출한 세포 검체가 음으로 하전되었다면 주황색의 형광 신호를 방출하는 세포 검체는 음극판으로 분리되겠군.

[30~33] 다음 글을 읽고 물음에 답하시오.

(가)
비가 온다
오누나
오는 비는
올지라도 한 닷새 왔으면 좋지.

여드레 스무날엔
온다고 하고
초하루 삭망(朔望)이면 간다고 했지.
㉠ 가도 가도 왕십리(往十里) 비가 오네.

웬걸, 저 새야
울려거든
왕십리 건너가서 울어나 다고,
비 맞아 나른해서 벌새가 운다.

천안(天安)에 삼거리 실버들도
촉촉이 젖어서 늘어졌대네.
비가 와도 한 닷새 왔으면 좋지.
구름도 산마루에 걸려서 운다.

– 김소월, 「왕십리(往十里)」

(나)
어머니 장사 떠나시고 다시 맡겨진 송천동
봄날은 골짜기마다 유난히 햇볕 밝게 내려서
날이 풀리면, 배고파지면 아이들 따라

바위 틈에 숨은 게들 잡으러 개펄로 갔다

게들은 바위 모서리나 청태 낀 비탈에
제 몸 가득 흰 거품 부풀려 먼 수평선 바라보아도
해종일 바람 불고 파도 그치지 않아서
㉡ 송천동, 선뜻 발자국 지워지며 끝없던 모래벌

어느새 그 해 여름 지나고 막막한 가을도 가서
물결은 더욱 차갑게 출렁거리고 인적조차 끊어지면
송천동, 아득한 방죽 따라 구름 몰려와
눈 내려 또 한 해 겨울 돌아오던 곳

누구는 어느 집 양자되고 다시 몇 명은
낯선 사람 따라서 바다 건너 떠나갔지만
모른다, 내게 와 부딪친 그리움도 부질없이
아직도 그 물결에 젖고 있을지
송천동 송천동 바람 불어 게들 바위 틈에 숨던 곳

– 김명인, 「머나먼 곳 스와니 Ⅰ」

30 (가)와 (나)의 공통점으로 가장 적절한 것은?

① 공간의 이동에 따라 화자의 갈등이 해소되고 있다.
② 화자의 내면을 외적 대상에 투영하여 표현하고 있다.
③ 명사로 시행을 종결하여 시적 여운을 드러내고 있다.
④ 쉼표를 사용하여 여유를 느끼고 있는 화자의 심리를 드러내고 있다.
⑤ 유사한 통사 구조를 활용한 수미상관을 통해 시상을 마무리하고 있다.

31 〈보기〉를 바탕으로 (가)를 감상한 내용으로 적절하지 <u>않은</u> 것은?

> ───〈보기〉───
>
> 　이 시는 일제 강점기 백성으로서 겪는 비애와 한(恨)을 나그네의 심정과 비를 연계하여 그려내고 있다. 이 시에서 '한 닷새' 정도 내리는 비는 여정에 지친 나그네에게 쉴 수 있는 시적 상황이다. 반면, 추적추적 계속 내리는 비는 여정에 방해가 되는 거추장스러운 것으로 그려진다. 이와 관련하여 이 시에는 '여드레 스무날엔 온다고 하고', '초하루 삭망이면 간다'고 하는 관습적 표현이 활용된다. 당대 물가에서 생업을 이어가는 사람들에게 '여드레와 스무날' 경은 조수가 낮아 바다로 통하는 물가의 바닥이 드러나 조개 채취 등을 할 수 있는 때이다. 그러므로 이때 내리는 비는 일을 할 수 없게 하는 거추장스러운 존재이다. 반면, '초하루 삭망' 때에는 어차피 조수가 높고 물도 탁하여 일하지 못할 때가 많아 비가 와도 그만이다. 이러한 표현에는 '오지 말아야 할 때는 온다고 하고, 가도 그만인 때에는 간다고 하는' 비마저도 뜻대로 되지 않는 것에 대한 당대 우리 백성들의 서러움이 화자의 심정과 처지에 맞물려 표현되고 있다.

① '온다', '오누나', '오는', '올지라도'의 연쇄적 변주를 통해 비가 그치지 않고 계속 내리는 상황과 화자의 처지를 부각하고 있군.

② '한 닷새' 오는 비에 대한 화자의 심정은, 물가에서 생업을 이어가는 사람들이 '초하루 삭망'에 오는 비를 보며 안타까워하는 심정과 유사하겠군.

③ '여드레 스무날엔 온다고 하고', '초하루 삭망이면 간다'는 관습적 표현을 활용하여 뜻대로 되지 않는 상황에 대한 화자의 심정과 처지를 드러내고 있군.

④ '비 맞아 나른해서'와 '운다'를 통해 시적 대상이 여정에 방해가 되는 비를 맞고 있음을 짐작할 수 있군.

⑤ '천안(天安)에 삼거리 실버들도 '촉촉히 젖어서 늘어졌다데.'는 비가 다른 공간에서도 내리는 상황을 화자가 전달하며 공간적 확장을 통해 일제 강점기의 상황을 보여 주는군.

32 ㉠과 ㉡에 대한 설명으로 가장 적절한 것은?

① ㉠은 ㉡과 달리 부재한 대상과의 재회에 대한 화자의 열망을 보여 준다.

② ㉠은 화자의 상황 극복 의지를, ㉡은 대상에 대한 화자의 연민을 보여 준다.

③ ㉠은 현실에서 벗어나고 싶은 정서를, ㉡은 과거 상황에 대한 정서를 환기하는 공간이다.

④ ㉠과 ㉡은 모두 이르지 못하는 세계를 지향하는 화자의 고뇌를 보여 준다.

⑤ ㉠과 ㉡은 모두 그 공간과 관련된 경험에서 비롯된 화자의 인식 전환의 과정을 보여 준다.

33 (나)를 감상한 내용으로 적절하지 <u>않은</u> 것은?

① '유난히 햇볕 밝게' 내리는 봄날은 화자의 내면과 대비되는 배경으로 화자의 정서를 부각하고 있다.

② '물결은 더욱 차갑게 출렁거리고 인적조차 끊어지면'을 통해 '어느 집 양자'로 된 화자의 외로움과 절망감을 드러내고 있다.

③ '또 한 해 겨울 돌아오던 곳'은 계절의 순환을 통해서 기다림의 상황이 계속 이어졌음을 드러낸다.

④ '내게 와 부딪친 그리움도'는 화자의 내면에 남아 있는 그리워했던 순간에 대한 심정을 드러내고 있다.

⑤ '아직도 그 물결에 젖고 있을지'를 통해 '모른다'고 말하는 화자가 과거를 떠올리고 있음을 보여 주고 있다.

[34~36] 다음 글을 읽고 물음에 답하시오.

(가)

옥천산(玉泉山) 용천산(龍泉山) 느린 믈히
졍ᄌᆞ(亭子) 압 너븐 들히 올올(兀兀)히 펴진 드시
넙써든 기노라 프르거든 희지 마니
쌍룡(雙龍)이 뒤트는 둣 긴 깁을 치폇는 둣
어드러로 가노라 므슴 일 비얏바
닷는 둣 ᄯᆞ로는 둣 밤낮즈로 흐르는 둣
므조친 사정(沙汀)은 눈곳치 펴졋거든
어즈러운 기러기는 므스거슬 어르노라
안즈락 느리락 모드락 훗트락
노화(蘆花)을 ᄉᆞ이 두고 우러곰 좃니는뇨
너븐 길 밧기요 긴 하늘 아리
드르고 쇠즌 거슨 모힌가 병풍(屏風)인가 그림가 아닌가
〈중략〉

┌ 남녀(藍輿)를 비야 투고 솔 아릐 구븐 길노 오
│ 며 가며 ᄒᆞ는 적의
│ 녹양(綠楊)의 우는 **황앵(黃鶯) 교태(嬌態)**겨워 ᄒᆞ는괴야
[A] **나모** 새 ᄌᆞᄌᆞ지어 수음(樹陰)이 얼린 적의
└ 백척(百尺) 난간(欄干)의 긴 **조으름** 내여 펴니

수면(水面) **양풍(凉風)**이야 굿칠 줄 모르는가
즌서리 싸진 후의 산빗치 금슈로다
황운(黃雲)은 또 엇지 만경(萬頃)의 편거기요
어적(漁笛)도 흥을 계워 둘룰 ᄯᆞ라 브니는다
초목(草木) 다 진 후의 강산(江山)이 미몰커늘
조물(造物)리 헌ᄉᆞᄒᆞ야 빙설(氷雪)노 ᄭᆞ며 내니
경궁요대(瓊宮瑤臺)와 옥해은산(玉海銀山)이
안저(眼底)에 버러세라
건곤(乾坤)도 가음 열샤 간 대마다 경이로다

인간(人間)을 써나 와도 내 몸이 겨를 업다
니것도 보려ᄒᆞ고 져것도 드르려코
ᄇᆞ람도 혀려ᄒᆞ고 돌도 마즈려코
봄으란 언제 줍고 고기란 언제 낙고
시비(柴扉)란 뉘 다드며 딘 곳츠란 뉘 쓸려료
아춤이 낫브거니 나조히라 슬흘소냐
오늘리 부족(不足)거니 내일리라 유여(有餘)ᄒᆞ랴
이 뫼히 안ᄌᆞ 보고 져 뫼히 거러 보니
번로(煩勞)ᄒᆞᆫ 무음의 ᄇᆞ릴 일리 아조 업다
쉴 ᄉᆞ이 업거든 길히나 젼ᄒᆞ리야
다만 ᄒᆞᆫ 청려장(靑藜杖)이 다 뫼 듸여 가노미라
술리 닉어가니 벗시라 업슬소냐
블닉며 튼이며 혀이며 이아며
온가짓 소리로 취흥(醉興)을 비야거니
근심이라 이시며 시름이라 브터시랴
누으락 안즈락 구부락 져츠락
을프락 ᄑᆞ람ᄒᆞ락 노혜로 소긔니
천지(天地)도 넙고 넙고 일월(日月)도 한가ᄒᆞ다
희황(羲皇)을 모올너니 니 적이야 긔로괴야
신선(神仙)이 엇더틴지 이 몸이야 긔로고야
강산풍월(江山風月) 거놀리고 내 백년(百年)을 다 누리면
악양루상(岳陽樓上)의 이태백(李太白)이 사라 오다
호탕정회(浩蕩情懷)야 이예셔 더ᄒᆞᆯ소냐
이 몸이 이렁굼도 역군은(亦君恩)이샷다

— 송순, 「면앙정가(俛仰亭歌)」 —

(나)

찬연한 봉(鳳)새 날며 옥룡(玉龍)이 서린 듯한 산세(山勢), 푸른 빛 송림(松林) 자락

지필봉(紙筆峯)과 연묵지(硯墨池)를 갖춘 향교(鄕校)에서

마음은 육경(六經)에, 의지는 천고(千古) 궁구(窮究)에 둔 공자 제자들

아! 봄철의 암송(暗誦), 여름의 농현(弄絃)*하는 경(景), 그것이 어떠하겠습니까?

해마다 삼월이면 먼 노정(路程)을 오신

아! 신관(新官)을 큰 소리로 맞는 경(景), 그것이 어떠하겠습니까?

〈3수〉

붉은 살구꽃 분분(紛紛)하고 **방초(芳草)**는 무성한데 술동이 앞에서의 긴 봄날과

짙게 푸른 나무 그늘 속 깊이 잠긴 단청(丹靑) 집,

거문고 위로 여름 **훈풍(薰風)**이 불고

황국(黃菊)과 단풍이 비단에 수 놓을 제 기러기 날아간 뒤에

아! **눈[雪]에 달빛**이 비치는 경(景), 그것이 어떠하겠습니까?

중흥(中興)한 성대(聖代)에 길이 대평(大平)을 즐기니

아! 사계절 놀고 지냅시다 그려.

〈5수〉

– 안축, 「죽계별곡(竹溪別曲)」 –

*농현(弄絃) : 거문고나 가야금 등의 현악기를 연주함.

34 (가)와 (나)에 대한 설명으로 적절하지 <u>않은</u> 것은?

① (가)는 인간의 다채로운 움직임을 열거하여 화자의 심리를 드러내고 있다.

② (가)는 (나)와 달리 대상과의 비교를 통해 삶에 대한 만족감을 드러내고 있다.

③ (가)는 (나)와 달리 학문과 연관된 사물을 제시하여 장소의 성격을 드러내고 있다.

④ (나)는 (가)와 달리 청유형 어미를 활용하여 풍류를 즐길 것을 권유하고 있다.

⑤ (가)와 (나) 모두 비유적 표현을 활용하여 대상에 역동성을 부여하고 있다.

35 (가)의 [A]와 (나)의 〈5수〉에 대한 설명으로 적절하지 <u>않은</u> 것은?

① [A]의 '황앵 교태 겨워'는 자연물을 통해 화자의 정서를, 〈5수〉의 '기러기 날아간 뒤에'와 '눈에 달빛'은 계절의 변화를 드러내고 있다.

② [A]의 '나모'의 'ᄌᄌ'진 모습과 〈5수〉의 '방초'는 나무와 풀의 무성한 모습을 통해 여름을 시각적으로 드러내고 있다.

③ [A]의 '양풍'은 '조으름'과, 〈5수〉의 '훈풍'은 '거문고'와 어우러지며 여름날의 한가로운 정취를 드러내고 있다.

④ [A]의 '황운'은 가을의 들판을 나타내며, 〈5수〉의 '황국과 단풍이 비단에 수 놓을 제'는 가을 풍경의 아름다움을 나타내고 있다.

⑤ [A]에서는 '어적'과 '들'이 조응하는 장면을 통해 가을의 정취를, 〈5수〉에서는 '눈'과 '달빛'이 조응하는 장면을 통해 겨울의 정취를 드러내고 있다.

36 〈보기〉를 참고하여 (가)를 감상한 것으로 적절하지 <u>않은</u> 것은? [3점]

〈보기〉

송순은 '내 여기서 소요(逍遙)하고 면앙(俛仰)하며 여생을 보내게 되었으니 나의 소원이 이제야 이루어졌네.'라고 말했다. 여기서 면

앙은 굽어보고[면(俛)], 올려다본다[앙(仰)]는 뜻으로 면앙정가에는 두 가지 측면에서의 면앙이 나타난다. 먼저 정자를 중심으로 넓은 들판과 강물을 면하고 하늘과 산을 앙하는 공간에 대한 면앙이 나타난다. 화자의 시선은 굽어보는 것에서 올려다보는 것으로 이동하여 자연의 모습을 포착하기도 한다. 한편 시간상의 면앙은 현재를 면하고 과거를 앙하는 것이다. 이를 통해 화자는 역사적 인물을 떠올리며 현재 자신의 삶에 대한 인식과 태도를 드러내기도 한다.

① '안즈락 느리락'하는 '기러기'의 움직임을 바라보는 화자의 시선은 '면'과 '앙'을 통해 자연스럽게 이동하게 되는군.

② '므조친 사정'은 눈같이 펴진 공간에 대한 '면'이며 하늘에서 '쇠죤'모습을 한 '모'는 '앙'으로, 정자에서 바라본 '면앙'의 경관을 조화롭게 드러내는군.

③ '일월도 한가ᄒ다'는 시간상의 '면'을 통한 화자의 생각은 시간상의 '앙'을 거쳐 '니 적이야 그로고야'라는 인식을 하게 되는군.

④ '인간을 써나'오기 전의 '겨를 업'음으로 인해 '청려장'이 '뫼 되여'졌다는 화자의 인식은 시간상의 '면앙'을 통한 과거에 대한 그리움에서 비롯된 것이군.

⑤ 화자가 역사적 인물인 '이태백'을 떠올리고 '호탕정회야 이예서 더홀소냐'라며 삶의 즐거움을 드러내는 것은 시간상의 '면앙'에 의한 인식에서 비롯된 것이군.

[37~40] 다음 글을 읽고 물음에 답하시오.

[앞부분의 줄거리] 조상 대대로 살아온 고향집 만취당은 정승이 나온다는 명당 터에 있는데, 아버지는 젊을 때 노름 때문에 빼앗겨 버렸고, 정승 자리에 '나'가 오를 것이라는 믿음을 가지고 만취당을 다시 찾겠다는 집념으로 살고 있다.

아내로부터 ㉠ 내 얘기를 전해들은 아버지가 날 불러 앉혔다. 내가 너한티 을매나 말했니! 모난 돌이 정 맞는 벱이라구. 그런디 도대체 어떻게 처신을 했으믄…… 너도 그렇지만 우리 모두 을매나 고생을 했냐 말여. 그런디 그 벼슬자리에 앉아보지두 못하구 모가지 걱정을 해야 하다니! 너도 니 오대조 할아버님 꼴이 되구 싶으냐? 그분께서두 바른 소릴 하시다가 조정에서 쫓겨나 낙향하신 겨. 처신만 잘했으믄 정승자리는 식은 죽 먹기였다는 겨. 그래설람 낙향해 가지군 오동남구 잎사구마냥 일찍 벼슬자리에서 떨어진 당신 신셀 한탄하믄서 당신은 이왕에 그렇게 됐지만서두 자손들만은 즑(겨울)꺼정 푸른 솔잎마냥 되라는 뜻으루다 만취당이라는 당호를 지어 붙이신겨. 나는 아버지의 그 ㉡ 터무니도 없는 얘기에 터져나오는 웃음을 참을 수가 없었다. 만약 내가 어렸다면 한 차례 종아리를 맞았을지도 모를 일이었다. 아버지는 노여운 기색이긴 했으나 입을 다물고 있었다. 나는 아버지의 낯빛을 살피면서 노여움을 돋우지 않으려고 애를 썼다. 그리고 조심스럽게 입을 열었다. 아버님 말씀대로 만취당의 만취가 겨울철이 돼도 솔잎의 푸른빛이 변하지 않는 걸 뜻하는 말이긴 하지만 그건 노후에도 그 굳은 절조가 변하지 않는 사람을 비유한 말이에요. 내 말에 아버지는 미간을 찌푸렸다. 그리고는 억지를 부렸다. 요새 세상은 옛날하군 달러. 절조를 지키구 살다간 웃음거리가 되는 벱여. 시류에 맞추어 살어야 하능겨. 그래야 즑에두 늘 푸른 소나무처럼 오래도록 부귀영화를 누릴 수가 있능겨. 만취당은 그런 뜻루다 진 당호란 말여. 그런디 니가 아까 한 말, 대체 누가 그러디? 아버지의 물음에 나는 대답을 할 수가 없었다. 내게 ㉢ 그 얘기를 해준 것은 서예학원을 경영하는 아저씨였다. 물론 아버지도 그 아저씨로부터 만취당의 내력을 들은 것이었다. 그런데도 만취당의 정확한 내력을 내게 말해주지 않았다. 그것은 다분히 의도적인 것이었다.

아버지는 내 목이 위험하게 됐다는 것을 아내로부터 들은 뒤부터 눈에 띄게 불안해하고 초조해했다. 절조를 지키느라고 벼슬자리를 잃게 된 오대조처럼 내 신세가 그렇게 될 것이 뻔했기 때문일 것이었다. 달포 전, 아버지는 나와 아내를 불러 앉히곤 자못 엄숙하게 말했다. 용이 물 밖에 나면 개미도 침노를 하는 법이여. 어쩌다가 그런 실수를 했냐? 실수가 아니라 법을 어기는 일이기 때문에 소신껏 처리한 일이라고 대답하자 아버지는 화를 벌컥 냈다. 치성 드려 낳은 자식이 눈 먼 꼴이여. 야, 이 녀석아! 니가 이 애비 생각을 조금이라두 하는 늠이냐? 두말할 필요 읎이 며늘애기 너는 만취당에 내려가 애 낳을 작정해라. 내말 알겠지? 나는 아이를 낳으러 가다가 숲 속에 이르러 해산을 하게 되는 아내의 모습을 연상하며 쓴웃음을 날리지 않을 수 없었다.

화톳불은 끊임없이 아버지의 환영을 피워 올렸다. 나는 아버지가 만취당을 되찾는 데 성공했기를 빌었다. 그리고 이제 어디로 가야만 아버지를 만날 수 있는지 또 어떻게 찾아야 될지, 그런 것들을 궁리하기 시작했다.

(중략)

"우리 부친께서 틀림없이 이 동촌리에 오셨을 텐데…… 이장집에 가면 확인할 수 있을지 모르겠군요."

"실은……."

이 경장은 불 단속을 하느라고 굽혔던 허리를 펴고 ㉣잠시 멈췄던 얘기를 잇기 시작했다.

"어르신네께서 내려오셨던 건 확실합니다. 이짜, 택짜, 희짜 쓰시는 어른 아닙니까?"

"아니 어떻게 이름까지……."

나는 그의 말에 깜짝 놀랐다.

"제 이름과 똑같아서 욀 수가 있었습니다만. 실은 어르신네께서…… 저희들이 어제 어르신네를 연행했던 일이 있었습니다."

"지금 뭐랬소? 연행이라고 했소?"

나는 내 귀를 의심하지 않을 수가 없었다. 그가 나를 놀래켰기 때문에 혹 헛들은 것이 아닌가 싶었던 것이다.

"실은 어르신네께서 어제 약주가 과하셔가지고 군청에 들어가 군수 비서실에서 행패를…… 군청에서 연락해 오길 행패를 부렸다는 겁니다."

"행패라뇨? 무슨 행패를 부렸단 말입니까?"

나는 나도 모르게 언성을 높였다.

"그보다 먼저 아셔야 될 게 있으십니다만. 실은 만취당이 헐리게 됐습니다. 만취당뿐만 아니라 동촌리에 있는 모든 집들이 헐리게 된 겁니다."

"그건 또 ㉤무슨 얘기입니까?"

"여기에 농공단지가 들어서게 된 겁니다."

이 경장의 설명은 주민들에게 이미 이주비가 다 지불되었고 이주가 완료되는 다음 달부터는 공사가 시작되게끔 돼 있다는 것이었다. 그의 얘기는 계속되었다.

"어르신네께서는 그 사실을 아시고 횟술을 잡수신 끝에 군청에 들어가셔서 군수를 만나시겠다고 했는데 비서실에서 약주가 잔뜩 취하신 분이라 군수를 만나게 해주질 않았다는 겁니다. 그러니까 어르신네께서 화가 나셔서 비서실 전화며 의자를 집어던지는 소동을 일으키신 겁니다."

경찰에 연행된 아버지는 술이 깬 뒤 조사를 받게 되었는데 그 결과 그렇게 행동하게 됐던 까닭을 알게 되었고 또 이곳 태생의 노인이기도 해서 군청과 타협해 훈계 방면했다는 것이었다.

"아마 모르면 몰라도 어제 밤차로 올라가셨지 싶습니다만, 어젯밤에 내려오시고 올라가시고 길이 엇갈리신 모양입니다. 이장 집에 전화가 있으니 가셔서 댁에 전활 해보시지요."

나는 일시에 맥이 탁 풀리고 말았다. 아버지를 찾으러 왔다가 길이 어긋났다는 점도 맥빠지게 했지만 그보다도 이제는 만취당을 영원히 되찾을 수 없게 됐다는 실망감이 결정적으로 나를 그토록 맥빠지게 한 것이었다. 내가 이런데 아버지의 심정은 그야말로 어떠했겠느냐 싶었다.

– 김문수, 「만취당기(晚翠堂記)」–

37 윗글에 대한 설명으로 가장 적절한 것은?

① 대화를 통해 중심 소재를 둘러싼 사건을 서술하고 있다.

② 배경 묘사를 통해 앞으로 벌어질 사건에 대해 암시하고 있다.

③ 작품 밖 서술자의 서술을 통해 현재 상황에 대한 이해를 돕고 있다.

④ 이야기 속에 또 다른 이야기를 삽입하여 사건을 입체적으로 드러내고 있다.

⑤ 서로 다른 장소에서 동시에 벌어진 사건을 병치하여 원인과 결과를 규명해 내고 있다.

38 〈보기〉는 '만취당'에 대한 인물의 관계를 구조화한 것이다. 윗글의 내용과 관련하여 인물들에 대해서 이해한 내용으로 적절하지 <u>않은</u> 것은? [3점]

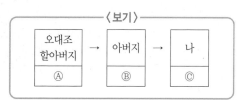

① Ⓐ가 지킨 만취당의 가치를 고수하기 위해 실수를 반복하는 ⓒ에게 Ⓑ는 감정적인 반응을 보이고 있다.

② Ⓐ가 만취당을 세운 내력에 대해 Ⓑ는 알고 있으나 ⓒ에게는 그 내력을 고의로 숨기고 있다.

③ Ⓑ는 Ⓐ가 만취당이라는 당호를 붙인 이유를 전달하며 ⓒ가 현실과 타협할 것을 강요하고 있다.

④ Ⓑ는 Ⓐ가 만취당을 통해 전하고 싶었던 가치를 ⓒ가 지니고 살아가는 것에 불안감을 느끼고 있다.

⑤ ⓒ는 Ⓐ가 지키고자 했던 가치에 대해서 Ⓑ와 다른 모습을 보이지만, 만취당이 없어지게 된 상황에 대해서는 유사한 심정을 보이고 있다.

39 ㉠~㉤의 내용에 대한 이해로 가장 적절한 것은?

① ㉠ : '아버지'에게 전해달라고 '나'가 '아내'에게 부탁했던 얘기

② ㉡ : '나'가 지금 이 자리에서 성공할 것이라는 '아버지'의 얘기

③ ㉢ : '아저씨'가 서예학원을 경영하게 된 내력을 밝힌 얘기

④ ㉣ : '아버지'가 '군수'를 만나 자신에 대한 하소연을 했다는 얘기

⑤ ㉤ : 동촌리에 와서 '이 경장'의 설명에 의해 '나'가 알게 된 얘기

40 |용이 물 밖에 나면 개미도 침노를 하는 법이여|를 말한 의도로 가장 적절한 것은?

① 별 볼 일 없게 되어 무시당하는 삶을 살게 될 것을 우려해서

② 소신을 지켜야 하는 상황에서 그것을 하지 못할까 염려해서

③ 뜻을 굽히면서 고생한 만큼 보상을 받지 못할 것을 염려해서

④ 절조를 지키지 못하여 마을 사람들에게 비
아냥 받을 것을 우려하여

⑤ 사람들에게 인정받지 못해 법을 어기는 결
과를 초래할 것을 우려하여

[41~45] 다음 글을 읽고 물음에 답하시오.

(가)

"상천(上天) 일월 성신(星辰)이며, 하지(下地) 후
토(后土) 성황(城隍) 사방지신(四方之神), 제천제불
(諸天諸佛) 석가여래 팔금강보살(八金剛菩薩) 소소
응감(昭昭應感) 하옵소서. 하느님이 만드신 일월은
사람에게는 눈과 같은지라. 일월이 없사오면 무슨
분별 하오리까. 소녀 아비 무자생(戊子生) 이십 세
후 눈이 멀어 사물(事物)을 못 보오니, 소녀 아비
허물이랑 제 몸으로 대신하고 아비 눈을 밝게 하여
천생연분 짝을 만나 오복(五福)을 갖게 주어, 수부
다남자(壽富多男子)를 점지하여 주옵소서."

이렇게 주야로 빌었더니, 도화동 심소저는 천신
(天神)이 아는지라. 흠향(歆饗)*하시고 앞일을 인
도하셨더라. 하루는 유모 귀덕어미가 오더니

"아가씨, 이상한 일 보았나이다."

"무슨 일이 이상하오?"

"어떠한 사람인지 십여 명씩 다니면서 값은 고하
간에 십오 세 처녀를 사겠다고 다니니 그런 미친놈
들이 있소?"

심청이 속마음에 반겨 듣고,

"여보, 그 말이 진정이오? 정말로 그리 될 양이
면 그 다니는 사람 중에 노숙(老熟)하고 점잖은 사
람을 불러오되, 말이 밖에 나지 않게 조용히 데려
오오."

귀덕어미 대답하고 과연 데려왔는지라. 처음은
유모를 시켜 사람 사려는 내력을 물은즉 그 사람의
대답이,

"우리는 본디 황성(皇城) 사람으로서 상고
(商賈)차로 배를 타고 만 리 밖에 다니더니, 배
갈 길에 인당수라 하는 물이 있어 변화불측(變
化不測)하여 자칫하면 몰사(沒死)를 당하는데
십오 세 된 처녀를 제수(祭需) 넣고 제사를 지
내면, 수로(水路) 만 리를 무사히 왕래 하고 장
사도 흥왕하옵기로 생애(生涯)가 원수로 사람
사러 다니오니, 몸을 팔 처녀가 있사오면 값을
관계치 않고 주겠나이다."

심청이 그제야 나서며,

"나는 본촌 사람으로 우리 부친 앞을 보지
못하여 세상을 분별하지 못 하기로, 평생에 한
이 되어 하느님전에 축수하더니, 몽운사 화주
승이 공양미 삼백 석을 불전에 시주하면 눈을
떠서 보리 라 하되, 가세가 지빈(至貧)하여 주
선 할 길 없삽기로 내 몸을 방매하여 발원(發
願)하기 바라오니 나를 사 가는 것이 어떠하
오? 내 나이 십오 세라 그 아니 적당하오?"

선인이 그 말 듣고 심소저를 보더니, 마음이 억
색(臆塞)*하여 다시 볼 정신이 없어 고개를 숙이고
묵묵히 섰다가,

"낭자 말씀 듣자오니, 갸륵하고 장한 효성 비할
데 없습니다."

이렇듯이 치하한 후에 저의 일이 긴한지라,

"그리하오." / 하고 허락하더라.

(중략)

"저 소경 이리로 와 거주 성명을 고하게 하
라."

심봉사가 꿇어앉았다가 시녀를 따라 탑전
(榻前)으로 들어가서 세세원통한 사연을 낱낱
이 말씀한다. "소맹은 근본 황주 도화동에 사
는 심학규라 하옵니다. 이십에 안맹하고 사십
에 상처하여, 강보에 싸인 여식 동냥젖을 얻어
먹여 근근이 길러 내어 십오 세가 되었는데 이
름은 심청이라. 효성이 출천하여 그것이 밥을
빌어 연명하여 살아갈 제, 몽운사 부처님께 공
양미 삼백 석을 지성으로 시주하면 눈 뜬단 말
[A] 을 듣고 남경장사 선인들께 공양미 삼백 석에
아주 몸을 영영 팔려 인당수에 죽었는데, 딸만

죽이고 눈 못 뜨니 몹쓸 놈의 팔자 벌써 죽자
하였더니 탑전에 세세 원정(原情) 낱낱이 아뢴
후에 죽자고 불원천리 왔나이다.”

하며 백수풍진(白首風塵) 고루 겪은 두 눈에
서 피눈물이 흘러내리며,

“애고, 내 딸 청아!”

엎어지며 땅을 치고 통곡을 마지아니하니,
심황후 이 말을 들으시매, 말을 다 마치기 전
에 벌써 눈에서 피가 두르고 뼈가 녹는 듯하여
부친을 붙들어 일으키며,

“애고 아버지, 살아왔소. 내 과연 물에 빠진
청이오. 청이 살았으니 어서 눈을 뜨시고 딸의
얼굴을 보옵소서.”

이 말을 들은 심봉사가 어떻게 반가왔던지
두 눈 번쩍 뜨이니 심봉사 두 손으로 눈을 썩
썩 비비며,

“으으, 이게 웬 말이냐? 내 딸 심청이가 살
았단 말이냐? 내 딸 심청이 살았단 말이 웬 말
이냐? 네 딸이면 어디 보자!

하더니, 백운이 자욱하며 청학·백학·난
봉·공작이 운무중(雲霧中)에 왕래하며 심봉
사 머리 위에 안개가 자욱하더니 심봉사의 두
눈이 활짝 뜨이니, 천지 일월 밝아 왔구나. 심
봉사 마음 비취여광하여 소리를 지른다.

“애그머니! 애고, 무슨 일로 양쪽 환하더니
세상이 허전하구나. 감았던 눈 번쩍 뜨니 천지
일월 반갑도다.”

딸의 얼굴 쳐다보니 칠보화관(七寶花冠)이
황홀하여 뚜렷하고 어여쁠사. 심봉사가 그제
야 눈뜬 줄을 알고 사방을 살펴보니 형형색색
반갑도다. 심봉사가 어찌나 좋은지 와락 달려
들어,

“이게 누구냐? 갑자 사월 초파일날 몽중에
보던 얼굴일세. 음성은 같다마는 얼굴은 초면
일세. 얼씨구나 지화자, 이런 경사 또 있을까.
여보게 세상 사람들아, 고진감래(苦盡甘來) 나
를 두고 한 말일세. 얼씨구 좋을씨고. 지화자
좋을씨고!”

— 작자 미상, 「심청전(沈淸傳)」—

(나)

왕후 : (장승상 부인을 보고) 그러면 심청이라는 소
녀는 분명 죽은가 보이다.

장승상 부인 : (눈물을 씻으면서) 네 아마도 그런가
합니다.

왕후 : 그러니 그는 죽었다니 할 수 없으려니와 그
아비되는 심봉사라도 이 잔치에 오든지 거
취를 알든지 해서 찾았으면 전에 우리가 상
의한 대로 그렇게 해주련만.

장승상 부인 : 네에 효녀 심청의 성을 널리 천하에
알리기 위해서도 지당하신 처분이신 줄 아
옵고 신도 주소*로 심봉사를 기다려 마지
않습니다.

(중략)

장승상 부인 : 응 마침 잘 나왔소. 아니 참 내 양딸
심청이지. 심청이 어여 이리 오너라. 중전마
마께서 혹시 네가 섣불리 할까 하셔서 또 근
렴을 합신다.

왕후 : 김가가 심가가 되어서 장님을 아버지라 하고
살기가 거북하리라만 어쩔 수 있니. 네가 아
주 영영 심청이가 된 셈만 치려무나. 그러면
출천대효 심청이가 되니 오죽 좋은 일이냐.

궁녀 김씨 : 명심하겠나이다.

장승상 부인 : 거리낄 건 조금도 없느니라.
눈을 뜬 사람이라면 좀 거북하
기도 하고 부끄럽기도 하겠지
만 눈이 멀어서 보지를 못하니
그저 아버지라고만 하고 살뜰
히 시중만 들어주면 그만이다.

㉰ 궁녀 김씨 : 중전마마 영이시니 힘껏 시행
을 하겠습니다마는 혹시 무슨
서슬에 탄로가 나면……

장승상 부인 : 그럴 리야 없지. 그리고 참
나에게도 마님이라고 깍듯이
불러야 한다.

궁녀 김씨 : 네.

내시 을 : (하수로 등장, 읍을 하고) 황주 도화동 심
학규 알현이요.

왕후와 장승상 부인 반기면서 마주 보고는 하수 편을 바라본다. 심봉사 내시 을에게 인도받아 등 장. 궁녀 김씨와 다른 궁녀들도 심봉사에게로 시선 이 쏠리고 궁녀 김씨는 좋지 아니한 안색으로 고개 를 숙인다.

장승상 부인 : (심봉사가 등장할 때에 자리에서 벌 떡 일어섰다가 궁녀 김씨를 보고) 그러면 내 가 일러준 대로 잊지 말고 있다가 내가 손짓 을 하고 아가 심청아 어서 오너라 너의 아버 지 오셨다 하거들랑 아버지 부르고 쫓아와 서 매달려 응. 그러고 나서 어떻게 살아났느 냐고 묻거들랑 중전마마께서 마침 그때 해 변을 순어하시다가 구해주셨다고 응 그런 말 다 잊잖았지?

궁녀 김씨 : 네.

심봉사 : (내시 을의 인도로 전계*의 자리 위에 엎 드려 세 번 절한다.) 소맹은 황주 도화동 사 옵던 심학규로……

왕후 : 응, 네가 심학균시 분명하냐?

심봉사 : 네에 이 세상에 둘도 없이 팔자가 기구한 심봉사 심학규에 갈 데 없사옵니다.

왕후 : 그렇다면 너를 기다리던 사람이 따로 있으 니 만나 보아라. (장승상 부인에게 눈짓을 한다.)

장승상 부인 : (전계로 나가서) 심생원 나를 알겠소?

심봉사 : ㉠ 어? 이 이 도화동 장승상 부인 아니십 니까? 아 참 죽잖고 살어 있으니 또 뵙게 됩 니다그려?

장승상 부인 : 네, 퍽 반갑소. 그런데 심생원이 정 말 반가운 일이 있소.

심봉사 : 네? 반가운 일이라니요? 혹시 뺑덕이네가 그 황봉사 놈하고 여기 온 것을 부인께서 붙 잡아 놓셨습니까?

장승상 부인 : 아니요. 그 따위 뺑덕어미하고는 만 명을 주어도 아니 바꿀 일이지요.

심봉사 : 그럼 무엇이 반가운 일입니까? 혹시 나라 에서 나를 불쌍하다고 전장이나 좀 내어주 신답니까?

장승상 부인 : 그것도 있지요. (방백) ㉡ 대번에 불 쑥 말을 하면 너무 좋아서 기절을 할 테니 천천히 해야지. (심봉사더러) 그것도 있지만 더 반가운 소식이지요.

심봉사 : 그러면 혹시 우리 우리 심……(말을 마저 하지 못한다)

장승상 부인 : 네, 심청이 소식입니다.

심봉사 : 심청이 소식이요?

장승상 부인 : 네, 심청이가……자세 들으시요, 죽 지 않고.

심봉사 : 심청이가, 네 죽지 않고 그러면? 그러면? 오오 살아 있대요?

장승상 부인 : 네, 살아 있어요.

심봉사 : 그러면 그렇지. (벌떡 일어서서 춤을 덩실 덩실 추며) 어허 좋다. 그러면 그렇지. 내 딸 심청이가 죽다니 될 말인가! 흐흐 좋다. 얼 씨구 좋다. 심청이가 우리 딸 심청이가 출천 대효 내 딸 심청이가 죽대서야 천도가 무심 하지 흐흐 좋다. 얼씨구 좋다. 글쎄 어쩐지 그런 것만 같더라니 거 참 혈육이란 할 수 없는 거야! 어쩐지 어데 가서 살아있는 것만 같더란 말이야! 흐흐 좋다. 얼씨구 좋다. 그 런데……그런데 말씀입니다. 장승상 부인 그래 그 애가 지금 있기는 어데 가 있답니 까? 그건 모르시나요?

장승상 부인 : 왜요. 알지요. (궁녀 김씨에게 손짓 을 하며) 이 애 심청아 어여 오너라. 너이 아 버지 오셨다.

심봉사 : 엉? (또 한 번 달리 놀라) 엉

궁녀 김씨 : ㉢ (전계로 나오면서) 아버지. (매달리 지 않고 무춤* 머물러 선다)

심봉사 : 오오 심청아 어데 보자. (눈도 떴다. 껴안 으려고 달려든다) 네가 띠어 주렸던 눈도 시 방이야 떴다.

궁녀 김씨 : 아이구머니! 숭축해라!(돌아서서 전 안 으로 들어가며) 장님이라더니 눈을 떴어요. (전 뒤로 퇴장)

심봉사 얼떨떨해서 멍하니 섰다가 전후좌우와 위

아래로 둘러본다. (특히 관객에게 눈 뜬 것이 보이도록) 장승상 부인과 왕후는 궁녀 김씨가 실패한 것을 당황하다가 심봉사가 눈 뜬 것을 알고 기뻐한다.

장승상 부인 : 어쩌면! (심봉사를 들여다보며) 정말 눈을 떴구려! 원 이런 신통한 도리가 또 있을까?

심봉사 : ② 네 하도 반가워서 눈이 그냥 번쩍 떠졌습니다. 그런데 그런데.

장승상 부인 : 원 어쩌면 몽운사 부처님의 영험이 인제야 발현했나 보우. 그것도 다 심청이가 죽은 정성이지요.

심봉사 : 네 심청이가 또 죽었어요?

장승상 부인 : 네 아니 아이구 이걸 어쩌나 내가 입이 방정이야. 그 애가 또 아니라 하고 달아났지! 이걸 어쩌면 좋습니까?

왕후 : 할 수 없지요. 일희일비라니 눈 뜬 것이나 다행한 일이니 바른대로 말해 주시오.

장승상 부인 : 여보, 심생원 그런 게 아니라 심청이는, 정말 심청이는 저 인당수에서⋯⋯

심봉사 : 네, 인당수에서? 아니 아까 그건?

장승상 부인 : 아까 그건 거짓말 심청이고 그래서 심생원이 눈을 뜨니까 질겁을 해서 달아났다우. 그리고 정말 심청이는. 여보 심생원 정말 심청이는 인당수에서 아주 영영 죽었⋯⋯

심봉사 : ⑩ (자기 손가락으로 두 눈을 칵 찌르면서 엎드려진다) 아이구 이 놈의 눈 구먹! 딸을 잡아먹은 놈의 눈 구먹! 아주 눈 알맹이째 빠져 버려라. (마디마디 사무치게 흐느껴 운다)

– 채만식, 「심봉사」–

*흠향 : 신명(神明)이 제물을 받음.
*억색 : 억울하거나 원통하여 마음이 답답함.
*주소(晝宵) : 밤과 낮을 아울러 이르는 말.
*전계(殿階) : 궁전(宮殿)으로 오르는 계단의 섬돌.
*무춤 : 놀라거나 어색한 느낌이 들어 하던 짓을 갑자기 멈추는 모양.

41 (가)와 (나)에 대한 설명으로 가장 적절한 것은?

① (가)는 배경 묘사를 통해 사건을 암시하고 있고, (나)는 인물의 과장된 말과 행동을 통해 인물의 성격을 부각하고 있다.

② (가)는 독백적인 서술을 통해 인물 간의 갈등을 심화시키고 있고, (나)는 인물 사이의 대화를 통해 인물 간의 갈등 양상을 보여 주고 있다.

③ (가)는 (나)와 달리 인물이 자신의 행적을 요약적으로 진술하여 사건에 대한 이해를 돕고 있다.

④ (나)는 (가)와 달리 인물의 과거 회상을 통해 인물이 겪은 비현실적인 상황을 드러내고 있다.

⑤ (가)와 (나)는 모두 빈번하게 장면을 전환하여 사건을 긴박하게 전개하고 있다.

42 〈보기〉를 바탕으로 (가)를 감상한 내용으로 적절하지 않은 것은? [3점]

〈보기〉

소설 속 인물들은 자신의 고유하고 개별적인 욕망을 지향하고 갈망하는 '욕망 주체'이자 다른 이들의 욕망 실현에 영향을 주는 '욕망의 중재자'가 될 수 있다. 욕망은 욕망 주체의 끊임없는 노력이나 중재자의 도움으로 실현되기도 하고, 현실적인 여건에 의해 좌절되기도 한다. 또한 가끔은 중재자의 희생이나 절대적 존재의 초월적인 힘에 의해 예기치 않게 욕망이 실현되기도 한다.

① 인당수를 건너고 싶다는 '남경장사 선인'의
욕망은 '심청'의 욕망이 실현되는 계기를 제
공한다.

② '천신'은 개별적인 욕망 주체의 지향에 응답
하여 욕망을 중재하는 초월적인 힘으로 욕
망의 실현에 영향을 준다.

③ '귀덕 어미'는 '아비'의 욕망을 대신 실현하
려는 '심청'을 위해 수로 만 리를 무사히 왕
래하고자 하는 욕망 주체의 중재자가 된다.

④ 자신의 욕망으로 '아비'의 욕망을 발원한 욕
망 주체는 절대적 존재의 힘에 의해 보상을
받게 된다.

⑤ '심봉사'는 자신의 욕망 실현을 염원했던 것
에 대해 자책하나 예기치 않게 욕망이 실현
된다.

43 (가)를 토대로 (나)가 창작되었다고 할 때, [A]
와 (나)에 대해 이해한 내용으로 적절하지 않
은 것은?

① [A]에서의 궁궐은 환상적인 공간으로 그려
지고, (나)에서의 궁궐은 심봉사가 현실을
직시하는 공간으로 그려진다.

② [A]에서는 장면 묘사를 통해 인물의 고조된
기쁨을 보여주고, (나)에서는 인물의 비극
적 상황에 대한 인식을 통해 절망감을 드러
낸다.

③ [A]와 달리 (나)에서는 새로운 인물을 등장
시켜 현실에서 일어난 심청의 죽음을 감추
려 한다.

④ [A]와 달리 (나)에서의 왕후와 장승상 부인
이 상의하는 것은 심청의 효의 가치를 널리
알리기 위해 계획하고 있는 것이다.

⑤ [A]와 달리 (나)에서 심봉사가 자신의 현실
적인 소망을 구체적으로 드러내는 것은 심
청의 죽음에 대한 안타까움을 부각하기 위
한 것이다.

44 ㉮와 ㉯에 대한 이해로 가장 적절한 것은?

① ㉮에서 '남경장사 선인'은 자신의 신분을 밝
혀 신뢰성을 강조하고, ㉯에서 '궁녀 김씨'
는 자신의 요구를 드러내고 있다.

② ㉮에서 '심청'은 일어날 수 있는 일을 예측
하여 걱정하고, ㉯에서 '궁녀 김씨'는 어쩔
수 없는 상황에서 요구를 수용하고 있다.

③ ㉮에서 '심청'은 도덕적 가치를 근거로 불편
한 심기를 내비치고, ㉯에서 '장승상 부인'
은 행동에 대한 당위성을 강조하고 있다.

④ ㉮에서 '남경장사 선인'은 예상되는 문제를
언급하여 상대방에게 해결을 요구하고, ㉯
에서 '장승상 부인'은 상대방의 처지를 이해
하며 위로하고 있다.

⑤ ㉮에서 '남경장사 선인'은 처할 수 있는 위
기를 언급하며 행위의 이유를 밝히고, ㉯에
서 '장승상 부인'은 상대해야 하는 사람의
특성을 들어 상대방을 안심시키고 있다.

45 ㉠~㉢ 중 (나)를 공연하기 위한 회의 내용으로 적절하지 <u>않은</u> 것은?

① ㉠ : 장승상 부인이 하는 말을 듣고 반가움이 드러나는 목소리로 반응하며 표정 연기를 하는 것이 좋겠어.

② ㉡ : 심봉사가 듣지 못하는 것처럼 보이게 하며 관객을 향해 대사를 한 후 심봉사 쪽으로 몸을 돌리고 대사를 하는 것이 좋겠어.

③ ㉢ : 어색한 태도로 심봉사 앞으로 나오면서 마지못한 목소리로 대사를 하는 것이 좋겠어.

④ ㉣ : 눈을 뜬 것에 대한 신기함과 딸이라고 여겼던 인물이 도망간 상황에 대한 당황함이 드러나도록 표정 연기를 하는 것이 좋겠어.

⑤ ㉤ : 심봉사의 애절한 심정을 부각하기 위해 절제된 감정 표현이 드러나도록 연기를 하는 것이 좋겠어.

제2교시 영어영역(공통)

01 Based on the following dialogue, which one is true?

> John : Excuse me. I'm sorry to bother you, but I'm looking for the conference room. Do you know where it is?
>
> Amy : Yes! It's down the hall to your right. Are you here for the annual military leadership seminar?
>
> John : I am! Are you here for that as well? I heard a special guest speaker from the U.S. Navy Command was invited to talk about the future military exercise.
>
> Amy : Well, that speaker is actually me. I'm from the U.S. Navy Command and I'm here to encourage South Korea's participation in our annual Navy exercise to further enhance our alliance.
>
> John : What a nice surprise! It's an honor to meet you in person. I have so many questions.
>
> Amy : Well, I'll do my best to answer them.

① Amy wants to know where the conference room is.

② John is the special guest for the annual military leadership seminar.

③ Amy wants South Korea to participate in the annual Air Force exercise.

④ John wants South Korea to invite the U.S. Navy to the future military exercise.

⑤ Amy is the guest speaker from the U.S. Navy Command.

02 Choose the best answer for the blank.

> Doctor : Based on your X-ray results, your lower back pain is due to muscle strain. It's not a disc problem, so that's good news.
>
> Patient : Does that mean I can go back to work by next week?
>
> Doctor : You could, but you cannot lift any heavy objects or participate in any activity that will strain your lower back muscle. I recommend you take some days off to relax.

Patient : Is there anything else I can do to expedite my recovery? I have to go back to work as soon as possible.

Doctor : I understand you have important things to do, but your body needs to relax. Your back pain is only going to get worse if you don't take care of yourself.

Patient : Okay, _____.
Thank you.

① I'll get back to work right away as you recommended

② I'll come back next week for the X–ray results

③ I'll get myself ready for the disc surgery

④ I'll try to get some time off from work

⑤ I'll go do some weight lifting now

03 Which is the best sequence of answers for the blanks? [3점]

Aaron : Good afternoon. Thank you for calling Global Travel Agency. This is Aaron. How may I help you?

Nancy : Yes, hi! I have some questions about the 10-day Southeast Asia package tour.

_____

Aaron : Well, the package includes visiting Thailand, Vietnam, and Malaysia for the first 7 days and you'll be given the option to either stay with the group and go to Cambodia or join a different group to visit Bali.

Nancy : _____

Aaron : Definitely! We can set that up for you. However, you'll have to move to a new hotel. There won't be any additional fee and you can select one on our website.

Nancy : Ah! That sounds great.
_____ Thank you.

〈보기〉

a. Would it be possible to stay in Thailand longer instead of selecting Cambodia or Bali?

b. Call me as soon as you choose the package.

c. I'll call you back as soon as I pick the hotel.

d. Do I get to pick the countries that I will visit or are they preset?

① a – b – d　　② a – c – d
③ b – a – d　　④ d – a – b
⑤ d – a – c

04 What is the relationship between the man and the woman?

> Man : Now, for the second question, last time you talked about your passion for women's history. So, is it safe to assume that this is the reason for your involvement in the current project?
>
> Woman : Oh, definitely. And it's not just about representing women's history, but more specifically about women in the scientific field.
>
> Man : Were you ever into science when you were young?
>
> Woman : Yes, I was! I even went to the science camp and completed a NASA internship when I was in college. That's why I am very excited to take on this role.
>
> Man : Well, I can't wait to see you star in the film.
>
> Woman : I also can't wait to read your film review in your next issue.

① news anchor − correspondent

② professor − college student

③ movie director − scriptwriter

④ magazine reporter − actress

⑤ job interviewer − job interviewee

05 Based on the following dialogue, which one is NOT true?

> Mother : Hey honey, is everything okay? You look tired.
>
> Daughter : I don't know, Mom. I just can't seem to focus and I have nasal congestion. I think I am coming down with something.
>
> Mother : Do you want me to take you to the hospital? It might be something serious.
>
> Daughter : Maybe later in the afternoon. I purchased some over-the-counter medication at the pharmacy. I'll let you know if I feel worse.
>
> Mother : Well, try to get some rest and drink lots of water.
>
> Daughter : Okay, I will, Mom.

① The daughter has a stuffy nose.

② The daughter bought some over−the−counter medicine.

③ The mother thinks her daughter might be in a serious condition.

④ The daughter will let her mother know if her condition gets worse.

⑤ The daughter is getting better after she came back from the hospital.

06 Choose the sentence that best describes the situation.

> Michael : Hey Linda. Any plans for the summer break?
>
> Linda : I think I'm just going to stay home and maybe look for a part-time job. I'm really short on cash right now and need to save as much as I can.
>
> Michael : What happened? Is everything okay?
>
> Linda : Well, my dog had a car accident and I had to spend a lot of money on his surgery. He is recovering very well and will come home tomorrow.
>
> Michael : That's good. Well, I'm going to the lake with my friends this weekend. You are more than welcome to join. I'm sure it'll be great for your dog, too.
>
> Linda : That sounds really nice. Just let me know when and where to meet and I'll be there with my dog.

① Linda has found a part-time job at the lake.

② Linda has saved a lot of money for her holiday travel.

③ Michael is inviting Linda to go to the lake with her dog.

④ Michael wants to take care of Linda's dog while she is away.

⑤ Linda is reluctant to go to the lake with Michael and his friends.

07 다음 글에서 필자가 주장하는 바로 가장 적절한 것은?

> In a specialized economy, the food supply of the nation, and to some extent foreign markets, is somewhat contingent upon a dependable, long-term supply of water for irrigation. About 19 percent of crops produced and sold in the United States come from irrigated land. Without irrigation water this production would not occur, and the price of commodities would be much higher. Thus it behooves* the general public as consumers to understand that irrigation water and water conservation are extremely important to their own interests. Consumers must be willing to support public funding for water conservation research and for water supply development. The public must understand more about agricultural water problems and more about the processes for solving them.
>
> * behoove: ~할 필요가 있다

① 소비자에게 안전한 물이 제공될 수 있도록 수질 검사 절차를 개선해야 한다.

② 전 세계는 각 국가의 물 부족 실태를 공유하고 해결책을 함께 모색해야 한다.

③ 대중은 농업용수와 물 보존의 중요성을 이
해하고 관련 활동을 지원해야 한다.

④ 일반 대중에게 충분한 식수를 공급하기 위
해 농업용수의 사용을 줄여야 한다.

⑤ 물 소비의 불균형 문제 해소를 위한 활동에
전 국민이 적극적으로 참여해야 한다.

① A friend in need is a friend indeed.

② After the rain comes the sunshine.

③ Many hands make light work.

④ Strike while the iron is hot.

⑤ Blood is thicker than water.

08 다음 글이 시사하는 바로 가장 적절한 것은?

My wife, Tami, and I have had our fair share of disagreements and disputes - and will undoubtedly continue to have them. But as a result of confronting these issues and resolving them, our relationship has become stronger and we have matured individually and as a couple. Why? Because underneath the hurt, frustration, irritation, or fear there is always a strong desire to learn and grow and make our relationship better. We dislike conflicts and certainly do not seek them out; but when they find us, we plunge into the storm. And when we reach the ominous stillness in the eye of the storm - the point of realization and recognition, the point of knowing and of clear seeing - we hold one another and together, leading or being led, make it out to safer shores. Conflicts do not necessarily happen for the best, but we are learning to make the best of conflicts that happen.

[09~10] 다음 글의 요지로 가장 적절한 것을 고르시오.

09

Diplomats are almost always kept under close control by their capitals, and this will be truer for the larger developed nations. Diplomats are not free to make up their own foreign policy as they go along but are instead told what to say through *instructions*. The instructions will be carefully reviewed in the capital and sent by encoded means to the nation's embassy or mission abroad. Sometimes there will be an internal conflict in the capital regarding a particular issue, and different departments will take different positions. For example, in the United States, the State Department may not always take the same view as other departments that have an interest in international relations - the Defense Department or the Commerce Department. These internal differences must first be settled in the capital before the diplomat in some foreign city can be issued instructions. And it occasionally happens that internal disagreements in the capital have left the lonely diplomat having to attend a scheduled meeting without instructions or not knowing what he or she is authorized to say or negotiate.

① 본국 정부 부처 간 의견 불일치는 외교관의 직무 수행을 어렵게 할 수 있다.
② 외교관에게는 긴급 상황 발생 시 신속한 독자적 판단 능력이 요구된다.
③ 외교관의 주요 임무는 주재국에서 본국의 이미지를 제고하는 것이다.
④ 외교관은 주재국의 사정을 본국에 신속 정확하게 알릴 필요가 있다.
⑤ 국가 간의 갈등은 외교로 해결하는 것이 당사국 모두에게 이롭다.

10

Some contact or acquaintance between a pair of people is an essential precondition for the formation of a relationship between them. Evidence from Festinger, Schachter, and Back documents the obvious fact that the less the physical distance between people and the more in the course of their daily activities their required paths cross, the more likely they are to develop social visiting relationships. Presumably this is so because contacts between people depend upon the ecological factors of distance and pathways. Similarly, Powell found that the differential proximity of houses in two Costa Rican villages was associated with the frequency of visiting between families. In a village where the houses are all grouped closely together fifty-three per cent of the visiting was reported to be on a daily basis, whereas in an open-country type of settlement where the houses are spread out over a considerable distance only thirty-four per cent of the visiting was on a daily basis. Gullahorn explicitly investigated rate of interaction as a function of proximity in an office of thirty-seven people in a large corporation. After two and one half months of observation and interviewing, he concluded that distance was the most important factor in determining rate of interaction.

① 집단 구성원 간의 접촉이 많을수록 갈등의 빈도도 높아진다.
② 사람 간의 물리적 거리는 상호작용의 빈도에 영향을 미친다.
③ 사람 간에 만나는 빈도가 높을수록 협동심도 높아진다.
④ 사회 활동의 폭이 넓은 사람일수록 대인관계가 원만하다.
⑤ 친밀도에 영향을 미치는 것은 거리가 아니라 접촉 빈도이다.

[11~12] 다음 글의 주제로 가장 적절한 것을 고르시오.

11

Skepticism, as a method of doubt that demands evidence and reasons for hypotheses, is essential to the process of scientific research, philosophical dialogue, and critical intelligence. It is also vital in ordinary life, where the demands of common sense are always a challenge to us to develop and act upon the most reliable hypotheses and beliefs available. It is the foe of absolute certainty and dogmatic finality. It appreciates the snares and pitfalls of all kinds of human knowledge and the importance of the principles of fallibilism and probabilism in regard to the degrees of certainty of our knowledge. This differs sharply from the skepticisms of old, and it can contribute substantially to the advancement of human knowledge and the moral progress of humankind. It has important implications for our knowledge of the universe and our moral and social life. Skepticism in this sense provides a positive and constructive framework that can assist us in interpreting the cosmos in which we live and in achieving some wisdom in conduct.

① significance of skepticism for the advancement of human knowledge and conduct

② weaknesses of skepticism in the context of artificial knowledge and behavior

③ importance of old skeptical inquiries in studying logical reasoning

④ differences between modified skepticism and scientific reasoning

⑤ ways to distinguish between different forms of skepticism

12

Explorations of the nature of thought, like the rest of psychology, began life in the philosopher's armchair. The study of thought processes, however, took longer than many other areas of psychology to pull loose from philosophy. Because of the elusive*, private, intensely personal nature of thought, on the one hand, and because of its relation to "truth," "knowledge," and "judgment," on the other, philosophers have been reluctant to part with this province of the study, and they have not entirely given it up today. Nevertheless, the study of thinking has moved out of the philosopher's library and into the laboratory - out of the philosopher's head and into the scientist's. Thought was introduced to the laboratory at the beginning of the twentieth century. Before that time, the psychology of thinking was strictly the philosopher's province, and so its history is studded with** names of the great and near great, especially in the centuries during which empirical philosophy flourished in Great Britain.

* elusive: 파악하기 어려운
** be studded with: ～로 산재해 있다

① various approaches to the nature of thought in philosophy
② harmonious coexistence between philosophy and psychology
③ different views of philosophers and psychologists on thought
④ conversion of the study of thinking from philosophy to psychology
⑤ characteristics of thinking processes revealed by modern psychology

[13~14] 다음 글의 제목으로 가장 적절한 것을 고르시오.

13

So slow and painful is the process of mastering a technique, whether of handicraftsmanship or of art, so imbued* are we with the need of education for the acquirement of knowledge, that we are taken aback by the realization that all around us are creatures carrying on the most elaborate technique, going through the most complicated procedures and apparently possessed of the surest knowledge without the possibility of teaching. The flight of birds, the obstetric** and nursing procedures of all animals, and especially the complicated and systematized labors of bees, ants and other insects, have aroused the wonder, admiration and awe of scientists. The female insect lays its eggs, the male insect fertilizes them, the progeny go through the states of evolution leading to adult life without teaching and without the possibility of previous experience. Since the parent never sees the progeny***, and the progeny assume various shapes and have very varied capacities at these times, there can be no possible teaching of what is remarkably skillful and marvelously adapted conduct.

* imbue: 불어넣다
** obstetric: 출산의
*** progeny: 자손

① Evolution: A Process Going on Forever
② Wonder of Knowing Without Being Taught
③ Nature: The True Teacher of Human Beings
④ Superiority of Human Beings over Other Creatures
⑤ Teaching and Learning: All Creatures' Way of Survival

14

A feeling of calm is regulated in part by a pathway of the autonomic nervous system called the *smart vagus*. When you're feeling stressed, your primitive brain wants to kick in - and when the primitive brain is in charge, it tends to make decisions that are bad news for relationships. When you have strong relationships, the smart vagus can modulate the stress response and keep the primitive brain from taking over. You're healthier, can think more clearly, and you're more likely to solve problems through creative thinking instead of exploding in anger or running away. But when you're isolated from other people, your smart vagus can suffer from what neuroscientists call *poor tone*. This means that your primitive brain is more likely to call the shots. In the short term, this leads to relationship problems. Over time, you can expect chronic stress, illness, depression, and big-time irritability.

① The Smart Vagus Brings Distraction to Your Mind

② Having Good Relationships: The Road to Staying Calm

③ The Location of Our Emotion: Still a Mystery to Neuroscientists

④ Understanding Ourselves Through Primitive Human Behaviors

⑤ The Primitive Brain: The Modulator of the Smart Vagus

15 다음 도표의 내용과 일치하지 <u>않는</u> 것은?

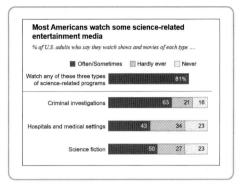

The graph above shows the percentage of U.S. adults who say they watch each type of science-related shows and movies: criminal investigations, hospitals and medical settings, or science fiction. ① About eight-in-ten U.S. adults say they often or sometimes watch any of the three types of shows and movies. ② In all three types of shows and movies, the percentage of adults who say that they often or sometimes watch them is the highest, while the percentage of adults who say they never watch them is the lowest. ③ The percentage of adults who say that they often or sometimes watch shows and movies of criminal investigations is three times larger than that of adults who say they hardly ever do. ④ The percentage of adults who say they often or sometimes watch shows and movies of hospitals and medical settings is more than twice that of adults who say they never do. ⑤ The percentage of adults who say they never watch shows and movies of hospitals and

271

medical settings is the same as that of adults who say they never watch shows and movies of science fiction.

16 Carl von Clausewitz에 관한 다음 글의 내용과 일치하지 <u>않는</u> 것은?

Carl von Clausewitz was born in Prussia on 1 June 1780 as the fourth and youngest son of a family that made claims to noble status which Carl accepted. Clausewitz entered the Prussian military service at the age of twelve, eventually attaining the rank of major general*. On 14 October 1806, when Napoleon invaded Prussia and defeated the Prussian army, he was captured and held prisoner in France from 1807 to 1808. Returning to Prussia, he assisted in the reform of the Prussian army and state. Opposed to Prussia's enforced alliance with Napoleon I, Clausewitz left the Prussian army and served in the Imperial Russian Army from 1812 to 1813. He wrote a careful, systematic, philosophical examination of war in all its aspects. The result was his principal book, *On War*. Clausewitz died without completing the book, but despite this his ideas have been widely influential in military theory and have had a strong influence on German military thought specifically. He died of cholera on 17 November 1831.

* major general: 소장

① 1780년 6월에 Prussia에서 한 가정의 막내 아들로 태어났다.
② 열두 살에 Prussia 군에 입대하여 결국 소장으로 진급했다.
③ 1807년부터 1808년까지 프랑스에서 포로로 잡혀 있었다.
④ 나폴레옹 1세와 Prussia의 동맹에 반대해 제정 러시아군에서 복무했다.
⑤ 사망 전에 *On War*를 완성하여 군사 이론에 널리 영향을 미쳤다.

17 밑줄 친 부분이 가리키는 대상이 나머지 넷과 <u>다른</u> 것은?

A young officer in the army was training to take parade. He walked along the rows of foot soldiers standing straight and still, all staring ahead as if in a trance*. They were battle worn, they had been fighting and were just back at camp to parade for the young officer before retiring. The young officer was accompanied by an old, seasoned general who was training ① <u>him</u> to be a leader. As they walked along the rows, the officer remembered an important leadership principle and quizzed the general. "Sir," ② <u>he</u> stammered still looking at the men in their emotionless eyes, "how does one learn to become humble while inspecting these men?" "The truth is, I feel superior to every one," ③ <u>he</u> admitted. The general smiled to himself.

"That's easy," ④ he said softly. "Simply look down at their boots." The young officer looked down and saw the rough and ravaged boots of the men. Many were barely holding together and some had blood showing through the toes of men who had driven themselves to the limit. ⑤ He felt a strong and sudden upsurge of emotion and unexpectedly felt compassion and humility. "Thank you," he said.

* trance: 몽환

[18~19] 다음 글의 밑줄 친 부분 중, 어법상 틀린 것을 고르시오.

18 What culture does is take ① what is available in the physical and human environment and interpret it socially and fill it with socially shared meaning and feeling. The world of human beings is a culturally interpreted social world. In this perspective we are somewhat ② like and somewhat unlike the rest of humankind. We are like others, naturally, insofar as all peoples (as far as we know) mate, reproduce, live in some variation of a cave (house), get around (transportation), and the like. We differ from others culturally insofar as different groups of people assign different meanings and values to being a father or mother, a man or a woman, to ③ have children, and to types of housing, modes of transportation, and so on. A child may be viewed as an

economic asset or an economic liability. All houses are not constructed ④ equally; there are high-class and low-class houses. Transportation for an Eskimo is not the same as transportation for a typical U.S. suburbanite, and a twenty-year-old, "pre-used" car does not mean the same thing as the latest-model luxury automobile. Culture is all about the distinctive, shared meanings and feelings ⑤ characteristic of a given group at a certain time and place. [3점]

19 Why are our brains located in our heads? Wouldn't they be safer if they were deep in our chest, similar to the location of our hearts? Brains, regardless of ① how small or simple, have evolved at the best possible location to perform their principal function: survival of the individual and the species. With very few exceptions, brains are always located at the front end of an animal's feeding "tube" or mechanism, ② which in humans and many other organisms is the tubular system that extends from the mouth to the anus. Your brain makes it possible for you to find food by sight, sound, and smell and then to organize your behavior so that the front end of your feeding tube can get close enough to taste the food and check it for ③ beneficially or potentially harmful contents before you ingest it. Once the food is in your feeding tube, it is ④ absorbed and becomes available to the cells of your body. Your entire feeding tube and associated organs, also known as the gastrointestinal system, ⑤ <u>use</u> nearly 70% of the energy you consume just to make the remaining 30% available to the rest of your body. [3점]

	(A)		(B)		(C)
①	capitalize	⋯	which	⋯	necessary
②	capitalize	⋯	what	⋯	necessarily
③	capitalize	⋯	which	⋯	necessarily
④	capitalizes	⋯	what	⋯	necessary
⑤	capitalizes	⋯	which	⋯	necessarily

[20~21] (A), (B), (C)의 각 네모 안에서 어법에 맞는 표현으로 가장 적절한 것을 고르시오.

20

Tactical command and control is the process whereby units actually engaged with opposing forces communicate with one another and coordinate their activities. Tactical command and control can improve responsiveness in battle by helping tactical commanders react quickly as the battle unfolds and (A) capitalize / capitalizes on tactical-level opportunities. It can enhance integration by affecting the coordination of deployments* and troop movements on the battlefield. More broadly, tactical command and control can affect the degree to (B) which / what individual units and commands work well together and synchronize their operations. Tactical command and control can improve skill by providing soldiers with the cues (C) necessary / necessarily to perform complicated synchronized fire, maneuver, or other activities.

* deployment: 배치

21

I would like to suggest that when our heads are filled with judgments and analyses that others are bad, greedy, irresponsible, lying, cheating, polluting the environment, valuing profit more than life, or (A) behave / behaving in other ways they shouldn't, very few of them will be interested in our needs. If we want to protect the environment, and we go to a corporate executive with the attitude, "You know, you are really a killer of the planet, you have no right to abuse the land in this way," we have severely impaired our chances of getting our needs (B) to meet / met. It is a rare human being who can maintain focus on our needs when we are expressing them through images of their wrongness. Of course, we may be successful in using such judgments to intimidate people into meeting our needs. If they feel (C) so / such frightened, guilty, or ashamed that they change their behavior, we may come to believe that it is possible to "win" by telling people what's wrong with them.

	(A)		(B)		(C)
①	behave	……	to meet	……	so
②	behave	……	met	……	so
③	behaving	……	met	……	such
④	behaving	……	met	……	so
⑤	behaving	……	to meet	……	such

[22~23] 다음 글의 밑줄 친 부분 중, 문맥상 낱말의 쓰임이 적절하지 <u>않은</u> 것을 고르시오.

22 Political power of any kind creates envy, and one of the best ways to deflect it before it takes root is to seem ① <u>unambitious</u>. When Ivan the Terrible died, Boris Godunov knew he was the only one on the scene who could lead Russia. But if he sought the position ② <u>eagerly</u>, he would stir up envy and suspicion among the boyars*, so he refused the crown, not once but several times. He made people insist that he ③ <u>reject</u> the throne. George Washington used the same strategy to great effect, first in refusing to keep the position of Commander in Chief of the American army, second in ④ <u>resisting</u> the presidency. In both cases he made himself more popular than ever. People cannot envy the power that they themselves have given a person who does not seem to ⑤ <u>desire</u> it.

* boyar: (옛 러시아의) 귀족

23 The key to any successful strategy is to know both one's enemy and oneself, and Gandhi, educated in London, understood the English well. He judged them to be essentially liberal people who saw themselves as ① <u>upholding</u> traditions of political freedom and civilized behavior. This self-image—though riddled with contradictions, as indicated by their sometimes ② <u>brutal</u> behavior in their colonies—was deeply important to the English. The Indians, on the other hand, had been ③ <u>humiliated</u> by many years of subservience* to their English overlords. They were largely unarmed and in no position to engage in a rebellion or guerilla war. If they rebelled ④ <u>violently</u>, as other colonies had done, the English would crush them and claim to be acting out of self-defense; their civilized self-image would suffer no damage. The use of nonviolence, on the other hand—an ideal and philosophy that Gandhi deeply valued and one that had a rich tradition in India—would exploit to perfection the English ⑤ <u>willingness</u> to respond with force unless absolutely necessary. [3점]

* subservience: 종속

[24~25] (A), (B), (C)의 각 네모 안에서 문맥에 맞는 낱말로 가장 적절한 것을 고르시오.

24

What exactly is metaphysics? What are metaphysical questions and metaphysical answers? Answering these questions requires a distinction between *a* metaphysics and metaphysics. *A* metaphysics is a view of the world that seeks to be accurate, consistent, comprehensive, and supported by sound evidence. Metaphysics, on the other hand, is the learned discipline one practices when one seeks to develop *a* metaphysics, consisting therefore in a set of (A) procedures / consequences . Metaphysics is different from natural science. The sciences are disciplines of learning that, like metaphysics, seek to develop views that are accurate, consistent and supported by sound evidence, but, unlike metaphysics, do not seek to be comprehensive. The sciences have (B) restricted / expanded areas of competence and specialized methods. Astronomy deals only with astral bodies and its method involves observatiaon and mathematical calculations; physics studies only certain properties of the physical universe and does so with very (C) specific / widespread methods; and so on.

	(A)	(B)	(C)
①	procedures	restricted	specific
②	procedures	expanded	specific
③	procedures	restricted	widespread
④	consequences	expanded	specific
⑤	consequences	restricted	widespread

25

Police interrogators, corporate personnel interviewers, reporters, and attorneys all know a basic fact about the people they question, which they use to great advantage: Interview subjects fear (A) silence / confrontation ; to avoid it, they will talk, even without thinking. This is why an attorney who questions you may, at the end of your perfectly adequate response, just stare silently at you as if to say, "That can't be all you have to say; you've got to be kidding!" In fact, when most of the people who answer (B) truthfully / untruthfully are faced with such a silence they will wrongly assume the questioner knows something more and will blurt out the truth. It's a neat trick to get more information from you, the witness; if not to (C) cover / uncover a concealed truth, then at least to get you to reveal new areas of information. Now that you know about it, don't get caught. In much of life talking is success and silence is failure. On the witness stand, having the sense to sustain a silence after your response is success, and talking too much is failure. [3점]

	(A)		(B)		(C)
①	silence	⋯	untruthfully	⋯	cover
②	silence	⋯	untruthfully	⋯	uncover
③	silence	⋯	truthfully	⋯	uncover
④	confrontation	⋯	untruthfully	⋯	cover
⑤	confrontation	⋯	truthfully	⋯	cover

[26~30] 다음 글을 읽고, 빈칸에 들어갈 말로 가장 적절한 것을 고르시오.

26

The mass media bestow prestige and enhance the authority of individuals and groups by _____. Recognition by the press or radio or magazines or newsreels testifies that one has arrived, that one is important enough to have been singled out from the large, anonymous masses, that one's behavior and opinions are significant enough to require public notice. The operation of this status-confirmation function may be witnessed most vividly in the advertising pattern of testimonials to a product by "prominent people." Within wide circles of the population, such testimonials not only enhance the prestige of the product but also reflect prestige on the person who provides the testimonials. They give public notice that the large and powerful world of commerce regards him as possessing sufficiently high status for his opinion to count with many people. In a word, his testimonial is a testimonial to his own status.

① legitimizing their status

② camouflaging their defects

③ recreating their personality

④ revealing hidden facts about their status

⑤ comparing their status with that of the public

27

In its ordinary, normal state, the information-processing system that constitutes consciousness does not focus on any particular range of stimuli. Like a radar dish, attention sweeps back and forth across the stimulus field, noting movements, colors, shapes, objects, sensations, memories, one after the other in no particular order or pattern. This is what happens when we walk down a street, when we lie awake in bed, when we stare out a window- in short, whenever attention is not focused in an orderly sequence. One thought follows another without rhyme or reason, and usually we cannot link one idea to the other in a sensible chain. As soon as a new thought presents itself, it pushes out the one that was there before. Knowing what is in the mind at any given time does not predict what will be there a few seconds later. This _____ of consciousness, although it produces unpredictable information, is the *probable* state of consciousness. It is probable because that is the state to which consciousness reverts as soon as there are no demands on it. [3점]

① random shift

② strict inflexibility

③ orderly repetition

④ reliable consistency

⑤ constant irreversibility

28

　Many social psychologists are still prone to take the view that the social variables important to their study will inevitably be reflected in their research situation. Even if this were entirely true, it is not true that researchers who hold this view will _____, for they are not primed to look for them. They justify their lack of attention to the other social sciences that study such variables with the declaration that they are studying the *interaction of individuals*, which is the basic stuff of all social sciences. This view has led to literally tons of studies of "leadership" that have no bearing on leadership in real life, to grand psychological models of power relations that omit most of the major variables that make power the central problem in political science, and to a deluge* of experimentation called "small group research" of which about 85 per cent is doomed to gather dust on library shelves, at least as far as anyone is concerned who is genuinely interested in group processes in real life. [3점]

* deluge: 범람

① ask why the social sciences should be integrated into other disciplines

② experience important shifts in their fundamental professional relationships

③ have to balance the gains of a new technology against the risks entailed

④ be highly knowledgeable about how to use experiments for their research

⑤ detect the reflections of sociocultural variables in their miniature experiments

29

Pythagoras's most important discovery was _____.
This was reinforced by his investigations into music, and in particular into the relationships between notes that sounded pleasant together. The story goes that he first stumbled onto this idea when listening to blacksmiths at work. One had an anvil* half the size of the other, and the sounds they made when hit with a hammer were exactly an octave (eight notes) apart. While this may be true, it was probably by experimenting with a plucked string that Pythagoras determined the ratios of the consonant** intervals (the number of notes between two notes that determines whether they will sound harmonious if struck together). What he discovered was that these intervals were harmonious because the relationship between them was a precise and simple mathematical ratio. This series, which we now know as the harmonic series, confirmed for him that the elegance of the mathematics he had found in abstract geometry also existed in the natural world. [3점]

* anvil: 모루

** consonant: 협화음의

① the beauty of mathematics: theory rules practice

② the theory that the number is the ruler of forms

③ the principle of deductive reasoning in notes of music

④ the artificiality of harmonic relationships in the natural world

⑤ the relationships between numbers: the ratios and proportions

30

Examples of the relation between fashion, clothing and "power" include the late 1960s' and early 1970s' youth. These people adapted their fashions and clothing to try to reflect the new roles between different social groups. Thus, attempted changes in power relations between different races and different sexes were expressed or reflected in terms of fashion and dress. Many workers in professions like social work are wary of wearing anything that will distinguish them from their clients and will tend to avoid a show of opulence*. Consequently fashions and clothing that will _____ will be avoided and some sort of attempt made to dress on a level with the client. Doing this, of course, they run the risk of falling into the "sandals and oatmeal-coloured hand-knits" stereotype. In the 1970s and 1980s, various American police forces abandoned their uniforms and adopted civilian clothes in order to appear more friendly and approachable.

          * opulence: 부유함

① show their positive attitudes towards their clients

② mark them out as establishment or authority figures

③ hide their true identity and make them look ordinary

④ jeopardize their roles indicative of power and authority

⑤ reveal them as a person with friendliness and kindness

[31~32] 주어진 글 다음에 이어질 글의 순서로 가장 적절한 것을 고르시오.

31

    Darwin justly observed that the struggle between two organisms is as active as they are analogous. Having the same needs and pursuing the same objects, they are in rivalry everywhere.

(A) The dentist does not struggle with the psychiatrist, nor the shoemaker with the hatter. Since they perform different services, they can perform them parallely.

(B) As long as they have more resources than they need, they can live side by side, but if their number increases to such proportions that all appetites can no longer be sufficiently satisfied, war breaks out. It is quite different if the coexisting individuals are of different species or varieties.

(C) As they do not feed in the same manner, and do not lead the same kind of life, they do not disturb each other. Men submit to the same law. In the same city different occupations can coexist without being obliged mutually to destroy one another, for they pursue different objects.

① (A) − (C) − (B)   ② (B) − (A) − (C)
③ (B) − (C) − (A)   ④ (C) − (A) − (B)
⑤ (C) − (B) − (A)

32

    One experiment gave subjects a memory task. Some were asked to remember a two-digit number; some were given a seven-digit number.

(A) The subjects were then led to a lobby where they would await further testing. In front of them in the waiting area were slices of cake and fruit. The real test was what they would choose while they waited, while rehearsing those numbers in their heads.

(B) It requires conscious action to prevent the automatic choice. When our mental bandwidth is used on something else, like rehearsing digits, we have less capacity to prevent ourselves from eating cake.

(C) Those whose minds were not terribly occupied by the two-digit number chose the fruit most of the time. Those whose minds were busy rehearsing the seven-digit number chose the cake 50 percent more often. The cake is the impulsive choice.

① (A) − (C) − (B) ② (B) − (A) − (C)
③ (B) − (C) − (A) ④ (C) − (A) − (B)
⑤ (C) − (B) − (A)

[33~34] 글의 흐름으로 보아, 주어진 문장이 들어가기에 가장 적절한 곳을 고르시오.

33

> You will soon find that what you do in such a state of heightened awareness, instead of being stressful, tedious, or irritating, is actually becoming enjoyable.

Here is a spiritual practice that will bring empowerment and creative expansion into your life. Make a list of a number of everyday routine activities that you perform frequently. (①) Include activities that you may consider uninteresting, boring, tedious, irritating, or stressful. (②) The list may include traveling to and from work, buying groceries, doing your laundry, or anything that you find tedious or stressful in your daily work. (③) Then, whenever you are engaged in those activities, let them be a vehicle for alertness. (④) Be absolutely present in what you do and sense the alert, alive stillness within you in the background of the activity. (⑤) To be more precise, what you are enjoying is not really the outward action but the inner dimension of consciousness that flows into the action.

34

> The efforts and legacy of those humanists, however, have not always been appreciated in their own right by historians of philosophy and science.

The Renaissance was one of the most innovative periods in Western civilization. New waves of expression in fine arts and literature bloomed in Italy and gradually spread all over Europe. (①) A new approach with a strong philological* emphasis, called "humanism" by historians, was also introduced to scholarship. (②) The intellectual fecundity** of the

Renaissance was ensured by the intense activity of the humanists who were engaged in collecting, editing, translating and publishing the ancient literary heritage, mostly in Greek and Latin, which had hitherto been scarcely read or entirely unknown to the medieval world. (③) The humanists were active not only in deciphering and interpreting these "newly recovered" texts but also in producing original writings inspired by the ideas and themes they found in the ancient sources. (④) Through these activities, Renaissance humanist culture brought about a remarkable moment in Western intellectual history. (⑤) In particular, the impact of humanism on the evolution of natural philosophy still awaits thorough research by specialists.

* philological: 문헌학의
** fecundity: 풍요

[35~36] 다음 글에서 전체 흐름과 관계가 없는 문장을 고르시오.

35 It is man's inherent nature to seek what he believes to be greener pastures in the distance. ① When a man begins to look for a better position and more pay, he usually seeks opportunity in the distance with some other employer. ② Sometimes this may be necessary, but changes in employment, while they may bring advantages, always bring some disadvantages, the most outstanding of which is the fact that one is never as efficient in a new position, a new environment, and among new associates, as he is where he is familiar with the details of his work and has the confidence of his associates. ③ Of course, most people can't afford to leave their current job willingly, but delaying too long can be damaging to yourself and to others. ④ Moreover, the changing of positions deprives an individual of much of the goodwill value built around himself through long association with an employer. ⑤ Therefore, before deciding to change employers, be sure that you have exhausted the possibilities of your present position.

36 Seeing only the good in one's own actions and the bad in those of others is a common human weakness, and validating only the positive or negative aspects of the human experience is not productive. It is very tempting to focus on just the good (or the bad) in the world, *but it is not good science*, and we must not make this mistake in advancing positive psychology. ① Although we do not agree with the principles of the previous pathology models, it would be inaccurate to describe their proponents as being poor scholars, poor scientists, poor practitioners, or bad people. ② Instead, this previous paradigm was advanced by well-meaning, bright people who were responding to the particular circumstances of their times. ③ Nevertheless, advocates of the previous pathology approach were short-sighted and prejudiced in their portrayals of humankind. ④ Likewise, it is not as if these people were wrong in their depictions of people. ⑤ They developed diagnoses and measurement approaches for schizophrenia, depression, and alcoholism and validated many effective treatments for specific problems such as panic disorder and blood and injury phobia.

37 다음 글의 내용을 한 문장으로 요약하고자 한다. 빈칸 (A), (B)에 들어갈 말로 가장 적절한 것은?

A paradox occurs when you avoid what you fear, because your fear then grows. This is counterintuitive, because when you avoid what you fear for a short time, your fear does decrease. Over a longer period, however, avoidance allows the anxiety to flourish. For example, let's say that you are anxious about going to a dinner party because you fear talking to strangers. For a brief time, avoiding the evening enables your anxiety to lessen. However, if you avoid the next dinner party invitation, and then the next and the next, you have created a problem. Because of your avoidance of those dinner parties,

you have made your anxiety about talking to strangers worse than it was at the start. You have to try to work against avoidance, even though it seems to make you feel better. I call this *challenging the paradox*. Challenging the paradox involves doing away with avoidance and replacing it with exposure. Exposure means facing what makes you feel anxious. By exposing yourself to anxiety-provoking situations, you become habituated to them, and your anxiety will eventually diminish.

↓

A good way to __(A)__ situations that make you feel anxious is to __(B)__ such situations whenever possible without any hesitation.

	(A)		(B)
①	overcome	……	reject
②	overcome	……	experience
③	forget	……	experience
④	avoid	……	ignore
⑤	avoid	……	reject

[38~39] 다음 글을 읽고, 물음에 답하시오.

In considering event possibilities, strive to think creatively; people are attracted to events that are special and unusual. If you have been offering an event for several years, be aware that people can become tired of repeating the same program in the same way. Volunteers become stale, and the audience becomes bored unless you provide something fresh. Developing a distinctive and original event in the charitable marketplace can help (a) attract a following.

Another reason to be creative is competition. In the long run, whatever niche or special advantage you create for your event, there is a tendency for (b) decline, due to others copying your idea. You may enjoy the advantage of uniqueness for a while, but expect this to be (c) temporary. Add innovation to your program or undertaking with different, imaginative events to stay ahead of your competition.

To think creatively, you must first develop an attitude of exploring different ideas. Assume that nothing is fixed and that any fundraising event is open to change. Even though previous events may have been successful, circumstances may have changed or there may be better and different ways to continue the event. You must be open to (d) accepting familiar formats. If necessary, you must be willing to fall out of love with a cherished tradition or program. This openness to ideas involves taking risks. Remember that you are not seeking the unique for the sake of just being different. What matters most in this (e) exploratory process is the willingness to look for worthwhile ideas.

38 윗글의 주제로 가장 적절한 것은?

① the role of experiences in creative thinking

② benefits of participating in a fundraising event

③ the impact of excessive competition on the market

④ ways to make your products attractive to consumers

⑤ the necessity of generating creative ideas for an event

39 밑줄 친 (a)~(e) 중에서 문맥상 낱말의 쓰임이 적절하지 않은 것은?

① (a)　　　　② (b)

③ (c)　　　　④ (d)

⑤ (e)

[40~41] 다음 글을 읽고, 물음에 답하시오.

We often imagine that we generally operate by some kind of plan, that we have goals we are trying to reach. But we're usually ____(A)____ ourselves; what we have are not goals but wishes. Our emotions infect us with hazy desire: we want fame, success, security-something large and abstract. This haziness unbalances our plans from the beginning and sets them on a chaotic course. What have distinguished all history's grand strategists and can distinguish you, too, are specific, detailed, focused goals. Contemplate them day in and day out, and imagine how it will feel to reach them and what reaching them will look like. By a psychological law peculiar to humans, clearly visualizing them this way will turn into a self-fulfilling prophecy.

Having clear objectives was crucial to Napoleon. He visualized his goals in intense detail-at the beginning of a campaign, he could see its last battle clearly in his mind. Examining a map with his aides, he would point to the exact spot where it would end-a ____(B)____ prediction, it might seem, since not only is war in any period subject to chance and to whatever the enemy comes up with to surprise you, but the maps of Napoleon's era were notoriously unreliable. Yet time and again his predictions would prove uncannily correct. He would also visualize the campaign's aftermath: the signing of the treaty, its conditions, how the defeated Russian czar or Austrian emperor would look, and exactly how the achievement of this particular goal would position Napoleon for his next campaign.

40 윗글의 제목으로 가장 적절한 것은?

① The First Step to Success: Have a Wish

② Focus on Your Goals and Envision Them Clearly

③ Not Everything You Dream and Visualize Comes True

④ Don't Let Your Emotions Interfere with Your Objectives

⑤ The Road to Becoming a Grand Strategist: Know Yourself

41 윗글의 빈칸 (A), (B)에 들어갈 말로 가장 적절한 것은? [3점]

	(A)		(B)
①	fooling	……	ridiculous
②	fooling	……	reasonable
③	criticizing	……	ridiculous
④	underestimating	……	reasonable
⑤	underestimating	……	plausible

[42~43] 다음 글을 읽고, 물음에 답하시오.

The primary problem for artists in Leonardo da Vinci's day was the constant pressure to produce more and more work. They had to produce at a relatively high rate in order to keep the commissions coming and remain in the public eye. This influenced the quality of their work. A style had developed in which artists could quickly create effect in their painting that would (a) superficially excite viewers. To create such effects they would depend on bright colors, unusual juxtapositions* and compositions, and dramatic scenes. In the process, they would inevitably gloss over the details in the (b) background and even in the people they portrayed. They did not pay much attention to the flowers or trees or the hands of figures in the foreground. They had to dazzle on the surface. Leonardo recognized this fact early in his career and it (c) distressed him. It went against his grain** in two ways— he hated the feeling of having to hurry with anything, and he loved immersing himself in details for their own sake. He was not interested in creating surface effects. He was animated by a hunger to understand life forms from the inside out and to grasp the force that makes them dynamic, and to somehow express all of this on a flat surface. And so, not fitting in, he went on his own peculiar path, mixing science and art.

To complete his quest, Leonardo had to become what he termed "universal"— for each object he had to be able to render all of its details, and he had to (d) extend this knowledge as far as possible, to as many objects in the world as he could study. Through sheer (e) elimination of such details, the essence of life itself became visible to him, and his understanding of this life force became visible in his artwork.

* juxtaposition: 병렬, 병치

** grain: 기질

42 윗글에 관한 내용으로 적절하지 <u>않은</u> 것은?

① 다빈치 시대의 화가들은 다작에 대한 압박을 끊임없이 느꼈다.

② 다빈치 시대의 화가들은 밝은 색상과 극적인 장면에 의존하곤 했다.

③ 다빈치는 자신의 경력 초기에 당대 화가들의 관행을 인식하고 있었다.

④ 다빈치는 생명체의 역동적인 면 대신 정적인 면을 파악하려고 했다.

⑤ 다빈치는 과학과 예술을 혼합하면서 자신의 독자적인 길을 나아갔다.

43 밑줄 친 (a)~(e) 중에서 문맥상 낱말의 쓰임이 적절하지 <u>않은</u> 것은? [3점]

① (a)　　② (b)

③ (c)　　④ (d)

⑤ (e)

[44~45] 다음 글을 읽고, 물음에 답하시오.

(A)

Long ago in the great city of Vanasrai the king kept a stable of elephants. His favorite elephant had an unusual best friend-a dog who first came to the stable to eat the rice that fell from the elephant's mouth as she ate her dinner. As time went on, the elephant and the dog developed a close and loving relationship, until it came to pass that the elephant would not eat unless the dog was there to share her meal.

(B)

The adviser carefully examined the elephant. He clearly saw that there was nothing physically wrong with the beast. The elephant's caretaker said, "The elephant had a great friend in a dog, who has vanished recently." With that the adviser went back to the king and said, "Your elephant is heartbroken at the disappearance of a dog she much loved. To find the dog, I recommend putting forth a proclamation declaring that anyone who is found in custody of a dog from the king's elephant stable will be forced to pay a large fine."

(C)

One day an unkind stableman sold the dog to a passing peasant for a few coins. The elephant was miserable. She would not eat, drink, or bathe. When the king was told of the worsening condition of his favorite animal he was very upset. He called in his wisest adviser and told him, "Go to my beloved elephant and find out what is wrong with her."

(D)

So it was done, and as soon as the peasant who had bought the dog heard of the proclamation, he immediately released it, and the dog dashed directly back to the elephant stable. When the exhausted dog returned, the elephant wept tears of joy, and she scooped the dog up with her trunk and cradled it. She would not eat until the dog had been fed; then she ate her food as well and was soon back to her old ways, her canine friend forever at her side.

44 주어진 글 (A)에 이어질 내용을 순서에 맞게 배열한 것으로 가장 적절한 것은?

① (B) − (D) − (C)

② (C) − (B) − (D)

③ (C) − (D) − (B)

④ (D) − (B) − (C)

⑤ (D) − (C) − (B)

45 윗글에 관한 내용으로 적절하지 <u>않은</u> 것은?

① 코끼리는 개와 함께 먹이를 나누지 않으면
먹으려 하지 않았다.

② 코끼리 관리인은 코끼리와 친했던 개가 최
근에 사라졌다고 말했다.

③ 고문은 왕에게 개를 데리고 있는 사람에게
큰 상을 주자고 제안했다.

④ 포고문에 대해 듣자마자 농부는 개를 즉시
풀어주었다.

⑤ 개가 돌아왔을 때 코끼리는 기쁨의 눈물을
흘렸다.

제3교시 수학영역(가형)

▶ 정답 및 해설 637p

01 $\left(\dfrac{9}{4}\right)^{-\frac{3}{2}}$의 값은? [2점]

① $\dfrac{2}{3}$ ② $\dfrac{4}{9}$

③ $\dfrac{8}{27}$ ④ $\dfrac{16}{81}$

⑤ $\dfrac{32}{243}$

03 $\sin\theta = -\dfrac{1}{3}$일 때, $\dfrac{\cos\theta}{\tan\theta}$의 값은? [2점]

① -4 ② $-\dfrac{11}{3}$

③ $-\dfrac{10}{3}$ ④ -3

⑤ $-\dfrac{8}{3}$

02 $\displaystyle\lim_{n\to\infty}\dfrac{1}{\sqrt{n^2+5n}-n}$의 값은? [2점]

① $\dfrac{1}{5}$ ② $\dfrac{2}{5}$

③ $\dfrac{3}{5}$ ④ $\dfrac{4}{5}$

⑤ 1

04 $\left(x^3+\dfrac{1}{x}\right)^5$의 전개식에서 x^3의 계수는? [3점]

① 5 ② 10

③ 15 ④ 20

⑤ 25

05 함수 $y=4^x-1$의 그래프를 x축의 방향으로 a만큼, y축의 방향으로 b만큼 평행이동한 그래프가 함수 $y=2^{2x-3}+3$의 그래프와 일치할 때, ab의 값은? [3점]

① 2   ② 3

③ 4   ④ 5

⑤ 6

06 그림과 같이 원형 탁자에 7개의 의자가 일정한 간격으로 놓여 있다. A, B, C를 포함한 7명의 학생이 모두 이 7개의 의자에 앉으려고 할 때, A, B, C 세 명 중 어느 두 명도 서로 이웃하지 않도록 앉는 경우의 수는? (단, 회전하여 일치하는 것은 같은 것으로 본다.)

[3점]

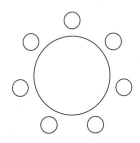

① 108   ② 120

③ 132   ④ 144

⑤ 156

07 곡선 $x^2-2xy+3y^3=5$ 위의 점 $(2, -1)$에서의 접선의 기울기는? [3점]

① $-\dfrac{6}{5}$ ② $-\dfrac{5}{4}$

③ $-\dfrac{4}{3}$ ④ $-\dfrac{3}{2}$

⑤ -2

08 x에 대한 연립부등식

$$\begin{cases} \left(\dfrac{1}{2}\right)^{1-x} \geq \left(\dfrac{1}{16}\right)^{x-1} \\ \log_2 4x < \log_2(x+k) \end{cases}$$ 의 해가 존재하지

않도록 하는 양수 k의 최댓값은? [3점]

① 3   ② 4

③ 5   ④ 6

⑤ 7

09 다섯 개의 자연수 1, 2, 3, 4, 5 중에서 중복을 허락하여 3개의 수를 택할 때, 택한 세 수의 곱이 6 이상인 경우의 수는? [3점]

① 23   ② 25

③ 27   ④ 29

⑤ 31

10 $0 \leq x < 2\pi$일 때,
방정식 $\cos^2 3x - \sin 3x + 1 = 0$의 모든 실근의 합은? [3점]

① $\dfrac{3}{2}\pi$ ② $\dfrac{7}{4}\pi$

③ 2π ④ $\dfrac{9}{4}\pi$

⑤ $\dfrac{5}{2}\pi$

11 함수 $f(x) = \dfrac{e^x}{\sin x + \cos x}$에 대하여
$-\dfrac{\pi}{4} < x < \dfrac{3}{4}\pi$에서 방정식
$f(x) - f'(x) = 0$의 실근은? [3점]

① $-\dfrac{\pi}{6}$ ② $\dfrac{\pi}{6}$

③ $\dfrac{\pi}{4}$ ④ $\dfrac{\pi}{3}$

⑤ $\dfrac{\pi}{2}$

2021 기출문제

12 그림과 같이 곡선 $y=\sqrt{x}e^{x}\,(1\leq x\leq2)$와 x축 및 두 직선 $x=1$, $x=2$로 둘러싸인 도형을 밑면으로 하는 입체도형이 있다. 이 입체도형을 x축에 수직인 평면으로 자른 단면이 모두 정사각형일 때, 이 입체도형의 부피는? [3점]

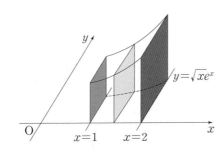

① $\dfrac{e^4+e^2}{4}$ ② $\dfrac{2e^4-e^2}{4}$

③ $\dfrac{2e^4+e^2}{4}$ ④ $\dfrac{3e^4-e^2}{4}$

⑤ $\dfrac{3e^4+e^2}{4}$

13 주머니에 1, 1, 1, 2, 2, 3의 숫자가 하나씩 적혀 있는 6개의 공이 들어 있다. 이 주머니에서 임의로 2개의 공을 동시에 꺼낼 때, 꺼낸 공에 적힌 두 수의 차를 확률변수 X라 하자. $\mathrm{E}(X)$의 값은? [3점]

① $\dfrac{14}{15}$ ② 1

③ $\dfrac{16}{15}$ ④ $\dfrac{17}{15}$

⑤ $\dfrac{6}{5}$

14 함수 $f(x)=\ln x$에 대하여 $\lim\limits_{n\to\infty}\sum\limits_{k=1}^{n}\dfrac{1}{n+k}f\left(1+\dfrac{k}{n}\right)$의 값은? [4점]

① $\ln 2$　　　　② $(\ln 2)^2$

③ $\dfrac{\ln 2}{2}$　　　　④ $\dfrac{(\ln 2)^2}{2}$

⑤ $\dfrac{(\ln 2)^2}{4}$

15 그림과 같이 반지름의 길이가 4이고 중심이 O인 원 위의 세 점 A, B, C에 대하여 $\angle ABC=120°$, $\overline{AB}+\overline{BC}=2\sqrt{15}$일 때, 사각형 OABC의 넓이는? [4점]

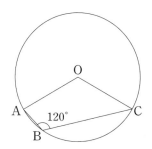

① $5\sqrt{3}$　　　　② $\dfrac{11\sqrt{3}}{2}$

③ $6\sqrt{3}$　　　　④ $\dfrac{13\sqrt{3}}{2}$

⑤ $7\sqrt{3}$

16 확률변수 X는 정규분포 $N(m,\ 4^2)$을 따르고, 확률변수 Y는 정규분포 $N(20,\ \sigma^2)$을 따른다. 확률변수 X의 확률밀도함수가 $f(x)$일 때, $f(x)$와 두 확률변수 X, Y가 다음 조건을 만족시킨다.

> (가) 모든 실수 x에 대하여
> $f(x+10)=f(20-x)$이다.
> (나) $P(X\geq 17)=P(Y\leq 17)$

$P(X\leq m+\sigma)$의 값을 아래의 표준정규분포표를 이용하여 구한 것은? (단, $\sigma>0$)

[4점]

z	$P(0\leq Z\leq z)$
0.5	0.1915
1.0	0.3413
1.5	0.4332
2.0	0.4772

① 0.6915　　　　② 0.7745

③ 0.9104　　　　④ 0.9332

⑤ 0.9772

17 다음은 모든 자연수 n에 대하여 부등식

$$\sum_{k=1}^{n} \frac{_{2k}P_k}{2^k} \leq \frac{(2n)!}{2^n} \quad \cdots\cdots (*)$$

이 성립함을 수학적 귀납법으로 증명한 것이다.

(ⅰ) $n=1$일 때,

(좌변)$=\frac{_2P_1}{2^1}=1$이고, (우변)$=\boxed{(가)}$이
므로, $(*)$이 성립한다.

(ⅱ) $n=m$일 때, $(*)$이 성립한다고 가정하면

$$\sum_{k=1}^{m} \frac{_{2k}P_k}{2^k} \leq \frac{(2m)!}{2^m}$$

이다. $n=m+1$일 때,

$$\sum_{k=1}^{m+1} \frac{_{2k}P_k}{2^k}$$

$$=\sum_{k=1}^{m} \frac{_{2k}P_k}{2^k} + \frac{_{2m+2}P_{m+1}}{2^{m+1}}$$

$$=\sum_{k=1}^{m} \frac{_{2k}P_k}{2^k} + \frac{\boxed{(나)}}{2^{m+1}\times(m+1)!}$$

$$\leq \frac{(2m)!}{2^m} + \frac{\boxed{(나)}}{2^{m+1}\times(m+1)!}$$

$$=\frac{\boxed{(나)}}{2^{m+1}}\times\left\{\frac{1}{\boxed{(다)}}+\frac{1}{(m+1)!}\right\}$$

$$<\frac{(2m+2)!}{2^{m+1}}$$

이다. 따라서 $n=m+1$일 때도 $(*)$이
성립한다.

(ⅰ), (ⅱ)에 의하여 모든 자연수 n에 대하여

$$\sum_{k=1}^{n} \frac{_{2k}P_k}{2^k} \leq \frac{(2n)!}{2^n}$$

이다.

위의 (가)에 알맞은 수를 p, (나), (다)에 알맞
은 식을 각각 $f(m)$, $g(m)$이라 할 때,

$p+\dfrac{f(2)}{g(4)}$의 값은? [4점]

① 16 　　　　② 17

③ 18 　　　　④ 19

⑤ 20

18 수열 $\{a_n\}$이 모든 자연수 n에 대하여 다음
조건을 만족시킨다.

(가) $a_{2n+1}=-a_n+3a_{n+1}$

(나) $a_{2n+2}=a_n-a_{n+1}$

$a_1=1$, $a_2=2$일 때, $\displaystyle\sum_{n=1}^{16} a_n$의 값은? [4점]

① 31 　　　　② 33

③ 35 　　　　④ 37

⑤ 39

19 그림과 같이 한 변의 길이가 6인 정사각형 $A_1B_1C_1D$에서 선분 A_1D를 $1:2$로 내분하는 점을 E_1이라 하고, 세 점 B_1, C_1, E_1을 지나는 원의 중심을 O_1이라 하자. 삼각형 $E_1B_1C_1$의 내부와 삼각형 $O_1B_1C_1$의 외부의 공통부분에 색칠하여 얻은 그림을 R_1이라 하자. 그림 R_1에서 선분 E_1D 위의 점 A_2, 선분 E_1C_1 위의 점 B_2, 선분 C_1D 위의 점 C_2와 점 D를 꼭짓점으로 하는 정사각형 $A_2B_2C_2D$를 그린다. 정사각형 $A_2B_2C_2D$에서 선분 A_2D를 $1:2$로 내분하는 점을 E_2라 하고, 세 점 B_2, C_2, E_2를 지나는 원의 중심을 O_2라 하자. 삼각형 $E_2B_2C_2$의 내부와 삼각형 $O_2B_2C_2$의 외부의 공통부분에 색칠하여 얻은 그림을 R_2라 하자. 이와 같은 과정을 계속하여 n번째 얻은 그림 R_n에 색칠되어 있는 부분의 넓이를 S_n이라 할 때, $\lim\limits_{n \to \infty} S_n$의 값은? [4점]

① $\dfrac{90}{7}$ ② $\dfrac{275}{21}$

③ $\dfrac{40}{3}$ ④ $\dfrac{95}{7}$

⑤ $\dfrac{290}{21}$

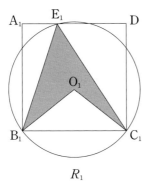

R_1

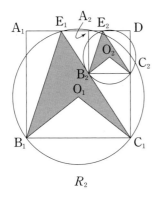

R_2

$\vdots$

20 세 상수 $a, b, c(a>0, c>0)$에 대하여 함수
$$f(x)=\begin{cases} -ax^2+6ex+b & (x<c) \\ a(\ln x)^2-6\ln x & (x\geq c) \end{cases}$$
가 다음 조건을 만족시킨다.

> (가) 함수 $f(x)$는 실수 전체의 집합에서 연속이다.
>
> (나) 함수 $f(x)$의 역함수가 존재한다.

$f\left(\dfrac{1}{2e}\right)$의 값은? [4점]

① $-4\left(e^2+\dfrac{1}{4e^2}\right)$ ② $-4\left(e^2-\dfrac{1}{4e^2}\right)$

③ $-3\left(e^2+\dfrac{1}{4e^2}\right)$ ④ $-3\left(e^2-\dfrac{1}{4e^2}\right)$

⑤ $-2\left(e^2+\dfrac{1}{4e^2}\right)$

21 함수 $f(x)$를
$$f(x)=\int_0^x |t\sin t|\,dt-\left|\int_0^x t\sin t\,dt\right|$$
라 할 때, 〈보기〉에서 옳은 것만을 있는 대로 고른 것은? [4점]

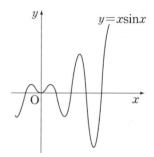

───〈보기〉───

ㄱ. $f(2\pi)=2\pi$

ㄴ. $\pi<\alpha<2\pi$인 α에 대하여 $\displaystyle\int_0^\alpha t\sin t\,dt=0$
이면 $f(\alpha)=\pi$이다.

ㄷ. $2\pi<\beta<3\pi$인 β에 대하여
$\displaystyle\int_0^\beta t\sin t\,dt=0$이면
$\displaystyle\int_\beta^{3\pi} f(x)\,dx=6\pi(3\pi-\beta)$이다.

① ㄱ ② ㄱ, ㄴ

③ ㄱ, ㄷ ④ ㄴ, ㄷ

⑤ ㄱ, ㄴ, ㄷ

주관식 문항(22~30)

22 함수 $f(x)=5\sin\left(\dfrac{\pi}{2}x+1\right)+3$의 주기를 p, 최댓값을 M이라 할 때, $p+M$의 값을 구하시오. [3점]

23 모평균이 15이고 모표준편차가 8인 모집단에서 크기가 4인 표본을 임의추출하여 구한 표본평균을 $\overline{X}$라 할 때, $\mathrm{E}(\overline{X})+\sigma(\overline{X})$의 값을 구하시오. [3점]

24 수열 $\{(x^2-6x+9)^n\}$이 수렴하도록 하는 모든 정수 x의 값의 합을 구하시오. [3점]

25 흰 구슬 3개와 검은 구슬 4개가 들어 있는 상자가 있다. 한 개의 주사위를 던져서 나오는 눈의 수가 3의 배수이면 이 상자에서 임의로 2개의 구슬을 동시에 꺼내고, 나오는 눈의 수가 3의 배수가 아니면 이 상자에서 임의로 3개의 구슬을 동시에 꺼낼 때, 꺼낸 구슬 중 검은 구슬의 개수가 2일 확률은 $\dfrac{q}{p}$이다. $p+q$의 값을 구하시오. (단, p와 q는 서로소인 자연수이다.) [3점]

26 두 실수 a, b와 수열 $\{c_n\}$이 다음 조건을 만족시킨다.

> (가) $(m+2)$개의 수
> $a, \log_2 c_1, \log_2 c_2, \log_2 c_3, \cdots, \log_2 c_m, b$
> 가 이 순서대로 등차수열을 이룬다.
> (나) 수열 $\{c_n\}$의 첫째항부터 제m항까지의 항을 모두 곱한 값은 32이다.

$a+b=1$일 때, 자연수 m의 값을 구하시오.
[4점]

27 모든 자연수 n에 대하여 곡선 $y=\sqrt{x}$ 위의 점 $A_n(n^2, n)$과 곡선 $y=-x^2(x \geq 0)$ 위의 점 B_n이 $\overline{OA_n}=\overline{OB_n}$을 만족시킨다. 삼각형 A_nOB_n의 넓이를 S_n이라 할 때, $\displaystyle\sum_{n=1}^{10} \dfrac{2S_n}{n^2}$의 값을 구하시오. (단, O는 원점이다.) [4점]

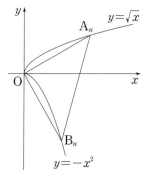

28 그림과 같이 $\overline{AB}=\overline{AC}=4$인 이등변삼각형 ABC에 외접하는 원 O가 있다. 점 C를 지나고 원 O에 접하는 직선과 직선 AB의 교점을 D라 하자. $\angle CAB=\theta$라 할 때, 삼각형 BDC의 넓이를 $S(\theta)$라 하자. $\lim\limits_{\theta \to 0+}\dfrac{S(\theta)}{\theta^3}$ 의 값을 구하시오. $\left(\text{단, } 0<\theta<\dfrac{\pi}{3}\right)$ [4점]

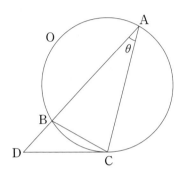

29 그림은 여섯 개의 숫자 1, 2, 3, 4, 5, 6이 하나씩 적혀 있는 여섯 장의 카드를 모두 한 번씩 사용하여 일렬로 나열할 때, 이웃한 두 장의 카드 중 왼쪽 카드에 적힌 수가 오른쪽 카드에 적힌 수보다 큰 경우가 한번만 나타난 예이다.

이 여섯 장의 카드를 모두 한 번씩 사용하여 임의로 일렬로 나열할 때, 이웃한 두 장의 카드 중 왼쪽 카드에 적힌 수가 오른쪽 카드에 적힌 수보다 큰 경우가 한 번만 나타날 확률은 $\dfrac{q}{p}$이다. $p+q$의 값을 구하시오. (단, p와 q는 서로소인 자연수이다.) [4점]

30 두 함수 $f(x)=x^2-ax+b\,(a>0)$, $g(x)=x^2 e^{-\frac{x}{2}}$에 대하여 상수 k와 함수 $h(x)=(f \circ g)(x)$가 다음 조건을 만족시킨다.

> (가) $h(0)<h(4)$
> (나) 방정식 $|h(x)|=k$의 서로 다른 실근 개수는 7이고, 그중 가장 큰 실근을 α라 할 때 함수 $h(x)$는 $x=\alpha$에서 극소이다.

$f(1)=-\dfrac{7}{32}$일 때, 두 상수 a, b에 대하여 $a+16b$의 값을 구하시오. $\left(\text{단, } \dfrac{5}{2}<e<3 \text{이고, } \lim\limits_{x \to \infty}g(x)=0\text{이다.}\right)$ [4점]

제 3 교시　수학영역(나형)

▶정답 및 해설 645p

01 $\left(\dfrac{1}{4}\right)^{-\frac{3}{2}}$의 값은? [2점]

① 1 　　　　② 2

③ 4 　　　　④ 8

⑤ 16

03 $\sin\theta=-\dfrac{1}{3}$일 때, $\dfrac{\cos\theta}{\tan\theta}$의 값은? [2점]

① -4 　　　　② $-\dfrac{11}{3}$

③ $-\dfrac{10}{3}$ 　　　　④ -3

⑤ $-\dfrac{8}{3}$

02 두 사건 A, B가 서로 독립이고 $\mathrm{P}(A)=\dfrac{2}{3}$, $\mathrm{P}(A\cap B)=\dfrac{1}{4}$일 때, $\mathrm{P}(B)$의 값은?

[2점]

① $\dfrac{1}{4}$ 　　　　② $\dfrac{3}{8}$

③ $\dfrac{1}{2}$ 　　　　④ $\dfrac{5}{8}$

⑤ $\dfrac{3}{4}$

04 함수 $f(x)=(x^3-2x+3)(ax+3)$에 대하여 $f'(1)=15$일 때, a의 값은? (단, a는 상수이다.) [3점]

① 3 　　　　② 4

③ 5 　　　　④ 6

⑤ 7

05 닫힌구간 $[-1, 3]$에서 정의된 함수 $y=f(x)$의 그래프가 다음과 같다.

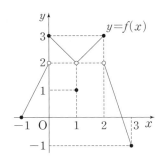

$\displaystyle\lim_{x\to 0-}f(x)+\lim_{x\to 2+}f(x)$의 값은? [3점]

① 1
② 2
③ 3
④ 4
⑤ 5

06 $\left(2x^2+\dfrac{1}{x}\right)^5$의 전개식에서 x^4의 계수는?

[3점]

① 80
② 85
③ 90
④ 95
⑤ 100

07 다항함수 $f(x)$가 모든 실수 x에 대하여

$$\int_1^x f(t)dt = x^3+ax-3$$

을 만족시킬 때, $f(a)$의 값은? (단, a는 상수이다.) [3점]

① 10
② 11
③ 12
④ 13
⑤ 14

08 그림과 같이 원형 탁자에 7개의 의자가 일정한 간격으로 놓여 있다. A, B, C를 포함한 7명의 학생이 모두 이 7개의 의자에 앉으려고 할 때, A, B, C 세 명 중 어느 두 명도 서로 이웃하지 않도록 앉는 경우의 수는? (단, 회전하여 일치하는 것은 같은 것으로 본다.)

[3점]

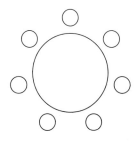

① 120
② 132
③ 144
④ 156
⑤ 168

09 곡선 $y=-x^3+3x^2+4$에 접하는 직선 중에서 기울기가 최대인 직선을 l이라 하자. 직선 l과 x축 및 y축으로 둘러싸인 부분의 넓이는? [3점]

① $\dfrac{3}{2}$

② 2

③ $\dfrac{5}{2}$

④ 3

⑤ $\dfrac{7}{2}$

10 $0 \leq x < 2\pi$일 때, 방정식 $|\sin 2x| = \dfrac{1}{2}$의 모든 실근의 합은? [3점]

① 4π

② 6π

③ 8π

④ 10π

⑤ 12π

11 어느 사관생도가 1회의 사격을 하여 표적에 명중시킬 확률이 $\dfrac{4}{5}$이다. 이 사관생도가 20회의 사격을 할 때, 표적에 명중시키는 횟수를 확률변수 X라 하자. $V\left(\dfrac{1}{4}X+1\right)$의 값은? (단, 이 사관생도가 매회 사격을 하는 시행은 독립시행이다.) [3점]

① $\dfrac{1}{5}$

② $\dfrac{2}{5}$

③ $\dfrac{3}{5}$

④ $\dfrac{4}{5}$

⑤ 1

12 시각 $t=0$일 때 동시에 원점을 출발하여 수직선 위를 움직이는 두 점 P, Q의 시각 $t(t \geq 0)$에서의 속도가 각각 $v_1(t)=2t+3$, $v_2(t)=at(6-t)$이다. 시각 $t=3$에서 두 점 P, Q가 만날 때, a의 값은? (단, a는 상수이다.) [3점]

① 1

② 2

③ 3

④ 4

⑤ 5

13 수열 $\{a_n\}$은 $a_1=\dfrac{3}{2}$이고, 모든 자연수 n에 대하여 $a_{2n-1}+a_{2n}=2a_n$을 만족시킨다. $\displaystyle\sum_{n=1}^{16} a_n$의 값은? [3점]

① 22   ② 24

③ 26   ④ 28

⑤ 30

14 어느 방위산업체에서 생산하는 방독면 1개의 무게는 평균이 m, 표준편차가 50인 정규분포를 따른다고 한다. 이 방위산업체에서 생산하는 방독면 중에서 n개를 임의추출하여 얻은 방독면 무게의 표본평균이 1740이었다. 이 결과를 이용하여 이 방위산업체에서 생산하는 방독면 1개의 무게의 평균 m에 대한 신뢰도 95%의 신뢰구간을 구하면 $1720.4 \le m \le a$이다. $n+a$의 값은? (단, 무게의 단위는 g이고, Z가 표준정규분포를 따르는 확률변수일 때, $P(0 \le Z \le 1.96)=0.475$로 계산한다.) [4점]

① 1772.6   ② 1776.6

③ 1780.6   ④ 1784.6

⑤ 1788.6

15 최고차항의 계수가 1인 사차함수 $f(x)$가 다음 조건을 만족시킨다.

> (가) 모든 실수 x에 대하여 $f(-x)=f(x)$ 이다.
> (나) 함수 $f(x)$는 극댓값 7을 갖는다.

$f(1)=2$일 때, 함수 $f(x)$의 극솟값은? [4점]

① -6 ② -5

③ -4 ④ -3

⑤ -2

16 두 실수 a, b와 수열 $\{c_n\}$이 다음 조건을 만족시킨다.

> (가) $(m+2)$개의 수
> $a,\ \log_2 c_1,\ \log_2 c_2,\ \log_2 c_3,\ \cdots,\ \log_2 c_m,\ b$
> 가 이 순서대로 등차수열을 이룬다.
> (나) 수열 $\{c_n\}$의 첫째항부터 제m항까지의 항을 모두 곱한 값은 32이다.

$a+b=1$일 때, 자연수 m의 값은? [4점]

① 6   ② 8

③ 10   ④ 12

⑤ 14

17 확률변수 X는 정규분포 $N(10, 5^2)$을 따르고, 확률변수 Y는 정규분포 $N(m, 5^2)$을 따른다. 두 확률변수 X, Y의 확률밀도함수를 각각 $f(x)$, $g(x)$라 할 때, 두 곡선 $y=f(x)$와 $y=g(x)$가 만나는 점의 x좌표를 k라 하자. $P(Y \leq 2k)$의 값을 아래의 표준정규분포표를 이용하여 구한 것은? (단, $m \neq 10$) [4점]

z	$P(0 \leq Z \leq z)$
0.5	0.1915
1.0	0.3413
1.5	0.4332
2.0	0.4772

① 0.6915
② 0.8413
③ 0.9104
④ 0.9332
⑤ 0.9772

18 다음은 모든 자연수 n에 대하여 부등식
$$\sum_{k=1}^{n} \frac{_{2k}P_k}{2^k} \leq \frac{(2n)!}{2^n} \quad \cdots\cdots (*)$$
이 성립함을 수학적 귀납법으로 증명한 것이다.

(ⅰ) $n=1$일 때,

(좌변)$=\dfrac{_2P_1}{2^1}=1$이고, (우변)$=\boxed{(가)}$이므로, $(*)$이 성립한다.

(ⅱ) $n=m$일 때, $(*)$이 성립한다고 가정하면
$$\sum_{k=1}^{m} \frac{_{2k}P_k}{2^k} \leq \frac{(2m)!}{2^m}$$
이다. $n=m+1$일 때,

$$\sum_{k=1}^{m+1} \frac{_{2k}P_k}{2^k}$$
$$= \sum_{k=1}^{m} \frac{_{2k}P_k}{2^k} + \frac{_{2m+2}P_{m+1}}{2^{m+1}}$$
$$= \sum_{k=1}^{m} \frac{_{2k}P_k}{2^k} + \frac{\boxed{(나)}}{2^{m+1} \times (m+1)!}$$
$$\leq \frac{(2m)!}{2^m} + \frac{\boxed{(나)}}{2^{m+1} \times (m+1)!}$$
$$= \frac{\boxed{(나)}}{2^{m+1}} \times \left\{ \frac{1}{\boxed{(다)}} + \frac{1}{(m+1)!} \right\}$$
$$< \frac{(2m+2)!}{2^{m+1}}$$

이다. 따라서 $n=m+1$일 때도 $(*)$이 성립한다.

(ⅰ), (ⅱ)에 의하여 모든 자연수 n에 대하여
$$\sum_{k=1}^{n} \frac{_{2k}P_k}{2^k} \leq \frac{(2n)!}{2^n}$$
이다.

위의 (가)에 알맞은 수를 p, (나), (다)에 알맞은 식을 각각 $f(m)$, $g(m)$이라 할 때, $p + \dfrac{f(2)}{g(4)}$의 값은? [4점]

① 16
② 17
③ 18
④ 19
⑤ 20

19 그림과 같이 $\overline{AB}=\overline{AC}$인 이등변삼각형 ABC 에서 선분 AC를 $5:3$으로 내분하는 점을 D 라 하자. $2\sin(\angle ABD)=5\sin(\angle DBC)$ 일 때, $\dfrac{\sin C}{\sin A}$의 값은? [4점]

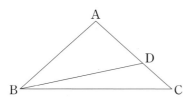

① $\dfrac{3}{5}$ ② $\dfrac{7}{11}$

③ $\dfrac{2}{3}$ ④ $\dfrac{9}{13}$

⑤ $\dfrac{5}{7}$

20 0이 아닌 실수 k에 대하여 다항함수 $f(x)$의 도함수 $f'(x)$가

$$f'(x)=3(x-k)(x-2k)$$

이다. 함수 $g(x)=$

$$\begin{cases} f(x) & (x\geq 4) \\ \dfrac{f(4)-f(1)}{3}(x-1)+f(1) & (1<x<4) \\ f(x) & (x\leq 1) \end{cases}$$

의 역함수가 존재하도록 하는 모든 실수 k의 범위가 $\alpha\leq k<\beta$일 때, $\beta-\alpha$의 값은? [4점]

① $\dfrac{3}{8}$ ② $\dfrac{1}{2}$

③ $\dfrac{5}{8}$ ④ $\dfrac{3}{4}$

⑤ $\dfrac{7}{8}$

21 두 곡선 $y=|2^x-4|$, $y=\log_2 x$가 만나는 두 점의 x좌표를 x_1, $x_2(x_1<x_2)$라 할 때, 〈보기〉에서 옳은 것만을 있는 대로 고른 것은? [4점]

〈보기〉

ㄱ. $\log_2 3 < x_1 < x_2 < \log_2 6$

ㄴ. $(x_2-x_1)(2^{x_2}-2^{x_1})<3$

ㄷ. $2^{x_1}+2^{x_2}>8+\log_2(\log_3 6)$

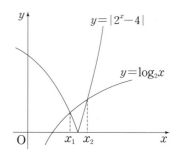

① ㄱ ② ㄱ, ㄴ

③ ㄱ, ㄷ ④ ㄴ, ㄷ

⑤ ㄱ, ㄴ, ㄷ

주관식 문항(22~30)

22 $\displaystyle\lim_{x \to \infty}(\sqrt{x^2+22x}-x)$의 값을 구하시오.

[3점]

23 함수 $f(x)=5\sin\left(\dfrac{\pi}{2}x+1\right)+3$의 주기를 p, 최댓값을 M이라 할 때, $p+M$의 값을 구하시오. [3점]

24 부등식 $2+\log_{\frac{1}{3}}(2x-5)>0$을 만족시키는 정수 x의 개수를 구하시오. [3점]

25 한 개의 주사위를 두 번 던져서 나오는 눈의 수를 차례대로 a, b라 하자. ab가 6의 배수일 때, a 또는 b가 홀수일 확률은 $\dfrac{q}{p}$이다. $p+q$의 값을 구하시오. (단, p와 q는 서로소인 자연수이다.) [3점]

26 함수

$$f(x)=\begin{cases} x^2-10 & (x\leq a) \\ \dfrac{x^2+ax+4a}{x-a} & (x>a) \end{cases} 가\ x=a$$

에서 연속일 때, $f(2a)$의 값을 구하시오. (단, a는 상수이다.) [4점]

27 다음 조건을 만족시키는 자연수 a, b, c, d, e의 모든 순서쌍 (a, b, c, d, e)의 개수를 구하시오. [4점]

> (가) $a+b+c+d+e=10$
> (나) ab는 홀수이다.

28 양수 a와 함수 $f(x)$가 다음 조건을 만족시킨다.

> (가) $0\leq x<1$일 때, $f(x)=2x^2+ax$이다.
> (나) 모든 실수 x에 대하여
> $f(x+1)=f(x)+a^2$이다.

함수 $f(x)$가 실수 전체의 집합에서 연속일 때, 곡선 $y=f(x)$와 x축 및 직선 $x=3$으로 둘러싸인 부분의 넓이를 구하시오. [4점]

29 수열 $\{a_n\}$이 모든 자연수 n에 대하여

$$\sum_{k=1}^{n} a_k = n^2 + cn \, (c는 \text{ 자연수})$$

를 만족시킨다. 수열 $\{a_n\}$의 각 항 중에서 3의 배수가 아닌 수를 작은 것부터 크기순으로 모두 나열하여 얻은 수열을 $\{b_n\}$이라 하자. $b_{20} = 199$가 되도록 하는 모든 c의 값의 합을 구하시오. [4점]

30 양수 a에 대하여 함수 $f(x)$는

$$f(x) = \begin{cases} x(x+a)^2 & (x < 0) \\ x(x-a)^2 & (x \geq 0) \end{cases} \text{이다.}$$

실수 t에 대하여 곡선 $y = f(x)$와 직선 $y = 4x + t$의 서로 다른 교점의 개수를 $g(t)$라 할 때, $g(t)$가 다음 조건을 만족시킨다.

> (가) 함수 $g(t)$의 최댓값은 5이다.
> (나) 함수 $g(t)$가 $t = \alpha$에서 불연속인 α의 개수는 2이다.

$f'(0)$의 값을 구하시오. [4점]

2026

사관학교
 7개년 국어·영어·수학

제1교시 국어영역(공통)

▶정답 및 해설 652p

[01~03] 다음은 수업 중 학생의 발표이다. 물음에 답하시오.

저는 여름 방학 동안 여러 미술관을 방문하고 왔는데요, 인상적인 작품이 있어서 여러분께 소개하고 싶습니다. 제가 좋아하는 작품 순서대로 보여 드리겠습니다.

여러분, (화면 1을 가리키며) 이 작품을 아세요? (청중의 대답을 듣고) 맞아요. 우리가 지난번 미술 시간에 배웠던 칸딘스키 작품이지요. 칸딘스키는 대상의 구체적인 형상에 내재한 본질을 드러내려고 하였습니다.

즉 칸딘스키는 실재하는 대상의 구체적인 형상을 화폭에 재현하지 않았습니다. 대신에 그는 단순한 선과 면, 그리고 색의 덩어리로 작품을 만들었습니다. 대상을 재현하는 것이 아니라 추상적으로 표현하였다는 점에서 저는 칸딘스키의 그림이 음악을 닮았다는 생각을 했습니다.

(화면 2를 가리키며) 이 사진 속 작품은 철을 소재로 회전하는 모양의 타원을 표현한 리처드 세라의 설치 작품입니다. 우리가 미술관이나 전시회에 가보면 예술 작품을 그저 바라만 보잖아요. 그런데 이 작품에서는 다른 작품에서와 달리 작품을 관람하는 관람자의 위치에 따라 작품의 의미가 달라지는 것을 경험할 수 있습니다. 저도 이 사진 속 사람들처럼 작품 안에 들어가서 작품을 만져 보기도 하고, 다양한 위치에서 바라보았습니다. 이는 세라의 창작 의도와 관련이 있습니다. 세라는 작품의 완성은 관람자의 참여에 의해 이루어진다고 생각했습니다. 그래서 세라는 이 작품을 창작할 때 작품에 참여하는 관람자의 위치나 시선과 같은 요소를 고려하였습니다.

마지막은 드립 페인팅 기법을 활용한 잭슨 폴록의 작품입니다. (화면 3을 가리키며) 그는 커다란 천을 바닥에 깔고 공업용 페인트를 흩뿌려 이 작품을 만든 것으로 알려져 있습니다. 심지어 구멍 낸 물감통을 흔들거나, 주사기로 물감을 쏘는 방식을 사용하여 선과 색의 구별마저 없애 버렸습니다. 폴록은 즉흥적이고 순간적인 생각과 감정을 우연적인 방식으로 작품에 담으려고 했기 때문입니다. 더욱이 그의 작업 과정이 사진으로 기록됨으로써 작품을 창작하는예술가의 작업 과정까지도 예술이 될 수 있다고 평가를 받고 있습니다.

그런데 지금까지 소개한 세 작품을 (화면 4를 가리키며) 이렇게 정리해 볼 수도 있습니다. 세라의 작품을 칸딘스키와 폴록의 작품과 구분하여 제시한 이유가 무엇일까요? 힌트를 드릴까요? 제가 앞에서 설명한 내용 중에서 관람자에 대한 세라의 생각을 떠올리시면 좀 더 쉽게 답을 찾을 수 있습니다. 여러분, 재미있으셨나요? 저도 이번 발표를 준비하면서 즐거웠습니다. 그리고 준비 과정에서 작품에 참여하는 관람자의 역할이 시대에 따라 변화한다는 것에 흥미를 느끼게 되었습니다. 그래서 앞으로 기회가 되면 '작품과 관람자'란 주제로 발표해 보려 합니다. 이만 발표를 마치겠습니다.

01 학생의 말하기 방식으로 가장 적절한 것은?

① 반언어적 표현을 반복적으로 활용하여 주요 내용을 강조하고 있다.

② 청중을 칭찬하는 말로 발표를 시작하며 청중과의 유대감을 쌓고 있다.

③ 전문가의 말을 직접 인용하며 발표 내용에 대한 신뢰도를 높이고 있다.

④ 공유하는 경험을 환기하여 발표 내용에 대한 청중의 관심을 끌고 있다.

⑤ 발표 내용을 요약한 후 청중의 이해 정도를 확인하며 마무리하고 있다.

02 〈보기〉는 위 발표에서 사용했던 매체 자료이다. 이 시각 자료를 보며 발표를 들은 학생이 보인 반응으로 가장 적절한 것은? [3점]

〈보기〉

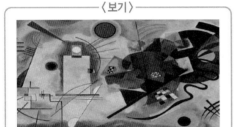

화면 1

화면 2

화면 3

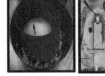

화면 4

① 작품의 규모에 따라 화면 1, 2, 3을 보여준 후, 작품에 사용된 표현 기법이 대비되도록 화면 4를 준비했군.

② 발표자에게 인상적이었던 순서로 화면 1, 2, 3을 보여준 후, 작품의 소재가 대비되도록 화면 4를 준비했군.

③ 발표자가 관람한 시간적 순서로 화면 1, 2, 3을 보여준 후, 예술가의 활동 시대가 대비되도록 화면 4를 준비했군.

④ 작품의 인기 순으로 화면 1, 2, 3을 보여준 후, 각각의 예술가에 대한 당대의 평가가 대비되도록 화면 4를 준비했군.

⑤ 발표자의 선호도에 따라 화면 1, 2, 3을 보여준 후, 관람자의 참여에 대한 작가의 고려 여부가 대비되도록 화면 4를 준비했군.

03 〈보기〉는 위 발표를 들으며 떠올린 생각들이다. 〈보기〉에 대한 설명으로 적절하지 <u>않은</u> 것은?

〈보기〉

• 칸딘스키 그림이 음악을 닮았다고 했는데, 구체적인 예를 들어 설명했으면 좋았을 것 같아.

• 칸딘스키에 대해 궁금해졌어. 발표자가 칸딘스키에 대해 참고한 자료는 무엇인지 알아봐야겠어.

• 세라의 작품이 타원을 표현한 것이라는데, '수학과 예술'에 관한 과제 발표에 활용해야겠어.

• 폴록을 인터넷에서 검색하면 작품보다 작업하는 그의 모습을 찍은 사진이 더 많이 보여 이상하게 생각했는데, 발표 내용을 듣고 나니 그 이유를 알겠어.

• 나도 발표를 듣고 작품과 관람자의 관계에 대해 궁금해졌어. 다음 발표도 기대되는군.

① 발표자의 언어 예절에 대해 평가하며 들었다.
② 발표자가 계획한 발표 주제에 대해 긍정적으로 생각하며 들었다.
③ 발표 내용을 통해 자신이 과거에 가졌던 의문을 해결하며 들었다.
④ 발표 내용에서 추가 설명이 필요한 부분은 없는지 점검하며 들었다.
⑤ 발표 내용과 관련된 것을 자신의 과제 해결에 활용할 생각을 하며 들었다.

[04~07] (가)는 학교에 게시할 안내문을 작성하기 위한 학생회 학생들의 회의이고, (나)는 이를 바탕으로 작성한 글의 초고이다. 물음에 답하시오.

(가)

학생 1 : 잘 알다시피, 학교에서 학생들이 모둠별 활동이나 발표 준비를 할 수 있도록 올해부터 모둠 학습실을 만들어 우리 학생회가 운영하고 있잖아. 그런데 모둠 학습실을 이용하는 데 문제점들이 꽤 많은 것 같아. 이 점에 대해 의견들을 말해 보면 좋겠어.

학생 2 : 모둠 학습실은 모둠별 활동과 발표를 준비할 수 있어서 인기가 많아. 그런데 방이 세 개밖에 없어서 사용 중인 팀이 있으면 그 팀이 나올 때까지 기다려야 돼. 지난주에 수행평가 모둠별 활동 때문에 나도 여러 번 갔는데 먼저 사용 중인 팀들이 나오지 않아서 한 번밖에 사용을 못 했어.

학생 3 : 아마 사용 시간에 제한이 없기 때문에 그런 것 같아. 그래서 생각해 봤는데 모둠 학습실을 한 번 이용할 때 사용할 수 있는 시간을 정해놓으면 좋겠어. 2시간 정도로 제한하여 예약제로 운영하면 어떨까?

학생 1 : 좋은 생각이야. 그리고 체계적으로 시간을 관리하기 위해서는 운영 시스템이 필요해. 학교 홈페이지를 통해 학생회 총무부가 한 달 전부터 예약을 받고 정해진 시간만 이용하도록 하면 좋겠어.

학생 3 : 그래. 너희들은 다른 문제는 없니? 난 지난번에 가 봤더니 빔 프로젝터가 작동하지 않더라. 자기 물건이 아니라고 함부로 쓰는 친구들이 있는 것 같아. 모둠 학습실을 이용할 때 책임을 맡을 사람을 정하면 좋겠어. 예약제를 하기로 했으니까, 학교 홈페이지에 예약하는 사람이 고장난 기자재를 홈페이지를 통해 학생회에 알리도록 하면 어떨까?

[A]

학생 1 : 좋은 생각이야. 그리고 내가 이용했을 때는 음식물 냄새가 심하게 나서 불쾌했는데, 너희들은 어땠니?

학생 2 : 내가 모둠 학습실을 사용할 때는 괜찮았는데, 지난주에 이용한 우리 반 친구는 모둠 학습실이 지저분하게 어질러져 있다는 말을 했어. 청소도 문제인 것 같아.

학생 1 : 맞아. ㉠ 음식물로 모둠 학습실이 지저분해지니까, 물을 제외한 음식물 반입을 못하도록 하는 게 어떨까?

학생 3 : 좋아. 이제 학생들에게 공지할 안내문을 써야할 텐데, 어떤 내용이 들어가면 좋을까? 그동안의 이용 상황에 대해서 언급해야 할 것 같아. 도저히 지금 상태로는 모둠 학습실이 원활하게 운영되기 어렵기 때문에 규칙을 만들게 되었다는 것을 알려야 할 것 같아.

학생 2 : 그전에 모둠 학습실이 만들어진 배경과 과정에 대해서 먼저 언급하는 게 좋지 않을까? 많은 학생들의 요구가 있었고, 어렵게 만들어진 장소라는 사실을 알려야 할 것 같아.

학생 1 : 지금 나온 의견을 바탕으로 먼저 모둠 학습실을 만들게 된 배경과 과정을 언급하고, 학생들이 모둠 학습실 이용에 불편을 겪고 있는 상황을 이야기하자. 그 다음에 원활한 운영을 위해서 규칙을 만들었다고 하면 더 좋을 것 같아. 그리고 마지막에 규칙을 안내하면 될 것 같아.

학생 2 : 좋아. 근데 ⓒ <u>모둠 학습실 청소를 맡은 도서반 친구들이 힘드니, 모둠 학습실을 이용하는 팀이 청소를 하면 어떨까?</u> 제대로 이용하지 않는 사람들 때문에 같은 학교 친구들이 고생하고 있잖아. 그 문제와 대책도 알릴 필요가 있다고 생각해.

학생 3 : 맞아. 모둠 학습실 운영 규칙에 대한 제안을 더 받는 건 어때? 다른 학생들이 느끼는 불편함을 우리가 듣고 규칙을 만들어 나갈 예정이라고 하면 더 설득력이 있을 것 같아.

┌ 학생 1 : 좋은 생각이야. 마지막에는 학생들에게 동참을 권유하는 어투를 사용하면 더 좋겠어. 글이 다소 딱딱하게 느껴질 수 있으니까 비유적인 표현을 활용하자.

[B] 학생 2 : 지금까지의 모습이 좋지 않았으니까 대조의 방식을 활용하는 것도 좋을 것 같아.

└ 학생 1 : 그래. 그러면 내일부터 글을 같이 써 보자.

(나)

학생 여러분, 안녕하세요. ○○고 학생회입니다. 자유로운 분위기에서 모둠별 활동을 하거나, 발표 준비를 할 수 있는 모둠 학습실에 대한 학생 여러분의 요구가 그동안 많았습니다. 그래서 저희 학생회는 여러분의 요구에 따라 도서관 담당 선생님과 간담회를 진행하였고, 그 결과 2층 도서실 옆에 노트북 컴퓨터와 빔프로젝터를 이용할 수 있는 3개의 모둠 학습실이 생겼습니다.

모둠 학습실은 많은 학생들의 호응을 받았지만 한 학기가 지난 지금, 그 모습은 처음과 많이 다릅니다. 일부 학생들이 모둠 학습실을 독점하는 경우가 많이 보입니다. 또한 모둠 학습실의 기자재를 망가뜨리거나 분실하고, 모둠 학습실을 이용한 후에 청소를 제대로 하지 않고 나가는 등의 일이 자주 발생하여 많은 학생들이 이용에 불편을 겪고 있습니다. 청소를 맡은 도서반 친구들도 매우 힘들어하고 있습니다. 이에 따라 저희 학생회에서는 모둠 학습실의 운영 규칙을 마련하였으니 협조해주시기 바랍니다.

먼저 여러 학생들에게 이용의 기회가 돌아갈 수 있도록 모둠 학습실은 예약제를 실시할 것입니다. 1회에 최대 2시간 동안 이용이 가능하며, 다른 학생들의 예약이 없는 경우에는 연장이 가능합니다. 이용 시간을 준수해주시고, 이용 후에는 청소를 잘 해주시기 바랍니다. 그리고 모둠 학습실 내부에서는 물 이외의 음식물은 허용하지 않겠습니다. 바닥이 천 재질로 되어 있어서 음료를 흘릴 경우에 냄새가 나고 얼룩이 생기기 때문입니다. 이 외에도 학생 여러분이 필요한 규칙이 있다고 생각하면 언제든 저희에게 이야기해주세요. 여러분과 함께 쾌적한 모둠 학습실을 만들어 나가고 싶습니다.

[ⓐ   ]

04 [A]에 대한 이해로 적절하지 <u>않은</u> 것은?

① 학생 2는 모둠 학습실 이용의 문제점에 대해 자신의 경험을 활용하여 말하고 있군.

② 학생 3은 모둠 학습실 이용의 문제점에 대한 원인과 대책을 말하고 있군.

③ 학생 1은 학생 3이 제안한 내용을 실행할 주체와 방안을 구체적으로 제시하고 있군.

④ 학생 3은 학생 1이 언급한 학교 홈페이지를 활용하여 기자재 관리 문제에 대한 해결책을 제시하고 있군.

⑤ 학생 2는 모둠 학습실 청소에 대한 자신의 견해의 근거로 학생 1의 말을 제시하고 있군.

④ 학생들이 모둠 학습실 이용에 불편을 겪고 있다는 내용을 담는다.

⑤ 학생들로 인해 모둠 학습실의 기자재가 망가진 경우도 있음을 알린다.

05 (가)의 담화 흐름을 고려할 때, ㉠과 ㉡의 공통점으로 가장 적절한 것은?

① 상대방 의견에 부분적으로 동의한 뒤, 이의를 제기하고 있다.

② 문제 상황을 언급한 뒤 그에 대한 해결 방안을 제시하고 있다.

③ 물음의 형식을 사용하여, 상대방의 의견에 대한 자신의 동의를 드러내고 있다.

④ 상대방이 제시한 의견의 문제를 지적하며, 상대방에게 해결 방법을 제안하고 있다.

⑤ 상대방에게 되묻는 방식으로 상대방의 생각에 대한 자신의 이해가 정확한지를 확인하고 있다.

06 (가)를 바탕으로 (나)를 작성했다고 할 때, (나)에 반영된 내용으로 적절하지 **않은** 것은?

① 모둠 학습실에 음식물 반입을 제한하는 이유를 언급한다.

② 모둠 학습실을 만들게 된 배경과 과정에 대해서 설명한다.

③ 모둠 학습실이 실제로 운영되고 있는 시간에 대해서 소개한다.

07 [B]를 고려할 때, ⓐ에 들어갈 내용으로 가장 적절한 것은?

① 학교 기자재는 우리가 사랑하는 학교의 소중한 자산입니다. 학교 기자재는 여러분의 꿈을 키워주는 소중한 자산입니다. 다함께 모둠 학습실을 학교의 보물처럼 아껴주도록 해요.

② 자기만을 생각하는 차가운 모둠 학습실, 친구를 배려하는 따뜻한 모둠 학습실, 여러분은 어떤 선택을 하겠습니까? 우리 함께 호텔 같은 모둠 학습실을 만들어 나갑시다.

③ 시끄러운 모둠 학습실이 좋은가요? 조용한 모둠 학습실이 좋은가요? 여러분과 함께 모두가 만족할 수 있는 모둠 학습실을 만들어 나가고 싶습니다.

④ 지저분하게 어질러진 모둠 학습실을 원하십니까? 쾌적하게 정리된 모둠 학습실을 원하십니까? 모둠 학습실에서 행복한 학교생활을 시작합시다.

⑤ 아름다운 사람은 머문 자리도 아름답습니다. 우리 모두 깨끗한 모둠 학습실로 공부하고 싶은 학교를 만듭시다.

[08～10] 다음 글을 읽고 물음에 답하시오.

〈교지 편집부의 요청 내용〉

학생들을 대상으로 자전거를 안전하게 타도록 설득하는 글을 써 주세요.

〈글을 쓰기 전에 떠올린 생각〉

• 자전거 등하교로 인한 사고가 늘어나고 있음을 언급하며 글을 시작해야겠어. ⋯⋯⋯⋯⋯ ㉠
• 자전거에 대한 안전 의식의 미흡함을 언급해야 겠어. ⋯⋯⋯⋯⋯⋯⋯⋯⋯⋯⋯⋯⋯⋯⋯ ㉡
• 자전거 안전장치에는 어떤 것들이 있는지 알려 줘야겠어. ⋯⋯⋯⋯⋯⋯⋯⋯⋯⋯⋯⋯⋯ ㉢
• 자전거를 운전하기 전에 안전모를 정확하게 착용하는 방법을 알려줘야겠어. ⋯⋯⋯⋯⋯ ㉣
• 자전거로 도로를 안전하게 주행하는 방법을 소개해야겠어. ⋯⋯⋯⋯⋯⋯⋯⋯⋯⋯⋯⋯ ㉤

〈초고〉

지난 1년 동안 우리 학교에서 자전거를 이용해 통학하는 학생들이 눈에 띄게 늘어났다. 이에 따라 자전거로 등하교하던 학생이 사고를 당하거나, 사고를 일으키는 경우가 많아져 이를 우려하는 사람들이 늘어나고 있다.

요즘 학생들은 자전거에 대한 안전 의식이 매우 부족하다. 자전거로 등하교를 하는 학생들이 자전거 안전수칙을 잘 모르거나, 알더라도 잘 지키지 않고 있다. 안전한 자전거 이용 방법을 알리기 위해 정부는 최근에 자전거 안전 수칙을 제시했다. 첫째, 자전거에 안전장치를 장착해야 한다. 자전거에 장착할 안전장치로는 전조등과 후미등, 반사 장치 등이 있다. 둘째, 안전모를 착용해야 한다. 이두 가지는 법적 의무 사항이기 때문에 자전거를 타는 학생들은 반드시 이를 지켜야 한다. 셋째, 자전거 운행 시 휴대전화나 이어폰을 사용하지 말아야 한다. 왜냐하면 자전거를 타는 사람의 주의력과 반응 속도를 떨어뜨리기 때문이다.

지금까지 설명한 자전거 안전 수칙 외에도 자전거로 도로를 안전하게 주행하는 방법에 대해서도 알 필요가 있다. 자전거는 도로교통법 상 '차'에 해당하기 때문에 자전거 도로가 있으면 자전거 도로를 이용하고 그렇지 않은 곳에서는 차도를 이용해야 한다. 또한 횡단보도를 건널 때에는 반드시 자전거에서 내려, 자전거를 끌고 걸어가야 한다. 자전거를 타고 횡단보도를 건널 경우, '횡단보도 보행자 횡단방해' 등의 범칙행위에 해당하여 범칙금이 부과될 수 있다.

도로교통법을 철저히 지키는 일은 번거로운 일이다. 하지만 안전은 원래 불편하고 번거로운 일이다. 그것은 자전거를 탈 때도, 자동차를 탈 때도 마찬가지이다. 자동차를 탈 때 안전띠를 매듯이 자전거를 탈 때에는 안전모를 쓰는 습관이 필요하다.

---

08 ㉠~㉤ 중 초고에 반영되지 **않은** 것은?

① ㉠   ② ㉡
③ ㉢   ④ ㉣
⑤ ㉤

09 〈보기〉의 자료를 활용하여 초고를 수정·보완하고자 할 때, 활용 방안으로 적절하지 **않은** 것은?

─── 〈보기〉 ───

(가) 자전거 안전 수칙에 대한 설문 내용 및 결과(대상 : 학생)

1. 다음 중 가장 위험하다고 생각되는 행동은?	응답
자전거 운행 중 휴대전화 사용	40%
야간 운행 중 전조등, 후미등 미장착	24%
자전거 음주 운전	18%
자전거 권장 속도위반	10%
자전거 운행 시 안전모 미착용	8%
합계	100%

2.

자전거 안전 수칙을 지키지 않는 이유는?	응답
안전 수칙을 몰라서	45%
안전 수칙을 지키는 것이 불편해서	30%
안전 수칙을 지키는 데 필요한 비용 때문에	18%
기타	7%
합계	100%
합계	100%

(나) 관련 기사

○○경찰청에 따르면 최근 3년 동안 일어난 자전거 사고 중 71.7%는 안전 수칙 불이행으로 인한 사고였다. 특히 안전모를 쓰지 않아 사망에 이르는 경우가 많았다. 차도에서 발생하는 자전거 사고도 많았는데, 자전거로 차도를 이용할 때에는 도로의 가장 우측 차로의 오른쪽 절반에서 타야하며, 두 대가 양옆으로 나란히 주행하는 것은 불법이다.

(다) 교통안전 전문가 인터뷰

차량이 야간에 운행을 하면 가시거리가 주간 운행에 비해 현격하게 줄어듭니다. 이로 인해 야간에 발생하는 차량과 자전거와의 사고는 낮에 일어나는 사고보다 치사율이 무려 3배나 높습니다. 후미등을 켜 놓더라도 더 밝은 자동차 불빛이 비추면 자전거가 안 보일 수 있기 때문에 안전을 위해서는 반사 스프레이를 자전거나 옷에 뿌려야 합니다.

① '(가)-1'을 활용해 자전거 안전 수칙에 음주운전 금지와 권장 속도 지키기를 추가해야겠어.

② '(가)-2'를 활용해 학생들에게 자전거 안전 의식이 부족한 이유를 설명해야겠어.

③ (다)를 활용해 자전거를 야간에 운행할 때 주의를 더 기울여야 한다는 내용을 덧붙여야겠어.

④ (나)와 (다)를 활용해 차량과 자전거와의 사고를 예방하는 데 후미등이 중요한 역할을 한다는 것을 부각해야겠어.

⑤ '(가)-1'과 (나)를 활용해 자전거 사고로 인한 피해를 최소화하기 위해서는 안전모 착용이 중요하므로 학생들이 이를 알아야 한다는 점을 강조해야겠어.

10 〈보기〉는 초고를 읽은 편집부의 검토 의견과 이에 따라 학생이 고쳐 쓴 글이다. ⓐ에 들어갈 내용으로 가장 적절한 것은? [3점]

〈보기〉

[편집부의 검토 의견]

초고 잘 읽었습니다. (ⓐ   ) 내용으로 마지막 문단을 고쳐 주시면 좋겠습니다.

[고쳐 쓴 글]

자전거를 안전하게 타는 방법을 정리하면 다음과 같다. 안전모 착용, 안전장치 장착, 휴대전화나 이어폰 사용 금지, 도로교통법 준수 등이다. 자전거를 탈 때에 안전모를 쓰는 습관과, 횡단보도를 건널 때에 자전거에서 내려 걸어가는 습관 등이 필요하다. 이제 모두 자전거의 안전 수칙을 실천해야 할 때이다.

① 글의 내용을 요약하고 자전거를 안전하게 타기 위한 실천을 촉구하는

② 글의 목적을 밝히며 자전거의 안전장치에 대한 인식 전환을 강조하는

③ 전달하려는 내용을 강조하기 위해서 자전거 정비의 필요성을 부각하는

④ 예상 독자를 고려하여 자전거 안전사고에 대한 정부의 대책 마련을 제안하는

⑤ 글의 흐름을 고려하여 도로에서 자전거를 탈 때의 안전 속도 준수를 제시하는

11 〈보기1〉을 참고할 때, 〈보기2〉에 대한 이해로 적절하지 않은 것은?

——〈보기1〉——

음운 현상은 바뀌게 되는 음운, 바뀌어 나온 음운, 일어나는 조건이라는 세 가지 구성 요소로 이루어진다. 음운 현상은 음운 수의 변화, 조음 위치나 조음 방법의 변화에 따라 세분화하여 살펴볼 수 있고, 어떤 음운 현상 외에 또 다른 음운 현상이 더 적용될 수도 있다.

——〈보기2〉——

'닭+만 → [당만]', '잎+만 → [임만]', '웃+는 → [운 : 는]', '닦+는 → [당는]'은 비음화의 세 가지 구성 요소를 명확히 보여 준다. 또한 비음화 외에 또 다른 음운 현상이 더 적용된다.

① 비음화가 일어나는 조건은 'ㅁ, ㄴ 앞'이다.

② 비음화에 의해 바뀌게 되는 음운은 'ㅂ, ㄷ, ㄱ'이다.

③ 비음화는 조음 방법은 달라지지만 조음 위치는 달라지지 않는 음운 현상이다.

④ '닭+만 → [당만]'의 경우 비음화에 의해 음운의 수가 줄어든 예로 볼 수 있다.

⑤ '국+물 → [궁물]'의 경우 안울림소리가 'ㅇ'으로 바뀌므로 비음화의 예로 추가할 수 있다.

12 〈보기〉의 ㉠, ㉡을 이해한 내용으로 적절한 것은?

——〈보기〉——

㉠ 그녀는 여름 방학이 어서 오기를 기다린다.
㉡ 해군 부대는 함정이 한참 부족했으나 용맹한 자세로 전투에 나섰다.

① ㉠에는 부사어가 있지만 ㉡에는 부사어가 없다.

② ㉠은 명사절을 안고 있지만 ㉡은 인용절을 안고 있다.

③ ㉠은 종속적으로 이어진 문장이지만 ㉡은 대등하게 이어진 문장이다.

④ ㉠에는 주어가 생략된 안긴절이 있지만 ㉡에는 목적어가 생략된 안긴절이 있다.

⑤ ㉠에는 목적어 역할을 하는 안긴절이 있지만 ㉡에는 서술어 역할을 하는 안긴절이 있다.

13 〈보기〉는 사전 자료의 일부이다. 이에 대한 이해로 적절하지 않은 것은?

——〈보기〉——

실리다¹
「동사」
【…에】
「1」옮겨지기 위하여 탈 것, 수레, 비행기, 짐승 등 따위에 올려지다. '싣다'의 피동사.
⑩ 다음 날 밤 그는 포승을 찬 채 지프차에 실리어 갔다.
「2」사람이 어떤 곳을 가기 위하여 차, 배, 비행기 따위의 탈 것에 오르게 되다. '싣다'의 피동사.
「3」글, 그림, 사진 따위가 책이나 신문 따위의 출판물에 나오게 되다. '싣다'의 피동사.

⑩ 신문에 우리 학교에 관한 기사가 실렸다.
「4」기운이 무엇에 품기거나 띠게 되다. '싣다'
의 피동사.

실리다²
「동사」
【…에 …을】
물체나 사람을 옮기기 위하여 탈 것, 수레, 비
행기, 짐승의 등 따위에 올리다. '싣다'의 사
동사.
⑩ 구급차에 환자를 실려 보내다.

① '실리다¹'「1」의 능동사인 '싣다'는 주어 외에도
목적어와 부사어가 필수적으로 요구된다.
② '실리다¹'「4」의 용례로 '눈에 겁이 잔뜩 실려
있다.'를 제시할 수 있다.
③ '실리다²'에서 제시된 용례를 주동문으로 만
들려면 부사어를 주어로 바꿔야 한다.
④ '실리다¹'과 '실리다²'는 서로 동일한 품사이
면서 동음이의어 관계이다.
⑤ '실리다¹'과 '실리다²'는 서술어가 필수적으로
요구하는 문장 성분의 개수가 서로 다르다.

[14~15] 다음 글을 읽고 물음에 답하시오.

의미 자질은 단어의 의미를 구성하는 최소 성분
을 말한다. 의미 자질을 표시할 때는 여러 기준을
설정하고, [+기준] 또는 [-기준]과 같은 형식으로
한다. 예컨대 '소녀', '소년', '할머니', '할아버지'라는
단어의 의미 자질을 표시하면 다음과 같을 것이다.

소녀 : [-남성], [-어른], [+인간]
소년 : [+남성], [-어른], [+인간]
할머니 : [-남성], [+어른], [+인간]

할아버지 : [+남성], [+어른], [+인간]

그런데 위 단어들의 공통된 의미 자질, 즉 [+인
간]을 표시하고 나면 [+포유류], [+동물] 등의 의
미 자질은 표시할 필요가 없다. 왜냐하면 이 두 가
지 의미 자질은 [+인간]에 다 포함되어 있기 때문
이다. 이때 [+포유류], [+동물] 등을 [+인간]의 잉
여자질이라 한다.
단어의 의미 자질은 상위어일수록 그 수가 적
다. 예컨대 '사람', '남자', '소년'의 의미 자질은 다음과
같이 표시할 수 있다.

사람 : [+인간]
남자 : [+인간], [+남성]
소년 : [+인간], [+남성], [-어른]

한편, 단어의 의미는 변한다. 이는 곧 의미 자질
이 변한다는 것과 같은 말이다. 예컨대 15~17세기
에 나타나는 '마노라'라는 단어는 자기보다 지위가
높은 남녀 모두를 가리키는 데 사용됐다. 그러다가
18세기에 이르면 '마노라'는 자기보다 지위가 높은
여자만을 가리키게 된다. 19세기에는 '마노라' 외에
도 '마누라'라는 단어가 나타나는데, 이 둘은 서로
다른 의미로 쓰였다. '마노라'의 의미에는 변화가
없었으나, '마누라'는 '아내'라는 뜻으로 사용된 것
이다. 오늘날에는 '마노라'라는 단어는 사라지고 '마
누라'라는 단어만 남았다. '마누라'는 '중년이 넘은
아내'를 부를 때 외에 '중년이 넘은 여자'를 낮춰 부
를 때도 사용된다.

14 윗글을 바탕으로 단어의 의미 자질을 분석한
내용으로 적절하지 <u>않은</u> 것은?

① '총각'과 '처녀'의 공통된 의미 자질에는 [-
결혼]이 있다.
② '과일'의 의미 자질의 수는 '포도'의 의미 자
질의 수보다 적다.
③ '바다'와 '강'의 의미 자질 중의 하나는 [+물]
로 표시할 수 있다.

④ '수탉'이 [+동물]의 의미 자질을 갖고 있다
면 [+닭]은 잉여 자질이라고 할 수 있다.

⑤ '낮'이 [+밝음]의 의미 자질을 갖고 있다면
'밤'은 [−밝음]이라는 의미 자질을 갖고 있다.

15 윗글에 대한 이해로 적절하지 <u>않은</u> 것은? [3점]

① 15세기의 '마노라'와 달리 18세기의 '마노라'
는 [+여자]라는 의미 자질을 갖고 있다.

② 15세기의 '마노라'와 현대의 '마누라' 모두
[+사람]이라는 공통적인 의미 자질을 갖고
있다.

③ 18세기의 '마노라'와 19세기의 '마누라' 모두
[+여자]라는 의미 자질을 갖고 있다.

④ 19세기부터 [+가족]이라는 의미 자질을 갖
는 '마누라'라는 단어가 나타났다.

⑤ 19세기의 '마누라'와 현대의 '마누라' 모두
[−아내]라는 의미 자질을 갖고 있다.

[16~18] 다음 글을 읽고 물음에 답하시오.

(가)
대바람 소리
들리더니
소소한 대바람 소리
창을 흔들더니

소설(小雪) 지낸 하늘을
눈 머금은 구름이 가고 오는지
미닫이에 가끔
그늘이 진다.

국화 향기 흔들리는
좁은 서실(書室)을
무료히 거닐다
앉았다, 누웠다
잠들다 깨어 보면
그저 그런 날을

눈에 들어오는
병풍의 '낙지론(樂志論)'을
읽어도 보고……

그렇다!
아무리 쪼들리고
웅숭거릴지언정
— '어찌 제왕의 문에 듦을 부러워하랴'

대바람 타고
들려오는
머언 거문고 소리……

– 신석정, 「대바람 소리」 –

(나)
나도 봄산에서는
나를 버릴 수 있으리
솔이파리들이 가만히 이 세상에 내리고
상수리나무 묵은 잎은 저만큼 지네
봄이 오는 이 숲에서는
지난날들을 가만히 내려놓아도 좋으리
그러면 지나온 날들처럼
남은 생도 벅차리
봄이 오는 이 솔숲에서
무엇을 내 손에 쥐고
무엇을 내 마음 가장자리에 잡아두리
솔숲 끝으로 해맑은 햇살이 찾아오고
박새들은 솔가지에서 솔가지로 가벼이 내리네
삶의 근심과 고단함에서 돌아와 거니는 숲이여 거
기 이는 바람이여
찬 서리 내린 실가지 끝에서
눈뜨리

눈을 뜨리
그대는 저 수많은 새 잎사귀들처럼 푸르른 눈을 뜨리
그대 생의 이 고요한 솔숲에서

- 김용택, 「그대 생의 솔숲에서」 -

16 (가), (나)의 공통점으로 가장 적절한 것은?

① 계절적 이미지를 통해 시적 상황을 형상화
하고 있다.

② 화자의 공간 이동에 따른 정서 변화를 나타
내고 있다.

③ 수미상관의 방식을 통해 구조적 안정감을
형성하고 있다.

④ 대상에게 말을 건네는 방식을 통해 친밀감
을 높이고 있다.

⑤ 영탄적 어조를 사용하여 자연물에 대한 경
외감을 드러내고 있다.

17 〈보기〉를 바탕으로 (가)를 이해한 내용으로 적
절하지 **않은** 것은? [3점]

〈보기〉

신석정은 지조를 지키는 삶을 중시했던 작
가이다. 이 작품에서 화자는 무료한 일상을
보내고 있다가 문득 깨달음을 얻어 지조를 지
키며 살아가려는 다짐을 보이고 있다. 이 작
품에 인용된 낙지론의 말미에는 '豈羨夫人帝
王之門哉(어찌 제왕의 문으로 들어가는 것을
부러워하겠는가)'라는 부분이 있다. 이를 통
해 화자는 세속적 부귀영화에 대한 미련을 버
리고 가난하지만 지조를 지키겠다는 태도를
드러내고 있다. 이러한 화자의 태도는 감각적
이미지를 통해 잘 형상화되고 있다.

① '좁은 서실'은 무료한 일상의 공간이자 깨달
음을 얻게 되는 공간이다.

② '그렇다!'라는 독백은 화자가 지향하는 삶에
대한 다짐으로 이어지고 있다.

③ '쪼들리고 / 웅숭거릴지언정'은 화자가 벗어
나려는 가난을 감각적으로 표현한 것이다.

④ '제왕의 문'은 화자가 부정하는 세속의 부귀
영화를 의미한다.

⑤ '대바람 타고 / 들려오는 / 거문고 소리'는
화자가 지향하는 삶을 환기하는 청각적 이
미지이다.

18 (나)에 대한 감상으로 적절하지 **않은** 것은?

① '봄산'은 '솔이파리'와 '상수리나무 묵은 잎'
처럼 '나'를 버릴 수 있는 공간이겠군.

② '삶의 근심과 고단함에서 돌아와'로 미루어
볼 때, 화자는 과거에 힘겨운 일을 겪었을
수 있겠군.

③ '거기 이는 바람'과 '찬 서리'는 '저 수 많은
새 잎사귀들'의 생명을 위협한다는 점에서
화자가 경계하는 대상이겠군.

④ '지나온 날들처럼 / 남은 생도 벅차리'에서
과거를 수용하면서 미래에 대한 기대감을
가지는 화자의 심리를 엿볼 수 있겠군.

⑤ '무엇을 내 마음 가장자리에 잡아' 둘 필요
가 없다는 것은 집착에서 벗어나려는 화자
의 태도를 드러낸다고 할 수 있겠군.

[19~21] 다음 글을 읽고 물음에 답하시오.

[앞부분 줄거리] 횡포를 일삼던 마름 집을 마을 사람들과 습격했다가 쫓기던 막동이는 다른 데로 피하라는 어머니의 설득으로 마을을 등진다. 얼마 후 잘 지내고 있다는 막동이의 편지를 받은 어머니는 다행이라 생각한다. 그런데 해방이 된 이듬해 어머니는 막동이가 형무소에 갇혔다는 편지를 받는다. 둘째 아들을 보내 사정을 알아보니 막동이는 국회의원에 입후보한 사람을 암살한 죄로 형무소에 갇힌 것이었다.

"뭔 일이란가, 뭔 일이여?"

그게 무슨 벼락 맞을 소리냐고, 우리 막동이는 그럴 아이가 아니라고, 그건 다른 사람이 뒤집어씌운 것일 거라고 펄펄 뛰어보는 것도 마냥 쓸데없는 일이었고, 이때부터 열흘 걸러 한 번씩 허우허우 보성으로 달려가서 기차를 타고, 광주 땅에 내리기가 바쁘게 동명동 형무소 면회 창구에 면회 신청을 하여, 두 손을 묶이어 나오는 푸르스름한 죄수복의 막동이, 그놈의 허옇고 부석부석한 얼굴을 보면서 쓰라린 마음을 달래곤 했었다. 그러면서 그놈에게 늙은 어머니는, 누가 너에게 그런 죄를 씌웠느냐고 울며불며 물어보곤 했지만, 그놈은 멀거니 이 어미의 얼굴을 건너다볼 뿐 입을 꼭 다물고만 있곤 할 뿐이었다. 그놈의 그런 태도로 미루어, 그놈의 심중에는 어느 누구한테도 말하지 못할 어떤 사정인가가 있기는 있는 모양이지만, 그걸 무슨 말로 어떻게 해서 비춰야 할 것인지, 알 수가 없는 것이었다.

늙은 어머니는 그 막동이를 그렇게 만들어놓은 게 모두 소갈머리 없는 자기 때문이라 하며 혀를 깨물고 칵 죽어야 한다고 생각해보지 않은 건 아니었지만, 마룻장 위에서 올골골 떨고 있는 그 막동이를 그대로 둔 채 눈을 감을 수란 도저히 없는 일이므로, 하루하루가 마냥 답답하고 기막히다 할지라도 이미 그놈한테 내리덮인 그 죄를 어떻게 벗겨 줄 길이란 없는 일이니, 이제 그놈이 벗어나오는 날까지 이렇게 면회를 가서 얼굴이라도 볼 수 있는 것만도 고맙게 여기면서, 부지런히 면회를 다니는 길밖에 없다 했다.

한데, 그 면회나 자주 다닐 수 있었으면 하련마

는 그놈이 집에 있을 때 품팔아 받아들인 쌀값으로 마련한 송아지를 도짓소로 준 것, 그것을 팔아 면회를 다니며 써버린 뒤로는 왔다 갔다 할 차비에 먹고 잘 돈, 면회 다니면서 그놈 먹고 마시게 할 돈…… 그걸 마련 못해 주겠다고 앙탈을 하는 자식들의 소행이 못내 섭섭하고 노여워, 늙은 어머니는 그 저수지 둑 밑에 주저앉아 다리를 죽 뻗고 통곡이라도 해버렸으면 시원할 것 같은 심사를 억누르고, 부지런히 활갯짓을 하면서 오른손에 든 지팡이를 옮겨 놓았다.

그때 복받치는 격정이 목구멍을 막아 쿨룩 기침을 했고, 그사이 들이마신 찬바람 때문에 그 기침은 연거푸 터져 나오기 시작하여, 늙은 어머니는 쪼그려 앉아 오그라져 들어가는 뱃가죽을 그러쥐고, 숨이 발딱 넘어가는 곰 고옭 소리를 내다가, 헛돌던 치차가 잘못되어 달각 지르륵 하고 걸려 돌아가는 것처럼 "으음"하고 목을 가다듬으며 일어섰다.

〈중략〉

이날 면회 신청은 물론 그 늙은 어머니가 제일 먼저 하였다. 접수를 하고 나자 늙은 어머니는 조급해졌다. 전에 하던 것으로 보아, 얼마 있지 않아 아들을 데려다 줄 것이라 생각하며 곧 밥집으로 달려갔다. 가는 도중에 우유 장수를 만났다. "아차, 잊을 뻔했구나" 하며 우유 두 병을 샀는데, 그게 제법 따끈한 게 다행이다 싶었다.

그걸 든 채로 밥집으로 가, 쇠고깃국 끓인 냄비를 한 손에 들고, 우유를 찹쌀떡 싼 보자기에 집어넣어 지팡이가 든 손에 끼어 들고 면회장 입구로 달려가 기다리는데, 또 왜 이날 아침에야말로 이리도 더디 데려다 주는 것인지 환장할 것 같았다.

ⓐ "국이 다 식어뿔구만, 어째서 아직 안 데리고 나온다냐?" 하고 투덜거리던 늙은 어머니는, 쇠고깃국과 우유가 식는 게 안타까워 여기저기를 두리번거리다가 재빨리 묘안을 하나 생각해냈다. 쇠고깃국을 대기소 안의 난로 위에 올려놓고, 우유는 치맛말을 들치고 젖가슴에다 꼭 끼워 묻었다.

늙은 어머니의 바로 다음 차례로 접수를 했던 부인들과 남정네들이 자기들 이름을 불러줄 것을 기다리며 서성거리고 있었다. 대기소에서 면회장으로 들어가는 입구를 지키는 교도관은 죄수들이 도착할 때마다 그 죄수 면회 온 사람 이름을 불러들이곤 했다.

ⓑ '아니, 어짠 일이란가?'

맨 먼저 접수를 시켰으니 응당 "이막동이 면회 온 분!" 하고 늙은 어머니의 이름을 더 먼저 불러들여야 할 일인데도, 이미 늙은 어머니보다 훨씬 늦게 접수한 사람들을 무려 여섯 사람이나 면회장 안으로 불러들이면서도, 그 늙은 어머니를 불러 넣어 주지는 않는 것이었다.

ⓒ '뭣 땀시 이란단가?'

혹시 그놈이 아파서 못 나오는 것은 아닌가, 아니 어디 다른 데로 보내버렸을까 하며 조급해진 늙은 어머니의 생각에, 꼭 열두 번째의 사람을 면회장 안으로 불러들였다고 느껴지는 순간 "이막동이 면회 온 분!"하는 소리가 들려, ⓓ "휘이, 이제야 데리고 나왔는가 보다" 하며 난로 위의 뜨거운 쇠고깃국 냄비를 뜨거운 것도 의식하지 못한 채 덥석 들어 안고 면회장 안으로 들어서려는데, 입구를 지키던 교도관이 "할머니!" 하고 늙은 어머니를 세우더니 손에 든 종이쪽지를 옆에 서 있는 다른 교도관에게 보이며 무슨 말인가를 속닥거렸다. 그러더니 눈살을 찌푸리며 쓴 입맛을 다시고 "이막동이가 아들이오?" 하고 물었다.

"예에."

가슴이 후들거리고 기침이 목구멍 너머에서 자꾸 근질거리며 튀어 나오려는 것을 이를 악물어 억누르는데, "이막동이 말고 아들 또 있고?" 하고 다시 물었다. 둘이나 있다고 하자 그 교도관은 옆에 있는 교도관하고 말을 주고받은 뒤 고개를 주억거리다가, "이막동이 어제 옮겨갔어요" 하는 것이었다.

무슨 뜻이냐고 묻자 교도관이 예쁘장하게 생긴 얼굴을 다시 한 번 일그러뜨리고, 문밖으로 멀리 갔다는 손짓을 곁들여 퉁명스러운 목소리로, "목포로 갔단 말이오, 어제. 빨리 그리로 가보시오" 했다.

늙은 어머니는 자기의 귀를 의심했다.

"목포로 옮겨라우?"

교도관은 고개를 깊이 주억거려주고, 잠시 동안 천장을 멀거니 쳐다보다가 다음 사람을 불렀다.

ⓔ "어따 어메, 어째사 쓸꼬!" 하고 허둥허둥 나서다가, 쿨룩 쿠울룩 터져 나오는 기침 때문에 창자를 그러쥐느라고 쪼그려 앉은 늙은 어머니의 품속에서 우유병 하나가 떨어져 하얗게 박살이 나고 있었다. 옆에 섰던 한 남자가 안되었다는 듯 끌끌 혀를 차는 것이, 그 늙은 어머니의 귀에 들어갔을 까닭이 없을 것이었다.

– 한승원, 「어머니」 –

19 윗글에 대한 설명으로 가장 적절한 것은?

① 작품 밖 서술자가 특정 인물의 시각에서 작중 상황을 서술하고 있다.

② 동시에 벌어진 사건을 병렬적으로 배치하여 이야기의 흐름을 지연하고 있다.

③ 이야기 속에 또 다른 이야기를 삽입하여 사건의 인과 관계를 추적하고 있다.

④ 서술자가 다양한 인물로 바뀌면서 인물 간의 갈등을 다각적으로 조명하고 있다.

⑤ 이야기 속 인물이 과거의 일을 고백하는 방식으로 인물의 내면을 서술하고 있다.

20 ⓐ~ⓔ에 대한 이해로 적절하지 않은 것은?

① ⓐ : 막동이를 어서 만나고 싶어 하는 조바심을 드러내고 있다.

② ⓑ : 막동이를 만날 수 없으리라는 절망감을 느끼고 있다.

③ ⓒ : 막동이를 볼 수 없을지도 모른다는 불안감을 느끼고 있다.

④ ⓓ : 막동이를 만나게 될 것에 대한 반가움을 드러내고 있다.

⑤ ⓔ : 막동이를 만나지 못한 상황에 대한 당혹감을 드러내고 있다.

21 〈보기〉를 참고하여 윗글을 감상한 내용으로 적절하지 <u>않은</u> 것은? [3점]

──────〈보기〉──────

이 작품은 해방 후 현대사의 정치적 격동기를 배경으로 하고 있다. 이데올로기의 대립으로 인한 민족의 분열과 갈등에 휘말려 사형 선고를 받고 형무소에 갇힌 아들과 그 사실을 모르는 채 옥바라지를 하는 어머니의 지극한 사랑을 그리고 있다. 어머니는 어떤 상황에서도 아들에 대한 믿음과 사랑을 잃지 않고, 아들을 탓하는 대신 자신의 탓으로 전가하는 무조건적 사랑을 보여 준다. 또한 다른 어떤 현실적 가치보다도 자식을 우선시하는 어머니의 모습을 통해 모정의 위대함을 강조하고 있다.

① 돈을 마련 못해 주겠다고 앙탈하는 자식들과 어머니의 갈등은 해방 후 정치적 격동기의 단면을 보여주는군.

② 동이가 처한 상황을 두고 자책하는 모습은 불행한 상황을 자신의 탓으로 전가하는 어머니의 무조건적인 사랑을 보여 주는군.

③ 송아지를 팔아 막동이 면회를 갈 돈을 마련하는 어머니를 통해 현실적 가치보다 자식을 우선시하는 모정의 위대함을 엿볼 수 있군.

④ 쇠고깃국을 난로에 올리고 우유를 젖가슴에 품는 모습에서 아들에게 따뜻한 음식을 먹이고자 하는 어머니의 지극한 모정을 느낄 수 있군.

⑤ 다른 사람이 막동이에게 죄를 뒤집어씌운 것이라 생각하는 어머니를 통해 어떤 상황에서도 아들에 대한 믿음을 잃지 않으려는 모습을 엿볼 수 있군.

[22~25] 다음 글을 읽고 물음에 답하시오.

교호(交好)란 사회적 행위자 사이의 상호 작용과 의사소통을 뜻한다. SNS는 이용자에게 자신의 상태를 끊임없이 갱신하여 교호 활동에 적극적으로 참여하라고 요구한다. 어떤 SNS의 입력창에는 "지금 무슨 생각을 하고 계신가요?"라는 질문이 항상 제시되어 있다. 이용자는 이 질문을 볼 때마다 자신의 계정에 무언가 써야만 할 것 같은 강박, 즉 기록 강박에 빠지게 된다. SNS에서 이루어지는 다양한 활동은 계량적 지표로 활용되어 이용자를 서열화할 수 있기 때문에 이용자는 이 서열을 자신의 정체성과 결부시켜 받아들일 수 있다. 가령 더 자주 접속하여, 더 많은 게시물과 반응을 남기는 이용자는 자기 스스로 SNS 공간에서 유명 인사가 될 수 있다고 생각한다.

기록 강박은 노출 심리로 이어지기도 한다. 왜냐하면 무언가 써야 한다는 압박은 손쉽게 쓸거리를 취할 수 있는 대상으로 '나'에 주목할 가능성을 높이기 때문이다. 게다가 가상 세계인 SNS는 사람들로 하여금 현실 세계에서의 지위나 역할에서 벗어나 새로운 '나'가 될 수 있다는 환상을 갖게 한다. 그래서 이용자들은 현실 세계에 비해 SNS에서 자기의 행적과 감정 등을 드러내는 일에 더 적은 부담을 갖는다.

[A] 철학자 슈티글러에 따르면 사건(event)이란 발생하는 일을 우선순위에 따라 골라 정보로 구성해 낸 결과이다. 그것은 주로 공적인 성격을 띤다. 그런데 기록 강박과 노출 심리는 자

신의 상태를 '미시적 사건'으로 구성해 내도록 SNS 이용자들을 유도한다. 이들은 오늘 점심에 어떤 식당에서 어떤 메뉴의 음식을 누구랑 먹었는지, 어떤 상태에서 어떤 음악을 들었는지, 어제 본 텔레비전 프로그램의 주인공이 어떤 이야기를 했는지 등을 하나의 사건으로 취급하여 공적인 공간에 게시한다. 이런 경향을 '미시적 사건화'라 부를 수 있다. 따라서 미시적 사건화는 공적 성격이 부족한 일상의 자질구레한 경험들을 공적인 공간인 SNS에 게시하는 행위라고 볼 수 있다. SNS에 무의미한 정보가 범람하는 까닭은 바로 이 때문이다.

미시적 사건화와 그 제공자는 '관심'의 대상보다는 '관음'의 대상이 되기 쉽다. 상대방에 대한 주의를 기준으로 할 때, 사회적 상호 작용은 크게 '관심'과 '관음'의 양식으로 구별된다. ㉠ 관심의 양식이 양방향적 시선에 기반을 둔 염려나 기쁨이라면, ㉡ 관음의 양식은 일방향적 시선에 기반을 둔 욕망의 표출에 가깝다. 즉 전자는 타인이 처한 상황과 타인의 감정에 주의를 기울이면서 상대방에게 공감하는 정신의 과정을 말하는 반면, 후자는 오로지 자신의 만족을 위해 타인의 상황과 마음에 주의를 기울이는 정신의 과정을 말한다. 따라서 관심의 양식으로 대상을 바라보는 '나'는 타자를 존중하고 타자의 안위를 바라지만, 관음의 양식으로 대상을 바라보는 '나'는 자신의 만족에만 몰두할 뿐 타자의 안위에는 관심을 기울이지 않는다.

자신의 감정을 투자하여 맺을 수 있는 관계의 규모가 무한하지 않음에도 불구하고, SNS는 친구 찾기와 추천 알고리즘을 통해 이용자로 하여금 SNS 친구를 지속적으로 늘려 가도록 유도한다. 어떤 SNS의 경우 대략 150명에서 500명 정도의 친구를 둔 이용자가 가장 많다고 한다. SNS에서 150명 이상의 친구를 자주 찾아가 그들에게 공감하고 그들의 안위를 염려하는 정신적 활동을 감당하기란 현실적으로 거의 불가능하다. 따라서 SNS를 매개로 한 교호 활동은 상대방에 대한 염려를 기반으로 하는 관심의 양식보다 자기만족을 위한 관음의 양식으로 나타날 가능성이 높다. 당연하게도, 관음의

양식은 진정한 교호 관계와 거리가 멀다.

SNS를 긍정적으로 인식하는 사람들은 게시물과 댓글의 주고받음을 양방향적 또는 상호작용적 교호 활동이라고 주장하지만, 이는 염려와 공감에 기반을 둔 관심의 주고받음이 아니라 미시적 사건(구경거리)의 주고받음이라는 점에서 일방적 시선들의 기계적 모음이라 할 수 있다. 비유컨대 타인의 삶을 구경거리 삼아 디지털 공간 여기저기를 둘러보는 SNS 이용자는 ⓐ '현대 디지털 산보자'인 셈이다. SNS는 이러한 방식의 교호 활동을 부추기기 때문에 인간은 SNS 공간에서 더 많은 친구들과 이어져 있음에도 더 외로워지고, 관계는 더 빈곤해진다.

물론 SNS 공간에서 모든 이용자가 이러한 양상을 경험하고, 이렇게 행동한다고 말할 수는 없다. 어떤 이용자들은 SNS를 인간관계의 심화나 지적 능력의 확장, 민주적 공론화의 장 마련 등을 위한 생산적인 도구로 활용하는 경우도 분명 존재하기 때문이다. 그럼에도 불구하고 SNS는 '너'와 '나'의 관계를 일방향적이고 자기만족적인 성격으로 변화시킬 수 있음을 이해하는 일이 중요하다.

22 윗글에 대한 설명으로 적절하지 <u>않은</u> 것은?

① 구체적 사례를 들어 독자의 이해를 돕고 있다.

② 대조의 방식을 활용하여 대상의 특성을 밝히고 있다.

③ 묻고 답하는 방식으로 독자의 주의를 환기하고 있다.

④ 용어의 개념을 정의하여 내용을 명료하게 전달하고 있다.

⑤ 전문가의 견해를 활용하여 내용의 신뢰성을 높이고 있다.

23 윗글을 참고할 때, 〈보기〉에 대한 설명으로 가장 적절한 것은?

〈보기〉

□□는 수시로 자신의 SNS 방문자 수와 '좋아요' 수를 확인한다. 또한 다른 사람의 SNS 게시물에 '좋아요'를 습관적으로 누른다. 방금 전에도 어떤 사람의 SNS 게시물을 제대로 보지도 않은 채, '좋아요'를 누르고, "고양이가 멋지네요. 제 계정에도 놀러 오세요."라는 댓글을 달았다. 그리고 친구 추가를 요청했다. 하지만 그 사람은 얼마 전에 죽은 고양이를 그리워하는 마음에 이를 슬퍼하는 글과 함께 사진을 올린 것이었다.

△△는 SNS 친구가 SNS에 올린 축하 파티 사진 게시물을 확인했다. 그 친구는 오랫동안 준비했던 자격증 시험에 합격하여 파티를 한 것이었다. △△는 거기에 "오랫동안 노력하더니 좋은 결과가 있어서 참 다행이네요. 축하해요!"라고 진심 어린 댓글을 달고 '좋아요'를 눌렀다. 그랬더니 그 친구는 "고마워요. 지난번 보내준 위로 메시지가 제게는 큰 힘이 되었어요. 이번 합격은 다 △△님 덕분입니다."라고 답했다.

① 다른 사람의 SNS 게시물에 댓글을 남겼다는 점에서, □□의 행동은 ⓒ보다 ㉠에 가깝다.

② 수시로 SNS 방문자 수와 '좋아요' 수를 확인하고 친구 추가를 요청한다는 점에서, □□의 행동은 ⓒ보다 ㉠에 가깝다.

③ SNS 친구와 서로 위로와 축하를 주고받는다는 점에서, △△의 행동은 ⓒ보다 ㉠에 가깝다.

④ SNS 친구의 안위를 걱정하는 마음을 표현했다는 점에서, △△의 행동은 ㉠보다 ⓒ에 가깝다.

⑤ 다른 사람의 SNS에 '좋아요'를 눌렀다는 점에서, □□와 △△의 행동 모두 ㉠보다 ⓒ에 가깝다.

24 윗글의 ⓐ와 〈보기〉의 ㉮에 대한 설명으로 적절하지 <u>않은</u> 것은? [3점]

〈보기〉

스펙터클은 특별한 또는 새로운 볼거리라는 의미로 널리 사용된다. 19세기 파리는 그 자체로 산보자의 스펙터클이었다. ㉮ 19세기 파리의 산보자는 잘 닦인 파리의 대로(大路)를 걸으며 새로운 근대적 도시를 경험하였다. 당시에 새롭게 등장한 '파사주'(작은 쇼핑몰)를 찾아 쇼핑하는 산보자들에게 파사주는 그 자체가 '도시'이자 '축소된 세계'였다. 대로의 카페에 앉아 있는 산보자는 스펙터클로 변화한 세계의 구경꾼이자 또 다른 산보자의 스펙터클이기도 했다.

① ⓐ가 바라보는 대상은 주로 타인이 구성한 미시적 사건이다.

② ㉮가 바라보는 대상은 근대적 도시와 그 안에서의 삶의 모습이다.

③ ⓐ와 ㉮ 모두 바라보는 행위의 주체이기도 하지만 대상이 되기도 한다.

④ ⓐ와 ㉮ 모두 '나'의 외부에 있는 대상을 구경하는 자의 시선을 갖고 있다.

⑤ ⓐ가 바라보는 대상은 실제 세계인 반면 ㉮가 바라보는 대상은 가상 세계이다.

25 〈보기〉를 참고하여 [A]를 비판한 내용으로 가장 적절한 것은?

> ─〈보기〉─
>
> SNS에서는 기상이나 교통에 관한 구체적인 정보가 실시간으로 공유된다. 예를 들어, 출근 시간에 차가 막혀서 지각했다는 소식은 SNS에 빠르게 게시된다. 이런 소식은 뉴스가 될 만한 사건이 아닌, 개인의 자질구레한 일상을 담은 미시적 사건이다. 그러나 1분, 1초가 아쉬운 직장인과 학생들에게 이러한 정보는 매우 유용할 수도 있다.

① 학생1 : SNS에 올라온 미시적 사건들을 보다 보면 참 즐겁고 흥미로워.

② 학생2 : 개인의 관점에서는 공적 삶보다 사적 삶이 더 중요한 의미를 가지지.

③ 학생3 : 자신의 일상을 구체적으로 기록하는 일은 예나 지금이나 가치 있는 일이잖아.

④ 학생4 : SNS에 게시된 사소한 일상의 모습이 누군가에게는 의미 있는 정보가 될 수 있어.

⑤ 학생5 : 의사소통 내용은 공적이지만 사적인 공간에 게시된 것도 미시적 사건화라 할 수 있어.

[26~30] 다음 글을 읽고 물음에 답하시오.

(가)
㉠ 죄 지을 줄 아라시면 공명 탐(貪)츠 흐여시랴.
ⓐ 산진(山陣)미 슈진(水陣)미와 히동쳥(海東靑) 보라미가
심슈 총님(深樹叢林) 숙어나려 산계 야목(山鷄夜

鶯) 츠고 날 제,
앗갑다. 걸렸구나. 두 날개 걸렸구나.
먹기의 탐(貪)이 나니 형극(荊棘)을 몰나 보니.
어와 민망흐다. 주인 박대 민망흐다.
아니 먹은 헛 주정(酒酊)에 욕셜조차 대단하다.
혼즈 안즈 군말흐듯 날 드르라 흐는 말이,
건넌 집 나그너는 정승의 아들이요
뒷집의 손님너는 판셔의 아우로셔
나라의 득죄(得罪)흐고 외딴섬 드러오면
㉡ 이젼(以前) 말은 흐도 말고 여긔 스름 일을 빅와
고기 낙기 나무 뷔기 즈리치기 신삼기와
보리 동냥 흐여다가 주인 양식(糧食) 보틱거든
한곳에서는 무슴 일노 공(空)흔 밥을 먹으랴노
㉢ 쓰즈는 열 손가락 꼼즉이도 아니흐고
것즈는 두 다리는 움즉이도 아니흐니
셕은 나무에 박은 쓸인가 전당(典當) 잡은 쵹딕(燭臺)런가
종 찾으려는 상젼인가 빚 받으려는 채주(債主)런가
동이셩(同異姓)의 권당*인가 풋낯*의 친구런가
㉣ 양반인가 상인인가 병인(病人)인가 반편인가
화쵸(花草)라고 두고 볼가 괴셕(怪石)이라 노코 볼가
은혜 씨친 일이 잇셔 특명(特命)으로 먹으려나
져 지은 죄 뉘 타시며 제 셔름을 늬 아던가
밤나즈로 우는 소릭 슬픈 소릭 듯기 실타.
흔 번 듣고 두 번 듣고 통분키도 흐다마는
풍속을 보아흐니 놀랄 일이 막심흐다.
인륜이 업셔시니 부즈(父子)의 쓰홈이요
남녀를 불분흐니 계집의 등짐이라.
방언(方言)이 괴이흐니 존비(尊卑)를 아올손가
다만 아는 거시 손곱아 주먹 혬의
두 다셧 홀 다셧에 뭇 다셧 꼽기로다.
포학 탐욕이 예의 염치 되어시며,
분젼(分錢) 승합(升合)*으로 효제 충심 숨아시며,
한둘 공덕흐면 지효(至孝)로 아라시며,
㉤ 혼정신셩(昏定晨省)*은 보리 담은 큰 항아리요
출필고(出必告) 반필면(反必面)*은 돈 모으는 병어리라.
무지(無知)가 이러흐고 막지(莫知)가 이러흐니,

왕화(王化)*가 불급(不及)ᄒ니 견융(犬戎)의 행사*
로다.
인심이 아니어든 인사를 책망ᄒ랴.
내 귀양살이 아니러면 이런 일 보아시랴.

　　　　　　　　　－ 안도환, 「만언사(萬言詞)」 －

*권당 : 친척.
*풋낯 : 익힌 지가 얼마 되지 않은 얼굴.
*분전승합 : 푼돈과 얼마 되지 않는 곡식.
*혼정신성 : 아침저녁으로 부모의 안부를 물어서 살핌.
*출필고 반필면 : 나가고 돌아올 때 부모님께 인사하는 예법.
*왕화 : 임금의 교화.
*견융의 행사 : 오랑캐의 행동.

(나)

　앞으로 나아가 소년대(少年臺)에 올랐다. 천왕봉
을 우러러보니 구름 속에 높이 솟아 있었다. 이곳
에는 잡초나 잡목이 없고 푸른 잣나무만 연이어 나
있는데, 눈보라와 비바람에 시달려 앙상한 줄기만
남은 고사목이 10분의 2~3은 되었다. 멀리서 바라
보면 머리카락이 희끗희끗한 노인의 머리 같으니
다 솎아낼 수 없을 듯하다. '소년'이라고 이름이 붙
은 것을 보면, 혹 영랑*의 무리를 일컬을 듯하다.
그러나 내 생각으로는 천왕봉은 장로(長老)이고 이
봉우리는 장로를 받들고 있는 소년처럼 생겼기 때
문에 '소년대'라 이름 붙인 것 같다. 아래로 내려다
보니 수많은 봉우리와 골짜기가 주름처럼 펼쳐져
있었다. 이곳에서도 오히려 이러한데, 하물며 제일
봉에 올라 바라봄에랴.

　드디어 지팡이를 내저으며 천왕봉에 올랐다. 봉
우리 위에 판잣집이 있었는데 바로 성모사(聖母祠)
였다. 사당 안에 석상 한 구가 안치되어 있었는데
흰옷을 입힌 여인상이었다. 이 성모는 어떤 사람인
지 모르겠다. 혹자는 말하기를 "고려 태조대왕의
어머니가 어진 왕을 낳아 길러 삼한을 통일하였기
때문에 높여 제사를 지냈는데, 그 의식이 지금까지
이어지고 있다."라고 한다. 영남과 호남에 사는 사
람들 중에 복을 비는 자들이 이곳에 와서 떠받들고
음사(淫祠)*로 삼으니 바로 초나라, 월나라에서 귀
신을 숭상하던 풍습이다. 원근의 무당들이 이 성모
에 의지해 먹고산다. 이들은 산꼭대기에 올라 유생
이나 관원들이 오는지를 내려다보며 살피다가, 그

들이 오면 토끼나 꿩처럼 흩어져 숲속에 몸을 숨긴
다. 유람하는 사람들을 엿보고 있다가, 하산하면
다시 모여든다.

　봉우리 밑에 벌집 같은 판잣집을 빙 둘러 지어놓
았는데, 이는 기도하러 오는 자들을 맞이하여 묵게
하려는 것이다. 짐승을 잡는 것은 불가에서 금하는
것이라 핑계하여, 기도하러 온 사람들이 소나 가축
을 산 밑의 사당에 매어놓고 가는데, 무당들이 그
것을 취하여 생계의 밑천으로 삼는다. 그러므로 성
모사, 백모당, 용유담은 무당들의 3대 소굴이 되었
으니, 참으로 분개할 만한 일이다. 이 날 비가 그치
고 날이 개어 뿌연 대기가 사방에서 걷히니, 광활
하고 까마득한 세계가 눈앞에 끝없이 펼쳐졌다. 마
치 하늘이 명주 장막을 만들어 이 봉우리를 위해
병풍처럼 둘러친 듯하였다. 감히 시야를 가로막는
한 무더기 언덕도 전혀 없었다.

　　　　　　　　　　(중략)

　삼면에 큰 바다가 둘러 있는데, 점점이 흩어진
섬들이 큰 파도 속에 출몰하고 있었다. 그리고 대
마도의 여러 섬은 까마득히 하나의 탄환처럼 작게
보일 뿐이었다. 아, 이 세상에 사는 덧없는 삶이 가
련하구나. 항아리 속에서 태어났다 죽는 초파리 떼
는 다 긁어모아도 한 움큼도 채 되지 않는다. 인생
도 이와 같거늘 조잘조잘 자기만 내세우며 옳으니
그르니 기쁘니 슬프니 하며 떠벌리니, 어찌 크게
웃을 만한 일이 아니겠는가? 내가 오늘 본 것으로
치면, 천지도 하나하나 다 가리키며 알 수 있으리
라. 하물며 이 봉우리는 하늘 아래 하나의 작은 물
건이니, 이곳에 올라 높다고 하는 것이 어찌 거듭
슬퍼할 만한 일이 아니겠는가? 저 안기생, 악전*의
무리가 난새의 날개와 학의 등을 타고서 구만리 상
공에 떠 아래를 바라볼 때, 이 산이 미세한 새털만
도 못하리라는 것을 어찌 알겠는가?

　사당 밑에 작은 움막이 하나 있었는데, 잣나무
잎을 엮어 비바람을 가리게 해 놓았다. 승려가 말
하기를 "이는 매를 잡는 사람들이 사는 움막입니
다."라고 하였다. 매년 8, 9월이 되면 매를 잡는 자
들이 봉우리 꼭대기에 그물을 쳐 놓고 매가 걸려들
길 기다린다고 한다. 대체로 매 가운데 잘 나는 놈

은 천왕봉까지 능히 오르기 때문에 이 봉우리에서 잡는 매는 재주가 빼어난 것들이다. ⓑ <u>원근의 관청에서 쓰는 매가 대부분이 봉우리에서 잡힌 것들이다.</u> 그들은 눈보라를 무릅쓰고 추위와 굶주림을 참으며 이곳에서 생을 마치니, 어찌 단지 관청의 위엄이 두려워서 그러는 것일 뿐이랴. 또한 대부분 이익을 꾀하여 삶을 가볍게 여기기 때문이리라. 아, 소반 위의 진귀한 음식 한 입도 안 되지만 백성의 온갖 고통 이와 같은 줄 누가 알겠는가. 해가 기울어 향적암(香積庵)으로 내려갔다.

– 유몽인, 「유두류산*록(遊頭流山錄)」 –

*영랑 : 신라 때 화랑의 우두머리.
*음사 : 유가(儒家)에 어긋나는 제례나 그 행위를 일컬음.
*안기생, 악전 : 중국 신선의 이름들.
*두류산 : 지리산의 옛 이름.

26 (가), (나)의 공통점으로 가장 적절한 것은?

① 대상에 대한 그리움이 드러나 있다.

② 고립된 처지에서 비롯한 비애가 드러나 있다.

③ 경계하는 삶에 대한 글쓴이의 인식이 드러나 있다.

④ 가난한 현실을 이겨내고자 하는 진취적 자세가 드러나 있다.

⑤ 정치적 포부를 펼치지 못한 것에 대한 아쉬움이 드러나 있다.

27 (가), (나)에 대한 이해로 적절하지 않은 것은?

① (가)의 화자는 '공흔 밥'을 먹으려 한다며 '주인'에게 '박대' 당하고 있다.

② (가)의 화자는 '놀랄 일이 막심'하다면서 자신이 거처하는 곳의 '풍속'을 '견융의 행사'라고 비판하고 있다.

③ (나)의 화자는 '소년대'라는 이름의 유래를 살피며 '천왕봉' 유람에 대한 기대감을 드러내고 있다.

④ (나)의 화자는 '영랑'을 떠올리며 선인들이 남긴 옛일을 회고하고 있다.

⑤ (나)의 화자는 '천왕봉'에 올라 '항아리 속에서 태어났다 죽는 초파리 떼' 같은 인생의 덧없음을 느끼고 있다.

28 ㉠~㉤에 대한 설명으로 적절하지 않은 것은?

① ㉠ : 설의적 표현을 활용하여 유배에 처하게 된 원인을 드러내고 있다.

② ㉡ : 화자가 배운 일들을 열거하여 화자의 노력을 강조하고 있다.

③ ㉢ : 대구의 표현을 활용하여 풍자적 인식을 보여 주고 있다.

④ ㉣ : 동일한 종결 어미를 활용하여 냉소적 태도를 부각하고 있다.

⑤ ㉤ : 비유적 수법을 활용하여 대상을 부정적으로 평가하고 있다.

29 ⓐ, ⓑ를 비교한 내용으로 가장 적절한 것은?

① ⓐ는 ⓑ와 달리 화자에게 앞으로 닥칠 상황을 상징한다.

② ⓐ는 ⓑ와 달리 화자 자신의 불우한 상황을 비유한 자연물이다.

③ ⓑ는 ⓐ와 달리 화자와 타자 사이의 갈등을 유발한다.

④ ⓐ와 ⓑ 모두 탐욕으로 인해 고통 받는 존재이다.

⑤ ⓐ와 ⓑ 모두 화자가 추구하는 삶의 덕목을 드러낸다.

30 〈보기〉를 참고하여 (나)를 감상한 내용으로 적절하지 <u>않은</u> 것은? [3점]

〈보기〉

전통적으로 산은 만물을 만들어내는 어머니로 인식되었다. 조선 초기에는 지리산 성모(聖母)에게 조정의 관리가 의례를 올리기도 했다. 그러나 점차 유교적 이념이 확립되어감에 따라 지리산 성모 신앙은 부침을 겪게 된다. 유몽인이 지리산 유람을 한 시기는 임진왜란이 끝난 직후이다. 백성들은 생활 터전이 파괴된 상태에서 미래에 대한 희망을 더 이상 지배층과 임금에게서 찾기 어려웠다. 그래서 그들은 이러한 암울한 상황을 일순간에 벗어나게 해 줄 수 있는 초자연적 존재를 찾아 의탁하고자 했다. 무당들은 이러한 백성들에 기대어 생계를 유지하였고 조정에서는 이러한 행위를 강력히 금지하지 못했다. 당대 조선이 도탄에 빠진 백성들을 위로할 만한 여력이 없었기 때문이다.

① '흰옷을 입힌 여인상'을 '고려 태조대왕의 어머니'와 연결 지어 이해하는 것은 전통적인 성모 신앙을 반영하는 것이라고 볼 수 있겠군.

② '복을 비는 자들'의 행위를 '음사'로 규정하면서도 강력히 제재하지 못하는 것은 당대 조선이 백성들을 위로할 만한 힘이 없었기 때문이라고 볼 수 있겠군.

③ '원근의 무당들이 이 성모에 의지해 먹고'살 만큼 백성들이 찾아온다는 것에서 임진왜란으로 인해 도탄에 빠졌던 백성들이 초자연적 존재에 의탁하기도 했다는 것을 알 수 있겠군.

④ '유생이나 관원들이' 오면 '토끼나 꿩처럼 흩어져 숲속에 몸을' 숨기는 것에서 생활 터전이 파괴되어 미래에 대한 희망을 지배층에게서 찾기 어려웠던 백성들의 의식을 엿볼 수 있겠군.

⑤ '성모사, 백모당, 용유담은 무당들의 3대 소굴'이라고 지칭하며 '분개'한 것에서 유몽인이 유교적 이념의 테두리 속에서 지리산 성모 신앙을 부정적으로 평가했다는 것을 알 수 있겠군.

[31~35] 다음 글을 읽고 물음에 답하시오.

재산권은 경제적 기초가 되는 재산에 대해 자유로이 사용, 수익, 처분 등을 할 수 있는 권리이다. 재산권은 배타적, 독점적 권리이기 때문에 타인으로부터 ㉠ <u>침해</u> 받지 않는다. 배타적, 독점적 권리라는 말은 재산을 자기 뜻대로 사용, 수익, 처분할 수 있다는 뜻이다. 이는 재산권자가 아닌 사람이 재산을 사용, 수익, 처분하려면 반드시 재산권자의 허락을 받아야 함을 말한다. 그래서 국가는 재산권 제도를 만들어 국민의 재산권을 ㉡ <u>보장</u>하고 있다. 그것은 재산권 제도가 실질적으로 사회 전체를 위한 것이기 때문이다. 그렇다면 ⓐ <u>왜 재산권 제도가 사회 전체를 위한 제도일까?</u>

갑과 을이라는 두 사람만 있는 사회가 있고, 이 사회는 아직 재산권 제도가 존재하지 않는다고 가정하자. 거래나 교환은 재산권 제도를 전제로 성립할 수 있기 때문에 이 사회에서는 아직 거래나 교환이 존재할 수 없다. 이 상황에서 갑과 을 두 사람이 각자 자신의 재화의 양을 늘리는 방법은 두 가지이다. 하나는 스스로 재화를 생산하는 것이고, 다른 하나는 타인이 생산한 재화를 약탈하는 것이다. 결국 갑과 을은 자신이 보유한 시간과 노력 등의 자원을 생산과 약탈에 적절히 배분함으로써 자신이 가질 수 있는 재화의 총량을 극대화하려 할 것이다.

[A]

　　논의의 단순화를 위해 약탈에 대한 도덕적 죄책감은 문제가 되지 않는다고 가정하자. 갑은 자신이 직접 생산하는 것보다 을의 재화를 약탈하는 경우에 적거나 동일한 자원으로 더 많은 성과를 얻을 수 있다고 하자. 그러면 갑은 자신의 자원을 약탈에 더 많이 배분하게 될 것이다. 만약 그 반대의 경우라면 갑은 자신의 자원을 생산하는 쪽에 더 많이 배분하게 될 것이다. 그런데 이와 같은 논리는 을도 마찬가지이다. 이럴 경우 갑과 을은 상대방의 약탈로부터 자신의 재화를 지키기 위한 방어에 자원을 배분해야 할 것이다. 결국 갑과 을은 자신들의 재화를 생산, 약탈, 방어 세 분야로 나누어 사용하게 된다.

　　이 사회에서 갑이나 을 중 한 사람은 상대의 재산권을 존중하고, 다른 사람은 부인하는 경우가 있을 수 있다. 이 경우 상대방의 재산권을 부인하는 사람은 다른 사람의 재화를 약탈하는 것이 자신의 재화를 극대화하는 방법이 된다. 그러면 나머지 한 사람도 자신의 재화를 극대화하기 위하여 상대방의 재산권을 부인하게 된다. 결국 두 사람 모두 상대의 재산권을 부인하는 것으로 귀결될 것이다.

　　앞의 경우와 달리 이 사회에 재산권 제도가 형성되어 있다면, 국가에 의해서 그 권한의 행사가 ⓒ 강제되기 때문에 갑과 을은 약탈을 할 수 없게 된다. 그렇다면 이들은 약탈이나 방어에 자원을 사용하지 않고 생산에만 모든 자원을 사용할 것이다. 그렇게 된다면 사회 전체가 생산하는 재화의 총량은 최대가 된다. 이처럼 사회의 재화의 총량을 증가시키기 위해서 재산권 제도가 필요하다. 물론 재산권 제도를 위해서는 입법 비용, 경찰 비용 등 여러 사회적 비용이 들어갈 것이다. 그러나 사회적 비용의 증가분이 재산권 제도로 인한 사회의 재화의 증가분보다 작을 경우 재산권 제도가 있는 것이 사회에 더 효율적이다.

　　국가가 개인의 재산권을 보호하고, 재산권이 배타적 권리라도 이는 절대적이고 무제한적일 수 없다. 예를 들어, 어떤 철도 회사가 자기의 철도에 대하여 가지는 재산권이 절대적이고 무제한적인 권리라면 철도 운영 과정에서 발생하는 오염 물질도 마음대로 ⓓ 배출할 수 있다. 이 경우 그 오염 물질로 인하여 철도 인근의 농민들이 소유한 경작지의 가치는 그만큼 감소하므로 농민들의 재산권이 침해당한 것이다. 법에서는 이런 경우를 서로 다른 두 재산권이 충돌하는 것으로 본다. 이런 경우에는 권리와 이익을 받을 수 있는 자격, 즉 권익권을 누구에게 ⓔ 부여할 것인가를 법정책적으로 결정해야 한다.

　　철도 회사가 오염 물질을 배출하지 않기 위해 드는 비용이 100이고, 오염 물질로 인해 농민이 받는 피해는 50이라고 하자. 우선 법이 농민들의 권익권을 인정하는 경우, 농민들은 철도 회사의 오염 물질 배출을 막을 수 있게 된다. 그러면 철도 회사는 100의 비용을 들여 오염 물질의 배출을 막거나, 농민들이 가진 권익권을 구매해야 한다. 그 권익권의 가격이 100보다 작다면 철도 회사는 권익권을 구매하는 것이 이익이다. 이 경우 권익권은 농민들이 입는 피해인 50보다 크고, 철도 회사의 비용인 100보다 작은 가격에서 거래가 이루어진다. 농민들이 철도 회사에 권익권을 판매하면 철도 회사는 오염 물질을 계속 배출할 것이다. 농민들은 오염 물질로 인한 자신들의 손해인 50보다 큰 금액을 철도 회사로부터 받았기 때문에 손해를 본 것은 아니다.

　　반면에 법이 철도 회사의 권익권을 인정하는 경우, 농민들은 자신이 입는 피해에 해당하는 50보다 작은 가격에는 철도 회사의 권익권을 사려하겠지만, 50보다 큰 가격으로는 사려하지 않을 것이다. 그리고 철도 회사는 100보다 작은 가격으로는 자신들의 권익권을 판매하지 않을 것이다. 왜냐하면 자신들이 권익권을 판매할 경우에 들여야 하는 비용이 100이기 때문이다. 따라서 철도 회사가 권익권을 갖는 경우, 권익권의 거래는 이루어지지 않게 되고, 철도 회사는 오염 물질을 계속 배출할 것이다. 그런데 앞의 경우와 다른 점은 농민들은 철도 회사의 오염 물질의 배출로 인한 피해에 대해 그 어떤 보상도 받지 못했다는 것이다. 결국 법이 누구의 권익권을 인정하느냐에 따라 소득 분배의 결과는 달라진다.

31 윗글을 이해한 내용으로 적절하지 <u>않은</u> 것은?

① 재산권이 충돌하는 경우 권익권을 가진 사람의 권리가 인정된다.

② 재산권은 배타적, 독점적이어서 무제한적인 속성을 지닌다.

③ 재산권자의 허락을 받으면 타인의 재산을 사용할 수 있다.

④ 사람들은 자신의 자원을 활용하여 재화를 늘리려 한다.

⑤ 거래나 교환은 재산권 제도가 전제되어야 가능하다.

32 [A]를 바탕으로 〈보기〉를 분석한 내용으로 적절하지 <u>않은</u> 것은? [3점]

〈보기〉

아래의 표는 재산권 제도가 형성되지 않은 사회에서 갑과 을이 상대의 재산권에 대해 취하는 태도에 따라 각자 가지게 되는 재화의 양을 표시한 것이다. 갑과 을이 자신의 자원을 모두 생산에 사용하여 가질 수 있는 재화의 양은 각각 10과 15이다. (단, 사회 구성원은 갑과 을뿐이고, 다른 변수는 없다고 가정한다.)

		갑	
		상대의 재산권 존중	상대의 재산권 부인
을	상대의 재산권 존중	갑=10, 을=15 (가)	갑=14, 을=6 (나)
	상대의 재산권 부인	갑=4, 을=17 (다)	갑=7, 을=10 (라)

① (가)의 경우, 사회의 재화의 총량이 최대를 이룬 상태이다.

② (나)의 경우, 갑의 재화가 14가 된 것은 을의 재화를 약탈한 결과라고 할 수 있다.

③ (다)의 경우, 을은 자신의 자원 일부를 약탈에 배분했을 것이다.

④ (나)와 (다)의 경우, 재산권 제도가 확립되지 않는다면 결국 (라)로 귀결될 것이다.

⑤ (라)를 고려할 때, 재산권 제도 확립을 위한 사회적 비용이 10이라면 재산권 제도가 있는 것이 더 효율적이다.

33 윗글을 바탕으로 할 때, 〈보기〉에 대한 반응으로 적절하지 <u>않은</u> 것은?

> ─────〈보기〉─────
>
> A회사는 ○○지역에서 공장을 운영한다. 공장 운영 과정에서 발생하는 매연으로 ○○지역 주민들의 재산에 100만큼의 피해가 발생하였다. 그런데 매연 발생 방지 기계가 있으며, 이 기계의 비용은 50이다. (단, 이 과정에서 다른 조건이나 비용은 고려하지 않으며 A회사와 ○○지역 주민들은 모두 경제적 이익을 위해 행동한다.)

① A회사가 권익권을 갖는 경우, A회사는 50보다 큰 가격이면 주민들에게 권익권을 파는 것이 이익이겠군.

② A회사가 권익권을 갖는 경우, ○○지역 주민들은 100보다 작은 가격으로 A회사의 권익권을 사려 하겠군.

③ A회사가 권익권을 갖는 경우, A회사가 ○○지역 주민들에게 권익권을 판매한다면 A회사는 매연 발생 방지 기계를 설치해야겠군.

④ ○○지역 주민들이 권익권을 갖는 경우, ○○지역 주민들은 80의 가격으로는 A회사에 권익권을 판매하지 않겠군.

⑤ ○○지역 주민들이 권익권을 갖는 경우, A회사는 ○○지역 주민들로부터 권익권을 사고, 매연 발생 방지 기계를 설치하지 않겠군.

34 ⓐ의 물음에 대한 글쓴이의 견해로 가장 적절한 것은?

① 사회적 약자를 구제할 수 있으므로

② 개개인의 권익권을 보호할 수 있으므로

③ 법정책을 효율적으로 집행할 수 있으므로

④ 사회의 재화의 총량을 극대화할 수 있으므로

⑤ 사회적 비용을 위한 자원을 확보할 수 있으므로

35 ㉠~㉤의 사전적 의미가 적절하지 <u>않은</u> 것은?

① ㉠ : 세력이나 기운 따위가 쇠함.

② ㉡ : 어떤 일이 어려움 없이 이루어지도록 조건을 마련하여 보증하거나 보호함.

③ ㉢ : 권력이나 위력으로 남의 자유의사를 억눌러 원하지 않는 일을 억지로 시킴.

④ ㉣ : 안에서 밖으로 밀어 내보냄.

⑤ ㉤ : 사람에게 권리 · 명예 · 임무 따위를 지니도록 해 줌.

[36~39] 다음 글을 읽고 물음에 답하시오.

> [앞부분 줄거리] 재상 윤현의 아들 지경과 참판 최홍일의 딸 연화는 서로 사랑하여 혼례를 올리려 하지만, 임금은 이를 무시하고 장원급제한 지경에게 후궁인 귀인 박 씨의 딸(옹주)과의 혼례를 하교한다. 지경은 이를 거부하지만 임금은 화를 내며 위력으로 혼례를 강행한다. 이에 지경은 최홍일에게 연화를 만나게 해 달라고 부탁한다.

공이 가로되,

"불가하나 네 아내이니 잠깐 보고 가라."

언파에 소저를 부르니, 소저가 승명하여 ㉠ 전당에 이르러 부인 곁에 앉아 수괴함을 띠어 사색이 태연하여 아는 듯 모르는 듯하고, 아리따운 태도가 달 같아 반가운 정이 유동하고, 어진 태도와 약한 기질을 대하매 마음이 깨어지는 듯하니, 공의 부부가 더욱 슬퍼하더라.

돌아가기를 잊고 앉았으니 공이 여아를 들여보내고 생(生)의 손을 잡고 밖으로 나와 십분 개유하니, 생이 부득이 돌아와 병이 되어 식음을 폐하더니, 길일이 다다라 행례할새 옹주의 자색이 전혀 없고 포독불인(暴毒不仁)*함이 외모에 나타나는지라. 생이 더욱 불쾌하여 띠를 끄르지 아니하고 밤을 새우고 명조에 입궐하여 문안하니 상이 웃으며 가로되,

"네 죄 크게 통한하더니 이제 자식이 되니 가장 어여쁘다."

하시고 즉시 부마의 관교(官敎)를 주시니, 웃고 꿇어 받자와 계하에서 사은(謝恩)하고, 귀인을 보니 극히 교만하고 포독하니, 더욱 모골이 송연하더라.

박 귀인이 부마의 풍채를 사랑하고 더욱 기꺼워하더라.

부마가 ㉡ 집에 돌아와 대문에 들며 하인을 명하여 교자(轎子)를 산산이 깨치고 들어와, 소매 속으로부터 부마의 관교를 내어 땅에 던지니, 윤공이 크게 책망하여 가로되,

"이 어인 일이뇨. 임금이 주신 교지(敎旨)를 업수이 여김이 어찌 이렇듯 불공한가."

하고, 또 개유하더라.

윤공의 집이 서문 밖일러니, ㉢ 옹주궁을 경내 골명동에 짓고 상이 윤공을 성내로 들라 하시니, 공이 마지못하여 옹주궁 곁에 집을 사오니, 본집은 둘째 아들 정랑(正郎)에게 주더라.

최홍일의 집이 또한 서문 밖일러라.

옹주를 친영(親迎)*하여 오니, 얼굴이 작고 자색이 바이 없어, 시아버지와 시어머니 상하가 불쾌하나, 왕의 위엄을 두려워 공경 접대하더라. 윤공이 최 씨를 불쌍히 여겨 자주 가 보니, 그 용모 태도가 절승하여 볼 적마다 사랑하고 어여쁜 마음 가이 없어라.

부마가 궁에 가지 아니하고 부친 계신 ㉣ 외헌에 있어, 조카 격석 등을 데리고 자더니, 하루는 최 씨를 보러 가니 소저가 부모 앞에서 한가지로 보는지라, 바라보매 아미에 시름 맺혔으니 더욱 기이 절묘하더라.

부마가 어여쁨을 이기지 못하여 눈물 나는 줄을 깨닫지 못하더니, 조금 있다가 가로되,

"거년에 포숙(鮑叔)*의 신(信)을 이르시기로, 복은 이리 못 잊어 자주 다니되 한 번도 나와 보지 아니코 대접치 아니하시니, 어찌 당초 언약을 저버림이 이 같으뇨."

소저가 나직이 대답하여 가로되,

"그때 우연히 한 말이 맞았으니, 첩은 포숙의 신이 있으려니와, 상공의 말과 같을진대 신후경*의 죽음을 달게 여기시나이까. 첩은 다만 빙채를 지키며 도장에서 늙을지라, 어찌 상공을 접화(接和)하리이까. 사생이 부모에게 있사오니 번거로이 자주 와 찾지 마소서."

[중략 부분 줄거리] 지경은 옹주를 부인으로 인정하지 않고 연화와의 만남을 지속한다. 그러던 중 지경은 연화와의 만남을 최홍일에게 발각된다.

"네 언제 이르렀느뇨."

생(生)이 가로되,

"빙부*가 종시 허치 아니하시니, 아내 그리워 견디지 못하와 8월부터 월장할 계교를 내어, 날마다 다녀 스스로 금치 못하다가 오늘 이 욕을 보오니 빙부의 고집한 탓이로다."

공이 애련하여 등을 쓰다듬어 가로되,

[A]
"네 어찌 그리 미혹한가. 옹주를 중대하여 자녀를 낳고 살며 옹주를 개유하면, 네 부친과 내 주상께 이런 절박한 사연을 고할 것인즉, 주상은 인군(仁君)이시라 허하시리니, 그때 빛 나게 해로하기는 생각지 아니하고, 갈수록 옹주를 박대하며 귀인의 험담을 이루고 복성군을 미워하며, 밤을 타 도망하여 날마다 내 집에 오니, 옹주가 알면 화가 적지 아니하리니, 끝을 어이할꼬."

부마가 가로되,

"낸들 어찌 모르리이까마는 옹주는 천하 괴물 박색이고, 귀인은 간악이 비할 바 없고, 복성군은 남 헐기 심한데 홍명화·홍상이 박빈을 체결(締結)*하여 필연 그윽한 흉계를 지을지라, 옹주를 후대하고 그 당에 들었다가 멸문지환(滅門之患)을 면치 못하

2020 기출문제

리니, 아내를 애중하고 옹주를 박대하면 불과 빙부
와 부친의 죄가 큰즉 정배(定配)요, 적은즉 삭탈관
직(削奪官職)이요, 저는 귀양밖에 더 가리까. 싫
은 것을 강인하고 그른 것을 어이 견디리이까."

공이 말이 없다가,

"어찌하든 밤이 깊었으니 들어가 자라."

생(生)이 사례하고 이후로는 주야 오니, 공과 소
저가 민망하여 아무리 간하여도 듣지 아니하더니,
윤공이 알고 불러 대책하고 옹주궁을 떠나지 못하
게 하나, 산 사람을 동여 두지 못하고, 날마다 최
씨에게 가니 옹주 어찌 모르리요. 부마 ⑩ 내당에
들어간 때 옹주 가로되,

"내 비록 용렬하나 임금의 딸이요, 빙례로 부마
의 아내가 되었거늘 업수이 여겨 천대하기 심하도
다. 최 씨를 얻어 고혹(蠱惑)하였으되 태부(太夫)는
두 아내 두는 법이 없거늘, 부마 어찌 두 아내 있으
리요. 최홍일은 어떠한 사람이완대 부마에게 재취
를 주어 주상과 첩을 업수이 여김이 심하뇨."

지경이 정색하여 가로되,

[B]
"내 할 말을 옹주 하시는도다. 일국에 도령
이 가득하거늘, 이미 얻은 사람을 내 어찌 조
강지처를 버리고 부귀를 탐하여 옹주와 화락
하리요. 옹주 만일 최 씨를 청하여 한 집에서
화목하기를 황영(皇英)*을 본받을진대, 최 씨
와 같이 공경하고 화락하려니와, 투기하여 나
를 원망한즉 평생 박명을 면치 못하리로다."

– 작자 미상, 「윤지경전」 –

*포독불인 : 사납고 독살스러우며 어질지 못함.
*친영 : 신랑이 신부의 집에 가서 신부를 직접 맞이함.
*포숙 : 중국 춘추 시대 제나라의 대부. 친구인 관중을 환공에게 천거
　해서 승상이 되게 했음.
*신후경 : 비극적 사랑 이야기가 담긴 중국 원나라 때의 교홍전의 남
　자 주인공.
*빙부 : 장인.
*체결 : 얽어서 맺음.
*황영 : 아황과 여영은 자매지간으로, 순임금에게 시집을 가서 화목
　하게 지냄.

36 윗글의 인물에 대한 이해로 가장 적절한 것은?

① 연화는 지경이 언약을 지키지 않았다는 이
　유로 지경을 만나지 않았다.
② 옹주는 지경이 연화를 만나는 것을 알아채
　고는 임금을 원망하고 있다.
③ 지경은 옹주를 만나보고는 박 귀인과 달리
　포독하다는 인상을 받았다.
④ 최홍일은 임금이 시켜서 어쩔 수 없이 성내
　에서 서문 밖으로 이사를 했다.
⑤ 지경의 부친은 연화와의 만남을 막기 위해
　지경이 옹주궁을 떠나지 못하게 했다.

37 [A], [B]에 대한 설명으로 가장 적절한 것은?

① [A]는 상황의 불가피성을 근거로 설득하고
　[B]는 상대방의 과거 행적을 근거로 비판하
　고 있다.
② [A]와 달리 [B]는 상대방에게 특정한 상황
　을 가정하여 문제 해결의 방법을 제시하고
　있다.
③ [B]와 달리 [A]는 상대방에게 빠른 해결책
　의 필요성을 언급하고 있다.
④ [A]와 [B] 모두 고사(古事)를 근거로 상대방
　의 특정 행동을 유도하고 있다.
⑤ [A]와 [B] 모두 상대방의 선택에 따라 나타
　날 수 있는 긍정적 상황과 부정적 상황을
　함께 제시하고 있다.

38 ㉠~㉤에 대한 설명으로 적절하지 <u>않은</u> 것은?

① ㉠은 지경이 연화를 만나서 반가움과 슬픔을 느끼는 공간이다.

② ㉡은 지경이 옹주와의 혼례에 대한 불만을 표출하는 공간이다.

③ ㉢은 임금이 옹주의 부탁을 받고 지경을 벌하기 위해 만든 공간이다.

④ ㉣은 지경이 옹주를 만나지 않으려고 의도적으로 선택한 공간이다.

⑤ ㉤은 부마와 옹주가 대화를 나누면서 갈등을 드러내는 공간이다.

39 〈보기〉를 참고하여 윗글을 감상한 내용으로 적절하지 <u>않은</u> 것은? [3점]

〈보기〉

윤지경전은 역사적 상황을 바탕으로 허구와 사실을 적절히 조화시켰다. 역사적 실존 인물인 중종, 귀인 박 씨, 복성군 등이 작품 속에서 등장하는데, 이런 방식은 작품의 사실감을 높여 준다. 또한 권력을 내세워 위력으로 자신의 입장을 강요하는 인물과 신의를 지키려는 인물의 갈등이 드러난다. 그 과정에서 왕의 권위에도 굴하지 않고 사랑의 쟁취를 위해 고난을 무릅쓰는 남자 주인공을 통해 새로운 인간상을 제시하고 있다.

① 지경이 연화를 만나기 위해 월장하는 행동은 연화에 대한 사랑을 보여 주는 것이라 볼 수 있다.

② 왕의 권위에도 굴하지 않고 사랑의 쟁취를 통해 가문의 번영을 이루려는 지경을 통해 새로운 인간상을 보여 준다.

③ 최홍일과 지경의 대화 과정에서 귀인 박 씨와 복성군이란 역사적 실존 인물이 거론되어 작품의 사실감을 높여 준다.

④ 지경이 옹주와 화락하지 않고 혼례를 약속한 연인을 버리지 않는 태도에서 신의를 지키려는 인물의 태도를 확인할 수 있다.

⑤ 이미 혼례를 약속한 지경에게 위력으로 옹주와 혼례를 시킨 임금은 권력을 내세워 자신의 입장만을 강요하는 인물이라고 할 수 있다.

[40~45] 다음 글을 읽고 물음에 답하시오.

지상에서 우주 공간에 있는 미확인 인공위성을 관측하는 작업은 두 가지 방향으로 이루어진다. 하나는 인공위성의 위치를 정확히 파악하는 것이고, 다른 하나는 인공위성의 형상을 통해 인공위성의 기능이나 특성을 파악하는 것이다. 인공위성의 위치를 파악하는 데에는 SLR(Satellite LASER Ranging) 장비가 쓰이며, 인공위성의 형상을 파악하는 데에는 적응광학(Adaptive Optics) 장비가 쓰인다.

SLR 장비는 레이저를 이용하여 인공위성의 위치를 정확하게 알아낼 수 있는 장비로서 망원경, 초정밀 시계, 레이저 송수신부 등으로 구성된다. 위치를 측정하기 위해서는 먼저 망원경을 인공위성으로 향하게 한 다음, 레이저 송신부에서 레이저를 쏜다. 그 레이저가 인공위성에 반사되어 수신부로 돌아오면 초정밀 시계로 레이저의 왕복 시간을 측정함으로써 인공위성과의 거리를 계산한다. 거리는 속력에 시간을 곱한 것이므로, SLR 장비와 인공위성 간의 거리는 레이저의 속력 c(광속 상수)에 왕복 시간을 곱한 값을 2로 나누어 구한다. 예를 들어, 천구의 중앙을 지나는 인공위성에 반사되어 온 레이저의 왕복시간이 0.2초로 측정되었다면, SLR 장비와 인공위성의 거리는 $c \times 0.2초 \times \frac{1}{2}$로 계산된다. 이렇게 구한 '거리'에 SLR 장비의 '위치 정보'와 망원경이 향하고 있는 '방향 정보'를 융합하여 인공위성의 위치를 구한다.

그런데 이렇게만 해서는 ㉠ 인공위성의 정확한 위치를 알 수 없다. 오차가 있는 것이다. 이 오차를 보정하기 위해서는 여러 가지 요소들이 고려되어야 하지만, 대기로 인한 오차를 생각해야 한다. 빛은 매질의 밀도에 따라 속력과 파장이 달라진다. '진공에서의 빛의 속력'을, 'A매질에서의 빛의 속력'으로 나눈 값을 'A 매질의 굴절률'이라고 한다. 매질의 밀도가 클수록 빛의 속력은 느려지며 파장의 길이는 짧아진다. 레이저는 지구의 대기를 지나면서 속력이 달라진다. 따라서 레이저의 왕복 시간만으로 계산된 거리는 대기로 인한 오차를 보정하는 수학 모델인 대기 모델을 적용하여 수직적 오차를 보정해야 한다.

인공위성의 위치를 파악하기 위해 SLR 장비를 사용했다면, 고배율 망원경으로는 그 형상을 관측할 수 있다. 그런데 고배율 망원경으로도 인공위성의 형상을 자세히 파악하는 것은 쉽지 않다. 고배율 망원경에 맺힌 상이 흔들리기 때문이다. 그 주원인은 대류권에서 발생하는 난류이다. 대기층의 하부인 대류권에서는 서로 다른 특성을 지닌 공기들이 일정하지 않게 움직이면서 불규칙한 공기의 흐름인 난류가 만들어진다. 이 난류는 빛의 굴절에 영향을 준다. 난류를 통과하는 빛들은 방향과 속력이 제각각 달라진다.

파면은 특정한 시간에 파동의 위상이 같은 점을 연결한 가상의 면으로서, 빛의 진행 방향에 대해 수직이다. 파면이 평면인 빛을 평면파라 하고, 그 파면을 평면 파면이라 한다. 우주에서 지구로 오는 빛은 대기권을 통과하면서 굴절하게 되는데, 난류를 만나기 전의 빛의 파면은 여전히 평면에 ⓐ 가깝다. 그러나 대류권에서 난류를 만난 빛은 불규칙 굴절을 하여 그 방향이 제각각 달라진다. 그런데 파면은 빛의 진행 방향에 수직이므로, 이때의 빛의

파면은 평면이 아니게 된다. 이 빛을 왜곡파라 하고 그 파면을 왜곡 파면이라 한다. 이것이 ㉡ 별빛이 반짝이는 것처럼 보이는 이유이다.

인공위성에서 오는 빛은 대류권의 난류를 통과하며 왜곡파가 되므로, 망원경으로 관측된 인공위성의 상은 흔들리는 것으로 나타난다. 이를 보정하기 위해 적응광학 기술을 사용한다. 적응광학 장비는 망원경에 광선분배기, 파면 센서, 데이터처리기, 제어기, 형상가변반사경 등이 추가된다. 지상에 설치된 망원경에 대기권을 통과한 빛이 들어오면 그 빛은 형상가변반사경을 거쳐 광선분배기로 입사된다. 입사된 빛은 광선분배기에 의해 접안부와 파면 센서로 나뉘어 보내진다.

파면 센서는 들어온 빛의 파면이 왜곡된 정도를 측정한다. 파면 센서는 CCD*에 여러 개의 볼록 렌즈가 격자처럼 결합된 것으로서, 빛은 볼록 렌즈를 통과하면서 CCD에 볼록 렌즈의 수만큼 상으로 맺히게 된다. 들어온 빛이 평면파라면 CCD의 각 격자의 중심에 상이 맺히는데, 들어온 빛이 왜곡파라면 빛이 지나온 대기의 특성이 반영되어 각 격자의 중심이 아닌 곳에 상이 맺히게 된다. 이때 중심에서 벗어난 방향과 정도를 분석하여 왜곡된 파면의 뒤틀린 정도를 측정할 수 있다.

측정된 정보는 데이터 처리기를 거쳐 분석되고, 제어기는 분석된 정보를 전기적 신호로 변환하여 형상가변반사경으로 보낸다. 형상가변반사경은 휘어질 수 있는 거울의 뒤에 구동기가 빼곡하게 달려 있는 것으로서, 각 구동기는 제어기가 보낸 전기적 신호에 따라 거울의 뒷면을 밀거나 당김으로써 거울을 변형시키게 된다. 왜곡 파면은 이렇게 변형된 거울을 통해 보정되고, 우리 눈은 보정된 상을 볼 수 있게 되어 흔들림이 없어진다. 이러한 일련의 과정은 반복되기 때문에 인공위성의 형상을 보다 분명하게 파악할 수 있다.

*CCD : 전하결합소자. 카메라의 이미지 센서로 쓰인다.

40 윗글을 이해한 내용으로 적절하지 <u>않은</u> 것은?

① 평면 파면은 왜곡 파면과 달리 빛의 진행 방향에 대해 수직이다.

② SLR 장비는 망원경, 초정밀 시계, 레이저 송수신부 등으로 구성된다.

③ 대류권의 난류는 빛의 속력과 파장에 영향을 미쳐 파면을 왜곡시킨다.

④ 지상에서 인공위성의 형상을 파악하기 위해서는 적응광학 장비가 쓰인다.

⑤ 인공위성의 위치를 정확하게 알아내기 위하여 SLR 장비는 대기 모델을 적용한다.

41 ㉠에 대한 설명으로 가장 적절한 것은?

① 대기의 굴절률이 1보다 작으므로 보정하기 전에 파악한 위치보다 더 멀리 있다.

② 대기의 굴절률이 1보다 크므로 보정하기 전에 파악한 위치보다 더 가까이 있다.

③ 대기에서의 레이저 속력은 진공에서보다 빠르므로 보정하기 전에 파악한 위치보다 더 가까이 있다.

④ 대기에서의 레이저 파장은 진공에서보다 길므로 보정하기 전에 파악한 위치보다 더 멀리 있다.

⑤ 대기에서의 레이저 파장은 진공에서보다 짧으므로 보정하기 전에 파악한 위치보다 더 멀리 있다.

42 ㉡에 대한 설명으로 가장 적절한 것은?

① 관측자가 바람에 흔들리기 때문이다.

② 대류권의 공기들은 그 특성이 균질하기 때문이다.

③ 빛의 동일 위상을 연결한 선이 평면이기 때문이다.

④ 빛이 거쳐 온 난류의 굴절률이 제각기 다르기 때문이다.

⑤ 대기의 굴절률이 달라져도 빛의 파면이 변하지 않기 때문이다.

43 ⓐ의 문맥적 의미가 쓰인 예로 가장 적절한 것은?

① 기차역과 버스터미널은 <u>가깝다</u>.

② 수형이와 만수는 <u>가까운</u> 친구이다.

③ 그 사람은 행동이 어린이에 <u>가깝다</u>.

④ 그들은 <u>가까운</u> 장래에 결혼할 예정이다.

⑤ 주말에 <u>가까운</u> 친척의 결혼식에 다녀왔다.

44 윗글을 바탕으로 〈보기〉를 이해한 내용으로 적절하지 <u>않은</u> 것은? [3점]

〈보기〉

다음은 적응광학 장비의 원리를 나타낸 그림이다.

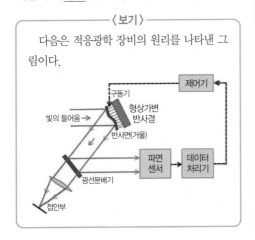

① 형상가변반사경은 휘어질 수 있는 거울로 구성되어 있다.

② 광선분배기는 빛을 접안부와 파면 센서로 나누어 보내 준다.

③ 파면 센서는 여러 개의 볼록 렌즈와 CCD의 결합으로 구성되어 있다.

④ 데이터처리기에서는 파면 센서의 정보를 조합하여 보정된 상을 보낸다.

⑤ 제어기는 데이터처리기의 정보를 받아 구동기에 전기적 신호를 보낸다.

45 윗글을 바탕으로 〈보기〉를 이해한 내용으로 적절하지 <u>않은</u> 것은?

〈보기〉

다음은 동일한 대상을 관측할 때 파면 센서 CCD에 맺힌 상으로, 이 상은 적응광학 장비에 의해 보정되기 전의 모습이다.

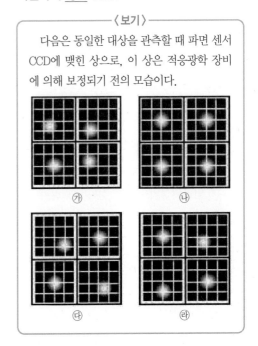

① ㉯ 상태가 지속된다면 파면의 변화가 없다고 할 수 있겠군.

② ㉮와 달리 ㉯는 평면파가 들어오고 있음을 보여 주겠군.

③ ㉯에서 ㉰로 달라진다면 빛의 파면이 바뀐 것이겠군.

④ ㉰는 ㉯에 비해 파면이 뒤틀린 정도가 심하겠군.

⑤ ㉰와 달리 ㉱는 왜곡파가 들어오고 있음을 보여 주겠군.

제**2**교시 영어영역(공통)

▶정답 및 해설 663p

01 Based on the following dialogue, which one is true?

> Ron : I don't think I can go any further.
> Dan : Come on, man! Push it, we have about one more kilometer to the top. Don't quit now!
> Ron : That's easy for you to say! You're in great shape, and your bike is carbon fiber! It must weigh 10 kilograms less than my bike!
> Dan : If you make it without stopping, I'll buy you dinner after the ride. Anything you want.
> Ron : I can't even think about eating. My legs feel like they're going to fall off and my throat is drier than a desert. Seriously I've got to stop and rest. I want to get in better shape, but I'm too tired. This is too hard.
> Dan : You have to push yourself. You're not going to lose all that fat by taking rests. You're the one that asked me to help you.
> Ron : I see. You're right.

① Ron and Dan managed to reach the top together.

② Ron's bike is lighter than Dan's.

③ Ron says that he can eat anything after the ride.

④ Ron desperately wants to take a break.

⑤ Ron is helping Dan to lose weight.

02 Choose the best answer for the blank.

> Salesman : Well, I think this SUV is exactly what you're looking for.
> Bob : It looks nice, but it's much bigger than I expected.
> Salesman : In that case, maybe this sedan is more to your interest? It's smaller and the price is reasonable.
> Bob : That sounds great. Does it come in navy blue?
> Salesman : We have one in navy blue here in the showroom. The sticker price is $75,000. Would you like to take it for a test drive?
> Bob : No, I drove the same car at another dealership last week. I think I'm going to just go ahead and buy it.
> Salesman : _____

① Great. Let me get the paperwork together and you can get on the road.

② Okay. I can introduce you to another car dealer in your neighborhood.

③ No problem. I can give you enough time for your test drive.

④ Don't worry. Both cars will be within your price range.

⑤ I'm sorry, but we don't have the car in navy blue.

03 Which is the best sequence of answers for the blanks?

Randy : What should we have for dinner?

Martha : Actually, I can't think of anything I really want to eat.

Randy : How about Mexican food? A new Mexican restaurant called El Gordo's has opened nearby.

Martha : _____ Last time I ate spicy food in a Mexican restaurant, my stomach hurt for two days.

Randy : Then what about the Waffle Shack? _____

Martha : So do I, but there's always a really long wait for a table.

Randy : You may be right. What about pizza?

Martha : I can't eat it again. _____

_____

Randy : Mmm.... How about trying El Gordo's? We can choose unspicy food.

Martha : Okay. If you want.

〈보기〉

a. I don't think it's a good idea.

b. I really love their dinner menu.

c. I'm so hungry.

d. I've already had it three times this week.

① a — b — d   ② a — c — d

③ b — a — d   ④ d — b — c

⑤ d — c — b

04 What is the relationship between the man and the woman?

Man : So I think it's exactly what you're in the market for. What do you think?

Woman : Well, honestly, I love it. The neighborhood seems fantastic and it is within my budget.

Man : So, should we make an offer to the owner? I know there are several other people interested in the house.

Woman : Yes, but I have one concern. Does the house next door always look like that? It looks empty and untidy.

Man : In fact, no one lives there.
It needs renovating but
the owner doesn't have
the mind to do it.

Woman : I don't want to live next
to the deserted house.
I'd like to see some other
places in the area.

① security guard — visitor

② real estate agent — homebuyer

③ tour guide — tourist

④ house owner — tenant

⑤ architect — reporter

05 Based on the following dialogue, which one is NOT true?

Jeff : I was hoping we'd get some
nice waves today.

Paul : Yeah, but it doesn't look like
they'll be any good. You just
missed it. They were fantastic
yesterday. We had overhead
waves.

Jeff : It seems like I'm always
missing the good surf. Last
month on the Baja Peninsula
was the last time I had a great
surfing day.

Paul : I've had those slumps before
as well. Sometimes the surf
gods smile upon us, and
sometimes they don't!

Jeff : What does the forecast look
like for tomorrow?

Paul : Rain and no surf, but the day
after tomorrow looks like
there'll be clear skies and
fantastic waves! When are
you leaving?

Jeff : Tomorrow night. The surf
gods must hate me.

① Paul says that the waves were fantastic
yesterday.

② Jeff is having terrible luck with surfing.

③ Jeff had great surf on the Baja
Peninsula last month.

④ The forecast says it will rain tomorrow.

⑤ Jeff is going to leave the day after
tomorrow after enjoying surfing.

06 Choose the sentence that best describes the situation. [3점]

Tom : Sorry but all of those plastic
pipes have to be ripped out
and replaced. Then we are
going to have to build a new
shower in there.

Jane : Oh no! That sounds
expensive! How much is
something like that going to
cost?

Tom : Well, I'd have to write up
an estimate, but off the top
of my head, I'd say around

$2,000. I did a job like this last year.

Jane : Oh boy! That's too expensive. I expected a few hundred maybe. I paid the last person $500. Couldn't you do it for that?

Tom : The reason I'm here is because you paid the last guy $500. He did a terrible job. That's why all your pipes are leaking and your shower has to be replaced.

Jane : Well, I just don't know. I guess I don't really have a choice. How about $700?

Tom : If I did the work for $700, I'd be losing a ton of money. It is going to be at least $1,800.

① Jane is asking Tom where the shower facility is.

② Tom broke Jane's shower, and now she wants him to fix it.

③ Tom and Jane are negotiating the fee for building a new shower.

④ Tom is trying to sell Jane some pipes, but she doesn't want to buy them.

⑤ Jane is willing to pay as much as Tom asks for the repair job.

07 다음 글에서 필자가 주장하는 바로 가장 적절한 것은?

Thought stopping, a term coined by Richard Rawson of UCLA, who works with recovering drug addicts, is a definitive decision not to respond to the pull of a reward: Encounter a stimulus, and shut off the action it provokes. "Think of it like television," says Rawson. "Change the channel." Turning off a thought has to be almost immediate. "You're not helpless about this; you can make a decision, but you have to make the decision quickly," said Rawson. The more seconds you spend thinking about what to do in the face of an urge, the greater the chance that you'll ultimately give in to it. Once you begin to debate "Should I or shouldn't I?" you've lost the battle. Experience a cue, switch off the associated thought. No ambiguity, no maybes. Don't waste time in debate; don't struggle with your response. Just get it out of your working memory. Internalize a response to urges that is absolute, even rigid, leaving no room for doubt.

① 결정을 내리기 전에 심사숙고하라.

② 자신의 생각을 남에게 강요하지 말라.

③ 다른 사람의 의견보다는 자신의 판단을 따르라.

④ 주관적인 판단보다는 전문가의 견해를 들어보라.

⑤ 유혹에 빠지게 하는 생각을 단호하게 중단하라.

① Learn from old wisdom.

② Easy come, easy go.

③ To err is human.

④ Pride comes before a fall.

⑤ Nothing ventured, nothing gained.

08 다음 글이 시사하는 바로 가장 적절한 것은?

The collective mind of any cultural group, accumulated over time, is typically smarter than any individual human mind. This is why cultural learning is so important, and also why such techniques as crowdsourcing are so effective. Xunzi, a thinker in early China, compares the Confucian Way inherited by his generation to markers used to indicate a ford over an otherwise deep and swift river. People with experience have, through careful trial and error, figured out the best place to cross the river and have left markers to help us find it. We could ignore them and just wing it, but that would be counterproductive and even dangerous. In other words, if a respected member of the local community tells you to boil this root vegetable for two hours, then strain it, and then pound it with a stick blessed by a priest until you've sung this sacred song twenty times, you should probably just shut up and do it, exactly the way you are told.

* ford: (강 따위의) 얕은 곳, 여울
** wing it: 즉흥적으로 하다

[09~10] 다음 글의 요지로 가장 적절한 것을 고르시오.

09

Many decisions that you make will turn out to be wrong in the fullness of time. When you made the decision or commitment, it was probably a good idea, based on the circumstances of the moment. But now the situation may have changed, and it is time to zero-base it again. You can usually tell if you are in a zero-based-thinking situation because of the stress that it causes. Whenever you are involved in something that, knowing what you now know, you wouldn't get into again, you experience ongoing stress, aggravation, irritation, and anger. Sometimes people spend an enormous amount of time trying to make a business or personal relationship succeed. But if you zero-base this relationship, the correct solution is often to get out of the relationship altogether. The only real question is whether or not you have the courage to admit that you were wrong and take the necessary steps to correct the situation.

① 상황이 바뀌면 원점에서 다시 시작하는 수고를 감내할 필요가 있다.
② 스트레스를 유발하는 상황을 가급적 만들지 않는 것이 좋다.
③ 순간적인 판단이 고심 끝에 내린 판단보다 좋을 수 있다.
④ 합의를 통해 결정한 사항은 쉽게 번복해서는 안 된다.
⑤ 의사결정을 내리는 것을 무한정 미루는 것은 바람직하지 않다.

10

Our natural response to reading or hearing about the darker qualities in human nature is to exclude ourselves. It is always the other person who is narcissistic, irrational, envious, grandiose, or aggressive. We almost always see ourselves as having the best intentions. If we go astray, it is the fault of circumstances or people forcing us to react negatively. Stop once and for all this self-deluding process. We are all cut from the same cloth, and we all share the same tendencies. The sooner you realize this, the greater your power will be in overcoming these potential negative traits within you.

You will examine your own motives and look at your own shadow. This will make it that much easier to spot such traits in others. You will also become humbler, realizing you're not superior to others in the way you had imagined. This will not make you feel guilty or weighed down by your self-awareness, but quite the opposite. You will accept yourself as a complete individual, embracing both the good and the bad, dropping your falsified self-image as a saint. You will feel relieved of your hypocrisies and free to be more yourself. People will be drawn to this quality in you.

① 다른 사람의 긍정적인 면을 본받으려는 노력이 필요하다.
② 사람에게는 개별적인 특성뿐만 아니라 보편적인 특성도 있다.
③ 자신의 부정적인 면을 인정하면 그것을 극복하는 데 도움이 된다.
④ 결과뿐만 아니라 의도를 고려하여 행동의 정당성을 판단할 필요가 있다.
⑤ 자신감을 갖고 상대방을 대할수록 자신의 의견에 대한 동의를 얻기 쉽다.

[11~12] 다음 글의 주제로 가장 적절한 것을 고르시오.

11

For all its size and grandeur, the Inca Empire lasted only a century before it was conquered by the Spanish, beginning in 1532. Even before the Spanish Conquistadors arrived in central South America, the Inca had begun to suffer from the European arrival in the New World, for the Europeans brought diseases with them that peoples in the Americas had no immunity to. Shortly after Europeans landed in South America, smallpox, measles, typhoid, influenza, malaria, whooping cough and other diseases killed the indigenous peoples of the Americas. These Old World diseases spread to the Inca Empire by the 1520s. Just before the arrival of the Spanish in the Andes, epidemics killed many Inca leaders, including their Emperor and his successor. Eventually an estimated one-third to one-half of the total population of the Inca Empire died of these viral killers. Those who survived were demoralized, which contributed to the relatively easy Spanish conquest of the Inca.

* conquistador: 정복자

① Spanish conquerors of the New World and their cruelties

② European diseases as a cause of the collapse of the Inca Empire

③ impact of the collision of the Old and New World on Europeans

④ a scientific method to track the rise and fall of the Inca Empire

⑤ Incan natural therapies to treat diseases from the Old World

12

If people know an attack is coming, they can prepare to defend themselves. High school students in a study were forewarned either 2 or 10 minutes in advance that they would hear a speech on "Why Teenagers Should Not Be Allowed to Drive" (not a very popular message, as you might guess). The remaining students heard the same talk, but received no forewarning. The results showed that students who received no forewarning were persuaded the most, followed by those who received 2 minutes' warning, followed by those who received 10 minutes' warning. When people believe that someone is trying to persuade them (and take away their freedom of choice), they experience an unpleasant emotional response called psychological reactance, which motivates them to resist the persuasive attempt. Often people will do exactly the opposite of what they are being persuaded to do. The parents of Romeo and Juliet in Shakespeare's play found this effect out when their efforts to end the romance only drove the young lovebirds closer together.

① effect of forewarning on persuasion
② characteristics of persuasive speeches
③ importance of an interactive presentation
④ necessity of giving warning signs in advance
⑤ functions of persuasive communication in education

[13~14] 다음 글의 제목으로 가장 적절한 것을 고르시오.

13

To reconstitute democracy in line with our present situation, we need to challenge the frightening, but false, assumption that increased diversity automatically brings increased tension and conflict in society. Indeed, the exact reverse can be true. Conflict in society is not only necessary, it is, within limits, desirable. But if one hundred men all desperately want the same brass ring, they may be forced to fight for it. On the other hand, if each of the hundred has a different objective, it is far more rewarding for them to trade, cooperate, and form symbiotic relationships. Given appropriate social arrangements, diversity can make for a secure and stable civilization. It is the lack of appropriate political institutions today that unnecessarily sharpens conflict between minorities to the knife-edge of violence. The answer to this problem is not to stifle dissent or to charge minorities with selfishness. The answer lies in imaginative new arrangements for accommodating and legitimating diversity—new institutions that are sensitive to the rapidly shifting needs of changing and multiplying minorities.

① Does Diversity Harm Democracy?
② Are Democracy's Weaknesses Inherent?
③ The Rise of Diversity Is a Threat to Democracy
④ The Majority Rule: A Basic Principle of Democracy
⑤ Democracy Is Contagious: Democratization in Progress

14

Imagine that on your first day working at a record store, your manager says, "Our records are organized alphabetically." Under this direction, you file your first pack of albums with ease. Later, you overhear a coworker saying, "Sorry, it looks like we're sold out of Michael Jackson right now." Your manager looks under "J" and checks the inventory, which says the store should have a single copy of Thriller. You remember that it was part of the shipment of records you just filed. Where else could you have put that record, if not under "J"? Maybe under "M"? The ambiguity that's wrapped up in something as simple as "alphabetize these" is truly amazing. We give and receive instructions all day long. Ambiguous instructions can weaken our structures and their trustworthiness. It's only so long after that first album is misfiled that chaos ensues.

* ensue: (결과로서) 일어나다

① Alphabetical Classification Makes It Easy

② Leave Complexity, Stay with Simplicity

③ A Manager: Coworker or Enemy?

④ Old Albums Are Hard to Collect

⑤ Ambiguity Hides in Simplicity

15 다음 도표의 내용과 일치하지 <u>않는</u> 것은?

The above graph shows the percentages of men and women in occupational roles in the U.S. military in 2010. ① Active-duty women were much more heavily concentrated in administrative roles than were active-duty men: the percentage of women was more than twice that of men in administrative positions. ② And while only 6% of men in the military held medical roles, 15% of women had these types of jobs. ③ In the electrical field, the percentage of men was larger than that of women: while 22% of men were in electrical positions, only 12% of women served the same roles. ④ Compared to 19% of servicemen in the infantry, gun crews and seamanship, only 3% of servicewomen were in these roles. ⑤ No occupational role showed the same distribution of men and women in the military.

* infantry: 보병

** active-duty: 현역의

16 Herbert Marcuse에 관한 다음 글의 내용과 일치하지 <u>않는</u> 것은?

Born in Berlin in 1898, Herbert Marcuse served with the German army in World War I before completing a PhD in literature in 1922 at the University of Freiburg. After a short spell as a bookseller in Berlin, he studied philosophy under Martin Heidegger. In 1932, he joined the Institute for Social Research, but he never worked in Frankfurt. In 1934 he fled to the US, where he was to remain. While he was in New York with Max Horkheimer, the latter received an offer from Columbia University to relocate the Institute there and Marcuse joined him. In 1958 Marcuse became a professor at Brandeis University, Massachusetts, but in 1965 he was forced to resign because of his outspoken Marxist views. He moved to the University of California, and during the 1960s gained world renown as a social theorist, philosopher, and political activist. He died of a stroke, aged 81.

① 1차 세계대전 중 독일군에서 복무했다.

② Martin Heidegger의 지도하에 철학을 공부했다.

③ 1934년에 미국으로 피신하여 그곳에 머물렀다.

④ California 대학에서 교수가 되어 Brandeis 대학으로 옮겼다.

⑤ 1960년대에 사회이론가, 철학자, 정치활동가로 세계적인 명성을 얻었다.

17 밑줄 친 부분이 가리키는 대상이 나머지 넷과 <u>다른</u> 것은?

Four-year-old Betsy loved to spit. Every time someone said, "Hello, Betsy," she would pucker up and get ready to spray the person with a cloud of saliva. Her parents were embarrassed and couldn't understand how she started such a "bad" habit. ① <u>They</u> were both very respectful people and didn't understand where Betsy learned to do such a "naughty and disgusting" thing. All ② <u>their</u> efforts to get Betsy to stop fell on deaf ears. One day they visited a friend of the family, and when Betsy puckered up to spit, the friend smiled broadly and said, "Betsy, I bet you love to spit. Let's both go in the bathroom and spit into the toilet. I think it's fun to do too." Betsy's parents watched in a mixture of shame and amazement as Betsy took her friend by the hand and the two disappeared into the bathroom. After a few minutes, ③ <u>they</u> returned and Betsy stopped spitting. What Betsy's parents realized is that ④ <u>they</u> had been creating a power struggle by trying to control Betsy's behavior. Now ⑤ <u>they</u> had an option and could tell Betsy, "Spitting is okay as long as you do it in the toilet." It didn't take long for Betsy to give up her "habit."

* pucker up: 입술을 오므리다

[18~19] 다음 글의 밑줄 친 부분 중, 어법상 틀린 것을 고르시오.

18 For women in leadership positions, ① <u>what</u> often works best is a calm, confident expression, warm yet businesslike. Perhaps the best example of this would be current German chancellor Angela Merkel. Her smiles are even less frequent than the average male politician, but when they occur they are especially meaningful. They never seem ② <u>fake</u>. She listens to others with looks of complete absorption, her face remarkably still. She has a way of getting others to do most of the talking while always ③ <u>seeming</u> to be in control of the course of the conversation. She does not need to interrupt to assert herself. When she wants to attack someone, it is with looks of boredom, iciness, or contempt, never with blustering words. When Russian president Vladimir Putin tried to intimidate her by bringing his pet dog into a meeting, ④ <u>know</u> Merkel had once been bitten and had a fear of dogs, she visibly tensed, then quickly composed herself and looked him calmly in the eye. She put ⑤ <u>herself</u> in the one-up position in relation to Putin by not making anything of his ploy. He seemed rather childish and petty in comparison. Her style does not include all of the alpha male body posturing. It is quieter and yet extremely powerful in its own way.

* blustering: 호통치는

19 Rules and incentives are an inevitable and necessary part of our social and political life—the banking crisis would have been far less serious ① <u>had</u> Depression-era regulations not been removed and had existing regulations been enforced. For all the importance of rules and incentives, however, a debate that focuses only on the proper mix of these two mechanisms ② <u>leave</u> out an important ingredient. The kind of work that most practitioners want to do, and ③ <u>that</u> those they serve also want them to do, demands practical wisdom. Rules and incentives may improve the behavior of those who don't care, though they won't make ④ <u>them</u> wiser. But in focusing on the people who don't care—the targets of our rules and incentives—we miss those who do care. We miss those who want to do the right things but ⑤ <u>lack</u> the practical wisdom to do them well. Rules and incentives won't teach these people the moral skill and will they need. Even worse, rules can kill skill and incentives can kill will. [3점]

[20~21] (A), (B), (C)의 각 네모 안에서 어법에 맞는 표현으로 가장 적절한 것을 고르시오.

	(A)		(B)		(C)
①	are	……	being	……	which
②	are	……	was	……	which
③	are	……	was	……	at which
④	is	……	being	……	at which
⑤	is	……	was	……	which

20

   Biodiversity as a whole forms a shield protecting each of the species that together compose it, ourselves included. What will happen if, in addition to the species already extinguished by human activity, say, 10 percent of those remaining (A) are / is taken away? Or 50 percent? Or 90 percent? As more and more species vanish or drop to near extinction, the rate of extinction of the survivors accelerates. In some cases the effect is felt almost immediately. When a century ago the American chestnut, once a dominant tree over much of eastern North America, (B) being / was reduced to near extinction by an Asian fungal blight, seven moth species whose caterpillars depended on its vegetation vanished, and the last of the passenger pigeons plunged to extinction. As extinction mounts, biodiversity reaches a tipping point (C) which / at which the ecosystem collapses. Scientists have only begun to study under what conditions and when this catastrophe is most likely to occur.

[3점]

* blight: 마름병

21

   In the 1970s, Stanley Schachter, a Columbia University social psychologist, became convinced that overweight people did not respond (A) appropriate / appropriately to internal signals, such as hunger, satiety, or a need for fuel. He hypothesized that overweight people ate in response to external cues, rather than internal signals. Schachter's cracker study compared the eating behaviors of thin and overweight subjects. He first divided his participants into two groups, offering one all the sandwiches they wanted to eat and (B) ask / asking the other only to fill out a questionnaire about food. Then he gave everyone the same opportunity to sample five different types of crackers. Not surprisingly, the thin people who had already eaten the sandwiches ate fewer crackers than the thin people who had simply completed the questionnaire. But those who were overweight ate about the same number of crackers whether or not they had eaten the sandwiches first. Schachter theorized that the sight of food was (C) exerted / exerting more pull on the overweight population than any internal messages reporting an absence of hunger.

	(A)	(B)	(C)
①	appropriate	ask	exerted
②	appropriately	asking	exerting
③	appropriately	asking	exerted
④	appropriate	asking	exerting
⑤	appropriately	ask	exerted

[22~23] 다음 글의 밑줄 친 부분 중, 문맥상 낱말의 쓰임이 적절하지 <u>않은</u> 것을 고르시오.

22 Joseph Schumpeter expressed the view that the essence of capitalism is the process of "creative destruction"—the perpetual cycle of destroying the old and less efficient product or service and ① replacing it with new, more efficient ones. Andy Grove took Schumpeter's insight that "only the paranoid survive" and made it in many ways the business model of globalization capitalism. Grove helped to popularize the view that dramatic, industry-transforming ② innovations are taking place today faster and faster. Thanks to these technological breakthroughs, the speed by which your latest invention can be made ③ obsolete is now lightning quick. Therefore, only the paranoid, only those who are constantly looking over their shoulders to see who is creating something new that will destroy them and then staying just one step ahead of them, will survive. Those countries that are most willing to let capitalism quickly destroy inefficient companies, so that money can be freed up and directed to more innovative ones, will ④ perish in the era of globalization. Those which rely on their governments to ⑤ protect them from such creative destruction will fall behind in this era. [3점]

* paranoid: 편집증적인 사람

23 Boston and Cambridge are cities where many people do not stay for too long. Many people here are graduate students and postdoctorals, which means that by definition their positions have an ① expiration date. Boston and Cambridge are melting pots, but also cities where you make new friends at farewell parties. The combination of high resident turnover and friendships produces a situation in which the best apartments in Cambridge never ② reach the market. When someone moves out of a good apartment, there's always a friend looking to move in, and landlords usually are okay with this hand-me-down dynamic because it ③ causes them the burden of finding a new tenant. So the lesson is that, at least in the case of Boston and Cambridge, the real estate market for apartments is ④ secondary to the social network. According to Mark Granovetter, a sociologist who has studied the economic relevance of social networks throughout much of his life, we can say that in Cambridge the market for student apartments is ⑤ embedded in the network of social interactions.

[24~25] (A), (B), (C)의 각 네모 안에서 문맥에 맞는 낱말로 가장 적절한 것을 고르시오.

24

Behavior is not infinitely flexible, easily moved in any direction. Rather, organisms are born with natural behavior systems and tendencies that (A) constrain / expand how learning occurs and what changes one may expect from a training procedure. These limitations were described elegantly in an analogy by a researcher, who compared learning to sculpting a wooden statue. The sculptor begins with a piece of wood that has little (B) contrast / resemblance to a statue. As the carving proceeds, the piece of wood comes to look more and more like the final product. But the process is not without limitation since the sculptor has to take into account the direction and density of the wood grain and any knots the wood may have. Wood carving is most successful if it is

in (C) conflict / harmony with the preexisting grain and knots of the wood. In a similar fashion, learning is most successful if it takes into account the preexisting behavior structures of the organism.

	(A)	(B)	(C)
①	constrain	contrast	conflict
②	constrain	resemblance	conflict
③	constrain	resemblance	harmony
④	expand	contrast	conflict
⑤	expand	resemblance	harmony

25

Plants are great chemists—and alchemists: they can turn sunbeams into matter! They have evolved to use biological warfare to repel predators—poisoning, paralyzing, or disorienting them—or to reduce their own digestibility to stay alive and protect their seeds, (A) enhancing / reducing the chances that their species will endure. Both these physical and chemical defensive strategies are remarkably effective at keeping predators away, and even sometimes at getting animals to do what they wish. Because their initial predators were insects, plants developed some lectins that would paralyze any unfortunate bug that tried to dine on them. Obviously, there is a quantum size difference between insects and mammals, but both are (B) resistant / subject to the same effects. Clearly, most of you won't be paralyzed by a plant compound within minutes of eating it, although a single peanut (a lectin) certainly has the potential to kill certain people. But we are not immune to the long-term effects of eating certain plant compounds. Because of the huge number of cells we mammals have, we may not see the (C) beneficial / damaging results of consuming such compounds for years. And even if this is happening to you, you don't know it yet. [3점]

* lectin: 렉틴(주로 식물에서 추출되는 단백질)

	(A)	(B)	(C)
①	enhancing	resistant	beneficial
②	enhancing	subject	damaging
③	enhancing	subject	beneficial
④	reducing	subject	damaging
⑤	reducing	resistant	beneficial

[26~30] 다음 글을 읽고, 빈칸에 들어갈 말로 가장 적절한 것을 고르시오.

26

Observers have repeatedly noticed that animals in the wild do not live solely by "tooth and claw" but regularly show _____. Once, when an old bull elephant lay dying, human observers noted that his entire family tried everything to help him to his feet again. First, they tried to work their trunks and tusks underneath him. Then they pulled the old fellow up so strenuously that some broke their tusks in the process. Their concern for their old friend was greater than their concern for themselves. Elephants have also been observed coming to the aid of a comrade shot by a hunter, despite their fear of gunshots. The other elephants work in concert to raise their wounded companion to walk again. They do this by pressing on either side of the injured elephant and walking, trying to carry their friend between their gigantic bodies. Elephants have also been seen sticking grass in the mouths of their injured friends in an attempt to feed them, to give them strength.

① self-treatment for injury

② compassion for their fellows

③ family ties for their offspring

④ tricks of deceiving their predators

⑤ collaboration for finding food in the wild

27

A factor which helps people to withstand fear is _____.
The front-seat passenger in a car, for example, is usually more anxious than the driver. In the studies of American servicemen this was revealed when aircrew in the European theater of operations were asked in June 1944: "If you were doing it over again, do you think you would choose to sign up for combat flying?" Pilots were always more willing to answer "Yes, I'm pretty sure I would" (51-84 percent) than other enlisted men (39-51 percent), and fighter pilots flying their planes single-handed (84 percent) more so than bomber pilots (51-74 percent). Heavy bomber crews showed increasing reluctance the more missions they had flown, and the reason is not hard to discover. The casualty rates (over 70 percent killed or missing in action after six months and 17.5 percent wounded or injured in action) were dreadful. [3점]

* theater: 작전 구역

① being in control

② to wait and see

③ recalling good events

④ being with a companion

⑤ proper training and practice

28

Some contemporary technologies seem to open new and deeply troubling ethical issues, issues of a kind that humankind has never had to address before. The emerging technology of genetic engineering, for instance, creates the prospect of our designing our own children and turning humanity itself into a kind of artifact. Some authors seem to welcome this prospect, but others believe that we are at a crossroads that requires that we relinquish the opportunity to acquire the knowledge that would enable us to create such a brave new world. Others believe that we can place reasonable limits on how biotechnology and genetic engineering will be employed on human beings that will allow some uses but prohibit others. Genetic engineering of plants and some animal species is already in widespread use, and it may already be impossible to put this particular genie back in the bottle. Hans Jonas believes that technologies such as these that give us the capability _____ should be approached with a sense of "long-range responsibility" and, above all, a sense of humility.

① to make aesthetic use of science

② to alter nature in fundamental ways

③ to produce materials with little variation

④ to detect and locate hidden defects in complex systems

⑤ to defend the organism from external and internal dangers

29

You can almost certainly recall instances when being around a calm person leaves you feeling more at peace, or when your previously sunny mood was spoiled by contact with a grouch. Researchers have demonstrated that this process occurs quickly and doesn't require much, if any, verbal communication. In one study, two volunteers completed a survey that identified their moods. Then they sat quietly, facing each other for a two-minute period, waiting for the researcher to return to the room. At the end of that time, they completed another emotional survey. Time after time, the brief exposure resulted in the less expressive partner's moods coming to resemble the moods of the more expressive one. It's easy to understand how emotions _____.
In just a few months, the emotional responses of both dating couples and college roommates become dramatically more similar.

* grouch: 불평이 많은 사람

① can be best managed for optimal functioning

② can operate independently of external stimuli

③ can be even more infectious with prolonged contact

④ are influenced by social and cultural norms

⑤ are related to the whole creative process

30

There is much evidence that the use of language enables us _____, because the stimulation associated with the use of language facilitates a further spurt of brain development. There have been extended attempts to teach chimpanzees the use of language by bringing them up in human family environments. Since they do not have the vocal apparatus for speech, they have been taught using American sign language. It has proved possible to teach chimpanzees up to a few hundred words in their first five years of life, a tiny fraction of what human children achieve. The comparative abilities of human children and chimpanzees are rather similar until the point at which language develops in the children, somewhere between their first and second birthdays, after which our mental development accelerates away from that of chimpanzees. A related point is that we have very few memories of the period before we learn the use of language. It is obvious that our use of language does not merely enable us to communicate, but that it also profoundly affects the way we perceive the outside world. [3점]

① to express our curiosity about nature

② to memorize events much more precisely

③ to share our perceptual experiences

with others

④ to communicate with animals around us

⑤ to put creative thoughts into action

[31~32] 주어진 글 다음에 이어질 글의 순서로 가장 적절한 것을 고르시오.

31

Today, the secret of success of many profitable businesses lies in their ability to process the data using advanced analytical methods. The business of information management encompasses more than just storing the data. It also covers 'data mining' or acquiring information by processing data using a new form of business intelligence.

(A) This ability of knowing 'why' will therefore empower the organization to make the necessary strategic changes. For example, the organization should capitalize on the newfound knowledge by building a stronger, one-to-one relationship with its customers.

(B) However, a report aided by data mining or business intelligence, is not only able to identify the best-selling product in a supermarket but the report is also able to explain the reasons why the product is the best.

(C) Hence, organizations need to invest in data mining techniques (aided by statistical analysis, visualization and neural networks) to uncover hidden patterns, discover new knowledge, and as a consequence gain more insight into the current business situation. For example, a typical report is able to identify the best-selling product in a supermarket.

① (A) - (C) - (B) ② (B) - (A) - (C)

③ (B) - (C) - (A) ④ (C) - (A) - (B)

⑤ (C) - (B) - (A)

32

As the case on the Canada-US Free Trade Agreement shows, it was important for Canada to gain the attention of US political leadership to increase Canadian power in the negotiation. Lack of attention by the stronger party is often a statement that it does not consider the other side particularly powerful or significant.

(A) This action provoked a diplomatic crisis between the two long-time allies and succeeded in getting US attention, which led to high-level American participation in the negotiations. Canada enhanced its power by playing on the historically strong relationship between the two countries.

(B) Such lack of attention may manifest itself in many ways, but it is almost always demonstrated by entrusting the negotiations to relatively low-level officials who have limited authority and access to their country's political leadership.

(C) Canada faced this problem in this negotiation. The tactics of attention-getting may include stalling and walking out of the negotiations. In the Canada-US Free Trade Agreement talks, Canada walked out when they felt that the United States was not taking the negotiations seriously.

* stall: (교묘하게) 시간을 벌다

① (A) − (C) − (B)   ② (B) − (A) − (C)

③ (B) − (C) − (A)   ④ (C) − (A) − (B)

⑤ (C) − (B) − (A)

[33~34] 글의 흐름으로 보아, 주어진 문장이 들어가기에 가장 적절한 곳을 고르시오.

33

An alternative use, however, treats law generally as a means of enforcing norms or standards of social behavior.

The term 'law' has been used in a wide variety of ways. In the first place, there are scientific laws or what are called descriptive laws. These describe regular or necessary patterns of behavior found in either natural or social life. (①) The most obvious examples are found in the natural sciences; for instance, in the laws of motion and thermodynamics advanced by physicists. (②) But this notion of law has also been employed by social theorists, in an attempt to highlight predictable, even inevitable, patterns of social behavior. (③) This can be seen in Engels's assertion that Marx uncovered the 'laws' of historical and social development, and in the so-called 'laws' of demand and supply which underlie economic theory. (④) Sociologists have thus seen forms of law at work in all organized societies, ranging from informal processes usually found in traditional societies to the formal legal systems typical of modern societies. (⑤) By contrast, political theorists have tended to understand law more specifically, seeing it as a distinctive social institution clearly separate from other social rules or norms and only found in modern societies. [3점]

34

> Another, unexpected, consequence is the ability of bacteria to overcome the mechanisms that give antibiotics their efficacy, rendering them useless.

Initially seen as *miracle drugs*, antibiotics, once they became widely available, were used not only for bacterial infections, but for everything from the common cold to headaches. (①) Indeed antibiotics were a godsend, drastically improving medicine and contributing significantly to the increase in life expectancy achieved during the twentieth century. (②) Like many technological fixes, along with the positive benefits of antibiotics came negative side effects. (③) Antibiotics can kill the many beneficial bacteria in the human body, for instance those that promote digestion, along with invasive bacteria. (④) Antibiotic resistance, first a curiosity seen in the laboratory, became common among populations of bacteria exposed to antibiotics. (⑤) In a matter of years following the introduction of penicillin, penicillin-destroying staphylococci appeared in hospitals where much of the early use of penicillin had taken place.

* staphylococci: 포도상구균

[35~36] 다음 글에서 전체 흐름과 관계 없는 문장을 고르시오.

35　Far from existing inertly, the inhabitants of the pasture—or what the ancient Hellenes called *botane*—appear to be able to perceive and to react to what is happening in their environment at a level of sophistication far surpassing that of humans. ① The sundew plant will grasp at a fly with infallible accuracy, moving in just the right direction toward where the prey is to be found. ② Some parasitical plants can recognize the slightest trace of the odor of their victim, and will overcome all obstacles to crawl in its direction. ③ Plants are in trouble because they are rooted to the ground and therefore unable to pick up and move when they need something or when conditions turn unfavorable. ④ Plants seem to know which ants will steal their nectar, closing when these ants are about, opening only when there is enough dew on their stems to keep the ants from climbing. ⑤ The more sophisticated acacia actually enlists the protective services of certain ants which it rewards with nectar in return for the ants' protection against other insects and herbivorous mammals.

* inertly: 비활동적으로

36 Transport geography is a topical branch of geography that evolved out of economic geography. Like tourism, transportation is, of course, inherently geographic because it connects places and facilitates the movement of goods and people from one place to another. ① Transport geography fundamentally depends on the geographic concepts, such as location or scale. ② For example, location shapes patterns of movement, including whether movement is possible from and/or to a given location and how that movement might occur. ③ Transportation networks exist at local and regional scales and, in the modern world, are increasingly being connected into a global system. ④ With much faster personal and organized transport, afternoon drives, day trips, overnight stays and weekends have added a considerable scope to the tourism industry but also to tourists themselves. ⑤ In addition, there are many geographic factors of places — both physical and human — that either allow or constrain transportation.

37 다음 글의 내용을 한 문장으로 요약하고자 한다. 빈칸 (A)와 (B)에 들어갈 말로 가장 적절한 것은?

Consider a household that dumps sewage into a public lake rather than purchasing a septic system to process and store the waste. This "straight pipe" method of disposal damages the lake's appeal for water sports and as a source of drinking water. Although the social cost of dumping sewage is larger than the cost of a septic system, the household's private cost of dumping is not, because the household bears only a fraction of the overall damage of dumping. If the lake area belonged to the household dumping the sewage, that household would internalize the full social cost of dumping and invest in a septic system. If the lake area belonged to someone else, that person would have an incentive to prohibit and carefully monitor dumping. Biologist Garrett Hardin felt that by assigning property rights to land, water, and air, society could avoid externalities caused by everything from factories to loud music. As evidence of his point, poaching is a far greater problem in countries where property rights are weak than in countries where they are well-defined and strictly enforced.

* septic system: 오수정화 시스템

** poach: (남의 영역을) 침해하다

↓

According to Garrett Hardin, environmental damage to open-access areas, such as lakes, could be (A) if the areas were (B) held.

	(A)		(B)
①	caused	······	exclusively
②	caused	······	commercially
③	disclosed	······	commonly
④	prevented	······	publicly
⑤	prevented	······	privately

[38~39] 다음 글을 읽고, 물음에 답하시오.

We cannot divorce emotions from thinking. The two are completely intertwined. But there is inevitably a (a) underline dominant factor, some people more clearly governed by emotions than others. What we are looking for is the proper ratio and balance, the one that leads to the most effective action. The ancient Greeks had an appropriate metaphor for this: the rider and the horse.

The horse is our emotional nature continually (b) underline impelling us to move. This horse has tremendous energy and power, but without a rider it cannot be guided; it is wild, subject to predators, and continually heading into trouble. The rider is our thinking self. Through training and practice, it holds the reins and guides the horse, transforming this powerful animal energy into something (c) underline productive. The one without the other is useless. Without the rider, no directed movement or purpose. Without the horse, no energy, no power. In most people the horse dominates, and the rider is weak. In some people the rider is too strong, holds the reins too tightly, and is (d) underline willing to occasionally let the animal go into a gallop. The horse and rider must work together. This means we consider our actions (e) underline beforehand; we bring as much thinking as possible to a situation before we make a decision. But once we decide what to do, we loosen the reins and enter action with boldness and a spirit of adventure. Instead of being slaves to this energy, we channel it. That is the essence of rationality.

38 윗글의 주제로 가장 적절한 것은?

① necessity of finding the optimal balance of thinking and emotion

② traditional skills of taming and harnessing wild animals

③ effects of emotional suppression on physical health

④ difficulties of getting the right technique to win horse races

⑤ ancient Greek concepts about the importance of philosophy in sports

39 밑줄 친 (a)~(e) 중에서 문맥상 낱말의 쓰임이 적절하지 <u>않은</u> 것은?

① (a)   ② (b)

③ (c)   ④ (d)

⑤ (e)

[40~41] 다음 글을 읽고, 물음에 답하시오.

Yesterday's *Observer* features two pieces about human enhancement in the prospect of the FutureFest festival in London in September. The articles mention Bertolt Meyer, a Swiss man born without a left hand who was recently fitted with a state-of-the-art bionic one (which he controls from his smartphone), and include quotes from well-known authors associated with the topic of human enhancement, such as Nick Bostrom and Andy Miah.

At the moment, prosthetic devices like Meyer's are used to restore normal human functions among those who lack them. Yet as such devices become ever more ___(A)___ , to the point that they eventually outperform "natural" limbs in terms of speed, strength, executive control etc., "will it become the norm to have one of these?" Meyer asks. Also, as the author of the *Observer* editorial worries, "what happens when these technologies and machines get so smart that humans can be written out of the equation altogether?" For instance, what if we could simply turn to our smartphone rather than a human doctor to get a diagnosis for our ailments as well as appropriate treatment recommendations? Such suggestions can ___(B)___ fears of a dystopian future where humans are pressured to become "cyborgs," whether they like it or not, if they are to remain competitive on the job market (including competitive sports) and in other contexts; or where they are increasingly made useless by more effective machines, and real-life human interaction is reduced (machines replacing staff at supermarket checkouts, but also general practitioners, etc.), and becomes less accessible than it is now (think of having to pay a significant premium to see a human doctor).

* prosthetic: 인공 기관의

40 윗글의 제목으로 가장 적절한 것은?

① Where Machines Could Replace Humans and Where They Can't

② Human Enhancement Technologies: Blessing or Curse?

③ Disabled Persons and Their Right to Equal Treatment

④ Artificial Intelligence: Science Fact vs. Science Fiction

⑤ Science Fiction Foretells Future Technologies

41 윗글의 빈칸 (A), (B)에 들어갈 말로 가장 적절한 것은? [3점]

	(A)		(B)
①	expensive	......	calm
②	expensive	......	reflect
③	outdated	......	trigger
④	sophisticated	......	calm
⑤	sophisticated	......	trigger

[42~43] 다음 글을 읽고, 물음에 답하시오.

When Mario came to me for therapy, he explained that he worried about everything. He was newly married and in the midst of purchasing an expensive home that would require investing his life savings, barely leaving money for the necessary renovations. "Did I marry the right person? Am I going crazy? Is my mind working? I seem forgetful. What if the plane I take to Miami crashes? Will my father develop Parkinson's like my grandfather?" The worries were (a) endless, and Mario noticed that the more he worried the more he felt depressed. To ease his tortured mind, he spent time (b) distracting himself by eating.

Over the course of cognitive behavioral therapy with an emphasis on mindfulness and acceptance, Mario began to learn to not panic over his feelings of panic. He became able to bring awareness to his worries as mental processes rather than get (c) stuck in his mind, where he would live in the worst-case scenarios. He practiced asking himself, "Is this worry productive or unproductive?" If a worry was productive, he came up with an action plan. If it was unproductive, he noticed the feelings and thoughts in his body and mind and practiced returning to the present moment. When he noticed urges to reach for sweets and salty foods as he tensed up, he chose to sit with his feelings instead, seeing his feelings as meaningful.

What sat behind his worries? He deeply (d) valued serving as a provider, establishing a secure, loving home, and protecting his father. His feelings (e) denied what mattered to him, though his relationship with his feelings— profound fear and confusion about feeling too much and not understanding his feelings—got in the way of his willingness to accept and learn from his emotions. During our last session, he said, "I feel because things matter to me. I can talk to my wife about our difficulties, take action to solve financial problems, and show my dad how much I care. That tastes sweet in my heart."

42 Mario에 관한 윗글의 내용으로 적절하지 <u>않은</u> 것은?

① 평생 저축한 돈을 투자해야 하는 비싼 집을 구입하는 중이었다.

② 자신의 공황 상태의 감정에 당황하지 않는 법을 배우기 시작했다.

③ 자신의 걱정이 생산적인지 아닌지 스스로에게 질문하는 것을 연습했다.

④ 단것과 짠 음식을 먹고 싶어 하는 충동을 이겨내는 데 결국 실패했다.

⑤ 재정적인 문제를 해결하기 위한 조치를 취할 수 있다고 말했다.

43 밑줄 친 (a)~(e) 중에서 문맥상 낱말의 쓰임이 적절하지 <u>않은</u> 것은? [3점]

① (a) 　　　　② (b)

③ (c) 　　　　④ (d)

⑤ (e)

[44~45] 다음 글을 읽고, 물음에 답하시오.

(A)

Bibs the canary lived with an elderly lady who had a niece who lived next door and checked on her each night to make sure she was all right. A warm and sweet friendship had blossomed between the old woman and the tiny bird. At breakfast each morning, they shared toast and Bibs liked to sip whatever beverage the woman was having. One rainy night, seeing that her aunt's lights were on and assuming everything was fine, the niece retired with her husband for the night rather than going over to the aunt's house.

(B)

The tiny yellow bird had escaped from the aunt's house and flown through the storm to the next house. There it had pecked at the window with such desperate fury that it collapsed in exhaustion and died before their eyes. Now completely alarmed, the niece and her husband raced over to the aunt's house.

(C)

They found the old lady lying unconscious on the floor in a pool of blood. She had slipped and fallen, striking her head on a table corner. Her niece rushed her to the hospital. Because of her little bird's loyalty and determination to get help, even at the sacrifice of his own life, the woman's life was saved.

(D)

As the couple relaxed cozily by a fire, they were startled by an odd tapping at the window. At first they assumed it was a windblown branch, but the tapping grew louder and continued persistently, followed by a strange cry. Finally, the niece went to the window, pulled back the curtains and found Bibs, who had been furiously beating on the window and chirping.

44 주어진 글 (A)에 이어질 내용을 순서에 맞게 배열한 것으로 가장 적절한 것은?

① (B) – (D) – (C) ② (C) – (B) – (D)
③ (C) – (D) – (B) ④ (D) – (B) – (C)
⑤ (D) – (C) – (B)

45 윗글에 관한 내용으로 적절하지 않은 것은?

① 노부인의 조카딸은 노부인의 옆집에 살았다.
② 노부인과 Bibs는 토스트를 나눠 먹었다.
③ Bibs는 폭풍우를 뚫고 옆집으로 날아갔다.
④ 노부인은 의식을 잃고 바닥에 쓰러져 있었다.
⑤ 조카딸 집의 창문에 나뭇가지가 부딪쳐 소리가 났다.

2020 기출문제

제**3**교시 수학영역(가형)

▶정답 및 해설 685p

01 제3사분면의 각 θ에 대하여 $\cos\theta = -\dfrac{1}{2}$일 때, $\tan\theta$의 값은? [2점]

① $-\sqrt{3}$ ② $-\dfrac{\sqrt{3}}{3}$

③ $\dfrac{\sqrt{3}}{3}$ ④ 1

⑤ $\sqrt{3}$

03 $\displaystyle\lim_{x \to 0} \dfrac{2x\sin x}{1-\cos x}$의 값은? [2점]

① 1 ② 2

③ 3 ④ 4

⑤ 5

02 좌표평면 위의 네 점 $O(0, 0)$, $A(2, 4)$, $B(1, 1)$, $C(4, 0)$에 대하여 $\overrightarrow{OA} \cdot \overrightarrow{BC}$의 값은? [2점]

① 2 ② 4

③ 6 ④ 8

⑤ 10

04 두 사건 A, B에 대하여

$$P(A \cap B) = \dfrac{1}{6}, \ P(A^C \cup B) = \dfrac{2}{3}$$

일 때, $P(A)$의 값은? (단, A^C은 A의 여사건이다.) [3점]

① $\dfrac{1}{6}$ ② $\dfrac{1}{3}$

③ $\dfrac{1}{2}$ ④ $\dfrac{2}{3}$

⑤ $\dfrac{5}{6}$

05 같은 종류의 흰 바둑돌 5개와 같은 종류의 검은 바둑돌 4개가 있다. 이 9개의 바둑돌을 일렬로 나열할 때, 검은 바둑돌 4개 중 2개는 서로 이웃하고, 나머지 2개는 어느 검은 바둑돌과도 이웃하지 않도록 나열하는 경우의 수는? [3점]

① 60   ② 72

③ 84   ④ 96

⑤ 108

06 초점이 F인 포물선 $y^2=4x$ 위의 점 P(a, 6)에 대하여 $\overline{\text{PF}}=k$이다. $a+k$의 값은?

[3점]

① 16   ② 17

③ 18   ④ 19

⑤ 20

07 이산확률변수 X가 가지는 값이 0, 2, 4, 6이고 X의 확률질량함수가

$$P(X=x)=\begin{cases} a & (x=0) \\ \dfrac{1}{x} & (x=2,\ 4,\ 6) \end{cases}$$

일 때, $E(aX)$의 값은? [3점]

① $\dfrac{1}{8}$ ② $\dfrac{1}{4}$

③ $\dfrac{1}{2}$ ④ 1

⑤ 2

08 주머니 A에는 1부터 5까지의 자연수가 각각 하나씩 적힌 5장의 카드가 들어 있고, 주머니 B에는 6부터 8까지의 자연수가 각각 하나씩 적힌 3장의 카드가 들어 있다. 주머니 A에서 임의로 한 장의 카드를 꺼내고, 주머니 B에서 임의로 한 장의 카드를 꺼낸다. 꺼낸 2장의 카드에 적힌 두 수의 합이 홀수일 때, 주머니 A에서 꺼낸 카드에 적힌 수가 홀수일 확률은? [3점]

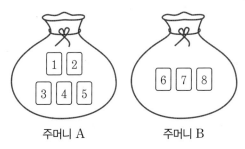

주머니 A   주머니 B

① $\dfrac{1}{4}$ ② $\dfrac{3}{8}$

③ $\dfrac{1}{2}$ ④ $\dfrac{5}{8}$

⑤ $\dfrac{3}{4}$

09 평면 α 위에 있는 서로 다른 두 점 A, B와 평면 α 위에 있지 않은 점 P에 대하여 삼각형 PAB는 한 변의 길이가 6인 정삼각형이다. 점 P에서 평면 α에 내린 수선의 발 H에 대하여 $\overline{PH}=4$일 때, 삼각형 HAB의 넓이는? [3점]

① $3\sqrt{3}$ ② $3\sqrt{5}$

③ $3\sqrt{7}$ ④ 9

⑤ $3\sqrt{11}$

10 함수 $f(x)=\dfrac{6x^3}{x^2+1}$의 역함수를 $g(x)$라 할 때, $g'(3)$의 값은? [3점]

① $\dfrac{1}{6}$ ② $\dfrac{1}{3}$

③ $\dfrac{1}{2}$ ④ $\dfrac{2}{3}$

⑤ $\dfrac{5}{6}$

11 좌표공간의 두 점 $A(2, 2, 1)$, $B(a, b, c)$에 대하여 선분 AB를 $1 : 2$로 내분하는 점이 y축 위에 있다. 직선 AB와 xy평면이 이루는 각의 크기를 θ라 할 때, $\tan\theta = \dfrac{\sqrt{2}}{4}$이다. 양수 b의 값은? [3점]

① 6   ② 7

③ 8   ④ 9

⑤ 10

12 $0 \le x \le 2\pi$일 때, $\tan 2x \sin 2x = \dfrac{3}{2}$의 모든 해의 합은? [3점]

① 2π ② $\dfrac{5}{2}\pi$

③ 3π ④ $\dfrac{7}{2}\pi$

⑤ 4π

13 쌍곡선 $\dfrac{x^2}{4} - y^2 = 1$의 꼭짓점 중 x좌표가 음수인 점을 중심으로 하는 원 C가 있다. 점 $(3, 0)$을 지나고 원 C에 접하는 두 직선이 각각 쌍곡선 $\dfrac{x^2}{4} - y^2 = 1$과 한 점에서만 만날 때, 원 C의 반지름의 길이는? [3점]

① 2   ② $\sqrt{5}$

③ $\sqrt{6}$ ④ $\sqrt{7}$

⑤ $2\sqrt{2}$

14 어느 도시의 직장인들이 하루 동안 도보로 이동한 거리는 평균이 $m$km, 표준편차가 σkm인 정규분포를 따른다고 한다. 이 도시의 직장인들 중에서 36명을 임의추출하여 조사한 결과 36명이 하루 동안 도보로 이동한 거리의 총합은 216km이었다. 이 결과를 이용하여, 이 도시의 직장인들이 하루 동안 도보로 이동한 거리의 평균 m에 대한 신뢰도 95%의 신뢰구간을 구하면 $a \le m \le a + 0.98$이다. $a + \sigma$의 값은? (단, Z가 표준정규분포를 따르는 확률변수일 때, $P(|Z| \le 1.96) = 0.95$로 계산한다.) [4점]

① 6.96   ② 7.01

③ 7.06   ④ 7.11

⑤ 7.16

15 두 상수 a, $b\,(b<0<a)$에 대하여 직선 $\dfrac{x-a}{a}=3-y=\dfrac{z}{b}$ 위의 임의의 점과 평면 $2x-2y+z=0$ 사이의 거리가 4로 일정할 때, $a-b$의 값은? [4점]

① 25   ② 27

③ 29   ④ 31

⑤ 33

16 그림과 같이 1보다 큰 두 상수 a, b에 대하여 점 $A(1, 0)$을 지나고 y축에 평행한 직선이 곡선 $y=a^x$과 만나는 점을 B라 하고, 점 $C(0, 1)$에 대하여 점 B를 지나고 직선 AC와 평행한 직선이 곡선 $y=\log_b x$와 만나는 점을 D라 하자. $\overline{\mathrm{AC}}\perp\overline{\mathrm{AD}}$이고, 사각형 ADBC의 넓이가 6일 때, $a\times b$의 값은?

[4점]

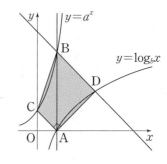

① $4\sqrt{2}$ ② $4\sqrt{3}$

③ 8   ④ $4\sqrt{5}$

⑤ $4\sqrt{6}$

17 그림과 같이 두 곡선 $y=\dfrac{3}{x}$, $y=\sqrt{\ln x}$와 두 직선 $x=1$, $x=e$로 둘러싸인 도형을 밑면으로 하는 입체도형이 있다. 이 입체도형을 x축에 수직인 평면으로 자른 단면이 모두 정사각형일 때, 이 입체도형의 부피는? [4점]

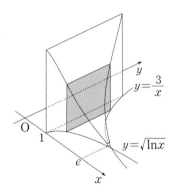

① $5-\dfrac{9}{e}$ ② $5-\dfrac{8}{e}$

③ $5-\dfrac{7}{e}$ ④ $6-\dfrac{9}{e}$

⑤ $6-\dfrac{8}{e}$

18 다음은 자연수 n에 대하여 방정식 $a+b+c=3n$을 만족시키는 자연수 a, b, c의 모든 순서쌍 (a, b, c) 중에서 임의로 한 개를 선택할 때, 선택한 순서쌍 (a, b, c)가 $a>b$ 또는 $a>c$를 만족시킬 확률을 구하는 과정이다.

방정식
$$a+b+c=3n \cdots\cdots (\ast)$$
을 만족시키는 자연수 a, b, c의 모든 순서쌍 (a, b, c)의 개수는 (가) 이다.
방정식 $(\ast)$을 만족시키는 자연수 a, b, c의 순서쌍 (a, b, c)가 $a>b$ 또는 $a>c$를 만족시키는 사건을 A라 하면 사건 A의 여사건 A^c은 방정식 $(\ast)$을 만족시키는 자연수 a, b, c의 순서쌍 (a, b, c)가 $a\le b$와 $a\le c$를 만족시키는 사건이다.
이제 $n(A^c)$의 값을 구하자.
자연수 $k(1\le k\le n)$에 대하여 $a=k$인 경우, $b\ge k$, $c\ge k$이고 방정식 $(\ast)$을 만족시키는 자연수 a, b, c의 순서쌍 (a, b, c)의 개수는 (나) 이므로
$$n(A^c)=\sum_{k=1}^{n} \boxed{(나)}$$
이다.
따라서 구하는 확률은
$$\mathrm{P}(A)=\boxed{(다)}$$
이다.

위의 (가)에 알맞은 식에 $n=2$를 대입한 값을 p, (나)에 알맞은 식에 $n=7$, $k=2$를 대입한 값을 q, (다)에 알맞은 식에 $n=4$를 대입한 값을 r이라 할 때, $p\times q\times r$의 값은?

[4점]

① 88   ② 92

③ 96   ④ 100

⑤ 104

19 함수 $f(x)=xe^{2x}-(4x+a)e^x$이

$x=-\dfrac{1}{2}$에서 극댓값을 가질 때,

$f(x)$의 극솟값은? (단, a는 상수이다.) [4점]

① $1-\ln2$ ② $2-2\ln2$

③ $3-3\ln2$ ④ $4-4\ln2$

⑤ $5-5\ln2$

20 두 상수 a, b와 함수 $f(x)=\dfrac{|x|}{x^2+1}$에 대하

여 함수 $g(x)=\begin{cases} f(x) & (x<a) \\ f(b-x) & (x\geq a) \end{cases}$가 실

수 전체의 집합에서 미분가능할 때,

$\displaystyle\int_{a}^{a-b}g(x)dx$의 값은? [4점]

① $\dfrac{1}{2}\ln5$ ② $\ln5$

③ $\dfrac{3}{2}\ln5$ ④ $2\ln5$

⑤ $\dfrac{5}{2}\ln5$

21 두 함수

$$f(x)=4\sin\frac{\pi}{6}x,$$

$$g(x)=|2\cos kx+1|$$

이 있다. $0<x<2\pi$에서 정의된 함수

$$h(x)=(f\circ g)(x)$$

에 대하여 〈보기〉에서 옳은 것만을 있는 대로

고른 것은? (단, k는 자연수이다.) [4점]

〈보기〉

ㄱ. $k=1$일 때, 함수 $h(x)$는 $x=\dfrac{2}{3}\pi$에서

　　미분가능하지 않다.

ㄴ. $k=2$일 때, 방정식 $h(x)=2$의 서로 다

　　른 실근의 개수는 6이다.

ㄷ. 함수 $|h(x)-k|$가 $x=a\,(0<a<2\pi)$

　　에서 미분가능하지 않은 실수 a의 개수를

　　a_k라 할 때, $\displaystyle\sum_{k=1}^{4}a_k=34$이다.

① ㄱ ② ㄱ, ㄴ

③ ㄱ, ㄷ ④ ㄴ, ㄷ

⑤ ㄱ, ㄴ, ㄷ

22 함수 $f(x)=(3x+e^x)^3$에 대하여 $f'(0)$의 값을 구하시오. [3점]

23 매개변수 t로 나타내어진 곡선
$$x=2\sqrt{2}\sin t+\sqrt{2}\cos t,$$
$$y=\sqrt{2}\sin t+2\sqrt{2}\cos t$$

가 있다. 이 곡선 위의 $t=\dfrac{\pi}{4}$에 대응하는 점에서의 접선의 y절편을 구하시오. [3점]

24 확률변수 X는 정규분포 $N(m,\ \sigma^2)$을 따르고, 다음 조건을 만족시킨다.

> (가) $P(X\geq128)=P(X\leq140)$
> (나) $P(m\leq X\leq m+10)$
> $=P(-1\leq Z\leq0)$

$P(X\geq k)=0.0668$
을 만족시키는 상수
k의 값을 오른쪽 표
준정규분포표를 이용
하여 구하시오. (단,
Z는 표준정규분포표
를 따르는 확률변수이다.) [3점]

z	$P(0\leq Z\leq z)$
0.5	0.1915
1.0	0.3413
1.5	0.4332
2.0	0.4772

25 1부터 9까지의 자연수가 각각 하나씩 적힌 9개의 공을 같은 종류의 세 상자에 3개씩 나누어 넣으려고 한다. 세 상자 중 어떤 한 상자에 들어 있는 3개의 공에 적힌 수의 합이 나머지 두 상자에 들어 있는 6개의 공에 적힌 수의 합보다 크도록 9개의 공을 나누어 넣는 경우의 수를 구하시오. (단, 공을 넣는 순서는 고려하지 않는다.) [3점]

26 그림과 같이 한 변의 길이가 6인 정삼각형 ACD를 한 면으로 하는 사면체 ABCD가 다음 조건을 만족시킨다.

> (가) $\overline{BC} = 3\sqrt{10}$
> (나) $\overline{AB} \perp \overline{AC}$, $\overline{AB} \perp \overline{AD}$

두 모서리 AC, AD의 중점을 각각 M, N이라 할 때, 삼각형 BMN의 평면 BCD 위로의 정사영의 넓이를 S라 하자. $40 \times S$의 값을 구하시오. [4점]

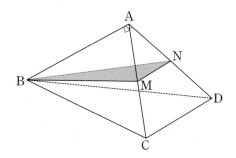

27 한 번 누를 때마다 좌표평면 위의 점 P를 다음과 같이 이동시키는 두 버튼 ㉠, ㉡이 있다.

[버튼 ㉠] 그림과 같이 길이가 $\sqrt{2}$인 선분을 따라 점 (x, y)에 있는 점 P를 점 $(x+1, y+1)$로 이동시킨다.

[버튼 ㉡] 그림과 같이 길이가 $\sqrt{5}$인 선분을 따라 점 (x, y)에 있는 점 P를 점 $(x+2, y+1)$로 이동시킨다.

예를 들어, 버튼을 ㉠, ㉠, ㉡ 순으로 누르면 원점 $(0, 0)$에 있는 점 P는 아래 그림과 같이 세 선분을 따라 점 $(4, 3)$으로 이동한다. 또한 원점 $(0, 0)$에 있는 점 P를 점 $(4, 3)$으로 이동시키도록 버튼을 누르는 경우는 ㉠㉠㉡, ㉠㉡㉠, ㉡㉠㉠으로 3가지이다.

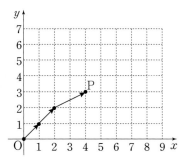

원점 $(0, 0)$에 있는 점 P를 두 점 A$(5, 5)$, B$(6, 4)$ 중 어느 점도 지나지 않고 점 C$(9, 7)$로 이동시키도록 두 버튼 ㉠, ㉡을 누르는 경우의 수를 구하시오. [4점]

28 그림과 같이 $\overline{AB}=1$이고 $\angle ABC=\dfrac{\pi}{2}$인 직각삼각형 ABC에서 $\angle CAB=\theta$라 하자. 선분 AC를 4 : 7로 내분하는 점을 D라 하고 점 C에서 선분 BD에 내린 수선의 발을 E라 할 때, 삼각형 CEB의 넓이를 $S(\theta)$라 하자. $\displaystyle\lim_{\theta \to 0+}\dfrac{S(\theta)}{\theta^3}=\dfrac{q}{p}$일 때, $p+q$의 값을 구하시오. (단, $0<\theta<\dfrac{\pi}{4}$이고, p와 q는 서로소인 자연수이다.) [4점]

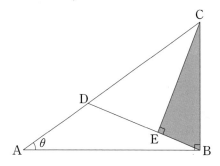

29 좌표공간에 구 $C : x^2 + y^2 + (z+2)^2 = 2$ 와 점 $A(0, 3, 3)$이 있다. 구 C 위의 점 P 와 $|\overrightarrow{AQ}| = 2$, $\overrightarrow{OA} \cdot \overrightarrow{QA} = 3\sqrt{6}$을 만족시키는 점 Q에 대하여 $\overrightarrow{AP} \cdot \overrightarrow{AQ}$의 최댓값은 $p\sqrt{2} + q\sqrt{6}$이다. $p+q$의 값을 구하시오. (단, O는 원점이고, p, q는 유리수이다.)

[4점]

30 최고차항의 계수가 1인 삼차함수 $f(x)$에 대하여 함수

$$g(x) = \int_0^x \frac{f(t)}{|t|+1} dt$$

가 다음 조건을 만족시킨다.

> (가) $g'(2) = 0$
> (나) 모든 실수 x에 대하여 $g(x) \geq 0$이다.

$g'(-1)$의 값이 최대가 되도록 하는 함수 $f(x)$에 대하여 $f(-1) = \dfrac{n}{m - 3\ln 3}$일 때, $|m \times n|$의 값을 구하시오. (단, m, n은 정수이고, $\ln 3$은 $1 < \ln 3 < 1.1$인 무리수이다.) [4점]

제**3**교시 수학영역(나형)

▶정답 및 해설 691p

01 전체집합 $U=\{1, 2, 3, 4, 5\}$의 두 부분집합 $A=\{1, 3\}$, $B=\{3, 5\}$에 대하여 집합 $A^C \cap B^C$의 모든 원소의 합은? [2점]

① 3   ② 4

③ 5   ④ 6

⑤ 7

02 $\sqrt[3]{36} \times \left(\sqrt[3]{\dfrac{2}{3}}\right)^2 = 2^a$일 때, a의 값은? [2점]

① $\dfrac{4}{3}$ ② $\dfrac{5}{3}$

③ 2   ④ $\dfrac{7}{3}$

⑤ $\dfrac{8}{3}$

03 함수 $y=f(x)$의 그래프가 그림과 같다.

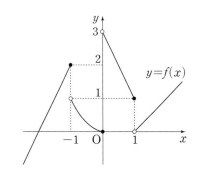

$\lim\limits_{x \to -1+} f(x) + \lim\limits_{x \to 0-} f(x)$의 값은? [2점]

① 1   ② 2

③ 3   ④ 4

⑤ 5

04 4개의 수 6, a, 15, b가 이 순서대로 등비수열을 이룰 때, $\dfrac{b}{a}$의 값은? [3점]

① $\dfrac{3}{2}$ 　　② 3

③ $\dfrac{5}{2}$ 　　④ 4

⑤ $\dfrac{7}{2}$

06 두 사건 A, B에 대하여

$$\mathrm{P}(A \cap B) = \frac{1}{6}, \quad \mathrm{P}(A^C \cup B) = \frac{2}{3}$$

일 때, $\mathrm{P}(A)$의 값은? (단, A^C은 A의 여사건이다.) [3점]

① $\dfrac{1}{6}$ 　　② $\dfrac{1}{3}$

③ $\dfrac{1}{2}$ 　　④ $\dfrac{2}{3}$

⑤ $\dfrac{5}{6}$

05 그림은 함수 $f : X \to Y$를 나타낸 것이다.

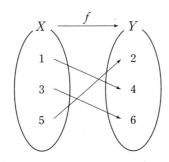

함수 $g : Y \to X$에 대하여
함수 $g \circ f : X \to X$가 항등함수일 때,
$g(6) + (f \circ g)(4)$의 값은? [3점]

① 4 　　② 5

③ 6 　　④ 7

⑤ 8

07 연속확률변수 X가 가지는 값의 범위는 $0 \leq X \leq 2$이고 X의 확률밀도함수의 그래프는 그림과 같이 두 점 $\left(0, \dfrac{3}{4a}\right)$, $\left(a, \dfrac{3}{4a}\right)$을 이은 선분과 두 점 $\left(a, \dfrac{3}{4a}\right)$, $(2, 0)$을 이은 선분으로 이루어져 있다. $\mathrm{P}\left(\dfrac{1}{2} \leq X \leq 2\right)$의 값은? (단, a는 양수이다.) [3점]

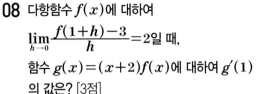

① $\dfrac{2}{3}$　　② $\dfrac{11}{16}$

③ $\dfrac{17}{24}$　　④ $\dfrac{35}{48}$

⑤ $\dfrac{3}{4}$

08 다항함수 $f(x)$에 대하여

$$\lim_{h \to 0} \dfrac{f(1+h)-3}{h}=2$$일 때,

함수 $g(x)=(x+2)f(x)$에 대하여 $g'(1)$의 값은? [3점]

① 5　　② 6

③ 7　　④ 8

⑤ 9

09 두 곡선 $y=x^2$, $y=(x-4)^2$과 y축으로 둘러싸인 부분의 넓이를 S_1, 두 곡선 $y=x^2$, $y=(x-4)^2$과 직선 $x=4$로 둘러싸인 부분의 넓이를 S_2라 할 때, S_1+S_2의 값은?

[3점]

① 30　　② 32

③ 34　　④ 36

⑤ 38

2020 기출문제

10 확률변수 X가 이항분포 $\mathrm{B}(5,\,p)$를 따르고, $\mathrm{P}(X=3)=\mathrm{P}(X=4)$일 때, $\mathrm{E}(6X)$의 값은? (단, $0<p<1$) [3점]

① 5　　　　　② 10

③ 15　　　　　④ 20

⑤ 25

11 함수

$$f(x)=\begin{cases} a & (x<1) \\ x+3 & (x\geq 1) \end{cases}$$

에 대하여 함수 $(x-a)f(x)$가 실수 전체의 집합에서 연속이 되도록 하는 모든 실수 a의 값의 합은? [3점]

① 1　　　　　② 2

③ 3　　　　　④ 4

⑤ 5

12 실수 x에 대한 두 조건 p, q가 다음과 같다.

$$p:(x-a+7)(x+2a-18)=0,$$
$$q:x(x-a)\leq 0$$

p가 q이기 위한 충분조건이 되도록 하는 모든 정수 a의 값의 합은? [3점]

① 24　　　　　② 25

③ 26　　　　　④ 27

⑤ 28

13 어느 도시의 직장인들이 하루 동안 도보로 이동한 거리는 평균이 $m\,\mathrm{km}$, 표준편차가 $1.5\,\mathrm{km}$인 정규분포를 따른다고 한다. 이 도시의 직장인들 중에서 36명을 임의추출하여 조사한 결과 36명이 하루 동안 도보로 이동한 거리의 평균은 $\overline{x}\,\mathrm{km}$이었다. 이 결과를 이용하여, 이 도시의 직장인들이 하루 동안 도보로 이동한 거리의 평균 에 대한 신뢰도 95%의 신뢰구간을 구하면 $a\leq m\leq 6.49$이다. a의 값은? (단, Z가 표준정규분포를 따르는 확률변수일 때, $\mathrm{P}(|Z|\leq 1.96)=0.95$로 계산한다.) [3점]

① 5.46　　　　　② 5.51

③ 5.56　　　　　④ 5.61

⑤ 5.66

14 수열 $\{a_n\}$은 $a_1=4$이고, 모든 자연수 n에 대하여

$$a_{n+1}=\begin{cases}\dfrac{a_n}{2-a_n} & (a_n>2)\\ a_n+2 & (a_n\leq2)\end{cases}$$

이다. $\displaystyle\sum_{k=1}^{m}a_k=12$를 만족시키는 자연수 m의 최솟값은? [4점]

① 7 　　　　　 ② 8

③ 9 　　　　　 ④ 10

⑤ 11

15 두 양수 $a,\,b(a>b)$에 대하여
$$9^a=2^{\frac{1}{b}},\ (a+b)^2=\log_3 64$$
일 때, $\dfrac{a-b}{a+b}$의 값은? [4점]

① $\dfrac{\sqrt{6}}{6}$ 　　　　　 ② $\dfrac{\sqrt{3}}{3}$

③ $\dfrac{\sqrt{2}}{2}$ 　　　　　 ④ $\dfrac{\sqrt{6}}{3}$

⑤ $\dfrac{\sqrt{30}}{6}$

16 1부터 6까지의 자연수가 각각 하나씩 적힌 6장의 카드를 모두 일렬로 나열할 때, 서로 이웃하는 두 카드에 적힌 수를 곱하여 만들어지는 5개의 수가 모두 짝수인 경우의 수는? [4점]

① 120 　　　　　 ② 126

③ 132 　　　　　 ④ 138

⑤ 144

17 집합 $X=\{x\,|\,x>0\}$에 대하여 함수 $f:X\to X$가

$$f(x)=\begin{cases}\dfrac{1}{x}+1 & (0<x\leq3)\\ -\dfrac{1}{x-a}+b & (x>3)\end{cases}$$

이다. 함수 $f(x)$가 일대일 대응일 때, $a+b$의 값은? (단, $a,\,b$는 상수이다.) [4점]

① $\dfrac{13}{4}$ 　　　　　 ② $\dfrac{10}{3}$

③ $\dfrac{41}{12}$ 　　　　　 ④ $\dfrac{7}{2}$

⑤ $\dfrac{43}{12}$

18 그림과 같이 한 변의 길이가 4인 정사각형 $A_1B_1C_1D_1$이 있다. 4개의 선분 A_1B_1, B_1C_1, C_1D_1, D_1A_1을 1 : 3으로 내분하는 점을 각각 E_1, F_1, G_1, H_1이라 하고, 정사각형 $A_1B_1C_1D_1$의 내부에 점 E_1, F_1, G_1, H_1각각을 중심으로 하고 반지름의 길이가 $\dfrac{1}{4}\overline{A_1B_1}$인 4개의 반원을 그린 후 이 4개의 반원의 내부에 색칠하여 얻은 그림을 R_1이라 하자.

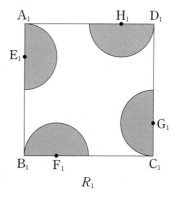

R_1

그림 R_1에서 점 A_1을 지나고 중심이 H_1인 색칠된 반원의 호에 접하는 직선과 점 B_1을 지나고 중심이 E_1인 색칠된 반원의 호에 접하는 직선의 교점을 A_2, 점 B_1을 지나고 중심이 E_1인 색칠된 반원의 호에 접하는 직선과 점 C_1을 지나고 중심이 F_1인 색칠된 반원의 호에 접하는 직선의 교점을 B_2, 점 C_1을 지나고 중심이 F_1인 색칠된 반원의 호에 접하는 직선과 점 D_1을 지나고 중심이 G_1인 색칠된 반원의 호에 접하는 직선의 교점을 C_2, 점 D_1을 지나고 중심이 G_1인 색칠된 반원의 호에 접하는 직선과 점 A_1을 지나고 중심이 H_1인 색칠된 반원의 호에 접하는 직선의 교점을 D_2라 하자. 정사각형 $A_2B_2C_2D_2$의 내부에 그림 R_1을 얻은 것과 같은 방법으로 4개의 반원을 그리고 이 4개의 반원의 내부에 색칠하여 얻은 그림을 R_2라 하자.

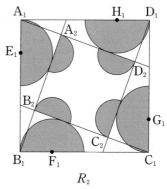

R_2

이와 같은 과정을 계속하여 n번째 얻은 그림 R_n에 색칠되어 있는 부분의 넓이를 S_n이라 할 때, $\displaystyle\lim_{n\to\infty} S_n$의 값은? [4점]

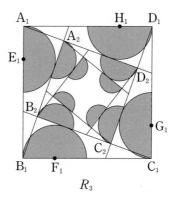

R_3

$\vdots$

① $\dfrac{9\sqrt{2}\pi}{4}$ ② $\dfrac{19\sqrt{2}\pi}{8}$

③ $\dfrac{5\sqrt{2}\pi}{2}$ ④ $\dfrac{21\sqrt{2}\pi}{8}$

⑤ $\dfrac{11\sqrt{2}\pi}{4}$

19 다음은 자연수 n에 대하여 방정식 $a+b+c=3n$을 만족시키는 자연수 a, b, c의 모든 순서쌍 (a, b, c) 중에서 임의로 한 개를 선택할 때, 선택한 순서쌍 (a, b, c)가 $a>b$ 또는 $a>c$를 만족시킬 확률을 구하는 과정이다.

방정식
$$a+b+c=3n \cdots\cdots (*)$$
을 만족시키는 자연수 a, b, c의 모든 순서쌍의 개수는 (가) 이다.

방정식 $(*)$을 만족시키는 자연수 a, b, c의 순서쌍 (a, b, c)가 $a>b$ 또는 $a>c$를 만족시키는 사건을 A라 하면 사건 A의 여사건 A^C은 방정식 $(*)$을 만족시키는 자연수 a, b, c의 순서쌍 (a, b, c)가 $a\leq b$와 $a\leq c$를 만족시키는 사건이다.

이제 $n(A^C)$의 값을 구하자.

자연수 $k(1\leq k\leq n)$에 대하여 $a=k$인 경우, $b\geq k$, $c\geq k$이고 방정식 $(*)$을 만족시키는 자연수 a, b, c의 순서쌍 (a, b, c)의 개수는 (나) 이므로 $n(A^C)=\sum\limits_{k=1}^{n}$ (나) 이다.

따라서 구하는 확률은 $P(A)=$ (다) 이다.

위의 (가)에 알맞은 식에 $n=2$를 대입한 값을 p, (나)에 알맞은 식에 $n=7$, $k=2$를 대입한 값을 q, (다)에 알맞은 식에 $n=4$를 대입한 값을 r이라 할 때, $p\times q\times r$의 값은?

[4점]

① 88 　　　　② 92

③ 96 　　　　④ 100

⑤ 104

20 최고차항의 계수가 1인 사차함수 $f(x)$에 대하여 함수 $g(x)$를
$$g(x)=\begin{cases} f(x) & (f(x)\geq a) \\ 2a-f(x) & (f(x)<a) \end{cases} (a는 상수)$$
라 하자. 두 함수 $f(x)$, $g(x)$가 다음 조건을 만족시킨다.

(가) 함수 $g(x)$는 $x=4$에서만 미분가능하지 않다.

(나) 함수 $g(x)-f(x)$는 $x=\dfrac{7}{2}$에서 최댓값 $2a$를 가진다.

$f\left(\dfrac{5}{2}\right)$의 값은? [4점]

① $\dfrac{5}{4}$ 　　　　② $\dfrac{3}{2}$

③ $\dfrac{7}{4}$ 　　　　④ 2

⑤ $\dfrac{9}{4}$

21 함수 $f(x)=(x-2)^3$과 두 실수 m, n에 대하여 함수 $g(x)$를

$$g(x)=\begin{cases} f(x) & (|x|<a) \\ mx+n & (|x|\geq a) \end{cases}(a>0)$$

이라 하자. 함수 $g(x)$가 실수 전체의 집합에서 연속일 때, 〈보기〉에서 옳은 것만을 있는 대로 고른 것은? [4점]

> ─────〈보기〉─────
>
> ㄱ. $a=1$일 때, $m=13$이다.
> ㄴ. 함수 $g(x)$가 $x=a$에서 미분가능할 때, $m=48$이다.
> ㄷ. $f(a)-2af'(a)>n-ma$를 만족시키는 자연수 a의 개수는 5이다.

① ㄱ   ② ㄱ, ㄴ

③ ㄱ, ㄷ   ④ ㄴ, ㄷ

⑤ ㄱ, ㄴ, ㄷ

주관식 문항(22~30)

22 $\lim\limits_{n\to\infty}\dfrac{a\times 3^{n+2}-2^n}{3^n-3\times 2^n}=207$일 때, 상수 a의 값을 구하시오. [3점]

23 자연수 n에 대하여 좌표평면에서 직선 $x=n$이 곡선 $y=x^2$과 만나는 점을 A_n, 직선 $x=n$이 직선 $y=-2x$와 만나는 점을 B_n이라 할 때, $\sum\limits_{n=1}^{9}\overline{A_nB_n}$의 값을 구하시오. [3점]

24 무리함수 $f(x)=\sqrt{ax+b}$에 대하여 두 곡선 $y=f(x)$, $y=f^{-1}(x)$가 점 $(2, 3)$에서 만날 때, $f(-6)$의 값을 구하시오. (단, a, b는 상수이다.) [3점]

25 이차함수 $f(x)$가 $f(0)=0$이고
$$\lim_{x \to 0}\frac{f(x)}{x}=\lim_{x \to 1}\frac{f(x)-x}{x-1}$$
일 때, $60 \times f'(0)$의 값을 구하시오. [3점]

26 두 개의 주사위를 동시에 던져서 나온 두 눈의 수의 최대공약수가 1일 때, 나온 두 눈의 수의 합이 8일 확률은 $\dfrac{q}{p}$이다. $p+q$의 값을 구하시오. (단, p와 q는 서로소인 자연수이다.) [4점]

27 다항함수 $f(x)$가 모든 실수 x에 대하여
$$\int_1^x (2x-1)f(t)dt=x^3+ax+b$$일 때, $40 \times f(1)$의 값을 구하시오. (단, a, b는 상수이다.) [4점]

28 그림과 같이 같은 종류의 검은 공이 각각 1개, 2개, 3개가 들어 있는 상자 3개가 있다. 1부터 6까지의 자연수가 각각 하나씩 적힌 6개의 흰 공을 3개의 상자에 남김없이 나누어 넣으려고 한다. 각각의 상자에 들어 있는 공의 개수가 모두 3의 배수가 되도록 6개의 흰 공을 나누어 넣는 경우의 수를 구하시오. (단, 흰 공이 하나도 들어 있지 않은 상자가 있을 수 있고, 공을 넣는 순서는 고려하지 않는다.)
[4점]

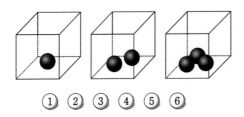

29 수열 $\{a_n\}$은 a_1이 자연수이고, 모든 자연수 n에 대하여

$$a_{n+1}=\begin{cases} a_n-d & (a_n\geq0) \\ a_n+d & (a_n<0) \end{cases}(d\text{는 자연수})$$

이다. $a_n<0$인 자연수 n의 최솟값을 m이라 할 때, 수열 $\{a_n\}$은 다음 조건을 만족시킨다.

(가) $a_{m-2}+a_{m-1}+a_m=3$
(나) $a_1+a_{m-1}=-9(a_m+a_{m+1})$
(다) $\displaystyle\sum_{k=1}^{m-1} a_k=45$

a_1의 값을 구하시오. (단, $m\geq3$) [4점]

30 두 이차함수 $f(x)$, $g(x)$에 대하여 실수 전체의 집합에서 정의된 함수 $h(x)$가 $0\leq x<4$에서

$$h(x)=\begin{cases} x & (0\leq x<2) \\ f(x) & (2\leq x<3) \\ g(x) & (3\leq x<4) \end{cases}$$

이고, 다음 조건을 만족시킨다.

(가) 모든 실수 x에 대하여 $h(x)=h(x-4)+k$(k는 상수)이다.
(나) 함수 $h(x)$는 실수 전체의 집합에서 미분가능하다.
(다) $\displaystyle\int_0^4 h(x)dx=6$

$h\left(\dfrac{13}{2}\right)=\dfrac{q}{p}$일 때, $p+q$의 값을 구하시오. (단, p와 q는 서로소인 자연수이다.) [4점]

2026
사관학교

7개년 국어·영어·수학

제1교시 국어영역(공통)

▶ 정답 및 해설 696p

[01~03] 다음은 수업 중 학생의 발표이다. 물음에 답하시오.

안녕하십니까. ○○○입니다. 오늘은 '나도 참신한 아이디어로 세상을 바꿀 수 있다'는 주제로 말씀드리겠습니다. 여러분, 지난 수학여행 때 동해 바다에 둥둥 떠다니는 쓰레기를 보며 눈살을 찌푸렸던 일이 기억나시죠? 그런데 혹시 태평양 한가운데에는 거대한 쓰레기 섬이 있다는 사실도 알고 계신가요? 여기 화면을 보시죠. (자료 제시) 보시는 사진은 태평양에 있는 거대한 쓰레기 섬입니다. 이 섬의 크기가 무려 우리나라의 14배에 달한다고 합니다.

이 쓰레기 섬을 본 많은 사람들은 비로소 바다에 떠도는 쓰레기의 심각성을 깨달았습니다. 그래서 쓰레기 섬이 생기지 않도록 바다의 쓰레기 수거에 많은 노력을 기울였습니다. 하지만 해류를 타고 바다를 떠도는 쓰레기를 일일이 쫓아다니며 수거하는 데는 많은 시간과 비용이 소모되었습니다. 그런데 이 쓰레기를 효과적으로 수거할 수 있는 묘안을 짜낸 사람이 있었습니다. 바로 보얀 슬렛이라는 소년이었습니다.

16살 때 보얀은 쓰레기 섬의 존재를 알고 충격을 받았습니다. 그래서 보얀은 쓰레기 섬이 생기지 않도록 바다의 쓰레기를 수거하는 데 관심을 갖게 되었습니다. 이러한 관심은 쓰레기 섬이 생기는 원인에 대한 의문으로 이어졌고 그는 환류라는 해류 현상으로 인해 쓰레기 섬이 만들어진다는 것을 알게 되었습니다. 그렇다면 환류란 무엇일까요? (㉠ 자료 제시) 지금 보시는 것이 환류입니다. 환류란 바닷물이 일정한 방향으로 도는 현상을 일컫는데요, 보시는 것처럼 이 환류를 타고 이동하는 쓰레기가 환류의 중심으로 모이면서 쓰레기 섬이 만들어지는 것입니다.

이런 사실을 알게 된 보얀은 쓰레기 섬이 만들어지는 원리를 역으로 이용하여 쓰레기를 수거할 수 있는 아이디어를 떠올리게 됩니다. 자, 이것을 한번 보십시오. (㉡ 자료 제시) 이것은 보얀이 고안한 아이디어를 나타낸 그림입니다. 보얀은 V자 형태의 거대 울타리를 바다에 설치할 것을 제안했습니다. 환류로 인해 떠돌던 쓰레기들이 V자 울타리의 꺾인 지점에 모이기 때문에 일일이 쫓아다니지 않아도 원하는 곳에 울타리를 설치하면 쓰레기를 손쉽게 수거할 수 있습니다. 전문가의 견해에 따르면 이 방식은 기존의 쓰레기 수거 방식에 비해 비용은 1/33로 줄이면서도 그 속도는 무려 7,900배나 향상시킬 수 있는데요, 이 정도의 쓰레기 처리 효율이라면 10년 이내에 태평양 쓰레기의 절반을 없앨 수 있을 것으로 예측되고 있습니다. 보얀은 이러한 자신의 아이디어를 인터넷을 통해 사람들에게 알렸고, 아이디어에 공감한 사람들로부터 200만 달러가 넘는 환경 기금을 모아 비영리 환경 단체를 설립하게 됩니다.

여러분, 보얀이 쓰레기 수거 방법에 대한 아이디어를 실현할 수 있었던 이유는 무엇일까요? 우선 문제를 해결하고자 하는 의욕이 있었기 때문입니다. 그리고 자신이 알게 된 지식을 창의적으로 활용했기 때문이 아닐까요? 문제에 대한 참신한 발상으로 바다에 숨을 불어넣고 있는 보얀처럼 여러분들도 문제 해결을 위해 의욕을 가지고 여러분의 지식을 활용해 보세요. 여러분들도 얼마든지 제2의 보얀이 될 수 있습니다. 이상으로 발표를 마치겠습니다.

01 위 발표에 반영된 학생의 발표 계획으로 적절하지 **않은** 것은?

① 청중과 공유했던 경험을 환기하여 청중의 관심을 끌어야겠어.

② 구체적인 수치를 제시하여 문제 상황의 심각성을 부각해야겠어.

③ 발표를 시작하면서 주제를 제시하여 청중이 발표 내용을 짐작하게 해야겠어.

④ 발표 중간 중간에 질문을 던져 발표 내용에 대한 청중의 이해도를 점검해야겠어.

⑤ 발표 내용과 관련하여 청중들에게 권유하는 말을 덧붙이며 발표를 마무리해야겠어.

02 〈보기〉는 발표를 들은 후 학생들이 보인 반응이다. 발표를 고려하여 청중의 반응을 분석한 것으로 적절하지 **않은** 것은? [3점]

---〈보기〉---

학생 1 : 발표를 듣고 바다를 오염시키는 쓰레기의 심각성을 새롭게 알게 된 점은 좋았어. 그런데 바다를 떠도는 쓰레기를 수거하는 방식 외에 이미 만들어진 쓰레기 섬을 처리하는 방법에 대한 내용도 함께 제시되었으면 더 좋았을 거 같아.

학생 2 : 나도 보안과 같이 문제 해결을 해 봐야겠다는 생각이 들었어. 얼마 전 참신한 아이디어를 통해 개인의 변화를 이끌어 내는 넛지 이론에 대해 공부한 적이 있어. 넛지 이론을 활용하여 학교 앞 공터를 꽃밭으로 만들면 공터에 불법으로 쓰레기를 투기하는 문제를 해결할 수 있지 않을까?

학생 3 : 예전에 인터넷에서 바다에 버려진 빨대가 코에 꽂혀 괴로워하는 거북이를 보고 마음이 아팠던 적이 있어서 그런지 발표 내용이 더 마음에 와 닿았어. 그런데 내가 발표자였다면 해양 동물의 고통과 같은 해양 쓰레기로 인한 문제를 보다 구체적으로 소개했을 것 같아.

① 학생 1은 발표를 통해 몰랐던 사실을 알게 된 것을 긍정적으로 생각하고 있군.

② 학생 2는 발표 내용에 따라 자신의 지식을 활용한 아이디어를 만들어내고 있군.

③ 학생 3은 발표 내용과 관련된 자신의 경험을 떠올리며 발표 내용에 공감하고 있군.

④ 학생 1과 학생 3 모두 발표에서 언급되지 않은 내용을 지적하며 아쉬움을 드러내고 있군.

⑤ 학생 2와 학생 3 모두 발표 내용의 신뢰성을 의심하며 비판적 태도를 보이고 있군.

03 〈보기〉는 발표에서 발표자가 제시한 자료이다. 발표자의 자료 활용에 대한 설명으로 가장 적절한 것은?

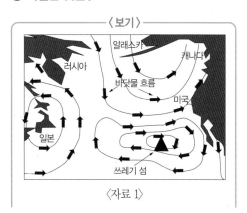

〈자료 1〉

2019 기출문제

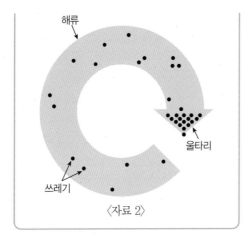

〈자료 2〉

① 〈자료 1〉은 쓰레기 섬의 발생 원인을 구체적으로 설명하기 위해 ㉠에서 활용하였다.

② 〈자료 1〉은 쓰레기 섬의 분포를 구체적으로 보여주기 위해 ㉡에서 활용하였다.

③ 〈자료 2〉는 쓰레기 수거를 위한 아이디어를 떠올리는 과정을 보여주기 위해 ㉠에서 활용하였다.

④ 〈자료 2〉는 보안의 방식이 기존 방식보다 비용이 적게 드는 이유를 보여주기 위해 ㉠에서 활용하였다.

⑤ 〈자료 1〉과 〈자료 2〉는 쓰레기로 인한 해양 오염 실태를 보여주기 위해 ㉡에서 활용하였다.

[04~07] (가)는 학생들의 토의이고, (나)는 이를 바탕으로 작성한 글의 초고이다. 물음에 답하시오.

[토의 전 상황]
　지난 토의 시간에 학생회 임원들은 학생회장 투표 방식을 바꾸기로 결정하고 구체적인 방법을 논의하였다. 그리고 학생회에서 결정한 사안을 학교 홈페이지를 통해 알리기로 하였다.

(가)
학생 1 : 자, 그럼 학교 홈페이지에 올릴 글에 어떤 내용을 담을지 논의해 보자.

학생 2 : 이번 선거부터 투표 방식을 변경하게 됐으니, 학생들에게 새로 도입하는 방식의 취지를 이해시키는 게 중요할 거야.

학생 3 : 맞아. 그러려면 먼저 현행 방식의 문제점을 알려주는 것이 필요해. 반별로 정해진 시간에 단체로 투표를 하다 보니, 투표를 소중한 권리로 인식하지 못하고 귀찮은 의무로만 생각하는 학생들이 많아. 작년 선거만 봐도 장난삼아 성의 없이 투표하는 인원이 많았고 그래서 무효표도 많았다는 걸 구체적으로 언급하자.

학생 2 : 그래. 작년 투표 결과를 보니 무효표가 무려 15나 나왔는데, 그걸 인용하여 학생들을 억지로 투표에 참여하게 하는 기존 방식에 문제가 있음을 지적하자.

학생 1 : 좋은 생각이야. 그런데 기존 방식에 문제가 있었다 해도 갑자기 투표 방식이 바뀐 것에 대해 반발하는 학생들이 있을 텐데, 그것을 해결해야 하지 않을까?

[A]

학생 3 : 음. 이번 변경 안을 우리 학생회의 일방적인 결정으로 생각할 수 있다는 말이지? 그럼 이 문제는 어떻게 해결하는 게 좋을까?

학생 2 : 많은 학생들이 참여한 설문 조사 결과를 반영하여 우리가 수차례 논의하였다는 점을 강조하면 학생들의 오해를 어느 정도 해소할 수 있을 것 같아.

학생 1 : 그게 좋겠다. 그리고 새로운 방식의 장점을 강조하는 것도 학생들의 동의를 이끌어 내는 데 도움이 될 것 같아. 변경된 방식을 통해 자유롭게 투표할 수 있는 권리를 보장받게 되고, 주체적으로 판단하여 투표에 참여하면서 민주적인 투표 방식을 체험할 수 있는 거잖아.

학생 2 : 네 말이 맞아. 그런데 우리 목적은 투표 참여 방식이 새롭게 바뀌었다는 걸 알려주는 거니까, 기존 방식과 비교해서 어떻게 달라졌는지를 명확하게 알려줘야 할 것 같아. 매년 반별로 시간을 정해 단체로 투표하는 방식에서 학생들이 각자 원하는 시간에 자율적으로 투표를 하는 방식으로 바뀌었다는 것을 투표를 할 수 있는 구체적인 시간과 함께 알기 쉽게 설명해 주어야겠어.

[B]

학생 3 : 맞아. 또 투표장 위치와 기표소의 배치가 달라졌다는 점도 미리 알려주는 것이 좋겠어.

학생 1 : 그리고 투표 방식을 변경한 취지를 살리기 위해 학생들이 후보들의 연설을 귀 기울여 듣고 누가 가장 훌륭한 일꾼일지 고민하면서 소중한 한 표를 행사하자는 내용을 담도록 하자.

학생 3 : 그래 좋아. 그런데 ⊙ 투표 방식을 변경하면 투표율이 떨어질 수 있을 텐데 어떻게 하면 투표율을 높일 수 있을까?

학생 2 : 새로운 방식이 가지는 의의를 드러내면서 적극적인 참여를 호소해야지.

[C]

학생 1 : ⓛ 캠페인 구호 같은 걸 만들어서 글에 포함시키면 좋을 것 같지 않아? 새로운 방식이 가지는 의의를 담고, 학생들의 주의를 환기할 수 있도록 비유적으로 표현하자.

학생 2 : 찬성이야. 그리고 대구의 방식을 활용하여 운율감을 살리는 것도 좋겠어. 이렇게 캠페인 구호를 넣으면 보다 호소력이 있는 글이 될 것 같아.

학생 3 : 좋아. 그럼 다음 주에는 함께 글을 써 보자.

(나)

안녕하십니까. ○○고등학교 학생회장 ○○○입니다.

차기 학생회를 이끌어 갈 학생회장 선거가 한 달 앞으로 다가왔습니다. 이번 선거를 앞두고 우리 학생회에서는 많은 논의 끝에 새로운 투표 방식을 도입하기로 하였습니다.

우리는 지금까지 반별로 시간을 정해 단체로 투

표하는 방식으로 선거를 치렀습니다. 그런데 이와 같은 투표 방식으로 인해 여러 가지 문제점이 나타났습니다. 작년 선거의 경우, 장난이나 무성의한 투표로 무효표가 무려 15에 이르는 등 여러 부작용이 발생한 것입니다. 또한 설문 조사 결과 많은 학생들이 기존의 투표 방식이 자유롭게 투표할 수 있는 개인의 권리를 침해한다며 부정적으로 인식하고 있다는 사실도 알 수 있었습니다.

[D]

우리는 이러한 문제들을 이번에 도입하는 자율 참여 투표 방식을 통해 해결하고자 합니다. 이번 학생회장 선거는 선거일 하루 중 원하는 시간에 자유롭게 투표장에 가서 투표를 하는 방식으로 진행됩니다. 즉 기존의 방식처럼 반별로 정해진 시간에 투표를 하는 것이 아니라, 쉬는 시간이나 점심시간, 그리고 자치회 시간 등을 이용해 여러분이 원하는 때에 언제든지 투표할 수 있습니다. 그리고 투표장은 체육관 대신 본관 현관 입구에 설치하고 기표소의 간격을 좀 더 넉넉하게 해서 나란히 배치했으니 투표를 할 때 참고해 주십시오.

우리는 새로운 투표 방식을 통해, 자유롭게 투표할 수 있는 권리를 보장받게 되고, 주체적으로 판단하여 투표에 참여하면서 민주적인 투표 방식을 체험할 수 있을 것입니다. 새로운 방식이 잘 정착할 수 있도록 여러분의 관심과 참여를 부탁드립니다. 아울러 후보들의 연설을 귀 기울여 듣고 누가 가장 훌륭한 일꾼일지 판단하십시오. 그리고 여러분의 소중한 한 표를 꼭 행사하기 바랍니다.

장차 우리가 참정권을 바르게 행사함으로써 더 나은 민주주의를 실현하고자 할 때, 새로운 투표 참여 방식에 대한 경험이 그 초석이 될 수 있기를 기대합니다. 감사합니다.

[㉮   ]

04 [A]에 대한 이해로 적절하지 **않은** 것은?

① '학생 3'이 장난삼아 성의 없이 투표한 경우를 언급한 것은 기존 투표 방식과 무효표에 인과 관계가 있다고 판단했기 때문이군.

② '학생 2'가 작년의 통계를 언급한 것은 기존 투표 방식에 문제가 있다는 주장의 설득력을 높일 수 있다는 판단에 따른 것이군.

③ '학생 1'이 투표 방식 변경에 따라 예상되는 반응을 언급한 이유는 반발하는 학생들도 고려해야 한다는 판단에 따른 것이군.

④ '학생 2'가 설문 조사 결과의 반영을 언급한 이유는 학생회의 일방적인 결정으로 투표 방식이 변경되었음을 인정하기 때문이군.

⑤ '학생 1'이 새로운 방식의 장점을 언급한 것은 '학생 3'이 제기한 기존 방식의 문제점을 변경된 방식으로 해결할 수 있다는 판단에 따른 것이군.

05 ㉠, ㉡에 대한 설명으로 가장 적절한 것은?

① ㉠은 상대방의 의견에 문제를 제기한 후 그에 대한 해결책을 요구하고 있다.

② ㉡은 상대방에게 되묻는 방식으로 상대에게 구체적인 방안을 요청하고 있다.

③ ㉠에서 제기된 문제에 대한 해결 방안이 ㉡에서 제시되고 있다.

④ ㉠은 상대방의 동의를 구하는 질문이고, ㉡은 상대방의 의견을 구하는 질문이다.

⑤ ㉠과 ㉡ 모두 우려되는 문제의 상황을 들어 논의가 필요한 사항을 제시하고 있다.

06 (가)의 [B]를 바탕으로 (나)의 [D]를 작성했다고 할 때, [D]에 반영된 내용으로 가장 적절한 것은?

① 학생들에게 변경된 투표 장소를 알려주자는 의견을 반영하되, 투표 장소를 변경한 이유도 같이 설명한다.

② 기표소와 관련한 변경 사항을 알려주자는 의견을 반영하여 투표장 내에 배치한 기표소의 개수를 안내한다.

③ 학생들이 투표할 수 있는 시간을 구체적으로 알려주자는 의견을 반영하여 투표 시간을 기존의 방식과 대비하여 안내한다.

④ 투표 방식이 바뀌었다는 점을 알려주자는 의견을 반영하여 새로운 방식에 따라 달라진 투표 절차를 단계별로 소개한다.

⑤ 새로운 투표 방식을 알려주자는 의견을 반영하여 기존 방식과 새로운 방식의 투표 참여 대상의 차이점을 제시하여 안내한다.

07 [C]를 바탕으로 할 때, ㉮에 들어갈 캠페인 구호로 가장 적절한 것은?

① 스스로 찾아가는 투표 현장, 저절로 피어나는 민주 의식

② 성실히 참여한 여러분의 투표, 열심히 일하는 우리의 대표

③ 여러분이 키워 보낸 한 표가 소중한 일꾼 되어 돌아옵니다.

④ 투표소에서 모아지는 작은 한 표, 민주주의 씨앗을 뿌려볼까요?

⑤ 진지하게 생각한 여러분의 한 표, 민주주의를 앞당길 수 있습니다.

[08~10] 다음 글을 읽고 물음에 답하시오.

(가) 초고 작성을 위한 메모

○ 글의 목적 : 학교 스포츠클럽 대회의 도입을 제안함.

○ 예상 독자 : 우리 학교 교사와 학생

○ 글을 쓰기 위해 떠올린 생각
 – 올해 실시한 체육대회에 대해 언급하면서 글을 시작해야겠어. ····················· ㉠
 – 현행 체육대회의 한계를 지적해야지. ··· ㉡
 – 스포츠클럽 대회를 제안하며 그 방식을 언급해야지. ····················· ㉢
 – 스포츠클럽 대회 도입 시의 기대 효과를 강조해야겠어. ····················· ㉣
 – 스포츠클럽 대회 도입으로 인해 예상되는 문제의 해결책을 제시해야지. ·········· ㉤
 – 제안하는 바를 강조하며 글을 마무리해야지.

(나) 글의 초고

　우리 학교는 올해도 예년처럼 지난 1학기 중간고사 직후에 축구, 줄다리기, 이어달리기 등의 종목을 중심으로 체육대회를 실시하였다. 그런데 이처럼 매년 한 차례 체육대회를 실시하는 것만으로는 평소 학생들의 체육 활동을 활성화하기에 미흡하다고 할 수 있다. 실제로 우리 학급 학생들을 대상으로 인터뷰를 해 본 결과, 학생들은 현행 체육대회가 일회성 행사에 그치고 있으며 이로 인해 학생들의 경기 참여 기회 역시 제한된다는 한계점을 언급하였다.

　이러한 인터뷰 결과를 바탕으로 할 때, 현행 체육대회는 유지하되, 그 한계를 보완하기 위해 스포츠클럽대회를 도입할 필요가 있다고 생각된다. 우리 학교의 다양한 스포츠클럽의 종목들 중에서 매월 학생들이 희망하는 종목을 정해 점심시간 내지 방과 후에 학생들이 자유롭게 참여하는 방식으로 경기를 진행하게 된다면 학생들의 경기 참여의 폭이 확대되고 그만큼 체육 활동에 대한 관심 또한 증가할 것이다. 즉, 보다 다양한 종목의 경기를 진

행함으로써 더욱 많은 학생들이 경기에 출전할 수 있으며, 직접 출전하지 않는 종목일지라도 관람할 수 있는 기회 또한 늘어나기에 그 종목에 대한 관심을 유발하게 될 것이다. 대회 운영에 대한 학교의 부담이나 학생들의 학업에 부정적 영향을 줄 수 있다는 점을 들어 우려하는 목소리도 없진 않으나, 현행 체육대회를 보완할 수 있다는 점에서 도입해 볼 여지가 충분하다고 본다.

　인생의 전 시기 중에서 청소년기는 육체와 정신이 비약적으로 발달하는 시기이다. 따라서 학업과 체육활동의 중요성을 모두 인식하고, 몸과 마음이 조화롭게 성장할 수 있도록 노력하는 것이 무엇보다 중요하다.

---

08 (가)의 ㉠~㉤ 중, (나)에 반영되지 <u>않은</u> 것은?

① ㉠ ② ㉡
③ ㉢ ④ ㉣
⑤ ㉤

---

09 〈보기〉는 (나)를 보완하기 위해 추가로 수집한 자료이다. 자료의 활용 방안으로 적절하지 <u>않</u>은 것은? [3점]

〈보기〉

〈전교생들을 대상으로 한 설문 조사 결과〉

A. 현행 체육대회에 대한 만족 여부 (단위 :)

매우 만족	만족	보통	불만족	매우 불만족
1	8	17	53	21

B. 현행 체육대회에 대한 불만족 이유 (단위 :)

일회성 행사에 그침.	34
종목의 다양성이 부족함.	32
경기 참여 기회가 제한됨.	27
기타	7

C. 교육 전문 잡지

그간 청소년기의 체육 활동이 정서 및 사회성 발달에 기여한다는 연구 결과가 꾸준히 발표되었는데, 최근에는 학생들의 학업 역량과의 상관관계를 밝힌 연구 결과가 발표되었다. 이에 따르면 매주 일정 시간 이상 꾸준히 체육 활동을 한 학생들이 그렇지 않은 학생들에 비해서 학업 성취도가 유의미하게 향상되는 결과를 나타냈다. 이와 같은 청소년기 체육 활동의 중요성에 대한 연구 결과가 잇따르면서 학생들의 체육 활동을 장려하는 학교가 늘고 있다. 특히 매월 학교 내의 다양한 스포츠클럽이 주축이 되어 해당 종목의 체육대회를 상시적으로 운영함으로써 체육 활동에 대한 학생들의 관심과 참여를 증진하는 학교가 많아지고 있다.

① A를 활용해, 학생들의 만족도를 근거로 제시하여 현행 체육대회의 한계를 보완해야 한다는 내용을 뒷받침한다.

② B를 활용해, 현행 체육대회의 한계에 대한 보완이 필요한 이유로 종목의 다양성이 부족하다는 점을 추가한다.

③ C를 활용해, 체육 활동이 학생들의 학업에도 긍정적 영향을 미칠 수 있다는 내용을 추가한다.

④ A, C를 활용해, 스포츠클럽 대회 도입이 학생들의 정서 및 사회성 발달에 기여할 수 있다는 내용을 추가한다.

⑤ B, C를 활용해, 스포츠클럽 대회를 도입하여 학생들의 상시적이고 다양한 체육 활동을 뒷받침함으로써 학생들이 만족하지 못하는 원인을 해소할 수 있음을 강조한다.

10 다음은 (나)를 쓴 학생이 초고의 마지막 문단을 점검하여 고쳐 쓴 내용이다. 학생이 점검했을 내용으로 가장 적절한 것은?

건강한 육체에 건강한 정신이 깃든다는 말처럼, 몸과 마음이 급격히 성숙하는 청소년기에 체육 활동에 꾸준히 참여하는 일의 중요성은 재론의 여지가 없다. 이러한 점을 감안하여 스포츠클럽 대회를 도입함으로써 체육 활동에 대한 학생들의 관심과 참여를 증대할 수 있는 여건을 조성하는 것이 중요하다.

① 예상 독자인 학교 여러 구성원 중에서 체육 활동에 실제로 참여할 학생들에 초점을 맞추어 글을 수정해야겠다.

② 작문 상황을 고려하여 스포츠클럽 대회의 도입을 위한 선생님들의 노력이 필요하다는 내용을 강조하는 것이 필요하겠다.

③ 글의 객관성을 고려하여 어느 한쪽에 치우치기보다는 정신적 측면과 육체적 측면에 대한 중요성을 모두 강조하면서 글을 마무리해야겠다.

④ 글의 목적이 달성되도록 청소년기 체육 활동의 중요성에 초점을 맞추어 스포츠클럽 대회 도입의 필요성이 부각되도록 고쳐 쓰는 것이 좋겠다.

⑤ 작문 맥락을 고려하여 참여 주체인 청소년들의 특성과 학교의 여건 등을 종합적으로 감안한 스포츠클럽대회 운영 방식을 제시하는 것이 중요하겠다.

[11~12] 다음 글을 읽고 물음에 답하시오.

감탄문은 화자가 청자를 의식하지 않거나 거의 독백하는 상태에서 자기의 느낌을 표현하는 문장이다. 감탄문은 감동·응답·부름·놀람 따위의 느낌을 나타내는 감탄사와 함께 실현되는 경우가 많다.

현대 국어의 감탄문은 감탄형 어미의 형태에 따라 '구나' 형 감탄문과 '어라' 형 감탄문으로 나눌 수 있다.

'구나' 형 감탄문은 감탄문의 일반적 유형인데, 용언이나 서술격 조사의 어간에 '-(는)구나, -(는)구먼, -(는)구려, -군, -네' 등이 붙어서 실현된다. 이에 비해 '어라' 형 감탄문은 형용사의 어간에 종결 어미인 '-아라/-어라/-여라'가 붙어서 실현된다. 감탄문은 다른 문장 성분 없이 독립어와 서술어만으로 실현될 수 있다. '구나' 형 감탄문의 높임 표현도 격식체와 비격식체로 나눌 수 있는데, 격식체에는 '해라체'의 '-(는)구나', 하게체의 '-(는)구먼', 하오체의 '-(는)구려' 등이 쓰이고, 비격식체에는 '해체'의 '-군, -네' 등이 쓰인다.

한편 중세 국어의 감탄문은 감탄형 종결 어미로 실현되는 경우와 선어말 어미로 실현되는 경우로 나눌 수 있다. 전자는 서술어로 쓰이는 용언에 감탄형 종결 어미인 '-ㄴ뎌, -ㄹ쎠/-ㄹ셔' 등이 붙어서 실현되고, 후자는 선어말 어미인 '-도-/-돗-/-옷-' 등이 붙어서 실현된다. '-도-'는 '-다' 앞에서 쓰인 '-돗-'의 이형태다.

ㄱ. 됴홀쎠 오늜날 果報ㅣ여(좋구나 오늘날의 과보여) [월석 23:82]

ㄴ. 이 男子ㅣ 精誠이 至極홀씨 보비를 아니 앗기놋다(이 남자가 정성이 지극하므로 보배를 아니 아끼는구나) [월석 1:11]

ㄱ의 '됴홀쎠'는 '둏다'의 어간에 감탄형 어미 '-ㄹ쎠'가 붙어서 감탄이 실현된 것이고, ㄴ의 '앗기놋다'에서는 '-옷-'이 붙어서 감탄이 실현된 것이다.

11 윗글을 바탕으로 '감탄문'에 대해 이해한 내용 중 적절하지 <u>않은</u> 것은?

① '앗, 차가워라!'는 놀람의 느낌을 나타내는 감탄사와 함께 실현된 감탄문이다.

② '철수가 게를 잡는구나!'는 해라체에, '철수가 게를 잡는구려!'는 하오체에 해당한다.

③ '벌써 개나리가 피었네!'는 해체로 쓰이는 감탄형 어미 '-네'가 붙어서 실현된 감탄문이다.

④ '아, 시원해라!'는 다른 문장 성분 없이 독립어와 서술어만으로 감탄문이 실현된 문장이다.

⑤ '호박죽이 너무 뜨겁구나!'와 같은 '구나' 형 감탄문을 만들 수 있는 용언의 품사는 '어라' 형 감탄문에 비해 제한적이다.

12 〈보기 2〉는 윗글을 바탕으로 〈보기 1〉의 ⓐ~ⓔ를 설명한 것이다. 〈보기 2〉의 ㄱ~ㄹ 중, 옳은 설명만을 골라 묶은 것은?

─〈보기1〉─

ⓐ 義는 그 큰뎌 (의는 그것이 크구나) [내훈 3:54]

ⓑ 摩耶ㅣ 如來를 나쏜ᄫ실쎠 (마야가 여래를 낳으셨구나) [석상 11:24]

ⓒ 새 그를 어제 브텨 보내돗더라 (새 글을 어제 부쳐 보내었더구나) [두언 23:29]

ⓓ 내 아ᄃ리 어딜쎠 (내 아들이 어질구나) [월석 2:7]

ⓔ 뜨디 기프시도다 (뜻이 깊으시구나) [금삼 5:21]

─〈보기 2〉─

ㄱ. ⓐ는 감탄형 종결 어미에 의해 실현된 감탄문이고, ⓑ는 선어말 어미에 의해 실현된 감탄문이다.

ㄴ. ⓑ와 ⓓ를 통해 동사, 형용사가 감탄문의 서술어가 될 수 있음을 알 수 있다.

ㄷ. ⓑ와 ⓔ를 통해 감탄형 종결 어미가 선어말 어미와 결합할 수 없음을 알 수 있다.

ㄹ. ⓒ와 ⓔ를 비교해 보면 감탄문을 만드는 선어말 어미의 이형태가 있음을 알 수 있다.

① ㄱ, ㄴ   ② ㄱ, ㄷ
③ ㄱ, ㄹ   ④ ㄴ, ㄷ
⑤ ㄴ, ㄹ

13 〈보기〉의 설명을 참고하여, 관형사절에 대하여 탐구한 내용으로 적절한 것은? [3점]

─〈보기〉─

관형사절은 관형사절의 문장 성분이 생략된 관계절과 그렇지 않은 보문절로 나눌 수 있다. 관계절에서 안긴문장 속의 어떤 문장 성분이 생략되는 것은 그 성분이 지시하는 대상이 피수식어인 체언이기 때문이다. 또한 관형사절은 관형사형 어미 앞에 종결 어미가 있는 긴 관형사절과 종결 어미가 없는 짧은 관형사절로 나눌 수 있다. 긴 관형사절과 짧은 관형사절은 서로 바꿔도 의미적으로 자연스러운 경우와 바꾸면 부자연스러운 경우가 있다. 그리고 관형사절은 전체 문장의 성립에 반드시 필요한 경우와 그렇지 않은 경우가 있다.

① "네가 되려는 의사라는 직업은 그렇게 녹록하지 않단다."
⇒ 주어가 생략된 짧은 관형사절로 이 절을 생략해도 문장은 성립한다.

② "오늘에서야 그가 우리를 사랑했다는 것을 알았다."
⇒ 종결 어미가 있는 관계절로 이 절을 생략하면 문장이 성립되지 않는다.

③ "너는 개울에서 헤엄을 쳐 본 경험이 있니?"
⇒ 종결 어미가 없는 보문절로 긴 관형사절로 바꿔도 자연스럽다.

④ "나는 그때 네가 그렸다는 그림을 보았다."
⇒ 목적어가 생략된 긴 관형절사로 이 절을 생략해도 문장은 성립한다.

⑤ "그분이 노벨상을 타게 되었다는 소문이 돌았다."
⇒ 종결 어미가 있는 보문절로 짧은 관형사절로 바꿔도 문장이 자연스럽다.

14 〈보기〉는 모음의 음운 변동에 대한 설명이다. 이를 바탕으로 음운 변동을 분석한 것으로 적절하지 않은 것은?

─〈보기〉─

단모음과 단모음이 서로 인접하면 모음들이 충돌하게 되므로 이를 피하려는 경향이 있다. 이로 인해 단모음이 반모음으로 교체되기도 하고, 선행 모음 'ㅡ'가 다른 단모음 앞에서 탈락하거나 선후행 모음이 동일할 때 한 모음이 탈락하기도 한다. 또한, 두 단모음 사이에 반모음이 첨가되기도 하고, 두 단모음이 새로운 하나의 단모음으로 축약되기도 한다.

① '파- + -아서 → [파서]'는 동일한 단모음 'ㅏ'와 'ㅏ' 중 하나가 탈락하였다.

② '비- + -어서 → [비여서]'는 단모음 'ㅣ'와 'ㅓ' 사이에 반모음이 첨가되었다.

③ '쓰- + -이- + -어 → [쓰여]'는 'ㅡ'가 그
대로 유지되고, 'ㅓ' 앞에 반모음이 첨가되
었다.

④ '바꾸- + -어라 → [바꿔라]'는 단모음 'ㅜ'가
반모음으로 교체된 다음 'ㅓ'와 결합하였다.

⑤ '보- + -이- + -어 → [뵈여]'는 'ㅗ'와 'ㅣ'
가 단모음으로 축약되고, 'ㅓ' 앞에 반모음
이 첨가되었다.

15 〈보기 1〉을 고려할 때, 〈보기 2〉의 시제에 대
한 설명으로 적절한 것은?

─〈보기1〉─

　절대 시제는 말하는 시점인 발화시와 동작
이나 상태가 일어나는 시점인 사건시를 비교
하여 사건시가 앞서면 과거, 일치하면 현재,
발화시가 앞서면 미래로 나눈다. 한편 상대
시제는 안은문장이나 주절의 사건시를 안긴
문장이나 종속절의 사건시와 비교하여, 안긴
문장이나 종속절의 사건시가 앞서면 과거, 일
치하면 현재, 안은문장이나 주절의 사건시가
앞서면 미래로 나눈다.

─〈보기2〉─

ㄱ. 우리는 음악을 들으며 밥을 먹는다.
ㄴ. 내일 우체국 가는 길에 은행에 들르겠다.

① ㄱ의 '들으며'의 절대 시제와 상대 시제는
일치하지 않는다.

② ㄴ에서 '가는'의 절대 시제는 '들르겠다'의
절대 시제와 일치한다.

③ ㄱ의 '들으며'의 상대 시제와 ㄴ의 '가는'의
절대 시제는 모두 현재이다.

④ ㄱ의 '먹는다'의 '-는-'과 ㄴ의 '가는'의 '-

는'은 모두 절대 시제가 현재임을 나타낸다.

⑤ ㄱ의 '들으며'의 '-으며'는 '들으며'의 사건시
가 '먹는다'의 사건시보다 앞섬을 나타낸다.

[16~18] 다음 글을 읽고 물음에 답하시오.

　노파는 손녀의 오늘따라 유별난 친절이 거북하
다 못해 슬그머니 심통이 난다. ㉠흥, 내가 미국을
가게 되니까 너도 별수 없이 나에게 아첨을 떠는구
나, 누가 모를 줄 알구…… 노파의 소견머리는 고
작 이쯤밖에 안 움직인다. 그만큼 노파는 식구들의
지청구에만 익숙해 있다.

　제 에미를 닮아 새침하고 곱살스러운 데라곤 손
톱만큼도 없던 손녀딸년이 할머니 서울 구경을 제
가 맡고 나선 것도 수상한데 박물관에 들어오자 등
에 손을 돌려 부축까지 해 주며 저것은 법주사 팔상
전을 본딴 것, 저것은 불국사의 어디 어디를 본딴
것 하며 열심히 설명까지 하자 노파는 무슨 말인지
하나도 알아들을 수 없거니와 친절 그 자체를 받아
들이기에도 너무 서투르다. 손녀가 환성을 지르며
손가락질하는 데를 바라보며 집 한번 으리으리 잘
지어 놨다 싶더라도, 흥 저까짓 거 미국엔 백 층도
넘는 집이 수두룩하다는데 곧 미국 할머니가 될 내
가 저까짓 것에 놀랄까 보냐고 콧방귀를 뀐다.

　머리숱하며 몸집하며 이목구비가 자리 잡은 간
살하며 어디 한 군데 넉넉한 데라곤 없이 옹색하
고 박하게만 생긴 노파가 남을 얕잡을 때만은 갑자
기 의기양양하고 되바라지며 밝고 귀여운 얼굴이
된다. 꼭 불이 켜진 꼬마전구같이. ㉡요새 이 꼬마
전구는 꺼져 있는 동안보다 켜져 있는 동안이 훨씬
많다.

　노파는 곧 미국을 가게 모든 수속이 다 끝나 있
다. 딸의 덕에. 노파에겐 이 딸의 덕이란 게 암만해
도 진수성찬 끝에 구정물 마신 것 모양 꺼림칙했지
만 아들 넷 중 맏이만 빼놓고 세 아들이 다 미국에

2019 기출문제

있다는 생각을 하면 다시 고개가 빳빳해지며 당당
해진다. 노파에게 미국이란 우선 먹을 것, 입을 것
이 지천인 부자 나라도 되었지만, 서울 장안만 한
넓이의 고장도 되어서 딸하고 수틀리면 아들네로,
그 아들하고도 틀리면 다음 아들네로 몽당치마에
바람을 일으키며 한 걸음에 달려갈 수 있는 것으로
되어 있다. 그러나 실상 노파의 자식들 중 미국에
있는 건 딸 뿐이고, 둘째 아들은 서독(西獨)에, 셋
째 아들은 브라질에, 넷째 아들은 괌에 가 있다. 세
아들들이 어쩌다 일이 잠깐 빗나가 지금 미국 아닌
고장에 뿔뿔이 흩어져 있긴 하지만 그들의 당초의
목적은 미국이었고 미국으로 이민 갈 연줄을 찾아
눈에 핏발이 서 동분서주할 때부터 노파는 "미국,
미국, 미국에만 갈 수 있으면!" 하는 아들들의 잠꼬
대 같은 탄식 소리를 귀에 못이 박히게 들어 왔고,
그러는 사이에 노파에게 미국이란 가기는 힘들지
만 갈 수만 있으면 그야말로 누구에게나 금시발복*
의 땅이란 고정관념이 뿌리박았다.

(중략)

한 젊은이가 할머닌 어디까지 가십니까고 상
냥하게 말을 건다.

"ⓒ 그 뭐라나, 미국의 어디메드라? 참, 쌍포리
코라던가."

"네, 샌프란시스코요. 저도 그리로 가는데요."

젊은이가 광대같이 우스꽝을 떨며 노파를 껴안
았다. 노파도 반가워서 젊은이 손을 덥석 잡았다가
놓으면서,

"참 내 정신 좀 봐. 내가 이러구 있을 게 아니라
버스 떠나기 전에 식구들에게 든든한 동행이 있다
는 걸 알려줘야지. 이 늙은일 혼자 떠나보내고 발
길들이 안 돌아설 텐데."

노파는 허겁지겁 버스를 내린다. 노파는 그냥 가
족들을, 특히 길남이를 다시 보고 싶을 뿐이다. 버
스에서 내린 노파는 송영대 밑으로 달려가 송영대
를 쳐다보며 악을 쓴다.

"얘들아, 마침 쌍포리코까지 같이 갈 동행을 만
났다. 아주 친절한 젊은이야. 내 걱정들은 마라."

그러나 아무 반응이 없다. 낯선 사람들이 킬킬
거릴 뿐이다. 다시 쳐다봐도 송영대에 밀집한 사람

중 낯익은 얼굴은 하나도 없다. 벌써 환갑집으로
가버린 모양이다.

ⓐ 다시 확인하고 싶으나 시야가 자꾸만 부옇
게 흐려져 그게 여의치 않다. 별안간 송영대에 나
와 있는 사람들 보기가 부끄러워져서 숨듯이 다시
버스에 오른다. 버스를 내려서 다시 비행기를 타고
그동안 내내 노파는 혼돈 속을 가듯 눈앞이 지척을
분간 못 하게 부옇고 의식조차 흐리멍덩하다. 아까
의 젊은이가 노파를 부축해 주려다 말고 딴 젊은이
들과 섞여서 시시덕댄다.

마침내 기체가 이륙하는 것을 노파는 심한 충격
과 함께 의식한다. 그것은 누구나 느낄 수 있는 물
리적인 충격이 아니라 노파 하나만의 것인 아무도
헤아릴 수 없는 크나큰 충격이다.

몇 백 년쯤 묵은 고목이 어떤 거대한 힘에 의해
몽땅 뽑히는 일이 있다면 그때 받는 고목의 충격이
바로 이러하리라. 노파의 의식이 비로소 혼돈을 헤
치고 뿌리 뽑힌 고목으로서의 스스로를 인식한다.

비행기 속의 젊은이들은 노파의 아들들이 그랬
던 것처럼 조국을 뜨는 마당에 일말의 애수조차 없
이 다만 기쁘고, 빛나는 얼굴을 하고 있다. 그래서
그런지 조금도 동류의식을 느낄 수 없다. 노파는
외롭다.

"할머니 울잖아? 애기같이, 우리도 안 우는데.
울지 마. 우린 같은 처지야."

아까의 젊은이가 광대 같은 표정으로 어리광을
떨며 노파를 웃기려 든다.

ⓓ 하긴 저들도 뿌리 뽑혔달 수도 있겠지. 그러
나 저들은 묘목이다. 어디에고 다시 뿌리를 내릴
수 있는 묘목이다. 그러나 난 틀렸어. 난 죽은 목숨
이야.

노파는 노파의 아들들이 이를 갈며 싫어했고 진
저리를 치며 놓여나기를 갈망했던 이 땅의 모든 구
질구질한 것까지 자기가 얼마나 사랑했던가를 안
다. 노파는 마치 자기 시신(屍身)을 보듯 이 숨막히
는 공포로 뽑혀 나동그라진 거대한 나무와 지상으
로 노출된 수만 가닥의 수근(樹根)이 말라비틀어지
는 참담한 모습을 환상하며 심장을 쥐어짜듯이 서
럽게 운다.

– 박완서, 「이별의 김포공항」 –

*금시발복(今時發福) : 어떤 일을 한 뒤에 복이 곧 돌아와 부귀를 누리게 됨.

16 윗글에 대한 설명으로 적절한 것은?

① 장면에 따라 시점을 달리하여 서술하고 있다.

② 서로 다른 공간의 사건을 병치하여 서술하고 있다.

③ 상황의 원인을 역순행적으로 추리하며 서술하고 있다.

④ 작품 속 인물이 서술자가 되어 사건에 대해 주관적으로 서술하고 있다.

⑤ 서술자가 작품 속 특정 인물의 시선을 중심으로 대상과 상황을 서술하고 있다.

17 ㉠~㉤에 대한 이해로 적절하지 않은 것은?

① ㉠ : '손녀'의 행동에 담긴 의도를 부정적으로 생각하는 '노파'의 심리를 독백적 진술로 드러내고 있다.

② ㉡ : 이전과 달라진 '노파'의 심리를 비유적으로 표현하고 있다.

③ ㉢ : 발음의 유사성을 활용한 언어유희로 우스꽝을 떠는 '젊은이'의 허위의식을 비꼬고 있다.

④ ㉣ : 기대했던 상황이 벌어지지 않아 슬퍼하는 '노파'의 심리가 드러나고 있다.

⑤ ㉤ : '젊은이'와 자신의 처지를 대비하여 이륙 상황에서 '노파'가 느끼는 감정을 부각하고 있다.

18 〈보기〉를 바탕으로 윗글을 감상한 내용으로 적절하지 않은 것은? [3점]

〈보기〉

인간은 자신이 처한 현실에서 벗어나 다른 세계로 가고자 하는 경향이 있는데, 이는 보통 현실에 대한 불만이나 다른 세계는 더 나을 것이라는 희망에서 비롯된다. 그러나 희망이 과도하여 합리적인 근거 없이 고정관념으로 굳어질 때 맹목적인 동경이 된다. 그런데 막상 현실을 떠나 다른 세계로 가는 상황에 맞닥뜨릴 때 비로소 자신을 깨닫게 되는 경우가 있다. 부정적인 현실마저도 자신의 삶의 일부임을 깨닫고 그에 대한 애정을 확인하게 되는 것이다. 이 작품은 그런 인간의 경험과 심리를 묘사하고 있다.

① 현실에서 벗어나 다른 세계로 가고자 하는 인간의 경험과 심리를 '노파'의 미국행이라는 사건을 통해 그리고 있군.

② '손녀'가 가리키는 곳을 '으리으리 잘 지어 났다'고 생각하는 것에서 '노파'가 자신이 처한 현실을 잘못 파악하고 있음을 엿볼 수 있군.

③ '미국에만 갈 수 있으면!' 하고 '잠꼬대 같은 탄식 소리'를 한 '노파의 아들들'은 맹목적으로 다른 세계를 동경하는 인물들로 볼 수 있군.

④ '노파'가 '뿌리 뽑힌 고목으로서의 스스로를 인식'하는 것은 자신의 실상을 깨닫는 인간의 모습으로 볼 수 있군.

⑤ '노파'가 '이 땅의 모든 구질구질한 것까지' 사랑했다는 것은 부정적인 현실마저 사랑하는 인간의 심리를 드러낸 것이군.

[19~22] 다음 글을 읽고 물음에 답하시오.

수소는 우주의 88%를 차지할 만큼 많고, 연소될 때 많은 에너지가 발생하기 때문에 로켓 연료로까지 이용된다. 그러나 수소를 일상생활의 에너지원으로 활용하는 데에는 난관이 적지 않다. 우선 지구 대기 속에 수소 기체가 거의 없는 것이 문제다. 그것은 가장 간단한 원소로 되어 있는 수소 기체가 매우 가벼워 지구의 대기 밖으로 쉽게 날아가 버리기 때문이다. 그러면 지구상의 수소는 도대체 어디에 존재하는 것일까? 우리가 알고 있듯이 수소는 대부분 물속에 들어 있다. 따라서 우리 주위에 흔한 물에서 수소를 분리해 내면 어떨까 하는 생각을 할 수 있지만, 물 분해에 많은 에너지를 투입해야 함을 감안하면 경제성이 떨어진다. 이 점을 고려해 ㉠ 식물의 광합성 시스템을 모방한 인공 광합성 기술이 활발하게 연구되고 있다. 왜냐하면 햇빛을 이용하면 보다 적은 에너지로 수소를 얻을 수 있기 때문이다.

식물의 광합성은 엽록소가 NADPH와 ATP를 생성하는 명반응과 그것들을 활용해 이산화탄소를 포도당으로 합성하는 암반응이 순환하면서 이루어진다. 빛 에너지를 흡수하면 엽록소 속에 있던 전자가 에너지를 얻어 다른 곳으로 가 버리고, 엽록소는 물을 분해해 전자를 보충한다. 즉 물(H_2O)을 분해하는 과정에서 발생한 산소(O)는 기체 상태로 배출되고, 수소는 전자(e^-)와 수소 양이온(H^+)으로 분해된다. 엽록소는 분해된 수소 양이온과 전자를 받아들인 다음 $NADP^+$와 결합시켜 NADPH라는 효소를 만들어 내는 것이다. 한편 엽록소에서 빠져나온 전자는 빛 에너지가 전환된 화학 에너지 ATP를 생성하는 데 이용된다. 여기까지가 암반응 과정을 위해 필요한 명반응 과정이다. 암반응에서는 NADPH가 $NADP^+$와 전자, 수소 양이온으로 분해되는데, $NADP^+$는 다시 명반응 과정에서 NADPH를 생성하는 데 활용되고, 전자와 수소 양이온은 이산화탄소(CO_2)와 결합해 최종적으로 유기물인 포도당을 만드는 데 이용된다. 이때 필요한 에너지는 ATP가 ADP로 바뀌면서 발생하는 에너지로 충당하는데, 생성된 ADP는 명반응 과정에서 ATP를 생성하는 데 재료가 된다.

㉡ 수소를 생성하는 인공 광합성 시스템은 포도당 대신에 수소 기체를 얻기 위한 것이다. 대표적인 인공 광합성 시스템인 전지형 시스템은, 태양의 빛 에너지를 받아 수소 양이온을 생성하는 광전극과 수소 기체를 생성하는 환원 전극이 물속에 있고, 두 전극이 전선으로 연결된 구조로 되어 있다. 두 전극은 반도체를 가지고 만드는데, 광전극은 n형 반도체로, 환원 전극은 p형 반도체로 되어 있다. n형 반도체는 (−) 전하인 자유 전자가 (+) 전하인 정공보다 많고, p형 반도체는 정공이 자유 전자보다 많은 반도체이다. 빛 에너지를 받으면 광전극에서 자유 전자와 정공이 더욱 많이 생기고, 높은 에너지 상태에 있는 자유 전자들은 전선 을 따라 환원 전극으로 이동한다. 광전극에 남아 있는 정공들은 광전극의 표면에 몰려 전자를 보충하기 위해 물을 분해한다. 그 결과 물의 산소는 기체 상태로 배출되고, 수소 양이온은 물속을 떠돌게 된다. 한편 환원 전극의 표면에서는 광전극으로부터 온 자유 전자를 이용해 수소 양이온을 환원시킨다. 즉 물속에 떠돌다 환원 전극의 표면에 도달한 수소 양이온이 자유 전자와 결합하는 것이다. 이때 수소 기체가 최종적으로 생성된다. 그리고 두 전극 사이에는 분리막이 있어, 광전극에서 만들어진 수소 양이온이 그것을 투과하면 광전극에서 반응할 수 없도록 하고, 생성된 수소 기체가 광전극 쪽으로 가 반응하지 못하도록 하는 역할을 한다.

[A]

하지만 이와 같은 인공 광합성 시스템은 효율이 그다지 높지 않다. 그래서 태양 전지를 별도로 장착한 전지형 인공 광합성 시스템을 만들었는데, 이를 통해 약 12%까지 태양광−수소 전환 효율을 높였다. 한편 과학자들은 촉매 연구에도 힘을 쏟고 있다. 광전극에서 생긴 자유 전자와 정공은 분리되자마자 곧바로 다시 결합하는 경우가 많다. 그러면 환원 전극으로 이동하는 자유 전자의 양이 적어지기 때문에 환원 반응에 필요한 자유 전자가 부족하게 된다. 따라서 광전극의 자유 전자와 정공들이 재결합하기 전에 산화, 환원 반응을 빠르게 하는 촉매가 필요하다. 이에 따라 과학자들은 반도체의 기능과 촉매의 기능을 동시에 향상시키는 방법을 찾고 있다. 하지만 아직까지 전지형 광합성 시스템의 전극을 만드는 데에 들어가는 원료가 고가이고 그 공정 비용 또한 높다. 좀 더 싼 값에 대량으로 수소를 생산할 수 있는 효율적인 방법을 찾는 것이 앞으로 남은 숙제이다.

19 윗글을 통해 대답할 수 <u>없는</u> 질문은?

① 수소를 에너지원으로 활용하려는 이유는 무엇인가?

② 수소가 지구 대기 속에 존재하기 힘든 이유는 무엇인가?

③ 전지형 인공 광합성 시스템 개발에 있어 향후 과제는 무엇인가?

④ 자연의 원리를 활용해 에너지 문제를 해결하려는 시도로 어떤 것이 있는가?

⑤ 인공 광합성 연구가 자연의 광합성 원리 연구 발전에 어떤 영향을 미쳤는가?

20 ㉠과 ㉡에 대한 설명으로 적절하지 <u>않은</u> 것은?

① ㉠, ㉡ 모두 물을 분해하는 과정에서 산소가 부산물로 배출된다.

② ㉠, ㉡ 모두 물을 분해하는 과정에서 발생한 전자는 수소에서 떨어져 나온 것이다.

③ ㉠과 달리 ㉡에서는 최종 생성물이 만들어지는 과정에서 이산화탄소가 이용되지 않는다.

④ ㉡과 달리 ㉠에서는 유기물을 생성한다.

⑤ ㉠의 엽록소에서 방출된 전자와 ㉡의 정공과 분리된 전자는 같은 역할을 한다.

[21~22] 〈보기〉를 보고 물음에 답하시오.

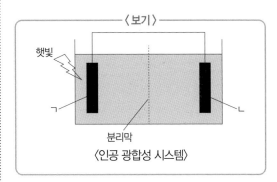

〈인공 광합성 시스템〉

21 [A]를 바탕으로 〈보기〉를 이해한 내용으로 적절하지 <u>않은</u> 것은? [3점]

① ㄱ에서는 정공과 자유 전자가 햇빛이 없을 때보다 더 많이 생기겠군.

② ㄴ의 주요 기능은 물을 분해하는 것이겠군.

③ ㄱ의 자유 전자들은 ㄴ으로 이동하겠군.

④ ㄱ에서 생성된 수소 양이온이 ㄴ에서는 환원되어 수소 기체가 되겠군.

⑤ ㄱ은 자유 전자가 많은 반도체로, ㄴ은 정공이 많은 반도체로 만들어졌겠군.

22 〈보기〉의 '분리막'에 대해 이해한 내용으로 가장 적절한 것은?

① 수소 기체가 보다 효율적으로 생성되게 하기 위한 장치로군.

② 광전극과 환원 전극의 공정 비용을 절감하기 위한 장치로군.

③ 수소 기체 생성 과정을 보다 단순화하기 위한 장치로군.

④ 자유 전자를 더욱 빠르게 이동시키기 위한 장치로군.

⑤ 빛 에너지를 더 많이 흡수하기 위한 장치로군.

[23~26] 다음 글을 읽고 물음에 답하시오.

포졸을 따라 한림이 오자 최 지부는 고발장을 꺼내 들고 죄목에 대해 물었다. 범한은 이미 계단에 우두커니 팔짱을 끼고 서 있었다. 다 듣고 난 한림은 자신이 모함에 빠진 것을 알고는 마음이 아팠다. '이건 운명이야, 운명! 내가 허위로 자백하지 않으면 어머니와 형이 어떻게 되겠는가?' 한림은 마침내 고개를 들고 대답했다.

"참으로 그런 일이 있었습니다. 죄가 이미 모두 드러났으니 죽을 수밖에 없습니다."

최 지부가 불쌍하여 탄식하면서 한림에게 말했다.

"죄인의 사정이 참 딱하구려. 어머니가 이미 고발장을 냈으니 효자 된 도리로 어떻게 발명할 수 있겠소.

그렇지만, 한나라 때 동해의 효성스러운 며느리가 시어머니를 죽였다고 죄 없이 허위 자백하는 바람에 처형된 뒤 삼 년 동안 그 땅에 비가 오지 않았고, 그 태수 된 자는 후세에 어리석다는 말을 듣게 되었소. 지금 나도 그렇게 되면 억울하지 않겠소?"

그러자 범한이 큰소리로 외쳤다.

"㉠ 죄인이 스스로 그 죄를 알아 변명하지 않고 자백하였으면 벌을 줄 따름이지, 무슨 연유로 이 사람을 달래어 그 말을 바꾸려 하십니까?"

최 지부가 크게 화를 내며 범한을 끌어내리고 서릿발 같은 목소리로 꾸짖었다.

"천한 네 놈은 범가이면서 무슨 일로 화씨 집안일에 간섭하여 이처럼 함부로 입을 놀리는 게냐?"

그리고는 그 머리채를 잡아 끌어내라 하고 한림은 일단 옥에 가두어 두었다. 범한은 수중의 은냥을 내서 옥졸들에게 나누어 주고 기회를 보아 한림을 죽이려고 했다.

한편, 한림의 유모 계화는 심 씨에게 쫓겨난 후 고을의 부자 유이숙의 아내가 되었다. 계화는 한림이 변을 만나 옥에 갇혔다는 소식을 듣고는 통곡하며 먹지도 않더니, 화씨 집 문에서 자결하여 그 원통함을 밝히고자 했다. 유이숙이 이런 부인을 의롭게 여겨 말했다.

"내가 한번 가보리다."

잠시 후에 유이숙이 돌아와서 분한 마음에 눈물을 흘리며 말했다.

"㉡ 한림의 옥 같은 용모를 보니 천하의 군자였소. 사내대장부가 되어 이런 사람을 위해서 목숨을 바치지 않을 수 있겠소?"

그리고는 금전을 많이 내어 물 쓰듯 뇌물을 주고 계화는 직접 옥중에 음식을 대었는데, 유이숙이 옥문 옆에 앉아 있다가 독이 있는지 먹어 본 후에야 들였다. 그러니 범한의 은화는 쓸모없이 허비된 셈이다. 옥문의 안팎에 혹시라도 범한의 그림자라도 보이면 흰 몽둥이와 붉은 작대기가 구름에 비 오듯 쏟아지니 범한은 간담이 서늘하여 감히 가까이 가지 못했다.

최 지부는 한림의 사건을 자나 깨나 안타깝게 생각했지만, 어찌해야 할지 스스로 결단을 내리지 못하고 있었다. 그때 마침 도어사 하춘해가 절강을 돌아보고 돌아가다가 소흥을 지나게 되었다. 최 지부는 크게 기뻐하면서 하 어사를 맞이했다.

"저희 고을에 의옥(疑獄)이 있습니다. 제가 어리석어서 사실을 밝혀내기 어려운 차에 다행히 나리께서 오셨으니 한번 나리의 말씀을 듣고자 합니다."

그러고는 고발장을 꺼내 보였다. 어사가 겨우 몇 줄 읽고는 놀라서 말했다.

"이른바 화진이라는 사람은 장원으로 급제해 한림학사가 된 자가 아닙니까?"

"그렇습니다."

어사는 모두 읽고 나서 팔을 걷어붙이며 한탄했다.

"지난번 언무경이 이 자를 불효하다고 탄핵했을 때 우리는 이 자가 억울하게 누명을 썼다고 생각했소. 그런데 지금 이 고발장을 보니 과연 한림은 흉특한 자였구려. 내가 마땅히 법이 바르게 서도록 하겠소. 끌고 오라 하시오."

이에 한림이 뜰에 이르렀다. 어사는 그 고발장의 내용이 사실이냐고 물었다. 이전처럼 대답하는 한림의 옥 같고 별 같은 눈에 구슬 같은 눈물이 그렁그렁하여 금방이라도 흘러내릴 것 같았다. 가만히 보던 어사의 얼굴에 슬픈 기색이 나타났다. '군자로구나! 기린이 때를 만나지 못해 서상의 액(厄)*을 만났듯 곤경에 처했구나!' 그러고는 최 지부를 돌아보고 말했다.

"이 사람을 잘 보호해 주시오."

그날 밤 어사는 ⓐ 직접 쓴 편지를 시중들던 사람 왕겸을 시켜 몰래 화진에게 전하게 했다.

(중략)

한림은 다 읽고 나서 감격의 눈물을 쏟았다. 그리고 속으로 생각했다. '예전에 선친께서 태학사 하언의 충성을 칭찬하셨지. 지금 그 아들이 선하고 의로운 것을 보니 아버지를 욕되게 하지 않겠어. ⓒ 아, 불초한 나는 이렇게 아버지의 이름을 욕되게 하고 있구나!' 그러고 나서 바로 왕겸에게 말했다.

"하 어사 나리께서 죽어 마땅한 이 죄인을 생각해 주시고, 열 줄 글을 보내시어 이렇게 간곡하게 일러주시니, 아둔하고 사나워서 사람의 도리로 꾸짖기 부족한 저라도 어찌 일호 감동하는 마음이 없겠습니까? 그렇지만 죄인의 죄명은 이미 드러났고 국가의 법률이 지엄하니, 밝은 태양 아래서 차마 실상을 속이고 말을 바꾸지 못하겠습니다."

왕겸이 하 어사에게 돌아가 이 말을 전하자 어사가 감탄했다.

"이 사람은 참으로 효성스럽구나. 죽음을 각오하고 동요하지 않으니 나도 어쩔 수 없겠어."

하 어사는 왕겸을 보내 옥중의 한림을 보호하도록 했다. 그리고 ⓓ 수레를 빨리 몰아 경사로 가면서 최 지부에게 일러두었다.

"이 사건은 성급히 판결해서는 안 되니 황제께 아뢴 후에 처리하려고 하오. 최 지부께서는 옥리들을 잘 단속하여 형벌로 죄인이 죽거나 자결하는 일이 없도록 해 주시오."

그때 범한은 최 지부가 한림을 보호하려는 뜻이 있고 또 유이숙 때문에 감히 독약을 먹일 수도 없자 마음이 초조해졌다. 그리하여 즉시 한 필 말을 타고 밤새도록 서울로 달려가서 엄숭에게 뇌물을 쓰니, 엄숭은 소흥부 죄인을 경사로 올리라는 명을 내렸다. 이에 유이숙과 왕겸은 한림을 보호하여 길을 나섰다. ⓔ 계화가 말 앞에서 통곡을 하며 배웅하자 한림이 말을 세우고 눈물을 흘렸다. 길가에서 구경하던 사람들도 탄식하지 않는 이가 없었다.

– 조성기, 「창선감의록」 –

*서상의 액(厄) : 기린이 노나라 사람, 서상에 의해 잡힌 일.

23 〈보기〉는 윗글의 흐름을 정리한 것이다. 이를 바탕으로 윗글을 이해한 것으로 적절하지 않은 것은?

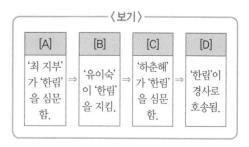

〈보기〉

[A]	[B]	[C]	[D]
'최 지부'가 '한림'을 심문함. ⇒	'유이숙'이 '한림'을 지킴. ⇒	'하춘해'가 '한림'을 심문함. ⇒	'한림'이 경사로 호송됨.

① [A]부터 [D]까지의 흐름은 시간의 순차적 순서에 따른 구성을 보여주고 있다.

② [A]에서 '범한'은 '한림'을 처벌받게 하려다가 실패하자, [A]와 [B] 사이에 다른 방법을 모색해 '한림'을 죽이려 하고 있다.

③ [A]에서의 '최 지부'와 마찬가지로 [C]에서의 '하춘해'도 '한림'의 자백을 사실로 받아들이지 않고 있다.

④ [B]는 '계화'의 '한림'에 대한 정성이 계기가 된 것으로, [D]에서 '유이숙'이 '한림'을 따라 경사로 가는 길에 나서는 것으로 이어지고 있다.

⑤ [C] 이후에 '하춘해'는 편지를 보내 '한림'을 설득하려다가 실패한 뒤, 차선책으로 [D]의 일을 주선하여 '한림'의 옥사를 해결하려 하였다.

24 ⊙~⊙에 대한 이해로 적절하지 <u>않은</u> 것은?

① ⊙ : '한림'에 대한 처벌이 이루어지지 않을지도 모른다는 '범한'의 불안감을 느낄 수 있다.

② ⓒ : '유이숙'이 결심을 하는 데에 '용모'에 대한 평가가 큰 역할을 했음을 알 수 있다.

③ ⓒ : '한림'이 자신의 잘못을 깨닫고 '하춘해'의 처분을 따르려는 심리를 엿볼 수 있다.

④ ⓔ : '하춘해'가 '한림'을 구하고자 하는 마음에 다급해 하는 모습을 엿볼 수 있다.

⑤ ⓜ : 주위에 구경하던 사람들이 '한림'과 '계화'의 모습을 안타까워하고 있음을 엿볼 수 있다.

25 ⓐ를 쓴 의도를 고려할 때, 그 핵심 내용으로 가장 적절한 것은?

① 당신의 지금 행동은 나의 심금을 움직이고 있다. 현재보다 더 적극적으로 덕행을 쌓아 어려움을 극복해 달라.

② 고발장의 내용과 달리 당신의 인품은 참으로 아름답다. 당신을 잃는 안타까움이 없도록 사실대로 말해 달라.

③ 당신이 죄의 대가를 혼자 지려는 모습이 많은 이의 귀감이 되고 있다. 비록 강상의 죄를 범했지만 참 아쉽다.

④ 당신은 현재 옥사에 대해 분명한 입장을 유보하고 있다. 보다 분명한 입장을 밝혀 나의 고민을 덜어주기 바란다.

⑤ 어머니와 관련된 사안이어서 당신은 현 상황을 회피하려고만 하고 있다. 그러면 당신의 어머니가 더 괴로울 수 있다.

26 〈보기〉를 바탕으로 윗글을 감상한 내용으로 적절하지 <u>않은</u> 것은? [3점]

〈보기〉

「창선감의록」은 착한 사람은 예외 없이 복을 받고 악한 사람은 화를 당한다는 구조를 통하여 효와 우애라는 중세적 윤리 의식을 고취하는 작품이다. 이 작품의 핵심 갈등은 화춘과 화진(한림) 사이의 갈등 즉, 무능한 가장인 형(화춘)과 그로부터 가문을 지키려는 동생(화진)의 갈등이다. 그 외 선한 인물을 도와주려는 조력자들과, 악한 인물들과 결탁한 인물들의 대결 구도도 보인다. 이 과정에서 시종일관 효와 우애를 중시하는 화진의 태도는 개인의 명예보다는 가문의 명예를 지키고 가문을 번영케 하는 데 중심적인 역할을 한다.

① '계화'가 '한림'의 옥중 음식을 마련하고 '하어사'가 '왕겸'에게 지시하는 데서, 이들이 '한림'을 도우려는 조력자임을 알 수 있어.

② '한림'이 자신이 처한 상황을 알고 나서도 '허위로 자백하'겠다고 결심하는 데서, 중세적 윤리 의식이 얼마나 내면화되었는지 깨달았어.

③ '범한'과 '엄숭'은 '한림'의 '어머니와 형'과 함께 악한 세력에 속하여 선한 인물을 도우려는 인물들과 대결 구도를 형성하고 있는 듯해.

④ '최 지부'가 '범한'을 꾸짖어 내쫓고 '유이숙'이 '범한'으로부터 '한림'을 보호하려고 노력한 것은, 가문을 지키기 위해 죽음을 택하려는 '한림'의 뜻을 수용했기 때문이군.

⑤ '한림'이 '최 지부'의 설복에도 꿈적하지 않고 '하춘해'의 설복에도 자신의 뜻을 굳건히 유지한 것은, 개인보다는 가문을 소중히 여겼기 때문이겠군.

[27~31] 다음 글을 읽고 물음에 답하시오.

비용편익분석은 공공사업의 경제성을 분석하는 대표적인 기법으로, 투입되는 비용과 얻을 수 있는 편익의 크기를 ⓐ예측하고 비교해서 사업의 타당성을 따져보는 것이다. 비용편익분석의 핵심은 비용과 편익을 화폐가치로 환산한 뒤 비교하는 것이다.

일반적으로 공공사업에서 비용은 초기에 집중적으로 투입되는 데 비해 편익은 장기간에 걸쳐 ⓑ분산되어 나타난다. 그러므로 비용과 편익을 정확하게 비교하기 위해서는 우선 서로 다른 시점에 발생하는 편익과 비용을 각각 계산해야 한다. 이때 편익이나 비용이 시간의 경과에 따라 가치가 변화한다는 점을 무시하고 단순하게 계산하여 합산하면 비용편익분석의 결과에 대한 신뢰성이 떨어지게 된다.

그렇기 때문에 미래가치를 현재가치로 환산하는 기준이 되는 비율인 할인율을 적용해야 한다. 할인율을 r이라고 할 때 1년 후의 미래가치를 현재가치로 환산하는 방법은 다음과 같다.

$$현재가치 = \frac{1년\ 후의\ 미래가치}{1+r}$$

이러한 방식을 활용하여 공공사업의 미래가치를 현재가치로 환산한 비용의 합계와 편익의 합계를 계산할 수 있다. 이렇게 현재가치로 환산된 비용의 합계와 편익의 합계를 계산하여 비교하면 사업의 타당성을 판단할 수 있는데, 그 기준이 되는 것으로 '순현재가치'와 '편익-비용비'를 들 수 있다.

순현재가치는 현재가치로 환산된 편익의 합계에서 현재가치로 환산된 비용의 합계를 뺀 값으로 나타낸다. 따라서 적절한 할인율이 적용되어 사업의 순현재가치가 0보다 클수록 사업 가치가 높은 사업이라고 판단할 수 있다. 한편, 편익-비용비는 편익의 합계를 비용의 합계로 나눈 값, 즉 단위 비용 당 발생한 편익을 가리킨다. 편익-비용비가 1보다 클수록 자원을 효율적으로 사용하는 것이기 때문에 사업 가치가 높은 사업이라고 판단할 수 있다. 그런데 양의 값을 갖는 순현재가치나 1보다 큰 편익-

비용비가 사업 수행의 충분조건은 아니다. 예컨대 투자할 자금이 ⓒ 제한된 상태라면 순현재가치가 0보다 크거나 편익-비용비가 1보다 큰 사업이라고 하더라도 필요한 비용이 투자할 자금의 범위 내에 있어야 투자할 수 있는 것이다.

순현재가치와 편익-비용비는 모두 비용과 편익을 고려한 사업 선택의 기준이다. 다만 전자가 비용을 뺀 편익의 규모에 중점을 두는 데 반해 후자는 투입되는 비용의 효율성에 무게를 둔다. 따라서 사업 선택을 할 때에는 어떤 기준을 적용할지를 고민할 수 있다. 예컨대 정부에서 용수 공급을 위해 저수지 건설 사업을 추진한다고 하자. 총 3개의 후보지 A, B, C를 대상으로 저수지 건설에 대한 비용편익분석을 실시한 결과, 순현재가치는 A > B > C 순으로 크게 나온 반면 편익-비용비는 C > B > A 순으로 나올 수 있다. 실제로 정책을 결정할 때 순현재가치에 의한 우선순위와 편익-비용비에 의한 우선순위는 일치하지 않는 경우가 많다. 즉 편익의 규모는 크지만 투입되는 비용의 효율성이 낮거나, 반대로 투입되는 비용의 효율성은 높지만 편익의 규모가 작은 사업이 있을 수 있는 것이다. 따라서 가용 예산이 제한되어 있는 경우에는 이 두 가지 기준을 복합적으로 ⓓ 고려하여 최적의 선택을 해야 한다.

한편 순현재가치나 편익-비용비는 모두 적용되는 할인율에 따라 그 값이 달라진다. 할인율이 높을수록 편익의 현재 가치는 낮게 평가된다. 공공사업이 초기에 비용이 집중적으로 들어가고 편익은 장기간에 걸쳐 서서히 발생한다는 점을 ⓔ 감안하면, 할인율이 높을수록 편익에 대한 현재가치가 낮아지므로 비용에 비해서 편익이 많이 줄어든다. 따라서 비용편익분석을 통해 대안을 평가하고 선택할 때에는 어떤 할인율을 적용하는가가 중요하다.

공공사업에 대한 비용편익분석에서 타당성을 인정받으려면 낮은 할인율을 선택하는 것이 유리하다. 그래서 공공사업의 경우에는 공적 차원의 할인율을 적용하는데 이를 사회적 할인율이라고 한다. 사회적 할인율은 자본 시장에서 결정되는 시장이자율보다 낮다. 공공사업은 장기간에 걸쳐 사회의 공익 증진에 크게 기여한다. 따라서 사회적 할인율을 공공사업에 적용하여 투입되는 비용에 비해 편익의 가치를 크게 만들어 줄 필요가 있는 것이다. 결국 공공사업에서 사회적 할인율을 선택하는 것은 미래 세대의 이익에 무게를 두는 것과 같다. 만일 사회적 할인율이 시장이자율처럼 높다면 미래 세대에 대한 배려는 저평가되는 셈이다. 그러므로 사회적 할인율은 공익적 차원에서 결정되는 것이 바람직하다.

27 윗글에서 언급된 내용으로 적절하지 <u>않은</u> 것은?

① 비용편익분석을 하는 이유

② 비용편익분석에서 편익과 할인율의 관계

③ 비용편익분석을 적용하는 공공사업의 유형

④ 비용편익분석에서 미래가치를 현재가치로 환산하는 이유

⑤ 비용편익분석에서 순현재가치와 편익-비용비를 산출하는 방법

28 윗글을 바탕으로 할 때, 〈보기〉에 대한 반응으로 적절하지 <u>않은</u> 것은? [3점]

─〈보기〉─

정부는 도로 건설 사업을 추진하기로 하고 A, B, C, D 각각의 사업에 대한 비용편익분석을 실시하여 사업의 우선순위를 결정하기로 하였다. 편익의 합계와 비용의 합계는 다음과 같으며 정부가 배정한 총예산은 2,000이고 비용은 도로 건설비 외에는 발생하지 않는다. (단, 제시된 편익과 비용 외에는 어떤 요소도 고려하지 않는다.)

도로	편익의 합계	비용의 합계
A	500	250
B	700	400
C	1,000	800
D	1,500	1,000

① 만약 정부의 총예산이 2,450으로 증가한다면 A, B, C, D를 모두 건설할 수 있겠군.

② 가용 예산과 순현재가치를 고려했을 경우 B를 건설하는 것은 바람직하지 못하겠군.

③ 비용의 효율성을 기준으로 우선순위를 결정한다면 D보다 B를 먼저 건설해야 하겠군.

④ 단위 비용 당 최대의 편익을 얻기 위해서는 A를 우선적으로 건설하는 것이 가장 바람직하겠군.

⑤ 만약 C의 편익이 300만큼 줄어든다면 편익의 규모로 볼 때 C를 건설하는 것은 바람직하지 못하겠군.

29 윗글을 바탕으로 할 때, 〈보기〉에서 선생님이 한 질문에 대한 답으로 가장 적절한 것은?

─〈보기〉─

선생님 : 공공사업에 적용하는 사회적 할인율은 낮을수록 바람직합니다. 하지만 사회적 할인율을 지나치게 낮게 설정하면 문제가 생길 수 있어요. 어떤 문제가 생길 수 있을까요?

① 비용편익분석을 민간사업에는 적용할 수 없게 되어요.

② 공공사업의 가치가 과대평가되는 문제를 야기할 수 있어요.

③ 비용편익분석을 하는 데 더 많은 시간과 비용을 소비하게 되어요.

④ 공공사업의 편익보다는 비용을 늘어나게 하는 문제가 생길 수 있어요.

⑤ 공공사업을 추진함에 있어 미래 세대에 대한 배려가 저평가될 수 있어요.

30 〈보기〉는 할인율 변화에 따른 A, B 두 사업의 순현재가치를 나타낸 그래프이다. 윗글을 바탕으로 〈보기〉를 이해한 내용으로 적절한 것은? (단, A, B 두 사업의 비용은 동일하며, 제시되지 않은 다른 요소는 고려하지 않는다.)

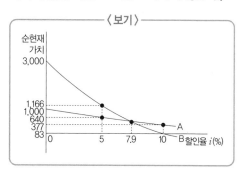

① 할인율이 높아질수록 A와 B의 순현재가치는 높아진다.

② 할인율이 0%일 때 편익−비용비는 A가 B보다 높다.

③ 할인율이 5%일 때 A사업이 B사업보다 사업가치가 높다.

④ 할인율이 7.9%일 때 B사업이 A사업보다 사업가치가 높다.

⑤ 할인율이 10%를 초과하면 B의 편익−비용비는 1보다 작다.

31 ⓐ~ⓔ의 사전적 의미로 적절하지 <u>않은</u> 것은?

① ⓐ : 미리 헤아려 짐작함.

② ⓑ : 갈라져 흩어짐.

③ ⓒ : 하지 못하도록 함.

④ ⓓ : 생각하고 헤아려 봄.

⑤ ⓔ : 참고하여 생각함.

[32~36] 다음 글을 읽고 물음에 답하시오.

(가)
풀폭을 수목을 땅을
바윗덩이를 무르녹이는 열기가 쏟아져도
오직 네만 냉정한 듯 차게 흐르는
강아
천치의 강아

국제철교를 넘나드는 무장열차(武裝列車)가
너의 흐름을 타고 하늘을 깰듯 고동이 높을 때
언덕에 자리 잡은 포대(砲臺)가 호령을 내려
너의 흐름에 선지피를 흘릴 때
너는 초조에
너는 공포에
너는 부질없는 전율밖에
가져본 다른 동작이 없고
너의 꿈은 꿈을 이어 흐른다

네가 흘러온
흘러온 산협에 무슨 자랑이 있었더냐
흘러가는 바다에 무슨 영광이 있으랴
이 은혜롭지 못한 꿈의 향연을
전통을 이어 남기려는가
강아
천치의 강아

너를 건너
키 넘는 풀속을 들쥐처럼 기어
색다른 국경을 넘고자 숨어 다니는 무리
맥 풀린 백성의 사투리의 향려(鄕閭)*를 아는가
더욱 돌아오는 실망을
묘표(墓標)를 걸머진 듯한 이 실망을 아느냐

㉠ 강안(江岸)에 무수한 해골이 뒹굴어도
해마다 계절마다 더해도
오직 너의 꿈만 아름다운 듯 고집하는
강아
천치의 강아

– 이용악, 「천치(天痴)의 강(江)아」 –

*향려 : 시골 마을.

(나)
강물이 풀리다니
강물은 무엇하러 또 풀리는가
우리들의 무슨 설움 무슨 기쁨 때문에
강물은 또 풀리는가

기러기같이
서리 묻은 섣달의 기러기같이
하늘의 얼음짱 가슴으로 깨치며
내 한평생을 울고 가려 했더니

무어라 강물은 다시 풀리어
이 햇빛 이 물결을 내게 주는가

저 민들레나 쑥잎풀 같은 것들
또 한번 고개 숙여 보라 함인가

황토언덕
꽃상여
떼과부의 무리들
여기 서서 또 한번 더 바라보라 함인가

강물이 풀리다니
강물은 무엇하러 또 풀리는가

우리들의 무슨 설움 무슨 기쁨 때문에
강물은 또 풀리는가

　　　　　　　　　　 - 서정주, 「풀리는 한강가에서」 -

(다)

　오늘 한강 하구(河口)에 서서 당신의 강물을 생각합니다. 그렇습니다. 강물은 목표를 향하여 끊임없이 나아가는 물임에 틀림없습니다. 골짜기와 들판을 지나 바다에 이르기까지 참으로 숱한 역사를 쌓아가는 살아 있는 물입니다. 절벽을 만나면 폭포가 되어 뛰어내리고 댐에 갇히면 뒷물을 기다려 다시 쏟아져 내리는 치열한 물입니다. 이처럼 치열한 강물과는 달리 바다는 더 이상 어디로 나아가지 않는 물입니다. 바다로 나와 버린 물은 아마 모든 의지가 사라져 버린 물의 끝인지도 모릅니다.

　나는 당신에게 보내는 마지막 엽서를 들고 먼저 한강과 임진강이 만나는 통일 전망대를 찾아왔습니다. 태백산에서 시작하여 굽이굽이 천 리 길을 이어온 한강과 마식령산맥에서부터 오백 리 길을 흘러온 임진강이 서슴없이 서로 몸을 섞으며 바다로 향하고 있었습니다. 나는 다시 물길을 따라 강화도의 월곶리에 있는 연미정(燕尾亭)으로 왔습니다. 마침 밀물 때를 만난 서해의 바닷물이 강화 해협을 거슬러 이 두 물을 마중 나오고 있었습니다. 드넓은 강심에는 인적 없는 유도(流島)가 적막한 DMZ 속에서 잠들어 있고 기다림에 지친 정자가 녹음 속에 늙어가고 있었습니다.

　다시 강안(江岸)을 따라 강화의 북쪽 끝인 철산리(鐵山里) 언덕에 올랐습니다. 이곳은 멀리 개성의 송악산이 바라보이고 예성강물이 다시 합수하는 곳입니다.

　생각하면 이곳은 남쪽 땅을 흘러온 한강과 휴전선 철조망 사이를 흘러온 임진강, 그리고 분단 조국의 북녘 땅을 흘러온 예성강이 만나는 곳입니다. 파란만장한 강물의 역사를 끝마치고 바야흐로 바다가 되는 곳입니다. 참으로 많은 것을 생각하게 하고 일깨우는 곳입니다. 멀리 유서 깊은 벽란도(碧瀾渡)의 푸른 솔이 세 강물을 배웅하고 있습니다.

　나는 오늘 이곳 철산리에서 바다의 이야기를 당신에게 띄웁니다.

　당신이 내게 강물을 생각하라고 하듯이 나는 당신에게 바다의 이야기를 담아 엽서를 띄웁니다. 바다로 나온 물은 이제 한강도, 임진강도, 예성강도 아닌 바다일 뿐입니다. 드넓은 하늘과 그 하늘의 푸름을 안고 있는 평화로운 세계일 뿐입니다.

　나는 당신이 강물을 사랑하는 까닭을 모르지 않습니다. 그러나 생각하면 강물은 고난의 시절입니다. 강물은 목표를 향해 달리는 물이되 엎어지고 갇히고 찢어지는 고난의 세월을 살아갑니다. 우리의 역사에서도 한강과 임진강·예성강 유역은 삼국이 서로 창검을 겨누고 수없이 싸웠던 전장(戰場)입니다. 지금도 ⓒ 임진강은 휴전선 철조망에 옆구리를 할퀴인 몸으로 이곳에 당도하고 있습니다.

　　　　　　　　　　　(중략)

　그러나 이곳 철산리 앞바다에 이르러서는 암울한 강물의 시절도 그 고난의 장을 마감합니다. 당신의 말처럼 이제 더 이상 목표를 향해 달리는 물이 아닙니다.

　한마디로 바다가 됩니다. 달려야 할 목표가 없다기보다 달려야 할 필요가 없습니다. 이곳은 부질없었던 강물의 시절을 뉘우치는 각성의 자리이면서 이제는 드넓은 바다를 향해 시야를 열어나가는 조망의 자리이기도 합니다.

　돌이켜 보면 강물의 치열함도 사실은 강물의 본성이 아니라고 생각됩니다. 험준한 계곡과 가파른 땅으로 인해 그렇게 달려왔을 뿐입니다. 강물의 본성은 오히려 보다 낮은 곳을 지향하는 겸손과 평화인지도 모릅니다. 강물은 바다에 이르러 비로소 그 본성을 찾은 것이라 할 수 있습니다. 바다가 세상에서 가장 낮은 물이며 가장 평화로운 물이기 때문입니다.

　바다는 가장 낮은 물이고 평화로운 물이지만 이제부터는 하늘로 오르는 도약의 출발점입니다. 자신의 의지와 자신의 목표를 회복하고 청천 하늘의 흰 구름으로 승화하는 평화의 세계입니다. 방법으로서의 평화가 아니라 최후의 목표로서의 평화입니다.

　　　　　　　　　 - 신영복, 「철산리의 강과 바다」 -

32 (가)~(다)에 대한 설명으로 적절한 것은?

① (가)와 (나)는 동일한 시구를 반복하여 시적 의미를 강조하고 있다.

② (가)와 (다)는 과거와 현재를 대비하여 정서의 변화를 부각하고 있다.

③ (나)와 (다)는 상승적 이미지를 활용하여 지향하는 세계를 드러내고 있다.

④ (가)~(다)는 모두 상대방에게 말을 건네는 듯한 어조를 활용하여 독자에게 친근감을 주고 있다.

⑤ (가)~(다)는 모두 공간의 이동에 따른 정서를 구체화하여 특정 공간에 대한 애착을 드러내고 있다.

33 ㉠과 ㉡에 대한 설명으로 적절한 것은?

① ㉠과 ㉡은 모두 꿈과 소망이 실현되는 공간이다.

② ㉠과 ㉡은 모두 현실을 초월하려는 의지가 생성되는 공간이다.

③ ㉠과 ㉡은 모두 민족이 처한 비극적 현실이 드러나는 공간이다.

④ ㉠과 달리 ㉡은 민족을 위한 자기희생적 태도를 다짐하는 공간이다.

⑤ ㉡과 달리 ㉠은 과거의 삶에 대한 애착을 환기하는 공간이다.

34 〈보기〉를 바탕으로 (가)를 이해한 내용으로 적절하지 <u>않은</u> 것은?

〈보기〉

1930년대 최소한의 생존 조건마저도 허락되지 않은 한반도의 백성들은 만주와 시베리아로 이주해 갔는데, 이를 가장 잘 목격할 수 있었던 지역이 두만강변이었다. 이용악은 이 지역에서 성장하면서 절망적이고 공포스러운 상황에 노출된 유이민의 삶을 직접적으로 목격하였다. 그 자신 또한 가난과 상실로 얼룩진 가족사의 희생자이기도 했다. 그는 자신이 목격하고 체험한 사실을 개인적 비애의 울타리에 가두어 두지 않고 비판적 안목을 통해 민족적 차원으로 확장하였다.

① 2연의 '무장열차', '포대'가 가져오는 초조하고 공포스러운 상황의 해소를 위해 3연에서 '너'는 '전통'을 이어 남기려는 태도를 드러내고 있다.

② 2연의 '선지피를 흘릴 때'라는 처참한 이미지를 제시함으로써 우리 민족이 마주했던 절망적 상황을 환기하고 있다.

③ 3연의 '자랑', '영광'은 4연의 '국경을 넘고자 숨어 다니는 무리'에서 연상되는 유이민의 비참함과 대비되고 있다.

④ 4연의 '키 넘는 풀속'을 기어가는 '들쥐'는 최소한의 생존 조건마저도 허락되지 않은 한반도의 백성들을 비유하고 있다.

⑤ 4연의 '묘표(墓標)를 걸머진 듯한 이 실망'에도 불구하고 5연에서 '너의 꿈만 아름다운 듯 고집'하는 존재에 대한 화자의 비판적 인식이 드러난다.

35 (나)에 대한 반응으로 적절하지 <u>않은</u> 것은?

① 1연에서는 자연 현상을 인간의 감정과 연결하여 화자의 정서를 드러내고 있군.

② 2연에서는 화자가 살아가려 했던 삶의 모습을 '기러기'에 빗대어 표현하였군.

③ 3연과 4연에서는 인간의 삶과 자연 현상을 대비함으로써 자연의 비정함을 부각하고 있군.

④ 5연에서는 '꽃상여', '떼과부'와 같은 시어를 통해 서글픈 이미지가 형상화되고 있군.

⑤ 6연에서는 1연과 동일한 내용이 동일한 형식으로 반복되어 화자의 내면이 강조되어 전달되는군.

36 〈보기〉는 '선생님'의 안내에 따라 학생들이 (다)를 감상한 내용이다. ⓐ~ⓔ 중 적절하지 <u>않은</u> 것은? [3점]

---〈보기〉---

선생님 : 이 수필의 글쓴이는 감격적 체험을 하고 나서 자신의 마음을 차곡차곡 펼쳐 보이고 있습니다. 공간적 특성과 긴밀하게 연결하여 자신이 생각한 내용을 설득력 있게 서술할 뿐 아니라 독자와의 공감도를 높이기 위해 독특한 장치를 활용하고 있습니다. 게다가 자신의 소망을 잘 드러낼 수 있는 상징물을 설정하고 거기에 적합한 표현 방법을 통해 자신의 감격이 독자의 감격으로 전이되게 하고 있습니다. 자, 그러면 이러한 점을 염두에 두고 감상해 봅시다.

학생 1 : 글쓴이가 '통일 전망대 → 연미정 → 철산리 언덕' 순으로 장소를 옮기며
'강'의 흐름에 주목하고 지리적 특성에 맞게 역사적 의미를 부여한 것에서 묘한 설득력을 느꼈어요. ……ⓐ

학생 2 : '철산리'에서 '한강'과 '임진강'과 '예성강'을 '유서 깊은 벽란도의 푸른 솔'이 '배웅'한다는 의인화된 표현은 파란만장한 역사를 끝마치는 데에 따른 감회를 부각하고 있는 듯해요. …………………………ⓑ

학생 3 : 글쓴이가 '당신'에게 엽서를, 그것도 '마지막' 엽서를 띄우는 것으로 설정하고 있어요. 게다가 '당신'에는 독자인 '나'도 포함된다고 생각하니 글의 내용이 더욱 진술하게 다가왔어요. …………………………ⓒ

학생 4 : '강'을 '치열한 물'에 빗대어 강한 의지를 지닌 대상으로 그리기도 하고, '고난의 세월'을 살아간 대상으로 형상화하기도 하여 '강'의 상징적 의미가 더욱 다각적으로 느껴졌어요. …………………………ⓓ

학생 5 : '강물'과 '바다'에 대한 '당신'과 '나'의 대조적 인식이 '낮은 곳을 지향하는' '강물'과 '흰 구름으로 승화하는' '바다'와의 대립으로 이어지면서 화자의 고조된 감정이 잘 느껴졌어요. …………………………ⓔ

① ⓐ   ② ⓑ

③ ⓒ   ④ ⓓ

⑤ ⓔ

[37~41] 다음 글을 읽고 물음에 답하시오.

　유학을 지배 이념으로 수용한 조선의 유학자들에게 성리학의 영향력은 막대했다. 하지만 조선 후기에 이르러서 사회를 보는 시각이 다양해지자 성리학에 대한 회의와 비판이 일어났다. 그 과정에서 성리학의 핵심 사유 체계였던 ㉮ 주희의 '이기론(理氣論)'도 비판적 검토의 대상이 되었다. 더욱이 청나라를 통해 서양의 사상을 접한 조선 후기의 학자들은 기존의 사유 체계의 변화를 ⓐ 도모했다.

　주희의 이기론은 존재의 근원과 그 구조를 드러내기 위한 사유 체계였다. 존재의 생성과 변화의 원리는 '이(理)'이고, 각 개체가 고유성을 띠고 존재하게 하는 것은 '기(氣)'이다. '이'는 만물이 공유하는 존재론적 근거로서 모든 개체에 동일하지만, 개체가 갖고 있는 '기'는 서로 다르다. 만물은 선험적인 '이'와 '기'가 결합한 형태로만 존재한다. 또한 '성리학'이라는 말에서 알 수 있듯이 '이'는 곧 '성[본성]'이다.

　위와 같은 주희의 이기론을 강하게 비판한 사람 중 하나는 정약용이었다. 그는 '부여된 '이'는 동일하지만 '기'가 다르기 때문에 만물은 차이가 난다.'는 주희의 생각은 '개체가 곧 전체이고, 전체가 곧 개체이므로 만물은 다른 종류의 개체로 윤회한다.'는 불교 논리와 다를 바 없다고 비판하였다. 즉, 주희가 불교를 극복할 수 있는 논리를 유학 안에 갖추려고 고민하였는데, 그런 고민을 거쳐 마련한 성리학적 틀이 불교와 매우 유사하다는 비판이었다. 실제로 주희의 '이기론'에는 불교의 흔적이 많이 남아 있었다.

　정약용은 '유형한 물질'과 '무형한 정신'의 이원 구도로 세계를 인식했는데, '유형한 물질'은 무목적적으로 움직이는 '기'의 지배를 받고, '무형한 정신'은 '기'의 무목적적인 움직임에 질서를 부여한다고 생각했다. 그는, '유형한 물질'인 육신과 '무형한 정신'인 '이성 능력'이 오묘하게 합하여 인간이 형성되는데, '이성 능력'에는 '자유 의지'가 있기 때문에 인간이 도덕을 행할 수 있다고 보았다. 그에게 이러한 '이성 능력'은, 사물이나 짐승에게서는 찾을 수

없기에 인간만이 갖고 있는 고유한 본성이었다. 이런 입장에서 정약용은 주희의 '이'가 '이성 능력'도 '자유 의지'도 없는 선험적 생성 원리이기 때문에, 인간의 본성을 포괄할 수 없다고 비판하였다. 그는 자체적으로 존재하는 실체는 '기'뿐이고, '이'는 실체에 딸린 속성에 ⓑ 불과하므로 '이'는 '기'가 드러나야 있을 수 있다고 말하였다. 결국 주희의 '이기론'에서 '기'는 정약용에게도 그대로 유지되었지만, '이'는 개념적으로 축소되어 '이' 중심의 이기론은 이론적 틀로서 역할이 제한될 수밖에 없었다.

　그런데 이러한 정약용의 생각은 독자적이라기보다는 서구의 영향을 받은 것으로 보인다. 정약용은 젊은 시절에 마테오 리치가 중국에 신학(神學)을 전파하기 위해 저술한『천주실의』를 읽었는데, 여기에는 '유형한 물질', '무형한 정신', '자유 의지' 등에 해당하는 개념뿐 아니라 주희의 '이'가 정신적 실체가 될 수 없다는 마테오 리치의 생각도 함께 소개되어 있었기 때문이다. 게다가 흥미로운 것은 마테오 리치가 의존한, 현상에 대한 인식적 틀은 아리스토텔레스에게서 ⓒ 차용한 것이라는 점이다.

　정약용이 의도했든 의도하지 않았든 아리스토텔레스를 끌어왔다면, 최한기는 당시 조선에 ⓓ 유입된 서양의 근대적 자연관에 의지하여 '이기론'에 대해 비판적 입장을 취했다. 그는, '이'는 '기' 밖이 아니라 '기' 가운데서 구해야 미루어 알 수 있음을 강조했다. '이'라는 법칙 세계에서 현상 세계로 접근하지 말고 '기'라는 현상 세계에서 '이'를 인식해야 한다는 경험주의적 입장을 드러낸 것이다. 최한기에게 '기'는 일종의 에너지로서, 자발적으로 운동하며, 갖가지 도구를 통해서 수치화되어 측정 가능한 대상이었다. 이러한 최한기의 생각은 '기'가 모이고 흩어지는 작용에 의해 만물이 생성하고 변화한다고 본, 중국 철학자 장재(張載)의 주장과도 유사하지만, 당시 동아시아에 유행했던 뉴턴의 '에테르' 가설과도 연관된다. 19세기 말에 그 존재가 부정되었지만, 에테르는 빛을 전달하는 매질로 우주에 가득 존재하는데, 이것이 응결되어 구체적인 물질이 만들어진다고 뉴턴은 주장했기 때문이다. 한편 주

희는 현상적 측면의 근원으로 '이'를 제시하여 '이'의 선험성을 강조했는데, 최한기는 '이'의 선험성을 부정하고 '이'를 '기'의 내재적 법칙성으로 한정하였다. 하지만 '이'는 '기'의 운동 법칙, 인식의 원리 및 판단의 기준으로서 여전히 최한기의 사상 체계를 구성하는 주요 개념으로 남아 있었다.

정약용과 최한기와 같이 '이기론'의 한계성을 절감한 ㉠ 조선 후기 학자들은 서양의 사상을 접하고 자신의 이론을 발전시켜 주희를 극복하려고 노력했다. 그러나 그들은 주희의 세계관을 비판하면서도 결국 주희의 핵심 범주인 '이ㆍ기(理氣)' 자체에서 벗어나지 못했다. 주희의 개념적 틀은 상당수의 학자들의 이론에 그대로 남아 있었기 때문에 주희의 '이기론'에서 ㉢ 탈피하려는 그들의 시도는 절반만 성공을 거두었다고 할 수 있다.

37 윗글을 통해 알 수 있는 내용이 <u>아닌</u> 것은?

① 주희의 이기론은 불교의 논리와 유사한 구조를 취하고 있다.

② 주희는 개체의 고유성에 관계없이 '이'의 동일성을 주장하였다.

③ 마테오 리치가 기댄 철학적 토대는 아리스토텔레스로부터 비롯된다.

④ '에테르' 가설과 달리 최한기의 '기' 이론은 과학적 검증을 받지 못했다.

⑤ 『천주실의』는 저술 의도와는 다른 방향으로 정약용에게 영향을 미쳤다.

38 '정약용'과 '최한기'에 대한 이해로 적절하지 <u>않은</u> 것은?

① 정약용은 '이'는 '기'에 종속된 속성이라고 보았다.

② 최한기는 '기'로부터 '이'를 인식해 가는 접근법을 강조했다.

③ 정약용과 최한기는 모두 '이'보다는 '기'의 중요성을 부각하였다.

④ 정약용과 최한기는 모두 주희와 달리 '이'와 '기'의 관련성을 부정했다.

⑤ 최한기는 주희와 달리 '기'의 근원적 원리로서의 '이'의 선험성을 부정했다.

39 〈보기〉를 바탕으로 ㉠을 비판한 내용으로 가장 적절한 것은?

〈보기〉

사르트르에 이르러서 서양 철학은 '본질'과 '현상(사물)'이라는 이원론적 틀에서 벗어날 수 있었다. 플라톤 이후 '본질'과 '현상'에 매달린 철학자들과 달리 사르트르는 톱이 썰기 위해 존재하는 데서 알 수 있듯이 사물[톱]은 본질[물건을 써는 작용]에 의존하지만, 인간은 주어진 어떤 본질도 갖지 않는다고 보았다. 인간은 고유의 본질도 없이 그저 던져진 존재라는 데서 오는 불안을 극복하고 스스로에게 본질을 부여해야만 자유로운 존재가 된다고 보았다. 이러한 사르트르의 생각 덕분에 인간은 자신의 본질을, 나아가 미래의 삶을 결정할 수 있는 새로운 가능성을 확보하게 되었다.

① 주희에 대한 정약용의 비판을 최한기가 부정한 것이 당신들의 한계로 이어진 것입니다.

② 그 자체로 완전한 이론 체계인 주희의 '이기론'에 변화를 주려는 시도는 애초부터 실패할 수밖에 없었습니다.

③ 현상 및 인간에 대한 새로운 이해는 기존의 사고의 틀인 '이기론'을 활용하는 한 충분히 드러낼 수 없습니다.

④ 주희가 관심을 기울인 개체의 고유성은 애초부터 존재하지 않았기에 당신들은 허상을 쫓는 우를 범한 것입니다.

⑤ '이기론'이 왜 만들어졌는지에 대한 충분한 고민이 없었기에 '이기론'에 대한 비판은 비판을 위한 비판이 되었습니다.

40 윗글의 ㉮와 〈보기 1〉의 ㉯의 〈보기 2〉에 대한 이해를 추론한 것으로 적절하지 <u>않은</u> 것은? [3점]

───〈보기 1〉───

㉯ 아리스토텔레스에 따르면 질료는 형상이 실현될 바탕이고, 형상은 질료가 실현된 상태이다. 형상은 완전무결하고 완성적인 것이고, 질료는 불완전하고 미완성적이라는 속성을 갖는다. 질료는 미완성적이고 불완전하므로 완성적인 것을 향해 변화하고자 한다. 형상과 질료의 합성체가 우리가 현실에서 보는 실체가 되는데, 아리스토텔레스는 이 실체를 참된 존재로 여겨 '제1실체'라 불렀다.

───〈보기 2〉───

우리 앞에 모래사장이 있다고 해보자. 그곳에 있는 모래를 둥근 그릇에 담아 꾹꾹 눌러서 바닥에 놓고 그릇을 빼면, 우리는 둥근 모양으로 서 있는 모래 덩어리를 보게 된다.

① ㉮는 둥근 모양의 모래 덩어리로 있게 한 '그릇'을 '기'로 보았을 것이다.

② ㉮는 둥근 그릇에 담기면 둥근 모양이 되는 모래의 성질을 '이'에 대응시켰을 것이다.

③ ㉯는 모래가 취한 둥근 형상은 질료인 모래가 실현된 상태라고 여겼을 것이다.

④ ㉯는 모래 덩어리가 시간이 지나면 모습이 바뀔 것이기 때문에 '둥긂'을 모래의 형상으로 여겼을 것이다.

⑤ ㉯는 둥근 그릇에 담기기 전의 모래는 불완전하고 미완성적이라는 점에서 질료의 속성을 갖는다고 생각했을 것이다.

41 ⓐ~ⓔ를 바꿔 쓸 말로 적절하지 <u>않은</u> 것은?

① ⓐ : 꾀했다

② ⓑ : 지나지 않으므로

③ ⓒ : 빌린

④ ⓓ : 들어온

⑤ ⓔ : 무너뜨리려던

[42~45] 다음 글을 읽고 물음에 답하시오.

(가)

[A] ┌ 이봐 아이들아 아무려나 힘써 일하라.
     죽은 국물 상전 먹고 건더기 건져 종을 주니
   └ 눈살을 찌푸리고 코로 방귀 뀐다.

[B] ┌ 올벼는 한 발 뜯고 조, 팥은 다 묵히니
     싸리, 피, 바랭이는 나기도 많이 났네.
     환곡 비싼 이자는 무엇으로 장만하며
     부역과 세금은 어찌하여 차려 낼고.
     이리저리 생각해도 견딜 수가 전혀 없다.
   └ ⓐ 장초(萇楚)*의 무지(無知)를 부러워하나 어찌하리.

시절이 풍년인들 지어미 배부르며
겨울을 덥다 한들 몸을 어이 가릴고.
베틀의 북도 쓸데없어 빈 벽에 걸려 있고
솥, 시루도 버려두니 붉은 녹이 다 슬었다.
세시 절기, 잔치, 제사는 무엇으로 지내며
원근의 친척, 오가는 손은 어떻게 접대할고.
└ 이 얼굴 지녀 있어 어려운 일 많고 많다.

┌ 이 원수 궁귀(窮鬼)를 어이하야 여의려뇨.
술에 음식 갖추고 이름 불러 전송(餞送)하여
길일을 잡아서 사방(四方)으로 가라 하니
시끄럽게 떠들며 화를 내어 이른 말이
어려서 지금까지 희로우락을 너와 함께 하여
죽거나 살거나 여일 줄이 없었거늘
[C] 어디 가 뉘 말 듣고 가라 하여 이르느뇨.
우는 듯 꾸짖는 듯 온 가지로 꾸짖거늘
돌이켜 생각하니 네 말도 다 옳도다.
무정한 세상(世上)은 다 나를 버리거늘
너 혼자 신의 있어 나를 아니 버리거든
└ 억지로 회피하여 잔꾀로 떨쳐내랴.

┌ 하늘이 만든 이 내 가난 설마한들 어이하리.
[D]
└ 빈천(貧賤)도 내 분수어니 설워한들 무엇하리.

– 정훈, 「탄궁가(嘆窮歌)」 –

*장초 : 시경(詩經)에 나오는 복숭아 나무의 일종.

(나)
순풍(淳風)*이 죽다 ᄒ니 진실(眞實)로 거즛말이
인성(人性)이 어지다 ᄒ니 진실(眞實)로 올흔 말이
천하(天下)에 허다영재(許多英才)를 소겨 말슴ᄒ가

〈제3곡〉

산전(山前)에 유대(有臺)ᄒ고 대하(臺下)에 유수(有水) ㅣ로다
떼 많은 갈매기는 오명가명 ᄒ거든
엇더타 교교백구(皎皎白駒)*는 멀리 ᄆ음 두는고

〈제5곡〉

춘풍(春風)에 화만산(花滿山)ᄒ고 추야(秋夜)에 월만대(月滿臺)라
사시가흥(四時佳興)이 사름과 ᄒ가지라

흐믈며 어약연비(魚躍鳶飛) 운영천광(雲影天光)*
이야 어찌 끝이 있으리

〈제6곡〉

ⓑ 청산(青山)은 엇뎨ᄒ야 만고(萬古)애 프르르며
유수(流水)는 엇뎨ᄒ야 주야(晝夜)에 긋디 아니ᄂ고
우리도 그티디 마라 만고상청(萬古常青)호리라

〈제11곡〉

우부(愚夫)도 알며 ᄒ거니 긔 아니 쉬운가
성인(聖人)도 몯다 ᄒ시니 긔 아니 어려운가
쉽거나 어렵거낫 듕에 늙ᄂ 주를 몰래라

〈제12곡〉

– 이황, 「도산십이곡(陶山十二曲)」 –

*순풍 : 순박한 풍속.
*교교백구 : 현자(賢者)가 타는 흰 망아지. 여기서는 현자를 가리킴.
*어약연비 운영천광 : 고기가 뛰고 소리개가 날고 구름 그림자와 하늘 빛을 가리키는 말. 대자연의 오묘한 이치를 나타냄.

---

42 (가), (나)의 공통점으로 적절한 것은?

① 설의적 표현을 사용하여 시적 의도를 강조하고 있다.
② 색채 이미지를 활용하여 정신적인 지향을 드러내고 있다.
③ 자연물에 감정을 이입하여 체념적 정서를 부각하고 있다.
④ 명령의 형식을 통해 현실에 대한 비판 의식을 드러내고 있다.
⑤ 음성상징어를 활용하여 시적 상황을 생동감 있게 전달하고 있다.

43 (가)의 [A]~[D]에 대한 이해로 적절하지 <u>않은</u> 것은?

① [A]에서 화자와 대상 간의 갈등을 유발하는 원인이 [C]에 이르러 소멸하고 있다.

② [B]에서 부정적으로 묘사한 가난한 상황이 [C]에서 해학적으로 그려지고 있다.

③ [C]에서는 [B]와 달리 대화 장면을 제시하여 시상 전개에 변화를 주고 있다.

④ [C]에서는 부정적으로 인식하는 대상에 대한 화자의 태도 변화가 나타나고 있다.

⑤ [B]에서 가난으로 괴로워하던 화자는 [D]에서는 숙명론적 사고를 통해 자신의 처지를 수용하고 있다.

44 ⓐ, ⓑ에 대한 이해로 적절한 것은?

① ⓐ는 화자가 동질감을 느끼는 대상이고, ⓑ는 화자가 이질감을 느끼는 대상이다.

② ⓐ는 화자와 대비되는 대상이고, ⓑ는 화자가 지향하는 가치를 담고 있는 대상이다.

③ ⓐ는 화자에게 심경 변화의 계기를 제공하고, ⓑ는 화자에게 삶의 목표를 일깨워 준다.

④ ⓐ는 화자에게 현실에 대한 새로운 인식을 주고, ⓑ는 화자에게 심리적 위안을 주고 있다.

⑤ ⓐ는 화자가 현실에 대한 불만을 표출하는 대상이고, ⓑ는 화자가 내면의 만족감을 드러내는 대상이다.

45 〈보기〉를 참고하여, (나)를 감상한 학생들의 반응으로 적절하지 <u>않은</u> 것은? [3점]

〈보기〉

이황은 「도산십이곡」을 통해 성리학적 수양 과정을 형상화하였다. 성리학에서는 인간은 누구나 성인이 될 수 있다고 보았는데, 그것은 모든 인간에게는 본래 타고난 순수한 본성이 내재되어 있기 때문이다. 하지만 모든 인간은 어느 정도의 비루한 기질을 갖고 있어 순수한 본성을 완전히 발현하는 데에는 한계가 있다. 이황은 자연을 보면서 거기에 깃든 이치와 동일한 인간의 본성을 인식하고, 옛 성인의 행적을 본받아 순수한 본성을 최대한 발현하기를 바라는 마음에서 이 작품을 지은 것이다.

① 〈제3곡〉에서 사람은 본래 '인성이 어지다'고 생각했기 때문에 〈제12곡〉에서 '우부도 알며 ᄒ거니'라고 노래한 것이군.

② 〈제5곡〉에서 '교교백구'가 '멀리 ᄆᆞᆷ' 둔다고 화자가 타박한 것은, 그것을 비루한 기질을 갖고 있는 존재로 인식했기 때문이군.

③ 〈제6곡〉의 '사시가흥'이 '사ᄅᆞᆷ과 ᄒᆞ가지'라고 화자가 감탄한 것은, 〈제3곡〉에서 말한 '거즛말이'와 '올흔 말이'의 차이를 넘어선 경지를 화자가 깨달았기 때문이군.

④ 〈제6곡〉의 '어약연비 운영천광'은 자연의 이치로 〈제12곡〉의 '우부'나 '성인'이 공통적으로 지닌 순수한 본성에 대응되겠군.

⑤ 〈제11곡〉에서 '만고상청호리라'는 성리학적 수양과 실천을 통해 성인에 이르고자 하는 화자의 의지를 드러낸 것이군.

01 Based on the following dialogue, which one is true?

> Ms. Smith : OK, class, it's time to look at the solar system again!
>
> Sunny : Oh, Ms. Smith, do we have to? We just did that last week, and it's so boring, all planets and moons and stuff.
>
> Ms. Smith : Well, Sunny, then perhaps you can answer some questions. If you get them all right, we can study whatever you want. Does it sound good?
>
> Sunny : Yes, that's great! Ms. Smith, you're the best teacher! Ask away.
>
> Ms. Smith : First question: how many moons does Mars have?
>
> Sunny : That's easy! There's one.
>
> Ms. Smith : Sorry, Sunny, you're wrong on the first try. There are two.
>
> Sunny : Aw, how could I know that? I've never been there!

① Ms. Smith doesn't think students have to learn about the solar system again.

② Sunny is very interested in the planets and moons.

③ Sunny doesn't understand why she has to answer Ms. Smith's questions.

④ Sunny gives the right answer to Ms. Smith's first question.

⑤ Ms. Smith tells Sunny that Mars has two moons.

02 Which is the best sequence of answers for the blanks?

> Julie : I'm starving. There are lots of places down by the river that sell good chicken.
>
> Rachel : That sounds great. It's pretty far from here, though, right? _____
>
> Julie : Well, there's the subway. I've got my transit pass. Do you have yours?
>
> Rachel : No, and besides, my feet already hurt from all the running around we've done. We'd have to walk all the way to the subway station.
>
> Julie : _____ That would be easier, if not cheaper.

Rachel : Oh, no. I don't have that much money.

Julie : Then, I think we should just hop a bus. _____

― 〈보기〉 ―

a. We could grab a taxi.

b. I'm not sure how to get there.

c. There's one right there.

d. It's not that far.

① a − b − d   ② b − a − c

③ b − d − a   ④ c − a − b

⑤ c − b − d

03 Where is the dialogue most likely taking place?

Dan : Look at that, over there! Have you ever seen anything like it?

Paul : Well, on TV of course, but the plant looks kind of scary when I see it with my own eyes. It looks like it has teeth.

Dan : Yes, it does. But they're not teeth. They're just special leaves. That's one of the most unique plants here.

Paul : Well, then, let's get a closer look.

Dan : Fine, but you know what? Now that I think of it, if the smell is too much, I'm leaving. I had a big breakfast

and I don't want to lose it.

Paul : Grow up! It's nature, man! Some flowers smell bad.

Dan : Have it your way, then, but I'm holding my nose.

① at a haunted house

② at a botanical garden

③ at a recycling center

④ at a cosmetics store

⑤ at an aquarium

04 Based on the following dialogue, which one is NOT true?

Nick : I really liked that movie we saw last night. It was fantastic!

John : Really? It didn't meet my expectation. Sequels are never as good as the originals.

Nick : No, I disagree. I think the second *Avengers* movie was just as good as the first.

John : Okay, I'll grant you that, but what about the *Iron Man* movies? *Iron Man 2* wasn't good.

Nick : You may be right, but the other *Iron Man* sequel, the third one, was excellent!

John : Okay, that's true. You've got a point about that.

Nick : And ... *Ant-Man 2*! Ha! It was also just as good as, and maybe even better than, the first one, right?

John : Okay, you're right. I should think more before making generalizations.

① The two people saw a movie together last night.

② Nick doesn't agree with John's idea that sequels are worse than the originals.

③ John admits that the second *Avengers* movie was as good as the first.

④ The two people agree that *Iron Man 2* was excellent.

⑤ John accepts Nick's idea that *Ant−Man 2* was a good movie, like the first one.

05 Choose the best answer for the blank.

Doctor : What seems to be the trouble?

Patient : Well, I have this pain in my stomach, down here on the right side.

Doctor : Lie down here. *[Pause]* Does it hurt when I push on it, like this?

Patient : Ow! Yes! It's very painful. Please don't do that again.

Doctor : Well, let's take your temperature. Hmm. Yes, it's pretty high, as I expected.

Patient : As you expected? Do you already know what the trouble is, Doctor?

Doctor : I'm pretty sure what it is. I think you need surgery, but to be certain, there's one more step before we schedule it. _____

① We should do another test.

② I want to apply for health insurance.

③ I need to go have lunch with my staff.

④ Can I get something for my stomachache?

⑤ Don't worry, your temperature is not high.

06 Choose the sentence that best describes the situation. [3점]

Lisa : John and I are going to open a restaurant!

Suzy : That's pretty brave. I've heard that 50% of all restaurants fail within the first year.

Lisa : You've got to have faith. We've been cooking for a long time, and we think we'll be able to create a great place.

Suzy : What kind of cuisine are you thinking about offering?

Lisa : We've got it narrowed down to Mexican or Vietnamese.

Suzy : Wow, those are quite different styles. What made you consider those two particularly?

Lisa : Mexican is super popular, but there's a lot of competition.

2019 기출문제

Vietnamese is rather unusual, so that's good, but on the other hand, people aren't familiar with it.

Suzy : Well, you'll have to make up your minds before you go to the bank for a loan.

① Suzy is going to open a new restaurant and is trying to find a good cook.

② Lisa and John will open a restaurant, but haven't made a final decision on the cuisine.

③ Lisa and Suzy are trying to decide what kind of food to eat tonight in the restaurant.

④ Suzy will go to the bank with Lisa so that Lisa can get a loan for her restaurant.

⑤ Suzy is confident that Lisa's new restaurant will succeed, but Lisa is not sure.

07 다음 글에서 필자가 주장하는 바로 가장 적절한 것은?

Not all decisions are made from perfect data. Even though it is important to use all data at hand to render the best possible solution, sometimes you are still missing information and the solution doesn't seem clear. In cases like this, your intuition needs to be your guide. This means having faith in yourself and listening to what you believe is truth, regardless of what direction the data may point. When you are going through the decision-making process and you are sifting through the net to weed out the garbage and gather only the good information, remember to ask yourself how you feel about the information you have gathered. This is extremely important. The best decisions are the ones that combine good data that points to an obvious choice and that gut feeling that says, "You did the right thing."

① 반론을 제기할 때 타당한 근거를 제시하라.

② 연구 주제와 무관한 정보를 과감하게 버리라.

③ 자료를 선정하고 결정을 내릴 때 직관을 동원하라.

④ 객관적인 자료를 바탕으로 합리적인 결정을 내리라.

⑤ 자료 수집 과정에서 정보의 양보다 질을 중요시하라.

08 다음 글이 시사하는 바로 가장 적절한 것은?

There are difficulties that we cannot deal with right away, or perhaps ever. As well as remembering to have the patience to bear what cannot be changed, there are other ways of adjusting to seemingly impossible situations. Many spiritual teachers regard afflictions, trials, sufferings, and deprivations as "blessings in disguise" through which our inner spiritual powers are stimulated, purified, and ennobled. Confucius stated that "the gem cannot be polished without friction, nor man perfected without trials," while Helen Keller wrote, "I thank God for my handicaps, for, through them, I have found myself, my work, and my God." If we use them correctly, the failures, tests, and difficulties in our lives can become the means of purifying our spirits and strengthening our characters. A quote from 'Abdu'l-Baha illustrates this particularly well: "We should try to make every stumbling block a stepping stone to progress."

① The more educated, the more civilized.
② Adversity can lead to achievement.
③ Do as you would be done by.
④ Cooperation works miracles.
⑤ Look before you leap.

[09~10] 다음 글의 요지로 가장 적절한 것을 고르시오.

09

When websites ask you to check a box saying "Don't ask me again," a lot of people are happy to check that box. If public officials, or doctors, ask you to fill out numerous forms with the same questions, registering choices of multiple kinds, you may get immensely frustrated and wish that at least some of those choices had been made for you. People would be better off if public and private institutions cut existing form-filling requirements dramatically. And if a cab driver insists on asking you to choose which route you want to take in an unfamiliar city, you might wish he hadn't asked, and just selected the route that he deems best. When you are having lunch or dinner with a friend, it's often most considerate to suggest a place, rather than asking the friend to choose.

① 사람들은 선택의 부담이 줄어드는 것을 더 좋아한다.
② 사람들은 자신이 직접 선택한 것에 더 애착심을 갖는다.
③ 고객 선호도 조사를 통해 서비스의 질을 개선할 수 있다.
④ 인터넷상에서는 개인 정보 보호 의식이 여전히 미흡하다.
⑤ 사람들은 선택의 기회가 많을수록 자신의 의사를 잘 표현한다.

10

There are those who think that the skill is everything and they evaluate a work of art entirely on the amount of skill involved. Such people are more interested in realism in painting because of the skill associated with painting a subject realistically. They also are usually more interested in crafted items and are awed by the skill involved in making the item. Certainly we should give credit for many elements that go into making a piece of art, but there is a distinction between those elements and the aesthetic element. We can give credit for effort, for technique, for skill, for material, for scale, and the time it took to make the work. The value of art should not be measured by such qualities. No matter how hard one tries to make a work of art, it still may fail aesthetically. One could make a work out of gold, but it could also fail aesthetically. There is nothing worse in bad art than big, bad art. What a shame to work for years on one piece of art that is not successful in the end. If the skill is not developed well enough to get the aesthetic elements of the art across, then the value of the work lessens.

① 기술적 요소에 미학적 요소를 더해야 예술 작품의 가치가 높아진다.

② 위대한 예술 작품은 기존의 틀에서 벗어난 새로운 양식을 추구한다.

③ 비평가에게는 예술 작품의 진가를 알아보는 심미안이 필요하다.

④ 많은 시간과 자원을 투입해야 예술 작품의 수준이 높아진다.

⑤ 예술 작품을 평가하는 기준이 사람에 따라 다를 수 있다.

[11~12] 다음 글의 주제로 가장 적절한 것을 고르시오.

11

Knowledge transfer has received a tremendous amount of publicity recently with advances in groupware and networking tools, designed to enable the flow of knowledge among groups and individuals. The goal of such tools is ultimately shared memory and understanding. In fact, this is difficult to achieve because knowledge is "sticky," alive, and rich. It is "sticky" because it is very tightly bound to the context which gives it meaning; without context it is just information. Knowledge can be thought of as being alive in that it must be constantly attended to as it is ever-changing and growing. It also dies, goes out of date, becomes irrelevant and must be discarded, but who is its rightful steward? Lastly, it is rich in its multi-dimensionality, containing a tremendous amount of content, context, and experience. All three of these factors make it very difficult to distribute knowledge.

① protection of traditional cultural knowledge

② close relationship between knowledge and context

③ importance of experience as a source of knowledge

④ characteristics of knowledge that make its transfer difficult

⑤ easier knowledge distribution with information technology

12

A number of unique security problems are associated with carrying air cargo. Air cargo often contains more expensive items than those shipped by other freight-carrying methods; hence, the potential for loss is greater. It is also more difficult to identify where losses occur. In other methods of shipment, items are simply picked up, moved, and delivered to loading docks. Air cargo movement is much more complex: cargo is first moved from freight terminals to flight terminals, then loaded onto freight aircraft before shipping, with

opportunities for theft all along the way. When freight is placed on a passenger airplane, risk is increased because it must go to a passenger terminal and is exposed to additional handlers. At many airports, carts travel to and from flights along unlit routes, creating still more opportunities for theft. Moreover, 90 percent of air cargo is shipped at night, the time period when most crime occurs.

① factors that make air cargo more vulnerable to theft

② problems of airline passenger security screening

③ benefits and drawbacks of air freight transport

④ a brief history of air freight delivery service

⑤ different methods of transporting cargo

[13~14] 다음 글의 제목으로 가장 적절한 것을 고르시오.

13

What is truly arresting about human beings is well captured in the story of the Tower of Babel, in which humanity, speaking a single language, came so close to reaching heaven that God himself felt threatened. A common language connects the members of a community into an information-sharing network with formidable collective powers. Anyone can benefit from the strokes of genius, lucky accidents, and trial-and-error wisdom accumulated by anyone else, present or past. And people can work in teams, their efforts coordinated by negotiated agreements. As a result, *homo sapiens* is a species, like blue-green algae and earthworms, that has made far-reaching changes on the planet. Archaeologists have discovered the bones of ten thousand wild horses at the bottom of a cliff in France, the remains of herds stampeded over the clifftop by groups of paleolithic hunters seventeen thousand years ago. These fossils of ancient cooperation and shared ingenuity may shed light on why saber-tooth tigers, mastodons, giant wooly rhinoceroses, and dozens of other large mammals went extinct around the time that modern humans arrived in their habitats. Our ancestors, apparently, killed them off.

*stampede : (동물 등을) 우르르 몰다

① Breaking the Language Barrier: A Hard Task
② Language: A Basis of Cooperative Human Power
③ Changes in Languages from Ancient to Modern Times
④ Communicating with Animals, Understanding Animal Language
⑤ How Language Began: Gesture and Speech in Human Evolution

14

Education, either formal or informal, plays a major role in the passing on and sharing of culture. Educational levels of a culture can be assessed using literacy rates and enrollment in secondary or higher education, information available from secondary data sources. International firms need to know about the qualitative aspects of education, namely, varying emphases on particular skills, and the overall level of the education provided. The Republic of Korea and Japan, for example, emphasize the sciences, especially engineering, to a greater degree than do Western countries. Educational levels will have an impact on various business functions. Training programs for a production facility will have to take the educational backgrounds of trainees into account. For example, a high level of illiteracy will suggest the use of visual aids rather than printed manuals. Local recruiting for sales jobs will be affected by the availability of suitably trained personnel. In some cases, international firms routinely send locally recruited personnel to headquarters for training.

① Education as a Means of Social Mobility

② Educational Background and Economic Status

③ Trends in Education and Occupational Structure

④ Education: One Vital Consideration for Foreign Businesses

⑤ Educated Labor Force: A Driving Force for Economic Growth

15 다음 도표의 내용과 일치하지 <u>않는</u> 것은?

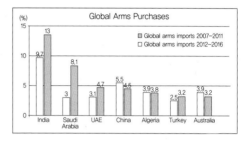

The graph above shows the global shares of arms purchases of seven countries over two time periods, 2007–2011 and 2012–2016. ① In the 2012–2016 period, India accounted for the largest share of global arms imports, followed by Saudi Arabia, the United Arab Emirates (UAE), China, Algeria, Turkey and Australia. ② Compared with the 2007–2011 period, the global shares of arms imports of India, Saudi Arabia, the UAE, and Turkey increased in the 2012–2016 period. ③ In contrast, the global shares of arms imports of China, Algeria, and Australia fell in the 2012–2016 period, compared with the previous period. ④ Specifically, China's share of global arms imports fell the most, from 5.5 percent to 4.5 percent, between the two periods. ⑤ The gap in global shares of arms purchases between 2007–2011 and 2012–2016 was the largest in Saudi Arabia, and the smallest in Turkey.

16 Bertolt Brecht에 관한 다음 글의 내용과 일치하지 <u>않는</u> 것은?

Bertolt Brecht was a major influence on 20th century drama. He explored a new style of drama, using unusual staging and different styles of acting in order to achieve his aim of making audiences think about the moral and political implications of his plays. Brecht was born in Augsburg, Germany, and studied medicine and philosophy at the universities of Munich and Berlin. After serving in World War I, he achieved success with his play *Drums in the Night*. Throughout the 1920s and early 1930s he wrote many more plays. In 1933 Brecht and his wife were forced to flee from Germany after Hitler came to power. Brecht eventually reached America, but there he was investigated for having Communist beliefs. He left America and returned to East Berlin in 1947, where he founded The Berliner Ensemble, a theater company that became world famous.

① 독특한 연출 및 다른 연기 방식을 이용하여 새로운 양식의 연극을 탐구했다.

② 뮌헨 대학교와 베를린 대학교에서 의학과 철학을 공부했다.

③ 1차 세계대전 이전에 연극 *Drums in the Night*로 성공을 거두었다.

④ 히틀러가 집권한 후 아내와 함께 독일을 떠나야 했다.

⑤ 1947년에 동베를린으로 돌아와 그곳에서 극단을 세웠다.

17 밑줄 친 he가 가리키는 대상이 나머지 넷과 다른 것은?

At the height of the Civil War, President Lincoln and his Secretary of War visited the battle side house of General George McClellan on some urgent business. Since ① he was not at home, they waited in his parlor. When the General finally returned home, he saw that he had visitors but did not acknowledge them. Instead, he went straight to his room. Assuming that ② he would come out soon, they waited for him. An hour later, when he had still not appeared, they sent the maid to inquire. A minute later, she returned and said, "I am sorry, Mr. President, but the General has asked me to tell you that ③ he is very tired and has gone to bed." The Secretary of War was shocked and said, "Mr. President, this is unacceptable. You must immediately dismiss him from the post of General!"

Lincoln thought about it for a minute and then ④ he said, "No, I will not dismiss him. He is a good general. He wins battles. I would hold his horse and wash the dirt from his boots if ⑤ he could shorten this bloodshed even by one hour."

[18~19] 다음 글의 밑줄 친 부분 중, 어법상 틀린 것을 고르시오.

18 Given the dominance in Western cultures of naturalistic views of the body, the concept of the body in culture is ① potentially a difficult one to grasp. The bodies of accident victims, transplant patients and others ② undergoing cosmetic surgery are literally and physically reconstructed every day by surgeons. Such commonplace practices make ③ it relatively easy to think of the body as a machine. Like machines, bodies have components that can, up to a point, be taken apart and reassembled. The workings of the body can in similar fashion to other machine-like objects ④ be examined and malfunctions diagnosed and remedied. Mary Shelley's monster, literally constructed by Dr. Frankenstein, is the classical working out of the body-as-machine idea. So familiar are these ways of thinking about the body ⑤ which to some of us the ideas of the social construction of the body and of the body in culture may seem to be nonsense.

19 Adolescence is a period of rebellion and of striving for independence; consequently, there will be many areas ① where children will disagree with you or not see things exactly the way you do. Remember, *what* they say ② is not as important as *how* they say it. If they communicate their disagreements with family policies and the way they are treated, certainly listen to them and when ③ possible try to respond positively. The child who says to his parent rationally, "I think I should be able to spend more time on the phone. Fifteen minutes a day is not enough. I've been doing all my homework and my grades are good," should ④ respond to in a very different manner from the child who begins by shouting and complaining angrily about his lack of phone time. It should be acceptable for a teenager to tell his mother that he does not like eating liver on Monday nights. However, it would be totally unacceptable for him to come into the kitchen on Monday evening and ⑤ start threatening that he will not eat this "garbage" and that his mother had better learn to cook something "decent."

[3점]

[20~21] (A), (B), (C)의 각 네모 안에서 어법에 맞는 표현으로 가장 적절한 것을 고르시오.

20

If you want something to happen in your life, you need to focus on it. Without focusing, and believing in what you want to achieve, you cannot accomplish the task at hand. This law of focus reminds you not to give up, no matter how (A) exhausted / exhausting the task may seem. By continuing to believe in it and focusing on it, you clearly stand a better chance of achieving the desired results. Through the law of energy and attraction, you will attract into your life (B) that / what you give energy to and focus on. A magnifying glass used to focus the sun's energy can start a fire. You can manifest what you want through your focused energy of thought and belief. You will continue to be faced with challenges, struggles and mishaps as other laws, such as the law of ups and downs, (C) are / is working in the background. You give power and life to whatever you focus on. You bring magic into what you want as you increase its vibration through your focus. [3점]

	(A)	(B)	(C)
①	exhausted	that	are
②	exhausted	what	is
③	exhausting	what	are
④	exhausting	what	is
⑤	exhausting	that	are

21

Although hunter-gatherers had previously led semi-settled rather than entirely nomadic lives, moving between a number of temporary or seasonal shelters, the ability to store cereal grains began to encourage people to stay in one place. An experiment carried out in the 1960s shows why. An archaeologist used a flint-bladed sickle to see how (A) efficient / efficiently a prehistoric family could have harvested wild grains, which still grow in some parts of Turkey. In one hour he gathered more than two pounds of grain, which suggested that a family (B) worked / that worked eight-hour days for three weeks would have been able to gather enough to provide each family member with a pound of grain a day for a year. But this would have meant staying near the stands of wild cereals to ensure the family did not miss the most suitable time (C) harvested / to harvest them. And having gathered a large quantity of grain, they would have been reluctant to leave it unguarded.

*sickle : 낫

	(A)	(B)	(C)
①	efficient	worked	harvested
②	efficient	that worked	to harvest
③	efficiently	worked	harvested
④	efficiently	that worked	to harvest
⑤	efficiently	that worked	harvested

[22~23] 다음 글의 밑줄 친 부분 중, 문맥상 낱말의 쓰임이 적절하지 않은 것을 고르시오.

22 The embedding of reporters, as ground-breaking as it may have been, proved to be a ① <u>controversial</u> policy. Some critics charged that embedded reporters might endanger the troops or the mission. Others were concerned that journalists would become "too close" to those they covered, and naturally identify more directly with those whom they lived with and were protected by, thereby ② <u>gaining</u> their objectivity. This phenomenon was likened to Stockholm Syndrome, where hostages come to empathize with their captors. Nevertheless, advocates of embedding argue it has several advantages. It provides an "up close and personal" view and ③ <u>allows</u> journalists to experience war as the troops do, so that they can portray the efforts of those doing the fighting. It provides ④ <u>direct</u> access to the battlefield and the war's events in ways not otherwise possible. The live footage and "real time" reporting provide a ⑤ <u>realistic</u> "first cut of history" and document the war as it happens.

*embed : (종군 기자 등을) 파견하다

23 Stand at the edge of your favorite beach and look out. You are seeing one of the most unusual sights our universe has to offer: large amounts of liquid water. This perception of the oceans of the Earth as a ① <u>unique</u> phenomenon is fairly new. Those who read science fiction will have vivid memories of the "canals of Mars" and the "swamps of Venus." Less than a quarter century ago the best scientific guess as to the nature of our planetary neighbors presupposed the ② <u>presence</u> of large amounts of water. On Mars, the white polar caps indicated that the temperature might be too cold for the water to be liquid, so that it was thought to be ③ <u>locked</u> in ice sheets. On Venus, the cloud cover prevented us from seeing the surface, but it didn't prevent us from ④ <u>imagining</u> the planet as an overgrown version of the Amazon rainforest. In both cases, our view of neighboring planets was shaped by the expectation that water, so plentiful on the Earth, must be ⑤ <u>scarce</u> everywhere else in the solar system. [3점]

[24~25] (A), (B), (C)의 각 네모 안에서 문맥에 맞는 낱말로 가장 적절한 것을 고르시오.

24

    According to Nassim Taleb, author of the brilliant book Black Swan, we try to make sense of all the data around us because there are costs attached to information storage. So the more orderly we can make that information, the easier and less costly it is to store in our minds. This means that we prefer our data to be more ordered and less random. We have a drive to (A) increase / reduce the number of dimensions that we handle, so we place complex data into a much simpler order as a way to achieve this. Taleb considers that this is not only the purpose of narrative but also causality. We will try to attribute causality to events so that we can explain and understand, rather than leaving us to deal with the complexity and randomness of the world. And the purpose of (B) denying / imposing a narrative is that it can generate a sense of chronology, so both move in a single direction. The narrative means that we tend then to recall those facts that fit the story, that meet the requirements of the causality the narrative has perpetuated. We then don't recall the true sequence of events but a reconstructed one that makes the causality appear much more

(C) complicated / straightforward than it was. [3점]

*perpetuate : 영속화하다

	(A)	(B)	(C)
①	increase	denying	complicated
②	increase	imposing	complicated
③	reduce	denying	straightforward
④	reduce	imposing	complicated
⑤	reduce	imposing	straightforward

25

    Alongside the wounded, ill, and injured service members and veterans exists a group of individuals who help care for them, whom we term *military caregivers*. Military caregivers are heroes in their own right, but their efforts are often (A) honored / unrecognized. They serve in the shadow of war, as their caregiving responsibilities persist for months and years after conflicts end. The men and women of the military who have made sacrifices for their country often receive honors, awards, and benefits in recognition of their service — accolades and opportunities that they (B) hardly / rightly deserve. However, their caregivers help the disabled walk and eat, tend to wound care, or take them to their medical appointments, and rarely receive honors and awards. These caregivers are an incidental population, one that has received policy attention only as a consequence of the focus on the ones for whom they provide care. Yet their value is (C) enormous / insignificant. Military caregivers provide benefit not only to their loved one, but also to society. The care they render helps reduce health care costs to the government and society. [3점]

*accolade : 표창

	(A)	(B)	(C)
①	honored	hardly	enormous
②	honored	hardly	insignificant
③	unrecognized	rightly	enormous
④	unrecognized	rightly	insignificant
⑤	unrecognized	hardly	enormous

[26~30] 다음 글을 읽고, 빈칸에 들어갈 말로 가장 적절한 것을 고르시오.

26

Several historians declare that the foreign correspondent — the reporter covering events outside the country — is _____. This description applies to traditional mass media correspondents in particular. Since 1980, American networks have closed most of their overseas bureaus and have decreased their international news coverage. Neither the terrorism of September 11, 2001, nor the war in Iraq has reversed these trends. In a review of the year 2007, for example, the *Tyndall Report*, which monitors network television news, found that while the war in Iraq was the story of the year by a wide margin, the networks' foreign bureaus had their lightest workload since 2001. Economic pressures, global interdependence, and technological innovations — and a perception of public disinterest — have changed the way foreign news is reported and consumed.

① an endangered species

② an amateur ambassador

③ a fountain of exotic ideas

④ a particularly hated figure

⑤ the storyteller of a secret war

27

If you live in a country like the United States, it is easy to say that population is the major problem for preserving the environment. But if you think about it a little more deeply, you could rapidly come to understand that consumption and the kinds of technology that we use are also very important in setting the stage for the world of the future. For example, people in rural Brazil or rural Indonesia, like most of their counterparts in developing countries, live at about one-fortieth of the consumption level of people in the United States. If you consider that we've added 135 million people to the population of the United States since the end of World War II, then you realize that the impact of the extra people in the United States on the world — in terms of levels of consumption, levels of pollution, uses of inappropriate technologies that may themselves be destructive — is about equal to the impact on the world of all the entire population of developing countries — 4.2 billion people. It is not justifiable to say that population is the only factor. It's _____ that is truly significant. [3점]

① our way of dealing with the world

② our viewpoint on the welfare problem

③ humanitarian aid to developing countries

④ how to put an end to poverty and violence

⑤ how to measure the degree of economic equality

28

Personality characteristics are important not only for how we define ourselves, but also for _____. Social psychologists have shown that when we form impressions of others we try to extract information about their personality attributes from how they look and act: whether they are friendly, trustworthy, emotional, dominant, and so on. Impression formation is all about making what are known as 'dispositional inferences' about other people's personalities. Similarly, the stereotypes that we hold about particular social groups are saturated with personality characteristics. Whether accurate or inaccurate, these stereotypes represent personality portraits of group members, such as whether they are happy-go-lucky, aggressive, socially awkward, greedy, and so on. Once again, personality characteristics matter to us as social perceivers because they are such centrally important aspects of people.

① how we form our character

② sorting out false information

③ how we perceive other people

④ making inferences about causality

⑤ finding a career fit for our personality

② work within the confines of a frame

③ want their work to incite controversy

④ get thousands of step−by−step solutions

⑤ depend on patrons for financial support

29

Due to the efforts of Renaissance artists to elevate their profession as a liberal art, the Western world has popularized the idea of a lone individual creating his or her own art to express something very personal. In the nineteenth and twentieth centuries it became more common for artists to determine individually the appearance and content of their own work, and, in their search for new forms of self-expression, to make art that was often very controversial. This remains true today. But for many centuries before this, very few artists worked alone. Even Renaissance artists who promoted the idea of creative genius operated workshops staffed by artist assistants who carried out most of the labor involved in turning their master's design into a work of art. Even today, some famous artists, such as Jeff Koons, ＿＿＿＿＿＿.

① employ other artists to realize their ideas

30

Of all the thinkers of antiquity, Aristotle was perhaps the most comprehensive, his works ranging over the landscape of knowledge, such as physics, politics, and ethics. But the very scale of Aristotle's achievement left a problematic legacy. There are authors like Aristotle who are too clever for our own good. Having said so much, they appear to have had the last word. Their genius inhibits the sense of irreverence vital to creative work in their successors. Aristotle may, paradoxically, prevent those who most respect him from behaving like him. He rose to greatness only by doubting much of the knowledge that had been built up before him, not by refusing to read Plato or Heraclitus, but by mounting significant critiques of some of their weaknesses based on an appreciation of their strengths. To act in a truly Aristotelian spirit may mean allowing for some ＿＿＿＿＿＿. [3점]

① opportunities to work together across disciplines

② credits to humanities such as politics, ethics, and literature

③ significant ties based on the values shared by philosophers

④ generalizations to be made about the features of individual cases

⑤ intelligent departures from even the most accomplished authorities

[31~32] 주어진 글 다음에 이어질 글의 순서로 가장 적절한 것을 고르시오.

31

To parents and the general public, class size seems to be the "litmus test" of the quality of a school. Schools with small class sizes are perceived as being better than schools with large class sizes. Surveys show that parents care more about class size than anything else except school safety.

(A) Furthermore, discipline is much more difficult: for example, students may be able to doze in class without the teacher knowing it, and surely the teacher cannot correct every student who shows evidence of daydreaming.

(B) After all, if a teacher has only fifteen or so students in a class, it is far more possible for that teacher to provide individual attention to each student.

None will be left behind, and none will have to move forward on their own.

(C) On the other hand, teachers of class sizes of thirty or so students simply cannot teach to each individual student. These teachers have huge numbers of papers to grade, grades to calculate, makeup work for students who are absent, parents to contact, and e-mails to answer.

① (A) − (C) − (B)   ② (B) − (A) − (C)
③ (B) − (C) − (A)   ④ (C) − (A) − (B)
⑤ (C) − (B) − (A)

32

Eating is still fun for the one-year-old, but it is no longer the main interest in the child's life. Children's need for food is determined mostly by their activity level and by the rate at which they are growing in height and weight.

(A) If this happens everybody loses. The parents lose because they never get over their frustration at the way their children eat. The children lose because they really do become picky, difficult eaters or else chronic overeaters.

(B) That concern often leads parents to try to force children to eat more. When parents force and children resist, a chronic battle is set up which may become more important to all concerned than the question of food which started it all in the first place.

(C) Because this rate slows down greatly in the second year of life, many children are actually eating less at 15−18 months than they were at 8−10 months. Not unexpectedly this concerns a great many parents who feel it is obvious that the bigger and older children are, the more they should eat.

① (A) − (C) − (B) ② (B) − (A) − (C)
③ (B) − (C) − (A) ④ (C) − (A) − (B)
⑤ (C) − (B) − (A)

[33~34] 글의 흐름으로 보아, 주어진 문장이 들어가기에 가장 적절한 곳을 고르시오.

33
> That prompted the military to take the chemical-repelling technology that it had developed to protect soldiers against biological weapons and apply it to T-shirts and underwear.

Who knew that the largest number of casualties from Operation Desert Storm in the 1991 Gulf War would be from bacterial infections? Soldiers in combat don't always have the luxury of being able to change into fresh underwear, if they even *have* a clean pair to change into. (①) Underwear worn day after day in those hot desert conditions turned out to be a significant cause of bacterial infections and discomfort. (②) The underwear is manufactured by using microwave energy to bond tiny "nanoparticles" to the fibers in the underwear fabric. (③) Then chemicals that repel oil, water, bacteria, and other substances are bonded to the nanoparticles. (④) The result was underwear that is very, very difficult to get dirty, because virtually nothing will stick to it. (⑤) And because bacteria never gets established, undergarments made with the stuff can be worn for weeks without washing and without risk to the wearer's health. [3점]

34
> However, private property rights are not sacred, even in societies with strong views on this subject.

Landscape−level restoration will almost always involve public property (especially where water is concerned) and a mixture of organizational and personal private property. (①) Consequently, a formidable barrier to a landscape approach is the inevitable conflicts between environmental protection and property rights. (②) The individual property owner with a small wetland is likely to be angry when told that filling, draining or altering the wetland in major ways is illegal. (③) This property, the owner sometimes says, is private "and I will do as I wish with my property." (④) Each person lives not only on private property, but in a larger ecological landscape shared with others. (⑤) So, a key question is: to what extent should individual, organizational or national behavior and attitudes be modified for the betterment of others of the human species and for other species as well?

[35~36] 다음 글에서 전체 흐름과 관계 없는 문장을 고르시오.

35 Gifted children, with their extreme emotional sensitivity and idealism, often notice great gaps between how things are and how they ought to be—in their family, their school, their community, and the larger world. ① Because of their keen minds and their sharp thinking and reasoning abilities, they find themselves sharply aware of mediocrity, greed, poverty, corruption, violence, abuse, pollution, hypocrisy, and other flaws in society. ② They become discouraged and disillusioned that no one else cares or that these problems can never be fixed. ③ They may feel relieved and act swiftly to conform to the social or behavioral norms of their age group. ④ As a result of this "What's the point?" attitude, many intellectually gifted youngsters choose to underachieve in school, and some drop out of high school, college, or even society altogether. ⑤ They may search for a life or career where they don't have to deal with social hypocrisy or other aspects of society that make them uncomfortable.

36 Scientific evidence is mounting that some animals use tools, live by moral codes, use complex communication systems, and have culture. ① These findings fit squarely within Charles Darwin's theory of evolution, which predicts that differences between humans and other animals are in degree, not kind. ② Yet there is an ongoing debate about the nature and sufficiency of the evidence for culture among animals. ③ Some scholars aren't convinced that ecological and genetic explanations for animal behavior have been ruled out in all cases, while others define culture in ways that exclude nonhuman animals. ④ In order to understand the legal status of nonhuman animals it is necessary to understand what is fundamental about how legal systems work. ⑤ The unresolved debate makes this an active, exciting field of study, with new discoveries and important advances appearing regularly.

37 다음 글의 내용을 한 문장으로 요약하고자 한다. 빈칸 (A)와 (B)에 들어갈 말로 가장 적절한 것은?

Consider a new manager who wants to test her employees' planning skills. She may ask her employees to develop a written plan for a particular project. The manager could use very concrete and specific language to describe the assignment: "I want you to develop a five-page plan for this proposed project. First, make sure you include an overview of the project in the introduction. Second, I want a section that highlights your analysis of why we have embarked on this project. Third, I want a solutions section in the report. Finally, I want a description of the criteria and benchmarks for assessing the success of your proposed solution." This request uses very concrete and specific language, but does it meet this manager's needs? By outlining the length and format for the project proposal, the manager clearly specifies what she wants, and in doing so, she reduces her chances to assess her employees' planning abilities. She could have made her request more ambiguous: "Please develop a proposal for this project. I don't want to tell you too much more, because I don't want to limit your creativity." Although this language is more abstract, it may give the manager better insight into how each employee thinks and plans.

⬇

When assessing employees' planning skills, a manager can provide them with an opportunity to show their   (A)   by adjusting the level of   (B)   in the instructions for an assignment.

	(A)	(B)
①	creativity	agreement
②	creativity	abstraction
③	experience	frequency
④	experience	abstraction
⑤	enthusiasm	frequency

[38~39] 다음 글을 읽고, 물음에 답하시오.

You never know when a so-called *bad idea* will contain the seeds of greatness within it. We've seen it countless times in our work. A *bad*, even absurd, idea is offered up, and within minutes it has transformed into a brilliant example of innovative thinking. We make use of some effective idea generation methods that invite participants to come up with the worst, most ridiculous, even distasteful ideas imaginable — and then to turn around or transform those ideas into great ones.

Consider the extreme "what if we all jumped out of the window" example. From this bad idea, you might develop an innovative emergency personal parachute product for individuals working in tall city buildings. Or conceive an improved process for evacuation from high floors during a fire. A new "team hang-gliding" extreme sports event. A breakthrough advertising concept where a group of people are able to fly after consuming a new beverage. An infinite number of other possibilities could be born from the bad idea that everyone in the room should jump out of a window. That is, unless the idea is shot down prematurely before the great idea within it has a chance to blossom. So, _____ until an idea has had a fair chance to show all it's got.

38 윗글의 제목으로 가장 적절한 것은?

① Creative Ads Will Inspire You

② Bad Ideas Can Lead to Big Ideas

③ Why Doesn't Group Brainstorming Work?

④ Good Intentions Can Have Bad Outcomes

⑤ Are People More Creative Alone or Together?

39 윗글의 빈칸에 들어갈 말로 가장 적절한 것은?

① detect errors

② follow tradition

③ suspend judgment

④ punish wrongdoing

⑤ reduce daydreaming

[40~41] 다음 글을 읽고, 물음에 답하시오.

As an example of the ability of language to direct our attention, think about the term 'politically correct,' or PC, language. Its proponents argue that we can rid our minds of discriminatory thoughts by removing from our language any words or phrases that could offend people by the way they reference differences and handicaps. Los Angeles County in California asked suppliers to stop using the terms *master* and *slave* on computer equipment, even though these are commonly used terms that refer to primary and secondary hard disk drives, because of cultural sensitivity. Other substitutions, such as *police officer* for *policeman*, are intended to highlight that such positions are held by both men and women.

Using PC language and being PC have come to be viewed negatively,   (A) , and even ridiculed and satirized because they overcompensate for others' sensitivities. One reason that PC language is fairly easy to ridicule is that its political agenda is not always connected to large social and cultural institutions. (B) , it is one thing to say that we need to rid the workplace of sexist language in an effort to create equal relationships between men and women, but unless this directive is connected to a broader agenda of fostering gender pay equity and equal opportunity for promotions and advancement, merely ridding the workplace of sexist language may not generate the hoped-for effect.

40 윗글의 주제로 가장 적절한 것은?

① grounds for supporting political correctness

② effects of social progress on language changes

③ pros and cons of using politically correct language

④ differences between male and female language use

⑤ necessity of getting a clear idea with a clear expression

41 윗글의 빈칸 (A), (B)에 들어갈 말로 가장 적절한 것은?

	(A)	(B)
①	however	For example
②	however	In contrast
③	that is	For example
④	thus	In contrast
⑤	thus	Furthermore

[42~43] 다음 글을 읽고, 물음에 답하시오.

A boy was born in England to parents from Ghana. Because he was born in England, the boy was automatically a British citizen. As a youngster, he returned to Ghana to live with his father, leaving behind his mother, two sisters, and a brother. Some years later he returned, intending to live with his mother and siblings. At this point, the story gets (a) complicated. Immigration authorities suspected that the boy was an impostor and thought he was either an unrelated child or a nephew of the boy's mother. On the basis of their suspicions, the boy's application for residency was (b) denied. The boy's family fought to establish his identity so that he could live in the country of his birth. The first round of medical tests used blood types as well as genetic markers normally employed to match organ donors and recipients. The results (c) confirmed that the boy was closely related to the woman he claimed was his mother, but the tests could not tell whether she was his mother or an aunt.

The family turned to Alec Jeffreys, a scientist at the University of Leicester, for help. They asked if DNA fingerprinting, a technique developed in Jeffreys's research laboratory, could establish the boy's identity. However, the mother's sisters and the boy's father were not available for testing. Despite these problems, Jeffreys agreed to take on the case. He took blood samples from the boy, the children he believed were his brother and sisters, and the woman who claimed to be his mother. The pattern of bands, known as a DNA fingerprint, was analyzed to determine the boy's identity. The results showed that the boy had the same father as his brother and his sisters because they all (d) shared DNA fragments associated with the father. The most important question was whether the boy and his "mother" were related.

Jeffreys found that 25 fragments of the woman's DNA matched those of the boy, indicating that she was in fact the boy's mother. Faced with this evidence, immigration authorities had to (e) maintain their position. They allowed the boy to live in England with his family.

*impostor : 남의 이름을 사칭하는 사람

42 윗글에 관한 내용으로 적절하지 <u>않은</u> 것은?

① 소년은 영국에서 태어나 자동적으로 영국 시민이 되었다.

② 소년은 어렸을 때 아버지와 살려고 Ghana 로 갔다.

③ 소년의 가족은 소년이 영국에서 살 수 있도록 그의 신원을 증명하려고 애썼다.

④ 소년의 가족은 Alec Jeffreys에게 DNA 지문 검사를 요청했다.

⑤ Alec Jeffreys는 소년의 아버지의 혈액 샘플을 받았다.

43 밑줄 친 (a)~(e) 중에서 문맥상 낱말의 쓰임이 적절하지 <u>않은</u> 것은? [3점]

① (a)   ② (b)

③ (c)   ④ (d)

⑤ (e)

[44~45] 다음 글을 읽고, 물음에 답하시오.

(A)

It was summer and Mary was 14. Her whole family spent weekend after weekend at the river, waterskiing and swimming and just having a great time. But Mary couldn't ski like her big brothers and sisters. She was too embarrassed to try. (a) She was horrified at the idea of looking ridiculous, and looking like a novice next to her skilled and experienced siblings. One day she told her mother all about this.

(B)

On that day, Mary learned to ski. Her mother was patient and careful. It wasn't nearly as difficult as Mary had thought it would be, and with no audience (b) she had no discomfort about being hunched over her skis. As the afternoon wore on, she stood up straighter and straighter on the skis. The next weekend river trip would see Mary happily skiing along with her brothers and sisters, (c) her embarrassment erased by her mother's kind act.

(C)

Mary explained that when beginning skiers got up out of the water for the first time, they started off crouched over their skis with their bottoms stuck out, looking absolutely absurd. And there were so many people on the river on any sunny weekend. Some of them were boys, and they would all see Mary as (d) she adopted that humiliating pose. Mary told her mom that she was not willing to risk this shame.

(D)

One Thursday soon after this talk, Mary's mother left work after lunch and came home. Mary didn't understand why her mom was home, but Mary's mom just told her to help hook the boat trailer to the car. Her mother was offering something, and Mary had to accept (e) her offer. Before she knew what had happened, Mary and her mom were in the boat, heading up the river in the warm sunshine on quiet water. It was a Thursday, so no one else was about. No one was there to see Mary look ridiculous.

44 주어진 글 (A)에 이어질 내용을 순서에 맞게 배열한 것으로 가장 적절한 것은?

① (B) − (D) − (C)　② (C) − (B) − (D)

③ (C) − (D) − (B)　④ (D) − (B) − (C)

⑤ (D) − (C) − (B)

45 밑줄 친 (a)~(e) 중에서 가리키는 대상이 나머지 넷과 다른 것은?

① (a)　② (b)

③ (c)　④ (d)

⑤ (e)

제3교시 수학영역(가형)

▶정답 및 해설 728p

01 두 벡터 $\vec{a}=(6,\ 2,\ 4)$, $\vec{b}=(1,\ 3,\ 2)$에 대하여 벡터 $\vec{a}-\vec{b}$의 모든 성분의 합은? [2점]

① 4   ② 5

③ 6   ④ 7

⑤ 8

03 방정식 $2^x+\dfrac{16}{2^x}=10$의 모든 실근의 합은? [2점]

① 3   ② $\log_2 10$

③ $\log_2 12$ ④ $\log_2 14$

⑤ 4

02 함수 $f(x)=\ln(2x+3)$에 대하여

$\displaystyle\lim_{h\to 0}\dfrac{f(2+h)-f(2)}{h}$의 값은? [2점]

① $\dfrac{2}{7}$ ② $\dfrac{5}{14}$

③ $\dfrac{3}{7}$ ④ $\dfrac{1}{2}$

⑤ $\dfrac{4}{7}$

04 두 사건 A, B에 대하여

$$\mathrm{P}(A)=\frac{1}{2},\ \mathrm{P}(B)=\frac{2}{5},\ \mathrm{P}(A\cup B)=\frac{4}{5}$$

일 때, $\mathrm{P}(B\,|\,A)$의 값은? [3점]

① $\dfrac{1}{10}$ ② $\dfrac{1}{5}$

③ $\dfrac{3}{10}$ ④ $\dfrac{2}{5}$

⑤ $\dfrac{1}{2}$

05 좌표공간에서 두 점 $A(5, a, -3)$, $B(6, 4, b)$에 대하여 선분 AB를 3:2로 외분하는 점이 x축 위에 있을 때, $a+b$의 값은? [3점]

① 3   ② 4

③ 5   ④ 6

⑤ 7

07 좌표평면 위를 움직이는 점 P의 시각 $t(0 < t < \pi)$에서의 위치 $P(x, y)$가 $x = \cos t + 2$, $y = 3\sin t + 1$이다. 시각 $t = \dfrac{\pi}{6}$에서 점 P의 속력은? [3점]

① $\sqrt{5}$ ② $\sqrt{6}$

③ $\sqrt{7}$ ④ $2\sqrt{2}$

⑤ 3

06 이산확률변수 X의 확률분포를 표로 나타내면 다음과 같다.

X	0	1	2	3	합계
$P(X=x)$	a	$\dfrac{1}{3}$	$\dfrac{1}{4}$	b	1

$E(X) = \dfrac{11}{6}$일 때, $\dfrac{b}{a}$의 값은? (단, a, b는 상수이다.) [3점]

① 1   ② 2

③ 3   ④ 4

⑤ 5

08 실수 전체의 집합에서 연속인 함수 $f(x)$에 대하여 $\displaystyle\int_1^{e^2} \dfrac{f(1+2\ln x)}{x} dx = 5$일 때, $\displaystyle\int_1^5 f(x)dx$의 값은? [3점]

① 6   ② 7

③ 8   ④ 9

⑤ 10

09 흰 공이 4개와 검은 공 2개가 들어 있는 주머니에서 임의로 한 개의 공을 꺼내어 공의 색을 확인한 후 다시 넣는 시행을 5회 반복한다. 각 시행에서 꺼낸 공이 흰 공이면 1점을 얻고, 검은 공이면 2점을 얻을 때, 얻은 점수의 합이 7일 확률은? [3점]

① $\dfrac{80}{243}$ ② $\dfrac{1}{3}$

③ $\dfrac{82}{243}$ ④ $\dfrac{83}{243}$

⑤ $\dfrac{28}{81}$

10 곡선 $y=e^{\frac{x}{3}}$과 이 곡선 위의 점 $(3,\ e)$에서의 접선 및 y축으로 둘러싸인 도형의 넓이는? [3점]

① $\dfrac{e}{2}-1$ ② $e-2$

③ $\dfrac{3}{2}e-3$ ④ $2e-4$

⑤ $\dfrac{5}{2}e-5$

11 연속확률변수 X가 갖는 값의 범위가 $0\le X\le 4$이고, X의 확률밀도함수의 그래프는 그림과 같다. $1<k<2$일 때, $\mathrm{P}(k\le X\le 2k)$가 최대가 되도록 하는 k의 값은? [3점]

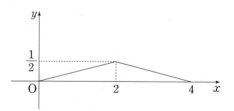

① $\dfrac{7}{5}$ ② $\dfrac{3}{2}$

③ $\dfrac{8}{5}$ ④ $\dfrac{17}{10}$

⑤ $\dfrac{9}{5}$

12 실수 전체의 집합에서 미분가능한 함수 $f(x)$가 모든 실수 x에 대하여

$$xf(x)=x^2e^{-x}+\int_1^x f(t)\,dt$$를 만족시킬 때, $f(2)$의 값은? [3점]

① $\dfrac{1}{e}$ ② $\dfrac{e+1}{e^2}$

③ $\dfrac{e+2}{e^2}$ ④ $\dfrac{e+3}{e^2}$

⑤ $\dfrac{e+4}{e^2}$

13 곡선 $y=\log_3 9x$ 위의 점 $A(a,\,b)$를 지나고 x축에 평행한 직선이 곡선 $y=\log_3 x$와 만나는 점을 B, 점 B를 지나고 y축에 평행한 직선이 곡선 $y=\log_3 9x$와 만나는 점을 C라 하자. $\overline{AB}=\overline{BC}$일 때, $a+3^b$의 값은? (단, $a,\,b$는 상수이다.) [3점]

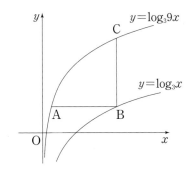

① $\dfrac{1}{2}$ ② 1

③ $\dfrac{3}{2}$ ④ 2

⑤ $\dfrac{5}{2}$

14 다항함수 $f(x)$에 대하여 $g(x)=f(x)$ $\sin x$가 다음 조건을 만족시킬 때, $f(4)$의 값은? [4점]

> (가) $\displaystyle\lim_{x \to \infty}\frac{g(x)}{x^2}=0$ (나) $\displaystyle\lim_{x \to 0}\frac{g'(x)}{x}=6$

① 11   ② 12

③ 13   ④ 14

⑤ 15

15 그림과 같이 타원 $\dfrac{x^2}{a}+\dfrac{y^2}{12}=1$의 두 초점 중 x좌표가 양수인 점을 F, 음수인 점을 F′ 이라 하자. 타원 $\dfrac{x^2}{a}+\dfrac{y^2}{12}=1$ 위에 있고 제 1사분면에 있는 점 P에 대하여 선분 F′P의 연장선 위에 점 Q를 $\overline{F'Q}=10$이 되도록 잡는다. 삼각형 PFQ가 직각이등변삼각형일 때, 삼각형 QF′F의 넓이는? (단, $a>12$)

[4점]

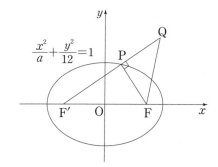

① 15   ② $\dfrac{35}{2}$

③ 20   ④ $\dfrac{45}{2}$

⑤ 25

16 서로 다른 6개의 사탕을 세 명의 어린이 A, B, C에게 남김없이 나누어 줄 때, 어린이 A가 받은 사탕의 개수가 어린이 B가 받은 사탕의 개수보다 많도록 나누어 주는 경우의 수는? (단, 사탕을 하나도 받지 못하는 어린이는 없다.) [4점]

① 180   ② 190

③ 200   ④ 210

⑤ 220

17 그림과 같이 서로 다른 두 평면 α, β의 교선 위에 점 A가 있다. 평면 α 위의 세점 B, C, D의 평면 β 위로의 정사영을 각각 B′, C′, D′이라 할 때, 사각형 AB′C′D′은 한 변의 길이가 $4\sqrt{2}$인 정사각형이고, $\overline{BB'}=\overline{DD'}$이다. 두 평면 α와 β가 이루는 각의 크기를 θ라 할 때, $\tan\theta=\dfrac{3}{4}$이다. 선분 BC의 길이는? (단, 선분 BD와 평면 β는 만나지 않는다.) [4점]

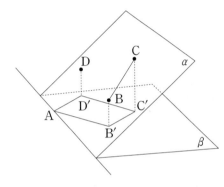

① $\sqrt{35}$ ② $\sqrt{37}$

③ $\sqrt{39}$ ④ $\sqrt{41}$

⑤ $\sqrt{43}$

18 [그림 1]과 같이 5개의 스티커 A, B, C, D, E는 각각 흰색 또는 회색으로 칠해진 9개의 정사각형으로 이루어져 있다. 이 5개의 스티커를 모두 사용하여 [그림 2]의 45개의 정사각형으로 이루어진 ✛ 모양의 판에 빈틈없이 붙여 문양을 만들려고 한다. [그림 3]은 스티커 B를 ✛ 모양의 판의 중앙에 붙여 만든 문양의 한 예이다.

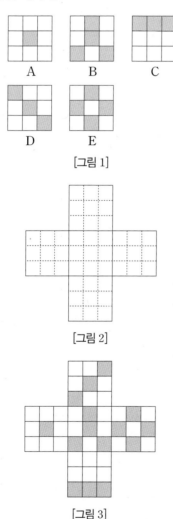

[그림 1]

[그림 2]

[그림 3]

다음은 5개의 스티커를 모두 사용하여 만들 수 있는 서로 다른 문양의 개수를 구하는 과정의 일부이다. (단, ✛ 모양의 판을 회전하여 일치하는 것은 같은 것으로 본다.)

> ✛ 모양의 판의 중앙에 붙이는 스티커에 따라 다음과 같이 3가지 경우로 나눌 수 있다.
>
> (ⅰ) A 또는 E를 붙이는 경우
> 나머지 4개의 스티커를 붙일 위치를 정하는 경우의 수는 3!
> 이 각각에 대하여 4개의 스티커를 붙이는 경우의 수는 $1 \times 2 \times 4 \times 4$
> 그러므로 이 경우의 수는 $2 \times 3! \times 32$
>
> (ⅱ) B 또는 C를 붙이는 경우
> 나머지 4개의 스티커를 붙일 위치를 정하는 경우의 수는 (가)
> 이 각각에 대하여 4개의 스티커를 붙이는 경우의 수는 $1 \times 1 \times 2 \times 4$
> 그러므로 이 경우의 수는 $2 \times$ (가) $\times 8$
>
> (ⅲ) D를 붙이는 경우
> 나머지 4개의 스티커를 붙일 위치를 정하는 경우의 수는 (나)
> 이 각각에 대하여 4개의 스티커를 붙이는 경우의 수는 (다)
> 그러므로 이 경우의 수는 (나) $\times$ (다)

위의 (가), (나), (다)에 알맞은 수를 각각 a, b, c라 할 때, $a + b + c$의 값은? [4점]

① 52
② 54
③ 56
④ 58
⑤ 60

19 그림과 같이 선분 BC를 빗변으로 하고, $\overline{BC}=8$인 직각삼각형 ABC가 있다. 점 B를 중심으로 하고 반지름의 길이가 $\overline{AB}$인 원이 선분 BC와 만나는 점을 D, 점 C를 중심으로 하고 반지름의 길이가 $\overline{AC}$인 원이 선분 BC와 만나는 점을 E라 하자. $\angle ACB=\theta$라 할 때, 삼각형 AED의 넓이를 $S(\theta)$라 하자. $\displaystyle\lim_{\theta\to 0+}\frac{S(\theta)}{\theta^2}$의 값은? [4점]

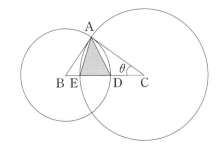

① 16   ② 20

③ 24   ④ 28

⑤ 32

20 좌표평면에서 점 $A(0, 12)$와 양수 t에 대하여 점 $P(0, t)$와 점 Q가 다음 조건을 만족시킨다.

> (가) $\overrightarrow{OA}\cdot\overrightarrow{PQ}=0$ (나) $\dfrac{t}{3}\leq|\overrightarrow{PQ}|\leq\dfrac{t}{2}$

$6\leq t\leq 12$에서 $|\overrightarrow{AQ}|$의 최댓값을 M, 최솟값을 m이라 할 때, Mm의 값은? [4점]

① $12\sqrt{2}$ ② $14\sqrt{2}$

③ $16\sqrt{2}$ ④ $18\sqrt{2}$

⑤ $20\sqrt{2}$

21 함수 $f(x)=|x^2-x|e^{4-x}$이 있다. 양수 k에 대하여 함수 $g(x)$를

$$g(x)=\begin{cases} f(x) & (f(x)\leq kx) \\ kx & (f(x)>kx) \end{cases}$$라 하자.

구간 $(-\infty, \infty)$에서 함수 $g(x)$가 미분가능하지 않은 x의 개수를 $h(k)$라 할 때, 〈보기〉에서 옳은 것만을 있는 대로 고른 것은? [4점]

─────〈보기〉─────

ㄱ. $k=2$일 때, $g(2)=4$이다.

ㄴ. 함수 $h(k)$의 최댓값은 4이다.

ㄷ. $h(k)=2$를 만족시키는 k의 값의 범위는 $e^2\leq k<e^4$이다.

① ㄱ   ② ㄱ, ㄴ

③ ㄱ, ㄷ   ④ ㄴ, ㄷ

⑤ ㄱ, ㄴ, ㄷ

주관식 문항(22~30)

22 $\left(3x^2+\dfrac{1}{x}\right)^6$의 전개식에서 상수항을 구하시오. [3점]

23 함수 $f(x)=\begin{cases} -14x+a & (x\leq 1) \\ \dfrac{5\ln x}{x-1} & (x>1) \end{cases}$이 실수 전체의 집합에서 연속일 때, 상수 a의 값을 구하시오. [3점]

24 곡선 $x^2+y^3-2xy+9x=19$ 위의 점 $(2, 1)$에서의 접선의 기울기를 구하시오. [3점]

26 함수 $f(x)=\dfrac{2x}{x+1}$의 그래프 위의 두 점 $(0, 0)$, $(1, 1)$에서의 접선을 각각 l, m이라 하자. 두 직선 l, m이 이루는 예각의 크기를 θ라 할 때, $12\tan\theta$의 값을 구하시오. [4점]

25 모평균이 85, 모표준편차가 6인 정규분포를 따르는 모집단에서 크기가 16인 표본을 임의추출하여 구한 표본평균을 $\overline{X}$라 할 때, $P(\overline{X}\geq k)=0.0228$을 만족시키는 상수 k의 값을 오른쪽 표준정규분포표를 이용하여 구하시오. [3점]

z	$P(0\leq Z\leq z)$
0.5	0.1915
1.0	0.3413
1.5	0.4332
2.0	0.4772

27 그림과 같이 $\overline{AB}=3$, $\overline{BC}=4$인 삼각형 ABC에서 선분 AC를 1:2로 내분하는 점을 D, 선분 AC를 2:1로 내분하는 점을 E라 하자. 선분 BC의 중점을 F라 하고, 두 선분 BE, DF의 교점을 G라 하자. $\overrightarrow{AG}\cdot\overrightarrow{BE}=0$일 때, $\cos(\angle ABC)=\dfrac{q}{p}$이다. $p+q$의 값을 구하시오. (단, p와 q는 서로소인 자연수이다.) [4점]

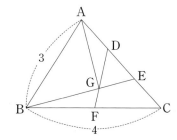

2019 기출문제

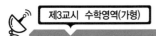

28 1부터 11까지의 자연수가 하나씩 적혀 있는 11장의 카드 중에서 임의로 두 장의 카드를 동시에 택할 때, 택한 카드에 적혀 있는 숫자를 각각 m, n $(m<n)$이라 하자. 좌표평면 위의 세 점 $A(1, 0)$, $B\left(\cos\dfrac{m\pi}{6}, \sin\dfrac{m\pi}{6}\right)$, $C\left(\cos\dfrac{n\pi}{6}, \sin\dfrac{n\pi}{6}\right)$에 대하여 삼각형 ABC가 이등변삼각형일 확률이 $\dfrac{q}{p}$일 때, $p+q$의 값을 구하시오. (단, p와 q는 서로소인 자연수이다.) [4점]

29 좌표공간에 평면 $\alpha : 2x+y+2z-9=0$과 구 $S : (x-4)^2+(y+3)^2+z^2=2$가 있다. $|\overrightarrow{OP}|\leq3\sqrt{2}$인 평면 α 위의 점 P와 구 S 위의 점 Q에 대하여 $\overrightarrow{OP}\cdot\overrightarrow{OQ}$의 최댓값이 $a+b\sqrt{2}$일 때, $a+b$의 값을 구하시오. (단, 점 O는 원점이고, a, b는 유리수이다.) [4점]

30 함수 $f(x)=\dfrac{x}{e^x}$에 대하여 구간 $\left[\dfrac{12}{e^{12}}, \infty\right)$에서 정의된 함수 $g(t)=\displaystyle\int_0^{12}|f(x)-t|\,dx$가 $t=k$에서 극솟값을 갖는다. 방정식 $f(x)=k$의 실근의 최솟값을 a라 할 때, $g'(1)+\ln\left(\dfrac{6}{a}+1\right)$의 값을 구하시오. [4점]

제 **3** 교시 수학영역(나형)

▶정답 및 해설 736p

01 함수 $f(x)=(x^2+2x)(2x+1)$에 대하여 $f'(1)$의 값은? [2점]

① 14 ② 15

③ 16 ④ 17

⑤ 18

02 $\lim\limits_{n \to \infty} \dfrac{an^2+2}{3n(2n-1)-n^2}=3$을 만족시키는 상수 a의 값은? [2점]

① 15 ② 16

③ 17 ④ 18

⑤ 19

03 자연수 7을 3개의 자연수로 분할하는 방법의 수는? [2점]

① 2 ② 3

③ 4 ④ 5

⑤ 6

04 다항함수 $f(x)$가 $\lim\limits_{h \to 0} \dfrac{f(1+2h)-3}{h}=3$ 을 만족시킬 때, $f(1)+f'(1)$의 값은? [3점]

① $\dfrac{5}{2}$ ② 3

③ $\dfrac{7}{2}$ ④ 4

⑤ $\dfrac{9}{2}$

05 모든 항이 양수인 등비수열 $\{a_n\}$에 대하여 $a_2 a_4 = 2a_5$, $a_5 = a_4 + 12a_3$일 때, $\log_2 a_{10}$의 값은? [3점]

① 15 ② 16

③ 17 ④ 18

⑤ 19

06 두 사건 A, B에 대하여

$\mathrm{P}(A) = \dfrac{1}{2}$, $\mathrm{P}(B) = \dfrac{2}{5}$, $\mathrm{P}(A \cup B) = \dfrac{4}{5}$

일 때, $\mathrm{P}(B | A)$의 값은? [3점]

① $\dfrac{1}{10}$ ② $\dfrac{1}{5}$

③ $\dfrac{3}{10}$ ④ $\dfrac{2}{5}$

⑤ $\dfrac{1}{2}$

07 수열 $\{a_n\}$이 모든 자연수 n에 대하여

$$a_{n+1} = \begin{cases} \dfrac{a_n + 2}{2} & (a_n \text{은 짝수}) \\ \dfrac{a_n - 1}{2} & (a_n \text{은 홀수}) \end{cases}$$ 를 만족시킨다.

$a_1 = 20$일 때, $\displaystyle\sum_{k=1}^{10} a_k$의 값은? [3점]

① 38 ② 42

③ 46 ④ 50

⑤ 54

08 연속확률변수 X가 갖는 값의 범위가 $0 \le X \le 4$이고, X의 확률밀도함수의 그래프가 그림과 같을 때, $\mathrm{P}\left(\dfrac{1}{2} \le X \le 3\right)$의 값은? [3점]

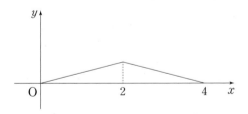

① $\dfrac{25}{32}$ ② $\dfrac{13}{16}$

③ $\dfrac{27}{32}$ ④ $\dfrac{7}{8}$

⑤ $\dfrac{29}{32}$

09 등차수열 $\{a_n\}$에 대하여 첫째항부터 제n항까지의 합을 S_n이라 하자. $S_5 = a_1$, $S_{10} = 40$일 때, a_{10}의 값은? [3점]

① 10   ② 13

③ 16   ④ 19

⑤ 22

11 함수 $y = f(x)$의 그래프가 그림과 같다. 최고차항의 계수가 1인 이차함수 $g(x)$에 대하여
$$\lim_{x \to 0+} \frac{g(x)}{f(x)} = 1, \quad \lim_{x \to 1-} f(x-1)g(x) = 3$$
일 때, $g(2)$의 값은? [3점]

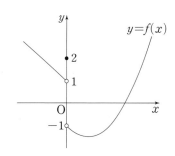

① 3   ② 5

③ 7   ④ 9

⑤ 11

10 모평균이 85, 모표준편차가 6인 정규분포를 따르는 모집단에서 크기가 16인 표본을 임의추출하여 구한 표본평균을 $\overline{X}$라 할 때, $P(\overline{X} \geq k) = 0.0228$을 만족시키는 상수 k의 값을 오른쪽 표준정규분포표를 이용하여 구하시오. [3점]

z	$P(0 \leq Z \leq z)$
0.5	0.1915
1.0	0.3413
1.5	0.4332
2.0	0.4772

① 86   ② 87

③ 88   ④ 89

⑤ 90

12 일차함수 $f(x)$에 대하여 함수 $y = \dfrac{f(x) + 5}{2 - f(x)}$의 그래프의 점근선은 두 직선 $x = 4$, $y = -1$이다. $f(1) = 5$일 때, $f(2)$의 값은? [3점]

① 4   ② 6

③ 8   ④ 10

⑤ 12

13 실수 x에 대한 두 조건 $p : x^2+ax-8>0$, $q : |x-1| \leq b$가 있다. $\sim p$가 q이기 위한 필요충분조건이 되도록 하는 두 상수 a, b에 대하여 $b-a$의 값은? [3점]

① -1 ② 1

③ 3 ④ 5

⑤ 7

14 다항함수 $f(x)$가 모든 실수 x에 대하여

$f(x) = \dfrac{3}{4}x^2 + \left(\displaystyle\int_0^1 f(x)dx\right)^2$을 만족시킬

때, $\displaystyle\int_0^2 f(x)dx$의 값은? [4점]

① $\dfrac{9}{4}$ ② $\dfrac{5}{2}$

③ $\dfrac{11}{4}$ ④ 3

⑤ $\dfrac{13}{4}$

15 전체집합 $U=\{1, 2, 3, 4, 5, 6, 7, 8\}$의 두 부분집합 $A=\{3, 4\}$, $B=\{4, 5, 6\}$에 대하여 U의 부분집합 X가 $A \cup X=X$, $(B-A) \cap X=\{6\}$을 만족시킨다. $n(X)=5$일 때, 모든 X의 개수는? [4점]

① 4 ② 5

③ 6 ④ 7

⑤ 8

16 자연수 n에 대하여 삼차함수 $y=n(x^3-3x^2)+k$의 그래프가 x축과 만나는 점의 개수가 3이 되도록 하는 정수 k의 개수를 a_n이라 할 때, $\displaystyle\sum_{n=1}^{10} a_n$의 값은? [4점]

① 195 ② 200

③ 205 ④ 210

⑤ 215

17 그림과 같이 두 양수 a, b에 대하여 함수 $f(x)=a\sqrt{x+5}+b$의 그래프와 역함수 $f^{-1}(x)$의 그래프가 만나는 점을 A라 하자. 곡선 $y=f(x)$ 위의 점 B$(-1, 7)$과 곡선 $y=f^{-1}(x)$ 위의 점 C에 대하여 삼각형 ABC는 $\overline{AB}=\overline{AC}$인 이등변삼각형이다. 삼각형 ABC의 넓이가 64일 때, ab의 값은? (단, 점 C의 x좌표는 점 A의 x좌표보다 작다.) [4점]

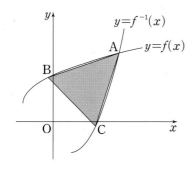

① 6   ② 8

③ 10   ④ 12

⑤ 14

18 흰색 탁구공 3개와 주황색 탁구공 4개를 서로 다른 3개의 비어 있는 상자 A, B, C에 남김없이 넣으려고 할 때, 다음 조건을 만족시키도록 넣는 경우의 수는? (단, 탁구공을 하나도 넣지 않은 상자가 있을 수 있다.) [4점]

> (가) 상자 A에는 흰색 탁구공을 1개 이상 넣는다.
> (나) 흰색 탁구공만 들어 있는 상자는 없도록 넣는다.

① 35   ② 37

③ 39   ④ 41

⑤ 43

19 그림과 같이 한 변의 길이가 2인 정사각형 $A_1B_1C_1D_1$의 내부에 네 점 A_2, B_2, C_2, D_2를 네 삼각형 $A_2A_1B_1$, $B_2B_1C_1$, $C_2C_1D_1$, $D_2D_1A_1$이 모두 한 내각의 크기가 $150°$인 이등변삼각형이 되도록 잡는다. 네 삼각형 $A_1A_2D_2$, $B_1B_2A_2$, $C_1C_2B_2$, $D_1D_2C_2$의 내부를 색칠하여 얻은 그림을 R_1이라 하자.

그림 R_1에서 정사각형 $A_2B_2C_2D_2$의 내부에 네 점 A_3, B_3, C_3, D_3을 네 삼각형 $A_3A_2B_2$, $B_3B_2C_2$, $C_3C_2D_2$, $D_3D_2A_2$가 모두 한 내각의 크기가 $150°$인 이등변삼각형이 되도록 잡는다. 네 삼각형 $A_2A_3D_3$, $B_2B_3A_3$, $C_2C_3B_3$, $D_2D_3C_3$의 내부를 색칠하여 얻은 그림을 R_2라 하자.

이와 같은 과정을 계속하여 n번째 얻은 그림 R_n에 색칠되어 있는 부분의 넓이를 S_n이라 할 때, $\lim\limits_{n\to\infty} S_n$의 값은? [4점]

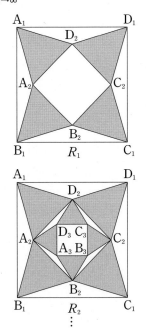

① $5-\dfrac{3}{2}\sqrt{3}$ ② $6-2\sqrt{3}$

③ $7-\dfrac{5}{2}\sqrt{3}$ ④ $8-3\sqrt{3}$

⑤ $9-\dfrac{7}{2}\sqrt{3}$

20 [그림 1]과 같이 5개의 스티커 A, B, C, D, E는 각각 흰색 또는 회색으로 칠해진 9개의 정사각형으로 이루어져 있다. 이 5개의 스티커를 모두 사용하여 [그림 2]의 45개의 정사각형으로 이루어진 ✚ 모양의 판에 빈틈없이 붙여 문양을 만들려고 한다. [그림 3]은 스티커 B를 ✚ 모양의 판의 중앙에 붙여 만든 문양의 한 예이다.

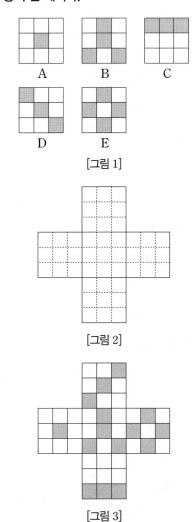

다음은 5개의 스티커를 모두 사용하여 만들 수 있는 서로 다른 문양의 개수를 구하는 과정의 일부이다. (단, ✚ 모양의 판을 회전하여 일치하는 것은 같은 것으로 본다.)

모양의 판의 중앙에 붙이는 스티커에 따라 다음과 같이 3가지 경우로 나눌 수 있다.

(i) A 또는 E를 붙이는 경우

　나머지 4개의 스티커를 붙일 위치를 정하는 경우의 수는 3!

　이 각각에 대하여 4개의 스티커를 붙이는 경우의 수는 $1 \times 2 \times 4 \times 4$

　그러므로 이 경우의 수는 $2 \times 3! \times 32$

(ii) B 또는 C를 붙이는 경우

　나머지 4개의 스티커를 붙일 위치를 정하는 경우의 수는 [(가)]

　이 각각에 대하여 4개의 스티커를 붙이는 경우의 수는 $1 \times 1 \times 2 \times 4$

　그러므로 이 경우의 수는 $2 \times$ [(가)] $\times 8$

(iii) D를 붙이는 경우

　나머지 4개의 스티커를 붙일 위치를 정하는 경우의 수는 [(나)]

　이 각각에 대하여 4개의 스티커를 붙이는 경우의 수는 [(다)]

　그러므로 이 경우의 수는 [(나)] $\times$ [(다)]

위의 (가), (나), (다)에 알맞은 수를 각각 a, b, c라 할 때, $a+b+c$의 값은? [4점]

① 52 ② 54

③ 56 ④ 58

⑤ 60

---

21 실수 k에 대하여 함수 $f(x)$가 $f(x)=x|x-k|$이다. 함수 $g(x)=x^2-3x-4$에 대하여 합성함수 $y=(g \circ f)(x)$의 그래프가 x축과 만나는 점의 개수를 $h(k)$라 할 때, 〈보기〉에서 옳은 것만을 있는 대로 고른 것은? [4점]

〈보기〉

ㄱ. $h(2)=2$

ㄴ. $h(k)=4$를 만족시키는 자연수 k의 최솟값은 6이다.

ㄷ. $h(k)=3$을 만족시키는 모든 실수 k의 값의 합은 2이다.

① ㄱ ② ㄱ, ㄴ

③ ㄱ, ㄷ ④ ㄴ, ㄷ

⑤ ㄱ, ㄴ, ㄷ

주관식 문항(22~30)

22 $\sqrt{3\sqrt[4]{27}}=3^{\frac{q}{p}}$일 때, $p+q$의 값을 구하시오.
(단, p와 q는 서로소인 자연수이다.) [3점]

23 $\left(3x^2+\dfrac{1}{x}\right)^6$의 전개식에서 상수항을 구하시오. [3점]

24 수열 $\{a_n\}$에 대하여
$$\sum_{k=1}^{10}(2k+1)^2 a_k=100,\ \sum_{k=1}^{10}k(k+1)a_k=23$$일 때,
$\displaystyle\sum_{k=1}^{10}a_k$의 값을 구하시오. [3점]

25 함수 $f(x)=\begin{cases} \dfrac{x^2-8x+a}{x-6} & (x\neq 6) \\ b & (x=6) \end{cases}$ 이 실수 전체의 집합에서 연속일 때, $a+b$의 값을 구하시오. (단, a, b는 상수이다.) [3점]

26 확률변수 X가 가지는 값이 0부터 25까지의 정수이고, $0 < p < \dfrac{1}{2}$인 실수 p에 대하여 X의 확률질량함수는 $\mathrm{P}(X=x) = {}_{25}\mathrm{C}_x \, p^x (1-p)^{25-x}$ $(x=0,\ 1,\ 2,\ \cdots,\ 25)$이다. $\mathrm{V}(X)=4$일 때, $\mathrm{E}(X^2)$의 값을 구하시오.

[4점]

27 곡선 $y=x^3+x-3$과 이 곡선 위의 점 $(1,\ -1)$에서의 접선으로 둘러싸인 부분의 넓이가 $\dfrac{q}{p}$일 때, $p+q$의 값을 구하시오. (단, p와 q는 서로소인 자연수이다.) [4점]

28 삼차함수 $f(x)$가 다음 조건을 만족시킬 때, $f(3)$의 값을 구하시오. [4점]

> (가) $\displaystyle \lim_{x \to -2} \frac{1}{x+2} \int_{-2}^{x} f(t)\,dt = 12$
>
> (나) $\displaystyle \lim_{x \to \infty} x f\left(\frac{1}{x}\right) + \lim_{x \to 0} \frac{f(x+1)}{x} = 1$

29 그림과 같이 1열, 2열, 3열에 각각 2개씩 모두 6개의 좌석이 있는 놀이기구가 있다. 이 놀이기구의 6개의 좌석에 6명의 학생 A, B, C, D, E, F가 각각 한 명씩 임의로 앉을 때, 다음 조건을 만족시키도록 앉을 확률은 $\dfrac{q}{p}$이다. $p+q$의 값을 구하시오. (단, p와 q는 서로소인 자연수이다.) [4점]

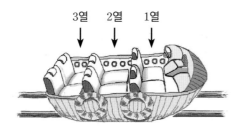

3열 　 2열 　 1열

(가) 두 학생 A, B는 같은 열에 앉는다.
(나) 두 학생 C, D는 서로 다른 열에 앉는다.
(다) 학생 E는 1열에 앉지 않는다.

30 최고차항의 계수가 1이고 $f'(0)=0$인 사차함수 $f(x)$가 있다. 실수 전체의 집합에서 정의된 함수 $g(t)$가 다음 조건을 만족시킨다.

(가) 방정식 $f(x)=t$의 실근이 존재하지 않을 때, $g(t)=0$이다.
(나) 방정식 $f(x)=t$의 실근이 존재할 때, $g(t)$는 $f(x)=t$의 실근의 최댓값이다.

함수 $g(t)$가 $t=k$, $t=30$에서 불연속이고 $\lim\limits_{t \to k+} g(t)=-2$, $\lim\limits_{t \to 30+} g(t)=1$일 때, 실수 k의 값을 구하시오. (단, $k<30$) [4점]

MeMo

MeMo

MeMo

MeMo

· 2026 ·

육사 | 해사 | 공사 | 국군간호사관

사관학교 기출문제

국어·영어·수학

2025~2019

7개년

연차별 동형
기출문제

정답 및 해설

2025학년도 기출문제 정답 및 해설

2025학년도 [국어] 정답 및 해설

▌[국어] 2025학년도 | 정답

01	①	02	③	03	⑤	04	⑤	05	④
06	④	07	①	08	③	09	③	10	②
11	⑤	12	②	13	①	14	⑤	15	③
16	①	17	②	18	④	19	①	20	④
21	⑤	22	③	23	①	24	④	25	⑤
26	②	27	②	28	②	29	②	30	⑤

▌[국어] 2025학년도 | 해설

[01~05] 독서 – 사회

01	글의 중심 내용 파악하기	①

[정답해설]

제시문에 따르면 매클루언은 인간이 세계를 지각하는 방식과 사회적 소통구조에 미치는 매체의 영향력에 주목하였고, 플루서는 매체 그 자체의 특성뿐만 아니라 매체를 활용한 소통 방식에 주목하였다. 즉, 제시문은 매체의 서로 다른 측면에 주목하는 두 학자의 논의를 대비하여 제시하고 있다.

[오답해설]

② 매체의 개념을 둘러싼 두 학자의 각기 다른 논의를 제시하고 있으나, 두 학자의 논쟁과 그 결과를 요약적으로 제시하고 있지는 않다.

③ 매체의 개념이나 특징에 대한 서술은 나타나 있지만, 매체의 역사나 미래의 매체에 대한 예측은 나타나 있지 않다.

④ 플루서가 매체를 담론적 매체와 대화적 매체로 구분하고 있으나, 그 적절성에 대한 두 학자의 견해는 나타나 있지 않다.

⑤ 매체의 특징에 대한 두 학자의 서로 다른 견해를 밝히고 있으나, 이를 바탕으로 한 글쓴이의 견해를 밝히고 있지는 않다.

02	글의 세부 내용 이해하기	③

[정답해설]

1문단에서 매클루언은 매체의 변화에 따른 지각 방식의 변화가 인간이 사고하고 소통하는 방식에 변화를 가져온다고 주장하였다. 그러므로 ㉠을 매체가 지닌 기술적 특징이 사회적 소통구조에 일으킨 변화에 주목해야 함을 의미하는 것으로 이해하는 것은 적절하다.

[오답해설]

① 2문단에서 ㉠은 매체가 사회적 소통구조를 일방적으로 결정하는 것으로 이해할 수 있다. 그러므로 매체가 전달하는 메시지가 인간의 사고방식에 의해 좌우됨을 의미하는 것은 아니다.

② 1문단에서 ㉠은 매체의 변화에 따른 지각 방식의 변화가 인간이 사고하고 소통하는 방식에 변화를 가져오는 것으로 이해할 수 있다. 그러므로 매체가 지닌 기술적 특징이 인간의 소통방식에 의해 변화될 수 있다고 보는 것은 정반대의 의미이다.

④ 2문단에서 ㉠은 매체를 활용하는 방식이나 개별 매체가 전달하는 메시지의 내용이 아닌, 매체 자체에 초점을 맞춰야 하는 것으로 이해할 수 있다. 그러므로 매체가 사고방식에 미치는 영향이 해당 매체가 전달하는 메시지에 의해 결정됨을 의미하는 것은 아니다.

⑤ 매체로 전달할 메시지를 선택하는 과정에서 주체적이고 비판적인 태도가 필요하다는 설명은 제시문에 드러나 있지 않다.

03	글의 세부 내용 이해하기	⑤

[정답해설]

3문단에서 담론적 매체에서는 개별적인 송신자가 분산된 여러 수용자들에게 '다발 회로도'를 통해 정보를 송신하는 방식으로 소통한다고 설명하고 있다. 즉, 메시지를 전달하는 방식이 다를 뿐, 담론적 매체와 대화적 매체 모두 송신자가 수용자에게 메시지를 전달할 수 있다. 그러므로 담론적 매체와 달리 대화적 매체에서는 송신자가 수용자에게 메시지를 전달할 수 있다고 이해하는 것은 적절하지 않다.

[오답해설]

① 3문단에서 담론적 매체에서는 수용자 개개인들끼리 연결될 수 있는 채널도 갖고 있지 못하다고 서술하고 있다. 그러므로 담론적 매체에서는 수용자 간의 직접적 연결이 불가능하다고 이해하는 것은 적절하다.

② 3문단에서 담론적 매체는 송신자와 수용자가 명확히 구분된 상태에서 일방향적인 소통이 이루어지는 매체라고 소개하고 있다. 그러므로 대화적 매체와 달리 담론적 매체에서는 소통이 일방향적으로 이루어진다고 이해하는 것은 적절하다.

③ 3문단에서 대화적 매체에서는 메시지의 전달과 그에 대한 답변이 매체를 통해 직접적으로 오가는 과정에서 소통 주체의 역할이 계속 변한다고 설명하고 있다. 그러므로 대화적 매체에서는 같은 매체 내에서 소통 주체의 역할이 고정되어 있지 않다고 이해하는 것은 적절하다.

④ 4문단에서 플루서는 하나의 매체가 그것이 활용되는 방식이나 목적 등에 따라 다른 유형으로 분류될 수 있다고 보았다. 그러므로 소통 주체가 특정 매체를 활용하는 방식에 따라 해당 매체의 유형이 달라질 수 있다고 이해하는 것은 적절하다.

---

04   부적절한 반응 고르기   ⑤

[정답해설]

㉯의 '텔레비전'은 '라디오'와 마찬가지로 송신자와 수용자가 명확히 구분된 상태에서 일방향적인 소통이 이루어지는 담론적 매체에 해당한다. 그러므로 플루서가 ㉯의 '텔레비전'이 '라디오'와 달리 대화적 매체에 해당하기 때문에 세상과 더 생생하게 연결되는 느낌을 준다고 보는 것은 적절하지 못한 반응이다.

[오답해설]

① ㉮의 '새로운 제지 기술의 등장'은 1문단에서 구텐베르크의 인쇄술이 불러온 인쇄 문화의 확장에 필적하므로, 매클루언이 이를 계기로 더 많은 사람들이 문자를 통해 대상을 추상화하여 인식하는 방식을 합리적인 것으로 여기게 되었다고 보는 것은 적절한 반응이다.

② ㉯의 '상업 광고 지면'은 3문단에서 수신자가 정보를 일방적으로 수용하는 담론적 매체에 해당하므로, 플루서가 '상업 광고 지면'의 확대를 담론과 대화가 균형을 이루는 사회적 소통구조를 형성하는 데 기여하지 못한다고 보는 것은 적절한 반응이다.

③ ㉮의 '신문'은 3문단에서 수용자들이 송신자와 역으로 연결될 수 있는 채널을 소유하지 못할 뿐만 아니라 수용자 개개인들끼리 연결될 수 있는 채널도 갖지 못한 담론적 매체에 해당하므로, 플루서가 '신문'의 독자층 확대가 신문이라는 담론적 매체의 의사소통 회로도를 다른 유형으로 바꾸지는 못한다고 보는 것은 적절한 반응이다.

④ ㉯의 '텔레비전'은 1문단에서 문자 언어를 매개하지 않고 감각을 통합적으로 활용하게 함으로써 인쇄 문화 시대에 파괴된 감각의 균형을 복원하는 역할을 한다고 하였으므로, 매클루언이 '텔레비전'이 메시지를 전달하는 과정에서 문자 언어에만 의존하지 않는다는 점에서 인쇄 문화 시대에 파괴된 감각의 균형을 복원하는 데 기여할 수 있다고 보는 것은 적절한 반응이다.

---

05   문맥상 단어의 의미 파악하기   ④

[정답해설]

ⓓ의 '이루어지다'는 '어떤 대상에 의하여 일정한 상태나 결과가 생기거나 만들어지다.'는 뜻으로, '어떤 일을 실제로 해 나가다'는 뜻의 '행(行)하다'로 바꾸어 쓸 수 있다. '결성(結成)되다'는 '조직이나 단체 따위가 짜여 만들어지다.'는 뜻이다.

[오답해설]

① ⓐ의 '가져오다'는 '어떤 결과나 상태를 생기게 하다.'는 뜻으로, '일이나 사건 따위를 끌어 일으키다.'는 의미의 '야기(惹起)하다'로 바꾸어 쓸 수 있다.

② ⓑ의 '불러오다'는 '어떤 행동이나 감정 또는 상태를 일어나게 하다.'는 뜻으로, '어떤 일을 당하여 감정, 충동 따위가 일어나다.'는 의미의 '촉발(觸發)하다'로 바꾸어 쓸 수 있다.

③ ⓒ의 '보다'는 '대상을 평가하다'는 뜻으로, '상태, 모양, 성질 따위가 그와 같다고 보거나 그렇다고 여기다.'는 의미의 '간주(看做)하다'로 바꾸어 쓸 수 있다.

⑤ ⓔ의 '지니다'는 '바탕으로 갖추고 있다.'는 뜻으로, '어떤 성질이나 뜻 따위를 속에 품다.'는 의미의 '내포(內包)하다'로 바꾸어 쓸 수 있다.

[06～10] 독서 – 법률

06   부적절한 질문 내용 고르기   ④

[정답해설]

3문단에서 저작, 강연, 연주, 연극 등을 할 채무는 민사 집행법에 따른 강제 집행이 불가능한 채무에 해당한다고 규정하고 있지만, 그에 따른 채권자의 피해 구제를 위한 방법은 무엇인지 제시문에 밝히고 있지는 않다.

[오답해설]
① 1문단에서 민사 집행법은 채무자가 채무를 이행하지 않을 경우에 채권자의 신청에 따라 국가가 강제력을 행사하여 채권자의 권리를 실현하는 법적 절차인 강제 집행에 대해 규정하고 있다고 서술하고 있다.

② 1문단에서 강제 집행의 방법으로 직접 강제, 대체 집행, 간접 강제를 인정하고 있다고 서술하고 있다.

③ 2문단에서 하는 채무는 물건의 인도 이외의 채무자의 행위를 목적으로 하여 직접 강제로는 그 목적을 달성할 수 없다고 서술하고 있다.

⑤ 4문단에 채권자가 간접 강제 신청을 할 때 신청서에 명시해야 할 내용을 열거하고 있다.

07　부적절한 내용 파악하기　①

[정답해설]
2문단에서 제삼자가 채무를 대신 이행할 수 있어 대체 집행이 가능한 대체적 작위 채무와 달리, 제삼자가 대신할 수 없는 부대체적 작위 채무의 경우에는 간접 강제만 허용된다고 설명하고 있다. 그러므로 직접 강제가 불가능한 작위 채무가 모두 대체 집행의 대상이 되는 것은 아니다.

[오답해설]
② 1문단에서 채무의 성질상 직접 강제나 대체 집행을 할 수 없는 것만이 간접 강제의 대상이 된다고 하였으므로, 채무의 성질상 직접 강제를 할 수 있는 경우에는 간접 강제가 배제된다는 설명은 적절하다.

③ 1문단에서 직접 강제와 대체 집행은 채무자의 의사와 무관하게 이행의 강제를 실현한다고 하였으므로, 국가의 강제력을 통해 채무자의 의사에 반하는 채권자의 권리 실현이 가능하다는 설명은 적절하다.

④ 2문단에서 대체적 작위 채무는 제삼자가 채무를 대신 이행할 수 있어 대체 집행이 가능하다고 하였으므로, 작위 채무에 대한 강제 집행 시 실제로 채무를 이행하는 주체가 채무자가 아닐 수 있다는 설명은 적절하다.

⑤ 1문단에서 민사 집행법 제261조 제1항은 채무의 성질이 간접 강제를 할 수 있는 경우에 간접 강제를 명하는 결정을 한다는 규정을 제시하고 있다고 하였으므로, 민사 집행법 제261조 제1항이 하는 채무 중 일부에 대한 강제 집행 방법을 규정하고 있다는 설명은 적절하다.

08　지시 대상 이해하기　③

[정답해설]
ⓒ의 '저작, 강연, 연주, 연극 등을 할 채무'는 채무의 이행에 채무자 고유의 예술적 또는 학문적 기능을 필요로 하는 채무로, 채무자에게 심리적 강제를 가하면 채무의 본래 취지에 적합한 채무자의 행위가 실현되지 않기 때문에 제삼자가 대신 이행한다면 채무자가 한 것과 동일한 작위 결과를 달성할 수 없다.

[오답해설]
① ⓐ의 '특정 물건을 인도하는 채무'는 물건의 인도를 목적으로 하는 주는 채무에 해당하므로, 채무자가 특정한 행위를 하지 않을 것을 내용으로 하는 것은 아니다.

② ⓑ의 '어음 등에 서명할 채무'는 채무자 자신이 하지 않으면 효과가 생기지 않는 채무이므로, 채권자가 채무자를 대신하여 채무의 내용을 실현할 수 있는 것은 아니다.

④ ⓐ의 '특정 물건을 인도하는 채무'는 집행관이 직접 채무자로부터 빼앗아 채권자에게 인도함으로써 채무를 이행할 수 있지만, ⓑ의 '어음 등에 서명할 채무'는 채무자 자신이 하지 않으면 효과가 생기지 않는 채무이므로 국가 기관이 유형력을 행사하여 채무의 내용을 실현할 수 없다.

⑤ ⓑ의 '어음 등에 서명할 채무'는 채무자에게 심리적 압박을 주어 집행을 강제하는 간접 강제가 허용되지만, ⓒ의 '저작, 강연, 연주, 연극 등을 할 채무'는 채무자에게 심리적 강제를 가하면 채무의 본래 취지에 적합한 채무자의 행위가 실현되지 않으므로 간접 강제가 허용되지 않는다.

09　지시 대상 이해하기　③

[정답해설]
3문단에서 부작위 채무의 위반 결과 남아 있는 유체물의 제거, 장래에 위반 행위를 반복하는 것을 막기 위한 물적 설비의 설치 등은 부작위 채무 자체에 대한 강제 집행이 아니라고 하였다. 즉, 부작위 채무 위반에서 유래한 유체물의 제거 및 장래에 대한 조치는 부작위 채무로부터 파생하는 별개의 대체적 작위 채무이기 때문에 대체 집행에 의하는 것이다.

10　부적절한 내용 고르기　②

[정답해설]
1문단에 따르면 간접 강제는 채무자에게 심리적 압박을 주어 집행을 강제하는 것이므로, 채무자가 채무를 이행하지 않겠다는 의사에 따른 선택권을 부당히 제한할 우려가 있게 된다고 설명하고 있다. 즉, 채무

자가 채무를 이행하고자 하는 의사를 부당히 제한하는 것이 아니다. 그러므로 법원이 갑이 신청한 간접 강제가 자신의 채무를 이행하고자 하는 을의 의사를 부당히 제한한다고 판단한 것은 아니다.

[오답해설]
① 〈보기〉에서 갑은 을이 누수 방지 공사를 이행하지 않을 경우를 대비하여 간접 강제를 신청하였으나, 법원은 갑이 제출한 증거만으로는 을이 누수 방지 공사를 이행하지 않을 것이라고 단정할 수 없다고 하였다. 그러므로 법원은 을이 누수 방지 공사를 이행하지 않을 개연성에 대해 갑과 판단을 달리한 것이다.
③ 〈보기〉에서 재판부는 갑이 제출한 증거만으로는 을이 누수 방지 공사를 이행하지 않을 것이라고 단정할 수 없다고 하였다. 그러므로 법원은 갑이 제출한 증거가 을의 누수 방지 공사 이행을 강제하는 집행의 필요성을 소명하는 데에는 충분치 않다고 판단한 것이다.
④ 〈보기〉에서 재판부는 민사 집행법 제261조 제1항에 따라 누수 방지 공사 이행에 대한 채무가 간접 강제에 의한 강제 집행의 대상이 될 수 없다고 밝혔다. 이는 법원이 을의 채무를 대체적 작위 채무로 판단한 것으로, 법원은 을이 이행해야 할 채무가 부작위 채무나 부대체적 작위 채무가 아니라고 보고 갑의 간접 강제 신청을 받아들이지 않은 것이다.
⑤ 〈보기〉에서 재판부는 갑이 신청한 월 백만 원이 적정한 배상액인지 판단할 수 있는 근거 자료도 부족하다고 하였다. 그러므로 법원은 갑의 첨부 자료만으로는 을이 채무를 이행하지 않을 경우 갑에게 지급할 배상금이 신청서의 액수에 부합함을 증명할 수 없다고 판단한 것이다.

[11~15] 독서 – 과학

| **11** | 부적절한 내용 고르기 | ⑤ |

[정답해설]
5문단에서 멜라닌 소체의 내부에 합성된 멜라닌의 양이 많아지면 지연 색소 침착이 나타난다고 하였다. 그러므로 지연 색소 침착이 멜라닌 합성을 끝낸 멜라닌 소체가 각질 형성 세포로 이동하면서 일어난다는 설명은 적절하지 않다.

[오답해설]
① 4문단에서 시스테인과 결합하여 합성되는 페오멜라닌은 수용성인 멜라닌이라고 하였다. 그러므로 시스테인과 결합해 합성된 멜라닌이 물에 녹는 성질이 있다는 설명은 적절하다.
② 2문단에서 세포핵 주위에 분포하던 멜라닌 소체가 멜라닌 세포의 가지 돌기 주변으로 이동하여 피부가 일시적으로 검어지는 현상인 즉시 색소 침착이 나타난다고 하였다. 그러므로 멜라닌 세포 내 멜라닌 소체의 위치 변화로도 피부가 검게 변할 수 있다는 설명은 적절하다.

③ 4문단에서 피부색은 멜라닌의 비율과 양에 의해 결정되며, 멜라닌 세포의 수와 밀도는 피부색과 무관하다고 하였다. 그러므로 멜라닌 세포의 수가 많고 밀도가 높다고 해서 피부색이 어두운 것은 아니라는 설명은 적절하다.
④ 5문단에서 멜라닌으로 가득 차서 더 이상 멜라닌의 합성이 일어나지 않게 된 멜라닌 소체는 멜라닌 세포의 가지 돌기를 통해 각질 형성 세포로 이동한다고 하였다. 그러므로 멜라닌 소체 내에 멜라닌이 가득 차게 되면 더 이상 멜라닌의 합성이 일어나지 않는다는 설명은 적절하다.

| **12** | 지시 대상 이해하기 | ② |

[정답해설]

> ㉠ 첫 번째 단계 : 수산화물을 생성하는 단계
> ㉡ 두 번째 단계 : 수산화물이 산화되는 단계

㉠에서 티로시나아제의 구리 원자 중 하나는 티로신의 수산화물과 결합하지만 다른 하나는 결합하지 못하고 남아 있기 때문에 티로시나아제와 티로신은 불안정한 결합을 이룬다고 하였다. 하지만 수산화물이 산화되는 두 번째 단계인 ㉡에서는 이러한 불안정한 결합이 나타나지 않는다. 그러므로 ㉠에는 ㉡과 달리 티로시나아제와 티로신의 결합이 불안정한 상태가 존재한다고 이해하는 것은 적절하다.

[오답해설]
① ㉠과 ㉡은 모두 멜라닌 소체 내에서 일어난다.
③ ㉠에서는 ㉡에서와 달리 티로시나아제의 구리 원자가 티로신의 수산화물과 결합한다.
④ ㉡에서는 ㉠에서와 달리 티로신에서 떨어져 나온 두 수소 원자가 티로시나아제에 남아 있던 산소 원자와 반응해 물 분자를 형성한다.
⑤ ㉡에서는 ㉠과 달리 티로시나아제의 산소 원자가 티로신에서 떨어져 나온 수소 원자와 반응한다.

| **13** | 부적절한 내용 고르기 | ① |

[정답해설]
5문단에서 각질 형성 세포 중 일부는 계속 분열하여 그 수를 늘리며, 일부는 칼슘 이온의 세포 내 유입으로 인해 기저층을 떠나 각화 과정을 시작한다고 하였다. 그러므로 분열 과정에서 칼슘 이온이 작용해 그 수가 증가하는 것은 아니다.

[오답해설]
② 5문단에서 멜라닌 소체는 멜라닌 세포의 가지 돌기를 통해 각질 형성 세포로 이동한다고 하였다. 그러므로 각질 형성 세포가 멜라닌

세포의 가지 돌기를 통해 멜라닌 세포와 연결되어 있다는 설명은 적절하다.

③ 5문단에서 각화 과정은 각질 형성 세포가 가시층과 과립층을 거쳐 각질 세포가 되는 과정이며, 과립층에서 각질 형성 세포는 세포핵이 분해되어 없어진 각질 세포가 된다고 하였다. 그러므로 각질 형성 세포가 기저층을 떠나 가시층, 과립층을 거쳐 무핵 세포인 각질 세포가 된다는 설명은 적절하다.

④ 5문단에서 각질 형성 세포는 가시층에서 지방 등의 유기물인 지질을 포함하게 되며, 각질 형성 세포끼리는 접착제 역할을 하는 탄탄한 단백질 구조에 의해 밀착된다고 하였다. 그러므로 각질 형성 세포가 가시층에서 지질을 포함하게 되며 단백질 구조를 통해 서로 밀착된다는 설명은 적절하다.

⑤ 2문단에서 각질 형성 세포에서는 단백질 p530이 활성화되며, 이들 중 일부는 세포핵 안으로 이동한 후 POMC 단백질의 발현을 유도한다고 하였다. 또한 POMC 단백질은 작은 조각으로 나뉘어 멜라닌 세포 자극 호르몬을 형성하고, 이 호르몬은 세포 외부로 분비되어 멜라닌 세포의 수용체와 결합한다고 하였다. 그러므로 각질 형성 세포가 멜라닌 세포의 수용체와 결합하는 멜라닌 세포 자극 호르몬을 분비하는 곳이라는 설명은 적절하다.

14　　　부적절한 내용 고르기　　　⑤

[정답해설]

피부가 자외선에 노출되면 각질 형성 세포에서는 단백질 p530이 활성화된다는 제시문의 내용에 비추어 볼 때, 피부 표면에서 자외선을 산란시키는 성분인 ㉑가 각질 형성 세포 내 p53의 활성화를 저해한다는 점에서 멜라닌의 합성 과정을 억제할 거라고 예상하는 것은 적절하다. 그러나 피부 표면에서 각질 세포끼리 밀착시키는 단백질 구조를 분해하는 성분인 ㉰는 각질 세포의 탈락과 함께 멜라닌의 탈락에 관여하며, 이는 멜라닌의 합성 과정과는 무관하다. 따라서 ㉰가 각화 과정을 활성화한다는 점에서 멜라닌 합성 과정을 억제할 거라고 예상하는 것은 적절하지 못하다.

[오답해설]

① 〈보기〉에서 ㉑의 '산화 아연'은 피부 표면에서 자외선을 산란시키는 성분이라고 하였다. 그러므로 색소 침착에 관여하는 멜라닌 세포가 자외선을 산란하거나 흡수하는 멜라닌을 합성시킨다는 제시문의 내용에 비추어 볼 때, ㉑가 피부에 미치는 자외선의 영향을 감소시킨다는 점에서 색소 침착을 억제할 수 있을 거라고 예상하는 것은 적절하다.

② 〈보기〉에서 ㉰의 '알부틴'은 티로신과 마찬가지로 곁사슬에 수산화물을 가지고 있어서 티로시나아제의 활성 부위에 결합할 수 있는 성분이라고 하였다. 그러므로 티로신이 곁사슬에 수산화물을 가지고 있어 이를 통하여 티로시나아제와 결합한다는 제시문의 내용에

비추어 볼 때, ㉰가 티로신과 티로시나아제의 결합을 방해함으로써 산화 반응이 일어나는 티로신의 비율을 감소시킬 거라고 예상하는 것은 적절하다.

③ 〈보기〉에서 ㉱의 '알파 하이드록시산'은 피부 표면에서 각질 세포끼리 밀착시키는 단백질 구조를 분해하는 성분이라고 하였다. 그러므로 각질 세포의 탈락과 함께 멜라닌도 피부 바깥으로 탈락한다는 제시문의 내용에 비추어 볼 때, ㉱는 각질 세포가 피부에서 떨어져 나가게 하면서 이에 포함된 멜라닌의 탈락을 유발할 수 있겠다고 예상하는 것은 적절하다.

④ 제시문에서 피부가 자외선에 노출되면 각질 형성 세포에서는 단백질 p530이 활성화되고 이들 중 일부가 POMC 단백질의 발현을 유도하며, 이는 멜라닌 세포 자극 호르몬을 형성하고 티로시나아제의 발현을 유도한다고 하였다. 그러므로 ㉑가 멜라닌 세포 자극 호르몬의 형성 가능성을 낮춘다는 점에서 티로시나아제의 발현 가능성을 억제할 거라고 예상하는 것은 적절하다. 또한 제시문에서 티로신의 수산화물과 티로시나아제의 구리 원자와의 결합 반응으로 인해 티로신은 도파퀴논으로 전환된다고 하였다. 그러므로 ㉰의 수산화물이 티로시나아제의 구리 원자와 결합하여 티로신이 도파퀴논으로 전환되는 것을 억제할 거라고 예상하는 것은 적절하다.

15　　　단어의 문맥상 의미 파악하기　　　③

[정답해설]

ⓐ의 '지나다'와 '사춘기가 <u>지나</u> 부모님과의 갈등이 줄어들었다.'에서 '지나다'는 모두 '시간이 흘러 그 시기에서 벗어나다.'라는 뜻이다.

[오답해설]

① '해가 수평선을 <u>지나</u> 떠오르고 있었다.'에서 '지나다'는 '어디를 거치어 가거나 오거나 하다.'라는 뜻이다.

② '그는 아들의 말을 무심코 <u>지나</u> 버렸다.'에서 '지나다'는 '어떤 일을 그냥 넘겨 버리다.'라는 뜻이다.

④ '화물차가 교차로를 <u>지나</u> 고속도로로 들어섰다.'에서 '지나다'는 '어디를 거치어 가거나 오거나 하다.'라는 뜻이다.

⑤ '전력 사용량이 정해진 한계를 <u>지나</u> 경고가 내려졌다.'에서 '지나다'는 '어떤 시기나 한도를 넘다.'라는 뜻이다.

[16~18] 현대 시

(가) 김기림, 「길」
- 갈래 : 자유시, 서정시, 산문시
- 성격 : 애상적, 회고적, 감각적
- 제재 : 길
- 주제 : 상실의 추억, 길 위에 어린 추억과 떠나 버린 사람들에 대한 그리움
- 특징
  - 시간의 흐름에 따라 시상을 전개하여 시적 화자의 정서에 관심을 집중시킴
  - 감각적 이미지와 절제된 어휘 선택, 점층적인 구조 표현이 돋보임

(나) 함민복, 「박수 소리 1」
- 갈래 : 자유시, 서정시, 산문시
- 성격 : 회상적
- 제재 : 박수 소리
- 주제 : 가난 때문에 겪은 유년시절의 부끄러운 경험
- 특징
  - 쉼표의 잦은 사용을 통해 급박한 분위기를 자아냄
  - 청각적 심상을 사용하여 내면 심리를 부각시킴

16　　작품 간 공통점 파악하기　　①

[정답해설]

(가)는 '돌아오지 않는'이라는 시구를 반복하여 떠나 버린 사람들에 대한 그리움을 부각하고 있고, (나)는 '박수 소리'라는 시구를 반복하여 가난 때문에 겪어야 했던 유년시절의 부끄러움을 부각하고 있다.

[오답해설]

② (나)는 쉼표의 잦은 사용을 통해 단박의 박수 소리처럼 호흡을 끊음으로써 급박한 분위기를 자아내고 있으나, (가)는 '봄이, 여름이, 가을이, 겨울이'에서 계절을 구분하기 위한 부호로 쉼표를 사용하고 있다.

③ (가)와 (나) 모두 자연물을 의인화하여 대상의 이상적 모습을 강조하고 있는 부분은 나타나 있지 않다.

④ (나)는 '박수 소리'라는 명사로 문장을 종결하여 중심 대상으로 초점을 모으고 있으나, (가)에는 이러한 부분이 나타나 있지 않다.

⑤ (나)는 '오, 나의 유년!!'이라는 감탄사의 사용을 통해 유년시절에 가난 때문에 겪었던 부끄러움을 회고하고 있으나, (가)에는 감탄사를 사용한 부분이 나타나 있지 않다.

17　　지시 대상 이해하기　　②

[정답해설]

ⓒ의 '버드나무 밑'은 '할아버지도 언제 난 지를 모른다'는 점에서 화자가 과거의 기억을 현재로 끌어오는 공간으로서의 역할을 한다. 그러므로 ⓒ이 과거의 기대를 유지하기가 어려움을 부각하고 있다는 이해는 적절하지 않다.

[오답해설]

① ㉠의 '감기'는 떠나버린 사람들에 대한 상실의 경험이 축적되면서 생겨난 '어두운 내 마음'이 육체의 증상으로 표면화된 것이다.

③ ⓒ의 '잠자리 머리'는 박수 소리에 '등 떠밀려 조회단 앞에 선' 화자가 자신을 향한 수많은 시선을 의식하고 있는 것이다.

④ ⓔ의 '낙하산 그물'은 '악식으로 부글거리는 어머니'와 연결되어 박수를 받으며 아이들 앞에서 라면 박스를 받아야 하는 상황에서 벗어날 수 없음을 강조한 것이다.

⑤ ⓜ의 '파르란 연기'는 '등 뒤에 아이들의 눈동자'가 자신을 주시하는 데에서 비롯된 고통을 시각화한 것이다.

18　　부적절한 감상 내용 고르기　　④

[정답해설]

(가)에서 화자가 '강가로 내려갔다가도 노을에 함뿍 자줏빛으로 젖어서 돌아오곤' 한 것은 상실의 슬픔을 달래기 위한 행동으로, 아픔을 극복하고자 했던 당시의 시도가 결국 무위로 돌아갔음을 드러내고 있다. (나)에서 화자가 '팽이'에서 '내려서고 싶'지만 그러지 못했던 것은 화자가 부끄러운 상황에서 벗어날 수 없음을 나타낸 것이지, 그런 상황을 견디고자 하는 마음이 사라졌음을 드러낸 것은 아니다.

[19~22] 고전 시가

(가) 박선장, 「오륜가」
- 갈래 : 평시조, 연시조
- 성격 : 계몽적, 교훈적, 유교적
- 제재 : 오륜
- 주제 : 유교의 윤리 권장
- 특징
  - 인간 관계에서 지켜야 할 도리를 노래한 교훈적인 가사임
  - '오륜'이라는 관념적 주제를 은유, 환유, 설의법을 적절히 구사하여 전달함
  - 작품의 형상성과 정감성 및 호소력을 강화함으로써 오륜가 계열의 작품 중 가장 뛰어난 작품으로 평가받음

(나) 허전, 「고공가」
- 갈래 : 가사, 경세가, 풍자가
- 성격 : 풍자적, 비유적, 우의적, 현실비판적
- 제재 : 일을 게을리하는 머슴
- 주제 : 관리들의 탐욕과 정치적 무능 비판
- 특징
  - 청유형과 명령형 문장을 통해 머슴으로서 해야 할 일을 당부함
  - 은유법, 대구법, 대조법, 설의법 등 다양한 표현법을 활용하여 설득력을 높임
  - 나랏일을 집안의 농사일로, 관리들을 머슴에 비유함

19 　　부적절한 설명 고르기　　①

[정답해설]
㉠은 대구를 활용하여 한 핏줄로 태어난 형제지간에 혈육의 중요성을 일깨우고 있다. 그러므로 ㉠이 혈육 간의 위계가 중시되는 세태를 경계하고 있는 것은 아니다.

[오답해설]
② ㉡은 요순시대에서 한나라·당나라·송나라로 이어지는 시간의 경과를 제시하여 세상 변화의 불가피함을 드러내고 있다.
③ ㉢은 '흘깃흘깃'이라는 음성 상징어를 활용하여 고공들이 서로 시기하고 반목하는 행태를 보여주고 있다.
④ ㉣은 '화강도'가 집에 들어와 가산을 탕진했다는 원인과 그로 인해 집이 불타고 먹을 것이 전혀 없다는 결과를 제시하며 집 안에 큰 변고가 생겼음을 알리고 사태의 심각성을 강조하고 있다.
⑤ ㉤은 '아니하냐', '시기하랴' 등의 의문형 표현을 반복하여 서로 시기하고 질투하는 고공들을 질책하는 태도를 부각하고 있다.

20 　　지시 대상 이해하기　　④

[정답해설]
ⓐ의 '옷밥'은 '가숙당서' 즉, 배우고 익히는 일의 중요성을 간과하게 하는 '실생활의 문제'를 의미하며, ⓑ의 '옷밥'은 '도적'의 침입에 대비해 화살을 준비하는 일이 시급함에도 불구하고 '의복' 즉, '눈앞의 이익'만을 다투는 것을 의미한다.

21 　　부적절한 감상 내용 고르기　　⑤

[정답해설]
(가)의 〈제8수〉에서 '이웃이 미우면 갈 데 없어'는 청자에게 공동체의 지속과 번영을 위해 이웃을 미워하지 말라는 덕목을 실천할 것을 주문하고 있다. 그러나 (나)에서 '자손에 전계하야 대대로 나려오니'는 큰 집과 논밭이 대대로 자손에 전해진 집안의 내력을 설명한 것으로, 공동체의 지속과 번영을 위한 덕목 실천 행위와는 거리가 멀다.

[오답해설]
① (가)의 〈제1수〉에서는 자식을 '풀'에 부모를 '봄 이슬'에 비유하여 부모에 대한 효를 나타내고 있고, (나)에서는 과거 큰 집을 짓고 논밭을 일군 '고공'의 바람직한 모습을 들어 근검을 덕목으로 제시하고 있다.
② (가)의 〈제4수〉에서는 혈육의 중요성을 모르면 짐승과 다를 바가 없다며 혈육의 중요성을 사람됨의 기본으로 강조하고 있고, (나)에서는 일곱 구멍을 가진 사람이라면 오륜을 알아야 한다며 오륜을 사람됨의 기본으로 강조하고 있다.
③ (나)의 '한마음 한뜻으로 농사를 짓자꾸나'와 '너희네 데리고 새 살림 살자 하니'에서 화자는 스스로를 청자와 함께 덕목 실천의 주체로 설정함으로써 실천의 당위성을 강조하고 있다.
④ (가)의 〈제7수〉에서 화자는 '보고 들으면 배울 것 있으리'라고 훈계하며 청자에게 '배움'의 덕목을 수용할 것을 설득하고 있고, (나)에서 화자는 '크나큰 세사를 어찌하여 치르려뇨'라고 훈계하며 청자에게 큰 제사를 지내기 위해 '근검'의 덕목을 수용할 것을 설득하고 있다.

22 　　작품의 세부 내용 이해하기　　③

[정답해설]
[A]에서는 화자가 '우리 집 기별'을 아느냐 모르냐며 고공들에게 '비 오는 날 일 없을 때 새끼 꼬며' 알려주겠다고 말하고 있고, [B]에서는 화자가 서로 반목만 하며 게으름을 피우는 고공들을 비꼬며 '너희 일 애달파하면서 새끼 한 사리 다 꼬겠구나'라고 말하고 있다. 그러므로 '우리 집 기별'에서 시작하여 애달픈 '너희 일'로 이어지는 이야기의 흐름이 새끼를 꼬는 특정 행위가 지속되는 시간에 조응하고 있음을 알 수 있다.

[오답해설]
① [B]에서 화자가 '생각 깊은 새 머슴'을 어느 때 얻어 집일을 맡기고 시름을 잊겠냐고 한탄하는 것으로 보아, (나)에는 미래에 대한 긍정적인 전망이 드러나 있지 않다.
② [A]의 '저 고공'은 못나고 마음이 올바르지 못한 고공을 의미하고, [B]의 '너희네'는 제 욕심만 차리는 게으른 고공을 의미한다. 즉, '저 고공'과 '너희네' 둘 다 화자가 비판하는 대상이므로, 인물들의 지위

가 역전되는 양상을 보이고 있지는 않다.

④ [A]의 '들먹은'은 못나고도 마음이 올바르지 못한 고공의 특성을 의미하고, [B]의 '제 일만 하려 하니'는 주인의 은혜는 생각하지 않고 자기 일만 하려는 고공의 이기적인 특성을 나타낸다. 그러므로 특정 인물에 대한 평가가 달라지는 양상을 보이는 것이 아니라, 특정 인물에 대한 비판적 평가를 더욱 공고히 하고 있다.

⑤ [A]의 '아느냐 모르느냐'에서 화자는 우리 집 내력을 아느냐며 고공을 추궁하고 있고, [B]의 '시름을 잊으려뇨'에서 화자는 생각 깊은 머슴을 언제 얻어 집일을 맡기고 시름을 잊겠느냐며 고공에 대한 근심을 드러내고 있다. 그러므로 고공에 대한 화자의 갈등과 근심이 해소 된 것은 아니다.

[23~26] 현대 소설

> 황정은, 「백(百)의 그림자」
> • **갈래** : 장편 소설
> • **성격** : 사실적, 상징적, 묘사적
> • **시점** : 1인칭 주인공 시점
> • **제재** : 전구
> • **주제** : 철거 지역 사람들의 소외된 삶의 모습과 성찰
> • **특징**
>   – 섬세한 문체와 독특한 서사로 철거 지역 사람들의 삶의 방식을 그려냄

| **23** | 글의 서술상 특징 이해하기 | ① |

[정답해설]

[A]는 노인이 자신만의 패턴대로 전구를 판매하는 과정을 세분화하여 서술함으로써 '오무사'란 낡고 오래된 공간에 대한 인상을 부연하여 묘사하고 있다.

[오답해설]

② [A]에서 서술자는 전구를 파는 노인의 행동을 관찰하고 있을 뿐, 서술자인 인물의 내면이 공간의 이동에 따라 변화해 가는 양상을 보여 주고 있지는 않다.

③ [A]에 노인의 외양과 행동은 묘사되어 있으나, 노인의 내적 갈등은 드러나 있지 않다.

④ [A]에서는 과거형의 서술을 활용하여 전구를 파는 노인의 행동을 느리고 낡은 것으로 묘사하고 있다.

⑤ [A]에서는 중간에 서술자가 교체됨이 없이 처음부터 끝까지 서술자인 '나'가 관찰 대상인 노인의 행동에 담긴 의미를 해석하고 있다.

| **24** | 부적절한 내용 고르기 | ④ |

[정답해설]

ⓔ은 '잘린 것처럼'이라는 비유적 표현을 통해 나동과 서로 육박해 있는 어색한 공원의 모습을 부각하고 있다. 즉, 이질적인 속성의 두 대상이 조화롭게 어우러진 모습을 부각하고 있는 것은 아니다.

[오답해설]

① ⓐ에서는 각 문단을 하나의 짧은 문장으로 구성하여, 죽음으로 인한 노인의 부재를 시각적으로 인식하도록 하였다.

② ⓑ은 '여 씨 아저씨'와 '나'의 발화를 구분하지 않음으로써 노인의 죽음을 아쉬워하는 두 인물 간의 공감대를 드러내고 있다.

③ ⓒ은 전자 상가의 '가 동'이 철거된 자리에 대신 들어선 공원의 외적 특징을 언급함으로써 변화된 공간에 대한 서술자의 소감을 밝히고 있다.

⑤ ⓓ은 전자 상가의 '가 동'에서 헤맸던 과거의 경험과 결부시켜 그 자리에 조성된 공원이 매우 넓을 거라는 예측과 달리 그렇지 않은 실상 간의 차이를 드러내고 있다.

| **25** | 작품의 세부 내용 이해하기 | ⑤ |

[정답해설]

ⓐ에서 '나'가 숨이 조금 갑갑했던 이유는 '안개' 때문이며, ⓑ에서도 '풀벌레'가 날개가 무거워서 제대로 날지 못하는 이유도 '안개' 때문이라고 '나'가 여기고 있다. 즉, 공원에서 갑갑함을 느끼는 '나'와 제대로 날지 못하는 '풀벌레'의 이유가 '안개'로 동일하다고 '나'가 판단한 것으로 보아, '나'는 '풀벌레'에게서 자신과의 유사성을 발견하고 있음을 알 수 있다.

| **26** | 부적절한 감상 내용 고르기 | ② |

[정답해설]

'나'는 오무사의 노인이 죽은 후 '오래되어서 귀한 것을 오래되었다고 모두 버리지는 않을까'라며 오무사의 전구들이 모두 버려질 것을 염려하고 있다. 그러므로 '나'는 '오무사'로 상징되는 느리고 낡은 삶의 방식에 대해 회의감을 느끼는 것이 아니라, 보존할 만한 가치가 있는 것으로 여기고 있음을 알 수 있다.

[오답해설]

① 손님들에게 '그의 패턴'대로 서두르는 법 없이 전구를 판매하는 '오무사의 노인'의 모습은 〈보기〉에서 빠름과 새로움이 주는 효율을 중시하는 자본주의 사회의 논리에 어긋난다고 볼 수 있다.

③ '칠십 년대'부터 이어져 온 전자 상가가 사라지고 그 자리에 대신 들어선 '공원'은 〈보기〉에서 철거와 재개발로 삶의 흔적을 지우는

사회의 모습이 담겨 있다고 볼 수 있다.

④ '나'가 '단발머리 할머니의 종이 상자 병풍'을 떠올리고 '무재 씨'와 이에 대해 이야기하는 것은 〈보기〉에서 사라진 삶을 기억하는 등의 방식으로 배제의 논리에 대응하고 있는 것으로 볼 수 있다.

⑤ '신문이며, 사람들'이 전자 상가 부근을 '슬럼'으로 명명한 것은 〈보기〉에서 전자 상가에 존재하는 다양한 인물들의 삶의 흔적을 지우고 개별성을 '슬럼'이라는 명칭으로 획일화하는 것으로 볼 수 있다.

[27~30] 고전 소설

> 작자미상, 「강도몽유록」
> • **갈래** : 고전 소설, 한문 소설, 몽유 소설
> • **성격** : 전기적, 비판적, 비현실적
> • **배경** : 공간 – 강화도 / 시간 – 병자호란
> • **시점** : 전지적 작가 시점
> • **주제** : 병자호란의 국치를 가져온 집권층에 대한 신랄한 비판
> • **특징**
>   – 꿈속에서 일어난 일을 주축으로 하는 몽유록계 작품
>   – 초월적 존재의 말을 인용하여 정절을 부각시킴
>   – 인과응보의 가치관이 반영되고, 전란의 시련을 비유적으로 표현함
>   – 목격담의 형식을 빌리고 무고하게 희생된 원혼들을 등장시켜 부조리와 역사적 모순을 부각시킴

27 작품의 서술 방식 이해하기 ②

[정답해설]
현실 상황에서는 "저 강도는 더욱 심하게 짓밟혀 ~ 매장해 줄 사람이 없었다."에서 그리고 꿈속에서는 "선사가 더 다가가서 자세히 보니 ~ 이루 다 기록할 수도 없었다."에서처럼 구체적인 장면 묘사를 통해 전쟁으로 인한 참혹함을 부각하고 있다.

[오답해설]
① 꿈과 현실 상황을 교차하고 있으나, 과거와 현재를 교차하여 장면의 전환을 시도하고 있지는 않다.
③ 어떤 대상을 빗대거나 풍자하기 위한 우의적 소재를 활용하고 있지는 않다.
④ 병자호란 당시 무고하게 희생된 원혼들을 등장시켜 부조리와 역사적 모순을 부각시키고 있으나, 시간의 흐름에 따라 인물의 내적 갈등이 해소되는 과정은 나타나 있지 않다.
⑤ 서술자는 꿈속 목격담을 통해 인물들을 관찰하고 있으나, 이 인물들의 행위에 대한 논평과 판단을 하고 있지는 않다.

28 작품의 세부 내용 파악하기 ②

[정답해설]
'선사'가 한밤중에 웃고 울고 노래하는 소리를 따라가 보니(청각으로 환기된 호기심) 한 곳에 여자들이 모여 있었고, '선사'가 몹시 기이하게 여겨 다가가서 엿보니(거리의 조정), 줄지어 모여 앉은 이들이 죄다 여자였다(시각적 확인). 이는 청각으로 환기된 호기심이 거리의 조정을 거쳐 시각적으로 확인되는 과정을 제시하고 있는 것이다.

[오답해설]
① 등장한 여자들의 외양 묘사가 주류를 이루고 있을 뿐, 이들 간에 복합적 관계가 형성될 것임을 예고하고 있지는 않다.
③ '선사'가 백발인 여자, 검푸른 머리가 풍성한 여자 등 여러 여자들의 관찰 내용을 설명하고 있지만, 상황을 반전시키기 위한 분위기를 형성하고 있지는 않다.
④ '선사'가 관찰한 여자들에 대한 기대가 처음과 다르게 나타나는 과정은 제시되어 있지 않다.
⑤ '선사'가 관찰한 여러 여자들의 외양을 일관되게 주관적으로 판단하여 설명하고 있다.

29 부적절한 내용 고르기 ②

[정답해설]
ⓒ은 자문자답의 형식을 통해 운명을 달리한 이유가 바로 남편에게 있다고 즉답하고 있다. 그러므로 자문자답의 형식을 사용하여 답을 찾기까지의 어려움을 강조하고 있는 것은 아니다.

[오답해설]
① ㉠은 '수심에 잠긴 구름', '서글픈 바람', '처량한 밤기운'과 같은 배경 제시를 통해, 앞으로 전개될 이야기가 서글프고 처량한 성격임을 암시하고 있다.
③ ⓒ은 강이 깊고 성이 높은 유리한 조건에도 불구하고 대사를 그르친 부정적 결과에 근거하여 아들을 부정적으로 평가하고 있다.
④ ㉣은 천 년 동안 남을 악명을 온 바다를 기울여도 씻을 수 없다는 과장된 표현을 사용하여 아들의 죄를 강조하고 있다.
⑤ ㉤은 도원수 김자점이 한 번의 전투도 벌이지 않고 몸을 숨긴 채 목숨을 부지했음에도 왕법이 시행되지 않고 도리어 은총이 더해진 점을 들어 상황의 부조리함을 드러내고 있다.

30 부적절한 감상 내용 고르기 ⑤

[정답해설]
'한 부인'이 '이런 상황'에서 남편이 '홀로 사형을 당'한 것이 원통하다고 말한 것은 이민구, 김자점, 심기원 등이 전쟁 중에 나라의 은혜를

저버렸건만 군법에 회부되지 않고 도리어 총애와 녹봉을 받았기 때문이다. 즉, 절의를 저버린 가장에게 의존했던 과거를 후회하고 있는 것은 아니다.

2025학년도 기출문제 정답 및 해설

2025학년도

[영어]

정답 및 해설

▌[영어] 2025학년도 | 정답

01	②	02	④	03	④	04	③	05	①
06	⑤	07	④	08	③	09	②	10	②
11	①	12	④	13	③	14	②	15	⑤
16	①	17	②	18	①	19	②	20	②
21	③	22	④	23	④	24	⑤	25	①
26	⑤	27	③	28	④	29	③	30	⑤

[영어] 2025학년도 | 해설

01	어법상 틀린 것 고르기	②

[정답해설]

What → It

'What'이 관계대명사로 사용되었다면 '접속사+대명사'의 역할을 해야 하며, 해당 문장은 종속절이 없고 'is'가 본동사이므로 'What'은 앞의 'illuminance(조도)'를 받는 3인칭 단수 대명사 'It'으로 바꿔 써야 옳다.

[오답해설]

① 'measured(측정된)'는 앞의 'the quantity of light(빛의 양)'을 수식하여 '측정된 빛의 양'이란 수동의 의미를 지니므로, 과거분사의 형태

를 사용한 것은 적절하다.

③ 'allow + 목적어 + to부정사' 구문에서 목적보어에 해당하는 to부정사가 A or B 형태가 되어, 'to navigate or (to) perform'으로 사용된 것은 적절하다.

④ 'the ways'를 선행사로 하고 종속절 이하의 문장이 완전하므로, '전치사 + 관계대명사'의 형태인 'in which'를 사용한 것은 적절하다. 해당 문장에서 'in which'는 관계부사 'how'로 바꾸어 쓸 수 있다.

⑤ 주격 관계대명사 that 앞의 선행사인 'a quantity of light or energy(빛이나 에너지의 양)'가 3인칭 단수이므로, 종속절의 동사로 3인칭 단수 현재시제의 형태인 'ensures'를 사용한 것은 적절하다.

[핵심어휘]

- illuminance 조도
- emit 내뿜다, 발산[방출]하다
- footcandle 피트 촉광(조도의 단위)
- metric system 미터법
- nuanced 미묘한 차이가 있는
- spatial composition 공간배치, 평면구성요소
- intensity 강도, 세기
- crescendo 크레센도, 점점 커짐, 최고조
- phenomenological 현상학적인, 현상론의
- critical 비판적인, 중요한
- intrinsic 고유한, 본질적인
- gravitation 중력, 만유인력
- reassurance 안심, 안도감
- administer 주다, 부여하다
- appropriate 적절한, 타당한
- sustenance 지속, 유지
- recipient 수령인, 수취인

[본문해석]

조도는 특정 표면적에 도달한 광원이 방출하는 빛의 양을 피트인 촉광 또는 미터인 럭스로 측정하여 간단히 나타낸다. 건축 환경에서, 조도는 미묘한 공간 배치에 형태와 명확성을 부여하는 특성이다. 그것은 시각적 극단의 강도, 즉 복잡한 공간의 층을 드러내고 숨길 수 있는 명암의 세기를 조절할 수 있다. 이 원리는 건축 조명 설계에서 매우 실제적이고 현상학적으로 중요한데, 그것은 우리가 공간을 탐색하거나 그 안에서 작업을 수행할 수 있도록 해주기 때문이다. 또한 조도는 공간

에 대한 우리의 감정적 반응에 중요한 역할을 한다. 즉, 어둠이나 빛을 향한 중력에 대한 우리의 본질적인 두려움은 우리 사회가 안전을 확립하고 정서적 안정을 제공하기 위한 수단으로 빛에 대한 믿음을 두는 방식에 영향을 미쳤다. 마지막으로, '조도'라는 용어는 적절한 수준으로 투여될 때 생명 유지를 보장하지만, 극단으로 몰릴 때 수신자에게 육체적 손상을 유발할 수 있는 빛이나 에너지의 양을 의미한다는 점을 잊지 말아야 한다.

02　어법상 틀린 것 고르기　④

[정답해설]

is required → requires

해당 문장은 'require A of B(B로부터 A를 요구하다)' 구문에서 목적어인 'a murderous resolve'가 뒤로 후치한 문장이다. 따라서 해당 문장은 주어가 'logic of inquiry'인 3형식 능동태 문장이므로, 본동사 'is required'를 3인칭 단수 현재 시제의 형태인 'requires'로 고쳐 써야 옳다.

[오답해설]

① 'to believe'는 앞의 명사 'reason'을 수식하는 to부정사의 형용사적 용법으로 옳게 사용되었다.
② 'devote oneself to'는 '~에 전념하다'는 뜻으로 재귀대명사를 목적으로 취한다. 따라서 앞의 'scientists'를 대신하는 재귀대명사 'themselves'를 사용한 것은 적절하다.
③ 'essentially(본질적으로)'의 품사가 부사이므로 be동사인 'is' 다음에 위치한 것은 적절하다. 일반 동사일 경우에는 앞에 위치한다.
⑤ 조건의 부사절이 문두로 와서 주어와 동사가 도치된 구문이다. 'science'가 주어이며, 조동사 'will' 다음에 본동사 'progress'를 동사원형의 형태를 사용한 것은 적절하다.

[핵심어휘]

□ radical 급진적인, 과격한
□ disprove 틀렸음을 입증하다, 반증하다
□ there is no point in ~ing ~하는 것은 소용이 없다, ~하는 것은 의미가 없다
□ devote oneself to ~에 전념하다, ~골몰[몰두]하다
□ pool 풀(공동 이용 자금이나 물자)
□ refute 반박하다, 부인하다
□ disproof 반증, 반박
□ disprover 오류를 증명하는 사람, 반증자
□ debunker 폭로자, 비난자
□ personnel 인원, 인력
□ murderous 살인의, 죽일 것 같은
□ resolve 결심, 결의, 각오
□ liquidate 폐지하다, 제거하다

□ single-mindedly 하나의 마음으로, 한 목표로 매진하여
□ slaughter 도살하다, 학살하다
□ speculation 추측, 짐작

[본문해석]

Karl Popper가 어떤 이론도 확실하게 진실로 증명될 수 없음을 주장했다고 때때로 말한다. 그러나 그는 이보다 훨씬 더 급진적인 견해를 가지고 있었다. 즉, 그는 아직 긍정적으로 반증되지 않은 이론들에 대해 다른 이론보다 더 믿을 이유가 전혀 없다고 생각했다. 최고의 이론조차도 확실하게 증명될 수 없다는 것이 아니라, 오히려 '최고의 이론' 같은 것은 없으며 '생존한 이론'만 존재하며 모든 생존한 이론은 동등하다는 것이다. 따라서 Popper의 견해에 따르면, 하나의 생존한 이론을 뒷받침하는 증거를 다른 이론 이상으로 수집하려고 노력하는 것은 소용이 없다. 과학자들은 결과적으로 가능한 한 많은 아이디어를 반박하여 생존 이론의 규모를 줄이는 데 전념해야만 한다. 과학적 탐구는 본질적으로 반증의 과정이며, 과학자들은 반증자, 폭로자, 파괴자이다. Popper의 탐구 논리는 과학자들에게 살인적인 각오를 요구한다. 이론을 보려면 그들의 첫 번째 생각은 이론을 이해한 다음 폐지하는 것이다. 과학자들이 모든 추측의 학살에 하나의 마음으로 몰두해야만 과학이 발전할 수 있다.

03　문맥상 부적절한 낱말 고르기　④

[정답해설]

decreases → increases

제시문에서 지나친 마음챙김 명상은 스트레스 호르몬(코르티솔)을 증가시켜 신체와 정신 상태를 악화시키는 부작용을 낳는다고 설명하고 있다. 그러므로 ④의 'decreases(감소시키다)'는 'increases(증가시키다)'로 고쳐 써야 옳다.

[핵심어휘]

□ mindset 사고방식, 마음가짐
□ mindfulness 마음 챙김(개인의 내적 환경이나 외부세계의 자극과 정보를 알아차리는 의식적 과정)
□ get rid of ~을 제거하다[없애다]
□ appropriate 적절한, 타당한
□ intensive 철저한, 집중적인
□ effortful 노력한, 힘이 드는
□ fatigue 피곤, 피로
□ cortisol 코티솔(스테로이드 호르몬의 일종)
□ deteriorate 악화되다, 더 나빠지다
□ adverse event 부작용
□ meditation 명상, 묵상
□ retreat period 수련 기간

정답 및 해설

[본문해석]

마음챙김을 통해 모든 생각을 정화하기 위해서는 강한 정신 통제가 필요하다는 사고방식은 그렇게 함으로써 의식과 무의식 속에서 자신의 생각을 적으로 삼아 그것을 없애고 싶어지기 때문에 옳지 않다. 그러나 사고는 실제로 신체적, 정신적 상태를 정확하게 반영한다. 신체적, 정신적 상태가 변하지 않으면 사고 패턴은 그대로 유지된다. 사실 올바른 노력과 적절한 통제는 효율적인 마음챙김 학습과 연습의 핵심이다. 우리는 마음챙김을 연습할 때마다 호흡, 사고 과정, 신체 느낌 또는 감각과 같은 목표에 상당한 노력을 기울인다. 그러나 집중적이고 힘든 연습은 마음을 쉽게 피로하게 만들고 스트레스 호르몬(코르티솔)을 감소시켜(→ 증가시켜) 신체와 뇌/정신 상태를 악화시키고 손상시킬 수 있다. 일부 연구에 따르면 수련 기간 동안 집중적인 마음챙김 명상을 하면 부작용이 발생할 수 있다고 한다. 따라서 마음챙김을 위해 정신 통제만 하는 것은 우리의 마음과 마음챙김 연습을 위한 자연스러운 방법이 아니다.

---

04   문맥상 부적절한 낱말 고르기   ③

[정답해설]

active → inactive

마인드볼 게임은 뇌가 이완될(relaxed) 때 생성되는 알파파와 세타파의 조합에 의해 공에 정신적으로 힘을 가하는 원리이다. 이것이 선수들이 게임 중에 눈을 감고 깊게 숨을 쉬며 마음의 평정을 잃지 않으려고 애쓰는 이유이며, 마지막 문장에서 '하지 않으려고 애쓰는 것이 얼마나 어려운가'라며 반문하고 있다. 그러므로 ③의 'active(활동적인)'은 'inactive(비활동적인)'로 고쳐 써야 옳다.

[핵심어휘]

▫ opposite 다른 편의, 반대편의
▫ electrode 전극
▫ motive force 원동력, 추진력
▫ magnet 자석
▫ theta wave 세타파
▫ exert on ~에 힘을 가하다
▫ essentially 근본[기본/본질]적으로
▫ vaguely 애매하게, 막연하게
▫ yogic posture 요가 자세
▫ panic 극심한 공포, 공황 상태
▫ overeagerness 과욕, 극성
▫ alternately 교대로, 번갈아
▫ lose one's cool 냉정함을 잃다
▫ condensed 요약한, 간결한
▫ illustration 실례, 설명

[본문해석]

나의 지역 과학 박물관에는 마인드볼이라는 멋진 게임이 있다. 두 선수가 긴 테이블의 반대편 끝에 앉아 있다. 각 선수는 뇌 표면의 일반적인 전기 활동 패턴을 포착할 수 있도록 설계된 전극이 장착된 머리띠를 착용한다. 선수들 사이에는 금속 공이 있다. 목표는 이 공을 테이블 반대편까지 정신적으로 밀어내는 것이며, 먼저 밀어내는 선수가 이긴다. 각 선수의 전극에 의해 측정되어 테이블 밑에 숨겨진 자석에 의해 공에 전달되는 원동력은 뇌가 이완될 때 생성되는 알파파와 세타파의 조합이다. 즉, 알파파와 세타파를 더 많이 생성할수록, 공에 정신적으로 더 많은 힘을 가하게 된다. 기본적으로 마인드볼은 누가 가장 활동적일(→ 비활동적일) 수 있는지를 겨루는 대회이다. 보는 재미가 있다. 선수들은 눈을 감고 깊게 숨을 쉬며 애매하게 요가 자세를 취하며 긴장을 풀기 위해 고군분투한다. 공이 테이블 끝에 가까워질수록 그들이 느끼기 시작하는 공포는 보통 상대 선수의 과욕으로 인해 균형을 이루는데, 두 선수 모두 큰 금속 공이 앞뒤로 굴러가면서 번갈아 가며 냉정함을 잃는다. 하지 않으려고 애쓰는 것이 얼마나 어려운지에 대해, 이보다 더 요약된 설명은 바랄 수 없다.

---

05   글의 요지 파악하기   ①

[정답해설]

제시문에 따르면 게이머는 현실 세계와 마찬가지로 게임 속에서 새로운 사람들을 만나고 우정과 연인 관계를 발전시키며 감성적 경험을 포함한 실제 사회적 경험을 하게 된다고 서술하고 있다. 그러므로 가상 게임은 실제 현실과 같은 사회적 활동이라는 ①의 설명이 제시문의 요지로 가장 적절하다.

[핵심어휘]

▫ make a sharp distinction 엄격하게 구별하다
▫ technology-mediated 기술 매개의
▫ agency 발동력, 힘, 작용
▫ contemporary 동시대의, 현대의
▫ involve 참여시키다
▫ mere 단순한, 순전한
▫ engagement 관계함, 참여
▫ phenomenologically 현상학적으로

[본문해석]

오늘날의 테크노 라이프 세계에서는 더 이상 현실과 가상을 엄격하게 구분할 수 없다. 이것이 게임에는 어떤 의미가 있을까? 게임은 오늘날 다른 어떤 기술 매개 관행만큼이나 현실적이라는 의미이다. 게이머는 새로운 세상에서 원동력과 개성을 발휘한다. 게이머의 경험과 행동은 현실적이다. 게임은 또한 사회적이다. 즉, 현대의 게임은 종종 많은 플레이어가 참여하고 인터랙티브하며 롤플레잉이 필요하다. 게이머는 새로운 사람들을 만나고 우정과 연인 관계를 발전시킨다. 따라서 게이

머는 감성적 경험을 포함한 실제 사회적 경험을 하게 된다. 이러한 경험은 화면이나 무대에서 일어나는 일에 대한 단순한 반응이 아니라, 게이머가 게임 환경에서 다른 사람들과 상호작용한 결과이다. 게이머의 생각, 상호작용, 관계, 감정은 허구적이거나 가상적이지 않으며 완전히 현실적이다. 따라서 현상학적으로 게이머는 이 세상을 떠나 다른 세상으로 향하지 않는다.

---

06   글의 요지 파악하기   ⑤

[정답해설]

제시문에서 인문학적 전문 지식이 과학 탐구의 결과를 안내하고 해석하는 데 중요한 역할을 하려면 인문학과 자연과학 분야의 양측 학자들이 기꺼이 서로 대화할 때만 가능하며, 이전 분야의 양쪽 연구자들이 근본적으로 더 학제적일 필요가 있다고 설명하고 있다. 그러므로 과학적 발견에 대한 인문학의 기여는 학제 간 교류를 통해 이루어질 수 있다는 ⑤의 설명이 제시문의 요지로 가장 적절하다.

[오답해설]

① 인문학의 사변 이론은 실증적 연구를 통해 입증될 수 있다.
② 자연과학과 인문학은 각각 자신의 분야와 경로에 집중해야 한다.
③ 자연 과학자들은 인문학 연구를 통해 철학적 내용을 강화해야 한다.
④ 자연과학과 인문학의 진정한 통합은 서로에게 내재시킴으로써 가능하다.

[핵심어휘]

- humanist 인문주의자
- reverse 정반대, 역
- cognitive science 인지과학
- blur 흐려지다, 모호해지다
- disciplinary 학과의, 학문상의
- domain 영역, 범위
- discipline 지식 분야
- grope 더듬으며 가다[찾다]
- reinvent the wheel 쓸데없이 시간을 낭비하다
- expertise 전문 지식[기술]
- crucial 중대한, 결정적인
- evident 분명한, 눈에 띄는
- viable 실행 가능한, 성공할 수 있는
- radically 근본적으로, 철저하게
- interdisciplinary (여러 학문 분야가 관련된) 학제간의, 학제적인
- speculative theory 이론적 이론, 사변 이론
- empirical 경험에 의한, 실증적인
- respectively 각자, 각각
- reinforce 강화하다, 보강하다
- integration 통합, 융합

- embed 끼워 넣다, 내재하다

[본문해석]

우리 인문학자들이 자연과학에서 배울 것이 많다면, 그 반대의 경우도 또한 마찬가지이다. 즉, 인문학자들은 과학 연구에 기여할 수 있는 것이 많다. 생물 과학 및 인지 과학에서의 발견이 전통적인 학문의 경계를 모호하게 만들기 시작하면서, 이 분야의 연구자들은 전통적으로 핵심 인문학 분야의 영역이었던 고차원적인 문제들과 접촉하게 되었고, 이 영역에서의 공식적인 훈련 부족으로 인해 그들은 종종 어둠 속을 더듬거나 쓸데없이 시간 낭비하는 일을 시도하게 된다. 인문학적 전문 지식이 과학 탐구의 결과를 안내하고 해석하는 데 중요한 역할을 할 수 있는 곳은 바로 여기이며, 이는 인문학–자연과학 분야의 양측 학자들이 기꺼이 서로 대화할 때만 가능하다. 전통적으로 인문학과 자연과학의 명확한 구분이 더 이상 실행 가능하지 않다는 것이 점차 분명해지고 있으며, 이는 이전 분야의 양쪽 연구자들이 근본적으로 더 학제적일 필요가 있다.

---

07   밑줄 친 문장의 의미 파악하기   ④

[정답해설]

제시문에서 인간은 제한된 방식으로만 협력하도록 진화되었기 때문에 다른 사람에게 조종당하거나 속거나 착취당할 위험에 대해 예민하게 경고하는 유인원의 특성을 보이지만, 그럼에도 불구하고 공동의 이익을 위해 기꺼이 목숨을 희생하기도 한다고 설명하고 있다. 그러므로 밑줄 친 'hammer a square primate peg into a circular social insect hole(사각형 영장류를 원형 사회 곤충 구멍에 망치로 박아 넣다)'은 공동의 이익을 추구하기 위해 유인원으로서의 특성을 억제하는 것을 의미한다.

[오답해설]

① 유인원과 개미에 대한 인간의 우월성을 격하하기
② 유인원과 사회성 곤충 간의 협력을 강화하기
③ 벌집 곤충을 유인원과 같은 특성을 가지도록 조작하기
⑤ 유인원의 신체적 능력을 극대화하여 공익에 기여하기

[핵심어휘]

- primate 영장류
- freakishly 이상할 정도로, 변덕스럽게
- obediently 순순히, 얌전히
- pull off 해내다, 성사시키다
- hive 벌집, 벌떼
- no-brainer 쉽게 할 수 있는 일, 쉬운 결정
- gene 유전자
- common good 공익, 공리
- tribe 부족, 집단

□ acutely 날카롭게, 예민하게

□ manipulate 조정하다, 조작하다

□ mislead 속이다, 현혹시키다

□ exploit 이용하다, 착취하다

□ conform 따르다, 순응하다

□ enthusiasm 열광, 열정

□ peg into 박아 넣다, 쑤셔 넣다

□ be bound to 반드시 ~하다, ~할 수밖에 없다

□ superiority 우월성, 우세

□ collaboration 협업, 협력

□ suppress 진압하다, 억제하다

□ communal 공동의, 집단의

[본문해석]

다른 영장류에 비해, 우리는 이상할 정도로 사회적이고 협력적이다. 비행기에 순순히 앉아 있을 뿐만 아니라, 집을 짓기 위해 집단적으로 노력하고, 다양한 기술을 전문으로 하며, 집단 내 특정 역할에 따라 움직이는 삶을 살아간다. 가장 최근의 진화 역사를 고려한다면, 이는 영장류가 해낸 꽤나 믿지 못할 일이다. 벌집 생활은 (말 그대로) 개미에게는 쉬운 일이다. 즉, 개미는 같은 유전자를 공유하기 때문에, 공동의 이익을 위해 희생하는 것은 실제로 희생이 아니며, 내가 개미라면 공동의 이익은 그저 나의 이익일 뿐이다. 비록 인간은 유인원으로, 가까운 친척이나 동료 부족원들과 제한된 방식으로만 협력하도록 진화되었기 때문에, 다른 사람에게 조종당하거나 속거나 착취당할 위험에 대해 예민하게 경고한다. 그럼에도 불구하고 우리는 열병식에서 행진하고, 순종적인 줄로 앉아 교훈을 암송하고, 사회 규범에 순응하며, 때로는 병정 개미를 수치심에 빠뜨릴 수 있는 열정으로 공동의 이익을 위해 목숨을 희생하기도 한다. 사각형 영장류를 원형 사회 곤충 구멍에 망치로 박으려는 시도는 어려울 수밖에 없다.

---

08   전체 흐름과 관계없는 문장 고르기   ③

[정답해설]

제시문은 금융 회사들의 보험 및 연금 상품의 가격 책정 및 카지노가 도박하는 고객으로부터 수익을 낼 수 있는 확률을 예시로 들며 확률 이론과 통계학의 기초 중의 하나인 대수의 법칙에 대해 설명하고 있다. 그런데 ③은 "도박꾼의 오류"에 대해 설명하고 있으므로 제시문의 전체 흐름과 어울리지 않는다.

[핵심어휘]

□ the law of large number 대수의 법칙

□ probability theory 확률 이론

□ statistics 통계학

□ guarantee 보장하다, 보증하다

□ accuracy 정확성, 정확도

□ insurance 보험

□ pension 연금, 수당

□ fallacy 틀린 생각, 오류

□ expected value 기댓값

[본문해석]

대수의 법칙은 확률 이론과 통계학의 기초 중 하나이다. ① 그것은 장기적으로 미래 사건의 결과를 합리적인 정확도로 예측할 수 있도록 보장한다. ② 예를 들어, 이는 금융 회사들이 보험 및 연금 상품의 가격을 책정할 수 있는 확신을 제공하며, 지불할 확률을 알고 있어서 카지노가 결국 도박하는 고객으로부터 항상 수익을 낼 수 있도록 보장한다. ③ 그러나 그것은 각각의 시도 결과가 연결되어 있다고 생각하는 "도박꾼의 오류"이다. ④ 그 법칙에 따르면, 사건이 일어나는 것을 더 많이 관찰할수록 그 결과의 측정 확률(또는 기회)은 관찰이 시작되기 전에 계산된 이론적 확률에 훨씬 더 가까워진다. ⑤ 바꾸어 말하면, 많은 시도에서 얻은 평균은 확률 이론을 사용하여 계산한 것과 같은 기댓값과 거의 일치하며, 시도 횟수가 증가하면 그 평균은 훨씬 더 가까워질 것이다.

---

09   글의 제목 유추하기   ②

[정답해설]

제시문은 더 이상 비즈니스를 사회에서 도덕규범을 조건으로 하는 분리된 기관으로 볼 여유가 없다는 점에서 그리고 비즈니스가 도덕적으로 의심스러운 상태에서 시작된다는 가정을 결코 벗어나지 못한다는 점에서 비즈니스 윤리가 지닌 근원적인 문제점에 대해 밝히고 있다. 그러므로 ②의 'Innate Challenges of Business Ethics(비즈니스 윤리의 태생적 도전 과제)가 제시문의 제목으로 가장 적절하다.

[오답해설]

① 스캔들은 잊어버리고, 혁신합시다!

③ 인적 기관의 피할 수 없는 장애물

④ 비즈니스 윤리: 최근의 학문적 규범

⑤ 성공을 위한 마법의 총알, 비즈니스 윤리

[핵심어휘]

□ ethics 윤리학, 도덕 원리

□ scandal 스캔들, 추문

□ regenerate 재건하다, 재생되다

□ subject to ~을 조건으로

□ moral code 도덕률, 도덕규범

□ situate 놓다, 자리 잡게 하다

□ commonplace 아주 흔한, 진부한

□ narrative 묘사, 서술, 이야기

□ presumption 가정, 추정

- get credit for ~으로 명성을 얻다, ~으로 공로를 인정받다
- unquestionably 의심의 여지없이
- problematic 문제가 있는
- violate 위반하다, 침해하다
- norm 표준, 규범
- innate 타고난, 선천적인
- unavoidable 불가피한, 어쩔 수 없는
- obstacle 장애, 장애물
- emerging 최근 생겨난, 신생의
- scholarly 학자의, 학문적인
- bullet 총알, 탄환

[본문해석]

비즈니스 윤리는 스캔들에서 탄생했다. 그것은 스캔들이 계속될 때마다 스스로 되살아나는 것처럼 보인다. 그리고 여기에는 두 가지 문제가 있다. 첫 번째는 우리 세계가 너무 상호 연결되어 있어 더 이상 비즈니스를 사회에서 도덕규범을 조건으로 하는 분리된 기관으로 볼 여유가 없다는 것이다. 비즈니스는 사회에서 철저히 자리 잡아야 한다. 이는 이제 더 이상 사업가들이 경제적 이익을 극대화하는 것 외에 다른 건 없다는 다소 진부한 이야기를 더 이상 받아들일 수 없다는 것을 의미한다. 비즈니스는 우리 사회에 정착되고 전 세계 곳곳에서 상호 연결된 매우 인간적인 기관이다. 두 번째 문제는 비즈니스 윤리가 스캔들로 다시 태어나면서, 비즈니스가 도덕적으로 의심스러운 상태에서 시작된다는 가정을 결코 벗어나지 못한다는 것이다. 비즈니스 윤리는 그것이 세상에 가져온 좋은 점에 대한 어떤 공로도 인정받지 못하고 단지 나쁜 점에 대한 의문만 남는 것 같다. 사실 자본주의는 우리가 지금껏 발명한 가장 위대한 사회적 협력 시스템일 수도 있다. 그러나 만약 그렇다면, 그것을 더 좋게 만들기 위해서라도 최고의 사상가들의 비판적인 시험을 견뎌내야만 한다. 단순히 자본주의가 의심의 여지없이 도덕적으로 선하거나 혹은 의심의 여지없이 도덕적으로 문제가 있다고 가정하는 것은 학문적 규범과 실천적 규범을 둘 다 위반하는 것이다.

10	글의 제목 유추하기	②

[정답해설]

제시문에 따르면 소셜 미디어를 활용한 지진 조기 감지는 지진 감지 패러다임의 급격한 변화를 보여주며, 소셜 네트워크가 전달하는 정보는 지진파보다 훨씬 빠르기 때문에 진원지로부터 수분 이내에 신속하고 믿을만한 감지가 가능하다고 설명하고 있다. 그러므로 ②의 'Social Media: Quick Earthquake Detectors(소셜 미디어: 빠른 지진 감지기)'가 제시문의 제목으로 가장 적절하다.

[오답해설]

① 재난 구호에 소셜 미디어를 이용하라!

③ 지진학 분야의 데이터 마이닝은 아직 오지 않았다

④ 하향식 정보 도구로서의 시민

⑤ 소셜 미디어를 통해 퍼지는 지진 관련 소문

[핵심어휘]

- seismological 지진학의
- implement 시행하다, 이행하다
- in situ 원래 장소의, 현장의
- eyewitness 증인, 목격자
- impact assessment 영향 평가
- detection 간파, 탐지
- data mining 데이터 마이닝(대규모 자료를 토대로 새로운 정보를 찾아내는 것)
- geological 지질학의
- seismic wave 지진파
- reliable 믿을 수 있는, 믿을 만한
- an earthquake's origin 진원지, 진앙지
- perception 지각, 인식
- disaster relief 재난 구조

[본문해석]

유럽 지중해 지진 센터(EMSC)는 목격자로부터 지진 영향에 관한 현장 관측을 신속하게 수집하는 방법을 최근 시행했다. 이는 지진에 관한 신속한 영향 평가에서 불확실성을 줄이는 데 확실히 기여하기 때문에 매우 중요하다. 소셜 미디어(예를 들면 페이스북, 트위터 등)는 지진 감지를 위한 유용한 네트워크로 간주될 수 있다. 소셜 네트워크의 데이터 마이닝은 지진 발생 지역을 감지하고 결정하는 데 사용되었으며, 미국 지질 조사국에서 개발된 트위터 지진 감지기(TED)의 개발로 이어졌다. 이러한 미디어를 사용한 지진 조기 감지는 근본적인 지진 감지 패러다임의 급격한 변화를 보여준다. 소셜 네트워크가 전달하는 정보는 지진파보다 훨씬 빠르게 이동하여, 진원지로부터 수분 이내에 신속하고 믿을만한 감지가 가능하다. 이탈리아 지역에서는 2012년부터 TwiFelt라는 소프트웨어 시스템을 사용할 수 있다. 그것의 목표는 트위터 스트림 분석을 통해 실시간 지진 인식 지도를 제공하는 것이다.

11	글의 주제 파악하기	①

[정답해설]

제시문에서 많은 연구들이 수면 부족이 위험하다는 사실을 밝히고 수면이 부족한 사람들에게서 나타나는 증상을 여러 실험을 통해 상세히 설명하고 있다. 그러므로 ①의 'troublesome manifestations of sleep deprivation(수면 부족의 고질적인 증상)'이 제시문의 주제로 가장 적절하다.

[오답해설]

② 출퇴근 운전자에게 미치는 심각한 수면 부족의 영향

③ 술에 취한 사람과 수면이 부족한 사람의 유사점

④ 서구 산업화 사회의 전통적인 수면 습관

⑤ 수면이 부족한 사람들의 알코올 의존 증가율

[핵심어휘]

▫ drowsy 졸리는

▫ routinely 일상적으로, 정례적으로

▫ sleep deprivation 수면 부족

▫ sleep disorder 수면 장애

▫ microsleep 미세 수면(깨어 있을 때의 순간적인 잠)

▫ burn the candle at both ends (아침부터 밤늦게까지 일하느라) 몹시 지치다

▫ norm 표준, 일반적인 것

▫ simulator 모의실험 장치

▫ coordination 합동, 협업

▫ intoxicated 취한, 중독된

▫ magnify 확대하다, 증대시키다

▫ fatigued 피로한, 피곤한

▫ impaired 손상된, 장애가 있는

▫ manifestation 징후, 증상

▫ commuting 통근, 출퇴근

▫ conventional 전통적인, 재래식의

▫ dependency 의존, 종속

[본문해석]

전문가들은 활발하지 않은 활동을 하는데도, 낮에 졸리면 충분한 수면을 취하지 못한 거라고 말한다. 누워 있다가 5분 이내에 늘 잠이 들면 심각한 수면 부족, 심지어 수면 장애가 있을 가능성이 있다. 마이크로 수면, 즉 깨어 있는 사람의 아주 짧은 수면 에피소드도 수면 부족의 또 다른 징후이다. 대부분의 경우 사람들은 자신이 마이크로 수면을 경험하고 있다는 사실을 인식하지 못한다. 서구의 산업화된 사회에서 "아침부터 밤늦게까지 지치도록 일하는" 관행이 만연하면서 수면 부족의 과다로 이제는 정말 비정상적인 졸음이 거의 일상화되고 있다. 많은 연구에서 수면 부족이 위험하다는 사실을 밝히고 있다. 모의실험 운전 장치를 사용하거나 손과 눈의 협업 작업을 수행함으로써 시험을 치르는 수면이 부족한 사람들은 술에 취한 사람들만큼 좋지 못하거나 더 안 좋은 수행 결과를 보인다. 수면 부족은 또한 신체에 미치는 알코올의 영향을 증대시키기 때문에, 술을 마신 피곤한 사람이 잘 쉰 사람보다 훨씬 더 많은 장애를 겪게 된다.

---

12 글의 목적 파악하기 ④

[정답해설]

제시문은 군 도서관의 최신 행사로 금주 주말부터 연말까지 매주 토요일 오후 6시에 무료 영화 상영을 계획하고 있으며, 영화 상영은 3층 Eisenhower Community 실에서 진행된다고 설명하고 있다. 그러므로 제시문의 목적은 도서관의 무료 영화 상영 행사를 안내하기 위해서이다.

[오답해설]

① 새로 개봉하는 전쟁 영화를 홍보하려고 → 도서관의 무료 영화 상영 계획을 설명하고 있고, 상영 목록은 매월 첫째 날에 업로드되므로 전쟁 영화에 국한되지 않음

② 퇴역 군인을 위한 정기 후원을 요청하려고 → 재향군인의 날을 축하한다는 인사말만 언급되어 있을 뿐, 퇴역 군인을 위한 정기 후원 내용은 서술되어 있지 않음

③ 홍보 영상 촬영으로 인한 휴관을 알리려고 → 홍보 영상이 아닌 무료 영화 상영 계획을 설명하고 있으며, 휴관 내용은 서술되어 있지 않음

⑤ 책 나눔 행사를 도울 자원봉사자를 모집하려고 → 지난 번 도서 증정 행사가 큰 성공을 거두었다는 소식을 전하고 있지만, 자원봉사자를 모집한다는 내용은 서술되어 있지 않음

[핵심어휘]

▫ Veteran's Day 재향군인의 날

▫ giveaway 경품, 증정품

▫ huge 거대한, 엄청난

▫ instrumental 중요한, 도움이 되는

▫ delight 기쁘게 하다, 즐겁게 하다

[본문해석]

재향군인의 날을 축하합니다! 이 메시지가 잘 전달되기를 바랍니다. 군 도서관장으로서, 지난 도서 증정 행사가 큰 성공을 거두었다는 소식을 전하게 되어 매우 기쁩니다. 여러 지역 사회의 문화 활동에 중요한 역할을 해온 도서관을 대표하게 되어 큰 자부심을 느낍니다. 또한 저희 도서관의 최신 행사를 알려드리게 되어 기쁩니다. 이번 주말부터 연말까지 매주 토요일 오후 6시에 무료 영화 상영을 계획하고 있습니다. 영화 상영은 3층 Eisenhower Community 실에서 진행됩니다. 일반인에게 공개됩니다. 상영 목록은 매월 첫째 날에 저희 웹사이트에 업로드될 예정입니다. 이번 주 토요일에 상영되는 첫 번째 영화는 Black Hawk Down입니다. 오셔서 무료 영화를 즐겨주세요!

---

13 필자의 주장 이해하기 ③

[정답해설]

제시문에서 필자는 유아에게 미치는 언어 상호작용의 중요성을 이해

하고, 부모는 아기와 대화하기를 열망하는 공감적이고 적극적인 양육인을 찾아야 한다고 주문하고 있다. 그러므로 필자가 주장하는 바는 ③의 '부모는 유아와 공감하며 언어적 상호작용에 적극적인 양육자를 찾아야 한다.'이다.

[오답해설]

① 부모는 유아의 보모를 찾을 때 정서적 수용력을 우선 고려해야 한다.
→ 정서적 수용력은 언급되어 있지 않으며, 언어적 상호작용이 고려 대상임

② 부모와의 애착을 강화하기 위해 유아의 기본 요구를 세심하게 살펴야 한다. → 유아와 양육자 간의 언어 상호작용의 중요성에 대해 설명함

④ 또래 아이와의 지속적인 상호작용을 통해 유아의 언어 발달을 촉진해야 한다. → 또래 아이와의 상호작용이 아닌 유아와 양육자 간의 상호작용에 대해 설명함

⑤ 부모는 유아의 언어 학습 능력을 향상시키기 위해 텔레비전 시청을 줄여야 한다. → 제시문에 부모의 텔레비전 시청을 언급한 적은 없음

[핵심어휘]

▫ infant 유아, 아기
▫ alert 경계하는, 조심하는
▫ vital 중요한, 필수적인
▫ meager 빈약한, 미미한
▫ caregiver 간병인, 양육인
▫ baby-sitter 아기 보는 사람
▫ engage in ~에 종사하다, ~에 관여하다
▫ diaper 기저귀
▫ custodial care 관찰[보호] 간호
▫ job description 직무 분석
▫ empathic 감정이입의, 공감하는

[본문해석]

언어 상호작용의 중요성을 알면 부모의 행동과 결정을 구체화할 수 있다. 유아가 반응을 보일 때, 유아와 상호작용하고 이에 반응하여 그들이 상호작용하고 있다는 점을 존중하며 우리가 말하는 것에서 의미를 찾기 위해 노력하는 것은 중요하다. 이를 행하는 한 가지 방법은 대화에 대한 그들의 기여를 인정하는 것이다(아무리 미미하더라도). 부모는 양육인과 베이비시터가 이러한 종류의 상호작용에 관여한다는 증거를 또한 찾을 수 있다. 베이비시터가 유아와 함께 있을 때 텔레비전을 보거나 아기가 깨어 있을 때도 전화로 많은 시간을 보내는 것은 드문 일이 아니다. 병과 깨끗한 기저귀 이상의 것이 필요하다. 상호작용하는 유아에 대한 새로운 관점은 아기를 돌보는 데 관찰 간호 이상이 필요하다는 것을 의미한다. 돌봄에 대한 새로운 직무 설명에는 "민감하고 반응적인 행동의 형태로 필요한 양육인 자극"이 추가될 수 있다. 부모는 아기와 대화하기를 열망하는 공감적이고 적극적인 양육인을 찾아야 한다. 연구에 따르면 텔레비전의 언어 자극은 유아가 언어를 학습을 할 수 있는 준비가 되지 않는다. 오직 사람들과의 대화만 가능하다.

14　　　내용과 불일치 문장 고르기　　　②

[정답해설]

제시문에 따르면 Maurice Wilkins는 물리학을 공부하기 위해 1935년에 케임브리지의 St. John's College에 진학했고, 1938년에 문학 학사 학위를 받았다고 서술되어 있다. 그러므로 1935년에 St. John's College에서 학위를 받았다는 ②의 설명은 제시문의 내용과 일치하지 않는다.

[오답해설]

① 뉴질랜드에서 의사의 아들로 태어났다. → 뉴질랜드에서 태어났고, 그의 아버지는 의사임

③ 2차 세계대전 중 2년간 Manhattan Project에 참여했다. → 제2차 세계 대전 중에 캘리포니아의 Berkely 대학교에서 Manhattan Project에 2년간 참여함

④ University of St. Andrews에서 강의했다. → 영국으로 돌아오자마자 스코틀랜드에 있는 St. Andrews 대학에서 강의함

⑤ DNA 분자구조 연구로 노벨상을 공동 수상했다. → James Watson, Francis Crick과 함께 DNA 분자 구조 결정에 기여한 공로로 노벨 생리의학상을 수상함

[핵심어휘]

▫ a Bachelor of Arts degree 문학 학사 학위
▫ participate 참가하다, 참여하다
▫ horrify 반감[혐오]를 느끼게 하다
▫ branch 분파, 분야
▫ biophysics 생물물리학
▫ investigation 수사, 조사
▫ diffraction 회절
▫ physiology 생리학
▫ determination 결정, 확인
▫ molecular structure 분자 구조

[본문해석]

Maurice Wilkins는 뉴질랜드에서 태어났고, 그의 아버지는 의사였다. Wilkins 가족은 그가 6살 때, 영국 버밍엄으로 이사했다. 그는 물리학을 공부하기 위해 1935년에 케임브리지의 St. John's College에 진학했고, 1938년에 문학 학사 학위를 받았다. 제2차 세계 대전 중에는 캘리포니아의 Berkely 대학교에서 Manhattan Project에 2년간 참여했다. 전쟁이 끝난 후 원자폭탄의 영향에 혐오감을 느낀 Wilkins는 다른 과학 분야로 옮기기로 결심했다. 영국으로 돌아오자마자, Wilkins는 스코틀랜드에 있는 St. Andrews 대학에서 강의했다. 1946년에 King's College의 생물물리학 부서에 합류했고 1970년부터 1980년까지 부서장으로 재직했다. 거기서 그는 DNA에 관한 X선 회절 연구를 시작했다. James Watson, Francis Crick과 함께 DNA 분자 구조 결정에 기여한 공로로 노벨 생리의학상을 수상했다.

| 15 | 빈칸 추론하기 | ⑤ |

[정답해설]

제시문에서 북서항로를 항해하는 것은 모든 차원에서 도전 과제였으며, 이러한 매우 가변적이고 예측할 수 없는 환경에서 탐험을 주도하는 것은 다차원적인 도전이었다고 서술하고 있다. 그러므로 북서항로의 도전을 불리한 환경에 대한 도전으로 그 의미를 축소하는 것은 일차원적인 평가이다. 따라서 빈칸에 들어갈 말은 ⑤의 'oversimplify(지나치게 단순화하다)'이다.

[오답해설]

① 무효화하다

② 유도하다

③ 직면하다

④ 해결하다

[핵심어휘]

- Northwest Passage 북서 항로(북대서양에서 캐나다 북극해로 빠져 태평양으로 가는 항로)
- hostile 적대적인, 좋지 못한
- differentiate 구별하다, 구분 짓다
- dimension 규모, 관점, 차원
- variability 가변성, 변동성
- predictability 예언할 수 있음, 예측 가능성
- hazard 위험, 모험
- duration 지속, 기간
- availability 유효성, 유용성
- lethal 치명적인, 죽음을 초래하는
- intervention 간섭, 개입
- rule out 제외시키다, 배제하다
- nullify 무효화하다, 효력 없게 만들다
- induce 유도하다, 유인하다
- confront 맞서다, 직면하다
- resolve 풀다, 해결하다
- oversimplify 지나치게 단순화하다

[본문해석]

북서항로의 도전을 불리한 환경에 대한 도전으로 축소하는 것은 <u>지나치게 단순화하는</u> 것이다. 도전적인 환경은 매우 경쟁적인 시장에서 전장에 이르기까지 다양한 형태로 나타날 수 있다. 하나의 도전 맥락을 다른 도전 맥락과 비교할 때, 위험의 변동성, 예측 가능성 및 심각성, 외부 도움의 유효성, 노출 기간 등 여러 차원에서 구분할 수 있다. 이러한 모든 변수가 높은 리더십 환경을 찾는 것은 드물다. 화재 진압은 위험한 일이지만, 훈련된 소방관에게는 예측 가능한 방식으로 화재가 이동하고 위험에 노출되는 기간도 상대적으로 짧다. 핀테크 스타트업을 시작하려면 매우 가변적이고 예측할 수 없는 환경에 직면해야 하

지만, 더 많은 투자를 호소할 수 있는 옵션이 항상 존재한다. 북서항로를 항해하는 것은 모든 차원에서 도전 과제였다. 즉, 위험은 다양한 형태로 발생했고, 매우 예측할 수 없는 성격이었으며, 모두 치명적일 가능성이 높았던 반면, 외부 개입이 배제되고 장기간 노출되었다. 따라서 이러한 환경에서 탐험을 주도하는 것은 다차원적인 도전이었다.

| 16 | 빈칸 추론하기 | ① |

[정답해설]

제시문에서는 1830년대와 1840년대에 통계 학회와 학술지가 설립되고 정부 기관이 동원되어 사회 데이터를 수집, 평가 및 저장된 사실들을 프랑스와 영국의 사례를 들어 설명하고 있다. 그러므로 제시문의 빈칸에 들어갈 말로는 ①의 '통계에 대한 열정에 사로잡혔다'가 가장 적절하다.

[오답해설]

② 데이터 수집에 관한 규제를 시작했다

③ 시민들에게 국가 소유의 데이터에 대한 자유로운 접근을 허용했다.

④ 압도적인 통계에 의해 공포에 사로잡혀다

⑤ 경제적 불평등을 극복하기 위해 헌신했다

[핵심어휘]

- entity 실체, 존재
- emergence 출현, 등장
- commitment 전념, 헌신
- statistical society 통계 학회
- be called into 소집되다, 동원되다
- institute 도입하다, 시작하다
- prefecture 도청(프랑스, 이탈리아 등 일부 국가의 지방 행정 구역)
- inroad 침입, 침투, 진출
- accurate 정확한, 정밀한
- bureaucracy 관료제, 관료 체제
- parliamentary government 의회 정치, 의회 정부
- extensive 폭넓은, 광범위한
- empirical 경험에 의거한, 실증적인
- all manner of things 모든 종류의 것
- sanitation 위생 시설[관리]
- district 지구, 구역
- ad hoc 즉석의, 임시의
- royal commission 왕립위원회(영국 정부 심의회)
- grip 움켜잡다, 사로잡다
- regulation 규정, 규제
- terror-stricken 공포에 사로잡힌
- overwhelming 압도적인, 강력한
- dedicate 바치다, 헌신하다

[본문해석]

1830년대와 1840년대에, 몇몇 유럽 국가들은 통계에 대한 열정에 사로잡혔다. 이를 통해 이전에는 숨겨져 있거나 당연하게 여겨졌던 것들을 볼 수 있게 되었다. 가난한 사람들은 숫자로 세어질 때만 사회적 실체로 나타났고, 그 결과 추상적인 개념으로 '빈곤'이 등장하면서 도덕적 헌신을 불러일으켰다. 통계 학회와 학술지가 설립되고 정부 기관이 동원되어 사회 데이터를 수집, 평가 및 저장했다. 정치는 그 어느 때보다 정확한 정보에 의존했다. 프랑스에서는 1801년에 도청 차원에서 체계적이고 정기적인 데이터 수집이 시작되었다. 나폴레옹 국가는 시민 사회에 깊숙이 침투하기 위해 가능한 한 많은 정확한 정보가 필요했다. 영국 또한 지역 관료제가 훨씬 덜 발달했음에도 불구하고, 의회 정부는 노동자 구역의 위생 시설부터 군대 병사의 의료 상태에 이르기까지 모든 종류의 실증적 사실을 폭넓게 활용했다. 이러한 수집은 임시 왕립위원회에 맡겨졌으며, 당시 정부와 비평가들 모두 그 결과물들을 공개적으로 이용할 수 있었다.

17 빈칸 추론하기 ②

[정답해설]

제시문에 따르면 러시아군은 우크라이나 군과의 갑작스러운 전투에 보급 및 수송 작전이 실패하여 충분한 식량을 조달하지 못했고, Kyiv로 진군하던 러시아군의 대열은 완전히 교착상태에 빠졌다고 서술되어 있다. 그러므로 ②의 '러시아 군대가 얼마나 준비되어 있지 않았는지'가 빈칸에 들어갈 말로 가장 적절하다.

[오답해설]

① 신병들이 전쟁터에서 어떻게 도망쳤는지
③ 러시아가 왜 수송 작전에 실패했는지
④ 정보 전쟁에서 우크라이나의 불리한 점은 무엇인지
⑤ 러시아와 우크라이나 간의 긴장감이 얼마나 심각했는지

[핵심어휘]

□ troop 병력, 군대
□ angst 불안, 고뇌
□ deceive 속이다, 기만하다
□ exploit 이용하다, 착취하다
□ amateurism 아마추어 정신
□ recruit 신병, 신입
□ tuck away ~을 숨기다
□ geolocate 지리적인 위치를 파악하다
□ Pentagon 펜타곤(미 국방부 건물)
□ snarl 혼란에 빠뜨리다, 교란시키다
□ backlog 밀리다, 지연되다
□ sustain 존재하게 하다, 지탱하게 하다
□ stall 교착상태에 빠지다, 지연되다

□ flee 달아나다, 도망하다
□ logistical 병참의, 수송의
□ warfare 전투, 전쟁

[본문해석]

러시아 군대가 얼마나 준비되어 있지 않았는지에 대한 증거가 많았다. Belarus와 러시아 내부에서 '훈련' 중이라고 생각한 러시아 군대는 우크라이나 네트워크를 통해 자신의 휴대폰을 사용하여 집으로 전화를 걸어 가족과 여자 친구들에게 그들이 속하서 갑자기 실제 전투에 나섰다는 불안감을 표출했다. 다른 사람들은 틱톡이나 인스타그램에 댓글을 올렸다. 우크라이나인들은 다시 한 번 이러한 아마추어리즘을 이용할 수 있는 위치에 있었다. 은폐된 감시 센터에 숨은 신병들은 전화 통화와 소셜 미디어 전화의 지리적 위치를 파악하고 그 정보를 군대와 공유하며 정밀 공격을 시작하느라 분주했다. 미 국방부 관리들은 침공이 전개되는 것을 지켜보았고, 러시아의 보급 및 수송 작전이 절망적으로 교란과 지연을 겪고 있다는 사실에 또한 충격을 받았다. 러시아군은 며칠 이상의 전투를 견딜 수 있을 만큼 충분한 식량을 가져오지 못했을 뿐만 아니라, Kyiv로 진군하던 러시아군의 대열은 완전히 교착상태에 빠져 있었다.

18 빈칸 추론하기 ①

[정답해설]

제시문에 따르면 불확실성을 극복하고 안정을 갈망하는 인간의 욕망은 물질, 기술 및 사회적 보호에 뿌리를 두고 있으며, 이는 자본주의 사회에서의 다양하고 체계적인 시도 덕택에 가능했다고 서술하고 있다. 그러므로 빈칸에 들어갈 말은 ①의 '불확실성 측면에서 불안감 줄이기'이다.

[오답해설]

② 과학 분야에서 선구자들을 능가하기
③ 확실성에 대한 해석상의 오류를 무효화하기
④ 인간 추론의 잠재력을 최소화하기
⑤ 과부하된 정보의 세계에서 살아남기

[핵심어휘]

□ uncertainty 불확실성
□ pervasive 만연한, 널리 퍼진
□ script 대본, 원고
□ craving 갈망, 열망
□ stem 막다, 저지하다
□ grasp 이해하다, 파악하다
□ interplay 상호작용
□ strive 싸우다, 분투하다
□ inscribe 쓰다, 새기다

□ as old as the hills 아주 오래된, 고대의

□ indebt 빚을 지게 하다, 은혜를 입히다

□ improvement 향상, 개선

□ Enlightenment 계몽주의

□ insecurity 불안정, 불확실

□ negate 무효화하다, 부인하다

[본문해석]

여러 면에서 불확실성은 만연한 것으로 이해할 수 있으며, 바로 인생의 대본에 기록될 수 있다. 이로 인해 확실성에 대한 갈망은 아직 파악될 수 없고 나아가 통제될 수 없는 현상의 지각된 흐름을 막는 수단이 되었을 뿐이다. 결과적으로 불확실성을 극복하고 대신 확실성을 향해 노력하려는 욕망 사이의 상호작용은 현재와 미래에 영향을 미치는 방식으로 인간과 사회에 새겨지게 되었다. 이러한 상호작용은 아주 오래되었으며 안정에 대한 인간의 희망과 생존, 안락, 복지에 필요한 것으로 여겨지는 물질, 기술 및 사회적 보호에 뿌리를 두고 있다. Mokyr는 서구 자본주의 사회가 불확실성 측면에서 불안감을 줄이려는 모든 체계적인 시도에 얼마나 빚을 지고 있는가를 보여준다. Mokyr에 따르면, 기술적 진보에 대한 강한 믿음과 삶의 다양한 측면의 지속적인 개선은 계몽주의 철학 운동에서 등장하고 발전한 추론에 뿌리를 두고 있는데, 이는 인간의 '알고자 하는 욕구'를 위해 다양한 활동을 실질적으로 실험한 '공간'을 만든 것이다.

19	빈칸 추론하기	②

[정답해설]

제시문은 민주주의의 가치를 지탱하는 조건은 미디어를 통해 촉진되는 사회의 의사소통 도구에 의해 결정되고, 시민들의 집단적 의사결정은 서로를 설득하는 태도에 달렸다며 의사소통 문화의 중요성을 강조하고 있다. 그러므로 ②의 '민주주의는 그들의 의사소통 문화에 의해 정의된다'가 빈칸에 들어갈 말로 가장 적절하다.

[오답해설]

① 미디어는 곧 민주주의에서 의사소통 문제를 해결할 것이다

③ 개성과 집단성 사이의 갈등은 불가피하다

④ 민주주의는 끝없는 공개 담론보다는 질서 위에서 번영한다

⑤ 민주주의는 사회경제적 역학을 중시함으로써 유지될 수 있다

[핵심어휘]

□ legislative 입법의, 입법부의

□ valence 원자가, 결합가

□ prop up 지탱하다, 받쳐주다

□ affirm 긍정하다, 지지하다

□ facilitate 촉진하다, 조장하다

□ privilege 특권을 부여하다

□ ecology 생태, 생태학

□ foremost 가장 중요한, 맨 앞에 위치한

□ practitioner 전문가, 실무자

□ orient 지향하게 하다, 맞추다

□ collectivity 집합성, 집단성

□ inevitable 불가피한, 필연적인

□ discourse 담론, 담화

[본문해석]

민주주의에 대한 많은 설명은 입법 과정이나 혹은 정책 결과를 강조하지만, 이는 종종 소통과 정치 문화 간의 깊은 관계를 놓치는 경우가 많다. 문화에 대해 논의할 때, 흔히 자유민주주의적 가치의 맥락에서 이루어진다. 하지만 우리가 묻고자 하는 질문은 무엇이 이러한 가치의 값을 결정하는가이다. 민주주의가 그 가치를 지탱하는 문화의 질을 유지하거나 떨어뜨린다면, 어떤 조건에서 그 가치가 긍정되고 거부되는지 알아야 한다. 우리는 이러한 조건이 미디어를 통해 촉진되는 사회의 의사소통 도구에 의해 결정된다고 믿는다. 실제로 민주주의는 그들의 의사소통 문화에 의해 정의된다. 민주주의가 시민들이 집단적으로 무엇을 해야 하는지 결정하는 것으로 구성되어 있다면, 그들이 서로를 설득하는 태도가 그 이후의 거의 모든 것을 결정한다. 그리고 이는 정치학의 대가로서 미디어 생태학에 특권을 부여한다. 우리의 미디어 환경이 정치학자나 사회학자들보다 훨씬 더 잘 이해한다고 느낀다. Marshall McLuhan과 Neil Postman과 같은 몇몇 최고의 실무자들은 정치학자나 사회학자들보다 훨씬 더 잘 알고 있으며, 우리의 미디어 환경이 우리가 주목하는 것뿐만 아니라 세상에서 우리가 생각하고 지향하는 방식도 결정한다고 느낀다.

20	글의 배열순서 정하기	②

[정답해설]

글 (B)의 'There'가 주어진 글에서 알카에다 무장 세력이 진입한 고대 도시인 Timbuktu를 가리키므로, 주어진 글 다음에 (B)가 와야 한다. 또한 글 (A)의 'the event(그 사건)'는 글 (B)에서 알카에다 무장 세력이 '3만 권의 기록물이 있는 중세 도서관에 불을 지른 일을 의미하므로 글 (B) 다음에 글 (A)가 와야 한다. 마지막으로 글 (A)에서 Bamako 시장이 주장한 사실과 달리 그 고서들은 방치되어 높은 습도로 썩을 위험에 처해있다고 서술하고 있으므로, 글 (A) 다음에 글 (C)가 와야 한다. 따라서 주어진 글 다음에 (B) – (A) – (C) 순으로 이어지는 것이 전체적인 글의 흐름상 가장 적절하다.

[핵심어휘]

□ militant 교전자, 병사

□ manuscript 원고, 기록물

□ heritage 유산

□ astronomy 천문학

- geography 지리학
- range 포함하다, 다양하다
- continent 대륙
- assortment 모음, 종합
- leave out 버리다, 방치하다
- molder 썩다, 사라지다
- humidity 습도
- rescue 구하다, 구출하다
- ruse 계략, 책략
- jeopardy 위험, 위태로움

[본문해석]

> 2013년 1월 26일, 알카에다 무장 세력이 사하라 사막 남쪽 끝에 위치한 고대 도시 Timbuktu에 진입했다.

(B) 그곳에서 그들은 아랍어와 여러 아프리카 언어로 쓰여진 3만 권의 기록물이 있는 중세 도서관에 불을 질렀는데 천문학에서 지리, 역사, 의학에 이르기까지 주제가 다양했다. 서양에 알려지지 않았던 이 기록물은 대륙 전체에서 수집된 지혜이며, 아프리카에 목소리가 전혀 없던 것으로 여겨지던 당시 아프리카의 목소리였다.

(A) 이 사건을 목격한 Bamako 시장은 기록물들을 불태운 것을 두고 "세계 문화유산에 대한 범죄"라고 주장했다. 그리고 그 역시 거짓말을 하고 있는 게 사실이 아니라면 옳은 말이었을 것이다.

(C) 사실, 바로 직전에 아프리카 학자들은 고서들을 무작위로 수집하여 테러리스트들이 불태울 수 있도록 방치했다. 오늘날 이 수집품은 말리의 수도인 Bamako에 숨겨져 있으며, 높은 습도 속에 썩어가고 있다. 계략으로 구출된 것이 이번에는 기후로 인해 다시 한 번 위험에 처해 있다.

| 21 | 글의 배열순서 정하기 | ③ |

[정답해설]

글 (B)에서 언급한 소시지에 지불하는 돈에 대한 일련의 가정들이 글 (C)에 열거되어 있다. 그러므로 글 (B) 다음에 글 (C)가 와야 한다. 또한 글 (C)에서 거래관계가 신뢰를 배경으로 하는 것은 명시적으로 설명된 것이 아니지만 너무 당연하게 여겨지기 때문에, 글 (A)에서 이를 위반했을 때 악평이 자자한 이유라고 설명하고 있다. 그러므로 글 (C) 다음에 글 (A)가 와야 한다. 따라서 전체적인 글의 흐름상 주어진 글 다음에 (B) – (C) – (A) 순으로 이어지는 것이 가장 적절하다.

[핵심어휘]

- transactional 업무적인, 거래적인

- commitment 헌신, 책무
- interdependence 상호 의존
- caregiver 간병인, 돌보는 사람
- occasional 가끔의, 뜻밖의
- violation 위반, 위해
- scandalous 악평이 자자한, 비방의
- funny money 가짜 돈, 장난감 돈
- lurid 선정적인, 야단스러운
- tabloid 타블로이드판 신문
- merely 단지, 단순히
- reinforce 강화하다, 강조하다
- rest upon ~에 달려 있다[의지하다]
- assumption 가정, 추측
- implicit trust 절대적인 신뢰, 암묵적인 신뢰
- street vendor 노점상
- wiener 소시지
- exhaustively 완전히, 철저하게
- deliberately 고의로, 일부러
- contaminate 오염시키다, 불결하게 하다
- counterfeit 위조의, 모조의
- explicitly 분명하게, 명확하게
- spell out 판독하다, 상세히[명백히] 설명하다

[본문해석]

> 거래적 인간 관계에서 신뢰의 필요성은 자명하다. 헌신과 상호 의존에 의해 주도되는 다른 비거래적 관계, 즉 고전적으로 부모-자녀 관계 그리고 환자와 간병인 사이의 관계에서도 또한 분명하다.

(B) 미처 깨닫고 있지 못하지만 표면상으로는 순전히 거래적인 것처럼 보이는 상호작용조차도 암묵적인 신뢰라는 더 깊은 배경에서만 일어날 수 있다. 노점상에서 핫도그 한 개를 4달러에 구입할 때, 소시지에 지불하는 돈은 너무나 긴 일련의 가정에 의존하기 때문에 완전히 나열하는 것은 불가능하다.

(C) 핫도그는 제대로 익혔다. 고의로 불결하게 된 것은 아니다. 내가 건네주는 달러 지폐는 위조된 것이 아니다. 핫도그에는 개고기가 아닌 소고기나 돼지고기가 (적어도 대부분) 들어 있다. 이 모든 것이 명시적으로 설명된 것은 아니지만, 그럼에도 불구하고 이 모든 것이 너무나 당연하게 여겨진다.

(A) 이것이 바로 이러한 신뢰를 배경으로 하는 물품 중의 하나가 가끔 위반이 발견되면 악평이 자자한 이유이기도 하다. 동네 노점상의 핫도그에 개고기가 들어 있다! 공원에서 장난감 돈을 건네는 동네 어르신! 선정적인 타블로이드판 신문의 헤드라인은 우리가 이러한

기본적인 배경이 되는 가정을 얼마나 깊이 신뢰하고, 얼마나 드물게 위반되는지를 그저 강조할 뿐이다.

---

22 주어진 문장의 위치 찾기 ④

[정답해설]

④ 이후의 문장에서 '이러한 연결(these connections)'은 주어진 문장의 '보통 분리되어 있는 우리 뇌의 일부를 연결하는 것'을 의미한다. 그러므로 전체적인 글의 흐름상 주어진 문장은 ④에 들어가는 것이 가장 적절하다.

[핵심어휘]

- neuroscience 신경 과학
- paradigmatic 계열적인, 전형적인
- shift 이동, 변화, 전환
- by lack of precedents 전례가 없는
- innate 타고난, 선천적인
- vanish 사라지다, 없어지다
- destine 운명 짓다, 정해지다
- selfie 셀피(스마트폰 등으로 찍은 자신의 사진)

[본문해석]

> 그리고 신경과학이 보여주는 것처럼, 독서는 보통 분리되어 있는 우리 뇌의 일부를 연결한다.

단순히 이미지가 훨씬 더 사용하기 쉽고 복잡한 생각을 필요로 하지 않는다는 이유로 단어를 죽이는 새로운 세상이 탄생했다. 편지에서 이메일로, 이메일에서 페이스북으로, 마지막으로 페이스북에서 인스타그램으로 이어지는 통신 수단의 진화는 매우 계열적이다. (①) 시간이 필요한 글쓰기에서 어린아이도 다룰 수 있는 도구인 그림, 동영상, 이모티콘으로의 전환은 믿을 수 없을 정도의 빠른 속도뿐만 아니라 전례가 없다는 점에서도 특징적인 과정이다. (②) 사실 지난 천 년 동안 인류의 발전은 복잡한 생각에 기반을 두어왔고, 이는 단어를 필요로 하며 단어는 읽기를 필요로 한다. (③) 그러나 읽기는 타고난 것이 아니라 문화적 산물이다. (④) 단어의 읽기와 쓰기가 끝난다는 것은 이러한 연결이 사라지는 것을 의미하며, 다른 뇌의 등장은 더 빠르고 멀티태스킹이 가능하지만 더 깊은 생각과 이해에는 단어와 시간이 필요하기 때문에 외견상 남아있을 운명이다. (⑤) 그림, 셀피, 이모티콘 또는 간단한 문장을 사용하여 시, 소설, 과학 논문을 쓰는 것은 불가능하다!

---

23 주어진 문장의 위치 찾기 ④

[정답해설]

주어진 문장이 접속사 'But'으로 시작하므로, 앞 문장의 내용은 주어진 문장과 상반되는 내용이 와야 한다. ③ 다음의 '기이하고 왜곡된 레고 세계'는 주어진 문장의 '지금 사회가 정말 필요로 한 것'과 반대되는 내용이고, ④ 다음의 문장에서 '실현 가능한 문화 혁신을 극대화하는 목표'는 주어진 문장의 '새로운 백신과 더 효율적인 리튬 이온 배터리'를 수단으로 한다. 그러므로 전체적인 글의 흐름상 주어진 문장은 ④에 들어가는 것이 가장 적절하다.

[핵심어휘]

- primate 영장류
- crucially 결정적으로, 중요하게
- lateral thinking 수평적 사고
- novel 새로운, 신기한
- reorganization 재편성, 재구성
- prefrontal cortices 전전두피질
- in this regard 이런 점에서, 이런 면에서
- render 되게 하다, 만들다
- pragmatic 실용적인, 실천적인
- perspective 관점, 시각
- goal-oriented 목표 지향적인
- bizarrely 특이하게, 기이하게
- distorted 왜곡된, 기형의
- post-apocalyptic 종말 이후의
- scavenged-parts 고물, 폐부품
- menagerie 전시장
- figurine (장식용) 작은 조각상, 피규어
- stuffie 봉제 인형
- out-of-the-box 발군의, 격이 다른
- implementable 이행할 수 있는, 실현가능한
- downregulated 하향 조정된, 저하된
- cognitive control 인지 제어
- heighten 높이다, 고조시키다
- prone to ~하는 경향이 있는, ~하기 쉬운

[본문해석]

> 하지만 지금 사회가 정말 필요로 한 것은 새로운 백신과 더 효율적인 리튬 이온 배터리이다.

창의적인 영장류로서, 인간은 수평적 사고에 결정적으로 의존한다. 우리는 지속적인 새로운 통찰력의 흐름과 기존 지식의 끊임없는 재구성이 필요하다. (①) 전전두피질이 발달하지 않은 어린이는 이런 면에서 슈퍼스타이다. (②) 하지만 아이들을 그렇게 창의적으로 만드는

것은 적어도 목표 지향적인 성인의 실용적인 관점에서 보면 대부분의 창작물을 쓸모없게 만든다. (③) 바비 인형 머리를 한 레고 사람들이 운전하는 종말 이후의 폐 부품 차량, 혹은 슈퍼히어로 피규어와 공식적인 영국식 티 파티복으로 꾸민 봉제 인형 전시장이 특징인 기괴하게 왜곡된 레고 세계는 인상적인 발군의 사고방식을 반영한다. (④) 실현 가능한 문화 혁신을 극대화하는 것이 목표라면, 이상적인 사람은 성인의 몸을 가졌으나 잠시 동안은 아이의 마음을 가진 사람일 것이다. (⑤) 인지 제어가 저하되고 경험에 대한 개방성이 고조되며 예측할 수 없는 방향으로 방황하기 쉬운 마음을 가진 사람 말이다.

24   한 문장으로 요약하기   ⑤

[정답해설]
(A) 글의 서두에서 미국의 민주주의가 언론과 출판의 자유로운 표현에 기반을 두고 있다고 밝힌 것처럼, 자유롭고 개방적인 아이디어 교환은 미국 민주주의의 근본임을 알 수 있다. 그러므로 (A)에 들어갈 말은 'cornerstone(초석)' 또는 'foundation(기초)'이다.
(B) 1938년 H. G. Wells의 소설 '세계대전'이 라디오 방송을 통해 생중계 되면서 큰 이슈가 되었는데, 이것은 의도치 않은 허위 사실의 공표로 인한 사례에 해당한다. 그러므로 (B)에 들어갈 말은 'circulation(유포)' 또는 'disclosure(폭로)'이다.

[오답해설]
① 기둥 ………… 도피
② 강조 ………… 검열
③ 기초 ………… 은폐
④ 반영 ………… 폭로

[핵심어휘]
- shibboleths 상투적인 어구
- wisdom 타당성
- public sphere 공론의 장
- contain 억누르다, 억제하다
- perpetually 영구히, 끊임없이
- troupe 공연단, 극단
- garner 얻다, 모으다
- coverage 보도, 취재
- regulation 규정, 규제
- the Federal Communications Commission 연방통신위원회
- confront 맞서다, 대립하다
- unintended 의도하지 않은
- untruth 거짓말, 허위 사실
- pillar 기둥, 기념비
- elusion 도피, 회피
- censorship 검열

- concealment 숨김, 은폐
- disclosure 발각, 폭로
- cornerstone 주춧돌, 초석
- circulation 순환, 유통, 유포

[본문해석]
당시나 지금이나, 미국 문화의 위대한 신화는 민주주의가 언론과 출판의 자유로운 표현에 기반을 두고 있다는 것이다. 비록 아이디어 시장에서 상투적인 어구로 포장되었지만, 이러한 신화에 장점이 없는 것은 아니다. 자유로운 표현이 원칙의 문제이자 권력에 대한 견제로서 그 자체로 정당화된다는 생각은 타당하다. 그러나 때로는 그 대가가 과하다. 진실은 항상 승리하지 못하고 공론의 장은 억제될 수 없다. 이는 새로운 미디어 기술이 정보 공간을 범람시키면서 끊임없이 재학습된 교훈이다. 1938년, Orson Welles와 그의 Mercury Theater 극단은 H. G. Wells의 소설 '세계대전'의 라디오 공연을 생중계했다. 이 프로그램이 실제 공황을 촉발했다는 증거는 많지 않지만, Welles는 방송의 시작과 끝에 그것이 실제 사건에 대한 뉴스 보도가 아닌 드라마 공연이었다는 사실을 밝혔음에도, 이 방송이 주요 신문의 취재를 받은 것으로 알고 있다. 이 라디오는 이미 1934년에 결성된 연방통신위원회의 규제를 받고 있었지만, 한 매체(라디오)가 다른 매체(신문)와 대립하였다.

> 보통 자유롭고 개방적인 아이디어 교환이 미국 민주주의의 (A) 초석이라고 믿어왔지만, 1938년 라디오 생방송의 경우처럼 새로운 미디어를 통해 의도치 않고 통제할 수 없는 허위 사실 (B) 유포가 대가를 치를 수 있다.

[25~26]

[핵심어휘]
- emit 내다, 방출하다
- ultrasonic 초음파의
- frequency 진동수, 주파수
- echo 울림, 반향
- intensity 강도, 세기
- sensitivity 감도, 민감도
- constant frequency(CF) 일정 주파수
- broadband (주파수의) 광대역
- modulated 변조된
- chirp 짹짹[찍찍]거리다, 지저귀다
- non-linear 비선형의
- the Allied powers 연합국
- with respect to ~에 관하여, ~에 대해서
- rectangular 사각형의, 장방형의
- resolution 해상도

□ discrimination 식별, 차별

□ compression 압축, 응축

□ bang 쾅[탕]하고 치다[때리다]

□ echolocation 반향 위치 측정, 전자파 반사법

□ aviation 비행, 항공

□ receptor 수용기, 감각기

[본문해석]

자연 진화는 오늘날에도 큰 관심을 받고 있는 <u>신호 유형과 탐지 및 위치 파악 기술을 만들어냈다</u>. 박쥐는 지속적인 연구의 대상이다. 박쥐는 입(일부는 코로)으로 칩(chip)이라고 불리는 단거리 초음파 신호(100kHz를 훨씬 넘는 주파수)를 방출하거나, 수 미터 떨어져 있는 물체를 클릭(click)하여 반향을 듣는다. 박쥐의 뇌는 각 귀가 감지하는 반향의 지연, 주파수 및 세기를 기반으로 물체의 정확한 위치를 재구성한다. 박쥐의 주요 먹이인 곤충의 위치를 알아내기 위해서는 수 미터 떨어진 거리에서도 큰 민감도가 필요하다. 방출되는 신호는 좁은 대역의 일정 주파수(CF)와 광대역(주파수 변조, FM 또는 Chirp) 요소를 모두 가지고 있다. 선형 주파수 변조 신호인 Chirp(비선형 변조로의 진화를 포함)는 박쥐가 방출하는 신호 중 하나로, 1942년부터 1942년까지 독일과 연합군 모두에서 레이더 응용을 위해 연구해 왔다. 박쥐가 방출하는 신호에 대한 최초의 분석은 불과 4~5년 전으로 거슬러 올라간다는 점에서 주목할 만하다. 평균 지속 시간과 에너지의 일반적인 장방형 펄스와 관련하여, 이러한 유형의 신호는 거리 측정에서 식별과 같은 범위 해상도 능력을 극적으로 향상시킬 수 있다. 신호뿐만 아니라 박쥐가 장애물과 먹이를 찾는 과정도 레이더 시점에서 큰 관심을 끌 수 있다. 전하는 바에 따르면 Chirp(새의 짹짹거리는 소리를 식별하는)이란 명칭은 1950년대에 펄스 압축을 개발한 미국의 실험가 중 한 명인 B.M. Oliver가 레이더는 "쾅 소리가 아니라 짹짹 소리로 방출해야 한다"고 말한 것에서 유래했다.

| 25 | 글의 제목 파악하기 | ① |

[정답해설]

제시문에 따르면 박쥐는 칩(Chip)이라고 불리는 단거리 초음파 신호를 방출하고, 수 미터 떨어져 있는 물체를 클릭(Click)하여 반향을 듣고, 독일과 연합군 모두에서 레이더 응용을 위해 연구된 선형 주파수 변조 신호인 처프(Chirp)를 방출한다고 설명하고 있다. 그러므로 ①의 'When Bats Chirp, We Learn about Radar(박쥐가 짹짹거릴 때, 레이더에 대해 배운다)'가 제시문의 제목으로 가장 적절하다.

[오답해설]

② 군비 경쟁: 레이더 기술의 어머니

③ 안타깝네요! 박쥐가 레이더에 관해 보여준 것을 간과하다니

④ 박쥐의 반향 위치: 먹이 탐지 및 포획을 위한 적응

⑤ 칩, 클릭, 처프: 군사 정보를 위한 동물의 활용

| 26 | 빈칸 추론하기 | ⑤ |

[정답해설]

제시문에 박쥐가 방출하는 칩(Chip), 클릭(Click), 처프(Chrip)의 신호 유형과 먹이나 장애물을 탐지하고 그 위치를 파악하는 기술은 오늘날의 레이더 기술에 접목되어 큰 관심을 보이고 있다고 서술되어 있다. 그러므로 ⑤의 '신호 유형과 탐지 및 위치 파악 기술을 만들어냈다'가 빈칸에 들어갈 말로 가장 적절하다.

[오답해설]

① 항공 부문에서 공기 장치의 가치를 강조했다

② 깊이 인식, 탐색 및 시각 해상도를 가르쳤다

③ 수동 수용기를 사용하여 전기 신호를 감지하는 방법을 밝혀냈다

④ 기술의 진정한 정의와 올바른 기능을 소개했다

[27~28]

[핵심어휘]

□ reservoir 저장소, 저장고

□ succeeding generation 다음 세대

□ discursive 담론의

□ artefact 인공물[가공품], 유물

□ conviction 신념, 확신

□ posterity 후세, 후대

□ stable 안정적, 고정적 ↔ unstable 불안정적, 유동적

□ sentiment 정서, 감성

□ continual 거듭되는, 끊임없는

□ biography (위인) 전기

□ cultural competence 문화 역량

□ transition 전환, 변환, 전이

□ designate 지정하다, 임명하다

□ criteria 규준, 표준, 기준

[본문해석]

문화유산은 좁은 의미에서 보존 가치가 있고 다음 세대로 전승될 가치가 있다고 인정되는 문화적 요소의 저장소로 이해할 수 있다. 그러나 넓은 의미의 문화유산은 과거의 문화 자원과 그 중요성이 사회적 상호작용을 통해 구성되는 역동적인 담론 영역으로 이해된다. 이 담론 영역에서 (a) <u>추출되면</u>, 저장소는 다양한 형태로 내재된 공허하고 무의미한 유물과 아이디어의 집합체에 불과하다. 이러한 문화유산에 대한 이해는 Maurice Halbwachs가 소개한 (b) <u>집단</u> 기억이라는 개념에 뿌리를 두고 있다. 그는 과거에 대한 우리의 기억이 사회적으로 구성되어 있다고 주장한다. 어느 정도 사회적 조건은 우리가 무엇을 어떻게 기억하는지를 결정한다. Eric Hobsbawn과 Terence Ranger는 전통과 문화유산이 사회적으로 결정되는 현상을 강조하며, 그는 전통이 재현

되는 것이 아니라 (c) 창조되는 것으로 생각한다.

문화유산의 담론적 성격에 대한 믿음은 어떤 유물과 행동 패턴이 후손에게 전승되어야 하는지를 결정하는 기준이 (d) 고정적(→ 유동적)이라는 확신에 기반을 둔다. 한편으로, 문화유산의 저장소는 선택의 대상이 되며 글로벌 흐름, 신기술, 경제, 문화 정책 또는 의사 결정자의 정서에 의해 결정된다. 다른 한편으로, 이러한 저장소는 문화에 참여하는 개인의 사회적 위치, 배경, 전기, 문화 역량에 의해 영향을 받는 끊임없는 재해석의 대상이다. 사회적 상호작용은 문화유산 전환의 (e) 본질이다.

27   글의 주제 파악하기   ③

[정답해설]

제시문의 서두에서 넓은 의미의 문화유산은 과거의 문화 자원과 그 중요성이 사회적 상호작용을 통해 구축되는 역동적인 담론 영역으로 이해된다고 설명하고 있다. 또한 문화유산의 이해에 대해 과거에 대한 우리의 기억이 사회적으로 구성되어 있다고 주장한 Maurice Halbwachs의 '집단 기억'을 소개하고 있다. 그러므로 ③의 '사회 구성으로서의 문화유산의 담론적 특성'이 제시문의 주제로 가장 적절하다.

[오답해설]

① 문화유산 보존의 중요성
② 문화유산 유물의 저장소 건설 절차
④ 세계유산 지정을 위한 사회단체들의 담론적 노력
⑤ 역사적 가치를 기준으로 유물을 분류하는 확립된 기준

28   문맥상 부적절한 낱말 고르기   ④

[정답해설]

stable → unstable

해당 문장에서 어떤 유물과 행동 패턴이 후손에게 전승되어야 하는지를 결정하는 기준은 다음 문장에서 문화유산의 저장소가 선택의 대상이 되며 글로벌 흐름, 신기술, 경제, 문화 정책 또는 의사 결정자의 정서에 의해 결정된다고 하였다. 즉, 불변하는 것이 아니라 여러 요인에 의해 변화될 수 있으므로, (d)의 'stable(고정적)'은 글의 흐름상 'unstable(유동적)'으로 고쳐 써야 옳다.

[29~30]

[핵심어휘]

▫ without a sliver of doubt 의심이 여지 없이
▫ hatch a plan to ~할 계획을 세우다[도모하다]
▫ reasoning 추리, 추론
▫ flunk 낙제하다, 떨어지다
▫ be cut out to ~에 자질이 있다
▫ drop out 중퇴하다
▫ perturbed 혼란스러운, 동요된
▫ peer 또래, 동료
▫ a small bump in the road 사소한 문제, 스쳐가는 시련
▫ supportive 지원하는, 지지하는
▫ accolade 표창, 수상
▫ more than one occasion 여러 번, 한번 이상
▫ stereotype 고정 관념
▫ cut out for ~에 적합하여
▫ career path 출세의 길, 유망한 직업
▫ minor setback 사소한 좌절[실패]
▫ midterm 중간의, 중간고사의
▫ upset 속상하게 만들다, 마음이 상하다
▫ shrug off 어깨를 움츠리다, 대수롭지 않게 여기다
▫ juggling 저글링, 곡예
▫ sorority 여학생 클럽
▫ obligation 의무, 책무

[본문해석]

(A)

Sarah는 의사가 되는 꿈을 꾸었다. 초등학교 때부터, 그녀는 자신이 의학 박사가 되리라는 사실을 조금도 의심치 않았다. 어느 날, 어릴 때 친구인 Amanda가 (a) 그녀의 집을 방문했다. 그녀 또한 의학 분야에서 경력을 쌓고 싶다는 꿈을 갖고 있었기 때문에, 두 사람은 같은 아이비리그 학교에 다니기로 계획을 세웠다. Sarah와 Amanda의 부모님은 두 친구가 대학에 진학하는 것에 동의했지만, 딸이 선택한 길에 상당히 다른 태도를 보였다.

(C)

Sarah의 부모님은 지지해 주셨다. 그들은 인생의 성공을 학교 성적과 수상에 두기 보단 자신의 개인적 가치관을 파악하고 이해하도록 당부했다. Sarah는 Amanda의 부모님이 그녀의 계획에 대해 어떻게 생각하는지 물었다. 그녀는 부모님이 여러 번 우려를 표명했다고 밝혔다. 이것은 Amanda가 학업에 재능이 있었기 때문에 (d) 그녀를 놀라게 했다. '여자아이는 과학을 못 한다'는 고정관념이 있는 문화에서 딸을 키우기 때문에, Amanda의 부모님이 그녀가 그 진로에 적합한지 아닌지 의문을 품었다.

(D)

대학에 입학한 후, 그 친구들은 처음으로 사소한 좌절을 경험했다. 그들은 중간고사 생물학 시험에서 나쁜 성적을 받았다.

Amanda는 속이 상했다. 그녀는 좋지 못한 성적으로 인해 부모님이 줄곧 말씀하신 게 옳다고 느꼈다. Sarah는 실망했지만 그저 대수롭지 않게 여겼다. 그녀는 친구에게 (e) 그녀가 저글링 수업, 사교 행사, 여학생 클럽 가입 의무가 있는 새로운 장소에서 생애 처음으로 가족과 떨어져 살고 있다는 사실을 상기시켰다.

(B)

Amanda는 여전히 (b) 그녀의 논리에 설득되지 않았다. 그녀가 그런 기본적인 시험에 낙제한다면, 의사가 될 자질이 없는 것이 분명하지 않을까? 그녀는 진로를 변경하는 것을 고려했고, 심지어 중퇴하는 것까지도 생각했다. Sarah는 동요하지 않았다. 그녀의 개인적인 가치관은 단지 (c) 그녀가 '과학을 못한다'는 이유로 학우들만큼 학업을 잘 수행하지 못한다는 위험한 문화적 견해에 빠지지 않도록 보호했다. 이것은 사소한 문제일 뿐이며 Sarah는 몇 년 후 두 친구 모두 의사의 꿈을 이루게 될 거라고 믿고 있었다.

| 29 | 글의 배열순서 정하기 | ③ |

[정답해설]
글 (A)에서 의사가 꿈인 Sarah와 Amanda의 진로 선택에 대해 각 부모님들은 다른 태도를 보였다고 서술하고 있고, 글 (C)에서 Sarah의 부모님은 지지해 주셨지만 Amanda의 부모님은 우려를 표명했다고 서술하고 있다. 그러므로 글 (A) 다음에 글 (C)가 와야 한다. 또한 글 (D)에서 대학에 입학한 후 치른 생물학 시험을 잘 못 본 것에 대해 Sarah는 대수롭지 않게 여기는 반면, 글 (B)에서 Amanda는 중퇴하는 것까지 고려하며 전혀 다른 입장차를 보인다. 그러므로 글 (D) 다음에 글 (B)가 와야 한다. 따라서 전체적인 글의 흐름상 글 (A) 다음에 (C) – (D) – (B) 순으로 이어져야 한다.

| 30 | 지칭 대상과 다른 것 고르기 | ⑤ |

[정답해설]
(a), (b), (c), (d)는 모두 Sarah를 가리키나, (e)의 'she'는 Amanda를 가리킨다.

2025학년도 기출문제 정답 및 해설

2025학년도

[수학]
정답 및 해설

[수학] 2025학년도 | 정답

01	④	02	⑤	03	③	04	②	05	⑤
06	①	07	②	08	②	09	③	10	⑤
11	④	12	②	13	③	14	①	15	③
16	10	17	25	18	36	19	64	20	118
21	19	22	156						

[확률과 통계]

23	⑤	24	②	25	③	26	④	27	④
28	②	29	165	30	13				

[미적분]

23	①	24	③	25	③	26	④	27	④
28	⑤	29	15	30	30				

[기하]

23	⑤	24	⑤	25	①	26	①	27	③
28	②	29	220	30	40				

[수학] 2025학년도 | 해설

01 　　　　지수의 계산　　　　④

$$(3^{-1}+3^{-2})^{\frac{1}{2}}=\left(\frac{1}{3}+\frac{1}{9}\right)=\left(\frac{4}{9}\right)^{\frac{1}{2}}=\frac{\sqrt{4}}{\sqrt{9}}=\frac{2}{3}$$

02 　　　　미분계수　　　　⑤

$$\lim_{h\to 0}\frac{f(1+h)-f(1)}{h}=f'(1),\ f'(x)=6x-1$$
$$\therefore f'(1)=6-1=5$$

03 　　　　등비수열　　　　③

등비수열 $\{a_n\}$의 첫째항부터 제n항까지의 합이 S_n이므로

$$\frac{S_7-S_4}{S_3}$$
$$=\frac{(a_7+a_6+a_5+a_4+a_3+a_2+a_1)-(a_4+a_3+a_2+a_1)}{(a_3+a_2+a_1)}$$
$$=\frac{a_7+a_6+a_5}{a_3+a_2+a_1}$$

등비수열 $\{a_n\}$의 첫째항을 a, 공비를 r이라 하면
$\{a_n\}$의 일반항은 ar^{n-1}이므로

$$\frac{a_7+a_6+a_5}{a_3+a_2+a_1}=\frac{ar^6+ar^5+ar^4}{ar^2+ar+a}=\frac{ar^4(r^2+r+1)}{a(r^2+r+1)}$$
$$=r^4=\frac{1}{9}$$

따라서, $\dfrac{a_5}{a_7}=\dfrac{ar^4}{ar^6}=\dfrac{1}{r^2}$이므로

$$\therefore \frac{1}{r^2}=3$$

04 　　　　곱의 미분　　　　②

$g(x)=(x^3+2x+2)f(x)$에서
$g'(x)=(3x^2+2)f(x)+(x^3+2x+2)f'(x)$
이때, $g'(1)=10$이므로

정답 및 해설

$$g'(1)=(3+2)f(1)+(1+2+2)f'(1)=5f(1)+5f'(1)$$
$$=10$$
$$\therefore f(1)+f'(1)=2$$

---

05 삼각함수 ⑤

함수 $y=a\sin ax+b$(단, $a>0$)에서

주기는 $\dfrac{2\pi}{|a|}$이고, 최솟값은 $-a+b$이므로

$$\dfrac{2\pi}{|a|}=\pi,\ a=2$$
$$-a+b=-2+b=5,\ b=7$$
$$\therefore a+b=9$$

---

06 함수의 극한 ①

다항함수 $f(x)$에서 $\displaystyle\lim_{x\to\infty}\dfrac{x^2}{f(x)}=2$이므로

$f(x)$는 최고차항의 계수가 $\dfrac{1}{2}$인 이차함수이다.

또한 $\displaystyle\lim_{x\to3}\dfrac{f(x-1)}{x-3}=4$에서 $f(2)=0$이므로

$f(x)$는 $(x-2)$를 인수로 가진다.

따라서 $f(x)=\dfrac{1}{2}(x-2)(x-k)$이므로

$$\lim_{x\to3}\dfrac{f(x-1)}{x-3}=\lim_{x\to3}\dfrac{\dfrac{1}{2}(x-1-2)(x-1-k)}{x-3}$$
$$=\lim_{x\to3}\dfrac{\dfrac{1}{2}(x-3)(x-1-k)}{x-3}=\lim_{x\to3}\dfrac{1}{2}(x-1-k)$$
$$=\dfrac{1}{2}(2-k)=4,\ k=-6$$

따라서 $f(x)=\dfrac{1}{2}(x-2)(x+6)$이므로

$$\therefore f(4)=\dfrac{1}{2}\times(4-2)\times(4+6)=10$$

---

07 수열 ②

$\displaystyle\sum_{k=1}^{10}(2a_k+b_k+k)=60,\ \sum_{k=1}^{10}(a_k-2b_k+1)=10$에서

$\displaystyle\sum_{k=1}^{10}a_k=A,\ \sum_{k=1}^{10}b_k=B$라고 하면

$$\sum_{k=1}^{10}(2a_k+b_k+k)=2\sum_{k=1}^{10}a_k+\sum_{k=1}^{10}b_k+\dfrac{10\times11}{2}$$
$$=2A+B+55=60$$
$$\therefore 2A+B=5$$

$$\sum_{k=1}^{10}(a_k-2b_k+1)=\sum_{k=1}^{10}a_k-2\sum_{k=1}^{10}b_k+10$$
$$=A-2B+10=10$$
$$\therefore A=2B$$

따라서 $A=2,\ B=1$

$$\therefore \sum_{k=1}^{10}(a_k+b_k)=\sum_{k=1}^{10}a_k+\sum_{k=1}^{10}b_k=A+B=3$$

---

08 부정적분 ②

이차함수 $f(x)$는 최고차항의 계수가 3이므로 $f(x)$의 부정적분인 $F(x)$는 최고차항의 계수가 1인 삼차함수임을 알 수 있다.

또한 $f(1)=F'(1)=0,\ F(1)=0$이므로

$$\therefore F(x)=(x-1)^2(x-k)$$
$$F(2)=(2-1)^2(2-k)=4,\ k=-2$$

따라서 $F(x)=(x-1)^2(x+2)$이므로

$$F(3)=(3-1)^2\times(3+2)=20$$

---

09 적분의 활용 ③

두 점 $P,\ Q$의 시각 $t(t\geq0)$에서의 속도가 각각 $v_1(t),\ v_2(t)$이므로 이때의 거리를 각각 $x_1(t),\ x_2(t)$라 하면

$x_1(t),\ x_2(t)$는 속도 $v_1(t),\ v_2(t)$를 적분한 값으로 다음과 같다.

$$x_1(t)=2t^3-9t^2+7t+9,\ x_2(t)=t^2+t+1$$

두 점 $P,\ Q$사이의 거리가 $f(t)$이므로

$$f(t)=|x_1(t)-x_2(t)|$$
$$=|(2t^3-9t^2+7t+9)-(t^2+t+1)|$$
$$=|2t^3-10t^2+6t+8|$$

이때, $g(t)=2t^3-10t^2+6t+8$라 하면

$g'(t)=6t^2-20t+6=2(3t-1)(t-3)$이므로

함수 $g(t)$는 $\dfrac{1}{3}$에서 극댓값을 갖고, 3에서 극솟값을 갖는다.

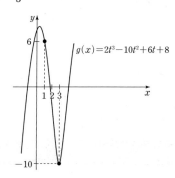

함수 $f(x)$는 위의 그래프에 절댓값을 씌운 함수이므로 닫힌구간 $[1,\ 3]$에서 함수 $f(t)$의 최댓값은

$f(3)=|-10|=10$

---

10   로그함수의 그래프   ⑤

두 곡선 $y=\log_2(x+1)$, $y=\log_{\frac{1}{2}}(-x)+1$에 $x=t$를 대입하여 점 A, B의 좌표를 구하면
$A(t, \log_2(t+1))$, $B(t, \log_{\frac{1}{2}}(-t)+1)$
이때, $\overline{AB}=\log_2 9$이므로
$\overline{AB}=\log_{\frac{1}{2}}(-t)+1-\log_2(t+1)$
$\qquad =-\log_2(-t)+1-\log_2(t+1)=\log_2 9$
따라서,
$\log_2(-t)+\log_2(t+1)+\log_2 9=1$,
$\log_2 9(-t)(t+1)=1$, $-9t^2-9t=2$
$9t^2+9t+2=0$, $(3t+2)(3t+1)=0$
이때, t의 범위가 $-\dfrac{1}{2}<t<0$이므로 $t=-\dfrac{1}{3}$

따라서 점 B의 좌표는 $B\left(-\dfrac{1}{3}, \log_{\frac{1}{2}}\left(\dfrac{1}{3}\right)+1\right)$이다.
점 B와 점 C의 y의 좌표가 동일함으로 점 C의 x좌표를 k라 하면
$\log_2(k+1)=\log_{\frac{1}{2}}\left(\dfrac{1}{3}\right)+1=\log_2 3+\log_2 2=\log_2 6$
$\therefore k=5$
따라서 선분 $\overline{BC}$의 길이는 $\dfrac{1}{3}+5=\dfrac{16}{3}$

---

11   대칭함수, 함수의 추론   ④

주어진 조건을 활용하여 함수 $f(x)$를 구해보면,
(i) 사차함수 $f(x)$는 최고차항의 계수가 -1이다.

(ii) 조건 (가)에서
  모든 실수 x에 대하여 $f(3-x)=f(3+x)$이므로
  $f(x)$는 $x=3$에서 대칭인 함수이다.

(iii) 조건 (나)에서
  함수 $f(x)$의 최댓값을 $g(t)$라 할 때, $-1\le t\le 1$인 모든 실수 t에 대하여 $g(t)=g(1)$이므로 이는 즉, $-1\le t\le 1$범위 사이에 있는 모든 t의 값에서 함수 $f(x)$의 최댓값이 $g(1)$로 고정됨을 의미한다.
  t의 값에 $-1\le t\le 1$범위의 실수를 대입해보면
  $t=1$일 때, 닫힌구간 $[0, 2]$에서의 최댓값,
  $t=-1$일 때, 닫힌구간 $[-2, 0]$에서의 최댓값,
  $t=0$일 때, 닫힌구간 $[-1, 1]$에서의 최댓값,

...

따라서 $-1\le t\le 1$인 모든 실수 t에 대하여 닫힌구간 $[t-1, t+1]$은 항상 0을 포함하므로 $f(0)$일 때 최댓값을 갖고, 이는 닫힌구간 $[0, 2]$에서의 최댓값이므로, 함수 $f(x)$는 $x=0$에서 극댓값을 갖는다.
위의 (i), (ii), (iii)을 조합한 함수 $f(x)$의 그래프는 다음과 같다.

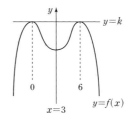

따라서 $f(x)=-x^2(x-6)^2+k$이고 $f(2)=0$이므로
$f(2)=-2^2\times(2-6)^2+k=-4\times16+k=0$, $k=64$
$\therefore f(5)=-5^2\times(5-6)^2+64=-25\times1+64=39$

---

12   거듭제곱   ②

2이상의 자연수 n에 대하여 $-(n-k)^2+8$의 n제곱근 중 실수인 것의 개수가 $f(n)$이므로
$x^n=-(n-k)^2+8$이라 하면
n이 홀수인 경우 $-(n-k)^2+8$의 부호와 관계없이 n제곱근 중 실수인 것의 개수는 1개이다.
따라서
$f(3)+f(4)+f(5)+f(6)+f(7)$
$=1+f(4)+1+f(6)+1=7$, $f(4)+f(6)=4$
또한, n이 짝수인 경우 $-(n-k)^2+8$의 n제곱근 중 실수인 것의 개수는 0개 or 1개 or 2개 이므로
$f(4)=2$, $f(6)=2$이 되어야 한다.
따라서 이를 만족하기 위해서는
(i) $-(4-k)^2+8>0$, $(4-k)^2<8$이므로
  가능한 자연수 $k=2, 3, 4, 5, 6$
(ii) $-(6-k)^2+8>0$, $(6-k)^2<8$이므로
  가능한 자연수 $k=4, 5, 6, 7, 8$
  이때, (i)과 (ii)를 모두 만족하는 자연수 k는 $4, 5, 6$이므로
  $4+5+6=15$

---

13   함수의 연속   ③

x에 대한 방정식 $\{f(x)-t\}\{f(x-1)-t\}=0$에서
$f(x)=t$, $f(x-1)=t$이고, $f(x)$의 그래프를 x축의 방향으로

$+1$만큼 이동하면 $f(x-1)$의 그래프가 된다.

이때, $f(x)=2x(2-x)$이므로 $f(x)$, $f(x-1)$을 그래프로 나타내면 $0\leq x\leq 3$, $-6\leq t\leq 2$의 범위에서 다음과 같다.

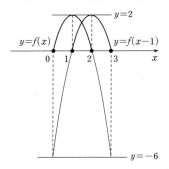

함수 $g(t)$는 $\{x\,|\,0\leq x\leq 3\}$에 속하는 가장 큰 값과 가장 작은 값의 차이 이므로 $g(t)$의 그래프는 위의 그래프에서 x축을 기준으로

$t>0$일 때 $y=t=2$에서 $2-1=1$이고, $y=t=0$에 가까워지면서 점점 1보다 커지다가 최종적으로 $y=t=0$에서 $3-0=3$의 값을 가지게 되고,

$t<0$일 때 $y=t=-6$에서 $3-0=3$이고, $y=t=0$에 가까워지면서 점점 3보다 작아지다가 최종적으로 $y=t=0$에서 $2-1=1$의 값을 가지게 된다.

따라서 함수 $g(t)$가 불연속이 되는 t의 값은 $a=0$이다.

$$\therefore \lim_{t\to a-}g(t)+\lim_{t\to a+}g(t)=(2-1)+(3-0)=4$$

14 수열의 추론 ①

주어진 조건 (나)에서

2이상의 모든 자연수 n에 대하여 $\sum_{k=1}^{n}a_k=2|a_n|$이므로 $n=2$를 대입하면 $a_1+a_2=2|a_2|$

이때, 조건 (가)에서 $a_2=27$이므로

$a_1+a_2=2|a_2|$, $a_1+27=2\times27$

$\therefore a_1=27$

또한, $\sum_{k=1}^{n}a_k=2|a_n|$에 $n=3$을 대입하면

$a_1+a_2+a_3=2|a_3|$, $27+27+a_3=2|a_3|$

이때, $a_3>0$일 때, $a_3<0$일 때로 경우를 나누면

(i) $a_3>0$일 때

$54+a_3=2a_3$, $\therefore a_3=54$

$\sum_{k=1}^{n}a_k=2|a_n|$에 $n=4$를 대입하면

$a_1+a_2+a_3+a_4=2|a_4|$, $27+27+54+a_4=2|a_4|$

이때, 조건 (가)에서 $a_3a_4>0$이므로 a_3과 a_4의 부호는 같고 $a_3>0$이므로 $a_4>0$이어야 한다.

따라서 $108+a_4=2a_4$, $\therefore a_4=108$

이어서 $\sum_{k=1}^{n}a_k=2|a_n|$에 $n=5$를 대입하면

$a_1+a_2+a_3+a_4+a_5=2|a_5|$,

$27+27+54+108+a_5=2|a_5|$

$a_5>0$이면, $216+a_5=2a_5$, $\therefore a_5=216$

$a_5<0$이면, $216+a_5=-2a_5$, $\therefore a_5=-72$

(ii) $a_3<0$일 때

$54+a_3=-2a_3$, $\therefore a_3=-18$

$\sum_{k=1}^{n}a_k=2|a_n|$에 $n=4$를 대입하면

$a_1+a_2+a_3+a_4=2|a_4|$, $27+27-18+a_4=2|a_4|$

상기 (i)에서와 마찬가지로 a_3과 a_4의 부호가 같고 $a_3<0$이므로 $a_4<0$이어야 한다.

따라서 $36+a_4=-2a_4$, $\therefore a_4=-12$

이어서 $\sum_{k=1}^{n}a_k=2|a_n|$에 $n=5$를 대입하면

$a_1+a_2+a_3+a_4+a_5=2|a_5|$,

$27+27-18-12+a_5=2|a_5|$

$a_5>0$이면, $24+a_5=2a_5$, $\therefore a_5=24$

$a_5<0$이면, $24+a_5=-2a_5$, $\therefore a_5=-8$

(i), (ii)을 종합하면 $a_5=216$, 24, -8, -72

$|a_5|$의 최댓값과 최솟값이 각각 M, N이므로

$M=|216|=216$, $N=|-8|=8$

$\therefore M+N=216+8=224$

15 함수의 미분가능성 ③

삼차함수 $f(x)$는 최고차항의 계수가 1이고

$f'(0)=f'(2)=0$이므로

$f'(x)=3x(x-2)=3x^2-6x$, $f(x)=x^3-3x^2+C$

또한, 양수 p와 함수 $f(x)$에 대하여 함수

$$g(x)=\begin{cases} f(x) & (f(x)\geq x) \\ f(x-p)+3p & (f(x)<x) \end{cases}$$

이므로 이는, 함수 $y=f(x)$와 직선 $y=x$를 비교하여

$f(x)\geq x$이면, 함수 $f(x)$의 그래프가 그려지고

$f(x)<x$이면, 함수 $f(x)$를 x축으로 p만큼, y축으로 $3p$만큼 이동시킨 그래프가 그려진다.

이때, 함수 $g(x)$가 실수 전체의 집합에서 미분이 가능하려면 함수 $f(x)$의 그래프는 다음과 같아야 한다.

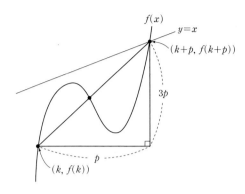

위의 그래프에서 점 $(k, f(k))$과 점 $(k+p, f(k+p))$의 기울기가 동일해야 하므로

$f'(k)=f'(k+p)$, $3k^2-6k=3(k+p)^2-6(k+p)$,

$3k^2-6k=3k^2+6kp+3p^2-6k-6p$,

$6kp+3p^2-6p=0$,

$\therefore p=-2k+2$

또한, $f(k+p)-f(k)=3p$ 이므로

$k^3+3k^2p+3kp^2+p^3-3k^2-6kp-3p^2+C-k^3+3k^2-C=3p$, $3k^2p+3kp^2+p^3-6kp-3p^2=3p$

$\therefore 3k^2+3kp+p^2-6k-3p=3$

이때, $p=-2k+2$를 대입하면

$3k^2+3k(-2k+2)+(-2k+2)^2-6k-3(-2k+2)=3$,

$3k^2-6k^2+6k+4k^2-8k+4-6k+6k-6-3=0$,

$k^2-2k-5=0$, $k=1\pm\sqrt{6}$

만약, $k=1+\sqrt{6}$이라면 $p=-2\sqrt{6}$로 음수가 되므로

$\therefore k=1-\sqrt{6}$, $p=2\sqrt{6}$

이때, 점 $(k+p, f(k+p))$는 직선 $y=x$위에 있으므로

점 $(1+\sqrt{6}, 1+\sqrt{6})$로 표현할 수 있다.

따라서 $f(x)=x^3-3x^2+C$에서

$f(1+\sqrt{6})=(1+\sqrt{6})^3-3(1+\sqrt{6})^2+C=1+\sqrt{6}$,

$1+3\sqrt{6}+18+6\sqrt{6}-3-6\sqrt{6}-18+C=1+\sqrt{6}$.

따라서 $C=3-2\sqrt{6}$이므로

$\therefore f(0)=3-2\sqrt{6}$

---

16   지수의 부등식   10

$4^x-9\times 2^{x+1}+32\leq 0$에서 $2^{2x}-18\times 2^x+32\leq 0$

$2^x=t$라고 하면

$t^2-18t+32\leq 0$, $(t-2)(t-16)\leq 0$,

$2\leq t\leq 16$, $2\leq 2^x\leq 16$이므로

이를 만족하는 $x=1$, 2, 3, 4이다.

따라서 모든 정수 x의 값의 합은 10

---

17   등차수열   25

등차수열 $\{a_n\}$의 공차가 0이 아니므로

$|a_5|=|a_{13}|$에서 $a_5=-a_{13}$, $a_5+a_{13}=0$이다.

$\therefore 2a_9=0$, $a_9=0$

또한, $a_{12}=50$이므로 등차수열 $\{a_n\}$의 공차를 d라고 하면 $3d=5$

$\therefore a_{24}=a_{12}+12d=5+20=25$

---

18   기함수와 적분   36

함수 $f(x)$는 최고차항의 계수가 1이고 조건 (가)에서 모든 실수 x에 대하여 $f(-x)=-f(x)$이므로 원점 대칭인 기함수임을 알 수 있다.

따라서 $f(x)=x^3+ax$라 하면

조건 (나)에서

$2\displaystyle\int_0^2 xf(x)dx=2\int_0^2(x^4+ax^2)dx=\dfrac{144}{5}$.

$\dfrac{1}{5}\times 2^5+\dfrac{1}{3}a\times 2^3=\dfrac{72}{5}$, $\dfrac{32}{5}+\dfrac{8}{3}a=\dfrac{72}{5}$

$\dfrac{8}{3}a=\dfrac{40}{5}$, $a=3$

따라서 $f(x)=x^3+3x$이므로,

$\therefore f(3)=27+9=36$

---

19   삼각함수의 활용   64

$\triangle ABC$에서 선분 $\overline{AP}=\overline{QC}=k$, $\angle BAC=\theta$라 하고 코사인 법칙을 이용하면

$13^2=10^2+7^2-2\times 7\times 10\times\cos\theta$,

$169=100+49-140\times\cos\theta$, $\cos\theta=-\dfrac{1}{7}$

따라서 $\sin\theta=\sqrt{1-\dfrac{1}{49}}=\dfrac{4\sqrt{3}}{7}$

$\triangle APQ=\triangle ABC-\square PBCQ$ 이므로

$\triangle APQ=\dfrac{1}{2}\times 7\times 10\times\dfrac{4\sqrt{3}}{7}-14\sqrt{3}$

$=20\sqrt{3}-14\sqrt{3}=6\sqrt{3}$

이때, 선분 $\overline{AQ}$의 길이는 $10-k$이므로

$\triangle APQ=\dfrac{1}{2}\times k\times(10-k)\times\dfrac{4\sqrt{3}}{7}=6\sqrt{3}$,

$k^2-10k+21=0$, $(k-3)(k-7)=0$

$\therefore k=3$

따라서

$\overline{PQ}^2=3^2+7^2-2\times 3\times 7\times\left(-\dfrac{1}{7}\right)=9+49+6=64$

20	접선의 기울기	118

최고차항의 계수가 1인 삼차함수 $f(x)$에 대하여 함수 $f'(x)$는 조건 (가)에서 직선 $x=2$에 대하여 대칭이므로 함수 $f(x)$는 점 $(2, f(2))$에 대하여 점대칭이고, $f'(x)=3(x-2)^2+b$라 할 수 있다.

또한 함수 $g(x)=|f(x)|$일 때, 조건 (나)에서 함수 $g(x)$는 $x=5$에서 미분가능하고, 점 $(5, g(5))$에서의 접선이 $(0, g(0))$에서 접함으로 이를 만족하는 함수 $g(x)$의 그래프는 다음과 같다.

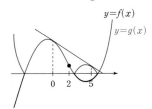

위의 그래프에서 점 $(0, g(0))$와 점 $(5, g(5))$에서의 기울기가 같으므로 $f'(0)=-f'(5)$, $12+b=-27-b$,

$$\therefore b=-\frac{39}{2}$$

이때, 접선의 기울기는 $f'(0)=12-\frac{39}{2}=-\frac{15}{2}$이고

점 $(0, g(0))$에서의 접선 $y=-\frac{15}{2}(x-0)+f(0)$과

점 $(5, g(5))$에서의 접선 $y=-\frac{15}{2}(x-5)-f(5)$이 같으므로

위의 두 식을 전개하면

$y=-\frac{15}{2}x+f(0)$, $y=-\frac{15}{2}x+\frac{75}{2}-f(5)$이다.

따라서 $f(0)=\frac{75}{2}-f(5)$

함수 $f(x)=(x-2)^3-\frac{39}{2}x+C$라고 할 때,

$f(0)=-8+C$ 이고 $\frac{75}{2}-f(5)=108-C$이므로

$\therefore C=58$

$g(8)=|f(8)|$이므로

$$|f(8)|=\left|(8-2)^3-\frac{39}{2}\times 8+58\right|$$

$$=|216-156+58|=118$$

21	삼각함수의 그래프	19

함수 $f(x)=\cos^2\left(\frac{13}{12}\pi-2x\right)+\sqrt{3}\cos\left(2x-\frac{7}{12}\pi\right)-1$

에서 $\left(2x-\frac{7}{12}\pi\right)=k$라고 하면

$f(x)=\cos^2\left(\frac{13}{12}\pi-2x\right)+\sqrt{3}\cos\left(2x-\frac{7}{12}\pi\right)-1$

$=\cos^2\left(\frac{\pi}{2}+k\right)+\sqrt{3}\cos k-1$

$=\sin^2 k+\sqrt{3}\cos k-1$

$=1-\cos^2 k+\sqrt{3}\cos k-1$

$=-\cos^2 k+\sqrt{3}\cos k$

$=-\left(\cos^2 k-\sqrt{3}\cos k+\frac{3}{4}\right)+\frac{3}{4}$

$=-\left(\cos k-\frac{\sqrt{3}}{2}\right)^2+\frac{3}{4}$

이때, $-1\le\cos k\le 1$이므로 $\cos k=\frac{\sqrt{3}}{2}$일 때 최댓값을 갖고, $\cos k=-1$일 때 최솟값을 갖는다.

$0\le x\le 2\pi$에서 $-\frac{7}{12}\pi\le k\le\frac{41}{12}\pi$이므로

함수 $f(x)$는 $k=-\frac{1}{6}\pi$일 때 최댓값을 갖고, $k=3\pi$일 때 최솟값을 갖는다.

$k=-\frac{1}{6}\pi$에서 $2x-\frac{7}{12}\pi=-\frac{1}{6}\pi$, $x=\frac{5}{24}\pi$

$k=3\pi$에서 $2x-\frac{7}{12}\pi=3\pi$, $x=\frac{43}{24}\pi$

$\therefore a=\frac{5}{24}\pi$, $\beta=\frac{43}{24}\pi$

따라서

$$\frac{12}{\pi}\times(\beta-a)=\frac{12}{\pi}\times\left(\frac{43}{24}\pi-\frac{5}{24}\pi\right)=\frac{12}{\pi}\times\frac{38}{24}\pi=19$$

22	삼차함수의 그래프 추론	156

실수 전체의 집합에서 연속인 함수 $h(x)$는

조건 (가)에서 모든 실수 x에 대하여

$\{h(x)-f(x)\}\{h(x)-g(x)\}=0$이므로 $h(x)=f(x)$ 또는 $h(x)=g(x)$이다. 즉, 함수 $h(x)$는 함수 $f(x)$와 함수 $g(x)$의 교점을 기준으로 둘 중 하나의 함수를 선택적으로 갖는다.

조건 (나)에서 $h(k)h(k+2)\le 0$을 만족시키는 서로 다른 실수 k의 개수는 3이므로 경우를 나누어 생각해보면 다음과 같다.

(i) 어떤 실수 x에 대하여 함수 $h(x)$가 음수의 값을 갖는 경우
$h(k)h(k+2)\le 0$을 만족시키는 k의 값이 무수히 많아지므로 서로 다른 실수 k의 개수가 3인 조건에 어긋난다.

(ii) 모든 실수 x에 대하여 함수 $h(x)$가 음수의 값을 갖지 않는 경우
$h(k)h(k+2)<0$을 만족하는 k의 값은 존재하지 않으나 $h(k)h(k+2)=0$을 만족할 수는 있고, 그때의 서로 다른 실수 k의 개수를 3개라 할 수 있다.

이때, 함수 $f(x)=x^2-2x=x(x-2)$는 $f(0)=0$, $f(2)=0$이므로 $k=-2$일 때 $h(-2)h(0)=0$, $k=0$일 때 $h(0)h(2)=0$, $k=2$일 때 $h(2)h(4)=0$을 만족하므로 서로 다른 실수 k는 -2, 0, 2로 3개이다.

또한 함수 $f(x)$는 $0<x<2$의 범위에서 음수이므로 함수 $h(x)$는 $0<x<2$의 범위에서 $g(x)$의 그래프가 그려지고 이때, 함수 $g(x)$는 최고차항의 계수가 1인 삼차함수 이므로 $x<0$의 범위에서는 $f(x)$의 그래프가 그려지는 것을 알 수 있다. 그리고 $h(10)>80$이므로 $x=10$일 때 함수 $h(x)$는 함수 $g(x)$의 그래프가 그려진다.

따라서 함수 $h(x)$의 그래프는 다음과 같은 두 가지 개형을 가질 수 있다.

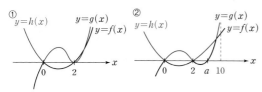

위의 그래프 ①에서 함수 $g(x)=x(x-2)^2$이므로 $\int_{-3}^{2}h(x)dx=26$을 이용하면

$$\int_{-3}^{2}h(x)dx=\int_{-3}^{0}f(x)dx+\int_{0}^{2}g(x)dx$$
$$=\int_{-3}^{0}(x^2-2x)dx+\int_{0}^{2}x(x-2)^2dx$$
$$=\left[\frac{1}{3}x^3-x^2\right]_{-3}^{0}+\frac{1}{3\times4}(2-0)^4$$
$$=18+\frac{4}{3}\neq26$$

따라서 그래프 ①의 개형은 채택할 수 없다.

한편, 위의 그래프 ②는 함수 $g(x)=x(x-2)(x-a)$이므로 $\int_{-3}^{2}h(x)dx=26$을 이용하면

$$\int_{-3}^{2}h(x)dx=\int_{-3}^{0}f(x)dx+\int_{0}^{2}g(x)dx$$
$$=\int_{-3}^{0}(x^2-2x)dx+\int_{0}^{2}x(x-2)(x-a)dx$$
$$=18+\int_{0}^{2}\{x^3-(a+2)x^2+2ax\}dx=26$$
$$\therefore \int_{0}^{2}\{x^3-(a+2)x^2+2ax\}dx=8$$
$$\left[\frac{1}{4}x^4-\frac{a+2}{3}x^3+ax^2\right]_{0}^{2}=4-\frac{8(a+2)}{3}+4a=8$$
$$3-2(a+2)+3a=6 \therefore a=7$$

따라서 함수 $g(x)=x(x-2)(x-7)$이고 $h(1)+h(6)+h(9)$의 값을 구하면

$$h(1)+h(6)+h(9)=g(1)+f(6)+g(9)$$
$$=6+24+126=156$$

---

23 분산 ⑤

확률변수 X가 이항분포 $B\left(49, \frac{3}{7}\right)$를 따르므로

X의 분산 $V(X)=49\times\frac{3}{7}\times\frac{4}{7}=12$이고

$V(2X)=4V(X)$이므로 $4V(X)=48$

24 독립사건 ②

두 사건 A와 B는 서로 독립이므로

$P(A|B)=P(A)=\frac{1}{2}$이고

$P(A\cup B)=P(A)+P(B)-P(A\cap B)=\frac{7}{10}$이므로

$\frac{1}{2}+P(B)-\frac{1}{2}P(B)=\frac{7}{10}$

$\therefore P(B)=\frac{2}{5}$

25 이항정리 ③

$(x^2+y)^4$에서 x^2을 n번 뽑는다면, y는 $4-n$번 뽑게 되므로 이를 식으로 표현하면 $_4C_n(x^2)^ny^{4-n}$이다.

마찬가지로 $\left(\frac{2}{x}+\frac{1}{y^2}\right)^5$에서 $\frac{2}{x}$를 m번 뽑는다면 $\frac{1}{y^2}$은 $5-m$번 뽑게 되므로 이를 식으로 표현하면 $_5C_m\left(\frac{2}{x}\right)^m\left(\frac{1}{y^2}\right)^{5-m}$이다.

따라서 $\frac{x^4}{y^5}$의 계수를 구하기 위해서는

$2n-m=4$, $(4-n)-(10-2m)=5$이어야 하므로 두 식을 연립하면 $n=3$, $m=2$이고 이때 계수를 구하면

$_4C_3\cdot{}_5C_2\cdot2^2=4\times10\times4=160$

26 정규분포 ④

사관학교 생도의 일주일 수면 시간을 확률변수 X라 하면 평균이 45시간이고 표준편차가 1시간인 정규분포를 따르므로 $X\sim N(45, 1^2)$이고, 사관생도 중 36명을 임의추출 했으므로 표본평균 $\overline{X}\sim N\left(45, \left(\frac{1}{6}\right)^2\right)$라 할 수 있다. 이때 사관생도 36명의 일주일 수면 시간의 표본평균이 44시간 45분 이상, 45시간 20분 이하일 확률을 구해야 하므로

$P\left(44+\dfrac{3}{4}\leq X\leq45+\dfrac{1}{3}\right),$

$P\left[\dfrac{44+\dfrac{3}{4}-45}{\dfrac{1}{6}}\leq Z\leq\dfrac{44+\dfrac{1}{3}-45}{\dfrac{1}{6}}\right]$

$=P(-1.5\leq Z\leq2)$

따라서 $P(-1.5\leq Z\leq0)+P(0\leq Z\leq2)$이므로

$\therefore 0.4332+0.4772=0.9104$

---

27   집합과 함수   ④

조건 (나)에서 치역의 원소의 개수가 2이므로 집합 $X=\{1, 2, 3,$
$4, 5\}$에서 원소 2개를 고르는 경우의 수는 $_5C_2=10$

조건 (가)에서 $x=1, 2, 3$일 때 $f(x)\leq f(x+1)$이므로

$f(1)\leq f(2)\leq f(3)\leq f(4)$이다.

따라서 이를 경우를 나누어 생각해보면

(i) $f(1)=f(2)=f(3)=f(4)$일 때

    $f(1)$부터 $f(4)$까지는 치역 2개 중 하나의 값을 갖고

    $f(5)$가 나머지 하나의 값을 가지므로 이때의 경우의 수는 2

    가지이다.

(ii) $f(1)$부터 $f(4)$까지가 치역 2개의 값을 가질 때

    $f(1)\neq f(4)$이므로 필연적으로 $f(1)$과 $f(4)$는 치역 2개

    중 각각 작은 값과 큰 값을 가지며, 이어서 $f(2), f(3)$은 두

    가지 모두 작은 값으로 가는 경우, 큰 값으로 가는 경우, 각

    각의 값으로 가는 경우의 총 3가지 경우가 존재한다. 이때

    $f(5)$는 치역 2개 중 작은 값과 큰 값을 자유롭게 고를 수 있

    으므로 2가지이다.

    따라서 $3\times2=6$가지

    $\therefore 10\times(2+6)=80$

---

28   경우의 수   ②

숫자들을 더할 때 홀수가 짝수개 있으면 그 값은 짝수가, 홀수가

홀수개 있으면 그 값은 홀수가 나온다.

따라서 $a+b+c+d+e+f$의 값이 짝수가 되기 위해서는, $a, b,$
c, d, e, f중 홀수의 개수가 짝수개 필요함을 알 수 있다.

한편, 숫자카드들 중 짝수인 2, 2, 4, 4, 4를 먼저 나열하고 남은

두 장의 숫자카드1을 위 카드 사이에 배분하면 다음과 같은 경우

들이 발생한다.

(i) 2, 2, 4, 4, 4에서 두 장의 숫자카드1을 이웃하게 하여 한곳에

    배분하는 경우

    양 끝 중 어느 한곳에 배분한다면 a, b, c, d, e, f 중 홀수의

    개수가 1개 생기므로 $a+b+c+d+e+f$의 값이 홀수가

된다.

    반면, 양 끝을 제외한 숫자들 사이에 배분한다면 $a, b, c, d, e,$
f 중 홀수의 개수가 2개 생기므로 $a+b+c+d+e+f$의 값

이 짝수가 된다.

    $\therefore \dfrac{5!}{3!2!}\times_4C_1=40$

(ii) 2, 2, 4, 4, 4에서 양 끝을 제외한 숫자들 사이에 배분하는 경

    우

    a, b, c, d, e, f 중 홀수의 개수가 2개씩 총 4개 생기므로

    $a+b+c+d+e+f$의 값이 짝수가 된다.

    $\therefore \dfrac{5!}{3!2!}\times_4C_2=60$

(iii) 2, 2, 4, 4, 4에서 한 장은 양 끝 중 한곳에, 남은 한 장은 숫자

    들 사이에 배분하는 경우

    a, b, c, d, e, f 중 홀수의 개수가 총 3개 생기므로

    $a+b+c+d+e+f$의 값이 홀수가 된다.

(iv) 2, 2, 4, 4, 4에서 두 장을 양 끝에 배분하는 경우

    a, b, c, d, e, f 중 홀수의 개수가 총 2개 생기므로

    $a+b+c+d+e+f$의 값이 짝수가 된다.

    $\therefore \dfrac{5!}{3!2!}\times1=10$

    따라서 $a+b+c+d+e+f$의 값이 짝수가 되도록 카드를

    나열하는 경우의 수는 $40+60+10=110$

---

29   조합과 확률변수   165

서로 다른 색깔의 공이 4개가 들어있는 주머니에서 임의로 하나

의 공을 꺼내어 색을 확인한 후 다시 넣는 시행을 4번 반복함으

로, 가능한 총 경우의 수는 $4^4=256$이다.

이때 확률변수 X를 경우를 나누어보면 다음과 같다.

(i) $X=1$인 경우

    4번 시행 시 모두 같은 색깔의 공이 나오는 경우의 수는 4가

    지이므로, $\therefore \dfrac{4}{256}$

(ii) $X=2$인 경우

    우선 4개의 색깔 중 2개의 색깔이 나와야 함으로 이때의 경

    우의 수는 $_4C_2$이다. 또한 나온 두 개의 색깔이 각각 1개, 3개

    일 때와 2개, 2개일 때로 구분하면

    1개, 3개일 때에는 $\dfrac{4!}{3!}$이므로 $\dfrac{4!}{3!}\times2$

    2개, 2개일 때에는 $\dfrac{4!}{2!2!}$

    $\therefore _4C_2\times\left(\dfrac{4!}{3!}\times2+\dfrac{4!}{2!2!}\right)=\dfrac{84}{256}$

(iii) $X=4$인 경우

    4번 시행 시 모두 다른 색깔의 공이 나오는 경우의 수는 $4!$

이므로

$$\therefore \frac{4!}{256} = \frac{24}{256}$$

(iv) $X=3$인 경우

전체확률 1에서 $X=1$, 2, 4일 때의 확률을 모두 제외하면

$$\therefore 1 - \frac{4+84+24}{256} = \frac{144}{256}$$

따라서

$$E(X) = 1 \times \frac{4}{256} + 2 \times \frac{84}{256} + 3 \times \frac{144}{256} + 4 \times \frac{24}{256}$$

$$= \frac{175}{64}$$

$$E(64X-10) = 64E(X) - 10 = 64 \times \frac{175}{64} - 10 = 165$$

---

30   경우의 수와 확률   13

주머니에 남아 있는 공의 색의 종류의 수가 처음으로 2가 되면 시행을 멈추고, 흰 공의 개수가 1개이므로 꺼낸 공 중에 흰 공이 있으려면 흰 공은 반드시 4번째에 뽑혀야 한다. 또한 검은 공의 개수는 6개이므로 검은 공을 모두 뽑는 것은 불가능하다.

이러한 조건을 고려할 때 주머니에 남아 있는 공의 색의 종류의 수가 처음으로 2가 되려면 4번째에 뽑히는 공은 노란 공 또는 흰 공이다.

(1) 4번째에 뽑히는 공이 노란 공인 경우

1회부터 3회까지 검은 공 2개, 노란 공 1개가 뽑혀야 하고 그 순서가 바뀔 수 있으므로

$$\therefore {}_3C_2 \times \frac{6}{9} \times \frac{5}{8} \times \frac{2}{7} \times \frac{1}{6} = \frac{5}{84}$$

(2) 4번째에 뽑히는 공이 흰 공인 경우

노란 공이 주머니에 한 개는 남아있어야 함으로 다시 경우를 나누어보면

(i) 노란 공이 2개 남아 있는 경우

1회부터 3회까지 검은 공 3개가 뽑혀야 함으로

$$\therefore \frac{6}{9} \times \frac{5}{8} \times \frac{4}{7} \times \frac{1}{6} = \frac{5}{126}$$

(ii) 노란 공이 1개 남아 있는 경우

1회부터 3회까지 검은 공 2개, 노란 공 1개가 뽑혀야 하고 그 순서가 바뀔 수 있으므로

$$\therefore {}_3C_2 \times \frac{6}{9} \times \frac{5}{8} \times \frac{2}{7} \times \frac{1}{6} = \frac{5}{84}$$

따라서 꺼낸 공 중에 흰 공이 있을 확률은

$$\frac{\dfrac{5}{126} + \dfrac{5}{84}}{\dfrac{5}{84} + \dfrac{5}{126} + \dfrac{5}{84}} = \frac{\dfrac{5}{3} + \dfrac{5}{2}}{\dfrac{5}{2} + \dfrac{5}{3} + \dfrac{5}{2}} = \frac{10+15}{15+10+15}$$

$$= \frac{5}{8}$$

$$\therefore p+q = 8+5 = 13$$

미적분

23   극한값의 계산   ①

$$\lim_{n \to \infty} n\left(\sqrt{4+\frac{1}{n}} - 2\right) = \lim_{n \to \infty} \frac{n\left(\sqrt{4+\frac{1}{n}} - 2\right)\left(\sqrt{4+\frac{1}{n}} + 2\right)}{\left(\sqrt{4+\frac{1}{n}} + 2\right)}$$

$$= \lim_{n \to \infty} \frac{1}{\sqrt{4+\frac{1}{n}} + 2} = \frac{1}{\sqrt{4} + 2} = \frac{1}{4}$$

---

24   무한급수의 계산   ③

$$\lim_{n \to \infty} \sum_{k=1}^{n} \frac{k}{n^2} f\left(\frac{k}{n}\right) = \lim_{n \to \infty} \sum_{k=1}^{n} \frac{k}{n} f\left(\frac{k}{n}\right) \times \frac{1}{n}$$

$$= \int_1^0 x f(x) dx = \int_0^1 x e^{x^2} dx$$

$$= \frac{1}{2} \int_0^1 2x e^{x^2} dx = \frac{1}{2} \left[e^{x^2} \right]_0^1 = \frac{1}{2} e - \frac{1}{2}$$

---

25   역함수와 미분   ③

함수 $h(x) = \{g(x)\}^2$의 양변을 미분하면

$h'(x) = 2g(x) \cdot g'(x)$이므로

따라서 $h'(\ln 4) = 2g(\ln 4) \cdot g'(\ln 4)$

한편, $f(x) = \ln(e^x + 2)$의 역함수가 $g(x)$일 때,

$f(\ln 2) = \ln 4$ 이므로 $g(\ln 4) = \ln 2$

또한 $f'(x) = \dfrac{e^x}{e^x + 2}$이므로 $f'(\ln 2) = \dfrac{2}{2+2} = \dfrac{1}{2}$

$$\therefore h'(\ln 4) = 2g(\ln 4) \cdot g'(\ln 4) = 2 \times \ln 2 \times \frac{1}{2} = 4\ln 2$$

---

26   삼각함수와 극한   ④

점 $A(t, 0)$일 때, 점 $B\left(t, \sin\frac{t}{2}\right)$이므로

$$\therefore f(t) = \frac{1}{2} \times t \times \sin\frac{t}{2} = \frac{t}{2} \sin\frac{t}{2}$$

또한 $g(t) = \triangle OAC - \triangle OAD$이고 $C\left(t, \tan\frac{t}{2}\right)$이므로

$$\therefore g(t) = \frac{t}{2} \tan\frac{t}{2} - \frac{t}{2} \sin\frac{t}{2}$$

따라서

$$\lim_{t\to 0+}\frac{g(t)}{\{f(t)\}^2}=\lim_{t\to 0+}\frac{\dfrac{t}{2}\tan\dfrac{t}{2}-\dfrac{t}{2}\sin\dfrac{t}{2}}{\left(\dfrac{t}{2}\sin\dfrac{t}{2}\right)^2}$$

$$=\lim_{t\to 0+}\frac{\dfrac{t}{2}\sin\dfrac{t}{2}\times\left[\dfrac{1}{\cos\dfrac{t}{2}}-1\right]}{\left(\dfrac{t}{4}\sin\dfrac{t}{2}\right)^2}$$

$$=\lim_{t\to 0+}\frac{1}{\dfrac{t}{2}\sin\dfrac{t}{2}}\times\left(\frac{1-\cos\dfrac{t}{2}}{\cos\dfrac{t}{2}}\right)\times\left(\frac{1+\cos\dfrac{t}{2}}{1+\cos\dfrac{t}{2}}\right)$$

$$=\lim_{t\to 0+}\frac{1}{\dfrac{t}{2}\sin\dfrac{t}{2}}\times\left[\frac{\sin^2\dfrac{t}{2}}{\cos\dfrac{t}{2}}\right]\times\frac{1}{\left(1+\cos\dfrac{t}{2}\right)}$$

$$=1\times\frac{1}{1(1+1)}=\frac{1}{2}$$

---

27   정적분과 부피   ④

$$\int_1^3\frac{\ln(1+x)}{x^2}=\left[-\frac{1}{x}\ln(1+x)\right]_1^3+\int_1^3\left(\frac{1}{x}\times\frac{1}{1+x}\right)dx$$

$$=-\frac{1}{3}\ln4+\ln2+\int_1^3\left(\frac{1}{x}-\frac{1}{x+1}\right)dx$$

$$=\frac{1}{3}\ln2+[\ln x-\ln(x+1)]_1^3$$

$$=\frac{1}{3}\ln2+\ln\frac{3}{4}-\ln\frac{1}{2}$$

$$=\frac{1}{3}\ln\frac{27}{4}$$

---

28   정적분 넓이   ⑤

$\int_0^x(x-t)f(t)dt=e^{2x}-2x+a$에서 $x=0$을 대입하면

$0=1-0+a,\ \therefore a=-1$

$x\int_0^x f(t)dt-\int_0^x tf(t)dt=e^{2x}-2x-1$의 양변을 x에 대하여

미분하면,

$\int_0^x f(t)+xf(x)-xf(x)=2e^{2x}-2,$

$\therefore \int_0^x f(t)=2e^{2x}-2$

이를 한번 더 미분하면

$\therefore f(x)=4e^{2x}$

곡선 $y=f(x)$위의 점 $(-1,f(-1))$에서의 접선을 l이라 할 때,

$f'(x)=8e^{2x}$이므로 l의 식을 구하면

$y=8e^{-2}(x+1)+4e^{-2}=8e^{-2}x+12e^{-2}$

곡선 $y=f(x)$와 직선 l 및 y축으로 둘러싸인 부분의 넓이를 그래프로 그리면 다음과 같다.

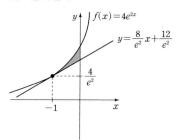

따라서 구하고자하는 넓이는

$$\int_{-1}^0 4e^{2x}-(8e^{-2}x+12e^{-2})dx$$

$$=[2e^{2x}-4e^{-2}x^2-12e^{-2}x]_{-1}^0=2-10e^{-2}$$

---

29   극값의 추론   15

x에 대한 방정식 $x^2+ax+b=0$의 두 근이 α,β이므로 $\alpha+\beta=-a,\ \alpha\beta=b,\ (x-\alpha)(x-\beta)=0$이라고 표현할 수 있다.

이때, $t=x^2+ax+b=(x-\alpha)(x-\beta)$라 하면 함수 t는 최고차항의 계수가 1이고, 아래로 볼록하며, $\dfrac{\alpha+\beta}{2}$에서 최솟값을 가진다.

위 식에 $x=\dfrac{\alpha+\beta}{2}$를 대입하면

$$\frac{\beta-\alpha}{2}\times\frac{\alpha-\beta}{2}=\frac{-(\alpha^2+2\alpha\beta+\beta^2)}{4}=-\frac{1}{4}(\alpha-\beta)^2$$

$(\alpha-\beta)^2=\dfrac{34}{3}\pi$이므로, $\therefore -\dfrac{1}{4}(\alpha-\beta)^2=-\dfrac{17}{6}\pi$

이어서, 함수 $f(x)=\sin(x^2+ax+b)$에서 $f(x)$의 양변을 x에 대하여 미분하면

$f'(x)=(2x+a)\times\cos(x^2+ax+b)$이고 열린구간 (α,β)사이에서 $2x+a=0$ 또는 $\cos(x^2+ax+b)=0$을 만족하는 x값을 찾아야 한다.

(i) $2x+a=0$인 경우

$2x+a=0$에서 $x=-\dfrac{a}{2}=\dfrac{\alpha+\beta}{2}$이므로 이때의 함숫값은

$-\dfrac{17}{6}\pi$이다. $\therefore c=-\dfrac{17}{6}\pi$

(ii) $\cos(x^2+ax+b)=0$인 경우

$t=x^2+ax+b$이므로 함수 t는 열린구간 (α,β)사이의 값이므로 $-\dfrac{17}{6}\pi\le t<0$인 범위이고 이때, $\cos t=0$을 만족하는 t의 값은 $-\dfrac{\pi}{2},\ -\dfrac{3\pi}{2},\ -\dfrac{5\pi}{2}$이다.

이때, $t=-\dfrac{\pi}{2},\ -\dfrac{3\pi}{2},\ -\dfrac{5\pi}{2}$를 갖는 x의 값은 각각 2개씩

이므로 c는 6개이다.

따라서 (i), (ii)에 따라 c는 총 7개이므로 $n=7$

$$\therefore (1-n) \times \sum_{k=1}^{n} f(c_k) = -6 \sum_{k=1}^{7} f(c_k)$$
$$= -6\{f(c_1)+f(c_2)+f(c_3)+f(c_4)+f(c_5)+f(c_6)+f(c_7)\}$$
$$= -6\left\{\sin\left(-\frac{\pi}{2}\right)+\sin\left(-\frac{3\pi}{2}\right)+\sin\left(-\frac{5\pi}{2}\right)+\sin\left(-\frac{17\pi}{6}\right)\right\}$$
$$\left\{+\sin\left(-\frac{17\pi}{6}\right)+\sin\left(-\frac{5\pi}{2}\right)+\sin\left(-\frac{3\pi}{2}\right)+\sin\left(-\frac{\pi}{2}\right)\right\}$$

30   함수의 연속   30

함수 $g(x)$에 대하여 경우를 나누어보면 다음과 같다.

(1) $|x-2| > 1$인 경우 ($x<1$, $x>3$의 범위)

$$g(x) = \lim_{n\to\infty} \frac{|x-2|^{2n+1}+f(x)}{|x-2|^{2n}+k}$$
$$= \frac{|x-2|+0}{1+0} = |x-2|$$

(2) $|x-2| < 1$인 경우 ($1<x<3$의 범위)

$$g(x) = \lim_{n\to\infty} \frac{|x-2|^{2n+1}+f(x)}{|x-2|^{2n}+k}$$
$$= \frac{0+f(x)}{0+k} = \frac{f(x)}{k}$$

(3) $|x-2| = 1$인 경우 ($x=1$, $x=3$)

$$g(x) = \frac{|f(x+1)|}{k+1}$$

이때, 함수 $g(x)$는 실수 전체의 집합에서 연속이므로
$x=1$, $x=3$일 때 연속이어야 한다.

(i) $x=1$일 때 연속성 확인

$$\lim_{x\to1-} g(x) = \lim_{x\to1-} |x-2| = 1$$
$$\lim_{x\to1+} g(x) = \lim_{x\to1+} \frac{f(x)}{k} = \frac{f(1)}{k}$$
$$g(1) = \frac{|f(2)|}{k+1}$$

따라서 $1 = \frac{f(1)}{k} = \frac{|f(2)|}{k+1}$이므로

$$\therefore f(1)=k, \; |f(2)|=k+1$$

(ii) $x=3$일 때 연속성 확인

$$\lim_{x\to3-} g(x) = \lim_{x\to3-} \frac{f(x)}{k} = \frac{f(3)}{k}$$
$$\lim_{x\to3+} g(x) = \lim_{x\to3+} |x-2| = 1$$
$$g(3) = \frac{|f(4)|}{k+1}$$

따라서 $\frac{f(3)}{k} = 1 = \frac{|f(4)|}{k+1}$이므로

$$\therefore f(3)=k, \; |f(4)|=k+1$$

(i), (ii)를 이용하여 최고차항의 계수가 a인 이차함수 $f(x)$를
$f(x) = a(x-1)(x-3)+k$라 하면 a의 부호에 따라 $f(x)$의

그래프 개형이 달라진다.

① $a>0$인 경우

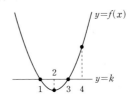

함수 $f(x)=a(x-1)(x-3)+k$에 $x=2$, 4를 대입하면
$f(2)=-a+k$, $f(4)=3a+k$
이때, $|f(2)|=k+1$, $|f(4)|=k+1$이므로
$f(2)=-k-1$, $f(4)=k+1$
따라서 이들을 연립하여 a, k의 값을 구하면
$a=\frac{1}{3}$, $k=-\frac{1}{3}$이므로 k가 양수라는 조건을 만족하지 못한다.

② $a<0$인 경우

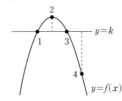

함수 $f(x)=a(x-1)(x-3)+k$에 $x=2$, 4를 대입하면
$f(2)=-a+k$, $f(4)=3a+k$
이때, $|f(2)|=k+1$, $|f(4)|=k+1$이므로
$f(2)=k+1$, $f(4)=-k-1$
따라서 이들을 연립하여 a, k의 값을 구하면
$a=-1$, $k=1$이므로 k가 양수라는 조건을 만족한다.
즉, 함수 $f(x)$는 $f(x)=-(x-1)(x-3)+1$이다.
닫힌구간 $[1, 3]$에서 함수 $f(g(x))$의 최댓값과 최솟값을 구하면
$1 \le x \le 3$에서 함수 $g(x)$의 범위는 $1 \le g(x) \le 2$이고 함수
$f(g(x))$의 범위는 $1 \le f(g(x)) \le 2$이다.
따라서 최댓값 $M=2$, 최솟값 $m=1$이므로
$$\therefore 10(M+m) = 10 \times 3 = 30$$

기하

23   좌표공간   ⑤

좌표공간 점 $A(1, -2, 3)$을 y축에 대하여 대칭이동하면 점
$P(-1, -2, -3)$가 되고, 점 $A(1, -2, 3)$를 zx평면에 대하여
대칭이동하면 점 $Q(1, 2, 3)$이 된다.
$$\therefore \overline{PQ} = \sqrt{2^2+4^2+6^2} = \sqrt{56} = 2\sqrt{14}$$

24   벡터와 각의 크기 계산   ⑤

법선벡터 $\vec{n}=(1,\ -2)$인 직선 m을 방향벡터로 바꾸면
$\vec{u'}=(2,\ 1)$로 둘 수 있다.

$$\cos\theta=\frac{|\vec{u}\cdot\vec{u'}|}{|\vec{u}||\vec{u'}|}=\frac{|6+1|}{\sqrt{10}\cdot\sqrt{3}}=\frac{7}{5\sqrt{2}}=\frac{7\sqrt{2}}{10}$$

25   정육면체의 내분점   ①

정육면체 $ABCD-EFGH$에서 선분 EH를 2:1로 내분하는
점이 P, 선분 EF를 1:2로 내분하는 점이 Q이고 한 모서리의 길
이가 3이므로 $\overline{EP}=2$, $\overline{EQ}=1$이고 $\overline{PQ}=\sqrt{5}$임을 알 수 있다.
한편, 점 E에서 직선 PQ에 수직으로 내린 수선과 직선 PQ의 접
점을 M이라 하면

$$\sqrt{5}\times\overline{EM}=2\times1,\ \overline{EM}=\frac{2}{\sqrt{5}}$$

점 A와 직선 PQ사이의 거리는 $\overline{AM}$이므로

$$\therefore\ \overline{AM}=\sqrt{3^2+\left(\frac{2}{\sqrt{5}}\right)^2}=\sqrt{9+\frac{4}{5}}=\sqrt{\frac{49}{5}}=\frac{7\sqrt{5}}{5}$$

26   포물선의 접점과 접선의 방정식   ①

포물선 $y^2=-16x$의 초점이 F이므로 $F(-4,\ 0)$이다.
한편, 포물선 $(y+2)^2=16(x-8)$은 포물선 $y^2=-16x$를 x축
의 방향으로 8만큼, y축의 방향으로 -2만큼 평행이동시킨 것이
므로 이때의 초점은 $(12,\ -2)$임을 알 수 있다.
따라서 초점 $(12,\ -2)$에서 포물선 $y=-16x$에 그은 두 접선의
접점을 $P(x_1,\ y_1)$, $Q(x_2,\ y_2)$라 하고 이를 그래프로 그리면 다음
과 같다.

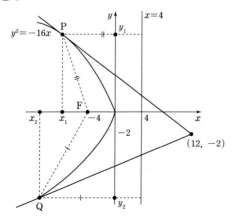

위의 그래프에서 선분 $\overline{PF}$, 선분 $\overline{QF}$의 길이는 각각 점 P, Q에
서 $x=4$에 수직으로 내린 선분의 길이와 같으므로

$\overline{PF}+\overline{QF}=(4-x_1)+(4-x_2)=8-(x_1+x_2)$이다.
점 $(12,\ -2)$에서 포물선 $y^2=-16x$에 그은 접선의 방정식을 구
하면 접점 $P(x_1,\ y_1)$이므로 $y_1y=-8(x+x_1)$이고 $(12,\ -2)$
을 대입하면 $-2y=-8(x+12)$이므로 $y=4(x+12)$이다.
이때, 양변을 제곱하면 $y^2=16(x+12)^2$이므로
$-16x=16(x+12)^2$, $-x=x^2+24x+144$,
$\therefore\ x^2+25x+144=0$
근과 계수의 관계를 이용하면 $x_1+x_2=-25$이므로
$\therefore\ \overline{PF}+\overline{QF}=8+25=33$

27   벡터의 내적 계산   ③

$\angle PAR=\theta_1$, $\angle QAR=\theta_2$라고 하여 구하고자 하는 값
$\overrightarrow{AR}\cdot(\overrightarrow{AB}+\overrightarrow{AC})$를 정리하면 다음과 같다.

$\overrightarrow{AR}\cdot(\overrightarrow{AB}+\overrightarrow{AC})=\overrightarrow{AR}\cdot\overrightarrow{AB}+\overrightarrow{AR}\cdot\overrightarrow{AC}$
$=|\overrightarrow{AR}|\,|\overrightarrow{AB}|\cos\theta_1+|\overrightarrow{AR}|\,|\overrightarrow{AC}|\cos\theta_2$
$=\overrightarrow{AB}\cdot\overrightarrow{AP}+\overrightarrow{AC}\cdot\overrightarrow{AQ}$

한편, $\angle ABC=\theta$라 하면 코사인 공식을 이용하여
$$\cos\theta=\frac{9^2+7^2-8^2}{2\times9\times7}=\frac{81+49-64}{126}=\frac{11}{21}$$이다.
또한 $\triangle ABQ$와 $\triangle ACP$에서 $\overline{AQ}$와 $\overline{AP}$의 길이를 구하면

$$\therefore\ \overline{AQ}=9\cos\theta=9\times\frac{11}{21}=\frac{33}{7}$$

$$\therefore\ \overline{AP}=7\cos\theta=7\times\frac{11}{21}=\frac{11}{3}$$

따라서

$$\overrightarrow{AB}\cdot\overrightarrow{AP}+\overrightarrow{AC}\cdot\overrightarrow{AQ}=9\times\frac{11}{3}+7\times\frac{33}{7}=33+33=66$$

28   타원과 쌍곡선   ②

쌍곡선의 정의를 이용하면
$\overline{PF'}-\overline{PF}=\overline{QF'}=2a$
$\overline{QF}-\overline{QF'}=\overline{QF}-2a=2a$
$\therefore\ \overline{QF}=4a$
$\overline{PQ}=k$라고 하면 조건 (가)에 따라 $\overline{PQ}=\overline{PF}=k$이고
$k+\overline{PF'}=2k+2a=18$, $k+a=9$이므로 $\therefore\ k=9-a$
또한 조건 (나)에서 삼각형 PQF의 둘레의 길이가 20이므로
$2k+4a=20$
따라서 $2(9-a)+4a=20$, $\therefore\ a=1$, $k=8$
한편, 타원 $\dfrac{x^2}{81}+\dfrac{y^2}{75}=1$에서 두 점 F, F'이 초점이므로 $F(\sqrt{6},\ 0)$, $F'(-\sqrt{6},\ 0)$이다.
점 P에서 x축까지 수직인 직선을 그렸을 때 x축과 만나는 점을

H라 하고, $\overline{PH}=\beta$, $\overline{FH}=\alpha$라 하면 다음과 같이 그릴 수 있다.

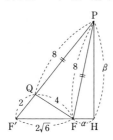

위의 그림에서 $\alpha^2+\beta^2=64$, $(\alpha+2\sqrt{6})^2+\beta^2=100$이므로 이를 연립하면 $\alpha=\dfrac{\sqrt{6}}{2}$이므로 점 P의 x좌표를 구하면

$\therefore \sqrt{6}+\dfrac{\sqrt{6}}{2}=\dfrac{3}{2}\sqrt{6}$

29   정사영   220

$\overline{OA}=\overline{OB}=\overline{OC}=\overline{OD}=2$이고 선분 $\overline{OA}$의 중점이 M이므로 $\overline{AM}=\overline{OM}=1$임을 알 수 있다.

또한 $\overline{AB}=2$이므로 $\triangle OAB$는 한 변의 길이가 2인 정삼각형이다. 따라서 선분 $\overline{BM}$의 길이를 구하면

$\overline{AM}:\overline{AB}:\overline{BM}=1:2:\sqrt{3}$, $\therefore \overline{BM}=\sqrt{3}$

한편, 점 A에서 $\triangle OBD$에 수직인 선분을 내릴 때 만나는 점을 P라 하면 선분 $\overline{AP}$는 직사각형 $ABCD$위에 다음과 같이 그려진다.

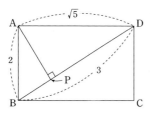

위 그림에서 $\overline{AP}=\dfrac{2\sqrt{5}}{3}$이고

$\triangle OAP:\triangle OMH=2:1$이므로 $\overline{MH}=\dfrac{\sqrt{5}}{3}$

따라서 $\triangle BMH$에서 $k^2+\left(\dfrac{\sqrt{5}}{3}\right)^2=(\sqrt{3})^2$이므로

$k^2=3-\dfrac{5}{9}=\dfrac{22}{9}$

$\therefore 90k^2=90\times\dfrac{22}{9}=220$

30   평면벡터와 내적   40

한 변의 길이가 $4\sqrt{2}$인 정삼각형 OAB에 대하여 조건 (가)에서 $|\overrightarrow{AC}|=4$이고 조건 (나)에서 $\overrightarrow{OA}\cdot\overrightarrow{AC}=0$, $\overrightarrow{AB}\cdot\overrightarrow{AC}>0$이므로 점 C는 선분 OA에 수직인 위치에 존재하고 $\angle BAC$는 예각임을 알 수 있다.

또한 $(\overrightarrow{OP}-\overrightarrow{OC})\cdot(\overrightarrow{OP}-\overrightarrow{OA})=\overrightarrow{CP}\cdot\overrightarrow{AP}=0$이므로 선분 $\overline{AC}$를 지름으로 하는 원 위에 점 P가 존재하는 것을 알 수 있다.

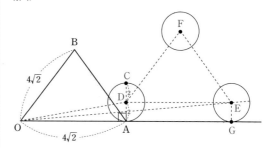

위의 그림에서 점 Q가 삼각형 OAB의 변 위를 움직임에 따라 점 P의 자취는 점 Q를 따라 $4\sqrt{2}$만큼 동일하게 움직이므로 $|\overrightarrow{OP}+\overrightarrow{OQ}|$의 최댓값과 최솟값을 구하면 다음과 같다

(i) $|\overrightarrow{OP}+\overrightarrow{OQ}|$의 최솟값

선분 $\overline{OD}$에서 원의 반지름을 뺀 값이 최소가 되므로 $\triangle OAD$에서 $\overline{OD}^2=2^2+(4\sqrt{2})^2$, $\overline{OD}=6$

$\therefore 6-2=4$

(ii) $|\overrightarrow{OP}+\overrightarrow{OQ}|$의 최댓값

점 O에서 점 E까지의 거리와 점 O에서 점 F까지의 거리를 비교하면 점 E까지의 거리가 더 먼 것을 알 수 있으므로, 선분 $\overline{OE}$에서 원의 반지름을 더한 값이 최대가 된다.

$\triangle OGE$에서 $\overline{OE}^2=(8\sqrt{2})^2+2^2$, $\overline{OE}=2\sqrt{33}$

$\therefore 2\sqrt{33}+2$

따라서 $|\overrightarrow{OP}+\overrightarrow{OQ}|$의 최댓값과 최솟값의 합은

$2\sqrt{33}+2+4=6+2\sqrt{33}$이므로

$\therefore p^2+q^2=36+4=40$

2024학년도 기출문제 정답 및 해설

2024학년도

[국어]

정답 및 해설

▌[국어] 2024학년도 | 정답

01	②	02	④	03	⑤	04	⑤	05	⑤
06	⑤	07	③	08	②	09	①	10	④
11	②	12	④	13	⑤	14	②	15	④
16	②	17	①	18	④	19	①	20	④
21	③	22	①	23	④	24	④	25	①
26	④	27	④	28	②	29	①	30	⑤

[국어] 2024학년도 | 해설

[01~05] 독서 – 인문

01	글의 내용 파악하기	②

[정답해설]

제시문은 목표 영역을 근원 영역으로써 개념화하는 인지 전략인 개념적 은유를 근원 영역과 목표 영역이 결합하는 양상에 따라 방향적 은유, 존재론적 은유, 구조적 은유로 분류하고 각각의 사례를 들어 각 유형의 개념을 정의하고 있다. 그러므로 제시문은 특정 개념의 유형을 분류하고 각 유형의 사례를 제시하고 있다고 볼 수 있다.

[오답해설]

① 개념적 은유에 대한 정의는 있으나, 그 개념에 논리적 모순이 없는지 그 정합성을 분석하고 있지는 않다.

③ 개념적 은유에 대한 이론의 변천 과정이나 앞으로의 전망을 제시하고 있지는 않다.

④ 개념적 은유를 설명하기 위한 가설을 제시하거나 그 개념이 이치에 맞는지 타당성을 검증하고 있지는 않다.

⑤ 대표적인 인지언어학자인 레이코프의 개념적 은유에 대해 설명하고 있으므로, 상반된 견해를 절충하여 새로운 이론을 제시하고 있는 것은 아니다.

02	내용과 일치하지 않는 것 고르기	④

[정답해설]

선개념적 경험이란 신체로부터 비롯되는 개념 형성 이전의 경험으로, 대표적인 인지언어학자인 레이코프는 이러한 선개념적 경험을 바탕으로 개념화가 이루어지는 과정을 근원 영역과 목표 영역을 통해 설명하였다. 그러므로 인지언어학자인 레이코프가 선개념적 경험을 신체적 경험과 무관한 것으로 본 것은 아니다.

[오답해설]

① 은유란 유사성에 근거하여 한 대상을 다른 대상에 빗대어 나타내는 언어적 표현으로 간주되어 왔다.

② 인지언어학자들은 언어적 표현이 은유라는 사고의 틀을 거쳐 만들어지는 것이기 때문에 일상 언어는 대부분 은유의 결과물로 보고 있다.

③ 변형생성언어학자들은 사고와 신체를 분리하는 객관주의를 표방하였고, 반면에 인지언어학자들은 사고와 신체를 관련시키는 체험주의를 전제하였다.

⑤ 대표적인 언어학자인 레이코프는 익숙한 구성 요소로 이루어진 목표 영역을 낯선 구성 요소로 이루어진 근원 영역으로 개념화하는 인지 전략을 개념적 은유라고 칭하였다.

03	글의 세부 내용 이해하기	⑤

[정답해설]

레이코프는 개념적 은유가 목표 영역에 접근하는 데 도움을 주지만 인식의 불균형을 초래한다고 지적하였다. 즉, 개념적 은유가 목표 영역에 접근하는 데 도움을 주는 효율적인 인식을 가능하게 하지만, 동시에 인식의 불균형을 초래함으로써 인식을 제약한다고 볼 수 있다.

[오답해설]
① 개념적 은유가 부정적 가치 판단을 유도하는 경우도 있으므로, 개념 인식과 가치 판단은 분리되어 있는 것이 아니라 서로 연관되어 있다.
② 개념적 은유가 부정적 가치 판단을 유도함으로써 목표 영역에 대한 부정적 인식을 강화한다.
③ 개념적 은유가 목표 영역의 특정 부분만을 부각하고 개념화되지 않은 다른 부분을 은폐하는 것은 목표 영역을 축소하는 것에 해당한다.
④ 개념적 은유가 목표 영역의 특정 부분만을 부각하는 경우도 있으므로, 목표 영역에 대한 총체적인 인식을 가능하게 하는 것은 아니다.

---

04   지시 대상 이해하기   ⑤

[정답해설]
방향적 은유는 목표 영역이 방향과 관련된 선개념적 경험으로 이루어진 근원 영역과 결합하는 것이다. ⓔ의 '저축률이 높다'에서 '높다'는 목표 영역이 아닌 근원 영역에 해당하며, '저축률'은 목표 영역에 해당한다. 또한 ⓔ은 '높다'라는 근원 영역이 결합할 평가 대상도 없으므로 방향적 은유에 해당되지 않는다.

[오답해설]
① 구조적 은유는 근원 영역과 목표 영역의 구조적 유사성을 바탕으로 개념화하는 것으로, ㉠의 '약점을 공략했다'는 '전쟁'이라는 근원 영역과 '선거'라는 목표 영역의 구조적 유사성을 바탕으로 도출된 구조적 은유에 해당된다.
② 방향적 은유는 목표 영역이 방향과 관련된 선개념적 경험으로 이루어진 근원 영역과 결합하는 것으로, ㉡의 '수영에서만큼은 동생이 내 앞은 '앞'이라는 근원 영역이 '동생'의 수영 실력에 대한 평가에 결합한 방향적 은유에 해당한다.
③ 존재론적 은유는 근원 영역이 지닌 존재의 자격을 목표 영역에 부여하는 것으로, ㉢의 '가벼운 농담'은 '농담'이라는 목표 영역에 무게가 있는 실체의 자격을 부여한 존재론적 은유에 해당한다.
④ ㉣의 '경제가 성장하면'은 '경제'라는 목표 영역에 생명체의 자격을 부여하고 있으므로 존재론적 은유에 해당한다.

---

05   문맥상 유사한 의미 고르기   ⑤

[정답해설]
ⓐ의 '보았다'와 ⑤의 '볼'은 '대상을 평가하다'라는 의미로 사용되었다.

〈보다〉 - '대상을 평가하다'
예 어쩐지 그의 행동을 실수로 보아 줄 수가 없었다.
예 도대체 사람을 뭐로 보고 그런 말씀을 하십니까?
예 그는 상대를 만만하게 보는 나쁜 버릇이 있다.
예 이 사태를 적당히 보아 넘길 수는 없다.
예 그들은 증인이 말한 내용을 거짓말이라고 보고 있습니다.
예 날씨가 좋을 것으로 보고 우산을 놓고 나왔다.
예 나는 그것이 가능하리라고 보고 있다.

[오답해설]
① 밑줄 친 '보았다'는 '어떤 일을 당하거나 겪거나 얻어 가지다'의 의미로 사용되었다.
② 밑줄 친 '보았다'는 '어떤 결과나 관계를 맺기에 이르다'는 의미로 사용되었다.
③ 밑줄 친 '보았다'는 '눈으로 대상을 즐기거나 감상하다'는 의미로 사용되었다.
④ 밑줄 친 '보아'는 '고려의 대상이나 판단의 기초로 삼다'라는 의미로 사용되었다.

[06~10] 독서 - 사회

06   글의 내용 파악하기   ⑤

[정답해설]
가입자의 연금을 소득에 비례시켜 지급하게 되면 저소득층보다 고소득층에게 더 많은 연금을 지급해야 하므로, 저소득층의 생활을 보장하기 위해서는 동일한 시기에 퇴직하는 가입자 모두에게 동일하게 지급하는 균등 지급 방식이 적절하다. 즉, 균등 부분을 포함함으로써 저소득층의 소득 대체율이나 연금 수익률을 높이고, 고소득층의 소득 대체율이나 연금 수익률을 낮출 수 있다. 그리고 이에 따라 빈부 격차가 줄어드는 수직적 소득재분배가 발생한다.

[오답해설]
① 사회 보장 제도로서 공적 연금 제도는 빈부 격차를 완화하는 효과가 있다.
② 기여금을 납부한 국민은 일정한 연령에 도달하면 국가로부터 연금을 수급한다.
③ 국가는 경제 활동을 하는 국민을 공적 연금 제도에 의무적으로 가

입시켜 소득의 일부를 기여금으로 납부하게 한다.
④ 사회 보장 제도로서 공적 연금 제도는 국민의 노후 생활을 보장한다.

---

07 글의 세부 내용 이해하기 ③

[정답해설]
제시문에 따르면 국민 소득이 증가하면 기여율을 올리지 않아도 기여금이 늘어나므로, ㉠의 적립 방식이든 ㉡의 부과 방식이든 국민 소득의 증가가 경제 활동 인구가 납부하는 기여금 총액의 증가로 이어진다.

[오답해설]
① 출산율의 변화는 부과 방식에만 영향을 미치고 적립 방식에는 영향을 미치지 않으므로, ㉠의 적립 방식에서는 출산율 감소가 연금 지급 부담을 증가시키지 않는다.
② ㉠의 적립 방식에서는 연금 수급자가 경제 활동 시기에 적립한 기여금과 이를 국가가 투자하여 얻은 수익으로 연금 지급에 사용되는 자금을 조달한다.
④ ㉡의 부과 방식에서는 기여율(소득 대비 기여금의 비율)을 높여 현재의 연금 지급액을 높일 수 있다.
⑤ ㉡의 부과 방식에서는 현재의 경제 활동 인구가 납부한 기여금으로 현재 퇴직 상태인 노령 인구에게 연금을 지급하는 것이다.

---

08 글의 세부 내용 이해하기 ②

[정답해설]
기여금 납부 기간을 늘리거나 연금 수급 기간을 줄여서 연금 수익률을 낮출 수 있기 때문에, 연금 지급에 필요한 자금이 부족해지면 국가는 기여금 납부를 종료하는 시점이나 연금 수급이 시작되는 시기를 변경할 수도 있다. 즉, 연금 수익률은 가입자가 납부한 기여금의 총액 대비 수급하는 연금 총액의 비율로, 가입자의 기여금 납부 기간을 늘리면 납부한 기여금의 총액이 늘어나므로 연금 수익률은 떨어진다. 또한 연금 수급 기간을 줄이면 가입자가 수급하는 연금 총액이 줄어들므로 연금 수익률은 떨어진다.

---

09 글의 세부 내용 이해하기 ①

[정답해설]
〈보기〉의 연금 산정 공식에서 '개인의 퇴직 전 월 평균 소득'(B)이 높은 가입자일수록 전체 가입자보다 기여금을 낸 것에 비해 연금을 적게 받으므로 평균 소득 대비 연금 수급액의 비율인 소득 대체율은 낮아진다.

[오답해설]
② A가 B보다 큰 가입자는 전체 가입자의 연금 기여율이 가입자 개인의 연금 기여율보다 크므로 수급하는 연금에서 균등 부분이 소득 비례 부분보다 크다.
③ 가입자의 월 평균 소득이 꾸준히 증가하는 상태에서 A를 '가입자가 퇴직하기 직전 9년간 전체 가입자의 월 평균 소득'으로 수정하면 갑국의 기여금 총액이 감소하므로 연금 지출 총액도 감소한다.
④ B는 가입자의 소득에 비례하여 연금을 지급하기 때문에 가입자의 수명이 B와 비례할 때 빈부 격차가 줄어드는 수직적 소득 재분배 효과는 더 작아진다.
⑤ 연금 산정 공식에 '가입자 개인의 퇴직 전 월 평균 소득'(B)이 포함되어 있으면 소득에 따라 기여금을 더 많이 적립한 가입자가 당연히 더 많은 연금을 받게 된다.

---

10 문맥상 틀린 의미 고르기 ④

[정답해설]
ⓓ의 '초래하므로'는 일의 결과로서 어떤 현상을 생겨나게 하는 것으로, '불러오는'으로 바꿔 쓸 수 있다. '끼치므로'는 영향, 해, 은혜 따위를 당하거나 입게 하는 것을 의미한다.

[오답해설]
① ⓐ의 '구분할'은 일정한 기준에 따라 전체를 몇 개로 갈라 나누는 것으로, '나눌'로 바꿔 쓸 수 있다.
② ⓑ의 '발생하고'는 어떤 일이 일어나거나 사물이 생겨나는 것으로, '일어나고'로 바꿔 쓸 수 있다.
③ ⓒ의 '지불해야'는 돈을 내어 주거나 값을 치르는 것으로, '내야'로 바꿔 쓸 수 있다.
⑤ ⓔ의 '구성된'은 몇 가지 부분이나 요소들이 모여 일정한 전체가 짜여 이루어지는 것으로, '이루어진'으로 바꿔 쓸 수 있다.

[11~15] 독서 – 과학

11 글의 내용 파악하기 ②

[정답해설]
암세포는 비정상적으로 빠르게 증식하는 세포로, 유전자 변이가 축적되면 정상 세포와 달리 저절로 사멸하지 않고 계속해서 분열한다. 그러므로 암세포에서는 정상 세포에서보다 유전자 변이 속도가 빠르다고 할 수 있다.

[오답해설]
① 세 번째 문단에서 인체는 면역 세포가 정상 세포를 비정상 세포로 오인하여 공격하는 자가 면역 질환을 막기 위해, 면역 반응을 억제

하는 장치인 면역 관문을 갖추고 있다고 설명하고 있다. 그러므로 자가 면역 질환이 심해질수록 암이 발병할 확률이 높아지는 것은 아니다.
③ 첫 번째 문단에서 반복되는 세포의 분열 과정에서 유전자 변이가 축적되면 정상 세포와 달리 저절로 사멸하지 않고 계속해서 분열하는 암세포가 발생한다고 하였으므로, 세포의 분열 과정이 반복될수록 암세포가 발생할 확률은 높아진다.
④ 네 번째 문단에서 다른 장기로 전이되기 전에 종양을 제거하더라도 혈액 속 암세포에 의해 암이 재발할 수 있다고 하였다. 그러므로 다른 장기로 전이되기 전에 종양을 제거하면 암이 재발하지 않는 것은 아니다.
⑤ 두 번째 문단에서 암세포는 자신이 얻을 수 있는 양분과 산소에 비해 항상 과도하게 증식하여 보통 괴사한다고 하였다. 그러므로 악성 종양이 발생하면 주변 조직에 공급되는 양분과 산소가 증가하는 것은 아니다.

| **12** | 글의 세부 내용 이해하기 | ④ |

[정답해설]
면역 관문은 면역 반응을 억제하는 장치로 T 세포의 PD-1 수용체에 PD-L1 단백질이 결합하면 면역 관문이 활성화되며, 따라서 T 세포가 항원을 인식하더라도 해당 항원을 지닌 세포를 정상 세포로 판단해서 공격하지 않는다.

[오답해설]
① 암세포가 사멸하면서 방출되는 암 항원이 면역 세포인 수지상 세포에 의해 포식되면, 수지상 세포는 포식한 암 항원을 항원 조각으로 분해한다.
② T 세포는 T 세포 수용체(TCR)를 통해 수지상 세포에 부착된 항원 조각을 인식하여 활성화된다.
③ T 세포는 혈관을 통해 인체를 돌아다니다가 TCR를 통해 암 항원을 인식하여 암세포를 찾아낸다.
⑤ 암세포 표면에 PD-L1을 부착시키는 유전자 변이가 나타나면, T세포가 암세포를 정상 세포로 오인하기 때문에 암세포가 T 세포의 공격을 회피할 수 있게 되어 악성 종양으로 발전한다.

| **13** | 글의 세부 내용 이해하기 | ⑤ |

[정답해설]
ⓒ(세포 독성 항암제), ⓓ(표적 항암제), ⓔ(면역 항암제) 중 암세포의 특성을 이용해 암세포를 직접 공격하는 항암제는 ⓓ(표적 항암제)이다. 표적 항암제는 암세포만의 독특한 분자를 표적으로 삼아 암세포를 공격하는 약제이다.

[오답해설]
① ⊙(외과 수술)과 ⓛ(방사선 치료)은 종양이 주변 장기로 전이되거나 암세포가 혈액에 퍼진 경우에는 적용이 어려우므로, 위치가 확인된 종양에 대해서만 적용이 가능하다.
② ⊙(외과 수술)과 달리 ⓛ(방사선 치료)은 강력한 방사선을 인체에 관통시켜 암세포를 사멸시키기 때문에 절개 없이 인체 내부의 종양을 제거할 수 있다.
③ ⓛ(방사선 치료)과 달리 ⓒ(세포 독성 항암제)는 작용 범위가 특정 부위에 국한되지 않고 인체 곳곳의 미세한 암세포를 사멸시킬 수 있다.
④ ⓓ(표적 항암제)에 비해 ⓔ(면역 항암제)은 인체의 면역 반응을 이용하기 때문에 적용되는 암 종류에 대한 제한이 적다.

| **14** | 밑줄 친 문장의 이유 찾기 | ② |

[정답해설]
종양의 크기가 클수록 암세포가 기하급수적으로 증식하기 때문에, 종양의 크기가 지나치게 큰 경우 면역 항암제의 치료 효과가 제한된다. 그러므로 방사선 치료, 세포 독성 항암제 투약 등의 치료가 병행되면 암세포의 총량이 감소할 뿐 아니라 암세포의 사멸로 암 항원이 방출되기 때문에 면역 항암제의 치료 효과가 높아질 수 있다.

| **15** | 글의 세부 내용 이해하기 | ④ |

[정답해설]
ⓑ(암세포의 유전자 변이 정도)가 높은 경우, 암세포만의 독특한 분자가 존재할 가능성이 높으므로 표적 항암제의 치료가 효과적일 수 있으나, 표적 항암제는 표적 분자에 민감해 약제마다 적용 가능한 암 종류가 제한적이고 쉽게 내성이 생기는 문제가 있어 그 효과가 오래 지속될 지의 여부는 장담할 수 없다.

[오답해설]
① ⓐ(MMR에 나타난 유전자 변이의 정도)가 낮은 경우, 암세포에 유전자 변이가 많을 가능성이 낮으므로 암 항원이 적게 만들어지고, 따라서 면역 항암제의 치료 효과가 작을 수 있다.
② ⓐ(MMR에 나타난 유전자 변이의 정도)가 높은 경우, 암세포의 분열 속도가 빠를 가능성이 높으므로 비정상적으로 빠르게 증식하는 세포를 공격하는 약제인 세포 독성 항암제를 투약하면 치료 효과가 높을 수 있다. 하지만 세포 독성 항암제는 매일 머리카락을 만들어내는 모낭 세포, 위장 안에서 음식물을 소화하는 점막 세포와 같이 증식 속도가 비교적 빠른 정상 세포까지 공격하므로, 탈모나 소화 불량 등의 부작용이 발생할 수 있다.
③ ⓑ(암세포의 유전자 변이 정도)가 낮은 경우, 암세포에서 암 항원이 만들어질 가능성이 낮으므로 T 세포에 의한 암세포 공격을 유도하

는 약제인 면역 항암제의 치료 효과가 작을 수 있다.
⑤ ㉢(암세포에 PD-L1 단백질이 발현된 정도)가 높은 경우, T 세포가 암세포를 정상 세포로 오인하여 공격하지 않음으로써 암세포가 면역 반응을 회피할 가능성이 높아지고, 따라서 면역 항암제의 치료 효과가 높을 수 있다.

[16~18] 현대 시

(가) 박목월, 「나무」
- **갈래** : 자유시, 서정시, 산문시
- **성격** : 사색적, 비유적, 감각적, 실존적
- **제재** : 나무
- **주제** : 나무를 통한 삶의 성찰과 깨달음
- **특징**
  - 의인화된 나무의 모습을 통한 삶의 의미 발견
  - 비유적 표현들을 통해 화자의 관념을 시각화함
  - 시간의 흐름과 장소의 이동에 따른 시상 전개
  - 외부에서 내면으로 사상의 전환
  - 여행의 경험을 통한 인식의 전환

(나) 송재학, 「흰뺨검둥오리」
- **갈래** : 자유시, 서정시, 산문시
- **성격** : 성찰적, 관조적, 사색적
- **제재** : 흰뺨검둥오리
- **주제** : 흰뺨검둥오리를 통한 희고 맑은 영혼의 투영
- **특징**
  - 청각적 이미지를 사용한 시적 대상의 비상 표현
  - 색상 대비를 통한 영속적 영혼의 세계 표현

16 작품 내용 이해하기 ②

[정답해설]
(가)는 '유성 → 조치원 → 공주 → 온양 → 서울'로 가는 공간의 이동에 따라 나무에 대한 묘사의 초점을 바꾸고 있고, (나)는 '늪'이라는 하나의 공간 내에서 흰뺨검둥오리에 대한 묘사의 초점을 바꾸고 있다.

[오답해설]
① (가)는 독백하는 어조를 통해 시적 화자의 깨달음을 청자에게 전달하고 있고, (나)는 단정하는 어조로 시적 대상에게서 느낀 점을 청자에게 전달하고 있다.
③ (가)에서는 점층적 표현을 사용하고 있지 않으며, (나)에서는 '새들은 십만 리쯤 치솟는다네'라는 과장적 표현을 통해 대상의 역동성을 부각하고 있다.

④ (가)에서는 상승 이미지를 활용하고 있지 않으며, (나)에서는 흰뺨검둥오리가 물을 박차고 비상하는 상승 이미지를 활용하여 시적 공간의 변화를 보여 주고 있다.
⑤ (가)에서는 수도승, 과객, 파수병 등 이미지의 대립을 통해 대상의 변화를 구체적으로 형상화하고 있고, (나)에서는 검은 부리와 흰 뺨이라는 색채어의 대비를 통해 어두운 세상에서의 맑은 영혼을 표현하고 있다.

17 작품의 세부 내용 이해하기 ①

[정답해설]
㉠(어느)은 꼭 집어 말할 필요가 없는 막연한 것을 의미하므로, ㉠(어느)이 나무를 만난 '들판'이라는 장소의 구체성을 드러내고 있지는 않다.

[오답해설]
② ㉡(묵중하게)은 말이 적고 몸가짐이 신중한 '수도승'의 모습과 연결하여 시적 화자가 '늙은 나무'에서 떠올린 인상을 드러내고 있다.
③ ㉢(하늘 문)은 나무들이 서 있는 '산마루'가 하늘과 맞닿아 있을 만큼 높은 경계라는 화자의 인식을 반영하고 있다.
④ ㉣(놀랍게도)은 '이미'와 연결되면서, 여행길에서 느낀 나무들의 인상이 여행이 끝난 후 화자의 내면에 자리잡게 되었음을 화자가 뒤늦게 자각한 것이다.
⑤ ㉤(기르게 되었다)은 여행길에서 만난 늙은 나무의 고독감을 시적 화자에게서 '뽑아낼 수 없는' 것으로 수용하게 되었음을 드러내고 있다.

18 작품 내용 이해하기 ④

[정답해설]
'거울'을 '산산조각나기 위해 팽팽한' 상태로 표현한 것은 물을 박차고 비상하는 새들의 움직임에 언제 깨질지 모르는 고요한 늪의 상태와 마찬가지로, 겉으론 평온해 보이나 삶은 팽팽한 긴장의 연속이라는 진실을 보여주고 있다.

[오답해설]
① '거미줄에 매달린 물방울'의 모습은 시각적 이미지가, 흰뺨검둥오리가 물을 박차고 비상할 때의 '퍼들껑' 소리는 청각이 이미지가 활용되고 있다. 시인은 이러한 감각적 이미지들을 활용하여 늪의 대상들을 탐색하고 있다.
② '날개 소리'가 '내 몸 속에서 먼저 들린'다고 표현한 것은, 시인과 늪이 물아일체가 되어 하나로 어울려 있음을 드러낸 것이다.
③ '흰뺨검둥오리가 떠메고 가는 것'의 '반쯤은 내 영혼이리라'는 말은, 날아오르는 새들을 바라보며 그들과 마찬가지로 영혼의 자유로운 비상을 꿈꾸는 시적 화자의 동경이 표현된 것이라고 할 수 있다.

⑤ 늪의 '수면'이 '그 모든 것에 일일이 구겨지다가 반듯해지네'라는 말은, 삶의 모든 국면 역시 '고요한 외침'처럼 긴장과 평온의 연속이라는 진실을 드러낸 것이라 할 수 있다.

[19~22] 현대 소설

> 김숨, 「뿌리 이야기」
> • 갈래 : 현대 소설, 중편 소설
> • 성격 : 상징적, 묘사적, 사실적
> • 시점 : 1인칭 주인공 시점
> • 주제 : 산업화와 근대화로 인해 삶의 터전과 인간성을 상실한 현대인의 불안과 방황
> • 특징
>   – 인간을 나무로 비유하여 표현함
>   – 구체적 지명을 사용하여 사실감을 높임
>   – 우리 사회의 부정적 단면을 제시하여 반성하도록 함

19	작품의 서술상 특징 이해하기	①

[정답해설]

해당 작품은 1인칭 주인공 시점으로, 주인공이면서 동시에 서술자인 작품 속의 '나'가 독백적 진술을 중심으로 인물의 내면 흐름을 드러내고 있다. 이러한 시점은 심리 묘사에 적합하며, 독자가 등장인물에게 친근감을 느끼게 하는 데 효과적이다.

20	작품의 내용 이해하기	④

[정답해설]

고모할머니는 살아생전 위안부 등록을 하지 않았는데, "어머니는 그녀가 위안부 등록을 하지 않은 것에 대해, 그래서 정부에서 지원해 주는 생활 안정 지원금을 받지 못한 것에 대해 아쉬워했다."라는 대목에서 고모할머니가 자신들의 체면을 걱정하는 가족들의 만류로 인해 위안부 등록을 하지 못한 것은 아니라는 것을 알 수 있다.

[오답해설]

① '그'가 나무뿌리로 만든 작품을 전시한 곳은 경복궁 근저 백 년도 더 된 오래된 한옥을 개조해 만든 전시실이었다.

② 부엌을 개조해 만든 전시실, 공중 곡예를 하듯 허공에 위태롭게 매달려 있는 그 뿌리가 영동에서 구해온 뿌리라는 것을, 나는 단박에 알아차렸다.

③ "다른 뿌리들에 비해 뒤틀림이 심한 포도나무 뿌리로 촛농을 고르게 떨어뜨리는 일은 고도의 집중을 요구했을 것이다."라고 '나'는

재료의 특성과 관련지어 '그'가 작업에 신중을 기하는 이유를 추측하였다.

⑤ 그가 철거될 모과나무 아래에 서 있을 때 나는 목욕탕 탈의실 거울을 들여다보고 있었고, 거울 속 얼굴은 뜻밖에도 고모할머니인 그녀를 닮아 있었다.

21	작품의 감상 내용 이해하기	③

[정답해설]

고모할머니가 '나'의 손을 더듬어 찾던 것이 실은 '품어 줄 한 줌의 흙'을 찾고 있었던 것이라고 한 데서, '나'는 어린 시절 고모할머니가 자신의 손을 잡았던 이유를 이해하게 된다. 그러나 '그'의 작품을 본 '나'가 자신의 뿌리를 고모할머니에게서 찾은 것은 아니다.

[오답해설]

① '뿌리를 구하러 그가 철거촌을 뒤지고 다닌다'는 것은, 어릴 적 친부모로부터 버림을 받아 뽑혀 나온 뿌리에 대한 '그'의 천착이 행동으로 드러난 것임을 알 수 있다.

② '그'가 '철거'라는 글자가 자신의 '심장을 지져오는 것 같'다고 한 것은, '그'가 뽑혀 나올 모과나무와의 동일시를 통해 태어날 때부터 부모로부터 버려진 자기 존재를 확인한 것으로 볼 수 있다.

④ 뿌리에 촛농이 떨어져 굳는 순간을 '생전 만날 일 없던 두 존재가 만나는 순간'으로 본 것은, '그'의 작업이 어릴 때 일본군 위안부로 끌려갔다온 후 평생 친척집을 떠돈 자신과 비슷한 처지의 고모할머니를 이해하는 과정이었음을 '나'가 깨닫게 된 것으로 볼 수 있다.

⑤ '나'가 '뿌리들 너머'에 '그'가 있을 것이라 생각하면서 '그에게 닿을 수 있을 것 같'다고 한 데서, '나'가 소원했던 '그'에게 다가갈 수 있는 가능성을 발견하고 있음을 알 수 있다.

22	작품의 세부 내용 이해하기	①

[정답해설]

'그'가 철거될 모과나무 아래에 서서 어릴 적 친부모로부터 버려진 자신의 존재를 확인한 것처럼, '나'는 목욕탕 탈의실 거울을 들여다보며 고모할머니와 닮은 자신의 모습을 발견하게 된다. 즉, ⓐ는 두 인물의 서로 다른 경험을 연결하여 두 경험의 의미를 밀접하게 관련짓고 있다.

[23~26] 고전 시가

(가) 안서우, 「유원십이곡」
• 갈래 : 평시조, 연시조
• 성격 : 비판적, 의지적, 풍류적
• 주제 : 속세에 대한 비판과 자연적 삶에 대한 추구
• 특징
  – 12수로 이루어진 연시조이지만, '서사'를 포함하면 13수로 이루어짐
  – 자연 친화적이면서도 벼슬에 대한 미련이 나타남
  – 내적 갈등과 그 해소로 인한 즐거움이 드러남
  – 전 6수에서는 화자가 자연을 선택하게 된 동기가 나타나며, 후 6수에는 자연을 선택하기까지의 갈등과 정착 과정을 보임

(나) 김진형, 「북천가」
• 갈래 : 양반 가사, 유배 가사, 기행 가사
• 성격 : 회고적, 체험적, 사실적, 풍류적
• 주제 : 유배지에서의 풍류와 가족에 대한 그리움
• 특징
  – 공간 이동에 따른 시상 전개
  – 여정, 견문, 감상이 드러난 기행 가사
  – 체험을 바탕으로 한 사실적 묘사와 서술이 돋보임
  – 자연과의 교감, 기생과의 유희 등 유배지에서의 풍류 생활을 드러냄

23 　　작품의 공통점 이해하기　　 ④

[정답해설]
(가)에서는 '~웨(왜)라', '~하노라', (나)에서는 '~로다', '~구나'라는 유사한 문장 구조를 반복하여 운율을 형성하고 화자의 심정을 강조하고 있다.

[오답해설]
① (가)와 (나) 모두 계절의 변화를 중심으로 시상을 전개하고 있지 않다.
② (가)에서는 자연(갈매기와 백로)과 인간(벗)을 대비하여 '유정'과 '무심'이 주는 교훈, 즉 어제는 그르다고 한 것이 이제는 옳다는 깨달음을 전달하고 있으나, (나)에서는 그렇지 않다.
③ (가)와 (나) 모두 명령형 문장을 활용하여 화자의 포부를 드러내고 있지 않다.
⑤ (가)에서는 시선의 이동이 나타나고 있지 않으며, (나)에서는 유배지로의 이동을 통한 시상이 전개되고 있으나, 원경에서 근경으로 시선을 이동하여 자연의 모습을 다채롭게 그려 낸 것은 아니다.

24 　　작품의 세부 내용 이해하기　　 ④

[정답해설]
〈제7장〉에서 초장의 '흰 구름'과 중장의 '기러기'에 대한 화자의 감흥, 즉 자연을 느끼는 즐거움이 종장에서 '내 벗'으로 집약되고 있다.

[오답해설]
① 〈제1장〉의 초장과 중장에서 드러난 '문장'을 향한 화자의 의지는 종장에서 태평성대에 농사나 짓겠다고 말하는 것으로 보아 약화되고 있다.
② '홍진'은 속세를 의미하고, '녹수 청산'은 자연을 의미한다. 〈제3장〉의 중장에서 자연에서 시름없이 늙어가겠다는 화자의 다짐은 초장에 드러난 '홍진'을 향한 화자의 미련이 해소되는 것이 아니라, '홍진'과 절교하고자 하는 화자의 의지를 강화하고 있다.
③ 〈제4장〉에서 논밭을 일궈 밥을 하고, 낚시를 하여 반찬으로 삼고, 낫으로 땔나무를 하는 것은 시적 화자가 자연과 더불어 살아가기 위한 생계 수단이다. 즉, '낚시'는 생계를 유지하기 위한 하나의 수단일 뿐이므로, 초장에 드러난 '낚시'에 대한 화자의 관심이 중장에서 구체화되고 있는 것은 아니다.
⑤ 〈제8장〉의 초장에 드러난 '유정'과 '무심'에 대한 화자의 의문은 중장에서 갈매기와 백로라는 자연물과 비교하여 종장에서 그 교훈을 화자가 깨닫게 된다.

25 　　작품 내용 이해하기　　 ⑤

[정답해설]
'본관의 성덕과 주인의 정성'을 통해 화자가 유배 중에도 북관의 수령과 주인으로부터 공경과 보살핌을 받고 있음을 드러내고 있는 것이지, 임금에 대한 변치 않는 화자의 충정을 드러내고 있는 것은 아니다.

[오답해설]
① '명천이 천리로다'를 통해 화자가 이주하게 될 유배지인 명천에 대한 화자의 거리감을 부각하고 있다.
② '문관의 명성 듣고 한사코 달려드니'를 통해 화자가 아무리 사양해도 배우기를 청하는 선비들의 반응을 제시하고 있다.
③ '기러기 처량하고'를 통해 고향으로 돌아가지 못하고 유배지에서 생활하는 화자의 서글픈 심정을 자연물에 투영하여 나타내고 있다.
④ '개가죽 상하의'와 '조밥 피밥 기장밥'을 통해 화자가 관찰한 유배지의 생활상을 보여 주고 있다.

26 　　작품의 감상 내용 이해하기　　 ④

[정답해설]
(나)에서는 '내 일'을 '슬프다'라고 한 것을 통해 유배로 인해 느끼게 되

는 화자의 고독감과 슬픔을 읽어낼 수 있다. 그러나 (가)에서 강호에서의 생활을 '헌스 홀가 두려웨라'라고 한 것은 자연 속에서 사는 나의 즐거움을 세상 사람들이 알게 될까 걱정하고 있으므로, 강호 생활에 대한 화자의 만족감을 읽어낼 수 있다.

[오답해설]

① (가)에서 '이제야 작비금시' 즉, '어제는 그르다고 한 것이 이제는 옳다'는 깨달음을 통해 새로운 공간에서 삶에 대해 성찰하는 화자의 모습을 발견할 수 있다.

② (나)에서 '사고무친 고독단신 죽는 줄 그 누가 알겠느냐고 한 것을 통해 유배지로의 이주를 앞둔 상황에서 의지할 만한 사람도 도와줄 사람도 없는 화자의 우려를 읽어낼 수 있다.

③ (나)에서 '종이 위의 자자획획'이 '눈물'이라고 한 것을 통해 유배지에서 받은 편지의 한 글자 한 획에 가족에 대한 그리움이 서려 있음을 읽어낼 수 있다.

⑤ (가)에서 '밭을 갈'고 '깊은 산의 나무'를 하며 지낸다고 한 것과 (나)에서 '시와 술'에 마음을 붙이고 '문밖'으로 나가지 않는다고 한 것을 통해 새로운 곳에서 적응해 가는 화자의 변화된 삶의 모습을 발견할 수 있다.

[27~30] 고전 소설

> 작자미상, 「유충렬전」
> • **갈래** : 국문 소설, 영웅 소설, 군담 소설
> • **성격** : 영웅적, 전기적, 비현실적
> • **배경** : 중국 명나라
> • **시점** : 전지적 작가 시점
> • **주제** : 유충렬의 고난과 영웅적 행적
> • **특징**
>   – 귀족적 영웅소설의 대표작
>   – 전형적인 영웅 일대기 속에서 사건이 전개됨
>   – 천상계와 지상계의 이원적 공간 설정
>   – 표면적으로는 국가에 대한 충성심을 강조하고, 이면적으로는 몰락한 계층의 권력 회복 의지를 드러냄

| **27** | 작품에 대한 이해 | ④ |

[정답해설]

한담은 선사의 계책을 듣고 충렬을 진문(진영으로 드나드는 문)으로 유인하였고, 충렬은 적의 장대(장수가 올라서서 지휘하기 위해 쌓은 대)에 달려들었으나 한담이 파놓은 함정임을 알게 된다. 그러므로 한담이 장대에서 충렬과 자웅을 겨룬 것은 아니다.

[오답해설]

① 원수가 맞아 칼로 치게 되면 반합에 죽을 것이로되 사로잡아 죄목을 묻고 원수를 갚고자 하여 장성검을 높이 들고 한담을 치려하였다는 대목에서 충렬은 죄를 묻고 원수를 갚기 위해 한담을 사로잡으려 하였음을 알 수 있다.

② 한담이 원수를 급히 쫓아오다가 한담의 말이 거꾸러지거늘 원수가 장성검을 높이 들어 한담의 목을 치니 목은 아니 맞고 투구만 벗겨졌다는 대목에서 충렬을 쫓던 한담은 말이 거꾸러지는 바람에 위기에 처하게 됨을 알 수 있다.

③ 본진에 돌아온 한담이 적장의 칼에 투구가 깨져 위태로운 한담을 보고 징을 쳐 군사를 거두었다는 선사의 말에 대겁하여 머리를 만져 보고 그제야 투구가 없다는 사실을 알아차렸다.

⑤ 충렬이 안손법을 베풀어 진중을 살펴보니 한담이 토굴 깊이 함정을 파놓은 것을 보고 그제야 한담의 계략에 당한 것을 깨달았다.

| **28** | 작품의 세부 내용 이해하기 | ⑤ |

[정답해설]

㉠은 도사가 충렬의 장성검에 투구가 벗겨진 한담을 불러들여 위기에서 벗어나게 한 것이고, ㉡은 한담이 도사의 계략에 따라 함정을 파고 충렬을 자극하여 위기에 빠지게 한 것이다.

[오답해설]

① ㉠은 한담의 군대가 패배한 것을 의미하며, ㉡은 충렬을 방심하게 하는 원인이다.

② ㉠은 도사가 한담을 구하기 위해 단독으로 결정한 일이며, ㉡은 한담이 도사의 계략에 따라 결정한 일이다.

③ ㉠이 한담이 미래의 사건을 예측하게 한 것은 아니며, ㉡은 충렬이 한담의 군대가 퇴각한 과거의 기억을 떠올리게 한 것이다.

④ ㉠은 충렬에게 다 잡은 한담을 놓치게 된 아쉬운 계기이고, ㉡은 충렬에게 싸우다가 도망가는 한담의 군대에 의심을 유발하는 계기이다.

| **29** | 작품의 세부 내용 이해하기 | ① |

[정답해설]

[A]에서는 전장에서 가까스로 살아 돌아온 한담이 충렬을 물리칠 방법을 선사에게 물으며 도움을 청하고 있고, [B]에서는 천자와 태자가 목숨을 구해달라는 아버지의 편지가 사실일리가 없다며 충렬을 안심시키고 있다.

[오답해설]

② [A]에서는 한담이 적장인 충렬의 능력을 인정하고 있으나 이를 칭찬하는 것은 아니며, [B]에서는 천자와 태자가 충렬을 안심시키고

있을 뿐 능력 부족을 지적하고 있지는 않다.

③ [A]에서는 한담이 충렬을 잡지 못한 것을 안타까워하고 있으나 억울해하는 것은 아니며, [B]에서는 천자와 태자가 충렬을 안심시키고 있으나 슬픔에 공감하고 있는 것은 아니다.

④ [A]에서는 선사가 충렬을 잡을 방책을 한담에게서 요청받고 있으나 제안을 거절한 것은 아니며, [B]에서는 천자와 태자가 자신의 목숨을 구해달라는 아버지의 편지가 사실일리 없다고 추측하고 있으나 충렬의 생각을 고치려 한 것은 아니다.

⑤ [A]에서는 선사가 충렬을 잡을 수 있도록 도와달라는 한담의 요청을 받고 있으나 갈등을 간파하고 있는 것은 아니며, [B]에서는 충렬이가 천자와 태자에게 목숨을 구해달라는 아버지의 편지를 보여주고 있으나 자신이 겪고 있는 갈등을 부각하고 있는 것은 아니다.

| 30 | 작품의 세부 내용 이해하기 | ⑤ |

[정답해설]

충렬이의 마음이 심란한 것은 목숨을 구해달라는 아버지의 편지가 한담이 보낸 가짜 편지임을 알지만, 이미 돌아가신 아버지가 혹시나 살아계실까 하는 기대감 때문이다. 즉, 충렬이는 윤리성을 상실한 적도 없으며, '심란'한 '마음'을 이겨내고 한담을 '도성' 안으로 물리친 것이 윤리적 정당성을 회복하기 위한 것도 아니다.

[오답해설]

① 충렬이 한담을 잡아 육신을 포를 떠서 종묘에 제사 지내고 남은 고기는 가져다가 '부친의 충묘당'에 제사를 지내겠다고 말한 것은 주인공이 효의 윤리성을 실현하는 것이라고 볼 수 있다.

② 천상계에서 천신인 대장성과 익성이 인간계에서 유충렬과 정한담으로 환생하여 서로가 '천신'임을 알아보고 대립하는 것은 두 인물의 숙명적 대결임을 알 수 있다.

③ 한담이 충렬의 아버지를 사칭하여 목숨을 구해달라는 거짓 편지를 보낸 것은 효에 관한 충렬의 윤리성을 이용한 계책이라 볼 수 있다.

④ 천상계에서의 대결이 '천자와 태자'를 모시는 충렬과 이를 배신하고 반대편에 선 한담 간의 대결로 지속되고 있는 것은 충(忠)의 윤리성에 바탕을 둔 숙명적 대결로 볼 수 있다.

2024학년도 기출문제 정답 및 해설

[영어] 2024학년도 | 정답

01	②	02	②	03	⑤	04	①	05	②
06	①	07	④	08	④	09	②	10	⑤
11	②	12	①	13	⑤	14	④	15	①
16	①	17	②	18	③	19	②	20	③
21	⑤	22	②	23	⑤	24	①	25	④
26	③	27	②	28	⑤	29	③	30	④

[영어] 2024학년도 | 해설

01	어법상 틀린 것 고르기	②

[정답해설]

which → in which(=where)

which는 관계대명사로 선행사 markets를 수식하기 위한 형용사절을 이끈다. 그런데 뒤에 완전한 문장이 왔으므로, '전치사+관계대명사'의 형태인 in which로 고쳐 쓰거나 장소를 나타내는 관계부사 where로 고쳐 써야 옳다.

[오답해설]

① it은 앞의 단수 보통명사 money를 가리키는 지시대명사로 옳게 사

용되었다.

③ to earn은 앞의 명사 income을 수식하는 to부정사의 형용사적 용법으로 옳게 사용되었다.

④ that은 앞의 It is와 함께 It is ~ that의 강조구문으로 옳게 사용되었다.

⑤ 주격 관계대명사 that 다음의 동사는 선행사 purpose와의 수의 일치에 따라 3인칭 단수 현재의 형태인 transcends를 사용한 것은 적절하다.

[핵심어휘]

- component (구성) 요소, 부품
- isolation 고립, 분리, 격리
- coherently 밀착하여, 시종 일관하여
- configuration (각 요소의) 상대적 배치, 배열
- facilitate 가능하게 하다, 용이하게 하다
- distribution 분배, 배분, 유통
- transcend 초월하다, 능가하다

[본문해석]

경제 체제의 필수적인 구성요소들과 그것들이 어떻게 작동하는지를 분리하여 보았을 때가 아니라, 오히려 더 큰 사회적 그리고 문화적 환경과 연결되어 있을 때 가장 잘 이해가 된다. 돈은 어떤 경제의 필수적인 구성요소이지만, 그것으로 살 수 있는 어떤 것이 기업에 의해 생산되지 않는 한 그것은 그 자체로 아무런 도움이 되지 않는다. 기업도 핵심적인 역할을 하지만, 그들의 상품을 살 의지와 능력이 있는 가계들이 없고, 상품을 사고 팔 수 있는 시장이 없다면, 그들은 이익을 낼 수 없다. 시장에서 소비할 돈을 벌 수입원이 없는 가계는 미국의 경제 체제에서 소비자가 될 수 없다. 그것들이 경제적인 생산, 분배, 그리고 소비를 가능하게 하는 것은 오직 돈, 시장, 기업, 그리고 가계가 특정한 배치로 일관되게 합쳐질 때이다. 그것들은 하나의 체제를 구성하고 그 체제는 구성요소 그 자체의 특정 목적을 능가하는 더 넓은 목적에 도움을 준다.

02	어법상 맞는 것 고르기	②

[정답해설]

(A) placing / (B) those / (C) discovered

(A) compare A with B 구문에서 A와 B는 동일 형태가 와야 한다. 해당

문장에서 B에 동명사인 moving이 쓰였으므로 A에도 동명사의 형태인 placing을 쓰는 것이 적절하다.

(B) 투명한 병에 담긴 초콜릿과 불투명한 병에 담긴 초콜릿을 비교하는 것이므로, chocolates를 대신하는 지시대명사 those를 쓰는 것이 적절하다.

(C) 연구원들이 실험을 통해 음식이 과잉 공급된 가정에서 두 배의 비율로 소비된 사실을 발견하였다. 즉, 행위의 주체인 사람이 주어이므로 능동태 동사인 discovered를 쓰는 것이 적절하다.

[핵심어휘]

□ experimenter 실험자
□ strategically 전략상, 전략적으로
□ transparent 투명한, 명료한
□ opaque 불투명한, 흐릿한
□ principle 원리, 원칙
□ apply to ~에 적용되다
□ stock 채우다, 갖추다
□ moderate 보통의, 중간의
□ quantity 양, 다량
□ ready-to-eat 즉석의, 바로 먹을 수 있는
□ overstocked 공급 과잉의, 필요 이상의

[본문해석]

단지 음식이나 음료를 눈에 보이지 않게 두거나 그것을 몇 피트 떨어진 곳에 두는 것이 소비에 큰 영향을 미칠 수 있음을 연구에서 보여준다. 일련의 연구에서, 실험자들은 전략적으로 사무실 주변에 초콜릿 병을 놓아두고 얼마나 많이 소비되었는지 신중하게 숫자를 세었다. 한 조건에서, 그들은 사람들의 책상 위에 병을 놓는 것과 그것들을 단지 6피트 떨어진 곳에 놓는 것을 비교했다. 다른 조건에서, 그들은 초콜릿을 투명한 병 또는 불투명한 병 중 하나에 담았다. 사람들의 책상 위에 초콜릿을 놓아 둔 것은 직원 일인당 매일 평균 6개의 초콜릿을 더 소비하는 결과를 낳았고, 투명한 병에 있는 초콜릿은 불투명한 병에 있는 것보다 46% 더 빨리 소비됐다. 비슷한 원리가 집 주위의 음식에도 적용된다. 다른 연구에서, 연구원들은 사람들의 가정에 많은 양 또는 적당한 양 중 하나의 즉석 식사를 제공했고, 음식이 과잉 공급된 가정에서 두 배의 비율로 소비된 것을 발견했다.

| 03 | 문맥상 부적절한 낱말 고르기 | ⑤ |

[정답해설]

slower → faster

제시문에 따르면 지구와 달리 화성과 금성에서 활성산소가 축적되지 않은 결정적인 이유는 활성산소의 생성 속도에 있다고 하였다. 즉, 새로운 암석과 광물이 노출되어 산화되는 속도보다 산소가 더 빠르게 생성되어야만 공기 중에 산소가 축적될 수 있으므로, ⑤의 slower는

faster로 고쳐 써야 옳다.

[핵심어휘]

□ ultraviolet radiation 자외선 방사[복사]
□ cost 잃게 하다, 희생시키다
□ sterile 불모의, 메마른
□ crust 지각, 껍질
□ oxidize 산화시키다, 녹슬게 하다
□ carbon dioxide 이산화탄소
□ a trace of 약간의, 소량의
□ free oxygen 활성 산소
□ critical 대단히 중요한, 결정적인
□ weathering 풍화(작용)
□ volcanic activity 화산 활동

[본문해석]

수십 억 년에 걸쳐, 자외선 방사의 영향으로 인한 물의 손실로 화성과 금성이 바다를 잃은 것으로 생각된다. 오늘날, 두 행성 모두 건조하고 메마르며, 지각은 산화되고 대기는 이산화탄소로 가득 차 있다. 두 행성 모두 서서히 산화되었고, 대기에 소량의 활성 산소조차 결코 축적되지 않았다. 왜 이런 일이 화성과 금성에서는 일어나고, 지구에서는 일어나지 않았을까? 결정적인 차이는 산소의 생성 속도에 있었을 수도 있다. 풍화와 화산 활동에 의해 새로운 암석, 광물, 그리고 가스가 노출되는 속도보다 산소가 더 빠르지 않게 천천히 생성된다면, 이 모든 산소는 공기 중에 축적되는 대신 지각에 의해 소모될 것이다. 지각은 천천히 산화시킬 것이지만, 산소는 결코 공기 중에 축적되지 않을 것이다. 새로운 암석과 광물이 노출되는 속도보다 산소가 더 느리게 (→ 더 빠르게) 생성되어야만 그것이 공기 중에 축적되기 시작할 수 있다.

| 04 | 문맥에 맞는 낱말 고르기 | ① |

[정답해설]

(A) evident / (B) relevant / (C) included

(A) 작가들이 명확한 언급 없이 독자로 하여금 이야기를 추론하고, 결론 내리고, 예측하도록 충분한 단서를 제공하는 글쓰기 장르는 미스터리 소설이 가장 확실하므로, (A)에 들어갈 말은 'evident(분명한, 명백한)'가 적절하다.

(B) 미스터리 소설의 독자들은 스스로 단서를 찾아 본문의 퍼즐을 짜 맞추기를 원하지만, 작가가 그 이야기와 관련된 정보를 바로 밝힌다면 독자들은 그 소설을 읽는 것을 상당히 지루해할 것이다. 그러므로 (B)에 들어갈 말은 'relevant(관련 있는)'가 적절하다.

(C) 미스터리 소설에서 독자가 추론과 결론을 내리는 동안, 작가는 독자를 그 방향으로 이끌 수 있는 단서들을 이미 제공해 왔으므로, (C)에 들어갈 말은 'included(포함하다)'가 적절하다.

[핵심어휘]

- there are times when ~할 때가 있다.
- explicitly 명쾌하게, 명료하게, 분명하게
- state 말하다, 언급하다, 진술하다
- genre 장르
- evident 분명한, 명백한
- inference 추론, 추리, 추정
- prediction 예측, 예견
- forthcoming 기꺼이 말하는[밝히는]
- relevant 관련 있는, 의의가 있는
- irrelevant 무관한, 상관없는
- take A out of B B에서 A를 제거하다
- savvy 잘 아는, 박식한
- piece ~ together ~을 조립하다[짜 맞추다]
- figure out 이해하다, 생각해 내다
- identify 알아보다, 확인하다
- unfold 펼치다, 전개하다

[본문해석]

작가들은 우리가 특정한 메시지를 결정하고 그것을 명확하게 언급함이 없이 우리를 올바른 방향으로 인도하기 위한 충분한 단서를 제공하기를 바랄 때가 있다. 아마도 이것이 가장 (A) <u>분명한</u> 글쓰기 장르는 미스터리 소설이다. 작가는 독자로 하여금 추론 후에 추론, 결론 후에 결론, 그리고 예측 후에 예측을 하도록 하는 단서들의 그물망을 만든다. 만일 작가가 가장 (B) <u>관련 있는</u> 정보를 바로 밝힌다면 미스터리 이야기를 읽는 것이 얼마나 지루할지 상상해보라. 그것은 모든 재미를 없앨 것이다. 박식한 독자로서, 우리는 단서를 찾아 마음속으로 본문의 퍼즐을 짜 맞추기를 원한다. 등장인물이 식별할 수 없거나 상황이 전개되기 전에 결과를 아는 것에 대한 해결책을 생각해 내는 것보다 독자에게 더 만족스러운 것은 없다. 기억하라, 독서는 계속되는 대화이다. 그것은 독자가 추론과 결론을 내리는 동안, 작가가 독자를 그 방향으로 이끌 수 있는 단서를 (C) <u>포함해</u> 왔다는 것을 의미한다.

---

05   글의 요지 파악하기   ②

[정답해설]

제시문에 따르면 습관의 지속성을 유지하기 위해서는 어떤 외부 요인이나 그날의 성향과 기분에 따라 좌지우지되지 않고, 마치 근육처럼 처음부터 습관을 강하게 길러 깨지지 않도록 할 것을 주문하고 있다. 그러므로 습관을 꾸준히 유지하려면 훈련을 통해 처음부터 강화해야 한다는 ②의 설명이 제시문의 요지로 가장 적절하다.

[핵심어휘]

- prove to be ~임이 판명[입증]되다, ~임이 드러나다
- fragile 깨지기 쉬운, 허약한

- predictably 예측[예견]할 수 있게
- regret 후회하다, 유감스럽게 생각하다
- continuity 지속성, 연속성
- muscle 근육, 힘
- external factor 외부 요인
- disposition 기질, 성향
- vulnerable 취약한, 연약한
- interruption 중단, 가로막음
- by all means 기어코, 반드시
- per se 그 자체로
- a bunch of 다수의

[본문해석]

습관은 우리의 삶에서 변화가 예측 가능하거나 예측 불가능하게 나타날 때 종종 꽤 깨지기 쉬운 것으로 드러난다. 누군가가 결혼 전 '시간이 있을 때' 자신의 '좋은 취미'에 대해 불평하거나 후회하는 것을 몇 번이나 들어본 적이 있는가? 나는 그 소리를 수십 번 들었고 사람들은 항상 지속성이 부족한 것에 대한 구실을 찾으려고 한다. 그게 우리가 하는 행동이다. 우리는 변명을 찾아낸다. 하지만 우리가 어떻게 기능하고 습관이 어떻게 기능하는지를 생각하고 이해하려고 노력하는 데 시간을 좀 쓴다면, 마치 근육이 그런 것처럼 습관을 강화하는 훈련이 필요하다는 것을 알 수 있고, 습관들이 어떤 외부 요인이나 혹은 유지해야 할 성향과 기분에 더 의존하면 할수록, 습관이 중단에 더 취약하다는 것을 알 수 있다. 처음부터 여러분의 습관을 강하게 길러라. 조깅을 시작하고 싶다면, 날씨가 좋을 때, 바람이 불거나 비가 올 때, 행복할 때, 그리고 반드시 슬플 때 하라. 그것은 수행해야 할 다수의 조건들을 충족시키는 것을 넘어 그 자체로 즐거움의 영역과 연결하는 것이다.

---

06   글의 요지 파악하기   ①

[정답해설]

제시문의 마지막 문장에서 사려 깊은 사람들은 행복을 얻는 가장 좋은 방법이 우리의 욕망을 지배하는 것이라고 주장해 왔지만, 보통 사람들은 이 충고를 무시해왔다고 서술하고 있다. 그러므로 많은 사람들은 욕망을 통제하는 것이 우리를 행복하게 할 수 있다는 생각을 쉽게 묵살한다는 ①의 설명이 제시문의 요지로 가장 적절하다.

[오답해설]

② 일반적인 믿음과 달리, 우리의 욕망을 지배하는 것은 거의 불가능하다.
③ 행복은 사랑하는 사람들의 도움 없이는 거의 이루어지지 않는다.
④ 우리의 욕망이 자라는 것은 바로 우리 환경 안에서 이다.
⑤ 아무것도 원하지 않으면, 아무것도 얻지 못한다.

[핵심어휘]

- unanimously 이의 없이, 만장일치로
- convince 납득시키다, 설득하다
- enhance 강화하다, 증진시키다
- suppress 진압하다, 억압하다
- eradicate 근절하다, 없애다
- master 참다, 억누르다
- dismiss 묵살하다, 일축하다
- contrary to ~에 반해서
- breed 기르다, 양육하다

[본문해석]

사람들은 보통 행복을 얻는 가장 좋은 방법은 그들의 환경 즉, 집, 옷, 차, 직업, 교유관계를 바꾸는 것이라고 생각한다. 그러나 욕망에 관해 면밀하게 생각한 사람들은 지속적인 행복을 얻는 가장 좋은 방법은 아마도 정말 유일한 방법이지만, 우리 주변의 세상 또는 그 안에서 우리의 위치를 바꾸는 것이 아니라 우리 스스로를 변화시키는 것이라는 결론을 만장일치로 도출했다. 특히, 우리가 이미 소유한 것을 원한다고 스스로를 설득할 수 있다면, 우리 환경에 아무런 변화 없이 우리의 행복을 극적으로 증진시킬 수 있다. 만족은 우리 내부에서 발견한 욕망을 충족시키기 위해 일하는 것이 아니라 우리의 욕망을 선택적으로 억압하거나 없앰으로써 얻는 게 최선이라는 사실은 일반인들에게 떠오르지 않는다. 시대와 문화를 통해, 사려 깊은 사람들은 행복을 얻는 가장 좋은 방법이 우리의 욕망을 억누르는 것이라고 주장해 왔지만, 시대와 문화를 통해, 보통 사람들은 이 충고를 무시해왔다.

07 밑줄 친 문장의 의미 파악하기 ④

[정답해설]

제시문에서 '긴 녹색 탁자 앞에 서다'는 말의 요점은 긴 녹색 탁자에 둘러앉아 있는 장교들에게 좋은 주장을 펼칠 수 없다면, 여러분의 행동을 재고하라고 서술되어 있다. 그러므로 'stand before the long green table(긴 녹색 탁자 앞에 서다)'는 말은 ④의 "권위 있는 인사들에게 당신의 행동을 설득력 있게 정당화하다"이다.

[오답해설]

① 지속적으로 변화하는 현장 조건에 맞게 전략을 수정하다
② 더 많은 지식이 있는 사람들에게 업무에 대한 도움을 요청하다.
③ 동료의 승인 없이 용기 있게 계획을 실행하다
⑤ 그들의 캠페인 전략이 현실적이지 않다고 동료들을 설득하다

[핵심어휘]

- serve the military 군복무를 하다
- conference table 회의 탁자
- boardroom 중역 회의실, 이사회실

[핵심어휘]

- felt 펠트(모직이나 털을 압축해서 만든 천)
- formal proceeding 공식적인 절차
- adjudicate 판결하다, 심판하다
- make a good case 좋은 사례를 들다, 좋은 주장을 펼치다
- reconsider 재고하다, 다시 생각하다
- take a step 조치를 취하다
- courageously 용감하데, 대담하게
- approval 승인, 인정
- peer 또래, 동료
- convincingly 설득력 있게, 납득이 가도록
- authority figure 권위 있는 인사, 실세

[본문해석]

군 복무를 할 때, 나는 이 말에 굳게 의지하여 내 행동을 인도했다. 어려운 결정을 내릴 때마다, 나는 "긴 녹색 탁자 앞에 설 수 있습니까?"라고 스스로에게 물었다. 제2차 세계대전 이후, 군 회의실에서 사용되는 회의 탁자는 녹색 천으로 덮인 길고 폭이 좁은 가구로 만들어졌다. 여러 명의 장교들이 어떤 문제를 판단해야 하는 공식적인 절차가 진행될 때마다. 장교들은 탁자 주변에 모이곤 했다. 그 말의 요점은 간단하다. 긴 녹색 탁자에 둘러앉아 있는 장교들에게 좋은 주장을 펼칠 수 없다면, 여러분의 행동을 재고해야만 한다. 중요한 결정을 내리려고 할 때마다, 나는 "긴 녹색 탁자 앞에 서서 내가 정말 올바른 행동을 했다고 만족할 수 있을까?"라고 스스로에게 물었다. 이것은 지도자가 스스로에게 물어야 하는 가장 근본적인 질문 중 하나이다. 그리고 그 옛 격언은 내가 어떤 조치를 취해야 하는지 기억하도록 도와주었다.

08 전체 흐름과 관계 없는 문장 고르기 ④

[정답해설]

제시문은 피카소의 대표작인 '게르니카'가 그려진 의도와 그 이름이 붙여진 유래 등에 대해 서술하고 있다. 그런데 말년에 피카소가 새로운 양식과 기법으로 실험을 하면서 계속해서 관심에 변화를 주었다는 ④의 설명은 피카소의 말년 화풍의 변화에 대해 설명하고 있으므로, 제시문의 전체 흐름과 어울리지 않는다.

[핵심어휘]

- mastery 숙련, 숙달, 통달
- name after ~의 이름을 따다
- dump 버리다, 덤핑하다
- range (범위가) 이르다, 다양하다
- puzzlement 어리둥절함, 혼란
- confusion 혼란, 혼동
- direction 지시, 지휘, 지도
- presumably 아마, 짐작건대

[본문해석]
피카소의 강렬한 그림 '게르니카'를 처음 보는 사람을 생각해 보자. 누구나 이 그림에서 기술적 숙련도와 매우 감성적인 내용을 볼 수 있다. ① 그러나 우리가 '게르니카'를 처음 보는 사람에게 이 그림은 그가 18세였을 때 피카소를 차버린 소녀의 이름을 따서 붙여졌다고 말했다. ② 이 그림에 대한 관람객의 감정은 어리둥절하고 혼란스러울 수도 있다. 즉, 작품의 규모와 내용을 고려할 때, 그것은 약간의 과잉반응처럼 보일 것이다. ③ 그런 다음 우리는 관람객에게 이 그림이 1937년 4월 프랑코 지휘 하의 스페인 민족주의자들의 요청에 따라 독일과 이탈리아의 연합 파시스트 군대에 의해 심하게 폭격을 당한 작은 바스크 마을을 기념하기 위해 그려졌다고 말한다. ④ 심지어 말년에도, 피카소는 새로운 양식과 기법으로 실험을 하면서, 계속해서 관심에 변화를 주었다. ⑤ 아마도, 관람객의 감정은 바뀔 것이고 피카소는 그 그림을 관람하는 사람들이 의도했던 감정을 더 많이 반영할 것이다.

09 　글의 제목 유추하기　②

[정답해설]
진화 인류학적 관점에서 신체 구성과 얼굴 형태가 더 부드럽고 온화하게 변한 것은 폭력으로부터 벗어난 진화의 일부였으며, 성공한 집단들은 폭력적이고 파괴적인 사람들을 제거하고 남은 더 온화한 사람들의 성공을 보장했다고 설명하고 있다. 그러므로 제시문의 제목으로 ②의 "더 온화한 사람들: 진화 전쟁의 승리자들"이 적절하다.

[오답해설]
① 원시 인류의 온화함: 인류학적 신화
③ 화석 증거에 의해 드러난 폭력적인 인간의 본성
④ 성공적인 전쟁 캠페인 개최: 멋진 예술
⑤ 인간의 갈등을 끝내는데 방해가 되는 것은 무엇인가?

[핵심어휘]
- aversion 싫음, 혐오
- recognition 알아봄, 인식
- evolutionary anthropology 진화 인류학
- body composition 신체 구성
- blunt 무딘, 뭉툭한
- claw 손[발]톱
- brow-ridge 눈 위의 뼈가 돌출한 부분
- violence 폭력, 폭행
- sophisticated 지적인, 학식 있는
- shelter 주거지, 은신처
- bound up with ~와 밀접한 관련이 있는
- weed out 잡초를 뽑다, 제거하다
- disruptive 분열시키는, 파괴적인
- intertwine 엮이다, 뒤얽히다

- ensure 보장하다, 보증하다
- fossil 화석
- obstacle 장애, 방해

[본문해석]
아마도 전쟁은 근본적으로 나쁜 것이며, 이는 서서히 우리에게 하나의 종(種)으로 분명해지고 있다. 아마도 전쟁에 대한 혐오, 심지어 그것이 나쁘다는 인식조차 인간 조건에 깊이 내재한다. 진화 인류학에서 이러한 생각을 지지하는 이들이 있다. 지능이 높은 유인원에서 호모 사피엔스에 이르기까지 신체 구성과 얼굴 형태의 변화 즉, 더 부드러운 피부, 더 무른 치아와 발톱, 더 낮은 눈썹 위 뼈는 폭력으로부터 벗어난 진화의 일부였을지도 모른다. 사냥하고, 채집하고, 집을 짓고, 아이들을 기르는 지적인 방식으로 협력하는 것이 점점 더 잘 되어감에 따라, 개인들의 성공은 그 집단의 성공과 밀접하게 연관되었다. 성공한 집단들은 폭력적이고 파괴적인 사람들을 제거한 집단들이었다. 사회적 진화와 생물학적 진화는 그렇게 뒤얽혔고, 남은 더 온화한 사람들의 성공을 보장했다.

10 　글의 제목 유추하기　⑤

[정답해설]
제시문에 신용카드의 출현은 현금을 필요로 하지 않는 편이성 때문에 소비의 지혜에 대한 신중한 평가보다 충동적인 소비 본능의 고양이라는 결과를 낳았다고 서술되어 있다. 그러므로 제시문의 제목으로는 ⑤의 '즉각적인 소비문화를 조성하는 신용카드'가 적절하다.

[오답해설]
① 신용카드: 사회적 불안정의 씨앗
② 미국 파산의 외부 기원
③ 건전한 신용: 재정적 행복으로 가는 길
④ 개인주의를 신장시키는 신용카드의 폭발적 증가

[핵심어휘]
- anti-thrift 반절약, 소비
- take on debt 부채를 떠안다, 빚을 책임지다
- emerge 출현하다, 나타나다
- distribute 분배[배포]하다, 유통시키다
- usher 도입하다, 안내하다
- hard cash 현금
- gratification (욕구의) 충족, 만족감
- regulate 규제하다, 조절하다
- behavioral 행동의, 행동에 관한
- elevation 승진, 승격, 고양
- impulsive 충동적인, 감정에 끌린
- evaluation 평가, 감정

- instability 불안정, 변덕
- imported 수입된, 외부에서 들어온
- bankruptcy 파산, 파탄
- explosion 폭발, 폭파
- boost 신장시키다, 북돋우다
- foster 조성하다, 발전시키다

[본문해석]

개인적인 채무를 지려는 광범위한 의향이 없었다면 소비문화의 출현은 불가능했을 것이고, 신용카드의 개발이 없었다면 그러한 의지는 출현하지 않았을 것이다. 1958년과 1970년 사이에 1억 장의 신용카드가 미국 전역에 배포되었는데, 이것은 구매 패턴뿐만 아니라 미국인들이 그들 자신과 그들의 욕망을 경험하기 시작한 방식에 있어서 중대한 변화로 드러났다. 신용카드는 구매를 뒷받침하는데 현금이 필요하지 않은 새로운 시대에 사용의 편의성을 도입했고, 결과적으로 소비자들 사이의 즉각적인 만족감 때문에 폭넓은 욕망과 기대로 이어졌다. 이러한 편리함은 역사적으로 그것을 방해함으로써 즉각적인 만족감을 규제했던 사회적, 자연적, 경제적 환경과 대조적으로 나타났다. 지난 한 세기 동안, 우리 문화는 흔히 우리가 원하는 것을 바로 얻는데 행동적 장애가 거의 없도록 바뀌었고, 소비의 지혜에 대한 신중한 평가보다 충동적인 소비 본능의 고양이라는 결과를 낳았다.

11   글의 주제 파악하기   ②

[정답해설]

제시문에 따르면 글로벌 기업들은 보통 외국 공급업체들과 독립된 거래를 하고 있다고 생각했지만, 소비자들은 공급망과 하청 업체들의 근로 조건 및 환경 영향에 대한 책임도 글로벌 기업에게 물었고, 결국 인터넷 시대에 글로벌 기업들은 한 번도 들어보지 못한 관련 회사들의 비윤리적인 행동으로 인해 브랜드 평판이 손상되는 위험에 직면하게 되었다고 설명하고 있다. 그러므로 ②의 '글로벌 기업에 닥친 확대된 윤리적 책임'이 제시문의 주제로 가장 적절하다.

[오답해설]

① 해외 공장에서의 작업 환경 관리의 어려움
③ 구매 결정에 미치는 브랜드 평판의 영향 감소
④ 글로벌 제조업에 대한 자원 부족 위험 증가
⑤ 글로벌 기업이 사용하는 위험 관리 전략

[핵심어휘]

- vulnerability 취약성, 상처[비난]받기 쉬움
- arms–length 공정한, 독립한, 대등한
- transaction 거래, 매매
- head office 본사
- outsourcing 아웃소싱, 외주처리

- athletic shoes 운동화
- confectionary 제과의, 과자 제조의
- ship lines 선박 회사
- harbor 마음속에 품다
- tarnish 손상하다, 흐려지다, 퇴색하다
- allegation (증거 없는) 주장, 혐의
- unethical 비윤리적인, 비도덕적인
- top executives 고위 간부, 최고 경영자
- reputational 평판의, 명성이 있는
- resource shortage 자원 부족

[본문해석]

2000년대 초에 기업들은 세계화로 인해 발생하는 새로운 위험에 직면해 있다는 사실을 깨닫기 시작했다. 유력 글로벌 브랜드는 이익뿐만 아니라 취약성의 근원이 될 수 있는 것으로 드러났다. 그러한 브랜드를 소유하고 있는 기업들은 보통 외국 공급업체들과 독립된 거래를 하고 있다고 생각했지만, 소비자들은 본사로부터 수마일 떨어진 곳에 있는 공급망, 관련 업체를 통틀어 노동 및 환경 조건에 대한 책임을 그들에게 물었다. 운동화 생산을 인도네시아에 있는 공장에 외주처리하거나 스위스에 있는 무역회사를 통해 가나에서 재배된 코코아를 구입하는 것도 신발 및 제과업체들의 근로 조건 및 환경 영향에 대한 책임을 덜어주지는 못했다. 심지어 선박 회사 및 플라스틱 제조업체와 같이 소비자와 직접적으로 거래하지 않은 회사들도 기업 고객들이 비슷한 기대를 품고 있다는 사실을 알았다. 인터넷 시대에, 기업의 브랜드는 최고 경영자들이 결코 들어보지 못한 회사들에서 비윤리적인 행동을 했다는 주장들로 인해 쉽게 퇴색될 수 있었고, 그러한 평판의 손상은 되돌리기 어려웠다.

12   글의 목적 파악하기   ①

[정답해설]

버니 미니 제품을 생산하는 ABC 토이 컴퍼니가 피부 발진을 일으킬 수 있다는 안전상의 문제로 제품을 전량 회수하고, 고객에게 환불받는 방법에 대해 안내하고 있다. 그러므로 제시문의 목적은 제품의 회수 및 환불 조치에 관해 알리기 위해서이다.

[오답해설]

② 새로운 상품의 예약 구매 방법을 안내하려고 → 신상품의 예약 판매가 아니라 기존 상품의 회수와 환불에 대한 공지임
③ 인기 장난감의 빠른 품절에 대해 사과하려고 → 품질에 대한 사과가 아니라 회수와 환불에 대한 사과임
④ 변경된 환불 및 제품 보증 정책을 공지하려고 → 환불 및 제품 보증 정책이 변경된 것은 아님
⑤ 판매 실적에 따른 고객 감사 행사를 홍보하려고 → 고객 감사 행사에 대한 홍보가 아니라 회수와 환불에 대한 사과 공고임

[핵심어휘]

- appreciate 감사하다, 고마워하다
- loyalty 충실, 충성
- attention 주의, 관심
- skin rash 피부 발진
- precautionary 예방 조치, 선제적 조치
- refund 환불
- disappointment 실망, 낙심
- assure 확신하다, 보장하다

[본문해석]

아이들에게 재미와 즐거움을 주는 믿을 만한 기업으로 ABC 토이 컴퍼니를 선택해 주셔서 감사합니다. 우리 브랜드에 대한 지속적인 지지와 충성에 감사드립니다. 하지만 주의를 받은 안전 문제에 대해 알려드리게 되어 유감입니다. 우리는 최근에 버니 미니 인형이 사용된 페인트로 인해 피부 발진을 일으킬 수 있다는 사실을 알았습니다. 고객의 안전과 건강이 최우선이기에, 우리는 이 문제를 매우 심각하게 받아들이고 있습니다. 선제적 조치로, 우리는 버니 미니 제품을 시장에서 전량 회수하고 있습니다. 만약 이 장난감을 구매하셨다면, 그 제품을 매장 중 한 곳으로 가져가 환불받기를 요청 드립니다. 우리 장난감을 사랑하는 아이들에게 특히 실망을 줄 수 있다는 것을 이해합니다. 우리는 이 상황을 신속하게 해결하기 위해 모든 필요한 조치를 취하고 있음을 확신합니다.

[핵심어휘]

- breed 품종
- furry 털로 덮인, 털 같은
- intuition 직관, 직감
- intact 그대로의, 완전한, 온전한
- tune 음을 맞추다, 조율하다
- veneer 겉치장, 허식

[본문해석]

많은 사람들이 자신의 개를 아기로 대하는 실수를 저지른다. 개에게 이것 이상의 더 많은 부분이 있다는 것을 인정하는 한 그것은 문제가 되지 않는다. 먼저 동물을 존중해야 하고, 그 다음에 개를 존중해야 하며, 그 다음에 품종을 존중하고, 마지막으로 개별 반려동물을 존중해야 한다. 만일 이렇게 할 수 있다면, 일대일 긴밀한 의사소통은 그 다음 단계이다. 당신의 개가 그저 작고 털 많은 사람이 아니라, 그 이상이라는 것을 인정하라. 그 개는 동물로서 인간과 달리 모든 직관과 본능을 그대로 가지고 있다. 그 개는 당신보다 훨씬 더 예민한 후각과 청각을 가지고 있고, 따라서 당신보다 자연 세계에 대해 훨씬 더 잘 알고 있다. 이것은 당신의 개가 대부분의 시간을 당신과 다른 세계에 존재하므로, 비범한 능력을 존중하고, 할 수 있는 한 당신 자신의 본능과 직관의 많은 부분을 다시 조율해야 한다는 것을 의미한다. 우리는 아직도 이러한 능력을 가지고 있다. 그것들은 단지 우리의 문명화된 겉치장 밑에 묻혀 있을 뿐이다.

---

13   필자의 주장 이해하기   ⑤

[정답해설]

제시문에 따르면 반려견은 동물로서 인간과 달리 모든 직관과 본능을 그대로 가지고 있으므로, 그들의 비범한 능력을 존중하고 이에 맞춘다면 반려견과 진정한 소통을 할 수 있다고 설명하고 있다. 그러므로 제시문에서 필자가 주장하는 바는 ⑤의 '반려견과의 진정한 소통을 위해 그들의 본능과 직감을 존중해야 한다.'이다.

[오답해설]

① 반려견을 입양하기 전에 가족 구성원의 동의를 구해야 한다. → 반려견의 입양에 대한 내용은 제시문에 나타나 있지 않음

② 반려견의 건강한 삶을 위해 함께 활동하는 시간을 늘려야 한다. → 반려견에 대한 존중과 진정한 소통에 대해 다루고 있음

③ 반려견의 개별적 특성을 고려하여 행동 교정 훈련을 해야 한다. → 반려견의 비범한 능력을 존중하라고 설명하고 있으나, 반려견의 행동 교정 훈련에 대한 설명은 나타나 있지 않음

④ 반려견이 자연과 교감할 수 있도록 다양한 기회를 제공해야 한다. → 반려견과 자연과의 교감이 아니라 반려견과 사람과의 교감임

14   내용과 불일치 문장 고르기   ④

[정답해설]

제시문에 따르면 플로렌스 핀치는 1945년 미군에 의해 석방된 후 미국으로 이주해 미국 시민이 되었고, 2016년에 뉴욕 이타카에서 101세의 나이로 사망했다. 그러므로 1945년에 미군에 의해 풀려난 후 필리핀에 남아 여생을 마쳤다는 ④의 설명은 제시문의 내용과 일치하지 않는다.

[오답해설]

① 필리핀에서 태어나 마닐라에 주둔한 U.S. Army에서 근무했다. → 1915년 필리핀에서 필리핀인 어머니와 미국인 아버지의 딸로 태어났으며, 마닐라에 있는 미 육군에서 근무함

② Philippine Liquid Fuel Distributing Union에서 직업을 구했다. → 마닐라가 1942년에 일본에 함락된 후, 일본이 통제하는 필리핀 액체 연료 배급 단체에서 직업을 구함

③ 연료를 저항군에게 빼돌리고 미군 포로에게 음식을 몰래 제공했다. → 필리핀 지하조직과 긴밀히 협력하면서, 저항군에게 연료 공급을 전용했고 굶주린 미국인 전쟁 포로들에게 몰래 음식을 구해다 줌

⑤ 필리핀에서의 공적을 인정받아 Medal of Freedom을 받았다. → 1947년에 미국인 포로들을 구하고 필리핀에서 다른 저항 행동들을 수행한 것

으로 자유 훈장을 받음

[핵심어휘]

- prior to ~에 앞서, ~이전에
- fall to ~에게 무너지다[함락되다]
- disguise 변장하다, 위장하다
- liquid 액체
- distributing 분배의, 배급의
- Philippine Underground 필리핀 지하조직
- divert 전용하다, 전환시키다, 우회시키다
- starve 굶주리다, 굶어 죽다
- interrogate 심문하다, 추궁하다
- liberate 해방하다, 자유롭게 하다
- pass away 죽다, 사망하다, 없어지다
- funeral 장례식

[본문해석]

플로렌스 핀치는 1915년 필리핀에서, 필리핀인 어머니와 미국인 아버지의 딸로 태어났다. 일본의 침략 이전에, 핀치는 마닐라에 있는 미 육군에서 근무했다. 마닐라가 1942년에 일본에 함락된 후, 핀치는 미국과의 관계를 위장했고 일본이 통제하는 필리핀 액체 연료 배급 단체에서 직업을 구했다. 필리핀 지하조직과 긴밀히 협력하면서, 그녀는 저항군에게 연료 공급을 전용했고 굶주린 미국인 전쟁 포로들에게 몰래 음식을 구해다 주었다. 1944년에 그녀는 일본 군대에 의해 체포되었고 심문을 받았지만 어떤 정보도 밝히기를 거부했다. 1945년 미군에 의해 석방된 후, 그녀는 미국으로 이주해 시민이 되었고 미국 해안 경비대에 입대했다. 1947년에 그녀는 미국인 포로들을 구하고 필리핀에서 다른 저항 행동들을 수행한 것으로 자유 훈장을 받았다. 그녀는 2016년에 뉴욕 이타카에서 101세의 나이로 사망했고, 최고의 명예 군 장례식을 수여했다.

15	빈칸 추론하기	①

[정답해설]

아기가 걸음마를 배울 때 넘어지는 것은 일어서려고 노력하는 과정의 일부로서 너무나 자연스러운 행동인 것처럼, 우리가 성공하는 법을 배우려고 할 때 실패도 성공하려고 노력하는 과정의 일부로서 너무나 자연스러운 행동인 것이다. 그러므로 제시문의 빈칸에 들어갈 말은 ①의 'natural(자연스러운)'이 가장 적절하다.

[오답해설]

② 사교적인
③ 지능적인
④ 지략이 풍부한
⑤ 신뢰할 수 있는

[핵심어휘]

- positiveness 명백함, 긍정적 태도
- in itself 실질상, 본질적으로
- integrate 통합하다, 통일하다
- persistence 고집, 끈기, 인내
- manage to 간신히 ~하다, 그럭저럭 ~하다
- to a great extent 대부분은, 상당 부분은
- in a way 어느 정도는, 어떤 면에서는
- sociable 사교적인, 붙임성 있는
- resourceful 지략이 풍부한, 수완이 좋은
- trustworthy 신뢰할 수 있는, 믿을 수 있는

[본문해석]

긍정성, 더 정확하게는 항상 균형을 잘 유지하는 것은 본질적으로 결코 현장을 떠나지 않는 기본 목표이다. 아기 때 바닥에 수십 번 넘어진 후 다시 일어서려고 노력하지 않는 것과 같은 그런 가능성이 결코 존재한다고 생각하지 않을 것이다. 넘어지는 것은 일어서려고 노력하는 과정의 일부로서 너무나 자연스럽게 통합되어 있어서 아무도 "불쌍한 아기, 서려고 너무 많이 실패했어!"라고 생각하지 않을 것이다. 우리는 인내심과 이미 올바른 사고방식을 가지고 태어나는데 – 절대 포기하지 않고, 항상 탐험하고, 항상 그것을 할 수 있다고 믿지만 – 어떻게든 도중에 그것들을 '그럭저럭' 잃어버린다. 그래서 성공하는 법을 배우려고 할 때 실제 우리가 하고 있는 것은 대부분 태어날 때 우리에게 주어진 일련의 기술들을 다시 배우거나 기억하는 행위이다. 더 생산적이고자 하는 우리의 목표는 어떻게 보면 더 <u>자연스러워지려는</u> 우리의 목표가 된다.

16	빈칸 추론하기	①

[정답해설]

우리가 사랑하는 감정을 말로 표현하기가 매우 어려우며 "그냥 느낌이 그렇기" 때문이라고 빙빙 돌려 말하거나 이치에 맞지 않는 말을 하는 것은 우리의 감정을 조절하는 뇌의 부분에 어떤 능력이 없기 때문이다. 그러므로 제시문의 빈칸에 들어갈 말은 ①의 '언어 능력이 없다'이다.

[오답해설]

② 우리의 운동 능력을 방해하다
③ 기억과 별개로 작동하다
④ 어떠한 도덕적 판단도 하지 않다
⑤ 의사 결정이 차단되어 있다

[핵심어휘]

- disconnection 단절, 분리
- put into words 말로 표현하다, 말로 형용하다

□ talk around 빙빙 돌려서 말하다, 에둘러 말하다

□ rationalize 합리화하다, 이론적으로 설명하다

□ obviously 확실히, 분명히

□ personality 성격, 개성

□ competence 능력, 능숙함

□ make rational sense 이치에 맞다

□ capacity 용량, 능력, 지위

□ obstruct 막다, 방해하다

□ motor function 운동 기능

□ independently 독립하여, 자주적으로, 별개로

[본문해석]

우리의 감정을 조절하는 뇌의 부분은 언어 능력이 없다. 우리의 감정을 말로 표현하는 것을 매우 어렵게 만드는 것은 바로 이러한 단절이다. 예를 들어, 우리는 왜 우리가 결혼했던 사람과 결혼했는지 설명하는 데 어려움이 있다. 우리는 그들을 사랑하는 진짜 이유를 말로 표현하기 위해 애쓰며, 그것을 빙빙 돌려 말하거나 혹은 합리화한다. "그녀는 재미있고, 똑똑합니다."라고 시작한다. 그러나 세상에는 재미있고 똑똑한 사람들이 많이 있지만, 우리는 그들을 사랑하지 않으며 결혼하고 싶어하지 않는다. 분명 사랑에 빠지는 것은 단지 성격과 능력 이상의 것이 있다. 이성적으로, 우리의 설명이 진짜 이유가 아니라는 것을 알고 있다. 그것이 사랑하는 사람들이 우리가 느끼도록 하는 방법이지만, 그러한 감정들은 말로 표현하기는 정말 어렵다. 그래서 추궁할 때, 우리는 그것을 빙빙 돌려 말하기 시작한다. 심지어 이치에 맞지 않는 말을 할 수도 있다. 예를 들어, "그녀가 나를 완전하게 합니다"라고 말할 수도 있다. 그 말이 무슨 의미하고 어떻게 그렇게 말하는 사람을 찾아 결혼할 수 있을까? 왜냐하면 그것은 "그냥 느낌이 그렇기" 때문에 우리가 오직 사랑을 찾았을 때만 아는 사랑의 문제이다.

| 17 | 빈칸 추론하기 | ② |

[정답해설]

제시문에서 공격자보다 방어자가 더 많으면 방어자들이 남아서 싸우는 것이 타당하고, 공격자가 더 많으면 재빨리 달아나는 것이 더 현명한 전략임이 사자들의 실험을 통해 입증되었다. 이는 사자들에게 어느 무리가 더 많은 지 그 개체수를 파악하는 능력이 있기 때문이므로, 빈칸에는 ②의 '무리 지은 개체수를 비교하다'가 빈칸에 들어갈 말로 가장 적절하다.

[오답해설]

① 무리들과 효율적으로 소통하다

③ 움직이는 물체의 방향을 확인하다

④ 위장하여 주위 환경에 어울리다

⑤ 다른 종(種)의 울음소리를 흉내 내다

[핵심어휘]

□ obvious 분명한, 확실한

□ territory 영역, 구역, 지역

□ retreat 후퇴하다, 물러나다

□ make sense 타당하다, 이치가 맞다

□ make a bolt for it 재빨리 달아나다, 쏜살같이 달아나다

□ colleague 동료

□ roar 으르렁거리다, 포효하다

□ exceed 낫다, 능가하다, 초과하다

□ intruder 침입자, 불청객

□ versus 대(對), ~에 비해

□ efficiently 효율적으로, 능률적으로

□ collection 무리, 더미

□ identify 찾다, 확인하다

□ blend into ~와 뒤섞이다

□ disguise 변장[가장]하다, 위장하다

□ mimic 모방하다, 흉내 내다

[본문해석]

무리지은 개체수를 비교할 수 있는 한 가지 분명한 생존 이점은 한 무리의 동물들이 공격으로부터 그들의 영역을 방어할 것인지 아니면 후퇴할 것인지를 알 수 있도록 도와준다는 것이다. 만약 공격자보다 방어자가 더 많다면 방어자들이 남아서 싸우는 것이 타당할 수 있고, 만약 공격자가 더 많다면 가장 현명한 전략은 재빨리 달아나는 것일 수도 있다. 이러한 의견은 Karen McComb와 그녀의 동료들에 의해 몇 년 전에 시험되었다. 그들은 탄자니아의 세렝게티 국립공원에서 작은 무리의 암컷 사자들에게 포효하는 사자들의 테이프 녹음을 재생시켰다. 포효하는 다른 사자의 수가 그 무리의 사자 수를 초과할 때는 암컷들이 물러났지만, 암컷들이 더 많을 때는 땅에 서서 침입자들을 공격할 준비를 했다. 그들은 두 가지 다른 감각을 통해 숫자를 비교할 수 있는 것 같았다. 즉, 그들이 들은 포효하는 사자의 수 대 그들이 관찰한 암사자의 수로, 꽤 추상적인 숫자 감각을 필요로 하는 일처럼 보인다.

| 18 | 빈칸 추론하기 | ③ |

[정답해설]

제시문에 우리는 기능을 상실한 사람들이 존엄성을 위협하지 않도록 지원할 힘이 있고, 여전히 헌신적인 만남과 친밀함을 유지하고 있다고 서술하고 있다. 그러므로 ③의 '우리가 그들과 맺고 있는 방식을 바꾸지는 못한다'가 빈칸에 들어갈 말로 가장 적절하다.

[오답해설]

① 그들에게 굴욕을 참으라고 강요하다

② 남의 도움을 필요로 하지 않다

④ 우울증에 대한 그들의 회복력을 약화시키다

⑤ 그들이 인생에서 가치 있게 여기는 것을 극적으로 변화시키다

[핵심어휘]

▫ faculty (신체 또는 정신의) 기능, 능력

▫ dignity 존엄성, 자존감

▫ paralysed 마비된

▫ tremor 떨림, 전율

▫ dizziness 어지럼증, 현기증

▫ in and of itself 그것 자체로

▫ autonomy 자주성, 자율성

▫ powerlessness 무기력, 무력감

▫ humiliation 굴욕, 수치, 수모

▫ committed 헌신적인, 열성적인

▫ entanglement 복잡한 관계, 얽힘

▫ uphold 지탱하다, 유지하다

▫ intimacy 친밀, 친분

▫ diminish 줄이다, 약화시키다

▫ resilience 회복력, 쾌활성

▫ depression 우울증, 우울함

[본문해석]

우리 삶의 한 부분이었던 사람들이 점차 이전의 기능을 잃어가는 일이 일어날 수 있다. 이 과정의 여러 면이 고통을 수반하지만 존엄성을 위협하지는 않는다. 장님이나 귀머거리가 되거나, 마비되거나, 떨림을 겪거나, 더 이상 집을 떠날 수 없을 정도로 심한 고통, 불안 또는 어지러움을 감당해야 하는 이 모든 일은 끔찍하고 때로는 참을 수 없지만, 이미 그 자체로 존엄성을 위협하는 것은 아니다. 이 모든 것은 자율성의 상실과 더불어 다양한 의존성의 경험을 수반하며, 때로는 이러한 의존성이 무력감으로 경험되기도 한다. 그러나 우리는 이를 겪는 사람들이 그들의 무력감이 굴욕이 되고 그들의 존엄성을 위협하지 않도록 지원할 힘이 있다. 우리는 여전히 그들과 헌신적인 만남을 하고 있고, 지적이고 감정적인 얽힘은 우리 관계의 친밀함을 유지한다. 그들의 기능 상실이 <u>우리가 그들과 맺고 있는 방식을 바꾸지는 못한다.</u>

| **19** | 빈칸 추론하기 | ② |

[정답해설]

포식자가 단 한 끼의 단기적인 이익보다 생존이라는 장기적인 이익을 선호하도록 진화한 것처럼, 야생 버섯을 먹을지 말지 결정할 때도 목숨 값은 지불하기에 너무 큰 대가이므로 절대적인 확신이 없다면 응당 먹지 않는 게 낫다는 뜻이다. 그러므로 ②의 '맛있는 보상품 생각에 자신을 희생시키지 마라'가 빈칸에 들어갈 말로 가장 적절하다.

[오답해설]

① 절망적인 시기를 위해 지금 할 수 있는 한 많은 음식을 비축하라

③ 생존의 이름으로 과감히 도전하라

④ 누군가에겐 독이지만 다른 누군가에겐 즐거움이라는 것을 잊지 마라

⑤ 사냥하는 포식자를 조심하라.

[핵심어휘]

▫ predator 포식자, 육식 동물

▫ spot 찾다, 발견하다

▫ of the essence 중요한, 절대적으로 필요한

▫ twist 전환, 반전

▫ venomous 독이 있는

▫ coral snake 산호 뱀

▫ non-venomous 독이 없는

▫ tradeoff 거래, 교환

▫ favor 편들다, 선호하다

▫ conservative 보수적인

▫ mimic 모방하다, 흉내 내다

▫ evolutionary arms race 진화적 군비[무기] 경쟁

▫ fall prey to ~의 먹이가 되다, ~의 희생물이 되다

▫ desperate 절망적인, 자포자기의

[본문해석]

당신을 포식자, 아마도 매라고 상상해보라. 높은 곳에서, 당신은 맛있는 뱀으로 보이는 것을 발견한다. 만약 단 몇 초 동안이라도 망설이면, 식사는 사라질지도 모른다. 시간은 절대적으로 필요하고, 당신은 빨리 행동해야 한다. 그러나 중대한 반전이 있다. 만일 독이 있는 산호 뱀을 독이 없는 왕 뱀으로 착각한다면, 그것은 당신의 목숨을 빼앗을 것이다. 식사와 목숨의 거래에서, 그 선택은 명백하다. 포식자에게 자연 선택은 보수적인 선택 즉, 단 한 끼의 단기적인 이익보다 생존이라는 장기적인 이익을 선호하도록 의사 결정 과정을 형성했다. 따라서 왕 뱀이 진화론적 무기 경쟁의 라운드에서 이기기 위해 산호 뱀의 색깔을 완벽하게 모방할 필요는 없다. 똑같은 논리가 야생 버섯을 먹을지 말지를 결정할 때 적용된다. 만일 절대적인 확신이 없다면, <u>맛있는 보상품 생각에 자신을 희생시키지 마라.</u> 목숨 값은 지불하기에 너무 큰 대가일 것이다.

| **20** | 글의 배열순서 정하기 | ③ |

[정답해설]

주어진 문장에서 HDTV와 온라인 동영상 공유 플랫폼의 참여 방식이 어떻게 변화했는지 비교해 볼 것을 제안하고 있다. 그런데 (C)에서 'on the other hand(반면에)'로 시작하며 동영상 공유 플랫폼의 참여 방식에 대해 서술하고 있으므로, HDTV의 참여 방식에 대해 서술한 (B) 다음에 와야 함을 알 수 있다. 그리고 마지막으로 (A)에서 동영상 공유

플랫폼의 참여 방식에 대해 추가적으로 설명하고 있으므로, 주어진 글 다음에 (B)-(C)-(A) 순으로 배열되어야 글의 흐름이 가장 적절하다.

[핵심어휘]

- engagement 참여, 관계
- respective 각자의, 각각의
- keystroke 키 누름
- enthusiast 열정적인 팬, 열렬한 지지자
- stitch 꿰매다, 봉합하다
- immersive 몰입형의, 실감형의
- radically 급진적으로, 근본적으로
- alter 바꾸다, 변경하다
- for starter 우선, 먼저
- mass phenomenon 대중 현상
- rate 평가하다, 여기다

[본문해석]

이 두 아이디어 즉, HDTV와 온라인 동영상 공유 플랫폼이 각 미디어 플랫폼의 기본적인 참여 규칙을 변경한 방식을 비교해 보라.

(B) 아날로그 텔레비전에서 HDTV로의 이동은 정도의 변화이지, 종류의 변화가 아니다. 즉, 픽셀들이 더 많을수록 소리는 더 실감나고 색상은 더욱 선명하다. 그러나 소비자들은 구식의 아날로그 TV를 보는 것과 똑같이 HDTV를 본다. 그들은 채널을 선택하고, 가만히 앉아서 본다.

(C) 반면, 이 온라인 동영상 공유 플랫폼은 미디어의 기본적인 규칙들을 근본적으로 변화시켰다. 우선, 이 플랫폼은 웹상에서 동영상을 시청하는 것을 대중 현상으로 만들었다. 그러나 이 온라인 동영상 공유 플랫폼 덕택에 앉아서 TV와 같은 쇼를 보는 것에 국한되지 않고, 자신의 동영상 클립을 업로드하거나, 다른 동영상 클립을 추천 또는 평가하며, 그것들에 관한 대화도 나눌 수 있었다.

(A) 몇 번의 쉬운 키 누르기만으로, 다른 사람의 사이트에서 동영상 클립을 실행시킬 수 있고, 자기 사이트에 복사할 수도 있다. 그 기술은 일반적인 열광자들이 자신만의 개인 방송 네트워크를 효과적으로 프로그램하고, 지구 전역의 동영상 클립을 수집하도록 했다.

| 21 | 글의 배열순서 정하기 | ⑤ |

[정답해설]
주어진 문장에서 현재 인간의 법적, 정치적, 문화적 관행에 따라 동물은 사물로 간주되고 있음을 밝히고 있고, (C)에서 이에 이의를 제기한 동물권(animal rights)에 대해 소개하고 있다. 그리고 (B)에서 윤리적 측

면 외에 정치적 측면으로의 동물권 확장에 대해 서술하고 있고, 마지막으로 (A)에서 윤리적 고려에서 정치적 참여 움직임으로 인한 동물 문제에 대한 새로운 고찰을 서술하고 있다. 그러므로 주어진 글 다음에 (C)-(B)-(A) 순으로 배열되어야 글의 흐름상 가장 적절하다.

[핵심어휘]

- perspective 관점, 시각
- ethical 윤리적인, 도덕적인
- consideration 고려, 숙고
- drawing on ~에 근거하여, ~에 기초하여
- inclusion 함유, 포용, 포괄
- interspecies 종(種)간의, 이종간의
- sentient 지각(력)이 있는, 감각이 있는
- relevant 관련 있는, 적절한

[본문해석]

인간이 아닌 동물들은 자신만의 삶의 관점을 가진 개체로서, 인간 및 인간이 아닌 다른 동물들과 관계를 형성한다. 현재 인간의 법적, 정치적 체계에서, 그리고 많은 문화적 관행에서 그들은 사물로 간주되고 이용된다.

(C) 동물권 이론가들은 1970년대부터 인간이 아닌 동물들이 도덕과 관련된 측면에서 인간과 비슷하고 따라서 우리의 도덕적 공동체의 일부로 간주되어야 하는 지각 있는 존재라고 주장하며 이에 이의를 제기해 왔다.

(B) 이러한 견해와 민주적 포용에 초점을 맞춘 사회 정의 운동이 제공하는 통찰력에 근거하여, 정치 철학의 최근 연구는 인간이 아닌 동물을 정치 집단으로, 그리고 이들 중 일부를 공유된 종간 공동체의 구성원으로 볼 것을 제안한다.

(A) 윤리적 고려에서 정치적 참여로의 이러한 움직임은 인간이 아닌 동물에 대한 문제들을 그들이 어떻게 취급되어야만 하는지부터 그들이 살아가고 싶은 방식에 대해 어떻게 더 많은 통찰력을 얻을 수 있는지, 그들이 서로 간에 그리고 인간과 어떤 형태의 관계를 원하는지, 그리고 우리 모두가 살고 있는 지구를 어떻게 공유할 수 있고 공유해야 하는지로 이동시킨다.

| 22 | 주어진 문장의 위치 찾기 | ③ |

[정답해설]
제시문에서 초보자들은 표면 특징 유사성에 근거하여 물리학 문제들을 분류하였고, 전문가들은 심층 특징 유사성에 근거하여 물리학 문제들을 분류하였다. 주어진 문장이 'on the other hand(반면에)'를 사용

하여 전문가들의 분류 방법에 대해 서술하고 있으므로, 초보자들의 분류 방법에 대한 설명이 끝나고 전문가들의 분류 방법에 대한 설명이 시작되는 ③에 들어가는 것이 가장 적절하다.

[핵심어휘]

- similarity 유사성, 닮음
- expertise 전문성, 전문 지식
- influential 영향력 있는, 유력한
- novices 선무당, 초심자
- configuration 배열, 배치, 조합
- schemata 선험적 도식
- solution-oriented 해결 지향의, 해결 중심의

[본문해석]

> 반면에 전문가들은 각 문제의 해결을 좌우하는 주요 물리학 원리와 관련된 심층 특징 유사성에 근거하여 그들의 문제를 분류했다.

유사성이 문제 해결에서 중요한 역할을 수행하는 가장 좋은 사례 중 하나는 물리학에서 유사성과 전문성의 역할과 관계된 것이다. 영향력 있는 논문에서, 연구자들은 물리학 박사과정 학생들(전문가들)과 학부생들(초보자들)에게 24개의 물리학 문제를 그룹으로 분류한 후 그렇게 그룹으로 나눈 이유를 설명하라고 요청했다. (①) 초보자들은 일반적으로 표면 특징 유사성을 기준으로 문제를 분류했다. (②) 즉, 그들은 문제에서 언급된 문자 그대로의 물리학 용어와 문제에서 설명된 물리적 조합에 따라 문제를 분류했다. (③) 이것은 전문가들이 기존의 도식에 접근하였고 해결 중심의 분류를 만들기 위해 물리학에 관한 지식을 사용했음을 시사한다. (④) 문제들이 이 범주에 따라 분류되었기 때문에, 어떤 문제를 해결하는 방법을 결정할 때 이 범주에 접근할 가능성이 높다는 것도 시사한다. (⑤) 즉, 전문가들은 문제들 간의 유사성에 의존하여 문제를 빠르고 효율적으로 해결할 수 있도록 도울 가능성이 높다.

| 23 | 주어진 문장의 위치 찾기 | ⑤ |

[정답해설]

⑤의 앞 문장에서 그들의 기대가 방해받을(are disrupted) 때 감정을 경험한다고 하였고, ⑤의 다음 문장에서 그러한 개인은(Such a person)은 다른 사람들과 상호작용하도록 동기부여가 되어야만 한다고 서술되어 있다. 즉, 주어진 문장에서 '그 방해(the disruption)'는 ⑤의 앞 문장에서 언급하고 있고, '한 개인(a person)'은 ⑤의 다음 문장에서 언급하고 있으므로, 주어진 문장은 ⑤에 들어가는 것이 가장 적절하다.

[핵심어휘]

- disruption 분열, 방해, 지장
- intense 강렬한, 치열한
- assumption 추정, 가정
- stem from ~에서 유래하다, ~에서 비롯되다
- cognitive-motor 인지 운동적
- encode 암호로 바꾸다, 표현하다
- retain 유지하다, 지탱하다
- nonverbal 말을 사용하지 않는, 비언어적인
- affect-related 정서와 관련된
- visceral 뱃속으로부터의, 내장의
- assimilate 동화시키다, 완전히 이해하다
- put into words 말로 표현하다, 말로 형용하다
- anticipation 예상, 기대
- disrupt 방해하다, 지장을 주다
- disconfirm 확인하지 않다, 거절하다

[본문해석]

> 그 방해가 매우 심하다면, 그것은 자아와 세계에 대한 한 개인의 기본적인 가정에 도전할 지도 모른다.

사람들이 자신의 감정적인 경험을 다른 사람들에게 드러내는 다른 동기들을 설명하는 것을 넘어, 연구자들은 왜 사람들이 이렇게 하는지에 대해 더 깊은 설명을 제시했다. (①) 한 가지 설명은 인지 운동적 표현 관점에서 비롯된다. (②) 이 관점에 따르면, 한 사람의 경험의 중요한 부분들은 정신적인 이미지, 신체적인 움직임, 그리고 (배가 뒤틀리거나 심장이 뛰는 것과 같은) 정서와 관련된 뱃속으로부터의 변화의 형태로 암호화되거나 비언어적인 수준으로 유지된다. (③) 이러한 비언어적인 형태들은 그것들이 동화되고 말로 표현될 수 있을 때까지, 특히 그 경험들이 정서적으로 더 강렬할 때, 관심의 대상으로 남아 있다. (④) 또 다른 생각은 사람들이 세상이 어떻게 작동되어야 하는지에 대한 그들의 기대가 방해받을 때, 감정을 경험한다는 것이다. (⑤) 그러한 개인은 자신에 대한 믿음을 확인하거나 확인하지 못하게 돕고 세상에 대한 가정을 재구성하는 수단으로서 다른 사람들과 상호작용하도록 동기부여가 되어야만 한다.

| 24 | 한 문장으로 요약하기 | ① |

[정답해설]

(A) 제시문의 첫 문장에서 비행기를 날게 하는 것은 물리학에 반하는 끊임없는 도전이라고 하였으므로, 빈칸에 들어갈 말은 'challenges(도전하다)'이다.

(B) 제시문의 마지막 문장에서 한 개인이 그들의 직무를 망각하거나 혹은 부적절하게 수행하는 것조차 재앙적인 결과를 초래할 수 있

다고 하였으므로, 빈칸에 들어갈 말은 'flawless(완벽한)'이다.

[오답해설]
② 도전하다 …… 용감한
③ 재정립하다 …… 독특한
④ 재정립하다 …… 보수적인
⑤ 지원하다 …… 보수적인

[핵심어휘]
▫ fail-safe 안전장치가 되어 있는, 실패를 방지하는
▫ default 불이행, 과실, 잘못
▫ crash 추락하다, 부딪치다
▫ ingenuity 독창성, 훌륭한 솜씨
▫ unforgiving 용서가 안 되는, 관대하지 못한
▫ disastrous 처참한, 재앙[재난]의
▫ bet-the-company 회사를 건
▫ fraction 부분, 일부
▫ aviation 비행, 항공
▫ optimum 최상의, 최적의
▫ unstable 불안정한, 흔들리는
▫ improperly 부적절하게, 부당하게
▫ catastrophic 대참사의, 처참한, 비극적인
▫ high-stake 고위험의, 위험 부담이 큰
▫ flawless 무결점의, 완벽한
▫ redefine 재정립하다, 재정의하다
▫ conservative 보수적인, 바꾸지 않는
▫ responsive 즉각 반응하는, 관심을 보이는

[본문해석]
비행기를 날게 하는 것은 물리학에 반하는 끊임없는 도전이다. 3만 피트에서 시속 600 마일로 이동하는 비행기는 저절로 일어나는 것이 아니다. 그것은 실패가 방비된 행위가 아니며, 과실이 의미하는 것은 추락이다. 추락을 막는 것은 훌륭한 솜씨와 의사 결정에 달려 있다. 그것은 조금도 용서가 안 되는 특수한 환경이다. 자동차의 동력 상실이 일반적으로 도로가에서 몇 시간이라는 결과를 낳는 반면, 공중에서의 동력 상실은 대개 처참하다. 사업에서조차 회사를 담보한 결정은 드물며, 그런 결정에 직면했을 때 극히 일부의 직원들만이 그 결정에 참여한다. 하지만 항공은 단지 비행기를 계속 날게 하기 위해서 최적의 수준에서 일하는 모든 사람에게 의존한다. 그것은 심지어 한 개인이 그들의 직무를 망각하거나 혹은 부적절하게 수행하는 것조차 재앙적인 결과를 초래할 수 있는 불안정한 시스템이다.

↓

비행은 물리학 법칙에 (A) 도전하기 때문에, 안전을 보장하기 위해 각 구성원의 (B) 완벽한 수행이 요구되는 위험 부담이 큰 환경을 내포한다.

[25~26]

[핵심어휘]
▫ plain wrong 명백한 잘못
▫ stubbornly 완고[완강]하게, 고집스럽게
▫ come up with ~을 생산하다, 제시하다, 찾아내다
▫ prerequisite 선행 조건, 전제 조건
▫ keep track of ~을 기록하다, ~을 추적하다
▫ engage with ~에 관여[참여]하다
▫ proactive 사전 행동의, 주도적인, 선도적인
▫ on the spot 즉각, 즉석에서
▫ stumble onto ~를 우연히 만나다[관여하다]
▫ annoyance 짜증, 골칫거리
▫ friction 마찰, 충돌, 갈등
▫ multiply 증식하다, 번식하다
▫ appreciate 감상하다, 알아보다
▫ trigger 방아쇠, 계기, 도화선
▫ behave oneself 예의 바르게 행동하다
▫ mindful 염두에 두는, 신경 쓰는
▫ reliant 의존하는, 의지하는

[본문해석]
우리는 잘 작동하지 않는 제품들, 느린 서비스들, 그리고 명백하게 잘못된 설정들에 매일 둘러싸여 있다. 주차장에서 노트북과 연결하는 것을 완강히 거부하는 프로젝터에서 한두 번만 클릭하면 되는 것을 열 번의 클릭을 요구하는 웹사이트는 지불을 매우 어렵게 만든다. 무언가가 고장 났다는 것을 인지하는 것은 그것을 고칠 수 있는 창의적인 해결책을 찾아내기 위한 필수적 전제 조건이다. "버그 리스트"를 만드는 것은 창의성을 적용할 더 많은 기회들을 보도록 도와줄 수 있다. 주머니 속 종이를 이용하든 스마트폰에 아이디어를 기록하든, 개선의 기회들을 계속 추적하는 것은 더 주도적인 방식으로 주변 세계에 관여하도록 도울 수 있다. 실행 리스트는 씨름할 새로운 프로젝트를 찾을 때 유용한 아이디어의 원천이 될 수 있다. 혹은 즉석에서 버그 리스트를 만들 수 있다. 괴롭히는 것들을 적어라, 그러면 그것들을 더 신경 쓰기 시작할 것이다. 부정적인 것들에 집중하는 것처럼 보이지만, 요점은 일을 더 잘 처리하기 위한 더 많은 기회들을 인지하는 것이다. 그리고 버그 리스트의 많은 항목들은 고칠 수 없지만, 그것을 정기적으로 추가한다면, 영향을 줄 수 있는 문제들과 해결하는 데 도움을 줄 수 있는 문제들을 우연히 만날 것이다. 거의 모든 골칫거리, 모든 갈등은 창의적 기회를 숨기고 있다. 단지 불평하기 보다는 "내가 어떻게 이 상황을 개선할 수 있을까?"하고 스스로에게 물어보라.

25　글의 제목 파악하기　④

[정답해설]

제시문에서 버그 리스트를 만드는 것은 창의성을 적용할 더 많은 기회들을 보도록 도와줄 수 있으며, 더 주도적인 방식으로 주변 세계에 관여하도록 도울 수 있다고 하였다. 또한 실행 리스트는 씨름할 새로운 프로젝트를 찾을 때 유용한 아이디어의 원천이 될 수 있다고 하였다. 그러므로 ④의 '버그 리스트: 창의적인 해결책을 위한 방아쇠'가 제시문의 제목으로 가장 적절하다.

[오답해설]

① 벌레를 무시하는 것이 벌레를 번식하게 하는가? → 잘못된 것을 그냥 방치하면 잘못이 더 커진다.

② 혁신적인 디자인: 실천보다 말이 쉽다 → 혁신은 말하기는 쉬워도 실행하기는 어렵다.

③ 깨진 것은 잊어버리고, 아름다운 것을 감상하라 → 부정적인 것은 버리고 긍정적인 것을 바라보라.

⑤ 자기 비판: 강력한 개선 도구 → 스스로 반성하는 것은 자기를 발전시키는 강력한 도구가 된다.

26　빈칸 추론하기　③

[정답해설]

제시문에서 일상생활에서 일어나는 버그들을 기록하면 그것들을 더 유념하고 신경 쓰게 되며, 그 문제들을 해결하는 데 도움을 줄 수 있는 문제들을 언젠가는 만나게 된다고 설명하고 있다. 그러므로 ③의 'being more mindful of them(그것들을 더 신경 쓰기)'이 빈칸에 들어갈 말로 가장 적절하다.

[오답해설]

① 일상을 당연하게 여기기

② 공공장소에서 예의 바르게 행동하기

④ 기술에 덜 의존하기

⑤ 자신의 약점을 인정하기

[27~28]

[핵심어휘]

▫ morality 도덕, 도덕성

▫ arbitrary 임의적인, 제멋대로인

▫ value framework 가치 체계

▫ orientation 방향, 지향

▫ time immemorial 태고, 아득한 옛날

▫ consistent 한결같은, 일관된

▫ norm 표준, 규범

▫ organize 체계를 세우다, 준비[조직]하다

▫ solidarity 연대, 결속

▫ distribution 분배, 배분

▫ denominator 분모

▫ underlying 근본적인, 밑에 있는

▫ unpredictable 예측[예견]할 수 없는

▫ uncertainty 불확실성, 반신반의

▫ disregard 무시, 묵살

▫ moral code 도덕률, 도덕 법규

▫ violation 위반, 위배

[본문해석]

도덕성은 변화 가능하고 문화에 의존적이며 사회적으로 바람직한 행동을 표현한다. 그러나 도덕성이 변화 가능하더라도, 특히 변화 과정 자체가 비교적 (a) 오랜 시간(몇 주가 아닌 몇 년 이상)이 걸리기 때문에 결코 임의적이지 않다. 이것은 또한 사회적 가치 체계 즉, 도덕성이 중요한 지향 기능을 제공하기 때문이다. 먼 옛날부터 사람들은 도덕적 문제에 대해 생각하고 그것들을 다루어 왔다. 이것은 사람들이 사회 공동체에서 자신을 세울 때 (b) 일관된 가치, 규범, 그리고 도덕적 개념이 항상 주요한 역할을 한다는 것을 분명히 한다. 궁극적으로, 이것은 또한 상품과 자원의 분배뿐만 아니라 정의, 연대, 그리고 돌봄이란 질문의 대답이 된다.

여기서 도덕성은 특정 사회의 (c) 공통된 최저 분모로 작용한다. 그 (d) 이점은 도덕성의 근간이 되는 가치들이 사회적으로 수용된 기본 이해를 전달하고 구체적인 의사결정 상황에서 방향을 제공한다는 사실에 기초한다. 이는 도덕성이 사회 집단을 기능적이고 효율적으로 만든다. 즉, 공동체에 수용되기 위해서 개인은 이 공동체에 반하는 행동을 하지 않도록 노력할 것이다. 역으로 이것은 개인과 사회집단의 행동이 궁극적으로 (e) 예측할 수 없다는(→ 예측 가능하다는) 것을 의미한다. 결과적으로 행동에 대한 불확실성이 감소하고 신뢰가 구축된다.

27　글의 주제 파악하기　③

[정답해설]

제시문에서 도덕성은 인간 사회에서 상품과 자원의 분배뿐만 아니라 정의, 연대, 돌봄의 역할을 하며, 도덕성이 사회 집단을 기능적이고 효율적으로 만든다고 설명하고 있다. 그러므로 '인간 사회에서 도덕성의 기본 역할'이 제시문의 주제로 가장 적절하다.

[오답해설]

① 극한 상황에서 보이는 도덕성의 무시 → 극한 상황에 처했을 때 사람들이 도덕성을 무시하는 사례는 제시문에 나타나 있지 않음

② 도덕성의 기본 요소인 정의와 연대 → 정의와 연대는 도덕성의 역할을 포괄하는 개념이 아니라 하위 개념임

④ 문화 교류를 통한 도덕성의 발전 → 도덕성과 관련된 문화 교류의 사례는 제시문에 나타나 있지 않음

⑤ 사회 전반에 걸친 도덕 법규 위반에 대한 처벌 → 도덕 법규 위반에 대한 처벌 내용은 제시문에 나타나 있지 않음

| 28 | 문맥상 부적절한 낱말 고르기 | ⑤ |

[정답해설]

unpredictable → predictable

도덕성의 근간이 되는 가치들이 사회적으로 반영된 공동체에 수용되기 위해서 개인은 그 공동체에 반하는 행동을 하지 않도록 노력하기 때문에 개인의 행동에 대한 불확실성이 감소되고 신뢰가 구축된다. 이것은 역으로 개인과 사회집단의 행동이 궁극적으로 예측 가능하다는 것을 의미하므로 (e)의 'unpredictable(예측할 수 없는)'은 'predictable(예측 가능한)'로 고쳐 써야 옳다.

[29~30]

[핵심어휘]

- at the base of ~의 기슭에
- huge 거대한, 엄청난
- clay 점토, 찰흙
- statue 조각상
- broom 빗자루
- glinting 반짝이는
- head monk 주지 스님
- precious 귀중한, 값진
- nod 끄덕이다, 절[인사]하다
- underneath ~의 밑에, 속으로
- exterior 외부, 외피, 겉모습
- peek 훔쳐보다, 엿보다
- sure enough 과연, 아니나 다를까
- chip (조금씩) 깎다[쪼다]
- chisel 끌
- reveal 드러내다, 밝히다

[본문해석]

(A)

오래 전 히말라야 산 기슭에 한 가난한 마을이 있었다. 그 마을의 중심에는 거대한 점토 불상이 있었다. 누가 그것을 만들었는지 아무도 몰랐다. 어느 날, 한 젊은 승려가 빗자루로 불상의 눈을 쓸고 있을 때, 점토에 작은 틈이 있는 것을 발견했다. 해가 떠오르자, 그는 내부 깊은 곳에서 무언가 반짝이는 것을 볼 수 있었

다. (a) 그는 주지 스님에게 달려가, 불상이 부서졌고 빛나는 무언가가 그 안에 있다고 말했다.

(C)

주지 스님은 "그 불상은 수 세대 동안 여기에 있었지. 그것에는 많은 틈이 있단다. 그냥 내버려두렴. 나는 아주 바쁜단다."라고 말했다. 그 젊은 승려는 다시 돌아가 쓸었다. 그러나 (c) 그는 그 틈을 엿보는 것을 참을 수 없었다. 아니나 다를까, 그 안에는 빛나는 무언가가 있었다. 그는 아버지를 불렀고, 아버지는 아들이 발견한 것에 호기심이 있었다. 아버지는 반짝이는 것을 보고 놀랐다. (d) 그는 수년 동안 그 불상을 지나쳤지만 반짝이는 것을 결코 보지 못했다.

(D)

아버지는 달려가 (e) 그의 아들이 발견한 것을 마을 사람들에게 말했다. 곧, 마을의 모든 사람들이 그 불상 주위에 모였다. 주지 스님은 끌로 틈 주변을 조심스럽게 깎아 냈다. 반짝임이 강해졌다. 점토 외피 밑에 드러나길 기다리는 금상이 있다는 사실은 아무도 부인할 수 없었다. 마을 사람들은 밤늦게까지 논쟁을 벌였다. 그들이 점토 불상을 부수고 다시는 돈 걱정을 할 필요가 없거나 아니면 늘 있던 대로 놔둬야 할까?

(B)

주지 스님은 최종 발언을 해야 할 것으로 생각되었다. 그는 틈을 발견한 소년에게 돌아서서 어떻게 생각하는지 물었다. 그에게 쏠린 마을 사람들의 시선에, (b) 그 소년은 말했다. "저는 이 불상을 만든 스님들은 무엇을 해야 할지 알고 있었을 것이라고 생각합니다. 아무도 평범한 점토 불상을 훔치거나 파괴하고 싶어하지는 않을 것입니다. 그러나 값비싼 금으로 만들어진 불상은 모든 사람의 욕망의 대상이 될 것입니다." 스님은 고개를 끄덕였고, "그 불상을 부수지 맙시다. 아마도 우리 모두는 평범한 겉모습 속에 금이 있다는 사실을 깨달았을 것입니다."라고 말했다.

| 29 | 글의 배열순서 정하기 | ③ |

[정답해설]

(A)에서는 점토 불상의 갈라진 틈에서 반짝이는 무언가를 발견한 젊은 승려가 주지 스님에게 이 사실을 알리고 있고, (C)에서 이 사실을 전해들은 주지 스님은 무관심하게 받아들인다. 그러자 젊은 승려는 자신의 아버지에게 알린다. (D)에서 아버지는 그의 아들이 발견한 것을 마을 사람들에게 알리고, 마을 사람들은 그 점토 불상을 부숴야 할지 그대

로 나눠야 할지 논쟁을 벌인다. 마지막으로 (B)에서 주지 스님은 평범한 겉모습 속에 금이 있다는 교훈을 일깨우고 그 불상을 부수지 말자고 마을 사람들을 설득한다. 그러므로 글 (A) 다음에 (C)-(D)-(B) 순으로 배열하는 것이 글의 내용 흐름상 적절하다.

| 30 | 지칭 대상과 다른 것 고르기 | ④ |

[정답해설]

(a), (b), (c), (e)는 모두 점토 불상에서 작은 틈을 발견한 젊은 승려를 가리키지만, (d)는 젊은 승려의 아버지를 가리킨다.

2024학년도 기출문제 정답 및 해설

2024학년도 [수학] 정답 및 해설

▌[수학] 2024학년도 | 정답

01	④	02	②	03	⑤	04	③	05	①
06	⑤	07	④	08	③	09	②	10	①
11	②	12	④	13	⑤	14	①	15	⑤
16	62	17	16	18	184	19	12	20	11
21	29	22	54						

[확률과 통계]

23	③	24	①	25	②	26	④	27	⑤
28	④	29	8	30	166				

[미적분]

23	⑤	24	②	25	③	26	①	27	④
28	③	29	20	30	13				

[기하]

23	④	24	⑤	25	①	26	②	27	③
28	⑤	29	23	30	17				

[수학] 2024학년도 | 해설

01   로그   ④

준식 $=\log_2\dfrac{8}{9}+\log_2 18$

$\log_2\dfrac{8}{9}+\log_2 18=\log_2\left(\dfrac{8}{9}\times 18\right)=\log_2 16=\log_2 2^4=4$

02   함수의 극한   ②

$x\neq 0$이므로, 주어진 식의 분모, 분자를 x로 나누면

준식 $=\lim\limits_{x\to\infty}\dfrac{3+\dfrac{1}{x}}{\dfrac{f(x)}{x}+1}$

$\lim\limits_{x\to\infty}\dfrac{f(x)}{x}=2$이므로, 이를 대입하면

$\lim\limits_{x\to\infty}\dfrac{3+\dfrac{1}{x}}{\dfrac{f(x)}{x}+1}=\lim\limits_{x\to\infty}\dfrac{3+\dfrac{1}{x}}{2+1}=\dfrac{3}{3}=1$

03   등비수열   ⑤

등비수열의 첫째항을 a_1, 공비를 r이라 하자.

등비수열의 합 $S_n=\dfrac{a_1\times(r^n-1)}{r-1}$이므로,

$S_6=21S_2$에서 $\dfrac{a_1\times(r^6-1)}{r-1}=21\times a_1(1+r)$이다.

$a_1\neq 0$이고 $r\neq 1$이므로 양변을 a_1으로 나누고 양변에 $(r-1)$을 곱해주면 $r^6-1=21(r^2-1)$이다.

이때 $r^6-1=(r^2-1)(r^4+r^2+1)$이므로
$r^4+r^2+1=21$, $r^4+r^2-20=0$에서
$(r^2+5)(r^2-4)=0$를 얻는다.
주어진 조건에서 공비 r은 양수이므로, $r=2$

주어진 식에서 $a_6-a_2=a_2\times r^4-a_2=150$이다.

공비 $r=2$를 대입하면
$15a_2=15$에서 $a_2=1$이므로,
$a_3=a_2\times r=1\times 2=2$

04　　　　도함수　　　　③

주어진 식 $\lim\limits_{h\to 0}\dfrac{f(1+h)}{h}=5$에서 분모가 0에 수렴하지만 극한값이 존재하므로, 극한의 성질에 의해 분자도 0으로 수렴해야 한다.
$f(1)=0$이므로 주어진 식 $f(x)=x^3+ax+b$에 대입하면
$1+a+b=0$.

$f(1)=0$이므로,
$\lim\limits_{h\to 0}\dfrac{f(1+h)}{h}=\lim\limits_{h\to 0}\dfrac{f(1+h)-f(1)}{h}=5$, $f'(1)=5$이다.
$f'(x)=3x^2+a$에 대입하면 $3+a=5$.
즉 $a=2$, $b=-3$이므로 $ab=-6$

05　　　　삼각함수　　　　①

주어진 식 $\sin\left(\theta-\dfrac{\pi}{2}\right)=-\dfrac{2}{5}$에서,
$\sin\left(\theta-\dfrac{\pi}{2}\right)=-\sin\left(\dfrac{\pi}{2}-\theta\right)=-\cos\theta$이므로
$-\cos\theta=-\dfrac{2}{5}$, $\cos\theta=\dfrac{2}{5}$.

$\cos\theta=\dfrac{2}{5}$이므로, 삼각비를 그림으로 그려보면 다음과 같다.

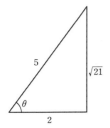

이때 문제조건에서 $\sin\theta<0$이므로
$\tan\theta=\dfrac{\sin\theta}{\cos\theta}<0$, $\tan\theta=-\dfrac{\sqrt{21}}{2}$

06　　　　적분법　　　　⑤

$(t, f(t))$에서 접선의 기울기가 $-6t^2+2t$이므로,

$f'(t)=-6t^2+2t$.

이를 부정적분하면 $f(t)=-2t^3+t^2+C$이고,
$f(t)$가 $(1, 1)$을 지나므로 대입하면
$f(1)=-2+1+C=1$, $C=2$.
$f(-1)=2+1+2=5$

07　　　　수열　　　　④

문제조건을 만족하는 모든 유리수들의 합을 나열하면,
$\left(\dfrac{1}{7}+\dfrac{3}{7}+\dfrac{5}{7}+\cdots+\dfrac{61}{7}\right)-\left(\dfrac{1}{7}+\dfrac{3}{7}+\dfrac{5}{7}+\dfrac{7}{7}\right)$
$-\left(\dfrac{21}{7}+\dfrac{35}{7}+\dfrac{49}{7}\right)$.
이를 수열 형태로 나타내면 아래와 같다.
$\dfrac{1}{7}\left(\sum\limits_{k=1}^{31}(2k-1)-(1+3+5+7)-(21+35+49)\right)$

수열의 홀수 합 공식에서 $\sum\limits_{k=1}^{n}(2k-1)=n^2$이므로,
$\dfrac{1}{7}\left(\sum\limits_{k=1}^{31}(2k-1)-16-105\right)=\dfrac{1}{7}(31^2-121)$
$=\dfrac{1}{7}\times 840=120$

08　　　　적분법　　　　③

먼저 $x<1$인 경우, $-5x-4=-x^2-2x$에서
$x^2-3x-4=(x-4)(x+1)=0$이므로
두 함수는 $x=-1$에서 만난다.
또한 $x\geq 1$인 경우, $x^2-2x-8=-x^2-2x$에서
$2x^2=8$, $x^2=4$이므로
두 함수는 $x=2$에서 만난다.

이때 두 곡선으로 둘러싸인 부분의 넓이는
$\displaystyle\int_{-1}^{1}g(x)-f(x)dx=\int_{1}^{2}g(x)-f(x)dx$
$\displaystyle=\int_{-1}^{2}g(x)dx-\int_{-1}^{1}(-5x-4)dx-\int_{1}^{2}(x^2-2x-8)dx$
$\displaystyle=\left[-\dfrac{x^3}{3}-x^2\right]_{-1}^{2}+\left[\dfrac{5}{2}x^2+4x\right]_{-1}^{1}-\left[\dfrac{x^3}{3}-x^2-8x\right]_{1}^{2}$
$=-6+8+\dfrac{26}{3}=\dfrac{32}{3}$

09 평면기하 ②

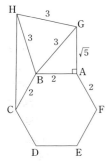

$\triangle$GBA에서 $\overline{AB}=2$, $\overline{AG}=\sqrt{5}$이므로
$\overline{BG}=3$이고 $\triangle$HBG가 정삼각형이므로, $\overline{BH}=3$.
또한 문제조건에서 $\overline{BC}=2$.

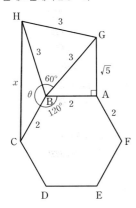

$\angle$HBC$=\theta$라 하자.
$\angle$HBG$=60^\circ$, $\angle$ABC$=120^\circ$이므로
$\angle$GBA$=\pi-\theta$이다. 그러면
$\triangle$GBA에서 $\cos(\pi-\theta)=-\cos\theta=\dfrac{1}{3}$이므로
$\cos\theta=-\dfrac{2}{3}$.

$\triangle$BHC에서, $\overline{CH}=x$라 하면 제2 코사인법칙에 의해
$x^2=3^2+2^2-2\times3\times2\times\cos\theta=21$이므로
$\overline{CH}=\sqrt{21}$

10 적분법 ①

주어진 식의 양변을 미분하면
$f(x)=3x^2+bx-5$를 얻는다. 이때 $x=-1$에서 극값을 가지므로 $f(-1)=0$이고,
이를 대입하면 $-b-2=0$에서 $b=-2$.

$f(x)=[t^3-t^2-5t]_a^x=x^3-x^2-5x-a^3+a^2+5a$
이때 $f(-1)=0$이므로, 이를 대입하면
$a^3-a^2-5a-3=0$, $(a+1)^2(a-3)=0$이고
$a>0$이므로 $a=3$.
그러므로 $a+b=3-2=1$

11 지수함수 ②

$x\geq a$인 경우 $f(x)=-2^{x-a}+a$이고,
$x<a$인 경우 $f(x)=-2^{-x+a}+a$이므로
$f(x)$는 $(a, a-1)$을 기준으로 좌우대칭이며 x축과 두 점에서 만난다.

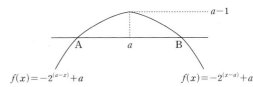

즉, $f(x)$는 이와 같은 형태가 된다.

이때 $\overline{AB}=6$이므로 A$=(a-3, 0)$, B$=(a+3, 0)$이다.
이를 대입하면 $f(a+3)=-2^3+a=0$이므로 $a=8$.

앞서 구한 $f(x)$의 형태에서, $f(x)$는 $x=a$에서 최댓값 $a-1$을 가지므로, $p+q=2a-1=15$

12 미분법 ④

조건 (가)에서,
$\displaystyle\lim_{x\to0}\frac{g(x)-g(0)}{x}=\lim_{x\to0}\frac{g(x)-g(0)}{x-0}=g'(0)=-4$이므로
$g(x)$는 $x=0$에서 연속이고 미분가능하다.
$g(x)$가 $x=0$에서 연속이므로,
$f(0)=a-f(0)$, $f(0)=\dfrac{a}{2}$이고 상수 b에 대하여
$f(x)=-x^2+bx+\dfrac{a}{2}$이다.

$g'(0)=f'(0)=b=-4$이므로 $b=-4$이다. 즉
$x<0$인 경우 $g(x)=-x^2-4x+\dfrac{a}{2}$이고,
$x\geq0$인 경우 $g(x)=x^2-4x+\dfrac{a}{2}$이므로

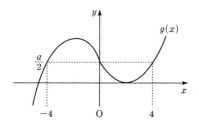

$g(x)$의 형태는 이와 같이 나타난다.

조건 (나)에서 $g(x)$의 극솟값이 0이므로,

$g(2)=4-8+\dfrac{a}{2}=0$에서 $a=8$. 그러므로

$g(-a)=g(-8)=-64+32+4=-28$

---

13   수열   ⑤

주어진 식을 풀어보면

$a_1+a_2+\cdots+a_n=a_{n-1}$, $a_1+a_2+\cdots a_{n-2}+a_n=0$

즉, $-(a_1+a_2+\cdots+a_{n-2})=a_n$가 된다.

$a_2=x$라 하면, 수열 $\{a_n\}$은 아래와 같이 나타난다.

$\{a_n\}=\{-3,\ x,\ 3,\ 3-x,\ -x,\ -3,\ x-3,\ x,\ 3,\ \cdots\}$

이때 $\{a_2,\ a_3,\ a_4,\ a_5,\ a_6,\ a_7\}$이 반복되므로
문제 조건에서 $a_{20}=a_2=1$이고, $x=1$.
이때 $a_2+a_3+a_4+a_5+a_6+a_7=0$이므로,

$\displaystyle\sum_{n=1}^{50}a_n=a_1+(a_2+a_3+a_4+a_5+a_6+a_7)+\cdots$

$+(a_{44}+a_{45}+a_{46}+a_{47}+a_{48}+a_{49})+a_{50}$

$=a_1+a_{50}=-3+x=-3+1=-2$

---

14   미분법   ①

먼저 $0<a$거나 $0>a$인 경우, $f(x)$는 연속함수이므로 $g(x)$는
$x=0$에서 연속이다.
또한 $a<0<a+1$인 경우, $-f(x)$는 연속함수이므로 $g(x)$는
$x=0$에서 연속이다.
마지막으로 $a=0$이거나 $a+1=0$인 경우,
$f(0)=-f(0)=0$이므로 $g(x)$는 $x=0$에서 연속이다.
그러므로 (ㄱ)은 참이다.

$k=4$일 때, $f(x)=x^3-4x$이므로

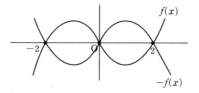

$f(x)$와 $-f(x)$를 그려보면 이와 같다.
이때 $x=a$와 $x=a+1$을 기준으로 $f(x)$와 $-f(x)$가 교차하
게 되는데, $g(x)$의 불연속점이 하나이려면 a와 $a+1$중 하나는
$f(x)$와 $-f(x)$의 교점의 x좌표여야 한다.

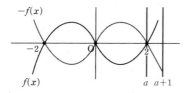

예를 들어, $a=2$인 경우 $g(x)$는 $x=a$에선 연속이지만
$x=a+1$에선 불연속이므로, 1개의 불연속점을 갖는다. 또한
$a+1=2$인 경우에도 1개의 불연속점을 갖는다.
이와 같은 원리로 $a=0$, $a+1=0$, $a=-2$,
$a+1=-2$인 경우 $g(x)$는 1개의 불연속점을 갖는다.
즉, $g(x)$가 1개의 불연속점을 갖도록 하는 실수 a의 개수는 6이
므로, (ㄴ)은 거짓이다.

$f(x)=x^3-kx=x(x^2-k)$이므로

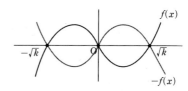

$f(x)$와 $-f(x)$를 그려보면 위와 같다.
이때 $g(x)$가 실수 전체에서 연속이 되기 위한 경우의 수는 다음
과 같다.

1) $a=-\sqrt{k}$, $a+1=0$인 경우
   이 경우 $a=-1$이고, $k=1$이므로 가능하다.

2) $a=0$, $a+1=\sqrt{k}$인 경우
   이 경우 $a=0$이고, $k=1$이므로 가능하다.

3) $a=-\sqrt{k}$, $a+1=\sqrt{k}$인 경우
   두 식을 더하면 $2a+1=0$에서 $a=-\dfrac{1}{2}$이고,

   $k=\dfrac{1}{4}$이므로 가능하다.

즉, $g(x)$가 실수 전체의 집합에서 연속이 되게 하는 순서쌍
$(k,\ a)$는 $(1,\ -1)$, $(1,\ 0)$, $\left(\dfrac{1}{4},\ -\dfrac{1}{2}\right)$의 3개이다.

그러므로 (ㄷ)은 거짓이다.

15 로그함수 ⑤

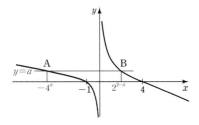

$y=a$와 $f(x)$의 교점 A, B에 대해

$x_1=-4^a$, $x_2=2^{2-a}$이고 문제조건에서 $\left|\dfrac{x_2}{x_1}\right|=\dfrac{1}{2}$이므로

$\left|\dfrac{2^{2-a}}{-2^{2a}}\right|=2^{2-3a}=2^{-1}$, $a=1$.

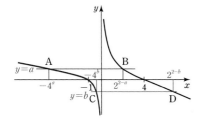

또한 $y=b$와 $f(x)$의 교점 C, D에 대해

$x_3=-4^b$, $x_4=2^{2-b}$인데, $\overline{AC}$와 $\overline{BD}$가 평행하므로

$\dfrac{-b+1}{4^b-4}=\dfrac{b-1}{2^{2-b}-2}$이다. $b\neq1$이므로 양변을 $b-1$로 나누고

정리하면 $4^b+2^{2-b}-6=0$이고,

양변에 2^b를 곱하면 $(2^b)^3-6\times2^b+4=0$이다.

$2^b=k$라 하면 $(k-2)(k^2+2k-2)=0$.

$k\neq2$이고 $k>0$이므로 $k=2^b=-1+\sqrt{3}$.

그러므로

$\left|\dfrac{x_4}{x_3}\right|=\left|\dfrac{2^{2-b}}{4^b}\right|=|2^{2-3b}|=\left|\dfrac{4}{(2^b)^3}\right|=\left|\dfrac{4}{(\sqrt{3}-1)^3}\right|$

$=5+3\sqrt{3}$

16 지수 62

주어진 식의 양변을 a^2로 나누면,

$a^2+a^{-2}=80$이다.

이 식의 양변을 제곱하면,

$a^4+2+a^{-4}=64$.

그러므로 $a^4+a^{-4}=62$

17 미분법 16

먼저 $g(2)=4f(2)=-12$이고,

$g'(x)=(3x^2-2)f(x)+(x^3-2x)f'(x)$에서

$g'(2)=10\times(-3)+4\times4=-14$이다.

점 $(2, g(2))$에서의 접선의 방정식은 기울기가 -14이고

$(2, -12)$를 지나므로

$y=-14(x-2)-12$이고, 이를 정리하면

$y=-14x+16$이다.

그러므로 이 접선의 y절편은 16이다.

18 수열 184

$\sum\limits_{k=1}^{7}(a_k+k)=\sum\limits_{k=1}^{7}a_k+\dfrac{8\times7}{2}=\sum\limits_{k=1}^{7}a_k+28=50$이므로

$\sum\limits_{k=1}^{7}a_k=22$이다.

$\sum\limits_{k=1}^{7}(a_k+2)^2=\sum\limits_{k=1}^{7}a_k{}^2+4\sum\limits_{k=1}^{7}a_k+28=\sum\limits_{k=1}^{7}a_k{}^2+116=300$

$\sum\limits_{k=1}^{7}a_k{}^2=300-116=184$

19 다항함수 12

$x^3-\dfrac{3n}{2}x^2=-7$, $x^2\left(x-\dfrac{3n}{2}\right)=-7$이므로

좌변항을 $f(x)$라 할 때, $f(x)$를 그려보면 다음과 같다.

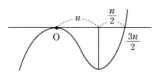

$f(x)=x^2\left(x-\dfrac{3n}{2}\right)=0$은 $x=0$에서 중근을 갖고,

$x=\dfrac{3n}{2}$에서 실근을 가지며 삼차함수의 성질에 의해

$x=n$에서 극값을 갖는다.

이때 우변항 $y=-7$이 이 그래프와 만나는 교점의 x좌표가 1보다 큰 점이 두 개여야 하므로,

정답 및 해설

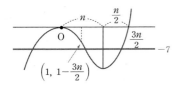

$f(n) < -7 < f(1)$이 성립한다.

오른쪽 부등호를 먼저 풀면 $-7 < 1 - \dfrac{3n}{2}$에서

$n < \dfrac{16}{3}$이므로 가능한 n은 1, 2, 3, 4, 5.

왼쪽 부등호를 풀면 $-\dfrac{1}{2}n^3 < -7$에서

$n^3 > 14$이므로 가능한 n은 3, 4, 5.
그러므로 가능한 모든 자연수 n의 합은 12.

| **20** | 도함수 | 11 |

$t=1$과 $t=\alpha$에서 P가 정지하므로, $v(1)=v(\alpha)=0$.

$v(t)=\displaystyle\int a(t)=t^3-4t^2+3t+C$이고, $v(1)=0$이므로

$v(t)=t^3-4t^2+3t=t(t-1)(t-3)$, $\alpha=3$.

$t=1$에서 $t=3$까지 P가 이동한 거리는

$\left| \displaystyle\int_1^3 v(t)dt \right| = \left| \left[\dfrac{t^4}{4} - \dfrac{3}{4}t^3 + \dfrac{3}{2}t^2 \right]_1^3 \right| = \dfrac{8}{3}$.

그러므로 $p+q=3+8=11$

| **21** | 삼각함수 | 29 |

먼저 두 그래프가 만나는 점을 보면,

$3a\tan bx = 2a\cos bx$에서 $a>0$이므로

$3\tan bx = 2\cos bx$, $3\dfrac{\sin bx}{\cos bx} = 2\cos bx$

$3\sin bx = 2\cos^2 bx$, $3\sin bx = 2(1-\sin^2 bx)$이다.

$\sin bx = k$라 하면,

$2k^2 + 3k - 2 = (2k-1)(k+2) = 0$에서

$-1 < k < 1$이므로 $k = \sin bx = \dfrac{1}{2}$.

이때 문제조건에서 $0 < x < \dfrac{5}{2b}\pi$이므로

$0 < bx < \dfrac{5}{2}\pi$이다. 즉, $bx = \dfrac{\pi}{6}, \dfrac{5\pi}{6}, \dfrac{13\pi}{6}$이므로

점 A_1, A_2, A_3의 x좌표는 $\dfrac{\pi}{6b}, \dfrac{5\pi}{6b}, \dfrac{13\pi}{6b}$.

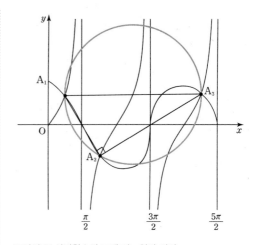

주어진 두 삼각함수의 그래프는 위와 같다.
이때 $\overline{A_1A_3}$가 원의 지름이고, 원의 넓이가 π이므로 원의 반지름은 1, 지름은 2이다. 그러므로

$\dfrac{13\pi}{6b} - \dfrac{\pi}{6b} = 2$에서 $b = \pi$.

$b = \pi$를 주어진 함수에 대입하여
세 점 A_1, A_2, A_3의 좌표를 계산하면,

$A_1\left(\dfrac{1}{6}, \sqrt{3}a \right)$, $A_2\left(\dfrac{5}{6}, -\sqrt{3}a \right)$, $A_3\left(\dfrac{13}{6}, \sqrt{3}a \right)$를 얻는다.

이때 $\triangle A_1A_2A_3$가 직각삼각형이므로,

$\overline{A_1A_3} \perp \overline{A_2A_3}$이다.

즉, $\dfrac{-\sqrt{3}a - \sqrt{3}a}{\dfrac{5}{6} - \dfrac{1}{6}} \times \dfrac{\sqrt{3}a - (-\sqrt{3}a)}{\dfrac{13}{6} - \dfrac{5}{6}} = -1$에서,

$27a^2 = 2$이므로 $a^2 = \dfrac{2}{27}$이다.

$\left(\dfrac{a}{b}\pi \right)^2 = a^2 = \dfrac{2}{27}$이므로, $p+q = 27+2 = 29$

| **22** | 미분계수 | 54 |

조건 (가)에서, $\displaystyle\lim_{h \to 0+}\left\{ \dfrac{g(t+h)}{h} \times \dfrac{g(t-h)}{h} \right\} > 0$.

$\displaystyle\lim_{h \to 0+}\left\{ \dfrac{g(t+h)-g(t)}{h} \times \dfrac{-(g(t-h)-g(t))}{-h} \right\} < 0$이므로

$\displaystyle\lim_{h \to t+}g'(h) \times \lim_{h \to t-}g'(h) < 0$이다. 이를 만족하는 실수 t가 1개이므로, $g(x)$의 $x=t$에서의 좌미분계수와 우미분계수가 다른 지점, 즉 미분불가능한 점이 1개가 된다.
또한 $f(x)$가 중근이나 허근을 가질 경우,
$g(x) = x|f(x)| > 0$이므로 $g(x)$는 미분불가능점을 갖지 않는다.

따라서 $f(x)$는 서로 다른 두 실근을 갖는다.

이때 두 실근을 α, β라 하면($\alpha<\beta$),

$x<\alpha$, $x>\beta$에서 $g(x)=xf(x)$이고

$\alpha<x<\beta$에서 $g(x)=-xf(x)$이므로

가능한 $f(x)$의 형태는 다음과 같다.

1) $\alpha=0$인 경우

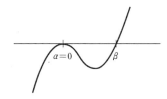

이 경우 $f(x)$는 $x=\alpha$에서 중근을 갖는데,

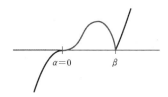

$g(x)$는 $\alpha<x<\beta$에서 그래프가 뒤집어지므로 위와 같이 그려진다.

2) $\beta=0$인 경우

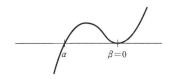

이 경우 $f(x)$는 $x=\beta$에서 중근을 갖는다.

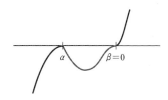

마찬가지로 $g(x)$는 $\alpha<x<\beta$에서 그래프가 뒤집어지므로 위와 같이 그려진다.

이때 조건 (나)에서 $g(x)=0$, -4를 만족하는 서로 다른 실근이 4개 존재해야 하는데,

1)의 경우에는 $g(x)=-4$가 1개의 근을 가지기 때문에 불가능하다.

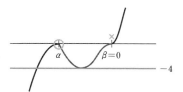

2)의 경우 다음과 같이 $g(x)$가 $y=-4$와 접하는 경우 조건을 만족한다.

삼차함수의 성질에 의해 극점의 x좌표는 $\dfrac{2\alpha}{3}$이므로,

$g\left(\dfrac{2\alpha}{3}\right)=-\dfrac{2\alpha}{3}\times f\left(\dfrac{2\alpha}{3}\right)=-4$가 성립한다.

$f(x)=x(x-\alpha)$이므로 대입하여 계산하면 $\alpha=-3$.

$f(x)=x(x+3)$이므로 $g(3)=3|f(3)|=54$

확률과 통계

23   이산확률분포   ③

$\sum P(X=x)=1$이므로, $2a+b=1$이다.

또한 문제조건에서 $E(X)=5$이므로, $6a+6b=5$이다.

두 식을 연립하면 $a=\dfrac{1}{6}$, $b=\dfrac{4}{6}$를 얻는다.

그러므로 $b-a=\dfrac{4}{6}-\dfrac{1}{6}=\dfrac{1}{2}$

24   확률   ①

동전의 앞면이 5번 나오는 경우는 다음과 같다.

1) 주사위가 5가 나오고, 모두 앞면인 경우

     이 경우의 확률은 $\dfrac{1}{6}\times\left(\dfrac{1}{2}\right)^5$.

2) 주사위가 6이 나오고, 앞면이 5번, 뒷면이 1번인 경우

     이 경우의 확률은 $\dfrac{1}{6}\times {}_6C_5\times\left(\dfrac{1}{2}\right)^5\times\left(\dfrac{1}{2}\right)$.

     두 경우의 확률의 합은

$$\dfrac{1}{6}\times\left(\dfrac{1}{2}\right)^5+\dfrac{1}{6}\times {}_6C_5\times\left(\dfrac{1}{2}\right)^5\times\left(\dfrac{1}{2}\right)=\dfrac{1}{48}$$

25   이항정리   ②

x^5의 계수와 x^3의 계수가 같으므로,

${}_7C_2a^5={}_7C_3a^3$에서 $a^2=\dfrac{5}{3}$.

x^2의 계수는 $_7C_2a^2=35$.

26	순열	④

양 끝에 서로 다른 사관학교의 모자가 놓이는 경우는 다음과 같다.
1) 육군, 해군 사관학교 모자가 끝으로 가는 경우
2) 해군, 공군 사관학교 모자가 끝으로 가는 경우
3) 육군, 공군 사관학교 모자가 끝으로 가는 경우

1)의 경우, 경우의 수는 $2\times\dfrac{6!}{2!\times3!}=120$

2)의 경우, 경우의 수는 $2\times\dfrac{6!}{2!\times2!\times2!}=180$

3)의 경우, 경우의 수는 $2\times\dfrac{6!}{3!\times2!}=120$

그러므로 모든 경우의 수는 420

27	조합	⑤

조건 (가)에서 a와 b가 이웃하므로, 둘을 하나로 간주한다. 이때 두 가지 경우로 나누는데,
1) ab로 간주하는 경우
　　이 경우 a와 c가 이웃하지 않으므로 c가 ab 바로 왼쪽에 올 수 없다.
2) ba로 간주하는 경우
　　이 경우에는 c가 ba 바로 왼쪽에 오더라도 a와 c가 이웃하지 않으므로 c가 ba 바로 왼쪽에 올 수 있다.

먼저 나머지 문자 d, e, f, g를 배열하는 경우의 수는 $4!$이며 그 다음 빈칸에 a, b, c를 집어넣는다.
1)의 경우 ab와 c가 같은 칸에 들어갈 수 없으므로 빈칸 5칸 중 중복하지 않게 2칸을 고르면 된다.
　　이때의 경우의 수는 $4!\,_5C_2$.
2)의 경우 ab와 c가 같은 칸에 들어갈 수 있으므로 빈칸 5칸 중 중복을 허용하면서 2칸을 고르면 된다.
　　이때의 경우의 수는 $4!\,_5H_2$.
　　그러므로 조건을 만족시킬 확률은
　　$\dfrac{4!\,(_5C_2+_5H_2)!}{7!}=\dfrac{5}{42}$

28	순열	④

서로 마주보는 두 카드의 수의 차가 같은 경우는 다음과 같다.
1) 차가 1인 경우
　　이 경우 $(1, 2), (3, 4), (5, 6), (7, 8)$이 서로 마주보게 된다.
2) 차가 2인 경우
　　이 경우 $(1, 3), (2, 4), (5, 7), (6, 8)$이 서로 마주보게 된다.
3) 차가 4인 경우
　　이 경우 $(1, 5), (2, 6), (3, 7), (4, 8)$이 서로 마주보게 된다.

1)의 경우, 카드를 나열하는 경우의 수는 1이 적힌 카드를 중심으로 잡고, 나머지 카드들을 집어넣는다고 생각하면 $3!\times2^3$이다. 나머지 경우에도 카드를 나열하는 경우의 수는 동일하므로 전체 경우의 수는 $3\times3!\times2^3$.
이제 1이 적힌 카드와 2가 적힌 카드가 이웃하는 경우의 수를 보면,
1)의 경우 두 카드가 마주보고 있으므로 불가능하고, 2)의 경우 마찬가지로 1이 적힌 카드를 중심으로 잡고, 나머지 카드들을 집어넣는다고 생각하면 $2\times2!\times2^2$이다. 3)의 경우에도 동일하므로 전체 경우의 수는
$2\times2\times2!\times2^2$.
그러므로 조건부확률은 $\dfrac{2\times2\times2!\times2^2}{3\times3!\times2^3}=\dfrac{2}{9}$

29	정규분포	8

과자 1개의 무게를 X라 하면
X는 정규분포 $N(150, 9^2)$를 따르고, 이 중에서 임의로 n개를 택한 것의 평균을 $\overline{X}$라 하면
$\overline{X}$는 정규분포 $N\left(150, \dfrac{9^2}{n}\right)$을 따른다.
세트 상품이 불량품일 확률은 $P(\overline{X}\le145)$이므로,
n이 $P(\overline{X}\le145)\le0.07$을 만족시키면 된다.

$P(\overline{X}\le145)\le0.07$를 정규화하면
$P\left(Z\le-5\times\dfrac{\sqrt{n}}{9}\right)\le0.07$이므로
$-\dfrac{5}{9}\sqrt{n}\le-1.5, \sqrt{n}\ge2.7, n\ge2.7^2=7.29$에서
자연수 n의 최소값은 8

30	조합	166

조건 (가)에서, A가 연필을 4개 이상 받아야 하므로 연필을 나누

어 주는 경우는 다음과 같다.

1) A가 연필 5개를 모두 받는 경우

2) A가 연필을 4개만 받고, 나머지는 다른 사람이 받는 경우

1)의 경우, 조건 (나)에 해당하는 사람은 반드시 A여야 한다. 즉, A는 공책을 5개 이하로 받아야 하며, 이때 경우의 수는 4명에게 공책 5권을 중복을 허용하면서 나누어 주는 경우의 수에서 A가 공책 5개 받는 경우의 수를 빼주면 된다.

그러므로 이 경우는 $_4H_5-1=55$가지이다.

2)의 경우, 조건 (나)에 해당하는 사람이 A인 경우와 아닌 경우로 나눌 수 있다.

조건 (나)에 해당하는 사람이 A인 경우, A를 제외한 사람 중 한 명이 연필 1개와, 공책 1개 이상을 받아야 하므로 이를 받을 사람을 먼저 정하고, 남은 공책 4권을 중복을 허용하면서 4명에게 주면 되는데, 이때 A가 공책을 4권 받는 경우를 빼주면 된다.

이 경우는 $3\times(_4H_4-1)=102$가지이다.

조건 (나)에 해당하는 사람이 A가 아닌 경우, A를 제외한 사람 중 한 명이 연필 1개만을 받고, A가 공책 4권 이상을 가져가야 하므로 이를 받을 사람을 먼저 정하고 A가 공책 4권을 가져간 뒤, 남은 1권을 조건 (나)에 해당하는 사람을 제외한 세 명중 한 명이 받으면 된다.

이 경우는 $3\times3=9$가지이다.

그러므로 모든 경우의 수는 $55+102+9=166$가지이다.

미적분

23 수열 ⑤

$S_n-S_{n-1}=a_n$이므로($n\geq2$) 대입하면
$a_n=4^{n+1}-3n-\{4^n-3(n-1)\}=3\times4^n-3$.

이를 대입하면 $\lim\limits_{n\to\infty}\dfrac{a_n}{4^{n-1}}=\lim\limits_{n\to\infty}\dfrac{3\times4^n-3}{4^{n-1}}$인데,

$4^n>0$이므로

$\lim\limits_{n\to\infty}\dfrac{3\times4^n-3}{4^{n-1}}=\lim\limits_{n\to\infty}\dfrac{3-\dfrac{3}{4^n}}{\dfrac{1}{4}}=\dfrac{3}{\dfrac{1}{4}}=12$

24 적분법 ②

$\lim\limits_{n\to\infty}\dfrac{1}{n}\sum\limits_{k=1}^{n}f\left(\dfrac{n+k}{n}\right)=\int_0^1 f(1+x)dx=\int_1^2 f(x)dx$.

$\int_1^2 f(x)dx=\left[\ln x-\dfrac{1}{x}\right]_1^2=\ln2+\dfrac{1}{2}$

25 삼각함수 ③

x축과 만나는 점이므로 $y=0$을 대입하면

$\pi\times\cos0+0=3x$에서 $x=\dfrac{\pi}{3}$, 즉 $A\left(\dfrac{\pi}{3},\,0\right)$이다.

주어진 식을 x에 대하여 미분하면

$\pi(-\sin y)y'+y'\sin x+y\cos x=3$

여기에 $\left(\dfrac{\pi}{3},\,0\right)$를 대입하면 $y'=2\sqrt{3}$

26 무한등비급수 ①

$\triangle OB_1D_1=\dfrac{1}{2}\times1\times1\times\sin30°=\dfrac{1}{4}$인데,

$S_1=OB_1D_1C_1A_1-\triangle OB_1A_1=3\triangle OB_1D_1-\triangle OB_1A_1$

$=3\times\dfrac{1}{4}-\dfrac{1}{2}=\dfrac{1}{4}$

$\overline{OB_2}=\dfrac{1}{\sqrt{2}}$이므로, S_n의 공비 r은 길이의 공비의 제곱인 $\dfrac{1}{2}$이다.

그러므로 $\lim\limits_{n\to\infty}S_n=\dfrac{S_1}{1-r}=\dfrac{1}{2}$

27 정적분 ④

주어진 도형의 부피는

$\int_{\frac{\pi}{3}}^{\frac{\pi}{2}}y^2dx=\int_{\frac{\pi}{3}}^{\frac{\pi}{2}}(1+\cos x)^2\sin x\,dx$

$=\int_{\frac{\pi}{3}}^{\frac{\pi}{2}}\sin x+2\sin x\cos x+\sin x\cos^2 x\,dx$

$=\left[-\cos x+\sin^2 x-\dfrac{1}{3}\cos^3 x\right]_{\frac{\pi}{3}}^{\frac{\pi}{2}}=\dfrac{19}{24}$

28 미분법 ③

주어진 곡선이 직선 $y=tx$와 점 $(t,\,t^2)$에서 접하므로, 다음이 성립한다.

$\begin{cases}(at+b)e^{t-k}=t^2\\(at+a+b)e^{t-k}=t\end{cases}$

이때 아래 식에서 위 식을 빼면, $ae^{t-k}=t-t^2$이므로

$a=f(t)=(t-t^2)e^{k-t}$이다.

이를 위 식에 대입하면, $b=g(t)=t^3e^{k-t}$이다.

$f(k)=-6$이므로, $f(k)=k-k^2=-6$,
$(k-3)(k+2)=0$에서 $k=3$이다. 그러므로
$g'(k)=(-k^3+3k^2)e^0=-27+27=0$

29   삼각함수   20

사인함수는 원점에 대하여 대칭이므로, 주어진 사인함수와 $\overline{PQ}$가 교차하면서 생기는 두 영역의 크기는 같다.
그러므로, $S(t)$는 ΔPQR의 넓이와 같다.

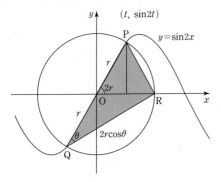

이때 원의 반지름을 r, $\angle PQR=\theta$라 하면
$\Delta PQR=\dfrac{1}{2}\times 2r\times 2r\cos\theta\times\sin\theta=r^2(2\sin\theta\cos\theta)$
$=r^2\sin 2\theta=r^2\times\dfrac{\sin 2t}{r}=r\sin 2t$이다.
$r=\sqrt{t^2+\sin^2 2t}$이므로, 이를 대입하면
$\displaystyle\lim_{t\to 0+}\frac{S(t)}{t^2}=\lim_{t\to 0+}\frac{\sqrt{t^2+\sin^2 2t}\times\sin 2t}{t^2}$
$\displaystyle=\lim_{t\to 0+}\frac{\sqrt{t^2+\sin^2 2t}}{t^2}\times\lim_{t\to 0+}\frac{\sin 2t}{t}=\sqrt{5}\times 2=2\sqrt{5}$
$k=2\sqrt{5}$이므로, $k^2=20$

30   적분법   13

$f'(x)$를 적분하면 $f(x)=\dfrac{1}{2}(\ln x)^2-k\ln x+C$인데,
$f(x)$가 $(1, 0)$을 지나므로 이를 대입하면
$f(x)=\dfrac{1}{2}(\ln x)^2-k\ln x$이다.
또한 $f(x)$가 $\left(\dfrac{1}{e^2}, 0\right)$을 지나므로 이를 대입하면
$f(x)=\dfrac{1}{2}(\ln x)^2+\ln x$이다.

$f(x)=t$, $\dfrac{1}{2}(\ln x)^2+\ln x=t$,

$(\ln x)^2+2\ln x-2t=0$, $(\ln x+1)^2=1+2t$,
$\ln x+1=\pm\sqrt{1+2t}$인데,
더 작은 x좌표를 구해야 하므로
$\ln x=-1-\sqrt{1+2t}$에서 $g(t)=e^{-1-\sqrt{1+2t}}$.

$-1-\sqrt{1+2t}=X$라 하면,
$\displaystyle\int_0^{\frac{3}{2}}e^{-1-\sqrt{1+2t}}dt=\int_{-2}^{-3}(X+1)e^X\mathrm{d}x=[Xe^X]_{-2}^{-3}$
$=-3e^{-3}+2e^{-2}=\dfrac{2e-3}{e^3}$이다.
$a=2$, $b=-3$이므로 $a^2+b^2=4+9=13$

기하

23   공간좌표   ④

점 P가 x축 위에 있으므로 $P(a, 0, 0)$이라 하면
$\overline{AP}^2=\overline{BP}^2$, $(a-4)^2+4+9=(a+2)^2+9+1$,
$12a=15$, $a=\dfrac{5}{4}$.
그러므로 점 P의 x좌표는 $\dfrac{5}{4}$.

24   이차곡선   ⑤

두 쌍곡선의 방정식을 기본형으로 변형하면
$$\frac{(x-1)^2}{1}-\frac{(y+1)^2}{\frac{1}{9}}=1, \quad \frac{(x-1)^2}{1}-\frac{(y+1)^2}{\frac{1}{9}}=-1$$
을 얻는다.
즉, 중심이 $(1, -1)$로 같고, 점근선의 기울기가 $\pm\dfrac{1}{3}$인 두 쌍곡선이다.

이 경우 두 쌍곡선의 중심과 점근선이 같으므로, 두 쌍곡선과 만나지 않는 두 개의 직선은 두 개의 점근선이다. 기울기가 $\pm\dfrac{1}{3}$이고, 중심 $(1, -1)$을 지나는 두 직선의 방정식은
$y=\dfrac{1}{3}x-\dfrac{4}{3}$, $y=-\dfrac{1}{3}x-\dfrac{2}{3}$이므로
$ac+bd=-\dfrac{1}{9}+\dfrac{8}{9}=\dfrac{7}{9}$

25	평면벡터	①

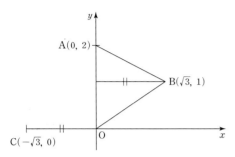

△AOB가 정삼각형이므로, B($\sqrt{3}$, 1)이고

$\overrightarrow{OA}=(0, 2)$, $\overrightarrow{BC}=\overrightarrow{OC}-\overrightarrow{OB}=(-\sqrt{3}, 0)-(\sqrt{3}, 1)$
$=(-2\sqrt{3}, -1)$이다.

그러므로 $|\overrightarrow{OA}+\overrightarrow{BC}|=|(0, 2)+(-2\sqrt{3}, -1)|$
$=|(-2\sqrt{3}, 1)|=\sqrt{13}$

26	정사영	②

△BID를 평면 EFGH에 정사영하면 △FGH가 되는데, 이때
△BID×cosθ=△FGH=1이므로

$\cos\theta=\dfrac{1}{\triangle BID}$이다.

△ABD에서 $\overline{BD}$는 빗변이므로 $\overline{BD}=\sqrt{5}$,
마찬가지로 $\overline{BI}$와 $\overline{ID}$도 빗변이므로
$\overline{BI}=2\sqrt{2}$, $\overline{ID}=\sqrt{5}$.

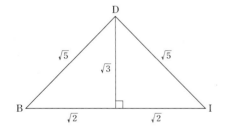

이때 △BID는 이등변삼각형이므로

$\triangle BID=\dfrac{1}{2}\times 2\sqrt{2}\times\sqrt{3}=\sqrt{6}$이다.

그러므로 $\cos\theta=\dfrac{1}{\sqrt{6}}=\dfrac{\sqrt{6}}{6}$.

27	이차곡선	③

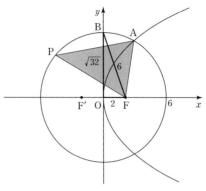

타원이 y축과 만나는 점 중 y좌표가 양수인 점을 B라고 하자. 타원의 장축의 길이가 12이므로 $\overline{BF}=6$, $\overline{OB}=\sqrt{36-4}=\sqrt{32}$이고, 이때 타원의 방정식은

$\dfrac{x^2}{36}+\dfrac{y^2}{32}=1$이다.

또한 포물선의 경우 초점이 F(2, 0)이므로, 포물선의 방정식은 $y^2=8x$이다.

$\dfrac{x^2}{36}+\dfrac{y^2}{32}=1$에 $y^2=8x$을 대입하여 풀면, A(3, $2\sqrt{6}$)을 얻는다.

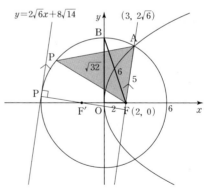

$\overrightarrow{FA}$의 기울기가 $2\sqrt{6}$이므로, 이것과 평행하면서 타원에 접하는 직선 중 위에 있는 직선과 타원의 교점이 P가 된다.

접선의 기울기가 $2\sqrt{6}$이고 타원 $\dfrac{x^2}{36}+\dfrac{y^2}{32}=1$에 접하는 직선의 방정식은

$y=2\sqrt{6}x+\sqrt{36\times 24+32}=2\sqrt{6}x+8\sqrt{14}$이다.

이 직선과 F(2,0)사이의 거리를 구해보면

$\dfrac{4\sqrt{6}+8\sqrt{14}}{\sqrt{(2\sqrt{6})^2+1^2}}=\dfrac{4\sqrt{6}+8\sqrt{14}}{5}$이므로,

$\triangle APF=\dfrac{1}{2}\times\overline{AF}\times\dfrac{4\sqrt{6}+8\sqrt{14}}{5}=\dfrac{1}{2}\times 5\times\dfrac{4\sqrt{6}+8\sqrt{14}}{5}$
$=2\sqrt{6}+4\sqrt{14}$

| **28** | 평면벡터 | ⑤ |

조건 (가)에서

$\overrightarrow{AB} \cdot \overrightarrow{AC} = \dfrac{1}{3}|\overrightarrow{AB}|^2 = |\overrightarrow{AB}| \times \left|\dfrac{1}{3}\overrightarrow{AB}\right|$ 이므로,

$\overrightarrow{AC}$를 $\overrightarrow{AB}$ 위로 정사영하면 $\dfrac{1}{3}\overrightarrow{AB}$가 된다.

즉 C에서 $\overrightarrow{AB}$에 내린 수선의 발은 $\overrightarrow{AB}$를 1:2로 내분한다.
또한 조건 (나)에서

$\overrightarrow{AB} \cdot \overrightarrow{CB} = \dfrac{2}{3}|\overrightarrow{AB}|^2 = \dfrac{2}{5}|\overrightarrow{AC}|^2$이므로,

$|\overrightarrow{AC}| = \dfrac{\sqrt{15}}{3}|\overrightarrow{AB}|$ 이다. 이제 $\triangle ABC$를 그려 보면,

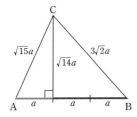

$\overrightarrow{AB} = 3a$라 할 때 $\triangle ABC$는 위와 같이 된다.

$\overleftrightarrow{AB}$에 수직인 직선과 $\overleftrightarrow{AC}$가 만나는 점이 D이므로, 이를 그려보면 다음과 같다.

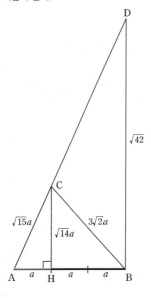

이때 C에서 $\overline{AB}$에 내린 수선의 발을 H라 하면,
$\triangle AHC$와 $\triangle ABD$는 1:3닮음이므로

$3 \times \sqrt{14}a = \sqrt{42}$, $a = \dfrac{\sqrt{3}}{3}$이다.

그러므로,

$\triangle ABC = \dfrac{1}{2} \times 3a \times \sqrt{14}a = \dfrac{3}{2}\sqrt{14}a^2 = \dfrac{\sqrt{14}}{2}$

| **29** | 이차곡선 | 23 |

$\overline{FA} : \overline{FB} = 1:3$이므로, $A\left(\dfrac{a^2}{4p}, a\right)$, $B\left(\dfrac{b^2}{4p}, b\right)$라 하면

$3\left(\dfrac{a^2}{4p} + p\right) = \dfrac{b^2}{4p} + p$, $2p = \dfrac{b^2 - 3a^2}{4p}$, $8p^2 = b^2 - 3a^2$.

또한 $F'(-p, 0)$, A, B가 한 직선 위에 있으므로
$\overleftrightarrow{F'A}$와 $\overleftrightarrow{F'B}$의 기울기가 같다.

즉 $\dfrac{a}{\dfrac{a^2}{4p} + p} = \dfrac{b}{\dfrac{b^2}{4p} + p}$이고, 정리하면

$\dfrac{ab}{4p}(b-a) = p(b-a)$, $ab = 4p^2$이다.

$8p^2 = b^2 - 3a^2$이므로 $2ab = b^2 - 3a^2$에서

$b = 3a$, $a = \dfrac{1}{3}b$를 얻는다.

이를 $ab = 4p^2$에 대입하면 $b^2 = 12p^2$.

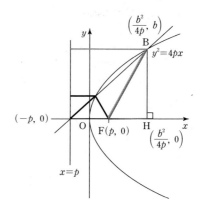

$\triangle BFH = \dfrac{1}{2} \times \left(\dfrac{b^2}{4p} - p\right) \times p = 2\sqrt{3}p^2 = 46\sqrt{30}$이므로,
$p^2 = 23$.

30 공간좌표 17

C_1과 C_2 모두 $x>0$, $y>0$, $z>0$인 공간에 있으므로 이 둘을 연결한 최단거리는 C_2를 x축, y축에 대하여 대칭이동시킨 구를 $C_2{}'$이라 할 때 $\overline{C_1C_2{}'}$가 된다.

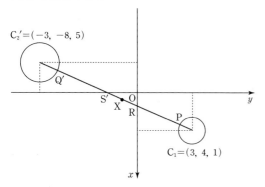

이를 z축 위에서 내려다보면 이와 같이 되며, 이때 C_1과 $C_2{}'$의 중심 사이의 거리는

$\sqrt{36+144+16}=14$이다.

$\overline{PR}+\overline{RX}=\overline{XS}+\overline{SQ'}$이므로, X는 $\overline{PQ'}$을 $1:1$로 내분하는 점이 된다.

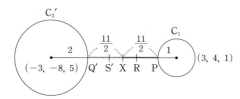

이때 C_1과 $C_2{}'$의 반지름이 1, 2이므로

X는 C_1과 $C_2{}'$를 $13:15$로 내분하는 점이 된다.

그러면 X의 x좌표는 $\dfrac{15\times3-3\times13}{28}=\dfrac{3}{14}$이므로,

$p+q=14+3=17$.

2023학년도 기출문제 정답 및 해설

제1교시 국어영역(공통)

01 ④	02 ①	03 ③	04 ①	05 ③	06 ②
07 ③	08 ③	09 ⑤	10 ④	11 ②	12 ①
13 ④	14 ④	15 ④	16 ⑤	17 ④	18 ①
19 ②	20 ⑤	21 ④	22 ③	23 ②	24 ①
25 ③	26 ⑤	27 ④	28 ⑤	29 ⑤	30 ②

[01~03] 독서 - 인문

01 ④ 제시문은 특정한 시간과 공간에서 독자가 문학 작품에 대해 갖게 되는 해석과 평가의 준거인 '기대지평'이라는 개념을 중심으로 독자 반응 비평을 설명하고 있다. 또한 독자 반응 비평이 전통적인 문학 비평에서 간과되어 왔던 독자의 중요성에 주목하여, 독자의 역할을 재정립하고 독자와 작품 사이의 상호 작용을 탐구하도록 했다는 의의를 제시하고 있다.

오답풀이

① '기대지평'이라는 주요 개념을 활용하여 독자 반응 비평을 설명하고 있으나, 인접 분야의 개념을 활용하여 독자 반응 비평을 설명하고 있지는 않다.

② '기대지평, 미적 긴장, 지평전환' 등의 개념을 활용하여 독자 반응 비평의 의의와 평가에 대해 설명하고 있으나, 다양한 사례를 통해 독자 반응 비평의 실효성을 강조한 측면은 보이지 않는다.

③ 첫 번째 문단에서 '기대지평'의 복합적 구성 요소에 대해 열거하고 있을 뿐, 독자 반응 비평의 변화 과정에 대한 분석과 그 복합성에 대한 설명은 제시되어 있지 않다.

⑤ 세 번째 문단에서 독자 반응 비평에 대한 비판이 아니라 전통적 문학 비평에 대해 비판하고 있으며, 독자 반응 비평이 독자의 중요성과 역할에 미친 긍정적 입장을 서술하고 있다.

02 ① 윗글의 서두에서 독자 반응 비평 이론가인 야우스는 '기대지평'이라는 개념을 제시하여 독자가 문학 작품과 상호 작용하는 과정을 설명하였다고 서술되어 있다. 또한 마지막 문단에서 독자와 작품 사이의 상호 작용을 탐구함으로

써 문학 작품은 예술적으로 완성된다고 설명하고 있다. 그러므로 윗글을 통해 문학 비평의 임무는 ①의 작품과 독자 사이에 일어나는 상호 작용을 검토하는 것임을 알 수 있다.

오답풀이

②·③ 세 번째 문단에서 전통적 문학 비평이 작품의 언어적 특성과 문학적 기법에만 집중했다고 비판하고 있다. 그러므로 작품의 언어적 특성을 연구하여 예술적 가치를 밝히는 것이나 시공간을 초월하는 작품의 보편성을 독자에게 전달하는 것은 독자 반응 비평이 지향하는 문학 비평의 임무는 아니다.

④·⑤ 세 번째 문단에서 작가의 의도, 시대적 배경, 윤리적 준거 등이 작품에 끼치는 영향에만 치중했다고 전통적 문학 비평을 비판하고 있다. 그러므로 독자가 작가의 의도를 중심으로 작품을 파악하는 데 기여하는 것이나 작품이 창작된 시대 배경을 조사하여 작품에 역사적 의미를 부여하는 것은 독자 반응 비평이 지향하는 문학 비평의 임무는 아니다.

03 ③ 두 번째 문단에서 작품의 기대지평과 독자의 기대지평 간에 거리가 존재하는 경우 독자는 작품에 대한 부정, 거부감, 혼란, 낯섦 등을 느낄 수 있는데, 이를 작품 수용의 과정에서 나타나는 '미적 긴장'이라고 하였다. 그러므로 도덕적 일탈을 옹호하는 주인공을 다룬 A가 발표되자 조직적인 거부의 움직임을 드러낸 독자층의 모습은 사회의 통념이나 관습에 반하는 '미적 긴장'을 가져온 것이지, 경험의 부재가 미적 긴장 상태의 발생 원인은 아니다. 또한 독자의 기대지평은 지평전환을 통해 새로운 기대지평이 형성될 수 있으므로 무조건적인 부정으로 이어지는 것도 아니다.

오답풀이

① 첫 번째 문단에서 독자의 기대지평은 사회의 통념, 관습 등에 의해 구성된다고 하였으므로, A가 도덕적 일탈을 옹호하는 주인공을 내세워 비난을 받은 것은 사회의 관습이나 통념이 독자의 기대지평 형성에 영향을 미쳤다고 볼 수 있다.

② 두 번째 문단에서 미적 긴장에도 불구하고 방법을 탐색하며 적극적 이해를 시도하는 독자는 기존의 기대지평을 현저히 변화시킬 수 있다고 하였으므로, A를 반복적으로 읽으면서 B가 새로운 의미를 탐색하는 것은 기대지평이 새로 형성될 수 있음을 보여준다.

④ 첫 번째 문단에서 기대지평은 집단적 차원에서도 형성되어 개인의 기대지평과 서로 영향을 주고받으며 기대지평의 창출과 변화에 기여한다고 하였다. 그러므로 A가 발표 당시 독자층에게 비난받았던 것과 달리 오랜 시간이 지난 후 큰 호응을 받는 것은, 기대지평의 형성과 변화가 집단적 차원에서 이루어질 수 있음을 보여준다.

⑤ 두 번째 문단에서 미적 긴장에도 불구하고 독자가 작품의 기대지평에 부응하고자 노력하는 과정을 거쳐 형성된 기대지평의 변화를 '지평전환'이라고 하였다. 그러므로 A가 발표 시점으로부터 오랜 시간이 지난 후 시대에 저항한 작가의 작품으로 소개된 것은, 발표 당시 독자의 기대지평이 전환을 거쳐 작품의 기대지평에 부응하게 된 결과라고 할 수 있다.

[04~07] 독서 – 사회

04 ① 첫 번째 문단에서 인구 변천 모델을 '유럽의 인구 현상을 관찰한 결과를 기초로 하여 인구 변화를 설명하는 모델'이라고 정의하고 있다. 즉, 인구 변천 모델의 개념에 대한 정의는 나타나 있으나, 그 이론적 배경에 대한 설명은 제시문에 나타나 있지 않다.

오답풀이

② 두 번째 문단에서 근대화와 출생률의 감소에는 인과적 관계가 있다고 인구 변천 모델을 설명하기 위한 기본적 전제를 제시하고 있다.

③ 세 번째 문단에서 타바라(Tabbarah)는 인구 발전 모델을 제시하고 있는데, 이에 활용된 변수들로 '부부가 이상적으로 원하는 자녀의 수(C_d)'와 '부부의 부양 능력에 맞는 최대 자녀의 수(C_m)'라는 변수들의 산출 방법이 소개되어 있다.

④ 네 번째 문단에서 인구 발전 모델을 네 단계로 나누어 설명하고 있으며, 다섯 번째 문단에서는 그에 따른 자녀 수의 변화 그리고 마지막 문장에서 "이와 같은 타바라의 모델은 시간의 경과에 따른 출산 양상의 변화를 이해하는 데 도움을 주며, 특히 이상적으로 원하는 자녀의 수에 주목했다는 점에서 의의가 있다"고 서술되어 있다.

⑤ 두 번째 문단에서 인구 변천 모델을 고위 정지 단계, 초기 확장 단계, 후기 확장 단계, 저위 정지 단계의 4단계로 나누고, 각 단계에서 나타나는 출생률과 사망률의 변화 추세에 대해 밝히고 있다.

05 ③ 인구 변천 모델의 단계 중 사망률은 급격히 낮아지는 반면 출생률은 그대로 높은 수준을 유지하고 있어서 인구가 급증하는 인구 폭발 현상이 나타나는 단계는 두 번째 단계인 초기 확장 단계이다. 후기 확장 단계는 인구 변천 모델의

세 번째 단계로, 출생률의 감소 속도가 사망률의 감소 속도보다 훨씬 빠르게 나타나서 인구의 증가 속도가 상당히 둔화되는 단계이다.

오답풀이

① 두 번째 문단에 인구 변천 모델의 기본적 전제는 근대화와 출생률의 감소에는 인과적 관계가 있다는 것이라고 서술되어 있다.

② 두 번째 문단에 인구 변천 모델은 근대화 과정에서 인구 성장률이 자발적인 수정 과정을 거치다가 저출생률과 저사망률의 상태에 이르고 안정적인 균형을 유지한다고 서술되어 있다.

④ 세 번째 문단에서 타바라는 '부부가 이상적으로 원하는 자녀의 수(C_d)'와 '부부의 부양 능력에 맞는 최대 자녀의 수(C_m)'라는 변수를 제시하였고, 네 번째 문단에서 각 단계에 따라 이 두 변수가 일치하는 경우도 있고 그렇지 않은 경우도 있다고 설명하였다. 따라서 인구 발전 모델에 따르면 부부가 원하는 출산 수준이 부양 능력을 고려했을 때의 출산 수준에 부합하지 않을 수 있다.

⑤ 세 번째 문단에서 타바라는 인구 발전 모델을 제시하며 "부부가 원하는 이상적인 가구 규모에 기반하여 출생률 감소가 왜 나타나는지, 어느 시점에서 출생률 감소가 나타나는지를 설명하고자 하였다"고 서술되어 있다.

06 ② 〈그림〉에 나타난 것처럼 t_1에서 t_0으로 진행되는 동안 B_d는 감소하고 B_m은 증가함으로써 그 차이는 점차 줄어들지만, t_0 시점까지 B_d의 값은 B_m보다 크다. 그리고 다섯 번째 문단에서 B_d가 B_m보다 클 경우 출산력이 증가하여 출산 곡선은 B_m 곡선의 방향을 따르게 된다고 설명하고 있다. 그러므로 t_1에서 t_0으로 진행되는 동안 출산력은 B_d와 B_m 값의 차이에 비례하는 것이 아니라 반비례한다.

오답풀이

① B_m에서 C_{mt}을 뺀 숫자는 t_1 시점에서의 사망자수에 해당하므로 t_1 시점에서의 생잔율이 반영된 것이다.

③ 마지막 문단에서 부부들의 출산 곡선은 B_m–O–B_d의 곡선을 따르게 되며, 실제 출산 곡선은 생잔율을 적용하여 C_m–O′–C_d의 형태로 나타난다.

④ 부부가 이상적으로 원하는 자녀의 수는 C_d이며, t_1에서 t_0으로 진행되는 동안 부부가 이상적으로 원하는 자녀의 수는 〈그림〉에서 알 수 있듯이 '시간의 흐름 / 경제 발전'에 따라 점점 줄어든다.

⑤ 부부가 이상적으로 원하는 자녀의 수를 갖추기 위해 실제 출산해야 하는 자녀의 수(B_d)는 점차 감소하고, 부부의 부양 능력에 맞는 최대 자녀의 수(C_m)는 점차 증가하므로, 두 변수가 B_d와 C_m이 만난 지점 이후로는 부부가 부양 능력을

고려하지 않아도 원하는 수만큼의 자녀를 가질 수 있다.

07 ③ 인구 변천 모델은 결국 마지막 단계인 저위 정지 단계에서 저출생률과 저사망률 상태에 들어서면 인구 변화가 거의 없는 안정적 상태를 유지할 것으로 내다봤다. 그러나 〈보기〉의 설명처럼 20세기 후반 이후 출산력을 감소시키는 여러 요인으로 인해 인구 변천 모델에서 예측했던 인구 안정화 상태는 깨지고 말았다. 따라서 인구 변천 모델은 인구 변화가 정체된 상태 이후에 나타난 출산력 감소를 설명할 수 없었기 때문에 이러한 인구 현상을 설명할 제2차 인구 변천 이론이 등장한 것이다.

오답풀이

① 인구 변천 모델도 세 번째 단계인 후기 확장 단계에서 여성의 사회·경제적 지위 향상으로 인한 결혼 연령의 상승을 출생률 감소 요인 중의 하나로 보고 있다. 즉, 인구 변천 모델은 결혼 연령의 변화가 출산력에 미칠 영향을 고려하고 있다.

② 인구 변천 모델은 마지막 단계인 저위 정지 단계에서 출생률과 사망률이 감소하는 저출생률과 저사망률 상태에 들어서면 인구 변화가 거의 없는 안정적 상태를 유지할 것으로 판단했다.

④ 비혼주의나 결혼 제도의 파괴 등은 20세기 후반 이후에 나타난 출산력 감소 요인으로, 새롭게 등장한 제2차 인구 변천 이론의 판단 근거이며 인구 발전 모델에서는 그 근거를 찾을 수 없다.

⑤ 인구 발전 모델은 '부부가 이상적으로 원하는 자녀의 수(C_d)'와 '부부의 부양 능력에 맞는 최대 자녀의 수(C_m)'라는 두 변수를 통해 이상적인 가족 규모와 실제 가족 규모 간의 차이로 인해 출산력의 변화를 판단할 수 있다.

[08~11] 독서 - 과학

08 ③ 세 번째 문단에 따르면 카테네인은 금속의 산화-환원과 같은 화학적 자극에 따라 회전 운동을 하는 분자 기계로 작동하며, 로탁세인도 산과 염기의 화학적 자극에 따라 직선 운동을 하는 분자 기계로 작동한다. 빛과 열의 반응과 같은 물리적 자극에 따라 회전 운동을 하는 분자 기계는 네 번째 문단에서 설명한 분자 모터이다.

오답풀이

① 두 번째 문단에 분자 집합체 중 일부는 기계적 결합을 통해 만들어지며, 이 기계적 결합을 끊기 위해서는 개별 공유 결합을 해체해야 한다고 서술되어 있다. 그리고 그 예로 카테네인과 로탁세인을 들고 있다. 그러므로 카테네인에는 공유 결합과 기계적 결합이 존재한다고 할 수 있다.

② 세 번째 문단에 로탁세인은 사각형 고리가 축의 특정한 자리에서 결합하면서 좌우로 직선 운동을 하는 분자 기계인 분자 셔틀의 기본 구조를 이룬다고 서술되어 있다.

④ 세 번째 문단에 분자 부품을 원위치로부터 0.7㎚만큼 들어 올리는 데 성공한 분자 엘리베이터나, 근육의 수축과 이완 현상을 모사하는 인공 근육의 작동도 로탁세인을 이용한 것이라고 서술되어 있다. 즉, 로탁세인은 좌우로 직선 운동을 하는 분자 기계이므로, 로탁세인을 이용한 분자 엘리베이터와 인공 근육의 작동은 분자의 위치 이동을 통해 가능해진다고 볼 수 있다.

⑤ 두 번째 문단에 분자들이 모여 이루어진 분자 집합체 중 일부는 분자 간의 위치나 연결 방식의 특성으로 인해 발생하는 위상학적 상관관계를 이용한 기계적 결합을 통해 만들어진다고 서술되어 있다. 그러므로 분자 집합체인 카테네인과 로탁세인은 모두 위상학적 상관관계를 이용하여 결합을 유지한다고 할 수 있다.

09 ⑤ 첫 번째 문단에서 결합을 해체하는데 필요한 에너지는 결합에 필요한 결합 에너지와 같으므로, 결합 에너지가 다시 가해지지 않는 한 분자는 최소 단위로서의 독립성을 유지할 수 있다고 하였다. 또한 두 번째 문단에서 기계적 결합을 통해 만들어진 분자 집합체의 결합을 끊기 위해서는 개별 분자의 공유 결합을 해체해야 한다고 설명하고 있다. 즉, 분자 집합체는 개별 분자 간의 결합을 끊는 데에 공유 결합을 끊는 만큼의 에너지가 필요하므로, 분자 수준의 독립성을 지녔다고 볼 수 있다.

10 ④ 세 번째 문단에 따르면 외부에서 브뢴스테드-로우리 산을 넣어 결합 자리 I을 양성자화하면 결합 자리 I과 고리 사이에 정전기적 반발력이 생긴다고 하였다. 즉, 고리와 결합 자리 I 사이에 정전기적 반발력이 생기면 양성자의 이동이 발생하는 것이 아니라, 양성자의 이동이 발생하면 고리와 결합 자리 I 사이에 정전기적 반발력이 생겨 고리가 결합 자리 II로 이동하는 것이다.

오답풀이

① 〈보기〉의 설명에서 양성자가 이동하고 난 후의 물질 간의 관계를 '짝산-짝염기' 관계라고 하였으므로, 브뢴스테드-로우리 산을 넣어 결합 자리 I을 양성자화하면 양성자의 이동에 따라 〈그림 2〉의 ⓐ(결합 자리 I)와 ⓑ(결합 자리 II)는 '짝산-짝염기' 관계가 된다.

② 〈보기〉에서 산은 양성자인 수소 이온(H^+)을 주는 물질이며 염기는 양성자를 받는 물질이라고 하였으므로, 브뢴스테드-로우리 산을 넣은 결합 자리 I이 양성자화된다는 것은 수소 이온을 얻게 된다는 의미이다.

③ 세 번째 문단에서 염기를 넣어 중화하면 고리는 다시 결합

자리 I로 되돌아간다고 하였으므로, 〈그림 2〉에서 양성자를 받은 ⓑ(결합 자리 II)는 염기를 넣으면 다시 ⓐ(결합 자리 I)로 되돌아간다.

⑤ 브뢴스테드-로우리 산을 결합 자리 I에 넣으면 양성자가 유입됨으로써 로탁세인의 고리 분자가 결합 자리 I에서 결합 자리 II로 이동한다.

11 ② 네 번째 문단에서 분자 모터는 특정 자외선 파장에 노출되면 분자 하나가 180° 회전하게 되며, 작용기와 메틸기의 배열 순서가 달라지면서 회전하던 분자의 진로에 장애가 발생한다고 하였다. 또한 적절한 열 에너지가 제공되면 작용기의 겹친 부분이 교차되어 이 장애가 해소된다고 하였다. 그러므로 ㉯로 바뀌어 발생한 장애는 자외선을 받음으로써 해소되는 것이 아니라 열 에너지에 의해 해소되는 것이다.

① 네 번째 문단에서 분자 모터가 특정 자외선 파장에 노출되어 분자 하나가 180° 회전하게 되면 메틸기가 결합하지 않은 부분, 즉 작용기 끼리 겹치게 된다고 하였다. 그러므로 ㉮의 작용기가 특정 자외선 파장에 노출되어 180° 회전하면 메틸기는 메틸기끼리, 작용기는 작용기끼리 마주하도록 배열된다.

③ 네 번째 문단에서 적절한 열 에너지가 제공되면 작용기의 겹친 부분이 교차되어 장애가 해소된다고 하였으므로, ㉯와 ㉰ 사이에서 작용기가 교차하지 않는다면 분자 기계는 한 방향으로 회전할 수 없다.

④ 분자 모터의 작동 원리는 자외선에 노출된 분자가 180° 회전하면 이로 인해 겹쳐진 작용기를 열 에너지로 교차시킨 후 다시 자외선에 노출시켜 분자를 회전시키는 것이다. 그러므로 ㉮를 ㉯로 바뀌게 하는 자극과 ㉰를 ㉱로 바뀌게 하는 자극은 자외선 노출로 동일하다.

⑤ 네 번째 문단에서 회전하던 분자의 작용기와 메틸기 모두 다른 분자의 메틸기, 작용기와 각각 겹쳐 회전 진로에 장애가 발생하면 이는 열 에너지에 의해 다시 해소된다고 하였다. 그러므로 ㉱가 다시 ㉮로 돌아오기 위해서는 열 에너지를 필요로 한다.

[12~15] 문학 – 예술

12 ① 세 번째 문단에 따르면 능침 공간의 가장 높은 단인 상계의 봉분 앞에는 상(床)의 형태로 만들어진 혼유석이 놓여 있고, 그 좌우에는 촛대 모양의 망주석이 있다고 하였다. 그러나 능침 공간의 중계에는 장명등, 문석인, 석마(石馬)가 배치되어 있다고 설명하고 있을 뿐 망주석의 배치에 대한 언급은 없다.

② 첫 번째 문단에 조선 왕릉의 석물은 조선 왕조가 지속되는 동안 「국조오례의」에 제시된 엄격한 예법에 따라 국가 차원에서 체계적으로 제작되었다고 서술되어 있다.

③ 첫 번째 문단에 거대한 잔디 언덕에 있는 왕의 무덤인 봉분 주변에 집중적으로 배치된 조선 왕릉의 석물은 크기에 따라 적절히 안배되어 설치 조각으로서 조형적 아름다움을 드러낸다고 서술되어 있다.

④ 두 번째 문단에 조선 왕릉의 석물은 화강암으로 만들어졌으며, 풍화 작용에 의한 마멸에 매우 강해 거의 영구적으로 보존될 수 있는 내구성을 지녔다고 서술되어 있다.

⑤ 세 번째 문단에 능침 공간의 가장 높은 단인 상계에 있는 봉분의 둘레에는 병풍석을 둘러서 봉분을 보호하고 장식했으며, 그 바깥으로 봉분의 울타리 역할을 하는 난간석이 놓였다고 서술되어 있다.

13 ④ 〈보기〉에서 중국 왕릉의 모든 석수들이 능의 입구에 배치되어 봉분 쪽을 향해 일렬로 도열해 있는 반면, 조선 왕릉의 석수는 제시문의 세 번째 문단에 설명되어 있는 것처럼 수행하는 역할에 따라 상계, 중계, 하계의 단 차로 나뉜 세 구역에 배치되었다. 그러나 상계에는 석양(石羊)과 석호(石虎) 두 종류의 석수가 배치되었으므로, 한 구역에 하나의 종류씩 배치된 것은 아니다.

① 〈보기〉에서 의전 수행의 역할을 담당한 중국 왕릉의 석수는 봉분 쪽을 향하여 왕의 권력을 과시하고자 하였다고 서술되어 있다. 반면에 조선 왕릉의 석수는 봉분을 등지고 머리를 밖으로 향하였는데, 이는 사악한 기운을 물리치는 벽사(辟邪)의 상징적 의미가 있다고 세 번째 문단에 설명되어 있다.

② 〈보기〉에서 중국 왕릉의 석수들은 석양, 석호, 석마를 포함한 모든 석수들이 능의 입구에 배치되어 있다고 서술되어 있다. 반면에 조선 왕릉의 석수는 석양과 석호가 봉분을 둘러싸듯이 배치되어 능을 수호하는 의미를 드러내었다고 세 번째 문단에 서술되어 있다.

③ 〈보기〉에서 중국 왕릉은 석수들이 봉분 쪽을 향해 일렬로 도열해 있다고 서술되어 있다. 반면에 조선 왕릉은 석양과 석호가 좌우 대칭으로 각 두 쌍씩 번갈아 배치되어 음양의 조화를 꾀하였다고 세 번째 문단에 서술되어 있다.

⑤ 〈보기〉에서 중국 왕릉의 석마는 왕의 영혼을 태우고 승천하는 천마(天馬)로서의 상징적 의미를 드러낸다고 서술되어 있으므로, 석마가 왕의 소유물임을 알 수 있다. 반면에 조선 왕릉의 석마는 중계에서 문석인 한 쌍 그리고 하계에는 무석인 한 쌍이 각각의 이동 수단인 석마(石馬)를 대

동하고 서로 마주보게 배치되었다고 세 번째 문단에 서술되어 있으므로, 석마가 신하의 소유임을 알 수 있다.

14 ④ A는 16세기에 만들어진 문석인이므로 2기에 해당하고, B는 18세기 후반에 만들어진 문석인이므로 4기에 해당한다. 네 번째 문단에 따르면 4기의 문석인은 조각 기법의 발전으로 재료의 특성으로 인한 제약이 극복되어 세부 표현이 한층 정교해졌다고 서술되어 있다. 그러나 이것이 경직된 자세에서 벗어난 문석인의 모습을 보여주고 있는 것은 아니다. 즉, 4기의 문석인도 1기의 문석인과 마찬가지로 손에 홀을 들고 서 있는 전형적인 문석인의 모습을 하고 있다.

오답풀이

① 네 번째 문단에 2기의 문석인은 특히 머리의 크기가 두드러지는 3등신에 가까운 신체 비례로 현실과 다른 초월적 느낌을 주며, 탁 트인 야외에서도 위축되지 않는 존재감으로 왕실의 위용을 드러낸다고 서술되어 있다.

② 네 번째 문단에서 제2기의 문석인은 그 크기가 3m 내외로 가장 거대해진 시기이며, 사실적인 입체감을 드러내기보다는 전체적으로 단순하고 부피감 있게 조각되어 거대한 덩어리처럼 보이는 독특한 인물상이 되었다고 서술되어 있다.

③ 네 번째 문단에 조각 기법의 발전으로 재료의 특성으로 인한 제약이 극복되어 세부 표현이 한층 정교해졌고, 복두를 쓴 이전 시기의 문석인과는 달리 금관을 쓴 문석인이 등장했다고 서술되어 있다.

⑤ 네 번째 문단에 따르면, 1기 문석인은 두 손 위로 소매가 겹쳐져 있어 홀을 잡은 손이 감춰져 있는 것이 특징이며, 2기 문석인 때부터 홀을 쥔 문석인의 손이 드러나며 공복의 소매가 양옆으로 완전히 벌어진 형태를 띠게 되었다고 서술되어 있다. 그러므로 2기의 문석인인 A와 4기의 문석인인 B 모두 이에 해당된다.

15 ⑤ 본문 ⓔ의 '가까운'과 문항 ⓔ의 '가까운' 모두 '어떤 수치에 근접하다'는 의미로 사용되어 그 의미가 가장 유사하다.

> **TIP** 〈가깝다〉의 사전적 의미
>
> • 어느 한 곳에서 다른 곳까지의 거리가 짧다.
> 　 예 우리 집은 학교에서 <u>가깝다</u>.
> • 서로의 사이가 다정하고 친하다.
> 　 예 나는 그와 친형제처럼 <u>가깝다</u>.
> • 어떤 수치에 근접하다.
> 　 예 일어나 보니 정오에 <u>가까운</u> 시간이었다.
> • 성질이나 특성이 기준이 되는 것과 비슷하다.
> 　 예 다 큰 녀석이 하는 짓은 어린애에 <u>가깝다</u>.
> • 시간적으로 오래지 않다.
> 　 예 둘은 <u>가까운</u> 장래에 결혼할 사이이다.

> • 촌수가 멀지 않다.
> 　 예 나는 <u>가까운</u> 친척이라곤 이모 한 분이 계실 뿐이다.

오답풀이

① 본문 ⓐ의 '이룬다'는 '몇 가지 부분이나 요소들을 모아 일정한 성질이나 모양을 가진 존재가 되게 하다'의 의미이지만, 문항 ⓐ의 '이루지'는 '뜻한 대로 되게 하다'의 의미이다.

② 본문 ⓑ의 '어렵다'는 '하기가 까다로워 힘에 겹다'의 의미이지만, 문항 ⓑ의 '어려워서'는 '상대가 되는 사람이 거리감이 있어 행동하기가 조심스럽고 거북하다'는 의미이다.

③ 본문 ⓒ의 '살린'은 '본래 가지고 있던 색깔이나 특징 따위를 그대로 유지하게 하거나 뚜렷이 나타나게 하다'의 의미이지만, 문항 ⓒ의 '살리기'는 '약해진 불 따위를 다시 타게 하거나 비치게 하다'의 의미이다.

④ 본문 ⓓ의 '일어났다'는 '어떤 일이 생기다'의 의미이지만, 문항 ⓓ의 '일어나서'는 '어떤 마음이 생기다'의 의미이다.

[16~18] 현대 시

> **(가)** 백석, 「모닥불」
> • **갈래** : 자유시, 서정시
> • **성격** : 토속적, 산문적, 감각적
> • **제재** : 모닥불
> • **주제** : 공동체적인 삶의 모습과 우리 민족의 슬픈 역사
> • **특징**
> 　– 토속어의 사용으로 향토적 정서를 불러일으킴
> 　– 현재와 모습과 과거의 사건을 산문적으로 풀어냄
> 　– 열거를 통해 운율을 형성함
>
> **(나)** 신경림, 「귀성열차」
> • **갈래** : 자유시, 서정시
> • **성격** : 일상적, 묘사적
> • **제재** : 귀성열차
> • **주제** : 귀성열차 안의 정감어린 고향 풍경
> • **특징**
> 　– 현재형 어미를 활용하여 현장감을 부여함
> 　– 토속적인 어휘의 사용으로 심리적 거리를 좁힘
> 　– 열차라는 공간을 친근하고 생생하게 묘사함

16 ⑤ (가)에서는 '타는', '쪼인다' 등의 현재형 어미를 활용하여 물건들이 모닥불에 타는 모양과 그것을 쬐는 사람들의 장면을 현장감 있게 묘사하고 있다. 또한 (나)에서도 '않다', '취한다', '들린다' 등의 현재형 어미를 활용하여 귀성열차

안 사람들의 정감어린 풍경을 생생하게 전달하고 있다.

오답풀이

① (나)는 '물사마귀', '풀냄새', '늙은 아낙', '귀성열차' 등의 명사로 끝맺은 시행을 반복하여 시적 여운을 자아내고 있는 반면, (가)는 1연의 '모닥불'만 명사로 끝날 뿐 그 외의 연에서 명사로 끝맺은 시행을 반복하고 있지 않다.

② (나)에서는 '그 저수지', '이 하루'에서 지시어를 연속적으로 배치하여 상황에 대한 집중을 유도하고 있으나, (가)에서는 지시어의 사용이 보이지 않는다.

③ (나)에서는 '아저씨 워대까지 가신대유'부터 '너무 똑같아 실례했슈'에 이르기까지 열차 안 사람들의 대화와 화자의 진술이 교차하여 귀성열차 안 상황을 다채롭게 묘사하고 있다. 그러나 (가)에서는 장면에 대한 묘사와 진술만 있을 뿐 대화가 나타나 있지 않다.

④ (나)는 마지막 행에 '귀성열차'라는 명사를 배치함으로써 도치의 방식으로 시상을 마무리하여 '귀성열차 안 고향 풍경'이라는 주제 의식을 드러내고 있다. 그러나 (가)에서는 마지막 행이 일반적인 평서문의 형태로 끝났다.

17 ④ (나)의 '한강'은 초면끼리 맥주 한 잔 할 수 있는 이질감의 벽을 넘어서는 심리적 경계이지, 시골 늙은 아낙이 준비한 '선물 보따리'의 종착역으로 인식되기 위해 넘어서야 하는 경계를 의미하지는 않는다.

오답풀이

① (가)는 1연에서 하나의 범주로 묶이기 어려운 각양각색의 사물들이 타는 과정을 통해 그 경계를 허물고 하나의 모닥불로 합치는 합일의 이미지를 보여준다.

② 모두 모닥불을 쬠 → 동질성
(가)는 2연에서 '재당'과 '초시'로부터 '큰개'와 '강아지'에 이르기까지 모두가 모닥불을 쬠으로써 서로를 구분하는 경계가 무화되어 동질성의 차원에서 조화와 평등의 이미지를 보여준다.

③ (나)의 귀성열차는 모두가 초면인 모르는 사람들이지만 고향의 이야기를 나누며 이질감의 경계를 허물고 한 데 어울리는 동질화의 공간이다.

⑤ (나)에서 '그 저수지에서 붕거지 참 많이 잡혔지유', '아직 대목장이 제법 크게 슨대면서유'와 같은 토속어의 사용은 사람들 사이의 이질성과 심리적 거리를 제거하여 일체감을 극대화 시킨다.

18 ① ㉠에서 화자는 모닥불을 통해 과거 부모님을 잃고 어미아비 없는 불쌍한 고아로 전락한 할아버지의 슬픈 역사를 투영하고 있고, ㉡에서 화자는 귀성열차를 타고 고향으로 내려가는 이 하루의 행복에 타지에서 고생하며 흘린 땀과 눈

물의 애환을 투영하고 있다.

[19~22] 현대 소설

> **이청준 「살아 있는 늪」**
> - 갈래 : 현대 소설, 중편 소설
> - 성격 : 회고적, 상징적, 심리적
> - 시점 : 1인칭 주인공 시점
> - 주제 : 고향 사람들에 대한 갈등과 화해
> - 특징
>   – '늪'이라는 상징적 소재를 통해 '나'의 회피할 수 없는 상황을 묘사함
>   – 상징과 비유 등의 표현을 통해 인물 내면의 심리적 갈등을 다룸

19 ② 위 작품은 버스 안 시골 사람들과의 갈등과 대립을 통해 일어나는 내면의 감정을 자기 고백적 서술을 통해 진술하고 있다.

오답풀이

① 빈번한 장면 전환은 나타나지 않고 사건 전개의 중심이 버스 내부에 고정되어 있으며, 등장인물 간의 대화를 통해 긴박한 분위기를 조성하고 있다.

③ 버스 내부에서 벌어지는 사건 장면을 주로 묘사하고 있을 뿐 감각적인 배경 묘사는 나타나고 있지 않다.

④ 전해 들은 과거 사건의 이야기를 전달하는 방식이 아니라, '나'가 버스 안에서 겪은 현재의 상황을 직접적으로 전달하고 있다.

⑤ 인물의 경험을 삽화 형식으로 제시하는 것이 아니라, 내면의 감정을 묘사하는 자기 고백적 서술 방식을 택하고 있다.

20 ⑤ ㉤은 서술의 초점이 엿장수 아낙의 발화에서 다른 사람들의 동정을 살피는 것으로 옮겨가고 있음을 보여주고 있다. 그러나 이것은 엿장수 아낙의 말을 계속 듣고 있어야 하는 '나'의 난처함을 표현한 것이지 사건의 정황을 다각도로 전달하고 있는 것은 아니다.

오답풀이

① ㉠은 '나'가 엿장수 아낙에게 윽박지른 후 눈을 감고 자리를 고쳐 앉은 '그때'라는 특정 시점을 강조하여 '그런데'라는 접속 부사를 사용함으로써 다음의 반전 상황에 대한 주목을 유도하고 있다.

② ㉡은 "사람 값이라, 사람 값. 그게 참 좋은 말이제……."라고 말한 엿장수 아낙의 발화를 다룬 '누군지 혼자소리처럼 중얼거리는 소리', '좀 전에 내가 아낙네에게 쏘아댄 말을

정답 및 해설

두고 하는 소리' 등의 문장을 연속적으로 제시하여 '나'에 대한 빈정거림을 부가적으로 드러내고 있다.

③ ⓒ은 '나'의 등 뒤쪽에서 버스 안 사람들이 내 뱉는 발화들 모두가 '나'에 대한 비방과 빈정거림이라는 공통적인 성격을 띠고 있음을 드러내고 있다.

④ ⓔ은 엿장수 아낙이 등 뒤쪽 남자에게 엿을 팔지 않는 뜻밖의 이유를 '나' 스스로에게 물어보는 질문의 형식으로 표현하고 있다.

21 ④ '나'의 공박에도 불구하고 자신이 엿을 사주겠다며 다시 엿판을 벌이려고 하는 '등 뒤쪽 남자'의 행동을 저지하는 엿장수 아낙네의 뜻밖의 행동은 '나'로 하여금 고향 사람들에 대한 이해의 토대를 이끄는 것이지 고향 사람들의 목소리가 더욱 다변화되는 것은 아니다.

22 ③ 이 작품은 '늪'이라는 상징적 소재를 통해 외부와 단절된 버스라는 공간에서 '나'의 침묵과 고향 사람들의 목소리가 대비되는 회피할 수 없는 상황을 나타내고 있다. [B]에서 '나'가 '늪의 숨결과 인력에 빨려들'어 '형체조차 느끼'지 못하게 된 것은 '나'가 고향 사람들을 이해할 수 없다는 심리적 무력감을 보여주는 것이 아니라, 고향 사람들의 목소리와 삶의 애환을 통해 '나'의 내면에 있던 그들에 대한 거부감에서 벗어나 '살아있는 늪'의 마지막 밑바닥인 이해의 국면에 도달하게 되는 과정을 나타내고 있다.

오답풀이

① [A]에서 '거대한 늪'이 '나'를 '깊이 감싸고 들기 시작'한다는 것은 외부와 단절된 버스라는 공간에서 '나'에 대한 비방과 빈정거리는 고향 사람들의 목소리를 '나'가 회피할 수 없음을 보여준다.

② [A]에서 '깊은 늪'은 '갈수록 거대한 힘'으로 '더욱더' '나'를 '무섭게 빨아들'이는 것은 무슨 말로 맞서봐야 먹혀들 것 같지 않은 고향 사람들의 목소리에 그저 물먹은 솜처럼 그 부담감이 점점 강화되고 있음을 나타낸다.

④ [B]에서 '나'가 '어느 순간' '살아 있는 늪'의 '밑바닥이 발밑에 닿아옴'을 느끼는 것은 고향 사람들에 대한 거부감에서 벗어나 그들의 삶을 이해하는 국면에 도달하게 되었음을 나타낸다.

⑤ [B]에서 '나'가 '살아 있는 늪'에서 '조용히 파도쳐 오르'는 '질기디질긴 삶의 숨결'을 느낀 것은 고향 사람들의 목소리를 통해 '나'가 현 상황을 불평 없이 감내하며 살아가는 고향 사람들의 삶을 점차 이해하게 되었음을 나타낸다.

[23~26] 고전시가

(가) 조존성, 「호아곡(呼兒曲)」
- 갈래 : 평시조, 연시조
- 성격 : 전원적, 목가적, 풍류적
- 주제 : 전원에서 누리는 안빈낙도
- 특징
  - 감각적 이미지를 활용하여 분위기 조성
  - 중국의 고사를 활용하여 화자의 만족감을 보여줌
  - 초야에 묻혀 사는 선비의 생활을 동서남북의 방향성을 활용해 시상 전개

(나) 김득연, 「지수정가(止水亭歌)」
- 갈래 : 평시조, 연시조
- 성격 : 전원적, 풍류적
- 제재 : 지수정
- 주제 : 자연 속에 사는 삶에 대한 즐거움과 만족감
- 특징
  - 대구적 표현을 사용하여 리듬감을 강조함
  - 설의적 표현을 통해 화자의 가치관을 강조함
  - 의지적 어조를 통해 시간을 초월한 자연과의 동화를 표출함

23 ② 1장에서는 서산에서 고사리를 캐기 위해 구럭과 망태를 거두라 하고, 2장에서는 낚시를 하기 위해 도롱이와 삿갓을 챙기라 하고, 3장에서는 밭을 갈기 위해 죽조반을 달라 하고, 4장에서는 술을 마시러 타고 갈 소에게 여물을 먹여 내어오라고 '아희'에게 지시를 내리고 그 지시를 내리게 된 계기를 함께 설명하고 있다.

오답풀이

① '아희'는 실제로 존재하지 않는 가상의 인물이며, 정적인 장면에 역동성을 부여하는 인물이 아니라 화자의 지시를 받는 수동적 인물로 묘사되고 있다.

③ 각 장에서 '아희야'를 반복적으로 표현함으로써 리듬감을 부여하고 화자의 감흥을 고조시킨다.

④ 각 장을 '아희야'로 시작한 것은 청자에게 교훈을 전하려는 의도가 아니라, 자연에 묻혀 사는 화자의 즐거움을 운율적으로 고조시키기 위한 것이다.

⑤ '아희'는 화자의 지시를 따르는 수동적 대상이지 화자와 흥취를 공유하는 주체로써의 역할은 보이지 않는다.

24 ① ㉠에서 '~뇨'는 의문형 어미로 "서투른 솜씨로 따비를 누구와 맞잡고 갈 것인가?" 즉, 따비를 마주 잡을 사람도 없이 혼자 농사짓는 현실을 설의법을 사용하여 표현한 것이

다. 그러나 이는 다음 문장에서 태평한 시대에 몸소 밭 갈
고 살아가는 것도 또한 임금의 은혜라고 하였으므로, 자신
의 처지에 대한 회의를 부각하고 있는 것은 아니다.

오답풀이

② ⓒ에서 화자는 한가하고 편안히 숨어 살았던 옛 중국 고사
의 '희황상인'을 언급하며 안빈낙도하는 자신의 삶에 만족
감을 부각하고 있다.

③ ⓒ은 '온 산에 꽃 다 지고'와 '나무에 새잎 나니'의 유사한
두 개의 문장 구조를 대응시켜 가을에 낙엽과 꽃이 지고
봄에 새잎이 돋는 자연의 변화를 표현하고 있다.

④ ⓔ은 '기러기 한 소리'와 같은 청각적 심상과 '맑은 서리 물
들이고', '산빛' 등과 같은 시각적 심상을 연결하여 주변 경
관의 변화하는 모습을 집약적으로 제시하고 있다.

⑤ ⓜ에서는 울창한 소나무와 화자가 서로의 마음을 알고 교
감하는 관계에 있으며, 지조와 절개를 지키고자 하는 화자
의 태도를 강조하고 있다.

25 ③ (가)의 4장에서 '달빛'에 주목하는 행위와 (나)에서 '밝은 달'
을 완상, 즉 즐겨 구경하는 행위는 모두 자연의 아름다움을
벗 삼아 살아가는 시적 화자의 정신적 지향점을 의미한다.
그러므로 '군은', 즉 임금의 은혜에 내포된 사회적 질서와
유교적 가치관을 구체화하고 있는 것은 아니다.

오답풀이

① (가)에 제시된 동서남북의 사방위는 자연의 공간적 질서를,
(나)에 제시된 춘하추동의 사계절은 자연의 순리에 따라 흐
르는 시간적 질서를 표상하는 것으로 구조화되어 있다.

② (가)의 1장의 고사리 캐기와 (나)의 '고사리 손수 꺾어'에서
나타난 행위는 모두 자연과 더불어 사는 삶에 안분지족하
는 시적 주체의 정신적 지향을 드러내고 있다.

④ (가)에서 시적 주체가 거주하는 공간을 중심으로 1장의 '서
쪽 해', 2장의 '동쪽 시내', 3장의 '남쪽 밭', 4장의 '북쪽 마
을'은 시적 주체가 수행하는 행위의 시공간적 배경으로 기
능하고 있다.

⑤ (나)의 '이 정자' 즉, 지수정(止水亭)이 작지만 다 갖춘 것으
로 평가되는 것은 춘하추동의 사계절의 흐름에 따라 변하
는 자연의 경치를 바라볼 수 있는 공간이기 때문이다.

26 ⑤ [A]의 '저 고기'는 화자가 낚시로 잡고 싶어 하는 물고기가
아니라 갈고리 없는 낚시 바늘로 그저 흥을 느끼기 위해
드리운 낚시이다.
[B] '그곳의 노는 고기'는 문인화의 소재로 자주 이용되는
'대숲', '연잎' 등과 어울려 자연에 대한 예찬과 군자의 성품
을 담은 유교적 이념을 내포하고 있다.

[27~30] 고전소설

> 권칙 「강로전」
> • 갈래 : 고전 소설, 군담 소설
> • 시점 : 전지적 작가 시점
> • 주제 : 나라를 위해 장렬하게 싸우다 전사한 김응하의 기개
> • 특징
>   – 사건 전개와 인물의 심리를 명확하게 전달
>   – 선인과 악인의 대립을 통한 교훈적 목적 부각
>   – 시간의 흐름에 따라 단일 사건의 전개를 순서대로 서술

27 ④ 위 작품은 전지적 작가 시점으로 작품 밖의 서술자가 작품
에 개입하여 등장인물의 행동과 태도뿐만 아니라 심리적인
상태까지 해석하여 서술 당시의 상황을 전달하고 있다.

오답풀이

① 현재에서 과거의 순서로 사건을 전개하고 있지 않으며, 사
건을 시간의 흐름에 따라 순서대로 전개하고 있다.

② 다른 사물에 빗대어 비유적인 뜻을 나타내거나 풍자하는
우의적 설정은 보이지 않으며, 등장인물의 행동과 심리를
사실 그대로 서술하고 있다.

③ 웃음과 익살을 유발하는 해학적 표현이 사용된 곳은 없으
며, 사건과 내면의 심리에 대한 정형적인 서술만 있다.

⑤ 전지전능한 초월적 능력을 지닌 가공의 인물이 아니라, 실
존적인 역사적 인물이 등장하여 사건을 전개하고 있다.

28 ⑤ ⓜ은 홍립이 실패의 원인을 스스로에게서 찾으며 반성하는
태도를 보이는 것이 아니라, 누르하치의 반대로 멸족 당한
일가족의 복수를 위해 조선 정벌의 뜻을 펼치지 못함을 분
하고 억울해하고 있는 것이다.

오답풀이

① ㉠은 조선 정벌에 대한 홍립의 결심을 촉구하기 위해 한윤
이 그를 자극하고 있다.

② ㉡은 홍립이 조선 침략 후 조선의 인재등용과 관련된 설명
을 뒷받침하기 위해 '백리해', '배구'와 같은 역사적 인물들
의 사례를 들고 있다.

③ ㉢은 홍립이 지금 군사를 일으켜 조선을 정벌하자는 자신
의 요구를 들어주면 10만 군대를 갖출 수 있다고 누루하치
를 설득하고 있다.

④ ㉣은 조선 정벌에 관해 누르하치를 설득하는 데 실패한 홍
립이 자신의 뜻을 관철하기 위해 상소를 올리는 다른 방법
을 시도하고 있다.

29 ⑤ [A]에서는 조선을 공격하기 위해 군사를 나누면 힘이 작아
져 조선 공략이 쉽지 않다는 문제점을 언급하고 있으나, 이

것은 현재의 병력 운용의 문제점이 아니라 조선 공략으로 인해 드러날 향후 문제점에 대해 언급한 것이다. [B]에서는 현재의 병력 운용의 문제점이 드러나 있지 않다. 그러므로 [A]와 [B] 모두 현재의 병력 운용의 문제점에 대해 언급하고 있지 않다.

오답풀이

① [A]에서는 누루하치가 조선을 공격할 경우 중원을 공략하기가 어렵다며 홍립의 조선 정벌을 거부하였고, [B]에서는 홍타이지가 조선의 침공이 중원 공략에 힘이 된다고 홍립의 조선 정벌을 허락하였다. 그러므로 [A]와 [B] 모두 중원을 공략하려는 목표를 밝히고 있다.

② [A]에서는 누루하치가 조선을 공격하는 대신 동쪽으로 조선과 화의를 맺고 남쪽으로 명나라와 싸움을 벌이는 것이 최선의 방책이라고 하였고, [B]에서는 홍타이지가 조선과 우호 관계를 맺으면 동쪽에 대한 근심을 덜고 남쪽으로 명을 치는 데 전념할 수 있다고 하였다. 그러므로 [A]와 [B] 모두 조선과 화친을 맺고자 하는 의도를 밝히고 있다.

③ [A]에서는 조선과 화의를 맺고 남쪽으로 명나라와 싸움을 벌여 연경을 점령하는 것이 최선의 방책이라고 하였고, [B]에서는 조선을 정벌한 후 동쪽에 대한 근심을 덜고 명을 치는 데 전념하는 것이 무궁한 이익을 얻는 방책이라고 하였다. 그러므로 [A]와 [B] 모두 이익을 얻을 수 있는 방책에 대해 언급하고 있다.

④ [A]에서는 누르하치가 명나라와의 싸움이 먼저라며 조선 침공에 대한 홍립의 제안을 거부한 것과 달리, [B]에서는 홍타이지가 조선을 침공하자는 홍립의 제안을 수용하고 있다.

30 ② 홍타이지가 즉위하자 홍립은 '조선의 군신(君臣)이 입술과 이처럼 명나라와 찰싹 붙어 있다'고 조선과 명의 관계를 거론하며 단기간 내에 조선과의 화의가 어려울 것이라고 말하였다. 이 말은 조선과 명나라의 관계가 숭명배호의 가치관으로 연결되어 있어 조선이 명나라를 버리고 자신들과 화친하기가 쉽지 않다는 것이다. 그러므로 강홍립의 말이 숭명배호의 가치관이 실현되기 어렵다는 인식을 드러낸 것이라고 볼 수 없다.

오답풀이

① 〈보기〉에서 「강로전」은 '강로' 즉 '강씨 오랑캐'로 규정된 강홍립을 부정적 인물로 내세우고 있으므로, '강로전'이라는 작품의 제목이 강홍립의 이야기를 숭명배호의 정치적 이념에 근거하여 서술하겠다는 의도로 볼 수 있다.

③ 인재를 등용할 때 실력과 능력이 아니라 세력과 이익을 보아 인재를 쓰는 것은 불공정한 인재 등용에 대한 작가 권칙의 비판적 목소리가 담겨 있다고 볼 수 있다.

④ 명나라를 도와 오랑캐를 토벌하기 위해 출정했던 강홍립이 누르하치를 주군으로 섬기는 것은 명나라를 숭상하고 오랑캐를 배격한다는 숭명배호의 이념에 어긋나는 인물임을 직접적으로 보여준다.

⑤ '죽음에 이르더라도 감히 자신이 군주로 섬기던 이를 노예로 만드는 일은 도모하지' 않는다는 누르하치의 말은 자신이 섬기던 군주를 배신한 강홍립의 부정적 인물상을 보여주고 있다.

사관학교 7개년 영어 ▼

2023학년도 기출문제 정답 및 해설

✏️ 제2교시 영어영역(공통)

01 ④	02 ④	03 ⑤	04 ③	05 ④	06 ④
07 ②	08 ①	09 ③	10 ①	11 ②	12 ①
13 ⑤	14 ④	15 ④	16 ⑤	17 ①	18 ①
19 ②	20 ③	21 ⑤	22 ④	23 ④	24 ①
25 ②	26 ④	27 ⑤	28 ③	29 ⑤	30 ④

01 ④ 'which'가 관계대명사라면 종속절은 주어나 목적어가 없는 불완전한 문장이 와야 한다. 그러나 해당 문장의 종속절은 완전한 문장이므로, 앞의 'the Moluccas'를 선행사로 하는 장소를 나타내는 관계부사 'where'나 전치사+관계대명사인 'in which'를 사용해야 옳다.

어휘

• crew : 선원, 승무원, 뱃사람
• mislead : 오인하다, 호도하다
• straits : 해협
• prevailing : 우세한, 탁월한
• trade winds : 무역풍
• be rumored to be : 소문에 들리다
• spice : 양념, 향신료
• pilot chart : 항해도, 항공도

해석

마젤란과 그의 선원들은 날씨에 운이 좋았다. 약 12,000마일의 먼 바다를 항해하던 3개월 하고도 20일의 기간 내내, 단 한 번의 폭풍우도 없었다. 이 한 번의 경험을 오인하여, 그들은 그곳을 태평양이라고 명명했다. 마젤란이 바람의 달인이 아니었다면, 그는 결코 태평양을 횡단할 수 없었을 것이다. 해협을 출발한 그는 자신이 원하는 스파이스 아일랜드에 도달하기 위해 북서쪽으로 곧장 가지 않고, 남아메리카의 서쪽 해안을 따라 북쪽으로 먼저 항해하였다. 그의 목적은 포르투갈들이 장악하고 있다고 소문난 몰루카 섬이 아니라, 스페인 사람들에게 여전히 개방되어 있는 다른 향신료 섬들로 그를 운반해 줄 북동부 우세 무역풍을 잡으려는 것임에 틀림없었다. 그 당시 그의 동기가 무엇이든 간에, 그가 선택한 코스는 여전히 그 계절에 케이프 혼에서 호놀룰루까지 항해하는데 미국 정부의

항해도로 추천된 코스이다.

02 ④ (A) 'choosing'이 무생물로써 문장 전체의 주어이고 내용상 수동태가 되어야 한다. 조동사 'can'이 있으므로, 수동태 형태인 'be seen(be + 과거분사)'을 조동사 'can' 다음에 써야 한다.
(B) 내용상 앞에서 사용한 동사 'sacrifice(희생하다)'를 대용하기 위해 대동사 'do'를 사용해야 한다. 'much as~' 이하에서 'those'가 주어에 해당하므로 3인칭 복수 현재 시제의 형태인 'do'를 그대로 사용하면 된다.
(C) 등위 접속사 'and'에 의해 연결된 'A and B'의 구문으로, A와 B는 동일 형태가 되어야 한다. 앞의 A는 조동사 'should' 다음의 'look'이므로 B에 해당하는 'investigate'의 형태는 동사원형인 'investigate'가 되어야 한다.

어휘

• analogous to : ~와 비슷한[유사한]
• run for : ~에 입후보하다, 출마하다
• knowingly : 다 알고도, 고의로, 일부러
• anonymity : 익명성
• opt in : ~에 참여하기로 하다
• varying degrees : 다양한 수준[정도]
• election : 선거, 선출, 당선
• tacit : 무언의, 암묵적인
• feed : 피드(웹 콘텐츠를 배포하는 데 사용되는 기술)
• legal : 합법적인, 법률과 관련된
• feed : 공급하다, 제공하다
• safeguard : 보호하다, 옹호하다
• craft : 정교하게[세밀하게] 만들다
• investigate : 조사하다, 연구하다, 살피다

해석

우리는 사회에 참여하기 위해, 예를 들어 은행 계좌와 의료 기록에 접속하기 위해 인터넷을 사용할 필요성이 증가하고 있다는 이유만으로 권리를 포기해서는 안 된다. 우리는 이러한 서비스에 대한 사생활 보호를 요구해야 한다. 그러나 소셜 미디어와 같은 것에 참여하기로 결정한 것은 공직에 출마하기로 결정한 사람과 비슷하다고 볼 수 있다. 활동을 하기로 결심했을 때 인스타그램, 트위터 또는 페이스북의 게시글 올리기에

정답 및 해설

553

참여한 사람들 만큼이나 익명성과 일부 사생활을 알면서도 희생한다. 우리 모두는 소셜 미디어 피드에 출마 중이며, 그것은 플랫폼이 우리의 정보를 분석하고 그들의 비즈니스 모델을 지원하기 위해 광고를 제공할 거라는 암묵적인 수용(그리고 작은 인쇄물에서는 합법적 수용)을 수반한다. 우리의 권리를 옹호하고 우리의 동료 사이버 시민들을 위해로부터 보호하기 위해 가능한 모든 것을 해야 하지만, 아마도 우리는 개인과 기업이 우리의 정보를 수집하고 거래할 수 있도록 새로운 규칙을 만드는 것을 넘어 데이터 수집 과학 자체를 더 면밀히 조사해야 할 것이다.

03 ⑤ 제시문은 생산과 관련된 혁신을 꾀할 때 소프트웨어적인 문화보다 하드웨어적인 기술 변화에 치중하는 것에 대한 문제점을 지적하고 있다. 즉, 기술적인 수정을 선호하는 것은 제품 전반에 미치는 실질적인 영향을 소홀히 하고, 소프트웨어적인 변화의 중요성을 간과하며, 선택과 행동에 대한 책임을 회피하려는 경향을 증가시킨다. 그러므로 ⑤의 'reduce(감소시키다)'는 'increase(증가시키다)'로 바꿔 써야 옳다.

어휘

- sustainability : 지속[유지] 가능성
- prevalence : 만연, 팽배
- improvement : 향상, 개선, 호전
- ameliorate : 개선하다, 개량하다
- favour : 선호하다, 편들다
- behavioural : 행동의, 행동적인
- inevitable : 불가피한, 필연적인
- textile : 직물, 옷감, 섬유
- neglect : 방치하다, 소홀히 하다
- substantial : 중요한, 본질적인, 실질적인
- significant : 중요한, 의미가 있는
- sideline : 열외시키다, 제외시키다
- contribution : 기여, 공헌
- subtle : 미묘한, 교묘한, 예민한
- insidious : 서서히 퍼지는, 암암리에 퍼지는
- reduce : 줄이다, 감축하다
- accountability : 해명, 책임

해석

생산과 관련된 지속가능성 혁신의 한 가지 특징은 '소프트웨어' 문화 변화보다 '하드웨어' 기술 기반 개선이 만연하다는 것이다. 많은 제조업체에게 혁신적이라는 것은 특히 기존 기술의 부정적인 영향을 개선하려고 할 때, 어떤 문제에 기술을 '추가'하는 것을 의미한다. 더 소프트웨어적이고, 행동적이며, 문화적인 것들보다 기술적인 수정을 선호하는 것은 아마도 18

세기 산업혁명 이후 기술을 개선함으로써 원료를 더 빠르고 저렴하게 가공해 온 섬유와 같은 산업에서 불가피할 것이다. 그러나 그 결과는 행동이 제품의 전반적인 환경 영향을 결정하는 데 미치는 매우 실질적인 영향을 소홀히 하는 경향이 있다. 그것은 또한 지속가능성 개선을 하는 데 있어 소프트웨어적인 변화의 중요한 역할을 간과하고 디자이너와 소비자와 같은 비기술자의 기여를 제외시킨다. 모든 문제를 '수정'하기 위해 기술에 의존하는 것은 또한 선택과 행동에 대한 책임을 회피하려는 경향을 감소시키는(→ 증가시키는) 더 교묘하고 암암리에 퍼지는 영향을 미칠 수 있다.

04 ③ (A) 제1차 세계 대전 이후 새로운 용도로 재활용되어야 할 군수용 물품들이 창고에 많이 쌓여 있다는 의미이므로, 빈칸 (A)에는 'abundance(많음, 풍부함)'가 들어갈 말로 적절하다.

(B) 전쟁 중에 절약과 재사용의 문화가 불필요한 것을 버리고 새로운 물건에 기꺼이 돈을 쓰는 소비 문화로 바뀌어야 한다는 의미이므로, 빈칸 (B)에는 'willingness(기꺼이 하기)'가 들어갈 말로 적절하다.

(C) 전쟁기간 동안에는 낭비하지 말라는 포스터를 제작한 반면에 전쟁 이후에는 소비를 장려하기 위해 현명하지 못한 절약에 주의하라는 표지판을 제공했다는 내용이므로, 빈칸 (C)에는 'encourage(장려하다)'가 들어갈 말로 적절하다.

어휘

- manufacturer : 제조업자, 생산자
- abundance : 풍부, 많은, 다량
- pile : 쌓다, 포개다
- warehouse : 창고
- absorbent : 잘 빨아들이는, 흡수력 있는
- celluloid : 셀룰로이드
- military bandage : 군사용 붕대
- disposable : 사용 후 버리는, 일회용의
- sanitary napkin : 생리대
- figure out : 생각해 내다, 이해하다
- ethic : 윤리, 도덕
- darn : 깁다, 꿰매다
- odd : 외짝의, 한 짝만 있는, 짝이 안 맞는
- sew : 바느질하다, 깁다
- rag : 해진 천[누더기]
- rug : 깔개, 무릎덮개
- embrace : 포용하다, 받아들이다
- hesitation : 주저, 망설임
- stuff : 것, 물건

- declare : 단언하다, 선언하다
- beware of : ~에 주의하다
- restrain : 제한하다, 억제하다
- repetitive : 반복적인, 되풀이하는

해석

제조업체의 경우, 사용 후 버려지는 제품은 고객에게 계속해서 더 많이 돌려달라고 강요하며 끝없는 이익 가능성을 창출한다. 그것은 제1차 세계 대전 이후 창고에 높이 쌓여 있는 (A) <u>많은</u> 군수용 물품들에 대한 새로운 용도를 찾아할 필요성이 컸던 때인 지난 몇 년 간 처음 발견된 가능성이다. 예를 들어, 군용 붕대와 방독면 필터에 사용되었던 셀룰로이드로 만들어진 흡수성 물질은 후에 일회용 코텍스 생리라는 새로운 용도로 사용되었다. 제조업자들은 또한 절약과 재사용, 즉 양말을 깁고, 짝이 안 맞는 끈을 보관하고, 찻잎을 사용하여 카펫을 청소하고, 누더기 천을 꿰매 깔개를 만드는 전시 윤리를 어떻게 "버리기 습관"과 새로운 "물건"에 (B) <u>기꺼이</u> 돈을 쓰는 것을 포용하는 문화로 변화시킬지 생각해 내야 했다. 전쟁 기간 동안 미국 정부는 "낭비하지 않으면 부족함이 없다"고 선언한 포스터를 제작했다. 1917년 말에, 정부는 지속적인 소비를 (C) <u>장려하기</u> 위해 전국의 상점들 창문에 전시할 "검소와 현명하지 못한 절약에 주의하라"라는 표지판을 제공했다.

05 ④ 주어진 제시문은 그리스 신화와 중세의 연금술 그리고 무슬림 화학자와 유대교 학자에 이르기까지 인공 생명체를 창조하는 것에 대해 언급하고 있다. 그러므로 종교적인 관점에서 이슬람교와 유대교의 유사점에 대해 설명한 ④의 내용은 윗글의 전체적인 흐름과 관계가 없다.

어휘

- humanity : 인류, 인간성
- millennia : 천년, 새로운 천년이 시작되는 시기
- reference : 말하기, 언급
- craftsman : 공예가, 수공업자
- artisan : 장인, 기능인
- sculptor : 조각가
- alchemical : 연금술의
- synthetic : 합성한, 인조 물질의
- similarity : 유사성, 닮음
- perspective : 관점, 시각
- inanimate : 무생물의, 생기 없는, 죽은 것 같은
- clay : 점토, 찰흙
- folklore : 민속 신앙, 신화

해석

스마트 기계는 수천 년 동안 인류의 환상이었다. ①기계적이

고 인공적인 존재에 대한 초기 언급은 그리스 신화에 등장하는데, 황금 로봇을 만든 대장장이, 목수, 공예가, 기능인 그리고 조각가들의 신인 헤파이스토스에서 시작한다. ②중세에는 인공적인 형태의 생명을 창조하는 신비한 연금술의 수단이 계속되었다. ③무슬림 화학자 자비르 이븐 하이얀이 언급한 목표는 탁원으로, 실험실에서 인간의 생명을 포함한 그 이상의 인조 생명체를 창조하는 것을 말한다. ④<u>한때 유대인들과 무슬림교인들은 함께 살았고, 함께 일하고, 함께 공부했으며, 오늘날에도 이슬람교와 유대교를 종교적인 관점에서 관찰할 때 비슷한 점이 많다.</u> ⑤프라하의 마하랄로 유대교 학자들에게 널리 알려진 랍비 유다 로우는 이제는 민속 신앙이 되어버린 골렘 즉, 전부 무생물(대개 찰흙이나 진흙)로 만들어진 존재에 대한 이야기를 했다.

06 ④ 위의 제시문은 어떤 문제에 대한 한 가지 접근법은 어느 한 쪽으로 시각이 편향될 수 있으므로, 서로 다른 접근 방식을 반복적으로 추구함으로써 새롭고 유용한 생각을 얻을 수 있다고 설명하고 있다. 그러므로 "문제에 다각적으로 접근하면 새롭고 유용한 생각에 이를 수 있다."는 ④의 설명이 윗글의 요지로 가장 적절하다.

어휘

- have in common with : ~와 공통점을 지니다
- variation : 변이, 변화, 다양성
- generate : 발생시키다, 만들어 내다
- exemplify : 예를 들다, 귀감이 되다
- restructure : 재구성하다, 재구축하다
- biased : 편향된, 선입견이 있는
- perspective : 관점, 시각
- essence : 본질, 정수
- once in a while : 때로는, 가끔

해석

미칼코는 창의적 사고가 자연 선택에 의한 진화와 많은 공통점이 있다고 말한다. 진화의 기본은 다양성인데, 왜냐하면 다양성이 없으면 선택할 수 있는 것이 없기 때문이다. 마찬가지로 창의적인 사람들은 처리할 문제를 선택하기에 앞서 어떤 문제에 대한 매우 다양한 아이디어를 만들어내는 데 능숙하다. 이러한 사고방식의 귀감이 되는 레오나르도 다빈치는 그의 문제들을 다른 각도에서 보기 위해 반복적으로 재구성하는 것으로 유명하다. 그는 첫 번째 접근법이 평소 자신의 시각에 너무 치우쳐 있다고 생각했다. 각각의 새로운 관점에서 그는 그 문제에 대한 이해를 깊게 하고 그것의 본질을 보기 시작할 것이다. 그는 이 방법을 사퍼 비데어 즉, '보는 방법을 아는 것'이라고 불렀다. 언뜻 보기에 이러한 사고방식은 대부분의 아이디어가 결코 직접적으로 사용되지 않기 때문에 낭비적인 것

정답 및 해설

처럼 보일 수 있다. 요점인 즉, 서로 다른 접근 방식을 반복적으로 추구함으로써, 일반적인 사고방식에서 점차 새로운 사고방식으로 이동한다는 것이다. 때때로 이 과정은 모든 노력을 가치 있게 만드는 진정 새롭고 유용한 아이디어로 귀결될 것이다.

07 ② Victor Shklovsky가 제시한 문학 예술을 만드는 기준인 '비익숙화'는 생소하고 낯선 단어와 구문을 사용함으로써 예술을 처음 보았던 것처럼 만드는 것이다. 그러므로 밑줄 친 make 'a stone a stone again'('돌을 다시 돌'로 만드는)이 의미하는 바는 ②의 'make ordinary things unordinary(평범한 것을 비범하게 만들다)'가 가장 적절하다.

어휘

- criterion : 표준, 기준
- strangeness : 이상함, 진기함
- valid : 유효한, 타당한
- novelty : 새로움, 참신함, 신기함
- article : 글, 기사
- assert : 단언하다, 주장하다
- defamiliarization : 낯설음, 비익숙화
- economize : 절약하다, 아끼다
- cliches : 상투적인 문구
- prolong : 미루다, 연기하다
- deautomatize : 비자동화하다
- perception : 지각, 인지, 깨달음
- deviate from : ~에서 일탈하다, 벗어나다
- rhymeless : 리듬이 없는, 운율이 없는
- unordinary : 보통이 아닌, 비범한
- precisely : 꼭, 바로, 정확하게

오답풀이

① replace symbols with ordinary words(기호를 평범한 말로 바꾸다)
③ turn a word into an image(단어를 이미지로 바꾸다)
④ define a thing more precisely(사물을 보다 정확하게 정의하다)
⑤ make readers read between the lines(독자들에게 행간을 읽게 하다)

해석

이상함의 기준은 유효하다면 새로움의 기준에 속할 것이다. 장치 예술에 관한 유명한 글에서, Victor Shklovsky는 비익숙화가 문학 예술을 만드는 기준이라고 단언한다. 일상생활에서 우리는 사물을 실제로 인지하지 않은 채 당연하게 여기는 경향이 있고, 일상어로 그것에 대해 이야기할 때, 청자가 즉시

이해하는 상투적인 문구와 같은 잘 알려진 단어와 말을 사용하여 표현을 아끼는 경향이 있다. 생소하고 낯선 단어와 구문을 사용함으로써, 예술은 '돌을 다시 돌'로 만드는 즉, 마치 그것을 처음 보았던 것처럼 만들기 위해 인식의 과정을 연장하고 비자동화하려고 한다. 비익숙화는 독자의 주의를 그가 간과하기 쉬운 현실의 측면에 집중시킨다. Shklovsky는 의사소통 과정의 다른 수준을 구별하지 않고 글, 정신적 모델 그리고 행동에서 비익숙화의 사례를 제시한다. 비익숙화는 일상적인 것에서 벗어난 어떤 것이든 될 수 있다. 예를 들어, 운율이 흔한 시기에는 운율이 없는 시가 이상하며, 그 반대도 마찬가지이다. 메시지의 수준에서, 비익숙화는 그 행동이 독자들이 다르게 생각하도록 어떻게든 강요할 것이라는 것을 의미할 것이다.

08 ① 제시문에 인류의 조상은 결코 경쟁적인 포식자나 먹잇감보다 빨리 달리거나 힘이 세지 않았지만, 한낮의 더위도 견딜 수 있는 엄청난 지구력 덕분에 먹잇감을 사냥을 할 수 있었다고 서술되어 있다. 그러므로 ①의 'Hominids: A Persistent Hunter(인류의 조상: 끈질긴 사냥꾼)'가 윗글의 제목으로 가장 적절하다.

어휘

- dominant : 우세한, 우성의, 지배적인
- predatory : 포식성의, 포식 동물 같은
- trait : 특성, 특징
- physiologist : 생리학자
- dub : 별명을 붙이다, 더빙하다
- super-endurance : 초내구성
- emergence : 출현, 나타남
- interrelated : 상호 관련된, 밀접한 관계인
- attribute : 속성, 특성
- diverge from : ~에서 나뉘다
- apelike : 유인원 같은
- hominid : 인류, 인류의 조상
- outrun : 보다 빨리 달리다, 넘어서다
- outmuscle : 힘으로 압도하다[이기다]
- seek over : ~을 찾아내다[구해내다], 색출하다
- enormous : 거대한, 엄청난
- amble : 느긋하게 걷다, 느릿느릿 걷다
- trot : 빨리 걷다, 속보로 가다
- trek : 트레킹, 오지 여행
- midday : 정오, 한낮
- pack : (사냥개, 늑대 따위의) 한 떼[무리]
- intense : 강한, 극심한, 강력한
- vulture : 독수리, 콘도르

- flee from : ~에서 달아나다, 도망치다
- carcass : 사체, 죽은 동물
- persistent : 끈질긴, 집요한
- intensity : 강렬함, 강인함

오답풀이

② Intensity Comes Before Endurance(지구력보다 우선인 강인함)

③ Hunting in the Heat: Mission Impossible(더위 속 사냥: 미션 임파서블)

④ Hunters Need Speed and Power(속도와 힘을 필요로 하는 사냥꾼)

⑤ Show Respect to Your Prey(먹이에 경의를 표하라)

해석

경쟁적인 환경에서 우리 조상들은 생리학자 Bernd Heinrich가 그들을 "초내구적 포식자"라고 불렀던 것처럼 신체적, 정신적, 사회적 특징들의 결합을 통해 결국 지배적인 포식동물이 되었다. 이러한 포식자들의 출현을 위한 신체적 토대는 우리 조상들이 다른 유인원 같은 종들에서 나뉘었을 때인 약 600만년 전에 발달하기 시작한 상호 연관된 특성들에 의해 제공되었다. 인류의 조상은 결코 경쟁하는 포식자나 짧은 거리에서 찾아낸 먹잇감 보다 빨리 달리거나 힘으로 압도하도록 진화하지 않았다. 대신에 인류의 조상은 지구력을 위한 엄청난 능력을 발달시켰다. 그들은 먼 거리를 달리거나 혹은 걸어가거나, 조깅하거나, 느리게 걷거나, 행진하거나, 빨리 걷거나, 하이킹을 할 수 있으며, 먹잇감을 쫓기 위해 몇 시간 동안 심지어 며칠 동안 이동할 수 있다. 그들은 거대한 고양이와 개 무리들과 같은 경쟁적인 포식동물들이 강렬한 아프리카의 태양으로부터 숨을 때, 한낮의 더위는 물론, 모든 종류의 날씨에서 언제든지 이러한 트레킹을 할 수 있었다. 하이에나와 독수리조차 가장 뜨거운 낮에 태양으로부터 도망쳤고, 따라서 더위를 견딜 수 있는 인류의 조상들에게 사체에 접근하는데 중요한 이점을 제공했다.

09 ③ 윗글에서는 농구에서 자유투, 골프에서 퍼팅 혹은 미식축구나 럭비에서 플레이스킥을 실행하기에 앞서 나타나는 '실행 전 루틴(PPRs)'에 대해 설명하고 있다. 이러한 루틴은 집중력과 경쟁적 성과를 향상시키기 위한 정신적 준비의 한 형태로 운동선수들이 널리 이용하고 있으며 코치와 심리학자들도 추천하고 있다고 서술되어 있다. 그러므로 ③의 'Pre-performance Routines: Athletes' Ritual for Better Play(실행 전 루틴: 더 나은 경기를 위한 선수들의 의식)'가 윗글의 제목으로 가장 적절하다.

어휘

- ritualised : 의례적인, 의식화된
- waggle : 흔들다, 움직이다
- preferred : 우선의, 선호하는
- task-relevant : 업무[직무]와 관련된
- evident : 분명히 나타난, 눈에 띄는
- execution : 실행, 수행
- closed skill : 폐쇄 기술(환경이 변하지 않는 안정된 상태에서 수행하는 운동 기술)
- interference : 간섭, 방해
- place-kick : (공을 땅에 놓고) 차다
- extensively : 널리, 광범위하게
- enhance : 높이다, 강화하다, 향상시키다
- optimal : 최적의, 적기의
- competitive spirit : 경쟁심
- ritual : 의례, 의식
- superstitious : 미신의, 미신적인

오답풀이

① Team Play: One for All, All for One(팀 플레이: 모두를 위한 하나, 하나를 위한 모두)

② Competitive Spirits Enable You to Surpass Your Limits(경쟁심을 통해 한계를 뛰어넘을 수 있다)

④ Habitual Body Movements Interfere with Successful Performance(습관적인 몸 동작이 성공적인 수행을 방해한다)

⑤ Pre-performance Routines as Superstitious Behaviour Among Athletes(운동선수들 사이의 미신적 행동, 실행 전 루틴)

해석

경쟁적인 스포츠는 종종 매우 의식화된 활동이다. 예를 들어 테니스 선수들은 서브하기 전에 정해진 횟수만큼 공을 튀기는 것을 좋아하는 반면, 골퍼들은 공을 치기 전에 일정한 횟수만큼 클럽을 '흔들기'하는 성향이 있다. 이러한 선호되는 일련의 행동은 '실행 전 루틴'(PPRs)이라고 하며 특정 스포츠 기술의 실행에 앞서 선수들이 체계적으로 참여하는 직무 관련 사고와 행동을 포함한다. 보통 PPRs는 농구에서 자유투, 골프에서 퍼팅 혹은 미식축구나 럭비에서 플레이스킥과 같은 폐쇄 기술과 자기 페이스대로 하는 행동(즉, 주로 자신의 속도대로 다른 사람의 간섭 없이 실행되는 것)을 실행하기 전에 분명히 나타난다. 이러한 루틴은 집중력을 요하는 기술을 개선하거나 경쟁적 성과를 향상시키기 위해 정신적인 준비의 한 형태로 운동선수들에 의해 광범위하게 이용되며 코치와 심리학자들에 의해 추천된다. 요컨대, PPR의 목적은 실행 직전에 자신을 최적의 상태로 두는 것이며, 실행 중에 그 상태를 유지하는 것이다.

10　① 제시문에 따르면 북유럽 사람들은 볏 달린 쟁기를 개발하기 전까지 농사 조건이 좋지 않았지만, 길고 좁은 땅에서 많은 동물들을 필요로 하는 볏 달린 쟁기의 특성으로 인해 농사가 지역 공동체의 일이 되었고, 따라서 북유럽에 도시들이 생겨나고 번창하기 시작했다고 서술되어 있다. 그러므로 ①의 'socio-economic changes in Northern Europe caused by the moldboard plow(볏 달린 쟁기로 인한 북유럽의 사회 경제적 변화)'가 윗글의 주제로 가장 적절하다.

어휘

- moldboard plow : 볏 달린 쟁기
- endowment : 기부(금)
- fertile : 비옥한, 기름진
- plow-based : 쟁기 기반의
- prosperity : 번영, 번성, 번창
- flourish : 번창하다, 번영하다
- dry-soil : 건식
- crisscross : 열십자의, 십자형의
- plowing : 밭 갈기, 경작
- individualistic : 개인주의의, 개인주의적인
- wet-clay : 습식
- efficient : 능률적인, 효율적인
- strip : 길고 좁은 땅
- draft : 뽑다, 선발하다
- appropriate : 적당한, 타당한
- barren land : 불모지

오답풀이

② difficulties of finding an appropriate farming method for barren land(불모지에 적합한 농사 방법을 찾기 어려움)

③ various reasons farming was difficult for Northern Europeans(북유럽 사람들에게 농사가 어려웠던 다양한 이유)

④ social support required to invent the moldboard plow(볏 달린 쟁기를 발명하는 데 필요한 사회적 지원)

⑤ potential problems of using animals to plow a field(밭을 갈기 위해 동물을 이용하는 잠재적인 문제점)

해석

볏 달린 쟁기의 개발은 유럽의 비옥한 토지에 대한 자연의 기부를 뒤집었다. 북유럽에 살던 사람들은 오랫동안 어려운 농사 조건을 견뎌왔지만, 지금은 가장 좋은 생산적인 땅이 남쪽이 아닌 북쪽이 되었다. 약 천 년 전에 시작된 이 새로운 쟁기로 인한 번영 덕분에, 북유럽의 도시들이 생겨나고 번영하기

시작했다. 그리고 그 도시들은 지중해 주변의 도시들과는 다른 사회 구조로 번창했다. 건식 스크래치 쟁기는 그것을 끌기 위해 두 마리 동물만 필요했고, 단순히 네모난 밭의 십자형 밭 갈기에 가장 적합했다. 이 모든 것이 농사를 개인주의적인 일로 만들었다. 농부는 쟁기, 소, 땅이 있으면 혼자 살 수 있었다. 하지만 습식의 볏 달린 쟁기는 여덟 마리가 한 팀인 황소, 아니 더 낫게는 말이 필요했으니 누가 그렇게 부자였겠는가? 그것은 종종 다른 사람의 길고 좁은 땅에서 한두 걸음 떨어져 있는 길고 좁은 땅에서 가장 효율적이었다. 결과적으로 농사는 더욱 지역 공동체의 일이 되었다. 즉, 사람들은 쟁기를 공유하고 동물을 선발하고 의견 차이를 해결해야 했다. 그들은 마을에서 함께 모였다.

11　② 제시문은 학생들이 화가 나고 마음 상하고 좌절하는 등 그 원인이 무엇이든 간에 학생들의 감정을 무시하지 말고 끝까지 보살피라고 서술되어 있다. 그러므로 "학생의 감정을 헤아려 적절하게 대하라."는 ②의 설명이 필자의 주장으로 가장 적절하다.

어휘

- knowingly : 다 알고도, 고의로
- upset : 속상하게 하다, 마음 상하게 하다
- frustration : 불만, 좌절감
- stem from : ~에 기인[유래]하다, ~에서 비롯되다
- fatigue : 피로, 피곤
- annoyance : 짜증, 골칫거리
- well up : 고이다, 샘솟다
- overreact : 과잉[과민] 반응을 보이다
- sympathetic : 동정적인, 공감하는
- misinterpret : 잘못 이해하다, 오해하다
- probe : 캐묻다, 조사하다
- appreciate : 감사하다, 고마워하다
- follow through with : ~을 이행[완수]하다

해석

"절대 화가 나서 잠자리에 들지 말라"는 부부들의 오랜 조언처럼, 학생들을 일부러 화나게 하거나 마음 상하게 해서 수업을 그만두게 하지 마라. 학생들의 좌절은 어려운 내용이나 기술, 개인적인 문제, 피로, 그리고 때로는 선생님에 대한 짜증에서 비롯될 수 있다. 그 원인이 무엇이든 간에, 그들의 감정을 무시하지 마라. 만약 눈물이 고이기 시작하는 것을 본다면, 모든 것을 멈추고 이야기하라. 과민반응과 그들의 좌절감을 개인적으로 받아들이는 것을 피하라. 어느 정도의 좌절감은 새로운 기술을 배우는 데 정상적인 부분이다. 그들이 낙담해 보일 때, 그들에게 물 한 잔, 공감하는 귀, 그리고 휴지를 건네라. 만약 그들이 당신을 오해했거나 개념을 이해하지 못했다

면, 가장 원초적인 것까지 벗겨내라. 만약 본능적으로 무언가가 학생을 괴롭히고 있다고 느끼면, 알아보는 것을 조금도 두려워하지 마라. 대부분의 학생들은 "전 괜찮아요"라고 말하겠지만, 그렇게 말할 때조차도 그들은 거의 항상 당신의 보살핌에 고마워한다. 만약 걱정이 된다면 부모님께 전화를 걸어 끝까지 챙겨라.

12 ① 제시문은 세심한 주의를 기울이지 않으면 문화는 곧 타락하므로 폭정에 맞서 침묵하지 말고 깨어나 앞장서라고 설명하고 있다. 그러므로 윗글이 시사하는 바는 ①의 'Stay alert and stand up against what is wrong.(정신을 바짝 차리고 옳지 못한 일에 맞서라.)'이다.

어휘

- manifest : 나타내다, 드러내 보이다
- tilt : 기울다, 젖히다
- corruption : 부패, 타락, 오염
- tyranny : 폭정, 학정
- comparatively : 비교적, 어지간히, 꽤
- tiny : 아주 작은, 조그마한
- retreat : 후퇴하다, 물러나다
- betrayal : 배신, 배반
- rationalization : 합리화, 정당화
- resentment : 분함, 분개, 울분
- restrictive : 제한하는, 구속하는
- delight : 기쁨, 즐거움
- vanish : 사라지다, 없어지다
- alert : 방심하지 않는, 경계하는, 주의 깊은
- attitude : 자세, 태도
- aptitude : 적성, 소질

오답풀이

② Sometimes retreat is a wise choice.(때로는 후퇴하는 것이 현명한 선택이다.)
③ Silence is golden, speech is silver.(침묵은 금이고, 연설은 은이다.)
④ Expectation is the root of all heartache.(기대감은 모든 심적 고통의 근원이다.)
⑤ Success depends more on attitude than aptitude.(성공은 적성보다도 태도에 달려 있다.)

해석

비록 작아 보일지라도, 나는 사람들이 행하는 선이 그들이 생각하는 것보다 세상에 널리 나타나는 선과 더 관련이 있다고 믿으며, 악에 대해서도 똑같이 믿는다. 우리 모두 우리가 생각하는 것보다 세계 정세에 더 많은 책임이 있으며, 또한 그

렇게 믿는 것이 편할 것이다. 세심한 주의를 기울이지 않으면, 문화는 바로 타락으로 기운다. 폭정은 느리게 성장하고, 우리에게 아주 조금씩 후퇴하라고 요구한다. 그러나 각각의 후퇴는 다음 후퇴의 가능성을 높인다. 양심의 배신 하나하나가, 침묵의 행동 하나하나가(침묵 할 때 느끼는 울분에도 불구하고), 그리고 합리화 하나하나가 저항을 약화시키고 다음의 제한적인 전진 가능성을 높인다. 이것은 그들이 지금 획득한 권력에 대한 기쁨을 만끽하는 경우 특히 그러하며 그리고 그러한 사람들은 항상 발견된다. 비용이 상대적으로 저렴할 때, 그리고 아마도 잠재적인 보상이 아직 사라지지 않았을 때, 깬 채로 앞장 서는 것이 더 낫다.

13 ⑤ 본문에서 "가장 인기 있는 DIY 프로젝트를 수행하는 설명과 시범을 Home Station에서 할 수 있는 날을 제안하고 싶다"고 서술되어 있다. 그러므로 ⑤의 '고객이 직접 작업하는 방법을 알려주는 강좌 개설을 제안하려고'가 윗글의 목적으로 가장 적절하다.

어휘

- sales associate : 영업 사원, 판매 사원
- tackle : 부딪치다, 대처하다
- expert : 전문가, 숙련가
- take A through B : A가 B를 익히도록 하다
- install : 설치하다, 설비하다
- seal : 밀봉하다, 봉쇄하다
- driveway : 차도, 진입로
- faucet : 수도 꼭지

해석

Smalltown Home Station Hardware 상점에서 내 고객들은 더 큰 집수리 및 개선 작업을 어떻게 해야 하는지에 대한 조언을 끊임없이 요청하고 있다. 여기 있는 모든 판매 사원들은 고객이 직접 작업을 결정하도록 돕기 위해 가능한 한 많은 노력을 하지만, 또한 DIY(손수 만드는 상품)를 다룰 자신이 없는 사람들에게 꽤 많은 판매량을 놓치고 있다. 가장 인기 있는 DIY 프로젝트를 수행하는 설명과 시범을 Home Station에서 할 수 있는 날을 제안하고 싶다. 우리는 전문가들로 하여금 사람들이 차고 문 개폐기 설치, 진입로 봉쇄, 수도꼭지 설치, 그리고 다른 평범한 작업들을 익히도록 할 수 있다. 많은 공급업자가 자체 기술자를 파견하여 수업을 운영하고 하드웨어 및 자재 판매를 지원할 수 있다.

14 ④ 윗글에 따르면 남편인 Charles W. Birnie와 양어머니인 Martha Savage는 Ruth가 약학을 직업으로 삼도록 장려했다. 그러므로 "남편과 키워준 어머니의 반대를 무릅쓰고 약

사가 되려고 했다."는 ④의 설명은 윗글의 내용과 일치하지 않는다.

어휘

- rear : 기르다, 양육하다
- physician : 의사, 내과 의사
- foster mother : 양어머니
- pharmacy : 약국, 약학
- degree : 학위

해석

1884년 8월 15일, Ruth Gardena Birnie는 South Carolina의 Sumter에서 Moses와 Louise Harrison 사이에서 태어났다. 그녀의 부모님이 그녀가 매우 어릴 때 돌아가셨기 때문에, Birnie는 Martha A. Savage 선생님에 의해 양육되었다. Birnie는 Sumter에 있는 초기 아프리카계 미국인 학교인 Lincoln School을 졸업했다. 후에 그녀는 그곳에서 짧은 기간 동안 가르쳤다. 1902년, 그녀가 18살이 되었을 때, 그녀는 최초의 아프리카계 미국인 의사로서 Sumter에 온 Charles Wainwright Birnie와 결혼했다. 결혼 16년 후, Birnie 부부는 딸 Anna를 낳았다. Charles W. Birnie의 일이 커지자, 그와 Ruth Birnie의 양어머니인 Martha Savage는 Ruth가 약학을 직업으로 삼도록 장려했다. 그녀는 Benedict College에 입학한 후, Temple University에 진학하여 약학 학위를 받았다. South Carolina로 돌아온 Birnie는 그 주에서 가장 최초의 아프리카계 미국인 여성 약사가 되었다.

15 ③ 어떤 일련의 상황이 정형화를 거부하거나 이치에 맞지 않아 통제 불능 상태가 될 때, 우리의 신체는 교감신경계에서 코르티솔과 아드레날린과 같은 스트레스 호르몬을 분비하여 심리적으로 마음이 통제될 때까지 경계 반응을 활성화시키고 신경을 곤두서게 한다. 그러므로 빈칸에 들어갈 말은 ③의 'regained control(통제권을 되찾았다)'이다.

어휘

- pervasive : 만연하는, 스며드는, 퍼지는
- be relevant to : ~와 관련이 있다, ~와 연관되다
- psychiatrist : 정신과의사
- stimuli : 고무, 격려, 자극(stimulus의 복수 형태)
- defy : 반항하다, 거부하다
- patterning : 정형화
- dysphoria : 불쾌감
- recognizable : 인식할 수 있는, 알 수 있는
- make sense : 앞뒤가 맞다, 이치에 맞다
- rustle : 바스락거리다, 사각거리다
- betrayal : 배신, 배반

- out-of-control : 통제불능의
- eliminate : 없애다, 제거하다
- neuroendocrine system : 신경내분비계
- be geared toward : ~에 맞춰지다, ~에 적합되다
- sympathetic nervous system : 교감신경계
- secrete : 분비하다
- cortisol : 코티솔
- adrenalin : 아드레날린
- activate : 작동시키다, 활성화시키다
- alertness : 경계심, 경각심
- put ~ on edge : 신경을 곤두서게 하다, 과민하게 만들다
- regain : 되찾다, 되돌아오다
- perfectionism : 완벽주의, 완전주의

오답풀이

① shared values(가치를 공유했다)

② received praise(칭찬을 받았다)

④ removed inequality(불평등을 제거했다)

⑤ overcome perfectionism(완벽주의를 극복했다)

해석

몇몇 심리학자들은 안다는 느낌을 "옳다는 느낌"이라고 말하는데, 우리와 관련된 것을 알지 못하는 것을 싫어하기 때문에 그것은 강하고 만연된 느낌이다. 정신과 의사 Irvin Yalom이 말했듯이, "어떤 상황이나 일련의 자극이 정형화를 거부할 때, 우리는 그 상황을 인식할 수 있는 패턴에 맞출 때까지 지속되는 불쾌감(높은 수준의 불안)을 경험한다." 우리는 불편함이 덤불 속의 수상한 바스락 소리인지, 친구의 혼란스러운 배신인지, 혹은 우리가 하지 못한 승진이든지 간에, 무언가를 이해하도록 동기를 부여하기 때문에 어떤 것이 이치에 맞지 않을 때 매우 불편하게 느끼도록 설계되었다. 무지는 우리가 심리적으로 제거하려고 동기가 부여된 "통제 불능" 상태이다. 신경내분비계는 바로 이 목표에 맞춰져 있다. 즉, 교감신경계는 경계 반응을 활성화시키는 코르티솔과 아드레날린과 같은 스트레스 호르몬을 분비하여, 통제권을 되찾았다고 느낄 때까지 신경을 곤두서게 한다.

16 ⑤ 개념 속에 있는 단어의 반복이나 동의어의 사용으로 인한 순환적 정의를 피하는 방법으로, 빈칸 다음에 대조의 예시들을 열거하고 있다. 그러므로 ⑤의 'What contrast is the concept intended to draw(그 개념이 그리려고 하는 것은 어떤 대조인가?)'가 윗글의 빈칸에 들어갈 말로 가장 적절하다.

어휘

- ownership : 소유(권)

- definition : 정의, 뜻풀이
- in terms of : ～면에서, ～에 관하여
- synonym : 동의어, 유의어
- circular : 원형의, 순환적인
- attribute : 속성, 특성
- folly : 어리석음, 어리석은 행동[생각]
- circularity : 환형, 순환, 환상성
- supporting evidence : 증거물, 입증 자료

오답풀이

① When do you need to define key concepts(언제 주요 개념을 정의할 필요가 있는가?)
② Why then do you suggest such a definition(왜 그 때 그러한 정의를 제안하는가?)
③ Where can you find the supporting evidence(증거물을 어디서 찾을 수 있는가?)
④ How do you convince people that you're right(네가 옳다는 것을 사람들에게 어떻게 납득시킬 수 있는가?)

해석

소유권을 사람과 그들이 소유한 물건 사이의 법적 관계로 정의해 보자. 이 정의는 "소유"라는 단어를 사용하기 때문에 소유권이라는 개념을 그 자체로 정의한다. 무언가를 소유한다는 것이 무슨 의미인지 설명하는 대신, 그것은 우리가 이미 이것을 알고 있다고 가정한다. 그것은 그 개념이 그 자체와 어떻게 관련되는지 알려주지만, 다른 개념이나 현실과 어떻게 관련되는지는 알려주지 않는다. 이 정의는 어디도 가지 않고 단지 원을 그리며 움직인다. 만약 정의에 동의어를 사용한다면 똑같은 문제가 발생한다. 소유권을 사람과 그들이 소유한 물건 사이의 법적 관계로 정의해 보자. "own"과 "possess"는 같은 개념을 표현하는 다른 단어인 동의어이다. 따라서 개념 면에서 그 정의는 여전히 순환적이다. 즉, 소유권이라는 개념은 여전히 스스로를 정의하는 데 사용되고 있다. 만약 '사람'을 '인간 동물'로, '크다'는 것을 '큰' 무언가가 가진 속성으로, 또는 '어리석음'을 '어리석은' 행동으로 정의한다면, 그 반대도 똑같이 적용될 것이다. 각각의 경우에 이탤릭체로 된 단어들은 동의어이다. 이러한 순환을 피하려면 다음과 같이 묻는 것이 효과적이다. 그 개념이 그리려고 하는 것은 어떤 대조인가? 예를 들어, 드레스를 소유하는 것과 빌리는 것 또는 가게에서 입어보는 것의 차이점은 무엇인가? 인간은 다른 동물들과 어떻게 다른가? 현명한 행동과 반대되는 어리석은 행동은 무엇인가?

17 ① 사회적 능력과 비사회적 능력을 관장하는 뇌의 부위는 서로 다르며, 두 신경망은 역 상관관계에 있다. 즉, 한 쪽이 활성화되면 다른 쪽이 비활성화되는데, 인지 작업을 관장하는 뇌의 부위가 활성화되면 다른 쪽이 많이 사용되지 않

아 비활성화 된다. 그러므로 ①의 'that circuitry doesn't get used much(그 회로는 많이 사용되지 않는다)'가 윗글의 빈칸에 들어갈 말로 가장 적절하다.

어휘

- urgently : 급히, 시급히
- neuroscience : 신경 과학
- cognitive : 인식의, 인지의
- lateral : 옆의, 측면의
- portion : 부분, 일부
- region : 부위, 영역
- self-awarness : 자아 인식
- empathy : 감정이입, 공감
- inversely : 역으로, 거꾸로
- correlated : 상관된, 연관성이 있는
- deactivate : 정지시키다, 비활성화시키다
- circuitry : 전기 회로
- trigger : 촉발하다, 유발하다

오답풀이

② the outer brain regions become inactive(뇌의 바깥쪽 부위가 비활동적이게 된다)
③ the brain is built to concentrate on survival(뇌는 생존에 집중하도록 만들어졌다)
④ the brain's short-term memory function is affected(뇌의 단기 기억 기능이 영향을 받는다)
⑤ some chemicals trigger the growth of new brain cells(어떤 화학 물질은 새로운 뇌세포의 성장을 촉발시킨다)

해석

변화는 어렵고, 우리는 세계에 긍정적인 변화를 만드는 데 시급히 더 나아져야 한다. 불행하게도, 리더 자리에 오르는 많은 사람들은 매우 발달된 지성을 가지고 있지만, 사회적 측면에서는 부족하다. 신경 과학도 이 현상을 탐구하기 시작했다. "정보 보유, 계획, 작업 기억, 인지 문제 해결과 관련된 뇌 신경망은 뇌의 측면 또는 바깥 부분에 있습니다"라고 Matthew Lieberman은 그의 연구실에서 인터뷰를 하는 동안 설명했다. "자아 인식, 사회적 인식, 공감과 관련되어 중간선이나 중간 영역에 더 많이 포함된 부위가 있습니다. 우리는 이 두 신경망이 역 상관관계에 있다는 것을 알고 있습니다. 즉, 한 쪽이 활성화되면 다른 쪽이 비활성화됩니다. 그것은 사회적 능력과 비사회적 능력에 관해 역 상관관계에 있는 무언가가 있을 수 있다는 가능성을 암시합니다." 이것은 여러분이 주목하는 신경망이 성장하는 신경망이라고 이해할 때 타당하다. 만약 인지 작업에 많은 시간을 보낸다면, 그 회로가 많이 사용되지 않는다는 이유만으로 사람들과 공감하는 능력이 감소한다.

18 ① 기존의 실험 데이터와 경험을 아무리 많이 축적하더라도 아직 실행되지 않은 실험의 수가 무한하므로, 기존의 과학 이론은 필연적으로 한계가 있고 이를 넘어선 새로운 과학 이론이 출현한다. 이것이 진보이다. 그러므로 ①의 'finding the limitations of existing scientific theories and pushing beyond them(기존 과학 이론의 한계를 찾고 이를 넘어서는)'이 윗글의 빈칸에 들어갈 말로 가장 적절하다.

어휘

- experimental : 실험의, 실험적인
- inductive method : 귀납법
- inference : 추론, 추리
- probable : 있을[사실일] 것 같은, 가능성 있는
- sensation : 느낌, 기분, 감각
- interpretation : 해석, 이해, 설명
- take into account : ~을 고려하다, 참작하다
- be down to : ~의 책임이다, ~에 달려 있다
- presupposition : 전제, 추정
- finite : 한정된, 유한한
- certainty : 확실성, 확실한 것
- deductive : 추론적인, 연역적인
- favour : 좋아하다, 선호하다
- alternative : 선택적인, 양자택일의
- confirming evidence : 확실한 증거, 확증
- conflicting evidence : 상충 증거, 상반되는 증거
- sustainable : 지속 가능한, 유지 가능한
- reputable : 평판이 좋은, 덕망이 있는
- proven : 입증된, 증명된

오답풀이

② creating sustainable partnerships between scientists and decision-makers(과학자와 의사결정자 간의 지속적인 파트너십을 창출하는)

③ publishing research findings in the most reputable academic journals(가장 평판이 좋은 학술지에 연구 결과를 발표하는)

④ conducting scientific research generally through a proven process(일반적으로 입증된 과정을 통해 과학적 연구를 수행하는)

⑤ encouraging innovation through funding from the government(정부로부터 조달된 자금을 통해 혁신을 장려하는)

해석

Karl Popper 주장의 핵심적 특징은 과학 법칙이 항상 기존의 실험 데이터와 경험을 넘어선다는 것이다. 귀납법은 데이터 본체를 구축함으로써 추론이 가능하기보다는 확실한 법칙

으로 간주될 수 있다는 것을 보여주려고 했다. Popper는 모든 감각은 어떤 종류의 해석을 수반하며, 어떤 일련의 실험에서도 변수가 있을 것이며, 그러한 변수가 고려되는지의 여부는 그것을 수행하는 사람의 전제에 달려 있다는 근거로 이에 이의를 제기한다. 또한, 물론 실행된 실험의 수는 항상 유한한 반면, 아직 실행되지 않은 실험의 수는 무한하기 때문에 귀납적 논쟁은 결코 연역적 논리의 한 가지 절대적인 확실성도 얻을 수 없다. 동시에 과학자들은 원래의 확인된 증거와 새롭고 상반되는 증거 모두를 설명할 수 있는 어떤 양자택일의 이론도 좋아할 것 같다. 바꾸어 말하면, 진보는 <u>기존 과학 이론의 한계를 찾고 이를 넘어서는</u> 방식으로 온다.

19 ② 지속시간 식별 시험에서 쥐들은 어려운 시험을 통과하여 큰 보상을 받기 보다는 작은 보상을 받더라도 시험을 포기하는 쪽을 선택한다는 사실이 밝혀졌다. 즉, 쥐들은 시험이 어려운지 쉬운지를 인지한다는 것이다. 그러므로 ②의 'assess their own cognitive states(자신의 인지 상태를 평가한다)'가 빈칸에 들어갈 말로 적절하다.

어휘

- duration 지속, (지속되는) 기간
- discrimination : 차별, 식별
- discern : 알아차리다, 식별하다
- apparently : 명백히, 분명히
- abandon : 버리다, 포기하다
- stick : 박다, 찌르다
- register : 등록하다, 기입하다
- decline : 줄어들다, 감소하다, 거절[사양]하다
- assess : 재다, 평가하다
- cognitive : 인식의, 인지의
- cheat : 속이다, 기만하다
- auditory sense : 청각
- pain : 아픔, 고통

오답풀이

① cheat other rats to get food(먹이를 얻기 위해 다른 쥐들을 속인다)

③ apply their auditory sense to find objects(청각으로 사물을 찾는다)

④ make certain communication sounds(특정한 의사소통의 소리를 낸다)

⑤ act as if they don't mind pain(고통을 마다하지 않는 것처럼 행동한다)

해석

쥐들은 자신의 정신 작용을 반영할 수 있으며, 지속시간 식

별 시험을 잘 수행할 수 있는지(또는 그렇지 않을지) 알 수 있다. 쥐들이 최근에 들은 소리가 긴지 짧은지를 결정하는 요구를 받았다. 짧은 음은 2초에서 3.6초, 긴 음은 4초에서 8초까지 지속되었다. (2초와 8초를 구별하는 것보다 3.6초와 4.4초를 구별하는 것이 더 어렵다는 점에 주목하라. 쥐들은 분명 이것을 알아차린다.) 소리를 들은 쥐들은 두 가지 선택권이 있었는데, 한 구멍에 코를 찔러서 시험을 포기하고 작은 보상을 받을 수도 있고, 다른 구멍에 코를 찔러 올바른 선택을 하면 큰 보상을 받음으로써 지속시간 차이에 대한 시험을 치를 수도 있다(레버를 눌러 기록한다). 잘못된 선택은 아무런 보상도 없었다. 쥐들은 시험이 어려울수록, 즉 두 소리의 지속시간이 더 비슷할수록 그 시험을 거절할 가능성이 더 높았다(그리고 더 적은 보상을 받는다). 바꾸어 말하면, 쥐들은 자신의 인지 상태를 평가할 수 있다.

20 ③ 윗글은 볼바키아 바이러스에 감염된 모기가 질병을 일으키는 다른 바이러스를 전염시킬 수 없다는 특성을 이용하여 전염병 감염을 억제하는 연구에 대한 설명이다. 주어진 글 다음에 볼바키아에 감염된 모기가 질병을 일으키는 다른 바이러스를 전염시킬 수 없다는 사실을 밝힌 글 (B)가 와야 한다. 다음으로 방사시킨 모기가 짝짓기를 통해 볼바키아 바이러스를 다음 세대에 전달시킨다는 글 (C)가 와야 한다. 마지막으로 볼바키아에 감염된 다음 세대의 모기가 전염을 억제한다는 내용인 글 (A)가 와야 한다.

어휘

- mosquito : 모기
- transmit : 옮기다, 전염시키다
- disease-causing : 질병을 일으키는[유발하는]
- microbe : 세균, 미생물
- microbiota : (특정 장소에 사는) 미생물 군집
- exploit : 이용하다, 착취하다
- thwart : 좌절시키다, 방해하다, 억제하다
- infection : 감염, 전염병
- dengue : 뎅기열
- chikungunya : 치쿤구니야 바이러스 병
- Zika : 지카 바이러스
- intentionally : 고의로, 일부러, 의도적으로
- release : 놓아 주다, 방사[방류]하다
- mate with : ~와 교미하다, 짝짓기하다
- via : 경유하여, 통하여
- presence : 있음, 존재
- inhibit : 억제하다, 못하게 하다
- interrupt : 방해하다, 중단시키다, 차단하다
- underway : 진행중인, 여행중인

해석

모기는 질병을 일으키는 많은 미생물을 사람에게 옮기거나 전염시킬 수 있다. 모기는 또한 미생물 군집도 가지고 있다. 다금시 이 지식은 모기가 인간에게 전염병을 옮기는 능력을 억제하기 위해 이용되었다. 많은 곤충들이 보통 볼바키아 박테리아를 옮긴다.

(B) 자연에서 뎅기열, 치쿤구니야, 지카 등의 바이러스를 옮기는 에데스아집티 모기는 보통 볼바키아에 감염되지 않지만, 볼바키아에 감염되더라도 살 수 있다. 그러나 볼바키아에 감염되면 뎅기열이나 치쿤구니야와 같은 특정 바이러스와 질병을 일으키는 다른 바이러스를 전염시킬 수 없는 것으로 밝혀졌다.

(C) 연구원들은 현재 전염을 막기 위해 이 정보를 사용할 수 있는지 연구하고 있다. 그들은 모기를 기르고, 의도적으로 수컷 모기를 볼바키아에 감염시켜 야생에 방사하고 있다. 수컷 모기는 피를 먹지 않고 전염병을 옮기지 않는다. 방사된 수컷 모기는 현지 암컷 모기와 짝짓기를 하고 볼바키아는 알을 통해 다음 세대로 전해진다.

(A) 다음 세대의 모기에 볼바키아 감염이 있으면 뎅기열과 같은 바이러스가 억제된다. 호주의 한 지역에서 이 기술을 사용한 것은 뎅기열의 전염을 차단하는 데 매우 효과적이었다. 다른 분야에서도 시험이 진행 중이다.

21 ⑤ 윗글은 양극단보다는 평균값을 지닌 모집단이 생존과 번식 가능성이 높다는 안정화 도태에 대해 설명하고 있다. 출생 시 몸무게를 안정화 도태의 사례로 들겠다고 전제한 글 (C)가 주어진 글 다음에 와야 하고, 그 사례를 구체적으로 설명한 글 (B)가 그 다음에 온다. 마지막으로 아주 작은 신생아와 아주 큰 신생아의 도태를 비교하여 설명한 글 (A)가 와야 한다.

어휘

- stabilizing selection : 안정화 도태
- extreme : 극단, 극도
- trait : 특성, 특징
- range : 범위, 다양성
- reproduce : 복사[복제]하다, 번식하다
- population : 인구[동물들], 모집단
- genetic : 유전의, 유전적인
- component : 요소, 성분, 인자
- be prone to : ~하기 쉽다, ~에 치우치다
- complication : 합병증
- select against : 도태시키다, 가려내다

해석

안정화 도태란 특성 값의 범위 양극단에 반(反)하는 선택을 말한다. 특성이 극단적으로 높거나 낮은 값을 가진 사람들은 생존하고 번식할 가능성이 낮고, 평균에 가까운 값을 가진 사람들은 생존하고 번식할 가능성이 더 높다.

(C) 안정화 도태의 효과는 시간이 지남에 따라 모집단을 동일한 평균값으로 유지하는 것이다. 극값이 각 세대에 반해 선택되지만, 모집단의 평균값은 변경되지 않는다. 인간의 출생 시 몸무게는 안정화 도태의 좋은 예이다.

(B) 신생아의 몸무게는 다른 많은 요인들 중 산모의 나이와 몸무게와 같은 몇 가지 환경적 요인의 결과이다. 출생 시 몸무게는 유전적 요인도 있다. 아주 작은 신생아(2.5kg 미만)는 더 무거운 신생아보다 생존 가능성이 낮다.

(A) 아주 작은 신생아는 질병에 더 걸리기 쉽고 신체 조직이 약해서 생존이 더 어렵다. 아주 큰 아이는 출산 중에 합병증이 발병할 수 있고 산모와 아이 모두 죽을 수 있기 때문에 너무 큰 신생아 또한 도태될 가능성이 높다. 그러므로 작고 큰 양극단 모두에 반대되는 선택이 있다.

22 ⑤ 산업혁명 당시 직조 기계는 일반적인 생각과 달리 비숙련공을 대체한 것이 아니라 숙련공들을 대체하였다. 그것은 전문적 훈련을 못 받은 덜 숙련된 사람들도 새로운 직조 기계를 이용하여 Ned와 그의 동료들과 같은 숙련공들을 필요로 했던 고품질의 제품을 더 쉽게 생산할 수 있게 되었기 때문이다. 그러므로 주어진 문장은 ⑤에 들어가는 것이 가장 적절하다.

어휘

• loom : 직기, 직조기, 베틀
• displace : 대신하다, 쫓아내다
• comrade : 동료, 동무
• depict : 그리다, 묘사하다
• spin thread : 실을 잣다
• bare hands : 맨손
• apocryphal : 출처가 불분명한, 사실이 아닐 듯한, 가상의, 허구의
• uprising : 봉기, 반란, 폭등
• card-carrying member : 정식 회원
• clothworker : 직물 직공, 의류 노동자
• prestigious : 명망 있는, 일류의
• de-skilling : 단순화, 비숙련화

해석

그리고 Ned와 그의 동료들을 대체한 직조 기계는 Ned의 전문적인 훈련 없이 덜 숙련된 사람이 그의 자리를 대신할 수 있다는 것을 의미했다.

산업혁명에 관한 인기작은 그들의 역할에서 많은 수의 저숙련 노동자들, 즉 맨손으로 실을 잣고 천을 짜며 생계를 유지하는 사람들과 할 일 없이 나뒹구는 기본 도구들을 대체하는 기계들의 물결을 묘사한다. (①) 그러나 이것은 일어난 일이 아니다. (②) 위협을 받고 있던 사람들은 바로 당시의 고숙련 노동자들이었다. (③) 자동화에 반대하는 Luddite 봉기의 가상의 지도자 Ned Ludd는 비숙련 노동자가 아니라 그 시대의 숙련된 노동자였다. (④) 만약 그가 실제로 존재했다면, 그는 아마도 그런 부류의 전문가들 즉, 상인들의 명망 있는 클럽인 고명한 의류 직공 협회의 정식 회원이었을 것이다. (⑤) 이러한 새로운 기계들은 "비숙련화"되어, 덜 숙련된 사람들이 과거에 숙련된 노동자를 필요로 했던 고품질의 제품을 더 쉽게 생산할 수 있게 되었다.

23 ④ 글의 시작에서 도덕은 시대와 세대에 걸쳐 변한다고 전제하였다. 그리고 명시된 규칙과 금지 및 암묵적인 행동에 자극받는 아이들이 이전의 가치 체계에 도전하는 것은 결국 도덕적 개념이 세대에 따라 달라지기 때문이다. 그러므로 주어진 문장은 ④에 들어가는 것이 가장 적절하다.

어휘

• developmental phase : 발달 단계
• puberty : 사춘기, 성숙기
• solidary : 공동의, 연대의, 합동의
• generational conflict : 세대 갈등
• explicit : 명시된, 명백한
• prohibition : 금지
• implicitly : 암암리에, 암묵적으로
• provoke : 불러일으키다, 유발하다, 자극하다
• generation transition : 세대 교체[전이]
• adjustment : 수정, 적응, 조정
• indication : 지시, 표시, 암시
• moral decline : 도덕적 쇠퇴[타락]

해석

그럼에도 불구하고, 발달 단계에 있는 아동들(예: 사춘기를 거치는 9세 또는 10세부터 연대 성장기까지)은 이전의 가치 체계에 도전한다.

도덕은 시대와 세대에 걸쳐 변화한다. 그러므로 세대 갈등은 바로 진화에 기인한다. (①) 많은 사회에서 오늘날의 세대가 기회라고 여기는 것을 이전 세대에서는 종종 받아들일 수 없었다. (②) 아이들은 특히 부모를 통해, 가정과 학교에서 사회화 된다(따라서 선과 악을 배우고, 옳고 그름을 배운다). (③) 명시된 규칙과 금지를 통해서뿐만 아니라 암묵적으로 행동을 통해서, 아이들은 바람직하다고 생각되는 방식으로 행동하도록 자극받는다. (④) 세대 교체의 갈등은 결국 도덕적 개념의 조정으로 이어진다. (⑤) 이것은 사회 진화의 명확한 표시로 이해되어야 하며, ("도덕적 쇠퇴"의) 위험뿐만 아니라 진보의 기회를 절약한다.

24 ① (A) 제시문에 전통적인 교수법은 모든 학생들의 특정한 요구에 선생님들이 자료를 맞출 수 없기 때문에 불만족스럽다고 서술되어 있다. 그러므로 빈칸 (A)에 들어갈 말은 'customized(맞춤형의)'이다.

(B) 제시문에서 집중 교육 시스템이 매우 효과적인 것으로 검증되었지만 엄청나게 비싸기 때문에 개인 맞춤형 학습 시스템과 같은 기술이 보다 저렴한 비용으로 이를 해결할 수 있다고 하였다. 그러므로 빈칸 (B)에 들어갈 말은 'cost-effectively(비용 효율적으로)'이다.

어휘

- alternative : 대체, 대안
- unavoidably : 마지못해, 불가피하게
- tailor : 맞추다, 조정하다
- one size fits all : 범용의, 널리[두루] 적용되는
- frustrate : 좌절시키다, 불만스럽게 만들다
- tuition : 수업, 교습
- outperform : 능가하다, 뛰어나다
- sigma : 시그마
- standard deviation : 표준 편차
- mathematical notation : 수학적 표기[표시]
- intensive tutoring : 집중 교육[과외]
- prohibitively : 엄청나게, 터무니 없이
- adaptive : 조정의, 적응할 수 있는

해석

오늘날의 기술은 교육에서 전통적인 접근 방식에 대한 대안을 제공한다. 전통적인 접근 방식의 한 가지 특징을 살펴보면, 교실에서 가르치는 것은 불가피하게 "모든 사람에게 맞는 한 가지 크기"라는 사실이다. 선생님들이 모든 학생들의 특정한 요구에 그들의 자료를 맞출 수는 없기 때문에, 사실 제공되는 교육은 "한 가지 크기로는 아무도 맞지 않는" 경향이 있다. 맞춤형 수업이 매우 효과적인 것으로 알려져 있기 때문에 이것은 특히 불만스럽다. 즉, 일대일 교습을 받는 평균의 학생은 전

통적인 교실에서 일반 학생들의 98%를 능가할 것이다. 교육 연구에서, 이것은 "두 시그마 문제"로 알려져 있는데, "두 시그마"는 평균적인 학생이 현재 성취도에서 일반 학생보다 거의 두 가지 표준 편차(수학 표기, 2σ)에 앞서 있고, 이와 같은 집중 교육 시스템이 인상적인 결과를 얻을 수 있지만, 엄청나게 비싸기 때문에 "문제"이다. "보정된" 또는 "개인 맞춤형" 학습 시스템이 이 문제를 해결할 것으로 보이며, 인간의 대안보다 훨씬 더 저렴한 비용으로 개별 학생들에게 가르치는 것을 맞춤화한다.

↓

전통적인 교수법은 학생들에게 (A) 맞춤형 학습 경험을 제공할 수 없지만, 기술은 이러한 경험을 인간의 대안보다 더 (B) 비용 효율적으로 제공하는 데 도움을 줄 수 있다.

[25~26]

어휘

- distinctive : 독특한, 차별화된
- persuasion : 설득, 신념
- illiterate : 글을 모르는, 문맹의
- literacy : 글을 읽고 쓸 줄 아는 능력
- verbal : 언어의, 말로 된
- Gospel : 복음, 신조
- ritual : 의식, 의례
- ambassador : 대사
- magnificent : 장엄한, 웅장한
- awe-inspiring : 경외심을 불러일으키는, 장엄한
- integral : 필수적인, 완전한
- polemics : 논쟁, 논증법
- monarch : 군주, 제왕
- splendor : 훌륭함, 화려함, 영예, 영광
- amplify : 확대[확장]하다, 증폭시키다
- fabrics : 섬유, 직물, 옷감
- vibrant : 활기찬, 강렬한
- adornment : 장식, 치장
- drape : 걸치다, 드리우다, 씌우다
- finery : 화려한 옷, 아름다운 장식품
- tailored : 맞춤의, 잘 맞도록 만든
- facilitate : 가능하게[용이하게] 하다, 촉진하다
- sustainability : 지속 가능성
- agenda : 의제, 안건

- foster : 기르다, 양육하다
- hygienic : 위생적인, 청결한
- barrier : 장벽, 보호막

해석

패션은 그것만으로도 <u>신체 자체를 정치적 설득의 형태로 변화시킬 수 있기</u> 때문에 차별화된 기회를 제공했다. 중세 후기의 대부분의 유럽인들은 문맹이었고, 글을 읽고 쓰는 능력은 르네상스 시대 동안 천천히 퍼져나갔다. 예를 들어 역사학자들은 1500년에 영국 인구의 90% 이상이 문맹이었으며, 대다수는 19세기까지 여전히 그러했다고 추정한다. 결과적으로 이들 사회는 후대 사회가 문자 언어를 통해 전달했던 메시지를 전달하기 위해 언어적 의사소통과 이미지에 의존했다. 교회는 성화, 그림, 의식 그리고 행사를 통해 복음을 전파했다. 반면에 국가는 명예와 존경을 위한 장엄한 축하, 웅장한 궁전, 열병식, 경외감을 불러일으키는 기념물로 시민들과 외세의 대사들에게 연설했다. 의복은 이러한 이미지 기반 논쟁의 필수적인 부분이었다. 군주는 다른 사람들에게 자신이 특별하고 통치할 운명이라는 것을 보여줄 수 있었다. 성직자는 그의 육체적인 존재로 천국의 영예와 신의 영광을 암시할 수 있었다. 패션의 새로운 발전은 이러한 유형의 시각적 설득을 증폭시켰다. 즉, 14세기에 널리 퍼진 재단사의 기교는 고급스러운 옷감, 선명한 색, 표면 장식뿐만 아니라 형태와 모양을 통해서도 옷으로 의사소통 할 수 있게 하였다. 단순히 몸을 화려한 옷으로 치장하기보다, 맞춤 의상은 육체를 다른 세상의 어떤 초인으로 바꿀 수 있었다.

25 ② 제시문에 따르면 패션의 새로운 발전은 군주가 자신의 특별함과 통치의 정당성을 부여하기 위해 그리고 성직자가 천국과 신의 영광을 암시하기 위해 시각적 설득을 증폭시켰고, 14세기에 널리 퍼진 재단사의 기교는 고급스러운 옷감, 선명한 색, 표면 장식뿐만 아니라 형태와 모양을 통해서도 옷으로 의사소통 할 수 있게 하였다라고 서술되어 있다. 그러므로 ②의 'Fashion: A Visual Means of Communication(패션: 시각적인 의사소통 수단)'이 윗글의 제목으로 가장 적절하다.

오답풀이

① Written Words as a Replacement of Images(이미지를 대체하는 문어(文語))
③ What Made the Fashion Industry Prosperous(패션 산업을 번영시킨 것)
④ Luxury: Expanding Its Market to More Customers(고급화: 더 많은 고객을 위한 시장 확대)
⑤ Designers Need to Balance Creativity and Business(디자이너는 창의성과 일의 균형을 맞춰야 한다)

26 ② 제시문에 따르면 중세 후기의 대부분의 유럽인들은 문맹이었기 때문에, 군주와 성직자들은 패션을 시각적인 의사소통 수단으로 활용하여 그들의 메시지를 전달하였다. 즉, 의복을 통해 군주는 자신의 특별함과 통치의 정당성을 보여주었고, 성직자는 천국의 영예와 신의 영광을 보여주었다. 그러므로 ②의 'transform the body itself into a form of political persuasion(신체 차제를 정치적 설득의 형태로 변형시키다)'가 빈칸에 들어갈 말로 가장 적절하다.

오답풀이

① facilitate a sustainability agenda based on local production(지역 생산에 기반한 지속 가능한 의제를 촉진하다)
③ foster a strong relationship between consumer and producer(소비자와 생산자 사이의 강력한 관계를 형성하다)
④ generate the largest manufacturing business in human history(인류 역사상 최대의 제조업을 창출하다)
⑤ provide a hygienic barrier keeping the body safe from diseases(질병으로부터 몸을 지키는 위생 보호막을 제공하다)

[27~28]

어휘

- cognitive : 인식의, 인지의
- perceive : 깨닫다, 감지[인지]하다
- sensory : 감각의, 지각의
- faculty : 능력, 기능
- causality : 인과[상호] 관계
- impart : 주다, 부여하다, 덧붙이다
- properties : 성질, 특성
- apparatus : 기구, 기관, 조직체
- envision : 마음속에 그리다[상상하다]
- overlay : 덧씌움
- eliminate : 없애다, 제거하다
- contradiction : 모순, 반박
- antinomy : 이율배반, 자가당착
- pure reason : 순수 이성
- appearance : 모습, 출현, 나타남
- preceding : 앞선, 이전의

해석

임마누엘 칸트는 외부 세계에 대한 우리의 경험은 독특한 인간 인지 구조에 의해 형성된다고 제안했다. 그의 관점에서, 우리는 감각과 정신적인 능력을 통해 외부 현실을 인식하는데, 그것은 세계를 구조화하고 질서화하기 위해 시간, 공간, 인과 관계와 같은 특정한 형태를 이용한다. 따라서 우리는 우리가 경험하는 세계 즉, 우리가 그것에 부여하는 기능적 형태의 세계를 창조한다. 우리가 세상과 연관짓는 속성들은 "그 안에 내재된 것"이 아니라 우리 인지 기관의 특징들이다. 만약 태어날 때 분홍색 렌즈가 안구에 이식되었다면, 세상은 분홍색 그림자로 보일 것이고, 우리는 이 분홍색 덮개 없이는 현실을 상상할 수 없을 것이다. 마찬가지로 우리는 우리의 눈과 뇌가 사물을 보기 위해 어떻게 구성되어 있는지에 대한 영향 없이는 현실을 볼 수 없다.

칸트에 따르면, 인과관계, 공간, 시간과 같은 속성을 우리 경험 밖의 세계에 귀속시킬 때, 우리는 개념적 혼란에 부딪히고 모순을 제거하는데(→ 추가하는데), 이러한 특성들은 그 안에 내재된 구조가 아니라 개념적 구조이기 때문이다. 이러한 모순은 순수한 이성에 대한 칸트의 이율배반으로 알려져 있으며, 그것들은 우리 지식의 한계를 드러낸다. 우리는 우리에게 보이는 대로 사물에 제한되어 있다. 하지만 우리는 이러한 모습의 형태 없이 존재하는 그대로의 세계를 알 수 없다. 칸트는 우리 밖의 사물의 존재를 부정하지 않았다. 오히려 그는 우리가 인간의 뇌가 작동하는 방식에 의해 결정되는 형태로 그것들을 지각한다고 주장했다.

27 ⑤ 칸트는 글의 서두에서 외부 세계에 대한 우리의 경험은 독특한 인간 인지 구조에 의해 형성된다고 하였고, 글의 말미에서 인간의 뇌가 작동하는 방식에 의해 결정되는 형태로 그것들을 지각한다고 주장하였다. 그러므로 ⑤의 'Kant's view of how humanity perceives the world(인류가 세상을 어떻게 인식하는지에 관한 칸트의 견해)'가 윗글의 주제로 가장 적절하다.

오답풀이

① differences between Kant and preceding philosophers(칸트와 이전 철학자들 사이의 차이점)

② Kant's contribution to making philosophy popular(철학을 대중화시킨 칸트의 공헌)

③ strengths and weaknesses of Kantian philosophy(칸트 철학의 장점과 단점)

④ Kantian political theory and its effects on politics(칸트의 정치 이론과 정치에 미친 영향)

28 ③ 칸트에 따르면 우리는 감각과 정신적인 능력을 통해 외부 현실을 인식하기 위해 시간, 공간, 인과관계와 같은 속성을 이용하는데, 그 속성들이 우리의 경험 밖에 있게 되면 혼란에 부딪히고 모순이 생긴다는 것이다. 그러므로 (c)의

'eliminate(제거하다)'는 'add(추가하다)' 등으로 바꿔 써야 한다.

[29~30]

어휘

• school district : 학군
• enthusiastic : 열렬한, 열광적인
• immediate supervisor : 직속 상사, 직속 상관
• evident : 분명한, 눈에 띄는, 알기 쉬운
• fly off the handle : 버럭 화를 내다, 발끈하다
• implement : 시행하다, 이행하다
• department : 부서, 부처, 학과
• walk on eggshells around : ~의 눈치를 살피다
• inaction : 무활동, 활동하지 않음
• stalemate : 교착 상태, 파국, 난국
• assumption : 가정, 추측, 추정
• stagnation : 침체, 정체, 부진
• brainstorm : 구상하다, 쥐어짜내다, 머리를 모으다

해석

(A) Linda는 내 코칭 고객 중 한 명이었다. 그녀는 커다란 변화를 겪고 있는 큰 학군에서 일하던 중간 지도자였다. Linda는 많은 아이디어를 가지고 있었고 그것에 열정적이었다. 그녀의 직속상관인 Jean은 다가오는 변화에 대해 높은 수준의 가시적인 불안감을 가지고 있었다.

(D) 사실 Jean은 스트레스를 받으면 금방 눈에 띄는 성격이었다. Linda는 (d)그녀를 피해야 한다고 생각했다. Linda가 팀의 목표와 전략에 관해 논의하고 싶었을 때 Jean이 발끈할 거라고 생각했다. Linda는 어떻게 했을까? 아무 것도 하지 않았다. Linda는 Jean을 멀리해야 한다고 생각했다. 결과는? 아무 일도 없었다. 코칭 기간 동안, Linda는 Jean이 혼자서는 변하기 쉽지 않다는 사실을 깨달았다. Linda는 자신의 학과에서 몇 가지 새로운 프로그램을 시행하고 싶었고 마치 (e)그녀는 Jean 주변의 계란 껍데기 위를 걷는 것처럼 느꼈다. Linda는 활동을 중단하게 되었다.

(C) 그들은 교착 상태에 빠져 있었다. 결국, Linda는 그녀의 추측이 어떻게 그녀의 침체를 가져왔고 이어서 학과와 학교의 침체를 가져왔는지 깊이 살펴봐야 하는 사람은 바로 (b)자신이라는 사실을 깨달았다. 비록 Linda가 뭔가 조치를 취하기 전까지는 이런 식으로 계속될 거라는 사실을 깨닫는 데 시간이 걸렸지만, 일단 (c)그녀에게 시작된 변화를 깨닫고 나면, 그녀는 자신이 무엇을 할 수 있는지 검토하기 위해 마음을 열었다. Linda는 Jean과 대화하기로 결정했다.

(B) Linda는 Jean이 절대 말을 듣지 않을 것이라는 자신의 추측에 도전하여 과감한 행동을 취하기 시작했다. 그녀는 회의 일정을 잡기 위해 Jean에게 다가갔다. Linda와 나는 과거의 대화와는 다른 말을 쥐어짜냈고, 바라건대 차이를 만들어 발전시킬 것이다. 몇 주의 짧은 기간 내에 Linda는 일정을 잡아 Jean과 미팅을 했다. Jean은 Linda의 변화를 알아챘고, Linda가 놀랍게 (a)그녀의 생각을 경청할 마음이 있었다.

29 ⑤ 주어진 글 (A) 다음에 Linda와 Jean의 불편한 관계에 대해 설명한 글 (D)가 와야 한다. 그리고 이를 개선하기 위해 Linda가 Jean과 대화하기로 결심한 글 (C)가 와야 한다. 마지막으로 글 (C) 다음에 Jean과의 관계 개선을 위한 Linda의 과감한 행동과 그로인한 Jean의 변화를 서술한 글 (B)가 와야 하다.

30 ④ (a)의 'her', (b)의 'she', (c)의 'her', (e)이 'she'는 모두 Linda를 가리키나, (d)의 'her'는 Linda의 직속상관인 Jean을 가리킨다.

2023학년도 기출문제 정답 및 해설

제3교시 **수학영역(공통)**

01 ③	02 ②	03 ④	04 ④	05 ①	06 ⑤
07 ③	08 ②	09 ④	10 ②	11 ⑤	12 ①
13 ④	14 ②	15 ⑤	16 8	17 6	18 10
19 64	20 14	21 35	22 11		

[확률과 통계]

23 ②	24 ③	25 ④	26 ③	27 ①	28 ④
29 25	30 27				

[미적분]

23 ②	24 ③	25 ①	26 ④	27 ⑤	28 ②
29 49	30 4				

[기하]

23 ①	24 ⑤	25 ④	26 ③	27 ②	28 ⑤
29 261	30 7				

01 준 식 $=\dfrac{4}{\dfrac{1}{3^2}+\dfrac{1}{3^3}}$ 이고,

분자와 분모에 3^3을 곱하면

$\therefore$ 준 식 $=\dfrac{4\times3^3}{3+1}=\dfrac{4\times3^3}{4}=3^3=27$

02 주어진 함수 $f(x)$의 양변을 미분하면,

$f'(x)=(3x^2-4x)(ax+1)+(x^3-2x^2+3)\times a$이다.

$f'(0)=3a=15$이므로

$\therefore a=5$

03 첫째항을 a_1, 공비를 r이라 하면

$a_2=a_1r=4$이고,

$\dfrac{(a_3)^2}{a_1\times a_7}=\dfrac{(a_1\times r^2)^2}{a_1\times(a_1\times r^6)}=\dfrac{(a_1)^2\times r^4}{(a_1)^2\times r^6}=\dfrac{1}{r^2}=20$이므로

$r^2=\dfrac{1}{2}$이다.

$\therefore a_4=a_1\times r^3=a_1\times r\times r^2=a_2\times r^2=4\times\dfrac{1}{2}=2$

04 $1<x<2$에서 $f(x)=-x+3$이므로

$\displaystyle\lim_{x\to1+}f(x)=\lim_{x\to1+}-x+3=2$

$2<x<3$에서 $f(x)=(x-3)^2+2$이므로

$\displaystyle\lim_{x\to3-}f(x)=\lim_{x\to3-}(x-3)^2+2=2$

$\therefore\displaystyle\lim_{x\to1+}f(x)+\lim_{x\to3-}f(x)=4$

05 근과 계수의 관계에 의하여 $\sin\theta+\cos\theta=\dfrac{1}{5}$,

$\sin\theta\times\cos\theta=\dfrac{a}{5}$

$\sin^2\theta+\cos^2\theta=(\sin\theta+\cos\theta)^2-2\sin\theta\cos\theta$

$=\left(\dfrac{1}{5}\right)^2-\dfrac{2a}{5}=1$

이므로

$\therefore -\dfrac{2a}{5}=1-\dfrac{1}{5^2}=\dfrac{24}{25}$, $a=\dfrac{24}{25}\times\left(-\dfrac{5}{2}\right)=-\dfrac{12}{5}$

06 $f'(x)=2x^3+2ax=2x(x^2+a)$에서

Ⅰ) $a\geq0$인 경우, $x^2+a\geq0$이므로 $f'(x)=2x(x^2+a)$는 $x=0$에서 극솟값을 갖지만, 극댓값을 갖지 않는다.

Ⅱ) 문제 조건에서 $f(x)$는 극댓값을 가지므로, $a\geq0$이 아니다. $a<0$인 경우, $f'(x)=2x(x^2+a)$는 $x=\pm\sqrt{(-a)}$ 에서 극솟값을 가지며 $x=0$에서 극댓값을 갖는다.

이때, $a<0$이므로 $a=-\sqrt{(-a)}$, $a^2=-a$, $a^2+a=0$,

$a(a+1)=0$에서 $a=-1$이다.

또한 $f(0)=b=a+8$에서 $b=7$이다.

$\therefore a+b=-1+7=6$

07 A의 x좌표를 t라 하면 $\overline{\mathrm{AB}}:\overline{\mathrm{AC}}=2:1$이므로 $B(3t,\,0)$이다.

B는 $y=mx+2$위의 점이므로 대입하면 $3mt+2=0$,

$mt=-\dfrac{2}{3}$

또한, $A\left(t,\,\dfrac{1}{3}\left(\dfrac{1}{2}\right)^{t-1}\right)$도 $y=mx+2$위의 점이므로

이를 대입하면 $mt+2=\dfrac{1}{3}\left(\dfrac{1}{2}\right)^{t-1}$,

$mt+2=\dfrac{4}{3}=\dfrac{1}{3}\left(\dfrac{1}{2}\right)^{t-1}$, $4=\left(\dfrac{1}{2}\right)^{-2}=\left(\dfrac{1}{2}\right)^{t-1}$이고,

$-2=t-1$이므로 $t=-1$이다. 이를 $mt=-\dfrac{2}{3}$에 대입하면

$\therefore m=-\dfrac{2}{3t}=\dfrac{2}{3}$

569

08 $f(x)$가 실수 전체 집합에서 연속이므로

$\lim\limits_{x \to a-} f(x) = \lim\limits_{x \to a+} f(x)$, $a^2-2a=2a+b$이고

$f(x)$가 실수 전체 집합에서 미분가능하므로

$\lim\limits_{x \to a-} f'(x) = \lim\limits_{x \to a+} f'(x)$,

$2a-2=2$에서 $a=2$이고, $a^2-2a=2a+b$에 대입하면

$b=-4$이다.

$\therefore a+b=2-4=2$

09 곡선 $y=|\log_2(-x)|$를 주어진 조건에 맞게 이동시키면,

$f(x)=|\log_2(x-k)|$이므로 $f(x)$와 $y=|\log_2(-x+8)|$

을 그려보면 다음과 같다.

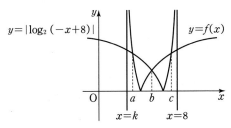

이때, 세 교점의 x좌표를 작은 순서대로 a, b, c라 하면,

$f(x)$와 $y=|\log_2(-x+8)|$는 $x=b$를 기준으로 좌우대칭

이므로 $\dfrac{a+c}{2}=b$이고,

$a+b+c=(a+c)+b=2b+b=3b=18$이므로

$b=6$이다.

따라서

$f(6)=|\log_2(6-k)|=|\log_2(-6+8)|=|\log_2 2|=1$

이고

$k<b=6$이므로, $|\log_2(6-k)|=1$에서

$\therefore k=4$

10 조건 (나)에서 $1<x<3$에서 $xf'(x)>0$이므로

$f(x)$는 $x=0$, $x=1$, $x=3$에서 극값을 갖는다.

$f'(x)=ax(x-1)(x-3)$라 하면 $f'(4)=-24$이므로

$a=-2$,

따라서 $f'(x)=-2x(x-1)(x-3)=-2x^3+8x^2-6x$

이를 부정적분하면 $f(x)=-\dfrac{1}{2}x^4+\dfrac{8}{3}x^3-3x^2+C$

(단, C는 적분상수).

이때, $f(0)=2$이므로 $C=2$이고,

$\therefore f(2)=-8+\dfrac{64}{3}-12+2=\dfrac{10}{3}$

11 $\overline{Q_nR_n} \geq \dfrac{n}{2}$인 경우, $a_n=\overline{P_nQ_n}=n-\dfrac{1}{20}n\left(n+\dfrac{1}{3}\right)$이므로,

이 경우를 찾으면

$\overline{Q_nR_n}=\dfrac{1}{20}n\left(n+\dfrac{1}{3}\right) \geq \dfrac{n}{2}$에서, $3n^2-29n \geq 0$을 만족하는

$n=10$으로 유일하다.

Ⅰ) $1 \leq n \leq 9$인 경우, $a_n=\overline{Q_nR_n}=\dfrac{1}{20}n\left(n+\dfrac{1}{3}\right)$이므로

$\sum\limits_{n=1}^{9} a_n = \sum\limits_{n=1}^{9} \dfrac{1}{20}n\left(n+\dfrac{1}{3}\right) = \dfrac{1}{20}\sum\limits_{n=1}^{9} n^2 + \dfrac{1}{60}\sum\limits_{n=1}^{9} n$

$= \dfrac{17}{4}+\dfrac{3}{4}=15$

Ⅱ) $n=10$인 경우, $a=\overline{P_nQ_n}=n-\dfrac{1}{20}n\left(n+\dfrac{1}{3}\right)$이므로

$a_{10}=10-\dfrac{1}{20} \times 10 \times \left(10+\dfrac{1}{3}\right)=\dfrac{29}{6}$

$\therefore \sum\limits_{n=1}^{10} a_n = \sum\limits_{n=1}^{9} a_n + a_{10} = 15+\dfrac{29}{6}=\dfrac{119}{6}$

12 $f(a)+\lim\limits_{x \to a+} f(x)=4$를 만족하는 경우는 다음의 두 가지이다.

Ⅰ) $x \neq 2$인 경우, 함수 $f(x)$는 연속이므로 $f(x)=2$일 때 만족한다.

이때, $x \leq 2$에서는 ± 1이 이를 만족하고,

$x>2$에서는 함수 $f(x)=ax+b$ 즉, 일차함수이므로 한 점에서만 만족하는데 이 점을 $(t, 2)$라 하자.

Ⅱ) 위의 과정에서 $f(a)+\lim\limits_{x \to a+} f(x)=4$를 만족하는 x가 세 개 존재하였으므로 $x=2$인 경우에도 이를 만족한다.

$f(2)+\lim\limits_{x \to 2+} f(x)=2^2+1+\lim\limits_{x \to 2+} f(x)=4$이므로

$\lim\limits_{x \to 2+} f(x)=2a+b=-1$

$a=-1$, 1, 2, t이고 이때 합이 8이므로 $t=6$이다. 따라서

$(6, 2)$가 $f(x)=ax+b$ 위에 있으므로 $6a+b=2$이다. 이를

$2a+b=-1$와 연립하면 $a=\dfrac{3}{4}$, $b=-\dfrac{5}{2}$

$\therefore a+b=-\dfrac{7}{4}$

13 (가) 사인법칙에서 마주보는 변과 각의 사인값의 비는 외접원

의 지름이므로 $\dfrac{\overline{BD}}{\sin A}=2r$

(나)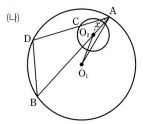

$\overline{AO_2}$의 길이를 x라 하자.

$\triangle O_1O_2A$에서 $\overline{O_1O_2}+\overline{O_2A} \geq \overline{O_1A}$이므로 $x+2 \geq r$이고,

$x \geq r-2$이므로

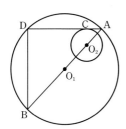

$\overrightarrow{AO_2}$의 최솟값은 직선 $\overrightarrow{AD}$가 점 C에서 원 C_2와 접할 때인 $r-2$

(다) 직선 AD가 점 C에서 원 C_2와 접할 때 $\overline{O_1C}$의 길이를 y라 하자.

ΔO_1O_2C에서 $\overline{O_1O_2}=2$, $\overline{O_2C}=1$이고

$\cos\angle O_1O_2C=-\cos\angle AO_2C=-\dfrac{1}{r-2}$이므로,

$\overline{O_1C}^2=y^2=2^2+1^2-2\times2\times\left(-\dfrac{1}{r-2}\right)=5+\dfrac{4}{r-2}$

$\therefore f(4)\times g(5)\times h(6)=8\times3\times6=144$

14 ㄱ. $\displaystyle\lim_{x\to1-}g(x)=f(1)=\lim_{x\to1+}g(x)=2f(1)-f(1)=f(1)$

이므로 참이다.

ㄴ. $2\times g(-1)-6=0$이므로 $g(-1)=f(-1)=3$이고,

$\displaystyle\lim_{h\to0+}\dfrac{g(-1+h)+g(-1-h)-6}{h}$

$=\displaystyle\lim_{h\to0+}\dfrac{g(-1+h)-g(-1)}{h}$

$-\displaystyle\lim_{h\to0+}\dfrac{g(-1-h)-g(-1)}{-h}$

$=f'(-1)-f'(-1)=0$이므로 $a=0$이다.

상수 m, n에 대하여 $f(x)=(x-1)^2+m(x-1)+n$라 하면

$g(1)=f(1)=1$이므로 $n=1$이고, $f(-1)=3$이므로 $m=1$이다.

$f(x)=(x-1)^2+(x-1)+1$에서 $f(0)=1$이고,

$g(a)=g(0)=f(0)=1$이므로 참이다.

ㄷ. $2\times g(b)-6=0$이므로 $g(b)=3$이고

$\displaystyle\lim_{h\to0+}\dfrac{g(b+h)+g(b-h)-6}{h}$

$=\displaystyle\lim_{h\to0+}\dfrac{g(b+h)-g(b)}{h}$

$-\displaystyle\lim_{h\to0+}\dfrac{g(b-h)-g(b)}{-h}=g'(b+)-g'(b-)=4$

(단, $g'(b+)$와 $g'(b-)$는 $x=b$에서의 우미분계수, 좌미분계수)에서

$g'(b+)\neq g'(b-)$이므로 $b=1$이고,

$g'(1+)-g'(1-)=4$이므로 $-f'(1)-f'(1)=4$이다.

상수 m, n에 대하여 $f(x)=(x-1)^2+m(x-1)+n$라 하면 $f(1)=3$, $f'(1)=-2$이므로 대입하면

$f(x)=(x-1)^2-2(x-1)+3$을 얻는다.

$g(4)=2f(1)-f(4)=2\times3-6=0$이므로 거짓이다.

15 조건 (가)에서 $f(x)$는 주기가 π인 주기함수이므로 다음의 두 가지 경우로 나눈다.

ⅰ) $(a-2)(b-2)=0$일 때, $f(x)$의 주기가 π이므로 절댓값을 제외한 안쪽의 함수의 주기는 2π가 된다.

$\cos\dfrac{b}{2}x$의 주기는 $\dfrac{4}{b}\pi$이므로 $\dfrac{4}{b}\pi=2\pi$에서 $b=2$이고

이때 $0<2a-1<2a$이므로 모든 a에 대하여 만족한다.

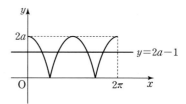

ⅱ) $(a-2)(b-2)\neq0$일 때, 절댓값을 제외한 안쪽의 함수의 주기가 π이다.

그러므로 $a\neq2$, $b\neq2$이고, $\dfrac{4}{b}\pi=\pi$에서 $b=4$를 얻는다.

이때, 만약 $a=1$인 경우, $f(x)\geq0$이므로 그래프가 이와 같이 그려지며 만족한다.

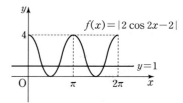

또한 $a\neq1$인 경우, 다음과 같이 그려지며 $4<2a-1<4a-4(a\geq3)$을 항상 만족하므로 $a=3$, 4, $\cdots$, 10이 이 경우를 만족한다.

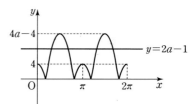

$\therefore$ 그러므로 모든 경우는 $10+1+8=19$가지이다.

16 $\dfrac{\log a}{\log3}\times\dfrac{\log b}{\log3}=20$이므로 $\log a\times\log b=2(\log3)^2$이고

$\dfrac{\log3}{\log a}+\dfrac{\log3}{\log b}=\dfrac{\log3\times(\log a+\log b)}{\log a\times\log b}$

$\qquad=\dfrac{\log3\times(\log ab)}{2(\log3)^2}=\dfrac{\log ab}{2\times\log3}=40$이므로

$\log ab=8\times\log30$이다.

$\therefore \log_3 ab=\dfrac{\log ab}{\log3}=\dfrac{8\times\log3}{\log3}=8$

17 $f'(x)=9x^2-1$이고, $f(1)=2+a$, $f'(1)=8$이므로
    $x=1$에서의 접선은 $y=8(x-1)+2+a$이다.
    이때, 이 접선이 원점을 지나므로 $(0, 0)$을 대입하면
    $0=-8+2+a$
    $\therefore a=6$

18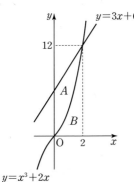

    $y=x^3+2x$와 $y=3x+6$를 연립하여 교점 $(2, 12)$를 얻는
    다.
    영역 A, 영역 B, 영역 $A+B$의 넓이를 S_A, S_B, S_T라 하면
    $\therefore S_A=S_T-S_B=18-\int_0^2(x^3+2x)dx=18-8=10$

19 $a_7=3a_3=3\times3a_1=90$이고,
    $a_k=73-9=64=2^5\times2=2^5a_2=a_{64}$이므로
    $\therefore k=64$

20 $v(t)=0$을 만족하는 $t=t_0$, t_1 $(t_0<t_1)$라 하자. 이때, $[t_0, t_1]$
    에서 P가 이동한 거리를 S라고 하면 $x(k)$와 $s(k)$는 다음과
    같이 그려진다.

    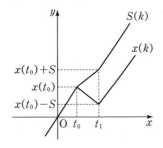

    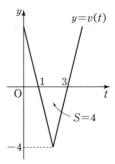

    이때, 조건 (가)와 (나)에서 $t_1=3$을 유추할 수 있고, $2S=8$이
    므로 $S=4$이다.
    또한, $y=v(t)$에서 $t=0$아래에 있는 삼각형의 넓이가 4이므
    로 $t_0=1$을 알 수 있다.
    $t=\dfrac{b}{a}$일 때 기울기가 음수에서 양수로 변화하므로
    $\dfrac{b}{a}=\dfrac{t_0+t_1}{2}=2$, $b=2a$이고
    $v(t)=|at-2a|-4$가 $(3, 0)$을 지나므로 대입하면 $a>0$
    이므로 $a=4$를 얻는다.
    $v(t)=|4t-8|-4$에서 $v(6)=12$이므로
    $\therefore$ $t=1$에서 $t=6$까지 P의 위치의 변화량은
    $$\int_1^6 v(t)dt=14$$

21 조건 (나)에서 등차수열의 대칭성에 의해 $a_1+a_{13}=1$,
    $a_2+a_{12}=1$, $a_3+a_{11}=1$, $a_4+a_{10}=1$
    $a_5+a_9=1$, $a_6+a_8=1$임을 알 수 있다.
    또한, 조건 (가)에서 $a_6+a_7=-\dfrac{1}{2}$이므로, 등차수열의 공차
    d는 $d=\dfrac{3}{2}$이다.
    $S=a_1+a_2+\cdots+a_{14}=14\times\dfrac{a_1+a_{14}}{2}=14\times\dfrac{a_7+a_8}{2}$
    $=14\times\dfrac{(a_6+d)+(a_7+d)}{2}=14\times\dfrac{(a_6+a_7)+2d}{2}$
    $=14\times\dfrac{\left(-\dfrac{1}{2}\right)+2\left(\dfrac{3}{2}\right)}{2}$
    $=7\times\left\{\left(-\dfrac{1}{2}\right)+3\right\}=\dfrac{35}{2}$
    $\therefore 2S=35$

22 주어진 조건에서, $f(1)=1$, $f'(1)=0$이므로 $f(x)=1$은
    $x=1$에서 중근을 갖는다.
    조건 (가)에서, $f(x)=g(x)=f(x)+|f(x)-1|$의 모든 해
    의 x좌표의 합이 3이므로
    $f(x)=1$은 $x=1$에서 중근, $x=2$에서 근을 갖는다.
    따라서 $f(x)$의 최고차항의 계수를 a라 하면
    $f(x)=a(x-1)^2(x-2)+1$

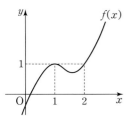

이때, $a>0$이면 $g(x)=1$ $(x<2)$인데, 이 경우 조건 (나)에서 $n<\int_0^n g(x)dx$를 만족하지 못하므로 $a<0$이다.

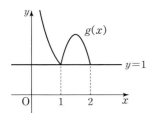

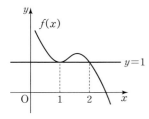

$f(x)$와 $g(x)$를 그려보면 이와 같은데,

조건 (나)에서 모든 자연수 n에 대하여 $n<\int_0^n g(x)dx$를 만족하며

$n=3$이후로는 적분값이 일정하게 증가하기 때문에

$\int_0^n g(x)dx<n+16$을 고려할 필요가 없다. 때문에

$\int_0^1 g(x)dx<17$와 $\int_0^2 g(x)dx<18$만 만족하면 되는데,

$g(x)=2f(x)-1$ $(x\leq2)$이므로 대입하면

$\int_0^1 f(x)dx<9$와 $\int_0^2 f(x)dx<10$을 만족해야 한다.

이를 풀어보면

$$\int_0^1 f(x)dx=a\int_0^1 (x-1)^2(x-2)dx$$
$$=a\int_{-1}^0 x^2(x-1)dx<9$$

에서

$a>-\dfrac{96}{7}$을 얻고,

$$\int_0^2 f(x)dx=a\int_0^2 (x-1)^2(x-2)dx$$
$$=a\int_{-1}^1 x^2(x-1)dx<10$$

에서 $a>-12$를 얻는다.

둘의 공통 범위는 $a>-12$이고, $a<0$이므로 $-12<a<0$이다.

$\therefore$ $-12<a<0$에서 가능한 정수 a는 11개이므로 조건을 만족하는 $f(x)$는 11개

확률과 통계

23 x^4의 계수는 $(x+2)^6$에서 x를 4번, 2를 2번 고르는 경우의 수와 같으므로

$\therefore$ $_6C_4\times2^2=60$

24 $P(X=1)+P(X=2)+P(X=3)=1$이므로

$a+\dfrac{a}{2}+\dfrac{a}{3}=\dfrac{11}{6}a=1$, $a=\dfrac{6}{11}$이고

$E(X)=\sum_{X=1}^3 X\times P(X)=3a=\dfrac{18}{11}$이다.

$\therefore$ $E(11X+2)=11\times E(X)+2=20$

25 표본평균의 평균은 모평균과 같으므로

$E(\overline{X})=E(X)=42$이다.

또한 표본평균의 분산은 모분산을 표본의 크기로 나눈 것이므로 $V(\overline{X})=\dfrac{V(X)}{n}=\dfrac{\sigma^2}{n}=\dfrac{16}{4}=4$이다.

이때, 표본평균의 표준 편차는

$\sigma(\overline{X})=\sqrt{V(\overline{X})}=\sqrt{4}=2$이므로

$\therefore$ $P(\overline{X}\geq43)=P\left(Z\geq\dfrac{43-E(\overline{X})}{\sigma(\overline{X})}\right)$
$=P(Z\geq0.5)=0.3085$

26 C를 기준으로 볼 때, A와 B가 앉을 수 있는 자리는 C의 양 옆을 제외한 세 자리이므로 A와 B가 먼저 앉는 경우의 수는 $_3P_2$이다.

또한, A, B, C를 제외한 나머지 세 학생이 세 자리에 앉는 경우의 수는 $_3P_3$이므로

$\therefore$ 총 경우의 수는 $_3P_2\times_3P_3=36$

27 $ax^2+2bx+a-3\leq0$의 해가 존재하려면

$y=ax^2+2bx+a-3$의 판별식 $D\geq0$이어야 하므로

$D=4b^2-4a(a-3)\geq0$, $b^2\geq a(a-3)$에서 이를 만족하는 (b, a)의 쌍을 찾아보면

b	a
1	1, 2, 3
2	1, 2, 3, 4
3	1, 2, 3, 4
4	1, 2, 3, 4, 5

| 5 | 1, 2, 3, 4, 5, 6 |
| 6 | 1, 2, 3, 4, 5, 6 |

다음과 같이 28쌍이므로

$\therefore$ 해가 존재할 확률은 $\dfrac{28}{36} = \dfrac{7}{9}$

28 $f(1)+f(2)+f(3)+f(4)=8$이므로, 8을 $f(1), f(2), f(3), f(4)$가 나누어 갖는다고 하면 $_4H_8 = {}_{11}C_8 = 165$가지이다. 이때, 이 중에서 $(0, 0, 0, 8)$의 꼴 $_4P_1 = 4$가지와 $(0, 0, 1, 7)$의 꼴 $_4P_2 = 12$가지를 제외해야 하므로

$\therefore$ 전체 f의 개수는 $165-4-12=149$

29 조건 (가)에서 $P(X \leq 11) = P(Y \geq 11)$이므로 $f(x)$와 $g(x)$는 $x=11$에 대하여 좌우대칭이다.

이때, 두 정규분포의 평균의 평균값이 대칭축과 같으므로

$\dfrac{a+(2b-a)}{2} = 11$, $b = 11$을 얻는다.

또한, 조건 (나)에서 $x=11$까지의 거리가 가장 짧은 $g(10)$이 $f(17)$과 $f(15)$사이에 위치하므로, $x=11$을 기준으로 오른쪽에 X가, 왼쪽에 Y가 있다는 것을 유추할 수 있으므로 이를 그래프로 나타내면 다음과 같다.

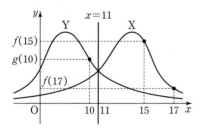

이때 세 점 $(17, f(17))$, $(10, g(10))$, $(15, f(15))$를 A, B, C라 하고 A, B, C의 정규분포의 평균으로부터의 거리를 d_A, d_B, d_C라 하면 $d_A > d_B > d_C$이므로, 이를 식으로 표현하면

$17-a > a-12 > 15-a$와 같다. 따라서 a값의 범위는

$\dfrac{27}{2} < a < \dfrac{29}{2}$

이때, a는 자연수이므로 $a=14$

$\therefore a+b = 14+11 = 25$

30 4번째 시행의 결과 주머니 A에 들어 있는 공의 개수가 0일 사건을 X, 2번째 시행의 결과 주머니 A에 들어 있는 흰 공의 개수가 1이상일 사건을 Y라 하자.

$p = \dfrac{P(X \cap Y)}{P(X)}$이므로 $P(X)$를 먼저 구해보면,

4번의 시행에서 중간에 시행이 끝나지 않고 4번째 시행의 결과 A에 들어 있는 공의 개수가 0일 경우는 다음의 두 가지이

다.

Ⅰ) (같은 색, 다른 색, 다른 색, 다른 색)으로 공을 뽑는 경우: $P(X_1) = \dfrac{1}{2} \times \dfrac{2}{3} \times \dfrac{1}{2} \times \dfrac{2}{3} = \dfrac{1}{9}$

Ⅱ) (다른 색, 같은 색, 다른 색, 다른 색)으로 공을 뽑는 경우: $P(X_2) = \dfrac{1}{2} \times \dfrac{1}{3} \times 1 \times \dfrac{2}{3} = \dfrac{1}{9}$

그러므로 $P(X) = P(X_1) + P(X_2) = \dfrac{2}{9}$

이제 $P(X \cap Y)$를 구해보면,

Ⅰ) (같은 색, 다른 색, 다른 색, 다른 색)으로 공을 뽑는 경우: 이 경우는 어떤 색을 뽑더라도 2번째 시행 후 처음과 같은 상태가 되기 때문에, 흰 공의 개수가 이상인 것이 무조건 보장되어 앞선 경우의 확률과 같다. 즉,

$P((X \cap Y)_1) = P(X_1) = \dfrac{1}{9}$

Ⅱ) (다른 색, 같은 색, 다른 색, 다른 색)으로 공을 뽑는 경우: 이 경우 첫 번째에 A에서 흰 공을 뽑게 되면 두 번째 시행 이후 A는 (검은색, 검은색)이 되기 때문에, 첫 번째에 다른 색을 뽑되 A에서 흰 공을 뽑아야 만족한다.

즉, $P((X \cap Y)_2) = \dfrac{1}{4} \times \dfrac{1}{3} \times 1 \times \dfrac{2}{3} = \dfrac{1}{18}$

그러므로

$P(X \cap Y) = P((X \cap Y)_1) + P((X \cap Y)_2)$

$\qquad = \dfrac{1}{9} + \dfrac{1}{18} = \dfrac{1}{6}$

$\therefore p = \dfrac{P(X \cap Y)}{P(X)} = \dfrac{\frac{1}{6}}{\frac{2}{9}} = \dfrac{3}{4}$이므로

$36p = 36 \times \dfrac{3}{4} = 27$

미적분

23 $\lim\limits_{n \to \infty} \dfrac{1}{\sqrt{an^2+bn} - \sqrt{n^2-1}}$

$= \lim\limits_{n \to \infty} \dfrac{\sqrt{an^2+bn} + \sqrt{n^2-1}}{(a-1)n^2 + bn + 1}$

$= \lim\limits_{n \to \infty} \dfrac{\sqrt{a+\frac{b}{n}} + \sqrt{1-\frac{1}{n^2}}}{(a-1)n + b + \frac{1}{n}}$에서

극한값이 0이 아니므로 $a-1=0$에서 $a=1$이다.

그러므로 $\lim\limits_{n \to \infty} \dfrac{\sqrt{1+\frac{b}{n}} + \sqrt{1-\frac{1}{n^2}}}{b + \frac{1}{n}} = \lim\limits_{n \to \infty} \dfrac{2}{b} = 4$에서 $b = \dfrac{1}{2}$

이다.

$\therefore ab = 1 \times \dfrac{1}{2} = \dfrac{1}{2}$

24 $f(1)=50$이므로 $g(5)=1$이고 $f'(1)=60$이므로

$g'(5) = \dfrac{1}{f'(1)} = \dfrac{1}{6}$이다.

$$\therefore (h \circ g)'(5) = h'(g(5)) \times g'(5) = h'(1) \times \dfrac{1}{6} = \dfrac{e}{6}$$

25

$$\lim_{n \to \infty} \sum_{k=1}^{n} \dfrac{2}{n+k} f\left(1+\dfrac{k}{n}\right) = \lim_{n \to \infty} \sum_{k=1}^{n} \dfrac{1}{n} \times \dfrac{2}{1+\dfrac{k}{n}} f\left(1+\dfrac{k}{n}\right)$$
$$= \int_0^1 \dfrac{2}{1+x} f(1+x)dx$$
$$= \int_1^2 \dfrac{2}{x} f(x)dx$$
$$= \int_1^2 2xe^{x^2-1}dx = e^3 - 1$$

26 $f'(x) = \dfrac{\ln x}{x^2}$이므로

$$f(x) = \int f'(x)dx = \ln x \times \left(-\dfrac{1}{x}\right) - \int \dfrac{1}{x} \times \left(-\dfrac{1}{x}\right)dx$$
$$= -\dfrac{\ln x}{x} - \dfrac{1}{x} + C$$

$f(1) = 0$이므로 $C = 1$이다.

$$\therefore f(e) = -\dfrac{1}{e} - \dfrac{1}{e} + 1 = \dfrac{e-2}{e}$$

27

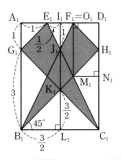

R_1에서 $\overline{A_1 D_1}$의 중점을 I_1, $\overline{B_1 C_1}$의 중점을 L_1이라 하고 이를 잇는 선분이 도형과 만나는 점을 J_1, K_1이라 하자.

그러면 $\overline{B_1 L_1} = \dfrac{3}{2}$이고 $\angle K_1 B_1 L_1 = 45°$이므로

$$\triangle K_1 B_1 C_1 = \dfrac{9}{4}$$

또한 $\triangle E_1 I J_1$과 $\triangle E_1 D_1 C_1$은 $1:4$닮음이므로 $\overline{I J_1} = 1$

그러므로 $\triangle A_1 E_1 G_1 = \triangle E_1 F J_1 = \triangle F_1 D_1 H_1 = \dfrac{1}{2}$

또한 $\overline{B_1 H_1}$과 $\overline{E_1 C_1}$의 교점을 M_1이라 하고 여기에서 $\overline{D_1 C_1}$, $\overline{A_1 D_1}$에 내린 수선의 발을 N_1, O_1이라 하자.

$\overline{M_1 N_1} = t$라 하면 $\triangle E_1 I J_1$과 $\triangle E_1 O_1 M_1$은 닮음이므로 $\overline{E_1 O_1} : \overline{O_1 M_1} = 2 - t : 1 + t$에서 $t = 1$이므로 $F_1 = O_1$이고

$$\triangle M_1 H_1 C_1 = \dfrac{3}{2}$$

즉 $S_1 = 12 - \dfrac{9}{4} - \left(\dfrac{1}{2} \times 3\right) - \left(\dfrac{3}{2} \times 2\right) = \dfrac{21}{4}$

또한, 공비를 구하면, $\overline{B_1 C_1} = \overline{A_2 B_2} + \overline{A_2 D_2} + \overline{D_2 C_2}$에서

$\overline{A_2 D_2} = \dfrac{3}{11} \times \overline{A_1 D_1}$이므로

넓이의 공비 $r = \left(\dfrac{3}{11}\right)^2 = \dfrac{9}{121}$

$$\therefore \lim_{n \to \infty} S_n = \dfrac{S_1}{1-r} = \dfrac{\dfrac{21}{4}}{1 - \dfrac{9}{121}} = \dfrac{363}{64}$$

28 두 함수의 교점의 x좌표를 t라 하면 $\sin t = a\tan t$이므로 $\cos t = a$이다.

그러므로

$$f(a) = \int_0^t \sin x - a\tan x \, dx = -\cos t + 1 + a\ln\cos t$$
$$= -a + 1 + a\ln a \text{를 얻는다.}$$

$f'(a) = \ln a$이므로

$$\therefore f'\left(\dfrac{1}{e^2}\right) = \ln \dfrac{1}{e^2} = -2$$

29

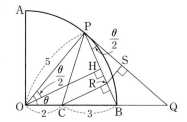

$\triangle OCP$에서

$$f(\theta) = \dfrac{1}{2} \times \overline{OP} \times \overline{OC} \times \sin\theta = \dfrac{1}{2} \times 5 \times 2 \times \sin\theta = 5\sin\theta$$

를 얻는다.

O에서 $\overline{PB}$에 내린 수선의 발을 H라 하면

$\angle POH = \dfrac{\theta}{2}$이므로 $\overline{PH} = 5\sin\dfrac{\theta}{2}$이고,

또한 $\overline{HR} : \overline{RH} = 2 : 3$이므로 $\overline{HR} = 2\sin\dfrac{\theta}{2}$이다.

$\triangle PRS$에서 $\overline{PR} = 7\sin\dfrac{\theta}{2}$이고 $\angle RPS = \dfrac{\theta}{2}$이므로,

$\overline{PS} = 7\sin^2\dfrac{\theta}{2}\cos\dfrac{\theta}{2}$, $RS = 7\sin^2\dfrac{\theta}{2}$이고

$g(h) = \dfrac{49}{2}\sin^3\dfrac{\theta}{2}\cos\dfrac{\theta}{2}$이다.

$$\therefore 80 \times \lim_{\theta \to 0+} \dfrac{g(\theta)}{\theta^2 \times f(\theta)} = 80 \times \lim_{\theta \to 0+} \dfrac{\dfrac{49}{2}\sin^3\dfrac{\theta}{2}\cos\dfrac{\theta}{2}}{\theta^2 \times 5\sin(\theta)}$$
$$= 80 \times \lim_{\theta \to 0+} 80 \times \lim_{\theta \to 0+} \dfrac{\dfrac{49}{2} \times \dfrac{\theta^2}{2}}{\theta^2 \times 5\theta} = 80 \times \dfrac{49}{80} = 49$$

30 조건 (가)에서 $\lim\limits_{x \to 0} \dfrac{f(x+1)}{x} = 2$이므로 $f(1) = 0$이고,

$f(x)$는 최고차항의 계수가 2인 이차함수이므로

임의의 상수 t에 대하여 $f(x) = -2(x-1)(x-t)$

또한 $\lim\limits_{x \to 0^-} \dfrac{f(x+1)}{x} = \lim\limits_{x \to 0^-} \dfrac{-2x(x+1-t)}{x} = 2$이므로

$t=2$

$f(x) = -2(x-1)(x-2)$이므로

$g(x) = -2(x-1)(x-2)e^{x-a}+b \ (x \geq 0)$이고,

이를 미분하면 $g'(x) = -2(x^2-x-1)e^{x-a} \ (x \leq 0)$

마찬가지로 조건 (가)에서 $g'(a) = -2$이므로 대입하면 $a>0$

이므로

$g'(a) = -2(a^2-a-1) = -2$에서 $a=2$

조건 (나)에서 $\dfrac{g(t)-g(s)}{t-s} \leq -2$이므로

$g(t) + 2t \leq g(s) + 2s$인데, $s<0$이므로

$g(s) + 2s = \dfrac{f(s+1)}{s} + 2s = 2$이다.

그러므로 $g(t) + 2t \leq 2$

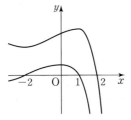

이때, $h(x) = g(x) + 2x$라 하자.

$h(x) = g(x) + 2x = -2(x-1)(x-2)e^{x-2} + 2x + b$에서

$h'(x)$와 $h''(x)$를 구해보면

$h'(x) = -2(x^2-x-1)e^{x-2} + 2$,

$h''(x) = -2(x+2)(x-1)e^{x-2}$를 얻는다.

$h'(x)$는 $x=-2$에서 극솟값을 갖고 $x=1$에서 극댓값을 갖

는데,

$h'(-2) = 2 - 10e^{-4} > 0$이므로 $h(x)$는 $x=2$에서 극댓값을

갖는다.

그러면 $h(x) \leq h(2) = b + 4 \leq 2 \ (x \geq 0)$이므로, $b \leq -2$를

얻는다.

$\therefore -b \geq 2$이므로 $a-b \geq 4$

기하

23   $Q(2, -1, -3)$이므로

$\therefore \overline{PQ} = \sqrt{2^2+6^2} = 2\sqrt{10}$

24

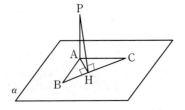

A에서 $\overline{BC}$에 내린 수선의 발을 H라 하자.

$\overline{AH} = \overline{AC} \times \sin \angle ACB = \dfrac{\sqrt{3}}{2}$이고 삼수선의 정리에 의해

$\angle PHC = \dfrac{\pi}{2}$이므로

$\therefore \overline{PH} = \sqrt{\overline{PA^2} + \overline{AH^2}} = \sqrt{4 + \dfrac{3}{4}} = \sqrt{\dfrac{19}{4}} = \dfrac{\sqrt{19}}{2}$

25

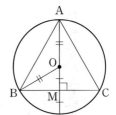

ΔABP의 넓이가 k가 되는 점 P가 3개 존재하므로, A와

B를 포함하는 직선 l과 평행한 직선 m과 n에 대하여 모든

직선의 간격이 같고 직선 n은 타원에 접하는 경우,

유일하게 ΔABP의 넓이가 k가 되는 점 P가 3개 존재한다.

직선 n은 기울기가 $\dfrac{3}{4}$인 타원의 접선이므로

$y = \dfrac{3}{4}x - 3\sqrt{2}$를 얻는다.

이때 직선 l과 직선 n의 간격 d에 대하여

$d = (3\sqrt{2} - 3) \times \sin\theta = (3\sqrt{2} - 3) \times \dfrac{4}{5}$이므로

$\therefore k = \dfrac{1}{2} \times \overline{AB} \times d = \dfrac{1}{2} \times 5 \times (3\sqrt{2}-3) \times \dfrac{4}{5} = 6\sqrt{2} - 6$

26

원의 중심 O에 대하여 $\overline{AO} : \overline{OM} : \overline{MD} = 2 : 1 : 1$이므로

$m = n = \dfrac{2}{3}$

$\therefore m + n = \dfrac{4}{3}$

27   $x^2 - \dfrac{4y^2}{a} = 1$에서 쌍곡선의 정의에 의해 $\overline{QF'} = 2$이므로

$\overline{PF'} = \sqrt{6} + 1$

$\Delta PFF'$에서

$$\overline{FF'}^2=\left(2\sqrt{1+\dfrac{a}{4}}\right)^2=4\left(1+\dfrac{a}{4}\right)$$

$$=4\left(1+\dfrac{a}{4}\right)=\overline{PF}^2+\overline{PF'}^2-2\overline{PF}\times\overline{PF'}\times\cos\dfrac{\pi}{3}=9$$

$$\therefore 1+\dfrac{a}{4}=\dfrac{9}{4}\text{이므로 } a=5$$

28 $\overline{BI}=t$라 하면, $\overline{BJ}=\dfrac{2\sqrt{15}}{3}\overline{BI}=\dfrac{2\sqrt{15}}{3}t$이고,

포물선의 정의에 의하여 $\overline{AJ}=8\sqrt{5}-2t$이다.

ΔAJB에서 $\overline{AB}^2=\overline{AJ}^2+\overline{BJ}^2$이므로

$$(8\sqrt{5})^2=(8\sqrt{5}-2t)^2+\left(\dfrac{2\sqrt{15}}{3}t\right)^2$$

따라서 $t=3\sqrt{5}$

$$\therefore \overline{HC}=\overline{AH}\times\dfrac{\overline{BJ}}{\overline{AJ}}=5\sqrt{5}\times\dfrac{10\sqrt{3}}{2\sqrt{5}}=25\sqrt{3}$$

29 원의 중심을 $H(4,3,2)$라 하자. $P(a,b,7)$는
$(x-4)^2+(y-3)^2=4$, $z=7$ 위에 있는데,

이때, $\overrightarrow{OP}$와 xy평면이 이루는 각의 크기와 a와 xy평면이 이루는 각의 크기가 같으므로

P의 xy평면에 대한 정사영을 P', H의 xy평면에 대한 정사영을 H'이라 하면

O,P',H'이 한 직선 위에 있음을 유추할 수 있다.

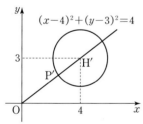

이때, $a^2+b^2<25$이므로 P'는 $\overrightarrow{OH'}$와
$(x-4)^2+(y-3)^2=4$의 두 교점 중 O에 가까운 점이 된다.

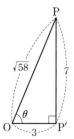

그러면 $\Delta OPP'$에서 평면 a와 xy평면이 이루는 각 θ에 대하여 $\cos\theta=\dfrac{3}{\sqrt{58}}$이므로

원 C의 xy평면으로의 정사영의 넓이는

$$r^2\pi\cos\theta=\left(\dfrac{\sqrt{58}}{2}\right)^2\pi\times\dfrac{3}{\sqrt{58}}=\dfrac{3\sqrt{58}}{4}\pi$$

$$\therefore k=\dfrac{3\sqrt{58}}{4}\text{이므로 } 8k^2=8\times\left(\dfrac{3\sqrt{58}}{4}\right)^2=261$$

30

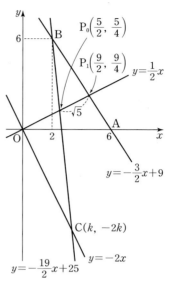

조건 (가)에서,

$$5\overrightarrow{BA}\cdot\overrightarrow{OP}-\overrightarrow{OB}\cdot\overrightarrow{AP}$$
$$=5(\overrightarrow{OA}-\overrightarrow{OB})\cdot\overrightarrow{OP}-\overrightarrow{OB}\cdot(\overrightarrow{OP}-\overrightarrow{OA})$$
$$=(5\overrightarrow{OA}-6\overrightarrow{OB})\cdot\overrightarrow{OP}+\overrightarrow{OA}\cdot\overrightarrow{OB}\text{이고}$$
$$(5\overrightarrow{OA}-6\overrightarrow{OB})\cdot\overrightarrow{OP}+\overrightarrow{OA}\cdot\overrightarrow{OB}=\overrightarrow{OA}\cdot\overrightarrow{OB},$$
$$(5\overrightarrow{OA}-6\overrightarrow{OB})\cdot\overrightarrow{OP}=0\text{이므로}$$
$$(5\overrightarrow{OA}-6\overrightarrow{OB})\perp\overrightarrow{OP}, (18,-36)\overrightarrow{OP}\text{이다.}$$

즉 $\overrightarrow{OP}$는 $y=\dfrac{1}{2}x$를 얻는다.

이때 $\overrightarrow{OP}$와 $\overrightarrow{AB}$의 접점을 P_1이라 하면

$\overrightarrow{AB}: y=-\dfrac{3}{2}x+9$와 $y=\dfrac{1}{2}x$를 연립하여

$P_1\left(\dfrac{9}{2},\dfrac{9}{4}\right)$를 얻는다.

또한 조건 (나)에서 P의 좌측 임계점 $P_0\left(\dfrac{5}{2},\dfrac{5}{4}\right)$을 얻는다.

다음으로 $\overrightarrow{BP_0}: y=-\dfrac{19}{2}x+25$와 $y=-2x$를 연립하여

$C\left(\dfrac{10}{3},-\dfrac{20}{3}\right)$를 얻는다.

$\overrightarrow{OA}\cdot\overrightarrow{CP}$가 최대가 되려면 $\overrightarrow{CP}$의 $\overrightarrow{OA}$에 대한 정사영이 양의 방향이며 길이가 최대일 때이므로 $P=P_1$에서 $\overrightarrow{OA}\cdot\overrightarrow{CP}$가 최대가 된다.

$$\therefore \text{이 경우 } \overrightarrow{OA}\cdot\overrightarrow{CP}=(6,0)\cdot\left(\dfrac{7}{6},\dfrac{107}{12}\right)=7$$

2022학년도 기출문제 정답 및 해설

✏️ 제1교시 **국어영역(공통)**

01 ①	02 ⑤	03 ⑤	04 ②	05 ①	06 ④
07 ②	08 ③	09 ⑤	10 ④	11 ①	12 ②
13 ④	14 ②	15 ③	16 ③	17 ②	18 ②
19 ①	20 ③	21 ⑤	22 ③	23 ①	24 ⑤
25 ③	26 ③	27 ⑤	28 ⑤	29 ④	30 ④

[01~03] 현대소설

송기숙 「개는 왜 짖는가」
- **갈래** : 현대소설, 단편소설
- **성격** : 비판적, 풍자적, 비유적
- **배경**
  - 시간적 배경 : 1970~80년대 군사독재 시절
  - 공간적 배경 : 서울의 마을, 통새암거리
- **시점** : 전지적 작가 시점
- **주제** : 표현의 자유가 억압된 시대의 비판과 풍자
- **특징**
  - 표현의 자유가 억압된 시대에 대한 한 언론인의 고뇌를 드러냄
  - 군사 독재 시절 상황을 비유하며 풍자함
  - 권력에 굴복할 수 밖에 없는 소시민의 모습을 보여줌

01 ① 이 작품은 전지적 작가 시점으로, 서술자가 '영하'라는 특정 인물의 시각을 중심으로 사건을 서술하고 있다.

오답풀이

② 이 글은 시간의 흐름에 따라 과거, 현재, 미래로 진행되는 평면적 구성이므로 액자식 구성이라고 볼 수 없다.

③ 대화로 이야기가 전개되는 부분이 있으나 인물 간의 오해가 풀리는 과정은 이 글에 나와 있지 않다.

④ 인물들의 대화와 장면으로 상황을 구체적으로 제시하고 있으므로 요약적 진술이 아니며, 특정 인물의 시각으로 사건을 서술하고 있으나, 특정 인물의 내력을 제시하고 있지는 않다.

⑤ 상징적 소재는 존재하나, 이를 통해 인물 간의 갈등이 해결되었음을 암시하고 있지는 않다.

02 ⑤ ⓒ 이후 영하는 아이의 겁에 질린 눈을 떠올리는 내용은 나와 있으나, 아내를 말리지 못했던 것을 후회하는 내용은 나와 있지 않다.

오답풀이

① '누구한테 붙잡혀 뺨이라도 얻어맞은 적이 있지 않았을까 싶었다.'는 문장을 통해 영하가 아이의 이전 경험을 추측하고 있음을 알 수 있다.

② '하루는 무슨 일로 일찍 집을 나가다가 바로 대문 앞에서 그 배달아이와 부딪치고 말았다.'는 문장을 통해 ㉠은 우연에 의해 일어난 것임을 알 수 있으며, '신문대하고는 상관없이 운동화나 한 켤레 사 신으라고 할 참이었다.'는 문장을 통해 ㉡은 영하의 의도에 의한 것임을 알 수 있다.

③ '순간, 지난번 흙탕에서 튕겨 오르던 그 배달아이의 신발이 머리를 스쳤다.'는 문장을 통해 ㉡은 ㉠에서 아이가 도망가다가 신발이 벗겨진 사건과 관련이 있음을 알 수 있다.

④ '달려오던 아이가 영하를 보더니 우뚝 멈춰 섰다. 대번에 주눅이 들어 조그맣게 오그라들었다.'는 문장을 통해 ㉡에서 아이는 영하의 의중을 이해하지 못해 여전히 ㉠에서와 같은 태도를 보이고 있음을 알 수 있다.

03 ⑤ 본인에 대한 기사를 쓰지 말라는 또철이의 독기어린 눈을 떠올리며 '주머니에서 기사를 꺼내' 휴지통에 넣은 것은 '그가 무섭다기보다 귀찮았'기 때문이며, 이는 책임을 회피하기 위한 행동임을 알 수 있다.

오답풀이

① 배달되는 신문이 '모두가 판에 박은 듯이 똑같은' 것은 획일화된 언론의 현실을 드러내는 것이라고 할 수 있다.

② 영하가 배달아이에게 '신문대하고는 상관없이 운동화나 한 켤레 사 신으라고' 말하려고 했던 것은 생계를 위해 신문을 넣어야 했던 아이에게 동질감을 느꼈기 때문이라고 볼 수 있다.

③ 영하가 아내에게 '넌지시 시골에서 살자고 제안하는 것은 현실로부터 도피하고 싶은 마음에서 비롯된 것임을 알 수 있다.

④ '국장실'에서 나온 '정치부장'이 '우거지상'으로 '제길, 그런 것도 못 쓰면 무얼 쓰란 말이야?'라고 말하는 것은 권력이 언론을 통제하던 현실이 반영된 것임을 알 수 있다.

[04~07] 독서 – 인문

04 ② '도덕 본성은 하늘이 준 것으로 누구나 가지고 있지만 자연스럽게 발현되는 것은 아니므로 인에 대한 자각과 노력이 필요하다고 보았다.'는 내용을 통해 도덕 본성은 하늘이 준 것이므로 자연스럽게 발현되는 것이 아님을 알 수 있다.

오답풀이

① '맹자가 살던 시대에는 패권 다툼으로 인한 국가 간의 대립이 지속되었다.'는 문장을 통해 맹자가 살던 시대에는 서로를 지배하려는 국가 간 패권 다툼이 있었음을 알 수 있다.

③ '리와 인의의 선명한 대비는 패도정치(霸道政治)와 왕도정치가 갈리는 근거가 된다'는 말을 통해 맹자는 패도정치는 리(利)를, 왕도정치는 인의를 추구하는 데서 구분된다고 보았음을 알 수 있다.

④ '맹자가 주장한 의전론(義戰論)은 그가 보여준 전쟁에 대한 비판적 태도와는 외형상으로 모순되는 듯이 보이지만, 실질적으로는 맹자의 정치적 이상이었던 인정을 실현하는 방법으로 보아야 한다.'는 내용을 통해 맹자의 의전은 실질적으로는 맹자의 정치적 이상을 실현하는 방법으로 볼 수 있다.

⑤ '리는 자신과 타자를 배타적으로 경계 짓는 데서 비롯하는 사사로운 욕망이다.'라는 내용을 통해 맹자가 리(利)를 자신과 타자를 구분하는 데서 비롯하는 사사로운 욕망이라 하였음을 알 수 있다.

05 ① 맹자는 도탄에 빠진 백성을 구제한다는 명분을 갖는 정벌(征伐) 전쟁은 도덕적 정당성을 갖춘 것으로 보았으며, 연나라를 정벌해도 되냐는 질문에 "그렇다."고 답했으므로 정벌의 명분에 대한 질문에 답을 한 것임을 알 수 있다. 또한 맹자에게 제나라에 연나라를 정벌하도록 권한 일이 있냐는 질문에 "아니다."라고 하면서 천리(天吏)만이 정벌할 수 있다고 하는 것을 보아 정벌 주체의 자격과 관련된 질문에 대한 답을 한 것임을 알 수 있다.

06 ④ '태만한 군주를 벌(伐)하여 바로잡는 것을 정(征)이라 하였다.'라고 하였으므로, B국의 왕이 태평성대를 이루어 강한 힘을 갖게 됐다는 점에서 정(征)을 행하였다고 보기는 어렵다.

오답풀이

① '리를 추구하는 패자(霸者)는 상대를 힘으로 지배하려는 자이다.'는 내용을 토대로 A국의 왕은 상대를 압도할 수 있는 힘을 키우려 한다는 점에서 패자(霸者)라고 할 수 있다.

② '패자는 늘 상대보다 강한 힘이 필요하고, 그에 따라 대국(大國)을 소유하려 하게 된다.'는 내용을 통해 A국의 왕은 영토 확장을 위해 전쟁을 일으켰다는 점에서 리(利)를 추구한 것이라고 볼 수 있다.

③ '인정을 베푸는 왕은 신하와 백성들로부터 자발적인 복종과 신뢰를 얻기 때문에 싸우면 반드시 이기게 된다.'는 말을 근거로, B국의 왕은 인정을 베풀었기 때문에 신하와 백성들로부터 자발적인 복종과 신뢰를 얻었음을 짐작할 수 있다.

⑤ '도탄에 빠진 백성을 구제한다는 명분을 갖는 정벌(征伐) 전쟁은 도덕적 정당성을 갖춘 것으로 보았다.'는 말을 통해 B국의 왕은 A국의 백성들을 구하고자 했다는 점에서 그가 결정한 전쟁은 도덕적 정당성을 갖추었다고 볼 수 있다.

07 ② 주창은 주의나 사상을 앞장서서 주장하는 것을 의미하므로 사전적 의미로 적절하지 않다. 어떤 생각이나 결론 · 반응 따위를 이끌어 내는 것은 도출을 의미한다.

[08~11] 독서 – 인문

08 ③ 이 글에서 콜링우드가 제시한 감각의 구분 기준에 대한 내용은 나와 있지 않다.

오답풀이

① '콜링우드는 감각에 감정이 부하되는 것으로 감각이 감정에 선행한다고 하였다'는 말을 통해 콜링우드가 본 감각과 감정의 관계에 대한 내용을 알 수 있다.

② '칸트는 생산적 상상력을 대상이 현존하지 않더라도 대상의 다양한 형식을 포착하여 그 다양성을 결합하고 종합하는 선천적인 능력이라 하였다.'는 내용을 토대로 칸트가 규정한 생산적 상상력의 개념에 대한 내용을 알 수 있다.

④ '콜링우드는 감정의 표현에 대해 이야기하면서, 표현하는 것과 서술하는 것을 구분하였다 …'는 내용을 통해 콜링우드가 밝힌 감정 표현과 서술의 차이점을 알 수 있다.

⑤ '콜링우드가 제시한 상상력은 허구적인 이미지를 만들어내는 공상과 구별되는 것으로, 칸트의 생산적 상상력과 유사하다.'는 문장을 통해 상상력에 대한 칸트와 콜링우드의 공통된 견해를 알 수 있다.

09 ⑤ '감각과 감정은 동일한 대상을 통해 경험되는 것이므로 하나의 감각 경험으로 통합된다'고 하였으므로, 어린아이가 분홍색을 본 것과 기쁨을 느낀 것이라는 두 가지 감각 경험을 한 것이라고 할 수 없다.

오답풀이

① 감각은 색깔, 소리, 냄새 같은 것을 느끼는 것이므로, 어린아이가 꽃의 색깔을 분홍색으로 느낀 것은 감각에 해당한다.

② 감정은 즐거움, 고통, 분노 같은 것을 느끼는 것이므로, 어린아이가 분홍색 꽃을 보고 느낀 기쁨은 감정에 해당한다.

③ 감각에 감정이 부하되는 것이라고 하였으므로, 어린아이가 느낀 기쁨은 분홍색 꽃을 보고 얻은 감각에 부하된 것이다.

④ 감각이 감정에 선행한다고 하였으므로, 어린아이가 분홍색 꽃을 본 것은 기쁨이라는 감정에 선행한다.

10 ④ 콜링우드는 '예술가가 자신의 내면에 집중하여 이러한 감각들을 인지하려고 노력한다면 다양한 감각 경험이 종합되어 특정한 감정을 만들어낼 수 있다'고 하였으며, 이를 정서적 충전이라고 하였다. 따라서 A가 느낀 감정이 할머니에 대한 그리움이라는 것을 알게 되며 정서적 충전을 할 수 있었을 것이라는 내용은 옳지 않은 내용이다.

오답풀이

① 예술가가 과거의 경험으로부터 이끌어 낸 정서적 충전을 표현하기 위해서는 상상력이 필수적이라고 하였으므로, A가 과거 고향에 대한 모호한 감정을 춤사위로 연결하는 과정에서 상상력이 발휘되었을 것을 알 수 있다.

② 예술가가 느끼는 감정들은 분화되지 않은 상태이기 때문에 표현하기 전에는 스스로도 알 수가 없다고 보았으므로, A가 즉흥적인 춤사위를 선보이기 전에 느낀 감정은 스스로도 규정할 수 없는 분화되지 않은 감정이었을 것임을 알 수 있다.

③ 상상의 영역에서는 모든 시간이 현재화된다고 하였으므로, A가 감각을 통해 느낀 감정을 춤으로 표현하기 위한 과정에서 과거의 시간이 현재화됐을 것임을 짐작할 수 있다.

⑤ 감상자도 감수성을 갖고 작품을 음미할 경우, 예술가의 마음에서 창조된 것과 동일한 감정 상태를 자신의 감정으로 재구성할 수 있게 된다고 보았으므로, 관객들도 감수성을 갖고 공연을 감상했다면 A의 마음에서 창조된 것과 동일한 감정 상태를 자신의 감정으로 재구성할 수 있었을 것이다.

11 ① ㉠의 '보았다'는 '상대편의 형편 따위를 헤아리다'는 의미로, ①의 '볼'과 문맥적 의미가 가장 유사하다.

[12~14] 갈래 복합

> **(가) 복효근 「고목」**
> • **갈래** : 자유시, 서정시
> • **성격** : 비유적, 유추적, 교훈적
> • **제재** : 오동에 생긴 '구멍'
> • **주제** : 삶의 고통과 상처가 승화된 아름다움과 성숙한 삶에 대한 소망
> • **특징**
>   – 자연적 대상인 고목을 인간의 삶에 적용시켜 삶의 교훈을 드러냄
>   – 바람, 구멍 등의 상징적 시어를 사용하여 시적 의미를 강조

> – 1연에 시인의 생각들을 제시한 후, 2연에서 이것을 한 행으로 간명하게 정리하여 의미를 부각시킴
> – 설의법과 반복법 사용으로, 주제의식 부각
>
> **(나) 최승호 「누에」**
> • **갈래** : 산문시, 자유시, 서정시
> • **성격** : 비유적, 교훈적
> • **제재** : 누에
> • **주제** : 고난을 통해 거듭나는 성숙한 존재에 대한 소망
> • **특징**
>   – 누에를 의인화 하여 삶의 교훈을 드러냄
>   – 상징적 시어를 사용하여 시적 의미를 강조

12 ② (가)는 오동나무에, (나)는 누에에 인격을 부여하여 주제를 형상화하고 있다.

오답풀이

① (가), (나) 모두 색채의 대비는 나와 있지 않다.

③ (가), (나) 모두 시선의 이동에 따른 화자의 심리적 추이를 드러내고 있지 않다.

④ (가), (나) 모두 음성 상징어를 활용하고 있지 않다.

⑤ (가)는 '오동은 고목이 되어갈수록 제 중심에 구멍을 기른다'에서, (나)는 '해맑은 아침의 얼굴', '연금술의 긴 밤을 지나'에서 시간 표지를 활용하고 있으나, (가), (나) 모두 대상에 대한 화자의 인식 전환을 드러내고 있지는 않다.

13 ④ [D]에서는 [C]에서 얻은 삶의 의미를 실천하지 못한 회한이 아니라, 고통스럽고 괴로운 현실의 상황이 비유적으로 제시되고 있다.

오답풀이

① [A]에서는 오동에 대한 관찰을 바탕으로 오동이 고목이 되어갈수록 중심에 구멍이 생기는 현상에 주목하고 있다.

② [B]는 [A]에서 주목한 고목에 구멍이 생기는 현상에 대해 유추를 통해 인간의 삶에 적용하고 있다.

③ [C]는 의문형 어미인 '~랴'의 반복을 통해 [B]에 나타난 삶에 대한 이해가 확장되고 있다.

⑤ [E]는 [A]~[D]를 통해 얻은 삶에 대한 통찰이자 화자의 소망으로, 한 문장으로 집약되고 있다.

14 ② 〈보기〉에 따르면 존재 스스로 성숙의 주체가 시련을 극복할 때 성숙한 존재로 완성되는데, (나)에서 '누에의 왕'이 '구멍을 뚫어주'지 않는 것이 시련이 되므로, 역설적으로 존재의 소망 실현에 도움을 주는 환경이 된다고 할 수 있다. 그러나 (가)에서 '세 들어 새끼칠 수 있'게 되는 것은 존재의 소망을 실현한 후의 환경이므로 존재의 소망 실현에

도움을 주는 환경이라고 할 수 없다.

오답풀이

① (가)에서 '구멍'은 '피리새'가 서식할 수 있다는 점에서 타자를 포용하는 공간이고, (나)에서 '동굴'은 '하늘백성'이 되기 위해 거쳐야 한다는 점에서 성숙이 이루어지는 공간이라고 할 수 있다.

③ (가)에서 '삶'을 '향기롭'게 하기 위해 구멍을 '가꾸'어야 한다는 점에서, (나)에서 '날갯짓'을 시작하기 위해 '안쪽에서 뚫어야' 한다는 점에서 모두 스스로 성숙의 주체가 되는 모습을 강조한다고 할 수 있다.

④ (가)에서 '한낮'은 '상처'가 후벼지는 시간이라는 점에서, (나)에서 '긴 밤'은 '고통'스러운 '연금술'이 진행되는 시간이라는 점에서 모두 성숙한 존재가 되기 위한 인고의 시간을 가진다고 할 수 있다.

⑤ (가)에서 '육탈'은 '잘 마른 텅 빈 육신'을 위한 비움의 과정인 반면, (나)에서 '변모'는 '없었던 날개'가 창조되는 생성의 과정이라고 할 수 있다.

[15~18] 독서 – 과학

15 ③ 양자 컴퓨터를 기존 컴퓨터와 비교하여 기존 컴퓨터와의 차이점을 바탕으로 양자 컴퓨터를 설명하고 있다.

오답풀이

① 상황을 가정하여 특정 대상의 향후 전망을 제시하는 것이 아니라 특정 대상을 설명하고 있다.

② 특정 대상이 발전되어 온 과정을 설명하는 것이 아니며, 통시적으로 설명하고 있지도 않다.

④ 서로 다른 이론을 적용하는 것이 아니며, 특정 대상의 장단점을 분석하고 있지도 않다.

⑤ 유사한 두 대상의 공통점이 제시되어 있지 않으며, 각각의 의의를 서술하고 있지도 않다.

16 ③ 미시 세계에서는 관측하기 전까지 어떤 상태인지 정확히 알 수 없지만 양자 중 특정 상태가 측정될 확률은 알 수 있다고 하였으므로, 미시 세계에서 중첩된 양자는 어떤 상태가 어느 정도의 확률로 있는지를 알 수 있다고 할 수 있다.

오답풀이

① 거시 세계에서는 관측을 통해 양자의 중첩이 붕괴되어 중첩 상태 중 어느 한 상태로 확정되기 때문에 거시 세계에서는 관측을 통해 양자의 중첩된 상태를 확인할 수 없다.

② 다수결의 원리에 따라 오류를 보정할 때 오류 비트일 가능성이 50% 이상이라면 정상 비트보다 오류 비트가 더 많아 오류를 검증하기 어려워 다수결을 이용한 오류 검증은 실효성이 없다고 할 수 있다.

④ '기존 컴퓨터는 확정된 값을 입력해서 한 번에 하나씩 연산하여 확정된 값을 출력하지만, 양자 컴퓨터는 중첩된 큐비트를 한 번 입력함으로써, 중첩상태가 가질 수 있는 모든 가능한 경우에 대한 연산을 한꺼번에 수행한다.'는 내용을 통해 기존 컴퓨터가 여러 번 수행해야 하는 연산을 양자 컴퓨터는 한 번에 수행할 수 있다는 것을 알 수 있다.

⑤ 기존 컴퓨터는 동일 비트를 세 번 이상 저장한 후 다수결의 원리에 따라 오류를 보정하기 때문에, 기존 컴퓨터의 오류 검증에서 동일 비트의 저장 횟수를 늘리면 검증의 정확도가 올라갈 것이다.

17 ② 기존 컴퓨터는 다수결의 원리에 따라 오류를 보정하므로 비트 중 동일한 비트가 많은 값으로 읽히게 된다. 따라서 010과 001은 0이 많으므로 0이며, 011과 101은 1이 많으므로 1이 되어 '0, 0, 1, 1'이라는 값이 나오게 된다.

18 ② Z_2가 1이라면 X와 Y는 다르다는 것을 의미한다고 하였으므로, X와 Y가 다를 때 Z_2는 1이라고 할 수 있다. 따라서 ⓒ과 ⓔ행에서 X와 Y가 서로 다르므로, ⓑ와 ⓒ의 값은 1로 같다.

오답풀이

① Z_2가 0이라면 X와 Y는 같다고 하였으므로, ㉠과 ㉣행의 Z_2가 각각 0이면 ⓐ는 0, ⓓ는 1이다.

③ X가 1인 경우 Z를 반전하여 출력하며, 출력된 값을 각각 X와 Z_1이라고 하였으므로, Z_1에 영향을 미치는 것은 X이다.

④ Z_2의 값에 따라 X, Y의 값이 달라지는데, 값이 같으면 연산에 대한 오류 가능성이 낮으며, 값이 다르면 오류가 있음을 의미한다. 그러므로 오류 검증을 위해 관측하는 것은 Z_2이다.

⑤ X는 Z_1, Y는 Z_2에 영향을 미치며, X와 Y는 서로 영향을 미치지 않는다.

[19~21] 고전 소설

김만중 「사씨남정기(謝氏南征記)」
- **갈래** : 국문 소설, 가정 소설, 풍간 소설
- **성격** : 가정적, 풍간적, 교훈적, 비유적
- **배경**
  - 시간적 배경 : 명나라 초기
  - 공간적 배경 : 중국 북경 금릉 순천부
- **시점** : 전지적 작가 시점
- **제재** : 가정 내에서 벌어지는 처첩 간의 갈등
- **주제** : 처첩간의 갈등을 통한 권선징악의 교훈
- **특징**
  - 인현왕후 폐위의 부당함을 풍간하기 위한 목적으로 창작됨
  - 후대에 영향을 준 가정소설

- 서술자가 인물에 대해 평가를 내리고사건을 설명함으로써 독자의 이해를 도움
- 대화를 통해 사건을 전개하고, 갈등을 사실적으로 표현
- 구어체로 서술됨

19 ① 도사는 한림 처소의 벽에 있는 목인을 보고 한림의 애정과 관심을 요구하는 것일뿐, 살인모해하는 저주가 아니니 방심하라고 하였다. 따라서 '도사는 한림이 죽음을 맞이할 수도 있다고 경고했다'는 것은 글의 내용을 이해한 내용으로 적절하지 않다.

오답풀이

② 납매는 동청에게 장주를 몰래 죽이라는 말을 듣고 교녀의 허락을 받지 않고 장주를 눌러 죽였다.

③ '상상 엄숭이 도사의 잡술로 천자를 미혹하게 하는지라, 한림이 상소하여 간하였더라.'라는 내용을 통해 유 한림은 천자를 미혹하는 승상을 비판하는 글을 지었음을 알 수 있다.

④ '춘방이 설매를 크게 꾸짖는다 … 안색을 불변하고, 마침내 복초(服招)치 아니하고 장을 맞아 죽더라.'는 내용을 통해 춘방은 거짓 증언을 하는 설매를 꾸짖으며 죽음을 맞이했다는 것을 알 수 있다.

⑤ '두 부인이 성도에서 서간을 부쳐 왔더라. 한림이 개봉한 즉, 사씨의 출화(黜禍)당함을 모르고 쓴 것이라 … '의 내용을 통해 두 부인은 사 부인이 집에 없는 것을 모르고 한림에게 편지를 썼다는 것을 알 수 있다.

20 ③ 동청이 유 한림에게 독약을 먹이자고 교녀에게 제안하는 것은 자신의 지위 확보를 위한 인간의 잔인성을 드러내는 것으로, 정쟁 등의 외부적 요인으로 인한 가문의 위기 상황이라고 할 수 없다.

오답풀이

① 설매가 고문을 당하는 과정에서 사 부인을 모함한 것은 처첩 간의 갈등으로 인해 빚어진 일이라고 할 수 있다.

② 동청이 엄 승상에게 유 한림의 글을 전하려는 계획은 가문의 권력이 집중되어 있는 가장을 축출하려는 시도라 할 수 있다.

④ 동청이 납매에게 교녀의 자식을 죽이라고 하는 것은 자신의 지위를 확보하기 위한 인간의 잔인성을 보여 주는 장면이라고 할 수 있다.

⑤ 유 한림이 무고한 사 부인을 의심하여 나가게 한 것은 가장의 어리석음으로 인해 가문이 혼란에 빠질 수 있다는 것을 보여 준다고 할 수 있다.

21 ⑤ 납매는 설매가 전 날 옥지환을 도적한 사실을 알고 장주를 죽인 것에 대한 책임을 전가하기 위해 설매를 협박한다. 따

라서 @는 설매가 납매의 요구를 들어줄 수밖에 없는 이유로 활용되고 있다. 그리고 한림은 사씨 벽에 있는 목인을 보고 이전에 있었던 일이 사씨가 꾸민 짓이라고 생각했으나, 과거 자신의 판단을 의심하게 된다. 따라서 ⓑ는 한림이 과거 자신의 판단을 의심하는 계기로 활용되고 있다.

[22~25] 독서 – 사회

22 ③ 군인의 직무상 행위로 발생한 손해에 대해 국가배상을 배제하는 이유는 글에 언급되어 있지 않다.

오답풀이

① 첫 번째 문단에 국가배상의 개념이 언급되어 있다.

② 두 번째 문단에 국가배상법 제2조 제1항에 규정된 국가배상 청구권의 성립 요건에 대한 내용이 언급되어 있다.

④ 네 번째 문단에 대위책임설에서 공무원 개인의 직무상 행위로 발생한 손해배상 책임을 국가가 부담해야 한다고 주장하는 이유에 대한 내용이 언급되어 있다.

⑤ 네 번째 문단에 절충설에서 공무원의 경과실로 인한 손해에 대해 공무원 개인의 책임은 존재하지 않고 국가의 책임만 존재한다고 보는 이유에 대한 내용이 언급되어 있다.

23 ① 과실은 공무원이 갖추어야 할 주의 의무를 다하지 않은 경우를 말하므로, 공무원의 직무 집행 행위가 법령에 위반되었다는 것이 인정됨으로써 공무원의 과실이 인정되는 것은 아니다.

오답풀이

② '고의는 공무원이 행위의 위법성을 인식한 경우'라고 하였으므로, 공무원이 자신의 행위가 법을 어길 소지가 있다는 것을 인식하면서도 행위를 한 경우 해당 행위의 고의를 인정할 수 있다.

③ 공무원이 어떠한 행위를 하여야 할 의무가 법령에 규정돼 있음에도 불구하고 아무런 행위를 하지 않은 경우는 부작위를 의미하며, 행위의 위법성은 부작위에 의한 것도 인정된다고 하였으므로, 부작위에도 행위의 위법성이 인정될 수 있다.

④ 법령에 규정된 공무원의 직무상 의무의 내용이 개인의 이익이 아닌 공익만을 목적으로 하는 경우, 위법한 직무집행 행위와 개인이 입은 손해 사이에 인과 관계가 인정되지 않는다고 하였으므로, 법령에 의해 공무원에게 부과된 의무가 개인의 이익 보호를 목표로 하지 않는다면, 해당 의무의 부작위와 이로 인한 손해 사이에는 인과 관계가 인정되지 않는다고 할 수 있다.

⑤ 글에 따르면 공무원의 행위가 위법한 행위로서, 법령에 규정된 행위가 아니지만 외형상으로는 공무원의 직무 집행행위로 보이는 경우에는 국가배상 청구권이 성립할 수 있다.

24 ⑤ ⓒ에 따르면, 고의나 중과실의 경우에는 국가와 공무원 중 하나를 선택하여 배상을 청구할 수 있다. 따라서 B의 무리한 지시가 중과실에 해당되는 경우 A가 국가배상을 받은 이후에도 추가로 B에게 민사상 손해배상을 요구할 수는 없다.

오답풀이

① ㉠에 따르면, 국가가 공권력의 사용 권한을 공무원에게 맡긴 이상 공무원의 권력 남용에 대해서는 국가가 책임져야 한다고 보기 때문에, A가 입은 손해에 대해 국가가 배상함으로써 B의 권력 남용에 대해 국가 자신이 책임을 져야한다.

② ㉡에 따르면, 국가배상 책임은 손해를 가한 공무원이 부담해야 할 민사상 손해배상의 책임을 국가가 대신하여 부담해야 하므로, B의 무리한 지시가 공무원으로서 갖추어야 할 주의 의무를 심각하게 위반한 것이라도 B가 아닌 국가가 A가 입은 손해를 배상해야 한다.

③ ㉡에 따르면, 국가는 불법을 행할 수 없다는 국가 무책임 사상에 근거하여 국가가 A가 입은 손해를 배상하더라도 B의 무리한 지시는 개인의 행위일 뿐 국가의 행위로 인정될 수 없으므로 그 책임은 여전히 B에게 존재한다.

④ ⓒ에 따르면, 공무원의 경과실은 직무 수행상 통상적으로 발생할 수 있는 것이므로, 이에 대한 공무원 개인의 책임은 존재하지 않고 국가의 책임만 존재한다고 본다. 따라서 B의 무리한 지시가 경과실에 해당되는 경우 A는 B에게 민사상 손해배상을 요구할 수 없다.

25 ③ ⓐ에 대한 근거는 글의 네 번째 문단에 언급되어 있는데, 이에 따르면 국가배상 책임은 공무원의 권력 남용에 대한 국가의 책임으로, 공무원의 민사상 손해배상 책임과 별개로 존재하기 때문이다.

오답풀이

① 국가배상 책임은 국가의 책임으로, 국가의 책임과 공무원 개인의 책임이 동시에 존재하는 양면성을 지니지 않는다.

② 국가배상 책임은 국가의 책임으로, 공무원 개인의 책임이 아니기 때문에 공무원의 손해배상 책임을 국가가 대신하여 부담하는 것이라고 볼 수 없다.

④ 국가배상 책임이 공무원 개인의 직무 집행 행위로 인해 발생한 것이라도 국가배상 책임은 국가의 책임이기 때문에 공무원 개인이 국가배상 책임의 일부를 부담해야 하는 것은 아니다.

⑤ 국가배상 책임은 공무원 개인의 책임이 아니라 국가의 자기 책임이므로, 무사안일주의를 방지하기 위해 공무원에게도 책임을 묻는 것은 적절하지 않다.

[26~30] 갈래 복합

(가) 박인량 「사송과사주구산사(使宋過泗州龜山寺)」
- **갈래** : 한시
- **배경** : 고려 전기
- **주제** : 중국에 사신으로 왔다가 본 풍경을 보며 한가하고 여유로운 삶을 소망함
- **특징**
  - 원근법적인 구도가 돋보이는 시상의 전개(주변 → 절의 외관 → 절의 경내 광경 → 작자)
  - 원근법적인 구도를 통해 시적 내용을 응집시키는 효과를 극대화

(나) 정철 「성산별곡(星山別曲)」
- **갈래** : 서정 가사, 양반 가사
- **성격** : 전원적, 풍류적
- **배경** : 조선 명종 때(1560년)
- **형식** : 총84절(행), 168구이며 3 · 4조가 주축
- **주제** : 성산의 풍물과 김성원의 풍류를 예찬
- **특징**
  - 한어구와 전고가 많아 한시적인 분위기가 짙음
  - 한 개인과 지역에 대한 칭송으로, 보편성이 희박함
  - 체험에서 우러난 전원 생활의 흥취와 지은이의 개성이 잘 드러난 작품

26 ③ (가)와 (나) 모두 자연물에 화자의 감정을 이입하고 있지 않고, 애상감을 심화하고 있지도 않으므로 적절하지 않은 설명이다.

오답풀이

① (가)는 '풍경 소리 달을 흔들며 구름 사이로 떨어진다'는 내용을 통해 공감각적 심상을 활용하여 대상의 이미지를 구체화하고 있다는 것을 알 수 있다.

② (나)는 '~고', '~구나'와 같은 영탄적 어조를 활용하여 대상으로부터 받은 흥취를 강조하고 있다.

④ (나)는 (가)와 달리 '공산(空山)에 쌓인 잎', '눈' 등 계절감을 드러내는 시어를 활용하여 시적 분위기를 형상화하고 있다.

⑤ (가)는 1~6구에서는 주변환경을 묘사한 뒤 7 · 8구에 시인의 생각을 드러내는 선경후정의 방식으로 시상을 전개하고 있으며, (나)는 '~고'와 같은 의문형 어미를 사용하여 청자에게 말을 건네는 방식으로 시상을 전개하고 있다.

27 ⑤ (가)는 '시 한 수'로 자연에서의 한가로운 삶에 대한 소망을 드러내며, (나)는 '거문고'로 전원생활의 멋과 풍류를 표현하려 하고 있다. 따라서 (가)의 '시 한 수'와 (나)의 '거문고'는 내면적 감흥을 외부로 표출하는 수단이라고 할 수 있다.

오답풀이

① (가)의 '풍경 소리'는 삶에 대한 자족감을 나타내는 소재로 보기 어려우나, (나)의 '풍입송'은 삶에 대한 자족감을 나타내는 소재이다.

② (가)의 '큰 파도'는 심미적 완상의 대상이라고 보기 어려우나, (나)의 '창계 흰 물결'은 심미적 완상의 대상이라고 할 수 있다.

③ (가)의 '스님의 바둑'과 (나)의 '엊그제 빚은 술'은 삶에 대한 성찰을 환기하는 소재라고 보기 어렵다.

④ (가)의 '사신의 명'과 (나)의 '산옹의 이 부귀'는 화자가 부정적으로 인식하는 대상이 아니다.

28 ⑤ ⓐ는 산중에 책력이 없어 사시를 모른다는 내용을 통해 산중이 인위적인 시간 질서에 구애받지 않는 곳임을, ⓑ는 산중에 벗이 없어 한기를 쌓아둔다는 내용을 통해 산중에서도 인간 세상에 대한 화자의 관심이 여전히 남아 있음을 드러낸다.

29 ④ (다)에서 '군이 서울에 있어 소래산 꿈을 꾸는 것'이라 말하는 것은 '나'의 고향에 돌아가고자 하는 마음이 반영된 것이며, '나'는 '소래산'을 '서울'보다 더 높은 가치를 부여하는 것이지 위계적 질서상 상위에 두는 것이 아니다.

오답풀이

① (가)에서 '절'은 화자가 '다시 오르길 기약'한다는 점에서 단순한 물리적 공간을 넘어서는 의미가 부여된 곳이라 할 수 있다.

② (나)에서 '좋은 일 많다고 말한다는 점에서 '인생 세간'은 '손'의 가치관이 투사된 공간이라 할 수 있다.

③ (나)에서 '강산'을 '선간'으로 표현했다는 점에서 강산이라는 공간을 단순한 자연이 아닌 이상적 공간으로 파악하고 있다고 볼 수 있다.

⑤ (다)에서 '소래산'은 효라는 유가적 이념에 기반한 의미가 환기되는 곳이라는 점에서 조상을 중시하는 '이동욱 군'의 가치관이 투사된 곳이라 할 수 있다.

TIP 〈몽소헌기〉의 종류

• **누정기(樓亭記)** : 한문산문의 문체분류에서 記文. 그 중 개인적인 건축물과 관련된 누정기에 속함

• **누정(樓亭)의 의미** : 누각(樓閣)과 정자(亭子)를 아울러 이르는 말

• **누정기에서의 중요한 요소** : 누정주인에게 있어 공간·이름의 의미. 작자가 누정주인이 공간과 이름에 부여한 의미를 보는 관점. 작품 속에서의 누정주인의 인식과 작자의 인식의 관계

30 ④ ⓔ은 꿈이 주체나 대상과의 결합에 제한이 없다는 측면에서의 꿈의 보편적 성격을 기술하고 있으므로, 대리 만족을 가능하게 하는 꿈의 작용을 구체화하고 있다는 것은 적절하지 않은 내용이다.

오답풀이

① ⓐ은 낮의 일과 밤의 꿈에 대등한 가치를 부여함으로써 꿈의 의미를 드러내고 있다.

② ⓑ은 현실에서 그리움과 사모의 대상이 꿈으로 이어지는 꿈의 원리가 제시되고 있다.

③ ⓒ은 공간적 거리에 따른 현실적 제약을 넘어설 수 있게 하는 꿈의 효용이 제시되고 있다.

⑤ ⓜ은 꿈이 '나', '미산'과도 결합할 수 있다는 것을 통해 주체나 대상에 제한이 없는 꿈의 보편적 성격이 제시되고 있다.

2022학년도 기출문제 정답 및 해설

제2교시 영어영역(공통)

01 ③	02 ⑤	03 ⑤	04 ②	05 ④	06 ⑤
07 ④	08 ④	09 ③	10 ③	11 ②	12 ①
13 ⑤	14 ④	15 ④	16 ②	17 ①	18 ①
19 ②	20 ④	21 ③	22 ②	23 ⑤	24 ①
25 ①	26 ②	27 ①	28 ⑤	29 ③	30 ④

01 ③ 선행절 뒤에 관계대명사 which가 쓰일 경우, 후행절은 'which'가 주격이나 목적격을 대신하기 때문에 불완전문장이어야 한다. 그러나, 지문의 ③ which 뒤에 이어지는 문장은 선행절의 'the view'와 동격의 의미를 가지는 완전한 문장이다. 그러므로 이 같은 경우 'which'가 아니라 'that'을 써야 올바르다.

어휘

- soundness : 건실함
- sound : 건실하다
- the first millennium BCE : 기원전 제1천년기
- deceased : 사망한
- provide support : 지지하다, 힘을 보태다
- ornament : 장식

해석

일부 여성이 포함된 현대 고고학 연구자들은 아마존에 대한 헤로도투스의 언급의 역사적인 건실함을 시사하는 증거를 발굴했다. 이 학자들은 우크라이나 남부에서 창, 화살, 갑옷 같은 군사 도구와 함께 묻힌 여성들의 유골이 있는 기원전 제천년기 중반에 세워진 수많은 무덤들을 발견했다. 유골 중 일부는 사망자가 머리를 맞거나 날카로운 칼날에 찔렸다는 것을 나타내며, 이들이 무기들과 우연히 매장된 여성이라기보다는 전사들의 유골이라는 관점을 뒷받침한다. 무덤 속에는 옷을 위한 청동거울과 금장식에 더하여 귀금속(귀걸이, 목걸이, 구슬, 팔찌)도 있다. 시체는 아마도 여성들이 다음 세상으로 갈 때 전사로서 필요한 무기와 외모를 꾸미기 위하여 갖고 싶은 장식들과 묻혔을 것이다. 이 고고학적 증거는 대체적으로 아마존에 대한 헤로도투스의 언급이, 이전의 평가대로, 그가 남의 말을 쉽게 믿는다는 일종의 예시가 아니었으며, 오히려 역사적

으로 건실하다는 것을 시사한다.

02 ⑤ (A) 지문에서 언급된 연구에서 'students'가 피실험자의 입장이기 때문에 선택을 주는 입장이 아니라 주어지는 입장이므로 'give'의 수동형인 'were given'을 사용하는 것이 적절하다.

(B) 후행절의 문장이 완전문장이므로 관계대명사 'what'을 쓸 수 없고, 대신 '~인지 아닌지'의 뜻인 'whether'를 사용하는 것이 적절하다.

(C) 'make + 목적어 + 형용사'의 어순에서 부사인 'willingly' 대신 형용사 'willing'을 사용하는 것이 적절하다.

어휘

- high self-monitor : (심리학) 자기주시 경향이 높은 사람
- extrovert : 외향적인 사람
- introvert : 내성적인 사람
- irrespective of : 상관(관계)없이

해석

상황적 신호에 주의를 기울이는 성향으로 볼 때, 자기주시 경향이 높은 사람들(HSMs)은 직면하게 될 상황의 본질을 확실히 알고 싶어 한다. 상황에 따른 기대의 명확성은 HSMs에게 특히 중요하다. 이것은 학생들에게 외향적인 사람처럼 행동해야만 하는 상황에 들어가거나 그렇지 않은 선택이 주어진 연구에서 잘 입증되었다. HSMs은 상황이 명확하게 정의되면, 그들의 외향적 수준과는 상관없이 상황에 진입할 가능성이 훨씬 더 높았다. 그러나 자기주시 경향이 낮은 사람들(LSMs)의 선택은 그들이 내성적인 사람인지 외향적인 사람인지에 달렸고, 그들이 외향적인 LSM이라면, 그들은 진입했다. 또한 HSMs은 더 적극적으로 진입하게 하기 위해 상황이 어떻게 바뀔 수 있냐는 질문에 보다 명확한 행동지침을 제공하기 위해 이를 변형시켰다. LSMs은 내성적이거나 외향적인 성향을 자신의 성향과 더 가깝게 일치시키기 위해 상황을 전환시켰다.

03 ⑤ 제시된 지문에서는, 조각가들이 조각의 재료를 선택하는 데에 있어서 가용성이라는 것이 가장 중요하다고 말하고 있다. 그러므로, 전통적으로는 대중적인 조각 재료를 사용했지만, 마지막 문장에서는 '보다 저렴한 교통수단과 세

계 시장에 대한 접근성 확대'로 생소하다고 여겨졌던 재료들의 가용성이 높아져 조각가들이 사용하기 시작했다고 해야 글의 흐름이 자연스럽다. 따라서 쓰임이 적절하지 않은 ⑤의 'familiar(친숙한)'를 'unfamiliar(생소한)으로 바꿔 써야 한다.

어휘

- significant : 의미심장한, 중요한
- memorialize : 추모하다, 기념하다
- momentous : 중대한, 중요한
- permanent : 영구적인
- feasible : 실현 가능한
- jade : 옥
- rarely : 드물게
- readily : 손쉽게
- dictate : 지시하다
- availability : 유용성, 효용; (입수) 가능성

해석

조각은 역사적으로 대중 예술의 중요한 형태였으며, 문화와 시간을 넘나들며 중요하고 기억할 가치가 있다고 여겨지는 개인과 사건들을 추모하는 작품을 제작하는 데 사용되었다. 그 결과 조각가들은 가능한 한 영구적인 재료를 선택해 실현 가능한 한 오래 지속되는 예술을 추구했다. 대중적인 조각 재료로는 청동과 돌, 특히 대리석, 석회석, 화강암 등이 있다. 값이 싼 나무와 점토도 조각의 대중적인 매체였다. 종종 금, 은, 옥, 상아 등 귀한 재료들이 사용되기도 하지만, 그 비용 때문에 훨씬 더 드물게 사용되어 왔다. 사용된 재료들은 전통적으로 조각가가 쉽게 접근할 수 있는 재료들을 반영했지만, 이러한 결정은 다른 어떤 이유보다 가용성에 의해 좌우되었다. 이는 전통적으로 특정 지역의 조각가들이 특정 재료로 작업하는 결과를 낳았다. 보다 저렴한 교통수단과 세계 시장에 대한 접근성 확대로 조각가들은 한때는 친숙하다고(→생소하다고) 여겨졌던 재료들을 사용하기 시작했다.

04 ② (A) 국가는 오로지 국가 이기주의에 의해 동기가 부여된다고 하였으므로, 이념과 가치에 대한 어떤 호소 역시 권력 추구를 밝히는 것이 아니라 감추는 것이라고 해야 문장이 자연스럽다. 따라서 'concealing(감추는)'이 문맥상 적절하다.

(B) 이어지는 문장에서 인간은 본래 자기중심적이기 때문이라고 하였으므로, 문맥상 'inevitable(필연적인)'이 적절하다.

(C) 세계정부의 부재라는 무정부적 특성이 국가 이기주의에 대해 뒷받침하고 있으므로, 문맥상 'forces(강요하다)'가 적절하다.

어휘

- descriptive : 서술하는, 서술적, 기술적인
- exclusively : 오로지
- mere : ~에 불과한, 단순한
- rhetoric : 수사법, 미사여구
- reveal : 밝히다
- avoidable : 피할 수 있는
- forbid : 금지하다
- ensure : 보장하다

해석

서술적 사실주의에 따르면, 국가는 사실상 오로지 국가 이기주의에 의해 동기가 부여된다. 그들의 행동은 도덕적 고려에 의해 영향을 받지 않는다. 이런 시각에서, 세계 정치에서 이념과 가치에 대한 어떤 호소도 국제무대에서 취해지는 모든 결정의 근저인 권력 추구를 (A) 감추는 수사법에 불과하다. 어떤 사람들은 이것을 인간 본성의 (B) 필연적인 결과로 본다. 인간은 본래 자기중심적이기 때문에, 이것이 그들의 정치제도에 반영될 것으로 예상된다는 주장이다. 반면에, '구조적' 현실주의자들에게는, 각 국가들이 왜 자신들의 이익에만 몰두하는지 설명해주는 것이 국제 시스템의 무정부적 특성 – '절대군주'나 '세계정부'의 부재 – 이다. 세계정부의 부재는 국가들로 하여금 자신들의 생존을 보장하기 위해 권력을 추구하도록 (C) 강요하는 불안정한 환경을 만든다.

05 ④ 윗글은 보조금에 대한 개념과, 정부가 기업에 보조금을 지급하는 이유와 목적에 대하여 설명하고 있으며, 그에 따른 긍정적인 효과를 예상하게 하므로, 계획 경제에 대한 부정적인 관점을 제시하는 ④의 설명은 전체 흐름과 관계가 없는 문장이다.

어휘

- subsidies : subsidy(보조금)의 복수형
- intention : 의도, 목적
- profitability : 수익성, 이윤율
- export : 수출하다, 수출, 수출품
- domestic consumption : 국내 소비(내수)
- subsidize : 보조금을 주다
- economic warfare : 경제 전쟁
- issue : 발부하다, 지급하다

해석

보조금은 가격을 낮추거나 수익성을 높이기 위해 기업이나 경제 부문에 지급되는 지급액이다. ① 내수를 위해 식량을 싸게 할 목적으로 농지를 보조받는 경우가 많고, 정부가 고용 수준을 높이려 할 때 신규 채용 비용을 기업이 보조금을 받는 경

우가 많기 때문에 꼭 수출에 쓰이지는 않는다. ② 경제 전쟁 과정에서 보조금이 사용되는 이유 중 하나는 대상 국가의 소비자들이 해당 국가의 기업으로부터 구매하는 특정 제품, 또는 잠재적으로 모든 제품의 양을 늘리기 위해서이다. ③ 자국 내에서 생산되는 상품을 저렴하게 만들어 국민이 국내에서 구매하는 해외 수출품의 물량을 줄이는 것이 또 다른 목적이다. ④ 다시 말해, 계획 경제는 시장의 힘에 대응하지 못해 자원 비효율성과 부족을 초래한다. ⑤ 보조금 지급의 목적은 목표 국가의 사업에서 수익과 생산을 다른 방향으로 전환하고 자신의 사업에 이익을 주는 것이다.

06 ⑤ 윗글에 따르면 예술가는 삶을 단순하게 복사하는 것이 아니라, 사회의 일원으로서 사회가 살아 숨 쉬는 것을 작품에 반영한다. 그러므로 윗글의 요지는 ⑤의 "예술가는 자신이 사는 시대를 작품에 반영한다."이다.

어휘

• mirror : 반영하다
• photographic : 사진(술)의
• transpose : 바꾸다, 옮기다
• intuitively : 직감적으로, 직관에 의하여
• consciously : 의식적으로
• unconsciously : 무의식적으로
• epoch : 시대
• frivolous : 경박한
• gay : 명랑한
• carefree : 태평한

해석

예술이 삶을 반영하지 못하면 그것은 예술로서 실패한다. 그러나 삶을 반영한다는 것은 삶을 복사한다는 의미가 아니다. 예술가는 단순하게 자신의 시대가 담긴 사진 기록을 남기는 것이 아니다. 오히려 그 시대의 템포, 태도, 목표, 희망, 긴장, 성공과 실패를 작품에 반영한다. 예술가는 자신의 작품을 통해 이것들을 옮긴다. 예술가가 사회의 일원이기 때문에 직감적으로 사회가 살아 숨 쉬는 것을 표현한다. 우리의 위대한 박물관 중 하나를 거닐어야만 특정 시대의 사람들에게 의식적으로 무의식적으로 중요했던 감정과 아이디어―삶의 방식을―깨달을 수 있다. 예를 들어 초기 독일과 플랑드르 화가들의 중세 신비주의 정신이 절제된 감정적 강렬함은 양투안 와토와 같은 18세기 궁정 화가들의 경박하고 명랑하며 태평한 작품과 강하게 대조된다.

07 ④ 윗글에서는 미국 영화와 텔레비전이 백인 남성 중심적으로 이루어졌다는 근거를 제시함으로써, 이에 대한 사회비판적인 입장을 보이고 있다. 그러므로, "보이지 않는 전염병"이

의미하는 바는 ④의 'widespread failure to reflect diversity in American film and television(미국 영화와 텔레비전의 다양성을 반영하는 광범위한 실패)'이 가장 적절하다.

어휘

• stumble upon : 우연히 만나다
• overwhelmingly : 압도적으로
• overrepresented : 대표가 지나치게 많은
• epidemic : 전염병

오답풀이

① 전염병의 원인에 대한 일반적인 무지
② 인터넷 시대에 영화 관람객의 급속한 소멸
③ 연예인 지망생에 대한 가시적인 경제적 지원 수단의 부재
⑤ 미국 영화 산업에서 젊은 감독들을 양성하기 위한 불충분한 투자

해석

만약 한 외계인이 우연히 미국 영화와 텔레비전의 기록 보관소를 발견하게 된다면, 이 외계인은 우리가 대개 남성이며 백인이 압도적으로 많고, 60세 이상의 사람이나 신체적 장애를 가진 사람은 거의 없다고 결론내릴 것이다. 말을 하는 여성 인물은 영화에 나오는 인물의 29%와 텔레비전에 나오는 인물의 36%에 불과하다. 이러한 통계는 반세기가 넘도록 의미 있게 바뀌지 않았다. 백인은 대사의 72%를 차지할 정도로 지나치게 많았다(62%의 인구와 대비). 2015년 상위 100편의 영화를 대상으로 한 연구에서 48편은 대사(한 단어 이상을 기준)를 가진 흑인 캐릭터를 포함하지 않았다. 70편의 영화에는 아시아인이나 아시아계 미국인 캐릭터가 포함되어 있지 않았다. 영화와 텔레비전을 통틀어 감독들의 15%만이 여성이고 29%의 작가들이 여성이다. 영화계에서 여성은 감독의자에서 찾기가 더 어렵고, 영화의 약 4%가 여성에 의해 연출된다. 이러한 연구 결과를 도출한 대규모 연구 작업을 주도하고 있는 미디어 학자인 스테이시 스미스는 이것을 "보이지 않는 전염병"이라고 부른다.

08 ④ 윗글에서는 큰 조롱박들을 얻은 혜자가 물통이나 숟가락으로 쓸 수 없다며 버린 것에 대하여, 장자가 어째서 큰 뗏목으로 만들 생각은 하지 못했느냐며 꾸짖는 이야기를 보여준다. 그러므로, '물건의 용도를 생각할 때는 유연해져라'라는 ④의 설명이 가장 적절하다.

어휘

• Huizi : 혜자(惠子)
• Zhuangzi : 장자(庄子)
• enormous : 거대한, 막대한
• hence : 이런 이유로

오답풀이

① 전설에 따르라

② 타인의 물건을 소중히 하라

③ 소비 습관을 살펴라

⑤ 구매하는 물건의 크기에 주의하라

해석

혜자가 왕이 자신에게 한 줌의 큰 조롱박 씨앗을 선물로 주었다고 장자에게 말하는 것으로 일상적인 대화가 시작한다. "내가 그 씨앗들을 심으니 20갤런을 담을 수 있을 만큼이나 거대한 박으로 자라나더군! 물통으로 쓰려고 했는데 너무 무거워서 들어올릴 수가 없었고, 숟가락을 만들기 위해 자르려고 했는데 너무 얕아서 액체를 담을 수가 없었다네. 크기에 감명을 받긴 했지만, 아무짝에도 쓸모가 없는 것 같아 부숴버렸지." 당시 중국에서는 조롱박을 용기나 숟가락 두 가지 용도로 사용했다. 그래서 혜자는 실망이 컸다. 하지만 이 이야기를 듣고 장자는 믿을 수 없었다. "크다는 것을 생각하는 한 자네는 얼간이나 다름없네!"라며 그가 분명히 말했다. 그는 혜자에게 쓸모없거나 하찮은 물건을 가져다가 예상치 못한 용도로 사용하여, 그 과정에서 큰 보상을 얻게 된 사람들에 대한 이야기들을 들려준다. "지금 자네에게는 이런 조롱박들이 생겼는데,"라며 그는 결론을 내린다. "그것들을 숟가락으로 사용하기에는 너무 크다고 탄식하는 대신에, 강과 호수에 띄울 수 있는 큰 뗏목으로 만들 생각은 왜 하지 못하는 건가! 마치 자네 마음속에 덤불이 자라고 있는 것 같군!"

09 ③ 윗글에서는 판매 과정이 충성스러운 고객을 만드는 데에 최상의 기회라며, 그에 대한 방법에 대해 말하고 있다. 그러므로, ③의 'ways to make consumers loyal in the selling process(판매 과정에서 소비자의 충성도를 높이기 위한 방법)'이 윗글의 주제로 가장 적절하다.

어휘

• constantly : 끊임없이, 부단히

• existing : 기존의

• deliberate : 의도적인

• reciprocity : 상호주의

오답풀이

① 고객의 관심을 끌기 위한 생산자 간의 치열한 경쟁

② 입소문에 의한 신제품 홍보

④ 마케터가 기존 고객보다 잠재 고객에게 초점을 맞추는 이유

⑤ 프리미엄 서비스에 대한 충성 고객의 요구를 충족하기 위한 어려움

해석

전 세계 소비자들은 새로운 취향을 탐구하고 좋은 거래, 더 나

은 가격, 더 높은 품질 및 신뢰할 수 있는 공급업체를 끊임없이 추구한다. 따라서 고객의 니즈를 이해하고 대응하려는 의도적인 노력이 없다면 기존 고객을 유지하기가 어렵다. 좋은 의사소통과 상호주의를 통해, 판매 과정은 생산자들이 고객을 참여시켜 단순한 탐험가에서 자신들의 계획의 충성스럽고 헌신적인 구성원으로 변화시킬 수 있는 최상의 기회이다. 고객이 제품 판매 방식에 만족하지 않으면 다시는 거래하지 않을 가능성이 높다. 따라서 일관되고 즐거운 구매 경험을 만드는 것은 신뢰와 충성도를 쌓는 데 필수적인 부분이다. 상호주의는 고객의 충성도에 대한 보상을 받는 과정으로서 고객이 계속 돌아오도록 보장하는 또 다른 중요한 요소이다. 충성스러운 소비자를 만들기 위해서는 비용이 많이 들지 않아도 되는 전략이 필요하고, 현명하기만 하면 된다!

10 ③ 윗글에서는 정치학자 로버트 액슬로드를 따라서, 협상을 할 경우에는 먼저 협력을 한 뒤에 상대방의 행동을 흉내 내라고 말한다. 따라서 ③의 'The Key to Negotiation: First Be Nice, Then Mirror(협상의 핵심 : 먼저 친절하게 대하고, 흉내 내라)'이 윗글의 제목으로 가장 적절하다.

어휘

• attempt : 시도하다

• i.e. : 예를 들어, 즉

• accommodation : 합의

• dominating : 지배적인

• subsequent : 그 후의, 후속

• instance : 사례, 경우

• integrative : 통합하는, 완전하게 하는

오답풀이

① 위기 협상가가 되기 위해 필요한 것

② 친절하게 대하는 것이 협상에서 피해를 줄 수 있는 이유

④ 협상 중에 분노나 슬픔을 표현하는 것은 득이 된다

⑤ 성공적인 협상의 모방 : 악인가 독인가?

해석

더 넓은 관계의 일부로서 누군가와 협상할 때, 당신은 친절하게 협력하는 것을 목표로 해야 하는가 아니면 자신의 이익을 위해 최대한 많은 것을 확보하려는 이기적인 것을 목표로 해야 하는가? 이기적인 것이 단기적으로 가장 높은 보상을 줄 수도 있지만, 협력하는 것이 장기적으로 가장 큰 보상을 준다. 정치학자 로버트 액슬로드는 게임 이론가들이 서로 다양한 협상 전략을 펼치는 컴퓨터 토너먼트를 기획하고 나서, 당신이 먼저 협력한 다음에 상대방의 마지막 행동을 흉내 내야 한다고 결론을 내렸다. 핵심은 당신과 상대방이 당신의 행동을 통해 소통하고 있다는 것을 깨닫는 것이다. 협력하는 것(즉, 친절하게 시작하는 것)은 몇 가지 협상을 할 의사가 있다는 메시

지를 보낸다. 상대방이 지배적인 전략을 채택한다면, 당신은 그 공격에 대응해야 한다. 마찬가지로, 그들이 친절하다면, 친절하게 대하라. 이어지는 각 상황에서 마지막 행동을 계속 따라하라. 이를 통해 당사자들 간의 완전한 합의를 찾는 것을 배우는 협력 환경이 조성된다.

11 ② 윗글에서는 성공한 사람이 성공에 그치지 말고 더 나은 세상을 만들기 위한 책임을 강조하였으므로, 필자는 성공한 사람이 더 나은 세상을 만들기 위해 노력해야 한다고 주장하고 있다.

어휘
- virtuously : 덕이 높아서, 도덕적으로
- luxuriate : 사치를 부리다
- vegetate : 무위도식하다
- procrastinate : 미루다
- wield : 휘두르다
- betrayal : 배신

해석

어느 한 사람이 덕적으로 경지에 이르면, 그는 세상의 굶주린 '모든' 사람이 음식을 먹고, '모든' 우는 사람이 위로받고, '모든' 우울한 사람이 다시 웃을 이유가 생기고, '모든' 낙담한 사람이 격려 받고, '모든' 무기력한 사람이 동기부여를 받을 때까지 거기에 그쳐서는 안 된다. 가능성을 만드는 것을 절대 멈춰서는 안 된다. "누구에게나 많은 것이 주어질 것이며, 많은 것이 기대될지어다." 성공은 이 새로운 힘을 지렛대로 사용하여 세상을 신에게 조금 더 가까이 옮겨야 하는 놀랍도록 무거운 책임을 수반한다. 성취자로서, 시간은 사치를 부리거나, 무위도식하거나, 해야 할 일을 미루는 것이 아니라, 헌신하는 것이다. 성취자는 권력 기반을 가지고 있다. 그것을 활용해야 한다. 그는 영향력이 있다. 그것을 휘둘러야 한다. 그는 성공했다. 그것을 공유해야 한다. 자주 웃는 것, 지적인 사람들의 존경을 받는 것, 아이들의 애정을 얻는 것, 정직한 비평가들의 인정을 받는 것, 거짓 친구의 배신을 견뎌내는 것, 아름다움에 감사하는 것, 남에게서 최고를 찾는 것, 그리고 성취자가 존재했기 때문에 더 나은 세상이 되는 것–이것이 성공이다.

12 ① 윗글은 상상 속의 공포라는 것이 실제로 현실에서 마주했을 때는 그다지 끔찍한 것이 아니라고 설명하고 있다. 그러므로 윗글이 시사하는 바는 "현실을 외면하지 말라."는 ①의 설명이다.

오답풀이
② 절망은 겁쟁이에게 용기를 준다
③ 당신이 상상할 수 있는 모든 것이 현실이다
④ 다른 사람의 입장을 상상해보라

⑤ 먹이를 쫓지 말고 미끼를 물고 기다려라

해석

숲에서 들리지만 보이지 않는 것이 호랑이일 수도 있다. 그것은 다른 호랑이들보다 제각각 더 굶주리고 포악하며, 악어가 이끄는 호랑이들의 음모일지도 모른다. 하지만 아닐 수도 있다. 돌아서서 보면 다람쥐라는 걸 알 수 있을 거다. (실제로 다람쥐에게 쫓기는 사람을 알고 있다.) 숲속에 뭔가가 있다. 당신은 그걸 확실히 알고 있다. 하지만 그것은 대개 다람쥐일 뿐이다. 그러나 만약 당신이 보려 하지 않는다면, 그것은 용이 되지만 당신은 기사가 아니다. 당신은 사자와 맞서는 쥐이고, 늑대의 시선에 마비된 토끼이다. 그리고 나는 그게 언제나 다람쥐라고 말하지 않는다. 가끔은 정말 끔찍한 일이기도 하다. 하지만 실제로 끔찍한 것조차도 상상 속의 끔찍한 것에 비하면 종종 의미가 없어진다. 그리고 상상 속의 공포로 인해 맞설 수 없던 것은 종종 끔찍한 현실로 전락할 때 실제로 맞설 수 있다.

13 ⑤ 윗글에서 ①, ②, ③, ④는 모두 크라우즈를 가리키고, ⑤는 네즈퍼스족의 장로 앵거스 윌슨을 가리킨다.

어휘
- memorable : 기억에 남는
- encounter : 만남
- remarkable : 놀라운
- occurrence : 발생
- water's edge : 물가

해석

크라우즈는 어느 날 ① 그를 꾸짖었던 네즈퍼스족의 장로 앵거스 윌슨과의 추억의 만남을 묘사했다. "너희 백인들은 음악에 대해 아무것도 모른다. 하지만 원한다면 내가 어느 정도 가르쳐줄 수 있다." 다음날 아침, 크라우즈는 ② 자신이 오리건 주 북동부의 하천 둑으로 인도된 것을 알아차렸다. 그는 그곳에 조용히 앉으라는 몸짓을 받았다. 쌀쌀함 속에 기다린 끝에 산들바람이 일더니 갑자기 ③ 그의 주위가 파이프 오르간 화음소리로 가득 찼다. 악기가 보이지 않아 놀라운 광경이었다. 윌슨은 ④ 그를 물가로 데려와 바람과 얼음 때문에 길이가 다르게 부러진 갈대 무리를 가리켰다. 크라우즈는 이후 "그가 칼을 빼들었다"며 "그리고 거기서 하나를 잘라 구멍을 내고, 그 악기를 입술에 가져가 멜로디를 연주했다. ⑤ 그가 연주를 멈추고 말했지. '우리는 음악을 이렇게 배운다.'"라고 회상했다.

14 ④ 윗글에서는 해당 회사에 추가 보너스 지급 거부에 대한 구체적인 설명과 번복을 요구하고 있다. 그러므로 ④가 윗글의 목적으로 가장 적절하다.

589

어휘

- compensation : 보상금
- form letter : (똑같은 내용의) 양식 편지
- disclose : 밝히다
- file : (소송 등을) 제기하다
- appropriate : 적절한

해석

귀사로부터 최근 추가 보상 청구가 거절되었다는 편지를 받았습니다. 이 편지는 똑같은 내용이 복사된 편지이며, 제가 14개월 어학연수를 합격 학점으로 마친 것에 대한 추가 보너스 지급이 거부된 이유를 밝히지 않은 것으로 보입니다. 따라서 이 청구에 대한 검토와 거절 사유에 대한 완전하고 구체적인 설명을 요청합니다. 만약 제가 이 결정을 번복하지 못한다면, 저는 이 보너스에 대한 정당한 주장에 따라 필요한 기간 내에 항소를 제기할 계획입니다. 관련된 모든 서류(어학 보너스에 대한 서비스 설명서, 성적, 귀사에 보냈던 원본 편지, 귀사로부터 받은 양식 편지)가 동봉되어있습니다. 즉시 귀사로부터 이 검토에 대한 소식을 듣고, 이번 채용 약정에 따라 저에게 필요한 모든 보상을 받을 수 있기를 바랍니다.

15 ④ 윗글에서는 틸리 에딩거가 독일을 떠나 1년 동안 런던에 머무른 후 미국으로 갔다고 하였으므로, 독일을 떠나 바로 미국으로 갔다는 ④의 설명은 적절하지 않다.

어휘

- doctorate : 박사학위
- plaster cast : 석고 모형(깁스)
- maintain : 유지하다

해석

틸리 에딩거는 1897년 부유한 유대인 가정에서 태어났다. 그녀의 아버지 루드비히는 서로 다른 동물들의 뇌 구조를 비교하는 의학 연구원이었다. 에딩거는 1916년부터 1918년까지 하이델베르크와 뮌헨 대학에서 공부했다. 1921년에 프랑크푸르트 대학에서 박사학위를 받은 에딩거는 1927년에 센켄베르크 박물관의 큐레이터가 되었다. 1929년에 그녀는 화석 두개골 내부의 석고 주형으로 뇌 모양이 드러난다는 사실을 발견한 고생물 신경학, '화석의 뇌'를 발표했다. 그녀는 동물들의 뇌가 수백만 년 동안 어떻게 진화했는지 보여주는 지질학적, 생물학적인 증거를 결합시킨 최초의 사람 중 한 명이었다. 나치가 독일을 점령한 후, 에딩거는 나라를 떠나기로 결정했다. 1939년, 그녀는 독일을 떠나 1년 동안 런던에 머무른 후 미국으로 갔다. 그녀의 새로운 나라에서, 에딩거는 그녀의 분야에서 정상급 인물 중의 하나로 명성을 유지했고, 두 번째 기념비적인 책, '말의 뇌의 진화'를 출판했다.

16 ② 윗글에서는 사회 진화의 특징으로 그룹 구성원들의 전문화를 강조하고 있다. 즉, 그룹 안에서의 구성원들 간의 역할 분리를 말한다. 그러므로, 빈칸에 들어갈 말로는 ②의 'division of labor(분업)'이 가장 적절하다.

어휘

- hallmark : 특징
- optimum : 최적의
- circumstance : 상황
- caste : 계층

오답풀이

① 라이벌 팀
③ 쾌락의 추구
④ 영양의 균형
⑤ 부의 분배

해석

그룹 구성원들의 전문화는 사회 진화의 특징이다. 인체공학적 이론 중 하나는 특정 환경에 있는 각 종에 대해 일반학자로 구성된 동일한 크기의 그룹보다 더 효율적으로 수행하는 최적의 조정된 전문가 집단이 존재한다는 것이다. 또한 많은 상황에서 전문가 집단은 일반학자들의 동등한 집단이 쉽게 관리하지 못하는 질적으로 다른 업무를 수행할 수 있는 반면, 그 반대의 경우는 그렇지 않다 아프리카 들개 무리는 사냥을 할 때 두 개의 '계층'으로 나뉘어 사냥을 한다. 바로 추적을 하는 성체와 새끼들과 동굴에 남는 성체이다. 이러한 분업이 없었다면, 그 무리는 주요 먹잇감을 구성하는 발굽을 가진 커다란 동물들을 충분히 사냥할 수 없었을 것이다.

17 ① 윗글에서는 초기 중국 철학자들의 아날로그적이고 행동 지향적인 교육 방식에 빗대어 교육이 어떻게 되어야 하는가를 주장하고 있다. 그러므로, 빈칸에 들어갈 말로는 'effective engagement with the world(자연과의 효과적인 조화)'의 ①이 가장 적절하다.

오답풀이

② 이기적인 행동의 완전한 포기
③ 주어진 모든 정보에 대한 완벽한 암기
④ 추상적 이론화에 대한 공동의 약속
⑤ 성공한 사람들에 대한 현명한 모방

해석

초기 중국 철학자들은 행동 지향적인 완벽의 모델을 지향했기 때문에 육체적 연습, 시각화 운동, 음악, 의식, 명상을 통해 체화된 정신을 단련하는 데 초점을 맞췄다. 추상적 이론화나 일반 원칙의 학습에 대한 강조는 거의 없었다. 학생들은 어린 나이에 고전을 암기했을 것으로 예상되었으며 암기가 제 역할을

하더라도, 최종 목표는 이 정보를 생활에 유연하고 창의적으로 사용하는 법을 배우는 것이었다. 공자는 "수백 시를 암송할 수 있는 사람이 정부 업무를 위임받았을 때 그것을 수행할 수 없거나, 사절로 해외에 파견되었을 때 재치 있는 즉답에서 주의를 사로잡을 수 없다고 상상해보라. 얼마나 많은 시를 외웠다 한들, 그게 무슨 도움이 되겠는가?"라고 말했다. 단순히 고전을 외운다고 해서 진정한 신사나 숙녀가 되는 것은 아니다. 그 지식을 통합하여 당신의 일부가 되게 만들어야 한다. 이것이 초기 중국 교육의 초점이다. 그 목표는 자연과의 효과적인 조화에 대한 모범을 보이는 일종의 유연한 노하우를 만들어내는 것이었다. 교육은 아날로그적이고, 총체적이며, 행동 지향적이어야 한다.

18 ① 윗글에서는 뇌가 생존과 생식에 유리한 일을 하기 위한 성향이 있거나 준비가 되어 있다고 하였으므로, 빈칸에 들어갈 말로는 ①의 'the brain as a blank slate(뇌는 백지상태)'가 가장 적절하다.

어휘
• predispose : ~하는 성향을 갖게 하다
• spontaneous : 자발적인
• tendency : 경향
• forage : 먹이를 찾다
• acquisition : 습득

해석
초기 행동적 관찰 연구에서는 이미 뇌는 백지상태라는 생각에 반대했다. 연구자들은 동물들이 모든 것을 동등하게 연관시키지 않으며 실험자가 기대하는 모든 재주를 부리도록 훈련받을 수 없다는 것을 반복해서 증명했다. 뇌가 생존과 생식에 유리한 일을 하기 위한 성향이 있거나 '준비'가 되어 있기 때문에 동물의 생태학적 지위와 관련된 행동들은 쉽게 훈련될 수 있다. 예를 들어, 설치류에서 먹이를 구하는 동안 다른 경로를 선택하는 경향인 '자발적 교대'는 생물종별 학습의 신속한 습득에 대한 생물학적 준비의 한 예이다. 제한된 시간 내에 같은 장소에서 식량을 찾는 것은 효율적인 전략이 아니다. 왜냐하면 대체 경로를 선택하는 것이 보상으로 이어질 가능성이 더 높기 때문이다. 반면에, 생존에 해가 될 수 있는 연계는 '대비된 것'이라고 불린다. 예를 들어, 발에 불쾌한 감전 사고를 피하기 위해 뒷다리로 쥐를 훈련시키는 것은 탐색적인 행동이며 위험에 처했을 때 전개되는 은닉 및 동결 행동과 양립할 수 없기 때문에 사실상 불가능하다.

19 ② 윗글에서는 기술을 습득할 때에 자신의 신체 운동이나 내적 상태보다 자신이 원하는 환경과 효과에 집중하는 것이 더 효과적이라고 강조하고 있다. 그러나 빈칸이 포함

된 문장에서는 그렇지 못한 경우를 설명하고 있으므로, 빈칸에 들어갈 말로는 ②의 'Focusing on the skill-relevant environment(기술 관련 환경에 초점을 맞추는 것)'이 가장 적절하다.

오답풀이
① 노력에 대한 합당한 보상을 기대하는 것
③ 일과 놀이에서 균형을 잡는 것
④ 타인의 판단을 의식하는 것
⑤ 일상적인 환경에서 스스로를 격리하는 것

해석
자신의 수행 역학에 의식적인 인식을 집중하는 것은 기술 습득의 초기 단계에서 유용하지만, 더 경험이 많은 선수나 연주자에게는 지장을 준다는 것을 우리는 알고 있다. 마찬가지로 전문지식의 수준과 상관없이 자신이 원하는 환경과 효과에 집중하는 것('외부 초점')이 자신의 신체 운동이나 내적 상태에 집중하는 것('내부 초점')보다 더 효과적이다. 예를 들어, 손을 뒤로 당기는(내부 초점) 대신 물을 뒤로 밀어내는(외부 초점) 것에 집중하라고 말한 수영선수들이 더 빠르게 수영하고, 이러한 효과는 매우 다양한 분야에서 나타나고 있다. 자신의 주의를 내면이 아닌 밖으로 향하게 하는 것이 신체적 기술을 배우고 수행하는 데에 어째서 더 효과적인지에 대한 다양한 가설이 있다. 자신의 움직임에 집중할 때, 자신의 의식이 그것이 속하지 않는 곳에 스스로를 삽입하도록 허용함으로써 부드럽고 자동적인 모터 프로그램을 방해하고 다른 방해물(사회적 압력, 개인적인 걱정, 약속된 물질적 보상)이 성과를 침해하고 저하시키도록 한다. 기술 관련 환경에 초점을 맞추면 플레이의 시작과 끝에서 기량을 '잃어버릴' 수 있다.

20 ④ 윗글은 바쁜 부모로 인해 애정 어린 손길을 받지 못하는 아이들과 그 부모에 대하여 설명한 글이다. 주어진 글이 바쁜 부모가 처한 일상을 설명하고 있으므로, 그다음에는 그 일상으로 인해 나타날 수 있는 상황을 제시하는 (C)가 와야 하고, 다음으로 그 상황에 대한 부모와 보호자들의 대비책에 해당하는 (A)가 와야 한다. 그리고 (A)의 효과에 대한 긍정적이지 못한 시선에 해당하는 (B)가 마지막에 위치한다.

어휘
• inform : 알리다
• affectionate : 다정한, 애정 어린
• tactile : 촉각의
• notably : 특히
• infant : 유아
• heighten : 고조시키다
• appropriate : 적절한

- confer : 수여하다, 부여하다
- childcare : 보육
- abusive : 학대하는; 모욕적인

해석

> 부모들이 홀트와 왓슨 시절보다 아이들에게 애정 어린 손길이 필요하다는 것을 더 잘 알고 있지만, 바쁜 업무 스케줄은 아이들에게 그 기회를 많이 주지 못할 수도 있다. 많은 아이들이 아침 식사 후 어린이집이나 학교에 남겨져 저녁 식사나 취침 시간에만 귀가한다.

(C) 이 루틴은 왓슨이 아침에 악수하고 잠자리에 들 때 키스를 하는 것보다 훨씬 더 촉각적인 상호작용을 못하게 할 수도 있다. 보육제공자들이 애정 어린 손길이 부적절하고 학대적인 손길로 해석될까 봐 점점 더 두려워하고 있기 때문에 아이들은 집 밖에서 포옹과 키스 할당량을 받을 것 같지도 않다.

(A) 일부 부모와 보호자들은 아이들이 받는 촉각적 관심, 특히 지금은 유아들까지도 대상으로 하는 비디오와 컴퓨터 게임을 통해 아이들에게 높은 시각적 자극을 줌으로써 보상하려 할지도 모른다.

(B) 이것이 한 사회의 구성원들에게 적절한 시각적 의식의 고양으로 이어질 수 있지만, 개인적인 손길의 이점을 줄 수는 없다. 아직 우리 자신의 피부로 편안함을 느낄 때가 오지는 않은 것 같다.

21 ③ 윗글은 동물의 종이 처해진 상황에 따라 수면 시간이 다르다는 것을 설명하고 있다. 주어진 글이 수면의 기능에 대하여 설명하고 있으므로, 그것을 뒷받침해주고 있는 (B)가 와야 한다. 다음으로는 그 예시에 해당하는 (C)가 와야 하며, 그와 대비되는 설명에 해당하는 (A)가 그 뒤에 와야 한다.

어휘

- vulnerable : 취약한
- variability : 가변성, 변동성
- metabolic : 신진대사의

해석

> 수천 가지의 연구에도 불구하고, 우리는 여전히 가장 기본적인 질문에 대해 불명확하다. 수면의 기능은 무엇일까? 가장 확실한 설명은 수면이 원기를 회복시킨다는 것이다.

(B) 신진대사율이 더 높은 종들이 일반적으로 더 많은 시간을 잠자는 데 보낸다는 관찰에서 이 설명을 지지한다. 덜 명

확한 설명은 적응 가설인데, 이 관점에 따르면, 동물이 잠을 자는 양은 음식의 입수 가능성과 안전 고려사항에 따라 달라진다.

(C) 예를 들어, 먹이 욕구를 충족시키기 위해 몇 시간 동안 풀을 뜯어야 하는 코끼리들은 잠을 조금 잔다. 사자와 같이 포식자에 대한 취약성이 낮은 동물들도 박쥐나 굴을 파고 사는 동물처럼 숨어서 안전을 찾는 동물들처럼 많은 시간을 잔다.

(A) 반대로 크기가 너무 커서 굴을 파거나 숨기에 취약한 동물들(예를 들어, 말이나 소)은 매우 적게 잔다. 39종을 대상으로 한 연구에서는 체격과 위험이 결합된 요소가 수면시간 변동의 80%를 차지했다.

22 ② 윗글에서는 기억에서 비롯되는 2차적 이득에 대하여 설명하고 있다. 주어진 글은 고통스럽거나 수치스러운 기억으로부터는 아무것도 얻지 못한다고 생각할 수 있다는 것에 반대하는 주장의 시작을 의미하고 있으므로, ②에 들어가는 것이 가장 적절하다.

해석

> 그럼에도 불구하고, 임상 심리학자들이 말하는 기억에서 비롯되는 '2차적 이득'이 있을 수 있다.

많은 경우에, 제안된 기억을 채택하려는 동기(혹은 적어도 고려하려는 동기)는 복잡할지도 모른다. 예를 들어, 지금 어떤 끔찍한 어린 시절의 일을 떠올리는 어른을 생각해보아라. (①) 만약 기억된 사건이 고통스럽거나 수치스러웠다면, 그는 이 기억으로부터 아무것도 얻지 못한다고 생각할 수 있다. 대신, 이 기억을 간직하는 것은 그 사람에게 상처를 준다. (②) 그는 아마도 관심과 존중을 오랫동안 바랄 거다. (③) 그는 아마도 여러 가지 책임에서 벗어난 것 같다. (④) 어쩌면 "드디어 내 인생이 이해되고, 왜 이런 나쁜 일들이 나에게 일어났는지 알겠다."라거나, "마침내 내가 겪은 나쁜 일들이 내 잘못이 아니었음을 깨달았다."와 같은 문장에 비친 강력한 감정을 비로소 얻을지도 모른다. (⑤) 그러므로, 기억을 평가하고 기억이 정확한지 아닌지를 결정하려는 사람은 이러한 가능성을 따져봐야 한다.

23 ⑤ 윗글에서는 원시인류가 생각을 가지고 있었다는 징후들이 있더라도 원시인류의 생각이 행동보다 앞서다는 주장은 설득력이 없다고 말하므로 ⑤에는 이에 해당하는 이유나 근거가 와야 한다. 그러므로 주어진 글은 ⑤에 들어가는 것이 가장 적절하다.

④ ~에 대한 자신감 ······ 의도하지 않은

⑤ ~로 인한 성질(성미) ······ 지속적인

해석

폴 그린, 프란체스카 지노 및 브래드 스태츠는 한 특정 회사의 300명 이상의 정규직 근로자의 4년치 직원 성과 데이터를 연구했다. 이 조직에서는 관리자들이 연간 성과 검토를 실시하지 않았다. 대신, 사람들은 자기 평가에 참여했고 동료들을 평가했다. 연구원들은 이러한 데이터뿐만 아니라 조직 내 각 직원의 네트워크에 대한 정보도 조사했다. 그들은 무엇을 발견했을까? 개개인은 동료들이 부정적인 피드백을 제공하면 그들의 네트워크에서 동료들을 제거하는 경향이 있었다. 만약 그 사람을 배제할 수 없다면, 그들은 더 긍정할 수 있는 다른 사람들을 그들의 관계로 들임으로써 보상했다. 한마디로, 개개인은 각자 듣고 싶은 것을 말해주는 사람들로 자신을 둘러쌌다. 그들은 이 행동에 대한 대가를 치렀다. 연구진은 직원들이 비판적 피드백을 제공하는 동료들과 관계를 끊었을 때, 직원 성과에 상당한 타격을 입었다는 사실을 발견했다.

↓

연구에 따르면, 근로자들은 비판적인 피드백을 하는 동료들과 (A) 거리를 두는 경향이 있었으며 이러한 태도는 그들의 성과에 (B) 불리한 영향을 끼쳤다.

어휘

• unfold : 펴다, 펼쳐지다

• burden : 짐, 짐을 지우다

• enact : (법을) 제정하다

• inflexible : 융통성 없는

• transferal : 이동, 전이

• indication : 지시, 암시

• utilize : 활용하다

해석

오히려, 그들의 행동의 주요 동기는 그들 환경의 단서뿐만 아니라 내부의, 학습되지 않은, 유전자 프로그래밍에 대한 자발적인 반응으로 남아 있다.

중요한 이슈는 생물생태학적 변화가 전개되면서 원시인류가 자연계로부터 고립된 느낌을 받았다는 점이다. (①) 생명이 대부분 무분별한 유전자 프로그래밍에 의해 통제되는 생명체들에 비해, 이제 인간은 행동하기 전에 생각해야 하는 무거운 짐을 지고 있었다. (②) 유전자 프로그래밍은 행동하는 방법에 대해 매우 구체적이고 융통성 없는 지시를 내리는 반면, 생각은 그에 비해 매우 유연하며 인간에게 가능한 선택 및 행동 방식을 제시한다. (③) 원시적이고 문화적인 전달뿐만 아니라 특정 비인간 생물들 사이에서도 분명히 학습이 있고, 또한 몇몇 종들, 특히 비인간 영장류들이 행동하기 전에 어느 정도의 생각을 활용한다는 분명한 징후들이 있다. (④) 그럼에도 불구하고, 비인간 영장류들의 행동이 사려 깊고 그들의 행동보다 반사적인 사고가 앞선다는 주장은 설득력이 없다. (⑤) 인간에게 있어 세상의 상황은 극적으로 다르다.

24 ① (A) 비판적인 피드백을 하는 동료들과는 거리를 둔다고 하였으므로, 빈칸 (A)에는 'distance from(거리를 두다)'이 들어갈 말로 가장 적절하다.

　　(B) 비판적인 피드백을 하는 동료들과 거리를 두었던 태도가 성과에 상당한 타격을 입었다고 하였으므로 빈칸 (B)에는 'adverse(불리한)'이 들어갈 말로 가장 적절하다.

어휘

• exclude : 제외하다

• compensate : 보상하다

• affirm : 단언하다

오답풀이

	(A)		(B)
②	~와의 거리	······	이로운
③	~에 대한 자신감	······	다차원적인

[25~26]

어휘

• bewildering : 어리둥절하게 하는

• relativism : 상대주의

• dependent : 의존하는

• adhere to something : ~을 고수하다

• tolerate : 참다

• privilege : 특권을 주다, 특권

• ethnic minority : 소수 민족

• justification : 정당성, 정당한 이유

• objectively : 객관적으로

• virtuous : 도덕적인, 고결한

해석

세계 곳곳에서 마주치는 황당한 도덕적 관습과 관행의 다양성에 직면하여, 도덕적으로 옳고 그른 결정이 정말로 없다는 생각에서 벗어나고 싶은 것은 일리가 있다. 도덕적 상대주의는 도덕적 판단이나 원칙의 진실이 어떤 사람이나 집단의 수용에 의존하고 상대적이라는 견해이다. 그러므로 개인적인 믿음의 충돌에 직면할 때, 우리는 단순히 우리 자신의 신념을 따라

야 한다. 아니면, 상당히 다르게, 우리는 단순히 다른 사람들의 다른 신념을 용인하는 법을 배우면서, 우리 자신의 개인적인 신념을 고수하고 옹호해야 할 것이다. 만약 우리가 관용을 기르려면, 우리의 도덕적 관용도는 얼마나 넓게 확장되어야 하는가? 예를 들어, 정치적 반대자들에 대한 폭력적이고 잔혹한 탄압에 대한 관용을 포함할 것인가? 단순히 타국의 관행이라는 이유만으로 그런 반대자들에 대한 고문을 (충고나 관여는 고사하고) 묵묵히 방관하고 참아야 하는가?

이 경우에, 도덕적 상대주의의 개념에 따르면, 사실 옳고 그름을 말할 수 있는 특권적 위치에 있는 사람은 아무도 없다. 우리는 기껏해야 우리 자신이 옳고 그르다고 믿는 것을 어느 정도 확실하게 말할 수 있을 뿐이다. 우리 사회에서 받아들여지는 도덕적 가치(예를 들어, 여성, 미성년자, 소수 민족의 권리 또는 정적에 대한 대우)와 그렇지 못한 것이 충돌하는 경우, 상대주의는 한 사회에 대한 다른 사회의 어떤 비판도 객관적으로 타당하지 않을 거라고 말하는 것 같다. 상대주의자들은 관용의 가치에 따라 '로마에서는 로마법을 따르라'는 친숙하고 진부한 격언에서 볼 수 있듯이, 우리 스스로 발견하는 사회의 도덕적 가치와 관행을 채택할 것을 더 나아가 권고할지도 모른다.

25 ① 윗글에서는 우리가 우리 사회에서 받아들여지는 도덕적 가치와 다른 국가에서 받아들여지는 도덕적 가치가 충돌했을 때 상대주의자들이 접근하는 방식에 대하여 설명하고 있다. 그러므로 ①의 'How Moral Relativists Approach Moral Conflicts(상대주의자들이 도덕적 갈등에 접근하는 방식)'이 윗글의 제목으로 가장 적절하다.

오답풀이

② 도덕적 상대주의가 도덕적 무책임으로 이어지다
③ 비도덕 사회의 도덕적 개인
④ 우리의 궁극적인 목표 : 보편적 도덕
⑤ 도덕 : 선천적인가 후천적인가?

26 ② 윗글에서는 상대주의자들은 우리 사회에서 적용되는 도덕적 가치로 다른 국가의 도덕적 가치를 평가해서는 안 된다는 입장이라고 설명하고 있다. 그러므로 빈칸에는 'no criticism of one society by another would be objectively valid(한 사회에 대한 다른 사회의 어떤 비판도 객관적으로 타당하지 않을 거라고)'가 들어갈 말로 가장 적절하다.

오답풀이

① 우리는 이기심에 대한 우월한 도덕적 정당성을 찾아야 한다고
③ 도덕적 용기는 육체적 용기보다 높고 드문 미덕이라고
④ 자기중심적인 도덕적 권위는 없다고
⑤ 우리는 덕을 행함으로써 도덕적인 사람이 된다고

[27~28]

어휘

• famine : 기근
• breakdown : 붕괴, 고장, 실패
• cluster : 무리를 이루다
• persuasive : 설득력 있는
• intimately : 친밀하게; 직접적으로
• artisan : 장인
• commodity : 상품
• thriving : 번영하는, 번화한
• flee : 달아나다, 도망치다
• sophisticated : 세련된, 교양 있는

해석

이것은 열병하는 악몽처럼 들릴지 모르지만, 기후 변화는 거의 3,000년 전으로 거슬러 올라가는 선진 문명의 붕괴를 촉발시켰다. 기원전 1200년경, 후기 청동기 왕국들의 붕괴가 시작된 완전한 (지진, 기근, 가뭄을 포함하여 150년 이상 지속된) 재난의 폭풍이 현재의 그리스, 이스라엘, 레바논, 터키, 시리아를 포함하는 지역인 동부 지중해 주변에 몰려들었다. 고고학자들은 그 세계의 일부가 3세기 이상 활발한 경제 성장과 문화적, 기술적 발전을 경험했다는 설득력 있는 증거를 발견했다. 미케네인과 미노아인으로부터 히타이트인, 아시리아인, 키프로스인, 가나안인, 이집트인까지, 이들 고대 사회는 의사, 음악가, 장인의 서비스를 주고받으며 밀접하게 연결되어 있었다. 그들의 잘 발달된 무역로는 상품과 천연 자원, 특히 주석과 같은 청동을 만드는 데 필수적인 상품들을 수송했다.

그러나 2012년 연구에 따르면 기원전 1200년경 지중해의 지표면 온도가 급격히 냉각되면서 극심한 가뭄이 발생하여 이로 인해 식량 부족, 대규모 이주, 가난하고 농경한 농민들의 내부 반란이 일어났다고 한다. 결국, 한때 번영했던 청동기 시대의 주요 도시들은 가뭄에 찌든 고국을 떠나 침략한 군대에 의해 파괴되었고, 이는 문화, 언어, 기술의 상실을 초래했다. 그 결과 한때 세련되고 복잡했던 사회가 계속 존재했던(→ 사라진) 최초의 암흑시대였다. 그걸 복구하고 재건하는 데에 수 세기가 걸렸다.

27 ① 윗글에서는 첫 문단의 'climate change has triggered the collapse of advanced civilizations dating back nearly 3,000 years.'를 통해 알 수 있듯이 기원전 1200년경의 후기 청동기 왕국이 기후변화로 인해 어떻게 붕괴되었는지를 설명하고 있다. 그러므로 ①의 'the impact of climate change on the late Bronze Age kingdoms(기후변화가 청동기 후기 왕국에 미친 영향)'이 윗글의 주제로 가장 적절하다.

오답풀이

② 기후변화를 막기 위한 국제적 노력의 필요성

③ 청동 유물에 대한 신비를 밝히기 위해 계속되는 시도

④ 선진 문명을 건설하기 위한 이상적인 기후 조건

⑤ 청동기 왕국이 번영한 이유

28　⑤ 윗글에서는 기후변화로 인한 후기 청동기 왕국의 붕괴를 설명하고 있으므로, 기후변화의 결과로 청동기 왕국이 계속 존재했던 암흑시대가 나타난 것이 아니라 청동기 왕국이 사라진 암흑시대가 나타났을 것이다. 그러므로 ⑤의 'continued(계속했던)'은 'discontinued(끝이 난)' 또는 'stopped(멈춘)' 등으로 고쳐 써야 옳다.

오답풀이

① (a) 성장

② (b) 서로 연결하다

③ (c) 야기하다, 초래하다

④ (d) 유도하다

[29~30]

어휘

• please : 비위를 맞추다, 기쁘게 하다

• stretch : 뻗은

• lawn : 잔디밭

• gaping : 입을 크게 벌린, 크게 갈라진

• face-to-face : 얼굴을 맞대고

해석

대니는 "헤이워드 씨에게 사과하지 않을 거예요. 콜린이 창문을 깼지, 내가 아니라구요. 사람들의 비위를 맞추려고 사과하지 않을 거예요!"라고 화를 내며 소리쳤다. 대니의 할아버지는 손자가 하는 말을 잠자코 들었다. "너희 둘 다 공을 가지고 놀았어, 그렇지?"라며 그가 물었다. "네, 하지만 제가 공을 패스했을 때 콜린은 일부러 피했어요. 공이 헤이워드 씨의 부엌 창문을 통해 들어간 것은 걔 잘못이에요." "만약 사과를 하지 않는다면 다시는 그녀의 집 근처에서 놀지 못할 줄 알아라." 할아버지가 (a) 그에게 일러두었다.

(C) 대니는 할아버지가 한 말을 떠올렸다. 그래, 아쉬운 일이야. 그녀의 집 앞엔 아주 넓게 펼쳐진 잔디밭이 있고, 여름마다 수영장에서 수영하게 해주었어. 하지만 (c) 그는 "싫어요, 할아버지! 아무리 내가 놀 데가 없고 여름에 더위로

죽더라도 헤이워드 씨에게 가서 미안하다고 말하지 않을 거예요!"라고 말했다. 할아버지는 책상으로 가서 신문 스크랩을 훑어보았다. "와서 이걸 좀 보려무나."라고 (d) 그가 말했다.

(D) 대니는 할아버지가 (e) 그에게 내민 만화를 보았다. 두 염소가 갈라진 벼랑 옆에 있는 절벽의 좁은 가장자리에서 서로 반대 방향으로 걷고 있었다. 길 한가운데서 그들은 얼굴을 마주 보았다. 다음엔 무슨 일이 벌어졌을까? 둘 다 절벽에서 떨어질 때까지 서로 덤벼들었을까? 아니다. 염소 한 마리가 무릎을 꿇고 다른 한 마리가 자기 위로 걷도록 했다.

(B) 그래서 둘은 여행을 계속할 수 있었다. "왜 이 그림을 보여주시는 거예요?"라며 대니가 물었다. 할아버지는 "만화에서 누워있는 염소처럼 자세를 낮출 준비가 되어 있다면, (b) 너와 콜린은 헤이워드 씨의 집 앞에서 계속 함께 놀 수 있을 거야."라고 말했다.

29　③ 윗글에서는 대니와 콜린이 공놀이를 하다 헤이워드 씨의 창문을 부순 뒤에, 대니가 사과하려고 하지 않자 할아버지가 타이르는 것을 보여주고 있다. 그러므로 (A) 다음에는 할아버지의 말에 반발하는 대니의 말이 이어지는 (C)가 와야 하며, 그다음에는 그런 대니에게 할아버지가 신문의 만화를 보여주는 (D)가 와야 한다. 그리고 할아버지가 대니에게 조언을 해주는 내용의 (B)가 마지막에 위치한다.

30　④ (C)의 (d)는 대니에게 신문의 만화를 보여주려는 할아버지를 가리키며, 나머지 (a), (b), (c), (e)는 모두 대니를 가리킨다.

2022학년도 기출문제 정답 및 해설

제3교시 수학영역(공통)

01 ①	02 ④	03 ④	04 ⑤	05 ⑤	06 ③
07 ④	08 ②	09 ③	10 ①	11 ②	12 ③
13 ②	14 ④	15 ①	16 18	17 12	18 9
19 16	20 290	21 27	22 56		

[확률과 통계]

23 ②	24 ①	25 ③	26 ④	27 ⑤	28 ②
29 80	30 41				

[미적분]

23 ⑤	24 ②	25 ③	26 ③	27 ①	28 ④
29 19	30 64				

[기하]

23 ③	24 ⑤	25 ①	26 ②	27 ④	28 ⑤
29 66	30 37				

---

01 $\lim\limits_{x \to 2} \dfrac{x^2-x+a}{x-2}$의 값이 존재하므로,

(분모) → 0이면, (분자) → 0이어야 한다.

$2^2-2+a=2+a=0$, $a=-2$

$\lim\limits_{x \to 2} \dfrac{x^2-x-2}{x-2} = \lim\limits_{x \to 2} \dfrac{(x-2)(x+1)}{x-2} = 2+1 = 3$

$\therefore b=3$

$a=-2$, $b=3$이므로, $a+b$의 값은 1이다.

02 첫째항을 a, 공비를 r이라 하면

$a_3 = ar^2 = 1$

$\dfrac{a_4+a_5}{a_2+a_3} = \dfrac{ar^3+ar^4}{ar+ar^2} = \dfrac{ar^3(1+r)}{ar(1+r)} = r^2 = 4$

$r^2=4$, $ar^2=1$이므로, $a=\dfrac{1}{4}$

$a_9 = ar^8 = \dfrac{1}{4} \times 4^4 = 64$

03 $\sum\limits_{k=1}^{9} k(2k+1) = \sum\limits_{k=1}^{9} 2k^2+k = \sum\limits_{k=1}^{9} 2k^2 + \sum\limits_{k=1}^{9} k$

$\sum\limits_{k=1}^{9} 2k^2 = 2\sum\limits_{k=1}^{9} k^2 = 2 \times \dfrac{9 \times 10 \times 19}{6} = 570$

$\sum\limits_{k=1}^{9} k = \dfrac{9 \times 10}{2} = 45$

$\therefore \sum\limits_{k=1}^{9} k(2k+1) = 570+45 = 615$

04 $\lim\limits_{h \to 0} \dfrac{f(2+h)-f(2)}{h \times f(h)}$

$= \lim\limits_{h \to 0} \dfrac{f(2+h)-f(2)}{h} \times \lim\limits_{h \to 0} \dfrac{1}{f(h)} \left(\because \lim\limits_{h \to 0} \dfrac{1}{f(h)} \neq 0 \right)$

$= f'(2) \times \dfrac{1}{f(0)}$

$= 1$

함수 $f(x) = x^3-4x^2+ax+6$이므로, $f(0)=6$

$f'(x) = 3x^2-8x+a$이므로

$f'(2) = 12-16+a = a-4$

따라서

$f'(2) \times \dfrac{1}{f(0)} = (a-4) \times \dfrac{1}{6} = 1$

$a-4 = 6$

$\therefore a = 10$

05 $f'(x) = 4x^3+ax$이므로

$f(x) = x^4 + \dfrac{a}{2}x^2 + C$ (C는 적분상수)

$f(0) = -2$이므로

$f(x) = x^4 + \dfrac{a}{2}x^2 - 2$

$f(1) = 1$이므로

$f(1) = 1 + \dfrac{a}{2} - 2 = \dfrac{a}{2} - 1 = 1$

$\therefore a = 4$

$f(x) = x^4 + 2x^2 - 20$이므로

$f(2) = 16+8-2 = 22$

06 $\sqrt[m]{64} \times \sqrt[n]{81} = 64^{\frac{1}{m}} \times 81^{\frac{1}{n}} = 2^{\frac{6}{m}} \times 3^{\frac{4}{n}}$

2와 3은 서로소이고, $2^{\frac{6}{m}} \times 3^{\frac{4}{n}}$의 값이 자연수이려면 $2^{\frac{6}{m}}$, $3^{\frac{4}{n}}$은 각각 자연수이어야 한다.

$2^{\frac{6}{m}}$이 자연수가 되기 위한 m은 2, 3, 6이다.

($\because m$은 2이상의 자연수)

$3^{\frac{4}{n}}$이 자연수가 되기 위한 n은 2, 4이다.

($\because n$은 2이상의 자연수)

따라서 순서쌍 (m, n)의 개수는 $3 \times 2 = 6$가지이다.

07 $\cos\left(x + \dfrac{\pi}{2}\right) = -\sin x$이고,

$\cos^2 x = 1 - \sin^2 x$이므로

$f(x) = 1 - \sin^2 x + 4\sin x + 3$

$\qquad = -\sin^2 x + 4\sin x + 4$

$\qquad = -(\sin^2 x - 4\sin x + 4) + 4 + 4$

$\qquad = -(\sin x - 2)^2 + 8$

$-1 \le \sin x \le 1$이므로, 함수 $f(x)$의 최댓값은

$\sin x = 1$일 때, 7이다.

08 $\log_a 4 = 2\log_a 2$

$\log_a 8 = 3\log_a 2$

$\log_a 32 = 5\log_a 2$

$\log_a 128 = 7\log_a 2$

가로 칸의 세 수의 합과 세로 칸의 세 수의 합이 같은 경우를 찾으면, $(\log_a 4,\ \log_a 8,\ \log_a 32)$, $(\log_a 2,\ \log_a 4,\ \log_a 128)$이다.

따라서

$\log_a 4 + \log_a 8 + \log_a 32 = 10\log_a 2 = 15$

$10\log_a 2 = 15$이므로

$\log_a 2 = \dfrac{3}{2}$

$\therefore a = 2^{\frac{2}{3}}$

09 첫째항이 1인 등차수열 a_n의 공차를 d라 하면

$S_n = \dfrac{n\{2 + (n-1)d\}}{2}$

$T_n = \dfrac{nd}{2}\ (n이\ 짝수)$

$\qquad = -1 - \dfrac{(n-1)d}{2}\ (n이\ 홀수)$

$S_{10} = \dfrac{10(2 + 9d)}{2} = 10 + 45d$

$T_{10} = 5d$

따라서

$\dfrac{S_{10}}{T_{10}} = \dfrac{10 + 45d}{5d} = 6$

$30d = 10 + 45d$

$15d = -10$

$\therefore d = -\dfrac{2}{3}$

$T_{37} = -1 - \dfrac{36}{2} \times \left(-\dfrac{2}{3}\right)$

$\qquad = -1 + 12$

$\qquad = 11$

10 $f(x) = \begin{cases} x^2 - 5a & (x < a) \\ -2x + 4 & (x \ge a) \end{cases}$이므로

$f(-x) = \begin{cases} x^2 - 5a & (x \ge a) \\ 2x + 4 & (x \le -a) \end{cases}$

따라서

$f(x)f(-x) = \begin{cases} (x^2 - 5a)(2x + 4) & (x \le -a) \\ (x^2 - 5a)^2 & (-a < x < a) \\ (x^2 - 5a)(-2x + 4) & (a \le x) \end{cases}$

함수 $f(-x)f(x)$가 $x = a$에서 연속이려면 $x = a$에서의 극한값이 존재해야 하므로

$\displaystyle\lim_{x \to a+} f(-x)f(x) = \lim_{x \to a-} f(-x)f(x) = f(-a)f(a)$

$\displaystyle\lim_{x \to a+} f(-x)f(x) = (a^2 - 5a)(-2a + 4)$

$\displaystyle\lim_{x \to a-} f(-x)f(x) = (a^2 - 5a)^2$

$f(-a)f(a) = (a^2 - 5a)(-2a + 4)$

따라서

$(a^2 - 5a)(-2a + 4) = (a^2 - 5a)^2$

$(a^2 - 5a)(a^2 - 3a - 4) = 0$

$\therefore a = 5$ 또는 $a = 4\ (\because a는\ 양의\ 실수)$

모든 양의 실수 a의 합은 9이다.

11 $v_1(t) = 3t^2 - 6t$, $v_2(t) = 2t$이고, $t = a$에서의 두 점 P, Q의 위치가 일치하므로

$\displaystyle\int_0^a v_1(t)\,dt = \int_0^a v_2(t)\,dt$

$\displaystyle\int_0^a v_1(t)\,dt = \int_0^a (3t^2 - 6t)\,dt$

$\qquad = \Big[t^3 - 3t^2 \Big]_0^a$

$\qquad = a^3 - 3a^2$

$\displaystyle\int_0^a v_2(t)\,dt = \int_0^a (2t)\,dt = \Big[t^2 \Big]_0^a = a^2$

따라서

$a^3 - 3a^2 = a^2$

$a^3 - 4a^2 = 0$

$\therefore a = 4\ (\because a > 0)$

점 P가 $t = 4$까지 움직인 거리는

$\displaystyle\int_0^4 |3t^2 - 6t|\,dt = \int_0^2 (-3t^2 + 6t)\,dt + \int_2^4 (3t^2 - 6t)\,dt$

$\qquad = \Big[-t^3 + 3t^2 \Big]_0^2 + \Big[t^3 - 3t^2 \Big]_2^4$

$\qquad = (-8 + 12) + (64 - 48 - 8 + 12)$

$\qquad = 4 + 20$

$\qquad = 24$

12 함수 $f(x) = x^3 - 6x^2 + 5\ (-1 \le x \le 1)$의 도함수가

$f'(x) = 3x^2 - 12x$이므로 $x = 0$, $x = 4$에서 극값을 갖는다.

함수 $f(x)$의 삼차항의 계수가 양수이므로,

$x = 0$에서 극댓값 5를 갖는다.

따라서 함수 $f(x)=x^3-6x^2+5(-1\le x\le 1)$는 $x=0$에서 최댓값 5를 갖고, $x=-1$에서 최솟값 -2를 갖는다.

함수 $f(x)=x^2-4x+a(1<x\le 3)$를 표준형으로 정리하면

$f(x)=(x-2)^2+a-4$

따라서 $x=2$에서 최솟값 $(a-4)$를 갖고, $x=3$에서 최댓값 $(a-3)$을 갖는다.

함수 $f(x)=x^3+6x^2+5(-1\le x\le 1)$에서 최댓값은 5, 최솟값은 -2를 가지므로,

함수 $f(x)=x^2-4x+a(1<x\le 3)$에서 최솟값으로 -5를 가져야 한다.($\because$ 최댓값과 최솟값의 합이 0)

$\therefore a-4=-5, a=-1$

$\lim\limits_{x\to 1+}f(x)=\lim\limits_{x\to 1+}(x^2-4x-1)=-4$

13 곡선 $y=a^x$, $y=|a^{-x-1}-1|$의 그래프 형태를 각각 그리면 다음과 같다.

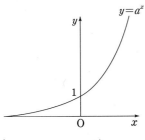

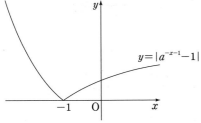

ㄱ. (참)

곡선 $y=|a^{-x-1}-1|$은 $(-1, 0)$을 지난다.

$|a^0-1|=0(\because a>1)$

ㄴ. (참)

$a=4$이면 곡선 $y=4^x$, $y=|4^{-x-1}-1|$은 $x<-1$에서 한 점 만난다.

곡선 $y=4^x$, $y=|4^{-x-1}-1|$의 교점을

$x>-1$에서 찾으면

$4^x=1-4^{-x-1}$

$4\cdot(4^x)^2-4\cdot 4^x+1=0$

$(2\cdot 4^x-1)^2=0$

$4^x=\dfrac{1}{2}$

$\therefore x=-\dfrac{1}{2}$에서 한 점 만난다.

따라서 $a=4$이면 곡선 $y=4^x$, $y=|4^{-x-1}-1|$은 두 점에서 만난다.

ㄷ. (거짓)

(i) $x>-1$

곡선 $y=a^x$, $y=|a^{-x-1}-1|$의 교점을 찾으면

$a^x=1-a^{-x-1}$

$a\cdot(a^x)^2-a\cdot a^x+1=0$

$a^x=t$라 하면

$at^2-at+1=0$

근의 공식을 통해 t의 값을 구하면

$t=\dfrac{a\pm\sqrt{a^2-4a}}{2a}$

$a^x=\dfrac{a\pm\sqrt{a^2-4a}}{2a}$

$\therefore x=\log_a\dfrac{a+\sqrt{a^2-4a}}{2a}$ 또는 $x=\log_a\dfrac{a-\sqrt{a^2-4a}}{2a}$

따라서 $a>4$일 경우 두 교점의 x좌표의 합은

$\log_a\dfrac{a+\sqrt{a^2-4a}}{2a}+\log_a\dfrac{a-\sqrt{a^2-4a}}{2a}$

$=\log_a\dfrac{4a}{4a^2}$

$=\log_a\dfrac{1}{a}$

$=-1$

(ii) $x<-1$

곡선 $y=a^x$, $y=|a^{-x-1}-1|$의 그래프는 $x<-1$에서 반드시 한 점 만난다.

따라서 $a>4$이면 두 곡선의 모든 교점의 x좌표의 합은 -2보다 작다.

14 조건 (가)에 의하여 함수 $h(x)$는 연속이며, 미분가능하다.

함수 $f(x)$는 점 $(-1, 0)$을 지나는 미분가능한 함수이고, 도함수 $f'(x)$는

$f'(x)=3x^2-1$

$x=-1$에서의 미분계수는 $f'(-1)=2$이다.

따라서 직선 $g(x)$는 기울기가 2이고, 점 $(-1, 0)$을 지나는 직선이다.

$g(x)=2x+2$

직선 $g(x)$는 두 점 $(-1, f(-1))$, $(a, f(a))$를 지나는 직선이므로

$2a+2=a^3-a$

$a^3-3a-2=0$

$(a+1)^2(a-2)=0$

$\therefore a=2(\because a>-1)$

따라서 함수 $h(x)$는 점 $(2, 6)$을 지난다.

$a=2$이고, 조건 (가)에 의하여 $x=2$에서의 미분계수는 2이어야 한다.

함수 $f(x)$의 미분계수가 2인 x좌표는 $x=-1$, $x=1$이다.
따라서 점 $(1, 0)$이 점 $(2, 6)$으로 평행이동 해야 하므로, x축으로 1, y축으로 6만큼 이동하여야 한다.

$\therefore m=1, n=6$

$m+n$의 값은 7이다.

15 조건 (나)에 의하여

$a_2=a_3\times a_1+1$

$a_3=2a_1-a_2$

a_3을 a_1에 관한 식으로 전개하면

$a_3=2a_1-(a_3\times a_1+1)$

$\quad=2a_1-a_3\times a_1-1$

$a_3+a_3\times a_1=2a_1-1$

$(1+a_1)a_3=2a_1-1$

$\therefore a_3=\dfrac{2a_1-1}{a_1+1}=2-\dfrac{3}{a_1+1}$

$\dfrac{2a_1-1}{a_1+1}\left(=2-\dfrac{3}{a_1+1}\right)$의 값이 정수이기 위해서는

a_1의 값은 -4, -2, 0, 2 중 하나여야 한다.

이 중에서 최솟값 m은 -4이다.

$a_1=-4$, $a_3=3$, $a_2=-11$이므로

$a_9=2a_4-a_2$

$\quad=2(a_3\times a_2+1)-a_2$

$\quad=2(3\times-11+1)+11$

$\quad=-53$

16 함수 $f(x)$의 도함수를 $f'(x)$라 하면

$f'(x)=(x^3+x)+(x+3)(3x^2+1)$

따라서 $x=1$에서의 미분계수는

$f'(1)=(1+1)+4\times4=18$

17 방정식 $\sin\dfrac{\pi x}{2}=\dfrac{3}{4}$의 해는 함수 $f(x)=\sin\dfrac{\pi x}{2}$와

직선 $y=\dfrac{3}{4}$의 교점의 x좌표이다.

함수 $f(x)=\sin\dfrac{\pi x}{2}$는 주기가 4인 사인함수이다.

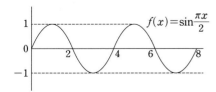

함수 $f(x)=\sin\dfrac{\pi x}{2}$와 직선 $y=\dfrac{3}{4}$의 교점 중 값이 가장 작은 x좌표를 A라고 하면 교점들의 x좌표는 다음과 같이 표현할 수 있다.

$x=A$

$x=2-A$

$x=4+A$

$x=6-A$

따라서 $0\leq x<8$일 때, 방정식 $\sin\dfrac{\pi x}{2}=\dfrac{3}{4}$의 모든 해의 합은 12이다.

18 함수 $f(x)=x^3-5x^2+3x+n$이라 하자. 함수 $f(x)$의 도함수를 $f'(x)$라 하면

$f'(x)=3x^2-10x+3=(3x-1)(x-3)$

함수 $f(x)$는 $x=\dfrac{1}{3}$과 $x=3$에서 극값을 갖는다.

삼차항의 계수가 양수이므로, $x=3$에서 극솟값을 갖는다.

$f(3)=3^3-5\times3^2+3\times3+n=n-9$

따라서 극솟값 $f(3)=n-9$는 0보다 크거나 같아야 한다.

$n-9\geq0$

$n\geq0$

$\therefore$ 자연수 n의 최솟값은 9이다.

19 두 점 A, B가 직선 $y=x$ 위의 점이므로, $A(a, a)$, $B(b, b)$라 하자. $\overline{OA}=\overline{AB}$이므로 점 B의 좌표는 $(2a, 2a)$이다.

점 A, B는 함수 $f(x)=\log_2 kx$ 위의 점이므로,

$A(a, \log_2 ka)$, $B(2a, \log_2 2ka)$이다.

$\overline{OA}=\sqrt{a^2+a^2}=a\sqrt{2}$

$\overline{AB}=\sqrt{(2a-a)^2+(\log_2 2ka-\log_2 ka)^2}$

$\quad=\sqrt{a^2+1}$

$\overline{OA}=\overline{AB}$이므로

$a\sqrt{2}=\sqrt{a^2+1}$

$2a^2=a^2+1$

$a^2=1$

$\therefore a=1(\because x>0)$

함수 $f(x)$가 점 $(1, 1)$을 지나므로

$f(1)=\log_2 k=1$

$\therefore k=2$

함수 $f(x)=\log_2 2x$이므로,

함수 $f(x)$의 역함수 $g(x)$의 $g(5)$의 값은

$5=\log_2 2x$

$x=2^4$

20 함수 $f(x)$의 그래프를 나타내면 다음과 같다.

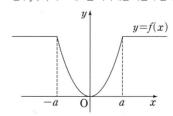

함수 $y=f(x)$의 그래프와 x축 및 두 직선 $x=-3$, $x=3$으로 둘러싸인 부분의 넓이를 A라고 하면

(i) $a>3$

$$A=2\times\left(\int_0^3 \frac{3}{a}x^2 dx\right)$$
$$=2\times\left[\frac{1}{a}x^3\right]_0^3$$
$$=2\times\frac{27}{a}$$
$$=8$$
$$\therefore a=\frac{27}{4}$$

(ii) $a\leq 3$

$$A=2\times\left\{\int_0^a \frac{3}{a}x^2 dx+(3-a)\times 3a\right\}$$
$$=2\times\left\{\left[\frac{1}{a}x^3\right]_0^a+(-3a^2+9a)\right\}$$
$$=2\times(-2a^2+9a)$$
$$=-4a^2+18a$$
$$=8$$
$$2a^2-9a+4=0$$
$$(2a-1)(a-4)=0$$
$$\therefore a=\frac{1}{2}(\because a\leq 3)$$

따라서 조건을 만족하는 a의 값은 $\frac{27}{4}$, $\frac{1}{2}$이므로

모든 a의 값의 합은 $\frac{29}{4}$이다.

$$\therefore 40S=40\times\frac{29}{4}=290$$

21 $\overline{O'M}=r-\overline{OM}=r-|R\cos\theta|$

직각삼각형 O'BM에서

R을 삼각형 OBM, 삼각형 O'BM을 이용하여 구하면
$$R^2-(|R\cos\theta|)^2=r^2-(r-|R\cos\theta|)^2$$
$$=(2r-|R\cos\theta|)(|R\cos\theta|)$$
$$R^2=(2r-|R\cos\theta|)(|R\cos\theta|)+(|R\cos\theta|)^2$$
$$=2r|R\cos\theta|$$
$$\therefore R=2r|\cos\theta|(\because R은 반지름)$$

따라서 (가)에 들어갈 값은 $2|\cos\theta|$이다.

$$\sin(\angle O'BM)=\frac{r-\overline{OM}}{r}$$
$$=\frac{r-|R\cos\theta|}{r}$$
$$=\frac{r-2r\cos^2\theta}{r}$$
$$=1-2\cos^2\theta$$

따라서 (나)에 들어갈 값은 $1-2\cos^2\theta$이다.

$$\frac{\overline{BC}}{\overline{AC}}=\frac{\frac{2R}{\sin\theta}}{\frac{2R}{\sin(\angle O'BM)}}=\frac{\sin\theta}{1-2\cos^2\theta}$$

따라서 (다)에 들어갈 값은 $\frac{\sin\theta}{1-2\cos^2\theta}$이다.

$f(\theta)=2|\cos\theta|$이므로, $f(\alpha)=\frac{6}{5}$

$g(\theta)=1-2\cos^2\theta$이므로, $g(\beta)=\frac{1}{5}$

$h(\theta)=\frac{\sin\theta}{1-2\cos^2\theta}$이므로,

$$h\left(\frac{2}{3}\pi\right)=\frac{\sin\frac{2}{3}\pi}{1-2\cos^2\frac{2}{3}\pi}=\frac{\sin\frac{1}{3}\pi}{1-2\cos^2\frac{1}{3}\pi}=\frac{\frac{\sqrt{3}}{2}}{\frac{1}{2}}=\sqrt{3}$$

$$\therefore f(\alpha)+g(\beta)+\left\{h\left(\frac{2}{3}\pi\right)\right\}^2=\frac{6}{5}+\frac{1}{5}+3=\frac{22}{5}$$

따라서 $p=5$, $q=22$이므로, $p+q=27$

22 $g(x)=\int_0^x (x-2)f(s)ds=(x-2)\int_0^x f(s)ds$

따라서 $g(0)=g(2)=0$이고, 함수 $g(x)$의 형태는
$g(x)=ax(x-2)(x-b)(a\neq 0,\ a,\ b는 실수)$

직선 $y=tx$와 곡선 $g(x)$가 만나는 점의 개수가 $h(t)$이고, 조건에 의하여 $t=-2$, $t=0$에서 함수 $h(t)$는 불연속이다.

삼차함수 $g(x)$와 직선 $y=tx$의 교점의 개수 $h(t)$가 불연속인 지점은 삼차함수 $g(x)$와 직선 $y=tx$가 접할 때($D=0$)이고, $x=0$, $x=2$일 때이다.

(i) $x=0$에서 접할 때

함수 $g(x)=ax^2(x-2)$는 $y=0$과 $y=-2x$와 각각 교점이 2개이다.
$$ax^2(x-2)=-2x$$
$$ax^2-2ax+2=0$$
$$\therefore \frac{D}{4}=a^2-2a=0,\ a=2$$

따라서 $g(x)$는
$$g(x)=2x^2(x-2)$$
$$g(4)=64$$

(ii) $x=2$에서 접할 때

함수 $g(x)=ax(x-2)^2$은 $y=0$과 $y=-2x$와 각각 교점이 2개이다.
$$g'(x)=a(x-2)^2+2ax(x-2)$$이고,
$$g'(0)=-2,\ g'(2)=0$$이므로
$$a=-\frac{1}{2}$$

따라서 $g(x)$는
$$g(x)=-\frac{1}{2}x(x-2)^2$$
$$g(4)=-8$$

구하고자 하는 $g(4)$의 값들의 합은 56이다.

23 $(2x+1)^6=\sum\limits_{r=0}^{6}{}_6C_r(2x)^r$

따라서 x^2의 계수는 $r=2$일 때이므로

${}_6C_2\times2^2=\dfrac{6\times5}{2}\times2^2=60$

24 3의 배수가 적혀 있는 두 공이 서로 이웃하도록 배열하는 경우는 $(3, 6)$, $(6, 3)$이다. 따라서 2가지이다.

$(3, 6)$이 이웃하는 경우, $(3, 6)$을 하나의 공으로 보고, 원형으로 배열하는 경우의 수를 구하면

$\dfrac{5!}{5}=4!=24$

$(6, 3)$의 경우도 마찬가지로 24개이므로, 구하고자 하는 경우의 수는 48가지이다.

25 컴퓨터 동아리의 학생이 남학생일 경우를 A, 데스크톱을 사용할 경우를 B라 하자.

$P(A)=\dfrac{21}{39}=\dfrac{7}{13}$

$P(B)=\dfrac{15+8}{39}=\dfrac{23}{39}$

$P(A\cap B)=\dfrac{15}{39}=\dfrac{5}{13}$

따라서 동아리 학생 중에서 임의로 선택한 1명이 데스크톱 컴퓨터를 사용하는 학생일 때, 이 학생이 남학생일 확률은

$P(A|B)=\dfrac{P(A\cap B)}{P(B)}=\dfrac{\dfrac{5}{13}}{\dfrac{23}{39}}=\dfrac{15}{23}$

26 10장의 카드 중에서 임의로 선택한 서로 다른 3장의 카드에 적혀 있는 세 수의 곱이 4의 배수일 사건을 A라 하자.

$P(A)=1-P(A^C)$

A^C의 경우 4 또는 8을 선택하면 4의 배수가 되므로, 4와 8을 제외하여 계산한다. 또, $(2, 6, 10)$ 중 2개 이상을 선택하면 4의 배수가 되므로 0개 또는 1개를 선택하여야 한다.

(i) $(2, 6, 10)$ 중 0개 선택하는 확률

$\dfrac{{}_5C_3}{{}_{10}C_3}=\dfrac{1}{12}$

(ii) $(2, 6, 10)$ 중 1개 선택

$\dfrac{{}_5C_2\times{}_3C_1}{{}_{10}C_3}=\dfrac{1}{4}$

$\therefore P(A^C)=\dfrac{1}{3}$

$P(A^C)=\dfrac{1}{3}$이므로

$P(A)=1-P(A^C)=1-\dfrac{1}{3}=\dfrac{2}{3}$

27 표본평균 $\overline{X}$의 평균, 표준편차를 구하면

$E(\overline{X})=100$, $\sigma(\overline{X})=\dfrac{\sigma}{\sqrt{25}}=\dfrac{\sigma}{5}$

$\overline{X}$는 정규분포 $N\left(100, \left(\dfrac{\sigma}{5}\right)^2\right)$을 따른다.

$P(98\le\overline{X}\le102)=P\left(\dfrac{98-100}{\dfrac{\sigma}{5}}\le Z\le\dfrac{102-100}{\dfrac{\sigma}{5}}\right)$

$\qquad=P\left(-\dfrac{10}{\sigma}\le Z\le\dfrac{10}{\sigma}\right)$

$\qquad=2\times P\left(0\le Z\le\dfrac{10}{\sigma}\right)$

$\qquad=0.9876$

$\therefore P\left(0\le Z\le\dfrac{10}{\sigma}\right)=0.4938$

표준정규분포표를 이용하여 $\dfrac{10}{\sigma}$의 값을 구하면 $\dfrac{10}{\sigma}=2.5$

$\therefore \sigma=4$

28 조건 (나)에 의하여 정의역 X의 원소 1, 2, 3의 치역은 $\{1\}$ 또는 $\{1, 2\}$이어야 한다.

(i) $f(1)=f(2)=f(3)=1$

정의역의 원소 4, 5, 6, 7, 8의 치역은 1, 2, 3 중 하나이면 되므로, ${}_3H_5={}_7C_5=21$ ($\because$ 조건 (가))

(ii) $f(1)=f(2)=1$, $f(3)=2$

정의역의 원소 4, 5, 6, 7, 8의 치역은 2, 3 중 하나이면 되므로, ${}_2H_5={}_6C_5=6$ ($\because$ 조건 (가))

$f(1)=1$이어야 하고, $f(2)=2$인 경우 조건 (나)를 만족하지 못한다.

따라서 구하고자 하는 모든 경우의 수는 $21+6=27$가지이다.

29 주사위를 굴려 나오는 수가 3 이상의 경우는 3, 4, 5, 6이고, 확률은 $\dfrac{2}{3}$이다.

주사위를 굴려 나오는 수가 3보다 작을 경우는 1, 2이고, 확률은 $\dfrac{1}{3}$이다.

따라서 주사위를 4번 굴려 나오는 수가 3 이상의 수가 r번 나올 확률은 ${}_4C_r\left(\dfrac{2}{3}\right)^r\left(\dfrac{1}{3}\right)^{4-r}$

따라서 확률변수 R의 확률분포를 표로 나타내면 다음과 같다.

R	0	1
$P(R=r)$	${}_4C_0\left(\dfrac{1}{3}\right)^4$	${}_4C_1\left(\dfrac{2}{3}\right)\left(\dfrac{1}{3}\right)^3$
2	3	4
${}_4C_2\left(\dfrac{2}{3}\right)^2\left(\dfrac{1}{3}\right)^2$	${}_4C_3\left(\dfrac{2}{3}\right)^3\left(\dfrac{1}{3}\right)$	${}_4C_4\left(\dfrac{2}{3}\right)^4$

$R=0$일 경우, 말판의 숫자는 4, $R=1$일 경우, 말판의 숫자는 6, $R=2$일 경우, 말판의 숫자는 0, $R=3$일 경우, 말판의 숫자는 2, $r=4$일 경우, 말판의 숫자는 4가 된다. 따라서 구하고자 하는 말이 도착한 칸에 적혀 있는 수를 확률변수 X의 평균 $\mathrm{E}(X)$의 값은

$$\mathrm{E}(X)=4\times\left(\frac{1}{3}\right)^4+6\times4\times\left(\frac{2}{3}\right)\left(\frac{1}{3}\right)^3+0\times6$$
$$\times\left(\frac{2}{3}\right)^2\left(\frac{1}{3}\right)^2+2\times4\times\left(\frac{2}{3}\right)^3\left(\frac{1}{3}\right)+4\times1\times\left(\frac{2}{3}\right)^4$$
$$=\frac{4}{81}+\frac{8}{81}+\frac{32}{81}+\frac{16}{81}$$
$$=\frac{180}{81}$$
$$=\frac{20}{9}$$

$\mathrm{E}(X)=\dfrac{20}{9}$이므로

$$\mathrm{E}(36X)=36\mathrm{E}(X)=36\times\frac{20}{9}=80$$

30 두 번째 시행의 결과 주머니에 흰 공만 2개 들어 있다는 것은 검은 공 4개를 두 번의 시행으로 모두 꺼냈다는 것이다.
따라서 (1회에 꺼낸 검은 공의 수, 2회에 꺼낸 검은 공의 수)은 $(1, 3)$, $(2, 2)$, $(3, 1)$의 경우 3가지이다. 따라서 경우에 따라 확률을 구하면 다음과 같다.
(i) $(1, 3)$의 경우
$$\frac{{}_4\mathrm{C}_1\times{}_2\mathrm{C}_2}{{}_6\mathrm{C}_3}\times\frac{{}_3\mathrm{C}_3\times{}_2\mathrm{C}_0}{{}_5\mathrm{C}_3}=\frac{1}{50}$$
(ii) $(2, 2)$의 경우
$$\frac{{}_4\mathrm{C}_2\times{}_2\mathrm{C}_2}{{}_6\mathrm{C}_3}\times\frac{{}_2\mathrm{C}_2\times{}_2\mathrm{C}_2}{{}_4\mathrm{C}_3}=\frac{3}{10}$$
(iii) $(3, 1)$의 경우
$$\frac{{}_4\mathrm{C}_3\times{}_2\mathrm{C}_0}{{}_6\mathrm{C}_3}\times\frac{{}_1\mathrm{C}_1\times{}_2\mathrm{C}_2}{{}_3\mathrm{C}_3}=\frac{1}{5}$$
따라서 두 번째 시행의 결과 주머니에 흰 공만 2개 들어 있을 확률은 $\dfrac{13}{25}$이다.
첫 번째 시행의 결과 주머니에 들어 있는 검은 공의 개수가 2일 확률은 $\dfrac{3}{10}$이므로, 두 번째 시행의 결과 주머니에 흰 공만 2개 들어 있을 때, 첫 번째 시행의 결과 주머니에 들어 있는 검은 공의 개수가 2일 확률은
$$\frac{\dfrac{3}{10}}{\dfrac{13}{25}}=\frac{15}{26}$$
$\therefore p=26,\ q=15,\ p+q=41$

미적분

23
$$\lim_{n\to\infty}(\sqrt{an^2+bn}-\sqrt{2n^2+1})$$
$$=\lim_{n\to\infty}(\sqrt{an^2+bn}-\sqrt{2n^2+1})$$
$$\frac{(\sqrt{an^2+bn}+\sqrt{2n^2+1})}{(\sqrt{an^2+bn}+\sqrt{2n^2+1})}$$
$$=\lim_{n\to\infty}\frac{(a-2)n^2+bn-1}{(\sqrt{an^2+bn}+\sqrt{2n^2+1})}$$
$$=\lim_{n\to\infty}\frac{(a-2)n+b-\dfrac{1}{n}}{\sqrt{a+\dfrac{b}{n}}+\sqrt{2+\dfrac{1}{n}}}$$
$$=1$$
$\lim_{n\to\infty}(\sqrt{an^2+bn}-\sqrt{2n^2+1})$의 극한값이 존재하므로
$a-2=0,\ a=2$
$\lim_{n\to\infty}(\sqrt{an^2+bn}-\sqrt{2n^2+1})$의 극한값이 1이므로
$$\frac{b}{\sqrt{2}+\sqrt{2}}=\frac{b}{2\sqrt{2}}=1$$
$b=2\sqrt{2}$
$\therefore ab=4\sqrt{2}$

24
$$\lim_{n\to\infty}\sum_{k=1}^{n}\frac{1}{n+3k}=\lim_{n\to\infty}\sum_{k=1}^{n}\frac{\dfrac{1}{n}}{1+\dfrac{3}{n}k}$$
$x=1+\dfrac{3}{n}k$라 하면 $dx=\dfrac{3}{n}$
$$\therefore\lim_{n\to\infty}\sum_{k=1}^{n}\frac{\dfrac{1}{n}}{1+\dfrac{3}{n}k}=\int_1^4\left(\frac{1}{3x}\right)dx$$
따라서
$$\int_1^4\left(\frac{1}{3x}\right)dx=\frac{1}{3}\Big[\ln x\Big]_1^4=\frac{2}{3}\ln2$$

25 $x=e^t\cos(\sqrt{3}t)-1,\ y=e^t\sin(\sqrt{3}t)+1$이므로
$$\frac{dx}{dt}=e^t\{\cos(\sqrt{3}t)-\sqrt{3}\sin(\sqrt{3}t)\}$$
$$\frac{dy}{dt}=e^t\{\sin(\sqrt{3}t)+\sqrt{3}\cos(\sqrt{3}t)\}$$
$0\le t\le\ln7$에서의 길이를 l이라 하면,
$$l=\int_0^{\ln7}\sqrt{\left(\frac{dx}{dt}\right)^2+\left(\frac{dy}{dt}\right)^2}dt$$
$$=\int_0^{\ln7}(\sqrt{e^{2t}\times4})dt$$
$$=\int_0^{\ln7}2e^tdt$$
$$=\Big[2e^t\Big]_0^{\ln7}$$
$$=14-2$$
$$=12$$

26

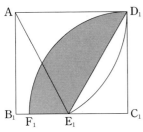

$\overline{AD_1}=\sqrt{5}$이므로, $\overline{AE_1}=\sqrt{5}$($\because$ 중심이 A인 원)

$\overline{AB_1}=2$, $\overline{AE_1}=\sqrt{5}$이므로, $\overline{B_1E_1}=1$($\because$ 피타고라스의 정리)

$\therefore \overline{E_1C_1}=\sqrt{5}-1$

부채꼴 $D_1F_1C_1$의 넓이$=2^2\times\pi\times\dfrac{1}{4}=\pi$

삼각형 $D_1E_1C_1$의 넓이$=\dfrac{1}{2}\times(\sqrt{5}-1)\times2=\sqrt{5}-1$

$\therefore$ 색칠된 부분의 넓이$=\pi+1-\sqrt{5}$

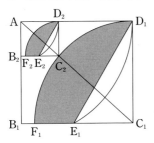

직사각형 $AB_1C_1D_1$와 직사각형 $AB_2C_2D_2$는 닮음 관계이다.

$\overline{AC_1}=3$이고, $\overline{C_1C_2}=2$이므로, $\overline{AC_2}=1$

($\because$ 피타고라스의 정리)

따라서 직사각형 $AB_1C_1D_1$와 직사각형 $AB_2C_2D_2$의 닮음비는 $1:3$이고, 넓이의 비는 $1:9$이다.

$\therefore S_n=(\pi+1-\sqrt{5})+\dfrac{1}{9}\times(\pi+1-\sqrt{5})+\left(\dfrac{1}{9}\right)^2$
$$\times(\pi+1-\sqrt{5})+\cdots$$

구하고자 하는 $\displaystyle\lim_{n\to\infty}S_n$의 값은

$$\lim_{n\to\infty}S_n=\dfrac{\pi+1-\sqrt{5}}{1-\dfrac{1}{9}}=\dfrac{9\pi+9-9\sqrt{5}}{8}$$

27 $y=\ln(2x^2+2x+1)\,(x>0)$과 직선 $y=t$가 만나는 점의 x좌표를 구하면

$\ln(2x^2+2x+1)=t$

$2x^2+2x+1=e^t$

$2x^2+2x+1-e^t=0$

$\therefore x=\dfrac{-1+\sqrt{2e^t-1}}{2}(\because x>0)$

따라서 $f(t)$는

$f(t)=\dfrac{-1+\sqrt{2e^t-1}}{2}$

$f'(t)=\dfrac{1}{2}\left(\dfrac{2e^t}{2\sqrt{2e^t-1}}\right)=\dfrac{e^t}{2\sqrt{2e^t-1}}$

$\therefore f'(2\ln5)=\dfrac{25}{2\sqrt{49}}=\dfrac{25}{14}$

28 점 B와 점 C를 잇는 선을 그으면

$\angle CBA=\angle CPA$($\because$ 원주각)

$\angle CBA=45°$이므로, $\angle CSP$는 직각

따라서 $\angle CSR$이 직각이므로 $\angle SCR=\theta$

$\overline{AO}=\overline{CO}=2$이므로 $\triangle AOR$과 $\triangle COQ$는 합동이다.

$\overline{RO}=2\tan\theta$이므로, $\overline{QO}=2\tan\theta$

$\therefore \overline{CR}=2-2\tan\theta$

따라서 $\overline{RS}=2\sin\theta(1-\tan\theta)$

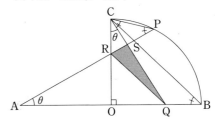

점 B와 점 P를 잇는 선을 그으면

$\angle ASQ=\angle APB$

따라서 $\triangle ASQ$와 $\triangle APB$는 닮음이다.

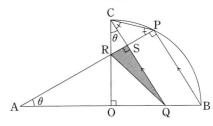

$\overline{PB}=4\sin\theta$이므로

$2+2\tan\theta:4=\overline{SQ}:4\sin\theta$

$\therefore \overline{SQ}=2\sin\theta(1+\tan\theta)$

구하고자 하는 $S(\theta)$는

$S(\theta)=\dfrac{1}{2}\times2\sin\theta(1-\tan\theta)\times2\sin\theta(1+\tan\theta)$
$$=2\sin^2\theta(1-\tan^2\theta)$$

따라서

$$\lim_{\theta\to0+}\dfrac{S(\theta)}{\theta^2}=\lim_{\theta\to0+}\dfrac{2\sin^2\theta(1-\tan^2\theta)}{\theta^2}=2$$

29 조건 (가)에 의하여

$$\int_{-1}^{0}|f(x)\sin x|\,dx=\int_{-1}^{0}f(x)\sin x\,dx$$

($\because -1\le x\le0$에서 $\sin x<0$)

$$\int_{0}^{1}|f(x)\sin x|\,dx=-\int_{0}^{1}f(x)\sin x\,dx$$

($\because 0\le x\le1$에서 $\sin x>0$)

따라서

603

$$g'(x)=\begin{cases} f(x)\sin x & (-1\le x\le 0) \\ -f(x)\sin x(0\le x\le 1) \end{cases}$$

$\int_{-1}^{1}f(-x)g(-x)\sin x\,dx$를 구하기 위하여

$-x=t$로 치환하면

$\int_{-1}^{1}f(-x)g(-x)\sin x\,dx$

$=\int_{-1}^{1}f(t)g(t)\sin(-t)\,dt$

$=-\int_{-1}^{1}f(t)g(t)\sin t\,dt$

$\int_{-1}^{1}f(t)\sin t\,g(t)\,dt$

$=\int_{-1}^{0}f(t)\sin t\,g(t)\,dt+\int_{0}^{1}f(t)\sin t\,g(t)\,dt$

$=\int_{-1}^{0}g'(t)g(t)\,dt-\int_{0}^{1}g'(t)g(t)\,dt$

$=\left[\dfrac{1}{2}\{g(t)\}^2\right]_{-1}^{0}-\left[\dfrac{1}{2}\{g(t)\}^2\right]_{0}^{1}$

$=\dfrac{1}{2}[2\{g(0)\}^2-\{g(-1)\}^2-\{g(1)\}^2]$

조건 (나)에 의하여

$g(0)=\int_{-1}^{0}|f(x)\sin x|\,dx=2$

$g(1)=\int_{-1}^{1}|f(x)\sin x|\,dx=5$

$g(-1)=0$

$\therefore \int_{-1}^{1}f(-x)g(-x)\sin x\,dx=-\dfrac{1}{2}(2\times 2^2-25)=\dfrac{17}{2}$

따라서 $p=2$, $q=17$이므로, $p+q$의 값은 190이다.

30 조건 (가)에 의하여 함수 $g(x)$는 연속이므로

$f(0)=\dfrac{f(0)}{-1}$, $f(0)=0$

$g(x)=\begin{cases} f(x) & (0\le x\le 2) \\ \dfrac{f(x)}{x-1}(x<0 \text{ 또는 } x>2) \end{cases}$이므로

$g'(x)=\begin{cases} f'(x)(0\le x\le 2) \\ \dfrac{f'(x)(x-1)-f(x)}{(x-1)^2}(x<0 \text{ 또는 } x>2) \end{cases}$

따라서

$g'(0)=f'(0)$ 또는 $-f'(0)-f(0)$

$g'(2)=f'(2)$ 또는 $f'(2)-f(2)$

조건 (가)와 (나)에 의하여 $g(2)\ne 0$이므로,

$x=2$에서 함수 $g(x)$는 미분이 가능하지 않다($a=2$).

$\therefore f'(0)=-f'(0)-f(0)$, $f'(0)=0 (\because f(0)=0)$

$f(0)=0$, $f'(0)=0$이고, 조건 (다)에 의하여 함수 $f(x)$의 형

태는

$f(x)=x^2(x-k)(k\ne 0, k$는 상수$)$

따라서 $f'(x)$는

$f'(x)=2x(x-k)+x^2$

k의 값의 범위를 나누어 조건 (다)를 만족하는 k의 값을 구하면

(i) $0\le k\le 2$

$g'(k)=f'(k)=k^2=\dfrac{16}{3}$

$\therefore k=\dfrac{4\sqrt{3}}{3}$, 조건의 모순

(ii) $k<0$ 또는 $k>2$

$g'(k)=\dfrac{k^2(k-1)}{(k-1)^2}=\dfrac{k^2}{k-1}=\dfrac{16}{3}$

$3k^2=16k-16$

$3k^2-16k+16=0$

$(3k-4)(k-4)=0$

$\therefore k=4 (\because k<0 \text{ 또는 } k>2)$

따라서 구하고자 하는 함수 $f(x)$는

$f(x)=x^2(x-4)$

함수 $f(x)$는 $x=2$에서 극소를 가지므로

$f(2)=2^2\times(-2)=-8$

$\therefore p=-8$, $p^2=64$

23 $\vec{b}=(1,y), \vec{c}=(-3,5)$이므로
$\vec{b}-\vec{c}=(4,y-5)$
$\vec{a}=(x,3)$이고, $2\vec{a}=\vec{b}-\vec{c}$를 만족하므로
$2x=4, x=2, y-5=6, y=11$
∴ $x+y=13$

24 점 C의 좌표를 (a,b,c)라 하자.
$A'=(0,2,0), B'=(6,-4,0), C'=(a,b,0)$이고,
$2\overline{A'C'}=\overline{C'B'}$이므로, 점 C'는 선분 A'B'을 1 : 2로 내분하는
점이다.
따라서 C'의 x좌표는 $\dfrac{0+6}{3}=2$이고,
C'의 y좌표는 $\dfrac{2\times2-4}{3}=0$, C'의 z좌표는 0이다.
점 C가 선분 AB 위에 있으므로, z좌표를 구하면
$\dfrac{-3\times2+15}{3}=3$

25 쌍곡선 $x^2-\dfrac{y^2}{3}=1$ 위의 점 P의 좌표를 (a,b)라 하자.
점 P에서의 접선의 방정식은
$ax-\dfrac{b}{3}y=1$
이 접선의 x절편이 $\dfrac{1}{3}$이므로
$\dfrac{a}{3}=1, a=3$
∴ $a=3, b=2\sqrt{6}\left(∵ \text{점 P는 쌍곡선 } x^2-\dfrac{y^2}{3}=1 \text{ 위의 점}\right)$
쌍곡선 $x^2-\dfrac{y^2}{3}=1$의 초점은 $(2,0), (-2,0)$이고,
x좌표가 양수인 점 F는 $(2,0)$이다.
∴ $\overline{PF}=\sqrt{(3-2)^2+(2\sqrt{6})^2}=5$

26 $A(a,-3,4)(a>0)$이고, $\overline{OA}=3\sqrt{3}$이므로
$\overline{OA}=\sqrt{a^2+9+16}=\sqrt{a^2+25}=3\sqrt{3}$
∴ $a=\sqrt{2}(∵ a>0)$
구 S가 x축과 한 점에서 만난다는 것은 구 S가 x축과 접하
는 것이므로, 구의 반지름 r은
$r=\sqrt{3^2+4^2}=5$
구 S의 중심에서 z축으로 내린 수선의 발을 H라 하면
$\overline{AH}=\sqrt{(\sqrt{2})^2+3^2}=\sqrt{11}$
구 S가 z축과 만나는 두 점을 Z_1, Z_2라 하면
$\overline{Z_1Z_2}=\overline{Z_1H}+\overline{HZ_2}$
$\overline{Z_1H}=\sqrt{5^2-(\sqrt{11})^2}=\sqrt{14}(∵ \text{피타고라스의 정리})$
$\overline{HZ_2}=\sqrt{5^2-(\sqrt{11})^2}=\sqrt{14}(∵ \text{피타고라스의 정리})$

따라서 구 S가 z축과 만나는 두 점 사이의 거리는 $2\sqrt{14}$이다.

27 $\overrightarrow{AC}$와 크기와 방향이 같은 평행한 벡터를 직선 l 위에 만들
어 끝 점을 B에 맞추고, 시작점을 A′라 하자.

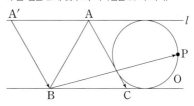

$|\overrightarrow{AC}+\overrightarrow{BP}|=|\overrightarrow{A'P}|$
정삼각형 ABC의 한 변의 길이가 4이므로 선분 BC를 밑변
으로 한 높이는 $2\sqrt{30}$이다.
따라서 원 O의 반지름은 $\sqrt{30}$이다.

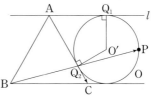

원 O와 직선 l의 접점을 Q_1, 원 O와 직선 AC의 접점을 Q_2
라 하면
$\angle O'AQ_1=\angle O'AQ_2=30°$
($∵ \triangle ABC, ABA'$는 정삼각형)
∴ $\overline{AQ_1}=3, \overline{AA'}=4, \overline{A'Q_1}=7$
점 A′와 원 O의 중심까지의 거리는 $2\sqrt{13}$이다.
따라서 $|\overrightarrow{AC}+\overrightarrow{BP}|$의 최댓값은 $2\sqrt{13}+\sqrt{3}$,
최솟값은 $2\sqrt{13}-\sqrt{30}$이다.
$M=2\sqrt{13}+\sqrt{3}, m=2\sqrt{13}-\sqrt{30}$이므로
$Mm=49$

28 [그림 2]에서 점 P를 평면 ABCD에 내린 수선의 발을 H, 선
분 MB에 내린 수선의 발을 H′라 하자.
그러면 $\angle PHH'$와 $\angle PH'M$이 직각이므로, 삼수선의 정리에
의하여 $\angle HH'M$도 직각이다.

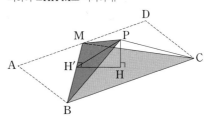

점 H와 점 H′를 [그림 1]에 나타내면

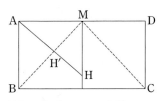

$\overline{AB}=3$, $\overline{AM}=\sqrt{7}$이므로, $\overline{BM}=4$

삼각형 ABM에서 닮음을 이용한 직각삼각형의 성질을 이용하면

$\overline{AB}^2=\overline{BH'}\times\overline{BM}$

$9=\overline{BH'}\times 4$

$\therefore \overline{BH'}=\dfrac{9}{4}$, $\overline{H'M}=\dfrac{7}{4}$

따라서 선분 AH'의 길이는 $\dfrac{3\sqrt{7}}{4}$이다.

($\because \overline{AB}\times\overline{AM}=\overline{AH'}\times\overline{BM}$)

같은 방법으로 삼각형 AMH'에서 닮음을 이용한 직각삼각형의 성질을 이용하면

$\overline{AM}^2=\overline{AH'}\times\overline{AH}$

$7=\dfrac{3\sqrt{7}}{4}\times\overline{AH}$

$\therefore \overline{AH}=\dfrac{4\sqrt{7}}{3}$

$\overline{AH}=\dfrac{4\sqrt{7}}{3}$이고, $\overline{AH'}=\dfrac{3\sqrt{7}}{4}$이므로

$\overline{HH'}=\dfrac{7\sqrt{7}}{12}$

따라서 구하고자 하는 $\cos\theta$의 값을 $\dfrac{\overline{HH'}}{\overline{AH}}$이므로

$\cos\theta=\dfrac{\frac{7\sqrt{7}}{12}}{\frac{3\sqrt{7}}{4}}=\dfrac{7}{9}$

29 $\overline{BF}=\dfrac{21}{5}$이고, 포물선의 정의를 이용하여 준선($x=-4$)을 이용하면, 점 B의 좌표는 $\left(\dfrac{1}{5}, \dfrac{4\sqrt{5}}{5}\right)$이다.

점 B와 점 F'를 잇는 선분 BF'의 길이를 l이라 하면, 장축의 길이는 $l+\dfrac{21}{5}$이다.

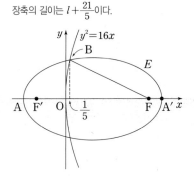

타원과 x축이 만나는 양의 점을 A'라 하자. 점 A의 좌표가 $(-2, 0)$이고, 초점의 좌표가 $(4, 0)$이므로

$\overline{FA'}=\left(l+\dfrac{21}{5}\right)-6=l-\dfrac{9}{5}$

점 B를 x축에 내린 수선의 발을 H라 하면, 점 H의 좌표는 $\left(\dfrac{1}{5}, 0\right)$이다.

$\therefore \overline{F'H}=6-\left(l-\dfrac{9}{5}\right)-\dfrac{19}{5}=4-l$

피타고라스의 정리에 의하여

$l^2=(4-l)^2+\left(\dfrac{4\sqrt{5}}{5}\right)^2$

$l^2=l^2-8l+16+\dfrac{16}{5}$

$8l=\dfrac{96}{5}$

$\therefore l=\dfrac{12}{5}$

$l=\dfrac{12}{5}$이므로, 장축의 길이가 k는

$k=\dfrac{12}{5}+\dfrac{21}{5}=\dfrac{33}{5}$

$\therefore 10k=66$

30 조건 (가)에 의하여 $\overrightarrow{OP}$를 좌표평면에 나타내면

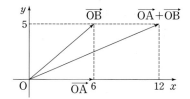

$\overrightarrow{OP}\cdot\overrightarrow{OA}\leq 21$이므로, 점 P의 x좌표를 P_x라 하면

P_x의 범위는 $0\leq P_x\leq\dfrac{21}{6}=\dfrac{7}{2}$

조건 (나)에 의하여 $|\overrightarrow{AQ}|=|\overrightarrow{AB}|$인 점 Q를 좌표평면에 나타내면

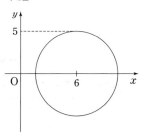

$\overrightarrow{OQ}\cdot\overrightarrow{OA}\leq 21$이므로, 점 Q의 x좌표를 Q_x라 하면

Q_x의 범위는 $1\leq Q_x\leq\dfrac{21}{6}=\dfrac{7}{2}$

$\overrightarrow{OX}=\overrightarrow{OP}+\overrightarrow{OQ}$를 만족하는 점 X를 좌표평면에 나타내면

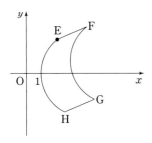

점 E의 x좌표는 $\dfrac{7}{2}$이고, y좌표는 $\dfrac{5\sqrt{3}}{2}$

($\because \overrightarrow{OQ}$를 나타내는 그림에서 피타고라스의 정리를 이용)

선분 EH와 선분 FG의 거리는 $\dfrac{7}{2}$이다.

따라서 구하고자 하는 도형 EFGH의 넓이는

평행사변형 EFGH의 넓이와 같으므로

$5\sqrt{3} \times \dfrac{7}{2} = \dfrac{35}{2}\sqrt{3}$

$\therefore p=2,\ q=35,\ p+q=37$

2021 학년도 기출문제 **정답 및 해설**

제1교시 **국어영역(공통)**

01 ①	02 ⑤	03 ④	04 ⑤	05 ④	06 ④
07 ④	08 ②	09 ④	10 ②	11 ②	12 ③
13 ②	14 ④	15 ③	16 ④	17 ①	18 ②
19 ①	20 ③	21 ①	22 ③	23 ⑤	24 ①
25 ④	26 ⑤	27 ④	28 ④	29 ④	30 ②
31 ⑤	32 ⑤	33 ②	34 ④	35 ②	36 ④
37 ①	38 ①	39 ⑤	40 ①	41 ④	42 ③
43 ⑤	44 ⑤	45 ⑤			

01 ① 사회자는 강연을 하기에 앞서 강연에 대한 집중도를 높이기 위해 청중들의 응답을 끌고 그들의 반응을 확인할 수 있도록 시청각 자료를 통한 직접적 소통을 시도하고 있으며 이는 강연의 대상인 청중과 상호 작용을 하여 강연을 더욱 원활하게 진행하기 위한 방법이라고 할 수 있다.

02 ⑤ ⓒ은 ⓑ에서 제시된 화면 속의 사과가 원래 빨간색이라는 학생들의 반응과 달리 노란색이었다는 반전을 보여주어 이 사실과 관계된 인간이 지적하는 물체의 색이 실제의 색과 다를 수 있다는 점을 강연을 시작하기 전에 상기시켜주는 역할을 하고 있다.

오답풀이

① ⓐ 화면은 하나의 드레스가 가지고 있는 다양한 색을 통해 기억색에 대한 설명을 하고 있으며 서로 다른 두 드레스를 번갈아 보여 주는 것이 아니다.

② ⓐ 화면의 드레스는 어떠한 시간의 변화 없이 하나의 화면 속에서 파란 바탕의 금색 줄무늬와 흰색 바탕의 금색 줄무늬를 동시에 띄고 있다.

③ ⓑ 화면은 노란색 조명이 빛나는 방 안의 사과가 빨간색으로 보인다는 청중들의 보편적인 인식을 확인하기 위해 제시었으므로 서로 다른 두 화면이 제시되지는 않았다.

④ ⓒ 화면에서는 기억색과 색 항상성이 일어나는 원인이 다르다는 사실을 ⓒ 화면에서 작품 속 빛이 비치는 각도에 따라 색이 달라지는 현상을 설명하기 위해 해당 현상을 보여주지 않았다.

TIP 발표에서의 자료와 매체의 활용 효과

• 발표 내용을 풍부하게 하고 전달 효과를 높일 수 있다.
• 청중이 내용을 좀 더 쉽게 이해할 수 있다.
• 발표 내용을 청중의 기억에 오래 남길 수 있다.
• 청중이 발표자가 설명하는 내용에 신뢰를 가질 수 있다.

03 ④ 학생 1은 퓌론의 주장이 잘못되었을지도 모른다는 생각을 하고 있고 학생 3은 강연에서 들은 아타락시아에서 느끼는 마음의 상태에 대해 좀 더 알고 싶다는 생각을 하고 있으므로 두 사람의 반응 모두 강연의 정보량이 부족하다는 점과는 거리가 멀다.

오답풀이

① 학생 1은 논리학에서 말하는 모순율은 언제나 변함없는 진리라는 배경지식을 활용하여 강연에서 들었던 퓌론의 주장이 잘못되었을지도 모른다는 자기점검을 하고 있다.

② 학생 2는 평소 자신이 품었던 궁금증이 강연 내용을 통해 해소되었다는 반응을 보인다.

③ 학생 3은 강의 내용을 듣고 자신의 경험을 상기하며 궁금증을 확대하고 있다.

⑤ 학생 2는 뇌에 의한 감각의 왜곡, 학생 3은 아타락시아에서 느끼는 마음의 상태에 대해 좀 더 알아보려는 계획을 하고 있다.

04 ⑤ 토론의 반대 측 입론에서 반대 1은 반려동물 보유세를 도입한다고 해도 모든 반려인들이 자발적으로 반려동물을 키운다고 신고하지는 않을 것이며 그렇게 되면 보유세를 내는 성실한 납세자와 그렇지 않은 사람 사이의 새로운 갈등이 발생할 것이라는 이유를 들어 반려동물 보유세 도입이 사회적 갈등을 해소할 수 없다고 주장한다.

오답풀이

① 토론의 반대 측 입론에서 반대 1은 동물 병원 진료비나 반려동물 구입비 등에 부가가치세가 포함되어 있기 때문에 반려인에게 반려동물 보유세를 부과하는 것은 타당하지 않다고 주장한다.

② 토론의 찬성 측 입론에서 찬성 1은 반려동물 보유세를 부과하면 반려동물을 충동적으로 쉽게 사고 버리는 일이 줄어들 것이라고 주장한다.

③ 토론의 반대측 입론에서 반대 1은 경제적 취약 계층에서도 반려동물을 키우는 경우가 있으므로 이들에게까지 반려동물 보유세를 부과하면 세금 부담으로 인해 양육을 포기하여 유기동물이 증가할 것이라고 주장한다.

④ 토론의 찬성 측 입론에서 찬성 1은 반려동물 보유세 도입으로 재원을 확보하면 반려동물로 인해 발생하는 사회적 갈등 해소에 필요한 여건을 조성할 수 있다고 주장한다.

05 ④ 토론의 반대 측 입론에서 반대 1은 경제적 취약 계층에서도 반려동물을 양육하는 경우를 예로 들어 이런 사람들에게까지 반려동물 부과세를 부과하면 양육에 따른 세금의 부담 때문에 오히려 양육을 포기할 수 있어 유기동물의 수가 늘어날 것임을 주장의 근거로 삼고 있다.

06 ④ 활동 2는 활동 1의 토론 내용을 바탕으로 작성된 비평문으로 반려동물 보유세로 반려동물과 반려인만을 위한 재원을 별도로 마련해야 한다는 찬성 측 주장을 설명하기 위해 교통·환경·에너지세를 예로 들어 특정한 목적을 위한 목적세로 운용되어야 한다는 내용은 반영되었지만 구체적인 사용처를 제시해야 한다는 내용은 반영되지 않았다.

오답풀이

① 정부가 반려동물 보유세 도입의 검토가 필요하다는 내용을 통해 주제를 소개하며 글을 시작하고 있다.

② (나)의 글에서 나의 관점은 반대 측의 내용을 검토한 후 부가가치세는 보통세이기 때문에 목적세의 형태로 반려동물 보유세를 부과해야 한다고 주장하고 있다.

③ 찬성 측에서 주장한 반려동물 보유세를 실시하고 있는 □□국의 유기동물 비율이 훨씬 적다는 내용을 추가로 조사하여 나의 견해를 뒷받침하는 사례로 제시하였다.

⑤ 글의 마지막에서 과세액이 높을 경우 반려동물 양육의 포기가 늘어날 수 있다는 반대 측의 주장을 활용해 신중하게 결정해야 한다는 점을 밝히고 있다.

TIP 설득을 위한 작문

- 관련 자료를 수집하여 주장하고자 하는 의견이나 관점을 명료하게 세운다.
- 주장을 뒷받침할 수 있는 타당한 논거를 세운다.
- 다양한 작문 과제에 대하여 논설문, 비평문, 건의문, 광고문, 칼럼 등 여러 가지 종류의 글을 쓴다.

07 ④ 반려동물 보유세의 도입이 필요하다는 자신의 입장과 확보된 재원으로 반려동물로 인한 문제를 해결하는 사회적 비용을 충당할 수 있다는 기대 효과가 언급되었고 이러한 정책의 취지를 살리기 위해서는 사회적 논의 과정과 과세액의 합리적 부과를 위한 기준이 마련되어야 한다는 방안이

제안되어 있다.

오답풀이

① 자신의 입장과 기대 효과는 언급되었으나 취지를 살리기 위한 방안은 제안되어 있지 않고 있다.

② 자신의 입장과 기대 효과가 언급되지 않았고 취지를 살리기 위한 방안만 제안되었다.

③ 정책의 취지를 위한 방안이 제안되지 않았고 자신의 입장이 중복해서 언급되어 있다.

⑤ 반려동물 보유세의 기대 효과가 아닌 문제점이 언급되어 있다.

08 ② 개인형 이동장치에 대한 정의는 나타나 있지 않고 이전 법규에 대한 내용 또한 문제점만 언급되어 있다. 따라서 초고에 반영되지 않은 것은 ㉠과 ㉢이다.

오답풀이

③ 첫 번째 문단의 '저 역시~쓰게 되었습니다.'에서 제시되고 있다.

④ 세 번째 문단의 '이 문제를 해결하기 위해서는 우선~'에서 제시되고 있다.

⑤ 마지막 문단의 '제 건의가~기대되어집니다.'에서 제시되고 있다.

09 ④ (가)-1의 개인형 이동장치 판매량 증가 현황에서 전국 판매량에 비해 우리 시의 판매량은 현격하게 낮은 비율을 보이고 있으므로 우리 시의 교통사고 증가와 관련짓기에는 부족하다.

오답풀이

① 개인형 이동장치 구입을 망설이는 설문에서 전용 거치대의 미비라는 언급이 가장 많으므로 개인형 이동장치를 위한 제반 시설을 갖추어야 한다는 주장에 대한 구체적인 근거가 될 수 있다.

② 자전거 도로에서 발생한 교통사고 증가가 자전거 도로의 협소와 정비 부족이 원인이라는 기사를 통해 개인형 이동장치의 안전사고를 방지하기 위한 방안이 자전거 도로 확충이라고 강조할 수 있다.

③ 개인형 이동장치의 공적 대여 서비스로 인해 환경오염이 감소했다는 관계자의 인터뷰로 개인형 이동장치의 증가에 대한 긍정적 효과를 주장할 수 있다.

⑤ 개인형 이동장치를 구입하지 못하는 이유로 지나치게 비싼 가격이 두 번째를 차지하고 있으므로 공적 대여 서비스 제도를 통해 환경오염 방지와 개인형 이동장치 교통량 증가를 동시에 이룰 수 있다고 강조할 수 있다.

10 ② ㉡의 앞에는 환승역과 버스 정류장 주변에 개인형 이동장

치를 보관할 수 있는 거치대를 마련해야 한다는 주장을 하고 있고 뒤에는 개인형 이동장치로 인해 대중교통의 환승이 편리해져 이용자들이 증가할 것이라는 관련 주장을 덧붙이고 있다. 따라서 상반되는 상황에 쓰이는 '하지만'이 사용되는 것은 적절하지 않다.

오답풀이

① 25km 이하로 운행해야 한다는 이전 법규에 차도에서 운행해야 한다는 부연설명이 와야 하므로 바로 뒷문장과 위치를 바꾼다.

③ 자전거 도로의 정비와 확충을 통해 이동장치 및 자전거 사용자와 보행자가 모두 안전해질 수 있다는 설명에서 어울리지 않는다.

④ '구상'이란 앞으로 이루려는 일에 대한 규모와 실현 방법 따위를 생각한다는 의미이므로 어울리지 않는다.

⑤ '기대됩니다.'만으로도 충분히 원활한 문맥이 완성되므로 불필요한 이중피동은 자제한다.

TIP 고쳐쓰기의 원칙

• 통일성
  – 글 전체가 하나의 주제로 집중하는 성질
  – 글의 주제와 관련이 없는 내용은 삭제하거나 조정

• 완결성
  – 하나의 내용을 완전히 마무리하는 성질
  – 글쓴이가 말하고자 하는 내용이 분명히 드러남
  – 주제문이 갖추어져 있고, 이에 대한 뒷받침 문장들을 충분히 제시

• 일관성
  – 논리의 흐름이 처음부터 끝까지 한결같고 자연스러운 성질
  – 앞뒤의 내용이 서로 모순되지 않아야 함
  – 문장과 문장 사이의 연결이 자연스러워야 함

---

11 ② '티읕만'은 받침 'ㅌ'이 자음 'ㅁ' 앞에서 'ㄴ'으로 발음되므로 ⓐ와 ⓓ가 모두 적용되어 교체가 두 번 일어난다.

오답풀이

① '앞앞이'의 받침 'ㅍ'이 자음인 'ㅇ' 앞에서 [ㅂ]으로 발음되지 않고 생략되었다.

③ '밟는'은 ⓐ에서 말한 받침이 포함되어 있지 않고 ⓒ처럼 '밟–'이 [밥]이 아닌 [밤]으로 발음되었다.

④ '삯일'의 겹받침 'ㄳ'이 자음인 'ㅇ' 앞에서 ㄱ으로 발음되지 않았고 'ㄴ, ㅁ' 앞에서 발음되지 않았다.

⑤ '꽃잎'의 받침 'ㅊ'이 자음 'ㅇ' 앞에서 'ㄱ'이 아닌 'ㄴ'으로 발음되었다.

---

12 ③ '하나'는 '전혀', '조금도'의 뜻을 나타내는 말과 뜻, 마음, 생각 따위가 일치한 상태를 나타내는 단어로 모두 명사에 속한다.

오답풀이

① 위에서 사용된 '하나'는 '지금 지나가고 있는 이 날에'라는 뜻으로 사용된 부사이고 아래에서 사용된 '하나'는 '지금 이 시점'이라는 뜻으로 사용된 명사이다.

② 위에서 사용된 '밝았다'는 '불빛 따위가 환하다'라는 뜻으로 사용된 형용사이고 아래에서 사용된 '밝았다'는 '밤이 지나고 환해지며 새날이 오다'라는 뜻으로 사용된 동사이다.

④ 위에서 사용된 '않고'는 '어떤 행동을 안 하다'라는 뜻으로 사용된 동사이고 아래에서 사용된 '않고'는 '앞말이 뜻하는 상태를 부정하는 말'로 사용된 형용사이다.

⑤ 위에서 사용된 '보다'는 '어떤 수준에 비하여 한층 더'라는 뜻으로 사용된 부사이고 아래에서 사용된 '보다'는 '~에 비해서'라는 뜻으로 사용된 격조사이다.

---

13 ② '되다⁰¹ [Ⅰ]'의 「1」은 새로운 신분이나 지위를 가진다는 의미이고 「2」는 다른 것으로 바뀌거나 변한다는 의미이므로 둘 다 그 대상을 지칭하는 보어와 '되다'가 들어갈 서술어를 꼭 필요로 한다.

오답풀이

① '되다⁰¹'은 총 4가지의 뜻을, '되다⁰²'는 총 2가지의 뜻을 가지고 있으므로 다의어에 해당한다.

③ '되다⁰¹ [2]'는 '누구에게 어떤 일을 당하다'라는 의미를 가지고 있으므로【…에게 …이】가 들어가야 적절하다.

④ '되다⁰² 「1」'은 '반죽이나 밥 따위가 물기가 적어 빡빡하다'라는 의미를 가지고 있으므로 '질다'를 반의어로 쓸 수 있다.

⑤ '–되다⁰³'은 몇몇 명사의 뒤에 붙어 형용사를 만드는 접미사로도 사용되므로 명사인 '거짓'의 뒤에 붙어 접미사를 만들 수 있다.

---

14 ③ 윗글에서 간접 인용절은 조사 '고'를 사용하고 직접 인용절을 간접 인용절로 바꿀 때 대명사, 어미, 인용 조사, 시간 표현 등이 달라질 수 있다고 하였으므로 '내일'이 '오늘'로, '나'가 '자기'로 바뀌며 조사 '고'가 사용된 ③이 정답이다.

TIP 안은 문장

• **명사절을 안은 문장** : 명사형 어미 '–(으)ㅁ', '–기'가 붙은 절이 문장 안에서 주어, 목적어 등의 역할을 하는 문장
  예 농부들은 비가 오기를 기다린다.

• **관형절을 안은 문장** : 관형사형 어미는 '–(으)ㄴ', '–는', '–(으)ㄹ', '–던' 등이 붙은 절이 문장 안에서 관형어의 역할을 하는 문장
  예 나는 쥐를 잡는 고양이를 보았다.

• **부사절을 안은 문장** : '–이', '–게', '–도록', '–(아)서' 등이 붙은 절이 문장 안에서 부사어의 역할을 하는 문장
  예 비가 소리 없이 내린다.

• **서술절을 안은 문장** : 문장 안에서 서술어의 역할을 하는 절을 안은 문장

예 그녀는 얼굴이 예쁘다.

• 인용절을 안은 문장 : '고', '-라고' 등이 사용된 인용절을 안은 문장

예 현수는 선영이가 웃었다고 말했다.

---

15 ③ 윗글에서 인용절 앞에 오는 '닐오되'는 전체 문장의 서술어라고 하였고 문장의 끝에 오는 'ᄒᆞ니라'가 중세 국어의 인용동사라고 하였으므로 [A]에서 나타나는 닐오되'와 'ᄒᆞ니라' 역시 동일한 구조를 보이는 문장형태라고 할 수 있다.

오답풀이

① 윗글에서 중세 국어는 현대 국어와 달리 인용절을 나타내는 표지가 나타나지 않는다고 하였다.

④ (나)–2의 서술어인 '무로되'는 문장의 가운데에 위치해 있고 [A]의 '닐오되'와 'ᄒᆞ더니'는 각각 처음과 끝에 위치해 있으므로 중세 국어의 일반적인 인용절 형태라고 할 순 없다.

16 ④ 윗글에 따르면 동양에서 하늘과 인간 세계의 관계는 한나라의 동중서가 체계적으로 정리하였고 그는 우주 만물이 모두 기로 이루어져 있는데, 그 구체적인 모습은 음양과 오행으로 나타난다고 보았다고 하였으므로 이 내용을 통해 동양의 자연에 대한 사고를 오행의 원리로 설명하고 있다는 걸 알 수 있다.

오답풀이

① 윗글의 두 번째 문단에서 동양과 서양의 사고를 비교 분석하고 있는 것은 맞지만 동양적 사고의 근원을 설명하기 위한 것이므로 직접적인 의문을 제기한다고 보기는 힘들다.

② 자연에 대한 동양적 사유의 내용이 무엇인지는 설명하고 있지만 그 변화 양상에 대해서는 설명하지 않고 있다.

③ 동중서가 정리한 이론을 통해 천인감응설이 무엇인지는 설명하고 있지만 후대 사상가들과의 비교는 언급되지 않고 있다.

⑤ 윗글의 마지막 문단에서 자연환경의 파괴로 인간의 삶이 위협받는 현대 사회에서 동양적 사고가 매우 가치 있다고 하였으며 서양의 사고는 언급되지 않고 있다.

17 ① 윗글에서 음양은 대립하지만 상보적이고 이는 세상의 만물이 서로 영향을 주고받는 존재라는 것을 보여주며 이 음양의 이치는 우주 만물의 변화 양상을 오행의 상생과 상극관계로 설명한다고 하였다. 따라서 오행을 통한 만물의 생성과 소멸은 순환을 반복하지만 이 과정이 상보적 관계로 발전하기 위한 것인지는 알 수 없다.

오답풀이

② 윗글에서 우주 만물은 모두 기로 이루어져 있으며 그 구체적인 모습은 음양과 오행으로 나타나는데 오행이란 끊임없

이 상생의 기운으로 보완되기도 하고 상극의 기운으로 약화되기도 하므로 오행으로 대표되는 기의 형태는 달라지더라도 사라지지는 않는다고 할 수 있다.

③ 윗글에서 음과 양은 대립하지만 상보적이고 이는 세상의 만물이 서로 영향을 주고받는 존재라는 것을 보여준다고 하였으며 이는 곧 만물이 하나로 연결되어 있다는 인식에서 비롯된 것이다.

④ 윗글에서 유목 생활이 발달한 서양은 정착하기보다 자원이 부족해지면 떠나야 했으므로 이들에게 자연은 개척과 적응의 대상이었으며 현재 공간에서의 삶이 언제든지 다른 공간의 삶으로 바뀔 수 있다는 생각을 가졌다고 언급된다.

⑤ 윗글에서 동중서는 우주 만물이 모두 기로 이루어져 있기 때문에 인간과 자연은 기를 매개로 서로 감응한다고 주장하였다.

18 ② 생성과 소멸의 순행으로 계절의 기운이 달라지는 것은 우주 만물을 이루고 있는 오행의 변화에 따라 계절 역시 달라지는 것이므로 하늘을 닮으려는 인간의 의지에 의한 것이라는 설명은 어울리지 않는다.

오답풀이

① 인간과 자연은 우주 만물을 이루는 기를 매개로 서로 감응한다고 하였으므로 인간의 희로애락이 하늘을 닮았다는 것은 하늘과 인간의 기가 서로 호응한다는 것을 보여준다.

③ 하늘은 자연이 스스로 생성을 거듭하는 원리를 주관하는 존재이므로 자연의 일부인 인간의 삶이 혼란해졌을 때 하늘은 자연의 근본으로서 재이를 일으켜 원래대로 되돌려 놓으려는 것이다.

④ 천인감응설은 하늘이 선의 의지로 인간을 이롭게 하는 존재로 보는 것으로 하늘이 두려움을 통해 인간이 자신의 잘못을 깨닫고 하늘이 바라는 선한 뜻을 따른다는 것이다.

⑤ 천인감응설은 인간을 하늘의 축소판이라고 보았고 땅에서의 인간의 삶이 하늘의 뜻을 거스르기도 할 때 하늘이 자연의 운행을 어긋나게 하여 잘못된 인간의 삶을 경계하고 하늘의 뜻을 다시 돌아보게 한다는 뜻이다.

19 ① 비장은 토에 대응되고 심장은 화에 대응되므로 토와 상생 관계에 있는 심장 속 화의 기운을 북돋아주는 것이 첫 번째 처방이다. 따라서 수에 대응되는 신장의 기를 회복시키려면 수와 상생 관계에 있는 금의 기운을 올려주어야 하므로 금에 대응되는 장기인 폐의 기운을 올려주어야 한다.

오답풀이

②, ④ 간은 목에 대응되므로 간의 기운을 올려주면 심장의 기운이 채워진다.

③ 심장은 화에 해당하므로 심장의 기운을 올려주면 비장의

기운이 채워진다.

⑤ 비장은 토에 대응되므로 비장의 기운을 올려주면 폐의 기운이 채워진다.

20 ③ ㉠의 '불렀다'는 '무엇이라고 가리켜 말하거나 이름을 붙이다.'라는 의미로 사용되었으므로 이와 같은 용례로 쓰인 ③이 정답이다.

21 ① 윗글에서 법발견과 법형성에 대한 정의와 설명은 나와 있지만 둘의 역사적 기원에 대해서는 나와 있지 않으므로 대답할 수 없다.

오답풀이

② 윗글의 세 번째 문단에서 법발견은 법관이 법률의 완전성을 신뢰하고 법정 분쟁을 법적삼단논법에 따라 처리하는 것이라고 나와 있고 다섯 번째 문단에서 법형성은 법관이 법률의 흠결을 보충한다고 나와 있다.

③ 윗글의 두 번째 문단에서 법발견은 대전제 → 소전제 → 결론으로 구성되는 연역적 추론 과정을 법률 적용에 응용한다고 나와 있고 다섯 번째 문단에서 법형성의 명시적 흠결은 유추 적용, 은폐된 흠결은 목적론적 축소 적용을 한다고 나와 있다.

④ 세 번째 문단에서 법발견에서의 법관은 법률의 완전성을 신뢰하고 법적 분쟁을 법적삼단논법에 따라 처리하는 것이라고 나와 있다.

⑤ 세 번째 문단의 법발견의 관점에서 법률은 부족함이나 오류가 없다고 가정하며 다섯 번째 문단에서 법형성은 법률의 흠결을 인정하고 그 흠결을 보충한다고 나와 있다.

22 ③ ㉠에서 법발견은 법률을 해석하여 적용할 때 법률의 부족함이나 오류가 없다고 가정하였고 〈보기〉의 예링은 법은 사회적 목적을 실현할 수단으로 입법의 의지와 취지를 살릴 수 있는 범위에서 종합적으로 적용할 수 있다고 본 동시에 법률을 기계적으로만 적용하는 개념법학을 비판하였다. 따라서 예링의 입장에서 법발견을 비판할 때는 법률을 목적과 취지에 맞게 능동적으로 판단해야 한다고 주장할 수 있다.

오답풀이

① 법률을 조문의 범위로만 판단하는 것은 예링의 입법의 의지와 취지를 살릴 수 있는 범위 안에서 종합적으로 적용할 수 있다는 생각과 반대된다.

② 법률의 완결성을 신뢰해야 한다는 것은 법이 사회적 목적을 실현하는 실용적 수단이라는 예링의 생각과 반대된다.

④ 법률의 제정 단계에서 법관이 개입하면 예링이 주장한 입법 범위 안에서의 종합적인 법률 적용을 할 수 없다.

⑤ 법률에 영향을 주는 외부 요소를 차단하면 법은 사회적 목적을 실현하는 실용적인 수단에서 멀어지게 된다.

23 ⑤ ㉡은 어떤 행위가 범죄에 해당하며 그에 따른 형벌이 무엇인지 반드시 입법기관이 제정한 법률에 의해야 한다는 죄형법정주의에 관한 내용으로 범죄의 강도에 따라 형벌이 주어지는 형법에서 법관은 법률을 자의적으로 탐구하는 것이 아닌 엄격하게 법률을 적용해야 한다는 ㄷ과 법조문에 의해서만 범죄를 포섭해야 하는 ㄹ이 적절하다.

오답풀이

ㄱ. 법관이 사안에 따라 법률 조문에 반대되는 판단을 하는 것은 법형성의 목적론적 축소 적용에 해당된다.

ㄴ. 법관이 자신의 주관과 양심에 따라 자유롭게 판결하는 것은 법형성의 유추 적용에 해당한다.

24 ① 학생 1은 갑의 행위는 처벌할 필요성이 인정되지만 적용할 수 있는 규정이 없다고 하였고 학생 2는 타인이 소유한 건물을 과실로 태운 갑의 행위도 법률에 적용 대상이 되므로 처벌해야 한다고 하였다. 따라서 두 사람 모두 갑의 행위가 처벌해야 할 필요성이 있다는 것을 인정하고 있다.

오답풀이

② 갑의 행위가 법을 개정하기 전에 처벌할 수 없다고 주장한 사람은 학생 1뿐이다.

③ 두 학생 모두 실화를 방화의 법률 조항을 기준으로 처벌해야 한다고 주장하지 않았다.

④ 포섭할 수 없는 해당 법적사태를 제2조의 유사한 법률로 판결해야 한다고 주장한 사람은 학생 2뿐이다.

⑤ 형법 3조로 해석될 수 없는 해당 사건은 예외의 경우이므로 법적 판단을 보류해야 한다고 주장한 사람은 학생 1뿐이다.

25 ④ 학생 2는 '자기의 소유에 속하는'이라는 구절을 제1조만 수식한다고 보았고 제2조는 '자기 또는 타인의 소유에 속하는'에 해당하는 것이라고 해석하였다.

오답풀이

① 학생 1이 처벌을 위해 법을 제정 또는 개정해야 한다고 한 것은 삼권분립의 원칙에 따른 것이다.

② 학생 2는 타인이 소유한 건물을 방화한 경우 자신이 소유한 건물을 방화한 경우보다 더 무겁게 처벌하는 조항을 참조하여 해당 판결의 판단의 불합리에 관한 근거를 보충한다.

③ 학생 1은 형법 3조에 타인 소유의 과수원을 태운 것에 대한 조항이 없어 처벌할 수 없다고 한 것과 달리 학생 2는 앞서 말한 조항이 없을 것을 고려하여 제2조의 '자기 또는 타인의 소유에 속하는'이라는 구절을 확대해석하고 있다.

⑤ 학생 1은 형법 제3조의 '자기의 소유에 속하는'이란 구절을 제1조와 제2조의 모든 대전제로 해석하였고 학생 2는 제1조에만 해당되는 대전제로 해석하였다.

26 ⑤ 윗글의 세 번째 문단에서 정상 세포와 암 세포는 DNA의 함량이 다른데 DNA는 형광 신호로 그 특성을 파악할 수 있기 때문에 형광 물질로 염색하여 그 특성을 파악한다고 답이 나와 있으므로 ⑤는 적절하지 않다.

오답풀이

① 유세포 분석기의 구조와 원리에 관한 설명은 두 번째 문단에서 〈그림 1〉과 함께 언급되고 있다.

② 윗글에서 세포의 핵과 DNA 상태의 분석이 암 치료에 중요한 이유에 대한 설명은 언급되지 않고 있다.

③ 윗글의 유세포 분석법에서 검사할 세포를 부유액으로 만드는 이유는 언급되지 않고 있다.

④ 유세포 분석법을 통해 알 수 있는 세포의 물리적 특성은 기존의 방법보다 효율적으로 세포의 물리학적, 생물학적 특징을 분석할 수 있다고 다섯 번째 문단에 언급되어 있다.

27 ④ 윗글의 세 번째 문단에서 전방 산란 검출기를 통과한 산란광은 광전자관에 의해 증폭된 후 전기 신호로 바뀌어 컴퓨터 화면에 나타나는데 이들은 각 세포의 생물학적 특성에 따라 2차원 좌표상의 X축과 Y축 상에 점들로 표시되며 이때 Y축을 해당하는 세포의 검체 수로 설정하면 세포의 크기나 내부 복잡도 등에 따른 세포의 특성을 알 수 있다는 내용을 알 수 있다.

28 ④ 〈그림 3〉에서 DNA 함량이 가장 큰 검체는 4배체이나 전체 세포 검체에서 차지하는 세포수의 비율이 가장 높은 것은 3배체이므로 DNA 함량이 큰 검체일수록 전체 세포 검체에서 차지하는 비율이 높다는 설명은 옳지 않다.

오답풀이

① 〈그림 2〉를 살펴보면 B는 A보다 Y축의 위에 위치해 있으므로 세포 과립성과 내부 복잡도가 더 크다는 사실을 알 수 있다.

② Y축에 해당하는 세포의 검체 수로 설정하여 세포의 크기를 파악하였을 때 B검체의 크기가 A검체보다 더 크지만 차지하는 비율은 A검체가 더 높다는 사실을 알 수 있다.

③ 정상 세포와 암 세포는 DNA의 함량이 다르며, 그 DNA는 형광 물질로 염색하여 그 특성을 파악할 수 있으므로 〈그림 3〉에서 형광 물질로 나타나는 3배체의 세포수가 월등히 높은 것을 통해 환자의 암 발생 여부를 판단할 수 있다.

⑤ 〈그림 2〉는 검출기를 통과한 산란광이 각 세포 별 크기와 같은 물리적 특성이나 내부 복잡도 같은 생물학적 특징에

따라 X축과 Y축 상의 점들로 표시되는 것으로, 〈그림 3〉은 형광 물질로 DNA를 염색하여 세포 내 DNA 함량에 따라 방출되는 형광 신호의 양으로 세포의 특성을 파악할 수 있다.

29 ④ 세포에 염색된 형광 물질은 조사된 레이저 빛의 에너지를 흡수하였다가 고유한 파장의 형광 신호를 방출하는데 방출된 형광 신호의 양은 세포 내의 DNA 함량에 비례하므로 신호의 세기는 세포 검체 내부에 포함된 물질의 영향을 받는다.

오답풀이

① 유세포 분석법을 시행할 때는 먼저 형광 물질로 염색된 세포 검체를 부유액 상태로 만든 후 유체실의 세포 운반 노즐에 주입하며 이때 통상 사용하는 형광 물질이 FITC와 PE이다.

② 주입된 부유액이 레이저 광선이 조사되는 지점에 도달했을 때 반사 거울과 조정 렌즈로 검체의 중심에 초점이 맞도록 조정되어 레이저 광선이 조사된다.

③ '530/30' 광학 필터는 530±15nm의 파장을 통과시킬 수 있으므로 585nm 파장의 형광 신호를 검출하지 못한다.

⑤ 유세포 분석기로 생물학적 특성에 차이가 나는 세포들을 분리할 경우 양과 음으로 하전될 수 있는데 초음파 진동을 가하지 않았으므로 양으로 하전된 세포는 양극판 쪽으로, 음으로 하전된 세포는 음극판 쪽으로 하전된다.

[30~33] 갈래 복합

(가) 김소월 「왕십리(往十里)」
- 갈래 : 자유시, 서정시
- 성격 : 민요적, 여성적, 기구적
- 제재 : 비
- 주제 : 식민지적 비애에 젖어 지내는 현실의 한탄
- 특징
  - 고려 속요의 전통을 계승
  - 기승전결 4장으로 형성
  - 운율적, 점층적으로 고조
  - 식민지적 삶의 애환, 고달픔, 무상함이 결부되어 시의 전체 분위기 형성

(나) 김명인 「머나먼 곳 스와니」
- 갈래 : 현대시
- 성격 : 애상적, 회고적
- 제재 : 송천동

- **주제** : 가난하고 외로웠던 어린 시절에 대한 회상
- **특징**
  – 특정 장소를 중심으로 시상 전개
  – 화자의 처지와 대비되는 표현을 통해 비극성 강조

30 ② (가)는 화자가 왕십리로 가고자 하지만 쉽사리 도달할 수 없어 떠도는 비애의 내면을 자연물에 투영하여 표현하고 있으며 (나)는 외롭고 가난하던 어린 시절을 외면하고자 하는 화자의 내면이 맡겨졌던 송천동에 투영되어 있다.

오답풀이

① (가)는 화자가 가고자 하는 왕십리로 갈 수 없는 상황이 현재 있는 공간에서 천안으로 이동했음에도 해결되지 않고 있으며 (나) 역시 화자가 어린 시절 머물렀던 송천동에서 공간의 이동이 일어나지 않으면서 불우했던 기억에 대한 갈등이 해소되지 않고 있다.

③ 명사 시행 종결은 (나)에서만 사용되고 있으며 (가)에서는 사용되지 않고 있다.

④ (가)와 (나)에서 사용된 쉼표는 화자가 그리워하는 대상에 닿지 못한 한스러움과 불우한 어린 시절을 보냈던 장소에 대한 기억을 떠올리는 슬픔을 표현하기 위해 사용되었다.

⑤ (가)와 (나) 모두 수미상관이 사용되지 않고 있다.

31 ② '초하루 삭망'에 오는 비는 물가에서 사는 사람들에게는 와도 상관없는 비이므로 초하루 삭망에 오는 비를 보며 안타까운 심정을 느낀다는 것은 적절하지 않다.

오답풀이

① 비가 계속 오고 있는 상황을 부각하는 표현을 반복해서 사용함으로써 비 때문에 가고자 하는 곳으로 가지 못하고 괴로워하고만 있는 화자의 처지를 드러내고 있다.

③ 비가 오지 말아야 할 때는 온다고 하고, 가도 그만인 때에는 간다고 하며 비마저도 뜻대로 되지 않는 것에 대해 식민지 지배 하 우리 백성들의 서러움을 화자의 심정과 처지에 맞물려서 표현하고 있다.

④ 비를 맞아 나른해져서 우는 벌새에게 자신의 처지를 대입하여 비가 화자의 여정에 방해가 되고 있다는 의미를 드러내고 있다.

⑤ 자신이 머물고 있는 공간 이외에도 천안을 비롯한 다른 공간에도 비가 내리는 상황을 전달하며 희망적인 공간으로 가고자 하지만 어디에서도 비 때문에 그러지 못하는 식민지 시기의 상황을 보여준다.

32 ③ ㉠은 일본으로부터 식민지 지배를 받고 있는 현실의 상황을 벗어나 왕십리로 표현되는 이상향으로 가고자하는 화자의 정서를. ㉡은 화자가 불우하고 외로웠던 어린 시절을 보

냈던 장소를 통해 과거의 정서를 환기하는 공간이다.

오답풀이

① ㉠에서 화자는 눈앞에 있는 대상을 향해 가고픈 마음이 간절하지만 이루지를 못하는 상황이므로 대상이 부재중이라는 표현은 어울리지 않는다.

② ㉡의 화자는 자신이 불우하게 어린 시절을 보냈던 장소에서 보낸 괴로운 시간들을 외면하고 싶어 하므로 대상에 대한 연민을 보여준다는 표현은 적절하지 않다.

④ ㉡에서 나오는 장소인 송천동은 화자가 과거에 머물렀던 장소이므로 화자가 앞으로 지향하는 세계라는 표현과는 어울리지 않는다.

⑤ ㉠의 왕십리는 화자가 아직 한 번도 경험을 가지지 못한 공간이므로 적절하지 않다.

33 ② '물결은 더욱 차갑게 출렁거리고 인적조차 끊어지면'은 오지 않는 가족을 기다리면서 하나둘씩 다른 집의 양자로 들어가는 친구들이 떠나가면서 홀로 남겨지는 것에 대한 화자의 외로움과 절망감을 드러내고 있으므로 화자가 양자로 들어갔다는 내용은 적절하지 않다.

오답풀이

① '유난히 햇볕 밝게'는 현재 어두운 화자의 내면과 대비되는 배경을 사용함으로써 작품에서 표현된 정서를 부각시키고 있다.

③ '또 한 해 겨울 돌아오던 곳'은 지난해의 겨울이 다시 돌아오는 것과 같은 계절의 순환을 통해서 화자의 기다리는 상황이 계속 이어졌음을 의미한다.

④ '재게 와 부딪친 그리움도'는 힘든 현실을 견디는 와중에도 화자의 내면에 남아 있는 어머니와 함께 했던 그리운 순간에 대한 심정을 드러내고 있다.

⑤ '아직까지도 그리움이라는 물결에 젖고 있을지도 모른다'는 시적 표현을 통해 화자가 지금도 과거를 떠올리며 회상하고 있다는 사실을 보여주고 있다.

[34~36] 고전시가

(가) 송순 「면앙정가(俛仰亭歌)」
- **갈래** : 양반가사, 서정가사, 은일가사
- **성격** : 서정적
- **제재** : 면앙정 주변의 뛰어난 경치
- **주제** : 자연을 즐기는 풍류와 군은에의 감사
- **특징**
  – 자연 친화 의식에 유교적 충의 이념을 결합시켜 강호 가도를 확립

– 의인법, 직유법, 대구법 등 다양한 표현 방법과 유려한 문장 구사로 사계절의 변화를 실감나게 묘사

– 설의적 표현과 영탄적 표현을 사용하여 화자의 정서 강조

– 4음보 연속체 형식으로 시구 전체가 대구를 이루며 규칙적 운율 형성

(나) 안축 「죽계별곡(竹溪別曲)」

• **갈래** : 경기체가
• **성격** : 의욕적
• **구성** : 전체 5장
• **주제** : 고향인 풍기 땅 순흥(죽계)의 경치를 읊은 고려 신흥 사대부의 의욕에 넘치는 생활
• **특징**
 – 경기체가의 형성과정을 보여줌
 – 이두의 사용이 빈번
 – 일부에서는 '경기하여'가 탈락

---

34 ③ (가)는 아름다운 자연 속에서 홀로 살아가고 물아일체와 군왕을 향한 감사함을 느끼며 자신이 속한 장소의 계절변화와 아름다움을 노래하고 있을 뿐이므로 학문과 관련된 사물로 장소의 성격을 드러내지는 않고 있다.

〔오답풀이〕

① '남녀롤 빗야 투고 솔 아리 구븐 길노 오며 가며 ㅎ 눈 적의'의 열거된 움직임을 통해 한시라도 빨리 자연의 풍경 속으로 들어가고 싶어하는 화자의 심리가 드러난다.

② '악양루상의 이태백이 사라 오다'와 '호탕정회야 이예셔 더 호 소냐'를 통해 악양루의 이태백과 비교하더라도 지금의 삶이 더 만족스럽다는 감정을 드러내고 있다.

④ '그것이 어떠하겠습니까?'라는 청유형 어미를 활용하여 풍류를 즐길 것을 권하고 있다.

⑤ (가)는 '쌍룡이 뒤트눈 돗 긴 깁을 치폇눈 돗'과 '닷눈 돗 쏘로눈 돗 빔놋즈로 흐르눈 돗' 등의 표현, (나)는 '찬연한 봉새 날며 옥룡이 서린 듯한 산세'라는 비유적 표현을 활용하여 자연에 역동성을 부여하고 있다.

35 ② [A]의 '나모 새 ㅈㅈ진 모습은 나무와 풀의 무성한 모습으로 여름의 모습을 드러내고 있지만 〈5수〉의 '방초'는 향긋한 풀의 모습으로 봄의 모습을 드러내고 있다.

〔오답풀이〕

① '황앵 교태 겨워'는 노란 앵무새가 우는 예쁜 소리를 통해 자연 속에 들어와 기분이 좋은 화자의 정서를, '기러기 날아간 뒤에'와 '눈에 달빛'은 가을에서 겨울로 계절이 변화하는 모습을 드러내고 있다.

③ '양풍'과 '훈풍'은 각각 서늘한 바람과 훈훈한 바람을 뜻하는 말로 '조으름', '거문고'와 함께 여름날의 한가로운 정취를 드러낸다.

④ '황운'은 가을의 들판을 나타내는 말이고 '황국과 단풍이 비단에 수놓을 제'는 가을 풍경의 아름다움을 나타내는 구절이다.

⑤ '어적'은 어부의 피리, '돌'은 달을 뜻하는 말로 둘의 조응을 통해 가을의 정취를 드러내고 있으며 '눈'과 '달빛'의 조응은 겨울의 정취를 드러낸다.

36 ④ '인간을 써나'오기 전의 '겨를 업'음으로 인해 '청려장'이 '뫼 되여'졌다는 화자의 인식은 공간상의 '면앙'을 통한 과거에 대한 그리움에서 비롯된 것이다.

〔오답풀이〕

① 기러기의 '안즈락 ᄂ리락'하는 움직임을 화자가 굽어보고 올려다보며 시선을 이동한다.

② 'ᄆ조친 사정'은 강물을 따라 펼쳐진 백사장이란 뜻으로 굽어볼 수 있는 '면'이고 '쏘 즌 거슨 모힌가'는 꽂힌 것은 산이냐는 뜻으로 높은 것을 올려다보는 '앙'에 해당한다.

③ '일월도 한가ㅎ다'는 시간상 현재를 면하고 과거를 앙하면서 이 때야말로 태평성대라며 과거의 시간을 뒤돌아보는 '니 적이야 긔로고야'라는 인식을 하게 된다.

⑤ 역사적 인물인 이태백이 살아온다 한들 화자가 현재 자신의 호탕한 감정보다 더하겠냐며 삶의 즐거움을 드러냄으로써 현재를 면하고 과거를 앙하는 시간상의 면앙의 인식을 보여준다.

[37~40] 현대소설

김문수 「만취당기(晩翠堂記)」

• **갈래** : 현대소설, 단편소설
• **시점** : 1인칭 주인공 시점
• **주제** : 한국인의 출세 욕망과 그에 맞서는 청빈사상
• **특징**
 – 한국인의 출세의지 및 기복의식과 상반되는 청빈사상이 부자간의 대립으로 현실에 반영
 – 청빈과 절개를 의미하는 만취당의 본래 뜻이 굴절되어 현실에 편승하는 도구로 변화

37 ① 아버지와 '나' 사이의 대화 속에 만취당에 관한 정보와 현재 '나'가 처해있는 상황 등이 소개되어 있고 '나'와 이 경장 사이의 대화 속에서 아버지가 연행된 사건에 대한 경과가 상세하게 소개되고 있으므로 대화를 통해 중심 소재를

둘러싼 사건들을 서술하고 있다.

오답풀이

② 작품에서는 아버지와 '나'의 대화를 통해 만취당에 대한 내
력과 작품 속 인물들이 만취당에 대해 가지고 있는 생각
등 배경 묘사가 이뤄지고 있지만 이것만을 통해서 앞으로
만취당이 헐린다는 사건을 암시할 수는 없다.
③ 작품에서는 '나'가 주인공이 되어 이야기를 풀어나가고 있
으며 작품 밖 서술자는 존재하지 않는다.

38 ① '나'는 만취당을 지켜야 한다는 아버지의 생각에 회의적인
반응을 보이고 있으며 이 때문에 아버지와 갈등을 겪고 있
으므로 만취당을 고수하기 위한 실수를 할 이유 역시 없다.

오답풀이

② 아버지는 오대조 할아버지가 만취당을 세운 내력을 서예
학원으로부터 이미 들었지만 '나'에게 말할 때는 그 내력을
고의로 말하지 않고 있다.
③ 아버지는 '나'에게 오대조 할아버지가 만취당의 당호를 붙
인 이유를 전달하며 자신의 일에서 원칙을 고수하고자 하
는 '나'에게 현실과 타협할 것을 강요하고 있다.
④ 아버지는 '나'가 노후에도 절조를 변하지 않는 사람이 되라
는 만취당의 본래 의미를 지니고 사는 것에 불안감을 느끼
고 있다.
⑤ '나'는 오대조 할아버지가 지키고자 한 만취장의 가치에 대
해 아버지와 대립하는 입장이었지만 만취당이 없어지게 되
자 아버지와 유사한 실망스러운 심정을 보인다.

39 ⑤ ⑩이 뜻하는 것은 '나'가 동촌리에 와서 이 경장의 설명에
의해 만취당이 헐리게 되었다는 것을 알게 된 얘기이다.

오답풀이

① ㉠은 '나'가 직장에서 물러나게 생겼다는 얘기로 이 얘기를
아내로부터 전해들은 아버지는 만취당을 되찾겠다는 집념
을 더욱 키우게 된다.
② ㉡은 아버지가 '나'에게 오대조 할아버지가 만취당의 당호
를 지은 의미와 한참 동떨어진 설명으로 내게 전달해주는
얘기를 의미한다.
③ ㉢은 서예학원 아저씨가 해준 만취당이 가진 본래 의미이다.
④ ㉣은 이 경장이 불 단속을 하느라 멈췄던 '나'의 아버지가
군수 비서실에서 행패를 부리다 연행되었다는 얘기이다.

40 ① 물속에서 살아야 하는 용이 물 밖에 나오면 작은 개미마저
도 하찮게 여긴다는 뜻으로 안정된 직장에서 물러나게 되
면 별 볼 일 없게 되어 여러 사람들에게 무시당하는 삶을
살게 될 '나'를 우려해서 한 말이다.

[41~45] 고전소설

> 작자미상 「심청전」
> • 갈래 : 윤리 소설, 설화 소설, 판소리계 소설
> • 성격 : 교훈적, 비현실적, 환상적
> • 시점 : 전지적 작가 시점
> • 제재 : 심청의 효성
> • 주제 : 부모에 대한 지극한 효성과 인과응보
> • 특징
> – 유교적 덕목인 '효'를 강조
> – 유불도(儒佛道) 사상이 복합적으로 등장
> – 현실 세계를 중심으로 펼쳐지는 전반부와 환상적인 이야기
>   중심의 후반부로 내용 구분

41 ③ (가)에서는 '심 봉사'가 딸인 심청을 키워오고 탑전에 이르
기까지의 행적을 요약적으로 진술하여 독자들의 사건에 대
한 이해를 돕고 있다.

오답풀이

① (가)에서는 줄거리와 관련된 배경 묘사가 이뤄지지는 않고
있지만 인물들의 언행을 통해 앞으로 일어날 사건 암시는
하고 있다.
② (가)에서는 인물의 독백적인 서술이 이뤄지고 있지만 이를
통해 인물 간의 갈등이 심화되지는 않고 있다.
④ (나)에서는 (가)와 달리 비현실적 상황이 드러나지 않고 있다.
⑤ (나)에서는 장면 전환이 빈번하게 일어나지 않고 있다.

42 ③ '귀덕 어미'는 욕망 주체인 심청의 욕망 실현을 위해 심청
에게 부탁을 받고 남경장사 선인을 데려와 심청에게 소개
를 시켜주는 욕망의 중재자가 되고 있다.

오답풀이

① 남경장사 선인은 공양미 삼백 석을 지불함으로써 심청의
욕망이 실현되는 계기를 마련하고 있다.
② 천신은 심청의 욕망 주체의 지향에 응답하여 욕망을 중재
하는 초월적인 힘으로 심청의 욕망 실현에 영향을 준다.
④ 심청은 인당수에 몸을 던지고자 하는 자신의 욕망으로 눈
을 뜨고 싶은 아비의 욕망을 발원한 욕망 주체로서 절대적
존재의 힘에 의해 보상을 받는다.
⑤ 심봉사는 눈을 뜨고자 하던 자신의 욕망 실현을 위해 자신
의 딸이 죽은 것에 대해 자책하나 예기치 않게 눈을 뜸으
로써 욕망이 실현된다.

43 ⑤ (나)에서 딸을 다시 만나고 싶어하는 심봉사의 현실적인 소
망이 구체적으로 드러나는 이유는 (나)의 장르가 실제 관객
들 앞에서 공연하는 데 사용되는 대본이기 때문이며 이러

한 구체적인 표현으로 인해 관객들이 극의 줄거리를 쉽게 이해할 수 있도록 하는 데 목적을 두고 있다.

오답풀이

① [A]에서 나오는 궁궐은 심청이 살아있다는 사실을 알게 되자마자 심봉사의 눈이 저절로 떠지는 기적이 일어나는 환상적인 공간으로 그려지지만, (나)에서는 심봉사가 심청의 죽음이라는 현실을 마주하게 되는 공간이다.

② [A]에서는 '천지 일월 밝아 왔구나', '칠보화관'과 같은 과장적인 장면 묘사를 통해 앞을 볼 수 있게 된 심봉사의 고조된 기쁨을 보여주고 (나)에서는 심청의 죽음을 알게 된 심봉사의 오열을 통해 비극적 상황에 대한 절망감을 드러낸다.

③ [A]에서는 등장하지 않는 인물인 왕후와 장승상 부인이 등장하여 심청의 죽음을 감추려 하고 있다.

④ (나)의 첫 번째 문단에서 장승상 부인이 심청의 죽음을 안타까워하며 효녀 심청의 성을 널리 알리기 위해 심봉사를 잔치에 초대해야 한다는 것에 동조하고 있다.

44 ⑤ ㉮의 남경장사 선인은 심청이 인당수에 빠져죽을 수 있다는 위기를 언급하며 처녀를 사려는 자신의 이유를 밝히고 있고 ㉯의 장승상 부인은 심봉사가 맹인이라 사람을 알아보지 못한다는 특성을 들어 심청의 역할을 해야 하는 궁녀를 안심시키고 있다.

오답풀이

① ㉯의 궁녀 김씨는 심청 역할을 하는 것에 대한 자신의 요구를 드러내지 않고 있다.

② 심청은 자신이 인당수에 빠져죽을 것이라는 미래를 예측하며 걱정하는 모습을 보이지 않고 있다.

③ ㉮의 심청은 인신공양에 대한 도덕적 가치를 내세우며 불편한 심기를 내비치지 않고 있고 ㉯의 장승상 부인은 행동의 당위성을 말하지 않고 있다.

④ 남경장사 선인은 자신의 문제를 언급하고는 있지만 상대방인 심청에게 해결을 요구하지는 않고 있다.

45 ⑤ ㉤은 딸을 잃은 심봉사의 애절한 심정이 부각되야 하므로 감정 표현의 절제가 아닌 감정이 폭발하는 모습으로 연기해야 한다.

오답풀이

① 자신이 알고 있는 장승상 부인의 목소리가 들리는 대목으로 맹인 심봉사가 아는 목소리에 반가워하는 표정 연기가 어울린다.

② 장승상 부인이 자신의 속마음을 표현하는 대사로 심봉사가 듣지 못하도록 관객을 향해 대사를 하는 모습이 적절하다.

③ 진짜 심청을 억지로 연기해야 하는 궁녀 김씨의 감정이 드

러나야 하므로 어색한 태도와 마지못해하는 목소리로 연기해야 한다.

④ 갑자기 떠진 눈과 자신이 딸이라고 믿었던 인물이 도망가는 상황에 대하여 당황스러움이 드러나도록 연기해야 한다.

2021학년도 기출문제 정답 및 해설

제2교시 영어영역(공통)

01 ⑤	02 ④	03 ⑤	04 ④	05 ⑤	06 ③
07 ③	08 ②	09 ①	10 ②	11 ①	12 ④
13 ②	14 ②	15 ④	16 ⑤	17 ④	18 ③
19 ③	20 ①	21 ④	22 ③	23 ⑤	24 ①
25 ②	26 ①	27 ①	28 ⑤	29 ⑤	30 ②
31 ③	32 ①	33 ⑤	34 ⑤	35 ③	36 ③
37 ②	38 ⑤	39 ④	40 ④	41 ①	42 ④
43 ⑤	44 ②	45 ③			

01 ⑤ 제시문은 John과 Amy가 연례 군사지도자 세미나에 참가하면서 대화한 내용이다. 대화 도중 John이 미 해군사령부의 특별 초청연설자가 세미나에 왔다는 말을 들었다고 하자 Amy가 그 연설자가 사실 자신이며 매년 실시하는 훈련에 한국이 참여하도록 격려하러 왔다고 대답하였으므로 대화의 내용으로 알 수 있는 사실은 ⑤의 "Amy is the guest speaker from the U.S. Navy Command.(Amy는 미 해군사령부의 초청 연사로 있다.)"가 적절하다.

오답풀이

① Amy는 회의실이 어디에 있는지 알고 싶어 한다.
② John은 연례 군사지도자 세미나의 특별 초대 손님이다.
③ Amy는 한국이 연례 공군 훈련에 참여하기를 원한다.
④ John은 한국이 미 해군을 향후 군사 훈련에 초대하기를 원한다.

어휘

• bother : 신경 쓰다, 괴롭히다, 성가신 일
• conference : 회의, 회담, 협의
• guest speaker : 초청 연사
• invite : 초대하다, 요청하다
• enhance : (좋은 점, 가치, 지위를) 높이다

해석

John : 실례합니다. 방해해서 죄송하지만 회의실을 찾고 있는데요. 어딘지 아시나요?
Amy : 네! 복도 오른쪽에 있어요. 연례 군사지도자 세미나에

오셨나요?
John : 맞아요! 당신도 그것 때문에 여기 온 건가요? 미 해군사령부의 특별 초청연사가 향후 군사훈련에 대해 이야기하기 위해 초대받았다고 들었어요.
Amy : 그게, 그 연설자는 사실 저예요. 저는 미 해군사령부에서 왔고, 우리의 동맹을 더욱 강화하기 위해 매년 실시하는 해군 훈련에 한국이 참가하도록 격려하기 위해 이곳에 왔어요.
John : 정말 놀랍군요! 직접 만나게 되어 영광입니다. 전 정말 많은 질문거리를 가지고 있어요.
Amy : 그럼, 최선을 다해 답변 드릴게요.

02 ④ 의사가 가능한 한 빨리 회복되길 바라는 환자에게 몸을 돌보지 않으면 허리 통증이 더 심해질 것이니 휴식을 취해야 한다고 충고하고 있으므로 환자의 답변으로는 ④의 "I'll try to get some time off from work(일을 좀 쉬도록 노력해야겠어요.)"가 적절하다.

오답풀이

① 당신이 추천한 대로 바로 일하러 갈게요.
② 다음 주에 엑스레이 결과를 위해 다시 올게요.
③ 디스크 수술 준비할게요.
⑤ 저는 이제 역도 좀 하러 갈게요.

어휘

• based on : ~에 근거하여
• lower back pain : 허리 통증
• due to : ~ 때문에
• go back to : (중단했던 것을) 다시 시작하다
• participate in : ~에 참가하다
• strain : 긴장, 부담, 압력, (근육의) 염좌
• expedite : 더 신속히 처리하다
• recovery : 회복
• as soon as possible : 되도록 빨리
• worse : 더 나쁜, 더 심한

해석

Doctor : 엑스레이 결과를 토대로 볼 때, 환자분의 허리 아래 통증은 근육의 긴장 때문입니다. 디스크 문제가 아니니 다행이네요.
Patient : 그럼 다음 주까지 복직할 수 있다는 뜻인가요?

Doctor : 할 수는 있지만, 무거운 물건을 들거나 허리 아래 근육을 긴장시키는 어떤 활동에도 참여할 수는 없습니다. 저는 환자분이 휴식을 취하기 위해 며칠 쉬는 것을 추천하네요.

Patient : 빠른 회복을 위해 더 할 수 있는 일이 없을까요? 저는 가능한 한 빨리 일하러 돌아가야 해요.

Doctor : 저는 환자분이 중요한 일이 있다는 것을 알지만, 환자분의 몸은 휴식을 취해야 합니다. 몸을 돌보지 않으면 허리 통증이 더 심해질 뿐이에요.

Patient : 그래요. 일을 좀 쉬도록 노력해야겠어요. 고마워요.

03 ⑤ • 첫 번째 빈칸 : Nancy는 여행사에 전화하여 동남아시아 여행에 대한 궁금증을 물어보고 있으므로 빈칸에는 d의 "Do I get to pick the countries that I will visit or are they preset?(제가 방문할 국가를 선택해야 하나요, 아니면 여기서 미리 정해 놓은 것인가요?)가 들어갈 말로 적절하다.

• 두 번째 빈칸 : 패키지여행 동안 캄보디아나 발리를 가기 위한 다른 그룹에 가입하는 선택권이 주어진다는 Aron의 말에 Nancy가 해당 정보와 관련된 질문을 하고 있으므로 빈칸에는 여행 경로와 관련된 질문인 a의 "Would it be possible to stay in Thailand longer instead of selecting Cambodia or Bali?(캄보디아나 발리를 선택하는 대신 태국에 더 오래 머무르는 것이 가능할까요?)"가 들어갈 말로 적절하다.

• 세 번째 빈칸 : 태국에 더 오래 머무르도록 여행사에서 준비해 줄 수 있지만 그렇게 하려면 새로운 호텔로 옮겨야 한다는 Aron의 답변에 Nancy가 긍정의 반응을 보이고 있으므로 빈칸에는 c의 "I'll call you back as soon as I pick the hotel.(호텔을 고르는 대로 다시 전화할게요.)"가 들어갈 말로 적절하다.

어휘

• sequence : 순서, 장면
• package : 포장물
• stay with : 남의 집에서 머물다, 일에 열중하다, 일 따위를 계속하다
• definitely : 확실히, 분명히
• additional fee : 추가요금
• instead of : ~대신에
• preset : 미리 조정하다, 미리 결정하다

해석

Aron : 안녕하세요. Global Travel Agency에 전화해줘서 감사합니다. Aron입니다. 무엇을 도와드릴까요?

Nancy : 안녕하세요! 저는 동남아시아 패키지여행 10일에 대해 몇 가지 궁금한 점이 있어요. 제가 방문할 국가를 선택해야 하는가요, 아니면 여기에서 미리 정해 놓은 것인가요?

Aron : 음, 이 패키지에는 처음 7일 동안 태국, 베트남, 말레이시아를 방문하는 것이 포함되어 있어요. 그리고 여러분은 이 그룹에 머물면서 캄보디아로 가거나 발리를 방문하기 위해 다른 그룹에 가입할 수 있는 선택권이 주어질 겁니다.

Nancy : 캄보디아나 발리를 선택하는 대신 태국에 더 오래 머무르는 것이 가능할까요?

Aron : 당연하죠! 우리가 준비해 줄 수 있어요. 하지만, 새로운 호텔로 옮겨야 할 겁니다. 추가 요금은 없으며, 저희 웹사이트에서 고르십시오.

Nancy : 아! 그거 좋은 생각이네요. 호텔을 고르는 대로 다시 전화할게요. 고마워요.

04 ④ 남자가 여자에게 이런저런 질문을 던지고 여자가 이에 답변을 하고 있으며 자신이 과학 분야의 여성 배역을 맡게 돼서 기쁘다고 한 것으로 봤을 때 여자는 'actress(여배우)'임을 알 수 있다. 또한 마지막에 여자가 남자의 영화 리뷰를 빨리 읽고 싶다고 하는 부분에서 남자는 'magazine reporter(매거진 기자)'라는 사실도 알 수 있다.

오답풀이

① 뉴스 앵커 – 특파원
② 교수 – 대학생
③ 영화감독 – 각본가
⑤ 구직면접관 – 구직면접자

어휘

• passion : 열정, 격정
• assume that : ~라 가정하여, ~라 하면
• involvement : 관련, 관여, 개입, 열중
• definitely : 절대로, 확실히, 분명히
• representing : ~의 대표로서
• specifically : 분명히, 특별히, 명확하게
• correspondent : 기자, 특파원, 통신원

해석

Man : 자, 두 번째 질문으로, 지난번에는 여성 역사에 대한 열정에 대해 이야기했죠. 그렇다면, 이것이 현재 프로젝트에 참여하게 된 이유라고 봐도 무방할까요?

Woman : 오, 물론이죠. 그리고 그것은 단지 여성의 역사를 대변하는 것이 아니라, 과학 분야의 여성에 관한 것이에요.

Man : 당신은 어렸을 때 과학에 빠져본 적이 있나요?

Woman : 네, 그랬어요! 나는 심지어 과학 캠프에 가서 대학을 다닐 때 NASA 인턴 과정을 마쳤죠. 그래서 나는 이 역할을 맡게 되어 매우 흥분돼요.

Man : 그렇군요. 난 당신이 그 영화에 출연하는 걸 보고 싶어요.

Woman : 저도 다음 호에서 당신의 영화 리뷰를 빨리 읽고 싶어요.

05 ⑤ 엄마가 딸에게 병원에 데려다 줄지 물어봤을 때 딸은 약국에서 처방전 없이 살 수 있는 약을 샀고 기분이 안 좋을 때 다시 알려주겠다고 한 것으로 봐서 아직 병원에 가지 않았다는 사실을 알 수 있다. 그러므로 "The daughter is getting better after she came back from the hospital.(딸은 병원에서 돌아온 후 점점 나아지고 있다.)"이라는 ⑤의 설명은 윗글의 내용과 일치하지 않는다.

오답풀이

① 딸은 집중이 안 되고 코막힘이 있다고 말했다.

② 딸은 처방전 없이 살 수 있는 약을 샀다.

③ 엄마는 딸이 심각한 상태일 수도 있다고 생각한다.

④ 딸은 상태가 나빠지면 엄마에게 알려줄 것이다.

어휘

• seem to be : (현재) ~한 모양이다

• nasal congestion : 코막힘

• serious : 심각한, 진지한

• maybe later : 다음 기회로

• purchase : 구입, 구매, 매입

• over-the-counter : 약이 처방전 없이 살 수 있는

• pharmacy : 약국

• stuffy : 답답한, 딱딱한

해석

Mother : 얘야, 별일 없니? 너 피곤해 보이는구나.

Daughter : 몰라, 엄마. 집중이 안 되고 코막힘이 있어. 내가 무슨 일이 있는 것 같아.

Mother : 병원에 데려다 줄까? 뭔가 심각한 것일 수도 있어.

Daughter : 아마 오후 늦게 갈 거 같아. 나는 약국에서 처방전 없이 살 수 있는 약을 샀어. 기분이 안 좋으면 알려줄게.

Mother : 그럼, 좀 쉬도록 하고 물을 많이 마셔.

Daughter : 알았어, 그럴게, 엄마.

06 ③ Linda의 강아지는 교통사고를 당해서 수술 후 내일 집에 올 것이며 Michael이 친구들과 호수로 놀러가는 데 Linda와 강아지도 초대하자 Linda가 승낙하고 있다 그러므로 "Michael is inviting Linda to go to the lake with her dog.(Michael은 Linda를 그녀의 개와 함께 호수에 가도록 초대하고 있다.)라는 ③의 설명이 윗글의 대화 내용과 일치하다.

오답풀이

① Linda는 호수에서 아르바이트를 찾았다.

② Linda는 휴가 여행을 위해 많은 돈을 모았다.

④ Michael은 Linda가 없는 동안 Linda의 강아지를 돌보고 싶어 한다.

⑤ 린다는 마이클과 그의 친구들과 함께 호수에 가는 것을 꺼린다.

어휘

• look for : 찾다, 구하다

• short on : ~이 부족하여

• as much as : ~만큼, ~정도

• accident : 사고, 우연

• spend : (돈을) 쓰다, (시간을) 보내다

• lake : 호수

• reluctant : 꺼리다, 주저하다

해석

Michael : 안녕 Linda. 여름방학 계획은 있어?

Linda : 난 그냥 집에 있으면서 아르바이트를 찾을 것 같아. 나는 지금 현금이 너무 부족해서 최대한 저축해야 해.

Michael : 무슨 일이야? 모두 괜찮은 거야?

Linda : 그게, 우리 강아지가 교통사고를 당해서 나는 강아지의 수술에 많은 돈을 써야 했어. 그는 매우 잘 회복되고 있고 내일 집에 올 거야.

Michael : 잘됐네. 음, 나는 이번 주말에 친구들과 함께 호수에 갈 거야. 너도 같이 왔으면 좋겠어. 너의 강아지에게도 좋을 거야.

Linda : 정말 좋은 생각이야. 언제 어디서 만날지 알려주면 강아지와 함께 갈게.

07 ③ 미국에서 생산되고 판매되는 작물의 약 19%가 관개용지에서 나온다는 근거를 들어 일반 대중이 농업용수와 물 보존이 그들 스스로의 이익에 매우 중요하다는 것을 이해해야 한다는 중심내용을 주장하고 있다. 그러므로 ③의 "대중은 농업용수와 물 보존의 중요성을 이해하고 관련 활동을 지원해야 한다."가 필자가 주장하는 바로 가장 적절하다.

어휘

• specialized : 전문적인, 전문화된

• food supply : 식량공급

• extent : 정도, 크기

• somewhat : 어느 정도, 약간, 다소

• contingent : 대표단, 분견대, 파견대

• dependable : 믿을 수 있는

• irrigation : 관개, 물을 끌어들임

• crop : 농작물, 수확량

• occur : 일어나다, 발생하다, 존재하다

• commodities : 상품, 물자

• consumer : 소비자

• conservation : 보호, 보존, 관리

• be willing to : 흔쾌히 ~하다

• research : 연구, 조사

• agricultural water : 농업용수

• solve : 해결하다

해석

전문화된 경제에서 국가의 식량 공급은 관개를 위한 신뢰할 수 있고 장기적인 물의 공급에 어느 정도 좌우된다. 미국에서 생산되고 판매되는 작물의 약 19%는 관개용지에서 나온다. 관개수가 없다면 이 생산은 일어나지 않을 것이고, 원자재 가격은 훨씬 더 높을 것이다. 따라서 일반 대중은 관개수와 물 보존이 그들 자신의 이익에 극히 중요하다는 것을 이해해야 한다. 소비자들은 물 보존 연구와 물 공급 개발을 위한 공공 기금을 기꺼이 지원해야 한다. 국민들은 농업용수 문제에 대해 더 많이 이해하고, 농업용수 문제를 해결하기 위한 과정에 대해 더 많이 이해해야 한다.

08 ② 제시문에 따르면 우리가 서로 갈등하는 상황에 처했을 때 갈등에서 벗어나고 문제를 해결하러 끊임없는 노력을 하고 있으며, 이를 통해 갈등이 일어나는 상황을 최대한 현명하게 활용하는 법을 배운다고 말한다. 그러므로 제시문이 시사하는 바는 ②의 "After the rain comes the sunshine.(비가 온 후 햇빛이 쬐인다.)"이 가장 적절하다.

오답풀이

① 어려울 때 친구가 진정한 친구다.
③ 많은 손이 가벼운 일을 만든다.
④ 쇠가 뜨거울 때 두드려라.
⑤ 피는 물보다 진하다.

어휘

• disagreement : 의견 충돌, 다툼, 불일치
• dispute : 분쟁, 분규, 논란, 논쟁
• undoubtedly : 의심의 여지없이, 확실히
• confront : (문제나 상황에) 맞서다
• resolve : 해결하다, 다짐하다
• mature : 어른스러운, 분별 있는, 숙성된
• individually : 개별적으로
• underneath : ~의 밑에, 속으로
• frustration : 불만, 좌절감
• irritation : 짜증, 격앙, 자극, 흥분, 염증
• conflict : 갈등, 물리적 충돌
• certainly : 틀림없이, 분명히
• plunge : 거꾸러지다, 급락하다
• ominous : 불길한
• stillness : 고요, 정적
• realization : 깨달음, 자각, 인식, 실현
• shore : 기슭, 해안, 호숫가

해석

내 아내 Tami와 나는 의견 불일치와 분쟁의 공정한 몫을 가지고 있었고 의심할 여지없이 계속 그럴 것이다. 그러나 이러한 문제에 직면하고 해결한 결과, 우리의 관계는 더욱 돈독해졌고, 개별적이고 부부로서 성숙해지게 되었다. 왜일까? 왜냐하면 상처, 좌절, 짜증, 또는 두려움 밑에는 언제나 배우고 성장하고 우리의 관계를 더 좋게 만들고자 하는 강한 욕망이 있기 때문이다. 우리는 갈등을 싫어하고 갈등을 찾아내지 않는다. 그러나 갈등이 우리를 발견하면 우리는 폭풍에 빠진다. 그리고 우리가 폭풍의 눈에서 불길한 고요에 도달했을 때, 즉 깨달음과 인식의 지점, 아는 것과 분명히 보기의 지점에 도달했을 때, 우리는 서로를 붙들고, 이끌든 이끌리든, 함께 안전한 해안으로 나아간다. 갈등이 반드시 최선의 선택을 위해 일어나는 것은 아니지만, 우리는 갈등이 일어나는 것을 최대한 활용하는 법을 배우고 있다.

09 ① 제시문에 따르면 때때로 외교 정책의 특정 사안으로 인해 수도 내부에서 갈등이 빚어지고 부처마다 입장이 달라질 수도 있는데 이러한 내부적인 의견 불일치로 인해 외국의 외교관은 본국의 지시 없이 예정된 회의에 참석해야 하거나 협상할 권한이 자신에게 있는지 알지 못하는 어려움을 겪는다고 서술하고 있다. 그러므로 ①의 "본국 정부 부처 간 의견 불일치는 외교관의 직무 수행을 어렵게 할 수 있다."가 제시문의 요지로 가장 적절하다.

어휘

• diplomat : 외교관
• foreign policy : 외교 정책
• instruction : 설명, 지시
• encoded : 암호화된
• embassy : 대사관
• internal : 내부의, 체내의
• regarding : ~에 관하여
• interest in : ~에 대한 관심
• Defense Department : 국방부
• Commerce Department : 상무부
• settle in : 적응하다
• occasionally : 가끔
• authorized : 인정받은, 공인된, 올바른
• negotiate : 협상하다, 성사시키다, 타결하다

해석

외교관들은 거의 항상 그들의 수도에 의해 철저한 통제를 받고 있고, 이것은 더 큰 선진국들일수록 더욱 그럴 것이다. 외교관들은 외교 정책을 계속 진행함에 따라 자유롭게 자신의

외교 정책을 결정할 수 없는 대신 지시를 통해 무엇을 말해야 할지를 듣게 된다. 이 지침서는 수도에서 면밀히 검토되고 암호화된 방법으로 한국의 대사관이나 해외 공관에 보내질 것이다. 때로는 특정 사안과 관련해 수도 내부 갈등이 빚어지고, 부처마다 입장이 달라진다. 예를 들어, 미국에서 국무부는 국제 관계에 관심이 있는 다른 부서– 국방부나 상무부–과 항상 같은 견해를 가지지는 않을 수 있다. 일부 외국 도시의 외교관이 지시를 내리기 전에 이러한 내부적 차이는 먼저 수도에서 해결되어야 한다. 그리고 가끔 수도의 내부적인 의견 불일치로 인해 이 외로운 외교관은 지시 없이 예정된 회의에 참석해야 하거나, 무슨 말을 하거나 협상할 권리가 있는지 알지 못하는 경우가 있다.

10 ② 제시문에 따르면 사람들 사이의 접촉은 거리와 경로의 생태학적 요인에 의존하며 코스타리카의 두 마을에 있는 집들과 대기업에 근무하는 사무실의 상호 작용 비율을 예시로 들어 거리가 상호작용의 비율을 결정하는 가장 중요한 요소라는 사실을 설명하고 있다. 그러므로 ②의 "사람 간의 물리적 거리는 상호작용의 빈도에 영향을 미친다."가 제시문의 요지로 가장 적절하다.

어휘

- acquaintance : 아는 사람, 친분
- essential : 필수적인
- precondition : 전제 조건
- formation : 형성 과정
- relationship : 관계
- evidence : 증거, 흔적
- document : 서류, 문서
- obvious : 분명한, 확실한, 너무 뻔한
- presumably : 아마, 짐작건대
- factor : 요인, 양
- depend upon : ~에게 의존하다
- pathway : 좁은 길, 오솔길, 진로, 경로
- proximity : (거리, 시간상으로) 가까움
- frequency : 빈도, 반발, 잦음, 진동수
- spread out : 몸을 뻗다, 넓은 공간을 쓰다
- explicitly : 명쾌하게
- interaction : 상호작용

해석

한 쌍의 사람들 사이에 어떤 접촉이나 친분이 있는 것은 그들 사이의 관계를 형성하기 위한 필수적인 전제조건이다. Festinger, Schachter, 그리고 Back의 기록은 사람 사이의 물리적 거리가 적고 일상 활동 과정에서 필요한 경로가 교차할수록 사회적 방문 관계를 발전시킬 가능성이 높다는 명백한

사실을 문서화한다. 아마도 이것은 사람들 사이의 접촉이 거리와 경로의 생태학적 요인에 의존하기 때문일 것이다. 마찬가지로, Powell은 코스타리카의 두 마을에 있는 집들의 서로 다른 근접성은 가족 간의 방문 빈도와 관련이 있다는 것을 발견했다. 집들이 빽빽이 모여 있는 마을에서는 방문자의 5할3푼이 일상생활인 반면, 상당히 먼 곳에 집이 펼쳐지는 개간지 형태의 정착촌에서는 방문자의 3할4푼만이 일상생활인 것으로 보고되었다. Gullahorn은 대기업의 377명이 근무하는 사무실에서 근접성의 함수로서 상호 작용의 비율을 명시적으로 조사했다. 2개월 반의 관찰과 인터뷰 후에, 그는 거리가 상호작용의 비율을 결정하는 가장 중요한 요소라고 결론지었다.

11 ① 제시문의 마지막에서 회의주의는 우리가 살고 있는 우주를 해석하고 행동에서 지혜를 얻는 데 도움이 될 수 있는 긍정적이고 건설적인 틀을 제공한다고 서술되어 있으므로 ①의 'significance of skepticism for the advancement of human knowledge and conduct(인간의 지식과 행동의 발전을 위해 회의론이 가지는 의의)'가 제시문의 주제로 가장 적절하다.

오답풀이

② 인위적인 지식 · 행동 맥락에서 회의론의 약점
③ 논리적인 추론을 연구하는 데 있어서 오래된 회의적 질문의 중요성
④ 수정된 회의론과 과학적 추론의 차이점
⑤ 다른 형태의 회의론을 구별하는 것

어휘

- skepticism : 회의론, 무신론
- doubt : 의심, 의혹, 의문
- evidence : 증거, 흔적
- hypothesis : 가설, 추정
- ordinary life : 평범한 삶
- reliable : 믿을 만한
- certainty : 확실성
- dogmatic : 독단적인
- appreciate : 진가를 알아보다
- snare : 사냥용 덫, (위험한) 유혹
- pitfall : (눈에 안 띄는) 위험
- principle : 원칙, 신조
- fallibilism : 오류가능주의
- probabilism : 개연성
- in regard to : ~에 대한
- constructive : 건설적인
- framework : (건물 등의) 뼈대, (판단, 결정 등을 위한)틀, 체제, 체계

- achieve : 달성하다, 성취하다, 해내다
- wisdom : 지혜, 슬기, 현명함, 타당성
- conduct : (특정한 활동을) 하다, 지휘하다, (어떤 장소로) 안내하다

[해석]

회의론은 가설에 대한 증거와 이유를 요구하는 의심의 방법으로 과학 연구, 철학적 대화 및 비판적 기능의 과정에 필수적이다. 또한 그것은 상식의 요구가 항상 우리에게 가장 신뢰할 수 있는 가설과 신념에 따라 발전하고 행동해야 하는 도전적인 평범한 삶에서도 필수적이다. 그것은 절대적으로 확실성과 독단적인 최종성의 적이다. 그것은 모든 종류의 인간 지식의 함정에 감사하며, 우리 지식의 확실성과 관련하여 오류주의와 확률주의의 원칙의 중요성을 인식한다. 이것은 오래된 회의론과는 확연히 다르며, 인류 지식의 진보와 인류의 도덕적 진전에 실질적으로 기여할 수 있다. 그것은 우주에 대한 우리의 지식과 도덕적이고 사회적인 삶에 중요한 의미를 가지고 있다. 이런 의미에서 회의론은 우리가 살고 있는 우주를 해석하고 행동에서 지혜를 얻는 데 도움이 될 수 있는 긍정적이고 건설적인 틀을 제공한다.

12 ④ 제시문에서는 사상의 본질에 대한 탐구 역시 다른 심리학과 마찬가지로 철학에서부터 시작되었고 철학으로부터 벗어나기 위해 다른 심리학의 분야보다 더 오랜 시간이 걸렸다고 설명하고 있다. 그러므로 ④의 'conversion of the study of thinking from philosophy to psychology(사상 연구의 철학에서 심리학으로의 전환)'이 제시문의 주제로 가장 적절하다.

[오답풀이]

① 철학의 사상의 본질에 대한 다양한 접근법
② 철학과 심리학의 조화로운 공존
③ 사상에 대한 철학자와 심리학자의 다른 견해들
⑤ 현대 심리학에 의해 드러난 사고 과정의 특성

[어휘]

- exploration : 탐사, 탐험, 탐구
- intensely : 강렬하게, 격하게, 열심히
- on the one hand : 한편으로는
- entirely : 전적으로 완전히, 전부
- strickly : 깐깐하게
- empirical : 경험에 의거한, 실증적인
- flourish : 번창하다, 잘 자라다, 잘 지내다

[해석]

사상의 본질에 대한 탐구도 다른 심리학과 마찬가지로 철학자의 안락의자에서 삶을 시작했다. 그러나 사고 과정에 대한 연구는 철학에서 벗어나기 위해 심리학의 다른 많은 분야보다 더 오랜 시간이 걸렸다. 한편으로 사상이란 이해하기 어렵고, 사사롭고, 강렬하게 개인적인 성격 때문에, 또 한편으로는 '진리', '지식', '판단'과의 관계 때문에, 철학자들은 이 연구의 영역과 결별하기를 꺼려왔으며, 오늘날 완전히 포기한 것은 아니다. 그럼에도 불구하고 사고의 연구는 철학자의 도서관을 벗어나 실험실로 – 철학자의 머리에서 과학자의 머릿속으로 – 이동했다. 사상은 20세기 초에 실험실로 소개되었다. 그 이전까지 사고의 심리학은 엄밀히 말하면 철학자의 영역이었고, 따라서 그 역사에는 특히 경험철학이 영국에서 번성했던 수세기 동안 위대하고 가까운 위대한 사람들의 이름이 연구되어 있다.

13 ② 제시문의 전반부에서 우리 주의의 생명체들이 어떠한 가르침 없이도 자신들의 생존 기술을 이어가는 것에 과학자들이 놀라움과 감탄 및 경외심을 불러일으켰다고 서술하고 있다. 그러므로 ②의 "Wonder of Knowing Without Being Taught(가르치지 않고 아는 것의 불가사의)"가 제시문의 제목으로 가장 적절하다.

[오답풀이]

① 진화 : 영원토록 진행되는 과정
③ 자연 : 인간의 진정한 스승
④ 다른 생물들에 대한 인간의 우월성
⑤ 교육 및 학습 : 모든 생명체의 생존 방법

[어휘]

- painful : (몸이) 아픈, (마음이) 괴로운
- handicraftsmanship : 수세공인의 지위
- acquirement : 취득, 획득, 습득
- aback : 돛이 역풍을 받고
- realization : 깨달음, 자각, 인식
- elaborate : 정교한
- apparently : 듣자하니
- possessed : 흘린
- admiration : 감탄, 존경
- awe : 경외감, 외경심
- fertilize : 수정시키다
- progeny : 자손
- marvelously : 놀라울 만큼, 불가사의하게

[해석]

수공예든 예술이든 이렇게 느리고 고통스러운 것은 기술을 터득하는 과정이다. 그래서 지식 습득을 위한 교육의 필요성에 젖어 있다. 그래서 우리는 우리 주위가 가장 복잡한 절차를 거치며 가장 정교한 기술을 이어가는 생명체라는 깨달음에 당황한다. 가르칠 가능성 없이 가장 확실한 지식을 부모에게 빼앗

겼다. 새들의 비행, 모든 동물의 출산과 산후조리 절차, 특히 벌, 개미와 다른 곤충들의 복잡하고 체계화된 노동력은 과학자들의 놀라움과 감탄, 경외심을 불러일으켰다. 암컷 곤충은 알을 낳고, 수컷 곤충은 수정하며, 자손은 가르치지 않고 이전의 경험도 없이 어른들의 삶으로 이어지는 진화의 상태를 거친다. 부모는 자손을 보지 못하며, 자아는 다양한 모양을 하고 있으며, 이 시기에 매우 다양한 능력을 가지고 있기 때문에, 놀랄 만큼 능숙하고 경이롭게 적응된 행동에 대한 가르침이 있을 수 없다.

14 ② 제시문에 따르면 평온한 느낌은 부분적으로 스마트 미주신경이라는 자율신경계의 경로로 조절되며 우리가 강한 관계를 가질 때 스마트 미주신경이 스트레스 반응을 조절하여 건강하고 명확하게 생각할 수 있도록 돕는다고 서술하였다. 그러므로 ②의 "Having Good Relationships: The Road to Staying Calm(좋은 관계: 침착하게 지내는 길)"이 제시문의 제목으로 가장 적절하다.

오답풀이

① 마음을 산만하게 하는 스마트 미주신경
③ 우리 감정의 위치 : 신경과학자들에게는 여전히 미스터리
④ 원시적인 인간의 행동을 통해 우리 자신을 이해하는 것
⑤ 원시 뇌 : 스마트 미주신경의 변조기

어휘

- calm : 평온한, 침착한, 차분한
- regulated : 통제된, 규제된, 조정된
- autonomic : 자율적인, 자발적인
- nervous : 신경의
- primitive : 원시적인
- modulate : 조절하다
- exploding : 증가하는
- isolated : 외딴
- neuroscientist : 신경 과학자
- chronic : 만성적인
- depression : 우울증
- irritability : 화를 잘 냄, 성급함

해석

평온한 느낌은 부분적으로 스마트 미주신경이라 불리는 자율신경계의 경로에 의해 조절된다. 여러분이 스트레스를 받을 때, 여러분의 원초적인 뇌는 도움을 주기를 원하고 원초적인 뇌가 책임일 때 그것은 관계에 나쁜 소식이 되는 결정을 내리는 경향이 있다. 당신이 강한 관계를 가지고 있을 때, 스마트 미주신경들은 스트레스 반응을 조절할 수 있고 원시적인 뇌가 그 자리를 차지하지 못하게 할 수 있다. 당신은 더 건강하고, 더 명확하게 생각할 수 있으며, 분노에 폭발하거나 도망

가는 대신 창의적인 사고를 통해 문제를 해결할 가능성이 더 높다. 하지만 여러분이 다른 사람들과 격리되어 있을 때, 여러분의 스마트 미주신경들은 신경과학자들이 말하는 나쁜 어조에 시달릴 수 있다. 이것은 당신의 원시적인 뇌가 더 주사들을 부를 가능성이 높다는 것을 의미한다. 단기적으로는 이것이 관계 문제로 이어진다. 시간이 지나면서 만성적인 스트레스, 질병, 우울증, 그리고 큰 시간의 짜증을 기대할 수 있다.

15 ④ 위의 그래프를 보면 병원 및 의료 환경의 쇼와 영화를 절대 보지 않는 성인의 비율은 23이고 그 두 배는 46인데 같은 종류의 영화를 자주 보거나 가끔 본다고 한 성인의 비율은 43이라서 두 배에 미치지 못하므로 "병원이나 의료 환경의 쇼와 영화를 자주 보거나 가끔 본다고 말하는 성인의 비율은 절대 안 본다고 하는 성인의 2배가 넘는다."는 ④의 설명이 도표의 내용과 일치하지 않는다.

어휘

- above : ~보다 위에, ~보다 많은, ~을 넘는
- criminal : 범죄의
- investigation : 조사

해석

위의 그래프는 범죄 수사, 병원과 의료 환경, 또는 공상과학 소설과 같은 과학 관련 쇼와 영화를 각각 본다고 말하는 미국 성인의 비율을 보여준다. ① 약 8명의 미국 성인들은 3가지 유형의 쇼와 영화 중 어떤 것도 자주 혹은 가끔 본다고 말한다. ② 세 가지 유형의 쇼와 영화에서 모두 자주 혹은 가끔 본다고 말하는 성인의 비율이 가장 높은 반면, 절대 본 적이 없다고 말하는 성인의 비율은 가장 낮다. ③ 범죄수사의 쇼와 영화를 자주, 혹은 가끔 본다고 말하는 성인의 비율은 거의 하지 않는다고 말하는 성인의 3배에 달한다. ④ 병원이나 의료 환경의 쇼와 영화를 자주 보거나 가끔 본다고 말하는 성인의 비율은 절대 안 본다고 하는 성인의 2배가 넘는다. ⑤ 병원이나 의료 환경의 쇼와 영화를 절대 보지 않는다고 말하는 성인의 비율은 공상과학의 쇼와 영화를 절대 보지 않는다고 말하는 성인의 비율과 같다.

16 ⑤ 제시문에 따르면 Clausewitz는 자신의 주요 저서인 《On War》를 완성하지 못하고 죽었다. 그러므로 "사망 전에 On War를 완성하여 군사 이론에 널리 영향을 미쳤다."는 ⑤의 설명은 제시문의 내용과 일치하지 않는다.

어휘

- claim : 주장하다, 요구하다
- status : 법적 신분, 사회적 지위
- accept : 받아들이다
- military service : 병역, 군 복무

- attain : 이루다, 이르다
- defeat : 패배시키다, 무산시키다
- reform : 개혁하다, 교화되다
- opposed to : ~에 반대하여
- enforce : 집행하다, 가용하다
- alliance : 동맹, 연합
- principal : 주요한, 주된
- specifically : 분명히, 명확하게

해석

Carl von Clausewitz는 1780년 6월 1일 프로이센에서 카를이 받아들인 귀족 지위를 주장하는 집안의 넷째이자 막내아들로 태어났다. Clausewitz는 열두 살에 프로이센군에 입대하여 결국 소장의 계급을 획득했다. 1806년 10월 14일 나폴레옹이 프로이센을 침공하여 프로이센군을 격파하자, 1807년부터 1808년까지 프랑스에 잡혀 포로가 되었다. 프로이센으로 돌아온 그는 프로이센 군대와 국가의 개혁을 도왔다. 프로이센과 나폴레옹 1세와의 강제적인 동맹에 반대하여, Clausewitz는 프로이센 군대를 떠나 1812년부터 1813년까지 러시아 제국의 군대에서 복무했다. 그는 전쟁의 모든 면에 있어서 신중하고 체계적이며 철학적인 조사를 기록으로 남겼다. 그 결과 그의 주요 저서인 《On War》를 완성하지 못하고 죽었지만, 그럼에도 불구하고 그의 사상은 군사 이론에 널리 영향을 미쳐 독일군 사상에 구체적으로 큰 영향을 끼쳤다. 그는 1831년 11월 17일에 콜레라로 죽었다.

17 ④ ①, ②, ③, ⑤의 'he'는 모두 젊은 장교를 가리키나 ④의 'he'는 늙은 장군을 가리킨다.

어휘

- worn : 해진, 닳은, 몹시 지쳐 보이는
- row : (사람과 사물들이 옆으로 늘어서 있는) 열, (극장 등의 좌석) 줄
- stammer : 말을 더듬다
- emotionless : 감정이 없는
- inspect : 점검하다, 사찰하다
- admit : 인정하다
- ravage : 황폐하게 만들다, 유린하다
- upsurge : 급증
- emotion : 감정, 정서
- compassion : 연민, 동정심

해석

군대의 젊은 장교 한 명이 퍼레이드를 하기 위해 훈련을 하고 있었다. 그는 마치 몽환에 빠진 것처럼 앞을 응시하며 똑바로 서 있는 보병들의 줄을 따라 걸었다. 그들은 전투로 지쳐 있었고, 지금까지 싸워왔으며, 전역하기 전에 막 캠프에 돌아와 젊

은 장교를 위해 퍼레이드를 하고 있었다. 젊은 장교는 그를 지도자로 훈련시키고 있는 늙고 노련한 장군과 동행했다. 그들이 줄을 따라 걸을 때, 장교는 중요한 지도력 원칙을 기억하고 장군에게 질문했다. "선생님." 그는 감정이 없는 눈으로 사내들을 바라보고 여전히 더듬거리며 "이 사람들을 살피면서 어떻게 겸손해지는 법을 배웁니까?"라고 물었다. 그는 "사실은 내가 모든 사람보다 우월하다고 느낍니다."고 인정했다. 장군은 혼자 미소를 지었다. "그건 쉬운 일이지." 그가 부드럽게 말했다. "그들의 부츠를 간단히 내려다보게." 젊은 장교가 아래를 내려다보니 사내들의 거칠고 황폐한 부츠가 보였다. 많은 사람들이 간신히 버티고 있었고 극한까지 자신을 몰아붙인 어떤 이들은 발가락 사이로 피가 보였다. 그는 강렬하고 갑작스런 감정의 격앙을 느꼈고 뜻밖에도 연민과 겸손함을 느꼈다. "감사합니다." 그가 말했다.

18 ③ 동사원형 'have'의 앞의 'to'는 전치사이고 같은 전치사 to + being과 전치사 to + types가 병렬 구조를 이루므로 ③의 'have'는 명사의 형태인 'having'으로 바꿔야 한다.

오답풀이

① 선행사가 포함된 목적격 관계대명사 'What'을 사용한 것은 적절하다.

② 주어인 'we'와의 시제 일치를 위해 's'를 생략한 'like'가 와야 한다.

④ 동사인 'constructed'를 꾸며주는 부사로 'equally'가 온 것은 적절하다.

⑤ 주격관계대명사 + be동사가 생략 가능한 구문이다.

어휘

- available : 이용할 수 있는, 시간이 있는
- interpret : 설명하다, 이해하다
- perspective : 관점, 시각
- humankind : 인류, 인간
- reproduce : 복사하다, 재현하다
- variation : 변화, 변형
- transportation : 수송
- insofar : ~하는 한에 있어서는
- liability : 법적 책임
- suburbanite : 교외 거주자
- distinctive : 독특한
- certain : 확실한, 틀림없는

해석

문화가 하는 일은 물리적 환경과 인간 환경에서 이용 가능한 것을 취하여 사회적으로 해석하고 이를 사회적으로 공유된 의미와 느낌으로 채우는 것이다. 인간의 세계는 문화적으로 해석되는 사회 세계다. 이러한 관점에서 우리는 어느 정도 닮았

고, 다른 인류와는 다소 다르다. 우리는 자연적으로 다른 사람들과 같다. 모든 사람들(우리가 아는)이 짝짓기를 하고, 번식하고, 동굴의 변형된 모습(집)에서 살고, 돌아다니며(이동), 그와 비슷한 것이다. 우리는 서로 다른 집단의 사람들이 아버지나 어머니, 남자나 여자, 그리고 아이를 갖는 것, 그리고 주택의 종류, 교통수단 등에 다른 의미와 가치를 부여하고 있는 한 문화적으로 다른 사람들과 다르다. 어린이를 경제적 자산이나 경제적 부채로 볼 수 있다. 모든 집들이 똑같이 지어지는 것은 아니다; 높은 층과 낮은 층의 집들이 있다. 에스키모의 교통수단은 전형적인 미국 교외 거주자의 교통수단과 같지 않으며, 20년 된 "예비된" 자동차는 최신형 고급 자동차와 같은 것을 의미하지 않는다. 문화는 모두 특정한 시간과 장소에서 주어진 집단의 특징인 독특하고 공유된 의미와 감정에 관한 것이다.

19 ③ 구조만 살펴봐서 풀 수 있는 것이 아닌 해석이 필요한 병렬구조 문제이며, 'potentially'가 아닌 'harmful'과 병렬구조가 이루어져야 하므로 ③의 'beneficially'가 'beneficial'로 바뀌어야 한다.

오답풀이

① 주어 + 동사가 생략된 구문으로 'how'만 홀로 들어오는 것이 가능하다.
② 'organism' 뒤의 동사 'is'와 관련된 주격관계대명사의 자리이고 주어인 'brains'가 사물이므로 'which'가 오는 것이 적절하다.
④ 수동태가 사용된 동사+ed 구문이다.
⑤ 동사 'Your~organs'와 수일치를 해주면서 동사로 'use'가 가능하다.

어휘

• chest : 가슴, 흉부
• similar : 비슷한, 유사한
• regardless : 개의치 않고
• evolve : 발달하다
• principal : 주요한, 주된
• exception : 예외
• feeding : 먹이 주기
• organism : 생물체, 유기체
• tubular : 관으로 된
• anus : 항문
• harmful : 해로운
• ingest : 삼키다
• gastrointestinal : 위장의
• consume : 소모하다

해석

왜 우리의 뇌는 우리의 머릿속에 위치하는가? 그들이 우리 가슴 깊숙한 곳에, 우리 마음의 위치와 비슷하다면 더 안전하지 않을까? 뇌는 얼마나 작거나 단순한지 상관없이, 주요한 기능을 수행할 수 있는 최적의 위치에서 진화했다. 즉, 개인과 종의 생존이다. 극히 소수의 예외를 제외하고는, 뇌는 항상 동물의 먹이인 "튜브"나 메커니즘의 앞 끝에 위치하는데, 인간을 비롯한 많은 유기체에서 입에서부터 항문까지 확장되는 관상계통이다. 당신의 뇌는 당신이 음식을 시각, 소리, 냄새로 찾을 수 있게 해주고 그리고 나서 당신의 행동을 정리해서 당신의 먹이 튜브의 앞쪽 끝이 음식을 맛 볼 수 있을 만큼 충분히 가까워지도록 하고 그것을 섭취하기 전에 그것의 유익하거나 잠재적으로 해로운 내용물들을 확인할 수 있게 해준다. 일단 그 음식이 당신의 먹이 튜브에 들어가면, 그것은 흡수되어 당신의 몸의 세포에 이용될 수 있게 된다. 위장계라고도 알려진 당신의 전체 급유관과 관련 기관들은 남은 30%를 신체의 나머지 사람들에게 공급하기 위해 소비하는 에너지의 거의 70%를 사용한다.

20 ① (A) 'by helping' 이하 문장의 주어는 'tactical commanders'이고 복수인 주어 뒤에 오는 동사는 s가 생략되므로 'capitalize'를 사용하는 것이 적절하다.
(B) 'the degree'는 사물을 나타내는 목적어이므로 뒤에 오는 목적격 관계대명사는 'which'를 사용하는 것이 적절하다.
(C) 'cues'는 '신호'를 나타내는 명사이므로 명사를 수식하는 형용사인 'necessary'를 사용하는 것이 적절하다.

어휘

• tactical : 전략적인, 전술적인
• whereby : (그것에 의하여) ~하는
• engaged : (~을 하느라) 바쁜, ~하고 있는
• opposing forces : 적군, 대항군
• coordinate : 조직화하다, 조정하다
• improve : 개선되다, 나아지다, 향상시키다
• responsiveness : 민감성
• unfold : 펴다, 펼쳐지다
• enhance : 높이다, 향상시키다
• integration : 통합
• affect : 영향을 미치다, 충격을 주다
• synchronize : 동시에 발생하다
• maneuver : 책략, 술책, 공작

해석

전술지휘통제란 실제로 적대세력과 교전하는 부대들이 서로 소통하고 활동을 조정하는 과정이다. 전술지휘통제(Tactical

Command and Control)는 전투가 전개될 때 전술지휘관들이 신속하게 대응하도록 도와 전술지휘관급 기회를 활용함으로써 전투 대응력을 향상시킬 수 있다. 전장의 배치 조정과 병력 이동에 영향을 주어 통합을 강화할 수 있다. 보다 광범위하게, 전술적 명령과 통제는 개별 단위와 명령이 잘 작동하고 운영을 동기화하는 정도에 영향을 미칠 수 있다. 전술적 지휘와 통제는 병사에게 복잡한 동기화된 사격, 기동 또는 기타 활동을 수행하는 데 필요한 신호를 제공함으로써 기술을 향상시킬 수 있다.

21 ④ (A) 주어가 존재하지 않은 채 동사+목적어만 가지고 있는 구조이므로 동명사인 'behaving'을 사용하는 것이 적절하다.

(B) 'have severely impaired'는 과거완료 형태이므로 과거의 모든 시간까지 포함한 과거형 'met'를 사용하는 것이 적절하다.

(C) 'frightened'는 '겁먹은'이란 뜻을 가진 형용사이므로 형용사를 수식하는 부사인 'so'를 사용하는 것이 적절하다.

어휘

- be filled with : ~로 가득 차다
- judgement : 판단, 비판, 판결, 심판
- irresponsible : 무책임한
- profit : 이익, 수익, 이윤
- corporate : 기업의, 법인의, 공동의
- executive : 경영 간부
- abuse : 오남용
- impair : 손상시키다
- severely : 심하게, 엄하게, 혹독하게
- frightened : 겁먹은, 무서워하는
- ashamed : 부끄러운

해석

나는 우리의 머릿속에 다른 사람들이 나쁘고, 탐욕스럽고, 무책임하고, 거짓말을 하고, 부정행위를 하고, 환경을 오염시키고, 삶보다 이윤을 더 중시하거나, 혹은 그들이 해서는 안 되는 다른 방식으로 행동한다는 판단과 분석으로 가득 차 있을 때, 그들 중 극소수가 우리의 필요성에 관심을 가질 것이라고 제안하고 싶다. 만약 우리가 환경을 보호하기를 원한다면, 그리고 기업 임원을 찾아가 "당신들은 정말 지구의 살인자야, 이런 식으로 땅을 남용할 권리는 없어"라는 태도를 취한다면, 우리는 우리의 요구를 충족시킬 수 있는 기회를 심각하게 손상시켰다. 우리가 그들의 그릇된 모습을 통해 표현하고 있을 때 우리의 욕구에 초점을 맞출 수 있는 것은 드문 인간이다. 물론, 우리는 그러한 판단을 사용하여 사람들을 위협하여 우리의 요구를 충족시키는 데 성공할 수도 있다. 만약 그들이 그렇

게 겁을 먹거나, 죄책감을 느끼거나, 부끄러워서 행동을 바꾼다면, 우리는 사람들에게 무엇이 문제인지 말해줌으로써 "승리"가 가능하다고 믿게 될지도 모른다.

22 ③ 제시문에 따르면 Boris Godunov는 러시아에서 유일하게 왕위를 받을 사람이 자신임을 알고 있었으나 귀족들의 의심과 부러움을 사지 않기 위해 왕관을 여러 번 거절했다고 하였다. 그러므로 무욕적으로 보인 모습 덕분에 다른 사람들이 그가 왕위를 '거부하도록' 강요했다는 내용이 아니라 '받아들이도록' 강요한 것이다. 따라서 ③의 'reject(거부하다)'는 'accept(받아들이다)'로 바꿔야 한다.

어휘

- envy : 부러움, 선망
- deflect : 방향을 바꾸다
- eagerly : 열망하여, 열심히, 간절히
- unambitious : 야망이 없는
- suspicion : 혐의, 느낌, 의심
- refuse : 거절하다
- presidency : 대통령직
- desire : 욕구, 갈망, 바람

해석

어떤 종류의 정치력이든 부러움을 자아내고, 그것이 뿌리내리기 전에 그것을 비껴갈 수 있는 가장 좋은 방법 중 하나는 무욕적으로 보이는 것이다. 끔찍한 Ivan이 죽었을 때, Boris Godunov는 러시아를 이끌 수 있는 유일한 사람이라는 것을 알았다. 그러나 열심히 그 자리를 노리면 보야르들의 부러움과 의심을 불러일으킬 것이기에 그는 왕관을 한 번이 아니라 몇 번 거절했다. 그는 사람들이 그에게 왕좌를 거부하도록(→받아들이도록) 만들었다. George Washington은 같은 전략을 사용하여 큰 효과를 보았다. 첫째는 미군 최고사령관의 직위 유지를 거부한 것이고, 둘째는 대통령직에 저항한 것이다. 두 경우 모두 그를 그 어느 때보다 자신을 유명하게 만들었다. 욕심이 없는 것 같은 사람에게 자기 자신이 부여한 힘을 부러워할 수는 없다.

23 ⑤ 제시문에 따르면 간디는 비폭력적 운동을 함으로써 영국이 식민지에서 일어나는 격렬한 저항에 자신들을 지키기 위한 무력을 동원해야 한다는 정신적 압박을 받게 되는 상황을 이용하였다고 서술하였다. 그러므로 ⑤의 'willingness(기꺼이 하는 마음)'은 'pressure(정신적 압박)'으로 바꿔야 한다.

어휘

- essentially : 근본적으로
- liberal : 자유민주적인
- uphold : 유지시키다, 확인하다, 인정하다

- riddle : 수수께끼
- indicate : 나타내다
- colony : 식민지, 집단
- contradiction : 모순
- unarm : ~로부터 무기를 빼앗다, ~의 무장을 해제하다
- violently : 격렬하게, 맹렬히
- overlord : 지배자, 권력자
- rebellion : 반란, 모반
- nonviolence : 비폭력 시위
- absolutely : 전적으로, 틀림없이, 전혀

해석

어떤 성공적인 전략의 열쇠는 자신의 적과 자신을 모두 아는 것이고 런던에서 교육을 받은 간디는 영국인을 잘 이해했다. 그는 그들이 본질적으로 정치적 자유와 문명화된 행동의 전통은 유지하는 것으로 간주하는 자유주의자들이라고 판단했다. 때로는 식민지에서 잔혹한 행동을 보였다는 점에서 알 수 있듯이 모순으로 가득 차 있기는 하지만 이러한 자아상은 영국인들에게 매우 중요한 것이었다. 반면에 인도인들은 수년간 그들의 영국 지배층에 대한 복종에 굴욕감을 느껴왔다. 그들은 대체로 비무장 상태였고 반란이나 게릴라전을 벌일 처지가 아니었다. 만약 그들이 다른 식민지가 그랬던 것처럼 격렬하게 반란을 일으킨다면, 영국인들은 그들을 분쇄하고 자기 방어에서 행동하고 있다고 주장할 것이다; 그들의 문명화된 자아 형상은 피해를 입지 않을 것이다. 반면에, 비폭력 시위의 사용은 간디가 깊이 소중히 여기는 이상과 철학 그리고 인도에서 풍부한 전통을 가진 철학으로, 절대적으로 필요하지 않은 한 무력으로 대응하려는 영국의 의지(→ 정신적 압박)를 완벽하게 이용한 것이다.

24 ① (A) 형이상학은 형이상을 발전시키기 위해 실천하는 학문으로 일련의 절차로 구성되었다고 하였으므로, 'procedures(절차)'가 문맥상 적절하다.

(B) 형이상학과 달리 과학은 역량과 특화된 방법의 영역을 제한하였다고 하였으므로 'restricted(제한했다)'가 문맥상 적절하다.

(C) 물리학은 매우 구체적인 방법으로 물리적 우주의 어떤 특성만을 연구한다고 하였으므로 'specific(구체적인)'이 문맥상 적절하다.

어휘

- metaphysics : 형이상학
- distinction : 차이, 뛰어남, 탁월함
- accurate : 정확한, 정밀한
- consistent : 한결같은, 일관된, 변함없는
- comprehensive : 포괄적인, 종합적인

- evidence : 증거, 흔적
- discipline : 규율, 훈육, 절제력
- astronomy : 천문학
- astral body : 천체
- observation : 관찰, 관측, 감시, 주시
- physics : 물리학
- certain : 확실한
- properties : 성질, 특징

해석

형이상학이란 정확히 무엇인가? 형이상학적 질문과 형이상학적 해답은 무엇인가? 이러한 질문에 답하려면 형이상학과 형이상의 구분이 필요하다. 형이상은 정확하고, 일관되고, 포괄적이며, 건전한 증거에 의해 뒷받침되기를 추구하는 세계관을 말한다. 반면에 형이상학은 형이상을 발전시키려고 할 때 실천하는 학문으로서, 일련의 절차로 구성된다. 형이상학은 자연과학과 다르다. 과학은 형이상학처럼 관점을 발전시키려고 하는 학문이다. 그것은 정확하고, 일관되며, 견실한 증거에 의해 뒷받침되지만, 형이상학과는 달리 포괄적이 되려고 하지 않는다. 과학은 역량과 특화된 방법의 영역을 제한했다. 천문학은 오직 천체만을 다루고 그 방법은 관찰과 수학적 계산을 포함하며 물리학은 매우 구체적인 방법으로 물리적 우주의 어떤 특성만을 연구한다.

25 ② (A) 문맥상 인터뷰의 피실험자들은 실험자들의 침묵을 두려워하므로 'silence(침묵)'가 적절하다.

(B) 허위로 대답하는 사람들이 침묵에 직면했을 때, 질문자는 그들이 무언가 더 알고 있다고 잘못 생각하게 된다는 것이므로 문맥상 'untruthfully(허위로)'가 적절하다.

(C) 만약 은폐된 진실을 알아내지 못한다면, 적어도 당신이 새로운 정보 영역을 밝히도록 만들어야 한다는 것이므로 문맥상 'uncover(알아내다)'가 적절하다.

어휘

- interrogators : 질문자, 심문자
- corporate : 기업의, 공동의
- advantage : 이점, 장점
- attorney : 변호사, 대리인
- adequate : 충분한
- assume : 추정하다, 맡다
- blurt : 불쑥 내뱉다
- witness : 목격자, 증인
- concealed : 감추다, 숨기다

해석

경찰 심문관, 기업 인사 면접관, 기자, 변호사 모두 그들이 질문하는 사람들에 대한 기본적인 사실을 알고 있다. 인터뷰 피

실험자들은 침묵을 두려워한다. 그것을 피하기 위해 그들은 심지어 생각 없이 말할 것이다. 그렇기 때문에 질문을 던질 수 있는 변호사가 완벽하게 적절한 답변의 마지막에 "그것만 말할 수는 없어. 농담이야."라고 말하려는 것처럼 조용히 당신을 응시하는 것이다. 사실, 거짓으로 대답하는 대부분의 사람들이 그런 침묵에 직면했을 때, 그들은 질문자가 무언가를 더 알고 있다고 잘못 생각하고 진실을 말할 것이다. 목격자인 당신으로부터 더 많은 정보를 얻는 것은 깔끔한 속임수다. 은폐된 진실을 밝혀내지 못한다면, 적어도 당신이 새로운 정보 영역을 밝히도록 만드는 것이다. 이제 알았으니 들키지 마라. 인생의 많은 부분에서 말하는 것은 성공이고 침묵은 실패다. 증인석에 서면, 당신의 답변이 끝난 후에도 침묵을 유지할 수 있는 감각을 갖는 것은 성공이고, 너무 많은 말을 하는 것은 실패다.

26 ① 제시문에서 대중 매체가 개인과 집단의 위신을 높이고 권위를 높이는 방법으로는 한 사람이나 집단의 증언을 통해 그 신분을 증명하는 것이라고 서술하고 있다. 그러므로 빈칸에는 ①의 'legitimizing their status(그들의 지위를 정당화)'가 들어갈 말로 가장 적절하다.

(오답풀이)
② 결함을 위장하는 것
③ 그들의 개성을 재현하다
④ 신분상 숨겨진 사실 공개
⑤ 그들의 위상과 대중들의 위상 비교

(어휘)
• bestow : (존경의 뜻으로) 수여하다
• prestige : 위신, 명망
• authority : 지휘권, 권한
• legitimize : 정당화하다, 합법화하다
• newsreels : 뉴스 영화
• testify : 증언하다, 증명하다
• anonymous : 익명인
• vividly : 생생하게, 선명하게, 발랄하게
• prominent : 중요한, 유명한
• testimonial : 추천서, 추천사

(해석)
대중 매체는 그들의 지위를 정당화함으로써 개인과 집단의 위신을 높이고 권위를 높인다. 언론이나 라디오나 잡지나 영화 뉴스에 의한 인식은 한 사람이 도착했다는 것을 증명하고, 한 사람이 거대하고, 익명의 대중들 중에서 뽑혔을 정도로 중요하며, 한 사람의 행동과 의견은 공고를 요할 만큼 충분히 유의하다는 것을 증명한다. 이 상태 확인 기능의 작동은 "유명인"에 의한 상품에 대한 추천서의 광고 패턴에서 가장 생생하게

목격할 수 있다. 인구의 광범위한 영역에서, 그러한 추천서는 제품의 위신을 높일 뿐만 아니라 추천서를 제공하는 사람에게도 위신을 반영한다. 그들은 크고 강력한 상업세계는 그의 의견이 많은 사람들에게 반영될 수 있을 만큼 충분히 높은 지위를 소유하고 있다고 간주하고 있다는 것을 대중에게 알려준다. 한 마디로 그의 증언은 자신의 신분을 증명하는 것이다.

27 ① 제시문에 따르면 주어진 시간 안에 마음속에 무엇이 있는지 아는 것은 몇 초 후에 무엇이 있을지 예측하지 못한다고 하였다. 그러므로 빈칸에는 ①의 'random shift(무작위적인 변화)'가 들어갈 말로 가장 적절하다.

(오답풀이)
② 엄격한 경직성
③ 질서정연한 반복
④ 신뢰할 수 있는 일관성
⑤ 일정한 불가역성

(어휘)
• ordinary : 보통의, 일상적인
• constitute : ~을 구성하다, 설립하다
• consciousness : 의식, 자각
• range : 다양성
• stimulus : 자극
• unpredictable : 예측할 수 없는
• revert : 되돌아가다, 복귀하다
• demand : 요구

(해석)
평범하고 정상적인 상태에서 의식을 구성하는 정보처리 시스템은 어떤 특정한 범위의 자극에 초점을 맞추지 않는다. 레이더 접시처럼 주의력은 특별한 순서나 패턴 없이 차례로 움직임, 색깔, 모양, 물체, 감각, 기억을 주목하면서 자극장을 왔다 갔다 한다. 이것은 우리가 거리를 걸을 때, 침대에 누워 있을 때, 우리가 창문 밖을 짧게 응시할 때, 순서에 따라 주의가 집중되지 않을 때마다 일어나는 일이다. 하나의 생각은 운율이나 이성 없이 다른 생각을 따르고, 보통 우리는 감각적인 사슬에서 다른 생각과 연결시킬 수 없다. 새로운 생각이 나타나자마자, 그것은 전에 있던 것을 밀어낸다. 어떤 주어진 시간에 마음속에 무엇이 있는지 아는 것은 몇 초 후에 무엇이 있을지 예측하지 못한다. 이러한 의식의 무작위적인 변화는 예측할 수 없는 정보를 생산하지만, 의식은 개연성 있는 상태. 그것에 대한 요구가 없자마자 의식이 되돌아가는 상태이므로 개연성이 있다.

28 ⑤ 제시문에 따르면 많은 사회심리학자들이 사회적 변수가 자신들의 연구 상황에 반영될 수 없다는 견해를 취

하며 이 변수가 사실이라 하더라도 이를 찾을 준비가 되어있지 않다고 하였다. 그러므로 빈칸에는 ⑤의 'detect the reflections of sociocultural variables in their miniature experiments(작은 실험에서 사회문화적 변수의 반사를 감지함)'이 들어갈 말로 가장 적절하다.

오답풀이

① 사회과학이 다른 분야로 통합되어야 하는 이유를 묻는다.
② 그들의 근본적인 직업관계에서 중요한 변화를 경험한다.
③ 신기술의 이익과 수반되는 위험의 균형을 맞춰야 한다.
④ 실험의 연구 활용에 관한 지식이 풍부하다.

어휘

• prone : 하기 쉬운
• variable : 변동이 심한
• inevitably : 예상대로, 아니나 다를까
• even if : ~에도 불구하고
• researcher : 연구원, 조사자
• justify : 정당화시키다, 옹호하다
• sociocultural : 사회문화적인
• declaration : 선언, 공표, 맹세, 신고서
• stuff : 물건, 물질, 재료
• literally : 문자 그대로, 그야말로, 정말로
• relation : 관계
• omit : 빠뜨리다, 누락시키다, 생략하다
• variable : 변동이 심한, 가변적인
• experimentation : 실험
• genuinely : 진정으로, 성실하게, 순수하게
• disciplines : 학문

해석

많은 사회심리학자들은 여전히 연구에 중요한 사회적 변수가 연구 상황에 반영될 수밖에 없다는 견해를 취하는 경향이 있다. 비록 이것이 전적으로 사실이었다 하더라도, 이러한 견해를 가진 연구자들이 그들의 작은 실험에서 사회문화적 변수의 반사를 탐지할 것이라는 것은 사실이 아니다. 왜냐하면 그들은 그것들을 찾을 준비가 되어 있지 않기 때문이다. 그들은 모든 사회과학의 기본인 개인의 상호작용을 연구하고 있다는 약속으로 그러한 변수를 연구하는 다른 사회과학에 대한 관심이 부족함을 정당화한다. 이러한 견해는 말 그대로 실생활에서 리더십과 무관한 '리더십'에 대한 수많은 연구, 권력을 정치학의 중심 문제로 만드는 주요 변수 대부분을 생략한 권력관계의 대 심리학적 모델, 그리고 그 중 약 85%에 달하는 '소그룹 연구'라는 실험이 쇄도하는 결과를 가져왔다. 적어도 실생활에서 그룹 과정에 관심이 있는 사람이라면 도서관 책꽂이에 먼지를 모으게 될 것이다.

29 ⑤ 제시문에 따르면 피타고라스가 발견한 것은 간격들이 정확하고 단순한 수학적 비율이었기 때문에 조화롭다고 설명하고 있다. 그러므로 빈칸에는 ⑤의 'the relationships between numbers: the ratios and proportions(숫자 간의 관계: 비와 비율)'이 들어갈 말로 가장 적절하다.

오답풀이

① 수학의 아름다움 : 이론규칙 실천
② 수가 형식의 지배자라는 이론
③ 음악주의 연역적 추리의 원리
④ 자연계에서의 조화 관계의 인위성

어휘

• reinforce : 강화하다, 보강하다, 증강하다
• stumble : 발을 헛디디다, 비틀거리다
• blacksmith : 대장장이
• octave : 옥타브
• interval : 간격
• abstract : 추상적인, 관념적인
• geometry : 기하학

해석

피타고라스의 가장 중요한 발견은 숫자 사이의 관계였던 비와 비율이었다. 이것은 음악에 대한 그의 조사, 특히 함께 유쾌하게 들리는 음들 사이의 관계에 의해 강화되었다. 그가 일터의 대장장이들의 말을 들을 때 이런 생각을 처음 접했다는 후문이 있다. 한 개는 다른 한 개보다 절반 크기인 앤빌을 가지고 있었고, 그들이 망치로 때렸을 때 내는 소리는 정확히 옥타브(8음)가 떨어져 있었다. 이것이 사실일지 모르지만, 피타고라스가 자음 간격의 비(함께 치면 조화롭게 들릴지 여부를 결정하는 두 음 사이의 음의 수를 결정한 것은 아마도 뽑은 끈으로 실험을 함으로써 그랬을 것이다. 그가 발견한 것은 이들 간격은 서로 간의 관계가 정밀하고 단순한 수학적 비였기 때문에 조화롭다는 것이다. 지금 우리가 조화 시리즈로 알고 있는 이 시리즈는 그가 추상 기하학에서 발견한 수학의 우아함이 자연계에도 존재한다는 것을 그에게 확인시켜 주었다.

30 ② 제시문에 의하면 사회사업과 같은 직업에 종사하는 많은 근로자들은 자신들과 고객을 구별할 수 있는 옷을 입는 것을 경계하고 과시하는 것을 피하는 경향이 있으며 고객들과 동등한 수준의 옷을 입으려고 할 것이라고 하였다. 그러므로 빈칸에는 ②의 'mark them out as establishment or authority figures(기득권 또는 권위자의 표시)'가 들어갈 말로 가장 적절하다.

오답풀이

① 고객에 대한 긍정적 태도

③ 그들의 진짜 정체를 숨기고 평범하게 보이게 하다.

④ 권력과 권위를 나타내는 그들의 역할을 위태롭게 하다.

⑤ 친근함과 친절함이 있는 사람으로서 그들을 드러내다.

어휘

• adapt : 맞추다, 적용하다, 개작하다

• tend to : ～하는 경향이 있다

• reflect : 비추다, 반사하다

• consequently : 그 결과, 따라서

• attempt to : 시도하다

• civilian : 민간인

해석

패션, 의복, 그리고 "힘"의 관계의 예로는 1960년대 후반과 1970년대 초반의 젊은층을 들 수 있다. 이 사람들은 다른 사회 집단들 사이의 새로운 역할을 반영하기 위해 그들의 패션과 옷을 개조했다. 따라서 인종과 성별이 다른 권력관계의 변화를 패션과 의복의 관점에서 표현하거나 반영했다. 사회사업과 같은 직업에 종사하는 많은 근로자들은 자신들과 고객을 구별할 수 있는 옷을 입는 것을 경계하고 있으며, 과시하는 것을 피하는 경향이 있다. 결과적으로 그들을 <u>기득권 또는 권위 있는 인물로 표시하는</u> 패션과 의복은 피할 것이고 고객들과 동등한 수준의 옷을 입으려고 할 것이다. 물론 이렇게 함으로써, 그들은 "샌들과 오트밀 색깔의 손뜨개" 고정관념에 빠질 위험이 있다. 1970년대와 1980년대에, 다양한 미국 경찰대는 더 친근하고 접근하기 쉬운 것처럼 보이기 위해 그들의 유니폼을 버리고 민간 복장을 채택했다.

31 ③ 주어진 글 다음에는 개체수가 모두를 만족할 수 없을 만큼 늘어난 생물체들은 한정된 자원을 놓고 전쟁을 벌인다는 글 (B)가 와야 하고 글 (B) 다음에는 서로 다른 종류가 공존할 경우 다른 방식의 삶을 살기 때문에 서로 방해받지 않는다고 설명한 (C)가 와야 한다. 마지막으로는 의사와 구두 닦이를 예로 들면서 서로 다른 종이 공존하는 경우를 설명하는 (A)가 와야 한다. 그러므로 주어진 글 다음에 (B) – (C) – (A)의 순서로 이어져야 한다.

어휘

• justly : 정확하게, 바르게, 공정하게, 당연하게도

• struggle : 투쟁하다, 싸우다, 몸부림치다

• organism : 생물체, 유기체

• analogous : 유사한

• side by side : 나란히, 함께

• appetite : 식욕, 욕구

• coexist : 동시에 있다, 공존하다

• disturb : 방해하다, 건드리다, 불안하게 만들다

• occupation : 직업, 심심풀이, 점령 기간

• coexist : 공존하다, 동시에 있다

• obliged : 고마운

• mutually : 서로, 상호간에, 공통으로

• psychiatrist : 정신과 의사

해석

다윈은 두 생물체 사이의 투쟁이 유사성만큼이나 활발하다는 것을 정확하게 관찰했다. 같은 욕구를 갖고 같은 대상을 추구하는 그들은 곳곳에서 라이벌 관계에 있다.

(B) 필요한 것보다 많은 자원을 갖고 있는 한 나란히 살 수 있지만, 그 수가 모든 식욕을 채울 수 없을 정도로 늘어나면 전쟁이 일어난다. 공존하는 각각이 다른 종이나 품종이라면 사뭇 다르다.

(C) 같은 방식으로 먹이를 찾지 않고, 같은 종류의 생활을 하지 않기 때문에 서로 방해하지 않는다. 사람은 같은 법에 복종한다. 같은 도시에서 서로 다른 직업들은 서로 다른 대상을 추구하기 때문에 서로를 파괴할 필요가 없이 공존할 수 있다.

(A) 치과의사는 정신과 의사나 모자 쓰는 구두장이와 몸싸움을 하지 않는다. 서로 다른 서비스를 수행하기 때문에 병행할 수 있다.

32 ① 주어진 글 다음에는 이어지는 실험 과정으로 케이크와 과일 중 피실험자들이 무엇을 선택할 것인지에 대한 내용인 글 (A)가 와야 한다. 글 (A) 다음에는 실험결과로 두 자리 숫자를 기억했던 사람들은 과일을, 일곱 자리 숫자를 기억했던 사람들은 케이크를 선택했다는 내용인 글 (B)가 와야 한다. 마지막으로는 실험이 알려주는 결론으로 무의식적 선택을 막기 위해서는 의식적인 행동이 필요하다는 내용인 글 (B)가 와야 한다. 그러므로 주어진 글 다음에 (A) – (C) – (B)의 순서로 이어져야 한다.

어휘

• digit : (0에서 9까지의) 숫자

• await : 기다리다

• prevent : 막다, 예방하다

• impulsive : 충동적인

• conscious : 의식적인, 자각하는

• bandwidth : 대역폭

해석

한 실험에서 피실험자들에게 기억 과제를 주었다. 어떤 이들은 두 자리 숫자를 기억하도록 요청받았고, 어떤 이들은 일곱 자리 숫자를 기억했다.

(A) 그 후 실험 대상자들은 로비로 안내되어 추가 시험을 기다리고 있었다. 대기 장소의 그들 앞에는 케이크와 과일 조각들이 놓여 있었다. 실제 시험은 그들이 머릿속에서 그 숫자들을 외우면서 기다리는 동안 무엇을 선택할 것인가 하는 것이었다.

(C) 두 자리 숫자에 의해 마음이 몹시 바쁘지 않은 사람들은 대부분 과일을 선택했다. 일곱 자리 숫자를 외우느라 정신이 없던 사람들은 케이크를 50% 더 자주 선택했다. 케이크는 충동적인 선택이다.

(B) 무의식적 선택을 막기 위해서는 의식적인 행동이 필요하다. 우리의 정신적 대역폭이 리허설 같은 다른 것에 사용될 때, 우리는 우리 자신이 케이크를 먹는 것을 막을 능력이 줄어든다.

33 ⑤ 제시문에서는 우리의 삶에 힘을 주고 창의적인 성장을 가져올 정신적 훈련으로 자주 수행하는 일상적인 활동 목록을 작성할 때 지루하고 스트레스 받는 일들도 포함하면 그렇게 우리가 즐기는 것은 행동으로 흘러드는 의식의 내적인 차원이라고 설명하고 있으므로, 정신적 훈련을 통해 얻게 되는 효과를 설명한 ⑤에 위치하는 것이 가장 적절하다.

어휘

• awareness : 의식
• empowerment : 권한
• tedious : 지루한, 싫증나는
• irritating : 화나는, 신경질 나는, 자극하는
• groceries : 식료품류
• engaged : (~하느라) 바쁜, ~하고 있는
• alertness : 빈틈없음, 조심성 없음
• outward : 표면상의, 겉보기의, 외형의
• dimension : 크기, 치수, 규모, 관점

해석

여러분은 곧 여러분이 스트레스를 받거나, 지루하거나, 짜증나는 대신에, 그러한 높은 인식 상태에서 하는 일이 실제로 즐거워지고 있다는 것을 알게 될 것이다.

여기 여러분의 삶에 힘을 주고 창의적인 성장을 가져올 정신적 훈련이 있다. 자주 수행하는 일상적인 활동 목록을 만들어라. (①) 재미없고, 지루하고, 싫증나고, 짜증나거나, 스트레스를 받는다고 생각할 수 있는 활동을 포함하라. (②) 이 목록에는 출퇴근 여정, 식료품 구입, 세탁 또는 일상 업무에서 지루하거나 스트레스를 받는 모든 것이 포함될 수 있다. (③) 그리고 나서, 여러분이 그러한 활동에 참여할 때마다, 그것들을 경계하는 수단이 되게 하라. (④) 여러분이 하는 일에 전적으로 참여하여 활동 배경에서 여러분 안에 있는 경고, 살아

있는 고요를 감지하라. (⑤) 좀 더 정확히 말하면, 당신이 즐기고 있는 것은 정말로 겉으로 보이는 행동이 아니라 행동으로 흘러 들어가는 의식의 내적인 차원이다.

34 ⑤ 제시문은 르네상스 시기 중세 유럽의 인문주의가 끼친 영향에 대한 글이다. 르네상스 시기 인문주의자들의 노력과 유산으로 서양 지성사는 놀라운 순간이 찾아왔지만, 이것이 철학과 과학사학자들에 의해 항상 인정받았던 것은 아니며, 자연철학에 대한 휴머니즘의 영향에 대한 경우에는 여전히 전문가들의 연구가 필요하다는 내용이 되어야 하므로 ⑤에 위치하는 것이 가장 적절하다.

어휘

• spread : 펼치다
• scholarship : 학문
• intense : 극심한, 강렬한, 치열한, 진지한
• heritage : 유산
• deciphering : 판독하다

해석

그러나 이러한 인문주의자들의 노력과 유산은 철학과 과학사학자들에 의해 항상 그들 자신의 권리로 인정받았던 것은 아니다.

르네상스는 서구 문명에 있어서 가장 혁신적인 시기 중 하나이다. 이탈리아에서 미술과 문학의 새로운 표현의 물결이 피어나고 점차 유럽 전역으로 퍼져나갔다. (①) 역사학자들의 '인문주의'라고 불리는 언어학적으로 강조된 새로운 접근법도 학문에 도입되었다. (②) 르네상스의 지적 풍요는 고대 문학 유산을 수집, 편집, 번역, 출판하는 데 종사하는 인문주의자들의 강렬한 활동에 의해 보장되었는데, 주로 중세에는 거의 읽히지 않았거나 전혀 알려지지 않았던 그리스어와 라틴어로 이루어졌다. (③) 인문주의자들은 이러한 '새롭게 복구된' 원문을 해독하고 해석하는 데만 적극적일 뿐 아니라 고대 자료에서 발견한 사상과 주제에서 영감을 받은 원작을 제작하는 데에도 적극적이었다. (④) 이러한 활동을 통해 르네상스 휴머니스트 문화는 서양 지성사에 놀라운 순간을 가져왔다. (⑤) 특히 자연철학의 진화에 대한 휴머니즘의 영향은 여전히 전문가들의 철저한 연구를 기다리고 있다.

35 ③ 제시문은 고용의 변화가 이익을 가져올 수도 있지만 새로운 직책과 환경, 동료들 사이에 효율적이지 않기 때문에 직장을 바꾸려면 현재 직책의 가능성을 모두 소진해야 한다고 설명하고 있다. 그러므로 직장을 떠나는 것을 미루지 말라는 내용의 ③은 전체적인 글의 흐름과 어울리지 않는다.

어휘

- inherent : 내재하는
- greener : 무경험자
- pasture : 초원, 목초지
- confidence : 신뢰, 자신감, 확신
- deprive : 빼앗다, 허용치 않다, 박탈하다
- goodwill : 친선, 호의

해석

멀리 있는 목초지가 더 푸르다고 믿는 것을 추구하는 것은 인간의 본성이다. ① 누군가 더 좋은 직책과 더 많은 보수를 찾기 시작할 때, 그는 보통 다른 고용주와 함께 먼 곳에서 기회를 찾는다. ② 때로는 이것이 필요할 수도 있지만, 고용의 변화는 그들이 이익을 가져오면서도 항상 약간의 불이익을 가져다 주는데, 그중에서도 가장 두드러진 것은, 새로운 직책, 새로운 환경, 그리고 새로운 동료들 사이에서 결코 효율적이지 않다는 사실인데, 그는 자신의 작품의 세부사항에 익숙하고 동료들의 자신감을 가지고 있기 때문이다. ③ 물론 대부분의 사람들이 현 직장을 기꺼이 떠날 수는 없지만 너무 오래 미루는 것은 자신과 타인에게 피해를 줄 수 있다. ④ 게다가, 지위의 변화는 고용주와의 오랜 관계를 통해 개인이 주변에 쌓아올린 호의적 가치를 많이 박탈한다. ⑤ 따라서 고용주를 바꾸기로 결정하기 전에, 현재의 직책의 가능성을 모두 소진했는지 확인하라.

36 ③ 제시문은 이전의 병리학을 지지했던 사람들을 가난하고 나쁜 사람들로만 묘사하는 건 부정확하며 이 사람들이 다양한 진단과 측정 접근법을 개발하고 특정 문제에 대한 효과적인 치료법을 검증한 사실도 알아야 한다고 설명하고 있다. 그러나 ③은 이전의 병리학적 접근법을 옹호하는 자들이 인간에 대한 근시안적인 편견을 가졌다는 부정적인 서술을 하고 있으므로 전체적인 글의 흐름과 어울리지 않는다.

어휘

- validate : 입증하다, 승인하다
- tempting : 솔깃한
- inaccurate : 부정확한, 오류가 있는
- proponent : 지지자
- practitioner : 전문직 종사자
- depiction : 묘사, 서술
- measurement : 측정, 측량
- schizophrenia : 조현병
- depression : 우울증
- alcoholism : 알코올 중독
- injury : 부상, 상처

해석

자신의 행동에서 좋은 점만 보고 다른 사람의 행동에서 나쁜 점만 보는 것은 일반적인 인간의 악덕이며, 인간 경험의 긍정적이거나 부정적인 면만 검증하는 것은 생산적이지 않다. 세상의 좋은 것(또는 나쁜 것)에만 집중하는 것은 매우 유혹적이지만, 그것은 좋은 과학이 아니며, 긍정적인 심리를 진전시키는 데 이런 실수를 범해서는 안 된다. ① 비록 우리가 이전의 병리학 모델의 원칙에는 동의하지 않지만, 그들의 지지자들을 가난한 학자, 가난한 과학자, 가난한 실천가, 혹은 나쁜 사람들로 묘사하는 것은 부정확할 것이다. ② 대신 이 이전의 패러다임은 자기 시대의 특정한 상황에 대응하고 있는 선의의, 밝은 사람들에 의해 진전되었다. ③ 그럼에도 불구하고 이전의 병리학적 접근법을 옹호하는 사람들은 인간에 대한 묘사에 있어서 근시안적이고 편견을 가지고 있었다. ④ 마찬가지로, 이 사람들이 사람들을 묘사하는 데 있어서 잘못된 것 같지는 않다. ⑤ 그들은 정신분열증, 우울증, 알코올 중독에 대한 진단과 측정 접근법을 개발했고 공황장애와 혈액 및 부상 공포증 같은 특정 문제에 대한 많은 효과적인 치료법을 검증했다.

37 ② 제시문에서는 우리가 짧은 시간 동안 두려워하는 것을 피할 때 두려움은 줄어들지만 더 긴 기간 동안 불안을 키워주므로 불안을 유발하는 상황에 자신을 노출시킴으로써 불안을 줄여야 한다고 하고 있다. 그러므로 (A)에는 'overcome(극복하다)', (B)에는 'experience(경험)'이 들어가야 적절하다.

오답풀이

	(A)		(B)
①	극복하다	…	거부하다
③	잊다	…	경험하다
④	피하다	…	무시하다
⑤	피하다	…	거부하다

어휘

- paradox : 역설
- counterintuitive : 직관에 어긋나는
- anxiety : 불안, 염려, 걱정거리
- exposure : 노출, 폭로
- diminish : 줄어들다, 약해지다, 폄하하다

해석

역설은 두려운 것을 피할 때 일어난다. 왜냐하면 두려움은 그 후에 커지기 때문이다. 이것은 직관에 반하는 것인데, 왜냐하면 여러분이 짧은 시간 동안 여러분이 두려워하는 것을 피할 때, 여러분의 두려움은 줄어들기 때문이다. 그러나 더 긴 기간 동안, 회피는 불안이 번성하게 한다. 예를 들어, 낯선 사람과 대화하는 것을 두려워하기 때문에 저녁 파티에 가는 것이 걱정된다고 하자. 짧은 시간 동안, 저녁 시간을 피하는 것은 걱정을 덜게 해 준다. 그러나 다음 회식 파티 초대를 피하고, 그 다음, 그 다음, 그 다음은 문제를 일으킨다. 당신이 그런 저녁 파티를 피했기 때문에, 당신은 처음보다 낯선 사람들과 대화하는 것에 대한 걱정을 더 심하게 했다. 비록 그것이 기분을 좋게 하는 것처럼 보이지만 회피에 맞서려고 노력해야 한다. 나는 이것을 역설이라고 부른다. 역설에 도전하는 것은 회피하는 것을 없애고 그것을 노출로 대체하는 것을 포함한다. 노출은 당신을 불안하게 만드는 것을 마주하는 것을 의미한다. 불안감을 주는 상황에 자신을 노출시킴으로써, 당신은 그것에 익숙해지게 되고, 당신의 불안감은 결국 줄어들 것이다.

↓

불안감을 느끼게 하는 상황을 (A) 극복할 수 있는 좋은 방법은 이런 상황을 언제든 주저 없이 (B) 경험하는 것이다.

[38~39]

어휘

• bored : 지루해하는
• niche : 아주 편한 자리, 틈새시장
• tendency : 성향, 기질, 경향, 동향, 추세
• ahead of : (공간, 시간상으로) ~앞에, 보다 빨리
• fundraising : 모금
• cherish : 소중히 여기다, 아끼다
• exploratory : 탐사의, 탐구의
• worthwhile : 가치 있는

해석

사건 가능성을 고려할 때, 창의적으로 생각하도록 노력하라. 사람들은 특별하고 특이한 사건에 끌린다. 만약 당신이 몇 년 동안 행사를 제공했다면, 사람들은 같은 방식으로 같은 프로그램을 반복하는 것에 싫증을 낼 수 있다는 것을 알아두어라. 자원봉사자들은 뤼뤼해지고, 관객들은 신선한 것을 제공하지 않으면 지루해진다. 자선 시장에서 독특하고 독창적인 이벤트를 개발하는 것은 다음을 (a) 유치하는 데 도움이 될 수 있다. 창의적인 생각이 필요한 또 다른 이유는 경쟁이다. 장기적으로 볼 때, 당신이 당신의 행사를 위해 어떤 틈새나 특별한 이점을 만들든 간에, 다른 사람들이 당신의 아이디어를 모방하기 때문에, (b) 감소하는 경향이 있다. 당신은 잠시 동안 독특함의 이점을 누릴 수 있지만, 이것이 (c) 일시적일 것으로 예상한다. 프로그램에 혁신을 추가하거나 다양한 상상력을 갖춘 이벤트를 통해 경쟁에서 앞서 나가라.
창의적으로 생각하려면 먼저 다른 생각을 탐구하는 태도를 길러야 한다. 고정된 것이 없고 어떤 모금 행사도 바뀔 수 있다

고 가정해보자. 이전 이벤트가 성공적이었더라도 상황이 바뀌었거나 이벤트를 지속할 수 있는 더 좋고 다른 방법이 있을 수 있다. 친숙한 형식을 (d) 받아들일(→ 거부할) 수 있어야 한다. 필요하다면 소중한 전통이나 프로그램에 기꺼이 빠져들어야 한다. 이러한 아이디어에 대한 개방성은 위험을 감수하는 것을 포함한다. 단지 다르다는 것을 위해서 독특한 것을 추구하는 것이 아니라는 것을 기억하라. 이 (e) 탐구 과정에서 가장 중요한 것은 가치 있는 아이디어를 찾으려는 의지다.

38 ⑤ 제시문에서 사람들은 특별하고 특이한 일에 끌리며 다른 아이디어를 모방할 경우 일시적인 이점만을 누릴 수 있으므로 행사를 기획할 때는 창조적인 아이디어가 필요하다고 하였다. 그러므로 ⑤의 "the necessity of generating creative ideas for an event(행사를 위한 창의적인 아이디어 창출의 필요성)"이 윗글의 주제로 가장 적절하다.

오답풀이

① 창의적 사고에서 경험의 역할
② 모금행사 참여 혜택
③ 과당경쟁이 시장에 미치는 영향
④ 제품을 소비자에게 매력적으로 만드는 방법

39 ④ 창의적인 생각을 창출하려면 이미 다른 사람들에게 친숙한 형식을 '받아들인다'가 아니라 '거부한다'고 해야 문맥상 적절하다. 그러므로 'accepting'을 'refusing'으로 고쳐 써야 옳다.

오답풀이

① (a) 유치하다
② (b) 감소하다
③ (c) 일시적인
⑤ (e) 탐구의

[40~41]

어휘

• emotion : 감정, 정서
• infect : 감염시키다, 오염시키다
• hazy : 흐릿한
• desire : 욕구, 갈망, 바람
• abstract : 추상적인
• contemplate : 고려하다, 생각하다
• prophecy : 예언
• aide : 보좌관
• prediction : 예측, 예견
• uncannily : 이상하게

- aftermath : (전쟁, 사고 등의) 여파
- achievement : 업적, 성취, 달성

해석

우리는 보통 우리가 도달하려고 하는 목표가 있다는 어떤 종류의 계획에 의해 작동한다고 상상하곤 한다. 하지만 우리는 보통 스스로를 (A) 속이고 있다. 우리가 가진 것은 목표가 아니라 소망이다. 우리의 감정은 우리를 흐릿한 욕망에 감염시킨다. 우리는 명성, 성공, 보안, 크고 추상적인 것을 원한다. 이 위험성은 처음부터 우리의 계획을 통일시키고 그들을 혼란스러운 길로 가게 한다. 모든 역사의 위대한 전략가들과 여러분을 구별할 수 있는 것은 구체적이고 상세하며 집중적인 목표들이다. 매일매일 그들을 생각하고, 그들에게 도달하는 것이 어떤 기분일지, 그리고 그들에게 도달하는 것이 어떤 모습일지 상상해 보라. 인간 특유의 심리학적 법칙에 의해, 이런 식으로 명확하게 시각화하면 자기희생적 예언으로 변하게 될 것이다.

명확한 목표를 갖는 것은 나폴레옹에게 결정적이었다. 그는 자신의 목표를 강렬한 세부사항으로 시각화했다. 군사 작전이 시작될 때, 그는 그의 마음속에서 그것의 마지막 전투를 분명히 볼 수 있었다. 측근들과 함께 지도를 살펴보면서, 그는 그것이 (B) 어처구니없는 예측을 끝낼 정확한 지점을 가리킬 것이다. 왜냐하면 어떤 시기에서든 전쟁이 당신을 놀라게 할 수 있을 뿐만 아니라, 나폴레옹 시대의 지도는 믿을 수 없을 정도로 불안정했기 때문이다. 그러나 그의 예측은 몇 번이고 엉뚱하게 옳다는 것이 증명될 것이다. 그는 또한 조약의 서명, 조약의 조건, 패배한 러시아 황제나 오스트리아 황제가 어떻게 행동을 보일지, 그리고 이 특별한 목표의 달성이 나폴레옹을 다음 군사 작전으로 어떻게 배치할 것인지 이 군사 작전의 여파를 시각화할 것이다.

40 ② 제시문은 우리가 도달하고자 하는 목표는 소망이며 그 소망을 이루기 위해선 나폴레옹의 예를 들어 자신의 목표를 세부적으로 구상해야 한다고 서술하고 있다. 그러므로 ②의 "Focus on Your Goals and Envision Them Clearly(목표에 집중하여 명확하게 구상하라)"가 윗글의 제목으로 가장 적절하다.

오답풀이

① 성공을 위한 첫걸음 : 소망을 가져라
③ 꿈과 시각화가 모두 실현되는 것은 아니다
④ 감정이 목표에 지장을 초래하지 않도록 하라
⑤ 위대한 전략가가 되는 길 : 자신을 알아라

41 ① (A) 문맥상 보통 우리가 도달하고자 하는 것을 위해 가지는 것이 목표라고 알고 있지만 우리가 가진 것은 소망

이기 때문에 우리 스스로를 속이고 있다는 의미이므로 'fooling(속이는)'이 들어갈 말로 적절하다.

(B) 나폴레옹이 측근들과 지도를 살펴볼 때 당시의 지도는 매우 불안정했으므로 자신의 목표를 통해 터무니없는 결과가 나올 예측을 미리 이끌었다는 의미이다. 그러므로 빈칸 (B)에는 'ridiculous(터무니없는)'가 들어갈 말로 적절하다.

오답풀이

	(A)		(B)
②	속이는	…	합리적인
③	비판하는	…	터무니없는
④	과소평가하는	…	합리적인
⑤	과소평가하는	…	그럴듯한

[42~43]

어휘

- constant : 끊임없는, 거듭되는
- relatively : 비교적
- commission : 수수료
- superficially : 표면적으로
- composition : 구성 요소, 작품
- portrayed : (그림, 글로) 그리다, (정확하지 못하게) 나타내다, (특정 역할을) 연기하다
- foreground : 전경, 중요한 위치
- dazzle : 눈이 부시게 하다
- distressed : 괴로워하는
- render : 만들다, 제시하다
- elimination : 제거, 삭제, 배제
- visible : 눈에 보이는, 알아볼 수 있는

해석

레오나르도 다빈치 시대의 예술가들에게 가장 큰 문제는 점점 더 많은 작품을 생산해야 한다는 끊임없는 압박이었다. 그들은 수수료가 계속 나오고 대중의 관심을 끌기 위해 비교적 높은 비율로 생산해야 했다. 이것은 그들의 작품의 질에 영향을 미쳤다. 예술가들이 그들의 그림에서 (a) 피상적으로 시청자들을 흥분시킬 수 있는 효과를 빠르게 만들어낼 수 있는 스타일이 발전했다. 그러한 효과를 만들어내기 위해 그들은 밝은 색, 특이한 병렬과 구성, 그리고 극적인 장면에 의존했다. 그 과정에서 그들은 필연적으로 (b) 배경과 심지어 그들이 그려낸 인물들의 세세한 부분까지 얼버무렸다. 그들은 꽃이나 나무나 전경에 있는 인물들의 손에는 별로 신경을 쓰지 않았다. 그들은 표면에서 눈부시게 빛나야 했다. 레오나르도는 이 사실을 경력 초기에 인지했고 그것이 그를 (c) 괴롭혔다. 그것은 두 가

지 면에서 그의 기질에 어긋났다–그는 무슨 일이든 서둘러야 한다는 느낌을 싫어했고, 그 스스로를 위해 세부적인 것에 몰두하는 것을 좋아했다. 그는 표면적인 효과를 만들어내는 것에 관심이 없었다. 그는 내면에서 생명체를 이해하고, 생명체를 역동적으로 만드는 힘을 파악하여, 어떻게 해서든지 이 모든 것을 평평한 표면에 표현하고자 하는 갈망에 의해 활기를 띠었다. 그래서 그는 과학과 예술을 섞어가며 자신만의 독특한 길을 나아갔다.

그의 탐구를 완성하기 위해 레오나르도는 자신이 "범용"이라고 부르는 사람이 되어야 했다. 그는 각 목적의 모든 세부사항을 전달할 수 있어야 했고, 그는 이 지식을 가능한 한, 세계의 많은 사물까지 (d) 확장해야 했다. 그런 디테일을 순전히 (e) 제거함으로써(→ 회복시킴으로써) 삶의 본질 자체가 그에게 보여지게 되었고, 이 생명력에 대한 그의 이해는 그의 작품에서 엿볼 수 있게 되었다.

42 ④ 제시문에서 다빈치는 표면적으로만 화려한 당대 작품의 느낌을 싫어했고 세부적인 면에 몰두하는 것을 좋아했으며 생명체를 역동적으로 만드는 힘을 파악하여 과학과 예술을 섞어가며 자신만의 독특한 길을 나아갔다고 서술했으므로 "다빈치는 생명체의 역동적인 면 대신 정적인 면을 파악하려고 했다."는 ④의 설명은 윗글의 내용과 일치하지 않는다.

43 ⑤ 다빈치가 생명체를 역동적으로 표현한 독자적인 길을 가기 위해 작품의 모든 세부사항에 관한 디테일을 회복시켰다는 의미이므로 ⑤의 'elimination(제거)'는 'revival(회복)'으로 바꿔야 한다.

[44~45]

해석

(A) 오래 전에 Vanasrai라는 큰 도시에서 왕이 마구간의 코끼리를 기르고 있었다. 그가 가장 좋아하는 코끼리에게는 특이하고 절친한 친구가 있었는데, 그녀가 저녁을 먹으면서 코끼리 입에서 떨어진 밥을 먹기 위해 마구간에 처음 온 개였다. 시간이 흐를수록 코끼리와 개는 친밀하고 사랑스런 관계를 맺게 되었는데, 그 관계가 계속될 때까지 코끼리는 밥을 나눠먹기 위해 그곳에 개가 없으면 먹지 않았다.

(C) 어느 날 불친절한 마부가 지나가는 농민에게 그 개를 동전 몇 개에 팔았다. 코끼리는 상심했다. 그녀는 먹지도 마시지도 목욕도 하지 않으려 했다. 왕은 자신이 가장 좋아하는 동물의 상태가 나빠진다는 말을 들었을 때 매우 화가 났다. 그는 가장 현명한 고문을 불러서 "내가 사랑하는 코끼리에게 가서 무엇이 문제인지 알아봐라"고 말했다.

(B) 고문은 코끼리를 주의 깊게 살폈다. 그는 그 짐승에게 육체적으로 아무런 문제가 없다는 것을 분명히 보았다. 코끼리의 관리인은 "코끼리는 대단한 개 친구가 있었는데, 그는 최근에 사라졌다"고 말했다. 그 말과 함께 고문은 왕에게 돌아가 "대왕의 코끼리는 그녀가 많이 사랑했던 개가 없어지는 것을 보고 가슴이 아파합니다. 개를 찾으려면 대왕께서 코끼리 마구간에서 개를 감금한 채 발견되는 사람은 거액의 벌금을 내야 한다는 포고문을 내기를 권합니다."라고 말했다.

(D) 그래서 그렇게 하자, 개를 산 농민은 포고 소식을 듣자마자 즉시 풀어주었고, 개는 코끼리 마구간으로 곧장 달려왔다. 지친 개가 돌아왔을 때 코끼리는 기쁨의 눈물을 흘렸고, 코끼리는 개를 자신의 코로 감싸 안았다. 그녀는 개가 먹이를 줄 때까지 먹지 않았다. 그러고 나서 그녀는 그녀의 음식도 먹었다. 그리고 곧 그녀의 옛 방식으로 돌아왔고, 그녀의 개와 같은 친구는 영원히 그녀 곁에 있었다.

44 ② (A) 왕이 기르는 코끼리와 개가 친구가 됨
(C) 개가 딴 곳으로 팔려가자 코끼리는 슬퍼했고 왕은 이를 알아봄
(B) 왕의 고문은 개를 데려간 사람에게 벌금을 내도록 하자고 함
(D) 그렇게 하자 개는 돌아왔고 코끼리는 다시 기뻐함

45 ③ 글 (C)를 보면 왕의 고문은 누군가 개를 데리고 갔다는 사실을 알게 되었고 왕에게 그 개를 데려간 사람에게 벌금을 내도록 하라는 조언을 하였다. 그러므로 "고문은 왕에게 개를 데리고 있는 사람에게 큰 상을 주자고 제안했다."는 ③의 설명은 윗글의 내용과 다르다.

2021 학년도 기출문제 정답 및 해설

01 ③	02 ②	03 ⑤	04 ②	05 ⑤	06 ④
07 ①	08 ①	09 ④	10 ⑤	11 ③	12 ④
13 ①	14 ④	15 ⑤	16 ④	17 ②	18 ①
19 ②	20 ③	21 ③	22 12	23 19	24 9
25 151	26 10	27 395	28 8	29 259	30 6

01 $\left(\dfrac{9}{4}\right)^{-\frac{3}{2}}=\left(\dfrac{4}{9}\right)^{\frac{3}{2}}=\left[\left(\dfrac{2}{3}\right)^2\right]^{\frac{3}{2}}=\left(\dfrac{2}{3}\right)^3=\dfrac{8}{27}$

02
$$\lim_{n\to\infty}\dfrac{1}{\sqrt{n^2+5n}-n}$$
$$=\lim_{n\to\infty}\dfrac{1}{\sqrt{n^2+5n}-n}\times\dfrac{(\sqrt{n^2+5n}+n)}{(\sqrt{n^2+5n}+n)}$$
$$=\lim_{n\to\infty}\dfrac{\sqrt{n^2+5n}+n}{n^2+5n-n^2}$$
$$=\lim_{n\to\infty}\dfrac{\sqrt{n^2+5n}+n}{5n}$$
$$=\dfrac{2}{5}$$

03 $\sin^2\theta+\cos^2\theta=1$이므로
$$\left(-\dfrac{1}{3}\right)^2+\cos^2\theta=1$$
$$\cos^2\theta=1-\dfrac{1}{9}=\dfrac{8}{9}$$
$$\dfrac{\cos\theta}{\tan\theta}=\dfrac{\cos\theta}{\dfrac{\sin\theta}{\cos\theta}}=\dfrac{\cos^2\theta}{\sin\theta}$$
$$\therefore \dfrac{\cos\theta}{\tan\theta}=\dfrac{\cos^2\theta}{\sin\theta}=\dfrac{\dfrac{8}{9}}{-\dfrac{1}{3}}=-\dfrac{8}{3}$$

04 $\left(x^3+\dfrac{1}{x}\right)^5=\sum\limits_{r=0}^{5}{}_5C_r(x^3)^r\cdot\left(\dfrac{1}{x}\right)^{5-r}$
$$=\sum\limits_{r=0}^{5}{}_5C_r x^{3r}\cdot x^{r-5}$$
$$=\sum\limits_{r=0}^{5}{}_5C_r x^{4r-5}$$

각 항의 계수가 ${}_5C_r$이고, x^3의 계수를 구하기 위한 r을 구하면
$$4r-5=3,\ r=2$$

따라서 x^3의 계수는
$${}_5C_2=10$$

05 함수 $y=4^x-1$의 그래프를 x축의 방향으로 a만큼 평행이동하면
$$y=4^{x-a}-1$$
이동한 함수를 y축의 방향으로 b만큼 평행이동하면
$$y=4^{x-a}+b-1$$
함수 $y=4^{x-a}+b-1$이 함수 $y=2^{2x-3}+3$과 일치하므로
$$y=4^{x-a}+b-1=2^{2x-2a}+b-1=2^{2x-3}+3$$
$$\therefore 2a=3,\ a=\dfrac{3}{2},\ b=4$$
구하고자 하는 ab의 값은 6이다.

06

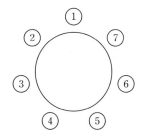

학생 A를 '1' 의자에 고정시키면 A의 좌우에는 B와 C가 앉을 수 없다. 따라서 최소한 두 칸이 떨어진 '3', '6' 의자에 앉아야 한다.
(ⅰ) B 또는 C 학생이 '3' 의자에 앉는 경우
　　B, C 중 남은 한 학생은 '5' 또는 '6'의 자리에 앉아야 한다.
(ⅱ) B 또는 C 학생이 '4' 의자에 앉는 경우
　　B, C 중 남은 한 학생은 '6'의 자리에 앉아야 한다.
따라서 A가 고정되었을 경우 B와 C가 앉을 수 있는 경우는 B와 C가 바꾸어 앉는 경우를 포함하여 총 6가지이다.
A, B, C를 제외한 나머지 4명이 의자에 앉는 방법은 4!이므로 구하고자 하는 경우의 수는 $6\times4!=144$(가지)이다.

07 곡선 $x^2-2xy+3y^3=5$를 x에 대하여 미분하면
$$2x-2y-2x\dfrac{dy}{dx}+9y^2\dfrac{dy}{dx}=0$$
$$(9y^2-2x)\dfrac{dy}{dx}=2y-2x$$

$$\therefore \frac{dy}{dx}=\frac{2y-2x}{9y^2-2x}$$

점 $(2, -1)$에서의 접선의 기울기를 구하기 위하여

$x=2$, $y=-1$을 각각 대입하면

$$\frac{dy}{dx}=\frac{-2-4}{9-4}=-\frac{6}{5}$$

08 $\left(\frac{1}{2}\right)^{1-x}\geq\left(\frac{1}{16}\right)^{x-1}$

$2^{x-1}\geq 16^{1-x}$

$2^{x-1}\geq 2^{4-4x}$

$x-1\geq 4-4x$

$5x\geq 5$

$\therefore x\geq 1$

$\log_2 4x<\log_2(x+k)$

$4x<x+k$

$3x<k$

$\therefore x<\frac{k}{3}$

따라서 연립부등식의 해는

$1\leq x<\frac{k}{3}$

해가 존재하지 않도록 하는 k의 범위는

$\frac{k}{3}\leq 1$, $k\leq 3$

따라서 해가 존재하지 않도록 하는 양수 k의 최댓값은 3이다.

09 다섯 개의 자연수 1, 2, 3, 4, 5 중에서 중복을 허락하여 3개의 수를 택하는 경우의 수는 $_5H_3=\,_7C_3=35$

택한 세 수의 곱이 6 이상인 경우의 수는 전체의 경우에서 세 수의 곱이 6 미만인 경우를 빼면 된다.

세 수의 곱이 6 미만인 경우를 구하면 세 수의 곱이 1, 2, 3, 4, 5인 경우이다.

(i) 세 수의 곱이 1인 경우

만족하는 순서쌍은 $(1, 1, 1)$로 1가지 경우이다.

(ii) 세 수의 곱이 2인 경우

만족하는 순서쌍은 $(1, 1, 2)$로 1가지 경우이다.

(iii) 세 수의 곱이 3인 경우

만족하는 순서쌍은 $(1, 1, 3)$으로 1가지 경우이다.

(iv) 세 수의 곱이 4인 경우

만족하는 순서쌍은 $(1, 1, 4)$, $(1, 2, 2)$로 2가지 경우이다.

(v) 세 수의 곱이 5인 경우

만족하는 순서쌍은 $(1, 1, 5)$로 1가지 경우이다.

따라서 세 수의 곱이 6 미만인 경우는 총 6가지 경우이다. 구하고자 하는 경우의 수는 $35-6=29$가지이다.

10 $\cos^2 3x-\sin 3x+1=(1-\sin^2 3x)-\sin 3x+1$
$$=-\sin^2 3x-\sin 3x+2$$

$=0$

$\sin^2 3x+\sin 3x-2=0$

$(\sin 3x+2)(\sin 3x-1)=0$

$\therefore \sin 3x=1(\because -1\leq\sin 3x\leq 1)$

$y=\sin 3x$의 그래프는 다음과 같다.

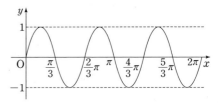

따라서 $\sin 3x=1$을 만족하는 x의 값은

$\frac{\pi}{6}$, $\frac{5\pi}{6}$, $\frac{3\pi}{2}$이므로, 모든 실근의 합은 $\frac{5\pi}{2}$이다.

11 함수 $f(x)=\frac{e^x}{\sin x+\cos x}$이므로

$f'(x)=\frac{e^x(\sin x+\cos x)}{(\sin x+\cos x)^2}-\frac{e^x(\cos x-\sin x)}{(\sin x+\cos x)^2}$
$$=\frac{2e^x\sin x}{(\sin x+\cos x)^2}$$

$f(x)-f'(x)=\frac{e^x}{\sin x+\cos x}-\frac{2e^x\sin x}{(\sin x+\cos x)^2}$
$$=\frac{(\sin x+\cos x)e^x-2e^x\sin x}{(\sin x+\cos x)^2}$$
$$=\frac{(\cos x-\sin x)e^x}{(\sin x+\cos x)^2}$$

따라서 $f(x)-f'(x)=0$을 만족하는 x의 값은

$\cos x-\sin x=0$을 만족해야 한다.$(\because e^x\neq 0$, (분모)$\neq 0)$

$-\frac{\pi}{4}<x<\frac{3}{4}\pi$에서 $\cos x-\sin x=0$을 만족하는 x의 값은

$\frac{\pi}{4}$뿐이다.

12 주어진 입체도형을 x축에 수직인 평면으로 자른 단면이 정사각형이고, 한 변의 길이가 $\sqrt{x}e^x$이므로, 정사각형의 넓이는 xe^{2x}이다.

$x=1$부터 $x=2$까지 입체도형의 단면의 넓이가 xe^{2x}이므로, 입체도형의 부피를 V라 하면 V는

$$V=\int_1^2 xe^{2x}dx$$

$\int_1^2 xe^{2x}dx=\left[\frac{1}{2}xe^{2x}\right]_1^2-\left[\frac{1}{4}e^{2x}\right]_1^2$

$\qquad\qquad (\because (xe^{2x})'=e^{2x}+2xe^{2x})$

$$=e^4-\frac{1}{2}e^2-\frac{1}{4}e^4+\frac{1}{4}e^2$$
$$=\frac{3e^4-e^2}{4}$$

13 꺼낸 두 공에 적힌 두 수의 차가 0일 경우는 1 또는 2의 공이

2개 나오는 경우이므로

$$_3C_2 + _2C_2 = 4$$

꺼낸 두 공에 적힌 두 수의 차가 1일 경우는 (1, 2) 또는 (2, 3)의 공이 1개씩 나오는 경우이므로

$$_3C_1 \times _2C_1 + _2C_1 \times _1C_1 = 8$$

꺼낸 두 공에 적힌 두 수의 차가 2일 경우는 1과 3의 공이 1개씩 나오는 경우이므로

$$_3C_1 \times _1C_1 = 3$$

따라서 확률변수 X의 확률분포를 표로 나타내면 다음과 같다.

X	0	1	2	합
$P(X=x)$	$\dfrac{4}{15}$	$\dfrac{8}{15}$	$\dfrac{1}{5}$	1

이산확률변수의 평균 $E(X)$는

$$E(X) = 0 \times \frac{4}{15} + 1 \times \frac{8}{15} + 2 \times \frac{1}{5}$$
$$= \frac{8}{15} + \frac{2}{5}$$
$$= \frac{14}{15}$$

14

$$\lim_{n \to \infty} \sum_{k=1}^{n} \frac{1}{n+k} f\left(1+\frac{k}{n}\right)$$
$$= \lim_{n \to \infty} \sum_{k=1}^{n} f\left(1+\frac{k}{n}\right) \cdot \frac{1}{n} \cdot \frac{n}{n+k}$$
$$= \lim_{n \to \infty} \sum_{k=1}^{n} f\left(1+\frac{k}{n}\right) \cdot \frac{1}{n} \cdot \frac{1}{1+\frac{k}{n}}$$
$$= \int_{1}^{2} \frac{1}{x} \ln x \, dx$$
$$= \left[\frac{1}{2}(\ln x)^2\right]_1^2 \left(\because (\ln x)' = \frac{1}{x}\right)$$
$$= \frac{(\ln 2)^2}{2}$$

15 반지름이 4인 원 위의 점 O, 점 A, 점 C를 꼭지점으로 하는 삼각형 △OAC를 만들면, 코사인법칙에 의하여

$$\overline{AC}^2 = 4^2 + 4^2 - 2 \times 4 \times 4 \times \cos 120° (\because 원주각과 중심각)$$
$$= 16 + 16 - 32 \times \cos\left(\pi - \frac{\pi}{3}\right)$$
$$= 32\left(1 + \frac{1}{2}\right)$$
$$= 48$$
$$\therefore \overline{AC} = 4\sqrt{3}$$

$\overline{AB} = x$, $\overline{BC} = y$라 하면, 주어진 조건에 의하여

$$x + y = 2\sqrt{15}$$

코사인법칙을 이용하면

$$\overline{AC}^2 = x^2 + y^2 - 2xy\cos 120°$$
$$= x^2 + y^2 + xy$$
$$= 48$$

$x^2 + y^2 + xy = 48$이므로

$$x^2 + y^2 + xy = (x+y)^2 - xy$$
$$= (2\sqrt{15})^2 - xy$$
$$= 60 - xy$$
$$= 48$$
$$\therefore xy = 12$$

따라서 구하고자 하는 사각형 OABC의 넓이를 S라 하면

$$S = \frac{1}{2} \times 4 \times 4 \times \sin 120° + \frac{1}{2}xy\sin 120°$$
$$= 4\sqrt{3} + 3\sqrt{3}$$
$$= 7\sqrt{3}$$

16 조건 (가)에 의하여 모든 실수 x에 대하여

$f(x+10) = f(20-x)$이므로, 함수의 대칭축, 즉 평균 m은

$$m = \frac{x+10+20-x}{2} = 15$$

조건 (나)를 표준정규분포로 바꾸어 값을 구하면

$$P(X \geq 17) = P\left(Z \geq \frac{17-15}{4}\right)$$
$$= P(Z \geq 0.5)$$
$$= P(Z \leq -0.5)$$

$$P(Y \leq 17) = P\left(Z \leq \frac{17-20}{\sigma}\right)$$
$$= P\left(Z \leq \frac{-3}{\sigma}\right)$$
$$= P(Z \leq -0.5)$$
$$\therefore \sigma = 6$$

$m = 15$, $\sigma = 6$이므로, $m + \sigma = 21$

$$P(X \leq 21) = P\left(Z \leq \frac{21-15}{4}\right)$$
$$= P(Z \leq 1.5)$$
$$= 0.5 + P(0 \leq Z \leq 1.5)$$
$$= 0.5 + 0.4332$$
$$= 0.9332$$

17 $n = 1$일 때,

(좌변)$= \dfrac{_2P_1}{2^1} = 1$이고, (우변)$= \dfrac{2!}{2}$이므로

$$\therefore \boxed{(가)} = \frac{2!}{2} = 1$$

$$\sum_{k=1}^{m} \frac{_{2k}P_k}{2^k} + \frac{_{2m+2}P_{m+1}}{2^{m+1}} = \sum_{k=1}^{m} \frac{_{2k}P_k}{2^k} + \frac{\boxed{(나)}}{2^{m+1} \times (m+1)!}$$

이므로

$$\frac{_{2m+2}P_{m+1}}{2^{m+1}} = \frac{\boxed{(나)}}{2^{m+1} \times (m+1)!}$$

$$\frac{_{2m+2}P_{m+1}}{2^{m+1}} = \frac{1}{2^{m+1}} \times \frac{(2m+2)!}{(m+1)!}$$

$$\therefore \boxed{(나)} = (2m+2)!$$

$$\frac{(2m)!}{2^m}+\frac{\boxed{(\text{나})}}{2^{m+1}\times(m+1)!}$$

$$=\frac{\boxed{(\text{나})}}{2^{m+1}}\times\left\{\frac{1}{\boxed{(\text{다})}}+\frac{1}{(m+1)!}\right\}$$을 이용하면

$$\frac{(2m)!}{2^m}+\frac{\boxed{(\text{나})}}{2^{m+1}\times(m+1)!}$$

$$=\frac{(2m)!}{2^m}+\frac{(2m+2)!}{2^{m+1}\times(m+1)!}$$

$$=\frac{2\times(2m)!\times(m+1)!+(2m+2)!}{2^{m+1}\times(m+1)!}$$

$$=\frac{(2m+2)!}{2^{m+1}}\times\left\{\frac{m!}{(2m+1)(m+1)!}+\frac{1}{(m+1)!}\right\}$$

$$=\frac{(2m+2)!}{2^{m+1}}\times\left\{\frac{1}{(2m+1)(m+1)}+\frac{1}{(m+1)!}\right\}$$

$$\therefore \boxed{(\text{다})}=(2m+1)(m+1)$$

$$p=1,\; f(m)=(2m+2)!,\; g(m)=(2m+1)(m+1)$$

이므로

$$\therefore p+\frac{f(2)}{g(4)}=1+\frac{6!}{9\times5}=1+16=17$$

18 조건 (가)와 조건 (나)의 두 식을 우변은 우변끼리 좌변은 좌변끼리 더하면

$$a_{2n+1}+a_{2n+2}=2a_{n+1}$$

모든 자연수 n에 대하여 $a_{2n+1}+a_{2n+2}=2a_{n+1}$이므로

$$n=1,\; a_3+a_4=2a_2$$

$$n=2,\; a_5+a_6=2a_3$$

$$n=3,\; a_7+a_8=2a_4$$

$$\vdots$$

$$\therefore \sum_{k=1}^{2n}a_k=a_1+a_2+2\sum_{k=2}^{n}a_k$$

$$\sum_{n=1}^{16}a_n=a_1+a_2+2\sum_{n=2}^{8}a_n$$

$$=1+2+2\times\left(\sum_{n=1}^{8}a_n-a_1\right)$$

$$=3+2\times\left(a_1+a_2+2\sum_{n=2}^{4}a_n-a_1\right)$$

$$=3+2\times\left(2\sum_{n=2}^{4}a_n+a_2\right)$$

$$=3+2\times\left\{2\times\left(\sum_{n=1}^{4}a_n-a_1\right)+a_2\right\}$$

$$=3+2\times\{2\times(a_1+a_2+2a_2-a_1)+a_2\}$$

$$=3+2\times(2\times6+2)$$

$$=3+2\times14$$

$$=31$$

19 그림 R_1에서 정사각형의 한 변의 길이가 6이고, 점 E_1은 선분 A_1D를 $1:2$로 내분하는 점이므로 선분 A_1E_1의 길이는 2이다. 따라서 선분 B_1E_1의 길이는 $2\sqrt{10}$이다. 같은 방법으로 선분 C_1E_1의 길이를 구하면 $2\sqrt{13}$이다.($\because$ 피타고라스의 정리) $\angle B_1E_1C_1=\theta$라 하면 삼각형 $B_1E_1C_1$의 넓이는

$$\triangle B_1E_1C_1=\frac{1}{2}\times2\sqrt{10}\times2\sqrt{13}\times\sin\theta$$

$$=2\sqrt{130}\times\sin\theta$$

$$=\frac{1}{2}\times6\times6(\because \text{밑면과 높이가 6인 삼각형})$$

$$=18$$

$$\therefore \sin\theta=\frac{18}{2\sqrt{130}}=\frac{9}{\sqrt{130}}=\frac{9\sqrt{130}}{130}$$

세 점 B_1, C_1, E_1을 지나는 원의 반지름을 r이라 하면 사인법칙의 변형에 의하여

$$\sin\theta=\frac{6}{2r}=\frac{3}{r}$$

$$\therefore r=\frac{\sqrt{130}}{3}$$

삼각형 $O_1B_1C_1$에서 점 O_1에서 선분 B_1C_1에 수직으로 그은 직선의 교점을 H_1이라 하면, 피타고라스의 정리에 의하여

$$\left(\frac{\sqrt{130}}{3}\right)^2=3^2+\overline{O_1H_1}^2$$

$$\overline{O_1H_1}^2=\frac{49}{9}$$

$$\therefore \overline{O_1H_1}=\frac{7}{3}$$

따라서 삼각형 $O_1B_1C_1$의 넓이는

$$\triangle O_1B_1C_1=\frac{1}{2}\times6\times\frac{7}{3}=7$$

$$\therefore \square O_1B_1E_1C_1=18-7=11$$

이제 $\square O_1B_1E_1C_1$과 $\square O_2B_2E_2C_2$의 닮음비를 구하면 된다. 닮음비를 구하기 위하여 선분 B_2C_2의 길이를 구하면 된다. $\overline{B_2C_2}=x$라 하고, 삼각형 C_1E_1D와 삼각형 $C_1B_2C_2$의 닮음을 이용하면

$$x:4=6-x:6(\because \square A_2B_2C_2D\text{는 정사각형})$$

$$24-4x=6x$$

$$10x=24$$

$$x=\frac{12}{5}$$

삼각형 $B_1E_1C_1$과 삼각형 $B_2E_2C_2$의 닮음비가 $6:\frac{12}{5}=5:2$

이므로, $\square O_1B_1E_1C_1$과 $\square O_2B_2E_2C_2$의 닮음비 역시 $5:2$이다. 넓이의 비는 제곱의 비이므로, $25:4$가 되므로

$$\square O_2B_2E_2C_2=11\times\frac{4}{25}=\frac{44}{25}$$

$$\therefore \lim_{n\to\infty}S_n=\frac{11}{1-\frac{4}{25}}=\frac{275}{21}$$

20 조건 (나)에 의하여 함수 $f(x)$가 역함수가 존재하므로, 함수 $f(x)$는 증가함수 또는 감소함수이다.($\because$ 일대일 대응) $a>0$이므로 $x<c$에서 함수 $f(x)$는 증가해야 한다.

따라서 $y=-ax^2+6ex+b$의 대칭축 $x=\frac{3e}{a}$는 c보다 크거나 같아야 한다. 같은 방법으로 $y=a(\ln x)^2-6\ln x$의 대칭

축 $x=e^{\frac{3}{a}}$은 c보다 작거나 같아야 한다.

$\therefore e^{\frac{3}{a}} \leq c \leq \frac{3e}{a}$

$\frac{3}{a}=t$라 하면, $e^t \leq et$를 만족하는 t의 값은 $t=1$뿐이다.

($\because g(t)=e^t$과 $h(t)=et$가 $t=1$에서 접함)

$\therefore a=3$

$a=3$이므로, $c=e$

조건 (가)에 의하여 함수 $f(x)$가 연속이므로, 함수 $f(x)$에 $x=c$를 대입하면

$-ac^2+6ec+b=a(\ln c)^2-6\ln c$

$-3e^2+6e^2+b=3-6$

$\therefore b=-3e^2-3$

$\frac{1}{2e}<e$이므로

$f\left(\frac{1}{2e}\right)=-3\times\frac{1}{4e^2}+6e\times\frac{1}{2e}-3e^2-3$

$\qquad\qquad =-3\left(e^2+\frac{1}{4e^2}\right)$

21 함수 $f(x)=\int_0^x |t\sin t|\,dt-\left|\int_0^x t\sin t\,dt\right|$이므로, 주어진 $y=x\sin x$의 그래프를 참조하면 $x=\pi$를 주기로 음의 값과 양의 값이 번갈아 나온다. 또 $y=x\sin x$의 그래프와 x축과의 교점은 $x=n\pi$(n은 정수)이다.

$(x\cos x)'=\cos x-x\sin x$이므로

$\int_a^b x\sin x\,dx=\int_a^b \cos x\,dx-\Big[x\cos x\Big]_a^b$

$\qquad\qquad =\Big[\sin x-x\cos x\Big]_a^b$

ㄱ. (참)

$\int_0^\pi t\sin t\,dt=A$, $\int_\pi^{2\pi} t\sin t\,dt=B$라 하면

$f(2\pi)=\int_0^{2\pi}|t\sin t|\,dt-\left|\int_0^{2\pi} t\sin t\,dt\right|$

$\qquad =\int_0^\pi t\sin t\,dt-\int_\pi^{2\pi} t\sin t\,dt-\left|\int_0^{2\pi} t\sin t\,dt\right|$

$\qquad =A-B-|A+B|$

$\qquad =A-B-(-A-B)$

$\qquad =2A$

$\therefore f(2\pi)=2\int_0^\pi t\sin t\,dt=2\times\pi=2\pi$

ㄴ. (거짓)

$\pi<\alpha<2\pi$인 α에 대하여

$\int_0^\pi t\sin t\,dt=A$, $\int_\pi^\alpha t\sin t\,dt=B$라 하자.

$\int_0^\alpha t\sin t\,dt=0$이면 $A+B=0$

$A=\pi$이므로, $B=-\pi$

$f(\alpha)=\int_0^\alpha |t\sin t|\,dt-\left|\int_0^\alpha t\sin t\,dt\right|$

$\qquad =\int_0^\pi t\sin t\,dt-\int_\pi^\alpha t\sin t\,dt\left(\because \int_0^\alpha t\sin t\,dt=0\right)$

$\qquad =A-B$

$\qquad =\pi-(-\pi)$

$\qquad =2\pi$

ㄷ. (참)

$2\pi<\beta<3\pi$인 β에 대하여

$\int_0^\pi t\sin t\,dt=A$, $\int_\pi^{2\pi} t\sin t\,dt=B$,

$\int_{2\pi}^\beta t\sin t\,dt=C$라 하자.

$\int_0^\beta t\sin t\,dt=0$이면 $A+B+C=0$

$A=\pi$, $B=-3\pi$이므로, $C=2\pi$

$\beta<x<3\pi$인 r에 대하여 $\int_\beta^r x\sin x\,dx=D$라 하면

$f(x)=(A-B+C+D)-D\left(\because \int_0^\beta t\sin t\,dt=0\right)$

$\qquad =A-B+C$

$\qquad =-2B(\because A+B+C=0)$

$\qquad =6\pi$

$\therefore \int_\beta^{3\pi} f(x)\,dx=(3\pi-\beta)\times6\pi=6\pi(3\pi-\beta)$

22 삼각함수 $y=\sin x$의 주기가 2π이므로,

함수 $f(x)=5\sin\left(\frac{\pi}{2}x+1\right)+3$의 주기 p는

$p=\frac{2\pi}{\left|\frac{\pi}{2}\right|}=4$

삼각함수 $y=\sin x$의 최댓값이 1이므로,

함수 $f(x)=5\sin\left(\frac{\pi}{2}x+1\right)+3$의 최댓값 M은

$M=|5|\times1+3=8$

$\therefore p+M=4+8=12$

23 모평균이 15이므로, $E(\overline{X})=15$

모표준편차가 8인 모집단에서 임의추출한 크기가 4인 표본평균 $\overline{X}$의 표준편차 $\sigma(\overline{X})$는

$\sigma(\overline{X})=\frac{8}{\sqrt{4}}=4$

$\therefore E(\overline{X})+\sigma(\overline{X})=15+4=19$

24 수열 $\{(x^2-6x+9)^n\}$의 공비는 (x^2-6x+9)이고, 이 등비수열이 수렴하기 위한 공비의 범위는

$-1<(x^2-6x+9)\leq1$

(ⅰ) $-1<(x^2-6x+9)$인 경우

$-1<x^2-6x+9$, $x^2-6x+10>0$

이차식의 판별식 $D<0$이므로, 모든 실수에서 성립한다.

(ⅱ) $(x^2-6x+9)\leq1$인 경우

$x^2-6x+9\le1,\ x^2-6x+8\le0,\ (x-4)(x-2)\le0$

$\quad\therefore\ 2\le x\le4$

(i), (ii)를 통해 조건을 만족하는 정수 x의 값은 2, 3, 4이고, 합은 9이다.

25 주사위를 던져 3의 배수가 나올 확률은 $\dfrac{1}{3}$이고, 3의 배수가 아닌 수가 나올 확률은 $\dfrac{2}{3}$이다. 3의 배수가 나왔을 경우 2개의 구슬을 꺼내 2개의 공이 모두 검은 구슬이어야 하고, 3의 배수가 아닌 경우는 3개의 구슬을 꺼내 1개의 흰 구슬과 2개의 검은 구슬을 꺼내야 한다.

(i) 주사위의 눈이 3의 배수인 경우

주사위의 눈이 3의 배수일 확률은 $\dfrac{1}{3}$이다.

꺼낸 두 구슬이 모두 검은 구슬일 확률은

$\dfrac{{}_4C_2}{{}_7C_2}=\dfrac{4\times3}{7\times6}=\dfrac{2}{7}$

$\therefore\ \dfrac{1}{3}\times\dfrac{2}{7}=\dfrac{2}{21}$

(ii) 주사위의 눈이 3의 배수가 아닌 경우

주사위의 눈이 3의 배수가 아닐 확률은 $\dfrac{2}{3}$이다.

꺼낸 세 구슬 중 두 구슬은 검은 구슬이고, 한 개의 구슬이 흰 구슬일 확률은

$\dfrac{{}_4C_2\times{}_3C_1}{{}_7C_3}=\dfrac{\dfrac{4\times3\times3}{2}}{\dfrac{7\times6\times5}{3\times2}}=\dfrac{18}{35}$

$\therefore\ \dfrac{2}{3}\times\dfrac{18}{35}=\dfrac{12}{35}$

따라서 꺼낸 구슬 중 검은 구슬의 개수가 2일 확률은

$\dfrac{2}{21}+\dfrac{12}{35}=\dfrac{46}{105}$이다.

구하고자 하는 $p=105,\ q=46$이므로, $p+q=151$이다.

26 조건 (가)의 각 항이 등차수열을 이루므로, 등차중항에 의하여

$a+b=\log_2c_1+\log_2c_m=\log_2c_2+\log_2c_{m-1}=\cdots=1$

$\therefore\ \log_2c_1+\log_2c_2+\log_2c_3+\cdots+\log_2c_m=\dfrac{m}{2}$

조건 (나)에 의하여, $c_1\times c_2\times c_3\times\cdots\times c_m=32$이므로

$\log_2c_1+\log_2c_2+\log_2c_3+\cdots+\log_2c_m$

$=\log_2c_1\times c_2\times c_3\times\cdots\times c_m$

$=\log_2 32$

$=\log_2 2^5$

$=5$

$\therefore\ \dfrac{m}{2}=5,\ m=10$

27 곡선 $y=\sqrt{x}\,(x\ge0)$의 역함수는 $y=x^2$이고, $y=x^2$의 그래프

를 x축에 대하여 대칭이동하면 곡선 $y=-x^2\,(x\ge0)$이 된다. 따라서 곡선 $y=\sqrt{x}$ 위의 점 $(n^2,\ n)$은 곡선 $y=-x^2$ 위의 점 $(n,\ -n^2)$이 된다.

$\overline{OA_n}$이 지나는 직선의 기울기는 $\dfrac{1}{n}$이고, $\overline{OB_n}$가 지나는 직선의 기울기는 $-n$이므로, 두 직선은 수직관계이다.

따라서 삼각형 A_nOB_n의 넓이 S_n을 구하면

$S_n=\dfrac{1}{2}\times\sqrt{n^4+n^2}\times\sqrt{n^4+n^2}=\dfrac{n^4+n^2}{2}$

$\displaystyle\sum_{n=1}^{10}\dfrac{2S_n}{n^2}=\sum_{n=1}^{10}\dfrac{2(n^4+n^2)}{2n^2}$

$\qquad\qquad=\displaystyle\sum_{n=1}^{10}(n^2+1)$

$\qquad\qquad=\displaystyle\sum_{n=1}^{10}n^2+\sum_{n=1}^{10}1$

$\qquad\qquad=\dfrac{10\times11\times21}{6}+10$

$\qquad\qquad=385+10$

$\qquad\qquad=395$

28 원 O의 반지름을 R이라 하면 사인법칙에 의하여 선분 BC의 길이 $\overline{BC}$는

$\overline{BC}=2R\sin\theta$

$\angle\mathrm{ABC}=\dfrac{\pi}{2}-\dfrac{\theta}{2}$이므로, 사인법칙에 의하여

$\overline{AC}=2R\sin\left(\dfrac{\pi}{2}-\dfrac{\theta}{2}\right)=2R\cos\dfrac{\theta}{2}=4$

$\therefore\ R=\dfrac{2}{\cos\dfrac{\theta}{2}}$

$R=\dfrac{2}{\cos\dfrac{\theta}{2}}$이므로

$\overline{BC}=\dfrac{4\sin\theta}{\cos\dfrac{\theta}{2}}=8\sin\dfrac{\theta}{2}\left(\because\ \sin\theta=2\sin\dfrac{\theta}{2}\cos\dfrac{\theta}{2}\right)$

사인법칙을 이용하여 선분 BC와 선분 CD의 관계를 보면

$\dfrac{8\sin\dfrac{\theta}{2}}{\sin\left(\dfrac{\pi}{2}-\dfrac{3}{2}\theta\right)}=\dfrac{\overline{CD}}{\sin\left(\dfrac{\pi}{2}+\dfrac{\theta}{2}\right)}$

$\dfrac{8\sin\dfrac{\theta}{2}}{\cos\dfrac{3}{2}\theta}=\dfrac{\overline{CD}}{\cos\dfrac{\theta}{2}}$

$\therefore\ \overline{CD}=\dfrac{4\sin\theta}{\cos\dfrac{3}{2}\theta}$

삼각형 BDC의 넓이 $S(\theta)$는

$S(\theta)=\dfrac{1}{2}\times8\sin\dfrac{\theta}{2}\times\dfrac{4\sin\theta}{\cos\dfrac{3}{2}\theta}\times\sin\theta$

따라서

$\displaystyle\lim_{\theta\to0+}\dfrac{S(\theta)}{\theta^3}=\lim_{\theta\to0+}\left(\dfrac{1}{\theta^3}\times4\sin\dfrac{\theta}{2}\times\dfrac{4\sin\theta}{\cos\dfrac{3}{2}\theta}\times\sin\theta\right)$

$$=4 \times \frac{1}{2} \times 4$$
$$=8$$

29 왼쪽의 카드의 수가 오른쪽의 카드의 수보다 큰 경우가 한 번 나타났다는 것은 나머지는 증가하는 경우이다.

이웃한 수가 작아지는 경우를 나누면 다음과 같다.

(ⅰ) 왼쪽에서 첫 번째, 두 번째 사이

왼쪽에서 첫 번째에는 1을 제외한 2, 3, 4, 5, 6 중에서 하나를 선택하면 되고, 왼쪽에서 두 번째는 1부터 커지면 된다. 따라서 5가지 경우이다.

(ⅱ) 왼쪽에서 두 번째, 세 번째 사이

왼쪽에서 두 번째와 세 번째 사이에서 감소가 일어나면 왼쪽에서 두 번째 수는 첫 번째 수와 세 번째 수보다 커야 한다. 따라서 왼쪽에서 두 번째 수는 3 이상이어야 한다. 그리고 나머지 왼쪽에서 세 번째부터는 증가만 해야 하므로, 나올 수 있는 경우의 수는 두 번째 숫자보다 1이 작은 값이 된다. 따라서 경우의 수는

$$\sum_{n=3}^{6}(n-1)=\sum_{n=2}^{5}n=\frac{5 \times 6}{2}-1=14$$

(ⅲ) 왼쪽에서 세 번째, 네 번째 사이

왼쪽에서 세 번째와 네 번째 사이에서 감소가 일어나면 왼쪽에서 세 번째 수는 왼쪽에서 첫 번째와 두 번째, 네 번째 수보다는 커야 한다. 따라서 왼쪽에서 네 번째 수는 4 이상이다.

왼쪽에서 세 번째 수로 4가 오는 경우, 네 번째 수를 정하는 경우만을 생각하면 되므로 3가지

왼쪽에서 세 번째 수로 5가 오는 경우, 왼쪽에서 첫 번째와 두 번째에 오는 두 가지 수를 정하는 경우 $_4C_2=6$가지 ($\because$ 5보다 작아야 한다.)

왼쪽에서 세 번째 수로 6이 오는 경우, 왼쪽에서 첫 번째와 두 번째에 오는 두 가지 수를 정하는 경우 $_5C_2=10$가지($\because$ 6보다 작아야 한다.)

왼쪽에서 네 번째, 다섯 번째 사이는 (ⅱ)의 경우와 같고, 왼쪽에서 다섯 번째, 여섯 번째 사이는 (ⅰ)의 경우와 같으므로, 총 경우의 수는

$$5+14+19+14+5=57$$

여섯 개의 숫자를 일렬로 나열하는 경우의 수는 6!이므로, 이웃한 두 장의 카드 중 왼쪽 카드에 적힌 수가 오른쪽 카드에 적힌 수보다 큰 경우가 한 번만 나타날 확률 $\frac{q}{p}$는

$$\frac{q}{p}=\frac{57}{720}=\frac{19}{240}$$
$$\therefore p=240, q=19, p+q=259$$

30 함수 $h(x)=(f \circ g)(x)$이므로
$$h(x)=(x^2e^{-\frac{x}{2}})^2-a(x^2e^{-\frac{x}{2}})+b$$
$$h(0)=b, h(4)=(16e^{-2})^2-16ae^{-2}+b$$
조건 (가)에 의하여 $h(0)<h(4)$이므로
$$b<(16e^{-2})^2-16ae^{-2}+b$$
$$0<(16e^{-2})^2-16ae^{-2}$$
$$0<16e^{-2}(16e^{-2}-a)$$
$$\therefore a<16e^{-2}(\because 16e^{-2}>0)$$
함수 $g(x)=x^2e^{-\frac{x}{2}}$이므로
$$g'(x)=2xe^{-\frac{x}{2}}-\frac{1}{2}x^2e^{-\frac{x}{2}}=\frac{xe^{-\frac{x}{2}}}{2}(x-4)$$
$g'(x)$를 통하여 함수 $g(x)$의 그래프를 그리면 다음과 같다.

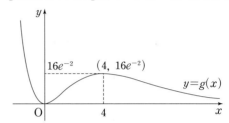

함수 $f(x)=x^2-ax+b$이므로, $x=\frac{a}{2}$를 대칭축으로 하는 아래로 볼록 그래프이다. 함수 $f(x)$가 $(0, b)$를 지나므로, 점 (a, b)를 지난다.

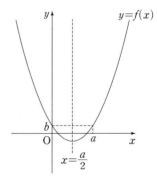

조건 (나)에 의하여 방정식 $|h(x)|=k$의 서로 다른 실근 개수는 7개가 되려면 $g(x)<0$인 지점은 존재해서는 안된다. 또, 방정식 $|h(x)|=k$의 서로 다른 교점의 개수는 3개이어야 한다.($\because$ 2라면 $|h(x)|=k$의 서로 다른 실근 개수는 최대 3개, 4라면 $|h(x)|=k$의 서로 다른 실근 개수는 최소 12개)

$\therefore y=k$는 $y=|h(x)|$에 접한다.

마지막으로 서로 다른 실근 중 가장 큰 실근을 α이고, 함수 $h(x)$는 $x=\alpha$에서 극소이다.

$$\therefore \alpha=\frac{a}{2}, k=b$$

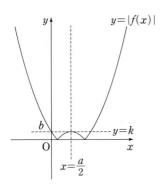

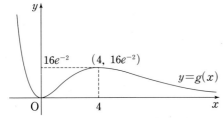

$$f\left(\frac{a}{2}\right)=\left(\frac{a}{2}\right)^2-\frac{a^2}{2}+b=-\frac{a^2}{4}+b=-b$$

$$\therefore b=\frac{a^2}{8}$$

$$f(1)=1-a+b=1-a+\frac{a^2}{8}=-\frac{7}{32}$$

$$1-a+\frac{a^2}{8}=-\frac{7}{32}$$

$$4a^2-32a+39=0$$

$$(2a-13)(2a-3)=0$$

$$\therefore a=\frac{3}{2} \text{ 또는 } a=\frac{13}{2}$$

$a<16e^{-2}$이므로

$$a=\frac{3}{2},\ b=\frac{9}{32}$$

$$\therefore a+16b=\frac{3}{2}+\frac{9}{2}=6$$

2021학년도 기출문제 정답 및 해설

제3교시 **수학영역(나형)**

01 ④	02 ②	03 ⑤	04 ②	05 ④	06 ①
07 ⑤	08 ③	09 ①	10 ③	11 ①	12 ①
13 ②	14 ④	15 ⑤	16 ③	17 ⑤	18 ②
19 ③	20 ④	21 ②	22 11	23 12	24 4
25 5	26 6	27 50	28 17	29 282	30 36

01 $\left(\dfrac{1}{4}\right)^{-\frac{3}{2}}=4^{\frac{3}{2}}=(2^2)^{\frac{3}{2}}=2^3=8$

02 두 사건 A와 B가 독립이면 $\mathrm{P}(A\cap B)=\mathrm{P}(A)\mathrm{P}(B)$
$\mathrm{P}(A\cap B)=\mathrm{P}(A)\mathrm{P}(B)$
$\qquad\quad=\dfrac{2}{3}\times\mathrm{P}(B)$
$\qquad\quad=\dfrac{1}{4}$
$\therefore \dfrac{2}{3}\mathrm{P}(B)=\dfrac{1}{4},\ \mathrm{P}(B)=\dfrac{3}{8}$

03 $\sin^2\theta+\cos^2\theta=1$이므로
$\left(-\dfrac{1}{3}\right)^2+\cos^2\theta=1$
$\cos^2\theta=1-\dfrac{1}{9}=\dfrac{8}{9}$
$\dfrac{\cos\theta}{\tan\theta}=\dfrac{\cos\theta}{\dfrac{\sin\theta}{\cos\theta}}=\dfrac{\cos^2\theta}{\sin\theta}$
$\therefore \dfrac{\cos\theta}{\tan\theta}=\dfrac{\cos^2\theta}{\sin\theta}=\dfrac{\dfrac{8}{9}}{-\dfrac{1}{3}}=-\dfrac{8}{3}$

04 $f(x)=(x^3-2x+3)(ax+3)$이므로
$f'(x)=(3x^2-2)(ax+3)+a(x^3-2x+3)$
$f'(1)=(3-2)(a+3)+a(1-2+3)$
$\qquad=(a+3)+2a$
$\qquad=3a+3$
$\qquad=15$
$\therefore a=4$

05 $\lim\limits_{x\to0-}f(x)=2,\ \lim\limits_{x\to2+}f(x)=2$이므로
$\lim\limits_{x\to0-}f(x)+\lim\limits_{x\to2+}f(x)=2+2=4$

06 $\left(2x^2+\dfrac{1}{x}\right)^5=\sum\limits_{r=0}^{5}{}_5\mathrm{C}_r(2x^2)^r\cdot\left(\dfrac{1}{x}\right)^{5-r}$
$\qquad\qquad\qquad=\sum\limits_{r=0}^{5}{}_5\mathrm{C}_r 2^r x^{2r}\cdot x^{r-5}$
$\qquad\qquad\qquad=\sum\limits_{r=0}^{5}{}_5\mathrm{C}_r 2^r x^{3r-5}$
각 항의 계수가 ${}_5\mathrm{C}_r 2^r$이고,
x^4의 계수를 구하기 위한 r을 구하면
$3r-5=4,\ r=3$
따라서 x^4의 계수는
${}_5\mathrm{C}_3 2^3=\dfrac{5\times4}{2\times1}\times8=80$

07 $x=1$을 대입하면
$\displaystyle\int_1^1 f(t)dt=1+a-3=a-2=0$
$\therefore a=2$
$\displaystyle\int_1^x f(t)dt=x^3+2x-3$의 양변을 x에 대하여 미분하면
$f(x)=3x^2+2$
$\therefore f(2)=12+2=14$

08

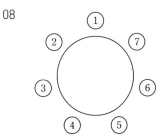

학생 A를 '1' 의자에 고정시키면 A의 좌우에는 B와 C가 앉을 수 없다. 따라서 최소한 두 칸이 떨어진 '3', '6' 의자에 앉아야 한다.
(ⅰ) B 또는 C 학생이 '3' 의자에 앉는 경우
B, C 중 남은 한 학생은 '5' 또는 '6'의 자리에 앉아야 한다.
(ⅱ) B 또는 C 학생이 '4' 의자에 앉는 경우
B, C 중 남은 한 학생은 '6'의 자리에 앉아야 한다.

따라서 A가 고정되었을 경우 B와 C가 앉을 수 있는 경우는 B와 C가 바꾸어 앉는 경우를 포함하여 총 6가지이다.
A, B, C를 제외한 나머지 4명이 의자에 앉는 방법은 4!이므로 구하고자 하는 경우의 수는 $6 \times 4! = 144$(가지)이다.

09 곡선 $y = -x^3 + 3x^2 + 4$와 접하는 직선의 기울기는 y'이므로 직선 l의 기울기는 y'의 최댓값과 같다.
곡선 $y = -x^3 + 3x^2 + 4$의 도함수를 구하면
$$y' = -3x^2 + 6x = -3(x-1)^2 + 3$$
따라서 y'의 최댓값은 $x = 1$일 때, 3이다.
기울기가 3이고, $(1, 6)$을 지나는 직선 l을 구하면
$$(y-6) = 3(x-1)$$
$$y = 3x + 3$$
$$\int_{-1}^{0} (3x+3)dx = \left[\frac{3}{2}x^2 + 3x\right]_{-1}^{0} = \frac{3}{2}$$

10 방정식 $|\sin 2x| = \frac{1}{2}$의 해는 함수 $y = |\sin 2x|$와 직선 $y = \frac{1}{2}$의 교점의 x좌표이다.
함수 $y = |\sin 2x|$는 최댓값이 1, 최솟값이 0인 주기가 π인 그래프이다. 따라서 함수 $y = |\sin 2x|$와 직선 $y = \frac{1}{2}$을 그래프로 나타내면 다음과 같다.

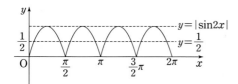

두 그래프의 교점의 x좌표를 구하면
$$x = \frac{\pi}{12}, \frac{5\pi}{12}, \frac{7\pi}{12}, \frac{11\pi}{12}, \frac{13\pi}{12}, \frac{17\pi}{12}, \frac{19\pi}{12}, \frac{23\pi}{12}$$
따라서 모든 실근의 합은
$$\frac{\pi}{12} + \frac{5\pi}{12} + \frac{7\pi}{12} + \frac{11\pi}{12} + \frac{13\pi}{12} + \frac{17\pi}{12} + \frac{19\pi}{12} + \frac{23\pi}{12}$$
$$= 8\pi$$

11 사관생도가 매회 사격을 하는 시행은 독립시행이고, 이 사관생도가 1회의 사격을 하여 표적에 명중시킬 확률이 $\frac{4}{5}$이므로, 이 사관생도가 20회의 사격을 할 때, 표적에 명중시키는 횟수를 확률변수 X는 이항분포 $B\left(20, \frac{4}{5}\right)$를 따른다.
$$E(X) = 20 \times \frac{4}{5} = 16$$
$$V(X) = 20 \times \frac{4}{5} \times \frac{1}{5} = \frac{16}{5}$$
$$\sigma(X) = \sqrt{\frac{16}{5}}$$

$$V\left(\frac{1}{4}X + 1\right) = \left(\frac{1}{4}\right)^2 V(X)$$
$$= \frac{1}{16} \times \frac{16}{5}$$
$$= \frac{1}{5}$$

12 수직선 위를 움직이는 두 점 P, Q가 서로 만난다는 것은 두 점이 같은 위치에 있다는 것이다.
점 P는 시각 $t(t \geq 0)$에서의 속도가 $v_1(t) = 2t + 3$이므로 시각 t에서의 위치 $x_1(t)$는
$$x_1(t) = \int_0^t (2t+3)dt = t^2 + 3t$$
$$x_1(3) = 9 + 9 = 18$$
점 Q는 시각 $t(t \geq 0)$에서의 속도가 $v_2(t) = at(6-t)$이므로 시각 t에서의 위치 $x_2(t)$는
$$x_2(t) = \int_0^t at(6-t)dt = 3at^2 - \frac{1}{3}at^3$$
$$x_2(3) = 27a - 9a = 18a$$
$x_1(3) = x_2(3)$이므로, $18a = 18$
$$\therefore a = 1$$

13 모든 자연수 n에 대하여 $a_{2n-1} + a_{2n} = 2a_n$이므로
$n = 1, a_1 + a_2 = 2a_1$
$n = 2, a_3 + a_4 = 2a_2$
$n = 3, a_5 + a_6 = 2a_3$
$\vdots$
$$\therefore \sum_{k=1}^{2n} a_k = 2\sum_{k=1}^{n} a_k$$
$$\sum_{n=1}^{16} a_n = 2\sum_{n=1}^{8} a_n$$
$$= 2 \times 2\sum_{n=1}^{4} a_n$$
$$= 2^2 \times 2\sum_{n=1}^{2} a_n$$
$$= 2^3 \times 2a_1$$
$$= 2^4 \times \frac{3}{2}$$
$$= 24$$

14 모평균이 m, 표준편차가 50인 모집단에서 임의추출한 크기가 n인 표본의 표본평균을 $\overline{X}$라고 하면, 표본평균 $\overline{X}$는 정규분포 $N\left(m, \frac{50^2}{n}\right)$을 따른다.
방독면 무게의 표본평균이 1740이므로, 모평균 m에 대한 신뢰도 95%의 신뢰구간은
$$1740 - 1.96\frac{50}{\sqrt{n}} \leq m \leq 1740 + 1.96\frac{50}{\sqrt{n}}$$
$$1740 - 1.96\frac{50}{\sqrt{n}} = 1720.4$$

$19.6 = 1.96 \dfrac{50}{\sqrt{n}}$

$10 = \dfrac{50}{\sqrt{n}}$

$\therefore n = 25$

$n = 25$이므로, a의 값은

$1740 + 1.96 \dfrac{50}{\sqrt{25}} = 1740 + 19.6 = 1759.6$

$\therefore n + a = 25 + 1759.6 = 1784.6$

15 조건 (가)에서 모든 실수 x에 대하여 $f(-x) = f(x)$이므로 함수 $f(x)$는 짝수차항만을 가진다.

$\therefore f(x) = x^4 + ax^2 + b$

조건 (나)에서 함수 $f(x)$의 극댓값 7이므로

$f(0) = 7 (\because$ 모든 실수 x에 대하여 $f(-x) = f(x)$인 사차함수)

$\therefore f(x) = x^4 + ax^2 + 7$

$f(1) = 1 + a + 7 = a + 8 = 2$

$\therefore a = -6$

$f(x) = x^4 - 6x^2 + 7$이므로

$f'(x) = 4x^3 - 12x = 4x(x^2 - 3)$

따라서 함수 $f(x)$는 $x = \sqrt{3}$, $x = -\sqrt{3}$에서 극솟값을 갖는다.

$f(\sqrt{3}) = 9 - 18 + 7 = -2$

16 조건 (가)의 각 항이 등차수열을 이루므로, 등차중항에 의하여

$a + b = \log_2 c_1 + \log_2 c_m = \log_2 c_2 + \log_2 c_{m-1} = \cdots = 1$

$\therefore \log_2 c_1 + \log_2 c_2 + \log_2 c_3 + \cdots + \log_2 c_m = \dfrac{m}{2}$

조건 (나)에 의하여, $c_1 \times c_2 \times c_3 \times \cdots \times c_m = 32$이므로

$\log_2 c_1 + \log_2 c_2 + \log_2 c_3 + \cdots + \log_2 c_m$

$= \log_2 c_1 \times c_2 \times c_3 \times \cdots \times c_m$

$= \log_2 32$

$= \log_2 2^5$

$= 5$

$\therefore \dfrac{m}{2} = 5$, $m = 10$

17 표준편차의 값이 일정할 때, 평균의 값이 변하면 대칭축의 위치는 바뀌지만 곡선의 모양은 변하지 않는다. 따라서 두 곡선 $y = f(x)$와 $y = g(x)$가 만나는 점의 x좌표를 k는 두 곡선의 대칭축의 중점의 좌표와 같다.

$\therefore k = \dfrac{10 + m}{2}$

확률변수 X는 정규분포 $N(10, 5^2)$을 따르므로,

$Z_X = \dfrac{X - 10}{5}$

확률변수 Y는 정규분포 $N(m, 5^2)$을 따르므로,

$Z_Y = \dfrac{Y - m}{5}$

$P(Y \leq 2k) = P(Y \leq 10 + m)$

$\qquad = P\left(Z_Y \leq \dfrac{10 + m - m}{5}\right)$

$\qquad = P(Z_Y \leq 2)$

$\qquad = 0.5 + P(0 \leq Z_Y \leq 2)$

$\qquad = 0.5 + 0.4772$

$\qquad = 0.9772$

18 $n = 1$일 때,

(좌변)$= \dfrac{{}_2 P_2}{2^1} = 1$이고, (우변)$= \dfrac{2!}{2}$이므로

$\therefore \boxed{(가)} = \dfrac{2!}{2} = 1$

$\displaystyle\sum_{k=1}^{m} \dfrac{{}_{2k} P_k}{2^k} + \dfrac{{}_{2m+2} P_{m+1}}{2^{m+1}} = \sum_{k=1}^{m} \dfrac{{}_{2k} P_k}{2^k} + \dfrac{\boxed{(나)}}{2^{m+1} \times (m+1)!}$ 이므로

$\dfrac{{}_{2m+2} P_{m+1}}{2^{m+1}} = \dfrac{\boxed{(나)}}{2^{m+1} \times (m+1)!}$

$\dfrac{{}_{2m+2} P_{m+1}}{2^{m+1}} = \dfrac{1}{2^{m+1}} \times \dfrac{(2m+2)!}{(m+1)!}$

$\therefore \boxed{(나)} = (2m+2)!$

$\dfrac{(2m)!}{2^m} + \dfrac{\boxed{(나)}}{2^{m+1} \times (m+1)!}$

$= \dfrac{\boxed{(나)}}{2^{m+1}} \times \left(\dfrac{1}{\boxed{(다)}} + \dfrac{1}{(m+1)!}\right)$을 이용하면

$\dfrac{(2m)!}{2^m} + \dfrac{\boxed{(나)}}{2^{m+1} \times (m+1)!}$

$= \dfrac{(2m)!}{2^m} + \dfrac{(2m+2)!}{2^{m+1} \times (m+1)!}$

$= \dfrac{2 \times (2m)! \times (m+1)! + (2m+2)!}{2^{m+1} \times (m+1)!}$

$= \dfrac{(2m+2)!}{2^{m+1}} \times \left(\dfrac{m!}{(2m+1)(m+1)!} + \dfrac{1}{(m+1)!}\right)$

$= \dfrac{(2m+2)!}{2^{m+1}} \times \left(\dfrac{1}{(2m+1)(m+1)} + \dfrac{1}{(m+1)!}\right)$

$\therefore \boxed{(다)} = (2m+1)(m+1)$

$p = 1$, $f(m) = (2m+2)!$, $g(m) = (2m+1)(m+1)$ 이므로

$\therefore p + \dfrac{f(2)}{g(4)} = 1 + \dfrac{6!}{9 \times 5} = 1 + 16 = 17$

19 선분 AC를 $5 : 3$으로 내분하는 점이 D이므로,

$\overline{AD} = 5k$, $\overline{DC} = 3k$(단, k는 상수)가 된다.

$\angle ABD = \alpha$, $\angle DBC = \beta$라 하면, 주어진 조건에 의하여

$2\sin\alpha = 5\sin\beta$

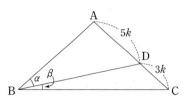

$\triangle ABD$와 $\triangle DBC$의 공통변 $\overline{BD}$와 사인법칙을 이용하면

$$\frac{5k}{\sin\alpha}=\frac{\overline{BD}}{\sin A},\ \frac{3k}{\sin\beta}=\frac{\overline{BD}}{\sin C}$$

$$\therefore\ \overline{BD}=\frac{5k}{\sin\alpha}\times\sin A=\frac{3k}{\sin\beta}\times\sin C$$

$\dfrac{5k}{\sin\alpha}\times\sin A=\dfrac{3k}{\sin\beta}\times\sin C$이므로

$$\frac{\sin C}{\sin A}=\frac{5k}{\sin\alpha}\times\frac{\sin\beta}{3k}$$
$$=\frac{5}{3}\times\frac{\sin\beta}{\sin\alpha}$$
$$=\frac{5}{3}\times\frac{2}{5}(\because 2\sin\alpha=5\sin\beta)$$
$$=\frac{2}{3}$$

20 다항함수 $f(x)$의 도함수 $f'(x)$가

$f'(x)=3(x-k)(x-2k)$이므로, 다항함수 $f(x)$는 삼차함수이고, $x=k,\ x=2k$에서 극값을 갖는다.

$$f(x)=x^3-\frac{9}{2}kx^2+6k^2x+C(C는\ 적분상수)$$

함수 $g(x)$는 $x\leq 1$ 또는 $x\geq 4$에서는 함수 $f(x)$를 따르고, $1<x<4$에서는 점 $(1, f(1))$, $(4, f(4))$를 지나는 직선을 따른다. 이러한 함수 $g(x)$가 역함수가 존재하기 위해서는 우선적으로 증감상태가 유지되어야 한다.($\because$ 일대일 대응)

$\displaystyle\lim_{x\to\infty}f(x)=\infty,\ \lim_{x\to-\infty}f(x)=-\infty$이므로 함수 $g(x)$가 역함수가 존재하기 위해서는 $1\leq k,\ 2k\leq 4$를 만족해야 한다.($\because$ 함수 $g(x)$는 증가함수만 가능)

$1\leq k$

$2k\leq 4,\ k\leq 2$

$\therefore\ 1\leq k\leq 2$

함수 $g(x)$가 증가함수이므로, $f(1)<f(4)$

$$f(1)=1-\frac{9}{2}k+6k^2+C$$

$$f(4)=64-72k+24k^2+C$$

$$f(4)-f(1)=18k^2-\frac{135}{2}k+63>0$$

$$36k^2-135k+126>0$$

$$4k^2-15k+14=(4k-7)(k-2)>0$$

$$\therefore\ k<\frac{7}{4}\ 또는\ 2<k$$

따라서 함수 $g(x)$의 역함수가 존재하도록 하는 모든 실수 k의 범위는 $1\leq k<\dfrac{7}{4}$이다.

$$\therefore\ \alpha=1,\ \beta=\frac{7}{4},\ \beta-\alpha=\frac{3}{4}$$

21 주어진 그래프의 좌표를 표시하면 다음과 같다.

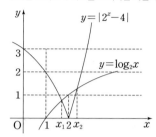

ㄱ. (참)

$\log_2 3<x_1<x_2<\log_2 6$이 성립함을 보기 위해서는 $\log_2 3<x_1,\ x_2<\log_2 6$임을 확인하면 된다.

$x=\log_2 3$을 $y=|2^x-4|$의 식에 대입하면, $y=1$

$x=x_1$을 $y=|2^x-4|$의 식에 대입하면 y의 값은 1보다 작다.($\because \log_2 2=1$)

$\therefore\ \log_2 3<x_1$

같은 방법으로 $x_2<\log_2 6$임을 확인하면 된다.

$x=\log_2 6$을 $y=|2^x-4|$의 식에 대입하면, $y=2$

$x=x_2$를 $y=|2^x-4|$의 식에 대입하면 y의 값은 2보다 작다.

($\because\ y=|2^x-4|$에서 $x=1$을 대입하면, $|2^{x_1}-4|<2$)

$\therefore\ \log_2 3<x_1<x_2<\log_2 6$

ㄴ. (참)

$(x_2-x_1)(2^{x_2}-2^{x_1})$을 S라 하면

$$\frac{1}{2}S=\frac{1}{2}(x_2-x_1)(2^{x_2}-2^{x_1})$$

$\dfrac{1}{2}S$는 사다리꼴의 넓이가 된다.

ㄱ에서 구한 $x=\log_2 3,\ x=\log_2 6$에서의 값을 이용하면

$$\frac{1}{2}(\log_2 6-\log_2 3)(2^{\log_2 6}-2^{\log_2 3})=\frac{3}{2}$$

$$\frac{1}{2}S<\frac{3}{2}$$

$$\therefore\ (x_2-x_1)(2^{x_2}-2^{x_1})<3$$

ㄷ. (거짓)

$2^{x_1}+2^{x_2}>8+\log_2(\log_3 6)$을 정리하면

$$2^{x_1}+2^{x_2}-8>\log_2(\log_3 6)$$

$$2^{x_1}-4+2^{x_2}-4>\log_2(\log_2 6)-\log_2(\log_2 3)$$

$2^{x_1}-4+2^{x_2}-4$의 값은 $y=|2^x-4|$에 $x=x_1,\ x=x_2$를 대입한 y값의 차이와 같다.

두 곡선 $y=|2^x-4|,\ y=\log_2 x$의 교점의 x좌표가 $x=x_1,\ x=x_2$이므로

$$2^{x_1}-4+2^{x_2}-4=\log_2 x_2-\log_2 x_1$$

$\log_2 x_2-\log_2 x_1<\log_2(\log_2 6)-\log_2(\log_2 3)$이므로

$$\therefore 2^{x_1}+2^{x_2}<8+\log_2(\log_3 6)$$

22 $\lim\limits_{x\to\infty}(\sqrt{x^2+22x}-x)$

$$=\lim_{x\to\infty}(\sqrt{x^2+22x}-x)\frac{(\sqrt{x^2+22x}+x)}{(\sqrt{x^2+22x}+x)}$$

$$=\lim_{x\to\infty}\frac{(x^2+22x-x^2)}{(\sqrt{x^2+22x}+x)}$$

$$=\lim_{x\to\infty}\frac{22x}{\sqrt{x^2+22x}+x}$$

$$=\lim_{x\to\infty}\frac{22}{\sqrt{1+\dfrac{22}{x}}+1}$$

$$=11$$

23 삼각함수 $y=\sin x$의 주기가 2π이므로,

함수 $f(x)=5\sin\left(\dfrac{\pi}{2}x+1\right)+3$의 주기 p는

$$p=\frac{2\pi}{\left|\dfrac{\pi}{2}\right|}=4$$

삼각함수 $y=\sin x$의 최댓값이 1이므로,

함수 $f(x)=5\sin\left(\dfrac{\pi}{2}x+1\right)+3$의 최댓값 M은

$$M=|5|\times 1+3=8$$

$$\therefore p+M=4+8=12$$

24 $\log_{\frac{1}{3}}(2x-5)$에서 진수 $(2x-5)$의 값은 양수여야 한다.

$$\therefore 2x-5>0,\ x>\frac{5}{2}$$

$$2+\log_{\frac{1}{3}}(2x-5)=2-\log_3(2x-5)>0$$

$$2>\log_3(2x-5)$$

$$\log_3 3^2>\log_3(2x-5)$$

$$9>2x-5$$

$$14>2x$$

$$7>x$$

$$\therefore \frac{5}{2}<x<7$$

부등식을 만족하는 정수 x의 값은 3, 4, 5, 6으로 4개이다.

25 주사위를 던져 나오는 두 수 a, b의 곱이 6의 배수가 되기 위해서는 반드시 나온 수의 약수가 2와 3을 포함하고 있어야 한다. 동일한 경우를 제외하고 경우를 나누면 다음과 같다.

(i) $a=2x$, $b=3$(단, x는 자연수)

  $a=2x$인 경우는 a가 2, 4, 6인 경우이고, $b=3$인 경우이므로, 총 경우의 수는 3가지이다.

(ii) $a=x$, $b=6$(단, x는 자연수)

  $a=x$인 경우는 a가 1, 2, 3, 4, 5, 6인 경우이고, $b=6$인 경우이므로, 총 경우의 수는 $6\times 1=6$가지이다.

(iii) $a=3$, $b=2y$(단, y는 자연수)

  $a=3$이고, $b=2y$인 경우는 b가 2, 4인 경우이므로, 총 경우의 수는 2가지이다.

(iv) $a=6$, $b=y$(단, y는 자연수)

  $a=6$이고, $b=y$인 경우는 b가 1, 2, 4, 5인 경우이므로, 총 경우의 수는 $1\times 4=4$가지이다.

따라서 총 경우의 수는 15가지이다.

두 수 a, b의 곱이 6의 배수가 되기 위해서 a, b가 모두 홀수일 수 없으므로, 총 경우의 수에서 모두 짝수인 경우를 구하면 a 또는 b가 홀수일 확률을 구할 수 있다.

(a, b)의 순서쌍이 모두 짝수인 경우는 $(2, 6)$, $(4, 6)$, $(6, 6)$, $(6, 2)$, $(6, 4)$로 총 5가지이다.

따라서 ab가 6의 배수일 때, a 또는 b가 홀수일 확률은

$$1-\frac{5}{15}=\frac{10}{15}=\frac{2}{3}$$

$$\therefore p=3,\ q=2,\ p+q=5$$

26 함수 $f(x)$가 연속이므로, $x=a$에서의 극한값이 존재하여야 한다.

$$\lim_{x\to a-}(x^2-10)=\lim_{x\to a+}\frac{x^2+ax+4a}{x-a}=f(a)$$

$\lim\limits_{x\to a+}\dfrac{x^2+ax+4a}{x-a}$의 값이 존재하기 위해서는

(분모)$\to 0$이므로, (분자)$\to 0$이어야 한다.

$$a^2+a^2+4a=2a^2+4a=2a(a+2)$$

$$\therefore a=0 \text{ 또는 } a=-2$$

$a=0$인 경우, 함수 $f(x)=\begin{cases}x^2-10 & (x\le 0)\\ x & (x>0)\end{cases}$이므로,

$x=0$에서 불연속이다.

$$\therefore a=-2$$

함수 $f(x)=\begin{cases}x^2-10 & (x\le -2)\\ \dfrac{x^2-2x-8}{x+2} & (x>-2)\end{cases}$이므로

$$f(2a)=f(-4)=16-10=6$$

27 (나)의 조건을 보면 ab가 홀수이므로, a와 b모두 홀수임을 알 수 있다.

(나)의 조건을 통해 a, b가 홀수임을 알았으므로, $c+d+e$의 값은 짝수여야 한다.

a, b, c, d, e가 모두 자연수이므로, 모두 1보다 크거나 같다.

따라서 $a+b\le 7$이고, $a+b$의 값이 될 수 있는 값은 2, 4, 6이다.($\because a$, b 모두 홀수)

(i) $a+b=2$

  $a=1$, $b=1$이고, $c+d+e=8$을 만족해야 한다.

  $c+d+e=8$을 만족하는 세 자연수 c, d, e의 모든 순서쌍의 개수는

  $${}_3H_5={}_7C_5=21$$

  따라서 순서쌍의 개수는 21개이다.

(ii) $a+b=4$

$a=1$, $b=3$ 또는 $a=3$, $b=1$이고, $c+d+e=6$을 만족

해야 한다. $c+d+e=6$을 만족하는 세 자연수 c, d, e의

모든 순서쌍의 개수는

$_3H_3=_5C_3=10$

따라서 순서쌍의 개수는 $2\times10=20$개이다.

(i) $a+b=6$

$a=1$, $b=5$ 또는 $a=3$, $b=3$ 또는 $a=5$, $b=1$이고,

$c+d+e=4$를 만족해야 한다. $c+d+e=4$를 만족하는

세 자연수 c, d, e의 모든 순서쌍의 개수는

$_3H_1=_3C_1=3$

따라서 순서쌍의 개수는 $3\times3=9$개이다.

따라서 조건을 만족시키는 자연수 a, b, c, d, e의 모든 순서

쌍 (a, b, c, d, e)의 개수는 50개이다.

28 조건 (가)에 의하여 $f(0)=0$, $f(1)=2+a$

조건 (나)의 식에 $x=0$을 대입하면

$f(1)=f(0)+a^2$

$a^2=2+a$

$a^2-a-2=0$

$(a-2)(a+1)=0$

$\therefore a=2(\because a>0)$

$a=2$를 조건 (가)와 (나)에 대입하여 그래프를 그리면 다음과

같다.

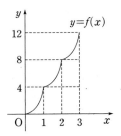

따라서 곡선 $y=f(x)$와 x축 및 직선 $x=3$으로 둘러싸인 부

분의 넓이를 구하기 위해서는 곡선 $y=f(x)$와 x축 및 직선

$x=1$로 둘러싸인 부분의 넓이를 구하면 된다.($\because$ 조건 (나))

곡선 $y=f(x)$와 x축 및 직선 $x=1$로 둘러싸인 부분의 넓이

를 S라고 하면

$S=\int_0^1(2x^2+2x)dx=\left[\frac{2}{3}x^3+x^2\right]_0^1=\frac{5}{3}$

따라서 곡선 $y=f(x)$와 x축 및 직선 $x=3$으로 둘러싸인 부

분의 넓이는

$\frac{5}{3}+\left(\frac{5}{3}+4\right)+\left(\frac{5}{3}+8\right)=17$

29 $\sum_{k=1}^{n}a_k=n^2+cn(c$는 자연수$)$에서 $\sum_{k=1}^{n}a_k=S_n$이라 하면,

수열의 합과 일반항의 관계에 의하여

$a_n=S_n-S_{n-1}$

$\quad=n^2+cn-\{(n-1)^2+c(n-1)\}$

$\quad=n^2+cn-(n^2-2n+1+cn-c)$

$\quad=2n-1+c$

$a_n=2n-1+c$이므로

$a_1=1+c$, $a_2=3+c$, $a_3=5+c$,

$a_4=7+c$, $a_5=9+c$, $a_6=11+c$ …

따라서 c의 값을 나누어 $b_{20}=199$를 만족하는 c의 값을 구하

면 된다.

(i) $c=3m(m$은 0을 포함한 양의 정수$)$

a_{3k-1}의 값은 3의 배수가 되므로, 수열 $\{b_n\}$은 a_{3k-2}, a_{3k}

로 구성되어 있다.(k는 자연수)

따라서 $b_{20}=a_{30}$이다.

$b_{20}=a_{30}=59+c=199$, $c=140$

$c=3m(m$은 0을 포함한 양의 정수$)$이므로, 모순

(ii) $c=3m+1(m$은 0을 포함한 양의 정수$)$

a_{3k}의 값은 3의 배수가 되므로, 수열 $\{b_n\}$은 a_{3k-2}, a_{3k-1}

로 구성되어 있다.(k는 자연수)

따라서 $b_{20}=a_{29}$이다.

$b_{20}=a_{29}=57+c=199$, $c=142$

$c=3m+1(m$은 0을 포함한 양의 정수$)$이므로, 조건을

만족한다.

(iii) $c=3m+2(m$은 0을 포함한 양의 정수$)$

a_{3k-2}의 값은 3의 배수가 되므로, 수열 $\{b_n\}$은 a_{3k-1}, a_{3k}

로 구성되어 있다.(k는 자연수)

따라서 $b_{20}=a_{30}$이다.

$b_{20}=a_{30}=59+c=199$, $c=140$

$c=3m+2(m$은 0을 포함한 양의 정수$)$이므로, 조건을

만족한다.

따라서 조건을 만족하는 모든 c의 값은 142, 140으로 합은

282이다.

30 양수 a에 대하여 함수 $f(x)$는

$f(x)=\begin{cases}x(x+a)^2 & (x<0) \\ x(x-a)^2 & (x\geq0)\end{cases}$이므로,

그래프로 나타내면 다음과 같다.

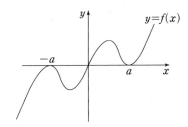

함수 $y=f(x)$는 원점에 대하여 대칭이다.

조건 (가)에 의하여 함수 $y=f(x)$는 직선 $y=4x+t$와 교점이 최대 5개이다.

조건 (나)에 의하여 함수 $g(t)$가 불연속인 점이 2개이려면 직선 $y=4x+t$가 함수 $y=f(x)$의 공통 접선이어야 한다.

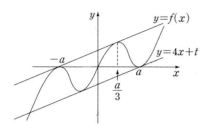

$t>0$이라면 접선의 교점은 $x=-a$, $x=\dfrac{a}{3}$이다.

($\because$ 1 : 2 내분점)

따라서 점 $(-a, f(-a))$와 점 $\left(\dfrac{a}{3}, f\left(\dfrac{a}{3}\right)\right)$를 지나는 직선의 기울기가 4이다.

$$\dfrac{f\left(\dfrac{a}{3}\right)-f(-a)}{\dfrac{a}{3}-(-a)}=\dfrac{\dfrac{4a^3}{27}}{\dfrac{4a}{3}}=\dfrac{a^2}{9}=4$$

$\therefore a^2=36$

$f'(0)=a^2$이므로, 구하고자 하는 값은 36이다.

2020학년도 기출문제 정답 및 해설

제1교시 국어영역(공통)

01 ④	02 ⑤	03 ①	04 ⑤	05 ②	06 ③
07 ②	08 ④	09 ④	10 ①	11 ④	12 ⑤
13 ③	14 ④	15 ⑤	16 ①	17 ②	18 ③
19 ①	20 ②	21 ①	22 ③	23 ③	24 ⑤
25 ④	26 ②	27 ②	28 ②	29 ②	30 ④
31 ②	32 ⑤	33 ⑤	34 ④	35 ①	36 ⑤
37 ⑤	38 ③	39 ②	40 ①	41 ②	42 ④
43 ③	44 ④	45 ⑤			

01 ④ 학생은 미술관에서 인상적으로 관람했던 세 작품을 소개하고, 세 작품을 정리한 화면 4를 가리키며 "앞에서 설명한 내용 중에서 관람자에 대한 세라의 생각을 떠올리시면 좀 더 쉽게 답을 찾을 수 있습니다."라며 앞서 제시한 내용을 환기시키고 있다.

오답풀이

① 학생은 화면을 손으로 가리키는 비언어적 표현을 반복적으로 사용하여 주요 내용을 강조하고 있다.

② 미술관을 방문한 경험을 소개하며 발표를 시작하고 있으며 청중을 칭찬하는 말을 하고 있지는 않다.

③ 작품에 대한 작가의 말이 제시된 부분이 있지만 전문가의 말이 직접 인용된 부분은 찾아볼 수 없다.

⑤ 청중에게 질문을 던져 청중의 이해 정도를 확인하고 발표를 준비한 소감을 이야기하고 있지만 발표 내용을 요약하고 있지는 않다.

TIP 반언어적 표현과 비언어적 표현

• **반언어적 표현** : 어조, 음색, 고저, 장단, 강약 등을 달리함으로써 전달하고자 하는 의미를 좀 더 불명하게 나타내는 것

• **비언어적 표현** : 얼굴표정, 몸짓, 눈 맞춤, 의상 등과 같이 직접적 언어와 관련된 것은 아니지만, 이런 것을 통해 언어적 의미를 강조하거나 부가적인 의미를 나타내는 것

02 ⑤ 학생의 발표 중 "제가 좋아하는 작품 순서대로 보여드리겠습니다."를 통해 발표자의 선호도에 따라 화면의 순서가 결

정되었다는 것을 알 수 있고, 화면 4에서 '작품의 완성은 관람자의 참여에 의해 이루어진다'고 생각한 작가의 작품을 다른 작품들과 구분하여 제시했으므로 관람자의 참여에 대한 작가의 고려 여부가 대비되도록 화면 4를 준비했음을 알 수 있다.

TIP 발표에서의 자료와 매체의 활용 효과

• 발표 내용을 풍부하게 하고 전달 효과를 높일 수 있다.

• 청중이 내용을 좀 더 쉽게 이해할 수 있다.

• 발표 내용을 청중의 기억에 오래 남길 수 있다.

• 청중이 발표자가 설명하는 내용에 신뢰를 가질 수 있다.

03 ① 제시된 〈보기〉는 발표의 주제, 의문에 대한 내용이 있지만 발표자의 언어 예절에 대해 평가하며 들은 내용은 없다. 따라서 ①은 발표를 들으며 떠올린 생각으로 적절하지 않다.

오답풀이

② 〈보기〉의 마지막 항목에서 발표를 듣고 발표의 주제에 대해 궁금증을 가지며 다음 발표가 기대된다고 하였으므로 긍정적으로 생각하며 들었음을 알 수 있다.

③ 〈보기〉의 네 번째 항목에서 과거 인터넷 검색에서 생긴 궁금증이 해결되었다고 하는 것을 보아 의문을 해결하며 들었음을 알 수 있다.

④ 〈보기〉의 첫 번째 항목에서 구체적인 예를 들었으면 좋았을 것 같다는 것을 보아 추가 설명이 필요한 부분을 점검하며 들었음을 알 수 있다.

⑤ 〈보기〉의 세 번째 항목에서 '수학과 예술'에 대한 과제 발표에 활용해야겠다는 것을 보아 자신의 과제 해결에 활용할 생각을 하며 들었음을 알 수 있다.

04 ⑤ 학생 2는 학생 1의 모둠 학습실 청소 관련 의견에 동조하고 있지만 자신의 견해의 근거로 학생 1의 말을 제시하고 있지는 않다.

오답풀이

① 학생 2는 수행평가 모둠별 활동을 위해 모둠 학습실을 이용하려 했지만 이용하지 못했던 경험을 제시하며 문제점을 제시하고 있다.

② 학생 3은 모둠 학습실 이용에 시간 제한이 없다는 것을 문제점의 원인으로, 2시간의 제한을 두는 것을 대책으로 제

시하고 있다.

③ 학생 1은 학생회 총무부가 한 달 전부터 모둠 학습실 이용 예약을 받는 방안을 제시하고 있다.

④ 학생 3은 고장난 기자재를 홈페이지를 통해 학생회에 알리도록 하는 방안을 제안하고 있다.

05 ② ㉠은 음식물을 모둠 학습실이 지저분해지는 문제 상황에 대한 해결책으로 음식물 반입을 못하도록 하는 것을 제시하고 있고 ㉡은 모둠 학습실 청소를 맡은 도서반 친구들이 힘들 수 있다는 문제 상황에 대한 해결책으로 학습실을 이용한 팀이 청소를 하는 것을 제시하고 있다.

06 ③ 모둠 학습실에 앞으로 적용될 1회 이용 제한 시간은 (나)에서 언급되고 있지만 실제로 운영되고 있는 시간은 (가)에서 언급되고 있지 않으며, (나)에도 반영되지 않았다.

오답풀이

① (나)에서 모둠 자습실의 바닥이 천 재질로 되어 있음을 언급하며 음식물 반입 제한 이유를 설명하고 있다.

② (나)에서 모둠 학습 공간에 대한 학생들의 요구로 모둠 학습실이 생겼음을 언급하고 있다.

④ (나)에서 모둠 학습실 독점과 청소 문제로 많은 학생들이 이용에 불편을 겪고 있음을 언급하였다.

⑤ (나)에서 일부 학생들이 모둠 학습실의 기자재를 망가뜨리거나 분실하는 경우가 있음을 언급하고 있다.

07 ② [B]에서 비유적인 표현을 활용하여 동참을 권유하는 어투를 사용하고 대조의 방법을 활용하는 것도 좋을 것 같다고 하였으므로 '차가운 모둠 학습실'과 '따뜻한 모둠 학습실'을 대조하고, 앞으로 만들어 나갈 학습실을 호텔에 비유한 ②가 가장 적절하다.

오답풀이

① 동참을 권유하는 어투를 사용하였지만 비유적인 표현과 대조의 방법을 사용하지 않았다.

③ '시끄러운 모둠 학습실'과 '조용한 모둠 학습실'을 대조하였고 동참을 권유하는 어투를 사용했지만 비유적인 표현이 사용되지 않았다.

④ 동참을 권유하는 어투를 사용하였고 '지저분하게 어질러진 모둠 학습실'과 '쾌적하게 정리된 모둠 학습실'을 대조하였지만 비유적인 표현은 사용되지 않았다.

⑤ 동참을 권유하는 어투와 학생들을 '아름다운 사람', 학습실을 '아름다운 자리'로 비유하는 표현을 사용하였지만 대조의 방법이 나타나있지 않다.

08 ④ 초고에 안전모를 쓰는 습관의 필요성은 나타나 있지만 안전모를 정확하게 착용하는 방법은 나타나 있지 않다. 따라서 초고에 반영되지 않은 것은 ㉣이다.

오답풀이

① 첫 번째 문단의 '이에 따라 ~ 늘어나고 있다.'에서 제시되고 있다.

② 두 번째 문단의 '요즘 학생들은 ~ 부족하다.'에서 언급되고 있다.

③ 두 번째 문단의 '자전거에 장착할 안전장치로는 ~ 등이 있다.'에서 제시되고 있다.

⑤ 세 번째 문단의 '자전거는 도로교통법 상 ~ 걸어가야 한다.'에서 제시되고 있다.

09 ④ (나)에는 안전 수칙 불이행으로 인한 사고 중 특히 안전모 미착용으로 인한 사고가 많이 발생한다는 사실이 언급되어 있고, (다)에는 후미등을 장착하더라도 반사 스프레이를 뿌리지 않으면 사고가 날 수 있다는 전문가의 의견이 제시되고 있으므로 (나)와 (다)를 활용해 차량과 자전거와의 사고를 예방하는 데 후미등이 중요한 역할을 한다는 것을 부각하는 것은 적절하지 않다.

> **TIP** 설득을 위한 작문
>
> • 관련 자료를 수집하여 주장하고자 하는 의견이나 관점을 명료하게 세운다.
> • 주장을 뒷받침할 수 있는 타당한 논거를 세운다.
> • 설득력 있는 표현 전략을 활용하여 글을 쓴다.
> • 다양한 작문 과제에 대하여 논설문, 비평문, 건의문, 광고문, 칼럼 등 여러 가지 종류의 글을 쓴다.

10 ① '고쳐 쓴 글'을 보면 초고에서 언급한 자전거 안전 수칙과 자전거 도로를 안전하게 주행하는 방법이 요약되어 있음을 알 수 있다. 또한 마지막 문장의 '이제 모두 자전거의 안전 수칙을 실천해야 할 때이다.'를 통해 안전 수칙 실천을 촉구하고 있으므로 ⓐ에 들어갈 내용으로 적절한 것은 ①이다.

> **TIP** 고쳐쓰기의 원칙
>
> • **통일성**
>   - 글 전체가 하나의 주제로 집중되는 성질
>   - 글의 주제와 관련이 없는 내용은 삭제하거나 조정
> • **완결성**
>   - 하나의 내용을 완전히 마무리하는 성질
>   - 글쓴이가 말하고자 하는 내용이 분명히 드러남
>   - 주제문이 갖추어져 있고, 이에 대한 뒷받침 문장들을 충분히 제시
> • **일관성**
>   - 논리의 흐름이 처음부터 끝까지 한결같고 자연스러운 성질
>   - 앞뒤의 내용이 서로 모순되지 않아야 함
>   - 문장과 문장 사이의 연결이 자연스러워야 함

11 ④ '닭+만 → [당만]'의 경우 자음군 단순화에 의해 자음이 탈락하여 '닭만'이 '닥만'이 되고 비음화에 의해 [당만]이 되므로 자음군 단순화에 의해 음운의 수가 줄어든 예로 볼 수 있다.

> **오답풀이**
>
> ① 〈보기2〉를 보면 음운이 비음 'ㅁ, ㄴ' 앞에서 'ㅇ, ㄴ, ㅁ'으로 바뀌고 있으므로 비음화가 일어나는 조건은 'ㅁ, ㄴ' 앞이다.
> ② '닭+만'은 자음군 단순화에 의해 'ㄹ'이 탈락하여 '닥만'이 되고, '앞+만', '웃+는', '닦+는'은 음절의 끝소리 규칙에 의해 '압만', '욷는', '닥는'이 되므로 비음화에 의해 바뀌게 되는 음운은 'ㄱ, ㅂ, ㄷ'이다.
> ③ 비음화는 입술소리인 'ㅂ'이 입술소리 'ㅁ', 혀끝소리인 'ㄷ'이 혀끝소리 'ㄴ', 여린입천장소리인 'ㄱ'이 여린입천장소리 'ㅇ'이 되므로 조음 위치가 아닌 조음 방법이 변하는 음운 현상이다.
> ⑤ '국+물 → [궁물]'의 경우 'ㄱ'이 'ㅇ'으로 변하므로 안울림소리가 울림소리로 변하는 음운 현상이다.

> **TIP** 음운의 변동
>
> | 음운의 교체 | • 음절의 끝소리 규칙 |
> |---|---|
> | 음운의 동화 | • 자음 동화(비음화, 유음화, 구개음화)
• 모음 동화('ㅣ' 모음 순행·역행동화) |
> | 음운의 축약 | • 자음 축약(거센소리 되기)
• 모음 축약 |
> | 음운의 탈락 | • 자음 탈락
• 모음 탈락
• 자음군 단순화 |
> | 음운의 첨가 | • 'ㄴ' 첨가
• 'ㅅ' 첨가 |

12 ⑤ ㉠은 '여름방학이 어서 오기'라는 목적어 역할을 하는 명사절을 안은 문장이지만 ㉡은 '-으나'의 연결어미가 사용된 이어진 문장이다.

> **오답풀이**
>
> ① ㉠에는 용언 '오다'를 수식하는 부사 '어서'가, ㉡에는 용언 '부족하다'를 수식하는 부사 '한참'이 있다.
> ② ㉠은 목적어 역할을 하는 '여름방학이 어서 오기'라는 명사절을 안고 있고 ㉡은 대등하게 이어진 문장으로 인용절을 안고 있지 않다.
> ③ ㉠은 종속적 연결 어미가 사용되지 않은 안은 문장이다.
> ④ ㉡은 앞 절과 뒤 절의 관계가 대조적인, 대등하게 이어진 문장이며 목적어가 생략된 안긴절이 없다.

> **TIP** 안은 문장
>
> • **명사절을 안은 문장** : 명사형 어미 '-(으)ㅁ', '-기'가 붙은 절이 문장 안에서 주어, 목적어 등의 역할을 하는 문장
>   **예** 농부들은 비가 오기를 기다린다.
> • **관형절을 안은 문장** : 관형사형 어미 '-(으)ㄴ', '-는', '-(으)ㄹ', '-던' 등이 붙은 절이 문장 안에서 관형어의 역할을 하는 문장
>   **예** 나는 쥐를 잡는 고양이를 보았다.
> • **부사절을 안은 문장** : '-이', '-게', '-도록', '-(아)서' 등이 붙은 절이 문장 안에서 부사어의 역할을 하는 문장
>   **예** 비가 소리 없이 내린다.
> • **서술절을 안은 문장** : 문장 안에서 서술어의 역할을 하는 절을 안은 문장
>   **예** 그녀는 얼굴이 예쁘다.
> • **인용절을 안은 문장** : '고', '-라고'등이 사용된 인용절을 안은 문장
>   **예** 현수는 선영이가 웃었다고 말했다.

13 ③ 〈보기〉의 실리다²에 제시된 용례는 사동 표현이고, 이를 주동 표현으로 바꾸려면 '실려 보내를'을 '실어 보내다'로 써야 한다. 따라서 '구급차에 환자를 실어 보내다'로 쓰면 부사어를 주어로 바꾸지 않아도 주동문이 된다.

> **오답풀이**
>
> ① 능동사 '싣다'는 주어 외에 목적어와 부사어를 필요로 하는 세 자리 서술어이다.
> ② '눈에 겁이 잔뜩 실려 있다.'의 '실려 있다'는 '기운이 무엇에 품기거나 띠게 되다'의 의미이므로 '실리다¹' 「4」의 용례로 적절하다.
> ④ 실리다¹과 실리다²는 모두 동사이고 피동사와 타동사로 각각 쓰임이 다르므로 동음이의어이다.
> ⑤ 실리다¹은 주어 외에 부사어를 필요로 하는 두 자리 서술어이고, 실리다²는 주어 외에 부사어와 목적어를 필요로 하는 세 자리 서술어이다.

14 ④ 수탉이 [+동물]의 의미 자질을 갖고 있다면 [+동물]은 [+닭]의 의미 자질에 포함되어 있으므로 [+동물]은 [+닭]의 잉여자질이지만 [+닭]이 [+동물]의 잉여 자질이라고는 할 수 없다.

오답풀이

① '총각'은 결혼하지 않은 성년 남자를, '처녀'는 결혼하지 않은 성년 여자를 나타내는 말이므로 [-결혼]이라는 의미 자질을 갖고 있다.

② 4문단에서 단어의 의미 자질은 상위어일수록 그 수가 적다고 하였으므로 '포도'의 상위어인 '과일'은 '포도'보다 의미 자질의 수가 적다.

③ '바다'와 '강' 모두 물로 구성되어 있으므로 공통된 의미 자질로 [+물]의 의미 자질을 가지고 있다.

⑤ 2문단에서 소녀가 [-남성]의 의미 자질을, 소년이 [+남성]의 의미 자질을 가지고 있듯이 낮이 [+밝음]의 의미 자질을 갖고 있다면 밤은 [-밝음]의 의미 자질을 갖고 있게 된다.

15 ⑤ 6문단에서 19세기의 '마누라'는 '아내'라는 뜻으로 사용되었고, 오늘날 '마누라'는 '중년이 넘은 아내' 외에 '중년이 넘은 여자'를 낮춰 부를 때 사용된다고 하였으므로 19세기와 현대의 '마누라' 모두 [+아내]라는 의미 자질을 갖고 있다.

오답풀이

① 6문단에서 15~17세기에는 '마노라'가 자기보다 지위가 높은 남녀 모두를 가리키는 데 사용되었으나 18세기부터 자기보다 지위가 높은 여자만을 가리키게 되었다고 하였다.

② 15~17세기에는 남녀, 현대에는 아내나 여자의 의미를 갖는다고 하였으므로 공통된 의미 자질로는 [+사람]을 들 수 있다.

③ 18세기부터는 [+여자], 19세기부터는 [+아내]의 의미 자질을 가지므로 모두 공통된 [+여자]의 의미 자질을 갖는다.

④ 6문단에서 19세기부터 '마누라'가 '아내'의 뜻으로 사용되었다고 하였고, '아내'는 [+가족]의 의미 자질을 가지므로 '마누라'는 19세기부터 [+가족]의 의미 자질을 갖고 있음을 알 수 있다.

[16~18] 현대 시

(가) 신석정, 「대바람 소리」

- **갈래** : 자유시, 서정시
- **성격** : 관조적, 사색적, 감각적
- **주제** : 은둔과 달관의 삶에 대한 다짐
- **특징**
  - 시간의 흐름에 따른 시상 전개(과거 → 현재)
  - 탈속적 삶과 세속적 삶의 대조를 통해 은둔과 달관의 삶을 지향함
  - 생략을 통해 여운을 남김
  - 고전을 인용하여 화자의 깨달음을 나타냄
- **이해와 감상** : 이 시는 바람이 대나무를 흔들어 내는 소리를 들으며 관조적이고 은둔적인 삶을 사는 화자의 모습을 형상화하고 있다. 이 시의 전반부에서는 가을에서 겨울로 이어지는 계절적인 변화와 함께 생활이 궁핍하더라도 대바람 소리와 함께 지내는 생활 속에서 여유로운 삶의 모습이 드러난다. 또한 '제왕의 문에 듦을 부러워하지 않겠다'를 통해 세속적 삶을 멀리하는 삶의 태도에 대한 각성이 나타나고 있다.

(나) 김용택 「그대 생의 솔숲에서」

- **갈래** : 자유시, 서정시
- **성격** : 자기반성적(성찰적), 자연 친화적
- **제재** : 봄산
- **주제** : 봄산 솔숲에서의 자기반성
- **특징**
  - 영탄적 어조를 활용함
  - 삶의 문제에 대한 깨달음을 자연을 통해 형상화함
  - 종결어미('-리', '-네')의 반복을 통해 운율을 형성함
- **이해와 감상** : 화자는 봄날 솔숲에 들어가 묵은 잎들이 떨어지고 새잎이 돋는 광경을 보면서 자신도 지난날의 짐을 내려놓겠다고 다짐한다. 화자에게 근심과 고단함으로 힘들었던 과거임이 드러난다. 또한 이로 비추어 볼 때, '솔숲'은 단순한 자연이 아닌 삶을 성찰하게 해주고 깨달음을 주는 공간으로 해석할 수 있다. 이러한 화자의 성찰은 시상 전개상 종결 어미의 변화에서 더욱 확연히 확인된다. 즉, 솔숲의 자연 현상을 진술할 때에는 '-네'라는 종결 어미를 사용하여 차분하게 묘사하는 반면, 화자의 성찰 및 정서를 표출할 때에는 '-리'의 종결 어미를 사용하여 제시하고 있다. 이렇게 자연을 관찰한 내용을 제시하고 화자의 삶에 대한 성찰을 제시한 것은 자연의 모습과 같아지고 싶은 화자의 소망을 나타내기 위함이라 할 수 있다.

16 ① (가)는 '국화 향기 흔들리는 / 좁은 서실'에서 가을에서 겨

울로 이어지는 계절적 이미지를 통해 통해 지조 있는 선비로 살아온 탈속적인 선비의 삶을 나타내고 있고, (나)는 자신을 버리고 삶의 근심과 고단함에서 벗어나려는 자기 성찰의 상황을 묵은 잎이 떨어지고 새 잎사귀가 돋아나는 봄산의 계절적 이미지를 통해 형상화하였다.

오답풀이

② (가)의 공간적 배경은 '좁은 서실'이고, (나)의 공간적 배경은 '봄산'이므로 (가)와 (나) 모두 공간 이동에 따른 정서 변화는 나타나지 않는다.

③ 수미상관은 첫 번째 연이나 행을 마지막 연이나 행에 반복하는 수사법으로, (가)와 (나) 모두 수미상관의 표현 방식은 나타나 있지 않다.

④ 말을 건네는 방식은 대상에 대한 부름('~야', '~여' 등)이 나타나는 것으로 (가)와 (나) 모두 나타나 있지 않다.

⑤ (가)는 '그렇다!'에서 영탄법이 사용되고 있고 (나)는 영탄법이 사용된 부분을 찾아볼 수 없다.

17 ③ '쪼들리고 / 웅숭거릴지언정'은 화자의 현재 가난한 처지를 드러내지만 화자는 이를 벗어나려 하지 않고 수용하려 한다.

오답풀이

① 좁은 서실은 화자의 무료함을 달래는 공간이자 '낙지론'을 읽고 인식의 전환이 일어나는 공간이다.

② '그렇다!'는 '낙지론'을 읽고 깨닫는 순간의 감동을 영탄법을 통해 표현한 것으로, 초월적 삶에 대한 다짐으로 이어지고 있다.

④ '어찌 제왕의 문에 둚을 부러워하랴'는 '무슨 연유로 임금의 관직 제의에 화답하겠는가'라는 뜻으로 여기서 '제왕의 문'은 화자가 바라지 않는 세속적 삶을 의미한다.

⑤ '대바람 타고 / 들려오는 / 거문고 소리'의 청각적 심상을 통해 화자는 지조 있는 자세와 품격 있는 선비의 자세를 다짐하므로 화자가 지향하는 삶을 환기하는 청각적 이미지이다.

18 ③ '거기 이는 바람'과 '찬 서리'는 시적 화자의 삶의 근심과 고단함을 깨끗이 씻어 내는 기운을 나타낸다.

오답풀이

① 화자는 봄산에서 솔잎과 상수리 나무 묵은 잎이 떨어지는 자연 현상을 통해 깨달음을 얻고 있다.

② '삶의 근심과 고단함에서 돌아와'라는 구절을 통해 화자의 힘들었던 과거를 추측할 수 있다.

④ '지나온 날들처럼 / 남은 생도 벅차리'를 통해 새로운 미래에 대한 기대감을 엿볼 수 있다.

⑤ '무엇을 내 마음 가장자리에 잡아두리'를 통해 과거에서 벗어나고픈 화자의 태도가 드러난다.

[19~21] 현대 소설

한승원 「어머니」

• **갈래** : 단편 소설, 연작 소설

• **배경**
　– 시간적 배경 : 일제강점기 말 ~ 해방 이듬해
　– 공간적 배경 : 전라도의 어느 바닷가 마을, 광주 교도소

• **시점** : 전지적 작가 시점

• **성격** : 사실적, 비극적

• **특징**
　– 입체식 구성(과거 장면의 삽입)
　– 전지적 시점임에도 철저하게 어머니의 시점에서 사건을 서술
　– 긴 호흡의 만연체 사용

• **구성**
　– 발단 : 둘째아들의 집을 찾아가는 어머니(현재)
　– 전개 : 남편의 죽음과 아들들의 사고, 막둥이의 피신(과거)
　– 절정 : 광복 후 살인죄로 복역 중인 막내아들(과거)
　– 결말 : 딸을 통해 돈을 마련하여 막내아들의 면회를 가지만 만나지 못하는 어머니(현재)

• **이해와 감상** : 이 소설은 연작소설 〈한(恨)〉의 첫 번째 소설로, 인간의 모정을 그린 소설이다. 주인공인 어머니는 중형을 선고받고 옥살이를 하는 막내아들 면회를 다니기 위해 병이 든 몸으로 한겨울에 미역 장사를 한다. 광주 시장에서 팔아 남긴 몇 푼의 돈으로 막내아들을 위해 고깃국과 우유를 준비했지만 아들은 다른 지역의 형무소로 옮겨 가버리고 말았다. 주인공은 막내아들의 감옥살이의 원인이 자신이라는 죄의식을 가지고 있다. '한'은 이 소설의 이면적 주제이다. '한'은 생명력의 또 다른 이름이며, 절망을 극복하려는 극복 의지의 미학이다.

19 ① 이 작품은 작품 밖의 서술자가 작중 상황을 서술하는 전지적 시점임에도 특정 인물인 어머니의 시선에서 철저하게 사건을 서술하고 있다.

오답풀이

② 이 작품은 현재에서 과거로 되돌아가는 역행적 구성 방식으로 짜여져 있다.

③ 현재 장면 속에 과거 장면을 삽입한 입체적 구성 방식을 나타내고 있다.

④ 작품 밖의 서술자가 어머니의 시선으로 사건을 서술하고 있다.

⑤ 작품 밖의 서술자가 처음부터 끝까지 어머니의 시선에서 과거를 회상하는 방식으로 인물의 내면을 서술하고 있다.

20 ② ⓑ는 어머니가 제일 먼저 접수를 시켰음에도 불구하고 어머니의 이름을 부르지 않는 것에 의아함을 드러내고 있다.

오답풀이

① ⓐ는 막동이를 빨리 만나 쇠고깃국을 주고 싶은 어머니의 조바심이 나타나는 부분이다.

③ ⓒ는 막동이가 아프거나 다른 데로 보내져서 만날 수 없을지도 모른다는 불안감이 나타나는 부분이다.

④ ⓓ는 교도관이 어머니를 부를 때 이제 볼 수 있을 것이라는 기대감과 반가움이 나타나는 부분이다.

⑤ ⓔ는 막동이가 목포로 옮겨 갔다는 소식을 들은 어머니의 막동이를 만나지 못한 상황에 대한 당혹감이 나타나는 부분이다.

21 ① 〈보기〉에 따르면 이 작품은 모정의 위대함을 강조하는 작품으로, 자식들과 어머니의 갈등을 통해 정치적 격동기의 단면을 보여준다는 설명은 적절하지 않다.

오답풀이

② 막동이가 형무소에 갇힌 것에 대해 아들을 탓하는 대신 자신의 탓으로 전가하는 모습에서 어머니의 무조건적인 사랑이 드러난다.

③ 면회를 다니기 위해 송아지를 팔아 돈을 마련한 어머니의 노력을 통해 현실적 가치보다 자식을 우선시하는 모정의 위대함이 느껴진다.

④ 쇠고깃국을 대기소의 난로 위에 올려놓고, 우유를 꼭 품어 가져온 음식을 따뜻하게 먹이려는 모습에서 어머니의 모정이 드러난다.

⑤ 막동이가 형무소에 갇힌 상황에서도 아들에 대한 믿음을 잃지 않는 모습에서 어머니의 무조건적인 사랑이 드러난다.

[22~25] 독서 – 인문

22 ③ 주어진 글에서 SNS에서 이루어지는 교호 활동의 예시로 "지금 무슨 생각을 하고 계신가요?"라는 질문이 나타나 있지만, 글의 설명 방식으로 묻고 답하는 방식이 사용되고 있지는 않다.

오답풀이

① 첫 문단에서 SNS 교호 활동 참여 요구의 예시로 SNS 입력창의 질문이 제시되어 있다.

② 네 번째 문단에서 사회적 상호 작용의 '관심'과 '관음'이라는 두 가지 양식을 대조하고 있다.

④ 첫 번째 문단에서 '교호'라는 용어에 대한 개념을 정의하고 있다.

⑤ 세 번째 문단에서 사건(event)에 대한 철학자 슈티글러의 정의를 활용하고 있다.

23 ③ SNS를 통해 SNS 친구에게 위로와 축하를 하고 있는 △△의 행동은 타자를 존중하고 타자의 안위를 바라보는 정신의 과정인 ㉠에 가깝다.

오답풀이

① 다른 사람의 SNS 게시물에 댓글을 남겼지만 게시물을 제대로 보지도 않은 채 댓글을 남기는 □□의 행동은 자신의 만족에만 몰두할 뿐 타자의 안위에는 관심을 기울이지 않는 ㉡에 가깝다.

② □□은 죽은 고양이를 그리워하는 마음에 게시물을 올린 다른 사람의 상황을 고려하지 않고 습관적으로 '좋아요'를 누르고 친구 추가를 요청하고 있으므로 □□의 행동은 ㉠보다 ㉡에 가깝다.

④ △△는 SNS 친구의 안위를 걱정해 위로 메시지를 보내줬으므로 ㉡보다 ㉠에 가깝다.

⑤ □□와 △△ 모두 다른 사람의 SNS에 '좋아요'를 눌렀지만 □□은 자기만족을 위해서, △△은 타인의 상황에 공감하여 누른 것이므로 □□은 ㉡에, △△은 ㉠에 가깝다.

24 ⑤ ㉮는 파리의 대로를 걸으며 새로운 근대적 도시를 경험했으므로 ㉮가 바라보는 대상은 실제 세계이고, ⓐ는 SNS 공간을 둘러본다고 하였으므로 ⓐ가 바라보는 대상은 가상 세계이다.

오답풀이

① 세 번째 문단에서 SNS 이용자들은 자신의 상태를 '미시적 사건'으로 구성해 공적인 공간에 게시한다고 하였으므로 ⓐ가 바라보는 대상은 주로 타인이 구성한 미시적 사건이다.

② ㉮는 대로의 카페에 앉아 근대적 세계의 구경꾼이 된다고 하였으므로 근대적 도시와 삶의 모습을 바라본다.

③ ⓐ는 SNS를 통해 타인의 미시적 사건을 바라보는 주체가 됨과 동시에 자신의 일상을 올려 바라보는 행위의 대상이 되기도 한다. ㉮는 파리의 근대적 도시를 바라보는 주체가 됨과 동시에 또 다른 산보자가 바라보는 행위의 대상이 되기도 한다.

④ ⓐ와 ㉮ 모두 외부 세계를 구경하는 자의 시선을 가지고 있다.

25 ④ [A]에서 철학자 슈티글러는 SNS에 무의미한 정보가 범람하는 까닭이 미시적 사건 때문이라고 했지만 〈보기〉에서 SNS에 게시된 개인의 미시적 사건이 타인에게는 유용한 정보가 될 수도 있다고 하였으므로 [A]를 비판한 내용으로는 학생4의 의견이 가장 적절하다.

[26~30] 갈래 복합

(가) 안도환 「만언사」

- 갈래 : 가사, 유배 가사, 장편 가사
- 성격 : 사실적, 반성적, 애상적
- 제재 : 유배 생활
- 주제 : 유배 생활의 고통과 잘못을 뉘우치는 심정
- 특징
  - 유배 생활의 고통을 사실적으로 표현함
  - 청자에게 말을 하는 방식으로 화자의 정서를 드러냄
  - 대구와 설의를 통해 화자의 정서를 강조함
- 이해와 감상 : 유배 가사의 하나로, 조선 정조 때 대전별감(大殿別監)이던 안조환이 지은 가사(歌辭)로 '사고향(思故鄉)'이라고도 한다. 이본으로 필사본 3종이 전하며, 화자가 추자도로 유배된 사건을 작품의 배경으로 하고 있다. 추자도로 유배당한 신세 한탄과 함께 자신의 과거사를 회상하는 작품이다. 작가가 주색에 빠져서 국고금을 축낸 죄로 34세 때 추자도(楸子島)에 귀양 가서 굶주림과 추위에 시달리며 지은 죄를 눈물로 회개하는 내용을 애절하게 읊었다. 이 작품은 유배 문학에 속하는 다른 가사들에 비해 자신의 체험과 감정을 사실적으로 밝혀 놓았다는 점에서 매우 특징적이다. 어조에서 양반들의 점잖은 또는 의연한 태도 같은 것이 눈에 띄지 않으며, 절절한 신세 한탄에서 회한의 어조를 강하게 느낄 수 있다. 즉, 허식과 과장으로 자기를 변호하는 성격이 강한 유배 문학의 범주에서 벗어나 평민적인 사실성을 보이는 데 근접한 작품이다.

(나) 유몽인 「유두류산록(遊頭流山錄)」

- 이해와 감상 : 이 기행문의 화자는 관직을 모두 사임하고 남원의 수령으로 내려가 있던 1611년 봄에 두류산(지리산)을 유람하고서 이 글을 썼다. 화자는 당대의 문장가였기 때문에 곳곳의 경물을 눈에 보듯 실감나게 잘 묘사하였다. 또한 백성의 고통을 느껴 보고자 하는 마음과 이에 대한 화자의 생각이 잘 드러난다. 작품의 뒷부분에는 두류산(지리산)에 대한 화자 나름의 평가를 내리고 있다.

26 ③ (가)의 '죄 지을 줄 알았으면 공명 탐심 하였으랴'에서 공명을 추구했던 지난 삶을 반성하는 모습이 드러나고, (나)의 '대부분 이익을 꾀하여 삶을 가볍게 여기기 때문이리라'에서 이익을 꾀하기만 하는 삶의 태도에 대한 경계가 드러난다.

오답풀이

① (가)에는 가족에 대한 그리움이 드러나 있지만 (나)에는 대상에 대한 그리움이 드러나 있지 않다.

② (가)에는 유배 생활로 인한 고립된 처지에서 비롯된 한탄이

드러나 있지만 (나)의 화자는 여행을 하는 중이지 고립된 처지가 아니다.

④ (가)에는 유배 생활을 벗어나는 것에 대한 기대가 드러나 있지만 (가)와 (나) 모두 현실 극복을 위한 진취적 자세는 드러나 있지 않다.

⑤ (가)에는 유배 생활의 한탄과 과거 삶에 대한 후회가 드러나 있지만 (나)에는 정치적 포부를 펼치지 못한 아쉬움이 드러나 있지는 않다.

27 ④ (나)의 화자는 '소년대' 이름의 유래에 대해 영랑(신라시대 화랑의 우두머리)의 무리를 일컬을 듯하나 화자의 생각으로는 장로를 받들고 있는 소년처럼 생겼기 때문일 것이라고 추측하고 있으므로 선인들이 남긴 옛 일을 회고하고 있다는 것은 적절하지 않다.

오답풀이

① (가)의 화자는 건넛집 사람과 다르게 공짜 밥을 먹으려 한다며 주인에게 박대당하고 있다.

② (가)의 화자는 유교 풍습이 붕괴된 것에 대해 '놀랄 일이 막심'하다며 '견융의 행사'에 비유하고 있다.

③ (나)의 화자는 '소년대' 이름의 유래에 대해 천왕봉이 장로, 이 봉우리가 소년의 모습을 한 것에서 비롯되었을 것이라 추측하며 천왕봉 유람에 대한 기대감을 드러내고 있다.

⑤ (나)의 화자는 천왕봉 장관을 보며 인생의 덧없음을 '항아리 속에서 태어났다 죽는 초파리 떼'에 비유하고 있다.

28 ② ㉡은 유배지의 주민이 다른 귀양객과 화자를 비교하는 말로, 다른 귀양객은 이전의 호사를 누리던 얘기는 하지 않고 여기 사람들의 일을 배워 주인집 양식을 보태는데, 화자는 공짜 밥만 먹으려 한다는 내용이므로 화자가 배운 일을 열거했다는 설명은 적절하지 않다.

오답풀이

① ㉠은 '죄를 지을 줄 알았으면 공명을 탐했으랴'라는 뜻으로, 설의법을 통해 과거에 죄를 지어 귀양을 왔음을 드러내고 있다.

③ ㉢은 '쓰자하는 열 손가락 꼼짝도 아니하고 걷자하는 두 다리는 움직이지도 아니하네'라는 뜻으로, 비슷한 문구를 나란히 두어 안정감을 주는 대구법을 활용하여 화자를 풍자하고 있다.

④ ㉣은 '~인가'의 종결어미 반복을 통해 일을 하지 않고 한탄만 하는 화자에 대한 냉소적 태도를 드러내고 있다.

⑤ 혼정신성(昏定晨省)의 예절을 볼품없는 보리를 담은 큰 항아리에 비유하고, '출필고(出必告) 반필면(反必面)'이 없어 벙어리처럼 말이 없다'고 표현하여 유교 붕괴를 비판하고 있다.

29 ② 매 가운데 가장 잘 나는 매인 ⓑ는 화자가 ⓑ를 잡기 위한 백성의 온갖 고통을 느끼게 된 자연물이고, ⓐ는 산꿩과 들오리를 잡으러 숲에 왔다가 나무의 나시에 날개가 걸렸다고 하였으므로 공명을 탐하다 유배를 온 자신의 처지를 암시한다.

오답풀이

① ⓐ는 화자에게 이미 닥친 상황을 상징한다.
③ ⓑ는 백성의 온갖 고통을 느끼는 계기가 되는 자연물이다.
④ ⓐ는 탐욕으로 인해 고통 받는 존재이지만 ⓑ는 해당하지 않는다.
⑤ ⓐ와 ⓑ 모두 화자가 추구하는 삶의 덕목을 드러내지는 않는다.

30 ④ '유생이나 관원들이' 오면 '토끼나 꿩처럼 흩어져 숲속에 몸을' 숨기는 것은 무당들이 했던 행동으로, 미래에 대한 희망을 지배층에게서 찾기 어려웠던 백성들의 의식과는 관련이 없다.

오답풀이

① '흰옷을 입힌 여인상'을 '고려 태조대왕의 어머니'와 연결지어 이해하는 것은 〈보기〉에 제시된 지리산 성모 신앙을 반영한 것임을 알 수 있다.
② '복을 비는 자들'의 행위를 '음사'로 규정하면서도 강력히 제재하지 못하는 것은 도탄에 빠진 백성들을 위로할 만한 여력이 없었기 때문임을 알 수 있다
③ 원근의 무당들이 이 성모에 의지해 먹고 살 만큼 백성들이 찾아온다는 것은 백성들이 암울한 상황을 벗어나게 해 줄 수 있는 초자연적 존재를 찾아 의탁하고자 했다는 〈보기〉의 내용과 관련이 있다.
⑤ 글쓴이가 성모사, 백모당, 용유담을 '무당들의 3대 소굴'이라고 지칭하며 분개한 것을 통해 지리산 성모 신앙을 부정적으로 평가했다는 것을 알 수 있다.

[31~35] 독서 - 사회

31 ② 6문단에서 국가가 개인의 재산권을 보호하고, 재산권이 배타적 권리라고 해도 이는 절대적이고 무제한적일 수 없다고 하였으므로 ②의 내용은 적절하지 않다.

오답풀이

① 6문단에서 서로 다른 두 재산권이 충돌하는 경우에는 권리와 이익을 받을 수 있는 자격인 권익권에 따라 결정해야 한다고 하였으므로 권익권을 가진 사람의 권리가 인정됨을 알 수 있다.
③ 1문단에서 재산권자가 아닌 사람이 재산을 사용. 수익. 처분하려면 반드시 재산권자의 허락을 받아야 한다고 하였으

므로 재산권자의 허락을 받으면 타인의 재산을 사용할 수 있음을 알 수 있다.
④ 2문단에서 갑과 을은 자신이 보유한 자원을 생산과 약탈에 적절히 배분함으로써 자신이 가질 수 있는 재화의 총량을 극대화하려 할 것이라고 하였다.
⑤ 2문단에서 거래나 교환은 재산권 제도를 전제로 성립할 수 있다고 하였다.

32 ⑤ (라)에서 갑과 을이 가지게 되는 재화의 총량이 170이고, 갑과 을이 상대의 재산권을 부인하고 있으므로 자원을 모두 생산에 사용하여 가질 수 있는 재화의 총량 25에서 8을 약탈에 배분했을 것이다. 따라서 재산권 제도 확립을 위한 사회적 비용이 10일 때 약탈에 배분한 비용 80이 더 작으므로 재산권 제도가 없는 것이 더 효율적임을 알 수 있다.

오답풀이

① (가)의 경우 재화의 총량이 25로 (나)의 20, (다)의 21, (라)의 17보다 크므로 최대를 이룬 상태이다.
② (나)의 경우, 갑의 재산을 모두 생산에 사용하였을 때 가질 수 있는 재화의 양인 10보다 4가 더 늘어났으므로 을의 재화를 약탈하여 가진 재화로 볼 수 있다.
③ (다)의 경우 을의 재산을 모두 생산에 사용하였을 때 가질 수 있는 재화의 양인 15보다 2가 더 늘어났으므로 자신의 자원 일부를 약탈에 배분하여 재화를 더 얻었음을 알 수 있다.
④ (나), (다)의 경우 한 사람은 상대의 재산권을 존중하고, 다른 사람은 부인하는 경우이다. 이 때 나머지 한 사람도 상대방의 재산권을 부인하는 것이 자신의 재화를 극대화 하는 방법이 된다. 결국 두 사람 모두 상대의 재산권을 부인하는 것으로 귀결될 것이다.

33 ⑤ ○○지역 주민들이 권익권을 갖는 경우, 주민들은 매연 발생 방지 기계에 의한 피해 정도인 100보다 큰 가격으로 권익권을 판매할 것이다. 따라서 회사는 100보다 큰 가격으로 권익권을 구매해야 하므로 50의 비용으로 매연 발생 방지 기계를 설치하는 것이 경제적으로 이익이다.

오답풀이

① A회사가 권익권을 판매하여 매연 발생 방지 기계를 설치하는 데 드는 비용은 50이다. 따라서 경제적 이익을 위해서는 50보다 큰 비용에 권익권을 판매해야 할 것이다.
② A회사의 권익권을 100보다 큰 가격으로 구매하는 경우 주민들의 재산에 100보다 큰 피해가 발생하므로 권익권을 구매하지 않는 것이 경제적으로 이익일 것이다. 따라서 주민들은 100보다 작은 가격에 권익권을 구매하려고 할 것이다.

③ A회사가 ○○지역 주민들에게 권익권을 판매한다면 매연 발생을 막아야 하므로 매연 발생 방지 기계를 설치해야 한다.

④ ○○지역 주민들이 권익권을 갖는 경우, 주민들은 재산에 발생하는 100만큼의 피해를 방지할 수 있게 된다. 따라서 권익권을 판매하려면 100보다 큰 가격에 판매하는 것이 경제적으로 이익이다.

34 ④ 5문단에서 사회에 재산권 제도가 형성되어 있다면 약탈이 법적으로 금지되기 때문에 약탈이나 방어에 쓰는 자원을 모두 생산에만 사용하게 되어 사회 전체가 생산하는 재화의 총량이 최대가 된다고 하였다. 따라서 ⓐ의 물음에 대한 답으로는 ④가 가장 적절하다.

오답풀이

① 재산권 제도가 사회적 약자를 구제할 수 있는 제도라는 내용은 찾아볼 수 없다.

② 두 재산권이 충돌할 때에는 권익권이 판결의 척도가 되지만 재산권 제도가 개개인의 권익권을 보호할 수 있는 것은 아니다.

③ 재산권 제도가 법정책을 효율적으로 집행할 수 있는 제도라는 내용은 찾아볼 수 없다.

⑤ 재산권 제도를 통해 사회적 비용을 위한 자원을 확보할 수 있는 것은 아니다.

35 ① ㉠의 '침해'는 '침범하여 해를 끼침'의 의미를 가진다. '세력이나 기운 따위가 쇠함'의 의미를 가진 어휘는 '침몰'이다.

[36~39] 고전 소설

작자미상 「윤지경전」

• **갈래** : 고전소설, 국문소설, 애정소설

• **성격** : 염정적, 애정적, 사실적, 비판적

• **배경**

  – 시간적 배경 : 조선 중종

  – 공간적 배경 : 한양

• **시점** : 전지적 작가 시점

• **문체** : 번역체, 문어체

• **특징**

  – 기묘사화(己卯士禍), 중종 22년 작서지변(灼鼠之變) 사건, 가작인두지변(假作人頭之變)사건 등 사실적 사건과 허구 배합

  – 남녀의 사랑을 소재로 당시의 정치 상황 비판

• **구성**

  – 발단 : 부모의 허락을 얻어 윤지경과 연화가 성례하기로 함

  – 전개 : 연성 옹주의 부마로 간택된 윤지경이 어쩔 수 없이

연화와 파혼하고 옹주와 성례함

  – 위기 : 윤지경이 주상에게 부마 간택의 부당성을 직간하다 유배를 당함

  – 절정 : 박 씨는 세자를 몰아내려 실패하고 참수당하며 복성군, 연성 옹주가 귀양을 감

  – 결말 : 윤지경이 유배에서 풀려나 연화와 가정을 이루며 연성 옹주의 죄를 사해 줄 것을 요청하여 세 사람이 더불어 화목한 여생을 보냄

• **이해와 감상** : 역사적인 사실과 허구를 적절히 조화시켜 부당하게 부마로 간택하는 왕에게 완강히 저항한 윤지경의 변치 않는 사랑을 그린 작품이다. 또한 과거의 역사적 상황(기묘사화)을 배경으로 하고 있고 남녀 간의 애틋한 애정을 소재로 하고 있다는 점, 윤지경의 적극적인 구애와 적극성이 나타난다는 특징이 있다. 따라서 이 소설은 단순한 남녀 간의 애정 소설이 아니라 조선후기 정치행태를 비꼬는 풍자적이고 사회 비판적인 성격을 내포하고 있는 것이다.

36 ⑤ 윤지경이 밤낮을 가리지 않고 연화를 찾아오니 윤지경의 부친 윤공이 알고 불러 대책하고 옹주궁을 떠나지 못하게 하였다.

오답풀이

① 연화가 언약을 지키지 않았다는 이유로 지경을 만나지 않은 것이 아니라 몰래 담을 넘어 찾아온 지경과 밤마다 만났다.

② 옹주는 지경이 연화를 만나는 것을 알고 임금을 원망하는 것이 아니라 지경에게 따지고 있다.

③ 지경은 옹주를 만나보고는 박 귀인이 아닌 연화와 달리 포독하다는 인상을 받았다.

④ 최홍일은 임금에 명에 의해 서문 밖으로 이사한 것이 아니다.

37 ⑤ [A]에서 윤공은 윤지경이 옹주와 자녀를 낳고 살며 사연을 고하면 허락할 것이라는 긍정적 상황과 옹주를 박대하여 몰래 도망하는 것을 옹주가 알면 화가 적지 않을 것이라는 부정적 상황을 제시하였고, [B]에서 윤지경은 옹주가 최씨를 청하면 한 집에서 화목할 것이라는 긍정적 상황과 옹주가 윤지경을 원망하면 평생 박명을 면치 못할 것이라는 부정적 상황을 동시에 제시하였다.

오답풀이

① [B]에서 상대방의 과거 행적을 근거로 비판하는 부분은 찾아볼 수 없다.

② [A]와 [B] 모두 긍정적 상황의 가정을 통한 문제 해결의 방법을 제시하고 있다.

③ [A]는 윤지경이 옹주와 자녀를 낳고 살면서 임금에게 사연을 고할 것을 언급하고 있으므로 빠른 해결책의 필요성을 언급하는 것은 아니다.

④ [A]와 달리 [B]는 황영의 고사를 근거로 옹주가 최씨와 함께 살 것을 유도하고 있다.

38 ③ ⓒ의 '옹주궁'은 옹주의 부탁을 받고 지경을 벌하기 위해 만든 공간이 아닌 옹주와 지경을 이어주기 위한 공간이다.

오답풀이

① ㉠은 윤지경의 부탁으로 윤지경이 연화를 만나 '반가운 정이 유동하고 마음이 깨어지는 듯한' 공간이다.

② ㉡은 윤지경이 부마의 관교를 내어 땅에 던지는 공간으로, 옹주와의 혼례에 대한 불만을 표출하는 공간이다.

④ ㉣은 궁에 가지 않고 윤지경이 머무르는 공간이다.

⑤ ㉤에서 옹주가 연화를 만나러 가는 지경에게 이에 대해 따지고, 윤지경 역시 옹주에게 연화를 청하지 않으면 박멸할 것이라고 하였으므로 갈등을 드러내는 공간이다.

39 ② 「윤지경전」 속 윤지경은 왕의 권위에도 굴하지 않고 사랑의 쟁취를 위해 고난을 무릅쓰는 인물이지만 가문의 번영을 이루려고 하지는 않는다.

오답풀이

① 지경이 연화를 만나기 위해 월장하는 행동은 사랑의 쟁취를 위해 고난을 무릅쓰는 것이라 볼 수 있다.

③ 〈보기〉에서 박 씨와 복성군이 실존인물이라고 하였으므로 작품 속 박 씨와 복성군의 등장은 작품의 사실감을 높여 준다.

④ 지경이 옹주와 화락하지 않고 연화를 버리지 않는 태도는 신의를 지키려는 인물의 모습을 보여 준다

⑤ 이미 혼례를 약속한 지경을 강제로 옹주와 혼례시킨 임금은 〈보기〉의 권력을 내세워 위력으로 자신의 입장을 강요하는 인물이다.

[40~45] 독서 – 과학

40 ① 파면은 빛의 진행방향에 대해 수직인 가상의 면이므로 평면파면은 빛의 진행 방향에 대하여 수직이고, 왜곡파면은 빛의 방향이 제각각 달라져 왜곡파를 형성하지만 그 때의 파면은 여전히 빛의 진행 방향에 수직이다. 따라서 평면파면과 왜곡파면 모두 빛의 진행 방향에 수직이다.

오답풀이

② 2문단에서 SLR 장비는 망원경, 초정밀 시계, 레이저 송수신부 등으로 구성된다고 하였다.

③ 4문단에서 대류권에서 발생하는 난류는 빛의 굴절에 영향을 주어 난류를 통과하는 빛들은 방향과 속력이 제각각 달라진다고 하였다.

④ 인공위성에서 오는 빛은 대류권의 난류를 통과하며 왜곡파가 되므로 이를 보정하기 위해 적응광학 기술을 사용하고 이 과정을 통해 인공위성의 형상을 보다 분명하게 파악할 수 있다고 하였다.

⑤ 인공위성의 위치를 정확하게 알아내기 위해서 SLR 장비는 레이저의 왕복시간만으로 계산된 거리가 아닌 오차를 보정한 대기 모델을 적용한다.

41 ② 대기의 밀도가 진공의 밀도보다 크므로 빛의 속력이 느리다. 3문단의 굴절률 구하는 공식에 의하면 대기의 굴절률은 진공에서의 빛의 속력을 대기에서의 빛의 속력으로 나눈 값이므로 1보다 크다. 따라서 인공위성의 정확한 위치를 알 수 없는 이유는 대기의 굴절률이 1보다 커 오차가 생기기 때문이다.

오답풀이

① 대기에서의 빛의 속력이 진공에서의 빛의 속력보다 작으므로 대기의 굴절률은 1보다 크다.

③ 대기의 밀도가 진공의 밀도보다 크므로 대기에서의 레이저 속력은 진공에서보다 느리다.

④ 대기의 밀도가 크므로 대기에서의 레이저 파장은 진공에서보다 짧아진다.

⑤ 레이저의 파장이 짧으므로 실제보다 왕복시간이 길게 측정될 것이므로 보정 전에 파악한 위치보다 더 가까이 있을 것이다.

42 ④ 5문단에서 대류권에서 난류를 만난 빛이 불규칙 굴절을 하여 방향이 제각각 달라지고, 그러한 빛인 왜곡파와 빛의 파면인 왜곡파면에 의해 ㉡의 현상이 발생한다고 하였다.

오답풀이

① ㉡의 이유는 불규칙 굴절을 한 빛의 성질에 의한 것이지 관측자에 의한 것이 아니다.

② 4문단에서 대류권에는 서로 다른 특성을 지닌 공기들이 불규칙한 흐름을 이룬다고 하였다.

③ 5문단에서 난류를 만난 빛은 불규칙 굴절을 하여 빛의 파면이 평면이 아니게 된다고 하였다.

⑤ 5문단에서 불규칙 굴절을 한 빛은 방향이 제각각 달라지고, 빛의 진행 방향에 수직인 파면도 그에 따라 변하게 된다고 하였다.

43 ③ ⓐ의 '가깝다'는 '성질이나 특성이 기준이 되는 것과 비슷하다'의 의미로, ③의 '가깝다'와 문맥적 의미가 같다.

44 ④ 8문단에서 파면 센서에 의해 측정된 정보는 데이터 처리기를 통해 분석되고, 제어기는 분석된 정보를 전기적 신호로 변환하여 보낸다고 하였으므로 데이터 처리기는 파면 센서에 의해 측정된 정보를 분석하지만 보정된 상을 보내지는 않음을 알 수 있다.

오답풀이

① 8문단에서 형상가변반사경은 휘어질 수 있는 거울의 뒤에 구동기가 빼곡하게 달려 있는 것이라고 하였다.

② 6문단에서 입사된 빛은 광선분배기에 의해 접안부와 파면 센서로 나뉘어 보내진다고 하였다.

③ 7문단에서 파면 센서는 CCD에 여러 개의 볼록 렌즈가 격자처럼 결합된 것이라고 하였다.

⑤ 8문단에서 제어기는 데이터 처리기를 거쳐 분석된 정보를 전기적 신호로 변환하여 형상가변반사경으로 보낸다고 하였다.

45 ⑤ (다)와 (라) 모두 각 격자의 중심이 아닌 곳에 상이 맺혀있으므로 모두 왜곡파가 들어오고 있는 것이다.

오답풀이

① (나)는 각 격자의 중심에 상이 맺혀있으므로 왜곡파가 들어오고 있지 않는 것이다. 따라서 파면의 변화가 없다고 할 수 있다.

② (나)는 각 격자의 중심에 상이 맺혀 있고, (가)는 각 격자의 중심이 아닌 곳에 상이 맺혀있으므로 (가)는 왜곡파, (나)는 평면파가 들어오고 있음을 알 수 있다.

③ (다)는 각 격자의 중심이 아닌 곳에 상이 맺혀있으므로 왜곡파가 들어오고 있는 것이다.

④ (나)는 평면파가, (다)는 왜곡파가 들어오고 있으므로 파면이 왜곡된 정도는 (다)가 더 심할 것임을 알 수 있다.

사관학교 7개년 영어 ▼

2020학년도 기출문제 정답 및 해설

✏️ 제2교시 **영어영역(공통)**

01 ④	02 ①	03 ①	04 ②	05 ⑤	06 ③
07 ⑤	08 ①	09 ①	10 ③	11 ②	12 ①
13 ①	14 ⑤	15 ⑤	16 ④	17 ③	18 ④
19 ②	20 ③	21 ②	22 ④	23 ②	24 ②
25 ②	26 ②	27 ②	28 ②	29 ②	30 ②
31 ②	32 ②	33 ④	34 ④	35 ③	36 ④
37 ⑤	38 ①	39 ④	40 ②	41 ⑤	42 ④
43 ⑤	44 ④	45 ⑤			

01 ④ 제시문은 Ron이 Dan의 도움을 받아 몸을 건강하게 유지하기 위해 산악자전거에 도전한 내용이다. 대화내용 중 Ron은 다리가 떨어져 나간 것 같고, 목이 사막보다 건조하다며 너무 지쳐서 쉬고 싶다고 말한다. 그러므로 "Ron desperately wants to take a break. (Ron은 몹시도 휴식을 원했다.)"는 ④의 설명은 적절하다.

〈오답풀이〉

① Ron과 Dan은 함께 가까스로 정상에 도달했다.

② Ron의 자전거는 Dan의 자전거보다 가볍다.

③ Ron은 자전거를 탄 후에 아무거나 먹을 수 있다고 말했다.

⑤ Ron은 Dan이 살을 빼는 것을 돕고 있는 중이다.

〈어휘〉

• in good shape : (몸의) 상태가 좋은

• carbon fiber : 탄소섬유

• make it : 성공하다, 해내다

• fall off : 떨어지다

• seriously : 심각하게, 심하게, 몹시

• push oneself : 스스로 채찍질하다

• manage to : 가까스로 ~하다, 그럭저럭 ~하다

• desperately : 필사적으로, 몹시

〈해석〉

Ron : 나는 더 이상은 못 갈 것 같아.

Dan : 어서, 힘내! 정상까지 1킬로미터 정도 남았어. 지금 그만 두면 안 돼!

Ron : 말은 쉽지! 너는 몸이 건강하고, 네 자전거는 탄소섬유 야! 무게가 내 자전거보다 10킬로그램은 덜 나간다구!

Dan : 그만두지 않고 성공한다면, 자전거를 다 탄 후 저녁 사 줄 게. 원하는 건 뭐든지.

Ron : 먹을 생각조차 나지 않아. 다리가 떨어져 나간 것 같고 목이 사막보다 건조해. 정말이지 그만두고 쉬고 싶어. 몸이 더 좋아지길 원하지만, 너무 지쳤어. 너무 힘들어.

Dan : 스스로를 채찍질해야 해. 휴식을 취하게 되면 살을 다 뺄 수가 없어. 도와달라고 부탁한 건 바로 너야.

Ron : 알겠어. 네 말이 옳아.

02 ① Bob이 자동차 대리점에서 판매사원과 함께 차를 고른 후 바로 구매하기로 결정하였으므로, 빈칸에는 ①의 "Great. Let me get the paperwork together and you can get on the road. (좋습니다. 함께 서류 작업을 마무리 하시고 출발 하시면 됩니다.)"가 들어갈 내용으로 가장 적절하다.

〈오답풀이〉

② 좋습니다. 근처의 다른 자동차 판매원을 소개해 드리죠.

③ 그럼요. 시험 운전할 시간은 충분합니다.

④ 걱정하지 마세요. 두 차 모두 원하시는 가격대에 있습니다.

⑤ 죄송하지만, 군청색 차량은 없습니다.

〈어휘〉

• in that case : 그런 경우에는, 그렇다면

• sedan : 세단형 자동차

• reasonable : 합리적인, 적당한

• sticker price : (가격표의) 표시 가격

• dealership : 대리점

• paperwork : 서류 작업, 문서 업무

• get on the road : 출발하다, 시작하다

• price range : 가격폭, 가격대

〈해석〉

Salesman : 음. 제 생각에 이 SUV가 찾고 계신 것과 꼭 같습니다.

Bob : 보기에는 좋은데, 생각보다 훨씬 크네요.

Salesman : 그렇다면 이 세단이 더 나을까요? 더 작고 가격도 적당합니다.

Bob : 그게 좋아 보이네요. 군청색으로도 나오나요?

정답 및 해설

663

Salesman : 여기 전시실에 군청색이 하나 있습니다. 가격표에 붙은 가격은 7만 5천 달러입니다. 시험운전 해보시겠어요?

Bob : 아뇨, 지난주에 다른 대리점에서 같은 차를 운전했어요. 그냥 가서 사야 할 것 같아요.

Salesman : 좋습니다. 함께 서류 작업을 마무리 하시고 출발 하시면 됩니다.

03 ① • **첫 번째 빈칸** : 저녁으로 멕시코 음식은 어떠냐는 Randy 의 말에 Martha가 지난번에 멕시코 식당에서 매운 음식을 먹고 이틀 동안 배가 아팠다고 부정적으로 말하고 있으므로, 빈칸에는 a의 "I don't think it's a good idea. (좋은 생각이 아닌 것 같아.)"가 들어갈 말로 적절하다.

• **두 번째 빈칸** : 저녁으로 와플 가게는 어떠냐는 Randy 의 말에 Martha가 자기도 그렇다고 동의하고 있으므로, 빈칸에는 그 가게에 대한 긍정적인 내용인 b의 "I really love their dinner menu. (나는 그 가게의 저녁 메뉴가 정말 맘에 들어.)"가 들어갈 말로 가장 적절하다.

• **세 번째 빈칸** : 피자를 권하는 Randy의 말에 Martha가 그걸 또 먹을 순 없다고 했으므로, 빈칸에는 d의 "I've already had it three times this week. (이번 주에 벌써 세 번이나 먹었어.)"가 들어갈 말로 가장 적절하다.

어휘

• spicy : 맛이 강한, 매운 ↔ unspicy : 맵지 않은

• stomach : 위, 복부

해석

Randy : 저녁으로 무얼 먹을까?

Martha : 사실, 난 정말로 먹고 싶은 게 생각나지 않아.

Randy : 멕시코 음식은 어때? 근처에 El Gordo라는 멕시코 식당이 새로 문을 열었어.

Martha : 좋은 생각이 아닌 것 같아. 지난번에 멕시코 식당에서 매운 음식을 먹고, 이틀 동안 배가 아팠어.

Randy : 그렇다면 와플 가게는 어때? 나는 그 가게의 저녁 메뉴가 정말 맘에 들어.

Martha : 나도 그렇지만, 그곳은 자리를 잡으려면 항상 오랫동안 기다려야 해.

Randy : 네 말이 맞을지도 몰라. 피자는 어때?

Martha : 그걸 또 먹을 순 없어. 이번 주에 벌써 세 번이나 먹었어.

Randy : 음.... El Gordo 식당의 음식을 먹어보는 건 어때? 우리는 맵지 않은 음식을 고를 수 있어.

Martha : 좋아, 네가 원한다면.

04 ② 집이 마음에 들고 이웃도 아주 좋고 예산도 범위 내에 있다는 여자의 말에, 남자가 주인에게 제안을 해보겠다고 말

하고 있으므로, 남자는 주택 매매를 알선하는 'real estate agent(부동산 중개업자)'이고 여자는 살 집을 구하고자 하는 'homebuyer(주택 구입자)'임을 알 수 있다.

오답풀이

① 경비원 – 방문객

③ 관광 안내원 – 관광객

④ 집 주인 – 세입자

⑤ 건축가 – 기자

어휘

• budget : 예산, (지출 예상) 비용

• make an offer : 제안하다

• concern : 근심, 걱정, 우려

• empty : 빈, 비어 있는

• untidy : 어수선한, 너저분한

• renovate : 집을 수리하다, 개조[보수]하다

• deserted : 버려진, 사람이 살지 않는, 황폐한

• security guard : 경비원, 보안 요원

• real estate agent : 부동산 중개인

• tenant : 세입자, 임차인

• architect : 건축가

해석

Man : 제 생각에 시장에서 구하시는 것과 똑같습니다. 어떻게 생각하세요?

Woman : 솔직히, 맘에 듭니다. 이웃도 멋지고 예산도 범위 내에 있습니다.

Man : 그럼, 주인에게 제안을 넣을까요? 그 집에 관심이 있는 사람들이 몇 분 더 있는 걸로 알고 있습니다.

Woman : 네, 하지만 한 가지 걱정이 있어요. 옆집은 항상 그런가요? 텅 비고 어수선해 보여요.

Man : 사실 그곳에는 아무도 살지 않습니다. 보수가 필요하지만 집 주인이 그럴 마음이 없나 봐요.

Woman : 저는 버려진 집 옆에 살고 싶지는 않아요. 그 지역의 다른 곳들을 좀 더 볼게요.

05 ⑤ 일기예보에 따르면 내일은 비가 오고 파도도 없지만, 내일 모레는 하늘도 맑고 파도도 좋다고 하였다. 그러나 불행히도 Paul과 Jeff는 내일 밤 떠날 예정이어서 제대로 서핑을 즐기지 못할 것으로 여겨진다. 그러므로 "Jeff is going to leave the day after tomorrow after enjoying surfing. (Jeff는 서핑을 즐긴 후 내일 모레 떠날 것이다.)"라는 ⑤의 설명은 윗글의 내용과 일치하지 않는다.

오답풀이

① Paul은 어제 파도가 굉장히 좋았다고 말한다.

② Jeff는 서핑을 하는 데 지독히 운이 없다.
③ Jeff는 지난 달 Baja 반도에서 큰 파도를 탔다.
④ 일기예보에 따르면 내일 비가 올 것이다.

어휘

- peninsula : 반도
- forecast : 예측, 예보
- hate : 증오하다, 미워하다
- terrible luck : 악운, 지독히 운이 없음

해석

Jeff : 오늘도 멋진 파도가 왔으면 좋겠네.
Paul : 응, 하지만 파도가 늘 좋지는 않아. 방금 놓쳤어. 어제는 굉장히 좋았는데, 파도가 머리 위로 왔어.
Jeff : 난 항상 좋은 파도를 놓치는 것 같아. 지난 달 Baja 반도에서 마지막으로 멋진 서핑을 했어.
Paul : 나도 전에 그런 슬럼프를 겪어본 적이 있어. 가끔은 서핑 신들이 미소를 짓고, 가끔은 그렇지 않아!
Jeff : 내일의 일기예보는 어때?
Paul : 비가 오고 파도는 없어. 하지만 내일 모레는 맑은 하늘과 멋진 파도가 있을 것 같아! 우리는 언제 떠나?
Jeff : 내일 밤. 서핑 신들이 날 싫어함에 틀림없어.

06 ③ Tom은 파이프를 교체하고 샤워기를 새로 설치하는 비용으로 2,000달러를 요구했으나, Jane은 지난번 작업자에게는 500달러를 지불했다고 하면서 700달러에 하자고 제안한다. 이에 Tom은 700달러는 적자라며 1,800달러는 돼야 한다고 말하고 있다. 그러므로 "Tom and Jane are negotiating the fee for building a new shower. (Tom과 Jane은 새 샤워기를 설치하는 데 드는 비용을 협상하고 있다.)"는 ③의 설명이 윗글의 대화 내용과 일치한다.

오답풀이

① Jane은 Tom에게 샤워 시설이 어디 있는지 묻고 있다.
② Tom이 Jane의 샤워기를 부셔서, 그녀는 지금 그가 샤워기를 고쳐주기를 원한다.
④ Tom은 Jane에게 파이프를 좀 팔려고 했지만, 그녀는 그것을 사고 싶지 않았다.
⑤ Jane은 Tom이 수리 작업에 드는 비용을 청구하는 만큼 기꺼이 지불할 것이다.

어휘

- rip : 찢다, 떼어[뜯어] 내다
- expensive : 비싼, 돈이 많이 드는
- estimate : 견적서 cf) write up an estimate 견적서를 작성하다
- off the top of one's head : 별 생각 없이, 즉석에서, 깊이 생

각하거나 정확한 지식 없이
- leak : 새다, 누설[유출]하다
- a ton of money : 많은 돈, 큰 돈
- facility : 시설, 설비
- negotiate : 협상하다, 교섭하다
- fee : 수수료, 요금

해석

Tom : 죄송하지만 저 플라스틱 파이프들 모두 터져서 교체해야 합니다. 그리고 그 안에 샤워기도 새로 설치해야 합니다.
Jane : 오, 안 돼! 그건 돈이 많이 드는데! 그 일은 비용이 얼마나 들까요?
Tom : 음, 견적서를 작성해야 하지만, 대충 2,000달러 정도 들 겁니다. 작년에도 이런 일을 했거든요.
Jane : 오 이런! 너무 비싸요. 저는 몇 백 달러 정도로 생각했거든요. 지난번 분에게는 500달러를 지불했어요. 그 비용으로 할 수 없나요?
Tom : 제가 여기 오게 된 것도 지난번 분에게 500달러를 지불했기 때문이에요. 그는 일을 엉망으로 해놨어요. 그래서 파이프가 모두 새고 샤워기도 교체해야만 해요.
Jane : 음, 저는 잘 모르겠어요. 저는 정말 여유가 없어요. 700달러는 어때요?
Tom : 700달러에 일을 하게 되면, 적자가 많이 납니다. 적어도 1,800달러는 돼야 합니다.

07 ⑤ Richard Rawson이 만든 용어인 '사고 중단'이란 보상의 유혹에 반응하지 않는 최종 결정으로, 텔레비전의 채널을 바꾸는 것처럼 즉각적으로 이루어져야 한다고 서술하고 있다. 그러므로 ⑤의 "유혹에 빠지게 하는 생각을 단호하게 중단하라."가 필자가 주장하는 바로 가장 적절하다.

어휘

- coin : 주조하다, 만들다
- drug addict : 마약 중독
- definitive : 분명한, 명백한 cf) definitive decision 최종 결정
- the pull of a reward : 보상의 유혹
- encounter : 만나다, 접하다
- stimulus : 자극, 고무, 격려
- shut off : 멈추다, 그만두다, 차단하다
- provoke : 일으키다, 유발하다
- immediate : 즉각적인, 당면한
- in the face of : ~에도 불구하고, ~에 직면하여
- urge : 욕구, 충동
- ultimately : 궁극적으로, 결국
- give in : 굴복하다, 항복하다
- debate : 토론, 논쟁

- cue : 신호, 단서
- associated : 관련된, 연관된
- ambiguity : 모호성, 애매모호함
- struggle with : ~와 싸우다[투쟁하다]
- get out of : ~을 버리다, 지우다
- internalize : (사상·태도 등을) 내면화하다
- absolute : 완전한, 완벽한, 절대적인
- rigid : 엄격한, 융통성 없는
- room for doubt : 의심의 여지

해석

마약 중독자를 회복시키는 일을 하는 UCLA의 Richard Rawson이 만든 용어인 '사고 중단'은 보상의 유혹에 반응하지 않는 최종 결정이다. 즉, 자극에 접하고 그것을 유발하는 행동을 차단한다. Rawson은 "그것을 텔레비전과 같다고 생각하세요."라고 말한다. "채널을 바꾸세요." 생각을 끄는 것은 거의 즉각적이어야 한다. "당신은 이 일에 무기력하지 않아요. 즉, 결정을 내릴 수 있지만 빨리 결정해야 합니다."라고 Rawson은 말했다. 충동에 직면하여 무엇을 할지 생각하며 보내는 시간이 많을수록, 결국에는 그것에 굴복할 가능성이 더욱 커진다. 일단 "내가 해야 하나 아니면 하지 말아야 하나?"라는 논쟁을 시작하면, 당신은 전투에서 진 것이다. 단서를 경험하고, 관련된 생각을 꺼라. 모호하지도 않고, 어쩌면 아닐지도 모른다. 토론하는 데 시간을 낭비하지 마라. 당신의 반응에 저항하지 마라. 그냥 네 작업 기억에서 그것을 지워라. 의심의 여지를 남기지 말고, 절대적이고 심지어 융통성 없는 충동에 대한 반응을 내면화하라.

08 ① 제시문에 따르면 오랜 시간 동안 축적된 문화적 학습은 일반적으로 개인의 정신보다 더 똑똑하며 효과적이라고, 유교사상과 종교행사의 두 사례를 예로 들어 이를 설명하고 있다. 그러므로 제시문이 시사하는 바는 ①의 "Learn from old wisdom. (옛 지혜로부터 배워라)"이 가장 적절하다.

오답풀이

② 쉽게 얻는 것은 쉽게 잃는다.
③ 실수하는 것은 인간이다.
④ 자만하다 낭패 보기 쉽다.
⑤ 모험 없이 얻는 것은 없다.

어휘

- collective : 집단의, 단체의, 공동의
- accumulate : 모으다, 축적하다
- crowdsourcing : 크라우드 소싱
- Xunzi : 순자(기원전 3세기 중국의 사상가)
- Confucian : 유교의
- inherited : 상속한, 승계한, 물려받은

- marker : 표시[표지](물)
- ford : (강 따위의) 얕은 곳, 여울
- swift : 신속한, 재빠른
- trial and error : 시행착오
- figure out : 생각해내다, 이해하다
- wing it : 즉흥적으로 하다
- counterproductive : 역효과를 낳는
- strain : (체 같은 것을 받쳐) 물기를 빼다[거르다]
- pound : 치다, 두드리다
- priest : 사제, 신부, 성직자
- sacred : 신성한, 종교적인 cf) sacred song 성가

해석

시간이 흘러 축적된 모든 문화 집단의 집단 정신은 일반적으로 개인의 정신보다 더 똑똑하다. 이것이 바로 문화 학습이 그렇게 중요한 이유이며, 크라우드 소싱과 같은 기술이 또한 그렇게 효과적인 이유이기도 하다. 중국 초기의 사상가인 순자는 자신의 세대가 물려받은 유교 방식을 그와 다르게 깊고 빠른 강 위의 얕은 곳을 나타내는 데 사용된 표시물과 비교한다. 유경험자들은 세심한 시행착오를 거쳐 강을 건너기에 가장 좋은 위치를 파악하고, 그것을 찾는 데 도움이 될 표시를 남겨왔다. 우리는 그것들을 무시하고 그냥 즉흥적으로 갈 수 있지만, 그것은 역효과를 내고 심지어 위험할 것이다. 바꾸어 말하면, 지역 공동체에서 존경을 받는 분이 이 뿌리 채소를 2시간 동안 끓이고, 그것을 채에 받쳐 물기를 뺀 다음, 이 성가를 20번이나 부를 때까지 신부님이 축복한 막대기로 그것을 두드리라고 말한다면, 당신은 아마도 그저 입을 다물고 들은 대로 정확히 그것을 수행해야 한다.

09 ① 제시문에 따르면 결정을 내릴 당시의 상황에선 옳다고 생각했던 것도 상황이 바뀌면 틀린 것으로 판명될 수도 있으므로, 원점에서 다시 시작해야 한다고 서술하고 있다. 그러므로 ①의 "상황이 바뀌면 원점에서 다시 시작하는 수고를 감내할 필요가 있다."가 제시문의 요지로 가장 적절하다.

어휘

- turn out : …인 것으로 드러나다, 판명되다
- in the fullness of time : 때가 무르익었을 때, 마침내 때가 되었을 때
- commitment : 약속, 책무
- zero-base : 출발점부터 재결정[재검토]하다, 원점에서 다시 시작하다
- be involved in : ~에 개입되다, 관계되다
- aggravation : 악화, 격화, 화남, 약오름
- irritation : 짜증, 격앙, 화
- enormous : 거대한, 엄청난

• get out of : 회피하다, 벗어나다
• take steps : 조치를 취하다

〔해석〕

당신이 내리는 많은 결정들은 때가 되면 틀린 것으로 판명될 것이다. 당신이 결정이나 약속을 했을 때, 그것은 아마도 그 상황에선 옳은 생각이었다. 하지만 이제 상황은 바뀌었을지 모르며, 원점에서 다시 시작할 때이다. 당신은 보통 그것이 유발하는 스트레스 때문에 원점에서 다시 생각하는 상황에 놓여 있는지 알 수 있다. 지금까지 알고 있는 것을 알면서 다시 개입하지 못하는 무언가와 연관될 때마다, 당신은 계속되는 스트레스, 악화, 짜증, 분노를 겪는다. 때로는 사람들은 사업이나 개인적인 관계를 성공시키기 위해 엄청난 시간을 보낸다. 그러나 이런 관계를 원점에서 다시 시작한다면, 올바른 해결책은 종종 그 관계를 완전히 벗어나는 것이다. 유일한 진짜 질문은 당신이 틀렸다는 것을 인정하고 상황을 바로잡기 위해 필요한 조치를 취할 용기가 있느냐 하는 것이다.

10 ③ 제시문에 따르면 인간의 본성 중 어두운 면에 대해서는 자신을 배제하는 것이 자연스러운 현상이지만, 이러한 자기기만적인 과정을 멈추고 모두가 똑같은 부류라는 사실을 빨리 깨달을수록 내면에 잠재하고 있는 부정적인 특성들을 극복하는 데 더 큰 힘을 발휘할 수 있다고 하였다. 그러므로 ③의 "자신의 부정적인 면을 인정하면 그것을 극복하는 데 도움이 된다."가 제시문의 요지로 가장 적절하다.

〔어휘〕

• exclude : 제외하다, 배제하다
• narcissistic : 자애적인, 자기도취의
• irrational : 비이성적인, 비논리적인
• envious : 시기[질투]하는, 샘내는
• grandiose : 거창한, 뽐내는, 거만한
• aggressive : 공격적인, 적극적인
• intention : 의도, 의향, 목적 cf) best intention 선의, 호의
• go astray : 길을 잃다, 길을 잘못 들다
• self-deluding : 자기 기만의
• once and for all : 마지막으로 한 번만 더, 최종적으로[완전히]
• cut from the same cloth : 똑같은 부류이다
• trait : 특징, 특성
• spot : 발견하다, 찾다, 알아채다
• humble : 겸손한, 미천한
• guilty : 죄책감이 드는, 유죄의
• weigh down by : …로 내리누르다
• self-awareness : 자기 인식, 자각
• opposite : 다른 편[쪽]의, 반대편의
• embrace : 포용하다, 껴안다

• falsified : 거짓된, 조작된, 꾸민
• saint : 성인, 성자
• relieve : 없애주다, 완화하다
• hypocrisy : 위선

〔해석〕

인간의 본성 중 더 어두운 면에 대해 읽고 듣는 것에 대한 자연스러운 반응은 자신을 배제하는 것이다. 자기도취의 비이성적이며 샘 많고 거만하며, 혹은 공격적인 사람은 언제나 상대방이다. 우리는 거의 항상 자신이 선의를 가지고 있다고 여긴다. 우리가 길을 잘못 들면, 그것은 부정적으로 반응하도록 하는 상황이나 사람들의 잘못이다. 마지막으로 한 번 더 이러한 자기 기만적 과정을 멈춰라. 우리 모두 똑같은 부류이며, 똑같은 성향을 공유한다. 이러한 사실을 빨리 깨달을수록, 당신의 내면에 잠재하고 있는 부정적인 특성들을 극복하는 데 더 큰 힘을 발휘할 것이다. 당신은 자신의 동기를 조사하고 자신의 그림자를 바라볼 것이다. 이로 인해 다른 사람의 그런 특징들을 발견하는 것이 훨씬 쉬워질 것이다. 또한 자신이 상상했던 것만큼 다른 사람들보다 우월하지 않다는 것을 깨닫고 겸손해질 것이다. 이것은 죄책감을 느끼게 하거나 또는 자기 인식에 짓눌리지 않을 것이며, 오히려 그 반대이다. 당신은 자신을 완전한 개인으로 받아들이고, 선과 악을 모두 포용하며, 성자로써 거짓된 자아상을 버릴 것이다. 위선에서 해방되고 더욱 자유를 느낄 것이다. 사람들은 당신의 이런 특성에 끌릴 것이다.

11 ② 제시문의 마지막 부분에서 잉카제국은 전체 인구의 약 3분의 1에서 절반이 유럽인들의 바이러스성 질병 때문에 사망했고, 이로 인해 스페인은 비교적 쉽게 잉카를 정복할 수 있었다고 서술되어 있다. 그러므로 ②의 'European diseases as a cause of the collapse of the Inca Empire(잉카제국의 붕괴 원인인 유럽의 질병)'가 제시문의 주제로 가장 적절하다.

〔오답풀이〕

① 스페인 신세계 정복자들과 그들의 잔혹함
③ 구세계와 신세계의 충돌이 유럽인들에게 미치는 영향
④ 잉카제국의 흥망성쇠를 추적하는 과학적인 방법
⑤ 구세계의 질병을 치료하기 위한 잉카의 자연 요법

〔어휘〕

• grandeur : 장엄함, 위엄
• conquer : 정복하다, 이기다
• conquistador : 정복자
• immunity : 면역력, 면제
• smallpox : 천연두
• measles : 홍역
• typhoid : 장티푸스

- influenza : 인플루엔자, 유행성 감기
- malaria : 말라리아
- whooping cough : 백일해
- indigenous : 원산의, 토착의
- epidemics : 전염병
- successor : 후계자, 계승자
- estimated : 어림의, 추측의
- population : 인구, 주민
- viral : 바이러스성의, 바이러스에 의한
- demoralize : 사기를 꺾다, 의기소침하게 만들다
- contribute to : ~에 기여하다
- relatively : 상대적으로, 비교적
- cruelty : 잔인함, 학대
- collapse : 붕괴되다, 무너지다
- collision : 충돌, 부딪침
- therapy : 치료, 요법

해석

그 규모와 웅장함에도 불구하고, 잉카제국은 1532년부터 스페인에 의해 정복되기 전까지 불과 1세기 동안 지속되었다. 스페인 정복자들이 남아메리카 중부에 도착하기 전부터, 유럽인들이 아메리카 사람들에게 면역력이 없는 질병을 가지고 왔기 때문에 잉카는 유럽인들의 신세계 도착으로 고통받기 시작했다. 유럽인들이 남아메리카에 상륙한 직후 천연두, 홍역, 장티푸스, 인플루엔자, 말라리아, 백일해 및 기타 질병으로 아메리카 원주민들이 사망했다. 이러한 구세계 질병은 1520년대까지 잉카제국에 퍼졌다. 안데스 산맥에 스페인이 도착하기 직전, 전염병으로 황제와 그의 후계자를 포함한 많은 잉카 지도자들이 사망했다. 결국 잉카제국 전체 인구의 약 3분의 1에서 절반이 이러한 바이러스성 암살자 때문에 사망했다. 살아남은 사람들은 사기가 떨어졌고, 이는 비교적 쉽게 스페인이 잉카를 정복하는데 기여했다.

12 ① 제시문에서는 사전 경고를 받은 학생들과 받지 않은 학생들 중 어느 집단이 더 설득이 되었는지 실험을 통해 밝혀내고 있다. 그러므로 ①의 'effect of forewarning on persuasion(설득에 대한 사전 경고의 효과)'이 제시문의 주제로 가장 적절하다.

오답풀이

② 설득력 있는 말의 특징
③ 대화형 프레젠테이션의 중요성
④ 사전 경고 표시의 필요성
⑤ 교육에서 설득적인 의사소통 기능

어휘

- forewarn : 미리 주의를 주다, 사전에 경고하다

- in advance : 사전에, 미리
- persuade : 설득하다 a. persuasive 설득력 있는 n. persuasion 설득력
- take away : 제거하다, 빼앗다
- psychological : 심리의, 심리적인
- reactance : 유도저항
- lovebird : 원앙, 잉꼬, 열애 중인 남녀
- interactive : 상호작용을 하는, 대화형의

해석

만일 사람들이 공격이 있을 거라는 사실을 안다면, 그들은 스스로를 방어할 준비를 할 수 있다. 한 연구에서 고등학생들은 "왜 십대들이 운전을 못하도록 해야 하는가"에 대한 연설을 듣게 될 것이라고 2분 또는 10분 전에 미리 경고를 받았다(짐작하는 것처럼, 별로 관심 있는 메시지는 아님). 나머지 학생들은 같은 말을 들었지만, 미리 경고를 받지는 않았다. 그 결과 사전 경고를 받지 않은 학생들이 가장 많이 설득되었고, 그 다음으로 2분 전에 경고를 받은 학생들이, 그 다음으로 10분 전에 경고를 받은 학생들이 설득되었다. 사람들은 누군가가 그들을 설득하려고 한다고 믿을 때(그리고 선택의 자유를 빼앗으려고 할 때), 그들은 심리적 저항이라고 불리는 불쾌한 감정적 반응을 경험하는데, 이것은 설득력 있는 시도에 그들이 저항하도록 하는 원인이 된다. 사람들은 종종 그들이 설득당하는 것과 정확히 반대되는 행동을 할 것이다. 셰익스피어의 연극에서 로미오와 줄리엣의 부모가 로맨스를 끝내려는 그들의 노력이 그 젊은 연인을 더 가깝게 만들었을 때 이러한 효과가 나타났다.

13 ① 글의 서두에서 다양성의 증가가 저절로 사회의 긴장과 갈등을 증가시킨다는 무섭지만 잘못된 가정에 맞설 필요가 있으며, 사실은 그와 정반대라고 서술하고 있다. 그러므로 ①의 "Does Diversity Harm Democracy? (다양성은 민주주의에 해로운가?)"가 제시문의 제목으로 가장 적절하다.

오답풀이

② 민주주의의 약점은 내재하는가?
③ 다양성의 증가는 민주주의에 대한 위협이다.
④ 다수결의 원칙 : 민주주의의 기본 원리
⑤ 민주주의는 전염되기 쉽다 : 진보의 민주화

어휘

- reconstitute : 재구성[편성]하다, 원상태로 만들다[복원하다]
- in line with : ~에 맞춰, ~와 함께
- frightening : 무서운, 겁나는
- assumption : 가정, 추측
- diversity : 다양성, 포괄성
- tension : 긴장, 불안, 갈등

- conflict : 갈등, 충돌
- within limits : 어느 정도까지는, 어느 한도 내에서는
- desirable : 바람직한, 가치 있는
- desperately : 필사적으로, 기를 쓰고
- brass : 놋쇠, 황동 cf) brass ring 큰 돈벌이[성공]의 기회
- rewarding : 보람 있는, 돈을 많이 버는, 수익이 많이 나는
- symbiotic : 공생의, 공생하는
- appropriate : 적절한, 타당한
- arrangement : 준비, 방안, 합의, 협의, 배열
- secure : 안전한, 확실한
- stable : 안정된, 안정적인
- unnecessarily : 불필요하게, 쓸데없이
- minorities : 소수자
- knife-edge : 칼날
- violence : 폭행, 폭력
- stifle : 억누르다, 억압하다
- dissent : 반대하다, 의견을 달리하다
- selfishness : 이기심, 이기적임
- imaginative : 창의적인, 상상력이 풍부한
- accommodate : 공간을 제공하다, 수용하다
- legitimate : 합법적인, 적법한, 정당한
- multiplying : 중복하는, 복합적인
- inherent : 고유의, 본래의, 내재하는
- contagious : 전염되는, 옮기 쉬운

해석

현재의 상황에 맞춰 민주주의를 재구성하려면, 다양성의 증가가 저절로 사회의 긴장과 갈등을 증가시킨다는 무섭지만 잘못된 가정에 맞설 필요가 있다. 사실은 그와 정반대이다. 사회에서 갈등은 필요할 뿐만 아니라, 어느 정도까지는 바람직하다. 하지만 100명의 사람들 모두가 필사적으로 동일한 성공 기회를 원한다면, 그들은 그것을 위해 싸울 수밖에 없을지도 모른다. 반면, 100명 모두가 각기 다른 목표를 가지고 있다면, 그들이 거래하고, 협력하고, 공생 관계를 형성하는 것이 훨씬 더 수익이 많이 난다. 적절한 사회적 합의를 고려한다면, 다양성은 안전하고 안정적인 문명을 만들 수 있다. 쓸데없이 소수자들 사이의 갈등을 폭력의 칼날로 예리하게 만드는 것은 오늘날 적절한 정치 제도의 부재 때문이다. 이 문제에 대한 해답은 반대 의견을 억누르거나 소수자들의 이기심을 비난하는 것이 아니다. 그 답은 다양성을 수용하고 정당화하기 위한 창의적인 새로운 방안, 즉 다양하고 복합적인 소수자들의 급변하는 요구에 민감하게 반응하는 새로운 제도에 있다.

14 ⑤ 제시문에 따르면 '이것을 알파벳 순서로 배열해라'처럼 단순한 어떤 것으로 포장된 모호함은 정말 놀라우며, 모호한 지시는 우리의 체계와 신뢰를 약화시킬 수 있다고 서술되어 있다. 그러므로 ⑤의 "Ambiguity Hides in Simplicity(모호함은 단순함 속에 숨어 있다.)"가 제시문의 제목으로 가장 적절하다.

오답풀이

① 알파벳 순서는 분류를 쉽게 만든다.
② 복잡함을 버리고, 단순함을 유지하라.
③ 관리자: 동료인가 적인가?
④ 오래된 앨범은 수집하기 어렵다.

어휘

- alphabetically : 알파벳순으로
- direction : 방향, 쪽
- overhear : 우연히 듣다, 엿듣다
- inventory : 물품 목록, 재고
- shipment : 수송, 수송품, 화물
- ambiguity : 애매모호함 a. ambiguous 모호한, 막연한
- wrap : 싸다, 포장하다
- alphabetize : 알파벳순으로 배열하다
- instruction : 지시, 명령
- trustworthiness : 신뢰성, 신용
- misfile : 잘못 철하다[정리하다]
- chaos : 혼돈, 혼란
- ensue : 뒤따르다, 일어나다
- classification : 분류, 범주

해석

레코드 가게에서 일하는 첫날에, 관리자가 "우리 레코드들은 알파벳순으로 정리되어 있어요."라고 말한다고 상상해보자. 이 순서대로 여러분은 첫 번째 앨범들을 쉽게 정리한다. 후에 함께 일하는 동료가 "죄송합니다. 지금 막 마이클 잭슨 앨범이 다 팔린 것 같아요."라고 말하는 것을 우연히 듣게 된다. 관리자는 'J' 밑을 보고 물품 목록을 확인하는데, 그 물품 목록에는 가게에 '스릴러' 앨범 한 장이 있어야 한다고 되어있다. 당신은 그것이 방금 정리한 레코드 물품 중 일부라는 걸 기억한다. 'J' 밑이 아니라면, 그 레코드를 어디에 둘 수 있었겠는가? 'M' 밑에? '이것을 알파벳 순서로 배열하라'처럼 단순한 어떤 것으로 포장된 모호함은 정말 놀랍다. 우리는 하루 종일 지시를 주고받는다. 모호한 지시는 우리의 체계와 신뢰를 약화시킬 수 있다. 첫 번째 앨범이 잘못 정리된 지 너무 오래되어서 혼란이 일어난다.

15 ⑤ 위의 그래프를 보면 통신 분야에 종사하는 남녀 군인의 비율이 각각 10%로 동일하므로, "군대에서 남녀가 동일한 분포를 보이는 직업적 역할은 없었다."는 ⑤의 설명은 도표의 내용과 일치하지 않는다.

어휘

- occupational : 직업의, 직업과 관련된
- active-duty : 현역의
- concentrate : 집중하다, 전념하다
- administrative : 관리상의, 행정상의
- serviceman : 군인
- infantry : 보병
- gun crew : 포수
- seamanship : 배를 부리는 기술, 선박 조종술
- distribution : 배분, 유통, 분포

해석

위의 그래프는 2010년 미군의 직업적 역할에 따른 남성과 여성의 비율을 보여준다. ① 현역 여성들은 현역 남성들보다 행정적 역할에 훨씬 더 집중되어 있었다. 즉, 여성의 비율은 행정직 남성의 두 배가 넘었다. ② 그리고 군대의 남성 중 6%만이 의학적 역할을 수행한 반면, 여성의 15%가 이러한 유형의 직업을 가지고 있었다. ③ 전기 분야에서 남성의 비율은 여성보다 컸다. 즉, 남성의 22%가 전기 종사직에 있는 반면, 여성의 12%만이 동일한 역할을 수행했다. ④ 보병, 포수 및 선박 항해사에 종사하는 19%의 남성 군인에 비해, 여성 군인의 3%만이 이러한 역할을 수행했다. ⑤ 군대에서 남녀가 동일한 분포를 보이는 직업적 역할은 없었다.

16 ④ 제시문에 따르면 Marcuse는 1958년에 매사추세츠 주 Brandeis 대학의 교수가 되었지만, 1965년 노골적인 마르크스주의 사관 때문에 사임해야 했고 그 후 California 대학으로 옮겼다. 그러므로 "California 대학에서 교수가 되어 Brandeis 대학으로 옮겼다."는 ④의 설명은 제시문의 내용과 일치하지 않는다.

어휘

- completing : 가능한 최대의, 완벽한
- spell : 한동안, 잠깐 cf) a short spell 짧은 기간
- institute : 기관, 협회
- flee to : …로 달아나다, 피신하다
- the latter : 후자
- relocate : 이전하다, 이동하다
- resign : 사임하다, 퇴임하다
- outspoken : 노골적으로[거침없이] 말하는
- Marxist : 마르크스주의의
- renown : 유명, 명성, 평판
- die of a stroke : 뇌졸중으로 죽다

해석

1898년 베를린에서 태어난 Herbert Marcuse는 1922년

Freiburg 대학에서 문학 박사 학위를 받기 전인 제1차 세계대전 당시 독일군에서 복무했다. 베를린에서 잠시 동안 도서판매원으로 일한 그는 Martin Heidegger 밑에서 철학을 공부했다. 1932년 그는 사회 연구 기관에 입사했지만, 결코 프랑크푸르트에서 근무한 적이 없다. 1934년에 그는 미국으로 피신했고, 그곳에서 머물러야 했다. 그가 Max Horkheimer와 함께 뉴욕에 있는 동안, Max Horkheimer는 콜롬비아 대학교로부터 연구소를 그곳으로 이전하라는 제안을 받았고 Marcuse는 그와 합류했다. 1958년 Marcuse는 매사추세츠 주 Brandeis 대학의 교수가 되었지만, 1965년 노골적인 마르크스주의 사관 때문에 사임해야 했다. 그는 California 대학으로 옮겼으며, 1960년대에는 사회이론가, 철학자 및 정치활동가로서 세계적인 명성을 얻었다. 그는 81세의 나이에 뇌졸중으로 사망했다.

17 ③ ①, ④, ⑤의 'they'와 ②의 'their'는 모두 Betsy의 부모님을 가리키나, ③의 'they'는 Betsy와 그녀의 친구를 가리킨다.

어휘

- spit : 침을 뱉다
- pucker up : 입술을 오므리다
- spray : 뿌리다, 퍼붓다
- saliva : 침, 타액 cf) a cloud of saliva 타액
- embarrass : 당황스럽게 만들다, 어쩔 줄을 몰라 하다
- naughty : 버릇없는, 말을 안 듣는
- disgusting : 역겨운, 혐오스러운
- fall on deaf ears : 다른 사람 귀에 들어가지 않다, 무시되다, 허사다
- broadly : 대략, 활짝
- bet : 틀림없다, 분명하다
- in a mixture of : 뒤섞인
- shame : 수줍음, 부끄러움, 창피
- amazement : 놀라움, 경악
- disappear : 사라지다, 보이지 않게 되다
- struggle : 투쟁, 고투

해석

네 살 난 Betsy는 침을 뱉는 것을 좋아했다. 매번 누군가가 "안녕, Betsy"라고 말할 때, 그녀는 입술을 오므리고 그 사람에게 한 움큼 침을 뿌릴 준비를 했다. 그녀의 부모는 당황했고, 그녀가 어떻게 그런 '나쁜' 습관을 시작했는지 이해할 수 없었다. 그들은 둘 다 매우 존경받는 사람들이었고, Betsy가 어디서 그런 '버릇없고 혐오스러운' 것을 배웠는지 이해하지 못했다. Betsy를 멈추게 하려는 그들의 모든 노력은 허사였다. 어느 날 그들은 가족의 친구를 방문했고, Betsy가 침을 뱉으려고 입술을 오므렸을 때, 친구는 활짝 웃으며 "Betsy, 틀림없

이 침 뱉는 거 좋아할 거야. 둘이 욕실로 가서 화장실에 침을 뱉어보자. 내 생각에 그것도 재미있을 거야." Betsy가 친구의 손을 잡고 둘이 욕실로 사라졌을 때, Betsy의 부모는 부끄러움과 놀라움에 뒤섞여 지켜보았다. 몇 분 후, 그들은 돌아왔고 Betsy는 침 뱉는 것을 멈추었다. Betsy의 부모가 깨달은 것은 Betsy의 행동을 통제하려고 애쓰면서 그들이 힘 겨루기를 하고 있었다는 것이다. 이제 그들은 선택권이 있었고, Betsy에게 "화장실에서 하는 한 침 뱉는 건 괜찮아."라고 말할 수 있었다. Betsy가 자기 습관을 포기하는 데는 그리 오래 걸리지 않았다.

18 ④ 해당 문장은 원래 'as(while) he knew Merkel had once been bitten ~'으로써, 부대상황을 나타내는 분사구문으로 바꾸면 접속사 'as(while)'와 주어 'he'를 생략하고, 동사 'knew'는 현재분사인 'knowing'으로 바꿔야 한다.

오답풀이

① 선행사가 포함된 주격 관계대명사로써 'what'을 사용한 것은 적절하며, 문장의 주어로서 'the thing that'의 의미를 지닌다.

② 동사 'seem' 다음에 'to be'가 생략된 형용사 'fake'를 사용한 것은 적절하다.

③ 접속사 'while' 다음에 주어+be동사인 'she is'가 생략되고, 현재분사 'seeming'을 사용한 것은 적절하다.

⑤ 'put oneself in the one-up position'는 '유리한 입장에 있다'는 의미로, 앞의 주어 'She'에 맞추어 재귀대명사 'herself'를 사용한 것은 적절하다.

어휘

• confident : 자신감 있는, 확신하는
• businesslike : 효율적인, 업무에 충실한, 사무적인
• chancellor : 수상, 총장
• fake : 가짜의, 거짓된, 가식의
• absorption : 흡수, 몰두, 몰입
• have a way of ~ing : 흔히 ~하게 되어 가다
• remarkably : 두드러지게, 현저하게, 몹시, 매우
• interrupt : 방해하다, 끼어들다
• assert : 단언하다, 주장하다
• boredom : 지루함, 따분함
• iciness : 쌀쌀함, 냉담함
• blustering : 세차게 몰아치는, 호통치는
• intimidate : 겁을 주다, 위협하다
• bite : 물다, 깨물다
• visibly : 눈에 띄게, 분명히
• tense : 긴장한, 신경이 날카로운
• compose : (감정·표정 등을) 가다듬다, 가라앉히다, 진정시키다

• one-up : 한 걸음 앞선, 유리한 cf) put oneself in the one-up position : 유리한 입장에 있다
• ploy : 책략, 계략
• petty : 사소한, 하찮은, 옹졸한
• childish : 어린애 같은, 유치한
• in comparison : ~와 비교하여
• alpha male : 우두머리 수컷
• posturing : 가식적인[꾸민] 태도
• in one's own way : 자기 나름대로

해석

리더십을 발휘하는 위치에 있는 여성들에게 가장 효과적인 것은 침착하고 자신감 넘치는 표정이며, 따뜻하지만 사무적인 것이다. 아마도 이것의 가장 좋은 사례는 현재의 독일 수상인 Angela Merkel일 것이다. 그녀의 미소는 평균적인 남성 정치인보다 빈도가 훨씬 덜 하지만, 미소를 지을 때는 특별한 의미가 있다. 그녀의 미소는 결코 가식처럼 보이지 않는다. 그녀는 완전히 몰입된 표정으로 다른 사람의 말을 경청한다. 그녀는 다른 사람들이 대화를 주도하게 하며, 항상 대화의 과정을 통제하는 것처럼 보인다. 그녀는 자기 주장을 위해 끼어들 필요가 없다. 그녀가 누군가를 비난하고 싶을 때, 지루하고 냉담하며 혹은 경멸의 표정을 짓지, 결코 호통치는 말을 하지 않는다. 블라디미르 푸틴 러시아 대통령이 메르켈이 한 때 물려서 개에 대한 두려움을 가지고 있다는 것을 알고 애완견을 회의에 데려와 그녀를 겁주려고 했을 때, 그녀는 눈에 띄게 긴장했지만, 재빨리 마음을 가라앉히고 조용히 그의 눈을 쳐다보았다. 그녀는 푸틴의 계략에 아무런 대응도 하지 않음으로써 푸틴과의 관계에서 유리한 입장에 놓았다. 이에 비하면 그는 다소 유치하고 옹졸해 보였다. 그녀의 스타일에는 우두머리 남성의 가식이 전혀 없다. 자기 나름대로 더 조용하면서도 아주 강력하다.

19 ② 관계대명사 'that'의 수식을 받는 'a debate'가 문장 전체의 주어이고, 'leave out'이 본동사에 해당하므로 3인칭 단수 현재 시제에 맞추어 'leaves out'이 되어야 한다.

오답풀이

① 주절의 시제가 'would have + p.p'이므로 가정법 과거완료 구문이다. 종속절은 원래 'if Depression-era regulations had not been removed ~'인데, 접속사 'if'가 생략되고 주어와 동사가 도치되어 'had Depression-era regulations not been removed ~'로 된 것이다.

③ 앞의 선행사 'The kind of work'을 수식하기 위해 관계대명사 'that'이 A and B의 형태로 연결된 것으로 적절하다.

④ 앞의 'those who don't care'를 대신하는 지시대명사 'them'을 사용한 것은 적절하다.

정답 및 해설

⑤ 주어 'We'의 동사가 등위접속사 'but'에 의해 A but B의 형태로 연결된 것이므로, 앞의 동사 'miss'에 맞추어 동사 'lack'을 사용한 것은 적절하다.

어휘

- inevitable : 불가피한, 필연적인
- depression-era : 대공황 시대
- regulation : 규제, 통제
- enforce : 집행[시행]하다, 강요하다
- debate : 토론, 논쟁
- mechanism : 매커니즘, 방법, 구조
- leave out : ~을 빼다[배제시키다]
- ingredient : 재료, 성분, 구성 요소
- practitioner : 전문직 종사자, 실무자
- moral : 도덕의, 도덕적인

해석

규칙과 인센티브는 우리 사회 및 정치 생활에서 불가피하고 꼭 필요한 부분이다. 만약 대공황 시대의 규제가 제거되지 않고 현재의 규제가 시행되었다면 은행 위기는 훨씬 덜 심각했을 것이다. 그러나 규칙과 인센티브의 중요성에도 불구하고, 이 두 메커니즘의 적절한 혼합에만 초점을 맞춘 논쟁은 한 가지 중요한 요소를 배제시킨다. 대부분의 실무자들이 하고 싶어 하고 그들이 서비스하는 사람들 또한 하고 싶어 하는 종류의 일들은 실용적인 지혜를 요구한다. 규칙과 인센티브는 비록 관심 없는 사람들을 더 현명하게 만들지는 못하더라도, 그들의 행동을 개선할 수도 있다. 그러나 우리의 규칙과 인센티브의 대상인 관심 없는 사람들에게 초점을 맞추다 보면 관심 있는 사람들을 놓치게 된다. 우리는 옳은 일을 하고 싶지만 그것을 잘 할 수 있는 실용적인 지혜가 부족한 사람들을 놓친다. 규칙과 인센티브는 이 사람들에게 그들이 필요로 하는 도덕적 기술과 의지를 가르쳐주지 않을 것이다. 더 나쁜 것은 규칙은 기술을 죽일 수 있고 인센티브는 의지를 죽일 수 있다.

20 ③ (A) if 이하의 조건의 부사절에서 'the species'를 가리키는 지시대명사 'those'가 주어이므로, be동사의 복수형인 'are'를 사용하는 것이 적절하다.

(B) When 이하의 부사절에서 주어가 'the American chestnut'이므로, 부사절의 본동사에 해당하는 'was'를 사용하는 것이 적절하다.

(C) 'the ecosystem collapses at a tipping point'에서 'a tipping point'가 앞으로 나가 선행사의 역할을 하므로, '전치사+관계대명사'의 형태인 'at which'를 사용하는 것이 적절하다. 참고로 'at which'는 관계부사 'where'로 바꾸어 쓸 수 있다.

어휘

- biodiversity : 생물의 다양성
- shield : 방패, 보호막
- extinguish : 소멸하다, 멸종하다 n, extinction 소멸, 멸종
- take away : 없애다, 제거하다
- vanish : 사라지다, 없어지다
- survivor : 생존자, 살아남은 사람
- accelerate : 가속화하다, 속도를 높이다
- chestnut : 밤나무
- dominant : 우세한, 지배적인 cf) dominant tree 우세목
- fungal 균류[곰팡이]에 의한
- blight : 마름병
- moth : 나방
- caterpillar : 애벌레
- vegetation : 초목, 식물
- pigeon : 비둘기
- plunge to : …로 돌입하다
- mount : 증가하다, 올라가다
- tipping point : 티핑 포인트, 분기점
- ecosystem : 생태계
- collapse : 붕괴하다, 무너지다
- catastrophe : 재앙, 재난

해석

생물의 다양성은 우리 인간을 포함해서 전체적으로 그것을 함께 구성하는 개별 종(種)들의 보호막을 형성한다. 인간의 활동으로 이미 멸종된 종 외에, 가령 남은 종의 10%, 아니면 50%, 아니면 90%가 사라진다면 어떻게 될까? 점점 더 많은 종들이 사라지거나 거의 멸종될 무렵, 살아남은 종들의 멸종 속도는 점점 빨라진다. 어떤 경우에는 그 효과가 거의 즉시 나타난다. 1세기 전 한때 북아메리카 동부의 많은 지역에서 우세목이었던 미국 밤나무가 곰팡이에 의한 마름병으로 거의 멸종되었을 때, 애벌레가 그 식물에 의존하는 일곱 종의 나방이 사라졌고, 그리고 마지막 탑승객인 비둘기들이 멸종하기 시작했다. 멸종이 증가함에 따라 생물의 다양성은 생태계가 붕괴되는 분기점에 도달한다. 과학자들은 단지 어떤 조건 하에서 그리고 언제 이 재앙이 일어날 가능성이 가장 높은지에 대해서만 연구하기 시작했다.

21 ② (A) 앞의 동사 'respond'를 수식하기 위해 부사의 형태인 'appropriately'를 사용하는 것이 적절하다. 형용사인 'appropriate'를 사용하기 위해서는 뒤에 명사가 오거나 보어로써 사용되어야 한다.

(B) 부대상황을 나타내는 분사구문이 A and B의 형태로 연결된 것으로, 앞의 'offering'에 맞추어 'asking'을 사용하

는 것이 적절하다.

(C) 주어인 'the sight of food'가 무생물로 능동의 역할을 수행하므로, 현재분사 'exerting'을 사용하는 것이 적절하다.

어휘

- convince : 납득시키다, 확신시키다
- appropriate : 적절한, 타당한
- internal : 내부의 ↔ external 외부의
- satiety : 만족감, 포만감
- fuel : 연료, 식량, 음식물
- hypothesize : 가설을 세우다[제기하다]
- eating behavior : 섭식 행동
- subject : 연구[실험] 대상, 피험자
- divide A into B : A를 B로 나누다
- participant : 참가자, 참여자
- questionnaire : 질문지, 설문지
- theorize : 이론을 제시하다[세우다]
- exert : 가하다, 행사하다, 노력하다
- population : 인구, 주민

해석

1970년대에 콜롬비아 대학의 사회 심리학자인 Stanley Schachter는 비만인 사람들이 배고픔, 포만감, 혹은 음식물의 필요와 같은 내부 신호에 적절하게 반응하지 못한다고 확신하게 되었다. 그는 비만인 사람들이 내부 신호보다는 오히려 외부 신호에 반응하여 먹는다는 가설을 제기했다. Schachter의 크래커 연구는 마른 피험자들과 비만인 피험자들의 섭식 행동을 비교했다. 그는 먼저 참가자들을 두 그룹으로 나누었는데, 한 그룹에게는 그들이 먹고 싶은 샌드위치를 모두 제공하고 다른 그룹에게는 음식에 대한 설문지를 작성하도록 요청했다. 그러고 나서 그는 모두에게 다섯 종류의 각기 다른 크래커를 맛볼 수 있는 동등한 기회를 주었다. 당연히 샌드위치를 이미 먹은 마른 사람들은 간단한 설문지를 작성한 마른 사람들보다 크래커를 덜 먹었다. 하지만 비만인 사람들은 샌드위치를 먼저 먹었든 안 먹었든 거의 같은 수의 크래커를 먹었다. Schachter는 음식을 보는 것이 배고픔이 없다는 사실을 알리는 내부적인 메시지보다 비만 인구를 견인했다는 이론을 제시했다.

22 ④ 제시문에 따르면 자본주의의 본질이 '창조적 파괴'에 있으며 오래되고 덜 효율적인 제품이나 서비스를 파괴하고 새롭고 더 효율적인 것으로 대체하는 과정이라고 하였다. 그러므로 자본주의가 비효율적인 기업들을 빠르게 망하도록 그냥 내버려두는 나라들은 자본이 풀리고 더 혁신적인 기업으로 나아가게 되어 세계화 시대에 '사라지는' 것이 아니라 '생존하거나 번영할' 것이다. 따라서 ④의 'perish(사라지다)'는 'survive(살아남다)' 또는 'prosper(번영하다)' 등으로 바꿔 써야 한다.

어휘

- capitalism : 자본주의
- perpetual : 끊임없이 계속되는, 영구적인
- efficient : 효율적인, 능률적인
- paranoid : 편집증 환자, 피해망상 환자
- popularize : 대중화하다, 보급하다
- innovation : 혁신, 쇄신
- take place : 발생하다, 일어나다
- breakthrough : 돌파구
- obsolete : 한물간, 구식의
- constantly : 끊임없이, 지속적으로
- be freed up : 해방되다, 해소되다
- perish : 죽다, 소멸하다, 사라지다
- fall behind : 뒤떨어지다, 낙오하다

해석

Joseph Schumpeter는 자본주의의 본질이 '창조적 파괴'의 과정이라는 견해를 표명했다. 즉, 오래되고 덜 효율적인 제품이나 서비스를 파괴하고 새롭고 더 효율적인 것으로 대체하는 영구적인 사이클이다. Andy Grove는 Schumpeter의 통찰을 "편집증 환자만이 살아남는다."고 인정하고 여러 면에서 세계화 자본주의의 비즈니스 모델로 만들었다. Grove는 극적이고 산업적으로 변화하는 혁신이 오늘날 점점 더 빨리 일어나고 있다는 견해를 대중화하는 데 도움을 주었다. 이러한 기술적 돌파구 덕분에, 최신 발명품이 구식이 될 수 있는 속도는 이제 번개처럼 빠르다. 따라서 누가 그것들을 파괴하고 그것들에 한 걸음 앞선 새로운 것을 창조하고 있는지를 보기 위해 끊임없이 어깨 너머로 바라보고 있는 사람들, 즉 편집증 환자만이 살아남을 것이다. 자본주의가 비효율적인 기업들을 빠르게 망하도록 그냥 내버려두는 나라들은 자본이 풀리고 더 혁신적인 기업으로 나아가게 되어 세계화 시대에 사라질(→ 살아남을) 것이다. 이러한 창조적 파괴로부터 기업들을 보호하기 위해 정부에 의존하는 나라들은 이 시대에 뒤쳐질 것이다.

23 ③ 제시문에 따르면 보스턴과 케임브리지 아파트들은 오래 머물지 못하는 거주자의 특성상 시장에서 거래되는 것이 아니라 친구에서 친구로 대물림되기 때문에 집주인들은 새로운 세입자를 구해야 하는 부담을 덜어주는 이러한 대물림 행태를 좋아한다. 그러므로 ③의 'causes(초래하다)'는 'relieves(덜어주다)' 등으로 바꿔 써야 한다.

어휘

- postdoctoral : 박사 학위 취득자 후의 연구원, 박사 학위 취

득자

- definition : 정의 cf) by definition 정의상, 당연히
- expiration : 만료, 만기
- melting pot : (여러 인종과 문화가 뒤섞인 곳) 용광로, 도가니
- combination : 조합, 결합
- resident : 거주자, 주민
- turnover : 전환, 회전, 이동
- landlord : 주인, 지주, 임대주
- hand-me-down : 물려주는, 기성의, 만들어 놓은
- burden : 짐, 부담
- tenant : 세입자, 임차인
- real estate : 부동산
- secondary : 부수적인, 부차적인, 2차적인 cf) be secondary to ~에 버금가다.
- relevance : 연관성, 관련성, 적합성, 타당성
- embed : 박다, 끼워 넣다, 내재되다

해석

보스턴과 케임브리지는 많은 사람들이 그리 오래 머물지 않는 도시들이다. 이곳 사람들의 대다수가 대학원생과 박사 학위 취득자들로, 당연히 그들의 지위에 만료일이 있다는 것을 의미한다. 보스턴과 케임브리지는 여러 인종과 문화가 뒤섞인 곳이지만, 또한 작별 파티에서 새로운 친구를 사귀는 도시이기도 하다. 높은 거주자 이전률과 우정의 공존은 케임브리지에서 가장 좋은 아파트가 결코 시장에서 거래되지 못하는 상황을 만든다. 누군가가 좋은 아파트에서 이사 갈 때 항상 이사를 고려하는 친구가 생기고, 집주인들은 새로운 세입자를 구해야 하는 부담을 주기(→ 덜기) 때문에 보통 이러한 대물림 행태를 좋아한다. 그래서 교훈인 즉, 적어도 보스턴과 케임브리지의 경우, 아파트를 위한 부동산 시장은 소셜 네트워크에서 부차적이라는 것이다. 생애의 대부분을 소셜 네트워크의 경제적 연관성에 관해 연구한 사회학자 Mark Granovetter에 따르면, 케임브리지에서 학생용 아파트 시장은 소셜 네트워크에 내재되어 있다고 말할 수 있다.

24 ③ (A) 다음 문장에서 이러한 한계들은 학습을 나무를 조각하는 것에 비교하여 묘사되었다고 하였으므로, '한계'에 해당하는 'constrain(제한하다)'이 문맥상 적절하다.

(B) 처음에는 조각상과 거의 (B) 닮지 않은 나무 조각으로 시작하지만, 조각이 진행되면서 점차 최종 생산품처럼 보이게 된다는 의미이므로, 'resemblance(닮음)'가 문맥상 적절하다.

(C) 다음 문장에서 학습은 생물의 기존 행동 구조를 고려한다면 가장 성공적이라고 하였으므로, 나무를 조각하는 것은 기존의 결이나 나무 옹이와 조화를 이룰 때 가장

성공적이라고 할 수 있다. 그러므로 'harmony(조화)'가 문맥상 적절하다.

어휘

- infinitely : 무한히, 한없이, 대단히, 엄청
- flexible : 신축성[융통성] 있는, 유연한
- tendency : 성향, 경향, 성질
- constrain : 제한[제약]하다, 억제하다
- expand : 넓히다, 확장하다
- limitation : 국한, 제한, 한정
- elegantly : 우하하게, 고상하게
- analogy : 비유, 유추 cf) in an analogy 비유하여
- sculpt : 조각하다, 형상[형태]를 만들다
- resemblance : 닮음, 유사, 비슷함
- take into account : ~을 고려하다
- density : 밀도, 농도
- wood grain : 나뭇결
- knot : (나무 줄기의) 마디, 옹이
- conflict : 충돌, 갈등
- preexisting : 기존의
- in a similar fashion : 비슷한 방식으로

해석

행동은 무한히 유연하지 않고, 어떤 방향으로든 쉽게 움직인다. 오히려, 생물은 어떻게 학습하며 훈련 과정에서 기대되는 어떤 변화를 (A) 제한하는 자연스러운 행동 체계와 성향을 가지고 태어난다. 이러한 한계들은 학습을 나무조각상을 만드는 것에 비교한 연구자에 의해 우아하게 비유적으로 묘사되었다. 조각가는 조각상과 거의 (B) 닮지 않은 나무 조각으로 시작한다. 조각이 진행되면서, 나무 조각이 점점 더 최종 생산품처럼 보이게 된다. 그러나 조각가는 나뭇결의 방향과 밀도 그리고 나무가 지닌 옹이를 고려해야만 하기 때문에 그 과정은 제한이 없지 않다. 나무를 조각하는 것은 기존의 결이나 나무 옹이와 (C) 조화를 이룬다면 가장 성공적이다. 마찬가지로, 학습은 생물의 기존 행동 구조를 고려한다면 가장 성공적이다.

25 ② (A) 문맥상 식물이 그들의 종(種)이 지속될 수 있는 기회를 높이는 것이므로 'enhancing(향상시키다)'이 적절하다.

(B) 분명 곤충과 포유류 사이에는 크기에 차이가 있지만 둘 다 똑같이 영향을 받는 것이므로, 문맥상 'be subject to(~을 받다, 당하다)'가 적절하다.

(C) 우리가 특정 식물 성분들을 먹는 것에 장기적으로는 면역이 되어 있지 않지만, 우리 포유류들이 가지고 있는 엄청난 수의 세포들 때문에, 수년 동안 그러한 화합물을 소비하면서 나쁜 결과를 얻지 못할 수도 있다는 의미이다. 그러므로 문맥상 'damaging(해로운)'이 적절하다.

어휘

- alchemist : 연금술사
- sunbeam : 태양광선, 햇빛
- evolve : 발달하다, 진화하다
- biological warfare : 생물전, 세균전
- repel : 격퇴하다[물리치다], 접근하지 못하게 하다
- paralyze : 마비시키다
- disorient : 방향감각을 잃게 하다
- digestibility : 소화성[율], 소화능력
- enhance : 높이다, 향상시키다
- reduce : 줄이다, 축소하다
- remarkably : 두드러지게, 매우, 몹시
- lectin : 렉틴(주로 식물에서 추출되는 단백질)
- dine on : ~으로 식사를 하다, ~를 먹다
- quantum : 양자(量子)
- be subject to : ~을 받다, 당하다
- resistant : ~에 잘 견디는, 저항[반대]하는
- immune : 면역성이 있는, 면제되는
- compound : 화합물, 혼합물
- huge : 거대한, 엄청난

해석

식물은 훌륭한 화학자이자 연금술사이다. 즉, 그들은 햇빛을 물질로 바꿀 수 있다! 식물은 중독시키기, 마비시키기, 방향감각을 잃게 하기 등으로 포식자들이 접근하지 못하도록 생물학전을 이용하거나 그들의 종이 지속될 수 있는 기회를 (A) 향상시켜 생존과 종자 보전을 위한 자신의 소화능력을 감소시키도록 진화해왔다. 이러한 물리적이고 화학적인 방어 전략 모두 포식자들을 멀리하고, 때로는 식물들이 원하는 대로 동물들이 행동하도록 하는 데 몹시 효과적이다. 식물의 초기 포식자는 곤충이었기 때문에, 식물은 그들을 먹으려고 하는 불운한 벌레들을 마비시킬 수 있는 렉틴을 개발했다. 분명히 곤충과 포유류 사이에는 양자 크기에 차이가 있지만, 둘 다 똑같은 영향을 (B) 받는다. 분명 여러분 대부분은 그것을 먹은 지 몇 분 내에 식물 화합물에 의해 마비되지는 않을 것이다. 물론 땅콩 한 알이 특정 사람들을 죽일 수 있는 가능성이 분명 있다. 그러나 우리는 특정 식물 성분들을 먹는 것은 장기적인 효과에 면역이 되어 있지 않다. 우리 포유류들이 가지고 있는 엄청난 수의 세포들 때문에, 우리는 수년 동안 그러한 화합물을 소비하는 데 (C) 해로운 결과를 보지 못할 수도 있다. 그리고 비록 이런 일이 당신에게 일어난다고 해도, 아직 그것을 알지 못한다.

26 ② 제시문에 따르면 다른 코끼리들이 죽어가고 있는 늙은 수컷 코끼리를 돕거나, 사냥꾼이 쏜 총에 맞은 부상당한 동료 코끼리를 돕는 것이 자주 목격되었다고 서술하고 있다. 그

러므로 빈칸에는 ②의 'compassion for their fellows(그들의 동료들에 대한 동정심)'가 들어갈 말로 가장 적절하다.

오답풀이

① 부상에 대한 자가 치료
③ 자손을 위한 가족 간의 연대
④ 그들의 포식 동물을 속이기 위한 기술
⑤ 야생에서 먹이를 구하기 위한 협력

어휘

- solely : 오로지, 단지
- claw : 발톱, 집게발
- bull elephant : 수컷 코끼리
- ton one's feet : 서 있는 상태로
- trunk : (코끼리의) 코
- tusk : 엄니, 상아
- strenuously : 강하게, 심하게
- comrade : 동무, 동료, 친구
- gunshot : 발포, 총소리
- work in concert : 협력하다
- companion : 동료, 동지, 벗
- gigantic : 거대한, 굉장히 큰
- stick : 집어넣다
- self-treatment : 자가 치료
- compassion : 연민, 동정심
- family ties : 가족 연대
- offspring : 자식, 자손, 새끼
- deceiving : 속이는, 기만하는
- predator : 포식자, 포식 동물
- collaboration : 협력, 협조, 제휴

해석

관찰자들은 야생 동물들이 단지 '이빨과 발톱'만으로 사는 것이 아니라 그들의 동료들에 대한 동정심을 자주 나타낸다는 것을 여러 차례 발견했다. 한 때, 늙은 수컷 코끼리가 죽어가고 있을 때, 인간 관찰자들은 그의 모든 가족이 그 코끼리를 다시 일어서게 하기 위해 온갖 시도를 다했다고 언급했다. 우선, 그들은 자기 코와 엄니를 그 코끼리 밑에 넣으려고 시도했다. 그때 그 늙은 녀석을 일으켜 세우려고 너무 세게 잡아당기다가 그 과정에서 어떤 놈은 자신의 엄니를 부러뜨렸다. 늙은 친구에 대한 그들의 걱정은 자신들의 안위보다 훨씬 더 컸다. 코끼리들은 총소리를 무서워하면서도 사냥꾼이 쏜 동지를 도우러 오는 것이 또한 관찰되었다. 다른 코끼리들은 부상당한 동료가 다시 걷도록 일으켜 세우기 위해 협력한다. 그들은 상처를 입은 코끼리의 어느 한 쪽을 밀착시키고 걸으면서, 그들의 거대한 몸 사이로 친구를 이동시키려고 협력한다. 코끼리

들은 또한 부상당한 친구에게 먹이를 주고 힘을 내도록 하기 위해 그들의 입에 풀을 집어넣는 것을 목격했다.

27 ① 제시문에 따르면 차에 탄 앞 좌석 승객이 대게 운전자들보다 더 불안해한다고 했으므로, 사람들이 두려움을 이겨내도록 도와주는 요인이 통제되고 있음을 보여준다. 그러므로 빈칸에는 ①의 'being in control(통제되고 있다)'이 들어갈 말로 가장 적절하다.

오답풀이

② 지켜보기
③ 좋은 일을 회상하기
④ 친구와 함께 하기
⑤ 적절한 훈련과 연습

어휘

- factor : 요소, 요인
- withstand : 견뎌내다, 이겨내다
- reveal : 드러내다, 폭로하다
- aircrew : 항공기 승무원
- theater of operation : 작전 구역, 전투 지역
- sign up : 참가하다, 가입하다
- enlisted man : 사병, 지원병
- single-handed : 혼자의, 단독의
- heavy bomber crew : 중폭격기 승무원
- reluctance : 싫음, 마지못해 함, 꺼림
- casualty : 사상자, 피해자 cf) casualty rate : 사상률
- dreadful : 끔찍한, 지독한
- companion : 동료, 친구, 벗
- proper : 적당한, 타당한

해석

사람들이 두려움을 이겨내도록 도와주는 요인이 통제되고 있다. 예를 들어, 차에 탄 앞 좌석 승객은 대게 운전자들보다 더 불안해한다. 미군에 대한 연구에서 이러한 사실이 밝혀졌는데, 1944년 6월 유럽의 작전 구역에 있던 승무원에게 "다시 한번 전투비행에 참가할 생각이 있느냐?"고 물었을 때이다. 조종사들은 항상 다른 사병들(39-51%) 이상으로 "네, 꼭 그렇게 습니다"(51-84%)라고 답했고, 전투기 조종사들은 폭격기 조종사(51-74%)보다 단독 비행(84%)이 많았다. 중폭격기 승무원들은 그들이 더 많은 임무를 수행할수록 점점 더 꺼리는 모습을 보였는데, 그 이유는 어렵지 않게 찾을 수 있다. 사상자율(70% 이상이 6개월 후 작전 중 전사 또는 실종, 17.5%가 작전 중 부상 또는 상해)이 끔찍했다.

28 ② 빈칸 앞의 'capability(능력)'는 우리 자신의 아이들을 설계하고 인류 자체를 일종의 공예품으로 만들 수 있는 생명공

학이나 유전공학의 능력을 의미한다. 그러므로 빈칸에는 ②의 'to alter nature in fundamental ways(근본적인 방법으로 자연을 변화시키다)'가 들어갈 말로 가장 적절하다.

오답풀이

① 과학을 미학적으로 이용하다
③ 변형이 거의 없는 재료를 생산하다
④ 복잡한 시스템에서 숨겨진 결함을 감지하고 찾아내다
⑤ 외부와 내부의 위험으로부터 생명을 지키다

어휘

- contemporary : 동시대의, 당대의, 현대의
- ethical : 도덕적인, 윤리적인
- address : 고심하다, 다루다
- emerging : 신흥의, 신생의, 최근 생겨난
- genetic engineering : 유전공학
- prospect : 가능성, 가망성, 예상
- humanity : 인류, 인간
- artifact : 인공물, 공예품
- at a crossroads : 기로에 서 있는, 갈림길에 서 있는
- relinquish : 포기하다, 내주다
- biotechnology : 생명공학
- prohibit : 금하다, 금지하다
- genie : (램프 속의) 정령, 요정
- long-range : 장거리를 가는, 장기적인
- humility : 겸손, 겸허

해석

몇몇 현대 기술은 인류가 이전에 결코 다루지 않았던 종류의 문제인, 새롭고 심각한 윤리적 문제를 여는 것처럼 보인다. 예를 들어 유전공학의 새로운 기술은 우리 자신의 아이들을 설계하고 인류 자체를 일종의 공예품으로 만들 수 있는 가능성이 있다. 일부 저술가들은 이러한 가능성을 환영하는 듯하지만, 다른 작가들은 우리가 그러한 용감한 새로운 세계를 창조할 수 있게 해줄 지식을 얻을 기회를 포기해야 하는 기로에 서 있다고 믿는다. 다른 이들은 우리가 생명공학이나 유전공학이 인간에게 어떻게 사용될 것인지에 대해 어떤 용도는 허용하지만 다른 용도는 금지시키는 합리적인 제한을 둘 수 있다고 믿는다. 식물과 일부 동물 종(種)의 유전자 공학은 이미 널리 사용되고 있으며, 이 특별한 램프 속 요정을 다시 병에 넣는 것은 이미 불가능할 수도 있다. Hans Jonas는 우리에게 근본적인 방법으로 자연을 변화시킬 수 있는 능력을 부여한 이러한 기술들은 '장기적인 책임감'과 무엇보다도 겸허함을 가지고 접근해야 한다고 믿는다.

29 ③ 빈칸의 앞 문장에서 짧은 시간 동안에도 감정 표현이 덜한 사람의 기분이 감정 표현이 많은 사람의 기분을 닮아 갔는

데, 장시간의 접촉에 감정 이동이 더 많을 거라는 것은 이해하기 쉽다는 내용이다. 그러므로 빈칸에는 ③의 'can be even more infectious with prolonged contact(장시간의 접촉으로 훨씬 더 많이 옮겨갈 수 있다)'가 들어갈 말로 가장 적절하다.

오답풀이

① 최적 기능을 위해 가장 잘 관리될 수 있다.
② 외부 자극과는 무관하게 작동할 수 있다.
④ 사회 문화적 규범에 의해 영향을 받는다.
⑤ 모든 창조 과정과 관련이 있다.

어휘

• calm : 조용한, 침착한
• previously : 미리, 사전에
• spoil : 망치다, 못쓰게 만들다
• grouch : 불평이 많은 사람
• verbal : 언어[말]의, 구두의
• volunteer : 자원봉사자, 지원자
• identify : 확인하다, 알아보다
• exposure : 노출, 폭로
• optimal : 최적의, 최상의
• independently : 독립하여, 자주적으로
• external : 외부의, 밖의
• stimuli : stimulus(자극, 격려)의 복수
• infectious : 전염되는, 옮기 쉬운
• prolonged : 오래 계속되는, 장기적인
• norm : 표준, 규범

해석

조용한 사람 곁에 있을 때 마음이 더 평화로워지거나, 또는 이전에 불평이 많은 사람과 만나서 유쾌한 기분을 망쳤던 사례들을 틀림없이 기억할 수 있다. 연구원들은 이러한 과정은 빨리 일어나며 있다 해도 언어적 의사소통이 그다지 필요하지 않다는 것을 입증했다. 한 연구에서, 두 명의 지원자가 그들의 기분을 확인하는 조사를 마쳤다. 그 후 그들은 조용히 앉아서 2분 동안 서로 마주보고, 연구원이 방으로 돌아오기를 기다렸다. 끝날 무렵에 그들은 감정 상태를 확인하는 또 다른 조사를 마쳤다. 시간이 흘러, 짧은 노출에도 감정 표현이 덜한 사람의 기분은 감정 표현이 많은 사람의 기분을 닮아 갔다. 어떻게 감정이 장시간의 접촉으로 훨씬 더 많이 옮겨갈 수 있는지 이해하기란 쉽다. 불과 몇 달 만에, 데이트하는 연인들과 대학 룸메이트들의 감정적인 반응은 훨씬 더 비슷해진다.

30 ② 빈칸의 다음 문장에서 언어 사용과 관련된 자극이 두뇌 발달의 분발을 더욱 촉진시킨다고 하였고, 제시문의 마지막 문장에서 언어 사용은 단순히 우리가 의사소통을 할 수 있

다는 것뿐만 아니라, 우리가 외부 세계를 인식하는 방식에 심각한 영향을 미친다고 하였다. 그러므로 빈칸에는 ②의 'to memorize events much more precisely(사건을 훨씬 더 정확하게 기억하다)'가 들어갈 말로 가장 적절하다.

오답풀이

① 자연에 대한 호기심을 표현하다
③ 우리의 지각 경험을 다른 사람들과 공유하다
④ 우리 주변의 동물들과 의사소통하다
⑤ 창의적인 생각을 행동으로 옮기다

어휘

• stimulation : 자극, 격려
• associated with : ~와 관련된
• facilitate : 가능[용이]하게 하다, 촉진하다
• spurt : 분출, 분발, 용솟음침
• apparatus : 기구, 기관, 장치 cf) vocal apparatus 발성기관
• sign language : 수화(手話)
• tiny : 아주 작은
• fraction : 부분, 일부
• comparative : 비교의, 비교적, 비교를 통한
• accelerate : 가속화되다, 속도를 높이다
• obvious : 분명한, 명백한
• merely : 그저, 단지, 한낱
• profoundly : 깊이, 극심하게, 심오하게
• perceive : 인지하다, 깨닫다
• precisely : 바로, 꼭, 정확히
• perceptual : 지각의, 지각이 있는

해석

언어 사용은 우리가 사건을 훨씬 더 정확하게 기억할 수 있도록 해준다는 많은 증거가 있는데, 이는 언어 사용과 관련된 자극이 두뇌 발달의 분발을 더욱 촉진시키기 때문이다. 인간의 가족 환경에서 침팬지들을 양육함으로써 그들에게 언어 사용을 가르치려는 시도가 확대되어 왔다. 침팬지들은 말을 하기 위한 발성기관이 없기 때문에, 미국의 수화를 사용하여 교육을 받았다. 침팬지들에게 생의 처음 5년 동안 몇 백 단어까지 가르치는 것이 가능한 것으로 입증되었는데, 이것은 인간의 아이들이 성취하는 극히 일부분이다. 인간과 침팬지의 비교 능력은 첫 번째 생일과 두 번째 생일 사이에서 아이들 사이에서 언어가 발달하는 시점까지 다소 유사하며, 그 이후 우리의 정신 발달은 침팬지의 정신 발달보다 훨씬 가속화된다. 연관점은 언어 사용을 배우기 전에 그 시기에 대한 기억이 거의 없다는 것이다. 언어 사용은 단순히 우리가 의사소통을 할 수 있다는 것뿐만 아니라, 우리가 외부 세계를 인식하는 방식에 심각한 영향을 미친다는 점은 분명하다.

31 ⑤ 글 (C)에서 일반적인 보고서는 슈퍼마켓에서 가장 잘 팔리는 제품을 식별할 수 있으나, 글 (B)에서 데이터 마이닝이나 비즈니스 인텔리전스의 도움을 받은 보고서는 이뿐만 아니라 그 제품이 최고인 이유를 설명할 수 있다고 하였다. 그러므로 글 (C) 다음에 글 (B)가 이어져야 한다. 또한 글 (A)에서 '왜'를 아는 이러한 능력이란 글 (B)에서 그 제품이 최고인 이유를 의미하므로, 글 (A) 앞에 글 (B)가 와야 한다. 그러므로 주어진 글 다음에 (C) - (B) - (A)의 순서로 이어져야 한다.

- profitable : 수익성이 있는, 이득이 되는
- advanced : 발전된, 진보된, 고급[상급]의
- analytical method : 분석 기법
- encompass : 포함[포괄]하다, 망라하다
- data mining : 데이터 마이닝(대규모 자료를 토대로 새로운 정보를 찾아내는 것)
- business intelligence : 비즈니스 인텔리전스(기업 정보 수집 활동)
- empower : 권한을 주다[부여하다], 할 수 있게 하다
- strategic : 전략상 중요한, 전략적인
- capitalize : 자본화하다, 투자[출자]하다 cf) capitalize on ~을 이용[활용]하다
- newfound : 새로 발견된
- statistical : 통계학상의, 통계에 근거한
- visualization : 눈에 보이게 함, 시각화
- neural : 신경의 cf) neural network 신경망
- uncover : 알아내다, 발견하다

오늘날 많은 수익성 있는 사업의 성공 비결은 고급 분석 기법을 사용한 데이터 처리 능력에 있다. 정보관리 업무는 단순히 데이터를 저장하는 것 이상을 포괄한다. 그것은 또한 새로운 형태의 비즈니스 인텔리전스를 이용하여 데이터를 처리함으로써 '데이터 마이닝' 또는 정보 획득을 취급한다.

(C) 이런 이유로, 조직은 데이터 마이닝 기법(통계 분석, 시각화 및 신경망의 도움을 받아)에 투자하여 숨겨진 패턴을 알아내고 새로운 지식을 발견하며 결과적으로 현재의 비즈니스 상황에 대한 더 많은 통찰력을 얻을 필요가 있다. 예를 들어, 일반적인 보고서는 슈퍼마켓에서 가장 잘 팔리는 제품을 식별할 수 있다.

(B) 그러나 데이터 마이닝이나 비즈니스 인텔리전스의 도움을 받은 보고서는 슈퍼마켓에서 가장 잘 팔리는 제품을 식별할 수 있을 뿐만 아니라 그 제품이 최고인 이유를 설명할 수 있다.

(A) 그러므로 '왜'를 아는 이러한 능력은 조직이 필요한 전략적 변화를 만들 수 있도록 힘을 실어줄 것이다. 예를 들어, 조직은 고객과 보다 강력한 일대일 관계를 구축함으로써 새로 발견된 지식을 활용해야만 한다.

32 ③ 주어진 글 다음에는 관심 부족의 사례에 대해 설명한 글 (B)가 와야 한다. 글 (B) 다음에는 관심 부족에 대한 캐나다의 전술을 설명한 글 (C)가 와야 한다. 마지막으로는 캐나다가 미국의 관심을 끄는 데 성공했고, 결국 미국의 고위급 협상 참여를 유도했다고 설명한 글 (A)가 와야 한다. 그러므로 주어진 글 다음에 (B) - (C) - (A)의 순서로 이어져야 한다.

- Free Trade Agreement : 자유무역협정
- negotiation : 협상, 교섭
- statement : 성명, 진술, 발언
- significant : 중요한, 의미 있는
- provoke : 일으키다, 유발하다
- diplomatic : 외교의, 외교적인
- ally : 동맹국, 연합국
- participation : 참여, 참가
- enhance : 높이다, 향상시키다, 강화하다
- manifest : 드러내다, 나타내다
- entrust : 맡기다, 위임[위탁]하다
- official : 공무원, 관리
- authority : 관헌, 당국
- tactic : 전략, 작전, 전술
- stall : (교묘하게) 시간을 벌다

캐나다-미국 자유무역협정의 사례에서 보듯, 캐나다는 협상에서 캐나다의 국력을 증가시키기 위해 미국 정치 지도자들의 관심을 얻는 것이 중요했다. 강자의 관심 부족은 상대방을 특별히 강력하거나 비중 있게 생각하지 않는다는 발언인 경우가 많다.

(B) 그러한 관심 부족은 여러 면에서 나타나겠지만, 그것은 거의 항상 자국의 정치적 지도부에 대한 권한과 접근성이 제한된 비교적 하급 관리들에게 협상을 맡김으로써 입증된다.

(C) 캐나다는 이번 협상에서 이 문제에 직면했다. 관심을 끌기 위한 전술로는 협상에서 시간을 벌거나 발을 빼는 것이 포함될 수 있다. 캐나다와 미국의 자유무역협정에서 캐나다는 미국이 그 협상을 심각하게 받아들이지 않고 있다고 느끼자 퇴장했다.

(A) 이 조치는 오랜 동맹국인 두 나라 사이의 외교적 위기를 유발했고 미국의 관심을 끄는 데 성공했으며, 이는 미국의 고위급 협상 참여로 이어졌다. 캐나다는 역사적으로 강한 양국 관계를 바탕으로 국력을 키웠다.

33 ④ 제시문은 '법'이라는 용어가 다양한 의미로 사용되어 왔음을 보여주고 있다. 주어진 글에서 법은 사회 행동의 규범이나 기준을 집행하는 수단으로 사용된 것이므로, 전통적인 사회에서 흔히 볼 수 있는 비공식적인 절차에서부터 현대 사회의 전형적인 공식적 법체계에 이르기까지 모든 조직화된 사회에서 작용하는 법의 형태를 설명한 ④에 위치하는 것이 가장 적절하다.

어휘

- alternative : 대안적인, 대체의
- enforce : 집행[시행]하다, 강요하다
- norm : 규범, 기준, 표준
- descriptive : 서술하는, 기술적인
- obvious : 분명한, 명확한
- thermodynamics : 열역학
- employ : 고용하다, 쓰다[이용하다]
- predictable : 예측[예견]할 수 있는
- inevitable : 불가피한, 필연적인
- assertion : 주장, 단언
- uncover : 알아내다, 밝혀내다
- underlie : 기초[토대]가 되다, 근간을 이루다
- ranging from A to B : 범위가 A에서 B까지 이르다
- by contrast : 그에 반에서, 대조적으로
- specifically : 구체적으로, 분명히
- distinctive : 구별이 있는, 독특한, 특수한
- institution : 기관, 단체, 협회

해석

그러나 대체 용도로는 일반적으로 법을 사회 행동의 규범이나 기준을 집행하는 수단으로 다룬다.

'법'이라는 용어는 매우 다양한 의미로 사용되어 왔다. 우선, 과학적 법칙이나 기술적 법칙이라고 불리는 것이 있다. 이것들은 자연 또는 사회 생활에서 발견되는 규칙적이거나 필연적인 행동 패턴을 묘사한다. (①) 가장 분명한 예는 자연과학에서 찾을 수 있는데, 가령 물리학자들에 의해 발전된 운동법칙과 열역학이 있다. (②) 그러나 이러한 법 개념은 예측 가능하고, 심지어 필연적인 사회 행동 양식을 강조하기 위한 시도로 사회 이론가들에 의해서도 이용되어 왔다. (③) 이것은 마르크스가 역사적이고 사회적인 발전 '법칙'을 밝혀냈다는 엥겔스의 주장과 경제이론의 근간인 이른바 수요와 공급의 '법

칙'에서 볼 수 있다. (④) 따라서 사회학자들은 전통적인 사회에서 흔히 볼 수 있는 비공식적인 절차에서부터 현대 사회의 전형적인 공식적 법체계에 이르기까지 모든 조직화된 사회에서 작용하는 법의 형태를 보아 왔다. (⑤) 이와는 대조적으로, 정치 이론가들은 법을 다른 사회적 규칙이나 규범과는 분명히 분리되어 있고 현대 사회에서나 찾아볼 수 있는 독특한 사회 기관으로 보고, 법을 좀 더 구체적으로 이해하는 경향이 있었다.

34 ④ 제시문은 항생제의 남용으로 인한 부작용을 소개한 글이다. 주어진 글은 항생제의 효능이 듣지 않는 박테리아에 대해 언급하고 있으므로, 항생제 내성에 대해 언급한 ④에 위치하는 것이 가장 적절하다.

어휘

- antibiotics : 항생제, 항생물질
- efficacy : 효과, 효능
- render : 되게 하다, 만들다
- initially : 처음에, 당초에
- infection : 감염, 전염병
- godsend : 뜻밖의[하늘이 준] 선물
- drastically : 과감하게, 획기적으로, 대폭
- life expectancy : 기대수명
- fix : 해결책
- side effect : 부작용
- digestion : 소화, 소화력
- invasive : 급속히 퍼지는, 침습성의
- antibiotic resistance : 항생제 내성
- population : 개체군, 개체 수
- in a matter of years : 불과 몇 년 사이에, 수년 안에
- staphylococci : 포도상구균

해석

또 다른 예기치 못한 결과는 항생제의 효능을 부여하여 그들을 쓸모없게 만드는 메커니즘을 극복한 박테리아의 능력이다.

처음에 기적의 약처럼 보인 항생제는 한때 널리 보급되어 세균 감염뿐만 아니라 일반적인 감기부터 두통까지 모든 것에 사용되었다. (①) 실제로 항생제는 의약품을 획기적으로 개선시키고 20세기 동안 기대수명의 증대에 크게 기여한 신의 선물이었다. (②) 많은 기술적 해결책과 마찬가지로, 항생제의 긍정적인 이점과 함께 부정적인 부작용이 나타났다. (③) 항생제는 인체에 유익한 많은 박테리아를 죽일 수 있는데, 가령 침습성 박테리아와 함께 소화를 촉진하는 박테리아도 죽일 수 있다. (④) 처음 실험실에서 호기심으로 본 항생제 내성

은 항생제에 노출된 박테리아 개체군 사이에서 일반화되었다. (⑤) 페니실린의 도입 후 불과 몇 년 만에, 페니실린을 파괴하는 포도상구균이 페니실린의 초기 사용이 많았던 병원에서 나타났다.

35 ③ 제시문은 인간보다 훨씬 정교하게 주변 환경에서 일어나는 것을 감지하고 반응하며 살아가는 생물들에 대해 설명하고 있다. 그러나 ③은 땅에 뿌리를 박고 있어 제대로 주변 환경에 적응할 수 없는 수동적 식물에 대해 설명하고 있으므로 전체적인 글의 흐름과 어울리지 않는다.

어휘

• inertly : 비활동적으로, 둔하게
• inhabitant : 서식 동물, 어떤 장소에 살고 있는 생물
• pasture : 초원, 목초지
• Hellenes : 그리스인
• perceive : 감지[인지]하다, 지각하다
• sophistication : 교양, 세련, 정교
• surpass : 능가하다, 뛰어넘다
• sundew plant : 끈끈이주걱(식충 식물)
• grasp : 꽉 잡다, 움켜 잡다
• infallible : 틀림없는, 어김없는, 확실한
• accuracy : 정확, 정확도
• prey : 먹이, 사냥감, 희생자
• parasitical : 기생의
• slight : 약간의, 조금의, 경미한
• odor : 냄새, 악취
• victim : 피해자, 제물, 먹이
• obstacle : 장애, 장애물
• crawl : 기다, 기어가다
• unfavorable : 호의적이 아닌, 불리한
• nectar : 꿀, 과일즙
• stem : 줄기
• sophisticated : 지적인, 수준 높은
• enlist : 모집하다, 응모하다, 협력[찬성]하다
• herbivorous : 초식의, 초식성의

해석

기존에 비활동적으로 움직이는 것과 달리, 초원의 서식 생물, 즉 고대 그리스인들이 보탄이라고 부르는 것은 인간보다 훨씬 정교하게 그들의 환경에서 일어나고 있는 것을 감지하고 반응할 수 있는 것처럼 보인다. ① 끈끈이주걱 식물은 먹이가 있는 곳을 향해 올바른 방향으로 움직이면서, 어김없이 정확하게 파리를 붙잡을 것이다. ② 어떤 기생 식물은 먹이 냄새의 경미한 흔적도 알아챌 수 있으며, 모든 장애물을 극복하고 그 방향으로 기어갈 것이다. ③ 식물은 땅에 뿌리를 박고 있어

서 어떤 것이 필요할 때 또는 상황이 불리하게 변할 때 들어서 움직일 수 없기 때문에 곤란에 처한다. ④ 식물은 어느 개미가 자기 꿀을 훔칠지 알고 있는 것 같아서, 이 개미들이 가까이 있을 때는 닫히고, 개미가 올라가지 못하도록 줄기에 충분한 이슬이 맺혀 있을 때는 열린다. ⑤ 더 수준 높은 아카시아 나무는 실제로 다른 곤충과 초식동물들로부터 보호하는 대가로 꿀로 보상하는 특정 개미들의 보호 서비스에 협력한다.

36 ④ 제시문은 기본적으로 위치나 규모와 같은 지리적 개념에 의존하는 교통지리학에 대해 설명하고 있다. 그러므로 개인적이고 체계적인 교통수단 덕택에 관광 산업이 발달하게 되었다고 관광 산업의 내용을 다룬 ④는 전체적인 글의 흐름과 어울리지 않는다.

어휘

• geography : 지리, 지리학
• evolve : 진화하다, 발전하다
• inherently : 선천적으로, 본질적으로
• facilitate : 가능하게[용이하게] 하다
• regional : 지방의, 지역의
• considerable : 상당한, 많은
• scope : 범위, 영역, 여유, 여지
• factor : 요소, 요인
• constrain : 제한[제약]하다

해석

교통지리학은 경제지리로부터 발전한 지리학의 한 주요 분야이다. 물론, 관광과 마찬가지로 교통도 장소를 연결하고 상품과 사람들의 이동을 가능하게 하기 때문에 본질적으로 지리학적이다. ① 교통지리학은 기본적으로 위치나 규모와 같은 지리적 개념에 의존한다. ② 예를 들어, 위치는 특정 위치로부터 또는 특정 위치로의 이동이 가능한지의 여부 및 해당 이동이 어떻게 발생하는지를 포함한 이동 패턴을 형성한다. ③ 교통망은 현지의 지역적 규모로 존재하며, 현대 세계에서 점차 글로벌 시스템으로 연결되고 있다. ④ 훨씬 더 빠른 개인적이고 체계적인 교통수단 덕분에, 오후 드라이브, 주간 여행, 야간 숙박과 주말은 관광 산업뿐만 아니라 관광객들에게도 상당한 여유를 더했다. ⑤ 게다가 물리적 장소와 인적 장소 모두 교통수단을 허용하거나 제한하는 지리적 요인이 많다.

37 ⑤ 제시문에서 생물학자인 Garrett Hardin은 땅, 물, 공기 등에 재산권이 있다면 공장에서부터 시끄러운 음악에 이르기까지 모든 것에 의해 야기되는 외적인 것을 피할 수 있다고 보고 있다. 즉, 그것들을 사적으로 소유한다면 환경적 피해를 막을 수 있다는 것이다. 그러므로 (A)에는 'prevented(막다)', (B)에는 'privately(사적으로)'가 들어갈 말로 적절하다.

(A)		(B)
① 야기하다	……	독점적으로
② 야기하다	……	상업적으로
③ 밝히다	……	흔히
④ 막다	……	공적으로

어휘

- dump : 버리다 cf) dump A into B A를 B에 버리다
- sewage : 하수, 오물 cf) sewage disposal 하수 처리
- purchase : 구입하다, 사다
- septic : 썩은, 부패한 cf) septic system 오수정화 시스템
- disposal : 처리, 처분
- fraction : 부분, 일부
- internalize : 내면화하다, 받아들이다
- incentive : 자극, 유인, 동기
- prohibit : 금하다, 금지하다, ～하지 못하게 하다
- biologist : 생물학자
- assign : 맡기다, 할당하다
- property right : 재산권
- externality : 외부성, 외부 효과
- poaching : 불법 침입, 침해, 침범
- well-defined : 잘 정의된, 명확한, 분명한
- open-access : 개방 접근의
- exclusively : 배타적으로, 독점적으로
- commercially : 상업적으로, 영리적으로
- disclose : 밝히다, 폭로하다, 드러내다
- commonly : 흔히, 보통

해석

폐기물을 처리하고 보관하기 위해 오수정화 시스템을 구입하기보다는 공공 호수에 하수를 버리는 가구를 생각해 보자. 이 '직선관' 처리 방식은 수상 스포츠와 식수원으로서의 호수의 매력을 손상시킨다. 비록 하수를 버리는 사회적 비용이 오수정화 시스템의 비용보다 더 크지만, 버리는 피해의 전체 중 일부만을 부담하기 때문에 개인 가구의 버리는 비용은 크지 않다. 만약 호수 지역이 하수를 버리는 가구에 속해 있다면, 그 가구는 버리는 것으로 인한 전체 사회적 비용을 받아들이고 오수정화 시스템에 투자하게 될 것이다. 만약 호수 지역이 그밖의 누군가에게 속해 있다면, 그 사람은 버리는 것을 금하고 주의 깊게 감시할 동기를 얻을 것이다. 생물학자인 Garrett Hardin은 땅, 물, 공기에 재산권을 할당함으로써 사회는 공장에서부터 시끄러운 음악에 이르기까지 모든 것에 의해 야기되는 외적인 것을 피할 수 있을 것이라고 느꼈다. 그의 논지의 증거로서, 남의 영역에 대한 침해는 재산권이 명확하고 엄격하게 시행되는 국가들보다 재산권이 약한 국가들에서 훨씬 더

큰 문제이다.

↓

Garrett Hardin에 따르면, 그 지역들을 (B) 사적으로 소유한다면, 호수 같은 개방 접근 지역에 대한 환경적 피해를 (A) 막을 수 있을 것이라고 한다.

[38~39]

어휘

- divorce : 분리하다, 단절시키다 cf) divorce A from B A와 B를 분리하다
- intertwine : 얽히다, 엮이다.
- inevitably : 필연적으로, 불가피하게
- dominant : 우세한, 지배적인
- ratio : 비, 비율
- appropriate : 적절한, 타당한
- metaphor : 은유, 비유
- impel : 강요하다, 재촉하다, 추진하다
- tremendous : 거대한, 엄청난
- subject to : ～을 받다[당하다]
- predator : 포식자, 포식 동물
- rein : 고삐
- gallop : 전속력, 질주
- beforehand : 사전에, 미리
- boldness : 대담, 뱃심, 배짱
- slave : 노예, 종속
- channel : 쏟다, 돌리다, 전환하다
- rationality : 순리성, 합리성
- optimal : 최적의, 최상의
- tame : 길들이다, 다스리다
- harness : 마구를 채우다[씌우다], 이용[활용]하다
- suppression : 진압, 억제

해석

우리는 감정과 생각을 분리할 수 없다. 그 둘은 완전히 얽혀 있다. 그러나 필연적으로 (a) 우세한 요소가 있는데, 어떤 사람들은 분명 다른 사람들보다 감정에 더 지배된다. 우리가 찾는 것은 알맞은 비율과 균형이며, 가장 효과적인 행동으로 이어지는 것이다. 고대 그리스인들은 이것에 대해 적절한 비유로 기수와 말을 들었다.

말은 끊임없이 우리를 움직이도록 (b) 재촉하는 감정적인 본성이다. 이 말은 엄청난 에너지와 힘을 가지고 있지만, 기수가 없으면 인도할 수 없다. 그것은 야생적이고 포식자의 영향을 받으며 계속해서 문제를 일으킨다. 기수는 우리의 사고

력 자체이다. 훈련과 연습을 통해 고삐를 잡고 말을 인도하여, 이 강력한 동물 에너지를 (c) 생산적인 것으로 변화시킨다. 다른 한쪽이 없는 것은 쓸모가 없다. 기수 없이는 지시된 움직임이나 목적도 없다. 말이 없으면 에너지도 힘도 없다. 대부분의 사람들은 말이 우세하고, 기수는 약하다. 어떤 사람들은 기수가 너무 강하고 고삐를 너무 꽉 잡아서 가끔 동물들이 질주하는 것을 (d) 기꺼이 한다(→ 꺼린다). 말과 기수는 함께 일해야만 한다. 이것은 (e) 미리 우리 행동을 고려한다는 것을 의미하며, 우리는 결정을 내리기 전에 어떤 상황에 대해 가능한 한 많은 생각을 한다. 그러나 일단 무엇을 할지 결정하게 되면, 고삐를 풀고 대담함과 모험정신을 가지고 행동에 들어간다. 이 에너지의 노예가 되는 대신에, 우리는 그것을 전환한다. 그것이 순리의 본질이다.

38 ① 제시문에서 감정과 생각을 각각 말과 기수로 비유하여, 감정과 생각은 분리할 수 없고 우리가 찾는 것은 알맞은 비율과 균형이며 가장 효과적인 행동으로 이어지는 것이라고 하였다. 그러므로 ①의 'necessity of finding the optimal balance of thinking and emotion(생각과 감정의 최적 균형을 찾는 필요성)'이 윗글의 주제로 가장 적절하다.

오답풀이

② 야생동물을 길들이고 이용하는 전통적 기술
③ 정서적 억압이 육체적 건강에 미치는 영향
④ 경마에서 이기기 위한 올바른 기술을 터득하는 어려움
⑤ 스포츠에서 철학의 중요성에 대한 고대 그리스의 개념들

39 ④ 어떤 사람들은 기수가 너무 강하고 고삐를 너무 꽉 잡아서 가끔 동물들이 질주하는 것을 '기꺼이 한다'가 아니고 '꺼린다'고 해야 문맥상 적절하다. 그러므로 'willing'을 'unwilling'으로 고쳐 써야 옳다.

오답풀이

① (a) 우세한
② (b) 재촉하는
③ (c) 생산적인
⑤ (e) 미리

[40~41]

어휘

• observer : 관찰자, 목격자, 참관인
• feature : 특종[특집]으로 하다, 대서특필하다
• enhancement : 향상, 증대, 강화 cf) human enhancement 인간 증강(사람의 인지와 몸의 성능을 높이기 위한 기술)
• article : 글, 기사

• be fit with : ~와 맞다, 설비[장착]하다
• state-of-the-art : 최신 기술의, 최첨단의
• bionic : 생체공학적인
• prosthetic : 보철의, 인공기관의
• outperform : 더 나은 결과를 내다, 능가하다
• limb : (하나의) 팔[다리]
• norm : 규격, 규범, 일반적인 것
• editorial : 편집의, 사설의
• out of the equation : 상황에서 벗어난[분리된]
• diagnosis : 진단, 판단
• aliment : 병, 질병
• appropriate : 적절한, 타당한
• recommendation : 추천, 권고
• dystopia : 디스토피아(反 유토피아), 반이상향
• cyborg : 사이보그, 인조인간
• practitioner : (전문직 종사자)의사, 변호사
• accessible : 접근 가능한, 이용 가능한
• disabled person : 장애인, 불구자
• equal treatment : 평등한 대우
• foretell : 예언하다, 예견하다
• calm : 진정시키다, 가라앉히다
• outdated : 구식의, 시대에 뒤떨어진
• trigger : 촉발시키다, 작동시키다
• sophisticated : 정교한, 세련된

해석

어제 발행된 '옵저버' 잡지에서는 9월 런던에서 열리는 FutureFest 축제를 앞두고 인간 증강에 관한 두 작품을 특집으로 다루고 있다. 이 기사에는 왼손 없이 태어난 스위스 남성인 Bertolt Meyer가 최근 최첨단 생체공학(스마트폰으로 조종)을 장착했다는 글과 Nick Bostrom과 Andy Miah와 같은 인간 증강 주제와 관련된 유명 저자들의 인용문도 포함되어 있다. 현재 Meyer와 같은 인공기관은 그것이 없는 사람들 사이에서 정상적인 인간의 기능을 회복하는 데 이용된다. 그러나 그러한 장치들은 속도, 힘, 행동 통제 등의 측면에서 결국 '자연적인' 팔다리를 능가할 정도로 점점 더 (A) 정교해짐에 따라 "이 장치들 중 하나를 다는 것이 일반적인 일이 될까?"라고 Meyer가 묻는다. 또한 '옵저버' 사설의 작가가 걱정하는 것처럼, "이 기술과 기기들이 너무 똑똑해져서 인간이 그 상황에서 모두 벗어날 수 있게 되면 어떻게 될까?" 예를 들어, 만약 우리가 적절한 치료 권고뿐만 아니라 질병에 대한 진단을 받기 위해 단지 인간 의사가 아닌 스마트폰으로 눈을 돌릴 수 있다면 어떨까? 그러한 제안은 사람들이 구직 시장(경쟁력 있는 스포츠 포함)과 다른 맥락에서 경쟁력을 유지하려면 좋든 싫든 '사이보그'가 되라는 압력을 받는 디스토피아의 미래에 대한 두려움을 (B) 촉발시킬 수 있고, 혹은 더 성능 좋은 기계에

의해 점차 쓸모없게 되며, 실생활에서 인간의 상호작용은 줄어들고(일반적인 전문직 종사자들뿐만 아니라, 슈퍼마켓 계산대의 직원을 대체하는 기계 등), 지금보다 이용 가능성이 떨어지게 된다(인간 의사를 보기 위해 상당한 프리미엄을 지불해야 한다고 생각한다).

40 ② 제시문은 '옵저버' 잡지에 실린 인간 증강에 대한 특집 기사를 토대로, '자연적인' 팔다리를 능가하는 인공기관의 탄생과 인간 증강 기술의 발달로 인한 사회적 문제점에 대해 서술하고 있다. 그러므로 ②의 "Human Enhancement Technologies: Blessing or Curse?(인간 증강 기술: 행복인가, 저주인가?)"가 윗글의 제목으로 가장 적절하다.

〔오답풀이〕
① 기계가 사람을 대체할 수 있는 곳과 그럴 수 없는 곳
③ 장애인 그리고 동등한 대우를 받을 권리
④ 인공지능: 과학적 사실 대 허구
⑤ 미래 기술을 예견하는 과학 소설

41 ⑤ (A) 문맥상 인간 증강 기술의 발달로 인공기관은 '자연적인' 팔다리를 능가할 정도로 점점 더 정교해진다는 의미이므로, 'sophisticated(정교한)'가 들어갈 말로 적절하다.
(B) '자연적인' 팔다리를 능가하는 인공기관의 발달로 사람들이 경쟁력을 유지하려면 좋든 싫든 '사이보그'가 되어야 하고, 이는 디스토피아의 미래에 대한 두려움을 불러일으킬 수 있다. 그러므로 빈칸 (B)에는 'trigger(촉발시키다)'가 들어갈 말로 적절하다.

〔오답풀이〕

	(A)		(B)
①	비싼	……	진정시키다
②	비싼	……	반영하다
③	구식의	……	촉발시키다
④	정교한	……	진정시키다

[42~43]

〔어휘〕
• therapy : 치료, 요법
• in the midst of : ~중에, ~가운데
• purchase : 구입하다, 구매하다
• barely : 겨우, 간신히
• renovation : 수선, 수리
• crash : 충돌하다, 추락하다
• develop : (병이) 생기다, 걸리다
• depressed : 우울한, 침울한

• tortured : 지독히 고통스러운, 괴로운
• distracting : 마음을 산만하게 하는, 주의를 딴 데 돌리는
• cognitive : 인식의, 인지의
• behavioral therapy : 행동요법
• emphasis : 강조, 역점, 주안점
• mindfulness : 염두, 유념, 마음 챙김
• panic : 극심한 공포, 공황
• scenario : 시나리오, 각본 cf) in the worst-case scenario 최악의 경우에는
• get stuck : 꼼짝 못하게 되다, 수렁에 빠지다
• come up with : 찾아내다, 내놓다
• urge : 욕구, 충동
• provider : 제공자, 부양자
• profound : 깊은, 심오한
• confusion : 혼란, 혼동, 당혹
• get in the way of : 방해되다
• session : 시즌, 회기
• take action : 조치를 취하다

〔해석〕

마리오가 치료를 받으러 왔을 때, 그는 걱정거리가 많다고 설명했다. 그는 최근에 결혼을 했고 수리에 필요한 돈만 간신히 남겨둔 채, 평생 저축한 돈을 투자해야 하는 비싼 집을 구입하는 중이었다. "내가 좋은 사람과 결혼했나? 내가 미쳐가고 있는가? 내 마음이 통할까? 나는 건망증이 심한 것 같아. 내가 탄 마이애미로 가는 비행기가 추락하면 어떡하지? 아버지도 할아버지처럼 파킨슨병에 걸릴까?" 걱정거리는 (a) 끝이 없었고, 마리오도 걱정이 많을수록 더 우울하다는 것을 알았다. 괴로운 마음을 달래기 위해, 그는 식사를 하며 (b) 마음을 딴 데 돌리는 데 시간을 보냈다.

마음의 다스림과 수용에 중점을 둔 인지 행동 요법의 과정을 거치면서, 마리오는 공황 상태에 빠진 자신의 감정에 당황하지 않는 법을 배우기 시작했다. 그는 최악의 상황에서 살게 될 거라는 마음에 (c) 빠져 있기 보다는 정신적인 과정으로서 그의 근심을 일깨울 수 있게 되었다. 그는 스스로에게 "이것이 생산적인가, 비생산적인가?"라고 묻는 연습을 했다. 만약 걱정이 생산적이라면, 그는 실행 계획을 내놓았다. 만일 비생산적이라면, 몸과 마음의 감정과 생각을 인지하고 현시점으로 돌아가는 연습을 했다. 그가 긴장하여 달고 짠 음식을 먹고 싶은 충동을 느꼈을 때, 그는 자신의 감정을 의미 있는 것으로 보고, 자신의 감정을 가라앉히는 쪽을 택했다.

그의 걱정 뒤에는 무엇이 숨어 있었을까? 그는 부양자로서 봉사하고, 안전하고 사랑스러운 가정을 이루며, 아버지를 보호하는 것을 매우 (d) 소중히 여겼다. 비록 그의 감정과의 관계 즉, 너무 많을 것을 느끼고 그의 감정을 이해하지 못하는 것에 대한 깊은 두려움과 혼란이 그의 감정을 받아들이고 배우려

는 의지를 방해하지만, 그의 감정은 그에게 중요하다는 것을 (e) 부정했다(→ 인정했다). 지난 시즌 동안, "내게 문젯거리가 있기 때문에 기분이 좋아. 나는 아내에게 우리의 어려움에 대해 이야기할 수 있고, 금전적인 문제를 해결하기 위한 조치를 취할 수 있으며, 내가 얼마나 걱정하는지 아빠에게 보여줄 수 있어. 그 맛은 내 마음속에서 달달하게 느껴져."라고 그는 말했다.

42 ④ 본문 중에 그가 긴장하여 달고 짠 음식을 먹고 싶은 충동을 느꼈을 때, 자신의 감정을 가라앉히는 쪽을 택했다고 서술되어 있다. 즉, 달고 짠 음식을 먹고 싶은 마음을 달랜 것이므로, "단것과 짠 음식을 먹고 싶어 하는 충동을 이겨내는 데 결국 실패했다."는 ④의 설명은 윗글의 내용과 일치하지 않는다.

43 ⑤ 마리오가 자기 감정을 이해하지 못하는 것에 대한 깊은 두려움과 혼란이 그의 감정을 받아들이고 배우려는 의지를 방해하지만 감정에 충실했다는 의미이므로, ⑤의 'denied(부정했다)'는 'admitted(인정했다)' 등으로 바꿔야 한다.

[44~45]

어휘

- canary : 카나리아
- niece : 조카딸, 질녀 ↔ nephew 조카
- blossom : 꽃을 피우다
- tiny : 아주 작은
- sip : 홀짝거리다, 조금씩 마시다
- beverage : 음료, 마실 것
- retire : 자리를 뜨다, 물러나다, 잠자리에 들다
- flow through : 통과하다, 뚫다
- peck at : …을 주둥이로 쪼다
- desperate : 필사적인, 극단적인
- fury : 분노, 격분
- collapse : 무너지다, 쓰러지다, 드러눕다
- exhaustion : 탈진, 기진맥진
- unconscious : 의식을 잃은, 무의식적인
- loyalty : 충성심
- determination : 결정, 결심
- sacrifice : 희생, 제물
- cozily : 아늑하게, 오붓이
- startle : 깜짝 놀라게 하다
- odd : 이상한, 특이한
- tap : 톡톡 두드리다[치다]

- windblown : 바람에 날린, 바람에 부딪치는
- persistently : 끈질기게, 줄기차게
- chirp : 짹짹거리다, 지저귀다

해석

(A) 카나리아 Bibs는 옆집에 조카딸이 사는 노부인과 함께 살았고 그녀가 괜찮은지 확인하기 위해 매일 밤 살폈다. 노부인과 작은 새 사이에는 따뜻하고 달콤한 우정이 꽃을 피웠다. 매일 아침 식사 때, 그들은 토스트를 나눠 먹었고 Bibs는 그 부인이 마시는 음료라면 무엇이든 홀짝거렸다. 비가 내리는 어느 날 밤, 이모 집의 전등이 켜져 있고 모든 것이 괜찮다고 생각한 조카딸은 이모 집으로 건너가지 않고 그날 밤 남편과 함께 잠자리에 들었다.

(D) 그 부부가 불 옆에서 오붓하게 휴식을 취하고 있을 때, 그들은 창문을 두드리는 이상한 소리에 깜짝 놀랐다. 처음에 그들은 그것이 바람에 부딪치는 나뭇가지 소리라고 짐작했지만, 두드리는 소리가 점차 커지며 줄기차게 계속되었고, 이어서 이상한 울음소리가 들려왔다. 마침내 조카딸은 창가로 가서 커튼을 젖히고 창문을 사납게 두들기며 짹짹거리던 Bibs를 발견했다.

(B) 그 작은 노란 새는 이모네 집에서 탈출하여 폭풍우를 뚫고 옆집으로 날아갔다. 그곳에서 그 새는 필사적으로 사납게 창문을 쪼아대다 기진맥진하여 쓰러졌고 그들의 눈앞에서 죽었다. 매우 놀란 조카딸과 그녀의 남편은 이모네 집으로 달려갔다.

(C) 그들은 그 노부인이 피투성이가 된 채 의식을 잃고 바닥에 쓰러져 있는 것을 발견했다. 그녀는 미끄러져 넘어졌고, 탁자 모서리에 머리를 부딪쳤다. 그녀의 조카딸은 그녀를 급히 병원으로 데려갔다. 자신의 목숨을 희생해서까지 도움을 청한 작은 새의 충성심과 결단력 때문에, 그 부인은 목숨을 구했다.

44 ④ (A) 카나리아 Bibs가 옆집에 조카딸이 사는 노부인과 함께 삶
(D) 조카딸이 창문을 사납게 두들기며 짹짹거리던 Bibs를 발견함
(B) 매우 놀란 조카딸과 그녀의 남편이 이모네 집으로 달려감
(C) 피투성이가 된 채 의식을 잃고 바닥에 쓰러져 있는 이모를 발견한 후 병원으로 데려가 목숨을 구함

45 ⑤ 글 (D)를 보면, 처음에는 바람에 부딪치는 나뭇가지 소리라고 짐작했지만 조카딸이 창가로 가서 커튼을 젖혀 확인해 본 결과 Bibs가 창문을 사납게 두들기고 있다는 사실을 알았다. 그러므로 "조카딸 집의 창문에 나뭇가지가 부딪쳐 소리가 났다."는 ⑤의 설명은 윗글의 내용과 다르다.

2020학년도 기출문제 정답 및 해설

01 ⑤	02 ①	03 ④	04 ③	05 ①	06 ④
07 ②	08 ⑤	09 ⑤	10 ①	11 ③	12 ⑤
13 ②	14 ②	15 ③	16 ②	17 ④	18 ③
19 ④	20 ①	21 ⑤	22 12	23 6	24 149
25 20	26 450	27 14	28 9	29 7	30 16

01
$\cos\theta=-\dfrac{1}{2}$, $\sin\theta=-\dfrac{\sqrt{3}}{2}$이므로,

$\therefore \tan\theta=\sqrt{3}$

02
$\overrightarrow{OA}=(2, 4)$, $\overrightarrow{BC}=(3, -1)$이므로,
$\overrightarrow{OA}\cdot\overrightarrow{BC}=6-4=2$

03
$\displaystyle\lim_{x\to0}\dfrac{2x\sin x}{1-\cos x}=\lim_{x\to0}\dfrac{2x\sin x(1+\cos x)}{\sin^2 x}$

$\qquad\qquad\qquad=\displaystyle\lim_{x\to0}\dfrac{2x(1+\cos x)}{\sin x}$

$\qquad\qquad\qquad=2\times2$

$\qquad\qquad\qquad=4$

04
$P(A)=1-P(A^c)$,
$P((A\cap B)^c)=P(A^c\cup B^c)$
이므로

$P(A\cap B^c)=1-P(A^c\cup B)=1-\dfrac{2}{3}=\dfrac{1}{3}$

$P(A)=P(A\cap B)+P(A\cap B^c)=\dfrac{1}{6}+\dfrac{1}{3}=\dfrac{1}{2}$

05
흰 바둑돌을 ○, 검은 바둑돌을 ●이라 하면,

∨O∨O∨O∨O∨O∨O∨

∨ 자리에 (●●), ●, ●을 넣으면 된다.
따라서 구하는 경우의 수는 $6\times{}_5C_2=60$가지이다.

06
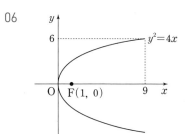

$P(a, 6)$이 포물선 위를 지나므로
$36=4a$, $a=9$
초점 F는 $(1, 0)$이므로 구하는 $\overline{PF}$의 길이 k는
$k=\sqrt{(9-1)^2+6^2}=10$
$\therefore a+k=9+10=19$

07
확률변수 X의 확률분포를 표로 나타내면 다음과 같다.

X	0	2	4	6	합
$P(X=x)$	a	$\dfrac{1}{2}$	$\dfrac{1}{4}$	$\dfrac{1}{6}$	1

모든 확률의 합은 1이므로

$a+\dfrac{1}{2}+\dfrac{1}{4}+\dfrac{1}{6}=1$, $a=\dfrac{1}{12}$

$E(aX)=E\left(\dfrac{1}{12}X\right)$

$\qquad\quad=\dfrac{1}{12}E(X)$

$\qquad\quad=\dfrac{1}{12}\left(0\times\dfrac{1}{12}+2\times\dfrac{1}{2}+4\times\dfrac{1}{4}+6\times\dfrac{1}{6}\right)$

$\qquad\quad=\dfrac{1}{4}$

08
두 자연수의 합이 홀수가 되려면 하나의 수는 홀수, 하나의 수는 짝수인 경우뿐이다.
(i) 주머니 A : 홀수, 주머니 B : 짝수
(ii) 주머니 A : 짝수, 주머니 B : 홀수
(i)의 확률은 주머니 A에서 (1, 3, 5), 주머니 B에서 (6, 8)의 경우이므로 $\dfrac{3}{5}\times\dfrac{2}{3}=\dfrac{2}{5}$이다.
(ii)의 확률은 주머니 A에서 (2, 4), 주머니 B에서 (7)의 경우이므로 $\dfrac{2}{5}\times\dfrac{1}{3}=\dfrac{2}{15}$이다.
따라서 두 수의 합이 홀수이고, 주머니 A에서 꺼낸 카드에 적

흰 수가 홀수일 확률은 $\dfrac{\dfrac{6}{15}}{\dfrac{6}{15}+\dfrac{2}{15}}=\dfrac{3}{4}$이다.

09

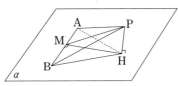

$\overline{PB}=6$, $\overline{PH}=4$이므로 $\overline{HB}=\sqrt{6^2-4^2}=2\sqrt{5}$

$\overline{AB}$의 중점을 M이라 하면, $\overline{HB}=\overline{HA}$이므로,

$\overline{HM}\perp\overline{AB}$

$\overline{HB}=2\sqrt{5}$, $\overline{AM}=3$이므로

$\overline{HM}=\sqrt{20-9}=\sqrt{11}$

$\therefore \triangle HAB=\dfrac{1}{2}\times6\times\sqrt{11}=3\sqrt{11}$

10 $f(x)=\dfrac{6x^3}{x^2+1}$이고, $f(x)$의 역함수가 $g(x)$이므로,

$g'(3)=\dfrac{1}{f'(g(3))}$

$f'(x)=\dfrac{18x^2(x^2+1)-6x^3(2x)}{(x^2+1)^2}=\dfrac{6x^4+18x^2}{(x^2+1)^2}$

$g(3)=t$라 하면, $f(t)=3$

$\dfrac{6t^3}{t^2+1}=3$

$6t^3=3t^2+3$

$2t^3-t^2-1=0$

$(t-1)(2t^2+t+1)=0$

$\therefore t=1$

$g(3)=1$이므로

$g'(3)=\dfrac{1}{f'(1)}=\dfrac{1}{6}$

11 두 점 A, B를 $1:2$로 내분하는 점을 P라고 하면 점 P를 구

하면, $P\left(\dfrac{a+4}{3}, \dfrac{b+4}{3}, \dfrac{c+2}{3}\right)$이고 점 P가 y축 위의 점이

므로 $\dfrac{a+4}{3}=0$, $\dfrac{c+2}{3}=0$이다.

$\therefore a=-4$, $c=-2$

$\overrightarrow{AB}=(a-2, b-2, c-1)=(-6, b-2, -3)$,

xy평면의 법선벡터 $\vec{n}=(0, 0, 1)$일 때, $\tan\theta=\dfrac{\sqrt{2}}{4}$이므로,

$\sin\theta=\dfrac{|\overrightarrow{AB}\cdot\vec{n}|}{|\overrightarrow{AB}||\vec{n}|}=\dfrac{1}{3}(\because xy$평면과 $\vec{n}$가 수직)

$\dfrac{|\overrightarrow{AB}\cdot\vec{n}|}{|\overrightarrow{AB}||\vec{n}|}=\dfrac{|-3|}{\sqrt{6^2+(b-2)^2+3^2}}$

$\qquad\qquad =\dfrac{3}{\sqrt{45+(b-2)^2}}$

$\qquad\qquad =\dfrac{1}{3}$

$\therefore 45+(b-2)^2=81$, $b=8$

12 $\tan2x\sin2x=\dfrac{\sin^2 2x}{\cos2x}=\dfrac{1-\cos^2 2x}{\cos2x}=\dfrac{3}{2}$

$2\cos^2 2x+3\cos2x-2=0$

$(2\cos2x-1)(\cos2x+2)=0$

$\therefore \cos2x=\dfrac{1}{2}(\because -1\leq\cos2x\leq1)$

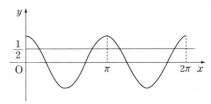

$x=\pi$에 대하여 서로 대칭인 두 쌍의 실근이므로 모든 해의

합은 4π이다.

13

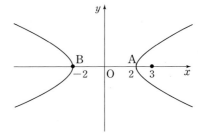

쌍곡선 $\dfrac{x^2}{4}-y^2=1$의 꼭지점을 각각 $A(2, 0)$, $B(-2, 0)$이

라 하자. x의 좌표가 음수인 $B(-2, 0)$을 중심으로 하고 반

지름이 r이라 하면 원 C의 방정식은 $(x+2)^2+y^2=r^2$이다.

점 $(3, 0)$을 지나고, 쌍곡선 $\dfrac{x^2}{4}-y^2=1$과 한 점에서 만나

는 직선은 쌍곡선의 점근선 $y=\pm\dfrac{1}{2}x$와 평행을 이루어야 한

다.($\because$ 원 C의 접선이 점 $(3, 0)$을 지나면, 쌍곡선의 $x>0$인

부분에서 교점이 생긴다.)

따라서 접선의 방정식은 $y=\pm\dfrac{1}{2}(x-3)$이다.

기울기가 $\pm\dfrac{1}{2}$이므로, 구하는 원 C의 반지름 r은

$(2r)^2+r^2=25$, $5r^2=25$, $r=\sqrt{5}$

14 직장인들의 하루 도보 이동 거리의 평균은 m(km)이고, 표

준편차는 σ(km)이다. 36명을 임의추출하여 구한 표본평균

$\overline{m}=\dfrac{216}{36}=6$이다.

평균 m에 대하여 신뢰도 95%의 신뢰구간은

$6-(1.96)\times\dfrac{\sigma}{\sqrt{36}}\leq m\leq 6+(1.96)\times\dfrac{\sigma}{\sqrt{36}}$

$\Leftrightarrow a \leq m \leq a+0.98$

구하는 신뢰구간의 길이는

$2 \times (1.96) \times \dfrac{\sigma}{\sqrt{36}} = 0.98$

$\therefore \sigma = \dfrac{3}{2}$

$a = 6 - (1.96) \times \dfrac{\sigma}{\sqrt{36}} = 5.51$

$\therefore a + \sigma = \dfrac{3}{2} + 5.51 = 7.01$

15 직선 $\dfrac{x-a}{a} = 3-y = \dfrac{z}{b}$ 위의 점과 평면 $2x-2y+z=0$

사이의 거리가 4로 일정하므로, 직선은 평면과 평행하다.

직선의 평면 벡터 $\vec{d}$는 $\vec{d} = (a, -1, b)$

주어진 평면의 법선벡터 $\vec{n}$은 $\vec{n} = (2, -2, 1)$

$\vec{d} \perp \vec{n}$이므로 $\vec{d} \cdot \vec{n} = 0$

$\vec{d} \cdot \vec{n} = 2a + 2 + b = 0$

직선 위의 점 $(a, 3, 0)$과 평면 $2x-2y+z=0$ 사이의 거리가 4이므로

$\dfrac{|2a-6|}{\sqrt{2^2+2^2+1}} = \dfrac{|2a-6|}{3} = 4$

$\therefore a = 9, b = -20 \,(\because b < 0 < a)$

구하는 $a-b$의 값은 29이다.

16 점 $A(1, 0)$, $B(1, a)$, $C(0, 1)$이고, $\overline{OA} = \overline{OC}$이므로,

$\angle OAC = \dfrac{\pi}{4}$

점 B와 점 D를 지나는 직선이 x축과 만나는 점을 P라고 하면 $\overline{AC} /\!/ \overline{BD}$이므로 $\triangle ABP$는 직각 이등변삼각형이다.

따라서 $P(1+a, 0)$이고, $\overline{AC} = \overline{BD} = \dfrac{a\sqrt{2}}{2}$이다.

사각형 ADBC의 넓이는

$\dfrac{1}{2} \times \left(\sqrt{2} + \dfrac{a\sqrt{2}}{2}\right) \times \dfrac{a\sqrt{2}}{2} = \dfrac{a^2 + 2a}{4} = \dfrac{1}{6}$

$\therefore a^2 + 2a - 24 = 0, \ a = 4 \,(\because a > 0)$

점 D는 점 B와 점 P의 중점이므로, $D\left(\dfrac{1+5}{2}, \dfrac{4}{2}\right)$

$y = \log_b x$가 점 $(3, 2)$를 지나므로

$2 = \log_b 3, \ b^2 = 3, \ b = \sqrt{3} \,(\because b > 0)$

$\therefore a \times b = 4\sqrt{3}$

17 한 변의 길이가 $y = \dfrac{3}{x}$과 $y = \sqrt{\ln x}$ 사이의 길이인 정사각형의 넓이는 $\left(\dfrac{3}{x} - \sqrt{\ln x}\right)^2$이다.

따라서 구하는 입체도형의 부피는

$\displaystyle \int_1^e \left(\dfrac{3}{x} - \sqrt{\ln x}\right)^2 dx$

$= \displaystyle \int_1^e \left(\dfrac{9}{x^2} - \dfrac{6}{x}\sqrt{\ln x} + \ln x\right) dx$

$= \left[-\dfrac{9}{x} - 4(\ln x)^{\frac{3}{2}} + x\ln x - x\right]_1^e$

$= 6 - \dfrac{9}{e}$

18 $a+b+c=3n$을 만족시키는 자연수의 순서쌍 (a, b, c)의 개수는 $_3H_{3n-3}$이다.

$a > b$ 또는 $a > c$를 만족하는 사건 A의 여사건은 $a \leq b$이고, $a \leq c$이다.

$a = k$일 때 $k \leq b$, $k \leq c$은 $b + c = 3n-k$에서

$(b, c) = (k, 3n-2k), \ (k+1, 3n-2k-1), \ \cdots, \ (3n-2k, k)$

즉 $(3n-3k+1)$개이다. 따라서 여사건의 개수는

$n(A^C) = \displaystyle\sum_{k=1}^{n}(3n-3k+1)$

$\qquad\quad = 3n^2 - \dfrac{3}{2}n(n+1) + n$

$\qquad\quad = \dfrac{1}{2}n(3n-1)$

따라서 구하는 확률 $P(A)$는

$P(A) = 1 - P(A^C)$

$\qquad = 1 - \dfrac{\dfrac{1}{2}(3n-1)}{\dfrac{1}{2}(3n-1)(3n-2)}$

$\qquad = 1 - \dfrac{n}{3n-2}$

$\qquad = \dfrac{2n-2}{3n-2}$

$n = 2$일 때 $p = \dfrac{5 \times 4}{2} = 10$,

$n = 7, k = 2$일 때, $q = 21 - 6 + 1 = 16$

$n = 4$일 때 $r = \dfrac{6}{10} = \dfrac{3}{5}$

$\therefore pqr = 10 \times 16 \times \dfrac{3}{5} = 96$

19 $f(x) = xe^{2x} - (4x+a)e^x$를 x에 대하여 미분하면

$f'(x) = e^{2x} + 2xe^{2x} - 4e^x - (4x+a)e^x$

$\qquad = \{(2x+1)e^x - 4x - a - 4\}e^x$

$x = -\dfrac{1}{2}$에서 극댓값을 가지므로,

$f'\left(-\dfrac{1}{2}\right) = (-a-2)e^{-\frac{1}{2}} = 0$

$\therefore a = -2$

함수 $f(x)$의 극솟값은 $f'(x) = 0$을 만족하는 x를 찾으면 된다.

$f'(x) = \{(2x+1)e^x - 4x - 2\}e^x$

$(2x+1)e^x = 4x + 2 \,(\because e^x > 0)$

$e^x = 2, \ x = \ln 2$

$x=\ln 2$에서의 $f(x)$는 극솟값을 갖고 그 함수값은

$$f(\ln 2)=\ln 2\times e^{2\ln 2}-(4\ln 2-2)e^{\ln 2}$$
$$=4-4\ln 2$$

20 함수 $f(x)=\dfrac{|x|}{x^2+1}$의 그래프는 다음과 같다.

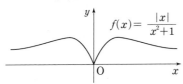

함수 $f(x)$는 y축을 기준으로 대칭이므로, $f(x)=f(-x)$를 만족하고 $x=0$에서 미분이 불가능하다.

함수 $f(x)$가 $f(x)=f(-x)$를 만족하므로

$g(x)=\begin{cases} f(x) & (x<a) \\ f(b-x) & (x\geq a) \end{cases}$를

$g(x)=\begin{cases} f(x) & (x<a) \\ f(x-b) & (x\geq a) \end{cases}$로 나타낼 수 있다.

함수 $g(x)$는 $x=a$를 기준으로 함수 $f(x)$가 평행이동하여 이어진 그래프이고, 함수 $g(x)$가 실수 전체의 집합에서 미분 가능하므로 $x=a$에서 극값을 가진다.

$$\frac{d}{dx}\left(\frac{x}{x^2+1}\right)=\frac{(x^2+1)-2x^2}{(x^2+1)^2}=\frac{1-x^2}{(x^2+1)^2}$$

$x=1,\ -1$에서 함수 $g(x)$는 극값을 갖는다.

$a=1$일 경우, $x=0$에서 미분이 불가능하므로, $a=-1$

따라서 극값의 x좌표가 1에서 -1로 이동하였으므로

$b=-2$

따라서

$$\int_a^{a-b}g(x)\,dx=\int_{-1}^{1}g(x)\,dx$$
$$=\int_1^3\frac{x}{x^2+1}\,dx$$
$$=\left[\frac{1}{2}\ln(x^2+1)\right]_1^3$$
$$=\frac{1}{2}\ln 5$$

21 ㄱ. $k=1$일 때, $h(x)=4\sin\dfrac{\pi}{6}|2\cos x+1|$

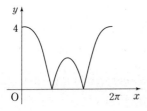

$h(x)=0$을 만족하는 $x=\dfrac{2}{3}\pi$, $x=\dfrac{4}{3}\pi$에서는 미분이 불가능하다.

ㄴ. $k=2$일 때,

$$h(x)=4\sin\frac{\pi}{6}|2\cos 2x+1|$$

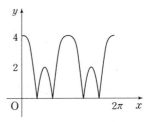

$h(x)=2$를 만족하는 경우는

$$\frac{\pi}{6}|2\cos 2x+1|=\frac{\pi}{6},\ \frac{\pi}{6}|2\cos 2x+1|=\frac{5}{6}\pi$$

따라서 $|2\cos 2x+1|=1$을 만족하는 x의 값을 구하면

$$\cos 2x=0\left(x=\frac{\pi}{4},\ \frac{3}{4}\pi,\ \frac{5}{4}\pi,\ \frac{7}{4}\pi\right)$$

$$\cos 2x=-1\left(x=\frac{\pi}{2},\ \frac{3}{2}\pi\right)$$

따라서 조건을 만족하는 경우는 총 6가지이다.

ㄷ. $y=|h_k(x)-k|\ (k=1,2,3,4)$

$y=|h_1(x)-1|$의 그래프는 다음과 같다.

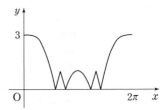

$y=|h_1(x)-1|$에서 미분 불가능한 점의 개수 a_1은 6개 이다.

$y=|h_2(x)-2|$의 그래프는 다음과 같다.

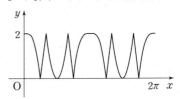

$y=|h_2(x)-2|$에서 미분 불가능한 점의 개수 a_2는 8개 이다.

$y=|h_3(x)-3|$의 그래프는 다음과 같다.

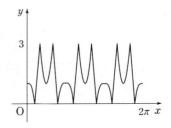

$y=|h_3(x)-3|$에서 미분 불가능한 점의 개수 a_3은 12개이다.

$y=|h_4(x)-4|$의 그래프는 다음과 같다.

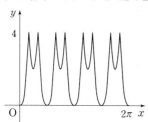

$y=|h_4(x)-4|$에서 미분 불가능한 점의 개수 a_4는 8개이다.

$$\therefore \sum_{k=1}^{4} a_k = 6+8+12+8 = 34$$

22 $f(x)=(3x+e^x)^3$을 x에 대하여 미분하면

$$f'(x)=3(3+e^x)(3x+e^x)^2$$

$$\therefore f'(0)=3\times 4\times 1=12$$

23 $x=2\sqrt{2}\sin t+\sqrt{2}\cos t$, $y=\sqrt{2}\sin t+2\sqrt{2}\cos t$이므로

$$\frac{dx}{dt}=2\sqrt{2}\cos t-\sqrt{2}\sin t,\ \frac{dy}{dt}=\sqrt{2}\cos t-2\sqrt{2}\sin t$$

$t=\frac{\pi}{4}$일 때, $x=3$ $y=3$이고, $\frac{dy}{dx}=\frac{-1}{1}=-1$

따라서 점 $(3, 3)$을 지나고, 기울기가 -1인 직선의 방정식은

$$(y-3)=-(x-3),\ y=-x+6$$

따라서 구하는 직선의 y절편은 6이다.

24 (가)에서 $P(X\geq 128)=P(X\leq 140)$이므로

$$m=\frac{128+140}{2}=134$$

(나)에서

$$P(m\leq X\leq m+10)=P(-1\leq Z\leq 0)=P(0\leq Z\leq 1)$$

이므로 $\frac{10}{\sigma}=1$, $\sigma=10$

$$P(X\geq k)=0.5-P\left(0\leq Z\leq \frac{k-134}{10}\right)=0.0668$$

따라서

$$P\left(0\leq Z\leq \frac{k-134}{10}\right)=0.4332=P(0\leq Z\leq 1.5)$$

$$\therefore \frac{k-134}{10}=1.5,\ k=149$$

25 1에서 9까지의 자연수 중 3개의 자연수를 더한 값이 나머지 6개의 자연수를 더한 값보다 큰 경우는 $(9, 8, 7)$, $(9, 8, 6)$ 두 가지이다. 각각 나머지 6가지의 자연수를 3개씩 같은 종류의 두 상자에 넣는 방법은 $_6C_3\times\frac{1}{2}=10$가지이므로, 구하는

총 경우의 수는 $2\times {}_6C_3\times\frac{1}{2}=20$가지이다.

26 점 A를 평면 BCD 위로 내린 수선의 발을 H_A, 점 M, 점 N의 수선의 발을 각각 H_M, H_N이라 하자.

점 M, 점 N이 각각 모서리 AC, AD의 중점이므로

$$\overline{H_M H_N}=3$$

점 B에서 선분 CD 위로 수선의 발을 R이라하면,

$$\overline{BR}=9$$

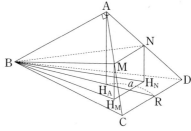

$\overline{H_A R}=a$라고 하면,

$$\overline{AH_A}=\sqrt{(3\sqrt{6})^2-(9-a)^2}=\sqrt{(3\sqrt{3})^2-a^2}$$

$$(3\sqrt{6})^2-(9-a)^2=(3\sqrt{3})^2-a^2,\ a=3$$

따라서 구하는 삼각형 $BH_M H_N$의 넓이 S는

$$S=\frac{1}{2}\times 3\times \frac{15}{2}=\frac{45}{4}$$

$$\therefore 40\times S=450$$

27 점 P가 원점에서 점 C로 가기 위해서는 x축으로 $+9$만큼, y축으로 $+7$만큼 이동하여야 한다.

㉠은 x축으로 $+1$, y축으로 $+1$을 이동하고, ㉡은 x축으로 $+2$, y축으로 $+1$을 이동하기 때문에 점 P가 원점에서 점 C로 가기 위해서는 ㉠을 5번, ㉡을 2번 눌러야 한다. ㉠을 5번, ㉡을 2번 누르는 경우의 수는 $\frac{7!}{5!2!}=21$가지이다.

점 P가 점 A를 거쳐 점 C로 가는 경우는 점 A까지 ㉠을 5번 누르고, 점 A에서부터 ㉡을 2번 눌러야 하므로 1가지이다.

점 P가 점 B를 거쳐 점 C로 가는 경우는 점 B까지 ㉠을 2번, ㉡을 2번 누르고, 점 B에서부터 ㉠을 3번 눌러야 하므로 $\frac{4!}{2!2!}\times 1=6$가지이다.

따라서 구하는 경우의 수는 $21-6-1=14$가지이다.

28 $\overline{AB}=1$이므로 $\overline{AC}=\frac{1}{\cos\theta}$, $\overline{BC}=\tan\theta$

점 D가 선분 AC를 4:7로 내분하는 점이므로

$$\overline{AD}=\frac{4}{11\cos\theta},\ \overline{CD}=\frac{7}{11\cos\theta}$$

점 D에서 선분 AB로 내린 수선의 발을 H라 하면 삼각형 AHD는 삼각형 ABC와 닮음이다.

닮음비는 4:11이므로 $\overline{AH}=\dfrac{4}{11}$, $\overline{BH}=\dfrac{7}{11}$

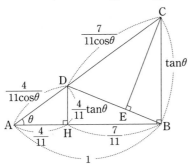

삼각형 BHD는 삼각형 CEB와 닮음이고,

닮음비는 $\dfrac{\sqrt{49+16\tan^2\theta}}{11}:\tan\theta$이다.

따라서 넓이의 비는 닮음비제곱의 비이므로,

$$\triangle BHD:\triangle CEB=\dfrac{14\tan\theta}{121}:\triangle CEB$$

$$=\dfrac{49+16\tan^2\theta}{121}:\tan^2\theta$$

$$\therefore \triangle CEB=\dfrac{14\tan^3\theta}{49+16\tan^2\theta}$$

$$\lim_{\theta\to 0+}\dfrac{S(\theta)}{\theta^3}=\lim_{\theta\to 0+}\dfrac{14\tan^3\theta}{\theta^3(49+16\tan^2\theta)}$$

$$=\lim_{\theta\to 0+}\dfrac{14}{49+\tan^2\theta}$$

$$=\dfrac{14}{49}$$

$$=\dfrac{2}{7}$$

$\therefore p=7$, $q=2$, $p+q=9$

29

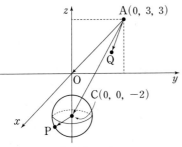

$\overrightarrow{AP}\cdot\overrightarrow{AQ}=(\overrightarrow{AC}+\overrightarrow{CP})\cdot\overrightarrow{AQ}$
$=\overrightarrow{AC}\cdot\overrightarrow{AQ}+\overrightarrow{CP}\cdot\overrightarrow{AQ}$

$\overrightarrow{CP}\cdot\overrightarrow{AQ}\le|\overrightarrow{CP}||\overrightarrow{AQ}|=\sqrt{2}\times 2=2\sqrt{2}$

$\overrightarrow{AO}$와 $\overrightarrow{AQ}$가 이루는 각의 크기를 θ라 하면

$\overrightarrow{AO}\cdot\overrightarrow{AQ}=|\overrightarrow{AO}||\overrightarrow{AQ}|\cos\theta$

$=3\sqrt{2}\times 2\times\cos\theta$

$=3\sqrt{6}$

$\therefore\cos\theta=\dfrac{\sqrt{3}}{2}$, $\theta=\dfrac{\pi}{6}$

$\overrightarrow{AO}$와 $\overrightarrow{AC}$가 이루는 각의 크기를 α라 하면

$\overrightarrow{AO}=(0,-3,-3)$, $\overrightarrow{AC}=(0,-3,-5)$

$\cos\alpha=\dfrac{4}{\sqrt{17}}$, $\sin\alpha=\dfrac{1}{\sqrt{17}}$, $\cos\left(\dfrac{\pi}{6}-\alpha\right)=\dfrac{4\sqrt{3}+1}{2\sqrt{17}}$

$\overrightarrow{AC}\cdot\overrightarrow{AQ}\le\sqrt{34}\times 2\times\left(\dfrac{4\sqrt{3}+1}{2\sqrt{17}}\right)=4\sqrt{6}+\sqrt{2}$

따라서 $\overrightarrow{AC}\cdot\overrightarrow{AQ}$의 최댓값은

$(4\sqrt{6}+\sqrt{2})+2\sqrt{2}=4\sqrt{6}+3\sqrt{2}$

$\therefore p+q+r=3+4=7$

30 $g(x)=\displaystyle\int_0^x\dfrac{f(t)}{|t|+1}dt$, $g'(x)=\dfrac{f(x)}{|x|+1}$, $g(0)=0$

(가)에서 $g'(2)=0$이므로 $f(2)=0$

(나)에서 $f(0)=0$이어야 한다.

따라서

$f(x)=x(x-2)(x-k)$ (k는 상수)

$g'(-1)=\dfrac{f(-1)}{2}$이 최대가 되도록 하려면

$\dfrac{f(-1)}{2}=\dfrac{-3}{2}(k+1)$의 값이 최대이어야 하므로

$(k+1)$의 값이 최소이어야 한다.

k 값의 범위는 $0<k<2$이고 $g(2)\ge 0$을 만족하는 최소의 k 일 때, $g'(-1)$의 값이 최대가 된다.

$\dfrac{f(x)}{x+1}=\dfrac{x(x-2)(x-k)}{x+1}$

$$=x^2-(3+k)x+(k+1)-\dfrac{3(k+1)}{x+1}$$

$g(2)=\displaystyle\int_0^2\left(x^2-(3+k)x+3(k+1)-\dfrac{3(k+1)}{x+1}\right)dx$

$$=\left[\dfrac{1}{3}x^3-x^2-\dfrac{1}{2}(k+1)x^2+3(k+1)\right.$$

$$\left.-3(k+1)\ln(x+1)\right]_0^2$$

$$=-\dfrac{4}{3}+4(k+1)-3(k+1)\ln3\ge 0$$

$3(k+1)\ge\dfrac{4}{4-3\ln3}$, $f(-1)=-3(k+1)\le\dfrac{-4}{4-3\ln3}$

$\therefore n=-4$, $m=4$, $|m\times n|=16$

2020학년도 기출문제 정답 및 해설

제3교시 수학영역(나형)

01 ④	02 ①	03 ①	04 ③	05 ④	06 ③
07 ②	08 ⑤	09 ②	10 ④	11 ⑤	12 ①
13 ②	14 ③	15 ④	16 ⑤	17 ⑤	18 ①
19 ③	20 ②	21 ⑤	22 23	23 375	24 7
25 30	26 25	27 50	28 81	29 17	30 21

01 드모르간 법칙에 따라 $A^C \cap B^C = (A \cup B)^C$이 성립한다.
$(A \cup B) = \{1, 3, 5\}$이므로 $(A \cup B)^C = \{2, 4\}$가 된다.
∴ $A^C \cap B^C$의 모든 원소의 합은 $2 + 4 = 6$

02 지수법칙을 이용하면
$$\sqrt[3]{36} \times \left(\sqrt[3]{\frac{2}{3}}\right)^2 = (2^2 3^2)^{\frac{1}{3}} \times \left(\frac{2}{3}\right)^{\frac{2}{3}} = 2^{\frac{2}{3} + \frac{2}{3}} \times 3^{\frac{2}{3} - \frac{2}{3}} = 2^{\frac{4}{3}}$$
∴ $a = \dfrac{4}{3}$

03 $\lim\limits_{x \to -1+} f(x) = 1$, $\lim\limits_{x \to 0-} f(x) = 0$이므로
∴ $\lim\limits_{x \to -1+} f(x) + \lim\limits_{x \to 0-} f(x) = 1 + 0 = 1$

04 주어진 등비수열의 공비를 r이라 하면
$a = 6r$, $15 = 6r^2$, $b = 6r^3$이므로
$$\frac{b}{a} = \frac{15}{6} = \frac{5}{2}\left(\because r^2 = \frac{15}{6}\right)$$
∴ $\dfrac{5}{2}$

05 $g \circ f : X \to X$가 항등함수라는 조건에 의해
$g(2) = 5$, $g(4) = 1$, $g(6) = 3$이 된다.
또한,
$(f \circ g)(4) = f(g(4))$
$= f(1)$
$= 4$
이므로
∴ $g(6) + (f \circ g)(4) = 3 + 4 = 7$

06 $A = (A \cap B) \cup (A \cap B^C)$이다.
문제에서 $P(A \cap B) = \dfrac{1}{6}$이라 했으므로
$$P(A \cap B^C) = 1 - P(A^C \cup B) = 1 - \frac{2}{3} = \frac{1}{3}$$
∴ $P(A) = P(A \cap B) + P(A \cap B^C) = \dfrac{1}{6} + \dfrac{1}{3} = \dfrac{1}{2}$

07 연속확률변수 X가 가지는 값의 범위가
$0 \le X \le 2$이므로
$$\frac{3}{4a} \times a + \frac{1}{2} \times (2-a) \times \frac{3}{4a} = 1이다.$$
$$\frac{3(2-a)}{8a} = \frac{1}{4}, \ 3(2-a) = 2a, \ a = \frac{6}{5}$$
$P\left(\dfrac{1}{2} \le X \le 2\right)$는 전체 넓이에서 $P\left(0 \le X \le \dfrac{1}{2}\right)$ 넓이를
뺀 값이다.
∴ $P\left(\dfrac{1}{2} \le X \le 2\right) = 1 - \left(\dfrac{1}{2} \times \dfrac{3}{4a}\right) = \dfrac{11}{16}$

08 $\lim\limits_{h \to 0} \dfrac{f(1+h) - 3}{h} = 2$에서
$h \to 0$이므로 $f(1+h) - 3 \to 0$
$$\lim\limits_{h \to 0} \frac{f(1+h) - 3}{h} = \lim\limits_{h \to 0} \frac{f(1+h) - f(1)}{h}$$
$$= f'(1)$$
∴ $f(1) = 3$, $f'(1) = 2$
$g(x) = (x+2)f(x)$에서
$g'(x) = f(x) + (x+2)f'(x)$
∴ $g'(1) = f(1) + 3f'(1) = 3 + 6 = 9$

09 교점의 좌표를 구하면
$x^2 = (x-4)^2$, $8x = 16$, $x = 2$
$S_1 = S_2$이고 두 곡선의 교점의 x좌표는 2이므로
$$S_1 + S_2 = 2\int_0^2 \{(x-4)^2 - x^2\}dx$$
$$= 2\int_0^2 (16 - 8x)dx$$
$$= 2\left[16x - 4x^2\right]_0^2 = 32$$

10 확률변수 X가 이항분포 $B(5, p)$를 따른다고 하였으므로, 확

률변수 X의 확률질량함수를 이용하면

$P(X=3)={}_5C_3p^3(1-p)^2$, $P(X=4)={}_5C_4p^4(1-p)$가

된다.

$10p^3(1-p)^2=5p^4(1-p)$, $p=\dfrac{2}{3}$

$\therefore E(6X)=6E(X)=6\times5p=20$

11 실수 전체의 집합에서 연속이 되려면 $x=1$에서도 연속이 되어야 한다. 따라서 함숫값과 극한값이 같아야 하므로,

$g(x)=(x-a)f(x)$에서

$g(1)=(1-a)\times4$

$\displaystyle\lim_{x\to1^-}g(x)=(1-a)\times a$

따라서 $4(1-a)=a(1-a)$, $a=1$ 또는 4이다.

$\therefore 1+4=5$

12 조건 p에서 x가 $a-7$, $18-2a$일 때,

이를 조건 q에 대입하면

각각 $(a-7)(a-7-a)\leq0$,

$(18-2a)(18-2a-a)\leq0$이므로

$a\geq7$, $6\leq a\leq9$이다.

$\therefore 7\leq a\leq9$, $7+8+9=24$

13 신뢰도 95%의 신뢰구간을 이용하면,

$\overline{X}-1.96\dfrac{\sigma}{\sqrt{n}}\leq m\leq\overline{X}+1.96\dfrac{\sigma}{\sqrt{n}}\Leftrightarrow a\leq m\leq6.49$

$n=36$, $\sigma=1.5$이므로

$a=\overline{x}-1.96\times\left(\dfrac{1.5}{6}\right)$, $6.49=\overline{x}+1.96\times\left(\dfrac{1.5}{6}\right)$

$a-6.49=-1.96\times\left(\dfrac{3}{6}\right)$

$\therefore a=6.49-\dfrac{1.96}{2}=5.51$

14 a_n과 S_n을 나열하면

n	1	2	3	4	5	6	7	8	9	10	11	12	⋯
a_n	4	-2	0	2	4	-2	0	2	4	-2	0	2	⋯
S_n	4	2	2	4	8	6	6	8	12	10	10	12	⋯

수열에 규칙성에 의해서 $\displaystyle\sum_{k=1}^{m}a_k=12$를 만족시키는 자연수 m 의 최솟값은 9이다.

15 $9^a=2^{\frac{1}{b}}$에서 $3^{2a}=2^{\frac{1}{b}}$, $2a\log3=\dfrac{1}{b}\log2$이므로

따라서, $2ab=\dfrac{\log2}{\log3}$ ⋯⋯ ㉠

$(a+b)^2=\log_364=\dfrac{\log64}{\log3}=\dfrac{6\log2}{\log3}=12ab$(㉠에 의해)

$a^2+2ab+b^2=12ab$, $a^2-10ab+b^2=0$

양변을 b^2으로 나누면

$\left(\dfrac{a}{b}\right)^2-10\left(\dfrac{a}{b}\right)+1=0$

$t=\dfrac{a}{b}$라 하면 $a>b>0$에서 $t>1$이고,

$\left(\dfrac{a}{b}\right)^2-10\left(\dfrac{a}{b}\right)+1=0$, $t^2-10t+1=0$, $t=5+2\sqrt{6}$

$\therefore \dfrac{a-b}{a+b}=\dfrac{t-1}{t+1}=\dfrac{4+2\sqrt{6}}{6+2\sqrt{6}}=\dfrac{2+\sqrt{6}}{3+\sqrt{6}}=\dfrac{\sqrt{6}}{3}$

16 서로 이웃하는 두 카드에 적힌 수의 곱이 짝수가 되려면 홀수끼리는 이웃하지 않도록 나열한다.

홀수를 이웃하지 않게 일렬로 나열한 후, 짝수를 배열한다.

○ 홀 ○ 홀 ○ 홀 ○ → ${}_3P_3\times{}_4P_3=6\times24=144$

17

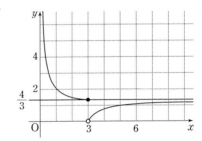

$y=f(x)$의 그래프가 그림과 같을 때이므로

$x=3$일 때, $f(3)=\dfrac{1}{3}+1=\dfrac{4}{3}$

$0<x\leq3$에서 $f(x)\geq\dfrac{4}{3}$이고 $f(x)$가 일대일 대응이므로

$x>3$일 때, $f(x)<\dfrac{4}{3}$

$y=-\dfrac{1}{x-a}+b$에서 점근선 $y=b=\dfrac{4}{3}$

$y=-\dfrac{1}{3-a}+\dfrac{4}{3}=0$, $a=\dfrac{9}{4}$

$\therefore a+b=\dfrac{43}{12}$

18

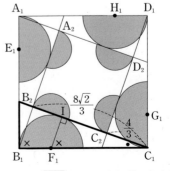

점 F_1에서 $\overline{B_2C_1}$에 내린 수선의 발을 I라 하면,

직각삼각형의 닮음비에 의해

$\overline{F_1I} : \overline{B_1B_2} = \overline{C_1F_1} : \overline{C_1B_1} = 3 : 4$

$\overline{F_1I} = 1$이므로 $\overline{B_1B_2} = \overline{C_1C_2} = \dfrac{4}{3}$이고,

피타고라스의 정리를 이용하면 $\overline{B_2C_1} = \dfrac{8\sqrt{2}}{3}$

두 번째 정사각형의 한 변의 길이는 $\dfrac{8\sqrt{2}-4}{3}$이다.

따라서 정사각형의 한 변의 길이는 공비가 $\dfrac{2\sqrt{2}-1}{3}$인 등비수열을 이룬다.

넓이의 공비는 $\left(\dfrac{2\sqrt{2}-1}{3}\right)^2 = 1 - \dfrac{4\sqrt{2}}{9}$이고

$S_1 = 2\pi$이므로 등비급수의 합을 구하면

$$\lim_{n \to \infty} S_n = \dfrac{2\pi}{1 - \left(1 - \dfrac{4\sqrt{2}}{9}\right)} = \dfrac{9\sqrt{2}\pi}{4}$$

19 $a+b+c = 3n$을 만족시키는 자연수의 순서쌍 (a, b, c)의 개수를 구해보면

$(a-1)+(b-1)+(c-1) = 3n-3$이므로

${}_3H_{3n-3} = {}_{3n-1}C_2 = \dfrac{(3n-1)(3n-2)}{2}$이 된다.

$\therefore$ (가) $= \dfrac{(3n-1)(3n-2)}{2}$

$a = k$일 때, $b+c = 3n-k$에서

$(b-k) + (c-k) = 3n-3k$

${}_2H_{3n-3k} = {}_{3n-3k+1}C_{3n-3k}$

$\qquad\qquad = {}_{3n-3k+1}C_1$

$\qquad\qquad = 3n-3k+1$

$\therefore$ (나) $= 3n-3k+1$

따라서 여사건의 개수는

$$\sum_{k=1}^{n}(3n-3k+1) = 3n^2 - \dfrac{3}{2}n(n+1) + n$$
$$= \dfrac{1}{2}n(3n-1)$$

구하는 확률은

$$1 - \dfrac{\dfrac{1}{2}n(3n-1)}{\dfrac{1}{2}(3n-1)(3n-2)} = 1 - \dfrac{n}{3n-2}$$
$$= \dfrac{2n-2}{3n-2} \quad \cdots\cdots \text{(다)}$$

$\therefore p = 10,\ q = 16,\ r = \dfrac{3}{5},\ pqr = 96$

20

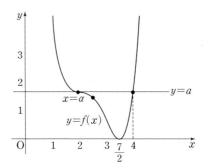

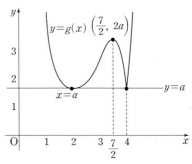

$y = 2a - f(x)$는 $y = f(x)$을 $y = a$에 대하여 대칭이동한 것이다.

(가)에서 $f(x) = (x-a)^3(x-4) + a$

($\because x = 4$에서만 미분가능 하지 않는 조건)

$f'(x) = 3(x-a)^2(x-4) + (x-a)^3$

$\qquad = (x-a)^2\{4x - (12+a)\}$

$\therefore x = \dfrac{12+a}{4} = \dfrac{7}{2},\ a = 2$

(나)에서 $f'(x) = (x-a)^2(4x-14),\ f\left(\dfrac{7}{2}\right) = 0$

두 식으로부터 $a = 2,\ a = \dfrac{27}{16}$이다.

$\therefore f(x) = (x-2)^3(x-4) + \dfrac{27}{16},\ f\left(\dfrac{5}{2}\right) = \dfrac{3}{2}$

21

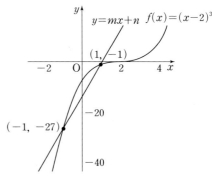

ㄱ. $(-1, -27),\ (1, -1)$으로부터

$$m = \dfrac{(-1)-(-27)}{1-(-1)} = 13$$

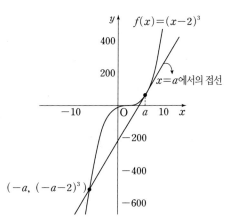

ㄴ. $x=a$에서의 접선이 점 $(-a, (-a-2)^3)$을 지날 때이
므로 $f'(x)=3(x-2)^2$에서 $m=f'(a)=3(a-2)^2$가
된다.
$y=3(a-2)^2(x-a)+(a-2)^3$에
점 $(-a, (-a-2)^3)$을 대입하면
$-(a-2)^3=-6a(a-2)^2+(a-2)^3$,
$4a^3-24a^2=0$
$\therefore a=6, m=48$

ㄷ. $x=a$에서 접선은 $y=f'(a)(x-a)+f(a)$이고,
$(\because (a, f(a))$ 위에서의 접선의 방정식)
$x=-a$일 때, $y=f(a)-2af'(a)$이다.
$y=mx+n$에서는 $x=-a$이면 $y=n-ma$이다.
$f(a)-2af'(a)>n-ma$를 만족시키려면 ㄴ의 결과에
서 $0<a<6$이므로 자연수 a의 개수는 5이다.

22 분모의 최고차항으로 분모와 분자를 나누면
$$\lim_{n\to\infty}\frac{a\times 3^{n+2}-2^n}{3^n-3\times 2^n}$$
$$=\lim_{n\to\infty}\frac{9a-\left(\frac{2}{3}\right)^n}{1-3\left(\frac{2}{3}\right)^n}=9a=207,$$
$\therefore a=23$

23 $\overline{A_nB_n}$의 길이는
(A_n의 y좌표 값) $-$ (B_n의 y좌표 값)이다.
따라서 $n^2-(-2n)=n^2+2n$이 된다.
$\sum_{n=1}^{9}\overline{A_nB_n}$의 값을 $\sum$의 공식을 이용하여 구하면
$$\sum_{n=1}^{9}(n^2+2n)=\sum_{n=1}^{9}n^2+\sum_{n=1}^{9}2n$$
$$=\frac{9\times 10\times 19}{6}+2\times\frac{9\times 10}{2}$$
$$=285+90=375$$

24 $y=f(x)$와 $y=f^{-1}(x)$는 직선 $y=x$에 대하여 대칭이므로
각각 $(2, 3)$, $(3, 2)$를 지난다.
$3=\sqrt{2a+b}$, $2=\sqrt{3a+b}$
이것을 풀면 $a=-5$, $b=19$가 나온다.
$\therefore f(x)=\sqrt{-5x+19}$, $f(-6)=7$

25 $f(0)=0$이므로
$$\lim_{x\to 0}\frac{f(x)}{x}=f'(0)=\lim_{x\to 1}\frac{f(x)-x}{x-1}$$
(분모) $\to 0$일 때, (분자) $\to 0$이어야 한다.
따라서 $f(1)=1$이 되고,
$$\lim_{x\to 1}\frac{f(x)-x}{x-1}=\lim_{x\to 1}\frac{f(x)-f(1)+f(1)-x}{x-1}$$
$$=f'(1)-1=f'(0)$$
$f(x)$가 이차함수라고 했으므로
$f(x)=ax^2+bx+c$라 하면 $f'(x)=2ax+b$이다.
앞서 구한 식을 대입하면
$c=0$, $a+b+c=1$, $b=2a+b-1$이므로
$a=\frac{1}{2}$, $b=\frac{1}{2}$, $f'(x)=x+\frac{1}{2}$이 된다.
$\therefore 60\times f'(0)=60\times\frac{1}{2}=30$

26 표로 나타내면 다음과 같다.
두 눈의 최대공약수가 1인 경우 $\bigcirc$, 두 눈의 합이 8인 경우를
$\bullet$로 표시하면

	1	2	3	4	5	6
1	$\bigcirc$	$\bigcirc$	$\bigcirc$	$\bigcirc$	$\bigcirc$	$\bigcirc$
2	$\bigcirc$	$\times$	$\bigcirc$	$\times$	$\bigcirc$	$\times$
3	$\bigcirc$	$\bigcirc$	$\times$	$\bigcirc$	$\bullet$	$\times$
4	$\bigcirc$	$\times$	$\bigcirc$	$\times$	$\bigcirc$	$\times$
5	$\bigcirc$	$\bigcirc$	$\bullet$	$\bigcirc$	$\times$	$\bigcirc$
6	$\bigcirc$	$\times$	$\times$	$\times$	$\bigcirc$	$\times$

두 눈의 최대공약수가 1인 경우의 수는 총 23가지이고, 나온
두 눈의 합이 8인 경우의 수는 2이다.
따라서 구하는 확률은 $\frac{2}{23}$이므로 $p+q=2+23=25$이다.

27 $f(x)$는 일차식으로, $f(x)=cx+d$라 하면
$$\int_{1}^{x}(2x-1)f(t)dt=x^3+ax+b$$
미분하면 $2\int_{1}^{x}f(t)dt+(2x-1)f(x)=3x^2+a$이다.
앞서 구한 식을 미분하면
$2f(x)+2f(x)+(2x-1)f'(x)=6x$
$4f(x)+(2x-1)f'(x)=6x$

$$4cx+4d+c(2x-1)=6x, \ 6cx+4d-c=6x$$

$$c=1, \ d=\frac{1}{4}. \ f(x)=x+\frac{1}{4}$$

$$\therefore 40 \times f(1)=40 \times \frac{5}{4}=50$$

28 각각의 상자에는 3개 또는 6개가 있어야 하므로,

ⅰ) 3개, 3개, 6개일 때,

각각 2개, 1개, 3개만 더 들어가면 된다.

따라서 경우의 수는 $\dfrac{6!}{2!3!}=60$가지

(AABCCC의 공을 배열한다고 생각해본다.)

ⅱ) 3개, 6개, 3개 일 때,

각각 2개, 4개, 0개만 더 들어가면 된다.

따라서 경우의 수는 $\dfrac{6!}{2!4!}=15$가지

(AABBBB의 공을 배열한다고 생각해본다.)

ⅲ) 6개, 3개, 3개 일 때,

각각 5개, 1개, 0개만 더 들어가면 된다.

따라서 경우의 수는 $\dfrac{6!}{5!}=6$가지

(AAAAAB의 공을 배열한다고 생각해본다.)

$\therefore 60+15+6=81$가지

29 조건 (가)에 의하여 $3a_{m-2}-3d=3$

$a_{m-2}-d=1=a_{m-1}$

이를 (나)에 적용하면,

$a_1+1=-9(2-d)$

$\therefore a_1=9d-19$

$$\sum_{k=1}^{m-1} a_k=a_1+a_2+\cdots+a_{m-1}$$
$$=\frac{1}{2}(m-1)(a_1+1)=45$$

$(m-1)(a_1+1)=90$

$a_1=9d-19$이므로 $(m-1)(d-2)=10$이다.

$m \geq 3$일 때 $m=6, \ d=4$가 되므로 최솟값을 갖는다.

$(\because a_1=17$일 때, $a_6=-3<0)$

$\therefore a_1=17$

30

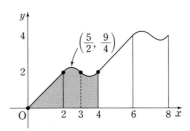

실수 전체의 집합에서 정의된 함수 $y=h(x)$는 미분가능하므로, $0 \leq x < 4$에서 그래프와 같은 모양이어야 한다.

함수 $f(x)$는 $x=\dfrac{5}{2}$에서 극댓값을 가지므로

$$f(x)=a\left(x-\frac{5}{2}\right)^2+b, \ f'(x)=2a\left(x-\frac{5}{2}\right)$$이고,

$$f'(2)=2a\left(2-\frac{5}{2}\right)=-a=1, \ a=-1$$

$$f(2)=-\left(2-\frac{5}{2}\right)^2+b=2, \ b=\frac{9}{4}$$

$$\therefore f(x)=-\left(x-\frac{5}{2}\right)^2+\frac{9}{4}, \ g(x)=\left(x-\frac{7}{2}\right)^2+\frac{7}{4}$$

두 그래프의 식을 통해 $k=2$이다.

모든 실수 x에 대하여

$h(x)=h(x-4)+k(k$는 상수$)$라고 했으므로,

$$h\left(\frac{13}{2}\right)=h\left(\frac{13}{2}-\frac{8}{2}\right)+2=h\left(\frac{5}{2}\right)+2=f\left(\frac{5}{2}\right)+2$$
$$=\frac{9}{4}+2=\frac{17}{4}$$

$\therefore p+q=21$

2019학년도 기출문제 정답 및 해설

제1교시 **국어영역(공통)**

01 ④	02 ⑤	03 ①	04 ④	05 ③	06 ③
07 ①	08 ⑤	09 ①	10 ④	11 ④	12 ⑤
13 ④	14 ③	15 ②	16 ⑤	17 ③	18 ②
19 ⑤	20 ④	21 ②	22 ①	23 ⑤	24 ③
25 ②	26 ④	27 ③	28 ②	29 ②	30 ⑤
31 ③	32 ①	33 ③	34 ①	35 ③	36 ⑤
37 ④	38 ④	39 ①	40 ④	41 ⑤	42 ①
43 ①	44 ②	45 ③			

01 ④ 발표 중간 중간에 청중의 경험을 환기하기 위한 물음과 스스로 묻고 답하는 자문자답 형태의 질문이 제시되기는 하나, 질문을 통해 발표 내용에 대한 청중의 이해도를 점검하는 것은 아니다.

오답풀이

① 발표의 서두에서 '여러분, ~ 눈살을 찌푸렸던 일이 기억나시죠?'라고 하며 청중과 공유했던 경험을 환기하여 청중의 관심을 유도하고 있다.

② 네 번째 문단에서 전문가의 견해를 제시하면서 새로운 쓰레기 수거 방식과 기존 방식의 차이를 구체적 수치를 통해 비교하였다. 이는 문제 상황의 심각성을 부각한다고 볼 수 있다.

③ 발표를 시작하면서 '오늘은 ~ 주제로 말씀드리겠습니다.'라고 하며 주제를 미리 제시함으로써 청중이 발표 내용을 미리 짐작할 수 있도록 하였다.

⑤ 발표의 말미에서 '여러분들도 ~ 활용해 보세요.'라고 하며 발표 내용과 관련하여 청중들에게 권유하는 말을 덧붙이며 발표를 마무리하고 있다.

TIP 발표의 내용 조직

도입	• 화제나 주제, 목적, 배경 등을 간략히 설명 • 발표자가 여러 명일 경우에는 발표 참여자 소개 및 역할 분담 내용을 간단히 언급
전개	• 구체적인 예시를 곁들여 진술 • 발표 주제와 목적에 따라 내용 조직

정리	• 화제의 요약과 강조 • 핵심 내용 마무리

02 ⑤ 학생 2는 발표 내용을 충분히 이해하고, 이를 토대로 자신의 지식을 활용하여 새로운 아이디어를 떠올리고 있다. 학생 3은 자신이 공감했던 부분을 언급하면서 발표 내용에서 아쉬웠던 부분을 제시하고 있다. 두 학생 모두 발표 내용의 신뢰성을 의심하며 비판적 태도를 보이고 있는 것은 아니다.

오답풀이

① 학생 1은 발표 내용을 통해 새롭게 알게 된 사실에 대해 긍정적 반응을 보인다.

② 학생 2는 보안의 문제 해결 방법을 토대로 자신의 지식을 활용한 아이디어를 낸 후, 이를 실생활에 적용시켜보고자 하였다.

③ 학생 3은 발표 내용을 듣고 자신의 경험을 환기하며 공감하고 있다.

④ 학생 1과 학생 3은 발표에서 언급되지 않은 내용을 지적하며 이에 대한 아쉬움을 표현하였다.

03 ① 세 번째 문단에서 환류란 바닷물이 일정한 방향으로 도는 현상을 일컫는다고 하였으므로, 〈자료 1〉은 환류 현상을 나타내는 자료임을 알 수 있다. 그리고 환류를 타고 이동하는 쓰레기가 환류의 중심으로 모이면서 쓰레기 섬이 만들어진다고 하였으므로 환류 현상은 쓰레기 섬의 발생 원인을 설명하기 위한 자료가 된다. 따라서 ①은 적절한 설명이다.

오답풀이

② 자료 1은 환류 현상으로, 쓰레기 섬의 원인을 설명하기 위한 자료가 될 수 있다.

③ · ④ 자료 2는 쓰레기 수거를 위한 아이디어를 떠올리는 과정을 보여주기 위한 보안의 아이디어로, ⓒ에서 활용할 수 있다. 이는 기존의 방식보다 비용이 적게 드는 이유를 보여준다.

TIP 발표에서 자료와 매체의 활용 효과

• 발표 내용을 풍부하게 하고 전달 효과를 높일 수 있다.
• 청중이 내용을 좀 더 쉽게 이해할 수 있다.
• 발표 내용을 청중의 기억에 오래 남길 수 있다.
• 청중이 발표자가 설명하는 내용에 신뢰를 가질 수 있다.

04 ④ [A]에서 학생 2는 "많은 학생들이 참여한 설문 조사 결과를 반영하여 우리가 수차례 논의하였다는 점을 강조하면 학생들의 오해를 어느 정도 해소할 수 있을 것 같아."라고 하였다. 이로 보아 설문 조사 결과의 반영이 학생회의 일방적인 결정으로 투표 방식이 변경되었음을 인정하기 때문이 아니라, 학생회 임원들이 수차례 논의해온 사안임을 강조하기 위함임을 알 수 있다.

오답풀이

① 학생 3은 현행 방식에서 장난삼아 성의 없이 투표한 경우가 많았고, 그래서 무효표도 많았다고 하였으므로 이는 기존 투표 방식과 무효표에 인과 관계가 있음을 나타낸다.

② 작년 투표 결과의 무효표를 구체적 수치로 드러낸 것은 기존 방식에 문제가 있다는 주장에 대한 근거가 된다.

③ 학생 1이 투표 방식 변경에 따라 예상되는 반응을 언급하고 이에 대한 해결책을 강구해야 한다고 말한 이유는 반발하는 학생을 고려한 것이다.

⑤ 학생 1이 새로운 방식의 장점을 언급한 것은, 많은 학생이 참여한 설문 조사 결과를 반영하였으므로 학생회의 일방적인 결정으로 생각할 수도 있다는 문제점을 해결하고, 학생들의 동의를 이끌어 낼 수 있다는 점을 나타낼 수 있다.

05 ③ ㉠은 투표 방식을 변경할 시에 투표율이 떨어질 수도 있다는 문제점을 제기하였고, ㉡는 이에 대하여 캠페인 구호 같은 것을 만들어서 글에 포함시키자고 하면서 그 해결 방안을 제시하였다.

06 ③ [D]에서는 기존 방식과 비교해서 어떻게 달라졌는지를 명확하게 알려줘야 한다는 [B]의 내용을 반영하여, 정해진 시간에 반별로 투표를 하는 기존의 방식과 원하는 시간에 투표를 할 수 있는 새로운 방식을 대비하여 설명하였다.

오답풀이

① 변경된 투표 장소는 언급하였지만 투표 장소 변경 이유에 대한 언급은 제시되지 않았다.

② 기표소의 개수에 대한 언급은 제시되지 않았다.

④ 투표 참여 방식이 자율로 바뀌었다는 것을 설명하자는 의견은 있었지만 투표 절차가 달라졌다는 내용은 제시되지 않았다.

⑤ 투표 참여 대상 변경에 대한 내용은 제시되지 않았다.

> **TIP** 설득을 위한 작문
> • 관련 자료를 수집하여 주장하고자 하는 의견이나 관점을 명료하게 세운다.
> • 주장을 뒷받침할 수 있는 타당한 논거를 세운다.
> • 설득력 있는 표현 전략을 활용하여 글을 쓴다.
> • 다양한 작문 과제에 대하여 논설문, 비평문, 건의문, 광고문, 칼럼 등 여러 가지 종류의 글을 쓴다.

07 ① [C]에서 제시된 조건은 새로운 방식이 가지는 의의 반영, 비유적 표현, 대구의 방식이다. 이 세 가지를 모두 충족시키는 것은 '스스로 찾아가는 투표 현장, 저절로 피어나는 민주 의식'이다.

오답풀이

② 대구의 방식은 반영되어 있으나, 비유와 새로운 방식이 가지는 의의는 반영되지 않았다.

③ 비유는 반영되어 있으나, 대구와 새로운 방식이 가지는 의의는 반영되지 않았다.

④ 비유는 반영되어 있으나, 대구와 새로운 방식이 가지는 의의는 반영되지 않았다.

⑤ 비유와 대구, 새로운 방식이 가지는 의의 모두 반영되지 않았다.

08 ⑤ 대회 운영에 대한 학교의 부담과 학생들의 학업에 부정적 영향을 줄 수 있다는 점을 언급하고 있으나, 이러한 문제에 대한 해결책을 제시하고 있지는 않다.

오답풀이

① 글의 서두에서 올해 실시한 체육대회에 대해 언급하면서 글을 시작하였다.

② 첫 문단의 말미에서, 인터뷰 결과 학생들은 현행 체육대회가 일회성 행사에 그치고 있으며 이로 인해 학생들의 경기 참여 기회 역시 제한된다는 한계점을 언급하였다고 하면서 현행 체육대회의 한계를 지적하였다.

③ 2문단에서 현행 체육대회의 한계를 보완하기 위해 스포츠클럽 대회를 도입할 필요가 있다고 하면서 그 방식에 대해 언급하였다.

④ 2문단에서 스포츠클럽 대회 도입을 제안하며 그 기대 효과를 강조하였다.

> **TIP** 작문의 단계
> • **계획하기** : 글의 목적을 분명히 하고, 글의 주제, 독자 등의 작문 상황 분석
> • **내용 생성하기** : 창조적인 사고 활동을 통해 글로 표현할 내용 조직
> • **표현하기** : 적절한 어휘를 선택하고 어법에 맞는 문장으로 표현
> • **고쳐쓰기** : 글의 목적과 독자를 고려하여 내용을 삭제·추가·수정하기

09 ④ C는 스포츠클럽 대회 도입이 학생들의 정서 및 사회성 발달에 기여할 수 있다는 자료로 활용할 수 있다. 그러나 A는 현행 체육대회에 대한 학생들의 만족도를 나타내는 것으로, 현행 체육대회의 한계를 지적하고 이를 보완해야 한다는 내용을 뒷받침하는 자료로 사용될 수 있다.

오답풀이

① A는 현행 체육대회에 대한 만족도를 나타내는 자료로, 현행 체육대회의 한계를 보완해야 한다는 내용을 뒷받침한다.

② B는 현행 체육대회에 대한 불만족 이유를 나타내는 자료로, 종목의 다양성이 부족하다는 의견이 두 번째로 많으므로 적절한 자료 활용이다.

③ C는 체육 활동과 학생들의 학업 성취도 사이의 긍정적 관계를 보여주는 자료이다.

⑤ B에 제시된 체육대회에 대한 불만족 이유와 C에 제시된 체육 활동의 중요성을 바탕으로, 스포츠클럽 대회를 도입하여 상시적이고 다양한 체육 활동을 뒷받침하여 학생들이 만족하지 못하는 원인을 해소할 수 있음을 강조할 수 있다.

10 ④ (나)의 마지막 문단에서는 청소년기의 학업과 체육 활동의 중요성을 언급하고 있고, 고쳐 쓴 글에서는 이를 바탕으로 스포츠클럽 대회 도입의 필요성을 강조하고 있다. 따라서 학생이 점검했을 내용으로 적절한 것은 청소년기 체육 활동의 중요성에 초점을 맞추어 스포츠클럽 대회 도입의 필요성이 부각되도록 고쳐 쓴 것이다.

오답풀이

① 체육 활동에 실제로 참여한 학생에 대한 언급이 없으므로 예상 독자를 고려하여 수정한다는 것은 적절하지 않다.

② 스포츠클럽 대회 도입을 위한 선생님들의 노력에 대한 내용은 언급된 바가 없다.

③ 정신적 측면과 육체적 측면에 대한 언급이기는 하지만, 핵심 주제는 스포츠클럽 대회 도입의 필요성이므로 적절하지 않은 설명이다.

⑤ 청소년들의 특성과 학교 여건 등을 종합적으로 감안했다는 내용은 언급된 바가 없다.

TIP 고쳐쓰기의 원칙

• 통일성
 – 글 전체가 하나의 주제로 집중되는 성질
 – 글의 주제와 관련이 없는 내용은 삭제되거나 조정

• 완결성
 – 하나의 내용을 완전히 마무리하는 성질
 – 글쓴이가 말하고자 하는 내용이 분명히 드러남
 – 주제문이 갖추어져 있고, 이에 대한 뒷받침 문장들을 충분히 제시

• 일관성
 – 논리의 흐름이 처음부터 끝까지 한결같고 자연스러운 성질
 – 앞뒤의 내용이 서로 모순되지 않아야 함
 – 문장과 문장 사이의 연결이 자연스러워야 함

11 ⑤ 본문에서 '구나' 형 감탄문은 감탄문의 일반적 유형으로, 용언이나 서술격 조사의 어간에 붙을 수 있다고 하였고,

'어라' 형 감탄문은 형용사의 어간에만 붙을 수 있다고 하였다. 따라서 '어라' 형 감탄문이 '구나' 형 감탄문에 비해 활용 범위가 더 제한적이라고 볼 수 있다.

오답풀이

① '앗, 차가워라!'에서 '앗'은 놀람의 느낌을 나타내는 감탄사이다.

② '-구나'는 해라체, '-구려'는 하오체에 해당한다.

③ '-네'는 '해체'에 해당한다.

④ '아'는 독립어이고 '시원해라'는 서술어이므로, '아, 시원해라!'는 독립어와 서술어만으로 감탄문이 실현된 문장이다.

TIP 중세 국어의 감탄문

• 감탄문은 대부분 느낌 표현의 선어말 어미에 기대어 형성된다.
• 감탄문의 어말 어미로는 '-ㄹ쎠, -ㄴ뎌' 정도만 확인된다.
 예 내 아ᄃ리 어딜쎠 [내 아들이 어질구나!] 〈월인석보 2, 7〉
 몰힛 마리신뎌 [뭇사람들의 참소로구나!] 〈악학궤범, 정과정〉

12 ⑤ ㄴ. ⑥에서 '낳다'는 동사이고 ⓓ에서 '어질다'는 형용사이다. 이 둘은 모두 감탄문의 서술어 역할을 하고 있다.
ㄹ. ⓒ에 사용된 선어말 어미 '-돗-'이 ⓔ에서는 '-돗-'의 이형태인 '-도-'로 사용되었다. 즉 감탄문을 만드는 선어말 어미는 이형태가 존재한다.

오답풀이

ㄱ. ⓐ의 '-ㄴ뎌'와 ⓑ의 '-ㄹ쎠'는 모두 감탄형 종결 어미이다.

ㄷ. ⓑ에서는 높임 선어말 어미인 '-시-'와 감탄형 종결 어미인 '-ㄹ쎠-'가 결합하였다. 따라서 감탄형 종결 어미가 선어말 어미와 결합할 수 있음을 알 수 있다. ⓔ에서는 선어말 어미 '-시-'만 사용되고 감탄형 종결 어미는 사용되지 않았다.

13 ④ '네가 그렸다는'은 '네가 그림을 그렸다'의 문장에서 '그림을'이라는 목적어가 생략된 '안긴 긴 관형사절'이다. 문장에서 이 절을 생략해도 문장은 성립된다.

오답풀이

① '네가 되려는'은 보어가 생략된 짧은 관형사절이다.

② '그가 우리를 사랑했다는'은 종결 어미가 있는 긴 관형사절로, 문장 성분이 생략되지 않은 채 '오늘에서야 알았다'와 결합된 보문절이다. 이 절을 생략하면 문장이 성립되지 않는다.

③ '개울에서 헤엄을 쳐 본'은 종결 어미가 없는 보문절로, '개울에서 헤엄을 쳐 본다는'과 같이 긴 관형사절로 바꾸면 어색한 문장이 된다.

⑤ '그분이 노벨상을 타게 되었다는'은 종결 어미가 있는 보문절로, 짧은 관형사절로 바꾸면 문장이 어색해진다.

- **관계관형사절(관계절)** : 서술어 구문으로 전개하는 과정에서 공통된 논항이 공유되는 현상을 보이는 절(생략 가능)
  - 예 담배를 피우는 학생들이 점점 줄고 있다 → 학생들이 담배를 피운다 + (그런) 학생들이 점점 줄고 있다
- **동격관형사절(보문절)** : 피한정명사가 선행하는 관형사절의 내용을 동격의 형식으로 간추린 역할만 하는 절(생략 불가능) → 피한정명사로 쓰일 수 있는 체언의 종류가 한정되어 있음
  - 예 너는 인수가 결석한 사실을 몰랐느냐? → 인수가 결석하였다. + 너는 (그) 사실을 몰랐느냐?
- **긴 관형절** : 원래 문장의 종결어미가 유지됨
  - 예 그녀가 결혼했다는 소문이 떠돌았다.
- **짧은 관형절** : 원래 문장의 종결어미가 탈락함
  - 예 나는 그를 만난 기억이 없다.

14 ③ '쓰-+-이-+-어 → [쓰여]'는 'ㅡ'가 그대로 유지되고 'ㅣ'와 'ㅓ'라는 두 단모음이 합쳐져서 이중모음인 'ㅕ'가 된 것이다.

오답풀이

① '파-+-아서'는 '-아'의 'ㅏ'가 탈락하여 [파서]가 된 것이다.
② '비-+-어서'는 'ㅣ'와 'ㅓ' 사이에 반모음이 첨가되어 [비여서]가 된 것이다.
④ '바꾸-+-어라'는 단모음 'ㅜ'가 반모음으로 교체된 다음 단모음 'ㅓ'와 결합하여 'ㅝ'가 된 것으로, 최종적으로 [바꿔서]가 되었다.
⑤ '보-+-이-+-어'는 'ㅗ', 'ㅣ'가 'ㅚ'로 축약되고, 반모음 'ㅣ'가 첨가되어 [뵈여]가 되었다.

- **모음(홀소리, 21개)** : 공기의 흐름이 막히거나 장애를 받지 않고 만들어지는 소리
  - 단모음(10개) : 발음 도중에 입술 모양이나 혀의 위치가 바뀌지 않는 모음
  - 이중모음(11개) : 발음 도중에 입술 모양이나 혀의 위치가 바뀌는 모음.(반모음 + 단모음 결합 형태)
  - 반모음 : 음성의 성질은 모음과 비슷하지만 다른 모음에 붙어야 발음될 수 있으므로 음절을 이루지 못하는 소리

15 ② '내일 우체국 가는 길에 은행에 들르겠다.'의 '들르겠다'는 발화시가 사건시보다 앞선 미래 시제로, '가는'의 절대 시제와 일치한다.

오답풀이

① ㄱ에서 '들으며'와 '먹는다'는 모두 현재를 나타내며 절대 시제와 상대 시제가 일치한다.
③ '들으며'는 '먹는다'와 시제가 일치하므로 상대 시제는 현재

이다. 그러나 '가는'의 절대 시제는 예정을 나타내는 것으로, 발화시가 사건시보다 앞선 미래이다.
④ '먹는다'의 '-는'은 진행 중의 동작을 나타내며 발화시와 사건시가 일치하는 현재이다. 그러나 '가는'의 '-는'은 절대 시제가 미래이다.
⑤ '들으며'와 '먹는다'의 동작은 동시에 행해지는 것으로, 둘다 현재를 나타낸다.

- **사건시** : 사건이 발생한 순간
- **발화시** : 말하는 순간
- **절대시제** : 발화시(말하는 시점) 기준
- **상대시제** : 사건이 일어난 시점을 기준

[16~18] 현대 소설

박완서, 「이별의 김포공항」
- **갈래** : 현대 소설, 단편 소설
- **성격** : 비판적, 세태적
- **배경** : 1970년대, 서울
- **시점** : 전지적 작가 시점
- **주제** : 1970년대 물질주의적 세태에 대한 비판
- **구성**
  - **발단** : 소녀는 미국에 있는 고모의 초청을 받아 곧 한국을 떠나는 할머니를 모시고 박물관 구경에 나선다.
  - **전개** : 소녀의 기억 속에는 삼촌들과 고모가 외국으로 뜨기로 작정하고 쏘다녔던 모습이 악몽처럼 남아 있다.
  - **위기** : 삼촌들과 고모는 소원대로 한국을 떠났고, 드문드문 오는 편지에는 한국에 대한 이야기를 찾아볼 수 없다.
  - **절정** : 떠나는 날이 정해진 할머니는 여유 있는 얼굴로 노골적인 연민을 베풀려는 모습을 보이고 소녀는 그것이 참을 수가 없다.
  - **결말** : 박물관 관람을 마치고 다음 날 비행기에 오른 할머니는 기체가 이륙하는 순간 뿌리가 뽑히는 듯한 기분을 느끼며 서럽게 운다.
- **이해와 감상** : 1970년대의 한국은 정치, 경제, 문화 등 다방면에 걸쳐 커다란 변화가 이루어진 시기였다. 산업화의 여파로 인해 물질주의와 배금주의가 팽배해진 상황에서 당시 수많은 한국인들이 풍요로운 삶을 좇아 선진국으로 떠나는 모습을 보였다. 이 과정에서 자신의 근본을 부정하는 상황이 나타나기도 하였다. 이 작품은 이와 같이 배금주의의 영향으로 자신의 뿌리조차 부정하였던 당시의 세태에 대해 비판적 시각을 보여주고 있다.

16 ⑤ 이 작품은 전지적 작가 시점으로, 서술자가 '노파'의 시선에서 사건을 서술하고 있다.

> 오답풀이
> ① 장면에 따라 시점을 달리하여 서술하고 있지 않다.
> ② 서로 다른 공간의 사건을 병치하여 서술하는 것이 아니라 노파의 일과에 따라 사건이 진행되고 있다.
> ③ 노파가 과거를 회상함으로써 미국에 가고자 하는 이유를 추측할 수 있지만, 역순행적으로 추리하고 있는 것은 아니다.
> ④ 이 작품은 작품 밖의 서술자가 특정 인물의 시선을 중심으로 사건을 서술하고 있다.

17 ③ ⓒ에서 '노파'가 '샌프란시스코'를 '쌍포리코'라고 발음한 것은 단순히 영어가 생소하고 서툴러서이지, 언어유희를 통해 젊은이의 허위의식을 비꼬고자 한 것이 아니다.

> 오답풀이
> ① ㉠에서 '손녀'가 아첨을 떤다고 생각하는 것으로 보아, '노파'는 '손녀'의 행동에 담긴 의도를 부정적으로 생각하고 있다고 볼 수 있다.
> ② ⓒ에서 '꼬마 전구'는 '노파'를 비유한 것으로, '요새는 켜져 있는 동안이 훨씬 많다'고 한 것은 이전과 달라진 '노파'의 심리를 나타낸다.
> ④ 송영대에 가족들이 없다는 것을 알고 눈물을 흘리는 '노파'의 모습을 나타낸 것으로, 기대했던 상황이 벌어지지 않아 슬퍼하는 심리를 표현한 것이다.
> ⑤ ⓜ에서 '노파'는 '젊은이'를 다시 뿌리 내릴 수 있는 '묘목'에, 자기 자신을 '죽은 목숨'에 비유하면서, 비교를 통한 절망감을 부각하고 있다.

18 ② '손녀'가 가리키는 곳을 '으리으리 잘 지어 났다'고 생각하는 것은 '노파'가 느끼는 솔직한 감정일 뿐이지 '노파'가 자신이 처한 현실을 잘못 파악하고 있는 것으로 볼 수 없다.

> 오답풀이
> ① 〈보기〉에서 인간은 자신이 처한 현실에서 벗어나 다른 세계로 가고자 하는 경향이 있다고 하였는데, 이 심리가 '노파'의 미국행이라는 사건을 통해 그려지고 있다.
> ③ 〈보기〉에서 희망이 과도하여 고정관념으로 굳어질 때 맹목적 동경이 된다고 하였는데, '미국에만 갈 수 있으면'하고 잠꼬대 같은 탄식 소리를 하는 것은 곧 맹목적으로 다른 세계를 동경하는 행위를 보여준다.
> ④ 〈보기〉에서 막상 현실을 떠나 다른 세계로 가는 상황에 맞닥뜨릴 때 비로소 자신을 깨닫게 되는 경우가 있다고 하였는데, '노파'가 '뿌리 뽑힌 고목으로서의 스스로를 인식'하는 것이 바로 그러한 경우이다.
> ⑤ 〈보기〉에서 부정적인 현실마저도 자신의 삶의 일부임을 깨닫고 그에 대한 애정을 확인하게 된다고 하였는데, '노파'가 '이 땅의 구질구질한 것까지' 사랑했다는 것은 즉 부정적 현실마저 사랑하게 된 심리를 나타내는 것이다.

[19~22] 독서 – 과학

19 ⑤ 윗글은 에너지 문제를 해결하기 위한 하나의 방편으로 인공 광합성 연구에 대해 설명한 것이다. 자연 광합성 연구 발전에 미친 영향에 대해서는 언급된 바가 없다.

> 오답풀이
> ① 수소는 우주의 88%를 차지할 만큼 많고, 연소될 때 많은 에너지가 발생하기 때문에 에너지원으로 활용하려고 하는 것이다.
> ② 수소는 매우 가벼워 지구의 대기 밖으로 쉽게 날아가 버리므로 지구 대기 속에 수소 기체가 거의 없다고 하였다.
> ③ 글의 마지막 단락에서 전지형 인공 광합성 시스템의 향후 과제는 반도체의 기능과 촉매의 기능을 동시에 향상시키는 방법을 찾는 것이라고 하였다.
> ④ 첫 문단에서 식물의 광합성 시스템을 모방한 인공 광합성 기술 연구가 진행된다고 한 것을 통해 자연의 원리를 활용해 에너지 문제를 해결하려고 한다는 사실을 알 수 있다.

> **TIP 독서 – 과학**
> - 주제 : 수소의 생산 방법 및 한계점과 효율적 생산 방법 모색의 필요성
> - 소주제
>   – 1문단 : 수소 생산을 위한 인공 광합성 기술 연구
>   – 2문단 : 식물의 광합성을 이용한 수소 생성 과정
>   – 3문단 : 수소를 생성하는 인공 광합성 시스템의 구조와 과정
>   – 4문단 : 인공 광합성 시스템의 한계점과 효율적 생산 방법 모색의 필요성

20 ⑤ 2문단에서 ㉠의 엽록소에서 빠져 나온 전자는 빛 에너지가 전환된 화학 에너지 APT를 생성하는 데 이용되고, 전자와 수소 양이온은 이산화탄소와 결합해 최종적으로 유기물인 포도당을 만드는 데 이용된다고 하였다. ⓒ의 정공과 분리된 전자는 자유 전자인데, 3문단에서 수소 양이온이 자유 전자와 결합하여 수소 기체가 만들어진다고 하였다. 따라서 ㉠의 엽록소에서 방출된 전자와 ⓒ의 정공과 분리된 전자는 같은 역할을 한다고 볼 수 없다.

> 오답풀이
> ① 2문단과 3문단을 통해 ㉠과 ⓒ 모두 산소가 기체 상태로 배출됨을 알 수 있다.
> ② 2문단에서 ㉠은 수소가 전자와 수소 양이온으로 분해된다고 하였고, 3문단에서 ⓒ은 정공들이 전자를 보충하기 위

해 물을 분해하고 자유 전자를 이용해 수소 양이온을 환원
시킨다고 하였다.
③ 2문단에서 ㉠의 경우 전자와 수소 양이온은 이산화탄소와
결합해 최종적으로 유기물인 포도당을 만드는 데 이용된다
고 하였고, ㉡은 그런 정보가 제시되지 않았다.
④ 2문단에서 ㉠은 유기물인 포도당을 만든다고 하였고, ㉡은
그런 정보가 제시되지 않았다.

21 ② 3문단에서 광전극에 남아 있는 정공들은 광전극의 표면에
몰려 전자를 보충하기 위해 물을 분해한다고 하였다. ㄴ은
광전극으로부터 온 자유 전자를 이용해 수소 양이온을 환
원시켜 최종적으로 수소 기체를 생성하는 환원 전극이고
물을 분해하는 장치는 ㄱ(광전극)이다.

오답풀이

① 광전극은 빛 에너지를 받으면 자유 전자와 정공이 더욱 많
이 생긴다고 하였다.
③ 광전극의 자유 전자는 전선을 따라 환원 전극으로 이동한
다고 하였다.
④ 광전극에서 정공들이 물을 분해하면서 수소 양이온이 생성
되고 환원 전극에서 자유 전자와 결합하여 수소 기체가 된
다고 하였다.
⑤ 광전극은 n형 반도체로 자유 전자가 많고, 환원 전극은 p
형 반도체로 정공이 많다고 하였다.

22 ① 지문의 [A] 부분에서 분리막은 광전극에서 만들어진 수소
양이온이 그것을 투과하면 광전극에서 반응할 수 없도록
하고, 생성된 수소 기체가 광전극 쪽으로 가 반응하지 못하
도록 하는 역할을 한다고 하였다. 즉 분리막은 수소 기체가
다시 분해되지 않도록 하여 수소 기체가 보다 효율적으로
생성되게 하기 위한 장치임을 알 수 있다.

[23~26] 고전 소설

┌───┐
조성기, 「창선감의록」
• **갈래** : 고전 소설, 가정 소설, 도덕 소설
• **성격** : 교훈적, 유교적
• **배경** : 중국 명나라
• **시점** : 전지적 작가 시점
• **제재** : 일부다처(一夫多妻)와 대가족 제도 아래서 일어나는
가정의 풍파
• **주제** : 충효(忠孝) 사상의 고취와 권선징악(勸善懲惡)
• **특징**
  – 교훈적 주제 의식을 지님
  – 인물의 개성이 부각됨
└───┘

– 치밀한 구성으로 소설적 흥미가 풍부함
• **구성**
  – **발단** : 병부상서 화욱은 심씨, 요씨, 정씨 세 명의 부인을
  둔다. 요씨는 딸 빙선을 낳고 일찍 죽었고, 정씨는 아들 진
  (珍)이 장성하기 전에 죽는다. 심씨가 낳은 아들 춘(瑃)은
  이복형제 가운데서도 가장 맏이였으나 화욱은 진을 편애하
  여 심씨와 춘의 불만을 산다.
  – **전개** : 화욱은 조정에 간신이 득세하는 것을 보고 벼슬자리
  에서 물러나 고향으로 돌아온다. 화욱이 죽은 뒤 심씨와 화
  춘은 화진과 그의 아내를 학대한다. 화춘은 화진을 모함하
  여 귀양을 보내고, 그의 아내도 누명을 씌워 내쫓는다.
  – **위기** : 화진이 유배지에서 도사인 곽공(郭公)을 만나 병서
  를 배우고 있을 즈음에 해적(海賊)인 서산해(徐山海)가 변
  방을 소란스럽게 하고 노략질을 일삼는다. 이에 화진이 백
  의종군하여 해적을 토벌하여 공을 세운다.
  – **절정** : 화진의 능력을 인정한 조정에서는 그를 정남대원수
  (征南大元帥)에 봉하여 남방의 어지러움을 모두 평정하게
  한다.
  – **결말** : 화진이 남방을 평정하고 개선하자, 천자는 그에게
  진국공(晉國公)의 봉작을 내린다. 한편 심씨와 화춘도 착한
  사람이 되었으며, 종적을 감추었던 화진의 아내도 돌아와
  심씨를 지성으로 섬겨 가정의 화목을 이룬다.
• **이해와 감상** : 이 작품은 사대부 가문에서 일어나는 갈등과
  모함을 다룬 가정 소설로, 악한 인물인 처와 선한 인물인 첩
  사이의 갈등을 전면에 내세우면서 사대부 집안 가장의 삶과
  가문의 운명에 초점을 맞추어 형제간의 우애와 충효, 권선징
  악(勸善懲惡)이라는 교훈을 강조한다. '창선감의록'의 '창선
  (彰善)'은 다른 사람의 착한 행실을 세상에 드러낸다는 의미
  이고, '감의()'는 의리에 감복한다는 의미이다. 즉, '착한 행실
  을 세상에 드러내고 의리에 감복하는 이야기'가 제목의 의미
  인 것이다.

23 ⑤ [D] 사건은 '하춘해'가 주선한 일이 아니라 '범한'이 '엄숭'
에게 뇌물을 써서 벌인 일이다.

오답풀이

① [A]부터 [D]까지의 각 사건들은 시간의 순서대로 순차적으
로 전개된다.
② [A]에서 '범한'이 한림을 처벌받게 하려다 실패하자, [A]와
[B] 사이에 옥졸들에게 돈을 나누어 주고 '한림'을 죽이려
고 하였다.
③ [A]에서의 '최 지부'와 [C]에서의 '하춘해'는 '한림'이 누명
을 썼음에도 거짓으로 자백하여 자신의 효를 다하려 한다
는 사실을 인지하고 있다.
④ '계화'의 정성을 보고 '유이숙'은 옥에 가서 '한림'을 본 후

'한림'을 지키고자 경사까지 따라가게 되었다.

24 ③ ⓒ에서 '한림'은 스스로가 선하고 의로우니, 아버지를 욕되게 하지 않겠다고 하면서 자신이 죄인이라고 거짓 자백하여 죽으려 하고 있고, '하춘해'는 그런 '한림'을 살리려고 하고 있다. 따라서 '한림'이 '하춘해'의 처분을 따르려 한다고 볼 수 없다.

오답풀이

① '범한'은 '최 지부'가 '한림'을 벌하려 하지 않자, 불안감을 느끼며 처벌을 재촉하고 있다.
② '유이숙'은 '한림'의 옥 같은 용모를 보고 군자로 판단하였다.
④ 수레를 빨리 몰아 경사로 가는 모습은 '하춘해'가 '한림'을 구하기 위해 다급해 하는 모습을 나타낸다.
⑤ 길가에서 구경하던 사람들은 '계화'와 '한림'의 모습을 보고 탄식하며 안타까워하고 있다.

25 ② 편지를 읽고 난 후 '한림'은 아버지를 욕되게 하지 않겠다고 다짐하며 왕겸에게 "차마 실상을 속이고 말을 바꾸지 못하겠습니다."라고 말하였다. 이로 보아 편지에는 거짓으로 죄를 인정하지 말고 사실대로 말해달라는 내용이 적혀 있을 것임을 알 수 있다.

오답풀이

① 편지를 읽고 난 후 '한림'의 모습으로 보아 덕행을 쌓는 일은 관련이 없다.
③ '한림'은 강상의 죄를 범하지 않았으므로 죄의 대가를 치려는 모습이 귀감이 된다는 내용은 적절하지 않다.
④ '한림'은 입장을 유보하지 않고 자신의 죄를 인정하였다.
⑤ '한림'은 어머니와 관련된 사안이어서 거짓으로 자백을 하고 죄를 뒤집어 쓴 상황이지, 현 상황을 회피하고 있지 않다.

26 ④ '최 지부'와 '유이숙'은 '한림'의 군자로서의 사람됨을 알았고, 그러한 '한림'을 구해주고자 하였다. 따라서 거짓 자백하고 죽음을 택하려는 그의 뜻을 수용하지 않았다.

오답풀이

① 작품에서 '계화'와 '하 어사'는 '한림'을 돕고자 했던 조력자이다.
② '한림'은 가문을 지키기 위해 허위로 자백하여 죽을 것을 결심하였다. 이는 가문의 명예를 중시하는 중세적 윤리 의식이 내면화된 것을 보여준다.
③ '범한'과 '어머니와 형'은 '한림'을 죽이려 한 인물들이고, '엄숭'은 '한림'의 뇌물을 받았다. 이들은 악한 세력에 속한다.
⑤ '한림'은 주변의 설복에도 꿈쩍하지 않고, 죽음을 택하여 가문을 지키려 하였으므로, 개인보다는 가문을 중시하였음을 알 수 있다.

[27~31] 독서 - 사회

27 ③ 윗글에서 비용편익분석을 적용하는 공공사업의 유형에 대한 언급은 없다.

오답풀이

① 1문단에서 사업의 타당성을 따져보기 위해 비용편익분석을 한다고 하였다.
② 7문단에서 할인율이 높을수록 편익의 현재가치는 낮게 평가된다고 하였다.
④ 2문단에서 편익이나 비용이 시간의 경과에 따라 가치가 변화한다는 점을 무시하고 단순하게 계산하여 합산하면 비용편익분석의 결과에 대한 신뢰성이 떨어지므로 미래가치를 현재가치로 환산하는 기준이 되는 비율인 할인율을 적용해야 한다고 하였다.
⑤ 5문단에서 순현재가치와 편익-비용비 산출 계산법을 설명하였다.(순현재가치 : 현재가치로 환산된 편익의 합계에서 현재가치로 환산된 비용의 합계를 뺀 값. 편익-비용비 : 편익의 합계를 비용의 합계로 나눈 값)

TIP 독서 - 사회

• 주제 : 공공사업에서 비용편익분석의 필요성과 공적 차원에서 이루어져야 하는 이유
• 소주제
  – 1문단 : 비용편익분석의 정의
  – 2, 3문단 : 비용편익분석 결과의 신뢰성을 높이는 할인율과 그 환산 방법
  – 4, 5문단 : 순현재가치와 편익-비용비의 개념과 산출 방법
  – 6문단 : 사업 선택의 기준이 되는 순현재가치와 편익-비용비
  – 7문단 : 할인율과 편익의 관계
  – 8문단 : 공적 차원에서의 사회적 할인율 결정의 필요성

28 ② 순현재가치는 편익의 합계에서 비용의 합계를 뺀 것으로, A, B, C, D의 순현재가치는 각각 250, 300, 200, 500이다. 가용 예산은 2,000이고 순현재가치가 제일 낮은 것은 C이다. 따라서 B가 아닌 C를 건설하는 것이 바람직하지 못하다.

오답풀이

① 총예산이 2,450이라면 비용의 총합계와 일치하므로 A, B, C, D를 모두 건설할 수 있다.
③ 비용의 효율성을 따지려면 편익-비용비를 확인해야 하는데, A, B, C, D의 편익-비용비는 각각 2, 1.75, 1.25, 1.50이다. 1보다 클수록 효율성이 높은 것이므로 D보다 B를 먼저 건설해야 한다.
④ 단위 비용 당 최대 편익을 얻기 위해서는 편익-비용비가 가장 높은 A를 우선적으로 건설해야 한다.
⑤ C의 편익이 300만큼 줄어든다면 순현재가치와 효율성은 모두 더 낮아지므로 C를 건설하는 것은 바람직하지 못할 것이다.

29 ② 글의 마지막 문단에 따르면 공공사업의 경우 공적 차원의 할인율을 적용하는데 이를 사회적 할인율이라고 한다. 공공사업에서 적용하는 사회적 할인율은 낮을수록 편익의 가치가 커진다. 그런데 사회적 할인율을 지나치게 낮게 설정하면 편익의 가치가 그만큼 더 커지게 되므로 공공사업의 가치가 과대평가되는 문제를 야기할 수 있다.

(오답풀이)

① 비용편익분석을 민간사업에 적용하는 것과는 관련성이 없다.

③ 사회적 할인율이 낮아지는 것은 시간과 비용 소비가 늘어나는 것과 관련이 없다.

④·⑤ 사회적 할인율이 낮아지면 편익은 더 커지며 미래 세대에 대한 배려도 높아진다.

30 ⑤ 할인율이 10%를 초과할 때 B 그래프의 편익-비용비는 1보다 밑에 있으므로, ⑤는 적절한 설명이다.

(오답풀이)

① 할인율이 높아지면 그래프는 오른쪽 아래로 내려간다. 이는 순현재가치가 낮아지는 것이므로 낮게 평가된다고 볼 수 있다.

② 할인율이 0%일 때 편익-비용비는 B가 A보다 높다.

③ 할인율이 5%일 때 순현재가치는 B가 1,166, A가 1,000으로, B의 사업 가치가 더 높다.

④ 할인율이 7.9%일 때는 그래프에서 A와 B가 만나는 지점으로 둘의 사업 가치는 같다고 할 수 있다.

31 ③ '© 제한'의 사전적 의미는 '일정한 한도를 정하거나 그 한도를 넘지 못하게 막음. 또는 그렇게 정한 한계'이다. '하지 못하도록 함'의 의미를 지니는 단어는 '제약'이다.

[32~36] 갈래 복합

(가) 이용악, 「천치(天痴)의 강(江)아」
- **갈래** : 현대시, 자유시
- **성격** : 고백적, 비유적
- **주제** : 비통하고 무서운 현실과 이를 외면하는 강에 대한 원망
- **특징** : 강을 의인화 함
- **구성**
  - 기 : 자유도 없이 죄인처럼 사는 '나'의 굴욕적인 모습
  - 승 : 얼어붙은 강물 밑으로 흐름이 쉬지 않고 바다로 흘러내리고 있음을 알게 된 '나'
  - 전 : 욕된 운명의 밤

- 결 : 북간도로 이민을 간다는 강원도 사람과 마주앉은 '나'
- **이해와 감상** : 이 시에서 '죄인처럼 수그리고 코끼리처럼 말이 없는' 모습의 '나'는 이용악 자신이라고 볼 수 있다. 삶의 터전을 잃고 얼어붙은 두만강의 다리를 건너가면서 민족의 욕된 운명에 대한 죄책감을 느끼고 있다. 작품 속 '두만강'은 고통스러운 현재의 역사를 바라보는 증인이자 미래의 전망을 향해 나아가는 존재이다.

(나) 서정주, 「풀리는 한강가에서」
- **갈래** : 자유시, 서정시
- **성격** : 교훈적, 비유적
- **주제** : 풀리는 강물을 통해 느끼는 삶에 대한 위안
- **특징** : 강물이라는 자연물의 변화를 통해 어려운 현실에 대응하는 올바른 삶의 자세를 표현함
- **구성**
  - 1연 : 강물의 풀림에 대한 의구심
  - 2연 : 풀리지 않는 가슴에 대한 토로
  - 3연 : 자연의 변화로 인한 내적 변화
  - 4연 : 봄을 맞아 부활하는 생명의 모습에 다시 시선을 주게 된 화자
  - 5연 : 상처 입은 존재들에게 다시 시선을 주게 된 화자
  - 6연 : 삶의 현실에 대한 긍정적 수용
- **이해와 감상** : 이 시의 화자는 봄이 되어 강물이 풀리는 것을 보고 자신의 가슴은 전쟁과 같은 난리를 겪음으로 인해 풀리지 않음을 말하면서 좌절과 절망을 토로하고 있다. 그러나 마지막 연에서 자연의 순리는 겨울이 지나고 봄이 오면 얼었던 물이 녹아 흐르는데 자신의 마음이 아직 얼어 있는 것에 대해 반성하면서 새로운 시작을 해야 함을 강조하고 있다.

(다) 신영복, 「철산리의 강과 바다」
- **갈래** : 현대 수필, 경수필
- **성격** : 사색적, 비유적, 교훈적, 관조적
- **주제** : 갈등의 시대를 지나 평화로운 세상이 오기를 소망함
- **특징** : 편지글 형식으로 가상 청자를 두고 서술함. 경어체로 자신의 생각을 부드럽게 전달함
- **이해와 감상** : 이 글에서 글쓴이는 한강과 임진강과 예성강이 만나는 강화 철산리를 찾아 자신을 성찰하고 있다. 강물은 많은 우여곡절을 겪으며 치열하게 달리지만 이러한 강물도 바다에 이르게 되면 이전의 성질을 버리고 물의 본성인 가장 평화롭고 낮은 성질로 돌아가게 됨을 이야기하며 평화를 최후의 목표로 삼아 새로운 시작을 할 것을 주장하고 있다.

32 ① (가)에서는 '강아 천지의 강아'를 반복하고 (나)에서는 '강물은 또 풀리는가'를 반복하여 시적 의미를 강조하고 있다.

오답풀이

② (다)에서는 목표를 향해 치열하게 달렸던 과거의 강물과, 바다에 이르게 되면 이전의 성질을 버리고 물의 본성인 가장 평화롭고 낮은 성질로 돌아가는 현재의 강물을 대비하고 있다. (가)에는 과거와 현재를 대비하는 부분이 없다.

③ (다)에서는 '하늘로 오르는', '흰 구름으로 승화하는'에서 상승적 이미지를 활용하였으나, (나)에서는 상승적 이미지가 활용되지 않았다.

④ (가)는 강에게 말을 건네는 듯한 어조를, (다)는 편지 형식을 통해 독자에게 말을 건네는 듯한 어조를 드러내고 있지만 (나)는 화자가 느끼는 감정을 독백체로 담담하게 서술하고 있다.

⑤ (다)의 필자는 강물의 여정에 따라 정서를 구체화하고 있으며 세 개의 강이 하나 되는 곳인 '철산리'와 평화의 세계로 향하는 출발점인 '바다'에 대한 애착을 드러내고 있다. (가)와 (나)에는 공간의 이동에 따른 정서가 나타나지 않는다.

33 ③ 'ⓐ 강안'은 '무수한 해골이 뒹구는 곳'으로 표현되었고 'ⓑ 임진강'은 '휴전선 철조망에 옆구리를 할퀴인 몸으로 당도하는 곳'으로 표현되었다. 둘은 모두 민족이 처한 비극적 현실이 드러나는 공간으로 볼 수 있다.

오답풀이

① ⓐ과 ⓑ은 모두 비극적 현실을 보여주는 공간으로, 꿈과 소망이 실현되는 공간과는 거리가 멀다.

② ⓐ과 ⓑ은 비극적 현실을 일깨워주는 공간이지만, 현실 초월 의지를 생성하는 공간은 아니다.

④ ⓐ과 ⓑ 모두 민족을 위한 자기희생적 태도를 다짐하는 공간이라고 볼 수 없다. 다만 ⓑ은 목표를 향해 치열하게 달리는 강물의 모습을 나타낸다.

⑤ ⓐ과 ⓑ 모두 과거의 삶에 대한 애착을 환기하는 공간이라고 볼 수 없다.

34 ① 3연에서 '전통을 이어 남기려는가'라고 한 것은 초조하고 공포스러운 상황의 해소를 위해 전통을 이어 남기려는 태도를 보인 것이 아니라, 비극적인 현실을 계속 이어받아야 하나는 비판과 질책의 의미가 담겨 있는 것이다.

오답풀이

② '선지피를 흘릴 때'에서 '피'는 우리 민족이 흘린 피를 상징하므로, 우리 민족이 겪었던 절망적 상황을 환기하는 것으로 볼 수 있다.

③ '자랑'과 '영광'은 국경을 넘어 다니는 유이민의 비참한 모습과 대비된다.

④ '키 넘는 풀속'을 기어가는 '들쥐'는 처절한 상황에서 생존을 위해 국경을 넘나들던 한반도의 백성들을 상징한다.

⑤ '묘표를 걸머진 듯한 이 실망'은 유이민들의 비참한 현실을 나타내는데, 화자는 이러한 상황 속에서 '너의 꿈만 아름다운 듯 고집'하는 존재에 대해 비판적 태도를 보인다.

35 ③ 3연은 강물이 풀리고 봄이 오는 것에 대한 기쁨을 나타낸 표현이며, 4연은 봄을 맞아 부활하는 생명의 모습을 나타낸 표현이다. 화자는 이를 바탕으로 삶을 긍정적으로 살아가고자 하는 태도를 내비춘다. 따라서 인간의 삶과 자연 현상을 대비하여 자연의 비정함을 부각하고 있다고 볼 수 없다.

오답풀이

① '우리들의 ~ 풀리는가'에서 자연 현상을 인간의 감정과 연결하여 화자의 정서를 드러내고 있다.

② '기러기같이 ~ 울고 가려 했더니'에서 삶의 시련 속에서도 기러기와 같이 꿋꿋하게 살아가고자 하는 화자의 의지가 드러난다.

④ '꽃상여', '떼과부'는 현실의 시련으로 상처받은 사람들을 나타내는 시어로, 서글픈 이미지를 형상화한다.

⑤ 1연과 6연이 수미상관을 이룸으로써 화자의 내면을 더욱 강조하고 있다.

TIP 시구 풀이

- 강물이 풀리다니 : 고단한 삶에 봄이 왔음을 의미함
- 강물은 무엇하러 또 풀리는가 : 봄이 오는 것에 대한 기쁨의 반어적 표현
- 기러기 : 시련 속에서도 삶의 목표를 찾아가는 존재
- 하늘의 얼음장 가슴으로 깨치며 : 시련을 극복하려는 의지적 자세
- 이 햇빛 이 물결 내게 주는가 : 봄이 오는 기쁨을 의문 형태로 표현하여 강조함
- 민들레나 쑥잎풀 같은 것들 : 나약하지만 강인한 생명력
- 떼과부의 무리들 : 현실의 시련으로 상처받은 사람들

36 ⑤ '낮은 곳을 지향하는' '강물'과 '흰 구름으로 승화하는' '바다'는 모두 평화로운 이미지를 내포한다. 즉 둘이 대립한다는 설명은 적절하지 않다.

오답풀이

① 화자는 강물의 흐름에 주목하고 각각에 역사적 의미를 부여하였다.

② '푸른 솔'이 '배웅'한다는 의인화된 표현은 역사를 끝마치는 데에 따른 화자의 감회를 부각하고 있는 것이다.

③ '당신'에게 편지를 쓰는 형식으로 서술하여 글의 내용을 더욱 진솔하게 표현하였다.

④ '강'의 의미를 다양하게 표현함으로써 상징적인 의미를 다각적으로 드러냈다.

TIP 〈철산리의 강과 바다〉의 전체 구성

• 1~2문단 : 지향하는 목표가 있는 강물과 지향점을 잃은 바다
• 3~5문단 : 강물이 끝나 바다가 되는 철산리 언덕에 다다름
• 6~11문단 : 굴곡진 역사를 상징하는 강물의 시절과 그 고난의 장을 마감하는 바다
• 12~14문단 : 강물이 가장 낮은 물, 가장 평화로운 물이라는 본성을 찾은 바다
• 15~17문단 : 국토와 역사의 뒤안길을 걸었던 자신의 여정을 바다로 향하는 강물의 여정으로 비유함

[37~41] 독서 – 인문

37 ④ 6문단에 따르면 '에테르' 가설은 19세기 말에 그 존재가 부정되었다. 따라서 '에테르' 가설은 과학적 검증을 받지 못했다고 볼 수 있다.

오답풀이

① 3문단에서 주희의 이기론에는 불교의 흔적이 많이 남아있다고 하였다.
② 2문단에서 주희는 '이'가 만물이 공유하는 존재론적 근거로서 모든 개체에 동일하다고 하였다.
③ 5문단에서 마테오 리치가 의존한 현상에 대한 인식적 틀은 아리스토텔레스에게서 차용한 것이라고 하였다.
⑤ 5문단에서 『천주실의』는 본래 마테오 리치가 중국에 신학을 전파하기 위해 저술한 것인데 정약용은 이 책을 읽고 성리학을 비판하는 사상을 발전시켰다고 하였다.

38 ④ 4문단에서 정약용은 실체는 '기'뿐이고 '이'는 실체에 딸린 속성에 불과하므로 '이'는 '기'가 드러나야 있을 수 있다고 하였고, 6문단에서 최한기는 '이'를 '기'의 내재적 법칙성으로 한정하였다고 하였다. 따라서 두 사람이 '이'와 '기'의 관련성을 부정했다고 볼 수 없다.

오답풀이

① 4문단에서 정약용은 '이'는 '기'가 드러나야 있을 수 있다고 하였으므로 '이'를 '기'에 종속된 속성이라고 보았다고 할 수 있다.
② 6문단에서 최한기는 '기'라는 현상 세계에서 '이'를 인식해야 한다고 하면서 그 접근법을 강조하였다.
③ 정약용과 최한기는 모두 '기'를 바탕으로 '이'를 인식하였으므로 '기'의 중요성을 부각했다고 볼 수 있다.
⑤ 6문단에서 최한기는 '이'의 선험성을 부정하고 '이'를 '기'의 내재적 법칙성으로 한정하였다고 하였다.

39 ③ 7문단에서 '① 조선 후기 학자들'은 주희의 세계관을 비판하면서도 결국 주희의 핵심 범주인 '이·기' 자체에서 벗어

나지 못했다고 하였다. 〈보기〉에서 서양 철학은 사르트르에 이르러서 '본질'과 '현상'이라는 이원론적 틀에서 벗어날 수 있다고 하였다. 즉 이원론적 틀에서 벗어났을 때 비로소 인간 본질을 이해하고 자유를 확보하였다는 것이다. 이로 보아, '조선 후기 학자들' 역시 기존의 사고 틀인 '이기론'에서 벗어나야만 현상 및 인간에 대한 새로운 이해가 가능할 것이다.

오답풀이

④ 〈보기〉에 따르면 개체의 고유성은 존재하지 않았다고 보는 것이 맞지만, 그렇다고 조선 후기의 학자들이 허상을 쫓는 우를 범한 것으로 볼 수는 없다.
⑤ '이기론'에 대한 비판은 세계에 대한 새로운 인식을 위한 것이다. 비판을 위한 비판으로 볼 수 없다.

40 ④ 〈보기1〉에서 아리스토텔레스는 형상은 질료가 실현된 상태이며 완전무결하고 완성적인 것이라고 하였다. 따라서 모래 덩어리가 시간이 지나면 모습이 바뀔 것이기 때문에 '둥긂'을 모래의 형상으로 여겼을 것이라는 설명은 적절하지 않다.

오답풀이

① · ② 주희는 개체의 고유성은 '기', 본질은 '이'로 보았으므로 그릇을 '기'로, 모래의 성질은 '이'로 보았을 것이다.
③ 아리스토텔레스는 질료는 불완전하고 미완성적인 것으로, 형상은 완전무결하고 완성적인 것으로 보았다. 따라서 모래는 질료로 보고, 그 모래를 바탕으로 둥근 모양을 이루는 모래 덩어리는 형상으로 보았을 것이다.
⑤ 둥근 그릇에 담기기 전의 불완전하고 미완성적인 모래는 질료의 속성을 가진다고 볼 수 있다.

41 ⑤ '무너뜨리다'는 '질서, 제도, 체제 따위를 파괴하다.'는 의미로, '탈피하다(일정한 상태나 처지에서 완전히 벗어나다.)'와 바꿔 쓸 말로 적절하지 않다. '벗어나려는' 정도로 바꿔 쓸 수 있다.

[42~45] 갈래 복합

(가) 정훈, 「탄궁가」

• 갈래 : 가사
• 성격 : 사실적
• 제재 : 가난
• 주제 : 가난의 근심과 가난을 자신의 운명으로 받아들이려는 자세
• 특징

– 강한 현실인식을 바탕으로 시상을 전개
– 가난을 의인화하여 가난으로 인한 고통을 희화화
– 일상적 소재를 통하여 전달 효과를 강화
- **구성**
  – 기 : 가난에 대한 탄식
  – 서 : 가난한 살림살이와 고생하는 식구
  – 결 : 가난에 대한 수용과 자신의 분수 인식
- **이해와 감상** : 이 시는 가난에서 벗어날 수 없는 자신의 처지를 원망하고 탄식하고 있는 노래로, 가난을 의인화하여 가난으로 인한 고통을 희화화하고 있다. 또한 작품 후반부에서는 가난을 어찌할 수 없다면 받아들이고 분수로 여기며 살겠다고 하며 가난을 수용하고 자신의 분수를 인식하고 있다.

(나) 이황, 「도산십이곡」
- **갈래** : 평시조, 연시조
- **성격** : 교훈적, 회고적, 예찬적
- **제재** : 자연, 학문
- **주제** : 자연 속에서 사는 즐거움과 학문 수양의 의지
- **특징**
  – 총 12연의 연시조를 전 6곡, 후 6곡으로 나누어 구성
  – 설의법, 대구법, 반복법을 사용해 의미를 강조함
  – 강호가도(江湖歌道)의 대표적 작품
- **구성**
  – 전반부(언지) 1연 : 아름다운 자연에 순응하면서 순리대로 살아가려는 마음
  – 전반부(언지) 2연 : 아름다운 자연을 벗하여 살며 태평성대 속에 병으로 늙어 가는 작자의 모습
  – 전반부(언지) 3연 : 순자의 성악설을 반대하고 맹자의 성선설을 지지. 세상의 많은 영재들에게 순박하고 후덕한 풍습
  – 전반부(언지) 4연 : 벼슬자리를 떠나 자연을 벗하며 살아 도 임금을 그리워하는 정
  – 전반부(언지) 5연 : 자연을 멀리하는 현실 개탄
  – 전반부(언지) 6연 : 대자연의 웅대함에 완전히 도취된 작자의 모습
  – 후반부(언학) 1연 : 독서 면학(勉學)의 즐거움과 그 여가에 산책하는 여유 있는 모습
  – 후반부(언학) 2연 : 인간으로서 진리 터득의 중요성
  – 후반부(언학) 3연 : 옛 성현들의 인륜지도(人倫之道)가 면면히 이어져 내려오고 있으니, 우리도 그 길을 실천하며 살아야 함을 강조
  – 후반부(언학) 4연 : 젊을 때 학문에 뜻을 두었다가 수양의 정도(正道)를 버리고 벼슬을 지낸 자신을 후회하면서, 이제 깨달음을 가졌으니 늦지 않게 학문 수양에

힘쓰리라는 다짐
  – 후반부(언학) 5연 : 청산과 유수라는 자연의 영원 불변성을 소재로 하여, 그러한 자연을 닮아 변치 않는 지조 인품으로 살아가겠다는 다짐과 아울러 교훈적인 의미
  – 후반부(언학) 6연 : 영원한 학문 수양의 길을 강조
- **이해와 감상** : 이 작품은 조선 명종(明宗) 때 이황이 지은 연시조로, 도산 서원 주변의 경관에서 얻은 감흥을 노래한 언지(言志) 6수, 학문 수양에 임하는 심경을 노래한 언학(言學) 6수로 나누어져 있다. 또한 생경한 한자어가 많이 사용되었고, 학문 생활을 솔직 담백하게 표현한 것이 특징이라고 할 수 있다.

42 ① (가)에서는 '어찌하리', '어이하리', '무엇하리'와 같은 설의적 표현을 사용하였고, (나)에서는 '말슴홀가', '긔 아니 쉬운가', '긔 아니 어려운가'에서 설의적 표현을 사용하여 시적 의도를 강조하였다.

오답풀이
② (나)에서 화자는 '청산'을 '만고에 푸르다'고 표현하면서 불변하는 청산의 속성과 같이 끊임없이 학문을 수양하고자 하는 의지를 다지고 있다. (가)에는 색채 이미지가 드러나지 않는다.
③ (가)의 화자는 '장초'에 감정을 이입하여, '장초'의 무지함을 부러워하고 체념적 정서를 드러낸다. (나)에는 자연물에 감정을 이입한 부분이 드러나지 않는다.
④ (가)에서는 '이봐 아이들아 아무려나 힘써 일하라'는 명령의 형식을 사용하고 있으나 현실에 대한 비판 의식을 드러내는 것은 아니다. (나)에는 명령의 형식이 사용되지 않았다.
⑤ (가)와 (나) 모두 음성상징어를 활용하지 않았다.

43 ① [A]에서 화자는 너무 가난해서 종들에게조차 무시를 당하는 상황에 처해있다. [C]에서 화자는 가난을 '궁귀'로 의인화하여, 궁귀와의 대화를 통해 가난이 자신의 운명이라 생각하고 체념적인 태도를 보인다. 따라서 [A]에서 화자와 대상 간의 갈등을 유발하는 원인이 [C]에 이르러 소멸하고 있다고 볼 수 없다.

오답풀이
② [B]에서는 가난으로 인해 힘든 집안의 상황을 부정적으로 묘사하였고, [C]에서는 가난을 의인화하여 가상의 대화를 함으로써 가난을 해학적으로 묘사하고 있다.
③ [C]에서는 가난을 궁귀로 의인화하여 궁귀가 화자를 꾸짖는 대화의 형식으로 시상을 전개하였다.
④ [C]에서 화자는 궁귀와의 대화를 통해 가난에 대한 태도가 부정적인 것에서 수용적인 것으로 변화되었다.

⑤ [B]에서 화자는 가난으로 인해 고통 받는 현실을 묘사하였다가 [D]에서 '하늘이 만든 이 내 가난'이라고 하며 숙명론적 사고를 통해 자신의 처지를 수용하고 있다.

TIP 〈탄궁가〉의 시상 전개

- 서사 : 궁핍한 생활에 대한 한탄
- 본사 1 : 농사를 짓기도 힘든 집안의 상황
- 본사 2 : 종들조차 무시할 정도의 가난
- 본사 3 : 명절조차 쉴 수 없는 가난
- 결사 : 가난한 삶에 대한 체념

TIP 성리학의 이념과 〈도산십이곡〉의 창작 목적

성리학의 이념	도산십이곡의 창작 목적
학문에 힘쓰며 옛 성현이 갔던 길을 걸음	아이들로 하여금 노래하고 듣게 함

⇩

– 인간의 본성을 회복함
– 인륜과 도덕의 원리를 밝혀 실천함
– 성인에 이르는 길로 들어설 수 있음

---

44 ② ⓐ는 '무지'한 존재로, 가난으로 인해 힘들어 하는 화자의 처지와 대비되는 대상이다. ⓑ는 '만고에 푸르른' 불변하는 존재로, 화자가 지향하는 가치를 담고 있는 대상이다.

45 ③ 〈제6곡〉에서 '사시가흥이 사롬과 혼 가지라'라고 한 것은 '네 계절의 아름다운 흥이 사람과 마찬가지라'라고 하며 자연에 사는 즐거움에 대해 감탄한 것으로, 〈제3곡〉에서 말한 '거짓말이'와 '올흔 말이'를 긍정한 것이다. 〈제3곡〉에서는 순풍(순박하고 좋은 풍속)이 죽었다는 말이 거짓말이고, 사람의 성품이 어질다 하는 말이 옳은 말이라고 하였다. 이는 〈보기〉에서 '자연을 보면서 거기에 깃든 이치와 동일한 인간의 본성을 인식'한다는 것과 연관된다.

오답풀이

① 〈제3곡〉에서 사람은 본래 '인성이 어지다'고 생각했기 때문에 〈제12곡〉에서 '우부(어리석은 사람)'도 어진 인성을 가졌기에 '알며 실천한다'고 한 것이다.

② 〈제3곡〉에서 '교교백구는 멀리 마음 둔다'고 타박한 것은 '교교백구'를 자연을 멀리하는 비루한 기질을 가진 존재로 인식했기 때문이다.

④ '어약연비 운영천광'은 대자연의 이치를 나타내는데, 〈보기〉에 따르면 '우부'와 '성인'은 모두 순수한 본성이 내재되어 있고, 자연의 이치와 인간의 본성은 동일하다. 따라서 '어약연비 운영천광'은 '우부'나 '성인'이 지닌 순수한 본성에 대응된다고 볼 수 있다.

⑤ '만고상청호리라'에는 '청산'과 '유수'에 깃든 자연의 이치를 본받아, 타고난 인간의 순수한 본성을 발현하여 성인에 이르고자 하는 의지가 드러난다.

2019학년도 기출문제 정답 및 해설

제2교시 영어영역(공통)

01 ⑤	02 ②	03 ②	04 ④	05 ①	06 ②
07 ③	08 ②	09 ①	10 ①	11 ④	12 ①
13 ②	14 ④	15 ⑤	16 ③	17 ④	18 ⑤
19 ④	20 ③	21 ④	22 ②	23 ⑤	24 ⑤
25 ③	26 ①	27 ①	28 ③	29 ①	30 ⑤
31 ③	32 ⑤	33 ③	34 ④	35 ③	36 ④
37 ②	38 ②	39 ③	40 ③	41 ①	42 ⑤
43 ⑤	44 ③	45 ⑤			

01 ⑤ 화성은 몇 개의 위성이 있냐는 Smith 선생님의 질문에 Sunny가 한 개라고 틀린 답을 말하자, 선생님이 화성에는 두 개의 위성이 있다고 Sunny에게 말했다.

오답풀이

① Smith 선생님은 학생들이 태양계에 대해서 다시 배워야만 한다고 생각하지 않는다.

② Sunny는 행성들과 위성에 대해 매우 흥미있어 한다.

③ Sunny는 Smith 선생님의 질문에 왜 답을 해야 하는지 이해하지 못한다.

④ Sunny는 Smith 선생님의 첫 번째 질문에 정확한 답을 한다.

어휘

• solar system : 태양계

• and stuff : …같은 (시시한) 것

해석

Ms. Smith : 좋아요, 학생 여러분. 이번 시간에는 태양계에 대해서 다시 알아볼게요!

Sunny : 오, Smith 선생님, 그걸 해야 하나요? 지난 수업 시간에 했는데, 전 행성들과 위성 등등, 너무 지루해요.

Ms. Smith : 그렇다면 Sunny, 넌 몇 가지 질문에 답할 수 있겠구나. 그것들 모두를 맞히면 네가 원하는 것을 공부하도록 하자. 괜찮지?

Sunny : 예, 좋습니다! Smith 선생님, 최고예요! 뭐든 물어 보세요.

Ms. Smith : 첫 번째 질문, 화성은 몇 개의 위성이 있니?

Sunny : 쉬운 문제네요! 하나죠.

Ms. Smith : 미안하구나, Sunny, 첫 번째 문제부터 틀렸구나. 두 개란다.

Sunny : 아우, 제가 그걸 어떻게 알아요? 그곳에 가본 적이 없는데!

02 ② **첫 번째 빈칸** : 거리가 꽤 멀다고 했으므로 그곳에 가는 방법을 궁금해 하는 내용이 들어가야 한다. 그러므로 그곳에 어떻게 가야 할지 모르겠어(I'm not sure how to get there.)라는 b의 내용이 적절하다.

두 번째 빈칸 : 값이 싸지는 않지만 더 편할 거라고 말한 내용을 보아 선택할 수 있는 교통수단은 택시이다. 그러므로 택시를 탈 수도 있어(We could grab a taxi.)라는 a의 내용이 적절하다.

세 번째 빈칸 : 택시를 탈만한 돈의 여유가 없어서 버스를 타기로 결정했으므로, 마침 저기 버스가 한 대 온다(There's one right there.)라는 c의 내용이 적절하다.

어휘

• starve : 굶주리다, 허기지다

• transit pass : 환승권

• all the way : 줄곧, 내내

• cheap : 값싼, 돈이 적게 드는

• hop a bus : 버스를 타다

• grab : 붙잡다, 움켜잡다

해석

Julie : 배가 고프구나. 강 하류에 맛있는 치킨을 파는 집들이 많아.

Rachel : 좋은 생각이야. 그런데 여기서 꽤 멀지 않니? 그곳에 어떻게 가야 할지 모르겠어.

Julie : 음, 지하철이 있네. 나는 환승권이 있어. 너도 있니?

Rachel : 아니 없어. 게다가 온종일 뛰어다녔더니 발이 아파. 지하철역까지도 계속 걸어가야 하잖아.

Julie : 택시를 탈 수도 있어. 값이 싸지는 않지만, 더 편할 거야.

Rachel : 오, 안 돼. 그 정도 돈은 없어.

Julie : 그러면 버스를 타야 할 것 같아. 마침 저기 버스가 한 대 온다.

03 ② Dan과 Paul이 이빨들처럼 보이는 잎이 있는 독특한 식물과 고약한 냄새가 나는 꽃들을 감상하는 장면이므로, 식물원에서(at a botanical garden) 나누는 대화임을 알 수 있다.

<보기>
어휘
- scary : 무서운, 겁나는
- unique : 독특한, 특유의
- grow up : 성장하다, 철이 들다
- haunted : 귀신[유령]이 나오는, 겁에 질린
- botanical : 식물의
- cosmetics : 화장품
- aquarium : 수족관

해석

Dan : 건너편에 있는 저것 좀 봐! 저런 것 본 적 있니?

Paul : 글쎄, 물론 TV에서는 봤겠지만, 그 식물을 내 눈으로 직접 보니 좀 무서워 보여. 그것은 이빨을 가지고 있는 것 같아.

Dan : 응, 그래. 하지만 그건 이빨이 아니야. 그저 특별한 잎일 뿐이야. 그건 이곳의 가장 독특한 식물들 중 하나지.

Paul : 그래, 그러면 좀 더 가까이서 보자.

Dan : 좋아, 근데, 그거 알아? 지금 와서 생각해 보니, 냄새가 너무 고약하면, 나는 그냥 갈 거야. 아침을 배불리 먹어서 토하고 싶지 않아.

Paul : 철 좀 들어라! 자연스러운 거야! 일부 꽃들은 냄새가 고약하지.

Dan : 네 마음대로 해, 나는 코를 막을 테니까.

04 ④ 아이언 맨 2는 좋지 못했다는 John의 말에 Nick도 수긍하는 한편, 그래도 3편은 괜찮았다고 말하고 있다. 그러므로 두 사람이 아이언 맨 2가 훌륭했다는 데 동의했다(The two people agree that Iron Man 2 was excellent.)는 ④의 설명은 윗글의 내용과 일치하지 않는다.

오답풀이
① 두 사람은 지난 밤에 함께 영화를 보았다.
② Nick은 속편이 원편보다 더 못하다는 John의 생각에 동의하지 않는다.
③ John은 어벤저스 2편이 1편보다 훌륭하다는 것을 인정했다.
⑤ John은 앤트맨 2편이 1편만큼이나 좋은 영화라는 Nick의 생각을 인정했다.

어휘
- meet expectation : 기대에 응하다, 기대에 미치다
- sequel : 속편
- original : 원편(1편), 원작
- have a good point : 좋은 지적이다, 네 말이 그 말이다
- make a generalization : 일반화하다, 속단하다, 지레짐작하다

해석

Nick : 지난 밤에 우리가 본 영화는 정말 재밌었어. 진짜 끝내줬어!

John : 정말? 내 기대에는 미치지 못했어. 속편들은 원편 만큼 훌륭하지 않아.

Nick : 아니, 나는 그렇게 생각하지 않아. 어벤저스 2편이 1편만큼 좋았다고 생각해.

John : 좋아, 인정할게. 그렇다면 아이언 맨 영화는 어때? 아이언 맨 2는 좋지 못했어.

Nick : 네 말이 맞을 수도 있어, 그러나 다른 아이언 맨 속편인 3편은 훌륭했어!

John : 맞아, 그건 사실이야. 좋은 지적이야.

Nick : 그리고 앤트맨 2는? 해! 1편만큼이나 좋았고, 어쩜 더 좋지 않니?

John : 그래, 맞아. 속단하기 전에 생각을 좀 더 해봐야 해.

05 ① 의사가 환자의 수술 일정을 잡기 전에 확실히 하기 위해 한 가지 조치가 더 남았다고 했으므로, 빈칸에는 ①의 "We should do another test. (검사를 하나 더 해야 합니다.)"가 들어갈 말로 적절하다.

오답풀이
② 나는 건강 보험을 신청하려 하는데요.
③ 나는 직원과 점심을 먹으러 가려고요.
④ 배가 아픈데 어떻게 해야죠?
⑤ 걱정하지 마세요, 열은 높지 않아요.

어휘
- pain : 아픔, 고통, 통증
- stomach : 위, 복부, 배, 속
- surgery : 수술
- to be certain : 확실하게 말하자면, 확실히
- apply for : ~에 지원하다
- health insurance : 건강 보험
- stomachache : 위통, 복통, 배탈

해석

의사 : 어디가 아프세요?

환자 : 음, 배가 아파서요, 오른쪽 여기 아래요.

의사 : 여기 누워 보세요. [잠시 멈춤] 이렇게 누르면 아픈가요?

환자 : 으윽, 예! 아주 아파요. 다시 안 그러시면 좋겠어요.

의사 : 자, 체온을 한 번 재 봅시다. 음, 예상했던 대로 열이 꽤 높네요.

환자 : 예상했던 대로요? 선생님은 뭐가 문제인지 이미 알고 계셨나요?

의사 : 무슨 문제인지 확신합니다. 수술이 필요하다고 생각하

지만, 확실히 해두기 위해 수술 일정을 잡기 전에 한 가지 조치를 더 하려고요. 검사를 하나 더 해야 합니다.

06 ② Lisa가 식당을 새로 개업하면서 멕시코 요리와 베트남 요리 둘 중 하나로 좁혀졌다고 말하자, Suzy가 은행에서 대출을 받기 전에 결정하라고 조언하고 있다. 그러므로 "Lisa와 John은 식당을 개업할 예정이지만, 요리에 관해 최종 결정을 하지 못했다. (Lisa and John will open a restaurant, but haven't made a final decision on the cuisine.)"는 ②의 설명은 옳다.

오답풀이

① Suzy는 식당을 개업할 예정이라 훌륭한 요리사를 구하고 있다.
③ Lisa와 Suzy는 오늘밤 식당에서 어떤 종류의 음식을 먹을 것인지 정하고 있다.
④ Suzy는 Lisa가 식당에 필요한 대출을 받기 위해 Lisa와 함께 은행에 갈 것이다.
⑤ Suzy는 Lisa가 새로 여는 식당이 성공할 거라고 확신하지만, Lisa는 그렇지 않다.

어휘

• cuisine : 요리, 요리법
• narrow down to : …으로 좁히다
• particularly : 특히, 특별히
• competition : 경쟁, 시합, 대회
• unusual : 드문, 색다른
• make up one's minds : 결정[결심]하다
• loan : 대출, 융자
• make a decision : 결정하다
• confident : 자신감 있는, 확신하는

해석

Lisa : John과 나는 식당을 개업할 예정이야!
Suzy : 꽤 대담하네. 내가 듣기로 개업 첫 해에 50%의 식당이 문을 닫는데.
Lisa : 한 번 믿어봐. 우리는 요리한지가 오래 돼서, 유명한 맛집이 될 거라고 생각해.
Suzy : 어떤 종류의 요리를 준비할 생각이야?
Lisa : 멕시코 요리나 베트남 요리로 좁혀졌어.
Suzy : 와우, 꽤 다른 스타일의 요리네. 그 두 가지 요리를 특히 생각한 이유가 있니?
Lisa : 멕시코 요리가 훨씬 인기 있지만, 경쟁이 치열해서. 베트남 요리가 오히려 특색이 있지만, 한편으로는 사람들이 그 요리에 친숙하지가 않아.
Suzy : 아무튼, 은행에서 대출을 받기 전에 결정을 해야 할 거야.

07 ③ 제시문에서 간과하는 정보도 있고 해결책이 명확하지 않은 경우 직관이 길잡이가 되어야 하며, 최선의 결정은 명백한 선택을 가리키는 양질의 자료와 옳은 결정을 내렸다고 확신하는 직감이라고 서술하고 있다. 그러므로 "자료를 선정하고 결정을 내릴 때 직관을 동원하라."는 ③의 설명이 필자가 주장하는 바로 가장 적절하다.

오답풀이

① 반론을 제기할 때 타당한 근거를 제시하라.
② 연구 주제와 무관한 정보를 과감하게 버리라.
④ 객관적인 자료를 바탕으로 합리적인 결정을 내리라.
⑤ 자료 수집 과정에서 정보의 양보다 질을 중요시하라.

어휘

• render : 만들다[하다], 주다[제공하다]
• intuition : 직감, 직관
• regardless of : …에 상관없이[구애받지 않고]
• direction : 방향, 목적
• sift through : 꼼꼼하게 살펴 추려내다
• weed out : 잡초를 뽑다, 제거하다
• garbage : 쓰레기, 잡동사니
• obvious : 분명한, 명백한
• gut feeling : 직감, 육감

해석

모든 결정이 완벽한 자료로부터 내려지는 것은 아니다. 비록 최선의 해결책을 제시하기 위해 모든 자료를 활용하는 것이 중요하지만, 때때로 간과하는 정보도 있고 그 해결책이 명확하지 않은 경우도 있다. 이와 같은 경우에, 당신의 직관이 길잡이가 되어야 한다. 이 말인 즉, 스스로 신념을 가지고 그 자료가 어떤 방향을 가리키는지에 상관없이 사실이라고 믿는 것을 청취하는 것이다. 의사를 결정하는 과정에 있으며 잡동사니를 제거하고 양질의 정보만을 모으기 위해 인터넷을 꼼꼼히 살펴볼 때, 모든 정보에 관해 어떻게 느끼는지 스스로 자문하는 것을 잊지 마라. 이것은 매우 중요하다. 최선의 결정은 명백한 선택을 가리키는 양질의 자료를 결합한 것과 "당신은 옳은 결정을 했어."라고 말하는 직감이다.

08 ② 마지막 문장에 서술된 "우리는 모든 장애물을 발전의 초석으로 삼아야 한다."는 압둘 바하의 말처럼 고난을 디딤돌로 삼아야 한다는 내용이므로 ②의 "Adversity can lead to achievement. (고난이 성취로 이어질 수 있다)"가 윗글이 시사하는 바로 가장 적절하다.

오답풀이

① 교육을 더 받을수록, 더 문명화 된다.
③ 남에게 대접받고자 하는 대로 남을 대접하라.

④ 협력이 기적을 이룬다.

⑤ 뛰기 전에 둘러보라.

어휘

- right away : 즉각, 즉시, 곧바로
- patience : 참을성, 인내심
- seemingly : 외견상으로, 겉보기에는
- spiritual : 정신적인, 종교적인
- affliction : 고통, 고통의 원인
- deprivation : 박탈, 면직
- blessings in disguise : 전화위복, 변장한 축복
- purified : 정제한, 정화한
- ennoble : 고귀[고상]하게 하다, 기품을 주다
- Confucius : 공자
- gem : 보석, 보배
- polish : 광택을 내다, 윤을 내다
- friction : 마찰, 충돌, 불화
- quote : 인용문[구]
- illustrate : 삽화를 쓰다, 설명하다
- stumbling block : 장애물, 걸림돌
- stepping stone : 초석, 디딤돌
- adversity : 고난, 역경

해석

당장 처리할 수 없거나 지금까지 처리하지 못한 어려움들이 있다. 바꿀 수 없는 것을 참아내는 인내심을 기억하는 것은 물론 외관상 불가능해 보이는 상황에 적응하는 다른 방법들도 있다. 많은 정신적 지도자들은 고통, 시련, 괴로움, 박탈을 내적 정신력이 자극되고, 정화되고, 고귀해지는 "변장한 축복"으로 여긴다. 공자는 "보석은 연마 없이 광이 날 수 없고, 시련 없이 완벽해지는 사람은 없다"고 말한 반면, 헬렌 켈러는 "나의 장애에 대해 신께 감사한다. 왜냐하면, 시련을 통해 나 자신과 나의 일과 하나님을 찾았다."라고 말했다. 만일 시련을 올바르게 이용한다면, 우리의 인생에서 실패, 시험, 그리고 고난은 우리의 영혼을 정화시키고 우리의 성격을 강화시키는 수단이 될 수 있다. 압둘 바하의 인용문이 이것을 특히 잘 설명한다. "우리는 모든 장애물을 발전의 초석으로 삼아야 한다."

09 ① 윗글에 따르면 공공기관과 민간기관이 기존의 서식 채우기 요건을 대폭 줄이거나, 택시 운전사가 어느 길로 갈지 물어보지 않고 가장 좋은 길을 선택해 알아서 가주거나, 친구와 식사 약속을 잡을 때 미리 장소를 제안하는 것을 사람들이 선호한다. 그러므로 윗글의 요지는 ①의 "사람들은 선택의 부담이 줄어드는 것을 더 좋아한다."이다.

어휘

- public official : 공무원
- register : 등록하다, 기재하다, 기록하다
- immensely : 굉장히, 대단하게
- frustrate : 헛되게 하다, 좌절시키다
- be better off : 더 낫다
- institution : 기관, 단체, 협회
- form-filling : 서식 채우기
- deem : 여기다, 생각하다
- considerate : 사려 깊은, 배려하는

해석

웹사이트에서 "다시 묻지 마세요."라는 대화상자에 체크하라고 하면, 많은 사람들은 응당 그 상자에 체크한다. 만일 공무원이나 의사가 똑같은 질문의 많은 서식을 작성하고 다양한 종류의 선택사항을 기재하라고 한다면, 여러분은 엄청난 좌절감을 느낄 수 있고 적어도 그 선택들 중 일부가 여러분을 위해 만든 것임을 바랄 수도 있다. 공공기관과 민간기관이 기존의 서식 채우기 요건을 대폭 줄인다면 사람들은 더 좋아할 것이다. 그리고 택시 운전사가 낯선 도시에서 어떤 길로 가고 싶은지 선택하라고 한다면, 여러분은 그가 물어보지 않고 가장 좋다고 생각하는 길을 선택해주기를 바랄지도 모른다. 어떤 친구와 점심이나 저녁을 먹을 때, 그 친구에게 장소를 선택하라고 하기보다는 장소를 제안하는 것이 가장 사려 깊다.

10 ① 윗글에 따르면 금으로 예술 작품을 만들어도 실패할 수 있는 이유는 예술 작품에 미적 요소가 수반되어야 하기 때문이다. 또한 마지막 문장에서 기술이 예술의 미적 요소들을 전달할 수 있도록 충분히 발달되지 않는다면 그 작품의 가치는 줄어든다고 하였으므로, ①의 "기술적 요소에 미학적 요소를 더해야 예술 작품의 가치가 높아진다."가 윗글의 요지로 가장 적절하다.

어휘

- evaluate : 평가하다, 감정하다
- entirely : 전적으로, 완전히, 전부
- realism : 사실주의
- involve : 관련시키다, 연루시키다
- crafted item : 공예품
- awe : 경외하게 하다
- give credit for : ~의 공로를 인정하다
- go into : 투입되다, 쓰이다
- aesthetic : 미적인, 미학적인
- get across : 전달되다, 이해되다

해석

기술이 전부라고 생각하는 사람들이 있는데 그들은 예술 작품을 전적으로 관련 기술의 양으로만 평가한다. 그런 사람들은 대상을 사실적으로 그리는 것과 관련된 기술 때문에 회화에서

사실주의에 관심이 더 많다. 그들은 또한 공예품에 보통 더 관심이 많으며 그 물품을 만드는 데 연관된 기술에 경외심을 갖는다. 물론 우리는 예술작품을 만드는 데 투입된 많은 요소들의 공로를 인정해야 하지만, 그 요소들과 미적 요소 사이에는 차이가 있다. 우리는 노력, 기법, 기술, 재료, 크기, 그리고 작업하는데 걸리는 시간에 대한 공로를 인정해 줄 수 있다. 예술의 가치는 그러한 특성에 의해 평가되어서는 안 된다. 아무리 열심히 예술작품을 만들려고 해도, 미적으로 실패할 수도 있다. 금으로 작품을 만들 수도 있지만, 그거 또한 미적으로 실패할 수 있다. 형편없는 예술에서 규모가 큰 형편없는 예술보다 더 안 좋은 것은 없다. 결국 성공하지 못한 하나의 예술 작품에 수년 동안 작업한 것이 얼마나 수치스러운가. 만일 기술이 예술의 미적 요소들을 전달할 수 있도록 충분히 발달되지 않는다면, 그 작품의 가치는 줄어든다.

11 ④ 윗글의 마지막 부분에서 지식은 다차원성이 풍부해서 엄청난 양의 콘텐츠, 문맥, 경험을 내포하고 있으며, 이러한 세 가지 요인들 모두가 지식을 분배시키는 것을 매우 어렵게 만든다고 서술되어 있다. 그러므로 ④의 'characteristics of knowledge that make its transfer difficult (지식의 전파를 어렵게 만드는 지식의 특성)'이 윗글의 주제로 가장 적절하다.

오답풀이
① 전통적 문화 지식의 보호
② 지식과 문맥 사이의 밀접한 관계
③ 지식의 원천으로써 경험의 중요성
⑤ 정보기술을 이용한 손쉬운 지식 분배

어휘
• transfer : 이동, 전송, 전파
• tremendous : 거대한, 엄청난
• publicity : 언론의 관심[주목]
• sticky : 끈적끈적한, 달라붙는
• ever-changing : 늘 변화하는, 변화무쌍한
• irrelevant : 무관한, 상관없는
• discard : 버리다, 폐기하다
• rightful : 적법한, 정당한
• steward : 승무원, 관리인, 집사
• multi-dimensionality : 다차원성
• distribute : 나누어주다, 분배하다, 유통하다

해석
지식 전파는 집단들과 개인들 사이에서 지식의 흐름이 가능하도록 고안된 그룹웨어 및 네트워킹 도구들의 발전과 함께 최근에 엄청난 관심을 받았다. 그러한 도구의 목표는 궁극적으로 공유된 기억과 이해이다. 사실, 지식은 '접착력이 있고', 살

아있고, 풍부하기 때문에 이러한 목표는 성취하기 어렵다. 그것은 의미를 부여하는 문맥에 매우 밀접하게 연관되어 있기 때문에 '접착력'이 있다. 문맥이 없다면 지식은 단지 정보일 뿐이기 때문이다. 지식은 늘 변하고 성장함에 따라 지속적으로 주의를 기울여야 한다는 점에서 살아있다고 생각될 수 있다. 그것은 또한 사라지고, 시대에 뒤떨어지거나, 무관하게 되고, 폐기되어야 하는데, 누가 정당한 관리인인가? 마지막으로, 지식은 다차원성이 풍부해서 엄청난 양의 콘텐츠, 문맥, 경험을 내포하고 있다. 이러한 세 가지 요인들 모두가 지식을 분배시키는 것을 매우 어렵게 만든다.

12 ① 윗글에서 항공 화물은 비싼 물품이 많고, 운송 방법이 훨씬 복잡하며, 항공 화물의 90%가 대부분의 범죄가 발생하는 밤에 선적되므로 도난에 취약하다고 서술하고 있다. 그러므로 ①의 'factors that make air cargo more vulnerable to theft (항공 화물을 도난에 더욱 취약하게 만드는 요인들)'이 윗글의 주제로 가장 적절하다.

오답풀이
② 항공 여객 보안 검색의 문제점
③ 항공 화물 운송의 장점과 문제점
④ 항공 화물 배달 서비스의 짧은 역사
⑤ 다양한 화물 운송 방법

어휘
• air cargo : 항공 화물
• freight-carrying : 화물 운반
• method : 방법, 수단
• potential : 가능성이 있는, 잠재적인
• shipment : 수송, 운송
• loading dock : 짐 싣는 곳, 하역장
• along the way : 그 과정에서
• be exposed to : …에 노출되다
• handler : 취급[처리]하는 사람
• unlit : 불을 켜지 않은
• to and from : 왕복으로
• vulnerable : 취약한, 연약한
• screening : 검사, 심사
• drawback : 결점, 문제점

해석
다수의 특별한 보안 문제들이 항공 화물을 운송하는 것과 연관이 있다. 항공 화물은 종종 다른 화물 운송 방법으로 선적된 것보다 더 비싼 물품들을 포함하고 있기 때문에, 손실 가능성이 더 크다. 또한 손실이 발생한 곳을 확인하기가 더 어렵다. 다른 운송 방법에서 물품들은 간단하게 픽업, 이동, 그리고 하역장으로 배송된다. 항공 화물의 이동은 훨씬 더 복잡하다. 즉,

화물은 처음에 화물 터미널에서 비행 터미널로 옮겨졌다가 선적하기 전에 화물 항공기에 적재되는 데, 그 과정에서 도난 가능성이 생긴다. 화물을 여객기에 실을 때, 여객 터미널로 가야 하고 새로운 취급자에게 노출되기 때문에 위험이 증가한다. 많은 공항에서, 카트가 불이 꺼진 통로를 따라 왕복으로 화물을 운반해야만 하기 때문에 도난당할 기회가 더 많아진다. 더욱이 항공 화물의 90%가 대부분의 범죄가 발생하는 시기인 밤에 선적된다.

13 ② 윗글에 따르면 검치호랑이, 마스토돈, 거대한 털북숭이 코뿔소 등 인류가 자신보다 몇 배나 큰 포유동물들을 사냥하고 지구의 지배자가 될 수 있었던 것은 인류의 협력을 이끌어 낸 언어의 힘 때문이라고 서술하고 있다. 그러므로 ②의 'Language: A Basis of Cooperative Human Power (언어: 인간을 협동적으로 만드는 힘의 근원)'이 윗글의 제목으로 가장 적절하다.

오답풀이

① 언어 장벽을 무너뜨리기: 힘든 작업
③ 고대에서 현대에 이르는 언어의 변화
④ 동물과의 의사소통, 동물 언어의 이해
⑤ 언어가 어떻게 시작되었나?: 인류의 진화에서 몸짓과 말하기

어휘

• arresting : 시선을 사로잡는, 아주 매력적인
• formidable : 가공할, 어마어마한
• stroke of genius : 천재적 솜씨
• trial—and—error : 시행착오
• coordinate : 조직화하다, 편성하다, 조정하다
• negotiated : 협의된, 합의된
• algae : 조류, 해조, 말무리
• far—reaching : 광범위한, 원대한
• archaeologist : 고고학자
• cliff : 절벽
• remains : 유적, 유물, 잔해
• herds : 무리, 떼
• stampede : (동물 등이) 우르르 몰다
• paleolithic : 구석기 시대의
• fossil : 화석
• ingenuity : 창의력, 독창성
• shed light on : …을 밝히다, 해명하다
• saber—tooth tiger : 검치호랑이
• mastodon : (코끼리와 비슷한 고생물) 마스토돈
• wooly : 털이 뒤덮인, 털북숭이의
• rhinoceros : 코뿔소

• extinct : 멸종된, 소멸된
• habitat : 서식지

해석

정말로 인간에 관해 매력적인 것은 단 하나의 언어를 말하는 인류가 천국에 너무나 가까이 다가가서 신이 위협을 느낀 바벨탑 이야기에 잘 나타나 있다. 공용어는 지역 사회의 구성원을 어마어마한 집단 권력을 가진 정보 공유 네트워크에 연결한다. 천재적 솜씨, 행운의 사고, 그리고 현재나 과거의 누군가에 의해 축적된 시행착오의 지혜로 누구든 혜택을 볼 수 있다. 또한 사람들은 팀별로 일할 수 있고, 그들의 노력은 합의된 계약에 의해 조정된다. 그 결과, 호모 사피엔스는 청록색 조류와 지렁이처럼 지구를 광범위하게 변화시켰던 종(種)이다. 고고학자들은 프랑스의 절벽 밑바닥에서 만 마리의 야생마의 뼈를 발견했는데, 그것은 17,000년 전 구석기 시대의 사냥꾼 무리에 의해 절벽 꼭대기로 몰린 동물들의 유해이다. 고대의 협력과 공유된 창의성으로 만들어진 화석들은 왜 검치호랑이, 마스토돈, 거대한 털북숭이 코뿔소, 그리고 수십 마리의 다른 큰 포유동물이 현대 인류가 그 동물들의 서식지에 도착했을 무렵에 멸종되었는지 밝혀 줄지도 모른다. 우리 조상들은 분명히 그 동물들을 전멸시켰다.

14 ④ 윗글의 마지막 부분에서 영업직의 현지 채용은 적절히 훈련받은 직원의 유용성에 영향을 받으며, 다국적 기업들은 현지에서 모집된 인력들을 훈련시키기 위해 관례상 본사로 보낸다고 서술되어 있다. 그러므로 ④의 'Education: One Vital Consideration for Foreign Businesses (교육: 해외 업무를 위한 주요 고려사항)'이 윗글의 주제로 가장 적절하다.

오답풀이

① 사회이동의 수단으로서의 교육
② 교육의 배경과 경제 상황
③ 교육과 직업 구조의 추세
⑤ 교육받은 노동력: 경제 성장의 원동력

어휘

• assess : 재다, 평가하다
• literacy rate : 식자율(국민 중 글을 아는 사람들의 비율)
• enrollment : 등록, 기재, 입학
• qualitative : 질적인
• emphases : (emphasis의 복수형) 강조, 역점, 주안점
• facility : 시설, 기관
• trainee : 연습생, 실습생, 훈련생
• take into account : ∼을 고려하다, 참작하다
• illiteracy : 문맹, 무식
• availability : 유효성, 유용성, 효용
• routinely : 일상적으로, 관례대로

• headquarter : 본사, 본부
• occupational : 직업의, 직업과 관련된
• driving force : 추진력, 원동력
• vital : 필수적인, 중요한, 중대한

해석

공식적이든 비공식적이든, 교육은 문화의 전수와 공유에 중요한 역할을 한다. 한 문화의 교육 수준은 이차적인 데이터 출처에서 이용할 수 있는 정보인 식자율과 중등 또는 고등교육의 입학률을 보고 평가할 수 있다. 다국적 기업들은 교육의 질적 측면, 즉 특정 기술에 대한 강조와 제공되는 교육의 전반적인 수준에 대해 알 필요가 있다. 예를 들어, 한국과 일본은 과학, 특히 공학을 서구 나라들보다 훨씬 더 강조한다. 교육 수준은 다양한 사업 기능에 영향을 미칠 것이다. 생산 시설을 위한 훈련 프로그램은 훈련생들의 교육 배경을 고려해야 할 것이다. 예를 들어, 높은 수준의 문맹은 인쇄된 설명서보다 시각적 보조 기구를 이용해야 한다는 것을 시사한다. 영업직의 현지 채용은 적절히 훈련받은 직원의 유용성에 영향을 받을 것이다. 몇몇 경우에, 다국적 기업들은 현지에서 모집된 인력들을 훈련시키기 위해 관례상 본사로 보낸다.

15 ⑤ 위의 도표에서 2007-2011년 그리고 2012-2016년 사이의 세계 무기 구매 비중의 차이가 가장 적었던 나라는 터키가 아니라 알제리이므로 ⑤의 설명은 윗글의 내용과 일치하지 않는다.

어휘

• purchase : 구입, 구매
• account for : (부분 · 비율을) 차지하다

해석

위의 도표는 2007-2011년과 2012-2016년의 두 기간 동안에 걸쳐 7개국의 세계 무기 구매 비중을 보여준다. ① 2012-2016년의 기간 동안 인도는 세계 무기 수입의 가장 큰 비중을 차지했으며, 사우디아라비아, 아랍에미리트(UAE), 중국, 알제리, 터키, 호주 등이 그 뒤를 이었다. ② 2007-2011년의 기간과 비교해서 인도, 사우디아라비아, 아랍에미리트, 터키의 세계 무기 수입 비중은 2012~2016년의 기간에 증가했다. ③ 반면에 2012-2016년의 기간 동안 중국, 알제리, 호주의 세계 무기 수입 비중은 전년 대비 감소했다. ④ 특히 중국의 세계 무기 수입 비중은 두 기간 사이에 5.5%에서 4.5%로 가장 많이 감소했다. ⑤ 2007-2011년 그리고 2012-2016년 사이의 세계 무기 구매 비중의 차이는 사우디아라비아가 가장 컸고, 터키가 가장 작았다.

16 ③ 본문에 따르면 Bertolt Brecht는 1차 세계대전에 참전한 후, 연극 'Drums in the Night'로 성공을 거두었다. 그러므로 1

차 세계대전 이전에 연극 'Drums in the Night'로 성공을 거두었다는 ③의 설명은 옳지 못하다.

어휘

• staging : 상연, 연출
• implication : 영향, 함축, 암시
• flee from : …에서 달아나다
• investigate : 조사하다, 수사하다
• Communist : 공산주의자, 공산당원
• theater company : 극단

해석

Bertolt Brecht는 20세기 연극에 중대한 영향을 미쳤다. 그는 관객들로 하여금 그의 연극의 도덕적, 정치적 의미에 대해 생각해보도록 하는 목적을 달성하기 위해 독특한 연출 및 다른 연기 방식을 이용하여 새로운 양식의 연극을 탐구했다. Brecht는 독일 아우크스부르크에서 태어났고, 뮌헨과 베를린 대학에서 의학과 철학을 공부했다. 1차 세계대전에 참전한 후, 그는 연극 'Drums in the Night'로 성공을 거두었다. 1920년대와 1930년대 초반에 걸쳐 그는 보다 많은 희곡을 썼다. 1933년에 Brecht와 그의 아내는 히틀러가 집권한 후 독일로부터 도망칠 수밖에 없었다. Brecht는 결국 미국에 도착했지만, 그곳에서 공산주의 이념을 가지고 있다는 이유로 수사를 받았다. 그는 미국을 떠나 1947년 동베를린으로 돌아왔고, 그곳에서 세계적으로 유명한 극단인 베르너 앙상블을 설립했다.

17 ④ ①, ②, ③, ⑤의 'he'는 George McClellan 장군을 가리키며, ④의 'he'는 링컨 대통령을 가리킨다.

어휘

• at the height of : …의 절정에, …이 한창일 때에
• the Civil War : (미국) 남북전쟁
• Secretary of War : 육군 장관
• battle side house : 전투
• urgent : 긴급한, 시급한
• parlor : 응접실, 객실, 거실
• maid : 하녀, 가정부
• unacceptable : 용납할 수 없는, 인정할 수 없는
• dismiss : 해고하다, 전역시키다, 퇴임시키다
• dirt : 먼지, 때, 흙
• bloodshed : 유혈 사태, 참사, 학살

해석

남북전쟁이 한창일 때에, 몇 가지 긴박한 문제로 링컨 대통령과 육군 장관은 George McClellan 장군의 전장 옆 주택을 방문했다. ① 그가 집에 없었기 때문에, 그들은 응접실에서 기다렸다. 장군이 마침내 집에 돌아왔을 때, 그는 방문객들이

있는 것을 보았지만 그들을 알아보지 못했다. 대신에 그는 곧장 자기 방으로 갔다. ② 그가 곧 나올 거라고 생각하며, 그들은 그를 기다렸다. 한 시간 뒤에, 아직 그가 나타나지 않자, 그들은 가정부를 보내 알아봐 달라고 했다. 잠시 후 그녀는 돌아와서 "대통령님, 죄송하지만 장군은 저에게 ③ 그가 매우 피곤해서 잠자리에 들었다고 전해달라고 부탁했습니다."라고 말했다. 육군 장군은 충격을 받고 "각하, 이건 도저히 용납할 수 없습니다. 즉시 그를 장군의 직위에서 물러나게 해야 합니다!"라고 말했다. 링컨은 잠시 생각했고, ④ 그는 "아니, 나는 그를 퇴임시키지 않겠네. 그는 훌륭한 장군일세. 그는 전투에서 이기고 있네. 만약 ⑤ 그가 이 유혈사태를 단축시킬 수 있다면, 나는 그의 말을 붙잡고, 그의 부츠에 묻은 먼지를 한 시간 동안이라도 털 걸세."라고 말했다.

18 ⑤ 'which' 이하가 완전한 문장이고 앞부분에 'So + 형용사 + 동사 + 주어'의 도치구문이 사용됐으므로, 'so'와 호응을 이루는 접속사 'that'을 사용해야 한다.

오답풀이

① 'potentially(잠재적으로)'가 be 동사 뒤에 위치했으므로 올바르게 사용되었다.
② 앞의 'others'를 수식하기 위해 능동의 의미를 지닌 현재분사 'undergoing'을 사용한 것은 적절하다.
③ 동사 'make'의 목적어인 'to think~' 이하가 길므로 이를 대신하기 위해 가목적어 'it'을 사용한 것은 적절하다.
④ 'in similar fashion ~ objects'는 삽입구에 해당하며, 이를 생략하면 'The workings of the body can be examined and ~'의 수동태 문장이 된다.

어휘

- given : …을 고려해 볼 때
- dominance : 우월, 우세, 지배
- naturalistic : 자연주의적인, 자연을 모방하는
- grasp : 움켜잡다, 이해하다, 파악하다
- victim : 피해자, 희생자, 환자
- transplant : 이식, 이식된 장기[조직]
- undergo : 겪다, 경험하다
- cosmetic surgery : 성형 수술
- surgeon : 외과의, 외과 전문의
- reconstruct : 재건하다, 복원하다, 재구성하다
- commonplace : 아주 흔한, 상습적인
- component : 요소, 부품
- up to a point : 어느 정도
- take apart : 분해하다, 해체하다
- reassemble : 재조립하다, 다시 모으다
- in fashion : …방식으로

- malfunction : 고장, 기능 불량
- diagnose : 진단하다, 진찰하다
- remedy : 치료하다, 고치다, 보수하다

해석

인체의 자연주의적인 관점에 대한 서양 문화의 우월성을 고려해 볼 때, 문화에서 인체의 개념은 잠재적으로 이해하기 어렵다. 사고 피해자, 이식 환자 그리고 성형수술을 받는 사람들의 인체는 외과의사에 의해 글자그대로 물리적으로 매일 복원된다. 이러한 상습적인 행위가 비교적 쉽게 인체를 기계로 생각하게 한다. 기계와 마찬가지로 인체는 어느 정도 분해되어 재조립할 수 있는 부품을 가지고 있다. 인체에 대한 작업은 물품처럼 다른 기계와 비슷한 방식으로 검사되고 고장은 진단되고 수리된다. 말 그대로 프랑켄슈타인 박사에 의해 만들어진 Mary Shelley의 괴물은 인체와 같은 기계의 발상에서 나온 고전적인 작업이다. 인체에 관한 이런 사고방식들이 너무나 친숙해서 우리들 중 일부는 인체의 사회 구조적인 생각들과 문화에서의 인체에 대한 생각들이 터무니없는 것처럼 보일 수도 있다.

19 ④ 'respond to' 다음에 전치사 'to'의 목적어에 해당하는 명사 상당어구가 와야 하는데 'in a very different manner'라는 부사구가 왔으므로, 전치사 'to'의 목적어를 주어로 사용한 수동태 형태인 'be responded to'가 되어야 한다.

오답풀이

① 'where'는 앞의 'many areas'를 선행사로 하는 관계부사로 바르게 사용되었으며, '전치사 + 관계대명사'의 형태인 'in which'로 바꿔 쓸 수 있다.
② 앞의 명사절 'what they say'가 주어에 해당하므로, 3인칭 단수 형태의 be 동사인 'is'를 사용한 것은 적절하다.
③ 'when' 다음에 '주어 + be동사'의 형태인 'it is'가 생략되고, be 동사의 보어로 형용사인 'possible'을 사용한 것이므로 올바르다.
⑤ A and B의 병치 구조에서 앞의 'to come into'에 맞추어 'to start'를 사용해야 하나, to 부정사의 병치에서 뒤에 나온 'to'는 생략이 가능하므로 원형동사의 형태인 'start'를 사용한 것은 올바르다.

어휘

- adolescence : 사춘기, 청소년기
- rebellion : 반란, 반항
- strive : 힘쓰다, 노력하다, 투쟁하다
- liver : 간
- garbage : 쓰레기, 찌꺼기
- decent : 괜찮은, 제대로 된

해석

사춘기는 반항의 시기이자 독립을 투쟁하는 시기이다. 결과적으로 아이들은 당신의 의견에 동의하지 않거나 당신과 똑같은 방식으로 상황을 보려고 하지 않는 많은 영역이 있을 것이다. 기억해라. 그들이 말하는 것은 그들이 말하는 방법만큼 중요하지 않다. 만일 그들이 가족 정책과 처우에 동의할 수 없다는 의사를 전달하면, 분명하게 그들의 말에 귀를 기울이고 가능하면 긍정적으로 응답하려고 노력해라. "저는 더 많은 시간을 전화하는데 보낼 수 있어야 한다고 생각해요. 하루에 15분은 부족해요. 저는 숙제를 모두 해왔고 성적도 좋아요"라고 부모에게 합리적으로 말하는 아이는 전화할 시간이 부족하다고 소리를 지르며 화를 내기 시작하는 아이와 아주 다른 방식으로 응답해야 한다. 한 십대 아이가 월요일 밤마다 간을 먹는 것을 좋아하지 않는다고 엄마에게 말하는 것은 수용되어야 한다. 그러나 그가 월요일 저녁에 부엌으로 들어와 이 '쓰레기'를 먹지 않을 테니 어머니가 '제대로 된' 요리를 배우는 편이 더 낫다고 위협하기 시작하는 것은 절대로 용납될 수 없다.

20 ③ (A) 앞의 'no matter how'가 양보의 부사절을 이끌어 주어와 동사가 도치된 형태로, 사물인 'the task'가 주어이므로 감정동사 'exhaust'는 현재분사의 형태인 'exhausting'이 되어야 한다.
　　 (B) 'energy to'와 'focus on' 다음에 목적어가 없으므로 관계대명사를 사용해야 하는데, 선행사가 없으므로 선행사를 포함하는 관계대명사 'what'이 적절하다.
　　 (C) 접속사 'as'가 이끄는 부사절로, 앞의 'other laws'가 주어이므로 be 동사는 복수 형태인 'are'를 사용해야 옳다.

어휘

• at hand : 가까운 장래에, 머지않아
• exhaust : 기진맥진하게 하다, 지치게 하다
• stand a chance of : …의 가능성이 있다
• attraction : 끌어당기는 힘, 인력
• magnifying glass : 확대경, 돋보기
• manifest : 나타내다, 표현하다
• ups and downs : 기복, 흥망성쇠, 새옹지마
• mishap : 작은 사고[불행]
• vibration : 울림, 진동

해석

당신이 인생에서 무언가가 일어나기를 원한다면, 당신은 그것에 집중할 필요가 있다. 집중하지 않고, 여러분이 성취하고자 하는 것을 믿지 않는다면, 여러분은 가까운 장래에 그 일을 성취할 수 없다. 아무리 그 일이 힘들어 보일지라도, 이러한 집중의 법칙은 당신에게 포기하지 말 것을 상기시켜 준다. 계속해서 믿고 그것에 집중함으로써, 여러분은 원하는 결과를 이

룰 수 있는 가능성이 더 높아진다. 에너지와 인력의 법칙을 통해, 여러분이 에너지를 쏟고 집중한 것에 여러분의 인생을 인도할 것이다. 태양 에너지를 모으는 데 사용된 돋보기는 불을 지필 수 있다. 사고와 믿음에 집중된 에너지를 통해 여러분은 원하는 것을 표현할 수 있다. 새옹지마의 법칙과 같은 다른 법칙들이 당신 뒤에서 작동하는 것처럼, 여러분은 계속해서 고난, 투쟁, 그리고 불행과 마주할 것이다. 당신은 집중하는 모든 것에 힘과 생명을 불어넣는다. 집중을 통해 울림이 증가되기 때문에 당신은 원하는 것에 마술을 부린다.

21 ④ (A) 뒤에 '주어 + 동사 + 목적어' 형태의 완벽한 문장이 왔으므로, 'efficient'는 동사 'could have harvested'를 수식하기 위해 부사의 형태인 'efficiently'를 사용해야 한다.
　　 (B) 주어인 'a family'를 수식하기 위한 형용사절이므로 'that worked'를 사용해야 하며, 본동사는 'would have been ~'이다.
　　 (C) 앞의 명사 'time'을 수식하기 위해 'to 부정사'의 형용사적 용법에 해당하는 'to harvest'를 사용해야 한다.

어휘

• hunter–gatherer : 수렵채집인
• semi–settled : 반정착의
• nomadic : 유목의, 방랑의
• shelter : 주거지, 거주지
• cereal grain : 곡물
• archaeologist : 고고학자
• flint–blade : 돌칼
• sickle : 낫
• efficient : 능률적인, 효율적인
• prehistoric : 선사시대의
• quantity : 양, 수량, 분량
• be reluctant to : ~을 주저하다, 망설이다, 꺼리다
• unguarded : 무방비의, 보호하지 않은

해석

비록 임시로 또는 계절에 따라 여러 주거지 사이를 이동하는 유목민의 생활보다 수렵채집인들이 더 먼저 반정착 생활을 시작했지만, 곡물을 저장할 수 있는 능력으로 인해 사람들이 한 장소에 머무르게 되었다. 1960년대에 시행된 실험이 그 이유를 보여준다. 한 고고학자가 돌칼 낫을 사용해서 선사시대의 가족이 얼마나 효율적으로 터키의 일부 지역에서 여전히 재배되는 곡식을 수학할 수 있었는지를 보여주었다. 한 시간에 그는 2파운드 이상의 곡식을 모았는데, 이것은 3주 동안 매일 8시간을 일한 가족이 식구 모두에게 일 년 동안 매일 1파운드의 곡식을 제공할 만큼 충분히 수확했다는 것을 의미한다. 하지만 이것은 그 가족이 야생곡물을 수확하기 위한 최적기를 놓

치지 않도록 야생곡물 근처에 머물렀다는 걸 뜻한다. 그리고 많은 양의 낟알을 수확했다면, 그들은 무방비 상태로 두는 것을 꺼렸을 것이다.

22 ② 윗글은 종군기자의 파견이 옳은 정책인지 아닌지를 다룬 글로, 종군기자들이 전쟁 상황을 객관적으로 정확하게 보도해야 하는데, 취재 대상과 너무 친해지거나 함께 생활함으로써 동질감을 갖게 되면 과연 객관적인 보도가 가능한지를 우려하고 있다. 그러므로 ②의 'gaining(얻다)'은 'losing(잃다)'으로 고쳐 써야 한다.

어휘

- embed : (종군 기자 등을) 파견하다
- ground-breaking : 신기원을 이룬, 획기적인
- controversial : 논란이 많은, 논란의 여지가 있는
- charge : ~를 비난하다
- troop : 병력, 군대, 부대
- identify with : ~와 동일시하다[동질감을 갖다]
- phenomenon : 현상
- Stockholm Syndrome : 스톡홀름 증후군
- hostage : 인질, 볼모
- empathize with : …에 마음으로부터 공감하다
- captor : 포획자, 체포자
- advocate : 지지하다, 옹호하다
- up close and personal : 밀착취재
- portray : 그리다, 묘사하다, 보여주다
- footage : 장면, 화면

해석

획기적이었지만, 종군기자를 파견하는 것은 ① 논란이 많은 정책임에 틀림없다. 일부 비평가들은 파견된 종군기자들이 군대나 임무를 위험에 빠뜨릴 수도 있다고 비난했다. 다른 사람들은 기자들이 취재 대상과 '너무 친해지고', 함께 생활하거나 보호를 받는 사람들과 자연스럽게 보다 직접적으로 동질감을 갖게 되면, 그들에 대한 객관성을 ② 얻을(→ 잃을) 거라고 걱정했다. 이 현상은 인질들이 인질범들과 공감하게 되는 스톡홀름 증후군과 관련이 있다. 그럼에도 불구하고, 종군기자 파견을 옹호하는 사람들은 그것이 몇 가지 이점이 있다고 주장한다. 그것은 '밀착취재'를 제공하고 기자들로 하여금 군대처럼 전쟁을 경험하도록 ③ 허용함으로써, 전쟁을 수행하는 사람들의 노력을 묘사할 수 있게 해준다. 그것은 다른 방법으로는 불가능한 전쟁터와 전쟁 사건에 대한 ④ 직접적인 접근을 제공한다. 생생한 화면과 '실시간 보도'는 ⑤ 현실적인 '역사의 첫 장면'을 제공하고 전쟁을 일어난 그대로 기록한다.

23 ⑤ 지구상에는 물이 너무나 풍부하기 때문에 금성과 화성 같

은 태양계의 다른 행성들도 응당 물이 풍부할거라고 여긴다. 그러므로 ⑤의 'scarce(부족한)'은 'ample(풍부한)'으로 고쳐 써야 옳다.

어휘

- liquid : 액체의, 액체 상태의
- perception : 지각, 인지, 인식
- vivid : 생생한, 활발한
- canal : 운하, 수로
- swamp : 늪, 습지
- planetary : 행성의
- presuppose : 예상하다, 추정하다
- polar cap : (화성의) 극관
- ice sheet : 빙상, 판빙, 대륙 빙하
- overgrown version : 확장판
- rainforest : 열대우림

해석

가장 맘에 드는 해변의 끝에 서서 밖을 쳐다보라. 당신은 우주가 제공하는 가장 특이한 광경 중의 하나인 엄청난 양의 물을 보고 있다. 지구의 대양들을 ① 독특한 현상으로 인식한 것은 최근의 일이다. 공상과학 소설을 읽는 사람들은 '화성의 운하'와 '금성의 늪'에 대한 생생한 기억을 떠올릴 것이다. 25년 전만 해도 우리 이웃 행성의 특성에 관한 최선의 과학적 추측은 많은 양의 물이 ② 존재한다고 추정했다. 화성의 경우, 하얀 극관들은 물이 액체가 되기에는 온도가 너무 차가울 수 있다는 것을 보여주었고, 그 결과 물이 빙상에 ③ 갇혀 있다고 생각했다. 금성의 경우, 구름층으로 인해 그 표면을 볼 수는 없지만, 그 행성을 아마존 우림의 확장판으로 ④ 상상하는 것을 막지는 못했다. 두 가지 사례에서, 이웃행성들에 대한 우리의 견해는 지구상에는 물이 너무나 풍부해서 태양계 안의 다른 모든 곳에서도 물이 ⑤ 부족할(→ 풍부할) 것이라는 기대감에 의해 형성되었다.

24 ⑤ (A) 복잡한 자료들을 훨씬 더 간단한 순서로 한다고 했으므로, 처리하는 차원의 수를 늘리는 것이 아니라 줄이는 것이다. 그러므로 'reduce(줄이다)'가 문맥상 적절하다.
   (B) 연대기적 감각을 만들어 한 방향으로 움직이게 하려면 그 이야기를 부정하는 것이 아니라 도입해야 한다. 그러므로 'imposing(도입하다)'가 문맥상 적절하다.
   (C) 진실된 일련의 사건들을 회상하는 것이 아니라 전보다 솔직하게 보이게 하는 재구성된 사건을 회상한다고 하였으므로, 문맥상 'straightforward(솔직한)'이 들어갈 낱말로 적절하다.

어휘

- make sense : ~을 이해하다

- attach to : …에 붙이다, …에 부여하다
- drive : 충동, 욕구
- reduce : 줄이다, 축소하다
- dimension : 차원
- narrative : 묘사, 기술, 서술, 이야기
- causality : 인과 관계
- randomness : 무작위, 임의성
- deny : 거부하다, 부인[부정]하다
- impose : 도입[시행]하다, 부가하다
- chronology : 연대기, 연대표
- perpetuate : 영구화하다, 영속시키다
- straightforward : 간단한, 쉬운, 솔직한

해석

Black Swan이라는 훌륭한 책의 저자인 Nassim Taleb에 따르면, 정보 저장에 부가되는 비용들이 있기 때문에 우리는 주위에 있는 모든 정보들을 이해하려고 노력한다. 그래서 정보를 더 정돈되게 만들수록, 마음속에 저장하기가 쉽고 비용도 적게 든다. 이것은 우리가 더 정돈되고 더 임의적이지 않은 정보를 선호한다는 것을 의미한다. 우리는 처리하는 차원의 수를 (A) 줄이려고 하는 욕구가 있어서, 이것을 행하는 방법으로 복잡한 자료들을 훨씬 더 간단한 순서로 두려고 한다. Taleb는 이것이 서술의 목적일 뿐만 아니라 인과관계라고 생각한다. 우리는 세상의 복잡성과 임의성을 처리하기 위해 가만히 있기 보다는 설명하고 이해할 수 있도록 인과관계를 사건 탓으로 돌리려고 한다. 또한, 서술을 (B) 도입하는 목적은 연대기적 감각을 만들어, 둘 모두를 한 방향으로 움직이게 한다. 서술은 스토리에 적합하고, 그 이야기가 영속화시킨 인과관계의 요구사항을 충족시키는 사실들을 회상하는 경향이 있다. 그러면 우리는 진실된 일련의 사건들을 회상하는 것이 아니라 인과성을 전보다 훨씬 더 (C) 솔직한 것처럼 보이게 하는 재구성된 사건을 회상한다.

25 ③ (A) 군 간병인들은 그 자체로 영웅이지만 접속사 'but'에 의해 그렇지 않다는 내용이 와야 하므로, 'unrecognized(인정받지 못하다)'가 문맥에 맞는 낱말로 적절하다.
　(B) 군인들은 조국을 위해 희생했기 때문에 명예, 보상, 혜택을 받을 자격이 있다. 그러므로 'rightly(정당하게)'가 문맥에 맞는 낱말로 적절하다.
　(C) 군 간병인들은 명예나 보상은 거의 없다고 하였으나, 'Yet(그럼에도 불구하고)'이 왔으므로 군 간병인들의 가치는 아주 높다는 의미가 되어야 한다. 그러므로 'enormous(엄청난)'이 문맥에 맞는 낱말로 적절하다.

어휘

- veteran : 베테랑, 참전 용사, 재향 군인

- military caregiver : 군 간병인[돌봄이]
- award : 상, 보상
- recognition : 인정, 승인
- accolade : 포상, 칭찬
- deserve : ～을 받을 만하다[자격이 있다]
- the disabled : 장애인, 불구자
- incidental : 우연한, 부수적인
- enormous : 거대한, 엄청난
- insignificant : 대수롭지 않은, 사소한, 하찮은
- render : 주다, 제공하다, 부여하다

해석

부상당하고, 병들고, 다친 현역 군인들과 참전 용사들 옆에는 이들을 돌보는 사람들이 있는데, '군 간병인'이라고 칭한다. 군 간병인들은 그 자체로 영웅이지만, 그들의 노력은 종종 (A) 인정받지 못한다. 그들의 부양 책임감은 전투가 끝난 후 몇 달 내지 몇 년 동안 지속되기 때문에, 그들은 전쟁의 그늘에서 봉사한다. 조국을 위해 희생한 군인들은 군복무를 인정받아 종종 명예, 보상, 그리고 혜택을 받는데, 그들이 (B) 정당하게 받을 자격이 있는 포상과 기회이다. 그러나 군 간병인들은 장애인들이 걷고 먹는 것을 도우며, 상처를 치료해 주거나 진료 예약을 잡아주지만, 명예나 보상은 거의 없다. 이러한 군 간병인들은 부수적인 사람들로, 오직 그들이 보살핌을 제공하는 사람들에 대한 관심의 결과로써만 정책적 주목을 받아왔다. 그럼에도 불구하고 그들의 가치는 (C) 엄청나다. 군 간병인들은 그들이 사랑하는 사람들뿐만 아니라 사회에도 또한 도움을 주고 있다. 그들이 제공하는 도움은 정부와 사회에 의료비를 줄이도록 돕는다.

26 ① 해외 특파원들이 방송 보도의 트렌드 변화에 따라 해외지사의 폐쇄와 국제 뉴스 보도 등의 축소되어 설 자리를 잃고 있다는 내용이므로, 빈칸에는 ①의 'an endangered species (멸종위기에 처한 종)'이 들어갈 말로 가장 적절하다.

오답풀이

② 아마추어 대사
③ 이국적인 생각의 원천
④ 특히 싫어하는 인물
⑤ 비밀전쟁의 이야기꾼

어휘

- foreign correspondent : 해외 특파원[통신원]
- apply to : ～에 적용되다
- overseas bureau : 해외 지사
- coverage : 보도, 방송
- reverse : 뒤바꾸다, 역전시키다

- by a wide margin : 너끈히, 여유 있게, 큰 차이로
- workload : 업무량, 작업량
- ambassador : 대사, 사절
- exotic : 외국의, 이국적인

해석

몇몇 역사가들은 해외 특파원, 즉 나라 밖의 사건들을 취재하는 기자가 멸종위기에 처한 종이라고 단언한다. 이런 표현은 특히 전통적인 대중 매체 특파원들에게 적용된다. 1980년 이래로 미국 방송국들은 해외지사의 대부분을 폐쇄했고 국제 뉴스 보도를 축소했다. 2001년 9월 11일의 테러도 이라크 전쟁도 이러한 추세를 바꾸지 못했다. 예를 들어 2007년을 살펴보면, 방송국의 텔레비전 뉴스를 모니터하는 Tyndall Report는 이라크 전쟁이 언급할 필요도 없이 그 해의 뉴스였지만, 2001년 이후 그 방송국의 해외 지사들은 업무량이 가장 적다는 것을 발견했다. 경제적인 압력, 지구촌 독립, 기술 혁신, 그리고 대중들의 무관심이 외신들이 보도되고 소비되는 방식을 변화시켰다.

27 ① 환경을 보존하는 데 인구가 중요한 문제라고 말하지만, 사실 미국의 인구 증가가 세상에 미친 영향이 개발도상국의 전체 인구가 세상에 미친 영향과 동일하다고 했으므로, 환경을 보전하는 데 정작 중요한 것은 '세상을 대하는 우리의 방법(our way of dealing with the world)'이다.

오답풀이

② 복지 문제에 대한 우리의 관점
③ 개발도상국에 대한 인도주의적 지원
④ 빈곤과 폭력을 끝내는 방법
⑤ 경제적 평등의 정도를 측정하는 방법

어휘

- rural : 시골의, 지방의
- counterpart : 상대, 상대방
- inappropriate : 부적절한, 부적합한
- justifiable : 정당한, 타당한
- humanitarian : 인도주의적인, 인도주의의
- put an end to : …을 끝내다, 그만두게 하다
- poverty : 빈곤, 가난
- violence : 폭행, 폭력

해석

만일 당신이 미국과 같은 나라에 산다면, 환경을 보존하는 데 인구가 중요한 문제라고 말하기 쉽다. 하지만 좀 더 깊게 생각해보면, 소비와 우리가 사용하는 기술의 종류 또한 미래의 세계를 위한 무대를 꾸미는 데 매우 중요하다는 것을 빠르게 이해할 수 있다. 예를 들어, 브라질 또는 인도네시아의 시골에

사는 사람들은 대부분의 개발도상국 사람들처럼, 미국 사람들의 소비 수준의 약 40분의 1로 살아간다. 2차 세계대전의 종전 이후 미국의 인구가 1억 3천 5백만 명이 증가했다는 것을 고려하면, 미국의 추가 인구가 세계에 끼친 영향은 – 소비 수준, 오염 수준, 스스로를 파괴할 수도 있는 부적절한 기술들의 사용 수준의 관점에서 – 42억만 명인 개발도상국의 전체 인구가 세계에 끼친 영향과 거의 동등하다. 인구가 유일한 요인이라고 말하는 것은 타당하지 못하다. 정말로 중요한 것은 우리가 세상을 대하는 방법이다.

28 ③ 다른 사람의 성격을 파악할 때 그 사람이 친근한지, 신뢰할 수 있는지, 감정적인지, 주도적인지 등등 그 사람의 인상을 보게 된다는 것이므로, 빈칸에는 ③의 'how we perceive other people (타인을 인지하는 법)'이 들어갈 말로 가장 적절하다.

오답풀이

① 우리의 성격을 형성하는 법
② 잘못된 정보를 선별하는 것
④ 인과 관계에 대해 추론하는 것
⑤ 우리의 성격에 적합한 직업을 구하는 것

어휘

- personality : 성격, 인격, 개성
- extract : 뽑다, 추출하다
- attribute : 속성, 특성
- trustworthy : 신뢰할 수 있는, 믿을 수 있는
- dominant : 우세한, 지배적인, 주도적인
- dispositional : 기질의, 기분의
- inference : 추론
- stereotype : 고정 관념, 정형화된 생각
- be saturated with : …에 흠뻑 젖어들다, …으로 가득 차 있다
- happy-go-lucky : 태평스러운, 낙천적인
- aggressive : 공격적인, 적극적인
- awkward : 어색한, 서투른
- greedy : 탐욕스러운, 욕심 많은
- perceiver : 지각[인지]하는 사람
- sort out : 선별하다, 분류하다
- causality : 인과 관계

해석

성격 특징은 자신을 정의하는 법뿐만 아니라, 타인을 인지하는 법도 중요하다. 사회심리학자들은 우리가 다른 사람의 인상을 파악할 때, 그들이 어떻게 보이고 행동하는지, 즉 친근한지, 신뢰할 수 있는지, 감정적인지, 주도적인지 등등으로부터 그들의 성격 특성에 대한 정보를 얻으려 한다는 사실을 보여주었다. 인상 파악이란 다른 사람의 성격에 대한 '기질적 추

론'으로 알려진 것을 만드는 모든 것이다. 마찬가지로, 우리가 특정한 사회 집단에 대해 갖고 있는 고정관념은 성격적 특성으로 가득 차 있다. 정확하든 부정확하든, 이러한 고정관념들은 집단 구성원들의 성격 묘사를 나타내는데, 이를테면 낙천적이든, 공격적이든, 사회적으로 서툴든, 탐욕스럽든지 간에 말이다. 다시 한 번 말하자면, 성격 특징들은 그것들이 사람들의 중요한 핵심 측면들이기 때문에 우리에게 사회적 인지자로서 중요하다.

29 ① 윗글에서 수세기 동안 혼자 일하는 예술가는 거의 없었으며 심지어 르네상스의 천재 예술가도 보조 예술가들이 일하는 작업장을 운영했다고 서술되어 있다. 따라서 오늘날의 일부 유명한 예술가들도 그러하다는 내용이 빈칸에 와야 하므로, ①의 'employ other artists to realize their ideas (자신들의 생각을 실현시키기 위해 다른 예술가들을 고용하다)'가 들어갈 말로 가장 적절하다.

오답풀이

② 체제의 범위 내에서 일하다.
③ 논란을 불러일으킬 작품을 원하다.
④ 수많은 단계적 해결책을 얻다.
⑤ 재정적 지원을 후원자에게 의존하다.

어휘

- elevate : 승진[승격]시키다, 높이다[증가시키다]
- liberal art : 교양 과목
- popularize : 대중화하다, 보급하다
- controversial : 논란이 많은, 논란의 여지가 있는
- promote : 촉진시키다, 고취시키다
- staff : 직원으로 일하다
- assistant : 보조, 조수
- confines : 한계, 범위
- incite : 선동하다, 조장하다
- controversy : 논란
- patron : 후원자, 보호자

해석

교양과목으로서 그들의 전문성을 높이기 위한 르네상스 예술가들의 노력 덕분에, 서양 세계는 매우 개인적인 것을 표현하기 위해 자신만의 예술을 창조하는 고독한 개인의 생각을 대중화시켜왔다. 19세기와 20세기에 예술가들은 자신의 작품 모양과 내용을 개별적으로 결정하고, 자기표현의 새로운 형태를 찾는 과정에서 종종 매우 논란이 되었던 예술을 만드는 일이 더 흔해졌다. 이것은 오늘날에도 여전히 사실이다. 그러나 이전 수세기 동안, 혼자 일하는 예술가는 거의 없었다. 심지어 창조적 천재성을 고취시켰던 르네상스 예술가들도 주인의 디자인을 예술 작품으로 바꾸는 것과 관련된 대부분의 일을

수행했던 보조 예술가들이 일하는 작업장을 운영했다. 심지어 오늘날 Jeft Koons와 같은 일부 유명한 예술가들조차 자신들의 생각을 실현시키기 위해 다른 예술가들을 고용한다.

30 ⑤ 아리스토텔레스적인 정신으로 행동하는 것은 플라톤이나 헤라클레이토스를 읽는 것을 거부함으로써가 아니라 그들의 장점을 이해하고 약점을 비판함으로써 이루어진다. 그러므로 빈칸에는 ⑤의 'intelligent departures from even the most accomplished authorities (가장 뛰어난 권위들로부터 똑똑한 출발들)'이 들어갈 말로 가장 적절하다.

오답풀이

① 훈련을 통해 함께 일할 기회
② 정치학, 윤리학, 문학 같은 인문학의 명예
③ 철학자들에 의해 공유된 가치에 기반한 주요 관계
④ 개개인의 특징에 관해 만들어진 일반화

어휘

- antiquity : 고대, 아주 오래됨, 유물
- comprehensive : 포괄적인, 종합적인
- range over : 다루다, 아우르다, 섭렵하다
- problematic : 문제가 많은
- legacy : 유산, 유물
- inhibit : 억제[저해]하다, 못하게 하다
- irreverence : 불경, 불손
- vital : 필수적인, 생명유지와 관련된
- successor : 후계자, 계승자
- paradoxically : 역설적으로
- critique : 비평한 글, 평론
- appreciation : 감상, 공감
- allow for : …을 위해 감안하다, …을 고려[참작]하다
- discipline : 규율, 훈련
- humanities : 인문학

해석

고대의 모든 사상가들 중에서, 아마도 아리스토텔레스가 가장 종합적이었는데, 그의 작품은 가령 물리학, 정치학, 그리고 윤리학과 같은 지식 전반을 다루었다. 그러나 아리스토텔레스의 방대한 업적은 문제가 많은 유산을 남겼다. 우리 자신의 이익을 위해 너무나 영리한 아리스토텔레스와 같은 작가들이 있다. 그렇게 많은 말을 하고서도, 그들은 마지막 말을 한 것처럼 보인다. 그들의 천재성 때문에 후계자들의 창작활동에 필수적인 불손함은 억제된다. 역설적으로, 아리스토텔레스는 그를 가장 존경하는 사람들이 그처럼 행동하는 것을 막을지도 모른다. 플라톤이나 헤라클레이토스를 읽는 것을 거부함으로써가 아니라, 그들 장점의 공감을 바탕으로 일부 약점에 중요한 비판들을 제기함으로써, 그는 단지 그 앞에 축적된 많은 지

식을 의심하여 위대해졌다. 정말로 아리스토텔레스적인 정신으로 행동하는 것은 가장 뛰어난 권위들로부터 똑똑한 출발들을 참작하는 것을 의미할 지도 모른다.

31 ③ 주어진 글에서 학급 크기의 선호에 대해 설명하고 있고, 글 (B)에서는 15명 정도의 작은 학급에 대해 그리고 글 (C)에서는 30명 정도의 큰 학급에 대해 설명하고 있다. 그런데 글 (C)가 대조의 부사구인 'On the other hand(반면에)'로 시작되므로 글 (B) 다음에 위치해야 한다. 그리고 글 (A)가 첨가의 접속부사인 'Furthermore(게다가)'로 시작되고 그 내용이 규모가 큰 학급과 관련된 것이므로 글 (C) 다음에 와야 한다. 따라서 (B) – (C) – (A)의 순으로 글이 배열되는 것이 적절하다.

- discipline : 규율, 훈육
- doze : 깜빡 잠이 들다, 졸다
- daydreaming : 낮잠
- makeup work : 보충 수업

해석

> 학부모들과 일반대중에게, 학급의 크기는 학교의 질에 관한 "리트머스 테스트"처럼 보인다. 학급 크기가 작은 학교는 학급 크기가 큰 학교보다 더 좋은 것으로 인식된다. 조사에 따르면 학부모들은 학교 안전을 제외한 다른 무엇보다도 학급 규모에 더 관심을 보인다.

(B) 결국, 교사가 한 반에 15명 정도의 학생만 있으면, 교사가 각 학생에게 개별적 관심을 기울일 수 있는 가능성이 훨씬 더 많다. 아무도 방치되지 않을 것이며, 아무도 스스로 앞으로 나올 필요도 없다.

(C) 반면에, 30명 정도 규모의 학급 교사들은 학생 각자를 개별 지도할 수 없다. 선생님들은 채점해야 할 산더미 같은 시험지, 계산해야 할 성적, 결석한 학생들을 위한 보충 수업, 부모님들과의 연락, 답해야 할 이메일들이 있다.

(A) 게다가, 훈육은 훨씬 더 어렵다. 예를 들어, 학생들은 선생님 모르게 교실에서 졸지도 모르며, 확실히 선생님은 낮잠의 흔적이 있는 모든 학생들을 지적할 수도 없다.

32 ⑤ 글 (C)의 'this rate(이 속도)'는 주어진 글에서의 'the rate'를 가리키고, 글 (B)의 'That concern(그런 우려)'는 글 (C)의 'concern'을 가리킨다. 그리고 글 (A)의 'if this happens(이런 상황이 일어나면)'은 글 (B)의 'a chronic battle(고질적인 싸움)'을 의미한다. 그러므로 (C) – (B) – (A)의 순으로 글이 배열되는 것이 적절하다.

어휘

- get over : ~을 극복[처리]하다
- frustration : 불만, 좌절
- picky : 까다로운, 별스러운
- chronic : 만성적인, 고질적인
- obvious : 분명한, 명확한

해석

> 먹는 것이 한 살배기 아이에게는 여전히 즐겁지만, 어린이의 생활에서 더 이상 주된 관심사는 아니다. 아이들의 음식에 대한 욕구는 대게 그들의 활동 수준과 그들의 키와 몸무게의 성장 속도에 의해 결정된다.

(C) 이 속도가 2년차에는 현저히 떨어지기 때문에, 많은 어린이들이 실제로 8-10개월 때보다 5-18개월 때 더 적게 먹는다. 예상했던 대로 이것은 아이들의 몸집이 더 크고 나이가 많을수록 분명히 더 많이 먹어야 한다고 느끼는 많은 부모들을 크게 걱정시키고 있다.

(B) 그런 우려는 종종 아이들이 더 많이 먹도록 부모들을 강요하게 한다. 부모들이 강요하고 아이들이 저항할 때, 어느 음식부터 먼저 시작할 것인가의 문제보다 관련된 모든 이들에게 더 중요한 고질적인 싸움이 시작된다.

(A) 이런 상황이 일어나면 모든 사람이 패자가 된다. 부모들은 아이들이 먹는 방식에 대한 불만을 결코 극복하지 못하기 때문에 패자가 되고, 아이들은 음식에 까다롭거나 까탈스러워지며 또는 고질적인 과식자가 되기 때문에 패자가 된다.

33 ② 주어진 문장에서 'That'은 박테리아 감염과 불쾌함의 주요 원인이 되었던 '속옷'이므로, 해당 문장은 ②에 들어가는 것이 적절하다.

어휘

- prompt : 촉발하다, 유도하다
- chemical-repelling : 화학물질 탈취
- biological : 생물학적인
- casualty : 사상자, 피해자
- infection : 감염, 전염병
- tiny : 아주 적은
- nanoparticle : 나노 입자
- fiber : 섬유
- fabric : 직물, 천
- repel : 격퇴하다, 물리치다, 제거하다
- virtually : 사실상, 거의
- undergarment : 속옷

• stuff : 것, 물건, 물질
• wearer : 입는 사람, 착용자

해석

그것은 군대로 하여금 생물학 무기들로부터 군인들을 보호하기 위해 개발했던 화학물질 제거 기술을 티셔츠와 속옷에 적용하도록 유도했다.

1991년 걸프전 당시 사막의 폭풍 작전으로 가장 많은 사상자가 박테리아 감염으로 발생했다는 사실을 누가 알겠는가? 전투 중인 군인들은 설령 그들이 갈아입을 깨끗한 속옷을 가지고 있다 하더라도, 항상 새 속옷으로 갈아입을 수 있는 사치를 누릴 수 있는 것은 아니다. (①) 뜨거운 사막 환경에서 매일 입는 속옷은 박테리아 감염과 불쾌함의 주요 원인이 되었다. (②) 속옷은 마이크로파 에너지를 이용함으로써 아주 작은 '나노 입자들'을 속옷 천의 섬유와 결합시켜 제조된다. (③) 그런 다음 기름, 물, 박테리아 및 기타 물질을 제거하는 화학물질이 나노 입자와 결합된다. (④) 그 결과 거의 아무 것도 달라붙지 않기 때문에, 때가 타기가 아주 어려운 속옷이 되었다. (⑤) 그리고 박테리아가 결코 생기지 않기 때문에, 그 물질로 만들어진 속옷은 세탁하지 않고 착용자의 건강에 무리를 주지 않으면서 몇 주 동안 입을 수 있다.

34 ④ 주어진 문장이 역접의 접속 부사 'However(그러나)'로 시작되므로, 이전의 문장은 이와 반대되는 내용이 서술되어야 한다. 즉, 주어진 문장이 사유재산권을 적극적으로 인정하는 사회에서조차 용납할 수 없는 경우를 언급하고 있으므로, 소유주가 자기 재산을 자기 마음대로 처리하겠다고 말한 다음인 ④에 위치하는 것이 가장 적절하다.

어휘

• private property right : 사유재산권
• mixture : 혼합물, 혼합체
• organizational : 조직의
• consequently : 결과적으로
• sacred : 성스러운, 종교적인, 신성시되는
• restoration : 복원, 부활, 회복
• formidable : 가공할, 어마어마한
• inevitable : 불가피한, 필연적인
• wetland : 습지
• filling : 매립
• draining : 배수
• altering : 변경, 개조
• ecological : 생태계의, 생태학의
• betterment : 향상, 개선, 개량

해석

그러나 사유재산권은 이 문제에 관해 강경론을 펼치는 사회에서조차 신성시되지 못한다.

조망 수준의 복원은 거의 항상 공공 재산(특히 물과 관련된)과 조직 및 개인 재산의 혼합을 내포하고 있다. (①) 결과적으로 조망 방법의 강력한 장벽은 환경 보호와 재산권 사이의 불가피한 충돌이다. (②) 작은 습지를 가진 개인 소유주는 습지를 주로 매립, 배수, 개조하는 것이 불법이라는 말을 들었을 때 화를 낼 가능성이 높다. (③) 소유주는 가끔씩 이 재산은 사적인 것이므로, "내가 원하는 대로 내 재산을 처리하겠다."라고 말한다. (④) 각 개인은 사유지에서뿐만 아니라, 타인과 함께 하는 더 큰 생태계에서 산다. (⑤) 그래서 핵심 질문인 즉, 개인, 조직 혹은 국가적 행동과 태도는 인간의 다른 종과 다른 종들의 개선을 위해 어느 정도까지 수정되어야 하는가 이다.

35 ③ 윗글은 재능 있는 아이들이 이상과 현실의 큰 차이 때문에 결국 사회에 잘 적응하지 못하고 중도하차하게 된다는 내용이므로, 같은 나이 또래의 사회적 혹은 행동적 기준을 따른다는 ③의 설명은 이와 배치되므로 글 전체의 흐름과 관계가 없다.

어휘

• extreme : 극도의, 극심한
• sensitivity : 감성, 감수성, 세심함
• mediocrity : 보통, 평범
• greed : 탐욕, 욕심
• corruption : 타락, 부패
• hypocrisy : 위선
• flaw : 결함, 흠, 결점
• disillusioned : 환멸을 느낀
• conform : 따르다, 순응하다
• norm : 표준, 기준
• what's the point? : 무슨 소용이지?
• underachieve : 자기 능력 이하의 성적을 내다
• drop out of : ~에서 중도하차하다, 낙오하다

해석

극도의 감정적인 감수성과 이상주의를 지닌 재능 있는 아이들은 상황이 어떻고 어떠해야만 하는지 사이에서 종종 큰 차이를 발견한다. 그들의 가정에서, 학교에서, 지역공동체에서, 그리고 더 큰 세계에서 말이다. ① 예리한 정신과 날카로운 사고와 추론 능력 때문에, 그들은 평범, 탐욕, 가난, 타락, 폭력, 학대, 공해, 위선, 그리고 사회의 다른 결점들을 잘 알고 있다는

사실을 스스로 깨닫는다. ② 그들은 아무도 신경 쓰지 않거나 이러한 문제들은 결코 고쳐질 수 없다는 사실에 낙담하고 환멸을 느낀다. ③ 그들은 같은 나이 또래의 사회적 혹은 행동적 기준을 따르기 위해 안도감을 느끼고 신속하게 행동할 지도 모른다. ④ "무슨 소용이지?"라는 태도 때문에, 지적으로 재능 있는 많은 젊은이들이 학교에서 능력 이하의 성적을 내거나, 일부는 고등학교, 대학교, 심지어 사회에서도 중도하차 한다. ⑤ 그들은 사회적 위선이나 그들을 불편하게 하는 사회의 다른 측면을 다룰 필요가 없는 삶이나 직업을 찾을지도 모른다.

36 ④ 윗글은 동물들이 인간과 마찬가지로 문화를 가지고 있는지에 대해 학자들 간의 논쟁 대상이며 계속해서 흥미로운 연구 분야가 된다고 서술하고 있으므로, 동물들의 법적 지위에 대해 서술한 ④의 내용은 윗글의 전체 흐름과 관계가 없다.

> **어휘**

- mounting : 증가하는
- squarely : 꼭, 똑바로, 정확하게
- ongoing : 계속 진행 중인
- debate : 토론, 논쟁
- sufficiency : 충분한 양, 충분함
- ecological : 생태계의, 생태학의
- genetic : 유전적인
- explanation : 설명, 해명
- rule out : 제외시키다, 배제하다
- nonhuman animals : (인간이 아닌) 일반 동물
- legal status : 법적 지위
- fundamental : 근본적인

> **해석**

일부 동물들이 도구를 사용하고, 도덕적인 규범에 의해서 살아가고, 복잡한 의사소통 체계를 사용하고, 문화를 가지고 있다는 과학적인 증거가 많아지고 있다. ① 이러한 연구 결과는 인간과 다른 동물들 사이의 차이는 종(種)이 아니라 정도의 차이라고 예측하는 찰스 다윈의 진화론에 정확하게 들어맞는다. ② 그럼에도 불구하고 동물들 간의 문화에 대한 본성과 증거의 충분함에 대한 논쟁이 계속되고 있다. ③ 일부 학자들은 동물행동에 대한 생태학적, 유전적 설명이 모든 사례에서 배재되었다고 확신하지 않는 반면에, 다른 학자들은 인간이 아닌 동물을 배제하는 방식으로 문화를 정의한다. ④ 인간이 아닌 동물의 법적 지위를 이해하기 위해서는 법체계가 어떻게 작용하는지에 대한 근본적인 이해가 필요하다. ⑤ 새로운 발견과 중요한 진보가 주기적으로 나타나면서 미해결된 논쟁은 이것을 능동적이고 흥미 있는 연구 분야로 만든다.

37 ② 관리자가 직원들에게 업무 지시를 내릴 때 너무 구체적이고 명확한 지시를 하게 되면 직원들의 창의력이 제약을 받으므로, (B) 추상의 수준을 조절함으로써 직원들이 그들의 (A) 창의력을 보여 줄 기회를 제공할 수 있다. 그러므로 빈 칸 (A)에는 'creativity(창의력)', (B)에는 'abstraction(추상)'이 들어갈 말로 가장 적절하다.

> **어휘**

- employee : 종업원, 직원
- concrete : 사실에 근거한, 구체적인
- assignment : 과제, 임무
- propose : 제안하다
- overview : 개요, 개관
- embark on : ~에 착수하다
- benchmark : 기준(점)
- assess : 재다, 가늠하다, 평가[사정]하다
- criteria : 규준, 표준, 기준
- ambiguous : 막연한, 모호한
- opportunity : 기회
- instruction for an assignment : 업무 지시
- abstraction : 관념, 추상적 개념
- enthusiasm : 열광, 열정
- frequency : 빈도, 빈발

> **해석**

직원들의 계획 기법들을 시험하고 싶어 하는 새로운 관리자에 대해 생각해 보라. 그녀는 어떤 특정 프로젝트에 대한 계획서를 개발하라고 요구할 수도 있다. 그 과제를 설명하기 위해서 매우 구체적인 특정 언어를 사용할 수도 있다. "나는 당신이 제의받은 프로젝트에 대해 5페이지짜리 계획을 개발하기를 바랍니다. 먼저, 도입부에 프로젝트 개요를 포함시켜야만 합니다. 둘째, 우리가 왜 이 프로젝트에 착수했는지에 대한 분석을 강조하는 섹션을 원합니다. 셋째, 보고서에 솔루션 섹션을 원합니다. 마지막으로 제의 받은 솔루션의 성공 여부를 평가하기 위한 기준과 벤치마크에 대한 설명을 원합니다." 이 요청은 매우 구체적인 특정 언어를 사용하지만, 관리자의 요구에 부합하는가? 사업 제안서의 길이와 형식을 개략적으로 제시함으로써, 매니저는 자신이 원하는 바를 분명히 명시하고, 그렇게 함으로써 직원들의 계획 능력을 평가할 기회를 줄이게 된다. 그녀는 요구를 더 모호하게 할 수도 있었다. 즉, "이 프로젝트의 제안서를 개발해 주세요. 여러분의 창의력을 제한하고 싶지 않기 때문에, 너무 많은 것을 말하고 싶지 않아요." 비록 이 언어가 더 추상적이지만, 그것은 매니저에게 각각의 직원들이 어떻게 생각하고 계획하는지에 대한 더 나은 통찰력을 제공할 수도 있다.

↓

직원들의 계획기법을 평가할 때, 관리자는 업무 지시에서 (B) 추상의 수준을 조절함으로써 직원들이 그들의 (A) 창의력을 보여주는 기회를 제공할 수 있다.

[38~39]

어휘

- greatness : 거대함, 중요
- countless : 무수한, 셀 수 없이 많은
- absurd : 불합리한, 모순된
- innovative : 획기적인
- come up with : 생산하다, 제시[제안]하다, 찾아내다
- ridiculous : 말도 안 되는, 터무니없는
- distasteful : 불쾌한, 혐오스러운
- imaginable : 상상할 수 있는
- emergency : 비상
- parachute : 낙하산
- conceive : 상상하다, 생각해내다
- evacuation : 피난, 대피
- extreme : 극도의, 지나친
- breakthrough : 돌파구, 혁신
- beverage : 음료
- infinite : 무한한
- prematurely : 조급하게, 시기상조로
- blossom : 꽃이 피다, 개화하다
- brainstorming : 브레인스토밍, 창조적 집단 사고
- intention : 의도
- suspend : 유예하다, 연기[유보]하다
- judgement : 판단, 판결

해석

당신은 소위 나쁜 생각이 그 속에 언제 위대한 씨앗을 품고 있을 지 결코 알지 못한다. 우리는 업무에서 그런 상황을 수없이 보아왔다. 나쁜, 심지어 불합리한 아이디어가 제시되고, 몇 분 내에 그것은 혁신적인 사고의 훌륭한 본보기로 바뀌었다. 우리는 참여자들에게 상상할 수 있는 최악의, 가장 터무니없는, 심지어 불쾌한 생각을 떠올리게 하는 효과적인 아이디어 생성 방법을 사용하는데 후에 그런 생각들은 훌륭한 아이디어로 전환되거나 바뀐다.

"우리 모두 창문 밖으로 뛰어내린다면 어떨까?"라는 극단적인 예를 생각해 보라. 이러한 나쁜 생각에서, 여러분은 높은 도시 빌딩에서 근무하는 사람들을 위해 혁신적인 비상 개인 낙하산 제품을 개발할 수도 있다. 혹은 화재 시 높은 층에서의 향상된 피난 과정을 생각해보라. 새로운 '팀 행글라이딩' 극한

스포츠 행사. 사람들이 무리지어 새 음료를 마신 후에 날 수 있는 혁신적인 광고 개념. 방 안에 있는 모든 사람이 창문 밖으로 뛰어내려야 한다는 나쁜 생각으로부터 수많은 다른 가능성들이 생겨날 수 있다. 즉, 나쁜 생각 속에 들어있는 위대한 생각이 꽃을 피우기 전에 조급하게 폐기되지만 않는다면. 그래서 어떤 생각이 모든 것을 보여줄 수 있는 공정한 기회를 지닐 때까지 판단을 유보해라.

38 ② 윗글은 나쁜 생각도 혁신적인 사고의 훌륭한 본보기로 전환될 수 있으며, 나쁜 생각으로부터 수많은 다른 가능성들이 생겨날 수 있다고 설명하고 있다. 그러므로 ②의 'Bad Ideas Can Lead to Big Ideas (나쁜 생각이 큰 생각을 이룰 수 있다)'가 윗글의 제목으로 가장 적절하다.

오답풀이

① 창의적인 광고가 영감을 줄 것이다.
③ 왜 창조적 집단 사고를 하지 않는가?
④ 좋은 의도도 나쁜 결과를 가져올 수 있다.
⑤ 혼자 일 때 아니면 함께 일 때 사람들이 더 창의적인가?

39 ③ 꽃을 피우기 전에 조급하게 폐기되지만 않는다면 평범한 생각도 훌륭한 생각으로 전환될 수 있으므로, 그 때가 무르익을 때까지 기다리라는 내용이다. 그러므로 빈칸에는 ③의 'suspend judgment (판단을 유보해라)'가 들어갈 말로 가장 적절하다.

오답풀이

① 실수를 찾아라
② 전통을 따르라
④ 악행을 처벌하라
⑤ 낮잠을 줄여라

[40~41]

어휘

- politically correct : 정치적으로 정당한, 차별적인 언어 사용을 피하는
- proponent : 지지자, 제창자
- rid A of B : B에서 A를 제거하다[없애다]
- discriminatory : 차별적인
- offend : 기분 상하게 하다, 범죄를 저지르다
- handicap : 장애, 불리한 조건
- equipment : 장비, 설비
- secondary : 이차적인, 부차적인
- substitution : 대리, 대용

- ridicule : 조롱하다, 비웃다
- satirize : 풍자하다, 꼬집다
- overcompensate : 과대[과잉] 보상을 하다
- political agenda : 정치적 선전
- sexist language : 성차별적인 언어
- directive : 지시, 지휘, 명령
- broader : (폭이) 넓은
- foster : 조성하다, 발전시키다
- equity : 공평, 공정
- merely : 그저, 단지
- hoped-for : 기대된, 원하는
- pros and cons : 장단점, 갑론을박, 찬반양론
- necessity : 필요, 필수품

해석

우리의 관심을 끄는 언어능력의 한 예로 '차별이 적은 언어', 즉 PC 언어라는 용어에 대해 생각해 보자. 그 용어의 지지자들은 차이와 장애를 언급하는 식으로 사람들을 불쾌하게 할 수 있는 모든 단어나 구를 우리 언어에서 제거함으로써 마음속에서 차별적인 생각을 없앨 수 있다고 주장한다. 캘리포니아에 있는 LA 카운티에서는 문화적 민감성 때문에, 1차 및 2차 하드 디스크 드라이브를 지칭하는 용어가 일반적으로 사용되지만, 컴퓨터 장비에 관한 '마스터' 및 '슬레이브'라는 용어의 사용을 중지하도록 공급업체에 요청했다. 가령 'policeman'을 대신한 'police officer'는 그러한 직위가 남성과 여성 모두에 의해 유지된다는 것을 강조하기 위해 의도되었다.
(A) 그러나 PC 언어를 사용하는 것과 PC가 되는 것은 부정적인 것으로 보였고, 심지어 그 언어들이 다른 사람들의 민감성을 과잉 보상하기 때문에 조롱과 풍자까지 받았다. PC 언어가 상당히 조롱받기 쉬운 이유 중 하나는 그것의 정치적 의제가 큰 사회 문화적 기관과 항상 연결되어 있는 것은 아니기 때문이다. (B) 예를 들어 남성과 여성 사이에 동등한 관계를 만들기 위한 노력의 일환으로 우리가 직장에서 성차별적인 언어를 없앨 필요가 있다고 말하지만, 이러한 지시가 성 임금 평등 그리고 승진과 출세의 동등한 기회를 조성하는 폭넓은 의제와 연결되지 않는다면, 단순히 직장에서 성차별적인 언어를 없애는 것만으로 기대했던 효과를 창출하지 못할 수도 있다.

40 ③ 차별이 적은 PC 언어 사용을 지지하는 사람들은 차이와 장애를 언급하는 말을 제거함으로써 차별적인 생각을 없앨 수 있다고 주장하는 반면, 그것의 사용을 부정적으로 보는 사람들은 다른 사람들의 민감성을 과잉 보상하기 때문에 조롱과 풍자의 대상이 된다고 말하고 있다. 그러므로 ③의 'pros and cons of using politically correct language (차별이 적은 언어 사용에 대한 찬반양론)'이 윗글의 주제로 가

장 적절하다.

오답풀이

① 차별이 적은 언어 사용을 지지하는 배경
② 사회 발전이 언어 변화에 미치는 영향
④ 남성과 여성의 언어 사용 차이
⑤ 정확한 표현으로 정확한 생각을 구사할 필요성

41 ① (A) 첫 번째 단락에서는 차별이 적은 PC 언어 사용을 지지하는 견해에 대해 서술하고 있고, 두 번째 단락부터는 이의 사용을 부정적으로 보는 견해에 대해 서술하고 있다. 그러므로 역접의 접속부사 'however(그러나)'가 들어갈 연결어구로 적절하다.
(B) PC 언어가 조롱받기 쉬운 이유에 대해 직장에서의 성차별적 언어 사용을 예로 들어 설명하고 있다. 그러므로 'For example(예를 들면)'이 들어갈 연결어구로 적절하다.

[42~43]

어휘

- automatically : 자동적으로
- sibling : 형제자매
- immigration authority : 이민 당국
- suspect : 의심하다, 용의자
- imposter : 남의 이름을 사칭하는 사람
- suspicion : 혐의, 불신
- residency : 거주
- genetic : 유전의
- donor : 기증자, 헌혈자
- recipient : 수령인, 수취인
- fragment : 조각, 파편
- fingerprinting : 지문
- laboratory : 실험실
- indicate : 나타내다, 보여주다
- evidence : 증거, 흔적

해석

한 소년이 가나 출신의 부모로부터 태어났다. 그 소년은 영국에서 태어났기 때문에 자동적으로 영국시민이었다. 어렸을 때 그의 어머니와 두 명의 누이들과 한 명의 남동생을 남겨두고, 그의 아버지와 살기 위해서 가나로 돌아왔다. 몇 년 후 그는 엄마와 형제 자매들과 살기 위해 영국으로 돌아왔다. 여기에서 이야기가 (a) 복잡해진다. 이민국은 그 소년이 사기꾼이라고 의심했고, 그가 관련이 없는 아이이거나 그 아이의 엄마의

조카라고 생각했다. 의심에 근거해서, 그 소년의 거주 신청은 (b) 거부되었다. 그 소년의 가족은 그가 태어난 나라에서 살 수 있도록 그의 정체성을 확립하기 위해 싸웠다. 첫 번째 의료 테스트는 혈액형뿐만 아니라 장기 기증자와 수혜자를 일치시키기 위해 일반적으로 사용되는 유전자 표지를 사용했다. 결과는 그 소년이 그의 어머니라고 주장하는 여성과 밀접한 관련이 있다는 것을 (c) 확인했지만, 그 테스트는 그녀가 그의 어머니인지 이모인지 구별할 수 없었다.

가족들은 레스터 대학의 과학자인 Alec Jeffreys에게 도움을 청했다. 그들은 Jeffreys의 연구실에서 개발된 기술인 DNA 지문 감식이 아이의 신원을 확인할 수 있는지 물었다. 하지만, 엄마의 언니들과 소년의 아버지는 테스트를 받을 수 없었다. 이러한 문제에도 불구하고, Jeffreys는 이 사건을 맡는 데 동의했다. 그는 소년과 그가 소년의 형제자매라고 믿었던 아이들 그리고 어머니라고 주장하는 여자로부터 혈액 샘플을 채취했다. DNA 지문으로 알려진 밴드의 패턴은 소년의 신원을 확인하기 위해 분석되었다. 샘플들이 모두 아버지와 관련된 DNA 조각을 (d) 공유했기 때문에, 소년이 그의 형제자매들과 같은 아버지를 가지고 있다는 것을 보여주는 결과가 나왔다. 가장 중요한 질문은 그 소년과 그의 '어머니'가 연관되어 있는지 여부였다.

Jeffreys는 그 여성의 DNA 조각 25개가 그 소년의 것과 일치한다는 것을 발견했고, 그녀가 실제로 그 소년의 엄마라는 것을 보여주었다. 이 증거에 직면하여, 이민국은 그들의 입장을 (e) 유지해야(→ 변경해야)만 했다. 당국은 그 소년이 그의 가족과 함께 영국에서 살도록 허락했다.

42 ⑤ 본문에서 엄마의 이모와 소년의 아버지는 혈액 샘플을 받을 수 없었다고 서술되어 있으므로, 'Alec Jeffreys는 소년의 아버지의 혈액 샘플을 받았다.'는 ⑤의 설명은 윗글의 내용과 일치하지 않는다.

43 ⑤ 소년의 신원 회복을 위한 DNA 검사 결과 소년과 가족들의 DNA가 일치했으므로, 그 소년의 거주 신청을 거부했던 이민 당국은 입장을 '유지하는(maintain)' 것이 아니라 '바꿔야(change)' 했다.

[44~45]

어휘

• embarrassed : 창피한, 쑥스러운
• horrify : 무서워하다, 몸서리치다
• ridiculous : 조롱하는, 비웃는
• novice : 초보자, 애송이

• sibling : 형제자매
• patient : 참을성 있는
• discomfort : 불편
• hunch : 구부리다
• erase : 지우다, 삭제하다
• crouch over : ~위로 몸을 구부리다
• stick out : 툭 튀어나오다, 내밀다
• absurd : 불합리한, 모순된
• adopt : 채택하다, 도입하다
• humiliate : 창피를 주다, 망신을 주다
• shame : 수치심

해석

(A) 여름이었고 Mary는 14살이었다. 그녀의 가족 모두는 주말마다 강가에서 수상스키를 타고, 수영을 하며 즐거운 시간을 보냈다. 하지만 Mary는 오빠, 언니들처럼 스키를 탈 수 없었다. 그녀는 너무 부끄러워서 시도조차 할 수 없었다. (a) 그녀는 우스꽝스럽게 보이고, 숙련되고 경험 많은 형제들 옆에 있는 것이 초보자처럼 보인다는 생각에 충격을 받았다. 어느 날 그녀는 엄마에게 이것에 대해 모두 말했다.

(C) Mary는 스키를 타는 사람들이 물 밖으로 처음 몸을 일으킬 때, 엉덩이를 뒤로 뺀 채, 완전히 우스꽝스러운 자세로 스키 위에서 몸을 웅크리기 시작했다고 설명했다. 그리고 어느 맑은 주말이면 강에는 많은 사람들이 있었다. 그들 중 몇몇은 남자 아이였고, 그들 모두는 (d) 그녀가 수치스러운 자세를 취하면 보게 될 것이다. Mary는 엄마에게 이런 수치심을 무릅쓰고 싶지 않다고 말했다.

(D) 이 대화가 끝난 직후인 어느 목요일 날, Mary의 어머니는 점심 식사 후 퇴근하고 집으로 돌아왔다. Mary는 왜 엄마가 집에 있는지 이해하지 못했지만, 엄마는 그녀에게 보트 트레일러를 차에 연결시키는 것을 도와달라고 말했다. 그녀의 어머니는 무언가를 제안하고 있었고, Mary는 (e) 그녀의 제안을 받아들여야 했다. 그녀가 무슨 일이 일어났는지 알기 전에, Mary와 엄마는 보트에 있었고, 잔잔한 물 위에 따뜻한 햇살이 비치는 강으로 향했다. 목요일이었기 때문에 주변에 다른 사람은 아무도 없었다. 아무도 Mary가 우스꽝스럽게 보이는 것을 보지 못했다.

(B) 그날, Mary는 스키를 배웠다. 그녀의 어머니는 참을성이 있었고 신중했다. 스키 타는 것은 Mary가 생각했던 것만큼 어렵지 않았고, 보는 사람이 없어서 (b) 그녀는 스키 위에서 몸을 구부리는 것에 대해 불편함을 느끼지 않았다. 오후가 지날 무렵, 그녀는 스키에 더 꼿꼿이 섰다. 다음 주말 강 여행 때 (c) 그녀의 당혹감은 엄마의 자상한 행동으로 지워진 채, Mary가 그녀의 형제자매들과 함께 행복하게 스키를 타는 것을 보게 될 것이다.

44 ③ 글 (A)의 마지막 문장에서 Mary가 창피해서 수상스키를 타지 못하는 것에 대해 엄마에게 말했고, 이에 대한 내용이 글 (C)에 서술되어 있다. 그리고 글 (D)의 'this talk'가 글 (C)에 해당하므로 글 (C) 다음에 글 (D)가 와야 한다. 마지막으로 글 (B)는 Mary가 엄마의 도움을 받아 결국 수상스키를 배워 행복하게 스키를 타는 장면을 묘사하고 있으므로 마지막에 위치해야 한다. 따라서 글의 흐름상 (C) − (D) − (B)의 순으로 배열되어야 한다.

45 ⑤ (e)는 Mary의 엄마를 가리키고, (a), (b), (c), (d)는 모두 Mary를 지칭한다.

2019학년도 기출문제 정답 및 해설

✏️ 제3교시 **수학영역(가형)**

01 ③	02 ①	03 ⑤	04 ②	05 ②	06 ④
07 ③	08 ⑤	09 ①	10 ③	11 ③	12 ②
13 ⑤	14 ②	15 ③	16 ④	17 ⑨	18 ①
19 ⑤	20 ④	21 ②	22 135	23 19	24 11
25 88	26 9	27 37	28 68	29 21	30 18

01 $\vec{a}=(6, 2, 4), \vec{b}=(1, 3, 2)$이므로
$\vec{a}-\vec{b}=(6-1, 2-3, 4-2)$
$\qquad =(5, -1, 2)$
따라서 모든 성분의 합은
$\therefore 5+(-1)+2=6$

02 $\lim_{h\to 0}\dfrac{f(2+h)-f(2)}{h}=f'(2)$
$f(x)=\ln(2x+3)$
$f'(x)=\dfrac{2}{2x+3}$
$\therefore f'(2)=\dfrac{2}{2\times 2+3}=\dfrac{2}{7}$

03 $2^x+\dfrac{16}{2^x}=10$에서 $2^x=t$라고 하면
$t+\dfrac{16}{t}=10$
$t^2-10t+16=0$
$(t-2)(t-8)=0$
$t=2$ 또는 $t=8$
$2^x=2$ 또는 $2^x=8$이므로
$x=1$ 또는 $x=3$
$\therefore 1+3=4$

04 $P(A)=\dfrac{1}{2}, P(B)=\dfrac{2}{5}, P(A\cup B)=\dfrac{4}{5}$
$P(A\cup B)=P(A)+P(B)-P(A\cap B)$을 이용하면
$\dfrac{4}{5}=\dfrac{1}{2}+\dfrac{2}{5}-P(A\cap B)$

$P(A\cap B)=\dfrac{1}{10}$
$P(B|A)=\dfrac{P(A\cap B)}{P(A)}=\dfrac{\frac{1}{10}}{\frac{1}{2}}=\dfrac{1}{5}$

05 두 점 $A(5, a, -3)$, $B(6, 4, b)$에 대하여
선분 AB를 $3:2$로 외분하는 점은
$\left(\dfrac{18-10}{3-2}, \dfrac{12-2a}{3-2}, \dfrac{3b+6}{3-2}\right)$
$=(8, 12-2a, 3b+6)$
$(8, 12-2a, 3b+6)$이 x축 위에 있으므로
$12-2a=0, a=6$
$3b+6=0, b=-2$
$\therefore a+b=4$

06 $a+\dfrac{1}{3}+\dfrac{1}{4}+b=1$
$a+b=1-\dfrac{7}{12}$
따라서 $a+b=\dfrac{5}{12}$
$E(X)=0\times a+1\times\dfrac{1}{3}+2\times\dfrac{1}{4}+3\times b$
$\qquad =\dfrac{1}{3}+\dfrac{1}{2}+3b$
$\qquad =\dfrac{5}{6}+3b$
$\dfrac{5}{6}+3b=\dfrac{11}{6}$
$b=\dfrac{1}{3}, a=\dfrac{1}{12}$
$\therefore \dfrac{b}{a}=\dfrac{\frac{1}{3}}{\frac{1}{12}}=4$

07 $x=\cos t+2, y=3\sin t+1$에서
$v_x=\dfrac{dx}{dt}=-\sin t$
$v_y=\dfrac{dy}{dt}=3\cos t$
$v_x=-\sin\dfrac{\pi}{6}=-\dfrac{1}{2}$

$v_y = 3\cos\dfrac{\pi}{6} = \dfrac{3\sqrt{3}}{2}$

따라서 점 P의 속력은

$\sqrt{\left(-\dfrac{1}{2}\right)^2 + \left(\dfrac{3\sqrt{3}}{2}\right)^2} = \sqrt{\dfrac{1}{4} + \dfrac{27}{4}} = \sqrt{\dfrac{28}{4}} = \sqrt{7}$

08 $\displaystyle\int_1^{e^2} \dfrac{f(1+2\ln x)}{x}dx$에서

$1+2\ln x = t$라고 하면

$2 \times \dfrac{1}{x}dx = dt$

$\dfrac{1}{x}dx = \dfrac{1}{2}dt$

또한 $x=1$일 때, $t=1$이고

$x=e^2$일 때, $t=5$

$\displaystyle\int_1^{e^2} \dfrac{f(1+2\ln x)}{x}dx = \int_1^5 \dfrac{1}{2}f(t)dt = 5$

$\therefore \displaystyle\int_1^5 f(x)dx = 10$

09 흰 공이면 1점, 검은 공이면 2점을 얻을 때 5회 안에 7점을
얻는 경우는

2점, 1점, 1점, 1점, 2점

나열하는 경우의 수는 $\dfrac{5!}{2!3!} = 10$

흰 공을 꺼낼 확률은 $\dfrac{4}{6} = \dfrac{2}{3}$

검은 공을 꺼낼 확률은 $\dfrac{2}{6} = \dfrac{1}{3}$

따라서 흰 공이 3회, 검은 공이 2회 나올 확률이므로

$\therefore 10 \times \left(\dfrac{2}{3}\right)^3 \times \left(\dfrac{1}{3}\right)^2 = \dfrac{80}{243}$

10 곡선 $y=e^{\frac{x}{3}}$ 위의 점 $(3, e)$에서 접선을 그려 구하는 넓이를
나타내보면 다음과 같다.

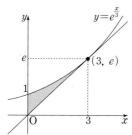

색칠된 부분은 곡선의 넓이에서 삼각형 부분의 넓이를 빼면
된다.

$\displaystyle\int_0^3 e^{\frac{x}{3}}dx - \left(\dfrac{1}{2} \times 3 \times e\right)$

$= \left[3e^{\frac{x}{3}}\right]_0^3 - \dfrac{3e}{2}$

$= 3e - 3 - \dfrac{3e}{2}$

$= \dfrac{3e}{2} - 3$

11 (i) $0 \leq x < 2$일 때

$(0, 0), \left(2, \dfrac{1}{2}\right)$을 지나므로 $y = \dfrac{1}{4}x$

(ii) $2 \leq x \leq 4$일 때

$\left(2, \dfrac{1}{2}\right), (4, 0)$을 지나므로 $y = -\dfrac{1}{4}x + 1$

$1 < k < 2$일 때, $P(k \leq X \leq 2k)$는 다음과 같다.

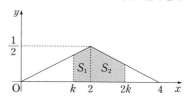

(i) S_1의 넓이를 구해보면

$\dfrac{1}{2} \times (2-k) \times \left(\dfrac{k}{4} + \dfrac{1}{2}\right)$

$= \dfrac{2-k}{2} \times \dfrac{k+2}{4}$

$= \dfrac{(2+k)(2-k)}{8}$

(ii) S_2의 넓이를 구해보면

$\dfrac{1}{2} \times (2k-2) \times \left\{\dfrac{1}{2} + \left(-\dfrac{k}{2} + 1\right)\right\}$

$= (k-1) \times \dfrac{3-k}{2}$

$= \dfrac{(k-1)(3-k)}{2}$

$P(k \leq X \leq 2k)$

$= S_1 + S_2$

$= \dfrac{(2+k)(2-k)}{8} + \dfrac{(k-1)(3-k)}{2}$

$= \dfrac{1}{8}\{(2+k)(2-k) + 4(k-1)(3-k)\}$

$= \dfrac{1}{8}\{(4-k^2) + (-4k^2 + 16k - 12)\}$

$= \dfrac{1}{8}(-5k^2 + 16k - 8)$

이때, 최대가 되는 k의 값은 이차함수 꼭짓점의 x좌표이므로

$\therefore k = \dfrac{16}{2 \times 5} = \dfrac{8}{5}$

12 $xf(x) = x^2 e^{-x} + \displaystyle\int_1^x f(t)dt \cdots \text{㉠}$

양변을 x에 대해 미분하면

$f(x) + xf'(x) = 2x \cdot e^{-x} - x^2 \cdot e^{-x} + f(x)$

$f'(x) = 2e^{-x} - xe^{-x}$

729

$f'(x)$의 식을 x에 대해 적분하면

$$f(x)=-2e^{-x}+(x+1)e^{-x}+C$$
$$=xe^{-x}-e^{-x}+C(C는 적분상수)$$

$x=1$을 위의 식과 ㉠에 대입하면

$$f(1)=C=e^{-1}$$

따라서

$$f(x)=xe^{-x}-e^{-x}+e^{-1}$$
$$=(x-1)e^{-x}+e^{-1}$$

$$\therefore f(2)=e^{-2}+e^{-1}=\frac{e+1}{e^2}$$

13 곡선 $y=\log_3 9x$ 위의 점 $\mathrm{A}(a, b)$이므로

$$b=\log_3 9a$$

$9a=3^b$

즉, 구하는 값은 $a+3^b=a+9a=10a$가 된다.

점 A를 기준으로 차례대로 점 B, C의 좌표를 구해보면

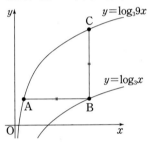

점 A와 점 B의 y좌표가 같으므로

$\mathrm{A}(a, b)$, $\mathrm{B}(3^b, b)$

점 B와 점 C의 x좌표가 같으므로

$\mathrm{C}(3^b, 2+b)$

$\overline{\mathrm{AB}}=3^b-a=9a-a=8a$

$\overline{\mathrm{BC}}=(2+b)-b=2$

$\overline{\mathrm{AB}}=\overline{\mathrm{BC}}$이므로 $8a=2$, $a=\frac{1}{4}$

따라서 $a+3^b=10a$이므로

$$\therefore \frac{5}{2}$$

14 $\displaystyle\lim_{x\to\infty}\frac{g(x)}{x^2}=\lim_{x\to\infty}\frac{f(x)\sin x}{x^2}$에서

$\displaystyle\lim_{x\to\infty}\frac{f(x)\sin x}{x^2}=0$이 되려면

$f(x)$가 1차 함수 또는 상수이다.

즉, $f(x)=ax+b$ (a, b는 상수)

$g(x)=f(x)\sin x$

$g'(x)=f'(x)\sin x+f(x)\cos x$

$\displaystyle\lim_{x\to 0}\frac{g'(x)}{x}=\lim_{x\to 0}\frac{f'(x)\sin x+f(x)\cos x}{x}=6$

분모 $\displaystyle\lim_{x\to 0}x=0$이므로

분자 $\displaystyle\lim_{x\to 0}\{f'(x)\sin x+f(x)\cos x\}=0$이어야 한다.

$\displaystyle\lim_{x\to 0}\sin x=0$이므로 $\displaystyle\lim_{x\to 0}f(x)=0$

$f(x)$는 다항함수이므로 $f(0)=0$

즉, $b=0$

$f(x)=ax$, $f'(x)=a$

$\displaystyle\lim_{x\to 0}\frac{g'(x)}{x}=6$에서

$\displaystyle\lim_{x\to 0}\frac{a\cdot\sin x+ax\cdot\cos x}{x}=2a$

$2a=6$

따라서 $a=3$이므로 $f(x)=3x$

$$\therefore f(4)=12$$

15 삼각형 PFQ가 직각이등변삼각형이므로

$\overline{\mathrm{PQ}}=\overline{\mathrm{PF}}$

$\overline{\mathrm{F'Q}}=\overline{\mathrm{F'P}}+\overline{\mathrm{PQ}}$
$$=\overline{\mathrm{F'P}}+\overline{\mathrm{PF}}$$
$$=10$$

즉, 장축$=10$이므로

$2\sqrt{a}=10$, $a=25$

$\overline{\mathrm{PF}}=x$라 하면 $\overline{\mathrm{PF'}}=10-x$

F, F'는 초점이므로 $\overline{\mathrm{FF'}}=2\times\sqrt{25-12}=2\sqrt{13}$

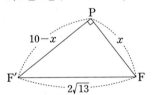

$(2\sqrt{13})^2=x^2+(10-x)^2$

$x^2-10x+24=0$

$(x-4)(x-6)=0$

$x=4$ 또는 $x=6$

이때, 점 P는 1사분면 위에 있는 점이므로

$10-x>x$, $x<5$를 만족해야 한다.

즉, $x=4$

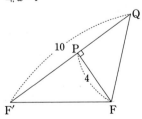

삼각형 QF'F의 넓이를 구하면

$$\therefore \frac{1}{2}\times 10\times 4=20$$

16 세 명의 어린이 A, B, C 중 A가 받은 사탕의 개수가 B보다 많아야 하므로 나타날 수 있는 경우의 수를 다음과 같이 (A, B, C)순서쌍으로 나타낸다.

(ⅰ) (2, 1, 3)의 경우

$$_6C_2 \cdot _4C_1 \cdot _3C_3 = 15 \times 4 = 60$$

(ⅱ) (3, 1, 2)의 경우

$$_6C_3 \cdot _3C_1 \cdot _2C_2 = 20 \times 3 = 60$$

(ⅲ) (4, 1, 1)의 경우

$$_6C_4 \cdot _2C_1 \cdot _1C_1 = 15 \times 2 = 30$$

(ⅳ) (3, 2, 1)의 경우

$$_6C_3 \cdot _3C_2 \cdot _1C_1 = 20 \times 3 = 60$$

(ⅰ)~(ⅳ)을 모두 합하면

$$\therefore 60 + 60 + 30 + 60 = 210$$

17 $\overline{BB'} = \overline{DD'}$이므로

점 B, D에서 교선에 내린 수선의 발을 각각 B″, D″라고 하면 삼수선의 정리에 의해 교선과 $\overline{B'B''} = \overline{D'D''}$는 수직이다.

또한 $\angle BB''B' = \angle DD''D' = \theta$이므로

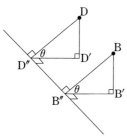

$\overline{BB'} = \overline{DD'} = 3a$ (a는 실수), $\overline{B'B''} = \overline{D'D''} = 4a$,

$\overline{BB''} = \overline{DD''} = 5a$

즉, 두 삼각형 BB″B′와 삼각형 DD″D′는 합동이다.

수선의 발이 그어진 평면에서 직각삼각형 AB′B″와 직각삼각형 AD′D″는 RHS합동이다.

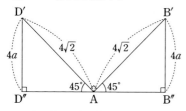

즉 $\angle B'AB'' = \angle D'AD'' = 45°$이므로 삼각형 AB′B″에서

$4a = 4$, $a = 1$

$\overline{BB'} = \overline{DD'}$이므로 $\overline{AB} = \overline{AD}$이고

정사영이 정사각형이므로 $\overline{BC} = \overline{AD}$

따라서 $\overline{BC} = \overline{AB} = x$라 하면

삼각형 ABB′에서 x의 길이를 구하면

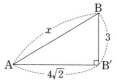

$$x^2 = 3^2 + (4\sqrt{2})^2$$
$$= 9 + 32$$
$$= 41$$
$$\therefore \overline{BC} = \sqrt{41}$$

18 (ⅱ) B와 C가 중앙에 붙이는 경우는 회전해도 대칭이 안 된다. 이때, 나머지 4개의 스티커를 붙일 위치를 정하는 경우의 수는 $4!$=(가)

(ⅲ) D를 중앙에 붙이는 경우는 두 방향으로 회전 대칭이므로 2로 나눠주어야 한다. 이때, 나머지 4개의 스티커를 붙일 위치를 정하는 경우의 수는 $\dfrac{4!}{2}$=(나)

각각에 대하여 4개의 스티커를 붙이는 경우의 수는 A, E는 회전하면 대칭이 되므로 1가지, B, C는 회전해도 대칭이 되지 않으므로 4가지, $1 \times 4 \times 4 \times 1 = 16$=(다)

따라서 $a = 24$, $b = 12$, $c = 16$이므로

$$\therefore a + b + c = 52$$

19 직각삼각형 ABC에서 $\overline{AB} = a$, $\overline{AC} = b$라고 하면

$$a^2 + b^2 = 8^2$$

$\angle ACB = \theta$이므로 $a = b \cdot \tan\theta$

다시 대입하면 $(b \cdot \tan\theta)^2 + b^2 = 8^2$

$$b^2(1 + \tan^2\theta) = 8^2$$

양변에 극한을 취하면

$$\lim_{\theta \to 0+} b^2(1 + \tan^2\theta) = \lim_{\theta \to 0+} 8^2$$

$$\lim_{\theta \to 0+} b^2 = 8^2$$

점 A에서 $\overline{DE}$로 수선의 발 H를 내리면

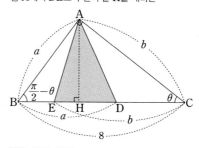

$$\overline{DE} = \overline{HD} + \overline{HE}$$

(ⅰ) $\overline{HD} = \overline{BD} - \overline{BH}$

$$= a - a \cdot \cos\left(\frac{\pi}{2} - \theta\right)$$
$$= a\left\{1 - \cos\left(\frac{\pi}{2} - \theta\right)\right\}$$

$$=b\cdot\tan\theta(1-\sin\theta)$$

(ii) $\overline{HE}=\overline{CE}-\overline{CH}$

$$=b-b\cdot\cos\theta$$

$$=b(1-\cos\theta)$$

(i)+(ii)을 계산하면

$\overline{DE}=b\{\tan\theta(1-\sin\theta)+(1-\cos\theta)\}$

삼각형 AED의 높이= $b\cdot\sin\theta$

밑변= $b\{\tan\theta(1-\sin\theta)+(1-\cos\theta)\}$

$S(\theta)=\dfrac{1}{2}\cdot b\{\tan\theta(1-\sin\theta)+(1-\cos\theta)\}(b\cdot\sin\theta)$

$\displaystyle\lim_{\theta\to0+}\dfrac{S(\theta)}{\theta^2}$

$=\displaystyle\lim_{\theta\to0+}\dfrac{1}{2}\cdot\dfrac{b\{\tan\theta(1-\sin\theta)+(1-\cos\theta)\}(b\cdot\sin\theta)}{\theta^2}$

$=\displaystyle\lim_{\theta\to0+}\dfrac{b^2}{2}\left\{\dfrac{\sin\theta\cdot\tan\theta(1-\sin\theta)}{\theta^2}+\dfrac{\sin\theta\cdot(1-\cos^2\theta)}{\theta^2\cdot(1+\cos\theta)}\right\}$

$=\dfrac{1}{2}\cdot8^2(1+0)$

$=32$

20 조건 (가)에서 $\overrightarrow{OA}\cdot\overrightarrow{PQ}=0$이므로 $\overrightarrow{OA}$와 $\overrightarrow{PQ}$는 수직이다.

$|\overrightarrow{AQ}|^2=k$ (k는 실수)라 하면

$k=|\overrightarrow{AP}|^2+|\overrightarrow{PQ}|^2$

$=|\overrightarrow{OP}-\overrightarrow{OA}|^2+|\overrightarrow{PQ}|^2$

$=(t-12)^2+|\overrightarrow{PQ}|^2$

$|\overrightarrow{PQ}|^2=k-(t-12)^2$

조건 (나)에서 $\dfrac{t}{3}\le|\overrightarrow{PQ}|\le\dfrac{t}{2}$의 양변을 제곱하면

$\dfrac{t^2}{9}\le|\overrightarrow{PQ}|^2\le\dfrac{t^2}{4}$

$\dfrac{t^2}{9}\le k-(t-12)^2\le\dfrac{t^2}{4}$

$\dfrac{t^2}{9}+(t-12)^2\le k\le\dfrac{t^2}{4}+(t-12)^2$

$\dfrac{10}{9}t^2-24t+144\le k\le\dfrac{5}{4}t^2-24t+144$

k의 좌측과 우측의 대칭축을 각각 구해보면

$\dfrac{9\times12}{10}=\dfrac{54}{5}=10.8$

$\dfrac{4\times12}{5}=\dfrac{48}{5}=9.6$

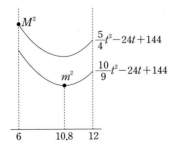

따라서

$m^2=\dfrac{10}{9}\left(\dfrac{54}{5}\right)^2-24\left(\dfrac{54}{5}\right)+144$

$=-\dfrac{12\times54}{5}+144=\dfrac{72}{5}$

$M^2=\dfrac{5}{4}\cdot6^2-24\cdot6+144$

$=45-144+144=45$

$M^2m^2=72\times9=648$

$\therefore Mm=18\sqrt2$

21 $f(x)=\begin{cases}(x^2-x)e^{4-x} & (x^2-x>0)\\0 & (x^2-x=0)\\-(x^2-x)e^{4-x} & (x^2-x<0)\end{cases}$

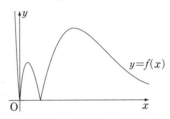

함수 $g(x)$는 $y=f(x)$와 $y=kx$를 그려 더 작은 값의 그래프이다.

이때 발생하는 미분불가능한 점의 개수를 $h(k)$라고 한다.

$f(x)=(x^2-x)e^{4-x}$에 대하여

$f'(x)=(-x^2+3x-1)e^{4-x}$

$f'(x)=0$을 만족하는 x는 2개가 있다.

ㄱ. (참)

$k=2$일 때, $g(x)=\begin{cases}f(x) & (f(x)\le2x)\\2x & (f(x)>2x)\end{cases}$에서

$f(2)=2e^2,\ 2x=4$

따라서 $f(2)>2x$이므로 $g(2)=4$

ㄴ. (참)

$y=kx$ (k는 양수)에서 양수 k가 아무리 변해도 미분불가능한 점은 최대 4개이다.

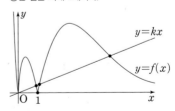

ㄷ. (거짓)

$h(k)=2$를 만족하는 k의 범위를 알려면 다음 그래프의 기울기를 먼저 구해야 한다.

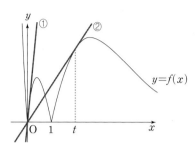

(i) ①번 그래프의 기울기를 구해보면

$f'(0)=-e^4$이므로 ①번 그래프의 기울기는 e^4

(ii) ②번 그래프의 기울기를 구해보면

$y=f(x)$와 ②번 그래프가 만나는 점의 x좌표를 t라고 하면 기울기는 $f'(t)$

$kt=(t^2-t)e^{4-t}$

$k=f'(t)=(-t^2+3t-1)e^{4-t}$

두 식을 연립하면

$t^3-2t^2=0$

$t=0$ 또는 $t=2$

즉, $t=2$일 때, $f(2)=2e^2, f'(2)=e^2$

(i), (ii)에서 $h(k)=2$를 만족하는 k의 범위는

$e^2\leq k<e^4$ 또는 $k>e^4$이다.

따라서 보기 중 옳은 것은 ㄱ, ㄴ이다.

---

22 $\left(3x^2+\dfrac{1}{x}\right)^6$에서 상수항의 계수는

${}_6C_2(3x^2)^2\left(\dfrac{1}{x}\right)^4$

$=15\times9\times x^4\times\dfrac{1}{x^4}$

$=15\times9$

$=135$

---

23 함수 $f(x)$가 실수 전체의 집합에서 연속이려면

$\lim\limits_{x\to1+}f(x)=\lim\limits_{x\to1-}f(x)=f(1)$

$\lim\limits_{x\to1+}\dfrac{5\ln x}{x-1}=-14+a$

$\ln x=h(x)$라 하면 $h(1)=0$

$\lim\limits_{x\to1+}\dfrac{5\ln x}{x-1}$

$=5\lim\limits_{x\to1+}\dfrac{h(x)-h(1)}{x-1}$

$=5h'(1)$

$=5\times\dfrac{1}{1}=5$

따라서 $-14+a=5$이므로

$\therefore a=19$

---

24 곡선 $x^2+y^3-2xy+9x=19$를 미분하면

$2x+3y^2\dfrac{dy}{dx}-2y-2x\dfrac{dy}{dx}+9=0$

$\dfrac{dy}{dx}=\dfrac{2y-2x-9}{3y^2-2x}$

이때, 점 $(2, 1)$에서의 접선의 기울기는

$\therefore \dfrac{2-4-9}{3-4}=\dfrac{-11}{-1}=11$

---

25 표본평균 $\overline{X}$의 평균, 표준편차를 구해보면

$E(\overline{X})=85, \sigma(\overline{X})=\dfrac{6}{\sqrt{16}}=\dfrac{3}{2}$

$\overline{X}$는 정규분포 $N\left(85, \left(\dfrac{3}{2}\right)^2\right)$을 따른다.

표준정규분포표에서 $0.5-0.4772=0.0228$이므로

$P(Z\geq2)=0.0228$

$P(\overline{X}\geq k)=P\left(Z\geq\dfrac{k-85}{\dfrac{3}{2}}\right)$

$\dfrac{k-85}{\dfrac{3}{2}}=2$

$\therefore k=88$

---

26 함수 $f(x)$를 정리해보면

$f(x)=\dfrac{2x}{x+1}=\dfrac{2(x+1)-2}{x+1}=\dfrac{-2}{x+1}+2$

점근선의 방정식은 $x=-1, y=2$

또한 두 점 $(0, 0), (1, 1)$에서의 접선 l, m을 나타내보면

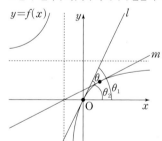

$f'(x)=\dfrac{2(x+1)-2x}{(x+1)^2}=\dfrac{2}{(x+1)^2}$

점 $(0, 0)$에서의 접선의 기울기 $f'(0)=2$

점 $(1, 1)$에서의 접선의 기울기 $f'(1)=\dfrac{1}{2}$

즉, $\tan\theta_1=2, \tan\theta_2=\dfrac{1}{2}$이므로

$\tan\theta=\tan(\theta_1-\theta_2)$

$=\dfrac{\tan\theta_1-\tan\theta_2}{1+\tan\theta_1\tan\theta_2}$

$=\dfrac{2-\dfrac{1}{2}}{1+2\times\dfrac{1}{2}}=\dfrac{3}{4}$

$$\therefore 12\tan\theta = 12 \times \frac{3}{4} = 9$$

27 $\overrightarrow{AB} = \vec{a} = 3$, $\overrightarrow{BC} = \vec{b} = 4$라고 하면

$\overline{AC}$를 $2:1$로 내분하는 점은 E이므로

$$\overrightarrow{BE} = \frac{1}{3}(\vec{a} + 2\vec{b})$$

$$\overrightarrow{GA} = \overrightarrow{BA} - \overrightarrow{BG}$$

이때, $\overline{BD}$의 보조선을 그어 삼각형 BCD를 살펴보면 점 G는 무게중심임을 알 수 있다.

즉, $\overrightarrow{BG} = \frac{2}{3} \times \overrightarrow{BE}$

$$\overrightarrow{GA} = \vec{a} - \frac{2}{3} \times \overrightarrow{BE}$$

$$= \vec{a} - \frac{2}{3} \times \frac{1}{3}(\vec{a} + 2\vec{b})$$

$$= \vec{a} - \frac{2}{9}(\vec{a} + 2\vec{b})$$

$$= \frac{7}{9}\vec{a} - \frac{4}{9}\vec{b}$$

$$= \frac{1}{9}(7\vec{a} - 4\vec{b})$$

$\angle ABC = \theta$라 하면

$$\overrightarrow{AG} \cdot \overrightarrow{BE} = 0$$

$$\frac{1}{27}(\vec{a} + 2\vec{b}) \cdot (7\vec{a} - 4\vec{b}) = 0$$

$$(\vec{a} + 2\vec{b}) \cdot (7\vec{a} - 4\vec{b}) = 0$$

$$7|\vec{a}|^2 - 8|\vec{b}|^2 + 10|\vec{a}| \cdot |\vec{b}| = 0$$

$$7 \times 3^2 - 8 \times 4^2 + 10 \times 3 \times 4 \times \cos\theta = 0$$

$$63 - 128 + 120\cos\theta = 0$$

따라서 $\cos\theta = \frac{13}{24} = \frac{q}{p}$이므로

$$\therefore p + q = 24 + 13 = 37$$

28 m, n는 1부터 11까지의 자연수이므로

점 B, C의 좌표는 다음 그림에서만 선택할 수 있다.

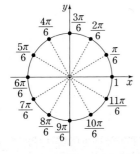

즉 $m = 1$일 때, B의 좌표는 $\left(\cos\frac{\pi}{6}, \sin\frac{\pi}{6}\right)$이 되는 것이다.

삼각형 ABC는 점 A가 $(1, 0)$으로 고정되어 있으므로 이등변삼각형이 될 수 있는 경우는 다음과 같다.

(i) $\overline{AB} = \overline{AC}$인 경우

$(m, n) = (1, 11), (2, 10), (3, 9), (4, 8), (5, 7)$

예를 들어 $(m, n) = (2, 10)$일 때 삼각형 ABC의 모습은 다음과 같다.

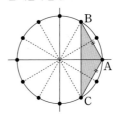

총 5가지

(ii) $\overline{AB} = \overline{BC}$인 경우

$(m, n) = (1, 2), (2, 4), (3, 6), (4, 8), (5, 10)$

총 5가지

(iii) $\overline{AC} = \overline{BC}$인 경우

$(m, n) = (2, 7), (4, 8), (6, 9), (8, 10), (10, 11)$

총 5가지

이때, $\overline{AB} = \overline{BC} = \overline{CA}$인 정삼각형의 경우

$(4, 8)$가 (i)~(iii)에서 3번 중복되므로 2번을 빼주면

경우의 수는 $5 + 5 + 5 - 2 = 13$가지

따라서 구하는 확률은 $\dfrac{13}{{}_{11}C_2} = \dfrac{13}{55} = \dfrac{q}{p}$

$$\therefore p + q = 68$$

29 평면 α와 원점과의 거리는

$$\frac{|-9|}{\sqrt{4+1+4}} = 3$$

$|\overrightarrow{OP}| \le 3\sqrt{2}$이므로 점 P의 범위를 나타내보면

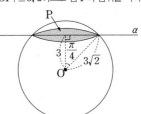

또한 S의 중심은 $(4, -3, 0)$이고, 반지름의 길이가 $\sqrt{2}$인 구이므로 나타내보면

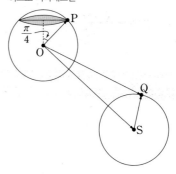

위의 그림에서 $\overrightarrow{OQ}=\overrightarrow{OS}+\overrightarrow{SQ}$이므로

$\overrightarrow{OP}\cdot\overrightarrow{OQ}=\overrightarrow{OP}\cdot(\overrightarrow{OS}+\overrightarrow{SQ})$

$\qquad\qquad=(\overrightarrow{OP}\cdot\overrightarrow{OS})+(\overrightarrow{OP}\cdot\overrightarrow{SQ})$

(ⅰ) $\overrightarrow{OP}\cdot\overrightarrow{OS}$의 최댓값

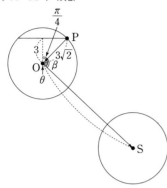

평면 α의 법선벡터를 $\overrightarrow{m}$이라 하면

$|\overrightarrow{m}|=3$이고, $\overrightarrow{m}$와 $\overrightarrow{OP}$가 이루는 각은 $\dfrac{\pi}{4}$이므로

$|\overrightarrow{OP}|=3\sqrt{2}$

$\overrightarrow{m}$와 $\overrightarrow{OS}$가 이루는 각을 β,

$\overrightarrow{OP}$와 $\overrightarrow{OS}$가 이루는 각은 $\theta=\beta-\dfrac{\pi}{4}$

$\overrightarrow{m}=(2, 1, 2)$, $\overrightarrow{OS}=(4, -3, 0)$

$\overrightarrow{m}\cdot\overrightarrow{OS}=5=3\times5\cos\beta$

$\cos\beta=\dfrac{1}{3}$

즉,

$\cos\theta=\cos\left(\beta-\dfrac{\pi}{4}\right)$

$\qquad=\dfrac{1}{3}\times\dfrac{\sqrt{2}}{2}+\dfrac{2\sqrt{2}}{3}\times\dfrac{\sqrt{2}}{2}$

$\qquad=\dfrac{\sqrt{2}}{6}+\dfrac{2}{3}$

따라서

$\overrightarrow{OP}\cdot\overrightarrow{OS}$

$=3\sqrt{2}\times5\times\cos\theta$

$=3\sqrt{2}\times5\times\left(\dfrac{\sqrt{2}}{6}+\dfrac{2}{3}\right)$

$=5+10\sqrt{2}$

(ⅱ) $\overrightarrow{OP}\cdot\overrightarrow{SQ}$의 최댓값

$\overrightarrow{OP}/\!/\overrightarrow{SQ}$가 되어야 최대이므로

$|\overrightarrow{SQ}|$는 구 S의 반지름이므로 $\sqrt{2}$

$3\sqrt{2}\times\sqrt{2}=6$

(ⅰ)+(ⅱ)을 계산하면

$5+10\sqrt{2}+6=11+10\sqrt{2}=a+b\sqrt{2}$

$\therefore a+b=11+10=21$

---

30 함수 $f(x)$의 그래프와 $y=g(t)$의 값을 나타내면

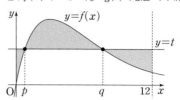

이때, $t=k$에서 $g(t)$가 극솟값을 가지려면

원점에서 p까지 거리와 q에서 12까지 거리의 합이 p에서 q까지 거리와 같아야 한다.

$p+(12-q)=q-p$

$6=q-p$

$q=6+p$

이때, 방정식 $f(x)=k$의 실근의 최솟값을 a라고 했으므로

$p=a$, $q=a+6$

$f(a)=f(a+6)$

$\dfrac{a}{e^a}=\dfrac{a+6}{e^{a+6}}$

$a=\dfrac{a+6}{e^6}$

$a=\dfrac{6}{e^6-1}$

따라서 $\ln\left(\dfrac{6}{a}+1\right)=\ln(e^6)=6$

$g'(1)$은 $t=1$일 때 $g(t)$의 변화율을 묻는 것이므로 순간의 넓이의 변화율은 가로의 길이가 된다.

$g'(1)=\dfrac{g(t)\text{가 늘어난 양}}{t\text{가 순간적으로 늘어난 양}}=\dfrac{12dt}{dt}=12$

$\therefore g'(1)+\ln\left(\dfrac{6}{a}+1\right)=12+6=18$

2019학년도 기출문제 정답 및 해설

01 ⑤	02 ①	03 ③	04 ⑤	05 ⑤	06 ②
07 ④	08 ③	09 ②	10 ③	11 ④	12 ①
13 ④	14 ②	15 ③	16 ④	17 ①	18 ②
19 ②	20 ①	21 ③	22 15	23 135	24 8
25 16	26 29	27 31	28 42	29 49	30 21

01
$f(x)=(x^2+2x)(2x+1)$
$f'(x)=(2x+2)(2x+1)+(x^2+2x)\times2$
$f'(1)=(4\times3)+(3\times2)=18$

02
$\lim\limits_{n\to\infty}\dfrac{an^2+2}{3n(2n-1)-n^2}$
$=\lim\limits_{n\to\infty}\dfrac{an^2+2}{6n^2-3n-n^2}$
$=\lim\limits_{n\to\infty}\dfrac{an^2+2}{5n^2-3n}$

분모의 최고차항으로 분자, 분모를 나누면

$\lim\limits_{n\to\infty}\dfrac{a+\dfrac{2}{n^2}}{5-\dfrac{3}{n}}=\dfrac{a}{5}$

따라서 $\dfrac{a}{5}=3$이므로

$\therefore a=15$

03
자연수 7을 3개의 자연수로 분할할 수 있는 경우는 다음과 같다.
$(5,1,1),(4,2,1),(3,2,2),(3,3,1)$
$\therefore$ 4가지

04
$\lim\limits_{h\to0}\dfrac{f(1+2h)-3}{h}=3$에서 $h\to0$일 때,
극한값이 존재하고 (분모)→0이므로 (분자)→0이어야 한다.
즉, $\lim\limits_{h\to0}\{f(1+2h)-3\}=0$이므로 $f(1)=3$
$\lim\limits_{h\to0}\dfrac{f(1+2h)-3}{h}$
$=\lim\limits_{h\to0}\dfrac{f(1+2h)-f(1)}{2h}\times2$

$=2f'(1)$
따라서 $2f'(1)=3$, $f'(1)=\dfrac{3}{2}$
$\therefore f(1)+f'(1)=3+\dfrac{3}{2}=\dfrac{9}{2}$

05
등비수열 $\{a_n\}$에서 첫째항을 a, 공비를 r이라 하면
(i) $a_2a_4=2a_5$
$ar\times ar^3=2ar^4$
$a=2$
(ii) $a_5=a_4+12a_3$
$ar^4=ar^3+12ar^2$
$r^2-r-12=0$
$r=4$ 또는 $r=-3$
모든 항이 양수인 등비수열이므로 $r=4$
따라서 $a_n=2\cdot4^{n-1}$
$a_{10}=2\cdot4^9$
$=2\cdot(2^2)^9$
$=2^{1+18}$
$=2^{19}$
$\therefore \log_2a_{10}=\log_22^{19}=19$

06
$P(A)=\dfrac{1}{2}$, $P(B)=\dfrac{2}{5}$, $P(A\cup B)=\dfrac{4}{5}$
$P(A\cup B)=P(A)+P(B)-P(A\cap B)$을 이용하면
$\dfrac{4}{5}=\dfrac{1}{2}+\dfrac{2}{5}-P(A\cap B)$
$P(A\cap B)=\dfrac{1}{10}$
$P(B|A)=\dfrac{P(A\cap B)}{P(A)}=\dfrac{\dfrac{1}{10}}{\dfrac{1}{2}}=\dfrac{1}{5}$

07
$a_1=20$ (짝수)
$a_2=\dfrac{a_1+2}{2}=\dfrac{20+2}{2}=11$ (홀수)
$a_3=\dfrac{a_2-1}{2}=\dfrac{11-1}{2}=5$ (홀수)
$a_4=\dfrac{a_3-1}{2}=\dfrac{5-1}{2}=2$ (짝수)
$a_5=\dfrac{a_4+2}{2}=\dfrac{2+2}{2}=2$ (짝수)

$$\vdots$$
$$a_{10}=2$$

따라서 $\sum_{k=1}^{10} a_k = a_1 + a_2 + a_3 + (a_4 + \cdots + a_{10})$
$$= 20 + 11 + 5 + (2 \times 7)$$
$$= 36 + 14$$
$$= 50$$

08 확률밀도함수의 넓이는 1이므로
높이를 h라 하면
$$\frac{1}{2} \times 4 \times h = 1, \ h = \frac{1}{2}$$
확률밀도함수 직선의 방정식을 구하면
(i) $0 \le x < 2$일 때
$(0, 0)$, $\left(2, \frac{1}{2}\right)$을 지나는 직선의 방정식은
$$y = \frac{1}{4}x$$
(ii) $2 \le x < 4$일 때
$\left(2, \frac{1}{2}\right)$, $(4, 0)$을 지나는 직선의 방정식은
$$y = -\frac{1}{4}x + 1$$
$P\left(\frac{1}{2} \le X \le 3\right)$을 그래프에 나타내면

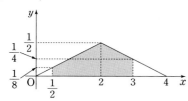

전체 확률 1에서 양쪽에 있는 삼각형 2개를 빼면 구하는 확률이다.
$$1 - \left(\frac{1}{2} \times \frac{1}{2} \times \frac{1}{8}\right) - \left(\frac{1}{2} \times 1 \times \frac{1}{4}\right)$$
$$= 1 - \frac{1}{32} - \frac{1}{8}$$
$$= \frac{27}{32}$$

09 등차수열 $\{a_n\}$의 첫째항을 a_1, 공차를 d라고 하면
(i) $S_5 = a_1$
$$a_1 + a_2 + \cdots + a_5 = a_1$$
$$a_2 + a_3 + a_4 + a_5 = 0$$
$$4a + (1+2+3+4)d = 0$$
$$4a + 10d = 0$$
$$2a + 5d = 0$$
(ii) $S_{10} = 40$

$$\frac{10(a + a + 9d)}{2} = 40$$
$$2a + 9d = 8$$
(i), (ii)을 연립하면
$$a = -5, \ d = 2$$
따라서 $a_n = -5 + (n-1) \times 2 = 2n - 7$
$$a_{10} = 2 \times 10 - 7$$
$$= 20 - 7$$
$$= 13$$

10 표본평균 $\overline{X}$의 평균, 표준편차를 구해보면
$$\mathrm{E}(\overline{X}) = 85, \ \sigma(\overline{X}) = \frac{6}{\sqrt{16}} = \frac{3}{2}$$
$\overline{X}$는 정규분포 $\mathrm{N}\left(85, \left(\frac{3}{2}\right)^2\right)$을 따른다.
표준정규분포표에서 $0.5 - 0.4772 = 0.0228$이므로
$$\mathrm{P}(Z \ge 2) = 0.0228$$
$$\mathrm{P}(\overline{X} \ge k) = \mathrm{P}\left(Z \ge \frac{k-85}{\frac{3}{2}}\right)$$
$$\frac{k-85}{\frac{3}{2}} = 2$$
$$\therefore k = 88$$

11 함수 $g(x)$는 다항함수이므로
$$g(x) = x^2 + ax + b \ (a, b는 \ 상수)$$
$\lim\limits_{x \to 0+} \dfrac{g(x)}{f(x)} = 1$에서
$\lim\limits_{x \to 0+} f(x) = -1$이므로 $\lim\limits_{x \to 0+} g(x) = -1$
$$\lim_{x \to 0+} (x^2 + ax + b) = b = -1$$
즉, $g(x) = x^2 + ax - 1$
$\lim\limits_{x \to 1-} f(x-1)g(x) = 3$에서
$x - 1 = t$라고 하면, $x \to 1-$일 때, $t \to 0-$
$\lim\limits_{x \to 1-} f(x-1) = \lim\limits_{x \to 0-} f(t) = 1$이므로
$$\lim_{x \to 1-} g(x) = 3$$
$$\lim_{x \to 1-} (x^2 + ax - 1) = 1 + a - 1 = 3, \ a = 3$$
따라서 $g(x) = x^2 + 3x - 1$이므로
$$\therefore g(2) = 9$$

12 일차함수 $f(x)$에서 $f(1) = 5$이므로
$$f(x) = k(x-1) + 5 \ (k는 \ 상수)$$
$$y = \frac{f(x) + 5}{2 - f(x)}$$
$$= \frac{-\{2 - f(x)\} + 7}{2 - f(x)}$$

$$=\frac{7}{2-f(x)}-1$$

이때, 유리함수의 점근선은 $x=4$, $y=-1$이므로

분모 $\{2-f(x)\}$에 $x=4$를 대입하면 0이 된다.

$$2-\{k(4-1)+5\}=0$$

$$2-(3k+5)=0$$

$$k=-1$$

따라서 $f(x)=-(x-1)+5$이므로

$$\therefore f(2)=4$$

13 조건 p, q의 진리집합을 각각 P, Q라고 하면

$$P=\{x\,|\,x^2+ax-8>0\}$$

$$Q=\{x\,|\,|x-1|\le b\}$$

이때, $\sim p$가 q이기 위한 필요충분조건이므로

$$P^C=Q$$

$$P^C=\{x\,|\,x^2+ax-8\le 0\},\ Q=\{x\,|\,1-b\le x\le 1+b\}$$

이므로

P^C, Q을 수직선상에 나타내보면

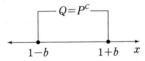

즉, $x^2+ax-8\le 0$의 해가 $1-b\le x\le 1+b$이므로

근과 계수와의 관계에 의해서

$(1-b)+(1+b)=-a$에서

$$2=-a,\ a=-2$$

$(1-b)(1+b)=-8$에서

$$1-b^2=-8,\ b^2=9,\ b=3$$

($\because\ |x-1|\le b$에서 절댓값보다 크므로 b는 양수)

$$\therefore\ b-a=3-(-2)=5$$

14 $\displaystyle\int_0^1 f(x)dx=t$라고 하면

$$f(x)=\frac{3}{4}x^2+t^2$$

$$t=\int_0^1\left(\frac{3}{4}x^2+t^2\right)dx$$

$$=\left[\frac{1}{4}x^3+t^2x\right]_0^1$$

$$=\frac{1}{4}+t^2$$

$$t^2-t+\frac{1}{4}=0$$

$$\left(t-\frac{1}{2}\right)^2=0,\ t=\frac{1}{2}$$

따라서 $f(x)=\dfrac{3}{4}x^2+\dfrac{1}{4}$

$$\int_0^2 f(x)dx$$

$$=\int_0^2\left(\frac{3}{4}x^2+\frac{1}{4}\right)dx$$

$$=\left[\frac{1}{4}x^3+\frac{1}{4}x\right]_0^2$$

$$=2+\frac{1}{2}$$

$$=\frac{5}{2}$$

15 $A\cup X=X$

$$\{3,\,4\}\cup X=X$$

집합 X는 3, 4를 포함한다.

$$(B-A)\cap X=\{6\}$$

$$\{5,\,6\}\cap X=\{6\}$$

집합 X는 5는 포함하지 않고, 6은 포함한다.

$n(X)=5$이므로

$$X=\{3,\,4,\,6,\,\square,\,\square\}$$

남은 두 자리에 5는 들어갈 수 없고,

1, 2, 7, 8 중 2개를 선택할 수 있다.

즉, ${}_4C_2=\dfrac{4\times 3}{2\times 1}=6$

$$\therefore\ \text{모든 } X\text{의 개수}=6$$

16 삼차함수 $f(x)=n(x^3-3x^2)+k$라고 하면

$f(x)$는 $y=n(x^3-3x^2)$를 k축으로 평행이동한 함수이므로

$n=1$일 때 그래프를 그려보면

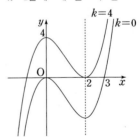

이때, 그래프에서 $k=0$, $k=4$일 때 x축과 두 점에서 만나므로 k값이 저 사이에 있어야 x축과 세 점에서 만난다.

즉, 극솟값 <0이어야 조건을 만족한다.

$$f(x)=n(x^3-3x^2)+k$$

$$f'(x)=n(3x^2-6x)$$

$$=3nx(x-2)$$

$f'(x)=0$을 만족하는 $x=0$ 또는 $x=2$

삼차함수 $f(x)$는 $x=0$에서 극대, $x=2$에서 극소이다.

따라서 극솟값은 $f(2)$이므로

$$f(2)=-4n+k$$

$$-4n+k<0$$

$$1\le k<4n$$

$n=1$일 때, $1\le k<4$이므로 $a_1=3$

$n=2$일 때, $1 \le k < 8$이므로 $a_2 = 7$

$n=3$일 때, $1 \le k < 12$이므로 $a_3 = 11$

$\vdots$

$a_n = 3 + (n-1)4$

$\quad = 4n - 1$

따라서

$\displaystyle\sum_{n=1}^{10} a_n = \sum_{n=1}^{10}(4n-1) = 4\sum_{n=1}^{10} n - \sum_{n=1}^{10} 1$

$\qquad\qquad = 4 \times \dfrac{10 \times (10+1)}{2} - 10$

$\qquad\qquad = 220 - 10$

$\qquad\qquad = 210$

17 함수 $f(x)$와 그 역함수를 나타낸 그래프이므로 두 함수는 $y=x$에 대해 대칭이다.

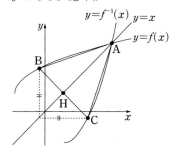

삼각형 ABC의 넓이가 주어졌으므로

밑변의 길이 $\overline{BC}$를 구해보면

점 C는 점 B를 $y=x$에 대해 대칭한 점이므로

$C(7, -1)$

점 B, C가 각각 x축, y축에 수직으로 내렸을 때 만나는 점은

$y=x$ 위에 있으므로

위와 같이 직각이등변삼각형이 생긴다.

$\overline{BC} = \sqrt{8^2 + 8^2}$

$\qquad = 8\sqrt{2}$

삼각형 ABC의 넓이가 64이므로

$\dfrac{1}{2} \times 8\sqrt{2} \times \overline{AH} = 64$

$\overline{AH} = 8\sqrt{2}$

점 H는 $\overline{BC}$의 중점이므로

$H = \left(\dfrac{-1+7}{2}, \dfrac{7-1}{2} \right) = (3, 3)$

점 A의 좌표를 (p, p) (p는 실수)라 하면

$\overline{AH} = \sqrt{(p-3)^2 + (p-3)^2}$

$\qquad = (p-3)\sqrt{2}$

이때 $(p-3)\sqrt{2} = 8\sqrt{2}$이므로 $p=11$

따라서 점 $A = (11, 11)$

함수 $f(x)$는 점 A, B를 지나므로 각각 대입하면

$a\sqrt{11+5} + b = 11$에서 $4a + b = 11$

$a\sqrt{-1+5} + b = 7$에서 $2a + b = 7$

두 식을 연립하면

$a = 2, b = 3$

$\therefore ab = 6$

18 (i) 상자 A에 흰색 탁구공을 1개 넣는 경우

A	B	C
	2개	0개
1개	1개	1개
	0개	2개

(ii) 상자 A에 흰색 탁구공을 2개 넣는 경우

A	B	C
2개	1개	0개
	0개	1개

(iii) 상자 A에 흰색 탁구공을 3개 넣는 경우

A	B	C
3개	0개	0개

흰색 탁구공이 들어있는 상자에는 주황색 탁구공을 최소 1개는 꼭 넣어야 한다.

(i) 상자 A에 흰색 탁구공을 1개 넣는 경우

A	B	C
	2개 주황색 1개	0개
1개 주황색 1개	1개 주황색 1개	1개 주황색 1개
	0개	2개 주황색 1개

$(A, B, C) = (1, 2, 0)$인 경우 남은 주황색 탁구공 2개는 어디든 넣어도 되므로 $_3H_2 = 6$

$(1, 1, 1)$인 경우 남은 주황색 탁구공 1개는 어디든 넣어도 되므로 $_3C_1 = 3$

$(1, 0, 2)$인 경우 남은 주황색 탁구공 2개는 어디든 넣어도 되므로 $_3H_2 = 6$

따라서 $6 + 3 + 6 = 15$

(ii) 상자 A에 흰색 탁구공을 2개 넣는 경우

A	B	C
2개 주황색 1개	1개 주황색 1개	0개
	0개	1개 주황색 1개

$(2, 1, 0)$인 경우 남은 주황색 탁구공 2개는 어디든 넣어도 되므로 $_3H_2 = 6$

(2, 0, 1)인 경우 남은 주황색 탁구공 2개는 어디든 넣어도 되므로 $_3H_2=6$

따라서 $6+6=12$

(iii) 상자 A에 흰색 탁구공을 3개 넣는 경우

A	B	C
3개	0개	0개
주황색 1개		

(3, 0, 0)인 경우 남은 주황색 탁구공 3개는 어디든 넣어도 되므로 $_3H_3=10$

(i)~(iii)에서 구하는 경우의 수는

$\therefore 15+12+10=37$

19 삼각형 $A_2A_1B_1$, $B_2B_1C_1$, $C_2C_1D_1$, $D_2D_1A_1$이 이등변삼각형이고 한 내각의 크기가 150°이므로 삼각형 $A_1A_2D_2$, $B_1A_2B_2$, $C_1B_2C_2$, $D_1D_2C_2$는 정삼각형이다.

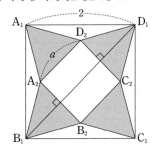

$\overline{A_2D_2}=a$ (a는 실수)라고 하면

정사각형 $A_1B_1C_1D_1$의 대각선의 길이는

$\overline{B_1D_1}=2\sqrt{2}$

정삼각형의 높이는 $\frac{\sqrt{3}}{2}a$이므로

$\overline{B_1D_1}=a+2\times$(정삼각형의 높이)

$2\sqrt{2}=a+\left(2\times\frac{\sqrt{3}}{2}a\right)$

$\qquad=a(1+\sqrt{3})$

$a=\dfrac{2\sqrt{2}}{1+\sqrt{3}}$

정사각형 $A_1B_1C_1D_1$와 $A_2B_2C_2D_2$의 길이의 비는

$2:\dfrac{2\sqrt{2}}{1+\sqrt{3}}=1:\dfrac{\sqrt{2}}{1+\sqrt{3}}$

넓이의 비는 $1:\left(\dfrac{\sqrt{2}}{1+\sqrt{3}}\right)^2=1:2-\sqrt{3}$

즉, 공비는 $2-\sqrt{3}$

S_1의 값은 (정삼각형의 넓이×4)이므로

$\dfrac{\sqrt{3}}{4}\times\left(\dfrac{2\sqrt{2}}{1+\sqrt{3}}\right)^2\times4$

$=\sqrt{3}\times\left(\dfrac{2\sqrt{2}}{1+\sqrt{3}}\right)^2$

$=\sqrt{3}\times\dfrac{4}{2+\sqrt{3}}$

따라서

$\displaystyle\lim_{n\to\infty}S_n=\dfrac{\dfrac{4\sqrt{3}}{2+\sqrt{3}}}{1-(2-\sqrt{3})}=\dfrac{4\sqrt{3}(2-\sqrt{3})}{\sqrt{3}-1}$

$\qquad=(4\sqrt{3}-6)(\sqrt{3}+1)$

$\qquad=6-2\sqrt{3}$

20 (ii) B와 C가 중앙에 붙이는 경우는 회전해도 대칭이 안 된다. 이때, 나머지 4개의 스티커를 붙일 위치를 정하는 경우의 수는 $4!=$(가)

(iii) D를 중앙에 붙이는 경우는 두 방향으로 회전 대칭이므로 2로 나눠주어야 한다. 이때, 나머지 4개의 스티커를 붙일 위치를 정하는 경우의 수는 $\dfrac{4!}{2}=$(나)

각각에 대하여 4개의 스티커를 붙이는 경우의 수는 A, E는 회전하면 대칭이 되므로 1가지, B, C는 회전해도 대칭이 되지 않으므로 4가지, $1\times4\times4\times1=16=$(다)

따라서 $a=24$, $b=12$, $c=16$이므로

$\therefore a+b+c=52$

21 $g(x)=x^2-3x-4$

$\qquad=(x-4)(x+1)$

$g(4)=0$, $g(-1)=0$

합성함수 $y=(g\circ f)(x)$의 그래프가 x축과 만나는 점은

$g(f(x))=0$이므로

$f(x)=4$, $f(x)=-1$일 때 만나는 점의 개수를 구하면 된다.

ㄱ. (참)

$h(2)$는 $k=2$일 때, $f(x)=4$, $f(x)=-1$에서 만나는 점의 개수이다.

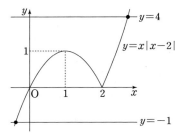

따라서 $f(x)=4$에서 1점, $f(x)=-1$에서 1점을 만나므로 $h(2)=2$이다.

ㄴ. (거짓)

$h(k)=4$에서 자연수 k이고 $f(x)=-1$은 무조건 1점이 만나므로 $f(x)=4$에서 3점이 만나는 k의 값을 구해야 한다.

먼저 $k>0$인 $f(x)$에서 극댓값$=f\left(\dfrac{k}{2}\right)=\dfrac{k^2}{4}$

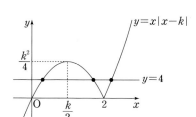

$f(x)=4$에서 3점이 만나려면 극댓값$>$4이어야 한다.

$\dfrac{k^2}{4}>4$, $k>4$

따라서 자연수 k의 최솟값은 5이다.

ㄷ. (참)

함수 $f(x)$에서 k의 범위를 나눠 계산해보면

(i) $k\geq 0$일 때, $h(k)=3$이려면 $f(x)=-1$에서 무조건 1점을 만나고 $f(x)=4$에서 2점을 만나야 한다.

즉, 극댓값=4일 때이므로

$\dfrac{k^2}{4}=4$, $k=4$ $(\because k\geq 0)$

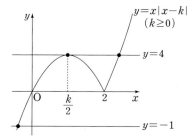

(ii) $k<0$일 때, $h(k)=3$이려면 $f(x)=4$에서 무조건 1점을 만나고 $f(x)=-1$에서 2점을 만나야 한다.

즉, 극솟값=-1일 때이므로

$-\dfrac{k^2}{4}=-1$, $k=-2$ $(\because k<0)$

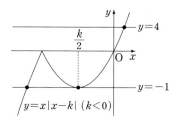

(i), (ii)에서 k의 값의 합은 $4+(-2)=2$

따라서 보기 중 옳은 것은 ㄱ, ㄷ이다.

22 $\sqrt{3\sqrt[4]{27}}=\sqrt{3\times 3^{\frac{3}{4}}}$

$=\sqrt{3^{1+\frac{3}{4}}}=3^{\frac{7}{4}\times\frac{1}{2}}$

$=3^{\frac{7}{8}}=3^{\frac{q}{p}}$

따라서 $p=8$, $q=7$이므로

$\therefore p+q=15$

23 $\left(3x^2+\dfrac{1}{x}\right)^6$에서 상수항의 계수는

${}_6C_2(3x^2)^2\left(\dfrac{1}{x}\right)^4$

$=15\times 9\times x^4\times\dfrac{1}{x^4}$

$=15\times 9$

$=135$

24 $\displaystyle\sum_{k=1}^{10}(2k+1)^2 a_k=100$, $\displaystyle\sum_{k=1}^{10}k(k+1)a_k=23$

$\displaystyle\sum_{k=1}^{10}(2k+1)^2 a_k=\sum_{k=1}^{10}(4k^2+4k+1)a_k$

$\displaystyle\sum_{k=1}^{10}k(k+1)a_k=\sum_{k=1}^{10}(k^2+k)a_k$

따라서

$\displaystyle\sum_{k=1}^{10}a_k=\sum_{k=1}^{10}(4k^2+4k+1)a_k-4\times\left\{\sum_{k=1}^{10}(k^2+k)a_k\right\}$

이므로

$\therefore 100-(4\times 23)=8$

25 함수 $f(x)$가 실수 전체의 집합에서 연속이려면 $x=6$에서 연속이다.

즉, $f(6)=\displaystyle\lim_{x\to 6}f(x)$가 성립하므로

$\displaystyle\lim_{x\to 6}\dfrac{x^2-8x+a}{x-6}=b$

$\displaystyle\lim_{x\to 6}f(x)=\lim_{x\to 6}\dfrac{x^2-8x+a}{x-6}$

$x\to 6$일 때, 극한값이 존재하고 (분모)$\to 0$이므로 (분자)$\to 0$이어야 한다.

즉, $\displaystyle\lim_{x\to 6}(x^2-8x+a)=0$이므로

$36-48+a=0$, $a=12$

따라서

$\displaystyle\lim_{x\to 6}\dfrac{x^2-8x+12}{x-6}$

$=\displaystyle\lim_{x\to 6}\dfrac{(x-6)(x-2)}{x-6}$

$=\displaystyle\lim_{x\to 6}(x-2)=4=b$

$\therefore a+b=16$

26 확률변수 X는 $B(25, p)$를 따르므로

$V(X)=4$에서

$25\times p\times(1-p)=4$

$25p^2-25p+4=0$

$(5p-4)(5p-1)=0$

$p=\dfrac{1}{5}$ $\left(\because 0<p<\dfrac{1}{2}\right)$

따라서 확률변수 X는 $B\left(25, \dfrac{1}{5}\right)$이므로

$E(X)=25\times\dfrac{1}{5}=5$

$V(X)=E(X^2)-E(X)^2$

$4=E(X^2)-5^2$

$\therefore E(X^2)=29$

27 $f(x)=x^3+x-3$이라 하면

$f'(x)=3x^2+1$

$f(x)$ 위의 점 $(1, -1)$에서의 접선의 기울기는

$f'(1)=3+1=4$

따라서 접선의 방정식은

$y=4(x-1)-1$

$\quad=4x-5$

곡선 $f(x)$와 접선의 방정식이 만나는 점을 구하면

$x^3+x-3=4x-5$

$x^3-3x+2=0$

$(x-1)^2(x+2)=0$

$x=1$ 또는 $x=-2$

따라서 접선과 둘러싸인 부분의 넓이는

$\displaystyle\int_{-2}^{1}(x^3-3x+2)dx$

$=\left[\dfrac{1}{4}x^4-\dfrac{3}{2}x^2+2x\right]_{-2}^{1}$

$=\dfrac{27}{4}=\dfrac{q}{p}$

$\therefore p+q=31$

28 조건 (가)에서 $f(x)$의 한 적분을 $F(x)$라고 하면

$\displaystyle\lim_{x\to-2}\dfrac{1}{x+2}\int_{-2}^{x}f(t)dt$

$=\displaystyle\lim_{x\to-2}\dfrac{F(x)-F(-2)}{x+2}$

$=F'(-2)=f(-2)=12$

조건 (나)에서 $\displaystyle\lim_{x\to\infty}xf\left(\dfrac{1}{x}\right)+\lim_{x\to0}\dfrac{f(x+1)}{x}=1$

(i) $\displaystyle\lim_{x\to\infty}xf\left(\dfrac{1}{x}\right)$에서 $\dfrac{1}{x}=t$로 치환하면 $x\to\infty$일 때,

$t\to0$이므로 $\displaystyle\lim_{t\to0}\dfrac{f(t)}{t}$

(분모)$\to0$이므로 (분자)$\to0$이어야 한다.

$f(0)=0$

$\displaystyle\lim_{t\to0}\dfrac{f(t)-f(0)}{t}=f'(0)$

(ii) $\displaystyle\lim_{x\to0}\dfrac{f(x+1)}{x}$에서 $x\to0$일 때,

(분모)$\to0$이므로 (분자)$\to0$이어야 한다.

$f(1)=0$

$\displaystyle\lim_{x\to0}\dfrac{f(x+1)-f(1)}{x}=f'(1)$

(i)+(ii)=1이므로 $f'(0)+f'(1)=1$

즉, $f(0)=0$, $f(1)=0$이므로

삼차함수 $f(x)=ax(x-1)(x-b)$ (a, b는 실수)

조건 (가)에서 $f(-2)=12$이므로 대입하면

$f(-2)=6a(-2-b)=12$, $-a(b+2)=2 \cdots \bigcirc$

$f'(x)=a(x-1)(x-b)+ax(x-b)+ax(x-1)$

$f'(0)=ab$, $f'(1)=a(1-b)$

$ab+a(1-b)=1$

$a=1, b=-4$

따라서 $f(x)=x(x-1)(x+4)$이므로

$\therefore f(3)=42$

29 (i) E가 1열에 앉지 않는 경우의 수는 2×2(2열 또는 3열)

3열	2열	1열
	E	

(ii) A와 B는 같은 열에 앉아야 하므로 E가 앉은 열을 제외한 1열, 3열에 앉는 경우의 수는 $2\times2!$

3열	2열	1열
A	E	
B		

(iii) C, D는 서로 다른 열에 앉아야 하므로 1열, 2열에 각각 선택하여 앉는 경우의 수는 2이고 1열의 경우 빈 좌석이 2개이므로 2를 더 곱해준다. 즉 경우의 수는 2×2

3열	2열	1열
A	E	D
B	C	

(iv) F의 경우 남은 한 자리에 앉으면 되므로 경우의 수는 1

(i)~(iv)을 통해 경우의 수는 2^6

따라서 전체 경우의 수는 $6!$이므로

구하는 확률$=\dfrac{2^6}{6!}=\dfrac{4}{45}=\dfrac{q}{p}$

$\therefore p+q=49$

30 (i) 오른쪽 모양이 더 위로 있는 경우

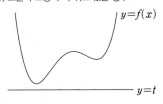

위의 경우 $g(t)=0$

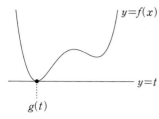

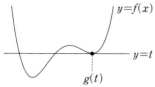

위의 경우 $y=f(x)$와 $y=t$가 만나는 점 중 실근의 최댓 값이 $g(t)$이다.

즉, $g(t)=0$에서 $g(t)$가 실근으로 바뀌는 점과 실근 중 최댓값인 $g(t)$가 왼쪽 극솟값 부분에서 오른쪽 극솟값 부분으로 바뀌는 점에서 불연속점이 생기므로 사 차함수 $f(x)$의 개형은 위와 같다.

(ii) 왼쪽 모양이 더 위로 있는 경우

이때, $g(t)$는 불연속점이 생기지 않는다.

$k<30$이므로 $t=k$일 때, $\lim\limits_{t \to k+} g(t)=-2$이고

$t=30$일 때, $\lim\limits_{t \to 30+} g(t)=1$,

$f'(0)=0$이므로 그래프에 나타내면

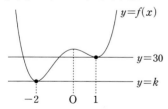

따라서 $f(x)$는 최고차항의 계수가 1인 사차함수이므로

$f'(x)=4x(x+2)(x-1)$

$\qquad =4x^3+4x^2-8x$

양변을 적분하면

$$\int f'(x)dx=\int (4x^3+4x^2-8x)dx$$

$f(x)=x^4+\dfrac{4}{3}x^3-4x^2+C \ (C는 적분상수)$

$f(1)=30, f(-2)=k$를 이용하면

$f(1)=1+\dfrac{4}{3}-4+C=30$

$C=\dfrac{95}{3}$

따라서 함수 $f(x)=x^4+\dfrac{4}{3}x^3-4x^2+\dfrac{95}{3}$이므로

$f(-2)=16-\dfrac{32}{3}-16+\dfrac{95}{3}=21$

$\therefore k=21$